2815

BIBLIOTHÈQUE

CHOISIE

DU

CONSTITUTIONNEL.

PREMIER VOLUME.

BIBLIOTHÈQUE

CHOISIE.

———◆———

AVERTISSEMENT.

———◆———

Les transformations qu'ont subies depuis quelques années la presse périodique et la librairie, ont rapproché et presque confondu le journal et le livre. Les journaux ont multiplié leurs colonnes ; ils ont en même temps compris dans leur cadre agrandi, des ouvrages de longue haleine qui ne s'achèvent souvent qu'au bout d'un ou de deux ans. On ne s'est plus contenté de faire collection des journaux et de les relier par semestre ou par année ; les cabinets de lecture ont découpé des volumes dans le feuilleton, premier essai d'une bibliothèque périodique.

D'un autre côté, les livres les plus graves et les plus compacts se sont fractionnés en livraisons pour se mettre à la portée des hommes de ce temps, qui lisent au jour le jour, et dont la vie est emportée dans un tourbillon de spéculations et d'affaires.

Ainsi, notre siècle avide et agité n'a pas tout-à-fait perdu le goût des lettres, et l'esprit en France n'est pas trop déchu.

Notre Bibliothèque choisie rend encore plus complète, pour la commodité du lecteur, cette sorte d'assimilation du livre au journal. C'est la publication, dans le cadre d'une feuille périodique, d'une série indéfinie d'ouvrages variés, bien choisis, inédits ou réimprimés, sous la forme de livraisons successives, unies par la pagination, susceptibles d'être détachées du journal et reliées en volumes. Après un temps plus ou moins long, tout abonné du *Constitutionnel* se trouvera en possession d'une bibliothèque variée, composée d'ouvrages curieux et excellens, qu'il aura pu lire tout entière à ses heures.

AVERTISSEMENT.

Quelques développemens feront mieux comprendre notre pensée et le caractère de cette publication.

Tous les livres ne sont pas de nature à prendre place dans un journal. Cependant, les espèces d'ouvrages, dont les livraisons successives peuvent figurer dans les feuilles détachées d'un journal, pour reprendre ensuite la forme plus durable de volumes, sont beaucoup plus nombreuses et plus variées qu'on ne pense. Sans compter les œuvres inédites, il y a tant de bons écrits qu'on voudrait relire, ou dont on ne sait que les titres, ou dont notre siècle affairé ignore presque absolument l'existence, et qui attendent une réimpression devant laquelle reculent les éditeurs! De notre temps on n'achète guère de livres, que ceux qui sont recommandés par leur utilité immédiate et pratique, par une immense renommée ou par la mode.

Les lecteurs de la BIBLIOTHÈQUE CHOISIE recevront des ouvrages d'imagination, d'histoire, d'érudition, de science même, sous une forme littéraire. Dans ce cadre, que nous ne voulons pas restreindre par l'indication de choix trop systématiques, seront compris tour-à-tour les traductions d'ouvrages remarquables publiés à l'étranger, la réimpression de livres curieux et peu connus, le petit chef-d'œuvre perdu au milieu d'œuvres complètes, les romans d'autrefois dont chacun parle et que personne n'a lus, ceux de notre temps dont l'édition est épuisée et que tout le monde voudrait relire, les ouvrages d'imagination de trop peu d'étendue pour être publiés en volume, les écrits contemporains et célèbres qui sont comme emprisonnés dans de vieux recueils, les manuscrits précieux et inconnus, les mémoires, les correspondances inédites, et dans le nombre, les documens relatifs à l'histoire du Consulat et de l'Empire, les communications que veulent bien nous faire M. Thiers, M. de Rémusat, M. Cousin, M. Duvergier de Hauranne, et qui se rattachent aux objets spéciaux de leurs études; enfin les travaux signés par d'autres écrivains illustres professant des opinions politiques diverses et qui se rencontreront dans la BIBLIOTHÈQUE CHOISIE comme les œuvres d'adversaires renommés, se rencontrent et sont rangés pacifiquement côte à côte sur les rayons des bibliothèques ordinaires.

Cette énumération, incomplète, nous paraît suffire pour donner une idée de la composition de la BIBLIOTHÈQUE CHOISIE. Nous croyons répondre au vœu de nos abonnés et remplir un des devoirs de la presse, en multipliant ainsi nos publications littéraires. Depuis quelques années, le nombre des lecteurs de journaux s'est fort accru; l'abaissement du prix a rendu l'abonnement accessible à tous. Mais dans notre pays démocratique, l'instruction et l'éducation libérales sont compagnes de toutes les fortunes. Pauvres ou riches, le collége et un certain penchant naturel de notre nation nous disposent assez à devenir lettrés. C'est une raison de plus pour que la presse française ne renonce pas à ce qui la distingue et à ce qui l'honore le plus dans le monde, à regarder comme l'une des plus importantes affaires l'étude et la propagation des œuvres de l'esprit.

平 山 冷 燕

PING   CHAN   LING   YEN

OU

LES DEUX JEUNES FILLES LETTRÉES,

ROMAN CHINOIS,

TRADUIT PAR STANISLAS JULIEN, DE L'INSTITUT,

PROFESSEUR DE LANGUE CHINOISE AU COLLÉGE DE FRANCE.

PREFACE.

En traduisant le Roman des *Deux Jeunes Filles lettrées*, je me suis proposé un double but, savoir : de faire connaître, pour la première fois en Europe, un ouvrage qui offre une peinture fidèle, animée et souvent piquante, des mœurs de la société chinoise, et de donner, aux étudians qui voudront lire l'ouvrage dans la langue originale, l'intelligence du style moderne, le plus relevé, le plus brillant et aussi le plus difficile, et qu'il serait presque impossible de pénétrer à l'aide des dictionnaires et des ouvrages philologiques publiés jusqu'à ce jour.

Les Chinois, on le sait, ont devancé les Européens dans plusieurs inventions qui ont changé la face du monde. Sans parler de la boussole qu'ils possèdent et emploient aux mêmes usages que nous depuis trente siècles, de la poudre de guerre que les Arabes leur ont empruntée et qu'ils nous ont transmise, je dirai, pour la première fois, que dès l'an 593 de notre ère, ils ont commencé à répandre par la gravure sur bois, les chefs-d'œuvre de la peinture, du dessin et des belles-lettres (invention que jusqu'ici l'on n'avait reconnue en Chine que cinq cents ans plus tard). De là une diffusion rapide et immense des connaissances littéraires dans cet *empire du milieu*, où elles sont un moyen infaillible d'arriver à la fortune, à la renommée et aux plus hautes charges de l'état.

Là, dans les classes les plus modestes comme les plus élevées, tout le monde n'a d'autre souci que d'étudier la langue savante dans les écrivains classiques, d'autre occupation que les exercices littéraires, d'autre ambition que l'avancement qui suit le succès dans les concours. Ce zèle infatigable des Chinois pour la culture du goût et l'imitation des bons auteurs, est le trait distinctif de leur caractère, et il a été l'un des élémens les plus puissans de leur civilisation. Mais, pour le bien comprendre et l'apprécier, il faut le voir se développer sur une scène vivante et animée, où chaque acteur, je veux dire chaque lettré, paraisse avec ses qualités et ses travers, son savoir ou son ignorance, son intelligence éclairée ou ses prétentions pédantesques. Voilà un spectacle fait pour piquer vivement notre curiosité, et que nous ne saurions trouver ni dans les histoires ni dans les relations de voyages qui se rapportent à la Chine. Ce n'est pas tout que de voir agir les Chinois dans le cercle de leurs relations sociales, nous sommes avides de connaître leurs productions, de nous faire une juste idée des sujets qu'ils aiment à y traiter, du genre d'esprit qui les anime et de l'imagination qui y brille. D'autres traits non moins remarquables méritent encore de nous intéresser. Les missionnaires, sans lesquels la connaissance de la langue chinoise aurait été retardée en Europe, de plus d'un siècle, nous ont révélé l'histoire et la géographie, les sciences, les arts et l'industrie de ce peuple actif et intelligent, dont les ports s'ouvrent depuis peu, avec moins de restrictions et d'entraves, aux entreprises commerciales des étrangers. Mais ils n'ont jamais pénétré dans le sein de la société chinoise, ils n'ont pu nous introduire dans l'intérieur des familles, nous faire assister aux occupations gracieuses, aux entretiens tendres ou piquans des femmes distinguées, que des rites inflexibles enferment dans une sorte de gynécée inviolable, où elles sont inaccessibles, non seulement à notre avidité indiscrète, mais encore aux regards des Chinois eux-mêmes, à l'exception de leurs proches parens. Où trouver ces détails de mœurs si précieux pour nous, si non dans les romans où les Chinois se sont peints eux-mêmes, sans songer que les barbares de l'extrême Occident, si sévèrement exclus de leur société, liraient un jour sans faire un pas hors de leur pays, ces scènes intimes, ces révélations de la vie de famille, ces exercices, ces confidences littéraires qu'ils croyaient n'avoir écrits que pour l'instruction ou l'agrément de leurs concitoyens?

Les Chinois possèdent un nombre infini de romans, dont les uns ont pour objet de répandre et de populariser l'histoire nationale; les autres de peindre les mœurs publiques et privées, d'exalter les vertus des héros et de flétrir les vices des méchans, ou de faire la satire des ignorans ou des sots.

Parmi ces romans, ils en ont remarqué dix dont ils ont qualifié les auteurs du titre d'*écrivains de génie* (*Thsaï-tseu*), de sorte que, pour désigner tel ou tel ouvrage de cette série d'élite, ils disent communément le livre du premier, du deuxième, du troisième *Thsaï-tseu* (écrivain de génie). Cette distinction ne pouvait échapper aux Européens. Aussi les a-t-elle guidés dans le choix des romans chinois dont ils ont voulu donner la traduction. Sur dix, il n'en reste plus que deux à faire passer dans notre langue.

Le 1ᵉʳ ou le *Sân-koué-tchi* (*l'Histoire des trois royaumes*), traduit par M. Théodore Pavie, est maintenant sous presse.

Le 2ᵉ ou le *Hao-khieou-tchouen* a été traduit par M. Francis Davis (aujourd'hui gouverneur de Hong-Kong), sous le titre de *the Fortunate Union*. M. Guillard d'Arcy l'a donné en français sous le titre plus exact de *la Femme accomplie*.

Le 3ᵉ, le *Yu-kiao-li*, ou *les Deux cousines*, est bien connu en France par la traduction de M. Abel Rémusat.

Le 5ᵉ est le *Chouï-hou-tchouen* ou *l'Histoire des Pirates*. M. Bazin, professeur de chinois moderne près la Bibliothèque royale, en a déjà traduit quatre livres.

Le 6ᵉ est le *Si-siang-ki* ou *l'Histoire du Pavillon d'Occident*, comédie célèbre en vers et en prose. J'en ai traduit sept actes.

Le 7ᵉ, le *Pi-pa-ki*, ou *l'Histoire du Luth*, autre comédie remarquable en vers et prose, a été traduit et publié par M. Bazin aîné.

Le 8ᵉ, le *Hoa-tsiên-ki* ou *l'Histoire de la feuille de papier ornée de fleurs*, a été donné en chinois et en anglais par M. Perrin Thom.

Le 4ᵉ est le *Ping-chân-ling-yên* ou *les Deux jeunes filles lettrées*, que j'ai l'honneur de présenter aujourd'hui au public, et dont le titre désigne, par autant de monosyllabes, les noms abrégés des quatre principaux personnages, savoir : Chan-taï et Ling-kiang-sioué, deux jeunes filles poètes, ainsi que Ping-jou-heng et Yên-pé-hân, jeunes lettrés qui leur inspirent une de ces passions qu'on ne voit qu'à la Chine, un amour fondé sur l'admiration de leurs talens littéraires, plutôt que sur leurs agrémens extérieurs.

Ce roman est, en Chine, dans les mains de toutes les personnes instruites, et cependant nul n'en saurait dire l'auteur; il en est de même de la plupart des autres ouvrages du même genre. C'est qu'à la Chine les écrivains qui publient de telles compositions, même les plus irréprochables et les plus propres à donner de la réputation, se cachent sous le voile de l'anonyme aussi naturellement que chez nous on recherche le grand jour et la publicité. Ajoutons qu'en Chine, où l'on écrit sur tout, où l'on possède des bibliographies fidèles et détaillées de tous les bons ouvrages, il serait impossible d'y trouver une ligne sur les romans qui sont la lecture favorite de toutes les classes de la société. Le même silence, ou plutôt le même oubli calculé pèse sur les compositions théâtrales, comédies, drames, opéras, dont il existe d'immenses collections, et auxquels on assiste avec une avidité égale à la nôtre. Nous avons à Paris, en 120 vol. in-8, le catalogue descriptif et raisonné de la bibliothèque de l'empereur Khien-long, qui régna de 1736 à 1796. Toutes les branches de la littérature et des sciences y sont représentées dans ce qu'elles ont de plus remarquable, les livres classiques et canoniques, l'histoire, la biographie, la chronologie, la géographie, l'administration, la politique, etc., etc.; mais on y chercherait en vain un seul volume de romans, de contes, de nouvelles, de pièces de théâtre, ou de notices sur les auteurs qui les ont composés. Cette lacune n'est point l'effet du hasard; elle tient, sans aucun doute, aux rites chinois dont les textes révérés ne semblent pas admettre qu'un homme puisse s'occuper d'autre chose que de l'étude des chefs-d'œuvre litté-

PRÉFACE.

raires, légués par l'antiquité, des fonctions officielles qu'il remplit ou veut obtenir, et de la pratique des vertus sociales.

En traduisant les romans intitulés : l'*Histoire des trois royaumes*, *la Femme accomplie*, *les Deux Cousines*, etc., les sinologues que je viens de citer et dont deux sont mes élèves (M. Bazin et M. Théod. Pavie), ont eu pour but de faire connaître l'histoire et les mœurs des Chinois. Tout en m'associant à leurs intentions, j'ai cru que l'enseignement dont j'ai l'honneur d'être chargé depuis treize ans, ne devait pas se renfermer dans l'enceinte du Collége de France, et que je devais faire tous mes efforts pour étendre bien au-delà, si cela est possible, les résultats de mes études, et rendre plus accessible aux Français comme aux étrangers, une langue vaste et compliquée qu'un travail opiniâtre m'a rendue familière, et dont les étudians s'effrayent plutôt par l'effet des préjugés reçus qu'à cause de ses difficultés réelles. Aussi ai-je choisi de préférence, parmi les deux mille volumes de romans que possède la Bibliothèque royale de Paris, celui qui m'a paru réunir, au plus haut degré, l'intérêt qui naît de la peinture naïve et fidèle des mœurs, et celui que peut nous offrir la culture assidue des lettres chinoises dans ce qu'elles ont de plus délicat, de plus recherché et de plus difficile pour les étudians européens.

Les Chinois ont, comme on le sait, deux langues, l'une qu'on pourrait appeler la langue des livres sérieux, l'autre celle de la conversation et des productions légères. Sans parler de la traduction latine que j'ai donnée en 1826 du philosophe Meng-tseu (2 vol. in-8° en chinois et en latin, avec un commentaire perpétuel), on possède aujourd'hui des secours suffisans pour entendre les ouvrages d'histoire, de haute littérature, de science ou d'érudition, écrits dans le style appelé *Kou-wén* ou style antique. Il n'en est pas de même pour la langue commune ou *Koua-hoa*, dont les Européens vont avoir besoin plus que jamais en Chine, non seulement pour entretenir des relations orales ou écrites, mais encore pour lire les compositions modernes, si utiles à qui veut apprendre à connaître les mœurs et le caractère du peuple avec lequel on devra désormais vivre et commercer, compositions qu'ils sentiront la nécessité de se rendre familières.

Les personnes qui ont étudié les langues étrangères, savent qu'il suffit en général de comprendre un texte de quelques centaines de pages, pour lire ensuite couramment toutes les productions du même genre et du même style. Cette observation peut parfaitement s'appliquer au chinois moderne, et quiconque possède, par exemple, l'intelligence du deuxième roman cité plus haut, *la Femme accomplie*, comprendra, sans efforts, tous les romans qui ne renferment que des récits simples et naturels, et où ne fi-

gurent ni des lettrés, ni des poètes. Mais qu'il n'aille pas aborder les romans où des personnes instruites font assaut d'esprit et de savoir, et composent à l'envi en prose ou en vers. Alors le style vulgaire s'élève à la hauteur du style antique ; des métaphores hardies, des expressions poétiques, des anecdotes indiquées par un seul mot, des expressions susceptibles d'une double acception, viennent l'arrêter au milieu d'une lecture qui le charme, et s'il n'est pas aidé par un docteur indigène, ou s'il n'est pas pourvu d'une érudition à toute épreuve, les plus élégantes compositions, telles que celles qui font l'ornement des *Deux Cousines*, et surtout des *Deux Jeunes Filles lettrées*, seront pour lui lettre close, ou lui sembleront pleines d'énigmes.

S'il est vrai, comme je l'ai dit plus haut, qu'une bonne traduction d'un ouvrage chinois peut donner la clé des compositions du même genre, et que, d'un autre côté, le roman des *Deux Cousines* présente, dans les ariettes, les romances, les chansons et les discussions littéraires qu'il renferme, les principales difficultés du style et de la poésie, les personnes qui cultivent la langue chinoise penseront naturellement qu'il suffirait d'en étudier le texte original, à l'aide de la traduction française qui existe, pour aborder ensuite, sans peine, les autres productions analogues, qui se distinguent de même par la multiplicité des faits anecdotiques, la recherche ambitieuse des expressions, l'éclat des métaphores, la hardiesse des figures et la finesse des allusions. Malheureusement, le traducteur ne leur a point laissé cette précieuse ressource. M. Abel Rémusat, plus porté par son goût particulier et par la tournure de son esprit, à composer des Mémoires qu'à approfondir les difficultés de la langue, dont la connaissance intime est la base nécessaire des études chinoises, avoue franchement qu'il n'a point compris les compositions détachées qui font le charme des *Deux Cousines*. J'ajouterai que les parties du récit ou du dialogue en prose dans lesquelles l'auteur emploie à dessein un style où brillent l'esprit et l'érudition, ont eu, sous la plume du traducteur, le même sort que les poésies proprement dites.

« La langue poétique des Chinois, dit M. Rémusat dans » sa préface (page 63 et suiv.) est véritablement *intra-* » *duisible*; on pourrait peut-être ajouter qu'elle est sou- » vent *inintelligible*. Les métaphores *les plus incohéren-* » *tes*, les figures les plus hardies y sont prodiguées avec » une incroyable profusion. Et comme nous sommes pri- » vés en Europe des secours qui seraient nécessaires pour » déchiffrer ces compositions *énigmatiques*, nous nous » trouvons réduits à une *opération conjecturale dont le suc-* » *cès n'est jamais bien démontré.*—Qu'on ajoute aux diffi- » cultés qui résultent de la *bizarrerie* des métonymies, » celles qui naissent des allusions à des anecdotes que

PRÉFACE.

» nous ne connaissons pas, ou à des personnages qui ne
» sont pas nommés; qu'on songe aux sens détournés aux-
» quels les mots les plus simples se trouvent pliés , aux
» rapports presque toujours inattendus, et quelquefois
» *inintelligibles*, qu'une imagination vagabonde sait éta-
» blir entre les objets les plus disparates, on conviendra
» que rien n'est plus aisé que de voir dans cet ingénieux
» *galimathias* toute autre chose que ce que le poète a pré-
» tendu y mettre. — Il a fallu se borner à remplacer ces
» vers par des lignes de prose où l'on trouvera souvent
» que le vide de la pensée n'est nullement racheté par le
» mérite de l'expression. *Je suis même bien loin d'affir-*
» *mer que le sens y soit toujours rendu.*

» Nous avons conservé, dit-il ailleurs (tome 2, page
» 136), l'ordre des couplets, leurs titres énigmatiques et
» la coupe des vers; mais *nous ne nous flattons nullement*
» *d'en avoir rendu le sens*; et, à l'exception de quelques
» phrases qui ne paraissent pas susceptibles de deux in-
» terprétations, *il se pourrait bien que la chanson qu'on va*
» *lire n'eût presque rien de commun avec l'original.* —
» Pour le moment (tome 1, préface, page 67), il me suffit
» d'avoir averti les lecteurs qui voudraient s'aider de no-
» tre traduction pour apprendre la langue chinoise. »

Il résulte des déclarations qui précèdent, et qui font
honneur à la franchise de M. Abel Rémusat, que le roman
des *Deux Cousines*, qui a charmé des milliers de lecteurs,
malgré la liberté d'interprétation qui s'y montre à chaque
page, aurait besoin d'être retraduit et publié en entier
d'une manière exacte.

Dans le roman chinois dont nous publions ici la
traduction, on remarquera sans doute des expressions
hardies ou singulièrement poétiques, et des allusions
qu'on ne saurait saisir sans les courtes notes que j'ai
ajoutées de temps en temps. Mais on n'y trouvera pas, j'espère, ces *énigmes* et ce *galimathias* que M. Rémusat a
cru voir dans les passages des *Deux Cousines*, dont le
sens lui échappait. Qu'on veuille bien remarquer qu'un
Chinois ou un Indien, étranger à nos études classiques,
n'aurait pas plus de droit de faire les mêmes reproches à
nos auteurs, si, sur le seuil de la langue française, ils y
rencontraient, pour la première fois, des noms et des faits
empruntés à la fable et à la mythologie, ou des citations,
par exemple, d'Horace, tels que *Non missura cutem.* —
Ecce iterum Crispinus. — Desinit in piscem, etc., que
nous appliquons, sûrs d'être compris de tous les gens instruits, à un poète insipide qui nous assomme de ses vers,
sans nous faire grâce d'un seul, — à l'apparition nouvelle d'un personnage ridicule, — à une œuvre de la peinture ou de la poésie dont les beautés sont défigurées par
de graves défauts.

J'ajouterai, toutefois, pour la justification des personnes

qui ont pu se tromper dans l'interprétation de passages
analogues à ceux qu'a signalés M. Abel Rémusat, que les
difficultés qui l'ont arrêté étaient d'autant plus réelles
qu'il n'existe jusqu'à ce jour aucun dictionnaire propre à
en donner la solution. Cela est si vrai, que les sinologues
européens qui résident en Chine, ceux qui parlent le chinois comme leur propre langue, sont obligés, dans le même cas, de consulter un ou plusieurs docteurs indigènes,
qui leur expliquent ces difficultés dans une paraphrase
vulgaire. C'est ce qui résulte du témoignage de l'habile sinologue, M. Robert Thom, précédemment interprète du gouvernement anglais, à Canton, et aujour-
d'hui consul-général à Ning-po. « Sans l'assistance de
» mon Siên-sing (mon maître de chinois), ces pages,
» dit-il (Préface de la Nouvelle intitulée *Wang-kiao-*
» *loûn*, qu'il a traduite en anglais) n'auraient jamais
» été écrites. » Le P. Premare lui-même, auteur de la
meilleure grammaire chinoise, qui traduisit à Peking,
après un séjour de 30 ans, la prose du drame célèbre de
l'Orphelin de la Chine, s'excuse ainsi dans sa préface
d'avoir passé toute la partie lyrique de la pièce : « Ces
» vers, dit-il, sont remplis d'allusions à des faits qui
» nous sont inconnus, et de figures de langage dont nous
» avons de la peine à nous apercevoir. »

Cependant, ce même drame chinois fut traduit *en entier*
et publié à Paris, en 1835, par la personne qui écrit ces
lignes, et qui, sans avoir jamais mis le pied en Chine
où elle aurait pu profiter de l'assistance des maîtres
indigènes, n'a dû qu'à une lecture assidue des auteurs
et à une infatigable persévérance, l'intelligence de difficultés réputées jusque-là insurmontables pour les Européens. Son exemple n'a pas été sans fruits, car, peu de
temps après, M. Bazin, l'un de ses élèves, aujourd'hui
professeur de chinois vulgaire, a pu traduire, sans passer
un seul vers, le premier volume du théâtre chinois et la
comédie intitulée : *l'Histoire du Luth*. Je m'estimerais
heureux si ma nouvelle traduction avait encore de semblables résultats.

Il me reste à dire quelques mots du genre de publication que j'ai adopté. Suivant le cours ordinaire des choses,
ce roman aurait été tiré à 500 exemplaires, et si ce nombre eût suffi grandement aux étudiants et aux sinologues,
il eût été presque inutile pour donner à la majeure partie
du public, sur les mœurs et le goût littéraire des Chinois,
des idées plus justes que celles qui sont généralement reçues. J'ai cru en conséquence que le seul moyen d'atteindre ce but, était de recourir à la publicité que peut procurer journal estimé et très répandu.

Paris, le 24 mai 1845.

STANISLAS JULIEN.

平 山 冷 燕

PING   CHÂN   LING   YÊN

ou

LES DEUX JEUNES FILLES LETTRÉES,

ROMAN CHINOIS,

TRADUIT PAR STANISLAS JULIEN, DE L'INSTITUT,

PROFESSEUR DE LANGUE CHINOISE AU COLLÉGE DE FRANCE.

PREMIÈRE PARTIE.

CHAPITRE PREMIER.

Sous une dynastie illustre et florissante des temps passés, le fils du ciel suivait la droite voie, l'empire jouissait d'une paix profonde, les officiers civils et militaires se distinguaient par leur droiture et leur vertu et les peuples vivaient heureux.

A cette époque, l'empereur avait fixé sa cour à Yên-king; il tenait sous sa puissance les neuf provinces, et gouvernait d'un bras ferme toutes les parties de ses états. Grâce à l'harmonie des saisons, chaque année était féconde et produisait toute sorte de fruits en abondance.

Dans la ville de Tchang'an, on comptait neuf portes et cent carrefours, six grandes rues, trois marchés, trente-six maisons de plaisir et soixante-douze pavillons où résonnaient sans cesse la flûte et la guitare. On voyait circuler en foule des magistats en costume de cérémonie; l'air retentissait au loin du bruit des coursiers et des chars, les hommes du peuple chantaient, en se livrant à des jeux bruyans; partout on se réjouissait au son des instrumens de musique. Chacun éprouvait réellement l'heureuse influence de la paix et de la prospérité publique, et l'on se sentait ranimé par ce souffle heureux qui vivifie et régénère les peuples.

Un jour, le fils du ciel s'étant rendu de bonne heure au palais, les officiers civils et militaires vinrent en foule lui présenter leurs hommages et leurs félicitations. La cloche du matin résonnait dans la salle d'or et la garde divine était rangée sur les dégrés de jade; c'était un spectacle aussi magnifique qu'imposant. Après que tous les magistrats eurent fini de se prosterner devant l'empereur et de lui souhaiter de vivre dix mille années, chacun d'eux rentra dans son rang et y resta droit et immobile.

Tout-à-coup un officier au palais s'écria à voix haute : S'il y a quelque affaire importante, qu'on se hâte de l'annoncer à Sa Majesté.

Il n'avait pas achevé de parler, qu'on vit sortir des rangs un magistrat; il portait un bonnet de crêpe noir et tenait, dans sa main, une tablette d'ivoire. Il se jette à genoux sur les dalles rouges et s'écrie : « Thang-kîn, président du tribunal impérial d'astronomie, a un évènement important à annoncer. »

L'empereur lui ayant fait demander quel était cet évènement : « Cette nuit, répondit-il, comme j'observais l'aspect du ciel, j'ai vu des nuages et des vapeurs d'heureux augure, envelopper le cercle circompolaire ; j'ai vu des étoiles dont l'éclat annonce la joie et le bonheur, briller près de la route jaune (l'écliptique). A ces signes on reconnaît que le fils du ciel est saint et éclairé, que le gouvernement suit la droite voie et que l'empire goûte les douceurs de la paix. Votre sujet en a été comblé de joie et a voulu en informer respectueusement Votre Majesté. J'ose la supplier d'ordonner au tribunal des rites de publier, dans tout l'empire, un décret de félicitations, et d'exalter la paix, l'harmonie et les changemens salutaires que la génération présente doit à notre auguste souverain. J'ai observé en outre que les six étoiles de Wén-tchang, brillaient d'un double éclat. Cela annonce que des lettrés éminens du jardin de la littérature, répandront un grand lustre sur votre administration sage et éclairée. Que les nombreux fonctionnaires qui se trouvent dans le palais ou en dehors de la cour, soient capables de remplir cette mission, il n'y a pas de quoi s'en étonner; mais ce qui est digne d'exciter l'admiration, c'est que la constellation

Koueï-pi répandait des flots de clarté qui inondaient l'univers. C'est signe que, dans l'empire, il doit naître des hommes d'un génie extraordinaire, qu'on n'aura vus dans aucun siècle. Semblables au Ki-lin et au phénix, ils se tiendront cachés dans des asiles profonds et reculés; il est à craindre qu'on ne puisse les trouver tous par une voie régulière et les envelopper dans le filet (des concours). Je supplie Votre Majesté de convoquer le tribunal des rites, afin qu'après avoir mûrement délibéré, il envoie dans les différentes parties de l'empire des commissaires pour rechercher et découvrir les hommes capables de vous seconder dans vos augustes desseins. »

Le fils du ciel ayant entendu ce rapport, une vive allégresse éclata sur sa face majestueuse. « Puisque les astres, dit-il, offrent d'heureux présages, c'est un gage de bonheur pour les dix mille peuples de l'empire. Si, malgré ma petitesse et mon indignité, j'ai obtenu de vivre en paix au-dessus des hommes, c'est vraiment par l'effet d'un heureux hasard. Comment pourrais-je souffrir qu'on me loue de faire fleurir la paix et de pratiquer la droite voie? Je n'approuve pas qu'on me décrète des félicitations; mais puisque l'empire voit naître de toutes parts des hommes d'un talent extraordinaire, ce n'est pas se tromper que de les croire annoncés par des signes célestes. Or, les hommes de talent sont le trésor du royaume; je ne puis permettre qu'ils restent cachés dans l'obscurité. J'ordonne au tribunal des rites de délibérer sur ce point, et d'envoyer des commissaires pour les rechercher et les découvrir. »

A peine cet ordre impérial était-il rendu, que le président du tribunal des rites sortit des rangs. « Sire, dit-il, » puisque la sainteté des lumières de Votre Majesté ont » été annoncées par des signes célestes, il était conve- » nable de décréter des félicitations. En s'y refusant par » excès d'humilité, le souverain qui mérite de vivre dix » mille ans, n'a fait que montrer davantage la grandeur » de sa sainte vertu. Cependant, le progrès des mœurs » publiques a une liaison intime avec les révolutions de » chaque époque; comment pourrait-on le tenir caché et » ne pas le révéler au grand jour? Quand même, pour dé- » férer aux sentimens de Votre Majesté, nous ne publie- » rions pas dans l'empire un décret de félicitations, tous » les magistrats, grands et petits, qui se trouvent dans la » capitale, doivent vous présenter des lettres de congra- » tulation, pour mettre en lumière et pour glorifier l'heu- » reuse influence de Votre Sainteté qui s'offre, comme un » modèle sublime, aux générations futures. Puisque l'em- » pire voit naître, de toutes parts, des hommes d'un mé- » rite extraordinaire, qui restent cachés dans une obscure » condition, il est conforme aux rites d'envoyer des com- » missaires chargés de les rechercher et de les découvrir, » afin de faire éclater l'immense intérêt que Votre Majesté » porte au vrai talent. Mais d'après les lois établies par » les ancêtres de Votre Majesté, il est d'un usage constant » de choisir les lettrés, au moyen d'un concours; si on les » appelle maintenant en vertu d'une ordonnance, il s'en » suit qu'on leur donnera arbitrairement des emplois. » Par là, les examens publics seront réduits à néant. Ce » serait, je crains, s'écarter des vues qui ont guidé vos » ancêtres lorsqu'ils ont fondé les concours. Voici mon

humble opinion : Le parti le plus utile est de recom- » mander aux directeurs des collèges de chaque province, » de donner des ordres sévères aux magistrats des villes » de premier et de troisième ordre, pour qu'à l'époque des » examens annuels ou du concours général, ils s'appli- » quent ardemment à rechercher en dehors du nombre » régulier des concurrens inscrits, les hommes d'un vrai » talent et à les porter d'office sur la liste du concours. » Qu'on décide en outre que les magistrats des villes » de premier et de troisième ordre, obtiendront de l'avan- » cement ou se verront abaissés suivant qu'ils auront dé- » couvert ou négligé de signaler des hommes de talent. » De cette manière, on pourra chercher les hommes de » mérite au moyen des concours, et l'on n'en perdra au- » cun. De plus, on ne violera pas les lois établies; ce sera » un double avantage. Je supplie notre auguste souverain » d'examiner cette question et de la décider. »

Le fils du Ciel fut enchanté de ce rapport. « Les avis de » Votre Excellence, dit-il, sont d'une parfaite justesse. » J'ordonne qu'on se conforme à votre proposition et » qu'on l'exécute sur-le-champ. »

Les membres du tribunal des rites ayant reçu ce décret, s'avancèrent à la tête de tous les autres magistrats et saluèrent l'empereur en lui souhaitant de vivre dix mille années.

Après avoir reçu leurs hommages, le fils du ciel rentra dans son palais, et tous les magistrats se retirèrent.

Ce jour-là, dès que le tribunal des rites eut publié l'ordre impérial, tous les mandarins, grands et petits, qui se trouvaient dans la capitale, écrivirent chacun une lettre de félicitations et vinrent, l'un après l'autre, la présenter à l'empereur. Ces lettres, qui n'avaient d'autre but que de louer les mérites du souverain et d'exalter ses vertus, n'é- taient pas d'une grande conséquence; mais chacun d'eux, fier de montrer son talent, avait déployé toutes les res- sources de l'art et toutes les richesses du style. Le fils du ciel se rendit en personne dans la salle latérale et les examina lui-même avez le plus grand soin. Il remarqua dans toutes ces pièces, des expressions d'une beauté mer- veilleuse et des passages faits pour exciter l'admiration; son ame sainte en fut transportée de joie. « Puisque tout » l'empire possède, dit-il, un si grand nombre de sujets » doués de talents, je reconnais que le président du tri- » bunal de l'astronomie ne m'a point trompé, en annon- » çant la splendeur éclatante de la constellation Wén- » tchang. Je suis touché des félicitations que m'ont pré- » sentées tous les magistrats; il convient que j'y réponde » en les invitant à un banquet solennel. Par là je montre- » rai, comme un magnifique spectacle, le prince et tous » les sujets d'une même époque qui partagent la même » joie. »

Aussitôt, il ordonna à tous les magistrats de se réunir le douzième jour de la troisième lune, auprès de la porte appelée Touân-mèn, pour prendre part au banquet im- périal.

Dès que ce décret fut rendu, tous les magistrats firent éclater, en battant des mains et en dansant, leurs trans- ports de joie et de reconnaissance.

Le jour du festin étant arrivé, on put juger que le gou- vernement était vertueux et que le ciel lui était favora-

ROMAN CHINOIS.

ble. En effet, ce jour-là, le ciel était pur et l'atmosphère transparente; le soleil répandait une douce chaleur, le vent était calme, et une multitude de fleurs étaient épanouies. Le fils du ciel se rendit en personne à la porte appelée Touân-mên. Au bas des degrés qui y conduisaient, on voyait étalés avec ordre les mets du festin impérial. Lorsque tous les magistrats eurent fini de présenter leurs hommages à l'empereur, il ne resta que quelques membres du conseil privé (quelques ministres) qui prirent place à la table impériale. Tous les autres fonctionnaires, suivant l'importance du bureau dont ils faisaient partie, étaient rangés et assis, par ordre de grade, au bas des degrés. Sur chaque table, le fils du ciel ordonna de placer un pot de fleurs renommées du jardin impérial, afin que les convives goûtassent les charmes du printemps. En entendant cet ordre, tous les magistrats frappèrent la terre de leur front pour le remercier de ce nouveau bienfait; puis chacun alla s'asseoir à sa place. Au bout de quelques instans, on entendit résonner la musique du *Dragon* et du *Phénix*, et l'on vit servir dans des vases de jade les mets les plus recherchés que produisent les montagnes et les mers. On peut dire avec vérité que tout le luxe des hommes ordinaires ne saurait se comparer à la richesse et à la magnificence de l'empereur. Nous tâcherons d'en donner une idée.

« La fortune de l'empire brillait d'un éclat éternel; on
» contemplait celui qui se dit un simple mortel (l'empe-
» reur), comme le soleil et la lune qui règnent au milieu
» du ciel; ses augustes bienfaits s'étendaient comme une
» mer sans bornes; mille magistrats étaient réunis dans
» la salle de la fleur Fou-yong (*hibiscus rosa sinensis*); les
» beautés du printemps inondaient le palais de Kièn-
» tchang, l'oreille était charmée des modulations du lo-
» riot dont l'aile effleurait la terre; tout le palais, resplen-
» dissant de bannières rouges, vous énivrait de couleurs
» éblouissantes. Les mets provenaient des parcs de l'em-
» pereur. On y remarquait des foies de dragons, de la
» moelle de phénix, des petits de léopards, des lèvres de
» Sing-sing, des bosses de chameau, des paumes d'ours,
» des grillades de Hiao et des queues de carpes. Les pro-
» duits les plus recherchés des montagnes et des mers,
» étaient étalés avec profusion; on ne finirait pas de dé-
» crire les saveurs exquises des huit trésors de la table.
» La musique qui résonnait était celle du palais. On
» ne se lassait pas d'entendre les paroles et les sons
» harmonieux de ces airs neuf fois répétés. Du milieu des
» rangs, les riches costumes étincelaient aux rayons du
» soleil. On voyait des vêtemens ornés de cigognes, de fai-
» sans dorés, de paons, d'oies, de faisans blancs, de cor-
» morans, de huppes, de cailles, de pies, de loriots. Ceux
» qui portaient ces vêtemens, étaient placés, les uns en
» avant, les autres en arrière, et formaient une multitude
» aussi nombreuse qu'imposante. Au bas des degrés,
» les bonnets et les diadèmes brillaient comme des
» étoiles. On distinguait le bonnet de ceux qui présen-
» tent les sages (le bonnet des lettrés), le bonnet de
» lynx (celui du bourreau), le bonnet de faisan doré (celui
» des surintendans de chaque ministère), le bonnet à ai-
» les de cigale (celui du guerrier), le bonnet à queue de
» pie (celui d'un chef de canton), le bonnet à colonne de

fer (celui du juge criminel), le bonnet à surface dorée
» (celui des astronomes), le bonnet de ceux qui repoussent
» les méchans (celui des gardiens du palais), le bonnet de
» l'amitié et de la déférence (celui du magistrat qui en-
» seigne les rites à observer envers les hôtes). Tous ces
» officiers étaient remplis d'une crainte respectueuse. Les
» uns se retiraient, les autres accouraient pour recevoir,
» de près, les ordres bienveillans du souverain; ils con-
» templaient tous la joie qui animait le visage céleste
» (c'est-à-dire de l'empereur); tous sentaient avec émotion
» la douce rosée (de ses bienfaits) qui se répandait d'une
» manière égale; tous savaient que sa bonté ne connaît
» pas la partialité. Ils transmettaient ses ordres féconds
» en bienfaits, et, en distribuant des arcs rouges, ils fai-
» saient éclater la droiture de son cœur. Se courbant avec
» humilité pour accomplir leurs devoirs, ils célébraient la
» protection du ciel (de l'empereur) qui les énivrait et les
» rassasiait de ses grâces; ils juraient de déployer tout
» leur zèle et de lui obéir avec amour.

» Lorsque le prince disait *oui*, souvent les ministres di-
» saient *non*; ils auraient rougi de se prêter à des flatte-
» ries complaisantes. Ils désiraient ne pas se retirer sans
» être ivres; mais, comme il y avait à gauche un inspec-
» teur et à droite un historien, quel est celui qui aurait
» osé manquer aux convenances? Le prince, voulant met-
» tre le comble à la joie de ses officiers, leur faisait distri-
» buer, par respect pour les anciens usages de sa dynas-
» tie, la chanson où l'on célèbre les ministres énivrés par
» ordre impérial. Les sujets émus des bienfaits de l'empe-
» reur, choisissaient quelques-unes des meilleures exhor-
» tations des siècles passés, et lui présentaient, avec une
» noble fermeté, la pétition pour l'éloignement d'Y-ti (qui
» inventa l'art de faire du vin). Jamais on ne rencontra
» des circonstances plus brillantes ni plus heureuses. Au
» bruit des tambours et des cloches, des flûtes et des gui-
» tares, aux sons de la musique, *du vent, des nuages, du
» dragon et du tigre*, on vidait des coupes joyeuses. Le
» ciel et la terre étaient unis dans une douce allégresse;
» on souhaitait à l'empereur une longévité de dix mille
» ans, une existence sans bornes, comme celle du soleil
» et de la lune, des montagnes et des collines. »

Après que le prince et les sujets eurent bu assez long-temps, les membres du conseil privé (les ministres) voyant que la musique avait été exécutée à trois reprises, et que le vin avait circulé neuf fois; craignirent que la multitude des officiers ne se laissât troubler par le vin et ne s'écartât des convenances. Ils quittèrent, en conséquence, leurs sièges, et, se mettant à la tête des convives, ils allèrent se prosterner devant l'empereur : « Sire, dit l'un d'eux, grâce à votre bonté sainte, nous avons pris part à un splendide festin; à peine pouvions-nous espérer ce beau jour où vous nous avez énivrés et rassasiés de vos augustes bienfaits, mais nous craignons que quelques personnes ne boivent avec excès et ne s'oublient dans l'ivresse, au point de manquer aux convenances et de blesser les lois du royaume; en conséquence, nous venons, à la tête des magistrats, vous offrir nos actions de grâces. »

L'empereur leur ordonna d'abord de se relever, puis, leur adressant la parole :

« Avant-hier, le président du bureau impérial d'astro-

» nomie m'a annoncé que les astres offraient d'heureux
» présages et m'en a rapporté le mérite. Un juste senti-
» ment de crainte m'a empêché d'accepter cet éloge; mais
» les ministres n'ont point admis mes excuses, et m'ont en
» outre présenté des lettres remplies de louanges pom-
» peuses. Je ne possède nulle vertu qui m'autorise à ac-
» cepter ces éloges. C'est pour moi un nouveau motif de
» rentrer en moi-même et de m'examiner avec crainte.
» Quoi qu'il en soit, on peut en conclure que le prince et
» les sujets se ressemblent par leurs vertus et par leurs
» sentimens; c'est pourquoi j'ai choisi ce jour de prin-
» temps pour m'énivrer gaiement avec mes grands offi-
» ciers, et montrer au monde les idées charmantes qui
» animent, en ce moment, tant de personnages renommés
» par leurs lumières et par leurs vertus. Afin de mieux
» satisfaire le vœu de notre cœur, nous nous affran-
» chirons un peu des cérémonies et de l'étiquette. Nous
» ne saurions, il est vrai, imiter les désordres et les excès
» des anciens qui passaient les nuits à boire; mais,
» comme les jours du printemps sont déjà longs, nous
» aurons grandement le loisir de nous délecter ensemble.
» Songez uniquement à épuiser toutes les douceurs de la
» joie. Quand il vous échapperait de légères fautes, je n'y
» ferais pas attention. »

« Sire, dit un des membres du conseil d'état, puisque
telle est l'immensité de vos bienfaits, on croirait voir ici,
non seulement un prince avec ses sujets, mais encore un
père avec ses enfans. Quand nous sacrifierions tous notre
vie pour vous servir, comment pourrions-nous vous témoigner dignement notre reconnaissance? Nous obéirons
respectueusement à vos ordres. »

« Je vois, ajouta le prince, que le sublime et auguste
empereur qui a fondé notre dynastie, toutes les fois qu'il
traitait ses officiers, tenait absolument à ce qu'on lui fît
entendre des vers ou des chansons d'un mérite distingué.
Avant-hier, le président du bureau impérial de l'astronomie, m'a annoncé que la constellation Wén-tchang avait
brillé d'un éclat extraordinaire. C'est signe, suivant lui,
qu'il existe, dans le jardin de la littérature, des lettrés
éminens qui prêteront le secours de leurs lumières à une
administration sage et éclairée. J'ai examiné hier les lettres de félicitation que m'ont adressées tous les magistrats; elles sont d'un style châtié et d'une écriture élégante. Beaucoup d'entre eux ont fait preuve d'un talent
extraordinaire. On peut dire que cette époque est la plus
brillante de notre siècle. Dans ce jour de printemps, qui
voit les génies et les dragons (c'est-à-dire les hommes de
mérite) réunis ensemble, il est juste qu'on compose quelques chansons ou quelques pièces de vers libres que nous
puissions transmettre à la postérité, afin que la solennité
pompeuse de ce jour ne s'éteigne pas dans l'oubli. »

« Sire, dit l'un des membres du conseil d'état, Thang et
Yu (Yao et Chùn) chantaient (c'est-à-dire, exprimaient,
en chantant, des maximes vertueuses), les ministres Yu
et I-tsi les saluaient et exaltaient leurs paroles. Depuis la
haute antiquité, ils ont eu pour émules beaucoup de saints
empereurs et de sages ministres. Les édits émanés de notre illustre souverain, sont le principal ressort de son administration sage et éclairée; il convient d'en adresser un
aux nombreux officiers de Votre Majesté, pour qu'ils com-

posent, soit des éloges ou des remontrances, soit des pièces de vers réguliers ou libres, et ajoutent ainsi à l'éclat
de votre règne sublime. »

L'empereur fut enchanté de ces paroles. Comme on était
encore occupé à causer et à discourir, tout-à-coup deux
hirondelles blanches descendirent du milieu des airs, et
vinrent voltiger devant l'empereur. Tantôt elles se balançaient à droite ou à gauche, tantôt elles s'élevaient ou s'a-
baissaient. La légèreté et la grâce de leur vol capricieux
rappelaient les mouvemens d'une danseuse qui décrit de
larges cercles ou pirouette sur elle-même. C'était quelque chose de charmant à voir! Le fils du Ciel les ayant
regardées avec attention, son ame sainte en fut comblée
de joie. « Si l'on estime, dit-il, la couleur blanche dans
les oiseaux, c'est sans doute parce qu'on les croit d'une
espèce différente; qu'en dites-vous? »

« Sire, répondit l'un des ministres, nos connaissances
sont trop faibles pour que nous puissions en approfondir
la cause et l'expliquer nettement. S'il m'était permis de
former, avec mon esprit obtus et vulgaire, quelques conjectures, j'y verrais peut-être cette idée de Confucius:

« La peinture d'un tableau vient après la blancheur du
fond. »

L'empereur hocha la tête en signe d'approbation; puis,
l'interrogeant encore. « Savez-vous, dit-il, si la tradition
» nous a conservé quelques jolies pièces de vers des an-
» ciens sur les hirondelles blanches? »

« Sire, répondit l'un des ministres, comme nous rem-
plissons, à notre honte, la charge de membres du conseil
d'état, nous sommes accablés par les affaires administratives, et il y a long-temps que nous avons cessé de cultiver
la poésie et la Wén-tchang (style élégant). En vérité, nous
en avons perdu tout souvenir. Nous vous prions d'adresser un décret aux membres de l'Académie des Hân-lin;
vous en trouverez qui seront en état de vous satisfaire. »

L'empereur n'avait pas encore ouvert la bouche, lorsqu'un académicien nommé Sié-kién qui avait la charge
de lecteur impérial, sortit des rangs et se prosterna à
terre. « Sire, dit-il, ce n'est pas que les hirondelles blanches n'aient été célébrées en vers sous les dynasties des
Hân et des Thang; seulement, la tradition ne nous a
conservé aucune de ces pièces qui ait un mérite réel;
c'est pourquoi nous n'avons pu en voir une seule. Au
commencement de cette dynastie, Chi-ta-pên a composé à
ce sujet une pièce en vers de sept syllabes; elle est écrite
avec art et efface toutes celles de la même époque. Le talent qui y brille, l'a fait mettre au nombre des morceaux
célèbres. Youén-kaï, qui vint quelque temps après, était
charmé de cette pièce; mais il y trouvait un défaut, c'é-
tait d'offrir des idées trop transparentes et trop palpables.
Il composa aussi, sur les mêmes rimes, une pièce en vers
de sept syllabes; mais son esprit, ami du vague, n'a ef-
fleuré que la partie la plus délicate et la plus subtile du
sujet. Il a obtenu également les éloges des contemporains,
et ses vers sont regardés comme infiniment supérieurs à
ceux de son temps. »

Quoique le goût du public juge différemment ces deux
morceaux, cependant, ils peuvent aller de pair. Ces deux
pièces de vers sur les Hirondelles blanches, ont atteint le
sublime du genre; c'est pourquoi, jusqu'à ce jour, on n'a

pas entendu parler de poète qui ait osé traiter de nouveau le même sujet.

— « Votre Excellence se les rappelle-t-elle? demanda le fils du Ciel.

» Je me les rappelle parfaitement, répondit Sié-kiên.

» Puisque Votre Excellence se les rappelle, je vous prie de les transcrire et de me les faire voir. »

A ces mots, il ordonna aux officiers qui étaient à ses côtés de lui donner un pinceau et du papier.

Sié-kiên obéit et, étant retourné à sa place, il écrivit soigneusement ces deux pièces de vers et les présenta à l'empereur.

Un officier qui était près de lui les reçut et les déposa sur la table du dragon. Le fils du ciel déploya la feuille, et y ayant jeté les yeux, lut la pièce suivante de Chi-ta-pên.

PIÈCE DE CHI-TA-PÊN.

« Chaque année, au printemps, elles reviennent chargées de neige (1);

» Dans la cour de la salle qu'embellissent les fleurs du Haï-tang (*Pyrus japonica*), elles rivalisent de blancheur avec la lune;

» Douze jalousies ornées de perles les enveloppent en se relevant;

» Une paire de ciseaux de jade (un couple d'hirondelles) vole en haut et en bas;

» Les princes et les comtes de l'empire vantent *la gorge violette* (sorte d'hirondelle).

» Dans le royaume, tous les hommes estiment *les vêtemens noirs* (2);

» Sur les fleuves et les lacs, combien de cormorans et de mouettes doivent faire serment de s'unir en couples et de pêcher ensemble au milieu des brisans! »

PIÈCE DE KAI-YOUÊN.

« Les événemens des anciens royaumes ont disparu comme les nuages qu'emporte le vent;

» Il y a bien peu d'hommes qui connaissent Wang-sié (3) dont la fortune a brillé dans les siècles passés;

» Lorsque la lune s'élève, son disque brillant ne paraît pas d'abord à la surface de la rivière Hân;

» La neige remplit les jardins de Liang, et *elles* ne reviennent pas encore;

» L'odeur des fleurs de saules qui bordent les lacs et les étangs, me suit jusque dans mes songes;

» Dans la salle où fleurit le poirier (nain), le froid pénètre mes vêtemens;

» Dans la maison de Tchao, combien de sœurs sont animées d'une jalousie mutuelle!

» Ne *les* envoyez pas voler (4) dans le palais de Tchao-yang. »

---

(1) Allusion au plumage des hirondelles blanches.

(2) Cette expression a une double entente : elle désigne à la fois *les vêtemens noirs* que l'on porte et *la noir-vêtue*, c'est-à-dire l'hirondelle noire.

(3) Pour sentir la finesse de cette allusion historique, il faut connaître ce passage d'un poëte célèbre : « Les hirondelles descendent du haut des riches palais de Wang-sié pour se reposer sur la cabane du pauvre. »

(4) C'est-à-dire, de peur que la vue de ces sœurs jalouses n'altère l'amitié qui les fait voler en couples.

Le fils du ciel examina, avec un vif plaisir, les deux pièces de vers et ne put s'empêcher d'en faire un éloge pompeux. « En vérité, s'écria-t-il, leur réputation n'est » point usurpée. La composition de Chi-ta-pên est gra- » cieuse quoiqu'un peu transparente; celle de Youên- » kaï est d'une subtilité délicate quoiqu'un peu vague. En » vérité, ces deux pièces de vers sont d'un mérite égal; » mais, d'où vient que les sujets des règnes précédens ont » eu des talens aussi distingués? »

Il examina encore long temps ces compositions, et, prenant de nouveau la parole : « S'il se trouve, dit-il, parmi » les magistrats du palais, qui tous excellent dans la litté- » rature, quelqu'un qui puisse composer, sur *les hiron- » delles blanches*, une nouvelle pièce de vers digne d'être » mise au premier rang, à côté de celles de Chi-ta-pên et » de Youên-kaï, je lui accorderai une récompense sans » pareille. »

En entendant cet ordre suprême, tous les officiers se re- gardèrent l'un l'autre, sans qu'aucun osât répondre à cet appel.

Le fils du ciel, les voyant tous muets et silencieux, en éprouva un vif chagrin et, les interrogeant encore : « Si » parmi tant de magistrats, dit-il, si, dans cette multitude » de lettrés qui m'entourent, il n'y a pas un seul homme » qui ose obéir à mes ordres, c'est peut-être que vous » avez peu d'estime pour moi et ne me jugez pas digne de » parler poésie; peut-être aussi que les talens des » modernes sont loin d'égaler ceux des anciens. »

Les membres de l'Académie du Hân-lîn ne pouvant plus garder le silence, l'un d'eux s'avança et, prenant la pa- role : « Notre devoir, à tous, dit-il, est de servir le sou- » verain avec notre pinceau; comment ne pourrions-nous » composer une pièce de vers sur *les hirondelles blanches*? » De plus, nous avons reçu un décret de Sa Majesté; » comment oserions-nous ne pas composer? Mais Chi-ta- » pên et Youên-kaï ont composé, avant nous, deux piè- » ces où ils ont peint, avec un art infini, la merveille que » présentent *deux hirondelles blanches*. Quand nous dé- » ploierions tous nos efforts pour les décrire fidèlement, » nous craindrions de ne pouvoir nous élever au-dessus » d'eux. Voilà pourquoi tous vos officiers reculent devant » cette tâche n'osent pas répondre à votre appel. Jadis, » sous la dynastie des Thang, Souï-hao ayant inscrit des « vers sur le pavillon de la grue jaune, Li-taï-pé les vit « et s'avoua vaincu; depuis cette époque il cessa de com- » poser des vers. Nous avons tous éprouvé le même senti- » ment. Nous supplions Votre Majesté de nous excuser et » de nous faire grâce; mais si l'on pouvait nous accuser » de vous montrer du mépris ou du dédain, nous mérite- « rions de subir dix mille morts.

« Vos raisons sont justes, reprit l'empereur, et je ne » puis m'empêcher de les accepter; mais aujourd'hui nous » sommes tous réunis dans les plus heureuses circons- » tances: les *génies* et les *dragons* (les hommes de mérite) » sont rangés devant mes yeux; les coryphées de la litté- » rature remplissent le palais; on peut dire que c'est une » rencontre merveilleuse dont on ne trouverait pas » d'exemple dans un espace de dix mille ans. Mais si » vous vous regardez les uns les autres sans pouvoir com- » poser, à ma demande, une pièce de vers sur *les hiron-*

» delles blanches, vous ferez un tort grave aux lumières
» et au savoir de l'administration. Je ne veux pas solli-
» citer Vos Excellences avec trop d'insistance. »

Les membres de l'Académie des Hân-lîn étaient sur le
point de prendre la parole, lorsqu'on vit sortir des rangs
du conseil-d'état, un personnage éminent : il s'avança en
tenant une table d'ivoire devant sa poitrine et, se prosternant jusqu'à terre : « Votre humble sujet, dit-il, possède
» une pièce de vers sur *les hirondelles blanches*; si Votre
» Majesté daigne me pardonner ma témérité, j'oserai les
» lui transcrire et les mettre sous ses yeux. »

L'empereur l'ayant regardé avec attention, reconnut en
lui le ministre Chân-hiên-jîn; alors, adoucissant son visage : « Sage maître, lui dit-il, si vous avez une pièce de
» vers sur *les hirondelles blanches*, elle doit être d'une
» beauté remarquable; je lui voue d'avance toute mon
» estime et mes respects et je désire vivement la voir.
» Comment m'auriez-vous offensé? Comment auriez-vous
» besoin de me demander pardon d'avance? »

« Sire, répondit Chân-hiên-jîn, cette pièce de vers
» n'est pas de ma composition; elle appartient à la petite-
» fille de votre humble sujet, à Chân-taï qui l'a composée
» dans l'appartement intérieur, sur les rimes des deux
» pièces précédentes. Vû le style vulgaire de ma petite-
» fille, je ne devrais pas en importuner Votre Majesté;
» mais voyant qu'elle était impatiente de voir de la poésie,
» et que vos officiers éprouvaient quelque embarras à
» composer des vers de sept syllabes, j'ai osé ouvrir la
» bouche au risque de la vie, afin de consoler un peu vo-
» tre auguste cœur. »

L'empereur fut ravi d'entendre ce langage : « Excellence,
» dit-il, si votre petite-fille est habile en poésie, c'est une
» chose encore plus extraordinaire; hâtez-vous de trans-
» crire sa composition et de me la présenter. »

Chân-hiên-jîn, pour obéir à cet ordre, demanda aussitôt
aux officiers qui étaient à ses côtés un pinceau et un encrier; puis, ayant transcrit les vers, il les présenta à l'empereur.

Le fils du ciel les prit lui-même, et, après avoir déplié
la feuille de papier, il lut en tête :

Vers sur les Hirondelles blanches, *composés sur les rimes*
des deux pièces originales de Chi-ta-pên et de Youên-kaï.

VERS DE CHAN-TAI.

« Lorsque le soleil couchant est suspendu à l'horizon, les
cœurs *candides* (1) sont bien rares.

» Je me retire et me cache loin des débats du monde, au
milieu des fleurs des poiriers ;

» Je m'en vais *pâle* et je rougirais d'emprunter la couleur
du corbeau ;

» Je reviens maigre et je ne permets qu'à la *neige* d'augmenter mon embonpoint ;

» Si je reviens en volant, je laisse encore voir *mon ombre* (2)
au milieu des ténèbres de la nuit ;

(1) Il y a en chinois : les cœurs *blancs*.
(2) Elle veut dire qu'au milieu de la nuit on aperçoit son
blanc plumage.

» Quoique j'enlève avec mon bec toute la pourpre du printemps, je n'ai pas besoin de *laver mes habits*;

» Combien d'ames charmantes s'égarent au milieu des colonnes peintes!

» Lorsqu'on relève les jalousies, moi seule je reviens avec
ma *robe sans tache.* »

Le fils du ciel, ayant fini de lire ces vers, ne put contenir son admiration. « La forme est savante, s'écria-t-il, et
» le style est d'une rare noblesse. Plus j'examine ces vers
» et plus je les crois dignes de passer avant ceux de Chi-
» ta-pên et de Youên-kaï. Je ne puis croire qu'il existe,
» dans l'appartement intérieur, un talent aussi distin-
» gué. » Puis, regardant Chân-hiên-jîn : « Est-il bien
» vrai, lui demanda-t-il, que la fille de Votre Excellence
» en soit l'auteur?

« Ils sont en effet de sa composition, répondit Chân-
» hiên-jîn; comment oserais-je tromper Votre Majesté? »

L'empereur n'en fut que plus enchanté. « Combien de
» dizaines d'années compte aujourd'hui votre fille? lui
» demanda-t-il.

» Sire, répondit Chân-hiên-jîn, la fille de votre sujet
» vient d'entrer dans sa dixième année.

» Voilà qui est encore plus extraordinaire, s'écria l'em-
» pereur, dont l'étonnement et la joie s'accroissaient par
» degrés. Comment est-il possible qu'une fille de dix ans
» soit capable d'écrire avec un style si rare et si admira-
» ble qui efface les écrivains des siècles passés? Peut-être
» que la fille de Votre Excellence a ébauché cette compo-
» sition, et que vous y avez mis la main pour lui donner
» du poli et de l'éclat.

« Chaque expression, dit Chân-hiên-jîn, a été tracée
» par ma petite fille elle-même dans l'appartement inté-
» rieur. Votre sujet n'y a vraiment changé aucun mot.

« S'il en est réellement ainsi, reprit l'empereur, on
» peut dire que, parmi les femmes de talent, c'est un en-
» fant doué d'un génie divin. »

Il prit de nouveau les vers, et après les avoir récités
lentement et avec délices, il éclata d'une joie soudaine et,
frappant la table de sa main : « Plus je les examine, dit-
» il, et plus j'y trouve de grâce, d'élégance et de parfum;
» toutes les expressions en sont charmantes et semblent
» exhaler les plus suaves odeurs! Sage maître, ajouta
» l'empereur en regardant Chân-hiên-jîn, pour que
» vous ayez donné le jour à une telle fille, il faut qu'elle
» ait été formée des vapeurs les plus subtiles des monta-
» gnes et des rivières. Les filles vulgaires du siècle ne
» sauraient lui être comparées.

« Lorsque la fille de votre sujet était sur le point de
» naître, reprit Chân-hiên-jîn, j'ai vu, en songe, l'étoile
» Yao-kouang (de la grande Ourse), qui tombait dans le
» salon, et la femme de votre sujet, Mme Lo, qui courait
» au devant et l'avalait. Dans cette même nuit, la femme
» de votre sujet rêva qu'elle avalait de même une étoile,
» exactement comme je l'avais vu en songe; c'est pour-
» quoi je trouvai quelque chose d'extraordinaire dans
» cette circonstance. Après que la fille de votre sujet fut
» née, à trois ans elle ne savait pas encore parler; mais
» dès qu'elle le sut, elle ne parlait pas beaucoup et ne
» laissait échapper que des mots d'une finesse et d'une
» intelligence sans égales. Après que ma fille eut ap-

» pris à lire, il suffisait qu'un texte eût passé une seule
» fois sous ses yeux, pour qu'il fût gravé dans sa mé-
» moire. A sept ans, elle savait déjà composer du Wén-
» tchang (prose élégante), et aujourd'hui qu'elle a dix
» ans, chaque jour sa bouche ne cesse de réciter des vers
» et sa main d'en tracer de nouveaux. J'ose croire que les
» facultés qu'elle a reçues en naissant, sont réellement
» aussi extraordinaires que le dit Votre Majesté; seule-
» ment, aujourd'hui que je me sens affaibli par la vieil-
» lesse, je regrette d'avoir donné le jour à une fille au lieu
» d'un fils.

« Excellence, dit l'empereur en riant, quoique vous
» vous affligiez de n'avoir pas eu de fils, je dirai que,
» quand vous auriez donné le jour à un fils, il serait bien
» loin de valoir une fille aussi extraordinaire que la
» vôtre. »

A ces mots, le prince et le ministre se regardèrent en
souriant. Le fils du ciel ordonna à un des officiers qui
étaient à ses côtés, de montrer ces vers à tous les magistrats et de les faire circuler de main en main. « Excellen-
» ces, ajouta-t-il, vous jugerez si j'ai eu raison de les lire
» avec délices. »

Les magistrats obéirent et se les passèrent successivement
de main en main ; il n'y en eut pas un seul qui ne montrât son approbation par l'expression de sa figure et par le
mouvement de sa tête et de ses lèvres. Puis, s'avançant à
l'envi vers l'empereur et se prosternant devant lui. « Sire,
» dirent-ils, nous avons pour devoir de tenir le pinceau du
» matin au soir. Aujourd'hui, nous avions reçu l'ordre
» de composer des vers sur les hirondelles blanches; mais
» comme Chi-ta-pên et Youên-kaï avaient traité le même
» sujet, nous n'avons pas osé entreprendre légèrement
» cette tâche. Nous étions loin de prévoir que la fille
» distinguée d'un Ko-lao (d'un ministre) aurait écrit ces
» vers, comme pour répondre à l'appel impérial, avec
» autant de facilité que si elle les eût sus d'avance. Leur
» fraîcheur, leur nouveauté et leur noble élégance suffi-
» sent pour diminuer de beaucoup la valeur des pièces de
» Chi-ta-pên et de Youên-kaï. Nous sommes tous confus
» de notre infériorité, mais quoique cette jeune fille soit
» comme un joyau précieux dans la main du président
» du conseil, on peut cependant dire, en vérité, que sa
» naissance est due aux heureuses influences que l'admi-
» nistration sage et éclairée de Votre Majesté répand dans
» les quatre parties de l'empire. Si aujourd'hui, deux hi-
» rondelles blanches ont voltigé gracieusement devant
» l'empereur, si notre auguste souverain vient d'ordon-
» ner d'une manière pressante de les célébrer en vers,
» c'est que le ciel voulait mettre en relief les talens ex-
» traordinaires de la fille du président du conseil; nous
» en sommes tous comblés de joie! »

Le fils du ciel fut enchanté de ces paroles. « Avant-
» hier, dit-il, le président du bureau d'astronomie m'a
» annoncé que la constellation Koueï-pi avait répandu
» au loin son éclat, et qu'en dehors de la voie régulière
» (des concours), il devait surgir des hommes d'un talent
» extraordinaire dont les siècles passés n'offrent aucun
» exemple, et qui, semblables au Ki-lin et au phénix, se
» trouveront cachés dans des retraites sombres et profon-
» des. Or, la fille de Son Excellence Chân est née après

» que sa mère eut rêvé qu'elle avait avalé l'étoile Yao-
» kouang; et justement, elle est douée de talens extraordi-
» naires; n'est-ce pas une preuve éclatante de la prédic-
» tion? De plus elle a composé d'avance des vers sur les
» hirondelles blanches, comme pour embellir le festin et la
» musique de cet heureux jour. Je ne puis m'empêcher de
» reconnaître que la splendeur de mon règne a été an-
» noncée par des signes célestes. Je veux m'énivrer avec
» Vos Excellences, pour répondre à l'affection que me
» montre le ciel. »

Les magistrats obéissent et vont tout joyeux reprendre
leur place au banquet. Devant la table impériale, on se
provoque mutuellement à vider de larges verres, et la voix
des chanteurs se marie à une musique harmonieuse.

Le prince et ses sujets burent jusqu'à l'heure où le disque rouge du soleil s'abaisse à l'occident. Les chefs du
conseil-d'état s'avançant à la tête de tous les magistrats,
frappèrent la terre de leur front et remercièrent l'empereur de les avoir conviés à ce festin.

L'empereur ordonna alors aux eunuques de lui apporter un encrier de Touân-ki, dix pinceaux de poil de lièvre
à hampe rouge, cent feuilles de papier enrichies de dragons, dix bâtons d'encre ornés d'un phénix, un lingot d'or,
un lingot d'argent, dix pièces de soie de différentes couleurs
et une paire de fleurs d'or (1), et les donna lui-même à Chân-
hien-jîn. « J'ai été enchanté, lui dit-il, des vers de votre
» fille sur les hirondelles blanches. Je vous offre ces baga-
» telles pour arroser son pinceau (2). Après-demain, le
» quinzième jour du mois, tandis que les autres magistrats
» seront réunis pour l'audience du matin, dans la salle
» extérieure, amenez-moi votre fille vers midi, afin qu'elle
» se présente devant moi, dans la salle intérieure. Je veux
» faire moi-même l'épreuve de ses talens et lui donner
» ensuite une grande récompense. »

Chân-hien-jîn ayant reçu cet ordre, remercia l'empereur de ses bienfaits. Le fils du ciel chargea de nouveau le
tribunal des rites de donner des instructions aux directeurs des collèges, afin que, conformément au décret, ils
apportassent une attention particulière pour chercher et
découvrir les hommes d'un rare mérite qui pourraient se
trouver dans l'obscurité. Les magistrats se retirèrent chacun de son côté, et bientôt cette nouvelle se répandit au
loin. Tout le monde se racontait la merveille que présentait la jeune fille du président du conseil qui, à
dix ans, avait eu le talent de composer des vers charmans sur les hirondelles blanches. Il ne fallut pas plus de
trois à cinq jours, pour que dans la ville de Thang-ân,
toutes les familles eussent copié ses vers sur les hirondelles
blanches. Ce n'est pas tout : dès qu'on eut appris que l'empereur avait ordonné qu'elle vînt pour lui présenter ses
hommages, tout le monde se demandait comment pouvait-
être cette jeune fille qui, à l'âge de dix ans, possédait déjà
un talent si extraordinaire. Tous se faisaient une fête de

---

(1) C'est un ornement de tête à l'usage des dames d'un rang
élevé.

(2) Cette locution chinoise rappelle notre expression familière : « Donner un pour-boire. »

la voir de leurs propres yeux lorsqu'elle irait à la cour, le quinzième jour du mois.

À l'occasion de cette audience impériale, j'aurai à vous apprendre divers événemens.

À la cour, on se disputait d'avance le plaisir de con-naître la charmante figure de cette jeune fille distinguée; tant l'empire retentissait du bruit de son nom.

Si vous désirez savoir comment se passa l'audience impériale, écoutez un peu, je vais vous le raconter dans le chapitre suivant.

CHAPITRE II.

Chân-hiên-jîn ayant reçu de l'empereur une multitude de présens, et un décret qui lui ordonnait de se présenter à la cour, le 15 du mois, s'en revint fier et joyeux à son hôtel. Il se retira dans l'appartement le plus reculé, et invita sa noble épouse, Madame Lo, à venir conférer avec lui. Celle-ci, voyant que les domestiques qui accompagnaient son mari, avaient apporté une multitude de présens, de l'or et des objets précieux, n'en pouvait découvrir la cause. « Aujourd'hui, lui demanda-t-elle, l'empereur vous a fait l'honneur de vous admettre à sa table; il n'y a pas, au monde, de plus haute faveur. Comment se fait-il qu'en outre, il vous ait accordé une quantité de riches présens ?

« Ces dons, répondit-il, ne me sont point destinés; c'est une récompense que Sa Majesté, par une faveur spéciale, a daigné conférer à notre fille Chân-taï. »

À ces mots, Madame Lo fut remplie à la fois d'étonnement et de joie. « Chân-taï, dit-elle, est une enfant de dix ans; comment Sa Majesté lui accorderait-elle de riches présens ? »

— Madame, reprit Chân-hiên-jîn, il y a une chose que vous ne savez pas. Un jour l'empereur, ayant vu deux hirondelles blanches voltiger et se balancer dans les airs, rendit un décret par lequel il ordonnait aux officiers du palais de composer des vers à ce sujet. Je lui présentai une pièce de ma fille sur *les hirondelles blanches*. L'empereur, l'ayant lue avec un vif plaisir, me fit remettre tous ces présens pour elle, et ordonna qu'elle lui fût présentée.

Ce récit combla de joie Madame Lo. « J'avoue, dit-elle, que c'est un heureux événement; mais notre fille est bien jeune; quoiqu'elle ait, à la maison, une démarche grave et des manières réservées, quoiqu'elle réponde avec justesse, je crains qu'à la vue de l'empereur, elle ne se sente émue et troublée par l'éclat de sa présence, et par l'appareil imposant qui l'environne. Si elle venait à oublier les rites et les convenances, elle ne pourrait échapper à un châtiment sévère. Si Sa Majesté lui ordonnait de composer une pièce de vers ou de prose élégante, et qu'elle ne pût en venir à bout immédiatement, ne pensez-vous pas que ses vers d'aujourd'hui sur *les hirondelles blanches*, seraient taxés de faux ? »

— Votre idée est juste, reprit Chân-hiên-jîn; cependant je trouve que, malgré son extrême jeunesse, notre fille a beaucoup d'assurance et de caractère, et qu'elle est douée d'un noble talent et d'une ame élevée. À mon avis, il n'est pas possible que la timidité ou la honte l'empêchent de composer.

— Quoi que vous en disiez, repartit Madame Lo, je sens que, jusqu'à la fin, mon cœur ne pourra jamais se tranquilliser là-dessus.

— Bah! lui dit Chân-hiên-jîn, il ne faut pas avoir de ces inquiétudes exagérées. Appelons notre fille, et communiquons lui l'ordre de Sa Majesté. Quand nous aurons vu de quel air elle le recevra, nous aviserons ensuite à ce qu'il convient de faire.

Madame Lo ordonna alors à ses servantes de monter à l'entresol, et d'aller appeler Mademoiselle.

Or, Chân-hiên-jîn descendait de Chân-kiu-youân de la dynastie des Tsïn, et il comptait une suite d'ancêtres qui avaient illustré sa famille. Ajoutez à cela qu'il avait obtenu fort jeune le grade de Tsïn-ssé (docteur), et que, depuis peu, lorsqu'il approchait de cinquante ans, il venait d'être élevé à la dignité de ministre d'état. C'était un homme rempli de talent et de capacité, et qui s'acquittait de ses devoirs avec une ardeur infatigable. Comme le fils du ciel l'honorait de sa confiance et de son estime, ses collègues se sentaient constamment pénétrés, à sa vue, de crainte et de respect. Chân-hiên-jîn, se voyant au comble des honneurs et de la prospérité, n'avait pu s'empêcher de prendre un air fier et arrogant, et des manières dures et méprisantes. Mais la jeune Chân-taï était bien loin de ressembler à son père. Elle était naturellement belle comme les perles et le jade, brillante comme la fleur Tchi-lân, blanche comme la glace et la neige, pure comme les nuages et l'air! Tels étaient les charmes qu'à la première vue, on reconnaissait sur sa figure. Son caractère était grave et son esprit réservé; elle ne parlait ni ne riait à la légère. Quoiqu'elle fût née dans la maison d'un ministre d'état, les étoffes de soie brodées, les perles, les plumes azurées n'étaient point de son goût. Chaque jour, après avoir fait une modeste toilette, et s'être revêtue d'une robe unie, elle s'asseyait tranquillement dans un pavillon élevé, et mettait tout son plaisir à lire ou à composer, en brûlant des parfums et en buvant du thé exquis. À voir son attitude grave et réfléchie, on l'eût prise pour un vieux lettré. Elle avait banni de sa chambre, le fard, la céruse et tout l'attirail du luxe et de la coquetterie. Bien qu'elle ne fît qu'entrer dans sa dixième année, elle avait déjà le ton et les manières d'une femme mûre. Ce jour-là, elle se trouvait justement à l'entresol, occupée à lire. L'histoire qu'elle avait sous les yeux, racontait qu'Hiouen-tsong de la dynastie des Thang, étant un jour avec Yang-koueï, son épouse favorite, à admirer les fleurs du (*Magnolia*) Méouthân dans le pavillon des riches parfums, il eut le désir de faire composer des vers dans le goût moderne et d'en entendre la musique. Il fit appeler sur-le-champ Li-taï-pé.

Mais ce poète était alors plongé dans l'ivresse. L'empereur ordonna à sa favorite de lui tenir l'encrier, et à des eunuques de lui ôter ses bottes. Li–taï–pé (s'étant éveillé), prit un pinceau, l'imbiba d'encre, et écrivit les trois stances intitulées : *Accords à la louange de la paix*, et les mit en musique.

Chân–taï (arrivée à cet endroit du récit) se mit à exalter le talent et la verve du poète. Si, dans les temps anciens, s'écria-elle, les lettrés déployaient, en présence de l'empereur, un tel talent et une telle verve, on peut, sans injure, les appeler Thsaï–tseu (écrivains doués de talent). Depuis la dynastie des Thang jusqu'à nos jours, il s'est écoulé plus de mille ans, et cependant on n'en a pas revu un seul ; tant il est difficile d'acquérir un véritable talent ! Quel malheur pour moi d'être une jeune fille ensevelie dans l'obscurité de l'appartement des femmes ! Si j'étais un jeune homme, et que je rencontrasse, un jour, un souverain passionné pour les lettres, qui sait si, avec mon faible pinceau, je ne pourrais pas, à mon tour, épancher la même verve que les hommes de génie ?

Elle n'avait pas fini de donner un libre cours à ses pensées silencieuses, lorsque, soudain, les suivantes de sa mère vinrent l'appeler et lui dirent : A son retour de l'audience impériale, Son Excellence, votre père, s'est retirée avec Madame, dans la salle du fond, et vous prie de venir de suite conférer avec eux.

Chân–taï, ayant reçu cet ordre, n'osa tarder un seul instant. Elle descendit, sur-le-champ, avec les servantes, et vint se présenter à son père et à sa mère.

— Chère enfant, lui dit Chân–hiên–jîn, dès qu'il l'eut vue, j'ai aujourd'hui un heureux événement à vous apprendre : le savez-vous ?

— Je l'ignore, répondit Chân–taï ; je prie mon père de vouloir bien m'en instruire.

— Aujourd'hui, dit Chân–hiên–jîn, comme l'empereur donnait à dîner aux grands officiers, il vit tout-à-coup deux hirondelles blanches qui voltigeaient et se balançaient dans les airs ; il leur ordonna alors de composer des vers à ce sujet. Ceux-ci, songeant aux deux vers célèbres, composés long-temps auparavant par Chi-ta-pên et Youên-kaï, sentirent bien qu'ils ne pourraient trouver des expressions assez admirables pour les effacer. Aussi restèrent-ils muets et immobiles ; de sorte qu'aucun d'eux ne répondit à l'ordre de l'empereur qui en éprouva un vif déplaisir. Votre père se sentit tout-à-coup animé par la circonstance, et, ne pouvant retenir les pensées qui l'agitaient, il transcrivit (de mémoire) les vers que vous avez composés sur *les hirondelles blanches*, et les présenta à l'empereur. Le fils du ciel y ayant jeté les yeux, fut transporté de joie, et m'adressa une multitude de questions. Il fut encore plus charmé en apprenant que vous étiez douée d'un tel talent dans un âge si tendre. Alors, il me remit pour vous, un grand nombre de cadeaux, et m'ordonna de vous présenter à la cour, le 15 de ce mois, afin qu'il vous vît de ses propres yeux, et s'assurât, par lui-même, de la vérité de mes paroles. Là-dessus, il promit de vous donner encore de riches présens. Dites-moi, ma fille, si ce n'est pas là un heureux événement.

— Puisque Sa Majesté, reprit Chân–taï, daigne me montrer sa haute affection par de si magnifiques présens, votre fille, doit, suivant les rites, lui témoigner sa reconnaissance en se prosternant du côté du palais.

— Lorsque j'étais en présence de l'empereur, lui dit Chân–hiên–jîn, je l'ai déjà remercié moi-même. Comme vous vivez dans l'obscurité de l'appartement des femmes, qui saura si vous l'avez remercié ou non ?

— Mon père, reprit Chân–taï, j'ai entendu dire que le sage ne néglige point les rites, même au milieu des ténèbres. Quoique je ne sois qu'une faible enfant, je sais que les rites mutuels des sujets et du souverain sont un devoir sacré. Comment pourrais-je souffrir que Kiu-pé-yu soit seul cité avec honneur jusqu'aux générations les plus reculées ?

— Je vous admire, lui dit Chân–hiên–jîn, de pouvoir pousser aussi loin l'observation des rites ; pour moi, je ne saurais y atteindre.

Il ordonna alors aux servantes de préparer une table pour offrir des parfums. Chân–taï changea de costume et revêtit des habits de couleur ; puis, prenant une attitude grave et respectueuse, elle se tourna vers le palais et fit neuf révérences profondes. Aussitôt après, elle demanda à son père et à sa mère, la permission de les saluer et de leur témoigner sa reconnaissance.

— Cela n'est pas nécessaire, lui dirent ensemble Chân–hiên–jîn et Madame Lo.

— Si mon père et ma mère ne m'avaient point mise au monde, répondit-elle, s'ils ne m'avaient point instruite et élevée, aurais-je pu goûter le bonheur d'aujourd'hui ? Comment oserais-je ne point vous offrir mes respects ?

Chân–hiên–jîn fut rempli de joie, et se tournant vers madame Lo : « Notre fille, lui dit-il en riant, n'a pas seulement des talens littéraires et le sentiment des rites, on peut dire qu'elle ressemble à un docteur profondément versé dans la droite voie. »

Madame Lo partit tout-à-coup d'un éclat de rire, mais Chân–taï, sans changer de figure, leur fit, d'un air grave et respectueux, quatre profonds saluts ; ensuite, elle alla quitter ses vêtemens de cérémonie et vint s'asseoir auprès d'eux.

« Ma fille, lui dit Chân–hiên–jîn, dans un âge aussi tendre que le vôtre, c'est, sans doute, un insigne bonheur d'être connue de l'empereur ; mais votre mère éprouve une inquiétude sérieuse. Elle songe qu'élevée délicatement dans l'appartement des femmes, vous n'avez jamais eu l'occasion de vous trouver avec des hommes (du dehors), et de leur parler. Ce n'est pas tout : Le souverain est au faîte des honneurs, et sa présence est à la fois imposante et terrible. Quand vous serez dans l'intérieur du palais, dans ces salles profondes et mystérieuses, qu'une garde redoutable entoure comme une ceinture de forêts, si par hasard votre cœur se trouble un seul instant, et que vous vous acquittiez imparfaitement des cérémonies prescrites, si l'empereur vous interroge et que vous ne trouviez pas de réponse, vous ne sauriez échapper à un châtiment sévère. Il est convenable que vous vous prépariez d'avance.

— Je connais, dit Chân–taï, la maxime des anciens : « Servez votre prince de la même manière que vous servez votre père. » En servant chaque jour mon père et ma mère, jamais je n'ai reçu la plus légère réprimande. Quoique le fils du ciel soit au faîte des honneurs, par sa bonté, par son affection (pour ses sujets), il doit ressembler à un père et à une mère. Bien que votre fille soit dans un âge tendre, comment se sentirait-elle troublée au point d'oublier les rites et de ne pouvoir répondre? Vous direz peut-être que la garde du palais impérial présente un aspect terrible, et que votre fille n'a jamais vu cet appareil imposant. Quoi qu'il en soit, il y a déjà long-temps que je m'instruis à l'école de Meng-tseu. Mon père et ma mère, soyez parfaitement tranquilles; il est impossible que vos craintes se réalisent.

Ces paroles comblèrent de joie Chân-hiên-jîn.

Chân-taï se retira dans l'intérieur de son cabinet. « Justement, se dit-elle avec une joie secrète, je craignais de ne jamais voir, face à face, notre saint empereur, et de ne pouvoir déployer devant lui les talens et le savoir que je possède au dedans de moi. Je ne m'attendais point à rencontrer cette heureuse occasion. Demain, quand j'aurai été reçue à la cour, il me faudra prendre un air grave et un maintien sévère. Je dois me garder, avant tout, d'employer, comme Li-taï-pé, de ces expressions brillantes et parfumées dont s'enveloppe la flatterie; je ne veux point deshonorer mon pinceau! Mon parti en est pris. »

Mais le temps s'écoule rapidement, et bientôt arriva le quinzième jour du mois. Chân-hiên-jîn se rendit de bonne heure à la cour où l'empereur lui donna lui-même ses ordres pour l'audience de midi. De retour à son hôtel, il pressa sa femme de coiffer et de farder Chân-taï, et de la parer avec toute l'élégance convenable. A l'heure de midi, il fit asseoir sa fille dans une chaise fermée, et monta lui-même dans une chaise découverte. Ils étaient accompagnés d'une multitude de suivantes et de domestiques, et un grand nombre d'employés et de satellites, rangés sur deux files, leur ouvraient la route. Ils se rendirent ainsi à l'audience de l'empereur.

A cette époque, tout le monde savait dans la ville de Tchang-ân, que la fille du Ko-lao (ministre) Chân, âgée seulement de dix ans, avait composé une jolie pièce de vers sur *les hirondelles blanches* et que l'empereur en avait été tellement charmé qu'il lui avait ordonné de se présenter aujourd'hui à la cour, à l'heure de midi. Tous les habitans se pressaient des deux côtés de la porte appelée Si-hoa-mên (c'est-à-dire la porte fleurie de l'ouest), et se disputaient le plaisir de la voir. Ici la foule agglomérée s'élevait comme une montagne, là elle se déroulait comme une mer mouvante; ce n'était partout que tumulte et confusion. Bientôt arrivèrent les chaises de Chân-hiên-jîn et de sa fille. Chân-hiên-jîn étant descendu le premier, fit porter la chaise fermée de sa fille à l'entrée de la porte appelée Si-hoa-mên, et invita alors Chân-taï à mettre pied à terre. Elle s'avança ensuite, entourée d'un nombreux essaim de servantes; Chân-hiên-jîn seul fermait la marche. La foule qui le contemplait de chaque côté de la route, formait une masse compacte.

Les uns avaient le bonheur de la voir, tandis que d'autres n'y pouvaient réussir. Les premiers lui prodiguaient mille éloges. « Cette jeune fille, disaient-ils, est vraiment charmante; à notre avis, Si-tseu et Mao-tsiang, tant vantées dans l'antiquité, devaient être tout au plus comme elle. »

Mais laissons la multitude l'exalter à l'envi, et revenons à Chân-hiên-jîn qui conduit sa fille dans le palais. A peine fut-il arrivé au pavillon des cinq Phénix, qu'un eunuque du harem vint lui annoncer que Sa Majesté était assise depuis long-temps avec plusieurs de ses ministres dans la salle appelée Wên-hoa-tiên (la salle où brille la littérature).

Chân-hiên-jîn, sans perdre de temps, prit sa fille par la main, passa devant le pavillon des trois Phénix, et arriva tout droit à la salle appelée Wên-hoa-tiên.

L'eunuque qui veillait à la porte l'ayant reconnu, s'élança au-devant de lui. « Seigneur Chân, dit-il, votre honorable fille est donc arrivée? Attendez que j'aille l'annoncer à l'empereur.

— Elle est en effet arrivée, répondit Chân-hiên-jîn; veuillez prendre la peine de la conduire et de la présenter.

— L'eunuque entra de suite et revint au bout de quelques instans. « Par ordre de l'empereur, s'écria-t-il, entrez sur le champ. »

Chân-hiên-jîn ordonna aux servantes de rester en dehors de la salle, et seul, conduisant sa fille par la main, il pénétra dans l'intérieur. A peine fut-il arrivé aux degrés rouges que, levant la tête, il vit que Sa Majesté était déjà assise sur son trône. Alors il ordonna à sa fille de se tenir de côté, à mi-distance; puis il alla se prosterner devant l'empereur, et lui dit : « Votre sujet Chân-hiên-jîn, obéissant à vos ordres suprêmes, amène sa fille Chân-taï, pour la présenter à Votre Majesté.

— J'ordonne à Votre Excellence, dit l'empereur, de se lever et d'entrer dans le rang des ministres; j'ordonne à la fille de Votre Excellence de paraître devant moi.

Chân-hiên-jîn le remercia de cette faveur, se releva, et se hâta d'entrer dans le rang des ministres d'état. Puis il ordonna à Chân-taï d'aller présenter ses hommages à l'empereur.

Chân-taï obéit à l'ordre suprême. Arrivée d'un pas rapide au milieu des degrés rouges, elle voulut faire une profonde révérence; mais tout-à-coup, elle entendit ce décret : « Il est ordonné à Chân-taï d'entrer de suite dans » la salle et de présenter ses hommages à l'empereur. »

Après avoir reçu cet ordre, Chân-taï, sans se troubler ni se presser, s'inclida humblement, et monta pas à pas par le côté gauche de l'escalier impérial. A la porte de la salle, elle releva le bord de ses vêtemens et entra. Dès qu'elle fut au milieu de la salle, elle exécuta la cérémonie des cinq révérences et des trois battemens de tête, avec la légèreté d'une danseuse qui fait voler la poussière sous ses pas.

L'empereur abaissa les yeux du haut de son trône et les fixa sur cette jeune fille. Tels étaient les charmes qu'il remarqua en elle. « Ses sourcils étaient arqués comme la » nouvelle lune; ses joues avaient l'éclat d'une fleur qui » va s'épanouir;

» Ses sourcils, arqués comme la nouvelle lune, étaient » purs et modestes; leur intervalle brillait comme s'il eût » été peint;

» Ses joues étaient comme un bouton de fleur dont la » beauté reste cachée tant qu'elle n'a pas épanoui son ca- » lice vermeil;

» Ses cheveux réunis ressemblaient à des nuages noirs;
» l'ombre de ses tresses mobiles flottait sur ses épaules et
» voilait son front;
» Son teint avait l'éclat de la neige; une blancheur
» éblouissante s'échappait de ses joues et rayonnait sur
» son menton;
» Elle n'avait encore que dix ans accomplis, et, si on
» lui eût demandé son âge, (elle eût pu répondre que) son
» épaule touchait presque celle de Tao-yûn.
» A voir l'ensemble de ses traits, on y trouvait la no-
» blesse, l'esprit, et jusqu'au regard de Wân-ell;
» Ses membres étaient souples et gracieux; on eût dit
» un saule de trois pieds, dont les rameaux flexibles vont
» se plier (au gré du vent).
» Sa taille était fine et élégante comme une branche de
» fleurs à moitié écloses.
» Lorsqu'elle entra dans la salle d'audience en incli-
» nant son corps, beau comme le jade, et qu'elle s'avança
» d'un pas timide et respectueux, sa figure séduisante
» n'avait rien de ces airs qui annoncent une petite fille.
» Lorsqu'elle monta les degrés, elle glissa avec ses pe-
» tits pieds, semblables à des nénuphars d'or, aussi légè-
» rement que si elle eût eu des ailes,
» A la grâce charmante d'une femme, elle joignait la
» dignité imposante d'un lettré ou d'un magistrat.
» Lorsqu'elle fit cent révérences en élevant ses yeux
» vers le ciel, elle captiva les regards de toute la cour.
» A l'âge de dix ans, Kan-lo célébra la gloire de l'em-
» pereur, et lui souhaita un bonheur éternel; à douze
» ans, il fut élevé au rang de ministre, et reçut le titre
» d'homme d'état accompli.
» A trente ans, l'épouse royale Tchang perdit la faveur
» du prince, et ses charmes flétris devinrent un sujet de
» railleries.
» Quoiqu'il soit rare de voir un jeune garçon d'un mé-
» rite surnaturel, cependant l'histoire en offre des exem-
» ples; mais on n'avait pas encore entendu parler d'une
» seule jeune fille qui possédât des qualités divines. »
L'empereur fut charmé dès qu'il eût vu du haut de son
trône la grâce, la jeunesse et la beauté de Chân-taï, ainsi
que la légèreté, l'aisance et l'harmonie de ses mouvemens,
en s'acquittant des cérémonies prescrites.
Après avoir fini ses révérences, Chan-taï resta le visage
contre terre et s'écria : « La jeune fille de Chân-hiên-jîn,
votre sujet, président du tribunal des rites et de la chambre du conseil, Chân-taï, votre sujette, présente ses hommages à Votre Majesté. Son unique vœu est que notre
auguste empereur vive dix mille années, dix mille et
dix mille années! »
Le fils du ciel ne put contenir les transports de sa joie,
lorsqu'il eut entendu ces paroles, prononcées d'une voix
claire et brillante comme celle d'un jeune verdier ou d'un
petit phénix. D'abord, il lui ordonna de se relever, puis il
l'invita à s'approcher de la table du Dragon (de la table
impériale).
« Les vers sur *les hirondelles blanches*, que j'ai lus ces
jours derniers, sont-ils réellement de vous? lui demanda-
t-il
— Les vers sur *les hirondelles blanches*, répondit-elle,
ont été réellement composés par votre sujette, dans l'ap-

partement intérieur. Seulement cette faible enfant ne prévoyait pas que sa futile poésie aurait l'honneur de tomber
sous les yeux de Votre Majesté. Elle mérite la mort! elle
mérite la mort!
— Quoique les vers sur *les hirondelles blanches* soient
un peu recherchés, les pensées qu'ils renferment sont parfaitement justes, et la forme en est irréprochable. Peu importe la jeunesse de l'auteur.
— Le magistrat qui recueille les chants populaires, reprit Chân-taï, ne dédaigne point les paroles des bûcherons
et des bergers! La rectitude de votre esprit auguste vous
permet de saisir toutes les délicatesses de la poésie. Mais
quoique l'empereur soit au faîte des honneurs (c'est-à-
dire de la puissance), et que les neuf enceintes du palais
ajoutent à sa majesté imposante, il n'oserait déplacer *les
chansons populaires des royaumes* qui sont en tête des
Livre des Vers, pour les faire entrer dans les sections appelées *Ya* (où l'on célèbre les actions vertueuses) et *Song*
(où l'on chante les louanges des ancêtres); c'est que chaque genre a sa place particulière.
En entendant ces paroles, l'empereur approuva plusieurs fois de la tête. « Comment, lui dit-il, pouvez-vous,
» à l'âge de dix ans, posséder au fond de votre ame des
» idées aussi élevées? En vérité, de tels talens sont un
» don du ciel. Lorsque vous étudiiez dans l'appartement
» intérieur, aviez-vous un maître? »
— Sire, répondit Chân-taï, dans l'appartement intérieur, la jeune fille était fidèle à son devoir; comment
aurait-elle osé transgresser les rites, et ternir sa réputation en appelant un maître auprès d'elle? A l'exception
de mon père que je consultais sur le sens des caractères,
je n'ai eu, en vérité, aucun maître spécial qui m'ait donné
des leçons et expliqué les livres canoniques. Cependant,
assise ou couchée, j'avais près de moi les six livres sacrés
et je les interrogeais sans cesse; de cette manière, votre
sujette Chân-taï n'a jamais été privée de maîtres.
L'empereur la combla de nouvelles louanges; puis se
tournant vers Chân-hiên-jîn : « La fille de Votre Excellence, lui dit-il, n'est encore qu'un enfant de l'âge le plus
tendre; et cependant elle répond avec une justesse et une
netteté admirables; elle mérite les plus grands éloges.
C'est le fruit des leçons solides et de l'excellente éduca-
cation que lui avez données.
— Sire, reprit Chân-hiên-jîn, par les expressions communes qu'elle a apprises dans la maison paternelle, ma
jeune enfant a dû blesser l'ouïe sainte de Votre Majesté,
et cependant vous ne l'avez ni blâmée ni punie : c'est pour
elle un immense bonheur. De plus, votre bouche céleste
l'a comblée d'encouragemens et d'éloges; par là, vous
avez pénétré le père et la fille, vos deux sujets, d'une reconnaissance sans bornes.
L'empereur fut enchanté de ces paroles, et ordonna aux
officiers qui étaient à ses côtés, de faire préparer un banquet en sa faveur.
On dirait que l'empereur est doué d'une force capable
de renverser une montagne. En effet, à peine le fils du
ciel eut-il prononcé un mot pour donner ses ordres, qu'en
un clin d'œil la table impériale fut dressée et servie avec
la splendeur et la régularité prescrites. Les membres du
conseil vinrent tous s'asseoir, suivant l'étiquette, à l'an-

gle sud-est de la salle. Il fit placer une table particulière à l'angle sud-ouest, et invita gracieusement Chân-taï à s'y asseoir ; mais Chân-hiên-jîn et Chân-taï déclinèrent plusieurs fois cet honneur.

Le fils du ciel n'y ayant point consenti, ils se prosternèrent jusqu'à terre et s'assirent.

Or, toutes les fois que le fils du ciel sortait du palais ou y entrait, il était constamment suivi de la musique impériale. A peine eut-on fini de lui offrir le vin, que tous les instrumens se firent entendre ensemble, et que les comédiens exécutèrent des danses en tenant à la main des étendards et des boucliers. En ce moment la salle était ébranlée par le bruit du concert.

Le fils du ciel, assis sur son trône, abaissa furtivement les yeux sur Chân-taï. « Cette jeune fille, se disait-il en » lui-même, sera sans doute ravie des chants et des dan- » ses du palais impérial, et promènera partout ses regards » émerveillés. »

Mais, contre son attente, elle restait droite sur son siége, dans une attitude grave et respectueuse. Lorsqu'on lui présentait une tasse de vin, elle l'effleurait du bout des lèvres ; si c'était un mets, elle prenait ses bâtonnets (1), et se bornait à le goûter légèrement.

Quant aux musiciens qui dansaient en chantant, elle baissait les yeux d'un air modeste sans les regarder.

L'empereur l'ayant observée pendant quelque temps, ne put retenir l'expression de son étonnement. « Cette » jeune fille est vraiment charmante, se dit-il, avec ses » manières si graves et si convenables ! »

Il était encore préoccupé de ces pensées lorsque, tout-à-coup, la musique et la danse s'arrêtèrent. Au même instant plusieurs membres du conseil se levèrent de leur siége. « Saint empereur, dit l'un d'eux, votre félicité suprême s'élève jusqu'au firmament. Si le ciel a produit cette jeune fille, douée de talens si rares, c'est pour qu'elle vous seconde dans vos augustes desseins.

» Aujourd'hui elle a eu l'honneur de vous offrir ses hommages, et votre bonté divine a daigné encore la faire asseoir à la table impériale ; c'est une rencontre merveilleuse dont le souvenir vivra pendant mille générations. Vos ministres en sont transportés de joie ; ils demandent humblement à Votre Majesté, la faveur de lui présenter des vers sur sa longévité qui mérite de durer dix mille ans. Il convient que Chân-hiên-jîn ordonne à sa fille Chân-taï de composer, en votre honneur, une pièce de trois strophes dans le goût moderne ; peut-être n'exprimera-t-elle pas d'une manière indigne, les sentimens que lui inspire l'audience solennelle de ce jour. Nous supplions Votre Majesté de prononcer sur ce point. »

A ces mots, l'empereur fut rempli de joie. En ce moment, dit-il, j'avais justement la même idée ; j'étais en train de penser que les sentimens de Vos Excellences seraient si d'accord avec les miens. » Puis se tournant vers Chân-taï : « Mes ministres, lui dit-il, désirent tous que vous composiez une pièce de vers dans le goût moderne, et que vous me la présentiez. Pouvez-vous l'écrire sous mes yeux ? »

Chân-taï se hâta de quitter la table, et se mettant à genoux : « Sire, dit-elle, puisque Votre Majesté daigne me donner ses ordres à la recommandation de tous les ministres, comment votre sujette oserait-elle vous désobéir ? Seulement elle craint que ses expressions basses et vulgaires ne puissent exalter dignement, une fois sur mille, vos vertus divines. Elle ose supplier votre bonté auguste de lui montrer une généreuse indulgence. »

Le fils du ciel sentit redoubler sa joie en voyant que Chân-taï ne refusait point. Il ordonna alors aux eunuques du palais de placer, à part, une petite table basse à côté de *la table du dragon* (la table impériale), et d'y apporter les quatre objets précieux dont il se servait pour écrire (savoir : le papier, le pinceau, l'encre et la pierre à broyer). Puis parlant à Chân-taï : « Venez ici, lui dit-il, combinez vos pensées, et maniez le pinceau ; je désire vous voir de mes propres yeux. »

Chân-taï se prosterna devant le souverain pour le remercier de cette faveur. Ensuite elle se leva, et, sans trouble ni précipitation, elle s'approcha de la table qui lui était destinée.

En ce moment, les eunuques avaient déjà broyé et délayé de l'encre impériale, et étendu, sur la table, une feuille de papier orné de dragons et parsemé de paillettes d'or. On peut dire avec vérité qu'en fait de talent, on ne fait attention ni à la vieillesse, ni à l'enfance ; c'est le plus habile qu'on entoure d'hommages. Quoique Chân-taï ne fût qu'une jeune fille de dix ans, le ciel l'avait douée d'une pénétration et d'une intelligence supérieure, et elle avait reçu de la nature, de rares talens et un esprit distingué. Elle saisit le pinceau impérial, et, sans réfléchir ni faire de brouillon, elle traça, tout d'un trait, sur le papier orné de dragons, plusieurs lignes nettes et élégantes, comme si elles eussent été gravées d'avance dans sa mémoire.

L'empereur l'ayant vue écrire, un rayon de joie brilla sur sa face divine. Chân-taï n'eut besoin que de peu d'instans pour achever sa composition. Elle la prit des deux mains, et, s'approchant de l'empereur, la lui présenta elle-même. « Je souhaite, dit-elle, que notre auguste souverain vive dix mille années, dix mille fois dix mille années ! »

L'empereur reçut la feuille de sa propre main, et l'étendit sur la table ornée de dragons. D'abord, il lui ordonna de se relever, puis il appela, près du trône, quatre membres du conseil privé (quatre ministres) : « Lisez-moi ces vers, leur dit-il ; je veux les entendre. »

Les quatre ministres obéirent, et accoururent ensemble devant l'empereur. Le chef du cabinet, qui était en même temps président de l'Académie, lut à haute voix ce qui suit :

I.

« Lorsque le fils du ciel marche dans la droite voie, les corps » célestes suivent leur cours lumineux ; les peuples qu'entou- » rent les quatre mers [c'est-à-dire de tout l'empire], pensent » avec amour à celui qui les couvre, les soutient et les nourrit.

---

(1) Les Chinois ne font point usage de fourchettes ; ils saisissent les mets, qu'on leur sert tout découpés, à l'aide de deux petits bâtonnets, de la grosseur d'un tuyau de plume, qu'ils manient avec une grande dextérité.

» Si les peuples qu'entourent les quatre mers, pensent avec
» amour à celui qui les couvre, les soutient et les nourrit, il
» pourra transmettre à la postérité, la renommée de ses talens
» civils et militaires, de sa sainteté et de ses vertus divines.

II.

» Si les corps célestes suivent leur cours lumineux, si le
» fils du ciel marche dans la droite voie, les peuples qu'entou-
» rent les quatre mers oublient que leur bonheur est dû aux
» mérites de l'empereur.
» Si les peuples qu'entourent les quatre mers oublient que
» leur bonheur est dû aux mérites de l'empereur, il s'élèvera
» au titre sublime de *Prince sans nom* (1).

III.

» La longévité du saint (de l'empereur) s'étendant jusqu'à dix
» mille années ; le nom du saint se transmettant pendant dix
» mille générations, les grands officiers s'offriront à l'envi des
» coupes pleines de vin, et exalteront cette merveille.
» Si les grands officiers doivent s'offrir à l'envi des coupes
» pleines de vin et exalter cette merveille, moi, qui ne suis
» qu'une petite fille, j'aime à prendre le pinceau et à ex-
» primer les pensées qui m'animent pour offrir mes hommag-
» ges à celui qui se dit un simple mortel. »

Sur l'empereur qui suit la droite voie :

Pièce en trois strophes, de cinq membres chacune.

La sujette *Chân-taï*,

En se prosternant jusqu'à terre et en la frappant
de son front,

Offre ses hommages à l'empereur.

Le président de l'Académie ayant fini de lire, l'empereur s'écria, transporté de joie : « La facture est excellente et la rime a quelque chose d'antique ; toutes les expressions respirent les traditions *du Livre des vers*, et approchent de celles des *Réglemens* et des *Instructions* (2).
En voyant sa facilité à composer, on reconnaît que c'est véritablement une fille de talent. Les trois autres ministres la
louèrent vivement d'une voix unanime. « Parmi les femmes, dirent-ils, on en rencontrerait peut-être qui savent
lire et connaissent les caractères ; mais si l'on en cherche
une seule qui, quoique dans un âge tendre, possède, comme Chân-taï, une érudition consommée, on ne la trouvera
ni dans l'antiquité, ni dans les temps modernes. Si on lui

---

(1) *Lao-tseu*, livre Ier, chap. xvii : « Dans la haute antiquité (l'âge d'or de la Chine), le peuple savait seulement qu'il avait
des rois (il ignorait leurs noms). » Commentaire : « Les princes vertueux de la haute antiquité ne laissaient voir aucune
trace de leur administration. C'est pourquoi le peuple connaissait seulement leur existence. Il était naturellement heureux
sans songer qu'il leur était redevable de son bonheur ; aussi
n'a-t-il pas conservé leurs noms. » Cet oubli de leurs noms, qui
serait ailleurs une injure, est la preuve la plus éloquente de
leurs vertus sublimes.

(2) Ces expressions « *Réglemens* (*tien*) et *instructions* (*Mou*) »,
désignent plusieurs des plus beaux chapitres du *Chou-king*
(livre des Annales impériales), l'un des livres sacrés des Chinois.

---

décernait aujourd'hui le titre de *Fille de talent* (*Thsaï-
niu*), elle saurait le porter avec honneur. »

Chân-hiên-jîn, placé à une petite distance, ne laissait
rien échapper. Voyant que sa fille avait des manières calmes et réservées, et que sa poésie égalait celle des *Chants
funèbres* et celles des *Odes consacrées à la vertu* (1), il se
sentit transporté d'une joie qui tenait du délire. Ayant
remarqué, en outre, que le fils du ciel l'avait comblée d'é-
loges, et que les ministres l'avaient louée d'une voix unanime, il fit effort sur lui-même pour prendre un ton humble : « Sire, dit-il, les expressions vulgaires de ma petite
fille, ont dû blesser Votre Majesté ; je supplie votre bonté
auguste de daigner lui faire grâce. »

« La fille de Votre Excellence, reprit l'empereur, a des
talens et des vertus qui n'ont rien de vulgaire. Vous devez mettre tous vos soins à lui choisir un gendre accompli, de peur qu'elle ne se compromette en épousant un
homme indigne d'elle, et qu'elle ne fasse tort à l'heureuse
influence de mes instructions. »

A ces mots, il appela les officiers qui étaient à ses côtés,
et les chargea de lui faire remettre cent onces d'or, cent
onces d'argent et dix perles des plus brillantes. Ensuite,
regardant Chân-hiên-jîn et Chân-taï : « Jadis, dit-il, sous
la dynastie des Thang, Wan-ell (2) vit en songe un dieu
qui lui donna une balance pour peser les talens de tout
l'empire. Aujourd'hui, je vous donne un *pied* de jade,
afin que vous mesuriez, en mon nom, les talens de tout
l'empire. Je vous donne en outre un *jou-i* d'or (sorte de
sceptre), qui est à la fois le symbole de la littérature et
des armes. A l'aide de la littérature, on peut enseigner
l'art d'écrire et de composer ; à l'aide des armes, on peut
réprimer la violence et la cruauté. Lorsque vous serez devenue grande, et qu'il sera temps de vous choisir un mari,
si quelque méchant homme veut vous épouser malgré
vous, vous pouvez lui briser la tête avec cet instrument ;
je vous absous d'avance. » L'empereur ordonna à ses serviteurs de broyer de l'encre, et d'étaler devant lui une
feuille de papier ornée de dragons. Puis, imbibant lui-
même le pinceau impérial, et qu'il écrivit, en gros caractères,
les quatre mots : *Hong-wén-thsaï-niu* (femme de talent,
éminente en littérature), et les lui donna.

Chân-hiên-jîn se prosterna, avec sa fille, et remercia
plusieurs fois l'empereur de cet insigne bienfait. Il n'a-
vait pas encore fini de parler, lorsqu'un eunuque arriva
d'un pas rapide, et se jetant à genoux : « Sire, dit-il, l'auguste impératrice mère a appris que Votre Majesté a appelé près d'elle une jeune fille de talent ; elle en a été
aussi ravie qu'émerveillée, et m'a chargé, moi, votre esclave, de venir vous en instruire. Elle a ordonné, en outre, que, lorsque Votre Majesté aurait fini de lui donner
audience, je l'amènerais dans le *harem*, afin qu'elle lui
donne audience à son tour. »

L'empereur fut charmé d'entendre ces paroles. « Justement, dit-il, je désirais qu'elle allât présenter ses hommag-
ges à l'impératrice-mère ; je ne prévoyais pas que l'im-

---

(1) Ce sont des sections (*Song* et *Ya*) du *Livre des vers*, l'un
des cinq livres sacrés.

(2) Nom de femme.

pératrice-mère me préviendrait et l'appellerait auprès d'elle. »

Aussitôt il rendit un décret par lequel il ordonnait à Chân-taï d'aller présenter ses hommages à l'impératrice-mère.

Chân-taï, ayant reçu cet ordre, se disposait à partir, lorsque l'empereur la retint. « La fille de Votre Excellence, dit-il à Chân-hiên-jîn, n'a pas encore pénétré dans les profondeurs du harem ni dans les cours intérieures, pour aller offrir ses hommages. Jeune comme elle est, j'ai peur qu'elle ne soit glacée de crainte. Je veux l'y conduire moi-même et la présenter à l'impératrice-mère, Excellences (dit-il aux ministres), retirez-vous un instant. Que Son Excellence Chân-hiên-jîn se retire aussi et attende mes ordres en dehors de la porte appelée Ou-mên.

A ces mots, l'empereur se leva, prit par la main Chân-taï, et se dirigea avec elle dans le harem. Tous les membres du conseil se retirèrent chacun de son côté. Chân-hiên-jîn, qui était resté seul, emmena les suivantes de sa fille, et attendit dans le vestibule de la salle d'audience.

Le disque du soleil avait déjà disparu à l'occident, lorsqu'il vit quatre petits eunuques qui apportaient une multitude de présens ; après eux venait un grand eunuque nommé Lieou-kong, qui reconduisait Chân-taï. Chân-hiên-jîn alla à sa rencontre, puis se tournant du côté du palais, il frappa la terre de son front et remercia l'empereur de ses bienfaits. Ensuite, marchant à la tête des suivantes qui entouraient ensemble sa fille comme un essaim nombreux, il sortit en dehors de la porte appelée Si-hoa-mên (la porte fleurie de l'occident). Alors il fit monter Chân-taï dans une chaise fermée. Chân-hiên-jîn voulut en vain prendre congé de Lieou-kong et l'engager à s'en retourner.

— L'impératrice-mère, dit celui-ci, m'a ordonné de reconduire votre noble fille jusqu'à votre hôtel ; comment oserais-je m'en retourner à moitié chemin ?

Chân-hiên-jîn, voyant qu'il ne pouvait se débarrasser de l'eunuque, s'assit avec lui dans une chaise découverte. Ils fermèrent tous deux la marche et revinrent à l'hôtel, précédés d'un nombreux cortége.

En ce moment, les rues étaient peuplées de curieux qui se pressaient les uns contre les autres, et formèrent, en un instant, une foule immense. Bientôt, ils arrivèrent à l'hôtel du ministre. Chân-taï fit porter tout droit sa chaise dans le vestibule de la salle intérieure, mit pied à terre et entra. Chân-hiên-jîn, étant arrivé avec Lieou-kong à la porte appelée I-mên, ils descendirent de la chaise découverte. Chân-hiên-jîn lui fit un profond salut, et étant entré le premier dans la salle, il y fit suspendre les présens de l'empereur. Puis, l'hôte et le maître de la maison s'assirent séparément à la place prescrite.

Le thé pris, Lieou-kong s'écria, en riant aux éclats : « Vous avez une fille charmante ; d'où vient que, dans un âge si tendre, elle est douée de tant d'esprit et de pénétration ? Je n'ai pas besoin de dire que ses talens élevés et son instruction profonde, lui ont concilié l'affection de l'empereur. Mais lorsque, tout-à-l'heure, elle a offert ses hommages à l'auguste impératrice-mère ainsi qu'à l'impératrice, elle s'est acquittée des révérences pres-

crites avec autant de grâce que d'aisance ; on eût dit qu'elle possédait à fond l'étiquette de la cour. Les femmes même de l'empereur ne pourraient l'égaler. Dans ses réponses, chaque phrase était si claire et si brillante qu'aucun des ministres même de Sa Majesté ne pourrait s'exprimer avec autant de netteté et d'éclat. Les impératrices des deux harems ne se possédaient pas de joie après l'avoir vue ; chacune d'elles voulait la retenir pour la nuit dans son palais et lui procurer toute sorte d'amusemens. Mais Sa Majesté, voyant son extrême jeunesse, craignit que le premier ministre et sa noble épouse n'en conçussent quelque inquiétude. C'est pourquoi l'ayant retenue jusqu'à ce momeut pour prendre le thé, il la combla de présens et m'ordonna de la reconduire auprès de vous.

— En vérité, s'écria Chân-hiên-jîn, les bienfaits augustes de notre saint prince et de l'impératrice-mère, sont élevés comme le ciel et profonds comme la terre. J'en suis pénétré d'une reconnaissance infinie. Ce n'est pas tout : Sa Majesté a donné à Votre Seigneurie la peine de reconduire ma fille à une grande distance ; j'en étais tout-à-fait indigne. Dans le trouble où je suis, je craindrais de vous traiter avec trop peu d'égards. Permettez-moi de préparer, un autre jour, un repas convenable, et de vous inviter. Je vous offrirai ensuite de modestes présens pour vous témoigner ma reconnaissance.

— Moi et Votre Excellence, dit Lieou-kong en riant, nous sommes de la même maison et nous nous fréquentons tous les jours ; à quoi bon tant de cérémonies ? Je n'oserais convoiter votre splendide repas, ni recevoir vos riches présens. Je vais vous parler franchement : Si Votre Excellence a de l'amitié pour moi, je demande uniquement que votre noble fille écrive elle-même des vers sur un écran et m'en fasse cadeau ; ce serait pour moi un trésor extraordinaire ; tout autre objet n'aurait nulle valeur à mes yeux.

— Seigneur, répondit Chân-hiên-jîn, comment oserais-je résister à vos ordres honorables ? Demain, je prierai ma fille d'écrire (des vers). et de vous les offrir.

— Pour obtenir toute autre chose, dit Lieou-kong en riant, il ne serait pas convenable de tourmenter ainsi les gens ; mais des vers ou de la prose improvisés, rien n'empêche qu'on n'en demande jusqu'à l'importunité. Si Votre Excellence a de l'amitié pour moi, ainsi que sa noble fille, pourquoi ne pas mettre le comble à ma joie en m'accordant cette faveur à l'instant même ? De cette manière, je ne serai pas tenu, par votre promesse, dans une cruelle inquiétude.

A ces mots, Chân-hiên-jîn laissa échapper un sourire. « Seigneur, dit-il à l'eunuque, vos honorables paroles sont admirablement judicieuses. » Aussitôt il chargea les suivantes d'aller, de sa part, inviter Chân-taï à écrire de suite une pièce de vers sur un éventail, et de venir l'offrir au seigneur Lieou.

Mais Lieou-kong les arrêtant : « Un instant, dit-il, qu'elles ne partent pas encore. Votre Excellence va juger de la franchise des eunuques. Je n'ai plus que quelques mots à ajouter ; je vous les dirai naturellement et sans détours. Que des vers ou du Wên-tchang (prose relevée) soient bons ou mauvais, je vous avoue que nous autres eunuques, nous n'y voyons goutte. Mais comme Sa Majesté a témoigné une si haute estime (pour les compositions de votre fille), j'imagine qu'elles doivent avoir quelque chose de merveilleux. Voilà pourquoi je songe à lui demander un éventail orné de ses vers. Je le considérerai comme un trésor qui sera la sauve-garde de ma maison. Que la composition soit d'elle ou non, c'est ce que je ne saurais découvrir. Mais si je rapportais des vers qui lui fussent faussement attribués, ne serait-il pas à craindre que je ne devinsse la fable et la risée du public? Vu les fonctions que je remplis auprès de Sa Majesté, je tiens absolument à ce que votre noble fille écrive, sous mes yeux, quelques caractères; je croirai alors à la légitimité de leur origine. Mais si l'on me donne des vers écrits dans l'appartement intérieur, je conserverai jusqu'à la fin des doutes et des soupçons. Vénérable ministre, dites-moi, je vous prie, si vous y consentez.

— Seigneur, reprit Chân-hiên-jîn en riant, puisque vous avez tant de défiance, venez avec moi dans l'appartement intérieur.

En disant ces mots, il se leva et se dirigea de ce côté, après lui avoir fait un salut.

— A ce procédé, s'écria Lieou-kong, tout joyeux, je reconnais bien les nobles sentimens de Votre Excellence. Entrons, entrons.

Aussitôt, il se leva, et se rendit avec le ministre dans l'appartement intérieur, pour prier Mademoiselle Chân de lui écrire des vers sur un éventail.

CHAPITRE III.

Chân-hiên-jîn n'ayant pu réussir à se débarrasser de l'eunuque Lieou, qui voulait prier sa fille d'écrire devant lui, des vers sur un éventail, se vit dans la nécessité de l'inviter à entrer et à s'asseoir dans le salon de derrière. D'un côté, il chargea les servantes d'aller en instruire sa noble fille et de l'inviter à venir. D'un autre côté, il fit apporter, en l'attendant, un éventail doré et les quatre trésors d'un lettré (le papier, l'encre, le pinceau et la pierre à broyer). Or, Mademoiselle Chân s'était retirée dans le pavillon de derrière, et, dans ce moment même, elle était occupée à raconter à Madame Lo, sa mère, les détails de l'audience qu'elle avait obtenue dans le palais impérial; elle n'avait pas encore changé de vêtemens. Tout-à-coup des servantes vinrent lui annoncer que le seigneur Lieou la priait de lui écrire des vers sur un éventail. Eh quoi! s'écria Chân-taï, en riant aux éclats, un eunuque, un homme d'une profonde ignorance, voudrait que je lui écrivisse des vers sur un éventail!

—« Ma fille, reprit Madame Lo, quoique l'eunuque Lieou » n'entende rien à la poésie, il ne faut pas oublier que » c'est lui qui est venu vous reconduire ici par ordre de » l'empereur; se moquer de lui, c'est se moquer du sou- » verain. »

— » Ma mère, dit Chân-taï, votre observation est parfai- » tement juste. »

A ces mots, elle se leva, et précédée des servantes, elle se rendit dans le salon de derrière. Mais, comme elle avait déjà vu Lieou, elle ne lui fit point les révérences accoutumées. En ce moment, on avait déjà placé sur la table le pinceau, l'encre et l'éventail.

— « Voici uniquement le motif qui m'a engagé à vous » faire venir ici, lui dit Chân-hiên-jîn; le seigneur Lieou » désire vivement que vous écriviez des vers sur un éven- » tail.

— » Ce n'est pas qu'il soit difficile d'écrire des vers, ré- » partit Chân-taï; je crains seulement d'en écrire de mau- » vais et d'exciter vos railleries.

— » Puisque Sa Majesté, dit Lieou, n'a pu lire vos vers » sans en être aussi ravie qu'émerveillée, comment pour- » rais-je me permettre la plus légère critique? C'est par

pure modestie, Mademoiselle, que vous parlez ainsi. »

Chân-taï ouvrit en riant l'éventail, saisit son pinceau et acheva sa tâche tout d'un trait. Elle remit l'éventail à son père qui, y ayant aussitôt dans l'intérieur. Celui-ci, y ayant jeté un coup-d'œil, ne put retenir un léger sourire. Il le présenta tout de suite à Lieou-kong qui, voyant que les traces de l'encre étaient encore humides, se sentit transporté d'une joie secrète. « Excellence, dit-il d'un air épa- » noui, comment votre noble fille peut-elle composer si » vite?

— » Toute écriture, dit Chân-hiên-jîn, comprend quatre » genres : les caractères réguliers, les caractères Thsao » (abrégés), les caractères Li (de bureau) et les caractères » Tchouân (antiques). Dans les trois premiers genres, on » estime une écriture droite et régulière, pure et élégante. » Quant aux caractères Thsao (abrégés), il faut absolu- » ment que le pinceau les jette avec la rapidité de la pluie » chassée par le vent; c'est alors qu'ils rappellent les » mouvemens légers et capricieux des dragons et des ser- » pens. Sur cet éventail, ma petite fille a fait usage des » caractères Thsao (cursifs); voilà pourquoi elle a écrit » ces vers avec une vitesse prodigieuse.

— » Vénérable Taï-chi (premier ministre), il faut que » vous me lisiez ces vers d'un bout à l'autre. Je serai heu- » reux de les entendre. »

Chân-hiên-jîn les lut en lui montrant du doigt chacun des caractères tracés sur l'éventail :

« Dans le palais du Ki-lîn (1), dans la salle du Phénix et sur » le parvis du Dragon,

» Je sers l'empereur et reçois ses bienfaits sans m'éloigner » de lui un instant.

» Ne dites pas que le sourire de l'empereur puisse entière- » ment m'échapper;

» Si la joie brille sur sa figure céleste, c'est moi qui l'aper- » çois le premier. »

Il lut au revers de la feuille :

---

(1) Quadrupède fabuleux, emblème du bonheur.

« Quatrain composé par Chân-taï, que Sa Majesté a dé-
» corée du titre de *fille de talent*, et donné par elle au
» seigneur Liéou, l'inspecteur du vestiaire impérial. »
— « Vénérable Taï-chi (premier ministre), reprit Liéou,
» dans ce que vous venez de lire, les mots *salle du Phé-*
» *nix, parvis du Dragon*, semblent désigner les mystères
» du harem impérial ; seulement, je ne suis pas en état
« de saisir ce qui fait le charme de ces vers. J'ose prier
» Votre Excellence de me les expliquer ; votre noble fille
» n'aura pas perdu sa peine en les écrivant. »
Chân-hiên-jîn se mit alors à lui en donner l'explication.
- « Ce quatrain de ma petite fille, dit-il, a pour but de louer
» Votre Seigneurie de ce qu'elle peut aller et venir dans
» le palais impérial et entretenir des rapports intimes
» avec Sa Majesté. Dans la première phrase, les mots
» *palais du Ki-lin, salle du Phénix, parvis du Dragon*,
» se rapportent à la magnificence du palais impérial. Vo-
» tre Seigneurie a seule le droit d'en sortir et d'y entrer à
» toute heure, dirige le service et ne s'écarte pas un ins-
» tant de Sa Majesté. C'est pourquoi il est dit dans la se-
» conde phrase ; *Je sers l'empereur et reçois ses bienfaits.*
» Depuis l'antiquité, les empereurs sages et éclairés ne
» laissaient pas voir aux autres hommes un seul mouve-
» ment de leur figure ni même le plus léger sourire. No-
» tre saint et sage empereur ne leur ressemble-t-il pas ?
» Seulement, comme Votre Seigneurie ne s'écarte point
» de Sa Majesté, si un rayon de joie brille sur sa face cé-
» leste, les hommes du dehors n'en savent rien ; Votre
» Seigneurie seule l'aperçoit aussitôt. Ainsi donc , le
» but général de ces vers est de louer Votre Seigneurie
» de ce qu'elle approche de notre saint prince et jouit de
» sa faveur. »
Après avoir entendu ces mots, Liéou fit éclater sa joie
en battant des mains. « Seigneur, dit-il, en riant, est-il
» possible que ces vers renferment de si belles choses ?
» Seulement, je n'ose m'en croire digne. En vérité, votre fille
» est douée d'un rare talent ; il ne faut plus s'étonner si
» l'empereur lui a témoigné une si haute estime. Mille
» remercîmens. Si, une autre fois, elle a quelque occa-
» sion d'entrer dans le palais, moi et mes collègues nous
» nous emploierons de tout cœur pour la servir. »
— « Un simple éventail, dit Chân-hiên-jîn, ne peut pas
» compter pour une marque de respect. Plus tard, je veux
» vous offrir des présens pour vous témoigner ma recon-
» naissance. »
— « Je me trouve suffisamment récompensé par cette piè-
» ce de vers, repartit Liéou : je vous ai déjà dit que je ne
» voulais pas de présens ; j'ajouterai que, quand même
» vous m'en enverriez, je n'oserais en accepter aucun. »
Il se leva à ces mots ; mais Chân-hiên-jîn voulut le retenir pour prendre une collation.
« Le soleil est près de se coucher, dit Liéou, en refu-
» sant, il faut que j'aille rendre compte de ma commis-
» sion à Sa Majesté et aux deux impératrices. »
Alors, il lui offrit ses remercîmens et s'éloigna.
Liéou-kong partit. Enchanté de posséder un éventail
orné de vers, il alla, de tout côté, l'étaler avec orgueil.
Mais laissons l'eunuque, et revenons à Chân-hiên-jîn.
Après s'être retiré dans la salle de derrière, il se mit à
ranger, avec Lo, sa noble femme, et avec sa fille, les pré-

sens de l'empereur, et, discourant à ce sujet, « de l'or, de
» l'argent, des étoffes de soie, dit-il, ce sont des présens
» ordinaires ; mais les quatre caractères écrits par l'em-
» pereur : *Hong-wén-thsaï-niu* (fille de talent éminente
» en littérature), *le pied en jade* et le *jou-i* d'or (sorte de
» sceptre), ces trois objets précieux ont été donnés par
» faveur spéciale, où les placerons-nous ? »
— « Puisqu'ils ont été donnés à notre fille, répondit Ma-
» dame Lo, nous la chargerons de les serrer dans sa cham-
» bre à coucher. »
— « Eh quoi ! dit Chân-hiên-jîn, vous voudriez placer des
» objets qui viennent de l'empereur, dans une chambre à
» coucher ! Ne serait-ce pas une indigne profanation ? Si,
» un de ces jours, notre auguste souverain venait à en
» être instruit, vous n'auriez pas à vous en féliciter. »
— « En ce cas, réprit Madame Lo, nous ne saurons ja-
» mais où les placer. »
— « Je veux, dit Chân-hiên-jîn, faire démolir quelques-
» unes des petites maisons qui sont à côté du salon orien-
» tal, et construire à leur place, un pavillon isolé où je
» suspendrai ces trois précieux objets. Je l'appellerai Yu-
» tchi-léou, *le Pavillon du pied de jade* ; de cette maniè-
» re, nous ferons éclater notre reconnaissance pour les
» bienfaits de l'empereur, et notre fille pourra s'y retirer
» pour lire ou composer du Wén-tchang (prose élégante) ;
» que dites-vous, Madame, de mon projet ? »
— « Vous avez une idée admirable », répondit Madame
Lo.
Cette résolution étant arrêtée, Chân-hiên-jîn appela le
lendemain l'intendant de sa maison, et lui ordonna de
prendre des ouvriers et de les mettre à l'œuvre. On peut
dire que les ministres d'état exécutent leurs projets avec
une facilité prodigieuse. En moins d'un mois, le pavillon
fut construit et terminé dans tous ses détails. Chân-hiên-
jîn fit incruster dans une tablette les quatre grands caractères tracés par l'empereur, et la suspendit au fronton du
bâtiment ; ensuite, il écrivit lui-même les mots : Yu-tchi-
léou (Pavillon du pied de jade), sur une autre tablette, et
la fixa au haut d'une des colonnes de la façade. Il fit construire un piédestal peint en rouge, orné de dragons, et y
plaça *le pied de jade* et le *jou-i* d'or (sorte de sceptre).
Tout autour, on voyait des casiers remplis de livres et
des tablettes chargées de volumes. Aux parois des murs,
on voyait suspendus des rouleaux de soie, brillans de vives
couleurs et ornés, soit de peintures exquises, soit de poésies élégantes d'artistes ou d'écrivains célèbres de l'antiquité, dont les noms se lisaient sur des fiches d'ivoire.
Chaque jour, après avoir fait sa toilette et avoir demandé (à son père et à sa mère) des nouvelles de leur
santé, Chân-taï allait s'asseoir dans son cabinet d'étude, et
se délectait à l'aide du pinceau et de l'encre. A cette époque, la renommée de Chân-taï remplissait la ville de
Tchang-ân. Parmi les membres illustres du conseil des
ministres, les princes, les comtes, les parens de l'empereur et les hommes les plus distingués par leur fortune et
leurs dignités, ou amis des choses merveilleuses, il n'y en
avait pas un seul qui ne vînt lui demander des vers ou
quelques lignes de son écriture. Chân-hiên-jîn considérant
que sa fille, qui n'avait encore que dix ans, se trouvait à
l'abri de tout soupçon, et que, d'ailleurs, l'empereur lui

ROMAN CHINOIS.

avait conféré un titre honorable, ne redoutait nullement les propos du public. C'est pourquoi, tous ceux qui venaient la solliciter n'éprouvaient jamais le plus léger refus. A cette époque, l'empire jouissait d'une paix profonde, et les ministres d'état étaient peu occupés d'affaires administratives. Les personnes qui se présentaient à la porte de l'hôtel pour demander des vers ou de la prose élégante, se succédaient sans interruption.

Un jour, vint un jeune noble, fils d'un ancien ministre, originaire de la province de Kiang-si, dont le nom de famille était Yên, et le nom d'enfance Wên-weu. Comme il devait obtenir une charge par faveur spéciale, en considération des services de son père, il était venu à la capitale pour subir son examen. Ayant été élevé ensuite, après les épreuves prescrites, au grade de Tchi-fou (préfet d'un département), il attendait qu'on lui fit connaître le lieu de sa destination. Dès qu'il eut appris que Chân-taï avait reçu de l'empereur le titre de Tsaï-niu (fille de talent), il en fut charmé et se sentit pénétré d'estime pour elle. Il prépara alors de riches présens, acheta une pièce de satin et un éventail doré, et, montant à cheval, il vint présenter sa demande lui-même.

Or, toutes les fois qu'on venait prier Mademoiselle Chân d'écrire des vers sur des éventails, c'était un vieux serviteur nommé Youân-lao-kouân, (c'est-à-dire le vénérable employé Youân) qui les recevait et en prenait soin. Ce jour-là, le vieux serviteur ayant reçu de la main de Yên-wên-weu, les cadeaux ainsi que la pièce de satin et l'éventail, les inscrivit sur un registre et les serra, après lui avoir demandé son nom de famille et son nom d'enfance; puis, il lui fixa le jour où il pourrait venir chercher avec les autres solliciteurs, les vers qu'il désirait.

Dès que Yên-wên-weu fut parti, le vieux domestique porta les cadeaux dans le pavillon du *pied de jade*. Il n'avait pu prévoir que Mademoiselle Chân, sachant sa mère indisposée, était entrée dans l'intérieur, et ne se trouvait pas alors dans son cabinet. Le vieux domestique prit alors les cadeaux, la pièce de satin et l'éventail et les remit aux servantes en les chargeant d'en informer Mademoiselle. Mais celles-ci les déposèrent dans un tiroir, et quand Mademoiselle revint, elles se trouvèrent tellement préoccupées d'autres choses qu'elles oublièrent de l'en instruire.

Au jour fixé, chaque personne vint chercher les vers ou la prose élégante qu'elle avait demandés : tout le monde eut son lot, à l'exception du noble Yên-wên-weu, dont la pièce de satin et l'éventail manquèrent à l'appel. Il s'emporta alors vivement. « Pourquoi, dit-il, suis-je le » seul qu'on ait oublié? »

Le vieux serviteur fut tout troublé de cette circonstance. Il se vit obligé de monter de nouveau au pavillon du *pied de jade* pour chercher les objets réclamés, et prendre des informations à ce sujet; mais, au premier moment, il ne put rien trouver. Il vint une seconde fois rendre réponse à Yên-wên-weu. « Seigneur, dit-il, comme » on était fort pressé le jour où vous êtes venu, j'ignore » en quel endroit on aura posé votre pièce de satin et » votre éventail. Malgré mes recherches, il m'a été impossible de les retrouver en un instant Veuillez vous » retirer. Si demain on les découvre, vous pourrez alors » les remporter. »

A ces mots, le noble Yên entra dans une violente colère. « N'allez pas vous moquer de moi, dit-il, parce que » vous appartenez à la maison d'un Ko-lao (ministre); ma » famille elle-même compte aussi dans son sein un minis-» tre d'état. Comment se fait-il que tous les autres aient » obtenu leurs vers, et que les miens seuls soient introu-» vables? Retournez auprès de votre maîtresse, et dites-» lui, de ma part : si elle daigne écrire, qu'elle se hâte » d'écrire; si elle ne daigne pas écrire, qu'elle me rende » les objets que j'ai apportés. »

Le vieux domestique voyant le ton courroucé du noble Yên, craignit que Son Excellence (Chân-hiên-jîn) ne vînt à entendre cette discussion et ne le grondât : « Seigneur, » dit-il à Yên, il est inutile que vous vous fâchiez; atten-» dez que je retourne faire de nouvelles recherches. »

A peine le vieux serviteur était-il parti, que le noble Yên le suivit et entra dans la maison. Quand il fut arrivé, sur ses pas, au bas du pavillon du *pied de jade*, il vit affichée à côté de la porte d'entrée, une ordonnance ainsi conçue : « Au haut de ce pavillon, sont suspendus des carac-» tères écrits de la main de l'empereur; c'est le cabinet » d'étude de la *fille de talent*. Il est défendu aux hommes » oisifs de venir jeter ici des regards indiscrets. Si quel-» qu'un viole cette défense, il en sera fait un rapport à » l'empereur qui le châtiera sévèrement. »

Lorsque le noble Yên entrait à la suite du vieux servi-teur, il était sur le point de laisser échapper encore quel-ques plaintes violentes; mais dès qu'il eut vu l'ordon-nance, il éprouva un vif battement de cœur et n'osa souffler un mot; il se dressa sur la pointe du pied, et, prê-tant l'oreille, sans faire le plus léger bruit, il entendit parler ainsi le vieux serviteur au haut du pavillon : « La pièce de satin et l'éventail du seigneur Yên, de la » province de Kiang-si, les avez-vous retrouvés? » Les servantes ayant fait une réponse affirmative, le vieux serviteur leur répondit : « Puisque vous les avez retrou-» vés, priez Mademoiselle d'y écrire quelque chose. Le » seigneur Yên attend en personne au bas du pavillon. »

Après un intervalle assez long, il entendit qu'en haut du pavillon, on adressait cette recommandation au do-mestique : « Priez le seigneur Yên d'attendre encore un » peu; Mademoiselle va écrire à l'instant. »

Le noble Yên ayant entendu lui-même ces paroles, fut transporté de joie et n'osa proférer un seul mot. Il resta donc au bas de l'escalier du pavillon; et attendit en allant et venant.

Mais revenons à Mademoiselle Chân.

Ayant retrouvé dans le pavillon, la pièce de satin et l'éventail, elle se mit à lire sur l'enveloppe l'inscription suivante : « Le fils aîné de feu Yên, le Ko-lao (ministre), » de la province de Kiang-si, Yên-yao-ming (c'est-à-dire » Yen, la lumière du matin), surnommé Wên-weu (ou le per-» sonnage lettré), nouvellement élevé à la dignité de pré-» fet, célèbre dans le monde par ses talents administratifs » et son mérite littéraire, vous prie d'employer votre ha-» bile pinceau à célébrer ses louanges. »

A peine Chân-taï eut-elle fini de lire, qu'elle se dit en souriant : « Quel est cet individu qui vante lui-même » ses talents administratifs et son mérite littéraire? » Ayant entendu dire qu'il attendait au bas du pavillon, elle se glissa tout doucement près du bord de la fenêtre, et laissant tomber un regard furtif, elle vit que cet homme portait un bonnet carré et un large vêtement, et qu'il allait et venait en lançant des coups d'œil à la dérobée, du bas du pavillon. L'ayant observé une seconde fois avec plus d'attention, elle remarqua qu'il était privé d'un œil et boiteux d'un pied. « Il sied bien à un pareil homme, » dit-elle en riant sous cape, de se donner de grands airs ! » Puis, se retournant, elle prit la pièce de satin et l'éventail doré, et y écrivit quelques lignes. Elle chargea alors une servante de remettre ces objets au vieux domestique pour qu'il les rendît au noble Yên. Celui-ci les déploya et y jeta les yeux. Quoiqu'il ne pût deviner le sens des vers, les formes légères et gracieuses des caractères lui causaient une joie indicible. Il se retira après avoir remercié à plusieurs reprises.

On peut dire avec raison :

« Depuis l'antiquité, la poésie a (souvent) enfanté la haine ;
» Mais la colère et les injures ne sont rien auprès des railleries personnelles.
» C'est pourquoi Teng-tou, malgré le grand nombre de défauts physiques (reprochés à sa femme),
» Est resté insensible aux critiques malignes de Song-iu ? »

Dès que le noble Yên fut en possession de la pièce de soie et de l'éventail ornés de vers, il retourna joyeux à son hôtellerie, les déploya de nouveau et les examina avec la plus grande attention. Mais comme les vers étaient écrits en caractères Tbsao (abrégés), il n'en pouvait deviner le sens. Il songea, avec bonheur, que deux des hôtes savaient déchiffrer les caractères Tbsao. Les ayant priés de lui lire mot à mot, tous les signes tracés sur l'éventail, il y reconnut les vers suivans :

« Quand les trois Taï (les trois étoiles κ, μ et ξ, de la grande
» Ourse), sont montées au haut du ciel, le disque du soleil
» brille tout seul ;
» Lorsqu'on possède cinq chevaux à son char, à quoi bon
» s'affliger de l'inégalité de la route ?
» Ne vous énorgueillissez pas de la ceinture qui vous a été
» nouvellement donnée dans la salle Jaune.
» (Le fils) du magistrat de la salle de l'Est (ministre), de la
» province du Kiang-si, fait parler de lui depuis bien long-
» temps. »

Sur la pièce de soie, on lisait les deux lignes suivantes, en caractères grands comme une tasse :

« (Niu-wa) brisa (les pieds de la tortue gigantesque appelée)
» Ao, pour y asseoir les quatre extrémités (du globe), et le ciel
» et la terre se trouvèrent dans un parfait équilibre ;
» Ayant dissipé les nuages, elle laissa voir le ciel, et donna
» l'ouïe et la vue aux sourds et aux aveugles de tous les
» siècles. »

Les deux hôtes ayant fini de lire, le noble Yên se sentit transporté de joie. « Les mots San-taï (les trois étoiles Taï
» de la grande Ourse) et Tong-ko (salle de l'Est ou du con-
» seil privé), s'écria-t-il, renferment un éloge pour moi
» qui suis issu d'un ministre d'état. Les mots Ou-ma (cinq
» chevaux) et Hoang-tang (salle Jaune), indiquent, d'une
» manière flatteuse, que je viens d'être élevé, après les

épreuves prescrites, au rang de préfet ; les mots Touân-
» ao (couper les pieds de la tortue Ao), Po-yûn, dissiper
» les nuages), etc. que je vois sur la pièce de satin, ont
» pour but d'exalter mes rares talens et l'éclat de mon mé-
» rite. Elle a mis en lumière tous les titres dont je me
» glorifie au fond du cœur. En vérité, c'est une fille de ta-
» lent ! » Les hôtes en voyant la joie folle du noble Yên
se mirent à le louer et à faire chorus avec lui. Leurs éloges
pompeux ne firent qu'exalter sa folle allégresse. Il
appela aussitôt un artiste et le chargea de coller la pièce de
soie sur du papier épais, et de la disposer en rouleau. Il le
serra précieusement comme si c'eût été un trésor. Toutes
les fois qu'il rencontrait quelqu'un, il ne manquait pas de
se décerner les plus fastueux éloges.

Un mois après, l'empereur ayant rendu le décret qui le
nommait préfet du département de Song-kiang, tous ses
parens et amis vinrent lui présenter leurs félicitations.
Yên-wén-weu fit préparer un repas et les traita d'une manière splendide. Lorsque tous les convives furent un peu
échauffés par le vin, Yên-wén-weu, ne pouvant maîtriser
sa vanité, tira la pièce de satin et l'éventail du lieu où il
les tenait cachés, et les fit contempler aux convives.
Après les avoir examinés, les uns vantèrent la beauté des
vers, les autres l'élégance de la prose ; ceux-ci louaient la
hardiesse de l'écriture, ceux-là les talens supérieurs de
Yên-wén-weu. Toute l'assemblée faisait assaut de louanges ; c'étaient des complimens à n'en plus finir. Mais,
parmi eux, se trouvait un hôte quelque peu versé dans la
littérature. Son nom de famille était Song, son petit nom
Sin et son nom honorifique Tseu-tching ; il était tout au
plus capable de faire une ou deux pièces de vers d'un style
vulgaire. Sa principale occupation était d'aller et venir
dans la maison des magistrats. Ce jour-là, il se trouvait,
par hasard, au nombre des convives qui étaient venus fé
liciter Yên-wén-weu. Les voyant tous épuiser, sans fin,
toutes les formes de l'éloge, il se contenta de sourire
froidement Yên-wén-weu soupçonna qu'il ne riait pas
sans motif. « Monsieur Tseu-tching, lui demanda-t-il,
» pourquoi riez-vous de la sorte ? Y aurait-t-il quelque
» défaut dans les vers ou la prose ?
— « Quel défaut pourrait-il y avoir ? reprit Song-sin.
— « S'il n'y a nul défaut, pourquoi riez-vous ainsi, Mon-
» sieur ? J'imagine que vous avez cru y découvrir quelque
» tache.
— « Il n'y a, en vérité, nulle tache, reprit Song-sin ;
» seulement, Votre Seigneurie ne devrait pas tant admirer
» ces deux inscriptions.
— « Lorsque j'y vois de si pompeux éloges en ma faveur,
» répondit Yên-wén-weu, comment pourrais-je ne pas les
» trouver admirables ?
— « Seigneur, répondit Song-sin, comment pouvez-vous
» y voir de pompeux éloges en votre faveur ?
— « Eh bien ! soit, dit Song-sin, en riant ; mais je prierai
» Votre Seigneurie de m'expliquer les allusions renfer-
» mées dans les mots : le soleil brille tout seul, et ceux-ci :
» l'inégalité de la route, que je lis sur l'éventail. Quelles
» sont, je vous prie, celles de vos qualités que ces expres-
» sions ont pour but de louer ?
» Sur la pièce de soie peinte, je vois encore les mots :
» couper les pieds de la tortue Ao ; dissiper les nuages ;

» prendre son équilibre; les sourds et aveugles. Dites-moi
» un peu, Seigneur, quel genre de mérite ces expressions
» louent en vous. Je vous engage à les méditer avec at-
» tention. »

A ces mots, Yên-wén-weu devint muet de stupeur et
n'eut pas la force de proférer un seul mot. Puis, après
quelques instans de réflexion, « Je vous avoue, dit-il, que
» je l'ignore complètement. J'ose vous prier, Monsieur
» Tseu-tching, de daigner m'en instruire.

— » Seigneur, dit Song-sîn, en riant de nouveau, quelle
» espèce d'intelligence avez-vous donc? Comment se fait-
» il que vous n'ayez pas découvert de suite ces vétilles?
» Elle dit que le soleil brille tout seul; c'est pour vous
» plaisanter sur votre œil unique; les mots : L'inéga-
» lité de la route, rappellent, en termes piquans, la jambe
» difforme de Votre Seigneurie; les mots : Couper les
» pieds de la tortue Ao, dissiper les nuages, tournent éga-
» lement en ridicule votre double infirmité. »

Yên-wén-weu fut tellement honteux de cette découverte,
que tout son visage devint pourpre. Puis, s'abandonnant
à une violente colère. « Ainsi donc, dit-il, j'ai été bafoué
» par cette petite scélérate! »

A ces mots, il prit la pièce de soie peinte ainsi que l'é-
ventail et les déchira en mille pièces. Les convives s'efforcèrent de l'apaiser. « Il nous est impossible de croire, lui
» dirent-ils, que cette petite fille ait eu de pareilles inten-
» tions. »

Song-sîn lui-même cherchait aussi à le calmer. « Sei-
» gneur, dit-il, si vous vous êtes emporté si fort, c'est moi
» qui en suis cause; j'ai eu la langue trop longue.

» Monsieur, lui dit Yên-wên-weu, si vous n'eussiez pas
» éveillé et ouvert mon esprit, j'aurais suspendu la pièce
» de soie peinte au milieu de mon salon, et je me serais
» servi tous les jours de l'éventail doré. N'aurais-je pas
» été en butte à toutes les railleries du public? »

— » Si encore c'était un homme, lui dit Song-sîn, vous
» n'auriez pas de peine à vous expliquer avec lui; mais
» c'est une petite fille qui a obtenu par hasard l'amitié et
» la faveur du souverain. Quel véritable talent peut-elle
» avoir? A quoi bon vous occuper d'elle?

— » Quelque petite qu'elle soit, repartit Yên-wén-weu,
» elle a fait preuve d'un caractère odieux! Elle se prévaut
» de la puissance de son père, le ministre d'état; voilà,
» sans doute, pourquoi elle s'émancipe avec tant d'inso-
» lence! Ne suis-je pas moi-même le fils d'un ministre
» d'état? Croit-elle que je sois d'humeur à endurer ses
» sarcasmes et ses railleries? Je veux absolument lui faire
» donner une rude leçon; ma juste haine ne s'apaisera
» qu'à ce prix. »

Chacun des convives le pria vingt fois de se calmer,
mais il ne voulut écouter personne. Bientôt ils prirent
congé et se retirèrent. Cette affaire fit passer à Yên-wén-
weu, la nuit la plus agitée. Il aurait bien voulu renfermer sa colère; mais son cœur était trop ulcéré; il aurait
voulu se venger d'elle; mais il ne savait quel moyen employer. Il avait un proche parent dont le nom de famille
était Téou, et le nom d'enfance Koué-i. Il s'était élevé au
grade de Tsin-ssé (docteur), à la charge de préfet d'un
district. Depuis peu, il venait d'obtenir, après avoir subi
ses examens, le grade de Ki-ssé-tchong (porteur de mes-

sages près du ministère des ouvrages publics). Ils étaient
tous deux beaux-frères et se voyaient journellement. « Si
j'allais conférer avec lui, se dit secrètement Yên wén-weu,
peut-être me suggérerait-il quelque stratagème excellent. »

Le lendemain, il se leva de bonne heure, et étant venu
trouver Téou-koué-i, il lui raconta son affaire dans tous
ses détails, et le pria de lui fournir quelque moyen pour
la corriger d'importance.

— « Précisément, lui dit Téou-koué-i, j'avais bien en-
» tendu citer le nom d'une petite fille de talent; mais
» comment croire qu'une enfant de dix ans soit en état de
» composer ainsi des vers ou du Wén-tchang (prose élé-
» gante)? C'est tout bonnement le vieux Chân-hiên-jîn
» qui, pour vanter et exalter sa fille, a tenu le pinceau en
» son nom et a imaginé cette multitude de pièges dont on
» est dupe. L'empereur s'y est laissé prendre un instant
» faute d'attention, et l'a honorée d'une faveur exagérée.
» Aussitôt le vieux Chân-hiên-jîn a fait passer le faux
» pour le vrai, et s'est abandonné à toute l'insolence de la
» vanité.

— « Je vous avoue, répondit Yên-wén-weu, que si la pe-
» tite fille était réellement l'auteur de ces vers, on pour-
» rait encore avoir de l'indulgence pour elle; mais si le
» vieux Chân-hiên-jîn avait abusé de sa dignité actuelle
» de ministre, pour insulter en moi le fils d'un ministre
» qui n'est plus, ce serait quelque chose de plus odieux
» encore. Par malheur, je ne suis que préfet; comment
» réussirai-je à donner une rude leçon à un ministre? Il
» faut, cher beau-frère, prendre fait et cause pour moi, et
» vous en charger vous-même.

— » Ce n'est pas bien difficile, reprit Téou-koué-i; atten-
» dez un peu, demain matin je présenterai une plainte
» contre lui; je vous réponds que je saurai bien le cou-
» vrir de confusion.

— « Si vous pouvez me rendre ce service, lui dit Yên-
» wén-weu, non-seulement je vous en aurai toute ma vie
» une reconnaissance infinie; mais je veux encore vous
» offrir mille onces d'argent.

— « Comment un proche parent pourrait-il parler de ca-
» deaux? » reprit Téou-koué-i en souriant.

Deux jours après, Téou-koué-i adressa, en effet, un
rapport à l'empereur. A cette époque, le fils du ciel, qui
était doué de profondes lumières, s'occupait avec le plus
grand zèle des affaires de l'administration. Toutes les fois
qu'on présentait un rapport, il ne manquait pas de le lire
lui-même. Ce jour-là, ses yeux tombèrent tout-à-coup sur
une pièce qui portait ce titre :

Rapport de Téou-koué-i, messager impérial près du ministère des ouvrages publics, au sujet d'un grand officier
qui, sous le masque du talent, a bassement flatté le souverain et a porté un grave préjudice à l'honneur du gouvernement.

L'empereur, ayant lu ce rapport, ne put s'empêcher de
sourire. « Téou-koué-i, se dit-il, accuse Chân-taï de s'être
fait une réputation usurpée, et de m'avoir ainsi jeté dans
l'erreur; croit-il donc que je sois si facile à abuser? C'est un
stupide lettré qui n'a qu'une vue bornée, comme un homme
qui regarderait le ciel du fond d'un puits! »

A ces mots, il écrivit de son pinceau impérial la décision suivante :

« Téou-koué-i, puisque vous soupçonnez Chân-taï d'a-
» voir mis le faux à la place du vrai, je vous ordonne de
» vous rendre en personne au pavillon du Pied de Jade,
» et de composer avec elle en vers et en Wén-tchang (prose
» élégante). Je charge le tribunal des rites d'examiner vos
» compositions. Si vous l'emportez sur Chân-taï, je regar-
» derai comme un devoir de lui retirer les quatre carac-
» tères *Hong-wén-thsaï-niu*(fille de talent, éminente en
» littérature), que j'ai écrits avec mon pinceau impérial,
» et je la châtierai sévèrement. Mais, si Chân-taï l'emporte
» sur vous, votre accusation mensongère ne restera pas
» impunie. Que le bureau compétent veille à l'exécution
» de mes volontés. »

Dès que ce décret eut été rendu, Téou-koué-i y ayant jeté les yeux, fut saisi d'une crainte soudaine. « Les affai-
» res des autres, s'écria-t-il, me tombent sur le corps!
» Quoiqu'on me donne le titre de Tsin-ssé (docteur),
» tout mon savoir se borne à pouvoir écrire quelques
» morceaux de prose dans le goût moderne; quant à la
» poésie et au Wén-tchang (prose élégante), en vérité, je
» n'en ai jamais fait mon étude. Si je compose avec elle
» et que j'aie l'avantage, ce n'est, au bout du compte,
» qu'une petite fille; quel avancement, quelles récom-
» penses pourra me procurer cette facile victoire? Mais
» si, dans le moment, je ne puis venir à bout de ma com-
» position et que je sois vaincu par elle, quel que soit le
» châtiment d'un moniteur impérial pour des paroles té-
» méraires, n'est-il pas à craindre que je sois immolé par
» les railleries du public? »

Il invita en conséquence Yên-wén-weu et un certain nombre d'habitans du même hôtel à délibérer mûrement avec lui. Ce jour-là, Song-sín se trouvait aussi parmi eux.

« Lorsqu'une fille de dix ans, leur dit-il, passe pour
» habile en poésie ou en Wén-tchang (prose élégante),
» soyez sûrs que quelqu'un a tenu le pinceau pour elle et
» lui a fait sa réputation. Si, par ordre impérial, vous
» composez tête à tête avec elle, et qu'on charge quelques
» servantes de se tenir à ses côtés et de l'épier sévèrement,
» sa honteuse supercherie sera démasquée sur-le-champ.
» Quand même elle réussirait à barbouiller quelques li-
» gnes, serait-il possible que Téou, ce respectable maître
» qui a conquis, par son talent, le grade de Tsin-ssé (doc-
» teur), pût avoir le dessous avec une petite fille? Si Téou,
» notre respectable maître, ne se soucie pas d'y aller lui-
» même, de peur de compromettre sa dignité, pourquoi
» ne présenterait-il pas, pour composer à sa place, quel-
» ques lettrés renommés par leur talent et leur savoir? De
» cette façon le succès est assuré.

« Approuvé! approuvé! s'écria Téou-koué-i, transporté
» de joie ». Sans perdre de temps, il présenta le lendemain un nouveau rapport dont le titre était ainsi conçu :

« *Rapport de Téou-koué-i, messager impérial près le*
» *ministère des travaux publics, pour présenter des hom-*
» *mes de talent dignes de concourir, afin de découvrir jus-*
» *qu'aux dernières traces du vrai ou du faux, et de sau-*
» *ver l'honneur du gouvernement.* »

L'empereur ayant fini de lire ce rapport, dit en souriant « Il n'ose y aller lui-même et présente, à sa place,
» d'autres lettrés. Si je n'approuve pas sa demande, il ne
» manquera pas de dire encore que j'ai été leurré par elle ».
» En conséquence, il y écrivit la décision suivante :
« APPROUVÉ. J'ordonne à Tchéou-kong-meng, à Hia-
» tchi-tchong, à Pou-khi-thong, à Song-sín, à Mou-li et
» à Yên-koueï, de se rendre au *pavillon du Pied de Jade*,
» et de composer, avec Chân-taï, en poésie et en Wén-
» tchang. Que le bureau compétent veille à l'exécution
» de mes volontés. »

A peine le décret fut-il rendu, que plusieurs personnes en apportèrent la nouvelle dans l'hôtel (du premier ministre). Chân-hiên-jín en fut vivement ému « D'où vient,
» s'écria-t-il, que Téou-koué-i m'a censuré auprès de
» l'empereur? » Aussitôt il envoya deux personnes de sa maison pour prendre des informations à ce sujet. Il apprit alors que cette accusation n'avait d'autre origine que les railleries lancées contre Yên-wén-weu, dans deux inscriptions en vers et en Wén-tchang (prose élégante). Tout de suite, il alla trouver sa fille Chân-taï et lui apprit cette fâcheuse affaire. « En général, lui dit-il, ceux qui vien-
» nent vous demander des vers ou du Wén-tchang (prose
» élégante), le font par estime pour votre talent; il con-
» vient que vous répondiez gracieusement à leur désir ;
» comment se fait-il que vous vous soyez livrée à des in-
» sinuations malignes et à des railleries mordantes qui
» sont devenues pour moi une source de malheurs? »
——« Ces jours derniers, répondit Chân-taï, au moment où
» ce préfet Yên apporta une pièce de soie et un éventail, pen-
» dant j'étais allée visiter ma mère dans l'appartement
» intérieur, une servante serra ces objets dans un tiroir
» et oublia de me les remettre (à mon retour), et il ne me
» fut pas possible d'y rien écrire. N'ayant pu les obtenir
» au moment où il vînt les chercher, il s'emporta avec vi-
» vacité et fit une scène violente devant notre hôtel. Ce
» n'est pas tout, il poussa l'audace jusqu'à suivre un de
» mes serviteurs jusqu'au *pavillon du Pied de Jade*, et à
» se promener au bas des degrés. L'ayant observé, à la
» dérobée, je vis qu'il était privé d'un œil et boiteux d'un
» pied. Aussitôt, me sentant en verve, j'écrivis quelques
» phrases piquantes, sans prévoir qu'il en découvrirait le
» sens. Cette fâcheuse affaire arrive, vraiment, par ma
» faute.
——« Si ce n'est que cela, dit Chân-hiên-jín, n'en parlons
» plus. Seulement, il y a un décret qui ordonne à six let-
» trés, à Tchéou-kong-meng et autres, d'aller composer
» avec vous en vers et en prose élégante. Ce sont tous
» des hommes éminens et renommés; si vous ne réussis-
» sez pas à les vaincre dans ce concours, non-seulement
» la réputation que vous venez d'acquérir, sera perdue,
» mais il est à craindre que notre saint empereur ne
» soupçonne un plagiat dans vos vers sur les *Hirondelles*
» *blanches*, et ne vous punisse avec rigueur. N'y a-t-il
» pas de quoi s'inquiéter vivement?
— « Mon père, lui dit en riant, veuillez vous
» tranquilliser. Ce n'est point que je veuille me vanter;
» mais bien qu'ils passent, dans l'empire, pour des hom-
» mes d'un véritable talent, votre petite fille n'est pas fort
» disposée à leur céder le pas. Non-seulement ces hom-

» mes de lettres, avec leur esprit rouillé et leur érudition » pédantesque, ne valent pas la peine qu'on prononce » leur nom du bout des lèvres; mais, soyez sûr qu'aussi- » tôt arrivés, je les mystifierai comme il faut. »

« Ma fille, reprit Chân-hiên-jîn, si vous pouvez réelle- » ment les battre tous, je veux donner une rude leçon à » ce coquin de Téou-koué-i pour contenter ma juste co- » lère. »

CHAPITRE IV [1].

Tchéou-kong-meng et ses collègues ayant été battus dans le concours, songeaient à se rendre au palais pour faire l'aveu de leur faute. Mais Téou-koué-i les arrêta. « Le talent et l'esprit, leur dit-il, sont un don du ciel, tandis que le savoir et l'instruction sont le fruit de l'étude et de la lecture. Une petite fille de dix ans, qui a commencé à lire dès sa troisième année, n'a pu étudier que sept ans. Comment pourrait-elle improviser des vers libres ou réguliers, et, dans un concours sur *l'antiquité*, répondre sur-le-champ, à toutes les questions, sans se tromper de l'épaisseur d'un cheveu? Il est évident que le fils du ciel a eu pour elle une bienveillance exagérée, que son père a eu le talent de se ménager des intelligences secrètes dans le palais, et lui a communiqué d'avance les thêmes. Elle a pu ainsi composer, de longue main, des morceaux de prose relevée, et ne pas commettre une seule faute. On aura beau dire qu'elle en est réellement l'auteur, et qu'elle les a écrits à l'instant même; quand on devrait me couper la tête et me tirer jusqu'à la dernière goutte de mon sang, je ne le croirais jamais. »

Ces paroles donnèrent à réfléchir à Hia-tchi-tchong et à ses collègues. « Ce raisonnement, dirent-ils, est parfaitement juste. Dans tout l'empire, le Wén-tchang (la prose relevée), vient des licenciés et des docteurs, et les plus habiles d'entre eux entrent dans l'Académie des Hân-lîn. Est-il possible qu'une petite fille soit en état de répondre, de point en point, d'une manière si nette et si précise, à des questions qui ont mis en défaut les académiciens eux-mêmes? Vraiment, il y a là quelque chose de louche; je prierai les honorables inspecteurs de la soumettre à de nouvelles épreuves, et d'en rendre compte à Sa Majesté. »

Chân-hiên-jîn combattit sa proposition. « Supposez, dit-il, que le fils du ciel me montre une grande bienveillance, peut-on soutenir que je sois seul l'objet de cette haute faveur? Quand j'aurais des intelligences à la cour, pourrais-je en avoir avec le fils du ciel? »

Avant qu'il n'eût fini de discuter, Chân-taï prit la parole. « Illustre père, dit-elle, il est inutile d'insister là-dessus. Puisque le noble Téou soupçonne un excès de faveur de la part du fils du ciel, et s'imagine que vous avez su vous ménager des intelligences secrètes, ce sont deux points difficiles à éclaircir. En ce cas, je prie le noble Téou de me fournir lui-même un thême; son humble servante tâchera de le remplir, et alors le vrai ou le faux éclateront sur-le-champ.

— Cette idée est fort juste, reprit Tchao-kong [1]. Allons, docte Téou, donnez-lui un thême; nous verrons si elle peut ou ne peut pas s'en acquitter. De cette façon, tous ces Messieurs n'auront plus rien à dire.

— Comme nous sommes venus composer par ordre de l'empereur, dit Téou-koué-i, pourrais-je me permettre de donner moi-même un thême?

— Eh bien! reprit Song-sîn, puisque Mademoiselle Chân ne demande pas mieux que de subir un nouvel examen, rien n'empêche que vous ne lui donniez un thême. Autrement, les doutes de toute l'assemblée ne pourront jamais se dissiper.

— C'est une excellente chose, ajouta Tchao-kong, que de lui donner un sujet; on distinguera sur-le-champ le vrai du faux, et l'on n'aura plus lieu de se livrer à des accusations téméraires.

— Quel sujet faut-il que je lui propose? dit Téou-koué-i, en regardant Song-sîn.

Song-sîn s'approcha de lui et lui dit tout bas à l'oreille: « Vous n'avez pas besoin d'aller chercher bien loin un sujet; que ne priez-vous Mademoiselle Chân de trouver *la phrase parallèle* que vous avez cherchée en vain avant hier? »

Téou-koué-i se trouva fort heureux d'être mis sur la voie par Song-sîn. « Puisque Mademoiselle Chân, dit-il, désire que je lui fournisse un sujet, si j'allais lui proposer un long chapitre ou une grande dissertation, elle ne manquerait pas de dire que je cherche à l'embarrasser. J'ai sous la main *une phrase à parallèle* dans le genre de celles qu'on propose aux petits écoliers; elle est tout-à-fait à la

---

(1) Nous venons de voir, dans le chapitre précédent, que, sur la demande de Téou-koué-i, l'empereur a ordonné à Chân-taï de composer avec les six lettrés qu'il lui a présentés, dans l'espoir de la mettre en défaut et de prouver qu'elle n'a qu'un talent emprunté. L'auteur raconte minutieusement toutes les circonstances de ce concours dont les thêmes, proposés par le tribunal des rites et approuvés par l'empereur, ont pour objet, 1° les différens genres de calligraphie : 2° une chanson; 3° une pièce de poésie; 4° un morceau de prose élégante; et 5° dix questions d'histoire ancienne. On rapporte toutes ces pièces de composition, mais comme elles ne pourraient être comprises et goûtées du lecteur sans un long commentaire qui ne saurait trouver place ici, nous nous voyons obligés de supprimer cet épisode. Qu'il nous suffise de dire que Chân-taï s'acquitte de sa tâche avec une habileté surprenante, et qu'elle bat et mystifie ses concurrens qui n'ont plus d'autre ressource que d'aller s'avouer vaincus, et demander grâce à l'empereur de leur honteuse défaite.

(1) Tchao-kong avait été chargé de présider le concours auquel l'empereur venait de soumettre Chantaï et les six lettrés proposés par Téou-koué-i.

portée de Mademoiselle Chân. Si elle réussit à trouver une phrase qui y corresponde avec justesse, je croirai alors qu'elle est douée d'un véritable talent. »

— En ce cas, dit Tchao-kong, hâtez-vous de l'écrire.

Téou-koué-i prit alors un pinceau et du papier, et écrivit une phrase qu'il montra à tous les magistrats. Il avait lié ensemble les titres des sept chapitres de *Meng-tseu*, et en avait fait une *phrase à parallèle*, qui était ainsi conçue :

« *Liang-hoëi-wang* (c'est-à-dire *Hoëi*, roi de *Liang*), chargea *Hong-sún-tcheou*, d'inviter *Teng-wen (kong)*, avant *Li-léou*, et leur montra toute son affection *(Tsin-sin)*. *Kao-tseu* lut dix mille chapitres *(Wân-tchang)* (1). »

Les magistrats ayant vu ce passage, s'écrièrent tous ensemble : C'est une phrase interrompue. Chân-hiên-jìn ne put maîtriser sa colère. Monsieur Téou, le Tchang-ko (messager impérial près du bureau des ouvrages publics), vous êtes d'une sévérité cruelle! Primitivement, il s'agissait de composer en vers et en Wên-tchang (prose élégante); comment pouvez-vous maintenant proposer une phrase interrompue? Si Monsieur Téou pouvait trouver la phrase parallèle, il ne manquerait pas de dire que ma fille est vaincue.

— Vénérable Thaï-ssé (premier ministre), vous avez tort de vous fâcher ainsi, répondit Téou-koué-i. Puisque votre noble fille est douée d'un talent extraordinaire, il faut, de toute nécessité, qu'elle réussisse à trouver une phrase parallèle qui serait introuvable pour tout autre. Ce n'est qu'à ce prix qu'elle peut justifier ses prétentions; mais si elle ne vient pas à bout de trouver un parallèle qui serait introuvable pour d'autres personnes, elle cessera de paraître douée d'un talent extraordinaire.

— Messieurs, dit Tchao-kong, il ne convient pas de vous disputer ainsi. Qu'on fasse voir le sujet à Mademoiselle Chân; si elle trouve *le parallèle* ou ne le trouve pas, nous saurons à quoi nous en tenir.

Les serviteurs prirent alors le papier où était écrite la *phrase à parallèle* et le portèrent sur la table de Mademoiselle Chân.

À peine y eut-elle jeté les yeux, qu'elle laissa échapper un léger sourire : « J'imaginais, dit-elle, qu'il s'agissait des vapeurs qui enveloppent les saules d'un étang ou d'un vivier, ou de quelque phrase interrompue empruntée à un saint homme (à un empereur); mais comment pourrait-on être embarrassé par des lettrés pédans qui ont mis en commun les chétives ressources de leur esprit? »

— Chère enfant, lui dit Chân-hiên-jìn, croyez-vous qu'il vous sera encore possible de trouver une phrase parallèle?

— Attendez un peu, répondit Chân-taï; je vais en écrire une et la montrer à ces illustres magistrats.

Puis, d'un air épanoui, elle prit son pinceau, traça la phrase parallèle qui lui était demandée et la présenta aux assistans. Ils se rapprochèrent à l'envi pour l'examiner et lurent ce qui suit :

« *Ling-kong*, roi de *Weï*, envoya *Kong-i-tchang* pour » sacrifier à *Thaï-pé* dans le pays de *Hiang-tang*. Les » sages de l'antiquité *(Thsiên-thsin)*, dans un village où » florissait l'humanité *(Li-jîn)*, faisaient exécuter des » danses par huit troupes de (8) musiciens *(Pa-i)* (1). »

À la vue de cette phrase, tous les magistrats furent remplis d'étonnement et éprouvèrent une joie qui tenait du délire. Tchao-kong trépignait de plaisir; Téou-koué-i, lui-même, resta ébahi d'admiration et de stupeur. Puis, se tournant vers Song-sîn : « En vérité, en vérité, s'écriait-il, c'est une fille de talent. Pour le coup il n'y a plus rien à dire. »

— Vénérable Téou, lui dit Song-sîn, ne vous extasiez pas si fort. J'ai encore une *phrase à parallèle*; je vais prier de nouveau Mademoiselle Chân d'en trouver une qui lui corresponde. »

— Vous avez vu, répondit Téou-koué-i, avec quelle aisance, avec quelle facilité, elle vient de trouver tout-à-l'heure la correspondance de votre phrase interrompue. Quelle phrase parallèle pourrait maintenant l'embarrasser? Ce qu'il y a de mieux à faire, c'est d'avouer franchement notre faute, à quoi bon l'aggraver davantage? »

Song-sîn resta bouche close.

— Éh bien! dit Tchao-kong, puisque M. Song a encore une phrase dont il demande la correspondance, il n'a qu'à l'écrire pour se contenter, et à la montrer à Mademoiselle Chân. Il faut que nous voyions clairement si elle peut ou ne peut pas trouver une phrase parallèle. Gardons-nous de nous exprimer encore avec une complaisance exagérée, et de nous laisser éblouir et fasciner au point de ne pouvoir faire un fidèle rapport lorsque nous serons en présence de l'empereur.

— Cet avis est plein de raison, s'écrièrent tous les magistrats.

À ces mots, Song-sîn retourna à sa place. Il écrivit une *phrase à parallèle* et la montra à ses collègues; elle était ainsi conçue :

« L'hirondelle vient et l'oie (sauvage) s'en va. Elles sont » heureuses de se rencontrer au milieu du chemin, et de » parler du *printemps* et de l'*automne*. »

---

(1) Les mots en italique sont le commencement des sept chapitres de *Meng-tseu* : 1, *Liang-hoï-wang*; 2 *Kong-sún-tchéou*; 3, *Teng-wén*, pour *Teng-wén-kong*; 4, *Li-léou*. Mais les mots *Tsin-sin* (ch. 6), dont le sens local a été un peu détourné, ont été transposés avant *Kao-tseu* (ch. 5), et les mots *Wân-tchang* (ch. 7), qui sont purement phonétiques dans *Meng-tseu* et forment un nom d'homme, ont reçu ici une valeur différente qui résulte de leurs élémens, pris dans le sens ordinaire (*Wân*, dix mille *tchang*, chapitres). Dans l'ouvrage cité, les mots *Tsin-sin* (épuiser son cœur), s'appliquent à une personne qui emploie toutes les forces de son âme pour atteindre un but.

(1) Les mots en italique commencent sept des chapitres du *Lún-yu* (le 3e des livres classiques). Chân-Taï a lié ensemble ces différens titres pour en former un sens suivi, ce qui l'a obligée de les transposer et, dans quelques cas, de détourner légèrement le sens qu'ils ont dans le texte original. Voici la place qu'ils y occupent : *Weï-ling-kong*, commence le chap. XV; *Kong-i-tchang*, le chap. V; *Taï-pé*, le chap. VIII; *Hiang-tang*, le chap. X; *Ths.én-thsin*, le chap. XI; *Li-sin*, le chap. IV; *Pa-i*, le chap. III.

Les mots *Hiang-tang* signifient *village* dans le *Lún-yu* : ici ils sont pris pour un nom de lieu. Les mots *Thsién-thsin* signifient *ceux qui ont fait anciennement des progrès dans* (les rites et la musique); ici ils forment un sens complet.

ROMAN CHINOIS.

Tous les magistrats l'ayant lue, se dirent à-la-fois : Les deux mots *printemps* et *automne* sont à double entente. Il est encore plus difficile de trouver un passage qui y corresponde,

— Messieurs, dit Chân-hiên-jîn, c'est déjà trop d'une de ces phrases coupées; est-il bien convenable de revenir à la charge? Monsieur Song, pourquoi donc être si tourmentant?

— Voyant que votre noble fille est douée d'un talent si élevé, j'ai le désir d'entendre ce que je n'ai jamais entendu ; voilà pourquoi je lui ai adressé cette nouvelle demande. Si le vénérable Tai-ssé (premier ministre) m'en fait un crime, comment oserais-je la solliciter une seconde fois?

Il voulut alors reprendre le papier, mais Tchao-kong le retenant : « Cela est impossible, lui dit-il, puisque vous avez écrit votre phrase et nous l'avez montrée, cette affaire intéresse maintenant les oreilles et les yeux de l'empereur. Il faut absolument que vous la montriez à Mademoiselle Chân pour voir comment elle s'en tirera. Pourrait-il être permis de l'offrir et de la retirer par caprice, et de regarder cela comme un jeu d'enfant?

Alors, appelant un serviteur, il lui ordonna de porter la phrase à Mademoiselle Chân.

— Quoique cette *phrase à parallèle* n'ait point été proposée par Sa Majesté, lui dit-il, c'est une affaire qui touche aux vers et au style élégant ; voyez un peu, Mademoiselle, s'il est encore possible ou non de trouver une phrase correspondante

Chân-taï prit le papier et y ayant jeté un coup d'œil, elle laissa échapper un sourire : « Ce *Touï* (phrase qui doit avoir un pendant), dit-elle, est tourné avec adresse ; mais serait-il possible que je ne réussisse point à y répondre? Attendez un peu : je vais écrire encore une phrase parallèle; je la soumettrai à vos lumières. »

Tout en parlant, elle écrivit sa phrase qui était ainsi conçue :

« Le lièvre court et l'oiseau vole. Au-delà des mers ils
» sont ravis de se rencontrer, et de distribuer l'éloge ou le
» blâme (1) le premier jour de la lune. »

Chân-taï ayant fini d'écrire sa phrase, la présenta à Tchao-kong qui la fit voir à toute l'assemblée. Ils battirent des mains, trépignèrent des pieds et se répandirent en éloges intarissables. « Quelle belle pensée! dirent-ils ; en vérité, nul homme ordinaire n'aurait pu la concevoir. »

Song-sên était muet de stupeur et n'avait pas la force de proférer un mot; mais Chân-hiên-jîn ne pouvait maîtriser sa joie et ne cessait de rire à gorge déployée.

Téou-koué-i reconnaissant, à n'en plus douter, que Chân-taï était véritablement douée d'un rare talent, sentit bien qu'après avoir fait son rapport, il ne manque-

rait pas d'être puni. C'est pourquoi il confessa plusieurs fois sa faute à Chân-hiên-jîn. « Je regrette, dit-il, la démarche que j'ai faite; mais, dans le principe, ce n'est pas moi qui aurais osé présenter, de mon propre mouvement, un rapport insensé. La vérité est que le préfet Yên, mon parent, qui avait demandé des vers à votre noble fille, s'étant vu persiflé par elle, vint me raconter en pleurant sa mésaventure. Dans le moment, j'ai eu la sottise de faire cette démarche; aujourd'hui, je reconnais ma faute. Lorsque je serai en présence de l'empereur, si Sa Majesté entre en colère et que je sois menacé de quelque malheur imprévu, j'ose supplier le vénérable Tai-ssé (premier ministre) et sa noble fille, de me pardonner et de me prendre sous leur protection. »

— Cela dépend de l'empereur, dit Chân-hiên-jîn en riant ; pour moi, si j'échappe à l'accusation d'avoir mis le faux à la place du vrai, d'avoir compromis l'honneur de l'administration, et d'avoir eu des intelligences secrètes avec l'empereur, je m'estimerai le plus heureux des hommes. Quant aux autres choses, elles ne sont point de ma compétence.

— Laissons-là les propos oiseux, dit alors Tchao-kong. Allons vite présenter notre rapport à l'empereur; nous verrons ensuite ce qu'il convient de faire.

A ces mots, ils se levèrent tous ensemble et sortirent.

Dans ce moment, l'empereur se trouvait justement dans la salle appelée Wén-hoa-tién (la salle où fleurit la littérature), et il était occupé, avec plusieurs académiciens, à examiner et à louer les vers de Chân-taï. Soudain, Tchao-kong vint à la tête des magistrats lui rendre compte de sa commission, et lui présenta les cinq pièces du concours. L'empereur, y ayant jeté les yeux, vit que Chân-taï avait suivi les thèmes de point en point, et ne s'était pas trompée sur une seule personne ni sur une seule chose. Il en fut transporté de joie. Alors, interrogeant Tcheou-kong-meng et ses autres collègues : « Messieurs, dit-il, vous avez composé tous six avec Chan-taï, en vers et en prose élégante ; comment cela s'est-il passé?

— Sire, répondirent-ils tous ensemble, vos humbles sujets ont, en effet, reçu l'ordre de composer avec Chân-taï en vers et en prose; mais, quoiqu'elle ne soit qu'une petite fille de dix ans, elle possède un savoir que le ciel lui-même a perfectionné ; elle est douée d'un talent qui émane d'en haut. En la voyant manier le pinceau, on dirait que sa main est conduite et soutenue par les génies. Avec nos moyens vulgaires et surannés, nous ne saurions nous élever jusque-là. Nous attendons avec respect et de bon cœur, le châtiment que nous avons mérité. Mais nous vous supplions d'examiner notre cause avec vos lumières divines et de nous traiter avec indulgence.

— Puisque vous reconnaissez franchement vos torts, dit l'empereur d'un air épanoui, il s'en suit que Chan-taï n'a pas un talent d'emprunt, et qu'en lui donnant une inscription et un pied de jade, je ne me suis point trompé,

A cette époque, on entrait justement dans l'automne, et l'empereur était occupé à manger des melons qu'il trouvait délicieux. Il ordonna aux serviteurs qui étaient à ses côtés, d'en prendre un plat de sa table et de le porter, bride abattue, à Chân-taï.

(1) Les mots *printemps* et *automne* de la phrase citée plus haut, ont une double entente. D'un côté ils signifient la première et la troisième saison, de l'autre ils désignent l'ouvrage historique intitulé : *Le Printemps et l'Automne*, dans lequel Confucius loue ou blâme les princes de son temps. Les derniers mots *Ping-youeï-tân* (le matin de la première lune, distribuer l'éloge et le blâme) désignent les jugemens rendus publiquement dans un village sur le mérite ou le démérite des hommes.

Les serviteurs obéirent à cet ordre et partirent au même instant.

L'empereur interrogea alors Téou-koué-i. « Quelle idée avez-vous eue, lui dit-il, de me présenter un rapport mensonger?

— Sire, répondit Téou-koué-i, comme je remplis, à ma honte, le ministère de la parole (1), voyant que les propos du public présentaient quelque chose de louche, j'ai pris la liberté de vous adresser un rapport. Mais, maintenant que je l'ai vu écrire et composer comme une divinité, je commence à croire que le ciel lui a donné le jour pour qu'elle seconde votre administration sage et éclairée. Mes paroles téméraires méritent un sévère châtiment; mais je supplie Votre Majesté de daigner me faire grâce. »

Après avoir entendu ces paroles, l'empereur était sur le point de lui pardonner, lorsque Chân-hièn-jîn lui parla en ces termes : « Téou-koué-i, dit-il, a avancé que ma fille a voulu faire passer le faux pour le vrai; c'est une affaire sans importance. Mais il a ajouté que j'ai flatté Votre Majesté à l'aide d'un talent emprunté, et que j'ai eu des intelligences secrètes avec le fils du ciel. Ce double crime compromettrait la conduite que j'ai tenue pendant toute ma vie. Il est impossible de ne pas l'examiner avec la plus sévère attention. »

L'empereur pâlit de colère. « Qu'entend-il par des intelligences secrètes avec le fils du ciel?

— Je n'oserais le dire, répondit Chân-hièn-jîn; interrogez seulement le membre du tribunal des rites qui a présidé le concours, vous le saurez sur-le-champ. »

L'empereur tourna les yeux vers Tchao-kong qui, se jetant à genoux, lui rendit compte de sa commission et rapporta les accusations portées contre Chân-taï et son père.

Après avoir entendu ces paroles, le fils du ciel fut rempli d'indignation. « Téou-koué-i, s'écria-t-il, a dit que Chân-hièn-jîn s'était ménagé des intelligences secrètes. C'est calomnier indignement un des plus grands magistrats de l'empire! Comment a-t-il pu avancer que, par excès de faveur et de complaisance, j'ai communiqué les sujets avant le concours? Serait-il possible que le fils du ciel, qu'entoure une majesté imposante, se rendît coupable d'une si basse supercherie? Pour avoir prodigué l'insulte et l'outrage à son souverain, quel châtiment ne mérite-t-il pas? J'ordonne aux Kîn-i-weï (soldats de la garde impériale) de le livrer au tribunal des peines pour qu'il le juge et le punisse sévèrement. Tchéou-kong-meng, Hia-tchi-tchong, Pou-khi-thong, Mouli et Yên-koueï, ayant été présentés contre leur gré, pour composer avec Chân-taï et ayant d'ailleurs avoué leur faute, je leur fais grâce à tous et les exempte du jugement. Quant à Song-sîn, cet intrigant parasite, qui, sans être revêtu d'aucun emploi et incapable de composer un seul vers, ose fréquenter d'illustres magistrats et composer avec eux de manière à compromettre l'honneur du gouvernement, c'est évidemment le confident de Téou-koué-i, c'est lui qui l'a poussé à provoquer ce combat opiniâtre. J'ordonne aux Kîn-i-weï (soldats de la garde im-

périale) de le conduire hors de la porte appelée Ou-mén, de lui appliquer quarante coups de bâton, et de le ramener ensuite dans son village. Je donne à Chân-taï des fleurs d'or (ornement de tête), et une pièce de soie pour signaler et honorer son talent littéraire. »

A peine cet ordre eut-il été rendu, que des soldats de la garde impériale se saisirent de Téou-koué-i et de Song-sîn avec la vitesse du vautour qui s'élance sur un passereau, et les entraînèrent dehors. Tchéou-kong-meng et ses collègues se prosternèrent silencieusement au bas des degrés rouges, et demandèrent grâce en frappant la terre de leur front.

Ils n'avaient pas encore achevé de parler, lorsqu'on vit arriver les serviteurs chargés d'offrir le plat de melon, qui venaient rendre compte de leur commission et rapportaient une lettre de remercîmens de la part de Chân-taï.

L'empereur y jeta les yeux et lut ce qui suit :

« Lettre de remercîmens de Chân-taï, fille de Chân-hièn-jîn, président du conseil privé et du tribunal des rites :

« Votre Majesté a daigné m'accorder un plat de melon de sa table; pénétrée de reconnaissance, je me tourne avec respect du côté du palais et je vous offre mes humbles actions de grâces. J'ai appris qu'outre ce bienfait, vous avez livré à la justice Téou-koué-i qui a prodigué l'insulte et l'outrage à son auguste souverain, et que vous avez condamné à quarante coups de bâton Song-sîn, l'instigateur de ce combat acharné. Il était juste, sans doute, de châtier ainsi ces deux hommes; mais je ne puis m'empêcher de songer que j'ai été la cause première de cette fâcheuse affaire.

» Quoique Votre Majesté m'ait comblé des plus insignes bienfaits, et que vous m'ayez accordé, par erreur, le titre de fille de talent, je ne suis, après tout, qu'un enfant de dix ans. Quelle importance peuvent avoir mon succès ou ma défaite? Quoique Téou-koué-i se soit rendu coupable de calomnie, c'est un des moniteurs de Votre Majesté; quoique Song-sîn, qui est dépourvu d'emploi, ait été l'instigateur de ce combat opiniâtre, cependant, c'est un lettré. Les récompenses et les châtimens ont une liaison intime avec les lois et les rites. Si, pour une petite fille comme votre sujette, on pouvait charger de chaînes des officiers du gouvernement et infliger la peine du bâton à des lettrés d'un ordre inférieur, dès-lors, en considération de la faible estime que méritent des vers ou du Wén-tchang (prose élégante), on porterait une grave atteinte à l'honneur et à la dignité de l'état. Il ne convient pas que de tels faits aient lieu sous le règne de notre saint et sage empereur. C'est pourquoi, dans la simplicité de mon esprit, j'ose, au risque de mes jours, vous adresser des représentations. J'espère que notre auguste souverain daignera déployer envers eux, sa magnanimité qui est vaste comme le ciel, et leur accorder un généreux pardon. Ce sera un grand bonheur pour la considération de l'état, ce sera aussi un grand bonheur pour votre humble sujette. Ayant bravé tout d'un coup votre colère, j'attends vos ordres en tremblant. »

Après que le fils du ciel eut lu ce placet, un rayon de joie brilla sur sa figure majestueuse : « Non-seulement, s'é-

---

(1) Il était Yu-ssé, ou moniteur impérial.

ROMAN CHINOIS.

cria-t-il, Chân-taï est douée de talent, mais elle possède encore un naturel vertueux et une grandeur d'ame qui la mettent au-dessus de tous les hommes. » Alors, il présenta le placet à Chân-hiên-jîn : « Excellence, lui dit-il, que vous en semble? »

Chân-hiên-jîn, voyant que Téou-koué-i et Song-sîn étaient entre les mains de la justice, en fut transporté de joie. Il se proposait même de recommander aux juges de les châtier sévèrement. Mais, comme sa fille avait, au contraire, présenté un placet pour obtenir leur délivrance, il se trouva, dans le moment, fort embarrassé. Il se vit donc obligé de dire : « Les bienfaits ou les châtimens dépendent de la décision de Votre Majesté; comment oserais-je y intervenir ?

— « Si j'examinais cette affaire suivant la loi, dit le fils du ciel, en souriant, naturellement je ne devrais accorder aucun pardon; mais, comme je veux que la vertu de votre noble fille paraisse dans tout son éclat, j'éluderai la loi. »

Après avoir rendu un décret, l'empereur monta sur son char, et retourna dans son palais. Tous les magistrats se retirèrent chacun de son côté. Les officiers de la cour qui étaient liés avec Téou-koué-i s'empressèrent de publier les dispositions de cette ordonnance. Song-sîn, qui avait déjà reçu dix coups de bâton, fut alors mis en liberté, et l'on ramena Téou-koué-i qui était sur le point de paraître devant la justice. Ces deux hommes, s'étant informés de la cause de la grâce qu'ils avaient obtenue, apprirent qu'ils en étaient redevables à la requête que Mademoiselle Chân avait présentée en leur faveur.

Nous laisserons, pour le moment, Téou-koué-i qui, cruellement mortifié, va cacher sa honte dans sa maison et se cèle chez lui en attendant sa sentence. Or, Song-sîn, quoique grâcié du reste de sa peine, avait déjà reçu dix coups de bâton. Déchiré, meurtri, il éprouvait des douleurs insupportables. Ayant appris qu'en outre, il devait être reconduit par des gendarmes dans son pays natal, il pria plusieurs personnes de parler en sa faveur, afin qu'on ne le remmenât que lorsque ses blessures seraient cicatrisées. Il se livrait intérieurement à de tristes réflexions. « Comment se fait-il qu'un homme comme moi, qui ai toujours brillé dans le monde par mon esprit et ma prudence, soit arrivé à ce degré de stupidité? D'un autre côté, cette fille d'un ministre d'état a véritablement fait preuve du talent le plus extraordinaire, et a mérité l'estime de l'empereur. Si, au lieu d'aller lui faire ma soumission, je m'appuyais du crédit d'un moniteur impérial pour me liguer contre elle, ne serait-ce pas la plus fâcheuse imprudence? Si, aujourd'hui, Mademoiselle Chân n'eût pas demandé ma grâce, on m'aurait encore appliqué trente coups de bâton, et je serais mort à la peine. Pourquoi ne pas changer demain l'air de mon visage, et ne pas chercher le moyen de pénétrer dans sa maison sous prétexte de lui offrir mes actions de grâce? Si je suis assez heureux pour qu'on m'y retienne, cela vaudra mieux que de demeurer avec le préfet Yên, ou avec Téou, le moniteur impérial ». Song-sîn continua à se livrer ainsi à ses calculs.

Chân-hiên-jîn étant rentré dans son hôtel, se mit à gronder sa fille. « Ce coquin de Téou-koué-i, dit-il, est digne de toute ma haine. Si vous n'aviez pas fait preuve aujourd'hui d'un véritable talent, et qu'il vous eût été impossi-

ble de les terrasser tous, ôn ne sait pas quelle méchanceté il aurait encore imaginée contre vous. Lorsqu'ensuite il a été saisi en vertu d'un décret, et livré à la justice, le vœu de mon cœur était satisfait. Pourquoi avez-vous, au contraire, présenté une requête pour obtenir sa délivrance?

— Mon père, dit Chân-taï en souriant, dans l'antiquité, on estimait ceux qui jouissaient de la faveur du souverain sans en éprouver de l'orgueil, et savaient s'abaisser au sein des honneurs. Croyez-vous que l'empereur, avec sa sainteté et ses lumières, ne partage pas les mêmes sentimens? Dans l'affaire qui nous occupe aujourd'hui, c'était justement le cas de point s'énorgueillir de la faveur du prince, et de s'abaisser au sein des honneurs. D'un côté, je puis ainsi me concilier l'amitié de l'empereur, et de l'autre, échapper aux malheurs qu'amène l'excès de la prospérité. J'ai assuré par-là mon propre repos. Peut-on dire que c'était pour sauver les autres? »

Chân-hiên-jîn hocha plusieurs fois la tête.

— D'ailleurs, ajouta Chân-taï, c'est moi-même qui ai suscité tous ces débats en me moquant, ces jours derniers, du préfet Yên. Mais voilà qu'aujourd'hui toutes les conséquences retombent sur Song-sîn; c'est ce que mon cœur ne saurait souffrir.

— Eh bien! dit Chân-hiên-jîn, n'en parlons plus. Mais comment s'est-il fait avant-hier que la pièce de soie et l'éventail de Yên-wên-weu, aient pu s'égarer?

— Cela vient, répondit Chân-taï, de ce que pas une de mes servantes ne sait lire. Elles les ont mêlés et confondus avec d'autres objets, et ont oublié de me les remettre. Ce n'est pas tout : avant-hier le diplôme impérial de Tchang, le député en second, et un manuscrit de Tsiën, le moniteur impérial, ont été pareillement confondus et égarés par elles. Si je ne me fusse point livrée aux recherches les plus actives, j'aurais encore manqué d'écrire ce qu'on me demandait.

— J'imagine, dit Chân-hiên-jîn, que parmi les illustres comtes de l'empire qui présentent des rapports ou composent des vers, il n'en est pas un qui n'ait un secrétaire, soit pour tenir le pinceau à sa place, soit pour faire les recherches dont il a besoin. Comment pouvez-vous, toute seule, répondre à tant de demandes?

— Si j'étais un homme, répondit Chân-taï, je pourrais bien avoir aussi un secrétaire qui tiendrait le pinceau à ma place; mais, étant une fille, je n'y vois nul moyen.

— Cela n'est pas difficile, reprit Chân-hiên-jîn. L'empire est bien grand; serait-il possible qu'on n'y trouvât pas de jeunes filles qui connussent les caractères? Demain j'enverrai des messagers pour faire des recherches de tous côtés, et, dussé-je dépenser mille onces d'argent, j'en ferai acheter dix ou douze entre lesquelles vous partagerez toutes vos occupations. Lorsqu'elles s'acquitteront du soin de vous servir, vous n'aurez plus besoin de vous donner aucune peine.

— Cela serait charmant, répondit Chân-taï; je crains seulement qu'on ne puisse les trouver en un moment.

— Si vous en demandiez, reprit Chân-hiên-jîn, qui sussent composer des vers réguliers ou des vers libres, je vous avoue qu'elles seraient bien rares; mais si vous en cherchez seulement qui connaissent quelques caractères, j'imagine que ce sera extrêmement aisé.

Quelques jours après avoir conféré là-dessus avec sa fille, Chân-hièn-jîn envoya en effet des messagers intelligens pour chercher de tous côtés ce qu'il désirait. Comme il était disposé à donner des prix considérables, il n'y avait pas de jour qu'on ne lui présentât des jeunes filles. Ce jour là, comme il était justement dans le salon, à examiner et à choisir des jeunes filles, on vint lui annoncer tout-à-coup, que Song-sîn, portant un vêtement noir et un petit bonnet, venait lui demander pardon. Chân-hièn-jîn, voyant que sa fille avait été généreuse et magnanime envers lui, eut envie de lui montrer aussi de l'indulgence et de la magnanimité. Il ordonna alors à ses domestiques d'inviter le seigneur Song-sîn à se présenter devant lui, après avoir changé d'habit et de bonnet.

Song-sîn obéit, et s'étant empressé d'entrer, il le salua humblement, et, la face contre terre, il s'écria à plusieurs reprises : « Le coupable Song-sîn a mérité la mort, a mérité la mort! »

Chân-hièn-jîn ordonna à ses gens de le prendre sous les bras et de le faire lever. Mais il s'y refusa absolument, et frappant la terre de son front : « Ce stupide Song-sîn, dit-il, faute de connaître la hauteur du ciel et la profondeur de la terre (c'est-à-dire l'immense mérite de Chân-taï), a commis un crime odieux. Sa Majesté a daigné me punir ; mais je pense que quand elle m'aurait fait subir la mort en expiation de mon crime, ce châtiment eût encore été trop doux. Ce n'est pas tout : Votre noble fille a présenté une requête pour obtenir mon salut et apaiser la terrible colère de l'empereur. Par là, elle a revêtu d'une chair nouvelle des os desséchés (c'est-à-dire elle m'a rendu la vie.)

— Monsieur, lui dit Chân-hièn-jîn, puisque vous pouvez vous repentir de votre faute, vous montrez par là l'élévation de vos sentimens. Qu'est-il besoin de vous humilier de la sorte? Je vous en conjure, relevez-vous vite.

Song-sîn fit encore des façons pendant quelque temps ; puis, à la fin, il se leva en s'aidant de ses mains.

Chân-hièn-jîn lui offrit poliment un siége et lui fit servir le thé. « Monsieur, lui demanda-t-il ensuite, quel jour vous mettez-vous en route?

— Sa Majesté a fixé mon départ dans un mois; je n'oserais temporiser. Demain même, je me mets en chemin. Après avoir été comblé des bienfaits de Votre Excellence et de ceux de votre noble fille, j'ignore si je pourrai un jour m'incliner respectueusement au bas du mont Taï-Chân ou du Boisseau du Nord (constellation de la Grande Ourse, c'est-à-dire avoir l'honneur de vous voir et de vous servir).

— Cela n'est pas difficile, répondit Chân-hièn-jîn; tout se réduit à un accès de colère momentanée qu'a éprouvé l'empereur. Quelques jours après votre retour, vous attendrez un peu que je trouve une occasion favorable pour que je tâche de ramener Sa Majesté. Il faudra alors que vous veniez me revoir.

— Excellence, dit Song-sîn, si vous me permettez de mettre encore les pieds dans votre hôtel, vous serez pour moi comme un père et une mère qui m'auraient de nouveau donné la vie. »

Comme il parlait encore, il leva la tête et vit une multitude de jeunes filles vêtues de bleu qui étaient rangées des deux côtés de la porte. Il demanda pourquoi toutes ces jeunes filles se tenaient là.

« Ma petite fille, répondit Chân-hièn-jîn, n'ayant près de sa personne aucune servante qui connaisse l'écriture, cela a été cause qu'avant-hier, on a égaré une pièce de soie et un éventail qu'avait apportés Yên-wén-weu, et cette négligence nous a attiré une foule de désagrémens. Aujourd'hui, je voulais acheter quelques jeunes filles sachant lire, pour les attacher à son service. Qui aurait pensé que dans cette grande capitale, je ne pourrais, malgré toutes mes recherches, en trouver d'autres que celles-ci, dont pas une seule n'a la plus légère teinture des belles-lettres et ne mérite, par conséquent, de servir une personne distinguée?

— Eh bien! dit Song-sîn, s'il n'y en a pas dans la capitale, on en trouvera nécessairement dans le reste de l'empire.

— Vous avez raison, répartit Chân-hièn-jîn, partout où vous irez, veuillez vous en occuper; si vous m'en procurez qui aient les qualités requises, je me ferai un devoir de vous récompenser dignement. »

Il causa encore de différentes choses, après quoi Song-sîn prit congé de lui et partit.

Chân-hièn-jîn le reconduisit jusqu'à l'entrée de la porte du salon sans aller plus loin. Song-sîn s'arrêta pour lui parler encore. « J'ai, dit-il, une autre demande à solliciter de Votre Excellence.

— De quoi s'agit-il?

— Votre noble fille m'ayant rendu la vie par sa bonté, je n'ose demander la faveur de la voir ; mais je serais heureux de pouvoir aller jusqu'au bas du pavillon du Pied de Jade, et de la saluer une seule fois en la regardant, pour la remercier de ses bienfaits et lui témoigner le désir ardent que j'ai de la servir (dans une autre existence), sous la forme d'un chien ou d'un cheval (1).

— Cela n'est pas nécessaire, lui dit Chân-hièn-jîn. » Mais Song-sîn persistait toujours dans son intention de la saluer. Chân-hièn-jîn se vit donc obligé de charger un vieux serviteur de le conduire au bas du pavillon. Song-sîn se tourna en effet en face du pavillon, et, dans une attitude grave et respectueuse, il fit quatre profonds saluts, après quoi il partit.

Chân-hièn-jîn congédia une multitude de jeunes filles qui ne répondaient point à ses vues, et rentra dans l'appartement intérieur, où il fit part à Chân-taï des saluts et des remerciemens de Song-sîn.

Laissons maintenant le père et la fille rire et s'amuser de cet incident, et revenons à Song-sîn. Après qu'il eût fait ses adieux et qu'il fut sorti, les gendarmes chargés de le ramener dans son village, le pressaient vivement de partir. Il voulut rendre visite à Téou-koué-i et lui demander quelques provisions de voyage; mais, ce magistrat se trouvait justement en conférence et s'était fait céler. Il lui fut seulement possible de se présenter devant Yên-wén-weu, à qui il raconta le malheur qu'il avait d'être reconduit par la gendarmerie. Celui-ci, sentant bien qu'il était la cause première de cette affaire, ne put se dispenser de

_____

(1) On sait que les Chinois croient à la métempsycose.

lui donner vingt onces d'argent (150 francs) pour subvenir aux dépenses de la route. « Monsieur, lui dit-il, puisque vous ne restez point dans la capitale, je n'attends plus que mon diplôme pour partir. Le pays de Yûn-kien offre des sites charmans et renommés. Si vous ne dédaignez pas de me revoir, venez y faire une excursion. Votre serviteur sera heureux de vous recevoir. »

Song-sîn lui fit ses remercîmens. Après qu'il eut encore temporisé un ou deux jours, les gendarmes le pressèrent de nouveau de partir. Il loua alors un âne étique, prit un vieux domestique et s'en retourna piteusement dans la province de Chân-tong.

« Un homme pauvre s'est donné les airs d'un lettré re-
» tiré. Il se mettait à la suite des poètes pour capter l'ami-
» tié des personnages éminens. Il a joué le rôle d'un ca-
» lomniateur et a blessé des personnes intègres; il a pro-
» voqué la colère de l'empereur et a été puni comme un
» criminel; il revient dans son pays, conduit par des
» gendarmes. Au fond, c'est un misérable. »

Quoique Song-sîn fût originaire de Chân-tong, il n'y avait ni feu ni lieu. C'est pourquoi il errait à l'aventure dans la capitale, et passait son temps dans les hôtels des magistrats. Revenu aujourd'hui dans son pays natal, sous l'escorte des gendarmes, il ne trouva aucune maison où il pût obtenir un gîte. Il se vit donc réduit à descendre dans une hôtellerie. Les gendarmes, le voyant dans cette triste position, et n'ayant rien à attendre de lui, demandèrent aux autorités locales leur feuille de route et s'en revinrent.

Song-sîn n'avait, il est vrai, ni parens, ni alliés, mais, par bonheur, il portait encore sur lui quelques onces d'argent; aussi nourrissait-il encore l'idée de se promener et de voyager. Voyant les gendarmes partis, il reprit ses habitudes d'oisiveté, et se mit à fréquenter les hôtels des magistrats. Le malheur voulut que son renvoi, sous l'escorte des gendarmes, étant arrivé à l'oreille des préfets et des chefs de districts, il se vit exposé, de tous côtés, au mépris du public. Il en fut vivement mortifié. Quelque temps s'était écoulé, lorsque, se trouvant un jour chez un magistrat retiré, il eut occasion de parcourir la liste des nouveaux magistrats, et remarqua le nom de Téou-koué-i qui avait été abaissé au rang de préfet de Yang-tchéou. Il en fut transporté de joie. « Justement, dit-il, au moment où je sens qu'il m'est impossible de vivre en paix ici, je rencontre cette heureuse occasion. Attendons ici jusqu'à la fin de l'année, j'irai ensuite faire une excursion à Yang-tchéou. »

Comme il n'avait rien qui le gênât, quand il vit l'année écoulée, il se mit en route, suivit la rivière Hoaï, et, en moins de quinze jours, il arriva à Yang-tchéou. Une fois entré dans la ville, il s'informa du nouveau préfet, et il apprit qu'il ne s'était pas encore rendu à son poste. Il se vit alors réduit à chercher un gîte dans un couvent. Tout le long du jour, il se promenait aux barrières ou sur la jetée, et voyait des lettrés et des Ta-fou (magistrats) de tous les pays, qui arrivaient en foule à Yang-tchéou, les uns pour prendre des concubines, les autres pour acheter des servantes. Une foule d'entremetteuses (1) allaient et

venaient de tous côtés sans interruption. « Son excellence Chân, dit Song-sîn en lui-même, voulait acheter des servantes qui sussent lire. Moi qui suis ici sans rien faire, que ne profité-je de l'occasion pour lui en chercher? Si je lui en procure une seule, peut-être que ce sera un moyen d'obtenir un jour de l'avancement. Quand même je ne devrais pas y réussir, ce sera toujours une chose agréable que de les examiner. Sa résolution une fois prise, il fit savoir aux entremetteuses qu'il cherchait une jeune fille connaissant les caractères et versée dans les belles-lettres. Il ajouta qu'il ne regarderait pas au prix. Celles-ci, le voyant disposé à débourser une forte somme d'argent, le conduisaient, tout le long du jour, tantôt dans une maison, tantôt dans une autre, pour jeter son coup-d'œil; mais il avait beau promener les yeux de tous côtés, il n'y en avait pas une seule qui répondît à ses vues. Un jour, une entremetteuse, nommée madame Sûn, vint lui faire une proposition. « Je connais, dit-elle, une jeune fille d'une figure charmante qui demeure dans la rue des Saules. Elle a une superbe écriture. Si le seigneur Song consent à en donner trois cents onces d'argent (2,250 fr.), elle écrira sous vos yeux, et lui montrera son savoir-faire.

— Trois cents onces d'argent, dit Song-sîn, ce n'est pas un prix exorbitant; mais pour que je sois satisfait, il faut seulement qu'elle écrive devant moi.

— Monsieur, lui dit la vieille entremetteuse, si elle n'écrivait pas bien, croyez-vous que j'oserais en demander trois cents onces d'argent?

— S'il en est ainsi, reprit Song-sîn, demain matin, j'irai l'examiner avec vous un instant. »

Cette convention étant arrêtée, le lendemain il se rendit en effet avec elle dans la maison indiquée, où on lui présenta une jeune fille qui pouvait avoir de quinze à seize ans, et dont la figure n'avait rien que de fort ordinaire. Après les révérences d'usage, elle vint s'asseoir près de Song-sîn, devant une table garnie de papier, d'encre, de pinceaux et d'un encrier. La vieille entremetteuse se mit à broyer de l'encre pour aider la jeune fille, et lui présentant un pinceau : « Allons, dit-elle, écrivez une pièce de vers, et montrez-la au seigneur Song. »

La jeune fille reçut le pinceau, mais elle se tournait tantôt à gauche, tantôt à droite, et mécontente de ce qui lui venait à l'esprit, elle n'osait écrire un seul mot. La vieille entremetteuse la pressait vivement. « Le seigneur

---

(1) Le mot *entremetteuses* ne doit pas se prendre ici en mau-

vaise part. Il désigne une classe de femmes dont la profession est avouée par la morale et reconnue par la loi. En Chine, où il n'y a point de relations de société, elles servent d'intermédiaires entre les familles pour négocier les mariages. Leur position est tellement régulière qu'on en voit qui sont revêtues d'un caractère officiel. Ainsi dans un drame touchant intitulé *le Pi-pa-ki* ou l'Histoire du Luth (pag. 99, traduction de M. Bazin), un ministre d'état charge une *entremetteuse du gouvernement* d'aller proposer sa fille en mariage à un jeune homme de mérite qui vient d'obtenir la première place au concours des docteurs.

Comme les *entremetteuses* ont un accès facile dans toutes les maisons, il était naturel que Song-sîn s'adressât à quelques-unes d'entre elles pour procurer au ministre Chân-hien-jîn les jeunes filles qu'il cherchait.

Song, disait-elle, n'est pas un étranger. Allons, ne rougissez pas comme cela et écrivez sans crainte. »

La jeune fille, cédant à ses instances se vit obligé d'appuyer le pinceau et d'écrire. Au bout de quelque temps, elle traça les quatre mots *Xûn-tûn-fong-king* (les nuages sont pâles, le vent est léger), et voulut alors déposer son pinceau.

La vieille dame la pressa de nouveau. « S'il vous vient quelque idée, écrivez encore plusieurs caractères et soumettez-les au seigneur Song; c'est alors qu'il vous croira douée d'un véritable talent. »

La jeune fille fit un effort sur elle-même et traça encore les trois mots *Kin-ou-thiên* (on approche de midi); après quoi elle ne voulut plus rien écrire du tout.

Song-sîn, voyant son obstination, laissa échapper un léger sourire.

— Seigneur Song, lui dit l'entremetteuse, n'allez pas faire fi de cette jeune fille. Dans notre ville de Yang-tchéou, il y en a bien peu de la force, de celle qui vient d'écrire sous vos yeux.

— C'est bien vrai, c'est bien vrai! lui dit Song-sîn, et à ces mots, il lui donna une gratification pour lui en avoir procuré la vue, et partit.

— Si celle-ci ne vous plaît pas, lui dit la vieille Sûn, on aura de la peine à vous en trouver d'autres. »

Un autre jour, il vit arriver une entremetteuse appelée Madame Wang (Madame Le Roi). « Je connais, lui dit-elle, une jeune fille qui sait faire des vers; je vous assure qu'elle est en état d'improviser du Wén-tchang (prose élégante). On en demande cinq cents onces d'argent (3,750 fr.)

Song-sîn s'étant laissé leurrer un instant, alla voir la jeune fille tant vantée; mais elle savait seulement par cœur quelques pièces poétiques de l'époque des Thang, et, pour cela, elle se flattait de savoir composer des vers.

Song-sîn eut beau chercher de tous côtés, il n'en put trouver une seule qui eût la plus légère teinture des belles-lettres. Alors, perdant tout espoir, il renonça à son projet et n'en dit plus un mot en personne.

Quelques mois après, Téou-koué-i arriva soudain et prit possession de sa charge. Song-sîn vint lui rendre visite. Téou-koué-i alla au-devant de lui et le reçut avec beaucoup d'égards, d'abord parce que c'était son ami, et ensuite en considération de la cruelle bastonnade que lui-même lui avait attirée. Aussi, le traita-t-il de la manière la plus affectueuse. Ce n'est pas tout, il le conduisit dans le couvent de Khiong-hoa, pour qu'il y pût demeurer quelque temps, et lui offrit une quantité de provisions. Il venait en personne lui rendre visite et l'invitait à dîner à sa table. Presque tous les jours, il le priait de venir dans son hôtel pour causer ensemble. Toutes les fois qu'il rencontrait quelqu'un, il ne manquait pas de lui vanter le

talent poétique de Song-sîn. Bientôt, grâce aux éloges pompeux du préfet Téou, sa réputation se répandit rapidement, et il se fit passer sans peine pour un écrivain d'un grand talent. Parmi les fonctionnaires émérites, les Ta-fou (magistrats), les lettrés retirés et les compositeurs de romances, il n'y en avait pas un seul qui ne recherchât avidement son amitié.

Song-sîn ayant réussi pour un instant, se laissa enfler par des sentimens d'orgueil et se figura bientôt qu'il était un *Ssé-ma-siang-jou* ressuscité. Il parcourait chaque district, recueillant d'excellentes aubaines et parlant constamment à son avantage. Il fit si bien, que, peu à peu, il devint fort à son aise. Chaque jour il fréquentait avec ses amis le quartier des Fleurs et des Saules (les maisons de plaisir), et songeait encore à trouver des jeunes filles. Dans l'origine, lorsqu'il en cherchait, c'était dans le but d'acheter quelques servantes pour Chân-hiên-jîn; mais aujourd'hui, c'était uniquement pour sa jouissance. Les entremetteuses, voyant que ce n'était plus le même homme qu'autrefois et qu'il avait à la fois de la fortune et du crédit, ne manquaient pas de venir lui faire les offres les plus flatteuses. Chaque jour, elles lui amenaient des jeunes filles dont elles vantaient l'instruction et les agrémens supérieurs, et les soumettaient à son choix. Mais Song-sîn ayant vu les charmes ravissans et le talent merveilleux de Chân-taï, dédaignait de regarder ces jeunes filles, dont le fard et la céruse faisaient toute la beauté, et dont l'unique talent était de barbouiller quelques caractères. Un jour, on lui en fit voir une qui n'était nullement de son goût. Des entremetteuses l'ayant emmené, par surprise, dans un lieu fort éloigné, il se sentit pressé par la faim; il descendit de sa chaise et s'assit sous un pavillon public. Il se mit alors à accabler d'injures les entremetteuses, et se disposait même à leur distribuer des coups de poing: Heureusement pour elles, qu'un vieillard à barbe blanche était assis à côté. Voyant l'emportement de Song-sîn, il lui adressa à plusieurs reprises, d'énergiques représentations. Celui-ci monta dans sa chaise et partit.

— Mesdames, demanda le vieillard aux entremetteuses, qui est-il pour se livrer à de telles violences, et vous maltraiter ainsi?

— Il jouit d'un immense crédit, répondirent-elles; peu importe qu'il nous frappe ou nous dise des injures. Si nous nous avisions de le traduire en justice, c'est encore nous qui en porterions la peine.

— Quel genre d'homme est-ce donc? demanda le vieillard, rempli d'étonnement. Rien n'empêche que vous ne m'en instruisiez fidèlement.

— Vénérable vieillard, lui répondirent-elles, écoutez un peu, nous allons vous satisfaire. »

FIN DE LA PREMIÈRE PARTIE.

BIBLIOTHÈQUE CHOISIE.

LETTRE INÉDITE

DU PRINCE DE TALLEYRAND

AU BARON DE GAGERN.

(20 AVRIL 1835.)

La date de cette lettre la rend curieuse. La vie politique de M. de Talleyrand venait de finir. Le baron de Gagern, à qui elle est adressée, après avoir été l'un des principaux lieutenans du célèbre M. de Stein dans l'organisation du mouvement libéral de la Prusse de 1807 à 1813, assistait au Congrès de Vienne en qualité de plénipotentiaire du roi des Pays-Bas. Il représentait en 1818 le même souverain auprès de la diète de Francfort, et il s'y distingua par un libéralisme très-rare à cette époque heureusement et à propos parmi les diplomates et les gouvernemens de l'Allemagne, qui avaient bien vite oublié, dans la prospérité du triomphe, les promesses faites dans les jours de l'adversité aux peuples germaniques. Depuis 1820 il s'est retiré dans ses terres, et il a rempli les loisirs d'une vieillesse avancée (il est né en 1766) par des publications qui se rattachent aux grands événemens auxquels il a pris part.

M. de Gagern s'est trouvé, dès les premiers pas de sa carrière diplomatique, dans des relations d'affaires et d'amitié avec le prince de Talleyrand.

AU BARON DE GAGERN.

Rochecotte, 20 avril 1835.

Mon cher baron,..... votre ancienne amitié vous fait désirer de savoir quelque chose de ma santé; je vous dirai qu'elle est aussi bonne que le comporte le nombre de mes années, que je vis dans une retraite charmante, que j'y vis avec ce que j'ai de plus cher au monde, et que mon unique occupation est d'y goûter dans toute sa plénitude les douceurs du *far niente*.

> Lorsque de tout on a taté,
> Tout fait ou du moins tout tenté,
> Il est bien doux de ne rien faire., etc.

Vous ne connaissez pas Rochecotte, sans quoi vous ne diriez pas, pourquoi Rochecotte? Figurez-vous qu'on ce moment j'ai sous les yeux un véritable jardin de deux lieues de large et de quatre de long, arrosé par une grande rivière et entouré de coteaux boisés, où grâce aux abris du Nord, le printemps se montre trois semaines plus tôt qu'à Paris, et où maintenant tout est verdure et fleurs. Il y a d'ailleurs une chose qui me fait préférer Rochecotte à tout autre lieu, c'est que j'y suis non pas seulement avec Madame de Dino, mais chez elle, ce qui est pour moi une douceur de plus.

Ne croyez pas que si j'ai quitté les affaires, ce soit par caprice. Je n'ai quitté les affaires que lorsqu'il n'y en avait plus. J'avais voulu prévenir la guerre; je croyais que la France, liée à l'Angleterre, la rendait impossible; j'avais voulu de plus obtenir pour la révolution française du mois de juillet 1830 le droit de bourgeoisie en Europe, et tranquilliser le monde sur l'esprit de propagandisme que l'on supposait à notre gouvernement. Tout cela était accompli; que me restait-il à faire? sinon de ne point attendre qu'avec le *solve senescentem* d'Horace, quelqu'un vînt me dire que j'avais trop tardé : la difficulté est d'en sortir heureusement et à propos. Vous devez donc me féliciter d'y avoir réussi et non pas m'en faire une sorte de reproche, quelque obligeance qu'il y ait dans les reproches que vous savez faire.

J'ai souvent remercié la fortune de m'avoir donné un contemporain tel que vous, qui m'avez mieux compris que personne et qui avez bien voulu en aider d'autres à me mieux comprendre. Mais je la remercierais davantage encore, si elle eût rendu nos habitations plus voisines; vous verriez qu'aujourd'hui, comme au temps que vous rappelez, tout serait de ma part abandon et confiance.—Pauvre Dalberg! combien je l'aimais et combien je l'ai regretté! Nous parlerions de lui et de tant de personnes que nous avons connues, et de tant d'événemens auxquels nous avons été mêlés. L'âge où je suis arrivé est celui où l'on vit principalement dans ses souvenirs. Nous parlerions aussi des jugemens auxquels je dois m'attendre de la part des générations qui suivront la nôtre. J'avoue que je ne redoute pas ceux de vos compatriotes, pourvu qu'ils n'oublient point, qu'il n'existe en Allemagne aucun individu à qui j'aie volontairement nui, et qu'il s'y trouve plus d'une tête couronnée à qui je n'ai pas laissé d'être utile, du moins autant que je l'ai pu. Enfin nos conversations rouleraient sur vous, sur votre famille, le nombre de vos enfans, leur établissement, toutes choses auxquelles je prends un intérêt sincère, et dont je suis réduit à ne vous parler que de très-loin, puisque vous habitez sur les bords du Mein et moi les bords de la Loire, et que de plus je suis né en 1754.

Madame de Dino, qui, pendant les quatre ans qu'elle a passés en Angleterre, a complété la croissance dont son esprit supérieur était susceptible, et qui la place au premier rang des personnes les plus distinguées, n'oublie que ce qui ne vaut pas la peine qu'on s'en souvienne : elle est flattée que son souvenir corresponde à celui qu'elle a toujours gardé de vous, et elle me charge de vous le dire.

Pour moi, mon cher baron, j'ai pour vous les mêmes sentimens que vous m'avez toujours connus, et je suis pour la vie tout à vous.

P. DE TALLEYRAND.

LETTRE INÉDITE

DU PEINTRE DAVID

A SA MAJESTÉ L'EMPEREUR DES FRANÇAIS, ROI D'ITALIE.

(11 MESSIDOR AN XIII.)

Le célèbre David ne fut pas seulement artiste au milieu des évènemens de 1789; son nom s'est attaché aux grands actes politiques de l'époque; il ne s'agit pas de réveiller le souvenir de ces actes; mais il est curieux de faire revivre un récit propre à faire connaître cet artiste, qui, dédaignant la puissance de l'art, propage ses idées, défend et impose son école, à l'aide d'auxiliaires politiques.

Ce n'est pas seulement par la persuasion du talent, par l'éloquence des leçons, par la sympathie, que David voulut régner; il voulut s'aider souvent de toute l'énergie des pouvoirs populaires pour faire respecter ses tableaux et assurer le triomphe de son Ecole. S'il faut en croire ce qu'on raconte, il proposa de faire brûler comme trop monarchique toute la galerie de Rubens; Rubens, le désespoir des talens secs, l'idole des coloristes.

David avait des convictions et se sentait des faiblesses : trop impatient de la critique, trop absolu pour supporter des rivaux, il voulait les supprimer.

Ami intime des révolutionnaires les plus célèbres, David ne jeta pas sa palette pour aller commander des armées ou négocier des traités; il se servit de toutes ses amitiés, il profita de la modestie et de la peur des peintres ses contemporains, pour organiser une sorte de terreur de l'art.

Était-il question d'une de ces fêtes que la République empruntait aux cérémonies du paganisme, c'était David qui en réglait l'ordre; tous ces cortéges de jeunes filles, de vieillards, de mères de famille, chantant des hymnes en l'honneur de la patrie, étaient composés et mis en scène par David.

Un jour, David trouvant tous les vêtemens français en désaccord avec les idées du temps, se mit à dessiner une kyrielle très ridicule de costumes, parmi lesquels se distingue par sa prétention spartiate celui de l'Ecole de Mars.

Dans cette collection emportée par le temps et dont heureusement nos usages n'ont rien gardé, on voit le *soldat français* habillé en brigand du boulevard; le plus plaisant est le *citoyen français dans son intérieur*; c'est un grand monsieur drapé dans un manteau soutaché, portant un pantalon collant à pieds, chaussé de sandales gauloises et posant la main sur un bonnet à poil, de forme basse; ce bonnet à poil se retrouve dans tous les projets de costume de David, comme insigne de la rudesse républicaine.

Tant que la Convention voulut être sa complice en cette matière, David ne permit à personne d'oser en peinture et de toucher aux arts.

Les arts, c'était son comité, comme les autres avaient le comité de la guerre, des finances ou du salut public.

Dès que Napoléon fut premier consul, David se rapprocha de lui. Quand Napoléon fut empereur, David le flatta. David n'aimait ni la controverse, ni la lutte, ni la rivalité, toutes choses qui exaltent et tuent les artistes; ce que voulait David, c'était l'art par le pouvoir; or, quels plus vigoureux pouvoirs que la Convention et l'Empire !

La pièce autographe que nous publions ici caractérise admirablement David; il ne faut pas l'accuser de palinodie, parce que, de républicain, il se fait *sujet fidèle*, parce que, de brûleur de la galerie monarchique de Rubens, il se fait l'apologiste du grand siècle de Louis XIV; David obéit toujours à la même ambition ! ce qui est curieux à retrouver, c'est ce pinceau voulant être sceptre, cette toile voulant être charte; c'est cette tyrannie persévérante, qui prend rudement l'art par les oreilles pour le traîner de force à l'Ecole du sec, de l'ennuyeux, du livide, dite Ecole du nu.

L'empereur, comme on va le voir, l'a échappé belle, et quelque favorable qu'il ait été à David, il a gardé pour lui-même son initiative, en ne donnant pas les mains aux plans de David, plans égoïstes et accapareurs.

BIBLIOTHÈQUE CHOISIE

A Monsieur de Fleurieu, intendant-général de S. M. Empereur et Roi, Conseiller-d'état et grand Officier de la Légion-d'Honneur, etc.

David, premier peintre de S. M.

Monsieur,

En lisant le projet que j'ai l'honneur de vous prier de mettre sous les yeux de S. M., je me plais à croire que vous ne trouverez pas d'exagération dans mes demandes : les fonctions qui y sont énoncées sont les mêmes qui, dans tous les temps, ont été attachées à la place de premier peintre. Depuis Louis XIV, la direction générale des arts et manufactures a toujours été confiée au surintendant général des bâtimens; Colbert travaillait avec le Roi. Le Brun travaillait avec Colbert. Vous êtes aujourd'hui ce qu'était Colbert sous le rapport des arts; je serais, si S. M. daigne accueillir ma demande, ce qu'était Le Brun. Vous serez l'intermédiaire entre les artistes et le trône, je serai leur interprète auprès de vous. Voilà, Monsieur l'intendant-général, la hiérarchie qui m'était tracée et que j'ai scrupuleusement observée.

Votre assentiment à un projet qui a pour but de fixer mon état dans l'ordre actuel, me sera un présage heureux de l'accueil que S. M. voudra bien lui accorder.

J'ai l'honneur d'être avec respect,

Monsieur,

Votre très humble et très obéissant serviteur,

David.

Ce 11 Messidor an XIII.

A S. M. l'Empereur des Français, Roi d'Italie.

Sire,

Toutes les grandes choses qui ont illustré votre avènement au trône, cette réunion étonnante de toutes les vertus que vous possédez, dont une seule eût suffi pour former un héros, tout se perdrait dans l'obscurité des temps, si les arts ne s'empressaient de payer, à leur tour, le tribut de reconnaissance qu'ils vous doivent; vous leur avez légué toutes vos pensées, toutes vos paroles et toutes vos actions. C'est à l'histoire, à la poésie, à la peinture, à la sculpture et à l'architecture, qu'appartient la mission honorable de les transmettre à la postérité. J'ose espérer que S. M. daignera jeter un coup-d'œil sur un objet aussi important sous le rapport de l'industrie et du commerce, et qui se lie essentiellement à tout ce qu'elle a fait pour la gloire et pour le bonheur de l'Empire. Il est réservé au siècle de *Napoléon* d'éclipser ces siècles fameux, tant vantés jusqu'à nos jours. Les circonstances que votre génie a préparées, sont favorables; vous ferez, Sire, pour la gloire des arts, ce que vous avez fait aux yeux de l'univers pour la gloire des armes.

Sire, honoré par Votre Majesté d'une des plus éminentes places dans les arts, votre premier peintre la supplie de vouloir bien en fixer les attributions, afin qu'il achève glorieusement, sous votre auguste protection, la révolution salutaire qu'il a opérée dans les arts.

Pénétré de confiance en la bonté dont S. M. a daigné me donner d'éclatans témoignages, j'ai l'honneur de lui soumettre le projet qui suit :

Art. 1. Le premier peintre fera exécuter et dirigera, sous la surveillance de M. l'intendant-général de la maison de S. M. I. et R., tout ce qui a rapport à l'art du dessin, peinture, sculpture et gravure, dans les établissemens de S. M., tels que le Musée-Napoléon et celui de Versailles, les manufactures des Gobelins, de Sèvres, de la Savonnerie et de Beauvais.

Art. 2. Le premier peintre examinera les objets d'art, dont on demandera l'exposition au Louvre ou dans tel lieu que S. M. ordonnera.

Art. 3. Lorsque S. M. voudra faire exécuter des tableaux, des statues, des gravures ou des tapisseries, M. l'intendant-général transmettra ses ordres au premier peintre, qui, de concert avec M. l'intendant, désignera les artistes dignes de remplir les vues de S. M.

Art. 4. Quand les artistes, d'après les ordres qu'ils auront reçus de M. l'intendant par l'organe du premier peintre, auront des travaux dont l'exécution exigera des avances de fonds, le premier peintre en rendra compte à M. l'intendant, qui accordera les sommes qu'il jugera convenables, sur la demande qui lui en sera faite par le premier peintre.

Art. 5. Le premier peintre sera chargé de présenter à M. l'intendant-général les tableaux, les statues, les dessins, et en général tous les objets d'art dont il croira devoir proposer l'acquisition pour augmenter, compléter, les collections impériales ou pour la décoration des palais de S. M.

Art. 6. Le premier peintre, expert dans la connaissance de l'antiquité et dans la profession des arts dépendant du dessin, se concertera avec M. l'intendant-général pour présenter à S. M. des plans sur les moyens les plus propres à l'encouragement des beaux-arts et à l'amélioration des manufactures que S. M. a daigné prendre sous sa protection immédiate.

Art. 7. Lorsque S. M. visitera les expositions de peinture et les établissemens dépendant des beaux-arts, *le premier peintre l'accompagnera, ainsi que dans ses voyages*, quand S. M. voudra faire représenter les faits mémorables qui la concernent.

Art. 8. Il sera accordé un logement au premier peintre, comme faisant partie de la maison impériale et royale. Son traitement est de (..... en blanc).

Je suis, etc.,

De Votre Majesté,

Le très soumis et fidèle sujet,

DAVID.

MARIE,

ou

LE MOUCHOIR BLEU.

A la fin du mois d'octobre de l'année dernière, je retournais, à pied, d'Orléans au château de Bardy. Devant moi, et sur la même route, marchait un régiment de la garde étrangère. J'avais hâté le pas pour entendre cette musique militaire que j'aime tant; mais la musique se taisait : seulement quelques mesures de tambour venaient, de loin en loin, marquer le pas uniforme des soldats.

Après une demi-heure de marche, je vis le régiment entrer dans une petite plaine entourée d'un bois de sapins. Je demandai à un capitaine que je connaissais, si on allait faire l'exercice. Non, me dit-il, on va juger, et probablement fusiller un soldat de ma compagnie, pour avoir volé le bourgeois qui le logeait. Comment, lui dis-je, on va le juger, le condamner, l'exécuter dans le même moment! Oui, reprit-il, ce sont nos capitulations. Ce mot pour lui était sans réplique, comme si tout avait été prévu dans ces capitulations, la faute et le châtiment, la justice et l'humanité même.

— Au reste, si vous êtes curieux, ajouta le capitaine, je vais vous faire placer. Cela ne sera pas long. — J'ai toujours été avide de ces tristes spectacles : je m'imagine que je vais apprendre ce qu'est la mort sur la figure d'un mourant. Je suivis le capitaine.

Le régiment s'était formé en carré; derrière la seconde ligne, et sur le bord du bois, quelques soldats creusaient une fosse. Ils étaient commandés par un sous-lieutenant; car tout au régiment se fait avec ordre, et il y a une certaine discipline pour creuser la fosse d'un homme.

Au centre du carré, huit officiers étaient assis sur des tambours; le neuvième, à droite et plus en avant, écrivait quelques mots sur ses genoux, mais avec négligence, et simplement pour qu'un homme ne fût pas tué sans quelques formes.

On appela l'accusé. C'était un jeune homme d'une taille élevée, d'une figure noble et douce. Avec lui s'avança une femme, seul témoin qui déposât dans cette affaire.

Mais lorsque le colonel voulut interroger cette femme. C'est inutile, dit le soldat, je vais tout avouer; j'ai volé un mouchoir chez cette dame.

LE COLONEL. — Vous, Piter! vous passiez pour un bon sujet!

PITER. — Il est vrai, mon colonel; j'ai toujours tâché de contenter mes chefs : aussi ce n'est pas pour moi que j'ai volé. C'est pour Marie.

LE COLONEL. — Quelle est cette Marie?

PITER. — C'est Marie qui demeure là bas... au pays... près d'Areneberg... où est ce grand pommier... Je ne la verrai donc plus!

LE COLONEL. — Je ne vous comprends pas, Piter. Expliquez-vous.

PITER. — Eh bien! mon colonel, lisez cette lettre... et il lui remit la lettre suivante dont tous les mots sont présens à mon souvenir :

« MON BON AMI PITER,

» Je profite du recrue Arnold qui est engagé dans ton » régiment, pour t'envoyer cette lettre et une bourse en » soie que j'ai faite à ton intention. Je me suis bien ca- » chée de mon père pour la faire, car il me gronde tou- » jours de t'aimer tant, et dit que tu ne reviendras pas. » N'est-ce pas que tu reviendras? Au reste, quand tu ne » reviendrais jamais, je t'aimerais malgré cela. Je me suis » promise à toi le jour où tu ramassas mon mouchoir » bleu à la danse d'Areneberg, pour me le rapporter. » Quand te reverrai-je donc? Ce qui me fait plaisir, c'est » que l'on me dit que tu es estimé de tes supérieurs, et » aimé des autres. Mais tu as encore deux ans à faire. » Fais les vite, parce qu'alors nous nous marierons. » Adieu, mon bon ami Piter.

» Ta chère MARIE. »

« P. S. Tâche de m'envoyer aussi quelque chose de » France, non pas de peur que je t'oublie, mais pour que » je le porte avec moi. Tu baiseras ce que tu m'enverras, » je suis bien assurée que je retrouverai tout de suite la » place de ton baiser. »

Quand la lecture fut achevée, Piter reprit la parole. « Arnold, dit-il, me remit cette lettre hier soir, quand » on me donna mon billet de logement. Toute la nuit, je » ne pus dormir; je pensais au pays et à Marie. Elle me » demandait quelque chose de France. Je n'avais point » d'argent; j'ai engagé mon prêt pendant trois mois, » pour mon frère et mon cousin, qui sont retournés au » pays il y a quelques jours. Ce matin, quand je me suis » levé pour partir, j'ai ouvert ma fenêtre. Un mouchoir » bleu était suspendu à une corde; il ressemblait à celui » de Marie : c'étaient la même couleur, les mêmes raies » blanches. J'ai eu la faiblesse de le prendre, et de le » mettre dans mon sac. Je suis descendu dans la rue : je » me repentais; j'allais revenir à la maison, quand cette » dame a couru après moi. On a trouvé le mouchoir : » voilà la vérité. La capitulation veut qu'on me fusille. » Faites-moi fusiller; mais ne me méprisez pas. »

Les juges ne pouvaient cacher leur émotion; cependant, lorsqu'on alla aux voix, il fut condamné à mort à l'unanimité. Il entendit l'arrêt avec sang-froid; puis, s'approchant de son capitaine, il le pria de lui prêter quatre francs. Le capitaine les lui donna.

Je le vis ensuite qui s'avançait vers la femme, à qui l'on avait rendu le mouchoir bleu, et j'entendis ces mots : Madame, voilà quatre francs ; je ne sais si votre mouchoir vaut plus ; mais quand cela serait, je le paie assez cher pour que vous me fassiez grâce du reste.

Reprenant alors le mouchoir, il le baisa et le donna au capitaine : Mon officier, lui dit-il, dans deux ans, vous retournerez à nos montagnes ; si vous allez du côté d'Areneberg, demandez Marie, remettez-lui ce mouchoir bleu, mais ne lui dites pas comment je l'ai acheté. Ensuite il s'a-

genouilla, pria Dieu, et marcha d'un pas ferme au supplice.

Je m'éloignai alors et j'entrai dans le bois, pour ne pas voir la fin de cette cruelle tragédie. Quelques coups de fusil m'apprirent bientôt qu'elle était terminée.

Je revins une heure après, le régiment s'était éloigné, tout était calme ; mais en suivant le bord du bois pour regagner la route, j'aperçus à quelques pas devant moi des traces de sang et une butte de terre fraîchement remuée. Je pris une branche de sapin, j'en fis une espèce de croix, et je la plaçai sur la tombe du pauvre Piter, oublié maintenant de tout le monde, excepté de moi et peut-être de Marie.

ETIENNE BÉQUET.

CÓNVERSATION

DU MARÉCHAL D'HOQUINCOURT

AVEC LE P. CANAYE.

Comme je dinois un jour chez M. le maréchal d'Hoquincourt, le père Canaye, qui y dînoit aussi, fit tomber le discours insensiblement sur la soumission d'esprit que la religion exige de nous ; et, après nous avoir conté plusieurs miracles nouveaux et quelques révélations modernes, il conclut qu'il fallait éviter plus que la peste ces esprits forts qui veulent examiner toutes choses par la raison.

« A qui parlez-vous des esprits forts, dit le maréchal, et » qui les a connus mieux que moi ? Bardouville et Saint-Ibal » ont été les meilleurs de mes amis. Ce furent eux qui m'en- » gagèrent dans le parti de M. le comte contre le cardinal de » Richelieu. Si j'ai connu les esprits forts ? je ferais un livre » de tout ce qu'ils ont dit. Bardouville mort, et Saint-Ibal re- » tiré en Hollande, je fis amitié avec Lafrette et Sauvebœuf. Ce » n'étoient pas des esprits, mais de braves gens. Lafrette était » un brave homme, et fort mon ami. Je pense avoir assez té- » moigné que j'étais le sien dans la maladie dont il mourut. Je » le voyais mourir d'une petite fièvre, comme auroit pu faire » une femme ; et j'enrageois de voir Lafrette, ce Lafrette qui » s'étoit battu contre Boutteville, s'éteindre ni plus ni moins » qu'une chandelle. Nous étions en peine, Sauvebœuf et moi, » de sauver l'honneur à notre ami ; ce qui me fit prendre la » résolution de le tuer d'un coup de pistolet pour le faire pé- » rir en homme de cœur. Je lui appuyois le pistolet à la tête, » quand un b..... de jésuite, qui étoit dans la chambre, me » poussa le bras et détourna le coup. C-la me mit en si grande » colère contre lui, que je me fis janséniste. »

« Remarquez-vous, Monseigneur, dit le père Canaye, remar- » quez-vous comme Satan est toujours aux aguets : circuit » quœrens quem devoret. Vous concevez un petit dépit contre » nos Pères : il se sert de l'occasion pour vous surprendre ; » pour vous dévorer ; pis que dévorer, pour vous faire jansé- » niste. Vigilate, vigilate : on ne saurait trop être sur ses gar- » des contre l'ennemi du genre humain. »

« Le père a raison, dit le maréchal ; j'ai ouï dire que le dia- » ble ne dort jamais Il faut faire de même ; bonne garde, bon » pied, bon œil ; mais quittons le diable et parlons de mes » amitiés. J'ai aimé la guerre devant toutes choses ; Madame

» de Montbazon après la guerre ; et, tel que vous me voyez, » la philosophie après Madame de Montbazon. »

« Vous avez raison, reprit le père, d'aimer la guerre, Mon- » seigneur ; la guerre vous aime bien aussi : elle vous a com- » blé d'honneurs. »

» Savez-vous que je suis homme de guerre aussi, moi ? Le » Roi m'a donné la direction de l'hôpital de son armée en Flan- » dres ; n'est-ce pas être homme de guerre ? Qui eût jamais » cru que le père Canaye eût dû devenir soldat ? Je le suis , » Monseigneur, et ne rends pas moins de services à Dieu, que » je lui en rendois au collège de Clermont. Vous pouvez donc » aimer la guerre innocemment ; aller à la guerre et servir son » prince, est servir Dieu. Mais pour ce qui regarde Madame » de Montbazon, si vous l'avez convoitée, vous me permettrez » de vous dire que vos désirs étoient criminels. Vous ne la » convoitiez pas, Monseigneur, vous l'aimiez d'une amitié in- » nocente ! »

« Quoi ! mon père, vous voudriez que j'aimasse comme un » sot ? Le maréchal d'Hoquincourt n'a pas appris dans les » ruelles à ne faire que soupirer ! Je voulois, mon père, je » voulois... »

« Quels je voulois ! en vérité, Monseigneur, vous raillez de « bonne grâce. Nos Pères de Saint-Louis seroient bien étonnés « de ces je voulois. Quand on a été long-temps dans les ar- « mées, on a appris à tout écouter. Passons, passons : vous « dites cela, Monseigneur, pour nous divertir. »

« Il n'y a point là de divertissement, mon père ; savez-vous » à quel point je l'aimais ? »

« Usque ad aras, Monseigneur ? »

« Point d'aras, mon père. Voyez-vous, dit le maréchal en » prenant un couteau dont il serroit le manche, voyez-vous ? » si elle m'avait commandé de vous tuer, je vous aurois en- « foncé le couteau dans le cœur »

Le père, surpris du discours, et plus effrayé du transport, eut recours à l'oraison mentale, et pria Dieu secrètement qu'il le délivrât du danger où il se trouvoit : mais ne se fiant pas tout-à-fait à la prière, il s'éloignoit insensiblement du maréchal par un mouvement de hanche imperceptible. Le maréchal le suivoit par un autre tout semblable ; et à lui voir le couteau toujours levé, on eût dit qu'il alloit mettre son ordre en exécution. La malignité de la nature me fit prendre plaisir quelque temps aux frayeurs de la Révérence ; mais craignant à la fin que le maréchal, dans son transport, ne rendît funeste ce qui n'avoit été que plaisant, je le fis souvenir que Madame de Montbazon étoit morte, et lui dis qu'heureusement le père Canaye n'avoit rien à craindre d'une personne qui n'étoit plus.

« Dieu fait tout pour le mieux, reprit le maréchal ; la plus » belle du monde commençoit à me lanterner, lorsqu'elle mou- » rut. Il y avoit toujours auprès d'elle un certain abbé de » Rancé, un petit janséniste qui lui parloit de la grâce devant » le monde, et l'entretenoit de toute autre chose en particu- » lier. Cela me fit quitter le parti des jansénistes ; auparavant » je ne perdois pas un sermon du père Desmarez, et je ne ju- » rois que par Messieurs de Port-Royal. J'ai toujours été à » confesse aux jésuites depuis ce temps-là ; et si mon fils a ja- » mais des enfans, je veux qu'ils étudient au collége de Cler- » mont, sur peine d'être déshérités. »

« Ah ! que les voies de Dieu sont admirables ! s'écria le père » Canaye ; que le secret de sa justice est profond ! Un petit co- » quet de janséniste poursuit une dame, à qui Monseigneur » vouloit du bien. Le Seigneur miséricordieux se sert de la » jalousie pour mettre la conscience de Monseigneur entre nos » mains. *Mirabilia judicia tua, Domine !* »

Après que le bon père eut fini ses pieuses réflexions, je crus qu'il m'étoit permis d'entrer en discours, et je demandai à M. le maréchal si l'amour de la philosophie n'avoit pas succédé à la passion qu'il avoit eue pour Madame de Montbazon.

« Je ne l'ai que trop aimée, la philosophie, dit le maréchal, » je ne l'ai que trop aimée ; mais j'en suis revenu, et j'en'y re- » tourne pas. Un diable de philosophe m'avoit tellement brouillé » la cervelle do *premiers parens*, de *pomme*, de *serpent*. De *pa-* » *radis terrestre* et de *Chérubins*, que j'étois sur le point de ne » rien croire. Le beau mots m'emporte si je croyois rien. Depuis » ce temps-là, je me ferois crucifier pour la religion. Ce n'est » pas que j'y voie plus de raison ; au contraire, moins que ja- » mais : mais je ne saurois que vous dire, je me ferois cruci- » fier sans savoir pourquoi. »

« Tant mieux, Monseigneur, reprit le père d'un ton de nez » fort dévot ; tant mieux : ce ne sont point mouvemens hu- » mains ; cela vient de Dieu. Point de raison ! c'est la vraie re- » ligion, cela. Point de raison ! que Dieu vous a fait, Monsei- » gneur, une belle grâce ! *Estote sicut infantes* : soyez comme » des enfans. Les enfans ont encore leur innocence, et pour- » quoi ? parce qu'ils n'ont point de raison. *Beati pauperes spi-* » *ritu* : Bienheureux les pauvres d'esprit ; ils ne pèchent point. » La raison ? c'est qu'ils n'ont point de raison. Point de rai- » son.... je ne saurois que vous dire.... je ne sais pourquoi.... » Les beaux mots ! ils devroient être écrits en lettres d'or. Ce » n'est pas que j'y voie plus de raison ; au contraire, moins » que jamais. En vérité, cela est divin pour ceux qui le » goût des choses du ciel. Point de raison ! que Dieu vous a » fait, Monseigneur, une belle grâce ! »

Le père eût poussé plus loin la sainte haine qu'il avoit con- tre la raison, mais on apporta des lettres de la cour à M. le maréchal, ce qui rompit un si pieux entretien. Le maréchal les lut tout bas ; et, après les avoir lues, il voulut bien dire à la compagnie ce qu'elles contenoient.

« Si je voulois faire le politique, comme les autres, je me re- » tirerois dans mon cabinet pour lire les dépêches de la cour ; » mais j'agis et je parle toujours à cœur ouvert. M. le cardi- » nal me mande de Stenai est pris, que la cour sera ici dans » huit jours, et qu'on me donne le commandement de l'armée » qui a fait le siége, pour aller secourir Arras avec Turenne » et Laferté. Je me souviens bien que Turenne me laissa bat- » tre par M. le prince, lorsque la cour étoit à Gien ; peut-être

» que je trouverai l'occasion de lui rendre la pareille. Si Ar- » ras étoit sauvé, et Turenne battu, je serois content ; j'y fe- » rai ce que je pourrai ; je n'en dis pas davantage. »

Il nous eût conté toutes les particularités de son combat, et le sujet de plainte qu'il pensoit avoir contre M. de Turenne ; mais on nous avertit que le convoi étoit déjà assez loin de la ville, ce qui nous fit prendre congé plutôt que nous n'aurions fait.

Le père Canaye, qui se trouvoit sans monture, en demanda une qui pût le porter au camp.

« Et quel cheval voulez-vous, mon père ? dit le maréchal. »

« Je vous répondrai, Monseigneur, ce que répondit le bon » père Suarez au duc de Medina-Sidonia dans une pareille » rencontre : *Qualem me decet esse, mansuetum;* tel qu'il faut » que je sois, doux, paisible. »

« *Qualem me decet esse, mansuetum* ; j'entends un peu de la- » tin, dit le maréchal ; *mansuetum* seroit meilleur pour des » brebis que pour des chevaux. Qu'on donne mon cheval au » père, j'aime son ordre, je suis son ami : qu'on lui donne » mon bon cheval. »

J'allai dépêcher mes affaires, et ne demeurai pas long-temps sans rejoindre le convoi. Nous passâmes heureusement ; mais ce ne fut pas sans fatigue pour le pauvre père Canaye. Je le rencontrai dans la marche sur le bon cheval de M. d'Hoquin- court : c'étoit un cheval entier, ardent, inquiet, toujours en action ; il mâchoit éternellement son mords, alloit toujours de côté, hennissoit de moment en moment ; et, ce qui choquoit fort la modestie du père, il prenoit indécemment tous les che- vaux qui approchoient de lui pour des cavales.

« Et que vois-je ? mon père, lui dis-je en l'abordant ; quel » cheval vous a-t-on donné là ? Où est la monture du bon père » Suarez, que vous avez tant demandée ? »

« Ah ! Monsieur, je n'en puis plus... je suis roué... »

Il alloit continuer ses plaintes, lorsqu'il part un lièvre : cent cavaliers se débandent pour courir après, et on entend plus de coups de pistolets qu'à une escarmouche. Le cheval du père, accoutumé au feu sous le maréchal, emporte son homme, et lui fait passer en moins de rien tous ces débandés. C'étoit une chose plaisante de voir le jésuite à la tête de tous, malgré lui. Heureusement le lièvre fut tué, et je trouvai le père au milieu de trente cavaliers qui lui donnoient l'honneur d'une chasse qu'on eût pu nommer une occasion. A mesure qu'il se louoit avec une modestie apparente : mais, en son ame, il méprisoit fort le *mansuetum* du bon père Suarez, et se savoit le meilleur gré du monde des merveilles qu'il pensoit avoir faites sur la Barbe de M. le maréchal. Il ne fut pas long-temps sans se sou- venir du beau dit de Salomon : *Vanitas vanitatum, et omnia vanitas.* A mesure qu'il se refroidissoit, il sentit un mal que la chaleur lui avoit rendu insensible ; et la fausse gloire cédant à de véritables douleurs, il regrettoit le repos de la Société et la douceur de la vie paisible qu'il avoit quittée : mais toutes ses réflexions ne servoient de rien. Il falloit aller au camp ; et il étoit si fatigué du cheval, qu'il je le vis tout prêt d'aban- donner Bucéphale, pour marcher à pied à la tête des fantassins.

Je le consolai de sa première peine, et l'exemptai de la se- conde, en lui donnant la monture la plus douce qu'il auroit pu souhaiter. Il me remercia mille fois, et fut si sensible à ma courtoisie, qu'oubliant toutes les égards de sa profession, il me parla moins en jésuite réservé, qu'en homme libre et sincère. Je lui demandai quel sentiment il avoit de M. d'Hoquincourt.

« C'est un bon seigneur, me dit-il, c'est une bonne ame ; il a » quitté les jansénistes : nos pères lui sont fort obligés ; mais, » pour mon particulier, je ne le trouverai jamais à table au- » près de lui, et ne lui emprunterai jamais de cheval. »

Content de cette première franchise, je voulois m'en attirer encore une autre. « D'où vient, continuai-je, la grande ani- mosité qu'on voit entre les jansénistes et vos Pères ? Vient-

» elle de la diversité des sentimens sur la doctrine de la grace? »
Quelle folie ! quelle folie ! me dit-il, de croire que nous haïs
sons pour ne penser pas la même chose sur la grace ! Ce
n'est ni la grace, ni les cinq propositions qui nous ont mis
mal ensemble : la jalousie de gouverner les consciences a
tout fait. Les jansénistes nous ont trouvés en possession du
gouvernement, et ils ont voulu nous en tirer. Pour parvenir à leurs fins, ils se sont servis de moyens tout contraires
aux nôtres. Nous employons la douceur et l'indulgence, ils
affectent l'austérité et la rigueur; nous consolons les ames
par des exemples de la miséricorde de Dieu, ils effrayent par
ceux de sa justice. Ils portent la crainte où nous portons
l'espérance, et veulent s'assujettir ceux que nous voulons
nous attirer. Ce n'est pas que les uns et les autres n'ayent

dessein de sauver les hommes, mais chacun veut se donner
du crédit en les sauvant; et, à vous parler franchement,
l'intérêt du directeur va presque toujours devant le salut de
celui qui est sous la direction. Je vous parle tout autrement
que je ne parlois à M. le maréchal ; j'étois purement jésuite
avec lui, et j'ai la franchise d'un homme de guerre avec
vous. » Je le louai fort du nouvel esprit que sa dernière profession lui avait fait prendre ; et il me sembloit que la louange
lui plaisoit assez ; je l'eusse continuée plus long-temps ; mais
comme la nuit approchoit, il fallut nous séparer l'un de l'autre, le père aussi content de mon procédé, que je l'étois de sa
confidence.

SAINT-EVREMONT.

DÉTAILS VÉRIDIQUES ET HISTORIQUES

SUR UNE ÉPINGLE

DEPUIS 1650 JUSQU'A NOS JOURS

(1790)

Nous ne dirons rien des premiers détails de l'existence de
l'épingle célèbre dont nous écrivons l'histoire; il suffira au public de savoir qu'elle se trouva un jour sur la toilette de Ninon
de Lenclos. C'est depuis cette époque seule qu'elle a commencé
à être, ou l'accessoire, ou souvent même la cause de grands
événemens qui semblent l'associer à l'histoire de son pays.

Un matin, Mme de Maintenon vint chez Ninon. On sait que
cette auguste prude, conduite par un attrait irrésistible et par
l'empire des circonstances, passait tour-à-tour de chez son
confesseur et du pied des autels, dans le sanctuaire des plaisirs
et de la volupté, chez cette courtisane enchanteresse, dont le
nom seul ajoutait à la célébrité de son siècle. Il semblait que
le sort avait voulu que Mme de Maintenon, par ses inconsé-
quences sociales, peignît la versatilité de son ame, toujours
tourmentée entre l'amour du créateur et de la créature (1).

Mme de Maintenon était donc chez Ninon; elle quittait l'abbé
Gobelin, son confesseur, qui, dans ce temps, avait l'habitude
de faire des présens innocens aux dévotes dont il dirigeait les
consciences. Mme de Maintenon venait de recevoir de ce saint
directeur une pelote charmante, que ses mains avaient bénie.
Notre belle dévote tire son mouchoir trop précipitamment, et
la pelote roule aux pieds de Ninon, qui la ramasse. Mme de
Maintenon rougit, veut ravoir ce dépôt précieux. Ninon ne
consent à la rendre qu'à la condition de savoir d'où lui vient
cette pelote, qui ressemble à un présent... Mme de Maintenon,
qui tremble en secret d'avoir fait un sacrilége involontaire, en

laissant ce trésor dans de belles mains profanes, s'embarrasse,
ne répond rien. Prenez garde, dit Ninon; si vous gardez
le silence, j'aurai le droit de tout croire : il n'y a rien que mon
imagination n'invente sur cette jolie pelote. Je croirai que
vous la tenez de quelque adorateur, que sais-je? de Villarceaux, de Chevreuse,... peut-être du roi même... A ce nom
sacré, l'embarras de Mme de Maintenon augmente; elle balbu-
tie, ne sait quel parti prendre, et, aimant mieux sacrifier son
amour-propre, en se livrant aux plaisanteries de Ninon, que
d'exposer sa gloire, elle avoue que son confesseur lui a fait ce
présent, auquel elle met un grand prix. Ah! pour cela, dit
Ninon en riant, je n'aurais jamais cru que l'abbé Gobelin pût
m'inspirer tant de curiosité. Mais, avant de vous rendre cette
pelote, je veux que la première épingle y soit placée par moi.
En voilà une qui n'est à mon ruban que pour me rappeler que
La Châtre vint ce soir. Je la choisis, et je trouve cette réunion piquante. Comme vous savez que je vous crois dévote
plus par principe et par force que par penchant, ce mélange
de profane et de sacré vous portera bonheur... En achevant
ces mots, ses doigts charmans prirent notre épingle, et la
posèrent sur la pelote de Mme de Maintenon, qui, trop heureuse d'en être quitte pour cela, le permit, et sortit un instant
après, aimant autant ne pas continuer la conversation.

L'après-midi donc chez Gobelin revint chez sa belle dévote. Il
parla de la pelote; on la lui montra avec reconnaissance; mais
cette seule épingle qui se trouvait au milieu, et que l'on avait
oublié d'ôter, lui parut extraordinaire. Il allait en parler. Mme
de Maintenon le comprit et rougit encore (ce qu'une femme
vertueuse est exposée de fois à rougir dans la journée, ne peut
se concevoir !) Il y eut un moment de décousu dans la conver-

---

(1) Correspondance secrète entre Mme de Maintenon, Mlle de
Lenclos et le marquis de Villarceaux.

sation; la pénitente n'avoua point l'histoire de l'épingle; cet aveu était réservé pour des tête-à-tête plus graves et d'un autre genre. Mais nous allons voir notre épingle prédestinée à jouer un rôle plus important.

A cette époque, Mme de Montespan avait l'habitude de se promener avec le roi dans les bosquets de Versailles; il attirait le plus qu'il pouvait Mme de Maintenon dans ces momens. Cela donnait beaucoup d'humeur à Mme de Montespan, qui commençait, à juste titre, à se repentir d'avoir amené elle-même cette dangereuse rivale dans son intérieur... Un jour d'été, dans une de ses promenades, le soleil, étant plus brûlant qu'à l'ordinaire, incommodait beaucoup Mme de Montespan, qui cherchait en vain à fixer sur ses yeux une gaze que le vent soulevait toujours. Elle n'avait pas besoin de cette petite contrariété pour avoir de l'humeur. Tout-à-coup elle demanda avec brusquerie une épingle à Mme de Maintenon, qui, après avoir cherché en vain sur sa pelote, dit avec douceur qu'elle n'en avait pas, (car elle ne comptait pas l'épingle de Ninon, qui, dans ce moment, fermait son fichu. (Sa pudeur pouvait-elle jamais se décider à la proposer?) Pardonnez-moi, Madame, lui dit alors Mme de Montespan avec colère, vous en avez une; mais vous êtes d'une maussaderie aujourd'hui!... Et, en disant cela, très imprudemment elle arracha plutôt qu'elle ne prit l'épingle qui servait à voiler tant de trésors... Qu'on se peigne la rage de Mme de Montespan, lorsque occupée un instant à attacher sa gaze, elle ne tourna les yeux sur le roi que pour voir les siens se fixer avec ardeur sur les beautés qu'elle-même venait de découvrir... La pudeur, l'embarras de l'une, le désespoir de l'autre, l'enchantement expressif du monarque,... l'Albane, le Corrège peindraient seuls cette situation; elle était trop forte pour durer long-temps. Mme de Montespan, saisissant sa gaze avec fureur, oublia l'épingle, et se piqua jusqu'au sang, et dit à sa rivale en la lui jetant : Tenez, Madame! voyez le mal que je me suis fait avec votre maudite épingle! Il semble que tout de vous doive me blesser aujourd'hui. Mme de Maintenon baissa les yeux; et le roi, pour paraître ne pas entendre une chose aussi marquante, voulut tourner la chose en galanterie, ramassa l'épingle,... et dit : Elle ne sera à personne qu'à moi, puisqu'elle est teinte de votre sang. Mme de Montespan ne répondit rien; la promenade finit, et cette amante infortunée eut encore l'inquiétude que l'épingle que le roi emportait ne lui rappelât moins la blessure que le fichu de sa rivale. Si tout le monde ne savait pas qu'à cette époque Louis XIV s'attacha de plus en plus à Mme de Maintenon, ce que je viens de citer le prouverait. Déjà, à l'insu de Mme de Montespan, elle et le roi se voyaient fréquemment. On pense aisément qu'à la première entrevue, l'histoire de la promenade fut le sujet de la conversation. Le roi parla avec enthousiasme de l'épingle, qu'il avait attachée précieusement à sa chemise, et qui ne le quittait plus; mais Mme de Maintenon écoutait avec plus de tristesse que de charme ce que son auguste amant lui disait avec transport. Bientôt il aperçut que la jalousie en était la cause; que cette femme sensible croyait que le monarque gardait plutôt l'épingle à cause de la blessure de Mme de Montespan, que par le souvenir de son fichu : elle eut même la bonne foi de le lui avouer. Le roi, pour lui prouver son injustice, consentit à la lui rendre, mais

sous la condition qu'elle ne servirait jamais à fermer ce fichu qui faisait son supplice. Mme de Maintenon y aurait-elle consenti, s'il n'y avait eu que cette épingle-là au monde? Je n'en sais rien... Peut-être aurait-elle été assez sensible pour cela. Le combat entre la pudeur et la tendresse eût été bien digne d'elle..... Je laisse aux ames exaltées à décider la question, et je me bornerai à dire que la condition fut acceptée, que l'épingle fut rendue, mais que malheureusement un jour, cent fois plus célèbre, où Louis XIV entra chez Mme de Maintenon, au moment où elle l'attendait le moins; de distraction, de précipitation, elle n'eut que le temps de fermer son fichu avec cette fameuse épingle; mais qu'à la fin du tête-à-tête elle se détacha pour jamais,... et passa dans les mains du roi, qui la garda avec bonheur et fierté, comme signe de son triomphe, dont elle devint, dit-on, le chemin et la cause. Si l'on croit que cette fameuse liaison a pu amener des événemens importans dans le royaume, on conviendra que notre épingle joue un grand rôle... Mais nous ne sommes pas à la fin de son histoire. Suivons-la avec patience dans son inconcevable destinée. Elle fut non oubliée, mais serrée avec soin, dans un écrin de Louis XIV, et ne servit à rien de remarquable jusqu'au moment où Jacques II, roi d'Angleterre, trahi par ses sujets, fut chassé de son trône par le prince d'Orange, et vint se réfugier à Saint-Germain avec la reine et le prince de Galles. On sait avec quelle magnificence le roi le reçut, et lui céda son appartement; et, comme il allait au devant de lui, Mme de Maintenon, frappée de ce moment, qui, selon elle, était le plus beau de la vie du roi, voulut joindre à une agrafe de diamans, qui relevait son chapeau, un panache de plumes blanches, unies par un ruban où elle avait brodé ces mots : SI JACQUES EUT RESSEMBLÉ A LOUIS, TOUT LUI SERAIT FIDÈLE. Cette légende, qui flattait à la fois et le sentiment et la vanité du roi, lui fit un plaisir extrême; mais, en la portant, il fallait qu'elle fût secrète, et le ruban, résistant à l'adresse des doigts de Mme de Maintenon, s'échappait toujours avec une indiscrétion inquiétante; et, quoique le dernier mot de la légende ne dût déplaire ni à l'un ni à l'autre, en résistant obstinément à leurs efforts réunis, comme l'heure pressait, ils étaient au moment de s'impatienter, quand tout-à-coup le roi sonna Bontemps, son valet de chambre, se fit apporter son écrin, et prenant avec une grâce qui n'appartenait qu'à lui, l'épingle qui lui était si chère : Tenez, Madame, dit-il, voilà la seule manière de fixer et de cacher ce mot auquel le mystère seul peut ajouter quelque charme. Mme de Maintenon baissa les yeux, plaça l'épingle sur le ruban, et le roi, enivré d'orgueil et d'amour, alla consoler sur son trône l'infortuné Jacques, qui descendait du sien.

Laissons à présent Louis XIV finir son règne, tantôt au faîte de la puissance et de la gloire, tantôt à deux doigts de sa perte; passons aussi l'époque de la régence. Notre épingle, tranquille au fond de l'écrin du roi, soit par oubli, soit par respect, ne fut employée en rien pendant ce temps. Il faut donc nous porter avec rapidité vers la fin du règne de Louis XV.

On sait à quel point de facilité et d'aisance Mme Dubarry s'était portée auprès de Louis XV. Rien pour elle n'était sacré, soit dans ses folies, soit dans son désœuvrement. Un jour, après dîner, ne sachant comment continuer une conversation

BIBLIOTHÈQUE CHOISIE.

languissante et d'un décousu impossible à soutenir, elle imagina de se faire ouvrir un cabinet où le roi conservait les choses les plus précieuses qu'il tenait de ses ancêtres, : manuscrits importans, choses rares de différens genres, tout en un instant fut mis sens dessus dessous, malgré les représentations du roi, qui, plus amant que monarque, avait depuis longtemps abandonné sa dignité par une complaisance sans bornes. Au travers de la dévastation du cabinet, l'écrin de Louis XIV tomba sous la main de celle à qui il ne l'aurait peut-être pas confié. Il était rempli de plusieurs diamans fort beaux, d'un anneau émaillé qu'avait porté Mme de Maintenon, sur lequel on voyait gravés à l'extérieur les attributs les plus saints, et sur la partie intérieure tout ce que l'amour et l'esprit peuvent inventer de plus tendre en devises et en emblèmes amoureux. Il y avait de plus une petite croix de bois de violette, faite en mémoire de la révocation de l'édit de Nantes, sur laquelle étaient les noms de le Tellier, du père la Chaise et de Mme de Maintenon, avec la funeste date du 10 octobre 1685 ; dans un des coins de l'écrin était un petit étui d'ambre fait avec beaucoup d'art, qui renfermait cette fameuse légende donnée au roi par Mme de Maintenon le jour de l'arrivée de Jacques II à Saint-Germain, et notre épingle fameuse attachait les deux bouts du ruban avec un papier où était écrit le précis de l'anecdote qui la rendait d'un si grand prix. Lire la légende, le papier, prendre l'épingle, casser l'étui, fut l'affaire d'un moment pour Mme Dubarry, qui, abandonnée à tout le despotisme de ses volontés, n'entendait pas que rien lui résistât... Je veux garder cette épingle, dit-elle ; elle attachera aujourd'hui mon bouquet. En vain le roi voulut-il s'y opposer ; la résistance dans certaines positions est toujours l'annonce d'une nouvelle faiblesse. Le roi disait encore qu'il ne voulait pas s'exposer à perdre cette épingle si précieuse à conserver, que sa maîtresse, aussi étourdie que rebelle, était déjà chez elle occupée à joindre aux fleurs, qu'un ruban nouait avec grâce, cette épingle qui avait été autrefois si utile à la gloire et à l'amour. Cette aventure se passait précisément au moment où M. d'Aiguillon était presque sûr de voir terminer heureusement l'intrigue qu'il avait faite avec Mme Dubarry pour faire renvoyer M. de C...

. . . .

Mais laissons, un instant, l'épingle retourner dans l'écrin du roi, et voyons par quel évènement elle en est sortie pour n'y jamais rentrer.

Mlle C..., actrice charmante de la Comédie-Française, avait tourné la tête à M. le comte d'Artois. Après lui avoir résisté long-temps, quoiqu'elle eût beaucoup d'attraits pour lui, on n'imaginera jamais le prix qu'elle mit à ses faveurs... Ayant entendu parler de cette épingle célèbre, il lui vint dans la tête de la posséder ; et ses conditions furent que non seulement M. le comte d'Artois l'obtiendrait du roi, mais, comme on devait jouer incessamment le *Mariage de Figaro* pour la première fois, elle voulut de plus que son amant, pour être heureux, lui apportât cette épingle le jour de la première représentation. Elle trouvait piquant de la faire passer du fichu de Mme de Maintenon et de la tête de Louis XIV à la lettre de Suzanne, à

qui elle devait servir de cachet. Si l'épingle n'arrivait pas au jour fixe, le marché devait être nul. Qu'on se peigne l'embarras du prince ; il ne savait quel moyen employer pour avoir cette épingle ; pour surcroît de peine, la première représentation devait être quatre jours après... Il se désolait de la bizarre fantaisie de sa maîtresse ; enfin, le hasard lui fournit un moyen dont il profita. Dans ce temps, on dansait des quadrilles. Après s'être informé adroitement par M. de Laborde de ce que contenait l'écrin, il feignit d'avoir besoin de quelques diamans qu'il renfermait pour orner ses habits le jour du bal au salon d'Hercule ; le roi consentit qu'on les lui prêtât... Je vais les chercher moi-même, dit M. le comte d'Artois ; cela me fera voir cette épingle dont j'ai tant entendu parler... Avant que le roi eût eu le temps de répondre, il avait déjà été dans le cabinet faire ouvrir l'écrin, et, pendant qu'on arrangeait les diamans, substitué, sans qu'on s'en aperçût, une épingle à peu près semblable à celle qu'il désirait tant, et qu'en une heure de temps il porta aux pieds de Mlle C... Il était temps, la pièce allait commencer. L'épingle cacheta la lettre de Suzanne, au milieu des applaudissemens, des transports, du public, piqua le comte Almaviva, et fut payée par le bonheur du prince ;.. mais, perdue sur le théâtre dans les différentes mains par lesquelles elle passa. Mlle C... fut un moment fâchée ; mais est-on jamais coupable aux yeux de ce que l'on aime ! Elle s'excusa à peine auprès de M. le comte d'Artois... Quant à lui, il fut plus embarrassé, car le garde de l'écrin avait bientôt reconnu qu'il n'avait plus la véritable épingle. Une pension le fit taire, et la fausse épingle est dans l'écrin, où on la garde avec vénération. Quant à l'autre, elle resta deux jours dans la poussière, jusqu'au moment où une danseuse, plus jolie que célèbre, la ramassa de distraction à une répétition des *Amours de Bayard*, où le spectacle nécessaire à cette pièce exigeait des ballets. Cette danseuse, dont le nom ne fait rien à l'histoire, se trouvait par hasard maîtresse de M. d'Harland, qui fut le premier mortel assez hardi pour se frayer une nouvelle route dans les airs dans le ballon de M. Pilâtre du Rosier, depuis victime malheureuse de ses talens et de son courage. Cette danseuse, qui n'était légère qu'en dansant, adorait son amant. On peut juger de l'état horrible où elle fut, en songeant aux dangers que M. d'Harland allait courir. Elle eut le courage de le conduire à la Muette, d'où son nouvel Icare devait abandonner la terre. « Au moins, lui dit-elle au moment de » partir, que votre prudence évite, dans ce fatal voyage, tous » les dangers qui sont inutiles à courir. Cette tresse de mes » cheveux vous en rappellera le souvenir. » En finissant ces mots, elle attacha sur son cœur cette tresse chérie avec notre épingle prédestinée, qui, par hasard, se trouva sous ses doigts ; ses yeux se couvrirent de larmes, sa tête d'un voile épais, et son amant se perdit dans les airs. Laissons-le suivre le projet le plus hardi que l'on ait jamais formé, ne nous occupons que de notre épingle. Un coup de vent ayant déchiré un petit drapeau que nos voyageurs portaient en signe de triomphe, sur lequel ils avaient écrit l'époque, l'heure de leur ascension, M. d'Harland craignit qu'il ne fût absolument perdu, et, s'efforçant en vain de rejoindre les deux morceaux de l'étoffe, l'épingle devint nécessaire pour les réunir. Elle fut sacrifiée à cet

BIBLIOTHÈQUE CHOISIE.

emploi; la tresse était ce qu'il y avait de plus important à garder pour M. d'Harland; enfin, après plusieurs heures de navigation aérienne, le ballon descendit au milieu des applaudissemens universels. Les physiciens, les naturalistes, les géomètres, les astronomes, vinrent en foule rendre hommage à nos voyageurs. Parmi les astronomes, on citait M. Bailly au rang des plus célèbres. Pilâtre lui fit l'hommage du drapeau, comme une marque d'estime pour ses talens. M. Bailly l'accepta, et, par un concours de circonstances inouïes, voilà la fameuse épingle fixée au drapeau aérien, et enfermée dans le cabinet d'un astronome... Que n'y est-elle restée? elle n'aurait pas servi dans une occasion qui ne ressemble en rien au rôle qu'elle avait joué jusqu'alors. Mais qui peut répondre de sa destinée?... Le jour à jamais mémorable où le roi, contraint de quitter Versailles, fut conduit en triomphe par son peuple à l'Hôtel-de-Ville de Paris, M. Bailly, nommé maire de cette ville par l'enthousiasme populaire, était chez lui à attendre l'instant d'aller à l'Hôtel-de-Ville pour recevoir le monarque. Le roi étant arrivé plus tôt qu'on ne l'avait cru, un cavalier vint à toute bride prévenir M. Bailly, qui, sortant précipitamment, oublia le ruban patriotique qu'il portait depuis deux jours à sa boutonnière. Il remonta dans son cabinet pour le chercher, et ne sachant comment l'attacher, ses yeux se portèrent sur l'épingle qui était encore au drapeau aérien. Il la prit avec précipitation, fixa son ruban par elle, et courut à l'Hôtel-de-Ville... Que l'on m'épargne ici des détails qui ne plairaient peut-être pas à tous les partis ; il suffira de savoir que le sort attaché à faire passer notre épingle par les positions les plus extraordinaires et les plus opposées, voulut que, au moment où M. le maire présenta une cocarde nationale au roi, il n'eût pas d'autre moyen de l'attacher à son chapeau, que de se servir de l'épingle prédestinée, qui, trop faible apparemment pour l'emploi qu'on lui destinait, se replia vingt fois sur elle-même, mais à la fin fixa à la fois, aux yeux du peuple entier, la cocarde de Louis XVI et le sort du plus beau royaume de l'univers. Récapitulons en peu de mots les différentes positions où s'est trouvée notre épingle.

D'abord, sur la toilette de Ninon ; à son ruban, comme souvenir d'un rendez-vous; au fichu de Mme de Maintenon, à la gaze de Mme de Montespan ; à la chemise du roi ; dans son écrin, par la faiblesse de Mme de Maintenon ; à la plume de son chapeau, pour recevoir Jacques II ; au bouquet de Mme Dubarry ; dans l'écrin de Louis XV ; enlevée par M. le comte d'Artois ; possédée par Mlle C.., ; employée comme cachet à la lettre de Suzanne, dans le *Mariage de Figaro* ; deux jours perdue ; de-là dans les mains d'une danseuse ; attachée à l'habit de M. d'Harland, pour y fixer une tresse de cheveux ; à l'étendard aérien ; dans le cabinet de M. Bailly ; à sa boutonnière, et enfin à la cocarde nationale de Louis XVI... Que croit-on maintenant qu'elle est devenue? Elle fut perdue pour la seconde fois pendant long-temps, et retrouvée dans le Louvre par une garde-malade, qui, appelée auprès de M. de Mirabeau, et chargée de l'ensevelir, attacha par elle un des coins de son linceul. Il semble que le destin ait voulu finir son sort si remarquable avec celui de l'homme le plus extraordinaire de son temps. Sûrement elle ne reverra jamais le jour, à moins que, dans la suite des temps, l'inconstance populaire n'aille insulter à la cendre d'un homme que l'enthousiasme national a couronné à sa mort. Ce qui rappellerait ses propres paroles : *il y a bien près du Capitole à la roche Tarpéienne* (1).

LE COMTE DE SÉGUR.

---

(1) L'auteur écrivait à l'instant où Mirabeau venait d'être placé au Panthéon.

EON (LA CHEVALIÈRE D')

1792.

PÉTITION ET MÉMOIRE

DE LA CHEVALIÈRE D'EON

A L'ASSEMBLÉE NATIONALE DE FRANCE.

———————

Le document historique que nous publions en entier est demeuré inconnu ; il fait partie de la collection d'autographes de M. Pellissier.

L'original de ce Mémoire porte comme suscription :

M. COUSTARD.

Au dessous, de la main de Carnot :

« La chevalière d'Eon demande à prendre les habits d'homme pour aller combattre les ennemis. »

Et plus bas :

« Renvoyé au comité militaire pour en faire promptement son rapport. » Le 11 juin 1792.

» ROUGIOT L. »

———

EXTRAIT DU MONITEUR

DU 13 JUIN 1792.

COMPTE RENDU DE LA SÉANCE DE L'ASSEMBLÉE NATIONALE DU 11 JUIN AU SOIR PRÉSIDÉE PAR M. FRANÇAIS.

« M. CARNOT L'AÎNÉ : Voici un extrait d'une pétition de Mlle d'Eon, connue autrefois sous le nom de chevalier d'Eon ; l'assemblée y reconnaîtra les sentimens généreux de la guerrière :

« Quoique depuis quinze ans je porte l'habit de femme, je songe toujours avec respect à mon ancienne condition, et mon » humeur guerrière se révolte contre ma cornette et mes jupes. Mon cœur redemande à grands cris mon casque, mon sabre, » mon cheval, pour aller reprendre à l'armée le rang et le grade que mes services m'ont valus, etc. Jamais je n'ai donné ma » démission. Le décret du 24 septembre dit : que les officiers qui ont été arbitrairement démis ou suspendus de leurs fonc- » tions seront replacés au rang et au grade que l'ancienneté de leurs services leur aurait mérité. Me trouvant dans ce cas, je » supplie l'Assemblée nationale de me permettre de reprendre mon habit uniforme, ainsi que le rang que mes services et mes » blessures m'ont mérité, et de lever une légion volontaire, à la romaine, nombreuse et bien disciplinée ; car le bon » Dieu protège les gros bataillons. Jouet de la nature, de la fortune, de la guerre, des hommes, des femmes, des maris, etc., » aujourd'hui une plus brillante carrière s'ouvre devant moi, et bientôt, les armes à la main, j'irai combattre pour la nation, » la loi et le roi, etc.

» Cette pétition est renvoyée au comité militaire. »

(MONITEUR, t. I, p. 685, col. 4.)

Le comité ne donna aucune suite à ce renvoi.

PÉTITION ET MÉMOIRE

DE LA CHEVALIÈRE D'EON

A

L'ASSEMBLÉE NATIONALE DE FRANCE.

Londres, le 10 mai 1792.

Monsieur le président,

Dans la séance du lundi 5 septembre 1791, présidence de M. Vernier, sur les rapports de M. Wimpsen, les décrets suivans ont été rendus :

« Les officiers qui, sans démission volontaire ou sans » jugement, auront été arbitrairement privés de leur état » ou suspendus de leurs fonctions, seront censés les avoir » toujours exercés; en conséquence, ils seront remplacés » au rang et au grade qui leur appartiendraient s'ils » n'avaient point éprouvé d'injustice. »

AUTRE DÉCRET.

« L'assemblée nationale, après avoir entendu son co- » mité militaire, décrète que les officiers pourvus de com- » mission de colonel ou de lieutenans-colonels, antérieu- » rement au 1er janvier 1789, avec des lettres d'attache » aux troupes à cheval ou d'infanterie, obtiendront le » grade de maréchal-de-camp pour retraite, conformé- » ment aux décrets du 15 février et du 5 mars 1791. »

Monsieur le président, j'ai l'honneur de vous représenter qu'en vertu de mes brevets et commissions du roi, j'ai été lieutenant de dragons le 2 août 1757, capitaine de dragons le 22 juillet 1758. Blessée plusieurs fois pendant la dernière guerre en Allemagne, j'ai les certificats de mes généraux et les coups de sabre qui me restent sur la tête, reçus au combat d'Ultrop, près de Souest, en juillet 1761, et j'ai obtenu en 1763 la croix de Saint-Louis pour les services contenus dans les lettres de mes généraux, du duc de Choiseul et du Roi, mentionnées dans ma réception, dont copie est ci-jointe.

Après avoir travaillé nuit et jour au grand ouvrage de la paix de 1763, y avoir servi ma cour au-delà de ses espérances, j'étais encore ministre plénipotentiaire de France à Londres en octobre 1763, lorsque le feu comte de Guerchy y fut nommé ambassadeur extraordinaire. Cette Excellence, qui ne m'aimait point, parce que j'avais été témoin, à la bataille de Philinkausen, de sa manœuvre secrète pour faire perdre le commandement de l'armée au maréchal de Broglie, et, par là, se rendre agréable à Mme de Pompadour, au duc de Choiseul, à une duchesse encore vivante et à un prince défunt. Ma présence à Londres, dans son cabinet politique étant un peu trop clairvoyante, il chercha à s'en débarrasser bien vite. Pour cela il imagina de dire que j'avais fait trop de dépense de table, pendant l'intérim de

l'ambassade du duc de Nivernois à la sienne, et en conséquence qu'il empochait mes appointements de ministre plénipotentiaire pour boucher le trou de mes dîners, suivant la noblesse de ses expressions à moi écrites et répétées de vive voix. Mon humeur dragone s'en offensa. . . . . .

. . . je lui témoignai naturellement ce que je pensais. Ce grand général, qui en sa vie n'a jamais pris que ma place à Londres, croyant qu'il y avait quelques dangers pour lui de me laisser ministre plénipotentiaire à cette cour, tira bien vite de sa poche mes lettres de rappel, dont son ami de trente ans, le duc de Praslin, l'avait muni d'avance, sans en avoir dit un seul mot au roi Louis XV, ni m'avoir prévenue par aucune lettre. Ils croyaient, sans doute, par là me bien intimider; mais j'avais pris moi-même les avances d'instruire de ma position critique Louis XV, qui depuis 1756 jusqu'à sa mort m'avait ordonné de lui écrire secrètement deux fois par semaine.

Ce bon Roi m'avait aussi donné l'ordre secret tout écrit et signé de sa main, de me servir de tout mon esprit et de tout mon courage pour rester à Londres malgré ses ministres, pour le succès d'une affaire qui lui tenait alors grandement à cœur, et dont il m'avait chargée personnellement par la confiance entière dont il daignait m'honorer, et m'avait aussi ordonné sous peine d'encourir son indignation, de ne parler à aucun de ses ministres et ambassadeurs, ni à âme qui vive de ce qu'il y avait de secret entre lui et moi, et je lui ai tenu et lui tiendrai toujours ma parole d'honneur. Ainsi, tandis que le duc de Praslin et le comte de Guerchy m'ordonnaient publiquement de partir de Londres, le Roi m'ayant ordonné secrètement d'y rester, j'ai mieux aimé, au péril de ma vie et de ma fortune, obéir à mon maître qu'à ses valets orgueilleux de leur titre et de leur pouvoir absolu.

En conséquence, malgré tous les tonnerres des Pompadour, des Choiseul, des Praslin, des Guerchy, et des autres ministraillons et mirmidons de ce temps là, qui de leur autorité privée m'avaient déclarée folle, ou rebelle au roi; car ils croyaient eux-mêmes être des majestés, je suis restée à Londres jusqu'en août 1777. *Voilà le seul crime d'Etat commis par moi, contre les divinités ministérielles de 1763.*

Louis XV, qui connaissait mieux que moi l'innocence et la bonté du cœur de ses grands ministres, étant dans la plus vive inquiétude qu'on ne prît ses papiers secrets et ma personne, ne se contenta pas de me prévenir des ordres et des espions que le duc de Praslin avait envoyés à Londres pour me jouer quelques mauvais tours, me fit envoyer secrètement par le feu comte de Broglie, mon cousin d'Éon de Mauloize, capitaine au régiment de Conti, cavalerie, mon parent, M. de la Rosière, aujourd'hui maréchal de camp, les colonels Nardin et Nord, tous anciens officiers de distinction de l'état-major de l'armée de Broglie, pour veiller à la sûreté de la cassette de mes papiers secrets, et pour que ma personne ne soit ni enlevée ni assassinée par surprise. J'avais prévu tous ces cas, excepté celui du poison dont j'ai été la victime pendant plus de sept mois, le soupçon d'une pareille lâcheté n'étant jamais entré dans mon imagination. J'ai été forcée alors de poursuivre au tribunal criminel du roi d'Angleterre les auteurs de ce crime, qui ne s'en sont purgés, le premier, qu'en fuyant bien vite en Italie, et le second dans l'autre monde.

Depuis cet attentat, le bon et pacifique Louis XV a trouvé le moyen, sans se compromettre, d'envoyer M. Durand et M. le baron de Breteuil à Londres pour retirer de moi certains papiers secrets, calmer mes inquiétudes et les miennes, et pour me faire des promesses royales inutiles ici à rapporter, puisque Louis XV est mort.

Enfin, malgré tous les obstacles humains, trop longs à déduire, semés sur ma route politique en Angleterre, j'y suis venue à bout de terminer les affaires de mon maître suivant ses désirs secrets. Ce fut pour m'en témoigner sa reconnaissance particulière que, sans aucune sollicitation de ma part, de son libre et propre mouvement, il jugea à propos de me faire remettre secrètement, dès l'année 1766, la promesse suivante toute écrite et signée de sa main.

« En conséquence des services que le sieur d'Éon m'a
» rendus, tant en Russie que dans mes armées, et d'au-
» tres commissions que je lui ai données, je veux bien lui
» assurer un traitement de douze mille livres, que je lui
» ferai payer exactement tous les six mois dans quelque
» pays qu'il soit, hormis en temps de guerre chez mes
» ennemis, et ce, jusqu'à ce que je juge à propos de lui
» donner quelque poste dont les appointements seraient
» plus considérables que le présent traitement.

» A Versailles, le 1er avril 1766.

Signé : **LOUIS.**

Tant que Louis XV a vécu, et même après sa mort, je suis restée dans le plus grand silence sur le secret existant entre sa majesté et moi; mais, peu de temps après sa mort, Louis XVI, les comtes de Maurepas et de Vergennes, le duc de la Vrillière et le chancelier Meaupou ayant levé les scellés sur les cassettes et secrétaires particuliers du feu roi à Versailles, ils trouvèrent, à leur grande surprise, toute sa correspondance secrète avec moi, et les témoignages écrits de sa main sur ma fidélité, mon innocence et mon état présent.

Aussitôt ils se servirent de la médiation du comte de Broglie pour dépêcher auprès de moi à Londres, le marquis de Pruneveaux, premier capitaine alors du régiment de Bourgogne, cavalerie, qui avait été mon ami à l'armée, en Allemagne, et qui était un des protégés du duc de Nivernois, pour m'engager à retourner avec lui à

Versailles et remettre au roi les papiers secrets, avec l'assurance d'être bien reçue et suivant les désirs particuliers du feu Roi. Son successeur, Louis XVI étant alors jeune et entièrement gouverné par le comte de Maurepas, je dis en moi-même, *Timeo Danaos et dona ferentes*; je ne jugeai pas à propos d'aller me confesser à ce vieux renard, ami et parent de la plupart de mes anciens ennemis. D'ailleurs j'étais instruite par un grand seigneur de la cour, que l'intention de ce ministre absolu, était de me bien traiter; mais qu'ayant découvert, par les papiers du roi, le secret de mon sexe, de prendre garde au voile et à la grille des religieuses. Pour faire une contre batterie, j'insistai sur la justice de me donner mon rang dans l'armée, et sur la convenance, avant de quitter Londres, de me renommer ministre plénipotentiaire, soit à cette cour, soit à une autre; j'insistai sur la nécessité, au préalable, de payer les dettes que j'avais été obligée de contracter en Angleterre, pour subvenir à toutes les dépenses que les ordres secrets de Louis XV, mes maladies, courses, séjours, déménagemens, malheurs, procès et autres accidens imprévus que j'avais éprouvés pendant le cours de la longue guerre injuste et tyrannique qu'on m'avait été suscitée en Angleterre, à la sollicitation du ministère français.

Dans ce temps, le comte de Vergennes était tenté de me renommer ministre plénipotentiaire, tant par justice que par les vives sollicitations du maréchal et du comte de Broglie, que par l'espérance de retirer, au profit de la cour, de nouveaux services de ma longue expérience dans la carrière politique. M. de Maurepas, bon homme de sa nature, disait qu'il convenait de me payer; mais quatorzième ministre du nom de Pontchartrain, despote par naissance, patriarche des radoteurs par l'âge, il insistait sur l'importance de retirer de mes mains la longue correspondance du feu roi, et la nécessité absolue de me forcer à reprendre mes habits de femme; pour cet effet, ainsi que le cardinal incrédule de Richelieu se servait du capucin sans foi Dutremblay, de même le vieux Maurepas se servit de son protégé et trop fameux intrigant Pierre-Augustin-Caron de Beaumarchais, qui, orgueilleux de l'importance de sa mission et la tête toute remplie du secret de mon sexe, voulut en faire une mine d'or particulière pour lui et pour moi. A son grand étonnement, il me trouva récalcitrante sur cet article de commerce. Il vit encore et je puis prouver, malgré lui, que je n'ai jamais voulu rien entendre à aucune proposition de fortune et de mariage, ni à aucune autre personne quoiqu'on m'ait fait cent sollicitations à ce sujet.

J'ai pris seulement l'argent du roi qu'il m'a apporté parce qu'il m'en est légitimement dû quatre fois autant, parce que j'en avais le plus grand besoin pour payer à Londres mes dettes les plus urgentes; mais voyant que M. de Beaumarchais ne me remettait pas tout le bienfait du roi régnant, ni même les différentes sommes qu'il m'avait promises par sa transaction du 15 septembre 1775, par lui faite, à Londres, au nom du roi et qu'il cherchait à me tromper comme ses autres femmes, je ne lui ai remis qu'une partie de ma correspondance secrète avec Louis XV, il s'en est retourné triomphant à Versailles, croyant m'avoir bien dupée à Londres. Six semaines après il revint à Londres avec la commission ostensible de me reconduire

honorablement à Versailles; mais ayant été encore instruite par le même grand seigneur de cette cour, ci-dessus
mentionné, que l'intention secrète de Beaumarchais était
de recueillir le fruit des polices sur mon sexe, que lui,
ses associés et autres avait faites malgré moi tant
à Paris qu'à Londres, et que l'intention du roi et de
ses ministres était de me forcer, à mon arrivée à Versailles,
à reprendre les habits de femme ou de me mettre à l'abbaye royale des Dames de Saint-Antoine, aussitôt, sans
attendre le retour de Beaumarchais, je fus chez le lord-
maire de Londres et le chevalier Fielding, lieutenant-général de police, faire un affidavit, c'est-à-dire une déclaration sous serment de tout le complot de tous ces nobles
négociateurs sur mon sexe; j'ai fait imprimer cette déclaration dans toutes les gazettes anglaises et françaises,
avec prière au public de ne plus faire de pari aussi indécent, et de ne payer aucune police pareille faite malgré moi.

Cette déclaration imprimée fit le meilleur effet pour
l'intérêt public et pour ma réputation personnelle et in-
tacte; mais comme elle déconcertait les projets intéressés de
Beaumarchais, elle m'attira son ire impitoyable; dès son
retour à Londres il ne put se contenir, il débuta par vouloir prendre son ton d'autorité sur moi dans son appartement, et me regarder déjà comme sa femme; alors,
indignée à mon tour, je mis mon chapeau sur ma tête, et
pris non pas l'épée qui était à mon côté, mais ma canne
major à la main; je lui déclarai parlant à sa personne en
présence d'un de ses intimes amis, vivant actuellement à
Paris, que, sans le respect que j'avais pour sa mission
qu'il tenait du roi et des comtes de Maurepas et de Vergennes, je tambourinerais sur son dos. Comme il sait que
Mlle d'Éon ne jure pas en vain, que son serment n'est
pas de parole, que c'est une action, et que cette action est
l'assurance de la victoire, il resta muet et interdit; je le
quittai en cet état, je ne l'ai jamais vu, ni rencontré depuis, pas même avec mon éventail, qu'il craint sûrement
autant que ma canne, malgré ses richesses américaines
conquises par lui dans le sein de la paix à Paris, et qu'il
a sans doute partagées avec ses nobles suppôts à la cour,
depuis la garde-robe jusqu'au grenier.

Mon intention ayant toujours été de ne jamais quitter
mon uniforme ni l'armée, pour aller mener la vie tranquille d'une chanoinesse royale en France, je m'estimai
alors heureuse de m'être débarrassée d'une façon dragonne
des importunités de ce Beaumarchais. Je restai donc encore tranquillement à Londres dans mes habits d'homme
pendant deux ans.

Enfin les comtes de Maurepas et de Vergennes, impa-
tientés de mon obstination à ne pas retourner en France,
et à vouloir toujours porter l'habit d'homme, employèrent
tous les ressorts de leur politique intrigante pour exciter
leurs associés de Londres dans les polices sur mon sexe à
intenter le procès extraordinaire sur mon sexe, qui fut
terminé le 2 juillet 1777 par un *spécial jury*, et un jugement de la cour du banc du roi d'Angleterre qui me déclara femme malgré moi.

Ce jugement fit tant de bruit que je ne pouvais plus ni
sortir, ni me promener dans Londres, sans être entourée du
public qui m'obsédait de son estime et de son étonnement.

Dans cet état de crise le comte de Vergennes m'écrivit
une lettre si amicale et si pressante au nom de S. M.
pour retourner à Versailles, avec le sauf-conduit honorable que le Roi m'avait envoyé, que je me laissai persuader.
Je quittai Londres le 13 août 1777. Je fus très bien
reçue et accueillie à Versailles; mais bientôt, en vertu
d'un ordre du roi, on me mit entre les mains d'une troupe
d'honnêtes matronnes et de femmes de chambre, qui, plus
poliment, mais aussi lestement que des housards, m'enlevèrent en un instant mes habits d'homme, s'empressèrent
à me baigner, à me savonner, à me couper les cheveux, à
me percer les oreilles et à me revêtir d'un corps de jupe,
à me parer de tous les bienfaits du roi, enfin à faire de
moi la plus belle fille qu'ils purent, pour être en état d'ê-
tre présentée à la cour. Depuis ce temps et ce grand éclat,
je suis restée femme malgré moi, malgré mes services militaires et mon courage naturel. Je ne puis vous exprimer
quelle fut ma douleur et la rage de mon impatience de me
voir réduite à la triste condition de femme.

Malgré l'attention particulière qu'a eue M. le comte de
Maurepas de me faire faire un noviciat femelle à Paris, à
Versailles, au Petit-Montreuil, à Dijon, à Tonnerre, avec
ma mère et ma sœur, et au couvent pour apprivoiser mon
caractère, malgré ses promesses de me marier avantageu-
sement si je voulais me réconcilier avec la douceur et l'o-
béissance naturelle de mon sexe; et quoique, depuis plus
de quinze ans, je porte constamment l'habit de femme, et
ne vis et ne suis servie que par des personnes de mon sexe,
je songe toujours à ce que j'ai été autrefois à l'armée. C'est
avec bien du chagrin que j'ai été forcée à m'accoutumer aux
mœurs, aux habitudes, aux occupations, à la vie molle et
insipide d'une femme.

Ce fut autant pour me débarrasser de ce tourment,
que pour contenter mon humeur guerrière, qu'aussitôt
que la guerre de l'Amérique fut déclarée en France, j'é-
crivis à M. le comte d'Orvilliers pour lui demander la
permission d'aller combattre sur sa flotte; il eut la politesse de me faire la réponse suivante:

«Brest, le 3 mars 1779.

» Il n'est permis, Mademoiselle la chevalière, à aucun
» habitant de l'Europe qui ait reçu quelque éducation
» dans cette partie du monde, d'ignorer le rôle distingué
» et très extraordinaire que vous y avez joué: l'admira-
» tion et l'estime ont dû être la suite de cette connais-
» sance; personne au monde ne vous paie ce juste tribut
» avec plus d'étendue que moi, et je serais enchanté si,
» par un effet de la lettre que vous avez adressée à M. le
» comte de Maurepas, les circonstances me mettaient à
» même de combattre à vos côtés, de justifier l'estime que
» vous m'accordez, et de vous donner des preuves du
» respect avec lequel j'ai l'honneur d'être,

Mademoiselle la chevalière,

Votre très humble et très obéissant serviteur.

Signé: d'Orvilliers.

À peine M. le comte de Maurepas fut-il instruit, par ses
espions, dont j'étais entourée, sans le savoir, du projet

que j'avais de m'évader de Versailles, pour courir me réfugier sur le vaisseau amiral du comte d'Orvilliers, suivant sa permission, que ce premier ministre donna l'ordre de m'enlever la nuit, quoique je fusse alors bien malade à Versailles, rue de Noailles, pavillon Marjou, et quoique je fusse confiée aux soins gratuits, généreux et éclairés de M. Léautaud, premier médecin du roi, de M. la Sonne, premier médecin de la reine, et quoique j'eusse été saignée deux fois par M. Gauthier, chirurgien du roi et de tous les ministres à Versailles, la nuit de ce jour même fut choisie pour me livrer un assaut aussi perfide que cruel. En effet, M. de Warville, major de la prévôté de l'hôtel du roi, vivement pressé, à ce qu'il m'a dit depuis, par le comte de Maurepas, pour se saisir de ma personne et de tous mes papiers, se glissa furtivement, à dix heures du soir, en mars 1779, avec cinq ou six de ses gardes, dans l'escalier de ma maison; ils entrèrent furtivement le pistolet à la main dans l'appartement où j'étais couchée, et, comme des féroces oiseaux de proie, ils se précipitèrent tous ensemble sur mon lit et sur moi, en criant tous à la fois, comme des corbeaux : *C'est de la part du roi que nous vous arrêtons.*

Quoique je fusse assurée du contraire, quoique ce major eût été la veille exprès à Paris porter au maréchal de Broglie une lettre du premier ministre Maurepas pour l'engager à ne point venir le lendemain matin à Versailles parler au roi en ma faveur, ainsi qu'il se proposait de le faire; quoique ce major Warville eût été présent lorsque les médecins et chirurgiens du roi et de la reine m'ont visitée, saignée et purgée, quoiqu'il ne vît en moi qu'une fille malade et innocente qui n'avait d'autre tort que d'impatienter M. de Maurepas pour obtenir du roi la permission de retourner à la guerre, le dit major et ses gardes, irrités sans doute de voir qu'à leur entrée subite dans ma chambre, je m'étais promptement jetée sur le chevet de mon lit pour y prendre une de mes petites carabines chargée à mitraille que, malheureusement, saignée des deux bras, je n'ai pas eu le temps de décharger sur eux pour apprendre au premier ministre à faire arrêter de la sorte une fille militaire munie d'un sauf-conduit du roi, ces brigands échappés plutôt de la forêt Noire que du bois de Satory, m'ont garotté les bras contre le corps avec une corde serrée si étroitement derrière le dos, que je crus d'abord qu'on voulait m'étouffer dans les ténèbres de la nuit. Comme je n'avais sur moi qu'un seul manteau de lit et un fichu, mon sein par la corde a été meurtri. Ainsi garottée, ces gardes d'honneur ont fouillé et culbuté mon lit, m'ont tâté et retaté ma personne.

En même temps qu'on m'arrêtait, une autre troupe des gardes de l'hôtel garottait mon domestique Pelle, dit *la Grenade* (1), qui veillait dans la chambre de son épouse, ma femme de chambre, accouchée seulement depuis deux jours. Ils le conduisirent sur le champ à leur corps de

garde; ils laissèrent l'épouse dans le lit avec son enfant, à moitié morte de peur. On s'est emparé de tous mes papiers, qu'on ne m'a jamais rendus. On ne m'a laissé que mon innocence, quoique ce fût le seul article de contrebande dans le lieu où l'on m'a si mal traitée, contre la foi publique du sauf-conduit royal que le comte de Vergennes m'avait fait remettre à Londres. Victime de ma confiance, jouet de la perfidie, j'ai frémi d'indignation; mes yeux se remplissent de larmes chaque jour que je me retrace l'affront qui m'a été fait à Versailles par les ordres du comte de Maurepas, qui ne m'a sans doute forcée à reprendre mes habits de femme, que pour insulter mon sexe. Ce traitement est cent fois plus honteux pour l'ancienne administration française, que pour Mlle d'Eon. Ainsi garottée et humiliée dans mon sexe et mon honneur, aux yeux des hommes, j'ai élevé mes plaintes à Dieu, et j'ai sommé le major de me remettre. L'ordre de sa majesté, ou de me conduire en cet état au château chez le roi ou chez le comte de Maurepas. Ce major, ne pouvant pas seulement me montrer l'ordre du roi, a bien vite couru chez le comte de Vergennes, pour faire son rapport. Ce ministre a répondu : *Ce n'est point moi qui fais arrêter Mlle d'Eon, je ne le voulais pas; M. de Maurepas l'a voulu absolument, je m'en lave les mains.* Cette réponse naïve de Pilate que le major Warville m'a dite, répétée et attestée à mon retour à Versailles, prouve à quel point ce premier ministre, avec toute sa bonhomie, abusait comme un autre de l'autorité du roi dont il s'était investi lui-même pendant la minorité de sa majesté. Pendant la course du major chez M. de Vergennes, les gardes de la prévôté de l'hôtel me gardaient dans ma chambre, bayonnette au bout du fusil; je les priai de desserrer les cordes qui me comprimaient trop fort les bras et le sein, de me laisser respirer et aller dans un cabinet; ils eurent cette complaisance, mais me suivirent, armés, me disant qu'ils savaient que j'avais à Versailles une mine de poudre sous mon plancher, et qu'ils craignaient que j'y misse le feu pour les faire tous sauter en l'air; je leur répondis : N'ayez pas peur, je n'ai que deux ou trois livres de bonnes poudres d'Angleterre dans mon cabinet pour m'amuser à chasser les bêtes à quatre pattes et même à deux. Un instant après, le major arriva, qui me dit : La voiture est à la porte; je vais vous conduire chez M. le comte de Maurepas, ainsi que vous l'avez désiré; je m'empressai à y monter; mais, au lieu d'y aller, il me mena, malgré moi, et mes plaintes, à son logement, hôtel de la Prévôté, où il y avait une autre voiture prête pour me conduire à une destination qu'il ne voulut pas me dire. Je dis au major qu'avant de partir je désirais avoir mon déshabillé, mon corps, ma robe, mon bonnet, mon mantelet et mon manchon, puisque je n'avais sur moi que mon manteau de lit et les deux jupons que les gardes m'avaient même attachés par-dessus quand j'étais sortie de mon lit, et que j'avais grand froid. Quand les hardes nécessaires pour m'habiller furent apportées, je dis au major que je n'avais pas mangé de la journée, que j'étais au moment de tomber en faiblesse par le sang que j'avais perdu, par le besoin de boire, de manger et de dormir, que je le priai instamment de me laisser reposer la nuit; il y consentit; alors lui, son épouse et sa femme de chambre s'empressèrent de me donner tout ce que j'avais

(1) Le sieur Pille, dit la Grenade, demeure à Versailles avec sa femme depuis 1781; après la révolution, il a été élu un des juges de paix audit Versailles; il est honnête, intelligent et s'acquitte très bien de sa commission; il peut certifier que je pourrais rapporter ici des faits encore plus graves.

besoin ; à me faire chauffer un lit et à me déshabiller. Trois gardes seulement me gardèrent dans la chambre jusqu'à mon départ, de peur sans doute qu'une fille mourante n'enlevât à elle seule le château de Versailles. Je leur dis pendant la nuit : Que si les médecins et chirurgiens du roi ne s'étaient pas entendus avec leur major, pour, sous prétexte de mon grand mal de gorge, me faire saigner des deux bras la veille et le jour qu'on avait médité mon enlèvement, je leur aurais lavé le visage avec du plomb, pour leur laisser un souvenir éternel du sexe de la chevalière d'Eon. Ils répondirent qu'ils étaient au désespoir de ce qui s'était passé ; mais que leur ordre, la crainte de ma résistance, avaient poussé les choses à ce point.

Entre cinq ou six heures du matin, le major me fit monter dans un carrosse de remise à six chevaux de poste, se plaça à côté de moi, deux gardes devant nous et deux autres sur le siège. Le soir du même jour, nous arrivâmes à la poste de Joigny, où je soupai et couchai, toujours gardée dans ma chambre par deux de mes sentinelles. Quand le matin je vis notre carrosse passer le pont de Joigny, je dis au major : ce n'est pas là le bon chemin pour aller chez moi à Tonnerre. Il répondit : Il faut que je passe d'abord par Auxerre, j'ai une commission pour l'abbesse des dames Bernardines de cette ville. Sans doute que cette commission me concerne ? Je ne puis rien vous dire. Arrivés à la poste d'Auxerre, on me fit déjeûner et garder à vue. Le major se transporta chez l'abbesse où il resta près de deux heures. En revenant à la poste, j'entendis par la fenêtre qu'il disait à demi-voix au sergent de ses gardes : Faites mettre six chevaux à la voiture. l'abbesse a été épouvantée au seul nom de notre prisonnière, il faut que nous allions plus loin. Nous arrivâmes à une heure après minuit au château de Dijon, où il nous fallut attendre plus d'une heure à la porte avant que tous les ponts-levis fussent baissés. On m'y donna l'ancien appartement qu'avaient occupé ci-devant la duchesse du Maine, le marquis de Nesle et le comte de Lauraguais. Je n'y suis restée que dix-neuf jours, parce que M. le comte de Changey, gouverneur commandant du château, fit savoir à M. le comte de Maurepas que toute la noblesse et le militaire de Dijon et de vingt lieues à la ronde venaient, hommes et femmes, lui demander à dîner pour avoir le plaisir de manger avec moi, et *qu'il serait ruiné si cela continuait long-temps*; que de plus il s'assemblait tous les jours et surtout les dimanches et fêtes, des 2,000 personnes dans la cour du château pour me voir; que tous les officiers et soldats de sa garnison étaient plus disposés à m'obéir, qu'à lui-même. L'épouse de ce commandant venait presque tous les jours déjeûner avec moi. Elle me dit en déjeûnant que si je voulais écrire une petite lettre de soumission à M. le comte de Maurepas, et à M. Amelot, ministre de la maison du roi, qu'elle était sûre que je serais bientôt mise en liberté. Je lui répondis : Madame, je me trouve fort bien dans votre château où je suis comblée de vos politesses et de vos attentions; que ceux qui m'ont mise dedans me fassent sortir quand ils voudront. La semaine d'après arriva l'ordre du roi pour me mettre en liberté, à condition que je renouvellerais par écrit ma soumission aux ordres du roi de porter toute ma vie mes habits de femme,

et de me retirer chez moi auprès de ma mère, jusqu'à ce que j'obtienne du roi la permission de me présenter dans les habits de mon sexe à M. Amelot les jours de son audience. J'ai exécuté tout cela, et M. et Mme Amelot avaient la politesse de me faire rester à dîner avec eux. En 1785, j'ai obtenu la permission du roi de revenir à Londres pour y suivre la restitution d'argent, bienfait de Louis XVI en ma faveur, qui y a été déposé par M. de Beaumarchais entre les mains du feu amiral Washington Ferrers, pair d'Angleterre, pour payer mes dettes à Londres; mais cet amiral étant mort le 1er octobre 1778 sans avoir payé ses dettes ni les miennes; son héritier refuse aujourd'hui ce dépôt d'argent sous prétexte que tous les biens de l'amiral comte Ferrers sont substitués. Cela m'a forcée à faire depuis plusieurs années un procès contre son héritier; sans cela il y a long-temps que je serais retournée à Paris.

Depuis 1785 que je suis revenue avec la permission du roi à Londres, depuis même la révolution, j'ai toujours porté mes habits de femme pour prouver à S. M. ma soumission à ses ordres en pays étrangers comme en France; mais à présent, Monsieur le président, que je vois *la nation, la loi et le roi en grands dangers*, je sens mon amour pour la patrie se réveiller et mon humeur guerrière se révolter contre ma cornette et mes jupes, mon cœur redemande à grands cris mon casque, mon sabre, mon cheval et surtout mon rang dans l'armée pour aller combattre les ennemis de la France. Ce rang dans l'armée m'est dû avec justice par l'ancienneté de mes commissions et brevets, par mes services et mes blessures.

En effet, pendant la campagne de 1762, j'étais à mon régiment, campée devant l'ennemi, lorsque le duc de Choiseul m'a fait revenir à Versailles pour être le secrétaire de l'ambassade du duc de Nivernois à Londres, et y négocier la fameuse paix de 1763, qui a duré assez longtemps pour rétablir les finances de la France, s'il y avait eu des ministres économes. Depuis cette époque, j'ai toujours été employée par le feu roi en Angleterre.

Jamais je n'ai donné ma démission, ni du service militaire, ni du service politique, et toujours j'ai demandé à servir. L'offre de servir, de la part d'un officier, suivant la décision de Louis XIV et du bon sens, est équivalente à un service actuel.

En conséquence, je vous supplie, Monsieur le président, et tous les honorables membres de l'auguste assemblée que vous présidez et qui représentent la majesté de la nation française et du premier peuple du monde, quand elle aura achevé le grand ouvrage d'une sage constitution, de demander pour moi au roi la permission de quitter mes habits de femme pour aller combattre contre ses ennemis et ceux de la France. J'ai besoin de son consentement, ne voulant pas qu'il puisse me soupçonner de désobéissance et d'ingratitude après tout ce que son bisaïeul et lui-même ont bien voulu faire pour moi. Je dois, dans sa position présente et la mienne, lui obéir d'autant plus volontiers, qu'il a moins de pouvoirs, je dois avoir cette délicatesse de sentiment, et à 65 ans ne pas courir comme une folle après la gloire aux dépens de mon cœur.

Si S. M. m'accorde cette permission, ainsi que je puis

BIBLIOTHÈQUE CHOISIE.

l'espérer, je pense que pour me mettre dans le cas de faire de la bonne besogne à l'armée, ce serait de m'accorder la permission de lever une légion appelée la légion des volontaires de d'Eon-Tonnerre. Pour que cette légion soit en tous temps bien utile et agissante à l'armée, il faudrait qu'elle fût de 4,000 hommes d'infanterie et de 2,000 chevaux et de quatre pièces de canon par bataillon. Je tâcherais de la composer au moins de moitié de soldats vétérans, et l'autre moitié d'une jeunesse robuste et de bonne volonté, qui sera bientôt aguerrie dans une guerre active. Je demande une légion à la romaine, nombreuse et bien disciplinée, parce que le dieu de la guerre se déclare presque toujours pour les gros bataillons bien exercés. Pour tailler de bonnes croupières à l'ennemi, il me faut une forte légion, et ne pas trop craindre la perte des hommes, parce que les volontaires sont la monnaie courante d'une armée de ligne; d'ailleurs il m'est impossible de faire une bonne omelette sans casser d'œufs.

Si on veut que je me batte bien réellement, appelez-moi, donnez-moi au moins un rang dans l'armée, autrement, à mon âge, je ne prendrai pas la peine de quitter mes jupes pour monter à cheval, et aller faire une vaine parade de vanité et de faux courage à l'armée. Éloignée par caractère de tout parti, de toute ambition, je suis encore moins curieuse d'aller faire briller mon sabre à la procession dans les rues de Paris, et soutenir une guerre de pots de chambre et de poissardes. Je n'aime que la bonne guerre, noblement faite et courageusement exécutée.

Élevée dès ma jeunesse dans les champs de la gloire et de l'obéissance, mon cœur a toujours palpité pour la liberté. Il soupire après le moment favorable de quitter les habits de Minerve, pour reprendre avec délice ceux de Mars, mon premier maître d'armes, et finir ma vie comme je l'ai commencée. Ceux qui ne sont pas pour nous sont contre nous, dit l'Écriture : ainsi la guerre présente nous fera connaître nos amis et nos ennemis ; nous ne compterons ces derniers que sur le champ de bataille après leur mort.

Pères de la patrie, aussi sages dans le conseil que braves sur le champ de bataille, ce fut en cherchant des ânesses que Saül trouva autrefois un royaume; mais aujourd'hui tous nos Saüls modernes, qui se confédèrent contre nous, au lieu de trouver le royaume qu'ils cherchent, ne trouveront que des ânes. Ces nouveaux Saüls fuiront eux-mêmes à l'aspect de la liberté que nous avons conquise, et elle nous restera tout entière par notre courage.

Auguste assemblée nationale, recevez mes hommages, parce que votre rosée sera pour nous une rosée de lumière que vous ferez tomber sur la terre pour renverser le règne des géans. Songez qu'il n'y a présentement en Europe que trois Rois qui règnent constitutionnellement; savoir : *le Roi des Français, des Anglais et des Polonais.* Vous distribuez le pain aux pauvres, vous renvoyez les riches les mains vides et sans titres. Vous élevez ceux qui étaient dans l'humiliation, vous abaissez ceux qui étaient dans l'élévation. C'est pour cela que mon ame vous a désiré pendant la nuit, et que je m'éveillerai dès le point du jour pour vous chercher.

N'ayant point d'argent pour vous faire mon don patriotique, je vous offre ma personne comme une victime prête à se dévouer au salut de la patrie. Déjà je vous ai envoyé quatre de mes neveux, tous militaires, combattre pour elle; que ne puis-je vous en envoyer quatre cent mille! Il me tarde de jouir du spectacle imposant de ma nation devenue libre. Dans ma vive impatience, je viens de faire une vente publique à Londres de ce qui était le plus cher à mon cœur, de ma bibliothèque et de mes manuscrits. J'ai vendu mes hardes, mes bijoux, mes diamans; je n'ai conservé que la robe et l'éventail que je porte, l'uniforme et le sabre que j'ai déjà portés dans la dernière guerre en Allemagne, et que je désire encore y porter dans la présente guerre. Je suis à la lettre le texte de l'Évangile, qui dit : « Maintenant vendez votre robe et achetez un sabre. *Nunc qui non habet gladium, vendat tunicam suam, et emat gladium.* LUC 22, 36. »

CHARLOTTE-GENEVIÈVE-LOUISE D'EON DE BEAUMONT.

COPIE D'UNE LETTRE AUTOGRAPHE DE LOUIS XVI
A MME LA DUCHESSE DE GUICHE.
1789.

Paris, le 29 octobre 1789.

Il y a bien long-temps, Madame la duchesse, que je vous ai écrit, je ne savais pas où vous adresser ma lettre. J'apprends que vous étiez à Dunin lorsque les nouvelles de France du 5 an 6 y sont arrivées, j'ai bien peur pour votre santé de l'inquiétude qu'elles vous ont causées. J'espère que vous avez été rassurée depuis sur la santé de la reine ; elle a montré la force et le courage que vous lui connaissez, et je vois avec plaisir qu'on l'a senti et qu'on revient ici sur son compte. Mais les méchants sont bien actifs et dans ce siècle-ci on les croit plus que les bons; vous

en êtes bien une preuve. J'espère bien que le duc de Guiche vous aura rejointe, il s'est bien conduit et aussi l'a-t-on pris en grippe; il faut espérer que le jour de reconnaître la vérité arrivera, il n'y a que cela qui soutienne un peu, dans quelque éloignement qu'il peut être; le duc de Guiche vous dira que pour l'habit de maréchal de-camp cela ne se peut pas, je n'en ai pas trouvé d'exemple. Vous savez bien le plaisir que j'ai à vous obliger et j'espère que vous ne douterez pas de toute mon amitié à Paris comme à Versailles,

LOUIS.

COPIE D'UNE LETTRE AUTOGRAPHE DE MARIE-ANTOINETTE
A Mme DE POLIGNAC [1].

1787.

9 avril 1787.

Merci mon cher cœur, de votre lettre qui ma fait du bien. J'ettois bien inquiette pour vous, il est donc vrai que vous n'avez pas trop souffert du voyage; ménagez-vous, je le veux et vous le demande, et trouvez-vous bien de vos eaux sinon je me fâcherez de la privation que je serai imposée sans proffit pour votre santé. Je sens de près combien je vous aime, je le sens bien plus de loins. Je suis fort occuppé de vous et des votres; et vous seriez bien ingratte si vous ne m'aimiez pas, car je ne peu changer pour vous.

Ou vous êtes, vous pouvez jouir du moins de la douceur de ne point entendre parler d'affaires. Qu'oique dans le pays des chambres haute et basse, des oppositions et des motions, vous pouvez vous fermer les oreilles et laissez dire, mais icy, c'est un bruit assourdissant malgré que j'en ay. Ces mots d'opposition et de motion sont établis comme au parlement d'Angleterre avec cette différence que l'orsqu'on passe a Londres dans le parti de l'oppositions, on commence par se depouiller des graces

du roy, au lieu qu'icy beaucoup s'opposent a toutes les vues sages et bienfaisantes du plus vertueux des maitres, et gardent ses bienfaits. Cela est peut être plus habile, mais cela n'est pas si noble. Le temps des illusions est passé, et nous faisons des experiences bien cruels, nous payons cher aujourd'hui notre engouement et notre enthousiasme pour la guerre d'Amérique. La voix des honnêtes gens est étouffée par le nombre et la cabale. On abandonne le fond des choses pour s'attacher à des mots et multiplier la guerre aux personnes. Les séditieux entraîneront l'état dans sa perte plutôt que de renoncer à leurs intrigues. Mais en voilà trop sur tout cela dont je ne voulois point parler pour ne vous pas donner lieu de pleurer. Ah! mon cher cœur, oublions les sujets qui nous ont coûté des larmes, revenez bien vite, ne vous séparez plus de moi, vous s'ayez si l'éclat du rang fait le bonheur; quant tout change autour de moi, vous seule restez la même avec votre cœur, et vos douces vertus toute aimables; revenez, je suis bien triste, et votre tendre amitié peu seulle m'aider à supporter mes tristesses. Adieu, je vous embrasse de toute mon ame.

MARIE-ANTOINETTE.

[1] Nous reproduisons cette lettre autographe sans changer l'orthographe des mots.

Je n'ai écrit que pour vous seulle.

LETTRE AUTOGRAPHE DE MARIE-ANTOINETTE [1].

1789.

Ce 31 août.

Mme de Pienne a été si souvent au moment de partir, que je ne sais pas encore si c'est tout de bon mais il m'est impossible, mon cher cœur, de manquer une occasion de vous parler de toute mon amitié pour vous; ma santé est bonne, celle de mes enfans aussi. Je vois toutes vos lettres à Mme de M..., cela me fait plaisir. J'y vois au moins de votre écriture, et que vous m'aimez toujours; j'en ai grand besoin, car je suis bien triste et affligée depuis que ques jours; les affaires paraissent prendre une meilleure tournure, mais non pas, il ne faut se flatter de rien. Les méchans ont un si grand intérêt et tous les moyens de retourner et empêcher les choses les plus justes; mais ce nombre des mauvais esprits est diminué ou au moins tous les bons se réuniront ensemble de toutes les classes et de tous les ordres, c'est ce qui peut arriver de plus heureux.

J'ai écrit à votre cousine pour lui dire adieu, ainsi qu'à sa mère. J'ai pleuré de sa réponse. Je ne vous dis rien d'autre nouvelle, parce qu'en vérité, quand on est au point où nous en sommes, et surtout aussi éloignés l'un de l'autre, le moindre mot peut ou trop inquiéter ou trop rassu-

rer. Mais, comptez toujours que les adversités n ont pas diminué ma force et mon courage. Je ne perdrais rien, mais seulement elle me donnerait plus de prudence; c'est bien dans des momens comme ceux-ci que l'on apprend à connaître les hommes, et à voir ceux qui sont véritablement attachés ou non; je fais tous les jours des expériences sur cela, quelquefois cruelles, mais bien douces, car je retrouve tout *plain* de personnes vraiment et sincèrement attachées, auxquelles je ne pensois seulement pas.

Madame, j'ai été bien fâchée de savoir que vous étiez partie, mais soyez bien sûre que je ne vous oublierai jamais [2].

C'est la simple nature qui lui a dicté ces trois lignes. Cette pauvre petite entrait pendant que j'écrivais; je lui ai proposé d'écrire, et je l'ai laissée toute seule; aussi ce n'est pas arrangé. C'est son idée, et j'ai mieux aimé vous l'envoyer ainsi. Adieu, mon cher cœur, vous savez combien je vous aime et que jamais je ne peux changer.

Mille choses pour moi à votre mari, votre fille et Armand. Je les aime de tout mon cœur.

MARIE-ANTOINETTE.

[1] Cette lettre, écrite deux ans plus tard, ne contient qu'une seule faute d'orthographe.

[2] Ces trois lignes ont été écrites par sa fille, Marie-Thérèse, plus tard duchesse d'Angoulême.

COPIE D'UN MANUSCRIT
DE FRÉDÉRIC-LE-GRAND
TROUVÉ DANS LA BIBLIOTHÈQUE DU PALAIS DE SANS-SOUCI, A POTSDAM,
DANS L'ANNÉE 1806.

MATINÉES ROYALES
OU
INSTRUCTIONS SUR L'ART DE RÉGNER.

Lors de la campagne de 1806, un régiment de dragons fut logé à Potsdam, la veille de l'entrée de l'Empereur à Berlin. Deux officiers de ce régiment parcoururent tous les jardins qui avoisinent et entourent le Palais de Marbre; ils visitèrent les appartemens du Palais de Sans-Souci, et examinèrent dans la bibliothèque plusieurs livres curieux et tous les manuscrits. Un de ces manuscrits fut gardé par l'un des deux officiers; c'était celui des *Matinées Royales*, que nous publions aujourd'hui.

Dans la campagne de 1807, en Pologne, à Neidembourg, dans la Prusse orientale, ces deux officiers de dragons apprirent qu'un ancien général français s'y était retiré, après avoir fait toutes les campagnes du Grand Frédéric, et qu'il possédait plusieurs lettres autographes de ce souverain. L'écriture de ces lettres et celle du manuscrit des *Matinées Royales* furent confrontées, et il fut constaté que ce manuscrit était de la main du roi. C'est à l'un de ces deux officiers de dragons que nous devons communication de ce curieux document.

En lisant ces conseils du Grand Frédéric à son neveu, on y reconnaîtra l'exagération de l'esprit sceptique et railleur du XVIIIe siècle et la triste expérience d'un vieux roi; mais on tiendra compte aussi de ce que cet écrit avait de confidentiel et d'intime. Il est bien entendu que nous ne nous faisons en rien solidaires des doctrines que Frédéric-le-Grand trouvait bon de prêcher à son neveu en matière de politique et de religion.

PREMIÈRE MATINÉE.

ORIGINE DE NOTRE MAISON.

Dans le temps des désordres et de la confusion, on vit s'élever, au milieu des nations barbares, un commencement de souveraineté nouvelle.

Les gouvernemens des différens pays secouèrent le joug, et bientôt devenus assez puissans pour se faire craindre de leurs maîtres, ils obtinrent des priviléges dont ils abusèrent, ou, pour mieux dire, par la forme d'un genou à terre, ils emportèrent le fond.

Dans le nombre de ces audacieux, il y en a plusieurs qui ont jeté les fondemens des plus grandes monarchies et peut-être même, à bien compter, tous les empereurs, rois et princes souverains, leur doivent leurs états; pour nous, nous sommes à coup sûr dans ce cas.

Vous rougissez, fille! Je vous entends; mais ne vous avisez plus de faire l'enfant, et sachez pour toujours qu'en fait de royaume, on prend quand on peut, et l'on n'a jamais tort, que quand on est obligé de rendre.

Le premier de nos ancêtres qui acquit quelques droits de souveraineté dans les pays qu'il gouvernait, fut *Tasselon, comte de Hohenzollern*; le treizième de ses descendans fut Bourg-grave, de Nuremberg; le vingt-cinquième, électeur de Brandebourg; et le trente-septième, roi de Prusse; notre maison, comme toutes les autres, a eu ses Achilles, ses Cicérons, ses Nestors, ses imbéciles et ses fainéans; ses femmes savantes, ses marâtres, et, à coup sûr, ses femmes galantes; elle s'est enfin agrandie par ces droits qu'on ne connaît que chez les princes heureux qui sont les plus forts; car on voit dans l'ordre de nos successions ceux de convenance, d'expectative et de protection. Depuis Tasselon jusqu'au grand-électeur, nous n'avons fait que végéter. Nous avions dans l'empire cinquante princes qui ne nous cédaient en rien, et, à proprement parler, nous n'étions qu'une branche du grand lustre d'Allemagne.

Guillaume-le-Grand, par ses actions éclatantes, nous tira du néant; enfin, en 1700 (cela n'est pas bien vieux), la vanité mit sur la tête de mon grand-père une couronne, et c'est à cette époque que nous pouvons rapporter notre véritable existence, puisqu'elle nous a mis dans le cas de disposer en roi, de traiter en égal avec toutes les puissances du monde.

Si nous comptions les vertus de nos ancêtres, nous verrions aisément que ce n'est pas à ces avantages que notre maison doit son agrandissement; nous avons eu la plus grande partie des princes qui se sont mal conduits; mais c'est le hasard et les circonstances qui nous ont servis. Je vous ferai encore observer que notre premier diadème s'est posé sur une tête des plus vaines et des plus légères, et sur un corps tortu et bossu.

Je vois bien; mon cher neveu, que je vous laisse dans l'embarras sur notre origine : on prétend que ce comte de Hohenzollern était d'une grande maison, mais, dans le fond, personne ne s'est poussé avec moins de titres. Au reste, il y a long-temps que nous sommes nés bons gentils-hommes, ainsi tenons-nous en là.

DE LA POSITION DE MON ROYAUME.

Je ne suis pas des plus heureux de ce côté là; pour vous en convaincre, jettez les yeux sur la carte et vous verrez que la plus grande partie de mes états est divisée de manière à ne pouvoir pas se donner des secours mutuels ; je n'ai pas de grandes rivières qui traversent mes provinces; quelques-unes les cotoyent, mais peu les entre-coupent.

DU SOL DE MES ÉTATS.

Un grand tiers de mes états est en friche, un autre tiers est en bois, rivières ou marais. Le tiers qui est cultivé, ne rapporte ni vin, ni oliviers, ni mûriers. Tous les fruits et les légumes n'y viennent qu'à force de soins; mais fort peu au véritable point de perfection. J'ai seulement des cantons où le seigle et le froment ont quelque réputation.

DES MŒURS DES HABITANS.

Je ne saurais rien fixer sur ce point, parce que mes états sont de pièces rapportées; tout ce que je puis dire d'assez certain, c'est qu'en général tous mes sujets sont braves et durs, peu friands mais ivrognes; tyrans dans leurs terres et esclaves à mon service ; amans insipides et maris bourrus; d'un grand sang froid que je tiens au fond pour de la bêtise ; savans avec le droit, peu philosophes, moins poètes, et encore moins orateurs; affectant une grande simplicité dans la parure, mais se tenant pour bien mis avec une petite bourse aux cheveux et un grand chapeau, des manchettes d'une aulne, des bottes jusqu'à la ceinture, une petite canne, un habit très court et une veste très longue. Pour les femmes, elles sont toujours grosses ou nourrices; elles sont d'une grande douceur, aimant leurs ménages et assez fidèles à leurs maris. Quant aux

filles, elles jouissent du privilège à la mode; j'en suis si peu fâché, que j'ai cherché à excuser leurs faiblesses dans mes Mémoires. Il faut bien mettre ces pauvres créatures à leur aise, pour éviter qu'elles n'apprennent cette pratique infâme qui causerait un grand préjudice à l'état; et même, pour les encourager, j'ai soin de donner dans mes régimens la préférence aux fruits de leurs amours, et s'ils doivent le jour à des officiers, je les fais porte-enseignes ou officiers avant leur tour.

SECONDE MATINÉE.

DE LA RELIGION.

La religion est absolument nécessaire dans un état; c'est une maxime qu'il serait fou de vouloir disputer. Un roi est très maladroit quand il permet que ses sujets en abusent; mais aussi un roi n'est pas sage d'en avoir. Écoutez bien ceci, mon cher neveu, il n'y a rien qui tyrannise tant l'esprit et le cœur que la religion, parce qu'elle ne s'accorde ni avec nos passions, ni avec les grandes vues politiques qu'on doit avoir; la vraie religion d'un prince, c'est son propre intérêt et sa gloire ; il doit être dispensé par état d'en connaître d'autre. Il peut cependant conserver un extérieur passager pour amuser ceux qui l'observent et l'entourent.

S'il craint Dieu, ou, pour parler comme les femmes et les prêtres, s'il craint l'enfer comme Louis XIV dans sa vieillesse, il devient timide et puéril, il est digne d'être capucin. Est-il question de profiter d'un moment favorable pour s'emparer d'une province ? une armée de diables se présente à nos yeux pour la défendre; nous sommes assez faibles pour croire que c'est une injustice, et nous proportionnons nous-mêmes le châtiment à notre crime. Voulons-nous faire un traité avec d'autres puissances ? si nous nous souvenons que nous sommes chrétiens, tout est perdu, nous serons toujours dupes. Pour la guerre, c'est un métier où le plus petit scrupule gâterait tout. En effet, quel est l'honnête homme qui voudrait la faire, si l'on n'avait pas le droit de faire des règles qui permettent le pillage, le feu et le carnage?

Je ne dis pas pourtant qu'il faille afficher l'impiété et l'athéisme, mais il faut penser selon le rang que l'on occupe. Tous les papes qui ont eu le sens commun, ont eu des principes propres à leur agrandissement. Ce serait le comble de la folie, si un prince s'attachait à de petites misères qui ne sont faites que pour le peuple. D'ailleurs le meilleur moyen d'écarter le fanatisme de ses états, c'est d'être de la plus froide indifférence sur la religion. Croyez-moi, mon cher neveu, la Sainte-Mère a ses caprices comme une femme, elle est toujours inconstante. Attachez-vous à la vraie philosophie: elle est consolante, lumineuse, forte et inépuisable comme la nature, et bientôt vous verrez qu'il n'y aura dans votre royaume, aucune dispute de conséquence sur la religion, car les partis ne se forment que sur la faiblesse des princes ou de leurs ministres. Une réflexion bien importante que j'ai à vous faire, c'est que vos ancêtres ont opéré de la façon la plus sensée dans cette partie, ils ont fait une réforme qui leur a donné un air d'apôtres en remplissant leur bourse. C'est sans contredit le changement le plus raisonnable qui soit jamais arrivé dans cette espèce; mais puisqu'il n'y a plus rien à gagner et qu'il serait dangereux dans ce moment-ci de marcher sur leurs traces, il faut s'en tenir à la tolérance. Retenez-bien ceci, mon cher neveu, et dites toujours comme moi : « Que l'on prie Dieu dans mon royaume comme l'on veut, et que l'on y fasse l'amour comme l'on peut. » Car, pour peu que vous négligiez cette maxime, tout est perdu dans vos états, et voici pourquoi : mon royaume est composé de plusieurs sectes; dans certaines provinces les réformés sont en possession de toutes les charges; dans d'autres, les luthériens ont les mêmes avantages. Il y en a où les catholiques dominent au point que le roi n'y peut envoyer qu'un ou deux députés protestans. Voyez Rome ! avec quelle insolente rapidité, elle s'arroge le droit de commander aux monarques. Quant aux juifs, ce sont de pauvres petits fripons errans; mais qui, dans le fond, n'ont point autant de torts qu'on leur en impute. Rebutés, haïs, persécutés, presque partout, ils payent assez exactement ceux qui les souffrent et se vengent en dupant les sots qui se rencontrent sur leur route.

Comme nos aïeux se firent chrétiens dans le IX⁰ siècle pour plaire aux empereurs; luthériens dans le XV⁰ pour prendre le bien de l'église, et réformés dans le XVI⁰ pour plaire aux hollandais à cause de la succession de Clèves, nous pourrions bien nous rendre indifférens pour maintenir la tranquillité dans nos états.

Mon père avait un excellent projet, mais qui ne lui réussit pas; il avait engagé le président Laen à lui faire un petit traité de religion pour réunir les trois sectes et n'en faire qu'une. Le président parlait mal du pape, traitait saint Joseph de bonhomme, prenait le chien de saint Roch par la queue et tirait le cochon de saint Antoine par les oreilles; il ne croyait pas à la chaste Suzanne, il regardait saint Bernard et saint Dominique comme des courtisans aussi fourbes que déliés. Les onze mille vierges n'avaient pas plus de crédit sur son esprit que tous les saints et les martyrs de la famille de Loyola. A l'égard des luthériens, il en faisait son point d'appui, et voulait que les catholiques devinssent un peu infidèles à la cour de Rome; mais il prétendait que les luthériens cessassent d'être si subtils dans la dispute.

Il prétendait que, quelques distinctions ôtées, il était sûr qu'on les trouverait très près les uns des autres; il croyait qu'il y aurait plus de peine à rapprocher les calvinistes, parce qu'ils avaient plus de titres que les luthériens; Si cette brochure avait été goûtée, on aurait fait tous ses efforts pour exécuter le projet qu'on avait formé. Pour moi, je ne l'ai point abandonné, mon cher neveu, et je me flatte de vous en faciliter l'exécution. Il faut être utile à tout le genre humain, en les rendant tous frères et en leur faisant une loi douce et facile, de vivre ensemble comme amis et comme parens, en leur inculquant la nécessité absolue de vivre et de mourir en paix, et de faire leur unique bonheur des vertus sociales. Ces maximes, une fois germées dans le cœur des enfans, l'univers ne fera plus qu'une seule famille, et le siècle d'or, si vanté, n'approchera pas d'une félicité telle que je la souhaite ardemment, et dont on jouira sans altération. Voici ce que je fais pour parvenir à ce grand dessein: je tâche de faire répandre, dans tout ce que l'on écrit dans mon royaume, un mépris pour tout ce qui est réformateur, et je ne perds pas la plus petite occasion de développer les vues ambitieuses de la cour de Rome, des prêtres et surtout des ministres; peu à peu j'accoutumerai mes sujets à penser comme moi, et je les détacherai de tous les préjugés,

TROISIÈME MATINÉE.

DE LA JUSTICE.

Nous devons à nos sujets la justice, comme ils nous doivent le respect; j'entends par-là, mon cher neveu, qu'il faut rendre la justice aux hommes et surtout à nos sujets, lorsqu'elle ne renverse pas nos droits ou qu'elle ne blesse pas notre autorité; car il ne doit y avoir aucune égalité entre le droit du monarque et le droit du sujet ou de l'esclave; mais il faut être juste et ferme, lorsqu'il est question de juger ou d'établir le droit entre un sujet quelconque et un autre sujet. C'est un acte qui, seul, peut nous faire adorer; mais il faut bien prendre garde de nous laisser subjuguer par elle. Représentez-vous Charles Iᵉʳ conduit sur l'échafaud par cette justice que le peuple implore et réclame à grands cris. Je suis né trop ambitieux pour vouloir qu'il y ait quelqu'ordre dans mes états qui me gêne, et, très certainement c'est ce qui m'a obligé à faire un nouveau code. Je sais bien que j'ai mis la bonne dame en pet-en-l'air, mais je craignais ses yeux, parce que je connais le poids qu'elle a parmi le peuple, et je savais que les princes adroits, en satisfaisant leur ambition, peuvent souvent se faire adorer.

La plus grande partie de mes sujets a cru que j'étais touché des maux qu'entraîne après soi la chicane. Hélas! je vous avoue et j'en rougis quelquefois, que, bien loin de l'avoir eu en vue, je regrette les petits avantages qu'elle me procurait; car les droits établis sur la procédure et sur le papier timbré ont diminué nos revenus de plus de 500,000 livres. Ne vous laissez pas éblouir, mon cher neveu, par ce mot de justice; c'est un mot qui a différens rapports et qui peut être expliqué de différentes manières. Voici le sens que je lui donne : la justice est l'image de Dieu. Qui peut-donc atteindre à une si haute perfection? N'est-on pas même raisonnable quand on se désiste du projet insensé de la posséder entièrement? Voyez tous les pays du monde et examinez bien si on la rend dans deux royaumes de la même façon. Consultez, après cela, les principes qui conduisent les hommes et voyez s'ils s'accordent. Qu'y a-t-il donc d'extraordinaire qu'un homme veuille être juste à sa manière? Quand j'ai voulu jeter les yeux sur les tribunaux de mon royaume j'ai trouvé une armée immense de légistes, tous censés honnêtes gens, mais tous soupçonnés de l'être fort peu. Chaque tribunal avait son supérieur, moi-même j'avais le mien, car on formait opposition aux jugemens donnés par mes ordres; je ne m'en fâchai pas parce que c'était l'usage.

En examinant les progrès que la justice faisait dans mes états, ou, pour mieux dire, en voyant chaque jour la chicane s'accroître et s'emparer du bien de tous mes sujets, je fus effrayé de ces tortueux et immenses labyrinthes où se perdaient et s'engloutissaient tout vivans des milliers de mes sujets; mais ce qui me donnait plus d'inquiétude, c'était cette marche sûre et constante qu'ont les gens de loi; cet esprit de liberté inséparable de leurs principes, cette façon adroite de trouver leurs avantages et d'écraser leurs ennemis sous l'apparence de l'équité la plus sévère. Je me repassais dans ma mémoire tous ces actes pleins de vigueur, mais souvent bien bizarres, du parlement d'Angleterre et de celui de Paris, et j'admirais quelquefois qu'ils étaient bien honteux pour la majesté du trône. C'est au milieu de toutes ces réflexions que je me déterminai à saper le fondement de cette grande puissance; ce n'est qu'en la simplifiant le plus que j'ai pu, que je l'ai réduite au point où je la désirais. Vous serez peut-être surpris, mon cher neveu, que des gens qui ne parlent jamais qu'avec respect de la personne sacrée d'un roi soient les seuls en état de lui faire la loi. C'est précisément par les mêmes raisons qu'il ne leur est pas difficile d'arrêter notre puissance. On ne saurait les soupçonner de violence puisqu'ils n'ont point d'armes, ni de manque de respect puisqu'ils nous parlent toujours avec la plus grande décence, et nos sujets sont bien vite entraînés par leur éloquence ferme qui semble ne se produire que pour leur bonheur et pour notre gloire. J'ai souvent réfléchi sur les avantages que procure à un royaume un corps qui représente la nation et qui est dépositaire des lois. Je crois même qu'un roi est plus sûr de sa couronne, lorsqu'il la lui donne ou la lui conserve; mais il faut être homme de bien et rempli de nos principes, pour permettre qu'on pèse tous les jours nos actions; quand on a de l'ambition, il faut y renoncer. Je n'aurais jamais rien fait si j'avais été gêné; peut-être passerais-je pour un roi juste, mais on me refuserait le titre de héros.

Le monarque est plus souvent exposé aux vicissitudes de la fortune que le despote; mais il faut aussi que le despote soit actif, éclairé et ferme; il faut plus de vertus pour briller dans l'état de despote que dans l'état monarchique. Le courtisan adule le monarque, caresse ses vices et le trompe. L'esclave se prosterne devant le despote, s'avilit et l'éclaire; Il est donc plus utile à un grand homme de régner en despote, mais plus affligeant à un peuple de vivre sous ce gouvernement

QUATRIÈME MATINÉE.

DE LA POLITIQUE.

Comme on est convenu parmi les hommes que duper son semblable était une action lâche et criminelle, on a été chercher un terme qui adoucît la chose, et c'est le mot politique qu'on a choisi. Infailliblement ce mot n'a été employé qu'en faveur des souverains, parce que décemment on ne peut nous traiter de coquins et de fripons. Quoi qu'il en soit, voici ce que je pense de la politique: J'entends, mon cher neveu, par le mot politique, qu'il faut chercher à duper les autres; c'est le moyen d'avoir de l'avantage ou au moins d'être au pair avec tous les hommes; car soyez bien persuadé que tous les états du monde courent la même carrière, et que c'est le but caché où tout le monde vise, grands ou petits. Or, ce principe posé, ne rougissez plus de faire des alliances dans la vue d'en tirer vous seul tout l'avantage. Ne faites pas la faute grossière de ne pas les abandonner, quand vous croirez qu'il y va de votre intérêt, et surtout soutenez vivement cette maxime que, dépouiller ses voisins, c'est leur ôter les moyens de nous nuire. A proprement parler, la politique construit et conserve les royaumes; ainsi, mon cher neveu, il faut bien l'entendre et la concevoir dans le plus grand jour. Pour cet effet, nous la divisons en politique d'état et en politique particulière. La première ne regarde que les grands intérêts du royaume, la seconde les intérêts particuliers des princes.

DE LA POLITIQUE PARTICULIÈRE.

Un prince ne doit se montrer que des bons côtés, et c'est à quoi il faut vous appliquer très sérieusement. Quand j'étais prince royal, j'étais fort peu militaire; j'aimais mes commodités, la bonne chère, le vin, et j'étais souvent à deux mains pour l'amour. Quand je fus roi, je parus soldat, philosophe et poète; je couchai sur la paille, je mangeai du pain de munition à la tête de mon camp, je parus mépriser les femmes. Voici comme je me conduis dans mes actions. Dans mes voyages, je marche toujours sans gardes, et je vais nuit et jour; ma suite est très peu nombreuse et bien choisie; ma voiture est toute unie, mais elle est bien suspendue, et j'y dors aussi bien que dans un lit. Je parais faire peu d'attention à la façon de vivre: un laquais, un cuisinier, un pâtissier, sont tout l'équipage de ma bouche; j'ordonne moi-même mon dîner, et ce n'est pas ce que je fais de plus mal, parce que je connais le pays, et que je demande, soit en gibier, poisson et viande de boucherie, ce qu'il produit de meilleur. Quand j'arrive dans un endroit, j'ai toujours l'air fatigué, et je me montre au public avec un fort mauvais surtout et une perruque mal peignée. Ce sont des riens qui font souvent une impression singulière. Je donne audience à tout le monde, excepté aux prêtres, ministres et moines; comme ces Messieurs sont accoutumés à parler de loin, je les écoute de ma fenêtre; un page les reçoit, je leur fait mon compliment à la porte. Dans tout ce que je fais, j'ai toujours l'air de ne penser qu'au bonheur de mes sujets; je fais des questions aux nobles, aux bourgeois et aux artisans; j'entre avec eux dans les plus grands détails.

Vous avez entendu aussi bien que moi, mon cher neveu, les propos flatteurs de ces bonnes gens. Rappelez-vous celui qui disait qu'il fallait que je fusse bien bon pour me donner autant de peine, après avoir fait une guerre aussi longue; et souvenez-vous de celui qui me plaignait de tout son cœur en voyant mon mauvais surtout et les petits plats qu'on servait sur ma table. Le pauvre homme ne savait pas que j'avais un bon habit dessous, et croyait qu'on ne pouvait pas vivre, si on n'avait un jambon ou un quartier de veau à son dîner.

A LA REVUE DE MES TROUPES.

Avant de passer un régiment en revue, j'ai l'attention de lire les noms de tous les officiers et de tous les sergens, et j'en retiens trois ou quatre, avec les noms des compagnies où ils se trouvent. Je me fais informer de tous les petits abus qui se commettent par mes capitaines, et je permets à tous les soldats de se plaindre. L'heure de la revue arrivée, je pars de chez moi, bientôt la populace m'entoure ; je ne permets pas qu'on l'écarte, et je cause avec celui qui est près de moi; et qui me répond le mieux.

Arrivé au régiment, je le fais manœuvrer, je passe lentement dans tous les rangs et je parle à tous les capitaines. Lorsque je suis vis-à-vis de ceux dont j'ai retenu les noms, je les nomme ainsi que les lieutenans et les sergens; cela me donne un air singulier de mémoire et de réflexion; vous avez vu, mon cher neveu, la façon dont j'humiliai ce major, qui donnait des chemises trop courtes à sa compagnie; je fis tant qu'un soldat eut la hardiesse d'ôter sa chemise de sa culotte. Si un régiment manœuvre mal, j'ai une façon de l'en punir; j'ordonne qu'on fasse l'exercice quinze jours de plus, et je ne fais manger aucun officier à ma table ; s'il manœuvre bien, je fais manger avec moi tous les capitaines et même quelques lieutenans.

En passant ainsi la revue de mes troupes, je les connais à fond, et quand je trouve quelques officiers qui me répondent avec fermeté et netteté, je les mets dans mon catalogue, afin de m'en servir dans l'occasion.

Jusqu'à présent, tout le monde a cru que l'amour seul que j'ai pour mes sujets, m'engage à visiter mes états aussi souvent qu'il m'est possible; je laisse tout le monde dans cette idée; mais le vrai de ce motif entre pour peu; le fait est que je suis obligé de le faire, et voici pourquoi: Mon royaume est despotique, par conséquent celui qui le possède en a seul la charge; si je ne parcourais pas mes états, mes gouverneurs se mettraient à ma place, et peu à peu se dépouilleraient des principes de l'obéissance pour n'adopter que des principes d'indépendance.

D'ailleurs, comme mes ordres ne peuvent être que fiers et absolus, ceux qui me représentent prendraient le même ton de la tyrannie; au lieu qu'en visitant mon royaume, je suis à portée de connaître tous les abus qu'on fait des pouvoirs que j'ai confiés, et de faire rester dans le devoir ceux qui pourraient s'en écarter. Ajoutez à ces raisons celle de faire croire à mes sujets que je viens dans leurs foyers pour recevoir leurs plaintes et calmer leurs maux.

DES BELLES-LETTRES.

J'ai fait tout ce que j'ai pu pour m'établir une réputation dans les belles-lettres, et j'ai été plus heureux que le cardinal de Richelieu, car, Dieu merci ! je passe pour auteur ; mais, entre nous, c'est une maudite race que celle des beaux esprits; c'est un peuple insupportable par sa vanité, orgueilleux, méprisant les grands, mais avide de grandeurs; tyrans dans leurs opinions, ennemis implacables, amis inconstans, durs dans leur commerce, souvent adulateurs et satyriques en un même jour.

Il y a tel poète qui refuserait mon royaume, s'il était obligé de me sacrifier deux de ses beaux vers. Ce sont pourtant des hommes nécessaires à un prince qui veut régner despotiquement et qui aime la gloire ; ils distribuent les honneurs ; sans eux on n'acquiert aucune solide réputation. Il faut donc les caresser par besoin et les récompenser par politique. Comme c'est un métier qui nous éloigne des occupations dignes du trône, je ne compose que quand je n'ai rien de mieux à faire ; et, pour me donner un peu plus d'aisance, j'ai à ma cour quelques beaux esprits qui prennent soin de rédiger mes idées. Vous avez vu avec quelle distinction j'ai traité d'Alembert dans son dernier voyage : je l'ai toujours fait manger avec moi et je n'ai fait que le louer. Vous avez paru surpris des grandes attentions que j'avais pour cet auteur ; vous ne savez donc pas que ce philosophe est écouté à Paris comme un oracle, qu'il ne parle jamais que de mes talens et de mes vertus, et qu'il soutient partout que j'ai tout le caractère d'un roi héros et d'un grand roi? D'ailleurs, c'est une douceur pour moi de m'entendre louer avec esprit et délicatesse, et, à vous dire vrai, il s'en faut bien que je sois insensible aux louanges; je sens bien que toutes mes actions ne doivent point m'en rapporter ; mais d'Alembert est si doux ! Quand il est assis près de moi, il n'ouvre jamais la bouche que pour me dire des choses obligeantes.

Voltaire n'était point de ce caractère là; aussi l'ai-je chassé. Je m'en suis fait un mérite auprès de Maupertuis, mais, dans le fond, je le craignais, parce que je n'étais pas sûr de lui faire tous les jours le même bien, et je savais parfaitement qu'un écu de moins m'aurait attiré deux mille coups de patte. D'ailleurs, tout bien considéré, et après avoir pris l'avis de mon académie, il fut décidé que deux beaux esprits ne pouvaient jamais respirer le même air. J'oubliais de vous dire qu'au milieu de mes plus grands malheurs, j'ai eu soin de faire payer aux beaux esprits leurs pensions. Ces philosophes font de la guerre la folie la plus affreuse, lorsqu'elle touche à leur bourse.

DANS LES PETITS DÉTAILS.

Voulez-vous apprendre à contenter tout le monde à peu de frais ? Voici le secret : Qu'il soit permis à tous vos sujets de vous écrire directement et de vous parler. Lorsqu'on le fera, répondez ou écoutez. Mais voici le style dont il faut que vous fassiez usage : « Si ce que vous me marquez est vrai, je vous rendrai justice; mais comptez » aussi sur le zèle que j'ai à punir la calomnie et le mensonge. »

Je suis votre roi,

FRÉDÉRIC.

Si l'on vient pour se plaindre, écoutez avec attention, ou d'un air qui en suppose ; que votre réponse soit ferme et laconique. Deux lettres dans ce goût, et deux réponses faites ainsi, vous éviteront l'ennui des plaintes, et vous donneront, dans vos états et encore plus dans les cours étrangères, un air de simplicité et de détail, qui fait la réputation des rois.

Je sais, mon cher neveu, que pour deux pareilles lettres qui existent dans tous les pays, que les Français ont pris en 1757, j'ai passé pour le roi le plus populaire et le plus équitable.

DANS L'HABILLEMENT.

Si mon grand-père avait vécu vingt ans de plus, nous étions perdus, parce que le jour de sa naissance aurait ruiné le royaume ; je ne porte jamais que mon habit uniforme ; le militaire croit que c'est par le cas que je fais de son état, je le laisse dans cette idée ; mais , dans le fait, c'est pour prêcher d'exemple. Mon père a très bien fait d'adopter l'habit bleu pour les galas. Quand on n'est pas riche et qu'on veut bien se mettre, il faut éviter les demi-galons. Il faut laisser la broderie et les placards aux princes oisifs et mous qui vivent dans les plaisirs, les bals et la débauche. C'est une nécessité pour des hommes frivoles de s'étudier à se parer tous les jours d'un goût nouveau et recherché pour plaire aux femmes, dont ils font leur unique occupation.

DANS LES PLAISIRS.

L'amour est un dieu qui ne pardonne à personne. Quand on résiste aux traits qu'il lance de bonne guerre, il se retourne ; ainsi, croyez-moi, n'ayez pas la vanité de vouloir lui faire tête, il vous attraperait toujours. Quoique je n'aie pas à me plaindre du tour qu'il m'a joué, je vous conseille de ne pas suivre mon exemple, cela pourrait, par la suite, avoir de grandes conséquences, car, peu à peu, vos gouverneurs et vos officiers recruteraient plus pour leurs plaisirs que pour votre gloire, et finalement votre armée serait comme le régiment de votre oncle Henry.

J'aurais aimé la chasse, mais le compte du grand veneur de votre bisaïeul m'en a corrigé. Mon père m'a dit cent fois qu'il n'y avait que deux rois en Europe qui fussent assez riches pour forcer des cerfs, parce qu'il est indécent de chasser en gentilhomme, quand on a une couronne sur la tête.

La nature m'a donné des penchans assez doux ; j'aime la bonne chère, le vin, le café et les liqueurs ; cependant mes sujets croient que je suis le roi du Nord le plus sobre. Quand je mange en public, mon cuisinier allemand fait mon dîner ; je bois de la bière et deux ou trois verres de vin ; quand je suis dans mes petits appartemens, mon cuisinier français fait tout ce qu'il peut pour me contenter, et j'avoue que je suis un peu difficile. Je suis près de mon lit, et c'est ce qui me rassure, surtout si je bois. Les philosophes ont beau dire, les sens méritent bien qu'on leur donne deux heures par jour ; car, dans le fait, que serait notre existence sans eux ?

Je joue avec plaisir, mais je n'ai jamais pu m'accoutumer à perdre. D'ailleurs le jeu est le miroir de l'ame, ce qui ne fait pas tout à fait mon compte, parce que je ne suis pas curieux qu'on lise dans la mienne. Ainsi, mon cher neveu, examinez-vous bien, et si vous n'avez pas un penchant bien décidé pour le gain, vous pouvez jouer.

J'aime beaucoup le spectacle et surtout la musique ; mais je trouve qu'un opéra est bien cher, et le plaisir que je goûte à entendre un violon ou une belle voix serait bien plus vif, s'il ne coûtait tant d'argent. Comme personne ne se fait illusion sur cette dépense, j'ai fait tout mon possible pour prouver qu'elle était utile et nécessaire ; mais les vieux généraux n'ont jamais voulu convenir qu'une chanteuse ou un virtuose devait avoir les mêmes appointemens qu'eux.

Je vous fais connaître ici, mon cher neveu, l'homme à mes dépens. Croyez qu'il est toujours livré à ses passions, que l'amour-propre fait toute sa gloire, et que toutes ses vertus ne sont appuyées que sur son intérêt et sur son ambition.

Voulez-vous passer pour héros ? approchez hardiment du crime. Voulez-vous passer pour sage ? contrefaites-vous avec art.

CINQUIÈME MATINÉE.

DE LA POLITIQUE D'ÉTAT.

La politique d'état se réduit à trois principes : le premier à se conserver, et, suivant les circonstances, à s'aggrandir ; le second à ne s'allier que pour son avantage, et le troisième à se faire craindre et respecter même dans les temps les plus fâcheux.

PREMIER PRINCIPE.

En montant sur le trône je visitai les coffres de mon père ; sa grande économie me mit dans le cas de concevoir de grands projets. Quelque temps après je fis la revue de mes troupes, je les trouvai superbes. Après cette revue je retournai à mes coffres et je trouvai de quoi doubler mon militaire. Comme je venais de doubler ma puissance, il était naturel que je ne me bornasse pas à conserver ce que j'avais ; ainsi je fus bientôt décidé à profiter de la première occasion qui se présenterait. En attendant, j'exerçai bien mes troupes et je fis tous mes efforts pour que toute l'Europe eût les yeux attachés à mes manœuvres. Je les renouvelai chaque année afin de paraître plus savant, et finalement je parvins à mon but. Je tournai la tête à toutes les puissances ; tout le monde se crut perdu si l'on ne savait pas remuer les bras, les pieds et la tête à la prussienne ; tous mes soldats se crurent valoir deux fois plus, quand ils virent qu'on les imitait partout.

Lorsque mes troupes eurent ainsi acquis un avantage sur toutes les autres, je ne fus plus occupé qu'à examiner les prétentions que je pourrais former sur différentes provinces. Quatre points principaux s'offrirent à mes yeux, la Silésie, la Prusse polonaise, la Gueldre hollandaise et la Poméranie suédoise.

Je me fixai à la Silésie, parce que cet objet méritait plus que tous les autres mon attention, et que les circonstances m'étaient plus favorables. Je laissai au temps le soin d'exécuter mes projets sur les autres points. Je ne vous démontrerai pas la validité de mes prétentions sur cette province ; je les ai fait établir par mes orateurs ; l'impératrice me les a fait combattre par les siens, et nous avons fini le procès à coups de canon, de sabre et de fusil.

Mais pour revenir aux circonstances, voici comme elles se présentèrent : la France voulait ôter l'empire à la Maison d'Autriche, je ne demandais pas mieux. La France voulait faire en Italie un état à l'infante, j'en étais charmé parce qu'on ne pouvait le faire qu'aux dépens de la reine.

La France enfin conçut le noble projet d'aller aux portes de Vienne ; c'est où je l'attendais pour m'emparer de la Silésie. Ayez donc, mon cher neveu, de l'argent, donnez un air de supériorité à vos troupes, attendez les circonstances, et vous serez assuré, non pas de conserver vos états, mais de les agrandir. Il y a de mauvais politiques qui prétendent qu'un état qui est arrivé à un certain point ne doit plus penser à s'agrandir, parce que le système de l'équilibre a presque fixé à chaque puissance son coin. Je conviens que l'ambition de Louis XIV faillit coûter cher à la France, et je sais toute l'inquiétude que la mienne m'a donnée. Mais je sais aussi que la France, dans ses plus grands malheurs, donna une couronne et conserva les provinces qu'elle avait conquises, et vous venez de voir qu'au milieu de la tempête furieuse qui me menaçait, je n'ai rien perdu. Ainsi tout dépend de la circonstance et du courage de celui qui entreprend.

Vous ne sauriez croire, mon cher neveu, combien il est important à un roi et à un état de s'écarter des routes ordinaires et ce n'est que par le merveilleux qu'on en impose et qu'on se fait un nom. L'équilibre est un mot qui a subjugué le monde entier, parce qu'on a cru qu'il assurait une possession constante, mais dans le vrai ce n'est qu'un mot, car l'Europe est une famille où il y a de trop mauvais frères. Je dis plus, mon cher neveu, c'est en méprisant ce système que l'on va au grand. Voyez les Anglais, ils ont enchaîné la mer. Ce fier élément n'ose plus porter de vaisseaux sans leur permission.

Il résulte delà qu'il faut toujours tenter et être bien persuadé que tout nous convient, mais il faut seulement prendre garde de ne pas afficher avec trop de vanité ses prétentions, et surtout nourrissez deux ou trois hommes éloquens à votre cour et laissez leur le soin de vous justifier.

SECOND PRINCIPE.

S'allier pour son avantage est une maxime d'état et il n'y a point de puissances qui soient autorisées à la négliger. De là suit cette conséquence qu'il faut rompre son alliance lorsqu'elle est préjudiciable. Dans ma première guerre avec la reine, j'abandonnai les Français à Prague, parce que je gagnais la Silésie au marché. Quand je les aurais conduits à Vienne, ils ne m'en auraient jamais donné autant. Quelques années après, je renouai avec la France, parce que j'avais envie de tenter la conquête de la Bohême et que je voulais ménager cette puissance pour le besoin. J'ai depuis négligé cette nation, pour m'approcher de celle qui m'offrait le plus. Quand la Prusse, mon cher neveu, aura fait sa fortune, elle pourra se donner un air de bonne foi et de constance, qui ne convient tout au plus qu'aux grands

états et aux petits souverains. Je vous ai dit, mon cher neveu, que qui dit politique, dit presque coquinerie, et cela est vrai. Cependant, vous trouverez sur cela des gens de bonne foi qui se sont fait des systèmes de probité. Ainsi vous pouvez tout hasarder avec vos ambassadeurs. J'en ai trouvé qui m'ont servi sur les deux toits et qui pour découvrir un mystère auraient fouillé dans les poches d'un roi. Attachez-vous surtout à ceux qui ont le talent de s'exprimer en phrases vagues, louches ou renversées. Vous ne ferez pas mal d'avoir des médecins et des serruriers politiques; ils pourront vous être d'une grande utilité. Je connais par expérience tous les avantages qu'on peut en tirer.

TROISIÈME PRINCIPE.

Se faire respecter et se faire craindre de ses voisins, c'est le comble de la grande politique; l'on peut parvenir à son but par deux moyens : le premier est d'avoir une force réelle, des ressources véritables : le second est de savoir bien employer ce que l'on a ; nous ne sommes pas dans le premier cas, voilà pourquoi je n'ai rien négligé pour être dans le second.

Il y a des puissances qui s'imaginent qu'une ambassade doit toujours se faire avec éclat; M. de Richelieu à Vienne ne servait cependant qu'à donner des travers aux Français, parce que les Autrichiens crurent toute la nation aussi musquée que celui qui la représentait.

Pour moi, je soutiens que c'est plus dans la façon noble dont l'ambassadeur fait parler son maître, que dans l'étalage de quelques équipages, qu'on trouve la véritable considération; c'est pour cela que je ne veux plus avoir d'ambassadeurs mais bien des envoyés. D'ailleurs, le premier poste est trop difficile à remplir parce qu'il faut un homme de très grande considération, très riche, et qui entende parfaitement la politique; au lieu que, pour celui d'envoyé, le dernier avantage suffit; en adoptant ce système, vous épargnerez chaque année des sommes considérables et vous n'en ferez pas moins vos affaires.

Il y a cependant des occasions, mon cher neveu, où il faut représenter avec magnificence, comme lorsqu'il est question de faire une alliance ou de s'unir par le sang. Mais ces ambassades doivent toujours être regardées comme extraordinaires pour en imposer à vos voisins Jetez dans vos actions le plus d'éclat que vous pourrez, et surtout que personne n'arrive dans votre royaume que pour louer ce que vous ferez. Ne demandez jamais faiblement, paraissez plutôt exiger. Si l'on vous manque, réservez votre vengeance jusqu'au moment où vous pourrez avoir une satisfaction des plus complètes, et surtout ne craignez pas les représailles; votre gloire n'en souffrira pas; tant pis pour vos sujets, sur qui cela tombera. Mais voici le vrai point : il faut que tous vos voisins soient persuadés que vous ne doutez de rien et que rien ne peut vous étonner. Tâchez surtout de passer dans leur esprit pour une tête dangereuse qui ne connaît d'autres principes que ceux qui conduisent à la gloire. Faites en sorte qu'ils soient convaincus que vous aimeriez mieux perdre deux royaumes que de ne pas jouer un rôle dans la postérité. Comme ces sentimens demandent des ames peu communes, ils frappent, ils étourdissent la plupart des hommes, et c'est ce qui constitue dans le monde le plus grand monarque.

Quand un étranger viendra à votre cour, comblez-le d'honnêtetés, et surtout tâchez de l'avoir toujours auprès de vous ; c'est le moyen sûr de lui cacher les vices de votre gouvernement ; si c'est un militaire, faites manœuvrer devant lui le régiment des gardes, et que ce soit vous qui le commandiez. Si c'est un bel esprit qui ait composé un ouvrage, qu'il l'aperçoive sur votre table, et parlez lui de ses talens ; si c'est un commerçant, écoutez-le avec bonté, caressez le et tâchez de le fixer chez vous.

COPIE D'UNE LETTRE AUTOGRAPHE

DE BARNAVE (ANTOINE-PIERRE-JOSEPH-MARIE)

NÉ A GRENOBLE EN 1761, MORT A PARIS EN 1793

A M. BOISSY-D'ANGLAS.

Bourgoin, 4 novembre 1793.

Je ne sçais, Citoyen, si vous avés appris que je vais à Paris. Comme je voyage par étape, je n'y serai que dans environ trois semaines, dans les derniers jours de ce mois. Ma mère ira plus vite, et quoiqu'elle ne soit pas encore partie, elle arrivera dix ou douze jours avant moi.

Homme vertueux qui, n'ayant été qu'une simple connaissance et ne m'ayant point recherché quand j'étois dans l'éclat et dans la prospérité, êtes devenu mon ami quand j'ai été malheureux, je conserverai jusqu'au dernier moment le souvenir des sentimens que vous m'avés témoigné. Ma conscience est pure, je défie qu'on prouve contre moi un seul fait dont j'aie à rougir. Mes papiers, saisis chez moi lors de mon arrestation, me sont favorables, à moins que ce ne soit un crime d'avoir été attaché à l'ordre de choses qui étoit alors la loi de l'état. Mais j'ai contre moi mon nom et les préventions qui y sont attachées. Si elles sont plus fortes que la vérité, ma conduite vous prouvera du moins que vous n'aviés pas mal placé votre estime, et si je vous laisse des regrets je ne vous laisserai point de repentir.

J'ai recommandé à ma mère de vous voir, si elle le peut, sans vous compromettre ; devenés son ami dans un temps plus calme ; elle en est digne en tout point, et si les choses tournoient contre ses vœux, elle auroit un besoin extrême de consolations.

J'espère que je n'envelopperai personne dans mon malheur ; il y a quelques brouillards ou progets de lettres de moi à deux de mes amis, elles prouvent les vœux sincères que je formois pour le bonheur de mon pays. Mais ce qui étoit alors patriotisme est presque crime aujourd'hui. Il ne s'est rien trouvé d'eux. Je ne me dissimule point la force des préventions que je vais avoir à combattre. Je regarde mon sort comme à peu près fixé d'avance ; mais je crois devoir à moi-même de ne rien omettre pour le surmonter, et ne fut-ce que pour laisser après moi une mémoire honorable, je donnerai tous mes soins à ma justification. Si vous écrivés à mon ami, instruisés-le de mon voyage. Je ne pense pas qu'il y ait plus rien à faire pour attirer mon affaire à la Convention, mais enfin il jugera s'il y a encor possibilité. Je desirerois donc qu'il sçut ce que je vous écris le plutôt possible.

Adieu m. ch. e.

BARNAVE.

INSTRUCTIONS

LAISSÉES PAR L'EMPEREUR DES FRANÇAIS ET ROI D'ITALIE

AU PRINCE EUGÈNE, VICE-ROI [1].

(JUIN 1805.)

Il nous a paru intéressant de rapprocher des conseils adressés par Frédéric-le-Grand à son neveu sur l'art de régner, les instructions que Napoléon donnait au prince Eugène, sur le même sujet, au moment où il venait de lui confier la vice-royauté de l'Italie. Nul ne peut méconnaître les grandes qualités de Frédéric-le-Grand, qui éclatent au milieu des traits d'ironie, nous dirions presque de cynisme, dont il a chargé ses *instructions* rédigées à loisir. Mais la note dictée par Napoléon révèle, à notre avis, une nature supérieure. Il ne s'y montre point comme un Machiavel bel esprit, mais comme un Souverain qui songe à commander et ne s'occupe pas d'écrire, qui est toujours fier pour son pays comme pour lui-même, et qui obéit à des sentiments généreux, alors même qu'il proclame la nécessité de la dissimulation, et qu'il sonde avec le plus de profondeur le cœur des hommes.

Mon cousin, en vous confiant le gouvernement de notre royaume d'Italie, nous vous avons donné une preuve de l'estime que votre conduite nous a inspirée pour vous. Mais encore dans un âge où l'on ne connaît pas la perversité du cœur humain, nous ne saurions vous recommander trop de circonspection et de prudence. Nos sujets d'Italie sont naturellement plus dissimulés que ne le sont les citoyens de la France. Vous n'avez qu'un moyen de conserver leur estime et d'être utile à leur bonheur, c'est de n'accorder votre confiance entière à personne, de ne dire à personne ce que vous pensez des ministres et des grands officiers qui vous environnent. La dissimulation, naturelle à un certain âge, n'est pour vous qu'une affaire de principes et de commandement. Quand vous aurez parlé d'après votre cœur et sans nécessité, dites-vous en vous-même que vous avez fait une faute, pour n'y plus retomber.

Votre administration ayant pour but le bonheur de mes peuples d'Italie, le sacrifice de votre aversion pour leurs coutumes, est le premier que vous leur devez. Dans toute autre position que celle de vice-roi d'Italie, faites-vous gloire d'être Français ; mais vous devez ici le faire oublier, et vous n'aurez réussi qu'en persuadant que vous aimez les Italiens. Montrez-leur de l'estime. Ils savent qu'on n'aime que ce qu'on estime. Cultivez leur langue; qu'ils fassent votre principale société. Distinguez-les dans les fêtes d'une manière particulière; approuvez ce qu'ils approuvent, et aimez ce qu'ils aiment.

[1] Ce document est entièrement inédit.

Parlez le moins possible. Vous n'êtes pas assez instruit, et votre éducation n'a pas été assez soignée pour que vous puissiez vous livrer à des discussions d'abandon. Sachez écouter, et soyez sûr que le silence produit souvent le même effet que la science. Ne rougissez pas d'interroger. Quoique vice-roi, vous n'avez que vingt-trois ans, et, quelque chose que dise la flatterie, tout le monde connaît secrètement ce que vous savez, et vous accorde plus d'estime par l'espérance de ce que vous serez que par l'opinion de ce que vous êtes.

N'imitez pas en tout ma conduite; vous avez besoin de plus de retenue.

Présidez peu le conseil-d'état ; vous n'avez pas assez de connaissances pour le présider avec succès. Je ne verrais pas d'inconvénient à ce que vous y assistiez sous la présidence d'un conseiller qui présiderait de sa place. La connaissance qui vous manque de la langue italienne et même de la législation, est un très bon prétexte de vous abstenir. Ne prenez jamais la parole au conseil ; on vous écouterait sans vous répondre, mais on verrait aussitôt que vous n'êtes pas en force pour discuter une matière. On ne mesure pas la force d'un prince qui se tait : quand il parle, il faut qu'il ait la conscience d'une grande supériorité.

N'ajoutez aucune foi aux espions. Il y a plus d'inconvéniens que d'avantages à en avoir : il n'y a jamais d'inquiétude à concevoir à Milan, et peut-être même dans aucun pays. Votre police militaire, qui vous assure de vos troupes, est tout ce qu'il faut.

L'armée est le grand objet dont vous pouvez vous occuper directement, et par vos propres connaissances. Travaillez deux fois par semaine avec vos ministres, une fois seul avec chacun d'eux, une autre fois au conseil. Une partie du bien que vous pouvez faire sera faite, lorsque vos ministres, et vos conseillers seront persuadés que vous discutez pour ne vous rendre qu'à la raison, et sans vous laisser prévenir. Dans les cérémonies publiques et dans les fêtes, quand vous aurez des étrangers et des Français, sachez bien la place qu'ils doivent occuper et ce que vous devez faire. Il convient que vous ne lassiez jamais une école dans cette partie, et il faut éviter avec le plus grand soin de vous exposer à des affronts. Si cela arrivait, ne le souffrez pas. Princes, ambassadeurs, ministres, généraux, faites arrêter dans votre palais quiconque vous aurait offensé, fût-ce un ambassadeur d'Autriche ou de Russie; mais, encore une fois, ces événemens sont toujours fâcheux. Ce qui est indifférent pour moi est pour vous une affaire épineuse et de conséquence.

Votre grand intérêt est de bien traiter les nationaux, de les connaître tous, de savoir quel est leur nom, quelle est leur famille. Ne montrez pas trop d'empressement aux étrangers, il n'y a jamais rien à gagner avec eux. Un ambassadeur ne dira pas du bien de vous, parce que son métier est de dire du mal. Les ministres étrangers sont, dans la force du terme, des espions titrés. Il ne peut y avoir d'inconvénient à les éloigner de vous; ils sont toujours plus disposés à estimer ce qu'ils voient peu, que ce qui leur témoigne amitié et bienveillance.

Il n'y a ici qu'un homme essentiel, le ministre des finances. C'est un travailleur qui connaît bien sa partie.

Quoiqu'on sache que je suis derrière vous, je ne doute pas que l'on cherche à étudier votre caractère. Faites exécuter vos ordres, surtout de la part des militaires. Ne souffrez jamais qu'ils y manquent.

Le décret public que j'ai signé désigne la portion d'autorité que je vous confie. Je m'en réserve une plus grande, c'est de vous diriger dans vos opérations. Ecrivez-moi chaque jour ce qui vous sera arrivé; ce n'est que successivement que vous apprendrez comment j'envisage chaque question et chaque objet.

Ne montrez mes lettres à qui que ce soit et sous quelque prétexte que ce puisse être. On ne doit savoir ni que je vous écris, ni ce que je vous écris. Ayez une chambre où personne n'entre, pas même votre secrétaire intime et votre secrétaire des commandemens.

M*** vous sera utile s'il ne cherche pas à gagner de l'argent, et il ne cherchera pas à gagner de l'argent s'il sait que vous regardez ses actions, et qu'une seule faute le perdrait dans mon esprit comme dans le vôtre. Il doit être bien payé, et avoir l'espoir de toute espèce d'avancement; mais il faut pour cela qu'il soit sur pied nuit et jour. S'il prend l'habitude de ne travailler qu'à des heures fixes et de s'amuser le reste du jour, il ne vous servira de rien. Vous aurez à réprimer en lui comme dans les autres Français, la disposition qui les porte à dépriser le pays où ils sont, d'autant plus que la mélancolie s'y joindra, car le Français n'est bien nulle part qu'en France.

Tenez en règle ma maison, mes écuries, et, au moins tous les huit jours, arrêtez tous mes comptes. Cela est d'autant plus nécessaire, qu'en Italie l'on ne sait pas administrer.

Ayez à Milan une parade tous les mois.

Environnez-vous de préférence des jeunes gens du pays. Les vieux ne sont bons à rien.

Je distribuerai tous les deux mois les fonds pour le crédit des ministres. En conséquence, vous m'enverrez l'état des demandes de chaque ministre, et, avec cet état, ceux de situation du trésor public, et des ordonnances délivrées pour les deux mois précédens. Vous m'adresserez la feuille de travail des ministres, le procès-verbal du conseil d'état, l'état de situation des troupes, et les rapports de police.

Vos fonctions sont importantes et votre besogne très considérable. Etudiez-vous à connaître l'histoire de chacune des villes qui composent mon royaume d'Italie. Visitez les places fortes et toutes les positions célèbres par des combats. Il est probable qu'avant que vous ayez trente ans, vous ferez la guerre; et c'est un grand acquis que la connaissance du territoire.

Enfin, soyez inflexible pour les fripons. C'est une victoire gagnée pour l'administration que la découverte d'un comptable infidèle. Ne souffrez pas que l'armée française fasse la contrebande.

NAPOLÉON.

LETTRES DE LOUIS XIV.

LOUIS XIV A COLBERT.

METZ, LE 31 AOUT 1673.

Il faut rendre les lettres que je vous envoie, et particulièrement celles où il n'y a rien dessus, et qui s'adressent à la personne que je vous ai recommandée en partant. Vous m'entendez bien.

NANCY, LE 26 SEPTEMBRE 1675.

Vous ne m'avez rien mandé dans toutes les lettres que vous m'avez écrites touchant le travail qu'on fait à Saint-Germain, sur les terrasses de l'appartement de Madame de Montespan. Il faut achever celles qui sont commencées et raccommoder les autres; l'une en volière pour y mettre des oiseaux, et pour cela il ne faut que peindre la voûte et les côtés, et mettre un fil de fer à petites mailles, qui ferme du côté de la cour, avec une fontaine en bas, pour que les oiseaux puissent boire; à l'autre, il faudra la peindre et ne mettre qu'une fontaine en bas, Madame de Montespan la destinant pour y mettre de la terre et en faire un petit jardin. Mandez-moi ce que vous avez fait là dessus jusqu'à cette heure.

SAINTE-MENEHOULD, 3 OCTOBRE 1675.

On m'a mandé qu'il y avait quelques maisons à Saint-Germain où il y avait de la petite-vérole; donnez ordre qu'on fasse sortir tous ceux qui sont frappés du mal, et qu'on aère les maisons où elle aura été.

AU CAMP DE GEMBLOUX, LE 28 MAI 1675.

Ce que vous me dites des archevêques d'Auch et de Vienne me fait de la peine, en cas que M. l'archevêque de Paris fût malade; j'espère que cela n'arrivera pas; mais en ce cas, vous serez et direz ce que vous jugerez à propos de ma part. Madame de Montespan m'a mandé que vous aviez donné ordre qu'on achète des orangers, et que vous lui demandez toujours ce qu'elle désire; continuez à faire ce que je vous ai ordonné là-dessus, comme vous avez fait jusqu'à cette heure.

AU CAMP DE LATINES, LE 5 JUIN 1675.

Je n'ai qu'à approuver tout ce que vous faites sur tout, et à me réjouir de l'argent que vous trouvez et que vous faites payer ainsi que je le désire. Je vois par ce que vous me mandez et par ce que m'écrit M. l'archevêque de Pa- ris, que l'assemblée du clergé commence très bien, et serait fort bien intentionnée. Faites ce qui dépendra de vous pour qu'elle finisse bientôt; continuez à faire ce que Madame de Montespan voudra.

AU CAMP DE LATINES, LE 8 JUIN 1675.

La dépense est excessive, et je vois par-là que, pour me plaire, rien ne vous est impossible. Madame de Montespan m'a mandé que vous vous acquittiez fort bien de ce que je vous ai ordonné, et que vous lui demandez toujours si elle veut quelque chose : continuez à le faire toujours. Elle me mande aussi qu'elle a été à Sceaux, où elle a passé agréablement la soirée. Je lui ai conseillé d'aller un jour à Dampierre, et je l'ai assurée que Mme de Chevreuse et Mme Colbert l'y recevraient de bon cœur. Je suis assuré que vous en ferez de même. Je serai très aise qu'elle s'amuse à quelque chose, et celles-là sont très propres à la divertir. Confirmez ce que je désire. Je suis bien aise de vous le faire savoir, afin que vous apportiez les facilités, en ce qui dépendra de vous, à ce qui la pourra amuser.

SAINT-GERMAIN-EN-LAYE, LE 15 JUIN 1678.

Il me revient que Montespan se permet des propos indiscrets. C'est un fou que vous me ferez plaisir de faire suivre de près; et pour que le prétexte de rester à Paris ne dure pas, voyez Novion, pour qu'on termine ses affaires, afin qu'il parte plutôt. Je sais que Montespan a menacé de voir sa femme : comme il en est capable et que les suites seraient à craindre, je me repose encore sur vous afin qu'il ne paraisse pas. N'oubliez pas les détails de cette affaire, et surtout qu'il arrive au plutôt.

LOUIS XIV A MADAME DE MAINTENON.
AVRIL 1691.

Je profite de l'occasion du départ de Montchevreuil pour vous assurer d'une vérité qui me plaît trop pour ne lasser de vous la dire; c'est que je vous chéris toujours et que je vous considère à un point que je ne puis expri- mer; et qu'enfin quelque amitié que vous ayez pour moi, j'en ai encore plus pour vous, étant de tout mon cœur tout à fait à vous.

LETTRE A LOUIS XIV.

AVERTISSEMENT

SUR LA LETTRE SUIVANTE.

Cette lettre a dû être écrite au plus tôt en 1694, après la mort du marquis de Louvois, et au plus tard en 1695, avant la mort de M. de Harlai, archevêque de Paris. Selon toutes les apparences, elle est de la fin de 1694 ou du commencement de 1695, car l'auteur y fait mention de plusieurs événemens qui paraissent se rapporter aux années 1693 et 1694.

On a long-temps douté de l'authenticité de cette pièce, qui fut publiée pour la première fois, en 1787, par d'Alembert, dans son *Histoire des membres de l'Académie françoise*, tome III, pag. 351 et suiv. Mais tous les doutes à cet égard ont été dissipés par la découverte d'un manuscrit original, dont M. Renouard, libraire, a fait l'acquisition, à la vente de livres de feu M. Gentil, et dont il a publié aussitôt une édition très soignée avec un *fac simile* de la première page du manuscrit.

FENELON A LOUIS XIV

REMONTRANCES A CE PRINCE SUR DIVERS POINTS DE SON ADMINISTRATION.

La personne, Sire, qui prend la liberté de vous écrire cette lettre, n'a aucun intérêt en ce monde. Elle ne l'écrit ni par chagrin, ni par ambition, ni par envie de se mêler des grandes affaires. Elle vous aime sans être connue de vous; elle regarde Dieu en votre personne. Avec toute votre puissance, vous ne pouvez lui donner aucun bien qu'elle désire, et il n'y a aucun mal qu'elle ne souffrît de bon cœur pour vous faire connoître les vérités nécessaires à votre salut. Si elle vous parle fortement, n'en soyez pas étonné, c'est que la vérité est libre et forte. Vous n'êtes guère accoutumé à l'entendre. Les gens accoutumés à être flattés prennent aisément pour chagrin, pour âpreté et pour excès, ce qui n'est que la vérité toute pure. C'est la trahir que de ne vous la montrer pas dans toute son étendue. Dieu est témoin que la personne qui vous parle, le fait avec un cœur plein de zèle, de respect, de fidélité et d'attendrissement sur tout ce qui regarde votre véritable intérêt.

Vous êtes né, Sire, avec un cœur droit et équitable; mais ceux qui vous ont élevé ne vous ont donné pour science de gouverner que la défiance, la jalousie, l'éloignement de la vertu, la crainte de tout mérite éclatant, le goût des hommes souples et rampans, la hauteur et l'attention à votre seul intérêt.

Depuis environ trente ans, vos principaux ministres ont ébranlé et renversé toutes les anciennes maximes de l'état, pour faire monter jusqu'au comble votre autorité, qui est devenue la leur parce qu'elle étoit dans leurs mains. On n'a plus parlé de l'état ni des règles; on n'a parlé que du roi et de son bon plaisir. On a poussé vos revenus et vos dépenses à l'infini. On vous a élevé jusqu'au ciel, pour avoir effacé, disoit-on, la grandeur de tous vos prédécesseurs ensemble, c'est-à-dire pour avoir appauvri la France entière, afin d'introduire à la cour un luxe monstrueux et incurable. Ils ont voulu vous élever sur les ruines de toutes les conditions de l'état, comme si vous pouviez être grand en ruinant tous vos sujets sur qui votre grandeur est fondée. Il est vrai que vous avez été jaloux de l'autorité, peut-être même trop dans les choses extérieures; mais, pour le fond, chaque ministre a été le maître dans l'étendue de son administration. Vous avez cru gouverner, parce que vous avez réglé les limites entre ceux qui gouvernoient. Ils ont bien montré au public leur puissance, et on ne l'a que trop sentie. Ils ont été durs, hautains, injustes, violens, de mauvaise foi. Ils n'ont connu d'autre règle, ni pour l'administration du dedans de l'état, ni pour les négociations étrangères, que de menacer, que d'écraser, que d'anéantir tout ce qui leur résistoit. Il ne vous ont parlé que pour écarter de vous tout mérite qui pouvoit leur faire ombrage. Ils vous ont accoutumé à recevoir sans cesse des louanges outrées qui vont jusqu'à l'idolâtrie, et que vous auriez dû, pour votre honneur, rejeter avec indignation. On a rendu votre nom odieux, et toute la nation françoise insupportable à tous nos voisins. On n'a conservé aucun ancien allié, parce qu'on n'a voulu que des esclaves. On a causé depuis plus de vingt ans des guerres sanglantes. Par exemple, Sire, on fit entreprendre à Votre Majesté, en 1672, la guerre de la Hollande pour votre gloire, et pour punir les Hollandois, qui avoient fait quelque raillerie, où on les avoit mis en troublant les règles de commerce établies par le cardinal de Richelieu. Je cite en particulier cette guerre, parce qu'elle a été la source de toutes les autres. Elle n'a eu pour fondement qu'un motif de gloire et de vengeance, ce qui ne peut jamais rendre une guerre juste; d'où il s'en suit que toutes les frontières que vous avez étendues par cette guerre, sont injustement acquises dans l'origine. Il est vrai, Sire, que les traités de paix subséquens semblent couvrir et réparer cette injustice, puisqu'ils vous ont donné les places conquises: mais une guerre injuste n'en est pas moins injuste, pour être heureuse. Les traités de paix signés par les vaincus ne sont point signés librement. On signe le couteau sur la gorge: on signe malgré soi pour éviter de plus grandes pertes:

on signe comme on donne sa bourse, quand il la faut donner ou mourir. Il faut donc, Sire, remonter jusqu'à cette origine de la guerre de la Hollande, pour examiner devant Dieu toutes vos conquêtes.

Il est inutile de dire qu'elles étoient nécessaires à votre état : le bien d'autrui ne nous est jamais nécessaire. Ce qui nous est véritablement nécessaire, c'est d'observer une exacte justice. Il ne faut pas même prétendre que vous soyez en droit de retenir toujours certaines places, parce qu'elles servent à la sûreté de vos frontières. C'est à vous à chercher cette sûreté par de bonnes alliances, par votre modération, ou par des places que vous pouvez fortifier derrière : mais enfin, le besoin de veiller à notre sûreté ne nous donne jamais un titre de prendre la terre de notre voisin. Consultez là-dessus des gens instruits et droits; ils vous diront que ce que j'avance est clair comme le jour.

En voilà assez, Sire, pour reconnoître que vous avez passé votre vie entière hors du chemin de la vérité et de la justice, et par conséquent hors de celui de l'Evangile. Tant de troubles affreux qui ont désolé toute l'Europe depuis plus de vingt ans, tant de sang répandu, tant de scandales commis, tant de provinces saccagées, tant de villes et de villages mis en cendres, sont les funestes suites de cette guerre de 1672, entreprise pour votre gloire et pour la confusion des faiseurs de gazettes et de médailles de Hollande. Examinez, sans vous flatter, avec des gens de bien, si vous pouvez garder tout ce que vous possédez en conséquence des traités auxquels vous avez réduit vos ennemis par une guerre si mal fondée.

Elle est encore la vraie source de tous les maux que la France souffre. Depuis cette guerre, vous avez toujours voulu donner la paix en maître, et imposer des conditions, au lieu de les régler avec équité et modération. Voilà ce qui fait que la paix n'a pu durer. Vos ennemis, honteusement accablés, n'ont songé qu'à se relever, et qu'à se réunir contre vous. Faut-il s'en étonner? vous n'avez pas même demeuré dans les termes de cette paix que vous aviez donnée avec tant de hauteur. En pleine paix, vous avez fait la guerre et des conquêtes prodigieuses. Vous avez établi une chambre des réunions, pour être tout ensemble juge et partie : c'était ajouter l'insulte et la dérision à l'usurpation et à la violence. Vous avez cherché, dans le traité de Westphalie, des termes équivoques pour surprendre Strasbourg. Jamais aucun de vos ministres n'avoit osé, depuis tant d'années, alléguer ces termes dans aucune négociation, pour montrer que vous eussiez la moindre prétention sur cette ville. Une telle conduite a réuni et animé toute l'Europe contre vous. Ceux mêmes qui n'ont pas osé se déclarer ouvertement souhaitent du moins avec impatience votre affoiblissement et votre humiliation, comme la seule ressource pour la liberté et pour le repos de toutes les nations chrétiennes. Vous qui pouviez, Sire, acquérir tant de gloire solide et paisible à être le père de vos sujets et l'arbitre de vos voisins, on vous a rendu l'ennemi commun de vos voisins, et on vous expose à passer pour un maître dur dans votre royaume.

Le plus étrange effet de ces mauvais conseils est la durée de la ligue formée contre vous. Les alliés aiment mieux faire la guerre avec perte, que de conclure la paix avec vous, parce qu'ils sont persuadés, sur leur propre expérience, que cette paix ne seroit point une paix véritable, que vous ne la tiendriez non plus que les autres, et que vous vous en serviriez pour accabler séparément sans peine chacun de vos voisins, dès qu'ils se seroient désunis. Ainsi, plus vous êtes victorieux, plus ils vous craignent et se réunissent pour éviter l'esclavage dont ils se croient menacés. Ne pouvant vous vaincre, ils prétendent du moins vous épuiser à la longue. Enfin ils n'espèrent plus de sûreté avec vous qu'en vous mettant dans l'impuissance de leur nuire. Mettez-vous, Sire, un moment en leur place, et voyez ce que c'est que d'avoir préféré son avantage à la justice et à la bonne foi.

Cependant vos peuples, que vous devriez aimer comme vos enfans, et qui ont été jusqu'ici si passionnés pour vous, meurent de faim. La culture des terres est presque abandonnée, les villes et la campagne se dépeuplent; tous les métiers languissent, et ne nourrissent plus les ouvriers. Tout commerce est anéanti. Par conséquent vous avez détruit la moitié des forces réelles du dedans de votre état, pour faire et pour défendre de vaines conquêtes au dehors. Au lieu de tirer de l'argent de ce pauvre peuple, il faudroit lui faire l'aumône et le nourrir. La France entière n'est plus qu'un grand hôpital désolé et sans provision. Les magistrats sont avilis et épuisés. La noblesse, dont tout le bien est en décret, ne vit que de lettres d'état. Vous êtes importuné de la foule des gens qui demandent et qui murmurent. C'est vous-même, Sire, qui vous êtes attiré tous ces embarras; car, tout le royaume ayant été ruiné, vous avez tout entre vos mains, et personne ne peut plus vivre que de vos dons. Voilà ce grand royaume si florissant sous un roi qu'on nous dépeint tous les jours comme les délices du peuple, et qui le seroit en effet si les conseils flatteurs ne l'avoient point empoisonné.

Le peuple même (il faut tout dire), qui vous a tant aimé, qui a eu tant de confiance en vous, commence à perdre l'amitié, la confiance, et même le respect. Vos victoires et vos conquêtes ne le réjouissent plus; il est plein d'aigreur et de désespoir. La sédition s'allume peu à peu de toutes parts. Ils croient que vous n'avez aucune pitié de leurs maux, que vous n'aimez que votre autorité et votre gloire. Si le roi, dit-on, avoit un cœur de père pour son peuple, ne mettroit-il pas plutôt sa gloire à leur donner du pain, et à les faire respirer après tant de maux, qu'à garder quelques places de la frontière, qui causent la guerre? Quelle réponse à cela, Sire? Les émotions populaires, qui étoient inconnues depuis si long-temps, deviennent fréquentes. Paris même, si près de vous, n'en est pas exempt. Les magistrats sont contraints de tolérer l'insolence des mutins, et de faire couler sous main quelque monnoie pour les apaiser; ainsi on paie ceux qu'il faudroit punir. Vous êtes réduit à la honteuse et déplorable extrémité, ou de laisser la sédition impunie, et de l'accroître par cette impunité, ou de faire massacrer avec inhumanité des peuples que vous mettez au désespoir, en leur arrachant, par vos impôts pour cette guerre, le pain qu'ils tâchent de gagner à la sueur de leurs visages.

Mais pendant qu'ils manquent de pain, vous manquez vous-même d'argent, et vous ne voulez pas voir l'extrémité où vous êtes réduit. Parce que vous avez toujours été heureux, vous ne pouvez vous imaginer que vous cessiez jamais de l'être. Vous craignez d'ouvrir les yeux; vous craignez qu'on ne vous les ouvre; vous craignez d'être réduit à rabattre quelque chose de votre gloire. Cette gloire, qui endurcit votre cœur, vous est plus chère que la justice, que votre propre repos, que la conservation de vos peuples qui périssent tous les jours des maladies causées par la famine; enfin que votre salut éternel, incompatible avec cette idole de gloire.

Voilà, Sire, l'état où vous êtes. Vous vivez comme ayant un bandeau fatal sur les yeux; vous vous flattez sur les succès journaliers, qui ne décident rien, et vous n'envisagez point d'une vue générale le gros des affaires, qui tombe insensiblement sans ressource, Pendant que vous prenez, dans un rude combat, le champ de bataille et le canon de l'ennemi, pendant que vous forcez les places, vous ne songez pas que vous combattez sur un terrain qui s'enfonce sous vos pieds, et que vous allez tomber malgré vos victoires.

Tout le monde le voit, et personne n'ose vous le faire voir. Vous le verrez peut-être trop tard. Le vrai courage consiste à ne se point flatter, et à prendre un parti ferme sur la nécessité. Vous ne prêtez volontiers l'oreille, Sire, qu'à ceux qui vous flattent de vaines espérances. Les gens que vous estimez les plus solides sont ceux que vous craignez et que vous évitez le plus. Il faudrait aller audevant de la vérité, puisque vous êtes roi, presser les gens de vous la dire sans adoucissement et encourager ceux qui sont trop timides. Tout au contraire, vous ne cherchez qu'à ne point approfondir; mais Dieu saura bien enfin lever le voile qui vous couvre les yeux, et vous montrer ce que vous évitez de voir. Il y a long-temps qu'il tient son bras levé sur vous; mais il est lent à vous frapper, parce qu'il a pitié d'un prince qui a été toute sa vie obsédé de flatteurs, et parce que, d'ailleurs, vos ennemis sont aussi les siens. Mais il saura bien séparer sa cause juste d'avec la vôtre qui ne l'est pas, et vous humilier pour vous convertir; car vous ne serez chrétien que dans l'humiliation. Vous n'aimez point Dieu; vous ne le craignez même que d'une crainte d'esclave; c'est l'enfer, et non pas Dieu que vous craignez. Votre religion ne consiste qu'en superstitions, en petites pratiques superficielles. Vous êtes comme les Juifs dont Dieu dit : *Pendant qu'ils m'honorent des lèvres, leur cœur est loin de moi.* Vous êtes scrupuleux sur des bagatelles, et endurci sur des maux terribles. Vous n'aimez que votre gloire et votre commodité. Vous rapportez tout à vous, comme si vous étiez le Dieu de la terre, et que tout le reste n'eût été créé que pour vous être sacrifié. C'est, au contraire, vous que Dieu n'a mis au monde que pour votre peuple. Mais, hélas! vous ne comprenez point ces vérités : Comment les goûteriez-vous? Vous ne connoissez point Dieu, vous ne l'aimez point, vous ne le priez point du cœur, et vous ne faites rien pour le connoître.

Vous avez un archevêque, corrompu, scandaleux, incorrigible, faux, malin, artificieux, ennemi de toute vertu, et qui fait gémir tous les gens de bien. Vous vous en accommodez, parcequ'il ne songe qu'à vous plaire par ses flatteries. Il y a plus de vingt ans qu'en prostituant son honneur, il jouit de votre confiance. Vous lui livrez les gens de bien, vous lui laissez tyranniser l'église, et nul prélat vertueux n'est traité aussi bien que lui.

Pour votre confesseur, il n'est pas vicieux; mais il craint la solide vertu, et il n'aime que les gens profanes et relâchés : il est jaloux de son autorité, que vous avez poussée au-delà de toutes les bornes. Jamais confesseurs des rois n'avoient fait seuls les évêques, et décidé de toutes les affaires de conscience. Vous êtes seul en France, Sire, à ignorer qu'il ne sait rien, que son esprit est court et grossier, et qu'il ne laisse pas d'avoir son artifice avec cette grossièreté d'esprit. Les jésuites mêmes le méprisent, et sont indignés de le voir si facile à l'ambition ridicule de sa famille. Vous avez fait d'un religieux un ministre d'état. Il ne se connoît point en hommes, non plus qu'en autre chose. Il est la dupe de tous ceux qui le flattent et lui font de petits présents. Il ne doute ni n'hésite sur aucune question difficile. Un autre très droit et très éclairé n'oseroit décider seul. Pour lui, il ne craint que d'avoir à délibérer avec des gens qui sachent les règles. Il va toujours hardiment sans craindre de vous égarer; il penchera toujours au relâchement et à vous entretenir dans l'ignorance. Du moins il ne penchera aux partis conformes aux règles que quand il craindra de vous scandaliser. Ainsi, c'est un aveugle qui en conduit un autre, et, comme dit Jésus-Christ, *ils tomberont tous deux dans la fosse.*

Votre archevêque et votre confesseur vous ont jeté dans les difficultés de l'affaire de la régale, dans les mauvaises affaires de Rome; ils vous ont laissé engager par M. de Louvois dans celle de Saint-Lazare, et vous auraient laissé mourir dans cette injustice, si M. de Louvois eût vécu plus que vous.

On avoit espéré, Sire, que votre conseil vous tireroit de ce chemin si égaré; mais votre conseil n'a ni force ni vigueur pour le bien. Du moins Mme de M. et M. le D. de B. devoient-ils se servir de votre confiance en eux pour vous détromper; mais leur foiblesse et leur timidité les déshonorent, et scandalisent tout le monde. La France est aux abois; qu'attendent-ils pour vous parler franchement? que tout soit perdu? Craignent-ils de vous déplaire? ils ne vous aiment donc pas; car il faut être prêt à fâcher ceux qu'on aime, plutôt que de les flatter ou de les trahir par son silence. A quoi sont-ils bons, s'ils ne vous montrent pas que vous devez restituer les pays qui ne sont pas à vous, préférer la vie de vos peuples à une fausse gloire, réparer les maux que vous avez faits à l'église, et songer à devenir un vrai chrétien avant que la mort vous surprenne? Je sais bien que, quand on parle avec cette liberté chrétienne, on court risque de perdre la faveur des rois; mais votre faveur leur est-elle plus chère que votre salut? Je sais bien aussi qu'on doit vous plaindre, vous consoler, vous soulager, vous parler avec zèle, douceur et respect; mais enfin il faut dire la vérité. Malheur, malheur à eux s'ils ne la disent pas, et malheur à vous si vous n'êtes pas digne de l'entendre! Il est honteux qu'ils aient votre confiance sans fruit depuis tant de temps. C'est à eux à se retirer si vous êtes trop ombrageux, et si vous ne voulez que des flatteurs autour de vous. Vous demanderez peut-être, Sire, qu'est-ce qu'ils doivent vous dire; le voici : ils doivent vous représenter qu'il faut vous humilier sous la puissante main de Dieu, si vous ne voulez qu'il vous humille; qu'il faut demander la paix, et expier par cette honte toute la gloire dont vous avez fait votre idole; qu'il faut rejeter les conseils injustes des politiques flatteurs; qu'enfin il faut rendre au plus tôt à vos ennemis, pour sauver l'état, des conquêtes que vous ne pouvez d'ailleurs retenir sans injustice. N'êtes-vous pas trop heureux, dans vos malheurs, que Dieu fasse finir les prospérités qui vous ont aveuglé,

et qu'il vous contraigne de faire des restitutions essentielles à votre salut, que vous n'auriez jamais pu vous résoudre à faire dans un état paisible et triomphant? La personne qui vous dit ces vérités, Sire, bien loin d'être contraire à vos intérêts, donneroit sa vie pour vous voir tel que Dieu vous veut, et elle ne cesse de prier pour vous.

RÉCIT

DE LA CONVERSION DE Mlle GAUTIER,

COMÉDIENNE,

COPIÉ SUR LE MANUSCRIT ORIGINAL DE SA MAIN.

† J.-M

Mademoiselle Gautier, comédienne reçue au Théâtre-Français en 1716, y joua la comédie pendant dix ans. Elle était grande, bien faite et d'un caractère violent. Elle faisait des vers et peignait très-bien en miniature. Elle était d'une force prodigieuse pour une femme, et peu d'hommes auraient lutté contre elle. Le maréchal de Saxe, à qui elle avait fait un défi, et qui, à la vérité, l'emporta sur elle à la lutte au poignet, disait que de tous ceux qui avaient voulu s'engager contre lui, il n'y en avait guère qui lui eussent résisté aussi long-temps qu'elle. Elle roulait une assiette d'argent comme une oublie.

Elle avait beaucoup aimé. Pour se venger d'une rivale, elle se rend incognito à Wurtemberg, et sûre que cette rivale était à la promenade en calèche, elle en prit une qu'elle-même mena avec deux chevaux très-vifs, et passant avec rapidité derrière celle de son ennemie, elle enleva la roue, renversa la calèche et se rendit du même train à son auberge, où sa chaise l'attendait avec des chevaux de poste.

Le 25 avril 1722, temps où, plongée dans une mer de délices (selon les pernicieuses façons de parler du monde), et goûtant une funeste sécurité dans les ténèbres de la mort, où j'étois volontairement, je m'éveille à huit ou neuf heures du matin, contre ma coutume ordinaire. Je me souviens que c'est le jour de ma naissance; je sonne mes gens : ma femme de chambre arrive, pensant que je me trouve mal. Je lui dis de m'habiller, parce que je veux aller à la messe; elle me répond qu'il n'est pas fête, sachant qu'à peine les jours d'obligation n'y faisoient aller. J'insiste; elle m'habille. Je vais aux *Cordeliers* suivie de mon laquais, menant avec moi un petit orphelin de ma mère, que j'avois adopté. J'entends une partie de la messe, sans nulle attention. Vers la Préface, une voix intérieure me demande : *Qui m'amène aux pieds des autels? si c'est pour remercier Dieu de m'avoir donné de quoi plaire au monde, et transgresser mortellement chaque jour sa loi?*

Cette réflexion, de la plus monstrueuse ingratitude envers le Seigneur, me terrassa au point que je ne saurois

l'exprimer!... De la chaise sur laquelle j'étois nonchalamment appuyée, je me prosternai sur le pavé.

La messe finie, je renvoie chez moi et mon laquais et l'orphelin, et demeure abîmée dans une perplexité inconcevable. Je me relève tout-à-coup, et vais à la sacristie demander une messe du *Saint-Esprit*, auquel un germe de foi qui n'avait jamais été étouffé par mes désordres, me faisait avoir recours dans les dangers les plus évidens. Le premier mot que je prononce en attendant le prêtre, c'est celui-ci : « Mon Dieu! je voudrois bien me sauver!... » Mais comment faire? je tiens à des chaînes d'autant » plus indissolubles qu'elles me sont chères!... Aidez-» moi donc vous-même, ô mon Dieu?... Pour être éclai-» rée de vos lumières, je viendrai tous les jours à la » messe... »

Bref, après trois heures d'agitation, si je ne m'en retournai pas chez moi justifiée, j'étais du moins déterminée à entrer dans le chemin qui mène à la justification. Six mois se passèrent avec ma messe fidèlement entendue le matin, et le soir mes allures accoutumées.

On m'avoit raillée sur mes messes : je me déguise en femmelette, pour n'être pas connue. On s'en aperçoit ; la raillerie redouble : pour lors je me rappelle cette parole de l'Évangile : « Qu'on ne peut servir deux maîtres. » Sur quoi je prends mon parti, vers la *Toussaints*, d'abandonner le plus dangereux, quoique le plus agréable.

Je commençai par me passer de femme de chambre pour m'habiller. Afin de m'accoutumer à la retraite que je méditois, je me retirai doucement des parties de plaisir, sous prétexte d'indisposition. Mais plus le temps Paschal approchait, où j'avais fixé ma retraite, plus mes combats intérieurs devenoient si violens, que la force de mon tempérament y succomba. Un vomissement, presque continuel, ne m'empêcha pourtant pas d'écrire ma confession générale.

La nécessité de trouver un confesseur me détermina à me confier à une vertueuse parente, qui m'avoit souvent et vainement moralisée. Elle s'adressa au grand pénitencier qui lui indiqua un zélé vicaire de *Saint-Sulpice*, ma paroisse. Il me rebuta d'abord, et refusa de m'entendre, jusqu'à ce que j'eusse fait divorce avec le monde. Enfin, touché de me voir à ses pieds, où mes larmes et mes sanglots lui peignoient la sincérité de mes sentimens ; après m'avoir consolée, dans l'espérance des miséricordes du Seigneur, il me quitta en me renvoyant à un jour plus tranquille.

Quel jour, bon Dieu !... c'était le jour même où, pour la dernière fois de ma vie, les personnes qui m'étoient les plus chères, devoient dîner chez moi... Mais, quelque chères qu'elles me fussent, elles m'étoient alors moins chères que mon salut.

Ce que je souffris à table pour ne rien laisser apercevoir de ma situation intérieure, ne peut s'imaginer ! La grace et la nature se faisoient sentir dans tous les replis de mon cœur, surtout lorsque quelqu'un me dit : « Vous » nous faites trop grande chère pour un *mercredi de la* » *Passion ;* » et qu'on répondit tout de suite : « C'est » qu'elle nous foit ses adieux. »

Me sentant prête à m'évanouir, je me lève de table, sous prétexte d'un paiement à faire, et pour lequel j'avois donné ma parole. Chacun se lève aussi ; on me conduit jusqu'à ma porte ; je monte en carrosse, et la compagnie se remet à table : mais le premier coup de fouet du cocher me fait pousser un cri si perçant, qu'entendu par la compagnie, on se disposoit à venir à moi. A ce mouvement je rentre dans une salle basse ; ma femme de chambre leur donne le change, en leur persuadant que je suis partie, et que c'est l'enfant qu'on a entendu crier. Je remonte alors en voiture, et me sauve à *Saint-Sulpice*, où mon confesseur m'attendoit.

Là, quelque agitée que je fusse, je commence ma confession ; et après une séance de trois heures, où Dieu seul put me soutenir, le confesseur, vraiment touché de mon état, me remit à un autre jour.

Je rentrai chez moi, où je n'avais plus que quatre jours à demeurer. La désolation s'empara de mon esprit et de mon cœur ; j'étois éperdue et tremblante, et me demandois, comme saint Augustin : « Pourras-tu te passer de » tant d'aisances et de biens, de tant de sortes de dou- » ceurs qui, jusqu'à ce jour, ont comblé tes souhaits ?

» Abandonneras-tu ce petit palais, pour aller vivre seule » dans une triste cellule, et ne voir que des religieuses, » pour embrasser enfin, (et pour toute la vie !) un état » aussi monotone qu'obscur, et que tu détestas tou- » jours?... » Mais je triomphai de ce cruel moment.

Enfin, le jour de ma sortie arrive. M. Languet, mon curé, m'avoit souvent évitée : j'avois toujours ri et badiné de ses pieuses exhortations. Sa joie fut complète, lorsque je lui fis part des miséricordes de Dieu sur moi.

Je passai une partie de la nuit à écrire aux personnes avec lesquelles j'étois engagée de profession, et au père de mon adoptif, à qui je renvoyois l'enfant avec vingt pistoles. Je laissai les lettres, avec ordre de ne les envoyer à leur adresse qu'à midi, et de dire à quiconque me demanderoit, que j'étois absente pour long-temps. Après quoi je partis, vers cinq heures du matin, de chez moi, pour n'y rentrer jamais.

Mais au lieu des combats précédens, j'en sortis avec la même tranquillité que je sors actuellement de ma cellule pour aller au chœur, onze mois précisément après cette heureuse messe !

J'arrive, tout aussi tranquille, à Versailles, au lever de feu M. le cardinal de Fleuri, et de M. le duc de Gesvres, mes constans protecteurs, desquels j'allois prendre congé. Je passe de leur appartement à la chapelle du Roi, pour y entendre la messe, pendant laquelle je me souviens qu'il y a dans le château une dame que j'avois violemment offensée ; et sortant de la chapelle, je me hâte d'aller chez elle, et la fais prier de descendre dans un entresol, pour éviter l'éclat de ses premiers mouvemens.

A peine y est-elle entrée, que je ferme la porte, et me précipite à ses pieds : ce qui la rend interdite et sans voix. Je lui demande, dans la posture de suppliante où j'étois, un généreux pardon ; parce que abandonnant le monde, pour faire pénitence, j'avois cru devoir commencer par ce que l'Evangile prescrit de plus difficile.

Cette dame, un peu revenue de ce qu'elle avoit d'abord cru n'être qu'une illusion, me dit tout ce que la colère d'une femme piquée le plus sensiblement put lui suggérer de plus dur. Après l'avoir écoutée, sans lui répondre, je lui dis, toujours prosternée à ses pieds, que je n'étois pas venue pour me justifier, mais pour lui demander pardon ; que si elle daignoit me l'accorder, je partirois contente ; que si elle me refusoit, Dieu ne le seroit pas de son refus. A ces mots, elle me tend la main, me fait asseoir, et nous voilà réconciliées.

Je repartis de Versailles, sans y prendre de nourriture, l'action que je venois de faire m'ayant suffisamment rassasiée. Je me rendis à Paris, dans la communauté de *Sainte-Perpétue*, où j'avois fait meubler une petite chambre, pour y demeurer jusqu'à ce que l'inventaire de mes meubles et autres arrangemens fussent finis.

En entrant dans cette première retraite, j'éprouvai invisiblement ce que saint Paul éprouva visiblement ; puisqu'au lieu des écailles qui lui tombèrent des yeux, je me sentis transformée en une créature toute nouvelle. Montée à cette petite chambre, je me crus montée au ciel !... Là, tout le passé s'évanouit : maison, biens, amis, plaisirs, tout disparut de mon souvenir ; le calme et la paix intérieure où je me trouvai, me faisoient presque douter si ma vie, jusqu'alors, n'avait pas été un songe. Ma cousine, qui fondoit en larmes, et qui ne pouvoit se séparer de moi, dans la crainte de me laisser seule, et qu'elle ne me trouvât morte le lendemain, ne pouvoit comprendre mon empressement à la renvoyer, pour goûter à loisir le nouveau plaisir de la solitude.

Je dis à la supérieure que j'avois fait collation le matin, et que je la priois de me donner à souper du reste du dîner de la communauté. Il ne se trouva qu'un peu de carpe à l'étuvée, que je mangeai avec appétit. Chose admirable! depuis trois mois je ne pouvois garder de nourriture, même les consommés; j'avois même vomi un peu de riz au jus que j'avois pris la veille, à souper. Cette carpe réchauffée, et quelques noix pour dessert, non seulement restèrent dans mon estomac sans peine, mais je dormis toute la nuit d'un sommeil aussi paisible que celui d'un enfant de huit ans : ce qui a toujours continué depuis.

Dès qu'on sut ma retraite, chacun lui donna la cause qui lui plût : personne ne put croire que dans la force de l'âge (j'avois alors trente-un ans), et de la violence des passions, j'eusse pris, sans m'y croire forcée, un parti si opposé à celui que je quittois... Mon inventaire est affiché; il dure quinze jours, pendant lesquels tout Paris vient se convaincre de la réalité de ma fuite; et chacun s'en retourne touché et attendri des miséricordes de Dieu sur moi. On questionne ma parente, chargée de mes affaires temporelles, sur le lieu de ma retraite; et, la trouvant impénétrable, on la prie de me faire tenir une lettre qu'on lui remet, en la suppliant de n'y pas manquer.

Cette lettre était d'un ami, qui m'exhortoit à ne point persister dans une démarche telle que celle où je m'engageois, sans doute trop légèrement, surtout dans la situation gracieuse où je me trouvais, et dans un âge où les retours sont presque toujours inévitables et les repentirs souvent trop tardifs. Sur quoi l'on me citoit nombre d'exemples faits pour m'épouvanter, si Dieu ne m'eût soutenue et fortifiée par sa grâce. En partant des vrais sentimens qui m'animaient, on peut juger quelle fut ma réponse.

Mes affaires enfin arrangées, je pars pour le Mâconnais, la veille de *l'Ascension*, six semaines après ma sortie d'Egypte, et où m'attendoit Madame la marquise de Valadons d'Arcy, mon amie, à qui j'avois fait part de ma détermination, en la priant de m'arrêter une place dans le couvent des *Ursulines* de Pondeveaux, pour y vivre pensionnaire et inconnue : car la vocation étoit encore bien loin de ma pensée, attendu l'aversion que j'avois toujours eue pour ce genre de vie, et surtout pour les communautés de filles.

En montant dans la diligence, je trouvai, pour compagnon de voyage, M. le commandeur de *l'Aubepin*, qui, trompé par mon extérieur, me combla de soins et d'attentions respectueuses, jusqu'à Saulieu, où la marquise m'attendoit. Ce qui l'ayant confirmé dans la haute opinion qu'il avoit prise de moi, il me supplia de lui dire à qui il avoit eu l'honneur de rendre ses devoirs? Je lui répondis franchement que je m'en garderois bien, moins cependant par vanité pour moi, que pour lui épargner la confusion d'avoir prodigué ses politesses à qui en étoit très peu digne.

Il prit mon refus pour un compliment, et redoubla ses respectueuses instances. Je lui dis: «Monsieur le commandeur, » je vous donne ma parole, qu'en arrivant à Lyon, vous » saurez qui je suis; et si je perds l'estime que vous avez » conçue pour moi, du moins saurez-vous que je n'ai pas » voulu vous tromper, et que ma bonne foi exige le par- » don de mon silence. En effet, je lui écrivis sur le champ » qui j'étois, mon dessein de retourner à Dieu, et que je » le priois de ne me pas savoir mauvais gré de ma résis- » tance à me faire connoître à lui. Il fut si content de ma » candeur, que, jusqu'à la mort, je n'eus point de plus » solide et de meilleur ami. »

A peine fus-je installée dans le couvent de Pondeveaux, où les religieuses m'avoient reçue avec toute la bienveillance possible, que le démon me tendit un piège. Une personne, dont le nom vous est très connu, m'écrivit : Que dans la résolution où j'étois de mener une vie retirée, il me conjuroit d'accepter une de ses terres qu'il me nommoit, pour y finir mes jours comme il me plairoit; et qu'en ce cas, il me la donneroit en bonne forme.

Je le remerciai cordialement de son offre, en lui disant: Qu'ayant quitté ma maison, il ne seroit pas édifiant que j'acceptasse la sienne; et que, quelque pures que pussent être mes intentions, le public pouvoit les mal interpréter.

Les religieuses m'avoient donné une grande chambre, dans laquelle j'en fis construire trois, comptant y finir mes jours. J'assistois à tous leurs exercices. On avoit pour moi des égards qui m'affligeoient, parce que, trompées, ainsi que le commandeur, sur un certain air du monde et un embonpoint que je n'avois pas encore perdu, on me croyoit de haut parage. Je les tirai d'erreur comme j'avois désabusé le commandeur, et elles m'en témoignèrent encore plus d'amitié. Je passois les jours à lire, à prier Dieu, menant la vie la plus douce qu'on puisse imaginer.

Je fus pourtant affligée à Pondeveaux, pendant les premiers six mois, par des songes qui, chaque nuit, me désoloient beaucoup. Un jour, me trouvant seule devant le Saint-Sacrement, dans la peine où j'étois de ces songes impertinens, je m'adressai à la mère de Dieu, comme si elle eût été présente : «Oh! ça, sainte Vierge! (lui dis- » je, avec la même ingénuité que j'avois parlé à Dieu, » aux *Cordeliers*, dix-huit mois auparavant), on dit que » vous êtes toute-puissante dans le ciel; que vous obte- » nez pour les pécheurs ce qu'ils osent vous demander?.. » Si, par votre intercession, je suis délivrée des vexations » nocturnes que je souffre depuis si long-temps, et qui » me font horreur, je vous promets de jeûner. au pain et » à l'eau, la veille de toutes vos fêtes, et de communier à » votre intention; de porter jusqu'à la mort, sur ma chair, » un cordon de laine blanche avec des nœuds; et de dire » chaque jour, bien dévotement, votre chapelet. »

Depuis cet instant je fus si tranquille sur ce point, et j'ai conservé une si vive reconnaissance envers cette mère de miséricorde, que je répandrois jusqu'à la dernière goutte de mon sang pour soutenir son pouvoir et sa bonté.

Il arriva dans ce même temps un événement assez singulier, et où la main de Dieu parut visiblement protéger cette communauté. La nuit du jour sainte Anne, il fit un si prodigieux orage, qu'il sembloit que tout alloit être renversé. Le tonnerre qui rouloit sur le toit de la maison, le cribla entièrement, inonda les greniers remplis de farine ; et l'eau, passant à travers les planchers, tomboit à torrens dans l'infirmerie, surtout dans la chambre où gissait une ancienne religieuse, absolument paralytique. Les autres, qui ne savoient de quel côté tourner, vinrent à ma chambre pour me prier de les aider. Je sors en chemise, et cours au lit de cette pauvre vieille, que personne n'osoit toucher. Je l'enlève aisément, et j'allois la mettre dans mon lit, qui n'avoit point eu de part à l'inondation, lorsque la porte s'étant fermée la clé en dedans, il fallut la porter ailleurs. Le déluge que j'avois essuyé m'avoit mise dans un état aussi piteux que risible ; et les religieuses me prêtèrent une de leurs chemises, qui fut le premier cilice que je portai. Nous allâmes toutes au grenier, pour sauver ce que nous pourrions de la farine qui tomboit sur nous, à moitié pétrie, sans nous apercevoir du danger que nous courions. car, dès que le jour parut, nous vîmes toutes les tuiles pendiller sur nos têtes, sans presque tenir à rien ; ce qui fut regardé comme un vrai miracle, et attribué à un Salut que j'avois fondé à perpétuité, en action de grâce des miséricordes de Dieu sur moi, et dont le premier Salut avoit été célébré le soir même.

Après dix mois de séjour à Pondeveaux, je vins à Lyon, rendre mes devoirs à feu M. le maréchal de Villeroi.

La maison de l'Anticaille me plut beaucoup ; et, quoiqu'on n'y reçût point de pensionnaires, M. l'archevêque leur demanda pour moi cette grâce. J'avois eu quelques inquiétudes à Pondeveaux, pour avoir refusé la visite du vieux comte de Feuillans, qui en étoit gouverneur. D'un autre côté, mon amie, la marquise d'Arcy, n'approuvoit pas que je fusse aussi séquestrée que je prétendois l'être, et que je regardasse comme une distraction l'offre qu'elle me faisoit continuellement de passer une partie de la belle saison dans ses terres, avec elle et sa famille.

Je fis donc revenir mes meubles de Pondeveaux, sans me soucier des accommodemens que j'y avois fait faire, et qui m'avoient coûté plus de 200 pistoles. Je fis à peu près les mêmes frais à l'Anticaille, la regardant enfin comme la dernière de mes stations. J'y suivis, de même qu'à Pondeveaux, les exercices réguliers de l'ordre de Sainte-Marie. J'avois pour directeur, le père Deveaux de la Compagnie de Jésus, dont les ordres me paraissoient être ceux de Dieu même.

Il commença par me conseiller de me lever à onze heures du soir, et de faire l'Oraison jusqu'à minuit. Je me tenois bien éveillée pour obéir ; mais à peine étais-je à genoux, que je m'endormois comme une marmotte jusqu'à je ne sais quelle heure.

Voyant que cette pratique n'était pas de mon ressort, il m'en prescrivit une autre, dans une lettre que je reçus de lui.

Il me marquoit que, puisque j'avois tant d'attrait pour l'expiation de mes péchés, il me conseilloit de faire usage de la discipline tous les vendredis, pendant l'espace d'un Miserere, ou sur les épaules, ou à la façon des religieuses ; qu'on me prêteroit à l'Anticaille l'instrument nécessaire, sinon qu'il m'en fourniroit un lui-même. Qui fut camuse à la lecture de cette lettre ? Ce fut moi. Je croyois avoir la berlue !... Je lisois et relisois cette belle épître,

croyant toujours m'être trompée ; mais j'y trouvois toujours la même proposition !

« Quoi donc ? me disois-je, avec une espèce de dépit,
» la discipline ! A moi ? Juste ciel, quelle impertinence !..
» Les béguines sont bien maîtresses de se soumettre à
» de telles sottises. Quant à moi, je n'en ferai rien... Que
» faire cependant ? C'est Dieu qui me parle par sa bou-
» che... Et si je lui désobéis ?... Mais ce Miserere qu'il
» me prescrit, je ne le sus jamais ?... Eh bien ! il faut l'ap-
» prendre ; il faut se soumettre au ministre de mon Dieu,
» et se résigner à tout, puisque mon salut en dépend. »

Pour ne point rougir en empruntant une discipline, j'allai couper six ou sept brins de corde neuve ; je les nouai, par intervalle ; et pendant que la communauté se trouvoit en oraison, je m'enferme, me découvre les épaules, et m'y applique une grêle de coups, mais dont la douleur fut telle, que je tombai tout-à-plat sur le nez, presque sans sentiment.

Je pleurai de dépit, non de dévotion, bien résolue de chanter une gamme très vive à mon directeur flagellant.

La nuit se passa comme il plut à Dieu, sans pouvoir ni fermer l'œil, ni me tenir sur aucun côté. Le matin, je trouvai mes épaules tricolores de meurtrissures, et sortis outrée de colère, pour aller à S. Joseph, rendre compte au zélé directeur de ce que m'avoit valu trop de soumission à ses conseils.

Hélas ! dès qu'il parut avec son extérieur imposant, je me trouvai si foible, que je ne pus répondre aux questions qu'il me fit sur la cause de ma visite. Le seul mouvement de mes épaules le lui disant assez, il me le fit aisément avouer, en lui disant enfin, très franchement, que j'avois pourtant accepté sa proposition, quoiqu'elle m'eût scandalisée, mais que je le priois de vouloir bien ne plus exiger que je réitérasse un pareil exercice. Il me le promit sur-le-champ, en m'assurant cependant qu'avant très peu de jours, je le lui redemanderois à genoux : mais qu'il n'y consentiroit pas.

« Oh ! quant à ce, (lui répondis-je, avec quelque dépit)
» vous aurez la barbe bien longue avant que votre oracle
» s'accomplisse ! »

Il avoit pourtant raison, le bon père ; car je ne fus pas plutôt rentrée chez moi, que la honte de ma démarche et de ma lâcheté, me fit bientôt changer de sentiment et de langage.

Ces vierges pures avec lesquelles je vivois, et qui joignoient la pénitence à la plus innocente vie, faisoient ma condamnation ; et mes épaules n'étant pas guéries, que je demandai, très humblement, ce que j'avois rejeté avec indignation. Le bon Père, mais pour la forme seulement, se fit un peu prier ; car il eût été bien fâché de ne pas contribuer à la mortification de cette chair si potelée et si douillettée, et à laquelle je croyois encore devoir de si tendres égards. Aussi me fournit-il abondamment tout ce qu'il me falloit pour travailler à réparer les torts de ma première poltronnerie.

Je ne finirois pas, si j'entrois une fois dans le détail des autres aventures de ce genre, auxquelles j'eus d'abord peine à me faire, et qui me conduisirent par degrés à la vocation religieuse, pour laquelle j'avois toujours nourri une si forte antipathie.

BIBLIOTHEQUE CHOISIE.

Les dames, qui avoient des bontés pour moi, que je n'oublierai jamais, s'étonnoient que, m'assujettissant à toutes leurs observances, je ne pensasse point à offrir à Dieu l'entier sacrifice de ma liberté. Sur quoi je les priai de vouloir ne me point parler parler d'un tel engagement, sans quoi je pourrois ne plus vivre long-temps avec elles.

On ne m'en parla plus : mais on me fit lire la vie de Mme de Montmorenci, qui, après la funeste mort de son époux, prit le voile à *Sainte-Marie*. Ce grand exemple me toucha ; j'y réfléchis profondément, et fis part au P. Deveaux de mes réflexions, qui m'assura que le plus grand sacrifice qui me restait à faire à Dieu, étoit celui de ma liberté. C'étoit ne rien m'apprendre de nouveau ; je le sentois très bien. Mais ce qui me surprit beaucoup, ce fut de m'y trouver à peu près disposée.

C'est dans le mois de juillet 1724, que ceci se passoit ; et lorsque j'en fis part à la supérieure et à quelques religieuses, leur amitié pour moi prit un nouvel accroissement.

J'écrivis quelques jours après à Paris, d'où je fis venir ma parente pour disposer de mon temporel, attendu que je comptois prendre l'habit de religion très peu de temps après.

Pendant cette intervalle, on me fit tomber dans les mains l'histoire du fameux Rancé, fondateur, ou plutôt, réformateur de la *Trappe*. Mais, grand Dieu, quelle attrape !.. A peine eus-je reconnu dans cet illustre pénitent une conformité si grande entre les égaremens de sa jeunesse et ceux de la mienne, que toute règle douce me déplut ; et que je promis à Dieu, de toute l'étendue de mon cœur, d'imiter, autant qu'il pourrait être en moi, ce pénitent dans ses austérités, ainsi que j'avais fait dans les désordres de sa vie. J'aurais même volé, sur-le-champ, aux *Clairettes*, (filles à *l'instar* de la *Trappe*), si le P. Deveaux ne m'eût fortement assuré que je trouverois chez les *Carmélites* tout ce que j'aurois pu désirer à la *Trappe*.

Je confiai mon dessein à feu M. l'archevêque de Villeroi, qui m'honoroit d'une bienveillance particulière. Il voulut d'abord m'en détourner ; mais lui ayant ouvert mon cœur, et l'ayant assuré que je me sentois étrangement pressée de satisfaire à la justice divine, il fut si pénétré de mon état, qu'il s'écria tout-à-coup : « Le doigt de Dieu est là ! » j'irai demander aux *Carmélites* une place pour vous. » Mais, Monseigneur, (lui dis-je), n'omettez pas de leur dire ce que j'ai été dans le monde, car je ne veux tromper personne.

Il le fit, et leur dit la profession que j'avois exercée chez le Roi et à Paris : ce qui les effraya beaucoup. Mais le prélat leur ayant dit qu'il se chargeoit de tous leurs scrupules, la mère supérieure, qui favorisoit mon dessein, m'écrivit, que je n'avois qu'à prendre jour pour me présenter à la communauté, et pour de suite entrer dans la maison.

Je ne voulois pas que les dames de *l'Anticaille* eussent le moindre vent de tout ceci ; parce que, m'ayant beaucoup aimée, et moi, les aimant de même, je croyois devoir éviter de tendres reproches, qui n'auroient sans doute servi qu'à rendre notre séparation d'autant plus douloureuse.

Je me rendis donc aux *Carmélites* de Lyon, le 14 octobre 1724, et d'où j'écrivis à la supérieure et aux religieuses de *l'Anticaille*, pour leur demander pardon du mystère que je leur avois fait, par pure défiance de moi-même, etc.

C'est ainsi que le Seigneur, par sa miséricorde infinie, m'a fait entrer dans la terre des saints, dix-huit mois après m'avoir fait sortir de celle de perdition, où la seule indigence m'avait conduite ; puisque nul de mes parens n'étoit sorti de la simplicité et de l'honnêteté chrétienne. Le seul dérangement d'un père m'avoit réduite, à l'âge dix-sept ans, grande, et de figure, (disait-on), assez prévenante, à ne savoir quel parti prendre.

J'avois horreur du vice, et n'en eus pas moins de la proposition qu'on me fit d'embrasser l'état de comédienne... A quoi l'on me répondit que ce préjugé ne régnoit plus que chez le peuple et les cagots ; tandis que la cour et la ville pensoient différemment, et regardoient d'un tout autre œil ceux qui exerçoient des talens devenus aussi utiles qu'agréables.

On persuade aisément la jeunesse !... Mais l'expérience m'apprit combien la perversion devient inévitable à cet état, pour qui n'est pas en garde contre tous les écueils qui l'environnent ; puisque, sans autre travail que celui de la mémoire, on vit dans l'opulence et dans de continuels amusemens de toute espèce : au point que les trois dernières années que je restai au théâtre me rapportèrent, tous frais faits, quarante-quatre mille francs.

Quelle amorce pour un cœur qui n'envisage que le présent ! Et quelle miséricorde que celle qui peut l'arracher à une vie aussi voluptueuse, surtout dans la force de l'âge et des passions !...

J'avouerai néanmoins y avoir connu des personnes aussi estimables par les mœurs que par les talens : mais je ne fus pas de ce nombre ; et j'ose le dire, à ma honte, ainsi qu'à la gloire du Dieu dont la grâce éclate d'autant plus dans ma conversion, que, pour signaler son pouvoir, elle a choisi, en me touchant, le sujet le moins digne !

En entrant dans la sainte maison qui verra finir ma carrière, je sentis que le Seigneur avoit rempli tous mes désirs.

Il permit cependant que quelques méchans hommes vinssent, dès la première nuit, faire et dire à la porte du monastère, tout ce qu'il était possible d'imaginer de plus propre à m'en faire chasser.

La prieure, après de vaines informations pour les connoître, en fit part à M. l'archevêque, et qui, probablement mieux instruit, trouva moyen de prévenir de si cruels éclats.

On débita depuis que je n'étais pas née en légitime mariage, ce qui mettait un obstacle invincible à mon admission dans ce saint ordre.

Je le mandai à M. le curé de *Saint-Sulpice*, qui daigna joindre à mon extrait baptistaire, une lettre en forme de certificat, qui confondit la malice du démon.

Ces épreuves, et nombre d'autres que je crois devoir taire, loin de me décourager, ne servoient au contraire, qu'à me faire d'autant plus bénir la miséricorde de Dieu, au point que je crus ne pouvoir mieux faire que de la choisir pour mon nom de religion.

Je suppliai alors la prieure de permettre que je vécusse

inconnue, sans aucune correspondance avec mes amis, ni même avec mes parens : ce qu'elle crut devoir me refuser.

Je l'avais priée, dès en entrant, de ne me point ménager, et de me faire pratiquer d'abord, tout ce que je pourrois avoir à pratiquer dans la suite : attendu qu'ayant perdu tant de temps dans le monde, il m'étoit important de n'en pas perdre un seul moment dans le sein de la religion. Elle daigna se prêter à mes instances, en m'exceptant des prudentes attentions qu'on a dans les communautés pour les nouvellement initiées.

On me mit le balai à la main, le jour même de mon entrée.

Laver la lessive, tirer de l'eau d'un puits très profond, frotter les tables du réfectoire, porter les cruches de chaque sœur à leur place, laver la vaisselle de terre à notre usage, écurer les marmites et le poêle de la cuisine, fut un plaisir pour moi, beaucoup plus grand que ne l'avoient été mes anciennes mollesses.

A ces occupations, qui durèrent quatre ans, succéda celle de faire les *Alpargates*, ou souliers de corde, pour toute la communauté; d'avoir soin de l'horloge, pour laquelle il falloit chaque jour monter, à force de bras, trois pierres d'un poids énorme. Je fus trois ans dans cet emploi, qui, m'ayant un peu dérangé l'estomac, fut remis à un autre.

Après les trois premiers mois d'épreuves, je fus admise au saint habit, le 20 janvier 1725. M. l'archevêque eut assez de bonté pour présider à la cérémonie. Malgré toute la rigueur de la saison, toute la ville y assista : tant on avait eu peine à se persuader qu'il se fût fait en moi un changement si étrange, et que moi-même avois quelquefois peine à croire !

Le souvenir du passé, ainsi que la vue du présent, n'avoient besoin d'aucun secours pour m'entretenir dans mes résolutions. Les miséricordes d'en haut me rendoient mes anciennes erreurs d'autant plus odieuses; mes yeux étoient deux fontaines de larmes, et de larmes les plus sincères.

Quelques jours avant ma profession, Dieu permit à Satan de m'exercer plus que jamais, en me peignant l'extrême importance de l'engagement que j'allois prendre, surtout avec des religieuses, dont le nom seul m'avoit toujours déplu !... Le ciel daigna me soutenir; et l'approche seule des Sacremens, écarta pour jamais de mon esprit de pareilles idées.

Je prononçai mes derniers vœux avec une voix ferme, et une joie qui surprit tous les assistans; et cette joie ne se démentit jamais.

Quelque temps après ma profession, Dieu, cependant, permit que le démon me tourmentât sur nouveaux frais. non, comme à Pondevaux, par des songes impertinens : mais le jour et la nuit je me trouvois dans des états qui me faisoient horreur. Je n'eus point recours aux épines, ainsi que S. Benoît; encore moins au feu, comme Martinien : ce fut à l'équivalant de l'un et l'autre; et le tentateur fut confondu.

Mon directeur, conformément à sa promesse, m'avoit laissé la bride sur le cou. Alors, pour ajouter à l'austérité commune, j'y joignis toutes celles que mes forces et mon courage pouvoient me permettre de journellement pratiquer.

Je commençai par un vœu de ne jamais boire de vin, pas même en danger de mort, dût-il n'en falloir qu'une goutte pour prolonger ma vie. Pendant douze ans de suite, avec la permission du P. Deveaux et le secours d'en haut, je me suis exercée chaque jour à faire servir à la justice divine les membres qui avoient servi à l'iniquité; et une grande maladie ayant enfin affaibli mes forces, je m'en suis tenue depuis à l'austérité de la règle, et à un entier abandon aux décrets de la Providence.

J'ai cette grâce particulière à rendre au Seigneur; que depuis l'instant que j'ai quitté le monde, jusqu'à ce jour, 10 août 1752, je ne l'ai jamais regretté une seule fois, malgré les épreuves qu'il m'a fallu subir, et les violences qu'il a fallu me faire pour vaincre mon extrême sensibilité: violences si grandes, et qui ont tellement pris sur mon tempérament, que mes cheveux et mes sourcils, de très noirs qu'ils étoient, sont devenus tout blancs.

Qu'on juge de l'intempérance et de l'effervescence de mes passions, par les écarts et les périls auxquels elles m'ont exposée lorsqu'il s'agissoit de les satisfaire !... A quels dangers ne s'exposoit pas une fille de vingt à vingt-deux ans, en allant de Paris dans le Virtemberg, et du Virtemberg à Paris, dans une voiture de poste, à la merci d'un seul laquais et d'un postillon ! Ce laquais, plus timide et plus las, les sentant beaucoup mieux que moi, s'approchoit souvent de ma chaise, et surtout dans les bois de Nancy et de Sainte-Menehoud, en me disant d'une voix entrecoupée : « Mademoiselle, savez-vous que nous voici » dans de vrais coupes-gorges ?... A quoi je répondis : « Marche toujours; et ne crains rien; tu suis César et sa » fortune ! » Certaine nuit, dans une auberge, on entre dans ma chambre; et, croyant qu'on vient m'avertir que les chevaux sont à ma chaise, j'appelle mon laquais, et personne ne me répond. Tandis que l'on s'approchoit de mon lit, je crie aussitôt au voleur, et le voleur intimidé s'enfuit. Je m'élance du lit, il m'échappe. On vient au bruit. Je m'en prends à l'hôte, qui s'excuse sur trois voitures arrivées la nuit : « C'en est assez, lui dis-je; qu'on » mette les chevaux à ma voiture. » On obéit, et je pars sur-le-champ, sans penser davantage au voleur.

C'est ainsi que Dieu, par une providence marquée, m'a toujours préservée des accidens et des périls dans lesquels je me précipitois chaque jour, malgré les sages remontrances des personnes les plus respectables par leur rang, par leur âge et par leur vertu.

Lorsqu'elles me demandoient, si j'approchois quelquefois des sacremens, non sans doute, leur disois-je. — Eh ! pourquoi donc ? — Je ne veux pas les profaner, ni renoncer à mes plaisirs, avant quarante-cinq ans.—Mais n'avez-vous pas de remords ? — Moi !... non,... à quel propos ? Je ne fais aucun tort à mon prochain. Quant au paradis futur, je le laisse à qui voudra, contente de celui dont je jouis tout de mon mieux.

Délire affreux ! Aveuglement funeste, et dont je frémirai toujours !

C'est pourtant sur cette insensée que le ciel a daigné jeter un coup d'œil de compassion, assez puissant pour me rendre à moi-même ! Car il m'avoit douée d'une bonne ame, d'un cœur sincère et droit, sensible, bienfaisant, et susceptible des sentimens les plus estimables, ainsi que d'une juste horreur pour les vices déshonorans. Mais le peu d'aisance de ma famille, ayant fait négliger mon éducation, pouvois-je, jeune encore, au moment où je me trouvai libre et sans fortune, avec un tempérament tout de feu ; pouvois-je, dis-je, être long-temps ce qu'on appelle vertueuse ?... Aussi Dieu sait ce qu'il m'en a coûté pour cesser de l'être !... Il sait qu'à dix-neuf ans, me trouvant en Flandres, aux portes de la mort, je lui promis, et très sincèrement, de renoncer au dangereux état qu'on m'avoit forcée d'embrasser, si l'on vouloit seulement m'assurer deux cents livres de pension. On le pouvoit, on le devoit sans doute.... Mais que le ciel pardonne à ceux qui s'y sont refusés !

Vous avez exigé de moi cet abrégé de mes égaremens, et d'une conversion que l'on eut tant de peine à croire. Cruels ressouvenirs, et qui m'ont coûté bien des larmes !.. Souffrez que j'exige, à mon tour, que vous m'aidiez à rendre à Dieu d'éternelles actions de grâce, pour qu'il couronne en moi ses propres bienfaits, en m'accordant une persévérance dans le bien, capable d'expier à l'heure de ma mort, les maux dont j'ai déshonoré ma vie !

LETTRES DE LOUIS XIV.

A MADAME LA COMTESSE DE BRÉGI.

A FONTAINEBLEAU, LE 4 JUIN 1661.

Quand on sait demander les choses d'aussi bonne grâce que vous faites, et même des choses raisonnables, on n'importune jamais. Il ne tiendra pas à moi que votre procès ne finisse ; je m'en expliquerai dans les termes que vous pouvez souhaiter ; mais souvenez-vous, une fois pour toutes, que votre respect m'offenseroit, si dans les occasions vous ne recouriez à moi avec la confiance que mérite l'estime que j'ai pour vous.

A LA REINE ANNE D'AUTRICHE, MA MÈRE.

A NANTES, LE 5 SEPTEMBRE 1661.

Madame ma mère, je vous ai déjà écrit ce matin l'exécution des ordres que j'avois donnés pour faire arrêter le surintendant (Fouquet) ; je suis bien aise de vous mander le détail de cette affaire : vous savez qu'il y a long-temps que je l'avois sur le cœur, mais il a été impossible de le faire plus tôt, parce que je voulois qu'il fît payer auparavant 30,000 écus pour la marine, et que d'ailleurs il falloit ajuster diverses choses qui ne se pouvoient faire en un jour ; et vous ne sauriez vous imaginer la peine que j'ai eu seulement à trouver moyen de parler en particulier à Artagnan ; car je suis accablé tout le jour par une infinité de gens fort alertes, et qui, à la moindre apparence, auroient pu pénétrer bien avant : néanmoins il y avoit deux jours que je lui avois commandé de se tenir prêt, et de se servir de du Claveau et de Maupertuis, à défaut des maréchaux des logis et brigadiers de mes mousquetaires, dont la plupart sont malades ; j'avois la plus grande impatience du monde que cela fût achevé, n'y ayant plus autre chose qui me retînt en ce pays. Enfin, ce matin, le surintendant étant venu travailler avec moi à l'accoutumée, je l'ai entretenu tantôt d'une matière, tantôt d'une autre, et fait semblant de chercher des papiers, jusqu'à ce que j'ai aperçu par la fenêtre de mon cabinet Artagnan dans la cour du château, et alors j'ai laissé aller le surintendant qui, après avoir causé un peu au bas du degré avec la Feuillade, a disparu dans le temps qu'Artagnan saluoit le sieur Letellier ; de sorte que le pauvre Artagnan croyoit l'avoir manqué, et m'a envoyé dire par Maupertuis qu'il soupçonnoit que quelqu'un lui avoit dit de se sauver, mais il l'a rattrapé dans la place de la grande église, et l'a arrêté de ma part environ sur le midi. Il lui a demandé les papiers qu'il avoit sur lui, dans lesquels on m'a dit que je trouverois l'état au vrai de Belle-Ile ; mais j'ai tant d'autres affaires que je n'ai pu les voir encore ; cependant j'ai commandé au sieur Boucherat d'aller sceller chez le surintendant, et au sieur Pellot chez Pellisson, que j'ai fait arrêter aussi. J'avois témoigné que je voulois aller ce matin à la chasse, et, sous ce prétexte, fait préparer mes carrosses et fait monter à cheval mes mousquetaires ; j'avois aussi commandé les compagnies des gardes qui sont ici, pour faire l'exercice dans la prairie, afin de les avoir toutes prêtes à marcher à Belle-Ile. Incontinent donc que l'affaire a été faite, l'on a mis le surintendant dans un de mes carrosses, suivi de mes mousquetaires, qui le mène au château d'Angers, et m'y attendra en relais ; tandis que sa femme, par mon ordre, s'en va à Limoges. Tourille a marché à l'instant avec mes compagnies des gardes, et ordre de s'avancer à la rade de Belle-Ile, d'où il détachera Chavigni, capitaine, pour commander dans la place, avec cent Français et soixante Suisses qu'il lui donnera; et si, par hasard, celui que le surintendant y a mis vouloit faire quelques résistances, je leur ai commandé de forcer. J'avois résolu, d'abord, d'en attendre des nouvelles, mais tous les ordres sont si bien donnés que, selon toutes les apparences, la chose ne peut manquer; ainsi je m'en retourne sans différer davantage, et celle-ci est la dernière lettre que je vous écrirai de ce voyage. J'ai discouru ensuite sur cet accident, avec ces Messieurs qui sont ici avec moi; je leur ai dit franchement qu'il y avoit quatre mois que j'avois formé mon projet, qu'il n'y avoit que vous seule qui en eussiez connaissance, et que je ne l'avais communiqué au sieur Letellier que depuis deux jours pour faire expédier les ordres. Je leur ai déclaré aussi que je ne voulois plus de surintendant, mais travailler moi-même aux finances avec des personnes fidèles qui agiront sous moi, connaissant que c'étoit le vrai moyen de me mettre dans l'abondance, et de soulager mon peuple. Vous n'aurez pas de peine à croire qu'il y en a eu de bien penauds; mais je suis bien aise qu'ils voient que je ne suis pas si dupe qu'ils s'étoient

imaginés, et que le meilleur parti est de s'attacher à moi. J'oubliois à vous dire que j'ai dépêché de mes mousquetaires partout sur les chemins et jusqu'à Saumur, afin d'arrêter tous les courriers qu'ils rencontreront allant à Paris, et d'empêcher qu'il n'y en arrive aucun devant celui que je vous ai envoyé. Ils me servent avec tant de zèle et de ponctualité, que j'ai tous les jours plus de sujet de m'en louer. Et en cette dernière occasion, quoique j'eusse donné plusieurs ordres, ils les ont si bien exécutés que tout s'est fait en un même temps sans que personne ait pu rien pénétrer. Au reste j'ai déjà commencé à goûter le plaisir qu'il y a de travailler soi-même aux finances, ayant dans le peu d'application que j'y ai donné cette après-dînée, remarqué des choses importantes dans lesquelles je ne voyais goutte, et l'on ne doit pas douter que je continue. J'aurai achevé dans demain tout ce qui me reste à faire ici, et à l'instant je partirai avec une joie extrême de vous aller embrasser, et vous assurer moi-même de la continuation de mon amitié.

A M. COLBERT.

VERSAILLES, LE 15 AVRIL 1671

Monsieur Colbert, on m'a dit que votre santé n'est pas trop bonne et que la diligence avec laquelle vous prétendez revenir, vous peut être préjudiciable.

Je vous écris ce billet pour vous ordonner de ne rien faire qui vous mette hors d'état de pouvoir me servir en

arrivant à tous les emplois importans que je vous confie. Enfin, votre santé m'est nécessaire, je veux que vous la conserviez et que vous croyiez que c'est la confiance et l'amitié que j'ai en vous et pour vous qui me font parler comme je fais.

AU MARÉCHAL DE LA MEILLERAYE.

FONTAINEBLEAU, LE 25 OCTOBRE 1651.

Mon cousin, quand je n'aurois pas l'affection que j'ai toujours eue pour les jésuites, il suffiroit de celle que j'ai pour ma ville de Nantes, pour me faire désirer de les y voir établis, afin qu'elle ait part aux avantages que leur vertu et leur savoir ont accoutumé d'apporter à tous les lieux de leur résidence; c'est pourquoi je vous écris cette lettre qui vous confirmera que vous ne sauriez me faire un plus grand plaisir que de vous employer de la bonne sorte pour faire réussir au plus tôt cet établissement. Comme ils ne prétendent ni maison professe, ni collége, ni noviciat, se contentant d'un simple hospice dans quel-

qu'un des faubourgs, pour loger seulement sept ou huit personnes, sans demander aucun revenu, ni autre chose à ladite ville qui lui puisse être à charge, je ne vois pas quelle raison il y auroit de ne les vouloir obliger, d'ailleurs à des conditions différentes de tout le reste de la France, et contraires à l'édit de leur établissement. Et ainsi, n'y ayant plus d'autre difficulté que celle-là, je me promets de votre zèle et de votre dextérité qu'elle cessera bientôt. Je vous recommande derechef d'y travailler comme à une affaire que j'ai entièrement à cœur.

LETTRE DU COMTE D'ARTOIS

AU TRÈS HONORABLE EDMOND BURKE.

HAMM, 23 OCTOBRE 1795.

Monsieur, tout ce qui tient au sentiment de l'honneur, et celui de l'humanité, au besoin de remplir ses devoirs,

tout ce qui peut déterminer le succès d'une cause, que vous avez défendue avec tant de courage et de supériorité, est fait pour être bien entendu et bien senti par votre ame. C'est d'après cette assurance que je vais m'ouvrir avec toute confiance, et que je vous demande de seconder le plus ardent, le plus prononcé, le plus juste, de tous mes désirs.

Je ne parlerai point à M. Burke des événemens d'une révolution que personne n'a mieux connue et mieux jugée que lui. J'en viens tout de suite à l'objet qui réunit tous les sentimens dont mon ame et mon cœur sont susceptibles. Vous connaissez, sûrement, Monsieur, la lettre honorable que j'ai reçue de l'armée catholique et royale, néanmoins, je vous en envoie une copie littérale. Je vous laisse apécier quel est le désir de mon cœur, le besoin de mon ame et le vœu de ma raison. Si je n'avais consulté que le sentiment qui m'entraîne, je n'aurais connu aucun obstacle, aucun inconvénient, et je serais déjà par la route où l'honneur m'appelle. Mais j'ai été arrêté par l'intérêt de ceux que je veux servir, et ce devoir impérieux a contenu mon ardeur naturelle. C'est d'après ce motif que j'ai écrit à M. le duc d'Harcourt, la lettre dont je joins ici la copie en lui ordonnant de la communiquer au roi d'Angleterre et à ses ministres.

J'attends avec impatience la réponse du cabinet britannique; depuis cette époque j'ai appris que les généraux Anglais s'étaient décidés à porter un secours considérable d'armes et de munitions à l'armée royale, et qu'il serait permis à plusieurs émigrés des provinces fidèles d'aller combattre avec leurs vassaux. Je profite de cette heureuse circonstance pour renouveler mes demandes, et le duc d'Harcourt insistera pour obtenir une réponse favorable. Mais, Monsieur, sans vouloir pénétrer les motifs du cabinet de Saint-James à notre égard, et en respectant ses intentions pour le bien général, il m'est permis de craindre que le roi d'Angleterre et ses ministres ne veuillent pas encore répondre officiellement à celui qui est chargé de la confiance du régent, et que, par le même motif, malgré le vœu du parti royaliste qu'il protège, ils hésitent à transporter publiquement sur les côtes de France le lieutenant-général du royaume.

Dans cet état de choses, c'est à un franc et loyal Anglais, considéré dans sa patrie, ami et respecté de tous les gens de bien, c'est à vous, Monsieur, que je m'adresse, et c'est vous que je prie, avec une entière confiance, de traiter avec le ministre britannique l'objet qui m'intéresse, si vivement par l'influence qu'il peut avoir sur la cause de l'Europe entière.

Mes prétentions sont nulles; mon unique but est d'être réuni aux braves Français qui m'appellent; tous les moyens, pour y parvenir, me conviendront; je ne demande pour moi, ni une escadre, ni une armée, ni de l'argent, je ne demande point à passer en France comme prince; je ne veux, ne désire y passer que comme un gentilhomme qui va combattre pour son Dieu et son roi. Enfin, je ne demande point à être avoué publiquement par l'Angleterre; mais je désire qu'elle connaisse ma démarche; qu'elle ne s'y oppose pas, et qu'elle soit bien sûre que l'intention du régent est, ainsi que la mienne, de m'accorder en tout avec elle, et de combiner toutes ses démarches avec ses nobles desseins.

En un mot, ma seule demande est que M. Burke puisse me mander, ou me faire dire verbalement, que le cabinet de Saint-James consent à passer en Poitou un certain nombre de gentilshommes français munis de certificats; qu'il ne s'informera pas si M. le comte d'Artois est, ou n'est pas avec eux; et que l'embarquement doit se faire dans tel port, à telle époque.

C'est maintenant à vous, Monsieur, à juger si vous trouvez mes prétentions exagérées, si vous trouvez ma demande aussi utile à la cause générale que je l'envisage moi-même, et si vous voulez bien vous charger de traiter cette affaire importante. Vous ne devez craindre aucune indiscrétion; mon frère est seul dans le secret de cette démarche.

J'attendrai votre réponse avec la plus vive et la plus juste impatience; mais, Monsieur, quelle que soit votre résolution et quel que soit le parti que prendra le cabinet de Saint-James à cet égard, croyez que vous avez acquis des droits imprescriptibles à ma parfaite estime, à ma haute considération et à tous mes sentimens d'affection.

CHARLES PHILIPPE.

P.-S. Je viens d'apprendre l'affreuse nouvelle du crime atroce que les scélérats viennent de commettre sur la reine ma belle-sœur: mon cœur en est déchiré; mais, Monsieur, si vous me rendez la justice que je mérite, vous serez certain que jamais le malheur n'affaiblira mon ame.

A S. A. R. MONSEIGNEUR COMTE D'ARTOIS,

LIEUTENANT-GÉNÉRAL DU ROYAUME.

CHATILLON-SUR-SERRE, EN POITOU, CE 18 AOUT 1793,

L'AN 1er DU RÈGNE DE LOUIS XVII.

Monseigneur, c'est au généreux frère d'un roi que nous ne cesserons de pleurer; c'est à Votre Altesse royale que nous reconnaissons pour lieutenant-général du royaume de cet enfant intéressant et malheureux, pour la défense duquel nous avons pris les armes et sommes prêts à verser jusqu'à la dernière goutte de notre sang; c'est au comte de Poitou, cette fidèle province qui, dans sa plus grande partie, à l'exemple du Bas-Anjou et d'une portion de la Bretagne, s'est élevée la première contre les assassins de son Roi et les ennemis de Dieu et de son culte, que nous exposons avec confiance nos besoins et nos ressources, et l'ardent désir que nous et nos intrépides soldats, aurions sous le couvert Votre Altesse royale à leur tête, les diriger encore dans le champ de l'honneur et de la victoire.

Nous profitons, Monseigneur, de l'occasion d'un agent accrédité du gouvernement britannique, qui a percé mille dangers pour venir jusqu'à nous, pour déposer à vos pieds nos pressantes sollicitations, et un état détaillé de nos moyens et de notre position actuelle.

Nous prions M. Henri Dundas, ministre de S. M. Britannique, sous le couvert duquel nous nous adressons à Votre Altesse Royale, de vouloir bien se concerter avec elle, soit pour le débarquement, soit pour l'arrivée de ce qui nous manque pour l'entier succès de la glorieuse entreprise que nous avons commencée avec l'aide seule de cette éternelle et divine Providence, qui, la première, a inspiré ces simples, mais vertueux habitans de nos campagnes, et nous a préservés au milieu de tant de travaux, de dangers et de combats.

Venez, Monseigneur, venez! un petit-fils de saint Louis à notre tête sera pour nous et nos soldats le présage de nouveaux succès et de nouvelles victoires. Et, nous osons vous l'assurer, nous serons invincibles, ayant parmi nous un prince héritier de tant de rois et pour lequel notre amour égale notre estime et notre vénération.

Mais, Monseigneur, si des circonstances impérieuses, si des impossibilités réelles empêchaient Votre Altesse Royale de se rendre à nos vœux, daignez au moins nous envoyer un officier-général, ou toute autre personne, revêtue de vos pouvoirs et digne de votre confiance, à laquelle nous nous ferons un devoir d'obéir comme à vous-même.—Nous sommes avec le plus profond respect, de Votre Altesse Royale, Monseigneur, les très humbles et les très obéissans serviteurs.

Les commandants généraux des armées catholiques et royales, et les officiers du conseil supérieur d'administration,

DE LAROCHEJALAIS fils,
DONNISSAN,
LATREMOILLE, REUS DE TAL-
MOND DE LEURRE,
Chev. DESESSARTS,
L'évêque D'AGRA, président du
conseil supérieur,

Michel DESESSARTS, D. P.,
Le chev. Edouard FLAVIGNY,
CROIZETTE,
Le chev. DE VIEUX,
DE LYROTTE,
FRESNAU,
D'ELBÉE.

LETTRE DU COMTE D'ARTOIS A M. LE DUC D'HARCOURT.

HAMM, 10 OCTOBRE 1795.

J'ai trop de confiance en vous, mon cher duc, et l'influence de l'Angleterre est trop prépondérante dans tout ce qui concerne nos affaires, pour qu'il ne soit pas nécessaire que vous soyez instruit de nos projets, de nos intentions et de nos désirs.

Il est très probable que Monsieur passera incessamment en Espagne : c'est la vraie place du régent. Son maintien y sera décent, convenable. Et je vois avec le plus grand plaisir que les puissances, éclairées sur leurs véritables intérêts, ne tarderont pas à reconnaître un titre acquis par le plus grand malheur, mais indispensable pour le repos de l'Europe.

Monsieur aura une activité brillante et utile à l'armée espagnole; et sans parler ici de tous les motifs de sentimens qui me font souhaiter ardemment de voir enfin mon frère dans une position digne de lui, il est facile d'imaginer quel prix j'attache à ce que le représentant de mon roi acquière la consistance et la considération qui lui sont dues à tant de titres.

Ma considération personnelle est certainement attachée à celle du régent; mais vous me connaissez assez pour savoir avec quelle ardeur je veux servir ma patrie, et le besoin que j'ai de rendre mon existence utile.

Je ne chercherai point à rappeler ici ce que j'ai fait depuis plus de quatre ans, ni tous les moyens que j'ai cherché à employer pour reprendre l'activité dont je suis privé depuis la dernière campagne.

Vous savez mieux qu'un autre, et je désire que le ministère britannique connaisse que, depuis mon retour de Russie, je n'ai rien négligé pour trouver une occasion de pénétrer en Poitou pour me réunir à l'armée catholique et royale. Le cabinet de Saint-James ne voulant, ou ne voulant point appuyer et protéger mes démarches, j'ai cherché à agir à son insu; mais vos avis et vos sages réflexions m'ayant prouvé que mes efforts étaient inutiles, j'ai tourné mes vues vers le Midi. La résistance de Lyon, la prise de Toulon, et la reconnaissance publique du roi par les amiraux anglais et espagnols, me donnant l'espérance de pouvoir enfin être utile, j'étais déterminé à me porter à Turin, en passant par la Suisse. Je m'étais fait précéder par des officiers de confiance, et je n'attendais que la certitude du succès de l'emprunt que nous ouvrons en Hollande, pour sortir de ma longue et pénible inaction.

Tels étaient mes projets lorsque le chevalier de Tintignac m'a apporté la lettre de l'armée catholique et royale. Vous sentirez facilement la vive et profonde impression que cette lettre a produite sur moi. La confiance de ces bons Français m'a pénétré jusqu'au fond de l'ame; et je puis dire avec vérité que c'est la seule consolation que j'ai éprouvée depuis le commencement de nos malheurs. C'est la voix du véritable honneur qui m'appelle; et je serais indigne de l'estime publique si mon vœu le plus ardent, et si mon désir le plus prononcé n'étaient pas de tout braver pour me rendre au poste qui m'est indiqué par tous les sentimens, tous les devoirs et tous les intérêts réunis.

Mais, mon cher duc, je deviendrais coupable, si, me livrant uniquement à la juste ardeur qui m'anime, et ne voulant que réussir dans mes nobles desseins, je négligeais les avantages et les intérêts réels de ceux que je veux, que je dois servir. Les royalistes du Poitou et des provinces voisines ont besoin de secours. Le ministère anglais a eu la générosité de leur en offrir; il connaît maintenant leurs besoins; il sait combien les diversions de l'intérieur sont et seront nécessaires pour terminer une guerre odieuse et funeste à toute l'Europe; et nous sentons tous que cette partie intéressante du royaume ne peut être secourue et protégée que par l'Angleterre.

Notre premier devoir est donc de vous recommander spécialement de ne négliger aucune occasion, aucun moyen, pour déterminer le cabinet de Saint-James, — 1° à établir promptement une communication sûre avec l'armée royale; — 2° à favoriser le passage des émigrés qui pourront être utiles dans les provinces qui ont secoué le joug de l'anarchie; — 3° enfin à subvenir, autant qu'il lui sera possible, aux besoins urgens de cette armée, si intéressante par elle-même et si importante pour le succès général de la guerre actuelle.

Le maréchal de Castries suppléera aux détails que je supprime ici; mais, mon cher duc, vous devez regarder l'obtention de ces demandes comme l'objet principal et décisif de votre mission; et vous êtes autorisé à déclarer, au nom du régent, que les dépenses que l'Angleterre fera pour secourir l'armée royale, seront regardées comme la dette de l'état la plus sacrée et la plus imprescriptible.

Instruit par le devoir à ne jamais considérer mes avantages personnels qu'après l'intérêt général et que dans la mesure où ils peuvent se combiner utilement, je vous charge également, au nom du régent, comme au mien, en présentant au roi d'Angleterre et à ses ministres mon vœu bien exprimé de me rendre promptement aux honorables invitations des Français fidèles du Poitou; de n'insister vivement sur cette demande qu'autant qu'elle entrera dans les vues du cabinet de Saint-James; qu'autant que l'Angleterre sentira combien il est important de donner une nouvelle action à l'armée royale par la présence d'un prince qu'elle désire vivement de voir à sa tête; et surtout, qu'autant que cette demande de ma part ne retarderait point les prompts secours que les généreux Anglais se détermineront sûrement à porter sans délai aux provinces qui combattent depuis sept mois pour Dieu et le roi.

Vous jugerez sans peine, mon cher duc, quelle importance j'attache à votre réponse. Mon devoir exige que je porte un œil attentif sur toutes les parties de la France, où ma présence pourra être nécessaire ou utile; mais je vous répète encore que mon vrai poste est à la tête de l'armée catholique et royale; et quelque part que je puisse me trouver, je m'y porterai rapidement dès l'instant où vous m'informerez que l'Angleterre approuve que je fasse cette honorable démarche.

Ne doutez jamais, mon cher duc, de tous les sentimens, etc., etc.

PROJET DE L'ÉLOQUENCE ROYALE

COMPOSÉ

POUR HENRI III, ROI DE FRANCE,

PAR JACQUES AMYOT,

ÉVÊQUE D'AUXERRE, GRAND-AUMÔNIER DE FRANCE,

D'APRÈS LE MANUSCRIT AUTOGRAPHE DE L'AUTEUR.

CHAPITRE I

Je n'ay pas entrepris, de dire ici les loüanges de l'eloquence, et par là monstrer comme il est bien seant d'employer quelque estude à l'acquerir, elle sert elle mesme de louange aus autres sciences, et specialement à la vertu, qu'on dict n'avoir autre chose plus grande ni plus agreable recompense. Aussi n'y a-t-il rien tel que de sçavoir par bien dire manier une multitude d'hommes, chatouiller les cueurs, maistriser les volontés et passions, voire les pousser et retenir à son plaisir, et, par maniere de dire, en porter l'esperon et la bride pendus au bout de sa langue.

J'advoue que c'est grand'chose d'amener les hommes par force à la raison que l'on veult; mais c'est plus de les y conduire de gré, sans coup ferir, sans perte ni danger, et a leur contentement. Thucydides, jadis excellent personage en sa republique, fut quelquefois enquis par le Roy Archidamus, qui estoit plus adroit a la lutte, lui ou Pericles: cela seroit, dict il, difficile a juger, car aussi tost que je l'ay porté par terre avecq' l'adresse et force de ma personne, il faict acroire par son bien dire a ceus qui l'on veu qu'il n'est pas tombé, et le gaingne sur moi par le plat de la langue. Or puis que nous avons, comme par preciput, sur tous animaus le bien de pouvoir deviser et et-discourir entre nous, et descouvrir noz pensées les uns aus autres par l'usage de la parole, certes nous en devons faire beaucoup d'estime, et nous fault mettre peine d'acquerir encor' cest avantage, que la mesme chose qui avant toutes autres nous faict surmonter les bestes, soit celle aussi par la vigueur de laquelle nous surmontions les autres hommes. Comme a vrai dire il n'y a chose plus desirable que parmi une infinité de personnes paroistre seul, ou avec peu de semblables, sçachant mieus faire que les autres ce que Nature neantmoings a ottroïé a tous. Je sçai bien que les plus eloquens hommes ont esté ez republiques anciennes: aussi les premiers honneurs et plus hautes dignités se donnoient par le peuple, lequel on gaingnoit par l'eloquence. La paix et la guerre se conseilloient ainsi , et comme tout l'estat se traittoit par deliberations publiques ; aussi estoient elles conduites et gouvernées par les vives raisons et vehementes suasions des grands orateurs. Ce qui ne se veoit ez monarchies, ou les honneurs et dignités sont en la main d'un seul, qui les distribüe comme il luy plaist : et quand bien il les donneroit touts aus plus capables ou a ceulx qui luy font plus de service ; on veoit neantmoings que c'est sans avoir grand esgard a l'eloquence. Si ne veus je par là confesser que l'art et science de bien dire se doibve moins chercher et estimer entre nous, et tiens quelle est a tous honneste ; mais aus ministres d'un grand Roy, et principalement au Roy, grandement recommandable, proffitable, voire nécessaire ; et que s'il en sçait user dextrement et a point, il en establira, maintiendra, et augmentera son estat, autant ou plus que par nul autre moien dont les Roïaumes et grandes seigneuries s'entretiennent.

Pour faire voir combien ceste science peult servir aus Princes, nous en avons beaucoup d'exemples : comme du Roy Pyrrhus, qui confessoit librement avoir acquis plus de villes par l'eloquence de son ambassadeur Cyneas qu'il n'en avoit conquis par ses armes. Et certainement s'il eust eu ceste vertu de bien, il en eust mieus mérité le surnom de preneur-de-villes que Demetrius fils d'Antigonus, qui se feist ainsi appeller, pour le nombre et grandeur admirable des machines dont il s'aidoit a batre et forcer les villes, car il ne fault pas, selon l'ancien proverbe, prendre le loup par les oreilles : plustost y fault il prendre les peuples et les cités toutes entieres, qui se laissent en ceste sorte mener a un Prince eloquent. Davantage comme les animaus qui nous tiennent plus de compagnie et de fidélité guerissent toutes plaies qu'ils ont receües s'ils peuvent y attaindre de la langue, aussi par une douce et agreable parole un Prince peult remedier à des inconveniens où tous autres moyens seroient inutiles. Joint qu'il survient des saisons ou la force n'a lieu aucun, et la persuasion a tout pouvoir. L'armée de Jules Cæsar s'estoit revoltée contre luy au milieu de ses plus grands faires. Lors il n'eut pas recours à son espée, qui luy eust peu profité entre tant de miliers de glaives, ains combatit et abatit ceste sedition par le tranchant de sa langue, rengeant ses soldatz a telle raison qu'ils se soubmirent d'eus mesmes a la peine et chastiment qu'il voudroit, moyennant qu'il les receust en sa grace. Le Roy Mithridates, qui soustient la guerre quarante-trois ans contre le peuple Romain, veincueur du reste du monde, fut plus revéré de vingt et deux nations a qui il comandoit par son bien dire, et parlant a chacune d'elles sans truchement, que s'il eust eu vingt et deux armées pour les contenir soubz son obeissance. Mesmement les Rois de Perse, combien qu'ils eussent des ministres qu'on nommoit leurs aureilles et leurs yeux, par ce qu'ils alloient par tout escoutans et regardans pour en faire rapport, n'en eurent jamais toutesfois qu'on appellast leurs langues : ains parloient toujours eux mesmes a leurs subjectz et aus estrangers ; estimans, et non sans cause, que la parole d'un Roi est une principale partie de sa puissance. Je ne feray point icy mention de nostre Hercule Gaulois tant renommé, que les peuples suivoient attirés par le fil de sa langue, et me suffira de dire que si l'eloquence est royne de toutes choses, ainsi que quelque poëte l'a laissé par escript, il n'y a Roy, tant soit grand et puissant, qui ne doibve desirer de l'avoir pour sa compagne.

Or afin qu'on ne pense que je vueille envoyer les Rois en quelque eschole de rhétorique, les faisant descendre de leur siege royal pour monter en chaire et y declamer, il est temps que je monstre quelle est ceste eloquence que j'ay entrepris de figurer et descrire. Il y a deux manieres d'eloquence aisées a remarquer ez anciens orateurs ; l'une pleine de babil et d'affecterie ainsi qu'une courtisane : l'autre ornée d'un parler doucement grave, d'un port, grace et beauté naïve, comme une femme d'honneur. De celle la usoient les harangueurs qui du tout s'estudioient a flater le peuple et a luy complaire : de ceste cy se sont aidés les grandz personnages et qui se sont le plus entremis du gouvernement des republiques et des empires : et partant elle sera plus convenable au present traité. La premiere, que nous appellerons eloquence vulgaire, a bien eu tant d'efficace que de tourner et virer la plus grande cité du monde a son plaisir ; comme quand le peuple Romain estant assemblé au theatre pour regarder les jeux, y arrivant Lucius Otho, fort haï de la commune a cause de quelque sienne loy, il se leva un tel bruit, sifflement, et crierie a lencontre de luy, que la place sembloit plus tost une mer irritée qu'un theatre a jouer des jeux. Toutesfois l'orateur Ciceron ayant faict une harangue et remonstrance a ceste commune, en un instant changea tout son corrous et mauvaise volonté en une singuliere bienveillance : de façon qu'avec batemens de mains et cris pleins d'allegresse, elle s'esforcea de caresser a l'envi celuy qu'un peu auparavant elle avoit si mal receu, outragé et injurié. En ceste mesme cité, durant les guerres civiles de Marius et de Sylla, quelques soldatz furent envoyés pour tuer M. Antonius l'orateur. Ils avoient desja tiré leurs espées, et estoient prests de les tremper en son sang : mais après l'avoir ouy si divinement parler, ils n'eurent ny la force ny le courage de le toucher, et rengaisnans leurs espées s'en retournerent tous estonnés d'ou ils venoient. Par où l'on veoid qu'il n'y a rien si dur qui ne soit destrempé et amolli par l'eloquence : laquelle si elle demandoit jusques a nostre propre vie il ne seroit pas en nous de l'esconduire. Tesmoings les auditeurs du philosophe Hegesias, qui desploïant son eloquence a raconter et mettre devant les yeux toutes les miseres ausquelles est subjecte nostre vie, allumoit un tel desir de la mort en leurs espritz que plusieurs de leur gré se faisoient mourir ; et fut contraint le Roy Ptolomeus de luy faire tres estroicte deffense qu'il n'eust plus a discourir de telle matiere. Si Hegesias eut puissance sur la vie des Egiptiens par son bien dire, moindre ne l'eut aussi Pisistratus sur la liberté des Atheniens. Car combien que Solon, estimé le premier entre les douze sages, s'opposast vivement aus desseings d'iceluy, remonstrast a ses citoyens qu'il ne tendoit qu'a les asservir : neantmoings Pisistratus sceut harenguer de telle sorte que Solon, avec toute sa sagesse, son autorité, et la bonté de sa cause, le perdit content. Mais c'est trop parlé de ceste eloquence vulgaire : et fault venir a celle qui est propre aus Princes et aus Rois, afin de monstrer en quoy elle consiste.

EN QUOY CONSISTE L'ELOQUENCE ROIALE.

CHAPITRE IV.

En l'homme il y a deux principales parties ; l'entendement et la parole. L'entendement est comme le maistre qui comande, et la parole comme le serviteur qui obeit. Il y doibt avoir en l'entendement, ainsi qu'au trident de Neptune, trois pointes ; l'une pour trouver les choses dont il fault que l'on parle : l'autre pour asseoir jugement sur les choses trouvées, et de plusieurs choisir celle qui semblera le mieus a propos ; la derniere, a sçavoir la memoire, est la gardienne et thresoriere de toutes les richesses de l'eloquence. Quant au jugement et a la memoire, vous en avez, Sire (1), ce qu'on en peut souhaiter en un Prince tres accompli ; et en cela avez un merveilleus avantage sur ceulx ausquels ces parties sont moindres, ou deffaillent. Car, outre ce qu'elles sont necessaires a l'eloquence, et a tous autres artz, pour bien assurer un estat la raison y est requise, ainsi qu'une anchre pour arrester un navire ; et comme l'anchre ne sert de rien sans le cable et cordage, aussi la raison a bien peu d'efficace sans le jugement qui la faict demeurer ferme en ce qu'il a une fois choisy et approuvé. Autant en est il de vostre memoire, dont un chascun admire l'excellence, soit a comprendre et retenir toutes sciences dignes d'un Roy qui se presentent et traittent a chasque heure en vostre conseil, ou soit a vous souvenir particulierement d'une infinité de personnes, soudain les recognoistre de l'oeil, et sçavoir leurs noms, qualités et merites, qui est un des meilleurs et plus certains moyens a un Prince pour gaingner le cueur de ses sujets : ainsi que l'esprouva le grand Roy Cyrus, qui appelloit par leur nom tous les soldatz de son armée, presque impossible a nombrer ; et par là retenoit leurs cueurs et en disposoit a sa volonté. Mais je n'ose parler plus avant ni de vostre jugement ni de vostre memoire, parce qu'il vaut mieus s'en taire que d'en trop peu dire. Nous avons encore a deduire ce qui est de la troisieme faculté de l'ame, et de la premiere partie de l'eloquen-

(1) Henry III.

ce, qu'on nomme invention ; en quoy la promptitude, vivacité et agilité de vostre esprit est incomparable. Toustesfois estant occuppé et distraict par le soing et pensée continuelle que requierent tant et de si grandz affaires, il ne veult desdaigner la provision de quelques lieus communs par lesquels il puisse plus aisément trouver le subjet et la matière dont il conviendra parler.

DES PROPOS DU PRINCE EN SON PLUS COURT LOISIR.

CHAPITRE V.

Le Prince, comme tous autres hommes, parle ou pour son utilité, ou pour se donner du plaisir. Il reçoit du plaisir de parler et deviser quand parmi ses affaires il veult relascher un peu son esprit trop tendu, ainsi que faict un joueur de lyre quelques chordes pour les retendre soudain après, et remettre sa lyre en meilleur accord. Ses propos doibvent lors estre courts comme son loisir : et semble qu'en ceci l'eloquence ne soit gueres requise, veu que son propre est d'estendre les choses et de les amplifier par beau langage : Toustesfois ceuls qui ont anciennement emporté le pris de bien dire ont esté aussi beaucoup estimés pour sçavoir parler court en temps et lieu : principalement pour sçavoir user a propos de quelque mot aigu et de gentile rencontre. En quoi tout Prince qui vouldra suivre vostre exemple se sçaura bien garder de poindre trop asprement. Car encores qu'un Roy puisse, non seulement dire, mais aussi faire tout ce qu'il luy plaist : si est ce qu'en ceci ou il cherche du plaisir il y doibt avoir aussi quelque contentement pour ceuls a qui il parle ; de sorte que ses propos semblent plustost chatouiller que piquer aigrement : tant pour retenir l'auctorité et la gravité que telle chose diminue, que pour ce que les hommes souvent endurent fort impatiemment un trait de moquerie ; mesmement quand il est jetté par celui contre lequel on n'ose user de revenche. Il peut neantmoins toucher quelquefois jusques au vif, soubs paroles douces et couvertes, ainsi que feit le Roy Loys unziesme un certain evesque qu'on luy avoit nommé pour l'envoyer ambassadeur a Venize. Celuy qui l'avoit nommé, et desiroit l'avancer a cause qu'il estoit son parent, quand le Roy luy demanda quel homme c'estoit, il est, dict il, evesque de tel lieu, abbé de telle abbaye, seigneur de telle et de telle terre, esplucant par le menu toutes ses qualités. Ou il y a tant de tiltres, respondit le Roy, il y a peu de lettres. Le capitaine Marasin, venu vers le mesme Roy pour l'advertir de ce qu'il avoit exploicté a Cambray, portoit au col un riche collier d'or, qu'on disoit estre faict des reliques prises es eglises dudit Cambray : et comme un gentilhomme voulust manier ce collier, le Roy luy dist, garde toy bien d'y toucher, c'est chose sacrée. Ainsi l'un fust par luy moqué comme ignorant et l'autre repris comme sacrilege : mais ce fut de telle façon qu'il y avoit en la moquerie plus de plaisir que d'aigreur. Themistocles, capitaine général des Atheniens, ne se moqua pas moins plaisamment des Erethriens, combien que ce fut plus ouvertement, en leur reprochant leur lascheté et couardise. Ces gens ici, dict il, ressemblent aus poissons qu'on nomme casserons; car ils ont bien des espées, mais ils n'ont point de cueur. Je ne me veus arrester a deduire comment, et en combien de sortes, on se peult aider de tels mots poignans et aigus, parce qu'il vault mieus en faire un recueil a part : bien dirai je qu'il fault eviter sur tout en une risée qu'elle ne se puisse retourner contre son aucteur ; ce qui advint jadis a l'empereur Auguste. Quelqu'un l'advertit qu'il estoit venu un estranger a Rome qui luy ressembloit parfaitement. Il le voulut veoir : et se pensant joüer de luy demanda si jamais sa mere n'estoit venue a Rome. L'estranger luy respondit promptement : Non pas ma mere, que je sçache : mais mon pere y est venu plusieurs fois. Ainsi fut Auguste payé de mesme monnoye; et contraint de prendre c'este replique en patience, parce qu'il avoit commencé, et que l'estranger assailli avoit seulement deffendu son honneur et celuy de sa mere. Aussi ne se doivent les princes courroucer en pareil cas, ains en tirer double louange; l'une de nature douce et benigne, l'autre de vraïe et roïale magnanimité. Car, comme disoit Fabius Maximus, quand ses citoïens le brocardoient pour mener la guerre trop froidement et lentement a leur gré : celuy qui ne peult endurer un trait de moquerie est plus coüard que celuy qui s'enfuit devant son ennemi.

DES CHOSES DONT IL DEVISE AIANT PLUS DE LOISIR.

CHAPITRE VI

Quand les affaires permettent au prince plus de loisir, il devise de maintes choses, et principalement des armes. Parquoi Sire, je desirerois que l'on vous feist un recueil des plus beaus discours de ce qui appartient a la guerre, composé par chapitres, en bon ordre, et belle disposition des matieres propres à ce sujet, tant pour en faciliter la deduction et l'intelligence, que pour aider vostre memoire. Par exemple, je voudrois qu'il dist quand la guerre est digne d'un Prince Chrestien, et en quel cas il s'y doit resouldre. Quelles choses il fault preparer pour la faire; ce qu'on doit considerer ordonnant un chef pour la conduire, et qu'elles doibvent estres ses parties. Quels seront les colonels et capitaines emploiés soubs luy; l'ordonnance des gens de cheval et de pied; en quoi l'on se peult mieus aider des uns ou des autres; leur discipline et functions, tant des chefs que des soldatz; les differences et diverses sortes de guerre, domestique ou estrangere, de mer ou de terre, contre grand ou petit ennemi, assaillant ou deffendant, pour campagne rase ou pour pais fort, pour prendre ou pour deffendre villes Apres seroit parlé des moyens de camper et bien loger son ost, des lieus les plus avantageus, et des entreprises ou surprises qui se peuvent faire : de toutes ruses de guerres, des occasions de combatre ou de temporiser, d'envittailler, de donner assault ou bataille. Puis on discourroit des traittés pour pais ou pour tresve, du licenciement et retour des gens de guerre, de l'establissement de la pais, et des moyens tant de la conserver que d'eviter une tromperie soubs pre-texte d'une feinte pais. A ceci, et a toute autre chose qui se peut presenter sur le propos de la guerre, je rapporterois les exemples les plus illustres et moins vulgaires tirés de l'antiquité, ou de l'Histoire de France et autres modernes : et vouldrois qu'on prist peine de les deduire en langage si beau et tant eslu que de la vous peussiés tirer double commodité : l'une d'avoir tousjours vostre memoire instruite d'un nombre de beaus discours et histoires bien recherchées, pour en user en touts propos qui se mettroient en avant sur ceste matiere : l'autre, de les dire commodement, et en si bons termes qu'oustre l'honneur qu'avés acquis, avant que parvenir a cest empire, d'estre dict et estimé le plus grand capitaine de l'Europe, vous eussiés aussi la loüange d'en parler mieus que nul aultre, soit pour l'ornement du langage, pour la force des raisons, ou pour l'auctorité des exemples. Je voi en oultre qu'en ce devis, et generalement en tous propos qui se tiennent ordinairement entre les hommes, vous avés grand moyen de beaucoup paroistre par desus les aultres, comme abondant en toute la richesse qui peult embellir un discours, tant pour les beaus mots que pour les graves argumens et sentences : parce que vous estes toujours maistre et conducteur du propos, quiconques soient ceus qui vous assistent, et pouvés le faire tomber ou il vous plaist. En quoi vous recevrés beaucoup de contentement et non moindre honneur, après que plusieurs hommes auront essaïé de bien dire, quand on vous verra les surmonter avec tel avantage qu'il n'y aura nulle comparaison des plus doctes et mieus disants a ce qui sortira de vous, qui aurés peut estre pris plaisir une heure auparavant a vous rafraischir de ce qui sera par apres traicté en vostre presence.

CONTINUATION DU MESME PROPOS.

CHAPITRE VII.

Je dirai de mesme des semblables sujets ordinaires, comme des maisons et nobles familles de ce Roïaume, dont on parle aussi souvent que de nulle autre matiere : et sied grandement a un prince d'en avoir non seulement parfaicte connoissance, et presque en tenir comme le registre, mais aussi seroit tres digne de vous qu'il ne se peust parler de guieres de maisons dont vous ne sceussiés a peu pres l'origine et antiquité, et de plusieurs les merites et marques plus insignes; comme les haultes alliances quand elles y sont; les grands estats et offices de leurs ancestres : et specialement leurs services signalés envers ceste couronne : comme de prises ou deffenses de villes, batailles gaingnées, ou autres actes remarquables et dignes de memoire, desquelles choses tel vous pourroit faire un extraict certain et veritable qui possible y seroit meilleur qu'a quelque autre besongne. De quoi vous scaurés si bien user que par ce moïen vous retiendrés en office beaucoup d'hommes de vostre noblesse, leur ramentevant les beaus faicts et gestes de leurs predecesseurs. Qui ne sera ni petit contentement a eus, quand ils orront ou scauront par aprés ce qui en sort de vostre bouche pour leur honneur ou recommandation, ni petit es-peron à bien faire, quand par vous mesmes ils entendront rememorer ce qui les doit inciter a la vertu et honeste imitation de leurs plus proches. A quoi je joindrois volontiers une sommaire connoissance de l'histoire, non de ce temps, car c'est le vostre dont l'histoire ne vous peult estre que tres familiere, mais des siecles precedens. Car, comme a bien dit un grand personnage : qui ne scait ce qui est advenu avant qu'il fust né, il domeure toujours enfant, et au contraire ceus sont estimés vieus, sinon d'âge, au moins de prudence, qui se souviennent de fort loing par la lecture des histoires. A ceci serviroit grandement un abbregé composé d'art et de methode, ou vous peussiés veoir, ainsi qu'en un tableau, la deduction des monarchies de temps en temps, les changements de regnes et empires : les faultes ou les sages conduites des gouvernements, les maladies et mortalités des estats souverains, avec les exemples en petite quantité, mais bien choisis, rapportés sur chascun chapitre. Aussi les beaus moïens et remedes par ou les Roïaumes ont esté conservés et accreus, les vertueuses et prudentes actions emploiées tantost a ceder au mal, tantost a le rompre et dissiper; les guerres qui ont esté sagement entreprises, bien conduites et heureusement achevées; et d'autres tout au contraire : les moïens par lesquels les Rois ont esté cheris ou haïs de leurs peuples. Les belles lois establies par les bons princes, et le grand ordre tenu par eus, soit a la distribution des biens et honneurs de degré en degré selon les vertueus faicts et dignes merites, ou a la punition moderée et legitime des malfaicts pour l'exemple des sujets. Certes ces choses escrites de bonne plume et digerées par ordre pour vostre memoire tant heureuse et presente, accompaigneroient vostre parler ordinaire de graces infinies quand il vous plairroit l'orner et parer de si excellentes fleurs. Que dirai je icy des provisions que l'on vous peult faire pour former un thresor en vostre esprit afin de parler promptement des autres matieres de commun entretien : comme de la chasse, des bastimens, des pierres precieuses et choses semblables. Je ne m'estendrai pas a dire par le menu ce qui seroit necessaire pour bientost en avoir un promptuaire : car l'on pourroit de ce mesme ordre que j'ay touché dresser des tables et extraicts qui sans peine vous conduiroient en un grand magazin, lequel faict en peu de temps ne se pourroit espuiser de vos jours, et recevroit continuellement autant d'augmentation et d'accroissement que vous vouldriés y faire adjouster par la lecture des bons livres; de maniere qu'oultre la propriété des mots que vous auriés de toutes choses vous pourriés aussi en faire de frequentes translations en autres sujets qui donneroient une rare et excellente beauté a vostre langage, et dont nous parlerons ailleurs.

ENCORE DU MESME PROPOS.

CHAPITRE VIII.

Ici l'on me pourroit reprendre de ce qu'aiant entrepris de parler de l'eloquence, il semble neantmoins que je vueille donner instruction autant pour beaucoup sçavoir que pour bien dire. A quoi je respondray ce que je respondi a vous mesmes, Sire, quand il vous pleut me demander ce que je pensois le plus servir a bien parler; c'est que le premier et principal point de l'eloquence gist a ne parler d'aucune chose dont on n'ait bonne intelligence; et ceus qui ont enseigné l'art de bien dire ne l'avoir aultrement formé qu'avec la connoissance des belles sciences, sans lesquelles ce qu'on appelleroit eloquence ne seroit a la verite qu'une haverie indiscrete et ignorante. Par quoi je t'ens que vous ne pouvés adjouster a vostre excellent naturel, qui vous faict bien dire de naissance, chose qui vous face plus d'honneur, et dont vous receviés plus de contentement, que si par le labeur de voz serviteurs studieus, et personnes de jugement, vous ramassés bientost un abbregé des principales et plus necessaires matieres qui puissent orner et embellir le bien dire que naturellement vous possedés. On me pourroit dire aussi, qu'au lieu de vous donner des preceptes de la science que vous desirés par art et estude augmenter en vous, je fai seulement un dessain, et comme un estat des preparatifs necessaires pour cest effect. Et de vrai je vous advoüe franchement que ce ne sera pas en ce livret que vous trouverés ce qui me semble vous pouvoir suffisamment instruire vostre eloquence. La besongne est trop haulte pour si petit escrit, et pour le peu de temps que j'ai eu a y penser, et celui a qui elle est dediée trop digne pour le vouloir contenter de si peu. Mais je dirai hardiment qu'oultre ce que vous trouverés ici les premieres regles et preceptes principaus de l'art que je traitte, s'il vous plaist faire poursuivre ce que je desseignerai seulement, et le conduire a quelque estat, non pas de sa perfection, a quoi il fauldroit long temps et grand labeur, mais de sommaire recueil faict de bonne main, et avec quelque diligence, vous en aurés tel contentement qu'il vous gardera de blasmer a l'advenir ce mien advis. Et oultre la commodité que vous en recevrés pour vostre usage, ce sera aultant de bien et d'instruction que vous preparerés pour les vostres, et accoustumerés autant d'hommes à dresser leur estude par ordre pour s'en servir en plus d'une bonne occasion.

DE QUOI PARLE UN PRINCE EN TEMPS D'AFFAIRES.

CHAPITRE IX.

C'est assés parlé des matieres dont un Roy peult discourir pour le plaisir, venons a l'autre cause pour laquelle la nature à donné la parole a l'homme, qui est le profict. Puisque le but principal ou tend un bon prince n'est que la commodité de ses sujetz et le bien du Roïaume, il semble que le Roy parle pour son proffict et pour celuy d'autruy tout ensemble quand il est question de ses affaires; dont nous pourrons connoistre la diversité par la diversité des personnes. Les Rois voisins et princes souverains doivent estre mis au premier lieu, parce que la force et dignité de l'eloquence Roïale se monstre principalement quand ils s'entrevoyent et parlement ensemble, comme feirent votre aieul le Roi des François premier du nom, et Charles le quint empereur, a Aisguesmortes. Vous mesmes aussi, Sire, au retour de vostre Roïaume de Poloigne, feictes voir combien peult la vertu de bien dire a la seigneurie de Venise, et au duc de Savoye, et a plusieurs autres princes et potentats. Toutesfois la pluspart des princes ne cherchent point ces entreveües et parlements, ains traitent des affaires par l'entremise de leurs ambassadeurs, qui sont communement gens choisis, sçavans et eloquens. Parquoi le Prince qui leur sçait bien respondre en rapporte plus grande louange, non pas que je desire qu'il s'estende beaucoup en ceci; car il y a moins de gravité en une longue oraison qu'en un parler bien serré, et si les ambassadeurs usoient aussi de trop longue harangue, il leur pourroit dire ce que respondist Cleomenés Roi de Lacedemone a ceus des Samiens. Je n'ai plus de souvenance de ce que vous avez dict au commencement : qui m'empesche d'entendre le milieu : quand a ce qu'avés dict a la fin, je ne le trouve pas bon.

<hr>

DES LIEUS D'OU L'ON TIRE LES ARGUMENTS ET LES PASSIONS.

CHAPITRE X.

En ce que traite un orateur il considere le plus souvent si la chose est proffitable, honeste, juste, ou au contraire : et rapporte a cela, comme a un but et poinct principal, toutes les raisons et arguments, qu'il cherche en certains lieus dont je ne parlerai qu'en passant, et en amenerai peu d'exemples. Les trois premiers sont, de la definition, du denombrement des parties, et de l'etymologie. Exemple de la definition. Celui qui commande seul et justement a un peuple doit estre obei. Le Roy est celui la : on doit donc obeir au Roy. Exemple du denombrement des parties. Le soldat en une bataille est contraint ou de combatre, ou de fuir, ou de se rendre a l'ennemi : c'est chose lasche et vilaine de fuir; et aussi de se rendre : il fault donc qu'un vrai soldat combate jusqu'au dernier soupir. Exemple de l'etymologie. Le prince qui desire maintenir son estat par bon conseil doit avoir auprés de lui de bons conseillers. Il y a plusieurs autres lieus comme de la différence, du genre, des especes, des mots qui viennent d'une mesme source, des contraires, des causes, des effects : mais ceus qui paroissent le plus sont les similitudes, et les comparaisons : qui oultre la force de prouver apportent un grand ornement a l'oraison. J'en laisse toutefois les exemples dont le nombre est infini, et ne sont les arguments mal aisez a trouver : car comme le chasseur apres qu'il a reconnu les gistes des bestes sauvages, et environné la forest de ses toiles, il est impossible qu'y entrant avec ses chiens, et guestant diligemment, il n'en attrappe; aussi quand on a bien remarqué ces lieus, qui sont comme les repaires des arguments, et qu'on les a entouré de la pensée, on ne peult faillir en cherchant d'en rencontrer qui seront propres a la confirmation de nostre dire. Or n'est ce pas assés de trouver des

arguments pour persuader, et de s'en servir, parce que cela est commun au philosophe comme a l'orateur, ains convient davantage imprimer certaines passions es esprits des auditeurs, qui ont beaucoup plus de pouvoir que les arguments, et par lesquelles ils se laissent mener et transporter çà et là ou bon semble a un homme eloquent. Mais pour autant que cela se faict en certaines parties de l'oraison, voïons maintenant qui elles sont, et l'ordre qu'on a accoutumé d'y tenir. Il y a communement quatre parties en une harangue, dont les deus, a sçavoir. la premiere et la derniere, servent a esmouvoir les passions de l'ame, et les deus autres a raconter le faict, et a le prouver par raisons. Nous commencerons a la premiere qu'on appelle l'exorde

<hr>

DES QUATRE PARTIES DE L'ORAISON, ET PREMIEREMENT DE L'EXORDE.

CHAPITRE XI.

EXORDE.

L'exorde n'a esté institué a aultre usage que pour avoir bonne et paisible audience, rendre les escoutans bien affectionnés tant envers nous qu'envers la chose dont nous voulons parler : et par ces moyens les disposer a bien recevoir, et avec entiere creance, ce que nous leur disons. Cela s'acquiert par les preceptes de benevolence et d'attention, qu'enseignent fort au long les maistres de Rhetorique. Il suffit a un Roy, a qui son auctorité donne assés d'audience, de sobrement loüer les auditeurs, et la proposition ou requeste qu'ils font, avec tesmoignage de l'avoir prise en bonne part : aussi parler de soi sans arrogance et avec dignité, leur asseurant que la chose dont il parlera est profitable au public, et a eus mesmes; sur tout il convient observer que l'exorde soit correspondant et proportionné au reste de l'oraison, comme l'entrée d'un logis au dedans, et a la grandeur de tout l'edifice. Autrement on diroit d'un exorde trop long a comparaison des autres parties ce que dist un certain philosophe aus Myndiens peuples de Carie, voïant leur ville tres petite, et les portes bien grandes : mes amis fermés vos portes, de poeur que vostre ville ne sorte par là, et s'enfuie. On le peut aussi mediocrement orner de mots, et embellir de quelques sentences qui soient a propos : et quand on verra les auditeurs bien disposés a escouter, alors on proposera en peu de paroles ce dont on veult discourir. Laquelle proposition sera comme un lien pour joindre l'exorde a la narration.

NARRATION.

En ceste seconde partie il est requis que ce qu'on racontera paroisse vraisemblable; c'est a dire qu'il s'accorde au temps, aus personnes, aus lieus, a la coutume, a la commune opinion et nature des hommes, et que les causes de chasque faict se treuvent apparentes. Il est requis aussi d'y eviter prolixité ne prenant point les choses de trop hault, ne les poursuivant trop loing et trop par le menu, n'y entremeslant aucunes digressions, n'y usant d'aucunes redites, et passant ce qui ne sert de rien. Il y fault aussi grandement fuir l'obscurité, d'autant qu'une narration obscure offusque toute l'oraison : ce qui se pourra faire en gardant l'ordre des choses selon qu'elles sont adventües, et les continuant tout d'un fil, avec une façon de parler claire, nette, et coulante. Toutesfois il y a plusieurs matieres et subjects de parler ou le Prince n'a pas besoin d'employer ceste partie d'oraison, mesmement quand ce qui luy est demandé et remonstré ne gist pas en faict, ou le faict est tel qu'il a ja esté assés entendu ; neantmoins je ne l'ay pas voulu laisser en arriere, estant l'une des principales de l'oraison et des plus traictées en cette science.

CONFIRMATION.

En la confirmation gist la principale force de l'oraison pour establir et prouver nostre dire, ou renverser ce qu'on peult alleguer au contraire : ce qui se faict par deus sortes de preuves ; l'une est par arguments, que l'orateur cherche luy mesme es lieus dont nous avons parlé ci-dessus : l'autre est par tesmoignages, exemples, auctorités, papiers, tiltres et escritures, par le bruit commun de la renommée, et choses semblables : mesmes les fables et les apologues y servent beaucoup quelquefois : comme Demosthene s'aida tres bien de l'apologue du loup qui vouloit faire la pais avec les brebis a condition qu'elles luy livreroient les chiens. Car par ce seul conte il empescha que le peuple ne le livrast luy huitiesme entre les mains du roy Alexandre, qui offroit la pais aus Atheniens avec ceste condition. Apres qu'on a trouvé d'assés suffisantes preuves on les doit disposer quasi en pareil ordre qu'une armée qui marche en bataille, ou l'on voit les meilleurs combatans a l'avantgarde et a l'arrieregarde, et le bagage enfermé au milieu de la bataille. Aussi doit on mettre de bons arguments au commencement de la confirmation ; au milieu les plus foibles, et en masse : a la fin de plus forts et plus pressants, a cause que les auditeurs se souviennent mieus de ce qui a esté dict a la fin. Cela faict on vient a la quatriesme et derniere partie, appelle la peroration.

PERORATION.

Si l'entrée de l'oraison a eu quelque grace et vertu d'attraire les esprits a soi, l'issue doit encore avoir plus d'auctorité et plus de force pour les ravir et transporter : mais en cela il convient faire un recueil et sommaire des choses que nous avons dites, sinon de toutes, au moins des principales, pour en rafraischir la memoire ; puis l'orateur lasche la bride a son eloquence, qui court impetueusement esbranler et esmouvoir les cœurs des hommes par une amplification. Or y a il deus sortes de passions ; l'une plus douce, comme la volupté, l'amour, l'espérance ; l'autre plus aspre et violente, comme la pœur, la pitié, la haine, le courrous ; de la premiere on use en l'exorde, de la seconde en la peroration, ou elle a eu souvent tant de force, que l'orateur par son moïen a obtenu ce qu'il ne pouvoit gaingner par arguments. Aussi les hommes se laissent plus manier a leurs passions qu'a la raison. Il y a plusieurs

preceptes de ceci es Rhetoriques, et des lieus propres, trop longs a deduire pour le present.

CHAPITRE XII.

Aiant donc asses parlé de ce qui se traite par un orateur, et en quelles parties de l'oraison, je passerai oultre, et monstrerai de quelle façon il convient dire ce qu'on a ja trouvé et mis par ordre. Ceci consiste en deus choses : au langage orné de beaus mots, et embelli de figures, qu'on appelle l'Elocution : et en la bonne grace de la vois, geste et contenance, qu'on nomme l'action. Et parce que le langage se doit accommoder a ce que nous avons dict des arguments et des passions, nous verrons par là qu'il y a de trois sortes de langage. Car a narrer un faict, et a le prouver, on use d'un simple langage, délié et coulant aisement : aus passions vehementes d'un langage plus hault, plein d'efficace et de gravité, et qui courant roide ainsi qu'un torrent emporte l'auditeur avecques soi. Tel estoit celui du capitaine Athenien Pericles, duquel on disoit, qu'il esclairoit, tempestoit et fouldroioit la Grece par ses harangues. Es passions plus douces, comme quand on veult donner plaisir a une assistence, le langage doit estre meslé et tempéré des deus autres. La nature mesmes nous enseigne ces differences. Car ceus qui font quelque conte, et deduisent leurs raisons, parlent simplement ; ceus qui se courroucent, parlent avec violence, et ceus qui se jouent et esbatent tiennent un moïen entre ces deus. En l'ornement de chascune de ces sortes de langage, ou l'on considere les clauses entieres, ou les parties d'icelles ou les mots seulement a par soi, les clauses entieres ne doivent point estre plus longues que quatre vers alexandrins, tant pour estre mieus entendües, et la sentence mieus comprise par celui qui escoute, que pour n'accourcir et lasser l'haleine de celui qui parle ; les autres clauses qui sont entrecoupées, donnent quelquefois un bien peu d'espace pour respirer, tel qu'est ce que les musiciens appellent soupir, et quelquefois une pause plus longuette, sans que pour cela l'auditeur pense qu'on s'arreste du tout. Il y a plus de monstre et de parade es clauses longues qui vont tout d'une tire jusqu'a la fin, et sont plus numereuses et plaisantes a l'aureille ; aussi s'en sert on plus en l'exorde et en la peroration : et des entrecoupées on en use plus es deus autres parties ou il fault nom pas escrimer a plaisir, mais combatre a outrance et joindre son ennemi de près. Combien que quelquefois elles n'aïent pas grande vehemence, comme en une simple narration. Nous en remettons les exemples a un plus ample traité de l'elocution.

CHAPITRE XIII.

Quand aus mots simples il les fault premierement choisir, puis les joindre et assembler. En les choisissant nous prendrons ceus qui sont les plus propres pour signifier la chose dont nous voulons parler, ceus qui nous sembleront plus dous, qui sonneront le mieus a l'aureille, qui seront plus coutumierement en la bouche des bien parlans : qui seront bons françois et non estrangers : ce que soingneusement observoit l'empereur Tibere, et principalement en ses edicts et ordonnances, jusques a faire difficulté d'user de ce mot strena, c'est a dire estrene ; et comme le jurisconsulte Capito pour lui complaire eust dict que ce mot estoit bon latin, et que ores qu'il ne le fust qu'il le deviendroit s'il plaisoit a Cæsar ; alors se levant un certain grammarien, non non, dit il, Cæsar, tu as bien la puissance de donner droit de bourgeoisie et lettres de naturalité aus hommes, mais tu ne sçaurois naturaliser un mot. Je ne voudrois pas toutesfois rebuter ceus qui seroient receus de longtemps, et comme desja enracinés en nostre langue, ni ne vouldrois aussi mespriser les vieus mots qu'on trouve es romans, ains en ramener quelques uns en usage, moïennant que ce fust rarement et avec discretion, sans aller chercher ceus qui sont desja tous rances et moisis : d'autant que, comme disoit Auguste d'Antoine son compaignon a l'empire, c'est a faire a un homme insensé que de parler en sorte qu'on ne soit point entendu. Encore peult on aucunefois composer quelque mot dont la composition ne soit point dure ni trop hardie, en quoi nostre langue est des plus fécondes. Sur tout les mots qui sont figurés embellissent et enrichissent le langage : et me semble, Sire, que devés commander qu'on vous face un livre a part de ces figures et ornements d'oraison, avec les exemples. Car il n'y a rien qui donne plus de lustre et d'esclat tant a la parole qu'a la sentence. Les mots estans choisis, il les convient joindre et lier ensemble, de façon qu'il n'y ait aucune dure rencontre de lettres ny de syllabes. Et quand l'aureille, a qui on s'en doit rapporter, nous jugera que la clause sera trop plate, ou trop aspre, en changeant l'ordre des mots, et les arrengeant d'autre sorte, nous trouverons a la fin quelle en deviendra plus ferme et plus douce. Ne fault oublier aussi d'y eviter la rithme, qui est un grand vive en prose, quand plusieurs mots, ou la fin des clauses, tombe en pareille terminaison. Entre autres choses il se fault estudier, non seulement a joindre, mais aussi a lier les clauses ensemble : et tant que faire se pourra diversifier et changer les conjunctions qui les entretiennent, afin que rien n'y soit descousu ni entrerompu ains que tout coule d'une suite, et que toutes les parties soient assemblées comme les membres en un mesme corps. Plusieurs autres preceptes se pourroient donner touchant l'Elocution, mais nous n'avons entrepris qu'un simple project et sommaire discours de chasque chose principale : partant nous tirerons oultre, et viendrons a ce qui reste.

CHAPITRE XIV.

Apres que les choses sont trouvées, et mises par ordre,

les mots choisis, et bien liés ensemble, et que l'oraison à tout son ornement : il est temps alors de l'apprendre par cœur ; ou se pratiqueront les preceptes de la memoire artificielle pour ceux qui en auront besoing. Car quant a vous, Sire, la nature n'a pas voulu qu'eussiés a faire en ceci d'aucun artifice. Je dirai toutefois que s'il y avoit d'aventure quelque Prince qui se desfiat fort de sa memoire, qu'il pourroit suivre l'exemple d'Auguste, lequel depuis qu'il fut paisible Empereur leut tousjours et recita ses harangues parlant ainsi par escrit, ou de pœur qu'il ne demeurast court faulte de memoire, ou pour n'avoir pas assés de temps a les apprendre. Or n'avons nous encores que le corps de l'Eloquence, d'autant que l'action en est l'ame, comme il a esté dict ailleurs, et par elle seule bien souvent ceus qui n'avoient pas grande faculté de bien dire ont esté estimés tres eloquents : et au contraire ceus qui avoient acquis les autres parties, faulte de cesteci, on a jugé qu'ils ne disoient rien qui vaille. A ceste cause le grand orateur Demosthenes enquis quelle partie de l'eloquence il prisoit le plus, respondit, l'action ; enquis derechef qui estoit l'aultre d'après, respondit encores l'action ; et feit pareille response a la troisiesme demande : Elle consiste en trois choses ; en la bonté de la vois, en la grace du visage, au geste contenance et mouvement du corps. La bonté de la vois vient de la nature, et toutefois on peult faire par industrie quelle soit plus haulte, plus pleine, et plus ferme, sans y oublier la douceur. Car ce que disoit sa royne Parysatis, mere de Cyrus, qu'on devoit user envers les Rois de paroles de soye, se peult aussi dire de la vois des Princes parlans a leurs subjects, c'est que leur vois douce sert beaucoup a les apaiser quand ils sont aigris et esmeus, ou a les reconforter quand ils les voyent affligés et se plaindre. Chose semblable a ce qu'on raconte des sciatiques, ou plustost schiadiques : c'est que quand les gouttes les tourmentent le plus, si on leur sonne quelque douce aubade de flustes, ils en sentent leur douleur allegée, non qu'il ne faille aucunefois parler plus ferme, haulser et renforcer la vois selon la matiere et les occurrences. La grace du visage n'a pas moins de pouvoir que la vois, ains davantage, parce que le visage est l'image de l'ame et en iceluy se reconnoissent les affections diverses de l'esprit, singulierement ès yeux qui monstrent au dehors tout ce qui est au dedans, et impriment en ceus qui les regardent les mesmes passions de celui qui parle. En quoi il leur advient comme a l'oiseau que nous appellons loriot, qui en regardant ceus qui ont la jaunisse prent incontinant ceste mesme maladie. Quant a la bonne contenance, geste et mouvement du corps, ce seroit non seulement perte de temps et de papier, mais aussi presomption, d'en vouloir ici toucher quelque chose.

CHAPITRE XV.

Il n'y a plus rien a dire de l'Eloquence qui ne se puisse aisement rapporter a quelqu'une des choses dont nous avons legerement et succinctement discouru, si ce n'est de l'usage diligence et exercitation, qui surmontent tous preceptes en quelque art que ce soit, et viennent a bout de ce que sembloit quasi impossible. Comme il apparut en Demosthene, qui estant si begue de sa nature qu'il ne pouvoit pas seulement prononcer la premiere lettre de son art, feit tant par labeur et industrie qu'il laissa tous les mieus disants derriere luy, et en un nommé Laomedon, natif de la ville d'Orchomene, qui grandement travaillé d'un mal de rate, fut conseillé par les medecins de se pourmener et s'exercer peu a peu, jusques a courir de longues carrieres tant l'haleine lui dureroit : ce qu'il feit, et en continuant cest exercice non seulement trouva remede a son mal, mais aussi d'un homme quasi impotent devint si dispos, qu'il fut un des meilleurs et plus vistes coureurs de son temps. Ainsi en advient il a ceus qui s'exercent a parler et a escrire, soit qu'ils traittent quelque matiere de leur invention, ou qu'ils s'estudient a imiter autrui :

moïennant que ceste imitation ne soit que des plus excellents. J'adjousterai encore ce mot, c'est que pour plustost entendre et sçavoir la pratique des preceptes de l'eloquence, selon le peu de loisir que vous avés, Sire, il n'y a meilleur moïen que de commander a quelque suffisant personnage qu'il vous face une ou plusieurs harangues sur tel subject qu'il vous plaira choisir, afin qu'aïés entiere connoissance de ce que nous avons dict et enveloppé en ce projet ou dessein. Car afin que je me serve ici de la comparaison dont usa un capitaine grec au grand Roy de Perse, l'eloquence cachée en preceptes resemble a une tapisserie figurée et historiée dont on ne connoist point les figures et pourtraits tant qu'elle est enveloppée, mais quand elle est desploïée, on les voit a plain : aussi quand l'eloquence pliée et serrée en preceptes se desploïe et s'estend en une oraison, elle monstre et fait veoir a l'œil ce qu'elle a de beau, tant en l'ornement du langage, qu'en l'excellence et gravité des sentences.

DOCUMENS HISTORIQUES

SUR L'ÉTABLISSEMENT

DES *CARROSSES A CINQ SOUS* (OMNIBUS)

A PARIS ET AUTOUR DE PARIS

EN L'ANNÉE 1662.

L'établissement des carosses,
Tirez par des chevaux non rosses;
(Mais qui pouront, à l'avenir,
Par leur travail le devenir),
A commencé d'aujourd'huy mesme,
Commodité, sans doute, extrême,
Et que les bourgeois de Paris,
Considérant le peu de prix
Qu'on donne pour chaque voyage,
Prétendent bien mettre en usage.
Ceux qui voudront plus amplement
Du susdit établissement
Sçavoir au vray les ordonnances,
Circonstances et dépendances,
Les peuvent lire tous les jours
Dans les placards des carefours.

Le dix-huit de mars, notre veine,
D'écrire cecy, prit la peine.

La Muze historique de Loret, année 1662,
lettre dixième, du onze mars.

M. le duc de Rouannés, gouverneur et lieutenant-général de la province du Poitou; M. le marquis de Sourches, grand prévôt de l'hôtel, et M. le marquis de Crenan, grand échanson de France, se proposèrent d'établir dans Paris des carrosses

publics, à l'instar des coches de la campagne; ils représentèrent au roi que ces voitures seraient infiniment commodes pour un grand nombre de personnes, comme plaideurs, gens infirmes et autres, qui, n'ayant pas le moyen d'aller en chaise ni en carrosse, parce qu'il en coûtait une pistole ou deux écus au moins par jour, pourraient être menés pour un prix tout à fait modique, par le moyen de ces carrosses, qui feraient toujours les mêmes trajets dans Paris, d'un quartier à l'autre, savoir : les plus grands, *pour cinq sous marqués*, et les autres à moins; pour les faubourgs à proportion, et partiraient toujours à heures réglées, quelque petit nombre de personnes qui s'y trouvassent, même à vide, s'il ne s'y présentait personne, sans que ceux qui se serviraient de cette commodité, fussent obligés de payer plus que leurs places; le roi fit examiner la proposition dans son conseil; en conformité du résultat du 19 janvier 1662, il fut expédié des lettres-patentes en forme d'édit, datées des mêmes mois et an (régistrées au parlement le 27 février suivant), par lesquelles :
« Sa Majesté voulant faciliter, autant qu'il était possible, la
» commodité de ses sujets, donne à MM. de Rouannés, de
» Sourches et de Crenan la faculté et permission d'établir dans
» la ville et faubourgs de Paris, et autres de son obéissance,
» tel nombre de carrosses qu'ils jugeront à propos, et aux
» lieux qu'ils trouveront les plus commodes, qui partiront à heu-
» res réglées, pour aller continuellement de quartier à autre, où
» chacun de ceux qui se trouveront auxdites heures, ne paie-
» ra que sa place pour un prix modique; pour jouir dudit pri-
» vilége par MM. de Rouannés, de Sourches et de Crenan, leurs
» successeurs et ayant-cause, pleinement, paisiblement, et à
» toujours; avec défenses à toutes personnes de quelque qua-

BIBLIOTHÈQUE CHOISIE.

» lité et condition qu'elles soient, de faire ni souffrir être fait » aucun établissement de carrosses, coches ou autres voitures » différentes, sous prétexte qu'elles fussent d'autre forme, fi- » gure, nombre de chevaux et autres différences, ni toutes au- » tres sortes de voitures roulantes, généralement quelconques » qu'on voudrait faire aller à l'instar des coches de la campa- » gne, et imitation du présent établissement dans la ville de

» Paris et autres sans la permission des donataires ou de ceux » qui se trouveraient être valablement autorisés d'eux, ou de » leurs successeurs ou ayant-cause, à peine contre les contre- » venans de 3,000 livres d'amende, et de confiscation de » leurs chevaux, carrosses et autres voitures. »

DE LA MARE, *Traité de la Police.*

DE PAR LE ROI.

TROISIÉME ROUTE DES CARROSSES PUBLICS

POUR LA COMMODITÉ DES BOURGEOIS.

On fait à savoir que la troisième route des carrosses publics sera établie le lundi 22ᵉ jour de mai 1662, et qu'ils commen- ceront à partir à six heures et demie du matin, de la rue Mont- martre au carrefour de la rue Neuve-Saint-Eustache, et pas- seront de demi-quart d'heure en demi-quart d'heure par la rue des Fossés-Montmartre, rue des Vieux-Augustins, rue Co- quillière, rue Grenelle, devant l'hôtel de M. le chancelier, rue d'Orléans, devant celui de M. le procureur-général, rue Saint- Honoré, à la Croix-du-Tiroir, rue de l'Arbre-Sec, devant Saint- Germain-l'Auxerrois, sur le Pont-Neuf, au cheval de bronze, le long du quai des Orfèvres, vis-à-vis la porte de l'hôtel de M. le premier président, rue Neuve-Saint-Louis, sur le pont Saint- Michel, rue de la Harpe, rue des Cordeliers, à la porte Saint- Germain, rue de Condé, et rue de Tournon, jusqu'au bureau, ci-devant établi devant le Luxembourg : où étant arrivés, ils retourneront sans retardement, et par le même chemin à ladite rue Montmartre, et ne s'arrêteront que pour laisser monter ou descendre en tel lieu de la route que l'on voudra, et où chacun ne paiera pour sa place que le prix ordinaire. Ainsi ceux qui auront affaire au Sceau, au Louvre, au grand conseil et au Pa- lais pourront se servir des carrosses de cette route.

Pour la commodité du public, en attendant qu'on établisse toutes les autres routes, par le moyen desquelles de tout les quartiers de Paris on ira partout, on a pratiqué que cette troisième route se joigne avec les deux autres ci-devant éta- blies, savoir : avec la première qui va de Luxembourg à la rue Saint-Antoine, audit Luxembourg et au Cheval-de-Bronze; et avec la seconde qui va de Saint-Roch à ladite rue Saint-Antoi- ne, le long de la rue Saint-Honoré, depuis la Croix-du-Tiroir jusqu'au carrefour de la rue d'Orléans. Ainsi, ceux qui vou- dront aller (par exemple) depuis la rue Montmartre, et ses en- virons, jusqu'à la place Royale, pourront descendre à la Croix- du-Tiroir, et prendre un des carrosses qui, de Saint-Roch, vont à ladite place Royale, et ainsi des autres. Par ce moyen, on pourra aller de chacun des quartiers de ces trois routes, à tous

ceux des deux autres : et encore, qu'en changeant de carrosse, on soit obligé de payer une seconde fois ; néanmoins le prix est si modique, et la commodité si grande, qu'il n'y a personne qui ne soit bien aise de se servir de cet avantage.

Le désir que l'on a de rendre le public satisfait de plus en plus, a obligé de faire de grandes dépenses pour avoir un équi- page dont chacun aura sujet d'être content, soit pour la bonté des chevaux, soit pour la beauté des carrosses, soit pour la diligence avec laquelle ils feront leurs voyages.

On fait aussi savoir que pour empêcher les longueurs des changemens de monnaie qui consomment beaucoup de temps, on ne prendra point d'or.

Et pour éviter tous les inconvéniens qui pourraient donner de l'incommodité aux bourgeois qui se servent desdits carros- ses : comme, par exemple, lorsque les cochers refusent de s'ar- rêter pour prendre sur la route ceux qui désirent entrer dans lesdits carrosses, quoiqu'il y ait des places vides, le public est averti que tous les carrosses tiendront dorénavant huit per- sonnes à l'aise, et que la marque de chaque carrosse sera ap- posée aux quatre moutons, par un, deux, trois, etc., selon le nombre des carrosses de chaque route, et dans celle-ci les marques sont de fleur-de-lis d'or à fond d'azur. Ainsi on prie ceux qui pourraient avoir quelque sujet de se plaindre d'un desdits cochers de se souvenir de la marque du carrosse et d'en avertir un des commis qui seront aux bureaux aux deux bouts de la route, afin qu'on y apporte les ordres nécessaires.

Les carrosses seront toujours armoriés des armes et écus- sons de la ville, et les cochers et laquais vêtus d'une casaque bleue. Mais celles de cette troisième route auront sur les cou- tures un galon aurore blanc et rouge.

On fait encore savoir que, par l'arrêt de vérification au parlement, défenses sont faites à tous soldats, pages, laquais, et tous autres gens de livrée, manœuvres et gens de bras, d'y entrer, pour la plus grande commodité et liberté des bour- geois.

DE PAR LE ROI.

CINQUIÈME ROUTE DES CARROSSES PUBLICS

POUR LA COMMODITÉ DES BOURGEOIS.

On fait savoir que la cinquième route des carrosses publics, sera établie mercredi 5 juillet 1662, et qu'ils commenceront à partir à six heures et demie du matin, de la rue de Poitou au carrefour des rues de Bercy et d'Orléans, et passeront de demi quart-d'heure en demi quart-d'heure, par la rue d'An-

jou, rue du Grand-Chantier, autrement des Enfans-Rouges, à l'hôtel de Guise, rue de Braque, rue Sainte-Avoye, au carrefour Sainte-Croix et Barre-du-Bec; rue Neuve-Saint-Médéric, rue Saint-Martin, rue des Arcis, pont Notre-Dame, Marché-Neuf, pont Saint-Michel, rue Saint-André-des-Arts, porte de Bussi,

BIBLIOTHÈQUE CHOISIE.

rue des Fossés, rue des-Quatre-Vents, devant la porte de la Foire, et continueront dans la rue de Tournon, jusqu'au Luxembourg, au bureau ci-devant établi ; où étant arrivés, ils retourneront sans se retarder, et par le même chemin, à la dite rue de Poitou, et ne s'arrêteront que pour laisser monter ou descendre, en tel lieu de la route que l'on voudra, et où chacun ne payera pour sa place que le prix ordinaire.

On fait aussi savoir que pour empêcher les longueurs des changemens de monnaie, qui consomment beaucoup de temps, on ne prendra point d'or.

Les carrosses seront armoriés des armes et écussons de la ville, et les cochers et laquais vêtus d'une casaque bleue , qui aura sur les coutures un passement blanc , orange , vert et rouge, large d'un doigt.

«On fait encore savoir que, par l'arrêt de vérification au par-
» lement, défenses sont faites à tous soldats, pages, laquais et
» tous autres gens de livrées, manœuvres et gens de bras ,
» d'y entrer , pour la plus grande comodité et liberté des per-
» sonnes de mérite. »

DE PAR LE ROI.

ROUTES DU TOUR DE PARIS.

On fait savoir que les routes des carrosses publics pour faire le tour de Paris, pour la commodité des bourgeois, seront établies samedi prochain. jour de Saint-Jean-Baptiste, vingt-quatrième du présent mois de juin ; six desquels carrosses partiront de la rue Neuve-Saint-Paul, et les autres six de la rue Taranne au faubourg Saint-Germain ; desquels six carrosses de la rue Neuve-Saint-Paul, trois partiront à main droite, pour aller du côté de la place Royale, et, en faisant le tour de Paris, par les endroits ci-après nommés, se rendront en la même rue Neuve-Saint-Paul : et les trois autres en prenant sur la gauche, passeront par l'île Notre-Dame, et feront aussi le tour de Paris, pour se rendre à la même rue Neuve-Saint-Paul.

Et à l'égard de six de la rue de Taranne, ils se partageront de même façon, trois à main droite et trois à main gauche, pour faire aussi le même tour de Paris et se rendre à la même rue de Taranne.

Et voici leur route :

La rue Neuve-Saint-Paul,	Rue Neuve-Saint-Louis,
Rue Beautreillis,	Rue Saint-François,
Place Royale.	Rue de Poitou.

Là sera un des six bureaux.

Rue d'Anjou,	Rue Grenetat,
Rue Pastourelle,	Rue Saint-Denis,
Rue des Gravilliers,	A Saint-Jacques-de-l'Hospital.
Rue Saint-Martin,	

Là sera un autre bureau.

Rue Mauconseil,	Rue Verdelet,
Devant l'hôtel de Bourgogne,	Rue Pagevin,
Rue Française,	Au carrefour Morin,
Rue Pavée,	Devant le palais Mazarin,
Rue Ticquetonne,	Rue de Richelieu,
Rue Plâtrière,	Rue Traversine.
Au coin de l'hôtel d'Epernon,	Aux Bâtons royaux,

Là sera autre bureau.

Devant les Quinze-Vingts,	Quai des Théatins,
Rue Saint-Thomas-du-Louvre,	Rue des Saints-Pères,
Pont-Rouge,	

Là il y aura un autre bureau.

Rue Sainte-Marguerite,	Rue des Cannettes,
Rue des Augustins,	

Et au temps de la Foire.

Devant la petite Porte d'icelle,	Le long du Luxembourg,
Rue Férou,	A la porte Saint-Michel,
Rue des Fossoyeurs,	Devant la Sorbonne.

Là il y aura un autre bureau.

Rue de la Harpe,	Place Maubert,
Rue des Mathurins,	Rue des Bernardins,
Rue Saint-Jacques,	Quai de la Tournelle,
Rue Gallande,	Ile Notre-Dame.

Là il y aura un autre bureau.

Devant l'hôtel de Sens,	Devant l'Ave-Maria ,
Jusques à ladite rue Neuve-Saint-Paul, d'où ils étaient partis.	

Afin que l'on puisse reconnaître les lieux où sont établis les bureaux , il y aura à la porte de chacun une affiche pareille à celle-ci.

Et sur lesdites routes il passera des carrosses allans et venans aussi fréquemment que dans les autres.

On paiera le prix ordinaire de cinq sous marqués en montant dans lesdits carrosses , en quelque lieu que ce soit de la route . soit qu'il y ait bureau , ou non ; et lorsqu'on passera deux bureaux, on paiera encore cinq autres sous marqués. Par exemple, si on monte à la place Royale, où il n'y a aucun des six bureaux désignés ci-dessus, et que de là on veuille aller du côté de la place Maubert, on rencontrera le bureau de l'île Notre-Dame, auquel on ne paiera rien de nouveau, parce qu'on n'aura encore passé qu'un bureau.

Que si l'on veut passer au-delà de l'autre bureau d'après, qui est celui de la Sorbonne, on paiera là une seconde fois. Mais si on veut descendre audit bureau de la Sorbonne sans passer outre, on ne paiera pas cette seconde fois.

Que si on monte dans le bureau de l'île Notre-Dame, pour aller dans le faubourg Saint-Germain, jusqu'au bureau de là rue de Taranne, on ne paiera qu'une fois en montant, attendu que le bureau où l'on monte n'est point compté pour un des deux qui obligent à payer pour la seconde fois.

Mais qui monterait par exemple cinquante pas par-delà le bureau de l'île Notre-Dame, comme vers l'hôtel de Sens, il paierait deux fois, s'il voulait passer au-delà du bureau de la Sorbonne, ce qui se pratiquera pour tous les autres bureaux desdites routes du tour. L'on n'a pu se dispenser de faire les choses ainsi pour beaucoup de considérations , et entr'autres, afin que l'on ne payât point deux fois, sinon lorsque l'on ferait plus que la longueur d'une route entière.

Lesquelles routes du tour ont été ainsi établies, pour faciliter la communication entière de tous les quartiers de Paris, et afin que de partout on puisse aller partout, et que ceux qui iront par les routes de traverse, étant arrivés au bout d'icelles, puissent par le moyen dudit tour, se remettre en quelque autre route que ce soit, où il pourraient avoir affaire. Laquelle communication sera dans sa perfection, lorsque les quatre routes de traverse qui restent à établir seront en état de rouler : ce qui sera dans peu, et apportera dans Paris, une commodité qui n'avait point été imaginée jusqu'à présent.

Attendu que présentement on ne peut passer au Pont-Rouge : en attendant qu'il soit refait, on ira passer dans la rue de Ta-ranne, dans la rue Saint-Benoît, rue des Petits-Augustins; de là, sur le quai de la Porte-de-Nesle, sur le Pont-Neuf, sur le quai de l'Ecole, et le long de la galerie du Louvre, pour gagner la rue Saint-Thomas-du-Louvre, et de même en retournant.

« On fait encore savoir que par arrêt de vérification au par-
» lement, défenses sont faites à tous soldats, pages, laquais. et
» tous autres gens de livrées, manœuvres et gens de bras, d'y
» entrer, pour la plus grande commodité et liberté des bour-
» geois. »

Le dix-huit mars ces carrosses commencèrent à rouler : ce jour là même, et quelques trois autres de suite, les laquais et la populace non-seulement se mirent à les suivre avec grandes huées, et à grands coups de pierre : mais aussitôt des commissaires postés en divers endroits s'étant saisis de quelques-uns, firent cesser le désordre. Chacun après tout, deux ans durant, trouva ces carrosses si commodes, que des auditeurs et maîtres des comptes, des conseillers du châtelet et de la cour ne faisaient aucune difficulté de s'en servir pour venir au Châtelet et au Palais : ce qui les fit augmenter de prix d'un sol ; jusque-là que le duc d'Enghien s'en est servi par occasion. Mais que dis-je ? Le Roi, passant l'été à Saint-Germain, où il consentit que tels carrosses vinssent, lui-même par plaisir monta dans un, et du château où il logeait, vint au nouveau trouver la Reine-mère. Nonobstant cette grande vogue, l'usage de ces carrosses, trois ou quatre ans après leur établissement, fut si méprisé, qu'on ne s'en servait presque plus, et ce mauvais succès fut attribué à la mort prématurée de Pascal, célèbre mathématicien, mais plus célèbre encore par ses *Lettres au Provincial*; car à ce qu'on dit, il en était l'inventeur, aussi bien que le conducteur, et de plus l'on veut qu'il en eut fait l'horoscope et mise au jour sous certaine constellation, dont il aurait bien su détourner les mauvaises influences.

SAUVAL, *Antiquités de Paris.*

DE PAR LE ROI ET M. LE PRÉVOT DE PARIS
OU MONSIEUR SON LIEUTENANT CIVIL.

Sur ce qui nous a été représenté par le procureur du Roi que l'établissement des carrosses pour la commodité du public ayant été fait en conséquence des lettres patentes de S. M., vérifiées en la cour du parlement, dont les bourgeois reçoivent beaucoup d'utilité et de satisfaction, il serait arrivé que quelques laquais ont dit des injures aux cochers et frappé, en passant, des laquais desdits carrosses publics ; et même qu'à une dispute pour un passage de rue, un laquais a eu l'insolence de jeter des pierres à un desdits cochers publics, dans la rue des Francs-Bourgeois, le 12e du présent ois, quoique ledit carrosse fût armorié des écussons de la ville, et ledit cocher couvert d'une casaque bleue avec les armes du roi ; en sorte que ledit cocher aurait été blessé à la tête avec effusion de sang ; ce qui était nécessaire de réprimer. Nous, ayant égard à ladite remontrance, avons ordonné et ordonnons que le commissaire Mesnier aura incessamment informé des faits ci-dessus, circonstances et dependances, pour l'information faite et rapportée être ordonnée ce qu'il appartiendra ; cependant, faisons défense à tous laquais, vagabonds et gens sans aveu, de commettre aucune insolence ni excès contre lesdits cochers et laquais desdits carrosses, à peine du fouet, et de plus grande punition s'il y échoit, et à toutes sortes de personnes de quelque qualité et condition qu'ils soient, de leur apporter aucun trouble ni empêchement, ni de faire aucune violence aux co-chers, soit pour les faire avancer sans avoir préalablement payé, ou de les vouloir contraindre à se détourner de leurs routes, ou sous quelque autre prétexte ou occasion que ce puisse être, à peine de cinq cents livres d'amende. Enjoignons à tous les commissaires des quartiers d'y tenir la main, et à tous huissiers, sergens et archers de se saisir des contrevenans ; et sera la présente ordonnance lue, publiée et affichée aux carrefours de cette ville, et partout où besoin sera, et exécutée nonobstant opposition ou appellation quelconque et sans préjudice d'icelles. Signé Daubray et de Riantz. Fait et ordonné par Messire Dreux Daubray, chevalier, comte d'Offemont, seigneur de Villiers, conseiller du Roi en ses conseils, et lieutenant civil en la ville, prévôté et vicomté de Paris, le samedi quinze avril 1662.

SAGOT.

Ceci publié à son de trompe et cris public en tous les carrefours ordinaires et extraordinaires de la ville et faubourgs de Paris, par moi Charles Canto, crieur juré du Roi, accompagné de trois trompettes, etc.

Le mardi dix-huit avril 1662 et affiché.

Signé : CANTO.

平山冷燕

PING　CHÂN　LING　YÊN

ou

LES DEUX JEUNES FILLES LETTRÉES,

ROMAN CHINOIS,

TRADUIT PAR STANISLAS JULIEN, DE L'INSTITUT,

PROFESSEUR DE LANGUE CHINOISE AU COLLÉGE DE FRANCE.

DEUXIÈME PARTIE (1).

CHAPITRE V.

Le vieillard ayant fait éloigner Song-sîn par ses représentations, les entremetteuses ne purent s'empêcher de satisfaire sa curiosité et de lui apprendre qui il était. « Son nom de famille est Song, lui dirent-elles; c'est un écrivain habile et renommé de la province de Chân-tong. Il est l'ami intime du préfet Téou, qui vante la beauté de ses vers, et affirme qu'il ne le cède pas de beaucoup aux (célèbres poëtes) Li-taï-pé et Tou-fou, de la dynastie des Thang. Lorsqu'il était à la capitale, l'empereur a voulu le voir. Il jouit d'une grande réputation; ce qui fait que, dans toute la ville, les magistrats émérites, les licenciés et les bacheliers, recherchent avidement sa société. Comme il voulait trouver une épouse, nous lui fîmes voir de côté et d'autre une multitude de jeunes personnes, mais il n'en trouva aucune à son gré. Voilà pourquoi il nous accable aujourd'hui d'injures.

— » La ville de Yang-tchéou, reprit le vieillard, abonde en jolies filles; comment se fait-il qu'aucune ne soit de son goût ?

— » S'il se bornait à rechercher les agrémens de leur figure, on pourrait encore le servir à souhait, mais il veut en outre s'assurer si elles ont du talent et de l'instruction. Dites-moi un peu combien de volumes peut avoir lus une petite fille qui vit isolée dans l'appartement intérieur? Comment posséderait-elle, à un dégré éminent, un talent véritable et un savoir solide qui répondissent à ses vues ?

(1) Voir, pour la première partie des *Deux jeunes Filles lettrées*, de la page 7 à la page 34 inclusivement.

— En ce cas, je ne m'étonne plus, dit le vieillard en souriant. »

Après qu'ils eurent causé ainsi ensemble, les entremetteuses se retirèrent. Vous me demanderez peut-être quel était ce vieillard. Son nom de famille était Ling et son surnom Sîn ; c'était le plus gros fermier de son village ; aussi lui donnait-on le titre de *Ta-hou*, c'est-à-dire *le richard*. Il avait eu trois fils qui ne connaissaient pas un seul caractère, et qui n'étaient bons qu'à cultiver les champs. Mais, à quarante ans passés, il eut une fille qui était belle comme les fleurs et le jaspe ; ses sourcils ressemblaient à la peinture d'une montagne lointaine ; sa peau avait la blancheur de la neige; elle était d'une beauté extraordinaire. Il n'y avait pas là de quoi s'émerveiller ; mais ce qui était fait pour exciter l'admiration, c'est qu'elle était douée de l'esprit le plus fin et de la plus rare intelligence. A peine avait-elle vu des livres, des histoires, des pinceaux et de l'encre, elle ne pouvait s'en détacher. A l'âge de trois ou quatre ans, il la prenait dans ses bras, et la portait, pour l'amuser, à l'école du village. Dès qu'elle avait entendu lire quelque chose, elle le retenait de point en point dans sa mémoire. A l'âge de six à sept ans, elle était en état de lire dans tous les livres. Quoique Ling, le richard, ne fût qu'un cultivateur, charmé de posséder une fille si intelligente, il lui achetait toutes sortes de livres et d'histoires, et les lui donnait à lire. Heureusement pour elle, que son oncle maternel, nommé Tching, était un Sieou-tsaï (un bachelier). Voyant que sa nièce aimait à s'instruire, il venait assidûment lui expliquer les auteurs. Quand il arrivait à interpréter un passage remarquable, l'oncle lui-même se voyait souvent embarrassé par sa nièce. « Quel malheur, se disait-il en soupirant, que cette jeune fille soit née dans la maison de Ling ! » Son père lui ayant raconté qu'à l'époque où elle vint au monde, il avait vu tomber, en songe, une pluie de *neige rouge* qui remplissait tout le salon, elle se donna elle-même le nom de Kiang-sioué (neige rouge). A l'âge de huit ou neuf ans, il lui suffisait d'abaisser le pinceau pour écrire, sur-le-champ, du Wén-tchang (prose élégante), et d'ouvrir la bouche pour réciter des vers improvisés. Seulement, il était regrettable que, dans tout le village, il n'y eût personne en état de l'apprécier. Elle était réduite à goûter et à admirer seule ses compositions. A l'époque où nous sommes, elle avait déjà douze ans accomplis; sa beauté extraordinaire était comparable à celle des eaux d'automne. Aussi Ling-sîn songeait-il déjà à lui chercher un époux. « Qui aimerais-tu, lui demanda-t-il un jour, d'un homme de la ville ou de la campagne?

— » Je ne regarde nullement à la condition, lui répondit-elle; qu'il soit de la ville ou de la campagne, cela m'est indifférent. La seule chose que je demande, c'est que le prétendant ait du talent et de l'instruction, et puisse composer avec moi, soit en vers, soit en prose élégante. S'il a l'avantage sur moi, je l'épouserai; mais s'il n'est pas vainqueur, quand il serait un licencié ou un docteur, un allié ou même un proche parent de l'empereur, il peut se dispenser de songer à moi. »

Ling-sîn avait gravé dans sa mémoire ces paroles de sa fille; aussi, s'occupait-il constamment de lui chercher un époux. Aujourd'hui donc, entendant dire aux entremetteuses que Song-sîn était un homme de talent, il se livra secrètement à ses réflexions. « Ma fille, dit-il, se vante continuellement de n'avoir point de rivaux en poésie ou en prose élégante; mais, comme personne n'a encore composé avec elle, j'ignore si ses prétentions sont fondées ou non. Puisque ce monsieur Song fréquente les préfets et des magistrats retirés, il faut bien qu'il ait du talent et de l'instruction; mais comment faire pour l'inviter à venir composer une seule fois avec ma fille et m'éclairer ainsi sur son mérite? »

Il avait beau réfléchir, aucun expédient ne se présentait à son esprit. Il revint donc chez lui et se mit à consulter sa fille. « Aujourd'hui, lui dit-il, j'ai découvert un homme d'un grand talent, dont le nom de famille est Song. C'est un des écrivains les plus renommés de la province de Chân-tong. Depuis les préfets de départemens et de districts jusqu'aux lettrés et aux magistrats de toute notre ville, il n'est personne avec qui il ne soit intimement lié. Par son talent en poésie et en prose élégante, il efface tous les lettrés de l'empire. Je désire l'inviter à venir composer avec toi une ou deux pièces de vers. Si, par hasard, il possède des talens supérieurs, qui sait si tu ne seras pas favorisée par la destinée? Mais comme il a une haute opinion de sa valeur personnelle, comment daignerait-il venir un jour chez des paysans comme nous? J'irais bien l'inviter, mais je crains de faire une démarche inutile.

— » Mon père, reprit Ling-kiang-sioué, si vous voulez le faire venir, il n'y a rien de si aisé; à quoi bon lui adresser une invitation?

— » Ma fille, dit Ling-sîn, voilà encore que tu te don-nes de grands airs ! Si on l'invite, il est encore à craindre qu'il ne vienne pas; comment peux-tu dire qu'il sera aisé, au contraire, de le faire venir sans invitation?

— ». Donnez-moi seulement un morceau de papier de trois pouces de long, lui répondit-elle; je me charge de vous l'amener à l'instant même.

— »Mon enfant, lui dit Ling-sîn en riant, il n'est ni le général des esprits, ni le prince des démons. Avec un morceau de papier de trois pouces de long, comment pourras-tu l'amener ici? Est-ce que, par hasard, tu sais tracer des talismans?

— » Mon père, répartit Ling-kiang-sioué en riant, vous n'avez pas besoin de vous mettre en peine. Je vais écrire un billet et vous le montrer. Je suis tentée de croire que ces quelques caractères seront d'un effet beaucoup plus merveilleux encore que le talisman qui sert à évoquer le général (des démons). »

A ces mots, elle se leva et se retira dans sa chambre. Elle écrivit, en effet, sur une grande bande de papier rouge et la montra à son père. « Il suffit, dit-elle, de prendre ce papier et de le coller dans le voisinage de sa demeure. Dès qu'il y aura jeté les yeux, il viendra de suite me rendre visite. »

Ling-sîn prit le papier et y jeta un coup-d'œil. Il y lut ce qui suit :

« Dans le jardin de Wân-hoa, du village de Hiang-» kin, Ling-kiang-sioué, jeune fille de talent, âgée de » douze ans, offre des présens à ses maîtres pour étu-» dier l'art des vers. Elle invite les poètes les plus habi-» les de l'empire à venir lui donner leurs instructions. » Que ceux qui n'ont qu'une réputation usurpée, ne » prennent point la peine de faire un voyage inutile. »

Après avoir lu cette affiche, Ling, le richard, fit un grand éclat de rire. « *Il vaut mieux*, dit-il, *provoquer la colère d'un général que de l'inviter au combat* »; c'est juste, c'est juste!

Le lendemain, il se rendit à la ville, et ayant appris, dès les premières informations, que Song-sîn demeurait dans le couvent de Khiong-hoa, il colla la grande bande de papier rouge sur le mur qui était en face de la porte du couvent, et, de retour chez lui, il en fit part à sa fille.

Nous le laisserons maintenant faire tous les préparatifs nécessaires en attendant l'arrivée de Song-sîn.

Chaque jour, Song-sîn fréquentait les poètes et les savans, et se livrait avec eux au plaisir du vin et des vers; il était au comble de ses vœux. Ce jour là, comme il était un peu échauffé par le vin, il alla se promener en dehors de la ville, pour voir les fleurs, en compagnie d'un docteur du nom de Tao, et d'un licencié appelé Liéou. Arrivés à la porte du couvent, il aperçut tout à coup cette grande bande de papier rouge qui était collée sur le mur. Il s'approcha, et l'ayant examinée avec attention, il partit d'un grand éclat de rire. « Quelle est, s'écria-t-il, cette demoiselle Ling-kiang-sioué, qui, à l'âge de douze ans, se vante d'être *une fille de talent*? De si folles prétentions sont bien ridicules, bien ridicules !

— » Il n'y a qu'un instant, dit le docteur Tao, que cette affiche vient d'être collée devant la porte du couvent; évidemment elle désire tenir tête à M. Song; c'est une

ROMAN CHINOIS.

audace plus grande encore; y a-t-il rien de plus ridicule?
— » Messieurs, dit Liéou, le licencié, le village de
Hiang-kin n'est qu'à dix milles (une lieue) au midi de la
ville; on y arrive par des sentiers charmans. Que ne pro-
fitons-nous de cette occasion pour y aller faire une promenade? Nous verrons quelle est la tournure de cette jeune
fille; si elle possède réellement des attraits, du talent et de
l'imagination, nous ferons nous-mêmes des ouvertures de
mariage pour M. Song; ç'aura été une merveilleuse rencontre. Mais si cette petite paysanne n'entend rien aux
affaires du monde comme il faut, nous pourrons nous
amuser à la persifler tout à notre aise.
— » Cette proposition est très sensée, reprit le docteur
Tao; allons y demain matin. »
Quoique Song-sin fît l'important, il n'avait pas oublié
le cruel affront que lui avait fait essuyer Mlle Chân, et il
craignait intérieurement que cette petite fille n'eût aussi
quelque chose d'extraordinaire. Aussi n'était-il guère
d'humeur à aller lui rendre visite. Mais, voyant que ses
deux amis y étaient décidés, il fit tous ses efforts pour
les en dissuader. « Pour moi, dit-il, dans la ville de
Yang-tchéou et en dehors, j'ai cherché, sans regarder
aux plus grands sacrifices, des jeunes filles douées de
beauté et de talent. J'en ai vu un nombre infini, et non-
seulement il n'y en avait pas une qui méritât un coup
d'œil, mais je n'en ai pas même trouvé une qui sût tenir
un pinceau! Est-il permis de supposer qu'une jeune fille
qui habite un village reculé, s'entende à composer des
vers? C'est tout simplement une affiche d'attrape, fabri-
quée à plaisir par quelque désœuvré pour faire aller les
gens. Est-il possible, Messieurs, que vous la preniez tout
de suite au pied de la lettre?
— » Vous aurez beau dire, reprit le docteur Tao, nous
voulons absolument aller nous amuser dans la campagne.
Nous profiterons de l'occasion pour y faire une promenade, sans nous inquiéter si l'invitation est vraie ou fausse.
— » Vous avez raison, vous avez raison, dit le licencié
Liéou; demain matin je chargerai un homme de porter à
notre suite une cruche de vin. Qui nous empêche de
prendre cette excursion pour une promenade de printemps? »
Song-sin voyait d'un côté que ses deux amis tenaient
absolument à y aller; d'un autre côté, il se livrait à ses
réflexions. « Quand cette jeune fille possèderait quelque
talent, se disait-il, les gens de la campagne n'ont rien que
de fort ordinaire; serait-il possible que ce fût une autre
Chân-taï? J'imagine que s'il s'agit de faire une ou deux
pièces de vers (avec elle), il ne me sera pas difficile d'avoir
le dessus. » Cette idée lui rendit son aplomb accoutumé.
« Messieurs, dit-il en riant, allons-y, allons-y; mais je
crois que nous ne reviendrons pas sans avoir ri à mourir.
— » Jadis, dit le docteur Tao, trois poètes récitèrent de
leurs vers sous un pavillon du marché, et des musiciennes
leur en témoignèrent leur admiration. « Quand on rencontre un théâtre tout dressé, pourquoi ne pas y jouer la
comédie? »
— » Approuvé, approuvé, » s'écria le licencié Liéou. A
ces mots, ils entrèrent tous trois dans le couvent, et, après
s'y être promenés quelque temps, ils se séparèrent.
Le lendemain, suivant leurs conventions, s'étant pour-

vus d'une cruche de vin, de chaises et de chevaux, ils
sortirent ensemble au midi de la ville, et s'amusèrent tout
le long de la route à examiner les fleurs et à chercher les
saules (c'est-à-dire à chercher des sujets de poésie). Il
était midi lorsqu'ils arrivèrent au village de Hiang-kin.
Ayant demandé où était le jardin de Wân-hoa, un villageois leur répondit : « C'est un jardin fleuriste où M. Ling,
le richard, a établi la résidence de sa fille. Le voici justement devant vous; après avoir passé le pont de pierre,
vous y serez. »
Song-sin l'entendant citer la jeune fille de Ling-sin,
s'approcha de lui pour le questionner. « J'ai appris, dit-il
que sa fille, qui a maintenant douze ans, brille par le talent et l'instruction; dites-moi un peu si c'est bien vrai?
— » Comment voulez-vous, lui répondit-il, que des
villageois comme nous, sachent si c'est vrai ou non?
Vous conviendrez, Monsieur, que ce serait un bien un coup
du sort si des gens de notre sorte avaient tant de qualités. Je vous dirai seulement que, fier de posséder un
peu de fortune, M. Ling se vante continuellement dans
l'unique espoir d'allécher quelqu'excellent parti pour sa
fille.
— » Je trouve vos raisons très justes », lui dit Song-
sin.
Ces propos ne firent qu'enfler son audace. Alors, en
compagnie de ses deux amis, il traversa à pied le pont
de pierre. Une fois arrivé à l'entrée de la maison, il tira
de son nécessaire de visite, un pinceau et de l'encre, et
écrivit sur un billet : « M. Song, lettré retiré de la province
du Chân-tong, vient, avec le docteur Tao et le licencié
Liéou, pour rendre visite à *la jeune fille de talent* et parler
poésie avec elle. » Il appela un domestique et le pria de
porter d'avance cet avis.
En ce moment, Mlle Ling-kiang-sioué, comptant avec
certitude sur la visite de Song-sin, avait prié son père
d'inviter le bachelier Tching à préparer tout ce qui était
nécessaire pour lui faire une bonne réception.
Dès qu'on eut apporté le billet, il alla au-devant d'eux
avec son beau-frère pour les recevoir. A la vue des trois
hôtes, le bachelier Tching prit le premier la parole :
« Messieurs, dit-il, nous autres gens de village, nous
ignorions que Vos trois Seigneuries nous honoreraient de
leur visite; nous avons manqué aux égards qui vous sont
dus.
— » Par hasard, dit Song-sin, en cherchant les beautés du printemps, nous avons appris la renommée d'*une
fille de talent*, et nous sommes venus un peu brusquement
pour la voir. Mais, craignant que notre démarche n'eût
quelque chose d'irrespectueux, nous avons osé vous envoyer notre carte. » Tout en parlant, il le salua poliment
et arriva dans le salon.
Après les civilités usitées entre le maître et les hôtes,
on leur offrit des sièges et on leur servit du thé; puis ils
déclinèrent mutuellement leurs noms et leurs surnoms.
« Monsieur, dit alors Song-sin à Ling-sin, si nous n'avions
pas eu de motif, nous n'aurions pas osé vous rendre visite. Ayant vu, hier, l'avis de votre illustre fille, nous
avons appris que, dans un âge tendre, elle avait déjà un
talent distingué. C'est pourquoi nous sommes venus à
dessein pour lui demander ses instructions. »

Le bachelier Tching prit la parole à la place de Ling-sîn. « Ma petite nièce, dit-il, est bien jeune et bien ordinaire ; comment oserait-elle parler de ses progrès dans les lettres ? Seulement, elle est née avec la passion de l'étude. Mais, dans notre obscur village, elle a peu d'occasions d'acquérir de l'instruction. Voilà pourquoi elle a laissé échapper quelques paroles d'une folle vanité pour obtenir que d'aussi illustres lettrés l'honorassent de leur visite.

— » Monsieur, reprit le docteur Tao, à quoi bon se rabaisser ainsi ? Puisque votre illustre nièce est de la famille des poètes et des écrivains élégans, veuillez la prier de paraître un instant devant nous.

— » Ma nièce, répondit le bachelier Tching, doit naturellement désirer de recevoir vos instructions ; mais comme Vos trois Seigneuries viennent de loin, elles ont besoin sans doute de quelques rafraîchissemens. Seulement, des campagnards comme nous, ne possèdent que des mets grossiers ; oserais-je leur en offrir ?

— » Monsieur, lui dit le docteur Tao, nous ne devrions pas refuser votre bienveillant accueil ; nous sommes confus de vous importuner sans motifs.

— » Puisque vous nous faites la grâce de ne point nous dédaigner, veuillez, Messieurs, vous reposer un instant ici dans notre modeste jardin. »

En disant ces mots, il se leva et les pria de passer dans le jardin de Wân-hoa. Dès que les trois étrangers y furent entrés, voici ce qu'ils remarquèrent.

« Un monticule verdoyant y répandait la fraîcheur de
» son ombre ; une pièce d'eau promenait mollement ses
» ondes azurées ; des saules touffus laissaient flotter leurs
» branches sur de joyeux verdiers ; une multitude de
» fleurs se partageaient les vives couleurs de la porte
» peinte ; des sentiers sinueux se croisaient et serpen-
» taient en tous sens ; des galeries ouvertes suivaient
» capricieusement les détours des allées ; un pavillon
» sourcilleux se perdait dans les airs, et dérobait la tête
» assise sur des masses de nuages blancs. Tantôt la ja-
» lousie tissue de fils de bambous, enveloppait, en se re-
» levant, une hirondelle noire, tantôt elle laissait échap-
» per une hirondelle à gorge rouge ; puis, tout-à-coup,
» on entendait le gazouillement du loriot.
» Sur un rocher qu'ombrageaient des sapins toujours
» verts, on jouait aux échecs, aux sons purs et harmo-
» nieux du Kin (sorte de guitare).
» Devant une corbeille de fleurs qui semblaient verser
» une pluie rouge, on savourait du thé parfumé ou du
» vin délicieux.
» Quoiqu'en s'égarant dans ce jardin, on n'y vît point
» des sites aussi ravissans que ceux de Wang-tchouén,
» cependant, il offrait encore assez de charmes et, par sa
» noble élégance, il rivalisait avec la Vallée d'or. »

Les trois hôtes, voyant que le jardin respirait la propreté et l'élégance, et que, dans la disposition des sièges, il n'y avait rien qui sentît des habitudes vulgaires, n'osèrent les traiter comme des villageois.

Or, tout était préparé pour les recevoir dignement, et, en un instant, les tasses et les plats furent rangés sur la table. Lorsque tout le monde eut bu largement pendant quelque temps, le bachelier Tching, voyant que le licencié et le docteur avaient cédé le pas à Song-sîn, et l'avaient

fait asseoir à la place d'honneur, pensa que ce devait être un homme d'importance ; alors il redoubla d'égards pour lui. « Illustre seigneur, lui dit-il, lorsque vous vous promeniez dans la capitale, votre réputation a ému l'empereur lui-même. Aujourd'hui vous avez daigné honorer notre pauvre village de votre précieuse visite ; en vérité, c'est nous procurer à la fois dix mille bonheurs !

— » Monsieur, dit Song-sîn, lorsqu'un homme de talent se promène, il n'y a nul endroit où il ne puisse porter ses pas. Vous connaissez le dire des anciens : « En haut,
» il peut faire société avec Yu-hoang (le roi du ciel) ; en
» bas, il peut manger avec un mendiant. » C'est précisément ce que font les hommes de notre qualité.

— » J'ai entendu dire, ajouta le bachelier, que Téou, notre honorable préfet, était intimement lié avec Votre Seigneurie.

— » Dans l'exercice de sa charge, lui dit Song-sîn, le vieux Téou avait seulement avec moi de simples relations d'amitié ; comment pourrait-on dire que je l'ai admis dans mon intimité ?

— » En ce cas, j'oserai demander à Votre Seigneurie quels sont ses amis intimes ?

— » S'il faut parler d'amis passagers, depuis M. Châu et au-dessous, il n'y a pas un prince, un ministre, un magistrat qui ne soit de ma connaissance. Si vous me demandez mes amis intimes qui cultivent avec moi la poésie et le Wén-tchang (la prose élégante), je n'en possède pas d'autres que Li-yu-lîn de Tsi-chang, les deux frères Wang-fong-tchéou de Yûn-kiên, Ou-tchouân-léou et Wang-pé-iu de Sîn-ân. »

Le bachelier Tching lui prodigua alors les plus pompeux éloges.

— « Monsieur, lui dit le docteur Tao, maintenant que nous avons été comblés de vos bontés, nous vous supplierons de faire desservir et d'inviter votre noble nièce à venir, un instant, nous donner ses instructions, afin que nous ne perdions pas tous trois le fruit de notre voyage.

— » Puisque tel est votre désir, reprit le bachelier, qu'on lève le couvert. Quand ma nièce vous aura demandé vos instructions, nous reprendrons notre entretien.

— » A merveille ! s'écrièrent-ils tous ensemble, et se levant aussitôt, ils se mirent à faire une promenade en attendant. »

Le bachelier Tching entra dans l'appartement intérieur, et alla trouver Ling-kiang-sioué : « Mon enfant, lui dit-il, votre démarche d'aujourd'hui a été on ne peut plus légère. Ce Monsieur Song est un homme d'une haute importance ; Wan-chi-tching et Li-pân-long sont ses compagnons de poésie. Gardez-vous de le regarder avec dédain. Lorsque vous paraîtrez devant ses yeux, soyez attentive à lui montrer la déférence et le respect qui lui sont dus. Autrement, si vous êtes vaincue dans la lutte qui va s'engager, vous courez le risque d'être couverte de honte et abreuvée de mortifications.

— » Mon oncle, dit Ling-kiang-sioué en souriant, que m'importent Wang-chi-tching et Li-pân-long ? Je vous supplie de vous tranquilliser. Je vous réponds que votre nièce n'éprouvera nulle confusion. Si ce M. Song a réellement quelques parcelles de talent et d'instruction, je pourrai encore lui faire grâce. Mais s'il ne s'appuie que sur le mensonge et la présomption, et qu'il ose me montrer du dédain, ce sera à vous, mon oncle, à le gourmander vertement, de peur que ses pareils ne viennent nous ennuyer à l'avenir.

Le bachelier Tching fit un grand éclat de rire. « Comment peux-tu prendre les choses sur ce ton ? » lui demanda-t-il.

Ces paroles achevées, ils se rendirent ensemble au milieu du jardin, et vinrent se présenter aux trois étrangers. Ceux-ci s'avancèrent au-devant d'eux. Ils remarquèrent que les cheveux de Ling-kiang-sioué descendaient sur ses épaules ; sa toilette était d'une simplicité modeste et ses vêtemens, de couleur unie ; sa démarche était légère et gracieuse comme celle des déesses aussi belles que le jade, qui habitent les rives du lac Yao-tchi.

« Délicate comme le loriot et mignonne comme l'hiron-
» delle, elle était justement dans la fleur de la jeunesse.

» Elle était encore plus séduisante qu'un bouton qui va
» éclore et qui renferme les plus suaves parfums.

» Ne vous étonnez pas qu'elle épanche naturellement
» toutes les beautés du *Wén-tchang* (style élégant).

» C'est la déesse de la littérature qui a été exilée sur la
» terre. »

Les trois étrangers l'ayant vue, furent saisis intérieurement d'une surprise et d'une admiration qui se communiqua de l'un à l'autre.

« Chez les magistrats de notre rang, se dirent Tao et Liéou, on n'a jamais vu de jeune fille pareille. Comment se fait-il qu'un villageois ait donné le jour à une personne si charmante ? »

Song-sîn était encore plus rempli d'étonnement, il lui trouvait exactement les manières élégantes et la tournure gracieuse de Chan-taï. Il s'avança vers elle pour lui présenter ses civilités. Ling-kiang-sioué ramassa par devant les plis de sa robe, et, lui faisant une profonde révérence, « la petite paysanne que vous voyez, lui dit-elle, est née avec le goût de la littérature ; mais elle vit dans l'isolement et l'ignorance au milieu des montagnes et des plaines incultes, et elle a le malheur d'être privée des lumières d'un maître ; c'est pourquoi elle vous a invités par des paroles présomptueuses, dans l'unique désir de trouver un véritable poëte. Comment aurait-elle osé fatiguer, sans motif, des coryphées de la littérature et des hommes d'un illustre rang ? »

— » Il y avait déjà long-temps, reprirent ensemble le docteur Tao et le licencié Liéou, que nous avions entendu parler de votre talent supérieur ; mais, honteux de nos connaissances puériles et de notre profonde commune, nous n'osions venir à la légère, de peur de blesser les convenances. Comme le seigneur Song efface aujourd'hui tous les poëtes de l'empire, nous sommes venus pour lui tenir compagnie. C'est pour nous un immense bonheur d'avoir pu contempler votre beauté divine. »

Song-sîn, voyant l'élocution naturelle et le langage adroit de Ling-kiang-sioué, éprouva d'abord une crainte secrète, et, craignant de trop parler, il se contenta d'écouter en silence.

Après les saluts d'usage, les hôtes s'assirent à l'orient de la salle, et le maître, au midi. D'après les ordres du bachelier Tching, on apporta aussitôt deux tables à écrire, et l'on plaça l'une devant Song-sîng, et l'autre en face de Ling-kiang-sioué. Elles étaient garnies des quatre trésors de l'écriture (le pinceau, le papier, l'encre et la pierre pour la broyer).

— « Seigneur Song, dit le bachelier Tching, puisque vous avez daigné nous honorer de votre visite (ce qui est vraiment pour nous une merveilleuse rencontre), il est convenable que vous donniez vous-même le sujet de composition. Ma nièce recevra avec respect vos instructions ; mais elle ne peut manquer d'être honteusement vaincue. Seulement j'ignore quel sujet vous allez lui signifier.

— » Nous venons de boire, répondit Song-sîn ; ce n'est pas le moment de faire des vers. Maintenant que nous sommes venus une fois, et que nous avons fait la connaissance du maître de céans, rien n'empêche que nous ne repassions de nouveau. Si vous le permettez, je reviendrai un autre jour de bonne heure ; nous écrirons soit de longs morceaux de *prose élégante*, soit des pièces de poésie à la manière des anciens ou dans le goût moderne, soit des passages coupés (suivis de leurs parallèles), soit des vers réguliers ou des chansons ; nous traiterons différens sujets suivant notre disposition naturelle, et nous verrons tout ce qu'on peut composer durant la longueur d'un jour.

— » Après avoir bu une cruche de vin, reprit Ling-kiang-siéou, Li-taï-pé composait cent pièces de vers ; aussi a-t-il acquis une brillante renommée qui vivra pendant mille générations. Comment pouvez-vous dire que lorsqu'on vient de boire du vin, ce n'est pas le moment de composer des vers ?

— » Je ne nie point, répondit Song-sîn, qu'on ne puisse composer des vers après avoir bu ; mais il serait à craindre qu'ils n'eussent quelque chose de rude et de négligé. Il vaut mieux être à jeun et posséder toute la fraîcheur et la netteté de son esprit ; c'est alors que les vers ont de la grâce et du charme.

— » Tseu-kiën composait (à demi-ivre) des vers de sept pieds, et sa verve poétique fournira, pendant mille automnes, un charmant sujet d'entretien. Quelle raison aurait-on de choisir une autre époque et de temporiser ?

— » Ma nièce, reprit le bachelier, vous n'y êtes pas du tout. J'imagine que le seigneur Song, voyant que nous sommes des villageois et des paysans, suppose que naturellement nous n'entendons rien à la poésie. Voilà, sans doute, pourquoi il ne daigne pas composer à la légère. Je prie le seigneur Song de fournir le premier un sujet ; quand tu auras composé un morceau, tu lui demanderas ses instructions. Qui sait s'il mérite d'être vu ? Qui sait si, après *avoir jeté une tuile, tu ne ramèneras pas du jaspe ?* »

— » Cet avis est parfaitement juste, s'écrièrent le docteur et le licencié.

— » Puisque ces deux illustres Messieurs approuvent mon idée, dit Ling-kiang-sioué, je supplie Song, le respectable poëte, de me gratifier d'un sujet. »

Song-sîn se livrait secrètement à ses réflexions : « A voir le ton de cette jeune fille, se dit-il, elle m'a l'air d'avoir la langue bien affilée. Si je donne un sujet de circonstance, rompue, comme elle est, à l'exercice du style, elle aura bientôt fait de composer sa pièce. Il vaut mieux lui proposer un sujet difficile à traiter en vers; si je pouvais la mettre à bout, j'en serais enchanté. » Soudain, ayant levé la tête, il aperçut au haut des airs un cerf-volant qu'on venait de lancer. « Eh bien ! dit-il, en le montrant du doigt, prenez ce sujet-là, et composez-nous une pièce de vers de sept syllabes, dans le goût moderne. »

Ling-kiang-sioué vit que c'était un cerf-volant. « A bien examiner cet individu, songea-t-elle en elle-même, ce n'est certainement pas un *homme de talent.* Je vais profiter de l'occasion pour lui lancer quelques railleries ; nous verrons s'il les comprendra ou non » De suite elle broya de l'encre, et en ayant imbibé son pinceau, elle composa une pièce de vers avec la même facilité que si elle eût été faite d'avance; elle l'écrivit, d'un bout à l'autre, en moins de temps qu'il n'en faut pour boire une demi-tasse de thé, et pria le bachelier Tching de la faire voir aux trois étrangers. Ceux-ci furent confondus de sa merveilleuse habileté. Ils déployèrent la feuille de papier et y lurent ce qui suit :

Vers sur un cerf-volant

« L'art lui a donné la figure et l'apparence d'un animal pour
» leurrer les sots et les petits enfans.
» Pourvu d'une monture en lames de bambou, il est mince
» et partant léger.
» Sa surface est ornée de fleurs, et, grâce à un mensonge ha-
» bile, il paraît extraordinaire.
» Au gré du vent, il se balance vainement dans les airs;
» mais, retenu d'en bas par un fil, il ne peut se retourner ni
» partir.
» Ne riez pas de voir que ses pieds n'ont pas une base assu-
» rée; s'il tombait devant vos yeux vous ne trouveriez plus
» qu'une carcasse sèche et vide. »

Le docteur Tao et le licencié Liéou voyant que, dans leur application au cerf-volant, presque tous les mots tombaient d'une manière piquante sur la personne de Song-sin ; que les railleries qu'ils renfermaient, étaient exprimées d'une manière fine et élégante, et que l'écriture rappelait par sa légèreté les mouvements gracieux du dragon et des serpens, ils battirent des mains et louèrent cette pièce avec enthousiasme. Quelle excellente composition ! quelle excellente composition ! s'écrièrent-ils, qu'elle a de charmes, de richesse et de parfum ! Elle peut avec raison s'appeler elle-même *une fille de talent.*

Song-sin comprit clairement les sarcasmes dirigés contre lui. Il aurait voulu faire chorus avec eux; mais il craignait de passer pour un esprit bouché; il aurait voulu montrer une patience héroïque; mais il avait peur de prêter à rire à ses dépens. Dans son embarras extrême, le rouge lui monta au visage. Ne pouvant garder le silence, il dit à ses deux amis : « En poésie, on estime un style noble et distingué; mais ici je ne vois qu'un méchant bavardage; où trouvez-vous une excellente composition?

— Tao et Liéou firent un éclat de rire. « C'est un badinage, lui dirent-ils ; mais lorsqu'un badinage est exprimé en termes choisis et élégans, il n'en est que plus relevé et plus gracieux. Seigneur Song, vous ne pouvez vous empêcher de partager notre admiration.

— » Qu'une humble fille de village, dit Ling-kiang-

sioué, laisse échapper *un méchant bavardage,* c'est un défaut inévitable. Cela vient de ce qu'elle n'a pas reçu de grandes et sublimes leçons. Comme aujourd'hui l'illustre poète Song a daigné me donner le sujet du *cerf-volant,* il possède, sans doute, au dedans de lui-même de précieux matériaux ; pourquoi ne composerait-il pas, à son tour, une pièce de vers afin de fixer nos idées sur ce qui fait le sublime du genre noble et élégant? »

Song-sin sentant bien qu'elle désirait le voir composer aussi des vers sur le *cerf-volant,* éprouva un cruel embarras. « Un mince sujet comme celui du *cerf-volant;* leur dit-il, c'est bon, tout au plus, pour exercer des petites filles; croyez-vous qu'il convienne que des personnes de notre rang ravalent ainsi leur pinceau?

— » Honorable maître, reprit le bachelier Tching, puisque vous jugez au-dessous de vous de traiter un si mince sujet, eh bien! daignez nous composer une pièce de vers n'importe sur quoi, afin de ne point frustrer les espérances de ma nièce qui sollicite vos instructions.

— » Cet avis est parfaitement juste, s'écrièrent Tao et Liéou. Song, notre honorable maître, vous n'avez pas besoin de refuser par excès de modestie. »

Song-sin, ne sachant comment se tirer de là, fit un effort sur lui-même. « Ce n'est pas, dit-il, que je ne puisse composer, mais, pour faire des vers, la première condition, c'est une entière liberté d'esprit ; le génie ne peut souffrir de liens, ni d'entraves. Puisque Vos deux Seigneuries m'ont donné leurs ordres, comment oserais-je leur désobéir? Si je prenais pour sujet notre excursion d'aujourd'hui, qu'en dites-vous?

— » C'est une idée excellente, répondirent Tao et Liéou.

A ces mots Song-sin déploya gravement une feuille de papier et se mit en devoir de faire un brouillon. Il broya d'abord de l'encre, prit un pinceau et écrivit en une ligne le sujet suivant :

« Un jour de printemps, comme je me promenais au midi de la ville avec le docteur Tao et le licencié Liéou, j'entrai, par hasard, dans le jardin de Ling qui m'invita à boire. » Alors levant le pinceau il réfléchit pendant un quart-d'heure sans pouvoir écrire un seul mot.

Le docteur Tao souffrait de le voir dans ce pénible embarras, tandis que tout le monde restait assis sans mot dire en l'attendant. Alors, plus mortifié que lui, il pria un domestique de prendre dans le *nécessaire de visite,* un éventail doré et le présenta lui-même au bachelier Tching: « Votre noble nièce, lui dit-il, écrit aussi habilement qu'elle compose; je souhaiterais qu'elle voulût bien y jeter quelques coups de pinceau ; ce serait pour moi un précieux trésor ; je ne sais si elle y consentira. »

Le bachelier Tching ayant reçu l'éventail : « Rien n'empêche », lui dit-il, et aussitôt il le remit à Ling-kiang-sioué.

— « Puisque j'ai reçu les ordres de Votre Seigneurie, dit-elle, je vous supplierai de me donner un sujet. »

Le docteur Tao fut transporté de joie. « Si je vous proposais un sujet, lui dit-il, je craindrais que votre esprit ingénieux ne se mît un peu trop en frais ; j'en serais vivement affligé.

— » Seigneur, répondit-elle, point de sujet, point de

ROMAN CHINOIS.

vers. Comment pourrais-je répondre à vos intentions ? »

Le docteur était dans le ravissement. « Mademoiselle, lui dit-il, vos ingénieux avis se distinguent d'eux-mêmes. Sur cet éventail commun, on a peint un couple d'hirondelles, si vous les preniez pour sujet, qu'en dites-vous ? »

A peine Ling-kang-sioué eut-elle entendu ces mots, que, sans répondre, elle saisit son pinceau et acheva l'inscription en un instant. Aussitôt elle pria le bachelier Tching de présenter l'éventail au docteur Tao. Celui-ci vit que les traces de l'encre étaient encore humides. Elle avait écrit sur l'éventail quatre vers, de sept syllabes chacun.

« A l'approche du froid, elles vous disent-adieu ; la chaleur
» les ramène chez vous,
» Vous riez de ces hirondelles, comme si elles étaient tout
» à fait dépourvues d'intelligence !
» Mais si vous ne leur aviez pas permis de prendre un gîte
» à l'ombre de votre toit,
» Vous les verriez voltiger à la porte de vos voisins. »

Le docteur Tao et le licencié Liéou, ayant vu ces vers, voulurent les revoir encore. Après les avoir lus, ils les relurent de nouveau. Ils n'étaient pas maîtres de leur joie : « Non seulement, dirent-ils, nous n'avons jamais vu ni appris qu'un talent si fécond, si rare, si merveilleux, se soit rencontré chez des jeunes filles, mais on peut même assurer encore que parmi cent ou mille poètes de profession, il n'y en aurait pas un seul qui pût l'égaler. En vérité, elle mérite qu'on s'incline devant elle avec respect. »

Ce que voyant, le licencié Liéou, jaloux du bonheur de son ami, prit aussitôt un éventail doré, et le présenta vivement au bachelier Tching.

— « Le seigneur Tao, dit-il, a déjà été gratifié des vers de votre aimable nièce ; j'oserai lui demander, à mon tour, la même faveur. Je désire ardemment qu'elle daigne y consentir.

— » C'est possible, c'est possible, répondit le bachelier Tching ; il faut seulement que vous lui donniez un sujet.

— » Sur un côté de mon éventail vulgaire, dit-il, il y a aussi une peinture ; eh bien ! elle peut la prendre pour sujet. »

Le bachelier Tching s'empressa de présenter l'éventail à Ling-kiang-sioué.

Celle-ci l'ayant ouvert, vit sur l'un des côtés le portrait d'un sage éminent ; elle prit alors son pinceau et écrivit les vers suivants :

« Une tasse de vin faisait le plaisir de Mou-sing.
» Chou-yé avait une guitare de trois pieds, dont les sons
» étaient purs et harmonieux.
» Malgré sa barbe inculte et sa figure amaigrie,
» Le sage, avec son vêtement de bure, est recherché par-
» tout, des princes et des rois. »

Après avoir achevé d'écrire, Ling-kiang-sioué pria le bachelier Tching de rendre l'éventail. Tao et Liéou s'empressèrent de l'examiner et remarquèrent que ces vers avaient pour but de tourner Song-sîn en ridicule. Ils ne purent se lasser de les louer. S'étant retournés pour re-garder Song-sîn, ils le virent dans un coin, se grattant l'oreille, se frottant le menton, et péniblement occupé à chercher des idées. Ses deux amis s'approchèrent de lui et lui dirent en riant : « Seigneur Song, avez-vous achevé votre excellente pièce de vers ? »

Song-sîn avait beau se creuser la tête, il n'en pouvait venir à bout ; il éprouvait un embarras mortel. Il avait vu, en outre, que Ling-kiang-sioué avait écrit des vers sur un éventail et ensuite sur un autre, avec la rapidité du vent qui dissipe les nuages, et sans paraître faire le plus petit effort. D'un autre côté, Tao et Liéou les louaient et les exaltaient à l'envi. Dans son embarras extrême, son cœur bouillonnait de dépit ; plus il faisait d'efforts, et plus il lui devenait impossible de rien écrire. Il aurait voulu rejeter la faute sur l'ivresse, mais il avait bu trop peu de vin ; il aurait voulu faire le malade, mais il lui était impossible de feindre tout d'un coup une indisposition. Il se vit donc réduit à baisser la tête et à continuer à se creuser le cerveau. Mais Tao et Liéou, peu disposés à l'attendre, vinrent lui demander où il en était. Ne sachant que dire, il répondit : « La première phrase est achevée, mais la liaison du milieu et la conclusion ont encore besoin d'être retouchées. »

— » Seigneur, Song, lui dit le docteur Tao, précédemment vous n'étiez pas comme cela ; d'où vient qu'aujourd'hui vous éprouviez tant de difficultés ? Est-ce que par hazard, le grand magicien serait paralysé par le petit ?

— » En vérité, lui dit Song-sîn, j'éprouve quelque chose d'extraordinaire ; le fait est qu'aujourd'hui je ne suis pas du tout en verve.

— » Monsieur, lui dit Ling-kiang-Sioué, en riant (tout le monde connaît ce vers) :

« La feuille de l'arbre Fong tombe dans la rivière Ou-kiang et s'y glace. » La beauté de ce seul vers en a immortalisé l'auteur.

» Le mérite du style ne consiste pas dans la quantité. Monsieur Song, l'illustre poète, puisque vous avez composé la phrase initiale, cela suffit. Permettez-nous de l'admirer un instant. »

Song-sîn, sentant bien qu'il ne pourrait venir à bout d'achever, fut bien aise de trouver un prétexte. « Tenez, dit-il, puisque vous voulez absolument voir, contentez-vous ; quand vous aurez fini, je pourrai continuer sans difficulté. »

Le bachelier Tching s'approcha vivement de la table, et, prenant le papier, il le présenta à Ling-kiang-sioué. Celle-ci, y ayant jeté un coup-d'œil, vit qu'il avait écrit deux lignes, l'une qui renfermait le sujet, et l'autre qui formait la première phrase ; elles étaient ainsi conçues :

« En me promenant, au printemps, avec deux amis, je suis arrivé à une chaumière.

» Le maître de la maison a fait un bon accueil à ses hôtes, et leur a présenté une cruche (de vin) et des tasses. »

Ling-kiang-sioué, ayant fini de lire, laissa échapper un grand éclat de rire. « En voyant ces idées rares, ces pensées extraordinaires, dit-elle, je ne m'étonne plus, illustre poète, si elles vous ont coûté de pénibles efforts ; mais il ne convient pas que j'importune davantage notre hôte. Permettez-moi d'achever votre œuvre. Alors, prenant son pinceau, elle écrivit ces lignes à la suite :

« La hampe de mon pinceau me pesait mille livres.
» Une demi feuille de papier fleuri, me semblait longue de cent tchang (mille pieds).
» Quoique j'aie sué et eau, à la fin, je suis resté court.
» Si l'on me coupait entièrement la barbe et les moustaches, je ne serais plus qu'un homme du commun.
» Si les poètes de mon étoffe recevaient le titre d'hommes distingués,
» Quand on en aurait emporté des charretées, on en trouverait encore à remuer à la pelle. »

Après avoir fini d'écrire ces vers, elle pria le bachelier Tching de les faire voir aux trois étrangers. Tao et Liéou ne purent s'empêcher de rire à gorge déployée, mais Song-sîn se sentit inondé d'une sueur froide et ses oreilles devinrent pourpres. Alors, crevant de rage et de honte, il s'emporta violemment et se répandit en injures : « Cette petite paysanne, dit-il, comment ose-t-elle s'émanciper avec tant d'insolence ? Moi, le docteur Song-sîn, lorsque je parcourais l'empire, les princes les plus renommés et les plus illustres dignitaires me cédaient tous le pas. Comment me laisserais-je insulter par des gens de votre sorte ?

— » Votre humble servante, dit Ling-kiang-sioué, n'aurait jamais osé faire un affront à un poète ; c'est le poète lui-même qui se l'est attiré. »

Alors elle se leva et se tournant vers Tao et Liéou, elle leur fit une profonde révérence. « Messieurs, dit-elle en prenant congé d'eux, comme Vos deux Seigneuries restent ici, je devrais naturellement me tenir près de vous pour recevoir vos instructions; mais je n'aime point le bruit ni le tapage, et je fuis les procédés grossiers comme on fuit un ennemi. Tout-à-l'heure, j'ai été si violemment assaillie par le souffle de la grossièreté, que j'ai failli en être renversée; il m'est impossible de ne point prendre la fuite. J'espère que Vos deux Seigneuries daigneront m'excuser. En disant ces mots, elle leur fit un salut et, d'un pas calme et aisé, elle rentra dans l'appartement intérieur.

Ces paroles n'avaient fait qu'enflammer davantage la colère de Song-sîn. « Cette petite coquine ! s'écria-t-il, comment a-t-elle osé me manquer à ce point ? C'est abominable ! c'est abominable !

— » Seigneur Song, lui dit Tching, en riant, allons, calmez-vous ; sans doute que ma nièce vous a manqué, mais votre prévoyance vous a fait défaut.

— » En quoi ma prévoyance m'a-t-elle fait défaut ? lui demanda Song-sîn.

— » Ces jours derniers, lui dit Tching, sur l'affiche de ma nièce, il était clairement écrit : « J'invite les véritables poètes à venir me donner leurs instructions; que ceux qui n'ont qu'une vaine renommée ne se dérangent pas inutilement. » Monsieur le docteur Song, puisque vous faisiez les vers avec tant de difficulté, qu'aviez-vous besoin de venir ? » A ces mots, il lui échappa un éclat de rire qu'il comprima avec sa main.

Song-sîng ayant été encore rudoyé par le bachelier, étouffait de honte et de colère. Le rouge lui monta au visage, et frappant la table à coups de poings, il vomit une multitude d'injures. « C'est abominable ! c'est abominable ! » 'écria-t-il.

— « Monsieur, lui dit Tching en riant, vous qui êtes de la noble classe des lettrés, vous dont la principale occupation est de boire et de faire des vers, comment pouvez-vous tenir un langage aussi grossier ? »

Tao et Liéou, voyant Song-sîn abreuvé de mortification, prirent le parti de se lever. « Il y a des talens de tous les degrés, dirent-ils; Monsieur Song, allons-nous-en; quand vous aurez retrouvé votre verve, rien n'empêche que vous ne reveniez. »

Song-sîn, profondément abattu, se tenait ramassé en un tas, et n'avait pas la force de répondre.

— « Le seigneur Song, dit Tching en riant, est maintenant dans le paroxisme de la colère. Comme il est de bonne heure, je prierai Vos deux Seigneuries de rester encore un instant. J'aurai l'honneur de vous offrir une tasse de thé, en attendant que la bile du docteur Song se soit un peu calmée; il sera encore temps de vous mettre en route. »

Il ordonna alors aux domestiques de préparer du thé exquis.

Tao et Liéou le remercièrent en s'excusant.

— « Nous vous avons déjà causé bien de l'embarras », lui dirent-ils.

Après le thé, Ling-sîn, levant une cruche de vin, les pressa poliment, à plusieurs reprises. Tao et Liéou acceptèrent et burent gaîment avec lui; mais Song-sîn restait muet et ne desserrait pas les dents.

Ling-sîn s'empressa de verser une tasse de vin et de la lui offrir. « Monsieur Song, lui dit-il, à quoi bon garder rancune ? Si ma petite fille a eu quelques torts envers vous, par égard pour moi, veuillez ne plus y songer. »

Song-sîn était rouge de honte et étouffait de colère sans pouvoir la surmonter ni la satisfaire. Voyant que Ling-sîn riait avec un visage épanoui et le pressait courtoisement de boire, il ne put se dispenser d'accepter la tasse. « Bien que votre noble fille, dit-il, soit rempli d'intelligence, elle a certainement dû me manquer à ce point.

— » Je n'ai que cette fille, reprit Ling; je l'aime à la folie et la laisse suivre ses goûts littéraires. Elle vantait elle-même ses talens et son instruction, et se flattait de n'avoir point de rivaux. Pour moi, qui ne suis qu'un villageois, je n'en pouvais savoir le fin mot. J'avais appris aujourd'hui que le docteur Song avait un des premiers talens de l'empire, et que tout le monde s'inclinait avec respect devant lui. Maintenant qu'il vient de se faire battre et bafouer par ma petite fille, il en résulte, suivant ma manière de voir, que le talent et l'esprit de ma petite fille n'étaient point fondés sur des prétentions imaginaires. Seulement, elle a manqué de générosité; elle ne devait certainement pas donner carrière à sa langue, et se permettre des railleries contre le docteur Song. En cela, elle a eu grand tort. Mais j'ose espérer que Sa Seigneurie Tao et Monsieur Liéou voudront bien dire quelques mots en sa faveur. »

Pendant ce temps là, Song-sîn changeait de couleur à chaque instant. Il tenait toujours sa tasse, sans avoir le courage de la déposer ni de la boire.

Le docteur Tao interrogea alors Ling-sîn. « Votre noble fille est-elle déjà fiancée ? lui dit-il.

— » Il est bien difficile de trouver un gendre, répon-

dit Ling ; voilà pourquoi elle n'est pas encore fiancée.
— » A quel genre d'époux la destinez-vous ?
— » Suivant les intentions de ma fille, je ne regarde ni à l'âge, ni à la figure, ni à la condition. Tout ce que je veux, c'est que le prétendant aille de pair avec ma fille pour le talent et l'instruction ; ce n'est qu'à ce prix qu'il pourra l'épouser. Maintenant que le docteur Song, cet homme d'un talent si élevé, a été terrassé par elle, où voulez-vous que j'aille chercher un gendre ? Vous conviendrez que c'est une affaire très difficile.
— » Il en a toujours été ainsi, reprit le docteur Tao.
— » Messieurs, dit le bachelier Tching, laissons là les propos inutiles ; buvons gaîment quelques tasses et tâchons de dissiper l'humeur noire du docteur Song. »

Les deux beaux-frères badinèrent quelque temps, au point que Song-sîn faillit en crever de dépit. Tao et Liéou se levèrent alors, et ayant calmé et remis sur ses pieds Song-sîn, ils se retirèrent en faisant leurs remercîmens.

Après le départ de Song-sîn, il survient des événemens dignes d'être rapportés en détail : de futiles motifs soulèvent les vents et la tempête ; une bouche élégante rencontre une imagination fleurie.

Si vous ignorez comment Song-sîn s'y prit pour susciter des hostilités, écoutez un peu ; je vais vous conter cela dans le chapitre suivant.

<hr>

CHAPITRE VI.

Depuis que Song-sîn était revenu, après avoir été cruellement bafoué par Ling-kiang-sioué, il ne tarda pas à s'apercevoir que Tao et Liéou étaient singulièrement refroidis à son égard. Il en éprouva un vif chagrin. « Lorsque j'étais à Yang-tchéou occupé à chercher des jeunes filles, se dit-il en lui-même, je ne sais combien j'en ai vu, mais lorsque je voulais leur faire écrire quelques mots, elles éprouvaient mille difficultés. Comment se fait-il que cette petite scélérate de Ling-kiang-sioué, qui est à peine âgée de douze ans, possède tant de talent et d'instruction, et compose des vers aussi aisément que si elle copiait quelque chose sur un registre ? Ne dirait-on pas que c'est une autre Chân-taï ? Je serais tenté de croire que, par suite de la malignité du sort, le génie qui préside à mon étoile de malheur n'est autre chose qu'une jeune fille (1). Quant aux peines qui me sont venues de Chân-taï, comme c'est moi qui me les étais attirées en excitant Yén-wén-ou, les désagrémens que j'ai éprouvés dans la suite, étaient encore supportables ; mais cette petite coquine de Ling-kiang-sioué en faisant coller son affiche sur le mur qui est en face du couvent de Kiong-hoa, n'a-t-elle pas évidemment cherché ma juste inimitié ? Comment voulez-vous que j'endure cela patiemment ? Puis, continuant à se livrer à ses réflexions, « si je délibérais, dit-il, avec Son Excellence Téou sur le projet qu'a formé M. Chân d'acheter des servantes, et si je le priais de l'acheter et de l'offrir à Chân-hiên-jîn, je pourrais d'abord assouvir ma haine, apaiser ensuite le ressentiment que le vénérable Téou a conçu contre elle, et enfin trouver, dans cette occasion, un marche-pied pour m'élever à l'avenir ? n'est-ce pas là un plan admirable ? Quand cette petite scélérate aura été amenée par moi à deux doigts de sa perte, elle apprendra à connaître le savoir-faire du vénérable Song. »

(1) Les Chinois, non moins superstitieux que beaucoup d'Européens, croient que chaque homme a son étoile ; ils s'imaginent en outre qu'elle est habitée par un génie qui, suivant les circonstances ou la loi du destin, leur envoie le bonheur ou le malheur.

Son projet étant bien arrêté, il vint dès le lendemain rendre visite au préfet Téou, et lui raconta, de point en point, les larmes aux yeux, de quelle manière il avait été persiflé par Ling-kiang-sioué ; il pria en même temps le préfet Téou de prendre soin de sa vengeance.

— « Bien qu'elle ait eu de grands torts envers vous, lui dit Téou-koué-i, cependant personne n'a porté d'accusation contre elle ; comment voulez-vous que je l'envoie saisir gratuitement ?

— » Il n'est pas besoin de l'envoyer saisir, répondit Song-sîn ; ces jours derniers, lorsque je sortais de la capitale, le seigneur Chân, désirant choisir et acheter des servantes quelque peu lettrées pour servir sa fille, me pria, à plusieurs reprises, de m'en occuper. Dès mon arrivée à Yang-tchéou, je cherchai de tous côtés sans pouvoir en trouver une seule. Mais, tout-à-coup, le hasard m'a fait rencontrer il y a quelques jours cette Ling-kiang-sioué, à peine âgée de douze ans, et qui, pour le talent, l'esprit et l'instruction, ne le céderait point à Chân-taï. Pour faire parade d'esprit et d'intelligence, elle m'a bafoué de vingt manières. Si Votre Excellence consentait à l'acheter moyennant un prix considérable, et à l'offrir au seigneur Chân, vous pourriez, d'un côté, apaiser la haine que vous avez conçue contre elle, et, de l'autre, vous me fourniriez l'occasion d'assouvir mon ressentiment. En vérité, ce serait faire d'une pierre deux coups. J'ignore ce qu'en pense Votre Excellence.

— » Cela peut se faire, lui dit Téou-koué-i ; seulement, il ne convient pas d'aller l'acheter de but en blanc. Il faut appeler des entremetteuses et leur donner cette commission. Quand elles auront rapporté la réponse, j'irai l'acheter, et, alors, nous serons dans la légalité.

— » Cela n'est pas difficile, reprit Song-sîn ; Votre Excellence n'a qu'à faire appeler des entremetteuses ; je leur donnerai les instructions nécessaires, et dès qu'elles seront venues rendre compte de leur commission devant votre tribunal, ce sera une affaire bâclée. »

Deux ou trois jours ne s'étaient pas encore écoulés que le préfet Téou, docile au désir de Song-sîn, chargea un employé d'aller appeler un grand nombre d'entremetteuses et de leur donner les instructions suivantes : « A » Péking, le vénérable Chân, membre du conseil des mi- » nistres, possède une jeune fille, âgée de dix à douze » ans, que l'empereur actuel a comblée de ses dons et » décorée du titre de *fille de talent.* Il désire choisir et » attacher à son service dix à douze jeunes personnes du » même âge qu'elle, sachant écrire leur langue et ver- » sées dans les lettres. Ayant appris que les habitans de » Yang-tchéou se distinguent par leurs talens, il m'a » adressé hier un ordre officiel par lequel il me charge » de lui choisir et acheter les jeunes personnes dont il a » besoin. Voilà le motif qui l'a engagé à vous appeler pour » vous donner des instructions. Peu importe qu'une jeune » fille soit de la campagne, de la ville ou même du mar- » ché, toutes les fois que vous en aurez trouvé de l'âge » d'environ dix ou douze ans, connaissant les caractères » et habiles en littérature, venez vite m'en donner avis. » Je les achèterai sans regarder à l'argent ; mais, si vous » les dérobez à ma connaissance et que vous négligiez de » m'en informer, je vous ferai châtier sans pitié. Dans trois » jours vous me rendrez réponse. »

Les entremetteuses, une fois sorties, allèrent, chacune de son côté, prendre des informations, et vinrent succes- sivement lui faire leur rapport. Le second jour, une entre- metteuse nommée Mme Wang (Mme Leroi), vint lui an- noncer que, dans le village de Hiang-kin, dépendant du district de Kiang-tou, Ling-kiang-sioué, fille d'un certain Ling-sîn, âgée justement de dix à douze ans, possédait à la fois du talent et de l'instruction. « Je n'ai pas osé vous cacher cette nouvelle, ajouta-t-elle ; j'attends que Votre Excellence jette son choix sur elle et lui donne de l'em- ploi. »

Ce que voyant le préfet Téou , « le nom et le titre de Ling-kiang-sioué (*Ling, neige rouge*), se dit-il, annoncent du talent et de l'instruction ; je suis sûr qu'elle mérite d'ê- tre vue. » En conséquence, il accepta cette proposition et, appelant un employé, il lui donna les ordres suivans : « Allez chez Ling-sîn avec cette entremetteuse ; vous lui di- rez : « Son Excellence Chân, l'un des ministres de l'em- » pereur actuel, ayant appris que votre fille est douée de » talent, est prêt à faire les plus grands sacrifices pour » vous la demander afin qu'elle devienne la compagne de » sa noble fille. » Vous lui demanderez, d'une manière précise, quelle somme il désire ; je lui en donnerai fidè- lement le prix convenu. Comme c'est une affaire qui ne peut que lui être agréable, je n'ai pas besoin de vous dé- livrer un ordre écrit. S'il arrivait qu'il usât de faux- fuyans et fît des difficultés, j'ordonnerais aussitôt au chef du district de Kiang-tou de l'envoyer prendre d'autorité. »

L'employé, ayant promis d'obéir, n'osa mettre de la né- gligence dans sa commission. Il se rendit aussitôt avec l'entremetteuse chez Ling, le richard, et lui fit part de ses instructions.

A cette nouvelle, Ling-sîn faillit s'évanouir. Il pria en toute hâte le bachelier Tching de venir consulter avec lui « D'où nous peut venir, lui dit-il, cette malheureuse affaire, à moins qu'elle ne soit tombée du ciel ?

— » Il n'est pas besoin de chercher, répondit le bache- lier Tching ; cela vient, sans aucun doute, de Song-sîn, qui a été mystifié et bafoué ces jours derniers par ma

nièce. Comme il est l'ami intime du préfet Téou, il aura inventé avec lui ce stratagème odieux pour se venger de nous.

— » Si c'était à l'instigation de Song-sîn , reprit-il, comment l'entremetteuse Wang aurait-elle pu la faire connaître au préfet ? » D'un côté il fit acheter du vin pour traiter le messager, de l'autre il saisit l'entremetteu- se et l'accabla de coups. « A aucune époque, dit-il, je n'ai rien fait pour exciter votre haine ni votre vengeance ; pourquoi êtes-vous allée faire connaître le nom et le titre de ma fille ? »

L'entremetteuse essaya d'abord de nier ; mais, pressée par les coups, elle se vit obligée de dire la vérité. « Sei- gneur Ling, lui dit-elle, vous n'avez pas besoin de me frapper ainsi. C'est une autre personne qui a ourdi tout ce complot, et qui m'a ordonné d'aller faire connaître votre fille au préfet ; je vous proteste que je n'ai agi que par contrainte.

— » Et quelle est cette autre personne ? demanda Ling- Sîn.

— » Devinez un peu, reprit-elle ; il y a un homme qu'elle a honni et bafoué ; c'est lui-même.

— » Est-il possible ! s'écria le bachelier Tching ; j'avais bien raison de dire que c'était ce misérable. Mais, il n'y a rien à craindre. Je vais aller trouver le préfet Téou, et je lui exposerai clairement cette affaire. Je verrai comment il prendra cela ; s'il le soutient, j'irai de suite porter une accusation au tribunal des censeurs. Serait-il possible qu'un ministre d'état usât, sans motif, de son autorité pour prendre de force la fille d'un homme libre et en faire une servante ?

— » Ne manquez pas de faire cette démarche, lui dit Ling-sîn ; le succès est assuré. »

Le bachelier Tching, fier du grade qu'il avait obtenu, prit d'un air glorieux son habit et son bonnet de cérémo- nie, et, en compagnie du messager, il alla rendre visite au préfet qui se trouva t justement à son tribunal. Il se présenta avec empressement devant lui et lui parla en ces termes : « La nièce du bachelier que vous voyez, bien qu'elle appartienne à une famille de villageois, ne man- que ni de vêtemens, ni de nourriture. Comment ses parens consentiraient-ils à la vendre pour qu'elle devînt l'esclave des autres ? Tout cela vient d'un homme sans emploi, de Song-sîn, que ma nièce a dernièrement persiflé. Voilà pourquoi il est venu débiter des calomnies devant Votre Excellence, pour lui susciter ce malheur. Je vous supplie d'examiner ce perfide complot à l'aide de vos lumières pé- nétrantes, et de rendre la paix à une honnête famille.

— » Le ministre Chân, dit le préfet Téou, m'a adressé un ordre officiel, par lequel il me charge de lui acheter des servantes ; en quoi cette affaire peut-elle regarder Song-sîn ? Vous dites que Song-sîn m'a débité des calom- nies. Croyez-vous qu'un préfet comme moi soit homme à prêter l'oreille à la calomnie ? Comment pouvez-vous te- nir des propos si téméraires ? Si je n'avais pas égard à votre qualité de lettré, je devrais vous châtier sur-le- champ. Partez vite, et allez exhorter Ling-sîn à conduire, au plus tôt, votre nièce dans l'hôtel de Chân. Quoique ce soit pour être servante, j'imagine que, si elle sert dans la maison d'un ministre d'état, ce sera plus heureux pour elle que d'être une paysanne dans votre pauvre village.

— » *Il vaut mieux*, dit le bachelier, *être le bec d'un coq, que le derrière d'un bœuf.* Tel est le sentiment de toutes les personnes qui ont de l'élévation dans le caractère. Ajoutez à cela que ma nièce, bien qu'elle soit une jeune fille de village, a beaucoup lu et connaît les caractères ; elle est versée dans la littérature et dans les rites, et, pour le talent et la vertu, elle ne le cède en rien aux femmes célèbres de l'antiquité. Serait-il possible qu'une femme d'un mérite supérieur, dont la beauté est comparable au jade le plus pur, se ravalât jusqu'à la condition de servante? Je supplie Votre Excellence de soutenir les intérêts de la morale publique, et d'*entr'ouvrir un côté du filet*. Gardez-vous de faire la cour aux hommes du pouvoir, et de prêter l'oreille à la calomnie au point *de livrer aux flammes la guitare harmonieuse*, ou *de faire cuire la cigogne divine!* »

A ces mots, Téou-koué-i frappa violemment la table, et s'abandonnant à sa colère: «Qu'entendez-vous, dit-il, par les hommes du pouvoir? Qu'entendez-vous par des paroles calomnieuses? Est-il possible qu'un bachelier comme vous s'oublie à ce point devant mon tribunal? Ce puissant ministre a offert une somme d'argent pour obtenir une jeune fille; certes, il n'y a pas matière au plus léger blâme. »

Il appela alors le trésorier et lui ordonna de prendre dans la caisse trois cents onces d'argent. « Allez, lui dit-il, avec le messager ; vous remettrez cette somme à Ling-sîn et vous lui signifierez d'amener, dans trois jours, Ling-kiang-sioué à mon hôtel. Si vous éprouvez quelque résistance, vous amènerez Ling-sîn lui-même, et vous viendrez me rendre compte de votre commission. Si le bachelier Tching vient encore, de sa part, m'ennuyer et m'importuner, les satellites lui appliqueront quarante coups de bâton. »

A ces mots, il fit sortir le bachelier. Celui-ci voulut encore raisonner, mais il ne put tenir tête aux satellites du tribunal qui le chassèrent, en le poussant et en le bousculant, jusqu'en dehors de la seconde porte, et lui mirent en pièces son habit et son bonnet.

Le bachelier était transporté d'indignation, et jetait les hauts cris. « Vous avez beau abuser ici de votre pouvoir, disait-il; demain matin, j'irai présenter ma plainte à la porte du camp, au tribunal des censeurs et pardevant les trois juges suprêmes : Il faudra bien qu'on me donne raison. Serait-il possible qu'un magistrat, qui doit être le père du peuple, achetât, de force, les enfans de ses subordonnés ? »

Aussitôt il s'en revint tout droit à la maison, et raconta à Ling-sîn comme quoi le préfet Téou voulait acheter sa fille de force. Il voulait se concerter avec des bacheliers des trois écoles pour rédiger ensemble une requête, et porter plainte devant le juge général de la province de Nan-king.

Ling-kiang-sioué ayant appris cette affaire, pria son père et son oncle de venir consulter avec elle. « Si vous exposez devant les tribunaux, leur dit-elle, que Song-sîn a profité de son crédit pour perdre quelqu'un, et que le préfet Téou a acheté une personne libre pour flatter un supérieur, vous obtiendrez, sans doute, que justice vous

soit rendue; seulement, je songe que mon père et mon oncle ayant élevé et instruit une fille douée de talent et de beauté, ils ne consentiront jamais à *jeter un diamant précieux dans un coin obscur*, et à la donner de but en blanc au premier venu. Je l'ai déjà dit à mon père, il faut absolument que celui qui prétend à la main de votre fille l'emporte sur elle par le talent et la beauté. Ce n'est qu'à ce prix que je lui permettrai de devenir mon époux. Mais, dans notre pauvre village, où voulez-vous que je trouve un homme doué de talent et de beauté? J'imagine que la capitale, où réside l'empereur, est le rendez-vous de tous les hommes de talent. Je songeais constamment à y faire une excursion; mais j'avais la douleur de n'en point trouver le prétexte. Voici aujourd'hui une occasion qui répond justement au vœu de mon cœur. Pourquoi ne pas employer ruse contre ruse ? Pourquoi ne pas aller faire un tour à la capitale pour me pousser en avant et répandre ma réputation ?

— » Tu es dans l'erreur, mon enfant, lui dit Ling-sîn. S'il nous plaisait de faire une excursion à l'Orient ou à l'Occident, au Midi ou au Nord, cela dépendrait de nous. Mais si, dans cette circonstance, je recevais ses trois cents onces d'argent, ce serait te livrer à lui comme une marchandise ! Si, une fois arrivé à la capitale, j'allais t'introduire dans l'hôtel de Chân, tu ressemblerais *à un oiseau emprisonné dans une cage*, et tu deviendrais, suivant son bon plaisir, une servante ou une esclave. Pourrais-tu alors jouir de ton indépendance? Dans ce pompeux hôtel d'un ministre d'état, non-seulement il te serait impossible de te choisir un époux doué de talent, mais même il serait à craindre qu'il ne te fût fort difficile de voir une seule fois la figure de ton père. »

Comme il achevait ces mots, des larmes brûlantes roulèrent le long de ses joues.

— « Mon père, dit Ling-kiang-sioué en souriant , qu'avez-vous besoin de vous affliger ainsi ? Ce n'est pas que votre fille veuille se vanter devant vous ; mais, puisqu'elle est douée de talent et d'instruction , soyez assuré que , même en présence de l'empereur , elle ne se laisserait pas traiter avec dédain. Quel est le ministre qui serait assez osé pour vouloir faire de moi une servante ?

— » Ma fille , reprit Ling-sîn , une telle forfanterie n'est pas permise ici. Le proverbe dit avec raison : « Le fer craint de tomber dans le *fourneau*, l'homme craint de tomber dans le *panneau*. » Depuis l'antiquité, les héros et les grands hommes , qui sont tombés dans le malheur , ont tous subi le joug des autres. A plus forte raison , toi qui n'es qu'une petite fille de dix à douze ans. Une fois arrivée dans l'hôtel du ministre, et renfermée dans l'appartement des femmes , quand tu aurais une habileté capable d'ouvrir le ciel, il serait à craindre que tu ne pusses t'en échapper.

— » Quiconque ne peut s'échapper d'un pas dangereux, ne peut être compté pour un héros. Tranquillisez-vous, mon père, et mettez un peu ma capacité à l'épreuve. Je vous jure que je ne déshonorerai pas ma famille.

— » Ma fille, reprit Ling-sîn, tu aurais beau te flatter de ne pas échouer une fois sur dix mille, comment mon cœur pourrait-il se tranquilliser ?

— » Mon père, si votre cœur n'est pas tranquille, priez

mon oncle de me conduire à la capitale et vous verrez que je dis vrai.

— » Depuis que ta mère n'est plus, tu ne m'as pas quitté un seul instant. Si tu pars cette fois, j'ignore quel jour je pourrai te revoir.

— » Une fois partie, dans dix ans au plus et dans cinq au moins, je reviendrai certainement dans notre village avec des habits brodés. Après avoir vengé, comme le ferait un homme de cœur, la juste colère de mon père, je lui demanderai pardon de l'avoir quitté légèrement.

— » Ma nièce, repartit le bachelier Tching, si tu as de si hautes vues, je vais sur-le-champ préparer une voiture et un cheval et t'accompagner. Ce ne sera pas une grande dépense. Qu'as-tu besoin de profiter de l'occasion que t'offre la famille Chân?

— » Mon oncle, reprit Ling-kiang-sioué, il est une chose que vous ignorez. Suivant ce que j'ai appris, il y a, dans la famille de Chân une jeune fille de talent, aussi distinguée par son mérite littéraire que par les charmes de sa personne, et pour qui l'empereur a la plus haute estime. Votre nièce ne croit pas que, parmi les jeunes filles de l'empire, il y en ait une seule qui l'emporte sur Ling-kiang-sioué. Je veux composer une fois avec elle. Mais si j'allais, de mon propre mouvement, à la capitale, pourrais-je rencontrer aisément la jeune fille qui réside dans l'appartement intérieur de ce ministre d'état? Si, au contraire, je profite maintenant de la voiture et des chevaux de la famille Chân, pour entrer dans cette même famille, ne sera-ce pas une heureuse occasion?

— » Ma nièce, dit le bachelier, comment pouvez-vous calculer d'une manière si positive? Si, une fois que vous serez arrivée dans cette maison, il survenait quelque changement imprévu, que deviendriez-vous?

— » S'il changeait d'intention, répondit Ling-kiang-sioué, avec mon talent, je ferais face aux événemens; mon père et mon oncle, veuillez vous tranquilliser. A quoi bon vous forger des inquiétudes exagérées?

Ling-sîn, voyant sa fille fermement décidée à partir, ne put s'empêcher de céder à son désir. Le bachelier sortit avec lui, et s'adressant au messager : « Naturellement, lui dit-il, je devrais porter une affaire aussi injuste devant un magistrat supérieur, et la lui exposer dans tout son jour; mais, qui aurait prévu que ma nièce serait, au contraire, décidée à partir et triompherait de ma résistance?

— » Si Mlle Ling est, en effet, décidée à partir, dit le messager, c'est une chose charmante. »

A ces mots le trésorier prit trois cents onces d'argent et les lui offrit : « Je prie, dit-il, le vénérable Ling de recevoir cette somme. Il faut aussi nous nous en retournions pour rendre compte de notre commission au magistrat qui nous a envoyés.

— » Pour partir, dit Ling-sîn, elle partira; mais il ne m'est pas encore possible de recevoir l'argent; déposez-le dans la caisse publique.

— » Puisque Mademoiselle consent à partir, reprit le trésorier, pourquoi ne pas recevoir l'argent?

— » Une fois qu'elle sera partie, lui dit Ling-sîn, j'ignore si elle appartiendra, en effet, à la famille Chân.

— » Puisque c'est le seigneur Chân qui la demande, dit le trésorier en riant, comment n'appartiendrait-elle pas à sa famille?

— » Ce n'est pas une conséquence nécessaire, dit Ling-sîn ; emmenez-la et informez Son Excellence de mes intentions; mais, pour l'instant, déposez l'argent dans la caisse publique. Quand j'aurai reçu d'elle des nouvelles datées de la capitale, j'aurai toujours le temps de recevoir cette somme.

— » Cela peut se faire, dit le messager; seulement j'ignore à quelle époque partira Mlle Ling.

— » Cela dépend du jour que choisira M. Tching. »

Le messager ayant reçu la parole de Ling-sîn, s'en revint, avec le trésorier, rendre compte de sa commission au préfet Téou. Celui-ci, apprenant qu'elle consentait à venir, fut transporté d'une joie secrète. Après avoir délibéré avec Song-sîn, il rédigea une pièce officielle qu'il adressa au ministre, en lui offrant une servante; et il engagea Song-sîn à lui écrire en même temps une lettre pour lui témoigner sa reconnaissance et s'excuser de l'avoir offensé, sans oublier de lui demander de l'avancement à l'occasion de ce service flatteur. Ce n'est pas tout; il engagea quatre hommes de confiance d'accompagner et de protéger la jeune fille pendant toute la route. Il se procura deux jeunes domestiques pour la servir, lui fit faire une quantité de vêtemens, et loua une grande barque pour la conduire directement à la baie de Tchang-kia. Alors, ayant choisi un jour heureux, il donna l'ordre d'aller au-devant de Ling-kiang-sioué avec une chaise à porteurs, et de l'amener à son hôtel.

Le préfet lui-même l'accompagna en personne au moment de son départ.

Or, les parens et alliés de la famille Ling, ayant appris que Ling-kiang-sioué avait été vendue au ministre Chân, vinrent tous ensemble pour s'y opposer. « Vénérable Ling, dirent-ils, il faut que vous ayez tout-à-fait perdu l'esprit; vous ne manquez ni de bois, ni de riz; comment pouvez-vous sacrifier votre propre fille qui est belle comme les fleurs et le jade, et la vendre bien loin d'ici, dans la capitale? Avec un tel talent et une telle instruction, Mlle Ling craint-elle de ne pas épouser quelque grand personnage? Quand ce ne serait qu'un agriculteur dont la condition et la fortune répondissent à la sienne, cela vaudrait mieux que d'aller s'abreuver de douleur loin du village qui l'a vu naître.

— » Mlle Ling, disaient d'autres, ne connaît point les affaires du monde : un voyage lui paraît un jeu d'enfant. Lorsqu'une fois elle sera arrivée à sa destination, si elle ne s'y plaît en aucune manière, il sera trop tard de se repentir. »

Pendant que chacun continuait à dire son avis, Ling-sîn ne cessait de pleurer. Mais Ling-kiang-sioué d'un air épanoui : c'est le perroquet qu'on met en cage, dit-elle; où avez-vous vu qu'on y mît le phénix? Quand je serai arrivée dans l'hôtel de Chân, si sa petite fille a réellement quelques parcelles de talent et d'esprit, il pourrait se faire que je restasse avec elle pendant deux ans; mais, si, comme Song-sîn, elle a qu'une réputation imaginaire, je n'aurai besoin que d'une ou deux pièces de vers pour la couvrir de confusion : alors elle me priera instamment de sortir et craindra encore que mon départ ne soit trop lent. Comment oserait-on me retenir malgré moi ? »

Après avoir entendu ces paroles, quelques-uns de ses parens prirent un air riant; d'autres la détournèrent de son projet.

Au bout de deux jours passés dans le trouble, le moment du départ arriva. Ce jour là, le préfet Téou avait envoyé au-devant d'elle une troupe de musiciens et des porteurs de chaise.

Ling-kiang-sioué, ayant terminé sa toilette, alla présenter ses adieux à son père. « Ce voyage, lui dit-elle, n'a pour but que de faire une excursion dans la capitale; je n'y vais point pour y contracter un mariage; qu'avez-vous besoin de vous affliger ainsi?

— » Si tes paroles peuvent se réaliser, lui dit-il, ce sera pour moi un immense bonheur; ton oncle va te conduire à la capitale; dès que tu auras quelques bonnes nouvelles, tu le renverras promptement afin de calmer l'inquiétude de mon cœur. »

Ling-kiang-sioué arriva bientôt à l'hôtel du préfet. Téou-koué-i se trouvait justement dans sa salle d'audience, et n'attendait que le moment de l'accompagner jusqu'au lieu où elle devait s'embarquer, lorsque tout-à-coup il la vit entrer dans le prétoire Quoiqu'elle fût encore fort jeune, elle paraissait svelte et légère comme une fille des dieux qui vient visiter les mortels. En voyant l'aisance de sa démarche et la grâce de ses mouvemens, il crut reconnaître Chân-taï elle-même, et son cœur en éprouva un sentiment de surprise et d'admiration. Quand elle fut arrivée devant lui, il s'imagina qu'elle allait le saluer jusqu'à terre, et il se disposait à quitter son siége pour lui rendre sa révérence et l'accueillir avec les plus grands égard; mais, à son grand étonnement, Ling-kiang-sioué se contenta de lui faire, très poliment, un simple salut, et, se redressant ensuite, elle resta debout sans bouger.

Le préfet en fut fort mortifié, et voulut en savoir la cause. « Êtes-vous Ling-kiang-sioué? lui demanda-t-il.

— » C'est moi-même, répondit-elle d'une voix ferme.

— » J'ai entendu dire que vous vous êtes donné à vous-même le titre de Siao-thsaï-niu (la petite fille de talent). Si vous avez du talent, vous devez avoir de l'instruction; si vous avez de l'instruction, vous devez connaître les rites. D'où vient qu'en paraissant devant moi, qui dois être respecté comme un aïeul, vous ne m'avez pas salué jusqu'à terre ?

— » Puisque Votre Excellence sait expliquer les rites, elle doit comprendre les nécessités des circonstances. Si votre servante n'avait pas été achetée pour se rendre dans l'hôtel du ministre Chân, et qu'elle pût encore se considérer comme faisant partie du peuple de Yang-tchéou, comment oserait-elle ne pas se prosterner en présence de Votre Excellence? Mais, maintenant, elle appartient à un ministre: où a-t-on vu qu'une personne de la maison d'un ministre d'état, doive se prosterner dans la salle d'un préfet ? »

A ces mots, le préfet Téou éprouva une vive émotion. « Quand vous seriez, lui dit-il, de la maison d'un ministre d'état, est-ce que par hasard cela vous donnerait une si grande importance?

— » Ce n'est pas, dit-elle, que les personnes de la maison d'un ministre aient, par elles-mêmes, une grande importance; mais la multitude de gens qui font leur cour au ministre ne peut manquer de leur donner de l'importance.

— » Quoique vous apparteniez, lui dit-il, à la maison d'un ministre d'état, cependant vous n'avez pas encore mis le pied dans son hôtel. Votre malheur ou votre bonheur est entre mes mains. Comment osez-vous affronter ma puissance?

— » Faute d'être entrée dans l'hôtel du ministre d'état, mon malheur ou mon bonheur est entre vos mains. Si votre servante, bien que née dane une condition libre, a été ravalée au rang d'esclave, ç'a été pour obéir aux ordres de Votre Excellence. Demain, quand je serai entrée dans l'hôtel du ministre d'état, si l'on me reçoit d'un air indifférent, l'offre que vous aurez faite de ma personne sera sans conséquence; mais, si je suis accueillie d'une manière tant soit peu bienveillante, le malheur ou le bonheur de Votre Excellence sera entre mes mains. Je ne craindrai pas de faire connaître franchement ceux qui ont mérité ma reconnaissance ou ma haine. Votre Excellence fera bien d'y songer mûrement. »

En entendant ces paroles, le préfet Téou fut rempli d'effroi, et changea de couleur. « Suivant ce que vous venez de dire, reprit-il, en voulant me concilier l'affection d'une personne, je me suis attiré la haine d'une autre; et, lorsqu'il est encore impossible que cette affection soit profonde, la haine que j'ai provoquée a déjà pris une gravité effrayante. Comment pourrais-je le souffrir? ». A ces mots, il baissa la tête, et s'abandonna tristement à ses pensées; il voulait même revenir sur sa résolution.

Ce que voyant, Ling-kiang-sioué : « Excellence, lui dit-elle en souriant, vous n'avez pas besoin de vous tourmenter, je sais parfaitement que ce projet n'est pas venu de vous; seulement, Votre Excellence a trop prêté l'oreille à la calomnie. Si j'allais me venger sur vous au lieu de m'en prendre au calomniateur, je rougirais de moi-même. Je vous en supplie, tranquillisez-vous. Le bien et le mal qu'on m'a fait par le passé, je dois les oublier à la fois. Aujourd'hui je vais vous donner ma parole. J'ose recommander à votre protection la maison de mon père et de mon oncle. S'ils jouissent de la paix, je suis prête à sacrifier ma vie pour vous; mais, si vous les traitez encore d'une manière inhumaine, vous trouverez en moi un ennemi implacable. Soyez sûr que je tiendrai ma parole. Je prie Votre Excellence d'y bien songer. »

A ces mots, le préfet laissa briller la joie sur son visage. « Après avoir entendu un tel langage, lui dit-il, et avoir vu votre noble conduite, je reconnais que non seulement vous effacez, par votre talent et votre esprit, tous les hommes de notre époque, mais je prévois encore que votre caractère héroïque vivra jusqu'à la postérité la plus reculée. En vérité, vous êtes digne d'affection et de respect. Quand vous serez arrivée à la capitale, vous ne pouvez manquer d'obtenir de grands succès. J'ai eu le tort de prêter l'oreille à la calomnie; mais aujourd'hui il est trop tard de m'en repentir. Pour ce qui regarde la protection de votre père et de votre oncle, j'obéirai avec respect à vos instructions; mais si vous trouvez l'occasion de parler en ma faveur, veuillez, de grâce, ne pas oublier vos promesses d'aujourd'hui.

— » Je vous remercie de vos avis éclairés, reprit Ling-kiang-sioué; quand je serais une plante ou un arbre, je saurais encore reconnaître vos bienfaits. »

Le préfet fut ravi de joie. Il l'invita à entrer dans le salon de derrière, et ordonna à sa noble femme de faire de grands préparatifs pour lui offrir le repas d'adieu. Après quoi, il la fit accompagner jusqu'à la barque au son des instrumens de musique. Ayant appris que le bachelier Tching devait la conduire jusque dans la capitale, il lui offrit vingt-quatre onces d'argent.

Le préfet Téou ayant fait conduire Ling-kiang-sioué jusqu'au lieu où elle devait s'embarquer, il ordonna aussitôt à un messager d'aller porter, en grande hâte, à Ling-sîn, un billet par lequel il lui présentait ses civilités. Il ajouta : « Si vous apprenez quelque chose, rien n'empêche que vous ne veniez me trouver vous-même dans ma maison particulière. »

Ling-sîn ayant vu que sa fille s'était tenue quelque temps debout devant le préfet pour lui répondre, et que celui-ci lui avait témoigné toutes sortes de respects, il comprit que sa petite fille devait avoir de la capacité et commença à se tranquilliser l'esprit. Il ne voulut point se retirer avant d'avoir vu partir la barque qui la portait.

Mais revenons à Ling-kiang-sioué. Depuis qu'elle avait quitté son père, elle marchait avec une noble assurance sans que cette séparation parût le moins du monde sur son visage.

Tout le long de la route, si elle rencontrait une montagne, elle la contemplait; si c'était une rivière, elle y promenait ses yeux; si elle passait devant un lieu qui offrit soit la statue, soit des traces de quelque personnage de l'antiquité, elle ne manquait pas de s'y arrêter et d'y laisser des vers de sa composition. Un jour qu'on était arrivé dans le district de Wên-chang, de la province de Chân-tong, elle ouvrit le petit rideau rouge de la noix, voyez devant vous s'appelle *la chapelle de Min-tseu*. C'est un monument antique.

— » Puisque c'est un monument consacré à la mémoire du grand sage Min-tseu-kiên, je ne puis me dispenser de le visiter. » Elle pria alors le patron du bateau d'aborder au rivage, ajoutant qu'elle désirait descendre pour y jeter un coup-d'œil.

— » Le soleil s'incline déjà vers le couchant, dit le batelier; de plus le vent est favorable, et d'ailleurs je suis pressé d'arriver; il faut renoncer à votre visite.

— » Et pourquoi ne descendrais-je pas? reprit Ling-kiang-sioué. Le patron, ne pouvant résister à ses instances, baissa la voile et arrêta le bateau près du rivage, en face du temple. « Je suis pressé de poursuivre ma route, lui dit-il; comme ce temple renferme une multitude de choses remarquables, contentez-vous de les regarder à la

hâte, et revenez vite dans le bateau; je vous en supplie, ne nous retardez pas. »

Ling-kiang-sioué le lui promit. Aussitôt elle s'avança avec le bachelier Tching : elle était suivie de deux servantes qui portaient des pinceaux et de l'encre; les deux employés du préfet marchaient devant eux et leur montraient la route. Ling-kiang-sioué, étant arrivée devant la porte du temple, vit, au premier coup-d'œil, que les sentiers qui y conduisaient, suivaient les sinuosités de la montagne. Elle prit un petit chemin et arriva dans une grande salle dont la longueur pouvait avoir la moitié d'une portée de flèche, Quoique cette salle n'eût pas une belle apparence, cependant elle n'était pas fort dégradée. Ling-kiang-sioué la contempla un instant, et après s'y être inclinée respectueusement, elle parla ainsi au bachelier : « Jadis, dit-elle, Min-tseu-kien ne voulut pas se mettre au service des hommes puissans; pour les fuir, il se retira à Wên-chang, et bientôt il devint un sage éminent dont le nom vivra pendant mille générations. Moi, Ling-kiang-sioué, quoique je sois encore dans un âge tendre, je suis une fille de talent; comment irais-je ramper dans la maison des hommes puissans? Il serait difficile de dire tous les dangers qu'on y rencontre.

— » Ce personnage, dit le bachelier, était un sage éminent de l'école du *Saint* (de Confucius); toi qui n'es qu'une jeune fille, comment oserais-tu te comparer à lui?

— » L'empereur Chùn n'était qu'un homme, reprit Ling-kiang-sioué; moi aussi j'appartiens à l'espèce humaine. Quiconque a de la capacité, peut lui ressembler. »

Après avoir poussé quelques soupirs d'admiration, elle prit un pinceau et de l'encre que portait une servante, et sur un mur blanchi qui était voisin de la colonnade occidentale (du temple) elle écrivit les vers qui suivent :

« Depuis mille générations, on honore ceux qui se sont éloi-
» gnés du seuil des grands.
» Pourquoi une jeune fille aux sourcils délicats, court-elle au-
» devant d'eux?
» C'est parce qu'elle croit fermement à cette parole de Ni-
» chàn (Confucius).
» Si vous le frottez (le jade) sur la meule, il ne s'use point;
» si vous le teignez, il ne se salit point. »

A la suite, elle écrivit : « Fait par Ling-kiang-sioué, petite fille de talent, âgée de douze ans, du pays de Weï-yang. »

Après avoir fini d'écrire, Liang-kiang-sioué entra dans le bois avec le bachelier Tching, et se promena de tous côtés, derrière le temple; elle ne prévoyait pas qu'elle ferait la plus heureuse rencontre. Au moment où elle se retournait, elle vit venir vers elle un jeune bachelier qui sortait du temple.

Vous me demanderez, sans doute, quel était ce bachelier : son nom de famille était Ping (égal), son nom d'enfance Jou-heng, et son titre honorifique, Tseu-tchi. Il était originaire de Lo-yang, dans la province de Ho-nân. Il avait perdu son père et sa mère dès sa plus tendre enfance. Sa figure était belle comme le jade le plus pur; son corps pouvait se comparer à un lingot d'or. A cette époque, il venait d'avoir seize ans. Il était doué d'une intelligence surnaturelle; dès qu'un texte lui avait passé sous les yeux, il

ROMAN CHINOIS.

ne l'oubliait plus; il composait de *la prose élégante*, sans avoir besoin de réfléchir. À l'âge de treize ans, il avait obtenu le premier rang sur la liste de ceux qui aspirent au grade de bachelier. À chaque composition, s'il n'était pas le premier, il était le second et ne dépassait jamais la troisième place. Cette année-là, il arriva un président du concours, qui n'aimait que l'argent et les présens. Il mit en tête de la liste le fils d'un grand magistrat retiré, et accorda la seconde place et les neuf suivantes à des fils d'hommes opulens qui étaient complètement dépourvus d'intelligence. Quant à Ping-jou-heng, il le relégua à la onzième place. Ping-jou-heng en fut indigné, et, dans la salle même du concours, il apostropha violemment le président. Celui-ci entra en colère et voulut le faire châtier sur-le-champ. Mais Ping-jou-heng ôta vivement sa tunique et son bonnet et les remit au président. « Si je voulais, lui dit-il, être un bachelier de Lo-yang, je subirais volontiers le châtiment dont me menace Votre Seigneurie. Quant à devenir un de ces pauvres bacheliers qui ne savent ni parler clairement ni raisonner suivant la justice, c'est un rôle indigne de Ping-jou-heng. Monsieur le président, vous n'avez plus besoin de vous occuper de moi.

» Je vous ai donné le onzième rang, reprit le président ; ce n'est pas une mauvaise place.

— » Si les dix qu'on a mis avant moi m'étaient réellement supérieurs en Wén-tchang (prose élégante), j'accepterais, sans me plaindre, le onzième rang, non seulement dans la première série, mais même dans la sixième. Si, au contraire, il n'y en avait pas un seul de ma force, je ne voudrais pas même du second rang.

— » Jeune homme, lui dit le président, comment pouvez-vous montrer tant d'orgueil et de présomption ? Où avez-vous vu que les dix qui sont avant vous ne vous valent pas ?

— » Le Wén-tchang (la prose élégante), lui dit Ping-jou-heng, est une affaire qui intéresse les générations les plus reculées. On peut en sentir intérieurement les beautés ou les défauts ; mais il n'est pas aisé de les expliquer clairement aux autres ; seulement, moi, Ping-jou-heng, je renonce à jouer le rôle de bachelier.

— » Le collège, dit le président, est le lieu où tout homme de lettres trouve les moyens d'obtenir de l'avancement. Si, à cause de la place que vous avez obtenue un instant, vous jetez la tunique et le bonnet de bachelier, n'est-il pas à craindre que vous ne compromettiez toute votre carrière ?

— » Le seul malheur d'un homme, reprit Ping-jou-heng en souriant, c'est d'être dépourvu de talent ; mais quand le mérite a grandi ses ailes, quel est le ciel (1) qu'il ne puisse atteindre dans son sublime essor ? »

En disant ces mots il lui fit un profond salut et se retira. Le président, tout confus de cette leçon, pria un des professeurs de le retenir ; mais sa résolution était trop bien arrêtée pour qu'on le fît revenir. Il craignait que le président ne le persécutât s'il restait à Lo-yang, et, comme il avait un oncle du titre de Kong-sing (sorte de ba-

chelier) qui résidait à la capitale en attendant un emploi, il prépara ses bagages, prit avec lui un vieux domestique, et alla trouver son parent. Mais lorsqu'il arriva à la capitale, son oncle avait déjà été nommé principal du collège de Song-kiang, et était parti pour se rendre à son poste. Comme il n'avait pas d'autre connaissance intime à la capitale, il se vit obligé de s'éloigner de Pé-king par la voie de terre, et voulut aller à Song-kiang-fou pour y chercher son oncle.

Étant arrivé ce jour-là à Wén-chang, quoiqu'il fût de bonne heure, il fit encore quelques milles. Se trouvant fatigué de son voyage, il chercha un hôtel bien tenu et y descendit.

Là, il apprit que le temple de Mîn-tseu était situé à une petite distance ; il voulut s'y rendre à pied et s'y promener. À peine était-il arrivé devant la colonnade du temple, qu'il vit sur un mur blanchi, des caractères dont l'encre était encore humide; leur légèreté rappelait les mouvemens gracieux du dragon et du serpent. Il en éprouva autant d'émotion que de surprise, et, s'étant approché, il remarqua au premier coup-d'œil, que la pensée des vers était empreinte de noblesse et de fierté. En voyant l'expression : *sourcils délicats*, « serait-ce une jeune fille » ? se dit-il en lui-même, Puis, regardant à la suite, il lut : *Petite fille de talent, âgée de douze ans*. Il fut saisi de stupeur, et une sueur froide inonda tout son corps. « Quelle merveille ! quelle merveille ! s'écria-t-il ; est-il possible qu'une jeune fille de douze ans compose des vers aussi remarquables ? C'est à ne pas y croire. » Ayant regardé avec plus d'attention, il remarqua que les traces de l'encre étaient encore humides, et que plus bas on avait inscrit le nom de Ling-kiang-sioué. Il se dit en lui-même : « Puisqu'il y a *un petit nom et un nom de famille*, il faut bien que ce soit vrai. Pour moi, dit-il en soupirant, parce qu'à l'âge de seize ans je possède quelque peu de talent et d'instruction, je me pavanais pourtant avec orgueil, et je daignais à peine abaisser mes regards sur les autres. Qui aurait pensé qu'une petite fille de douze ans se distinguerait à ce point par la beauté et l'élévation de sa poésie ? Vraiment, il y a de quoi faire mourir les hommes de honte ! » Il lut encore plusieurs fois ces vers à haute voix et sentit redoubler sa surprise et son admiration. « Il faut avouer, s'écria-t-il, que c'est un phénomène qu'on rencontrerait à peine dans l'espace de mille automnes (mille ans). Il est inutile de dire que je devrais rougir de prétendre *suppléer* (par une ignoble fourrure) *à l'insuffisance de la martre* (1) ! Cependant, je veux essayer de composer un quatrain sur les mêmes rimes. »

À ces mots, il entra dans la salle du temple, prit sur la table des parfums, un pinceau usé et l'imbiba d'encre ; puis, accourant vers le mur blanchi, il y écrivit, sur les mêmes rimes, les quatre vers suivans :

« Quand on voit encore de merveilleuses expressions dignes de vivre pendant mille automnes,

---

(1) Les Chinois comptent neuf cieux.

(1) C'est-à-dire composer des vers qui puissent aller de pair avec les siens ou les accompagner.

» Qui est-ce qui n'éprouverait pas un véritable amour pour le talent?

» Si l'on me permettait, dussé-je être un vil palefrenier, de montrer au grand jour ma passion (pour les lettres),

» Je voudrais réussir à porter, à la face du monde, un vêtement complètement noir (1).

Il écrivit au bas: « Ping-jou-heng, jeune étudiant de » seize ans, natif de Lo-yang, passant par Wén-tchang » pour aller à Yûn-kiên, après avoir vu par hasard les » caractères tracés sur ce mur, en a été rempli de joie, et, » dans le désir de les imiter, il a écrit ceci à la hâte sur » les mêmes rimes. »

Ping-jou-heng, ayant fini d'écrire, déposa son pinceau et, à peine maître de ses sens, il s'abandonna à ses réflexions. « Dans ce village reculé, dans ce pays sauvage, se dit-il, comment pourrait-il y avoir une fille de talent, à moins que ce ne fût la fille d'un magistrat qui aura passé par ici en se rendant à son poste? » Mais, soudain, il lui vint une nouvelle idée. « Tout-à-l'heure, dit-il, au moment où j'entrais dans le temple, j'ai vu un grand bateau amarré au bord du fleuve, en face du temple; ne serait-ce pas une personne qui aura quitté le bateau pour se promener ici? »

En disant ces mots, il s'élança hors du temple et, au premier coup-d'œil, il vit que du bateau on avait jeté à terre un petit pont muni d'une rampe, et que plusieurs passagers, debout et dirigeant leurs regards vers l'intérieur du temple, se tenaient là en attendant. « C'est cela! c'est cela! s'imagine qu'elle est dans le temple et n'en est pas encore sortie. »

Il avait envie d'entrer dans le temple et d'aller au-devant d'elle pour la voir; mais il craignait de se tromper dans sa rencontre. Il prit alors le parti de l'attendre en se promenant près du bateau, en face du temple.

Mais revenons à Ling-kiang-sioué.

Après avoir fini de visiter tous les lieux situés derrière le temple, elle sortit, et, se dirigeant vers la façade de la salle principale, elle se mit à réciter avec amour les vers qu'elle avait composés, sans pouvoir s'en détacher. « Ce quatrain que j'ai écrit ici, dit-elle en elle-même, est comme un précieux diamant jeté dans un coin obscur. Qui est-ce qui viendra le lire et l'admirer?» Ensuite, s'étant approchée du mur, elle vit que quelqu'un avait écrit des vers à la suite, sur les mêmes rimes. Elle fut transportée de surprise et d'admiration. « Est-il possible, dit-elle, que pendant que je tournais les talons, une autre personne ait eu le temps de composer ici des vers sur les mêmes rimes? » Elle les examina de nouveau avec plus d'attention et reconnut qu'ils brillaient à la fois par la profondeur de la pensée et par l'élégance du style, et qu'on ne pouvait se lasser d'en louer l'idée dominante. Elle remarqua en outre que les caractères étaient tracés avec une hardiesse prodigieuse. Ayant jeté les yeux sur la signature, elle sentit redoubler sa joie et son admiration. « Je me disais, s'écria-t-elle, qu'il n'y avait point d'hommes de talent dans tout l'empire. Qui aurait pu penser que, dans un clin d'œil, je rencontrerais une personne capable de m'apprécier? Mais, n'est-ce pas une chose douloureuse que de se trouver face à face avec elle et de la perdre au même instant? »

Elle était encore plongée dans ses réflexions, lorsque les gens du bateau accoururent dans le temple et la pressèrent vivement de partir.

« Le ciel commence à s'obscurcir, lui dirent-ils, et la nuit approche; dépêchez-vous de descendre dans le bateau, il faut encore que nous gagnions une hôtellerie. »

Ling-kiang-sioué, ne pouvant résister à leurs instances, se vit obligée de sortir du temple. Au moment où elle en quittait le seuil, elle aperçut un jeune étudiant d'une figure charmante et d'une tournure distinguée qui, tantôt allongeant la tête, tantôt la retirant, semblait l'observer de loin avec une attention marquée. Elle aurait bien voulu s'arrêter et jeter un coup d'œil en arrière; mais, marchant en compagnie de son oncle et de ses deux messagers, il lui était impossible de s'arrêter un instant. Elle s'embarqua donc, et à peine fut-elle entrée dans la cabine, que les mariniers éloignèrent le bateau du rivage.

La voile ayant été hissée, il disparut avec la rapidité d'un oiseau.

---

(1) C'est-à-dire devenir un grand personnage. Il y a ici une allusion à l'ode 1 du *Chi-king*, liv. 1, chap. 7, intitulée *Tsé-i*, où l'on parle de *vêtemens noirs* qui sont destinés aux ministres et aux premiers fonctionnaires de l'état.

CHAPITRE VII.

Ping-jou-heng se tenait en face du temple occupé à observer, de loin, la jeune fille qui avait composé les vers qu'il avait sous les yeux. Il n'y avait pas long-temps qu'il attendait, lorsqu'il vit, au milieu du temple, une multitude de personnes qui entouraient une jeune fille à la chevelure flottante, qui en sortaient à pas précipités. L'ayant regardée de tous ses yeux, il lui trouva des traits fins et purs, des manières élégantes et une démarche aussi noble que légère. En vérité, dit-il, elle ne le cède point à la belle Chi-tseu, ni à la séduisante Mao-tsiang. L'admiration et la joie donnèrent à Ping-jou-heng, une sorte de délire, et lui ôtèrent, un instant, l'usage de ses sens. Lorsqu'il voulut ensuite la contempler de nouveau, il y avait déjà quelque temps que, pressée par les personnes qui l'accompagnaient, elle s'était embarquée et avait disparu en un clin d'œil. Ping-jou-heng resta au bord du fleuve, immobile comme une statue, en dirigeant ses regards avides du côté du nord. Lorsqu'il eut perdu de vue l'ombre de la barque, il baissa tristement les yeux. Il voulut s'en retourner, mais ses membres étaient brisés, et il n'avait

ROMAN CHINOIS.

pas la force de faire un pas. Au bout de quelque temps, il se traîna avec peine devant le temple, et s'assit sur un banc de pierre. Je ne me figurais pas, se dit-il en lui-même, qu'il y eût dans le monde une jeune fille de talent, douée de manières aussi distinguées et d'une figure aussi ravissante. Auprès d'elle, Ping-jou-heng n'est qu'un homme stupide; à quoi est-il bon maintenant? Si l'on m'eût raconté cette merveille, je me serais refusé à y croire; mais aujourd'hui, j'ai vu de mes propres yeux cette noble personne; les vers tracés sur le mur, ainsi que son âge, se rapportent parfaitement à elle. Oui, c'est bien elle qui a composé ces vers ; il m'est impossible d'en douter. Si Ping-jou-heng ne meurt pas, rien que d'y penser, comment pourrait-il ne pas en mourir de honte? Quant aux vers que j'ai faits sur les mêmes rimes, j'ignore si cette charmante fille les a vus. Si, par hasard, elle a aperçu mon nom que j'ai écrit à la suite, comme nous nous sommes vus face à face tout à l'heure, au moment où elle sortait du temple, elle aura certainement compris que j'en suis l'auteur. Bien que mes vers fussent loin d'égaler ceux de cette belle personne, si, sensible, à l'ardeur de mon zèle et à mes sentimens d'affection, elle a daigné m'accorder un regard bienveillant, cette merveilleuse rencontre n'aura pas été perdue pour moi. Mais si elle a des prétentions élevées, elle n'aura pas manqué de tourner en ridicule la témérité audacieuse d'un pauvre étudiant. Alors tout espoir serait perdu. Puis poursuivant ses réflexions: « Elle a signé, dit-il, le nom de Ling-kiang-sioué; il est évident qu'elle appartient à la famille Ling ; mais j'ignore quel est le rang de ses parens. J'ai vu, tout à l'heure, qu'elle était entourée de domestiques et de suivantes; il va sans dire que c'est la noble fille d'un magistrat. Je n'ai qu'un regret, c'est que la rapidité de son départ ne m'ait pas permis d'obtenir sur elle des renseignemens clairs et précis. En un instant, mille pensées et mille inquiétudes se pressèrent au fond de son âme, et il s'abandonna à une foule de raisonnemens et de conjectures. Il resta ainsi, sur son banc, jusqu'à l'approche de la nuit; puis, se levant avec effort, il regagna son hôtellerie. Pendant toute la nuit, il se tourna cent fois sur son lit sans pouvoir fermer les yeux. Quand le ciel commença à s'éclaircir, il se trouva en proie à une fièvre brûlante qui l'obligea de rester dans l'hôtellerie. Sa maladie dura quinze jours, et aussitôt qu'il fut rétabli, il voulut aller à la capitale pour demander des nouvelles de la personne qui l'intéressait. Mais c'était comme une algue qui flotte à la surface des mers sans laisser aucunes traces. Ajoutez à cela que ses provisions de voyage étant fort courtes, il lui était difficile de faire de longues excursions. Obligé, faute de mieux, de se roidir contre le sort et de ronger sa peine, il se rendit à Song-kiang pour y chercher son oncle.

Laissons maintenant Ping-jou-heng aller à Song-kiang à la recherche de son oncle, et revenons à Ling-kiang-sioué. A peine fut-elle embarquée, que le bateau s'éloigna du rivage et partit à pleine voile. Ayant regardé un moment dans le lointain, par la fenêtre de la cabine, elle ne savait déjà plus où elle était. Elle se laissa aller secrètement à ses réflexions. « Ce jeune homme, dit-elle, a eu le talent de composer rapidement des vers sur les rimes des miens; de plus, ses vers offrent des pensées profondes et des expressions élégantes, et réunissent à la fois l'éclat du style et le charme du sentiment. On peut dire avec vérité que c'est un homme d'un vrai mérite. Mon unique regret est de ne l'avoir aperçu qu'en courant, devant le temple, et de n'avoir pu faire arrêter la barque pour l'interroger. Je me rappelle seulement que son nom est Ping-jou-heng, et qu'il est originaire de Lo-yang. Moi, Ling-kiang-sioué, quoique je n'aie que douze ans, j'ai étudié à fond l'antiquité et les temps modernes; mais ni mes yeux ni ma pensée ne se sont jamais arrêtés sur une seule personne d'attention. Je ne pensais point rencontrer, au milieu de ma route, un homme d'un si rare mérite. Comment pourrais-je lutter de talent avec lui, triompher des écueils, et déployer toutes les ressources de mon esprit en composant des vers sur les mêmes rimes? S'il m'était donné de mettre un peu en lumière le talent et l'instruction que je possède au dedans de moi, ce serait le plus grand bonheur de ma vie! Je me souviens encore qu'il annonçait l'intention de partir pour Yûn-kiên. Or, Yûn-kiên n'est autre chose que Song-kiang-fou. J'ignore si je pourrai encore le revoir un jour, et si mon cœur pourra parler à son cœur.

Du matin au soir, elle était rêveuse et agitée, et pendant toute la route, les montagnes et les eaux qui s'offraient à sa vue, n'échauffaient plus qu'à demi son imagination et sa verve. Bientôt elle arriva à la capitale. Les messagers portèrent aussitôt à l'hôtel du ministre Chân, l'avis officiel du préfet et la lettre particulière de Song-sîn. Chân-hien-jîn la prit et y ayant jeté les yeux, il vit que Téou-koué-i lui envoyait une servante qu'il avait achetée. A cette époque, il s'en était déjà procuré une dizaine à prix d'argent, dans les pays voisins, et avait assigné à chacune une occupation spéciale. Il leur avait donné de nouveaux noms avant de fixer leurs attributions. Voyant que celle-ci était originaire de Yang-tchéou, et remarquant, en outre, dans la lettre, qu'on exaltait son talent en prose élégante et en poésie, il fut au comble de la joie, et alla en instruire Chân-taï, sa fille. Il envoya au devant d'elle une chaise à porteurs pour la prendre, et elle arriva en peu d'instans. Il ordonna alors à plusieurs servantes de l'amener dans le salon de derrière, afin qu'elle vînt lui présenter ses devoirs. Chân-hien-jîn et sa noble femme, Mme Lo, étaient assis ensemble au haut bout de la salle. Ils virent alors Ling-kiang-sioué, qui, sans se troubler ni se presser, s'avançait gravement vers eux. Chân-hien-jîn arrêta sur elle un regard attentif. Voici ce qui frappa ses yeux.

» La grâce et l'esprit brillaient de vingt manières sur son
» visage.
» Si ce n'eût été un don de la nature, elle n'aurait pu le de-
» voir au plus habile pinceau.
» Son corps semblait formé d'une partie des nuages divins
» du mont Ou-chân.
» Ses sourcils étaient divisés comme la rivière d'argent (la
» voie lactée), et s'arrondissaient gracieusement comme le
» croissant de la lune.
» A la voir venir, on eût dit une fleur vermeille qui marchait.
» En la voyant s'éloigner, on reconnaissait que son visage
» ressemblait au jade le plus pur.
» Ne vous étonnez plus si, à l'âge fleuri de douze ans, elle

» improvise, en se jouant, des vers de cinq et de sept syl-
» labes. »

Chân-hiên-jìn, voyant que, dans sa démarche, elle conservait de la dignité et de l'aisance, comme si elle eût été
une autre Chân-tai, il fut d'abord aussi ému qu'émer-
veillé. Quand elle fut arrivée devant lui, il remarqua
que son maintien était grave et réservé, et que ses traits
étaient pleins de grâce et de finesse. Il en éprouva une
nouvelle joie. Les servantes qui l'avaient amenée furent
surprises de voir qu'elle se tenait debout en face de lui,
sans le saluer.

« Son Excellence et sa noble épouse sont vos supérieurs,
lui dirent-elles; hâtez-vous de vous prosterner jusqu'à
terre. »

Ling-kiang-sioué les entendit bien, mais elle fit semblant de ne pas comprendre, et resta immobile.

Chân-hiên-jìn, fut frappé de sa tenue extraordinaire.
«Puisque vous êtes arrivée dans mon hôtel, lui dit-il, vous
faites nécessairement partie des gens de ma maison. Pourquoi ne me saluez-vous pas?

—» J'ai appris, lui dit Ling-kiang-sioué, que les nobles
et les roturiers, les pauvres et les riches, observent certaines cérémonies en s'abordant. Moi, Ling-kiang-sioué,
en paraissant devant le Taï-chi (premier ministre) et sa
noble épouse, comment oserais-je ne point les saluer?
Seulement, comme ce jour est pour moi le commencement de ma carrière, j'ignore quelles cérémonies je dois
observer en paraissant devant vous; voilà pourquoi je
suis restée debout en attendant vos ordres. »

Chân-hiên-jìn, voyant qu'elle s'exprimait d'un ton ferme
et décidé, l'interrogea en laissant échapper un sourire :
« Eh bien! lui dit-il, expliquez-moi un peu combien il y
a de genres de salutations à observer lorsqu'on aborde
quelqu'un pour la première fois. »

— » Lorsqu'une femme entre dans une maison, répondit Ling-kiang-sioué, elle peut avoir à observer la
salutation des femmes mariées, la salutation des gou-
vernantes, la salutation des personnes reçues à titre
d'hôtes, la salutation des secrétaires, la salutation des
concubines, et la salutation des servantes : ces salutations diffèrent beaucoup les unes des autres; comment oserais-je en faire une seule à la légère?

— » Jugez vous-même, lui dit Chân-hiên-jìn, quel genre
de salutation vous devez observer aujourd'hui.

— » D'après le chapitre *Koudn-tsiu*, (le 1ᵉʳ chapitre du
Livre des vers), qui est la source des instructions morales,
comme on n'est pas venu au-devant de moi avec cent
chars, ni avec la musique des clochettes et des tambours,
il est évident que je n'ai pas à observer la salutation des
femmes mariées. Dans une gouvernante ou une institu-
trice, on estime l'âge et l'expérience. Or, comme je n'ai
que douze ans, les salutations qui leur sont prescrites, me
siéraient encore moins. L'âge de Votre Excellence égale
celui de la montagne du Midi. Ling-kiang-sioué, à en juger par ses dents et ses cheveux, n'est pas encore arrivée
à l'âge mûr ; il va sans dire que la salutation d'une con-
cubine ne peut être la sienne. Si Votre Excellence peut
oublier en partie ses richesses et sa haute dignité, et tenir
compte du talent littéraire, la salutation d'une personne

reçue à titre d'hôte, est la seule qui me convienne. Mais
dans le siècle où nous vivons, combien trouverait-on
d'hommes qui pussent se dégager tant soit peu de leurs
richesses et de leurs dignités? Quand vous ne pourriez oublier entièrement les richesses et les honneurs, si, par
hasard, vous savez encore montrer un vif intérêt pour les
lettres, et que vous me donniez la charge de secrétaire,
alors, la salutation particulière aux secrétaires, me sera
aussi imposée. Mais si vous n'estimez que les personnes
riches et nobles, et ne faites nul cas du talent ; si vous ho-
norez les hommes revêtus de hautes charges, et méprisez
les sages d'une humble condition ; si vous pensez qu'une
femme qui vous est offerte, doit être abreuvée d'ignominie,
et qu'une personne faible et délicate doit être durement
opprimée, quand vous voudriez me ravaler aux vils soins
de la cuisine, et me plonger dans la fange, j'obéirais à
vos ordres, et alors je serais forcée de vous offrir la salutation d'une servante. Mais je pense qu'une telle manière d'agir répondrait mal aux nobles vues qui ont porté
Votre Excellence à chercher, au loin, des personnes de
talent, dans toutes les parties de l'empire. Voilà mon
humble manière de voir. Je m'estimerai heureuse si Votre
Excellence, daigne m'éclairer de ses instructions. »

Chân-hiên-jìn l'ayant entendue raisonner de la sorte,
en éprouva une joie secrète. « Cette jeune fille, dit-il,
s'exprime avec une habileté exquise, et ses paroles sont
empreintes de noblesse et de fierté. Elle est douée non-
seulement d'un rare talent, mais encore d'une ame grande et élevée. En vérité, c'est une personne charmante. »
Il l'interrogea alors en souriant : « Vous avez dit tout à
l'heure, reprit-il, que la salutation d'une personne reçue
à titre d'hôte vous appartiendrait. Je vous demanderai
donc en quoi consiste cette salutation.

— » S'il s'agissait, dit-elle, de la salutation d'une personne reçue en qualité d'hôte, Votre Excellence se leverait et se tiendrait debout du côté du couchant, votre noble épouse se lèverait et se tiendrait debout du côté du
levant, et Ling-kiang-sioué, se tournant vers le nord, ferait deux salutations. A chaque salutation, Votre Excellence lui rendrait la moitié d'un salut, et votre noble
épouse lui répondrait par une révérence. Les quatre salutations étant finies, Votre Excellence et votre noble épouse ordonneraient à des servantes de la prendre sous les
bras et de la faire lever. Votre Excellence et votre noble
épouse s'assiéraient du côté du nord, et Ling-kiang-sioué
irait prendre place à côté de vous. Après lui avoir offert
le thé, vous l'interrogeriez sur la littérature. Voilà les
cérémonies qui regardent une personne reçue à titre
d'hôte.

— » En quoi consistent, lui demanda Chân-hiên-jìn,
les cérémonies qui regardent une femme chargée de l'emploi de secrétaire ?

— » S'il s'agissait, répondit-elle, des cérémonies qui
regardent une femme appelée pour être secrétaire, après
qu'elle aurait reçu son emploi et les instructions qui s'y
rapportent, Votre Excellence et votre noble épouse s'assiéraient sur des fauteuils élevés, au haut bout de la salle,
et Ling-kiang-sioué s'empresserait de vous saluer dans la
partie inférieure de la pièce. Ses révérences étant finies,
vous lui offririez un siège à côté de vous. Si vous l'inter-

rogiez, elle se leverait pour vous répondre. Voilà les cérémonies prescrites à une femme qui a l'emploi de secrétaire.

— » En quoi consistent les cérémonies imposées à une servante? lui demanda Chân-hiên-jîn.

— » Pour une servante, dit Ling-kiang-sioué, elle n'a qu'à s'agenouiller et à frapper la terre de son front. Quelles cérémonies pourrait-on exiger d'une servante?

— » Il n'est pas difficile, reprit Chân-hiên-jîn, d'observer les cérémonies prescrites aux hôtes; mais, comme un hôte est l'ami du maître de la maison, il faut qu'il possède des connaissances vastes et profondes, et que ses avis et ses discours renferment un enseignement moral. C'est alors qu'il est capable de tenir tête au maître, et de le provoquer à son tour.

— » Vous qui êtes une petite fille, reprit Chân-hiên-jîn, en seriez-vous capable aussi?

— » Si je ne pouvais, répondit Ling-kiang-sioué, tenir tête au maître et le provoquer à mon tour, comment oserais-je me vanter d'être une fille de talent? comment aurais-je pu braver un voyage de mille milles pour venir me présenter dans l'hôtel d'un ministre d'état?

— » Eh bien! dit Chân-hiên-jîn, puisque vous vous donnez le titre de *fille de talent*, je vous demanderai ce que vous entendez par *talent*?

— » Le mot *talent*, répartit Ling-kiang-sioué, a une grande extension, et il faudrait de longs discours pour le bien définir. Si je vous répondais à la légère, ce serait me montrer incapable de satisfaire à vos questions lumineuses. Mais si je voulais traiter ce sujet avec tous les développemens nécessaires, je craindrais de ne pouvoir l'épuiser en une seule séance.

— » Cette jeune fille, dit en riant Chân-hiên-jîn à Mme Lo, bien qu'elle soit extrêmement jeune, tient le langage le plus présomptueux. Lorsqu'elle s'est présentée devant ma personne, elle ne m'a pas même fait une seule révérence, et en discourant à loisir avec moi, elle a avancé des idées hautaines qui sont d'un ridicule achevé.

— » A voir l'air de sa figure et ses manières, dit Mme Lo, elle ne ressemble point à une personne du commun. Il n'y a pas d'inconvénient à lui donner un siége. Nous verrons comment elle s'exprimera.

— » Puisque tel est l'avis de Madame, dit Chân-hiên-jîn, j'y consens. »

A ces mots, il ordonna aux servantes d'apporter un fauteuil à côté de lui. « Allons, dit-il à la jeune fille, asseyez-vous un instant, et expliquez-moi, de point en point, le sens et la valeur du mot *Tsaï* (vertu, puissance, talent). »

A peine Ling-kiang-sioué eut-elle entendu ces mots, que, sans demander la permission de s'asseoir, elle se jeta fièrement sur son fauteuil, et prit la parole en ces termes :

« Suivant ce que j'ai appris, le ciel, la terre et l'homme s'appellent les *trois puissances (Sân-tsaï)*. C'est pourquoi le seul mot *Tsaï* comprend à la fois le ciel, la terre et l'homme. Si nous parlons du ciel, le vent, les nuages, la neige et la lune répandent depuis la plus haute antiquité, leurs charmes ravisssans. Si nous parlons de la terre, les plantes, les arbres, les montagnes et les ri-

vières l'ornent et l'embellissent depuis des milliers d'automnes. On reconnaît la puissance bienfaisante des deux principes *In* et *Yang*, qui font éclater, au ciel et sur la terre, la splendeur de leur *vertu* (*Tsaï*). Quand on passerait des jours et des nuits à traiter ce sujet, on ne pourrait jamais l'épuiser. C'est pourquoi je n'y insisterai pas davantage, et je parlerai du *talent* (*Tsaï*) de l'homme. Pour un saint, il y a le *talent* (c'est-à-dire la vertu) d'un saint; pour un empereur, le *talent* d'un empereur; pour un sage, le *talent* d'un sage; pour un ministre, le *talent* d'un ministre; pour un héros et un grand homme, le *talent* d'un héros et d'un grand homme; pour un savant et un magistrat, le *talent* d'un savant et d'un magistrat. Par son *talent* (sa vertu), un saint soutient et seconde la puissance qui transforme et nourrit les êtres; par son *talent*, le sage établit et maintient les lois; par son *talent*, le fils du ciel fait régner l'ordre et la paix dans l'empire; par son *talent*, le ministre prête un noble appui aux vues augustes du souverain; par leur *talent*, les héros et les grands hommes accomplissent de magnifiques exploits; par leur *talent*, le savant et le magistrat acquièrent avec un zèle intrépide, le mérite et la réputation. Si nous parcourions successivement toutes les classes de la société, y en eût-il dix mille, nous trouverions encore des différences frappantes. Il n'est personne qui ne possède un *talent* inépuisable pour briller et se distinguer dans le monde. Mais, passons; je craindrais de sortir de la question lumineuse que vous m'avez adressée aujourd'hui. Cette question lumineuse se rapportait au *talent* qui produit la prose élégante et la poésie. Ce genre de *talent* vient, dit-on, de la nature. La nature le donne, il est vrai, mais la nature seule ne peut le porter à sa perfection. Suivant d'autres, c'est le fruit de l'étude. L'étude y contribue, sans doute, mais l'étude seule serait impuissante à le produire. L'étude sert à le faire éclore et à le développer; mais c'est la nature qui nourrit et perfectionne sa merveilleuse puissance. Lorsque le *talent* est assez riche des fruits de l'étude et des dons de la nature, il se développe peu à peu, et grandit par degrés; plus il se répand et plus il produit de merveilles, il est aussi impossible de l'arrêter qu'une montagne qui s'écroule ou un fleuve qui déborde. Tantôt l'homme de *talent* s'illustre par des vers de sept syllabes; tantôt en galopant à cheval, il improvise des milliers de vers; tantôt, lorsqu'il est échauffé par le vin, il imite l'écriture d'une peuplade barbare (1); tantôt ses caractères élégans rivalisent avec les plus riches broderies; tantôt il exalte, dans une préface sublime, le pavillon du roi de Teng; tantôt, dans une douce quiétude, il célèbre les plantes modestes qui ornent les bords d'un bassin ou d'un vivier. Si je passe à Pan-ki, dont le pinceau poétique conserve son parfum pendant mille générations, et à Sié-niu, dont les vers immortels ont enlevé seuls tous les suffrages de son siècle, c'étaient de nobles filles chez qui des facultés

_____

(1) Allusion au poète Li-taï-pé qui servit un jour d'interprète à des ambassadeurs étrangers, et étonna l'empereur Hiouên-tsong par la facilité avec laquelle il parla et écrivit leur langue.

BIBLIOTHÈQUE CHOISIE.

surnaturelles étaient rehaussées encore par le luxe de la toilette et l'éclat de la beauté. Elles étaient uniquement formées des vapeurs les plus pures des montagnes et des rivières, et de l'essence divine des astres qui avait découlé dans leur sein. C'est pourquoi elles eurent une riche imagination et une langue fleurie; il semblait qu'un dieu inspirât leurs pensées, et qu'un démon fît mouvoir leur main. Leur pinceau était rapide comme la pluie, et leur encre se répandait comme les nuages. Lorsqu'elles parlaient, on entendait les leçons de la saine morale; lorsqu'elles ouvraient la bouche, on croyait en voir découler des perles. Une fois élevées aux emplois, leur caractère magnanime et indomptable se déploya librement devant les rois, les princes et les magistrats, sans fléchir un seul instant. Auprès d'elles, les ministres voyaient oublier leur dignité, et les princes leur richesse; les plus vénérables docteurs et les lettrés les plus consommés gémissaient d'avoir blanchi inutilement dans l'étude des livres sacrés. Si elles n'avaient pas été douées d'un véritable *talent*, auraient-elles éclipsé tous les hommes de leur siècle? Quoi qu'il en soit, Confucius s'affligeait de la difficulté d'acquérir du *talent*, et une impératrice se désolait d'avoir perdu une personne de *talent*. Si je remonte jusqu'à mille automnes (années), je vois que les hommes d'un merveilleux *talent*, sont extrêmement rares. Si j'examine tout notre siècle, dans les rangs les plus élevés comme les plus infimes, je n'en découvre aucun. C'est pour cela que moi, Ling-kiang-sioué, sans rougir de mon humble origine, et sans songer à mon extrême jeunesse, j'ai osé prendre le titre de fille de *talent* pour pénétrer dans l'hôtel d'un ministre d'état, et m'associer aux honneurs littéraires (de sa fille). J'ignore si Son Excellence le Taï-chi (premier ministre) pourra m'accueillir avec bienveillance, et me permettra de donner un libre cours aux pensées qui m'animent.»

Après avoir entendu ce discours, Chân-hien-jîn resta un instant les yeux éblouis et la bouche béante. Il n'était plus maître de son émotion et de sa joie. Ensuite s'adressant à sa noble femme: «Quel merveilleux langage! Quel merveilleux langage! s'écria-t-il; je me disais que la gloire de composer du *Wén-Tchang* (style élégant) dans l'appartement intérieur, était uniquement le partage de ma fille Chân-taï. Je n'imaginais pas qu'il y aurait encore cette jeune fille de talent; c'est vraiment merveilleux! Lorsque, dernièrement, le président du bureau de l'astronomie a annoncé à l'empereur que *l'astre du talent littéraire* était descendu sur la terre, et qu'il devait naître des hommes extraordinaires, il n'a point fait une vaine prédiction. Comment devons-nous traiter cette jeune fille?

—.» Attendons, dit Mme Lo, qu'elle ait rendu visite à notre fille; quand nous aurons vu de quelle manière la traitera Chân-taï, nous déciderons alors ce qu'il convient de faire.

— » Votre avis est parfaitement juste, répartit Chân-hien-jîn. » Il ordonna alors de lui offrir le thé. Le thé étant pris, il chargea quelques servantes discrètes et expérimentées de la conduire dans l'intérieur, et de la présenter à sa noble fille. Au moment de partir, Chân-hien-jîn adressa plusieurs recommandations à Ling-kiang-sioué. « Ma noble fille, dit-il, a reçu, du souverain auguste qui règne aujourd'hui, une tablette sur laquelle il a écrit lui-même, de son pinceau impérial, les mots Tbsaï-niu *(fille de talent)*; ce n'est pas tout: par une faveur spéciale, Sa Majesté l'a gratifiée encore d'un *pied de jade*, comme pour mesurer les talens littéraires des hommes de l'empire. En outre, il lui a fait présent d'un *jou-i* d'or (sorte de sceptre), et l'a autorisée à se choisir elle-même un époux. L'empereur lui a donné les plus hautes marques de faveur et d'affection. Ces jours derniers, elle a concouru avec plusieurs des plus célèbres coryphées de la littérature, et les a tous terrassés. Elle a l'ame fière et l'humeur hautaine. Quand vous serez en sa présence, observez-vous avec soin. Elle n'a point le caractère de son père et de sa mère, qui, touchés de votre extrême jeunesse, vous ont témoigné une confiance sans bornes.

— » Tout ce que je crains, repartit Ling-kiang-sioué, c'est que le talent de votre fille n'ait rien de bien réel. Mais si ses prétentions sont fondées, serait-il naturel que talent ne prît point le talent en affection? Je prie Votre Excellence et sa noble épouse de se tranquilliser. »

A ces mots, elle suivit les servantes, et entra dans l'intérieur de l'hôtel. Arrivées au bas du pavillon où était la chambre à coucher, les servantes prièrent Ling-kiang-sioué de rester debout, en attendant qu'elles montassent devant pour avertir Mademoiselle.

Dans ce moment, Chân-taï venait d'achever sa toilette du matin; elle avait relevé sa jalousie ornée de perles, et après avoir jeté dans une cassolette, quelques pastilles d'un parfum délicieux, elle s'occupait à parcourir l'*Histoire des femmes extraordinaires*, lorsque, soudain, les servantes lui dirent: « Une jeune fille, offerte par Téou-koué-i, préfet de Yang-tchéou, est arrivée au bas de votre pavillon, et désire présenter ses devoirs à Mademoiselle.

— » A-t-elle déjà rendu visite à Son Excellence et à ma noble mère? demanda Chân-taï.

— » Oui, sans doute, répondirent-elles, et c'est pour cela qu'ils nous ont chargées de la conduire et de la présenter à Mademoiselle.

— » Ainsi Son Excellence l'a vue, repartit Chân-taï. A-t-il déjà pris le soin de lui donner un autre nom et de lui assigner un emploi particulier?

— » Cette jeune fille, dirent-elles, est bien différente des autres. Lorsqu'elle a paru devant Son Excellence, votre père, elle ne l'a point salué. Elle a discuté les cérémonies et raisonné sur le *talent*, et elle a traité de point en point chaque question avec une exactitude merveilleuse; lui demandait-on une chose, elle en répondait dix. Son Excellence lui-même, ne pouvant plus lui tenir tête, nous a ordonné de la conduire à Mademoiselle, afin qu'elle lui présentât ses devoirs. »

A ces mots Chân-taï fut remplie à la fois d'étonnement et de joie. « Comment est-ce possible? s'écria-t-elle; hâtez-vous de la faire monter dans ma chambre; je suis impatiente de voir quelle est sa tournure. »

Les servantes obéirent, et au bout de quelques instans Ling-kiang-sioué monta les degrés et fit son entrée dans la chambre de Chân-taï. Les deux jeunes filles s'étant regardées un instant, celle-ci croyait voir une immortelle, belle comme le jade, celle-là le ravissante Tchang-o, la déesse de la lune. Elles furent saisies toutes deux d'une admiration secrète. Lorsqu'elles furent en présence l'une de l'autre, Chân-taï, qui était douée d'un esprit surnaturel, prit d'abord la parole : « Vous êtes venue ici pour être servante, lui dit-elle ; c'est la condition la plus misérable ; mais j'apprends que vous excellez en prose élégante et en poésie ; c'est le rôle le plus honorable qui soit au monde. Si, pour un instant, je m'abaissais au point de vous rendre des honneurs, je craindrais de compromettre ma dignité ; mais si je vous traitais, en passant, d'une façon altière, je craindrais d'être privée d'une personne de talent. Allons, asseyez-vous un moment, et faites-moi connaître les avantages qui vous distinguent ; si vous avez quelque mérite, je suis prête à vous accorder mon estime. Qu'en dites-vous?

— » Mademoiselle, répondit Ling-kiang-sioué, vous venez d'exprimer, en peu de mots, tout ce que j'avais dans l'esprit ; que pourrais-je ajouter de plus ? Je me contenterai de prendre un siége et de vous obéir. »

Aussitôt elle ramassa les plis de sa robe, et s'assit en face d'elle.

— A voir votre air et vos manières, lui dit Chân-taï, vous ne me paraissez pas une personne du commun. Vos sourcils et vos yeux annoncent un esprit fin et un caractère distingué ; il me semble que vous n'avez pas tort de vous vanter devant le monde. Si aujourd'hui je vous faisais composer seule, vous ne manqueriez pas de dire que *j'abuse de l'autorité du maître pour opprimer un hôte.* Je voudrais bien composer avec vous, mais il m'en coûterait de proposer moi-même un sujet. Il vaut mieux en conférer ensemble, et, après avoir trouvé un sujet, tirer au sort pour savoir qui de nous deux le traitera en vers. Qu'en pensez-vous ? — « Pour moi, dit Ling-kiang-sioué, ayant été envoyée d'un pays lointain pour vous être offerte, j'ignore le sort qui m'est réservé ; c'est pourquoi il est juste que vous examiniez vous-même ce dont je suis capable. Mais vous, Mademoiselle, vous êtes connue et appréciée de l'empereur ; les plus illustres coryphées de l'Académie se sont avoués vaincus, et votre nom glorieux remplit la ville de Tchang-ân ! Qu'avez-vous besoin de lutter avec votre humble servante ? Si vous remportiez l'avantage, il ne vous en reviendrait nul honneur ; mais si vous aviez le dessous, votre réputation en souffrirait. Pour moi, si j'étais à la place de Mademoiselle, je ne prendrais point ce parti. »

— » A vous entendre, reprit Chân-taï en souriant, on dirait que vous me supposez une réputation usurpée, et que vous craignez que je ne fasse une mauvaise composition qui me couvrirait de honte. Je vous remercie vraiment de vos excellentes intentions ! J'aurais mauvaise grâce, sans doute, de vouloir me mesurer avec vous. Cependant, je veux vous proposer un morceau de composition ; si vous vous en acquittez avec une véritable supériorité, vous pourrez à votre tour me mettre moi-même à l'épreuve. »

En disant ces mots, elle leva le pinceau, et se mit à chercher dans sa tête un sujet, lorsque, soudain, des servantes vinrent annoncer que Sa Majesté avait rendu un décret qui lui ordonnait de se rendre promptement dans *le pavillon du pied de Jade,* pour y recevoir ses ordres suprêmes.

A cette nouvelle, Chan-taï déposa aussitôt son pinceau, et se leva en toute hâte ; puis, elle mit une grande robe de cérémonie et se disposa à sortir.

— « Venez voir un peu avec moi, dit-elle à Ling-kiang-sioué ; si c'est un ordre pour faire une composition littéraire, j'obéirai au décret impérial, et je vous montrerai ce que j'aurai écrit ; ce sera comme si vous m'aviez mise à l'épreuve la première. Qu'en pensez-vous ? »

Ling-kiang-sioué hocha la tête avec un léger sourire, et sortit de suite avec elle. Etant arrivées ensemble au bas du *pavillon du pied de Jade,* elles virent qu'on avait déjà préparé, avec tout le soin convenable, une table pour brûler des parfums, et qu'on y avait déposé le décret impérial.

Après les révérences prescrites, Chân-taï le déploya et y jeta les yeux. Il renfermait quatre feuilles de papier ornées de dragons, sur lesquelles il fallait écrire quatre piè-ces de vers. On devait les coller sur quatre peintures représentant les quatre merveilles qui ont signalé le règne des saints empereurs de l'antiquité.

Voici quels étaient les sujets :

Première feuille : le phénix est venu en voltigeant avec grâce.

Deuxième feuille : le fleuve Jaune est devenu limpide.

Troisième feuille : il est tombé une douce rosée.

Quatrième feuille : le Ki-lin est apparu.

Chan-taï ayant reçu le décret, remit à ses servantes quatre feuilles de papier, et les chargea de les monter dans le *pavillon du pied de Jade.* D'un côté, elle ordonna aux eunuques du palais, d'attendre dans le salon extérieur ; de l'autre côté, elle monta dans le pavillon et chargea les servantes de broyer de l'encre, afin de pouvoir écrire. « Mademoiselle, lui dit Ling-kiang-sioué, qui se tenait près d'elle, tout à l'heure vous cherchiez un sujet pour me mettre à l'épreuve sous vos yeux. Que ne me donnez-vous ces quatre sujets? Votre humble servante essayera de les ébaucher ; elle vous les soumettra ensuite, et vous priera de les corriger.

— » Cela se peut, cela se peut, lui dit Chan-taï ; seulement, les eunuques du palais attendent en bas, et brûlent d'aller rendre compte de leur commission. Je craindrais de trop les retarder.

— » Mademoiselle, reprit Ling-kiang-sioué, une personne qui obéit à un décret impérial, oserait-elle y apporter de la lenteur ou de la négligence? »

Dans une chambre, les tables du pavillon étaient couvertes de pinceaux et de papier. Ling-kiang-sioué saisit aussitôt un pinceau, déploya une feuille de papier, et sans prendre la peine de réfléchir, elle écrivit en laissant courir son pinceau. Elle faisait mouvoir son poignet avec la rapidité du vent, et répandant l'encre comme une pluie abondante ; c'était plaisir de voir sa main monter et descendre en traçant des lignes de haut en bas et de gauche à droite. Elle écrivait avec une telle énergie, qu'on entendait crier le papier.

Chan-taï, la voyant faire voler ainsi le pinceau, en éprouva d'avance une vive joie, et prit un visage radieux et épanoui. La composition finie, elle saisit vivement le papier et y lut ce qui suit :

BIBLIOTHÈQUE CHOISIE

Première feuille.

Sujet : Le phénix est venu en voltigeant avec grâce.

« Depuis qu'il a chanté sur le mont Ki-chân, on n'a plus en-
» tendu sa voix.
» Aujourd'hui, il est venu en voltigeant avec grâce, et nous
» présage une paix profonde.
» Ne croyez pas que cet oiseau divin puisse faire briller au
» hasard ses cinq couleurs;
» (S'il paraît), c'est pour annoncer que le fils du ciel se dis-
» tingue par la gloire des lettres et les lumières de l'esprit. »

Deuxième feuille.

Sujet : Le fleuve Jaune est devenu limpide.

« Lorsque la droite voie règne dans tout l'empire, un saint
» homme apparaît au monde.
» Dans le ciel, sur la terre, les montagnes et les rivières, on
» voit éclater des merveilles.
» Débarrassé, aussi vite que la pensée, de la poussière et du
limon qui troublait ses eaux,
» Le fleuve Jaune, sur une étendue de dix mille milles, est
» devenu limpide en un clin d'œil. »

Troisième feuille.

Sujet : Il est tombé une douce rosée.

« Les vapeurs d'en haut, étant réunies, se sont mariées avec
» celles des régions inférieures,
» Et elles ont produit es flots bienfaisants que versent le ciel
» et la terre.
» On n'a plus besoin d'une colonne d'or, pour puiser la ro-
» sée au milieu des nuages.
» En une seule nuit, les branches des pins se sont couvertes
de dix mille perles. »

Quatrième feuille.

Sujet . Le Ki-lin est apparu.

« Depuis que les saints occupaient le trône, on a vu passer
» des milliers d'automnes.
» La vertu de notre saint empereur égale celle du ciel ;
» elle n'a pas besoin de parler.
» Jadis Ni-chân (Confucius) demanda le Ki-lin sans jamais le
» voir paraître.
» Mais aujourd'hui il se promène avec les cerfs et sangliers
» au milieu du parc de Chang-lin. »

Après avoir fini de lire, Chân-taï fut transportée de joie
et d'admiration : « Mademoiselle, s'écria-t-elle, en frappant sur la table, vous avez un talent divin, un pinceau
divin! Moi, Chân-taï, j'avais des yeux et j'étais aveugle !
je suis bien coupable! »

A ces mots elle descendit de son siège et voulut offrir
ses révérences à Ling-kiang-sioué, mais celle-ci l'arrêtait:
« Mademoiselle, lui dit-elle, je vous prie d'achever l'exécution du décret impérial , vous aurez tout le temps ensuite de me présenter vos civilités.

— « Vous avez raison, lui dit Chân-taï, en hochant la
tête, et aussitôt elle resta droite sans bouger, puis elle prit
du papier orné de dragons pour y écrire les vers.

— » Je crains, dit Ling-kiang-sioué, que mes expressions vulgaires ne méritent point d'être mises sous les
yeux de l'empereur. Maintenant, Mademoiselle, il est juste

que vous composiez aussi à votre tour; mais quand même
vous feriez usage de mes vers, il vous faudrait encore les
corriger et les polir.

— » Mademoiselle, répartit Chân-taï, en célébrant l'empereur, suivant les sujets donnés, vous avez porté jusqu'au sublime, le charme de la diction et la grâce de la
pensée. Quant on suspendrait vos vers aux portes du
royaume, en promettant une récompense de mille onces
d'argent, personne n'y pourrait changer un seul mot.
Comment votre petite sœur (Chân-taï) serait-elle assez
téméraire pour *mettre du fumier sur la tête divine de
Bouddha* (1)? »

Soudain elle déploya quatre feuilles de papier ornées
de dragons, et copia une pièce sur chaque, en faisant successivement usage des caractères réguliers, cursifs, abrégés et antiques. Après avoir fini, elle écrivit, en outre,
de sa propre main, une courte lettre pour rendre compte
à l'empereur de l'exécution de son décret.

Ling-kiang-sioué, qui se trouvait près d'elle, l'ayant
vu manier le pinceau en se jouant, pensa au fond de son
âme qu'elle était elle-même vaincue. Mais à peine la réponse au décret était-elle expédiée, qu'on vint annoncer
tout-à-coup l'arrivée d'un nouveau message impérial.
Chân-taï descendit une seconde fois de son pavillon pour
aller recevoir ce décret. Dès qu'il y eut jeté les yeux, elle
vit que l'empereur lui ordonnait de célébrer, en une seule
pièce de vers, les charmes du printemps qui règne dans
les trente-six palais.

Chân-taï prit le décret, et, étant montée dans le pavillon, elle le fit voir à Ling-kiang-sioué : « Si votre servante
tenait encore le pinceau, lui dit celle-ci, qu'en pensez-vous?

— » Tout-à-l'heure, reprit Chân-taï, je désirais recevoir vos précieuses leçons; voilà pourquoi j'ai osé vous
donner cette peine ; maintenant que vous avez épanché
les richesses de votre esprit, comment pourrais-je vous importuner une seconde fois? Permettez que votre petite
sœur (Chân-taï) vous laisse voir des fautes qui font sa
honte et sollicite vos instructions.

A ces mots, elle déploya une feuille de papier ornée de
dragons, et y promena directement son pinceau, sans se
donner la peine de faire un brouillon. En moins d'un
quart-d'heure, elle acheva la pièce suivante :

Vers sur le printemps qui règne dans les trente-six palais.

« Grâce aux bienfaits de l'empereur, il n'est nul endroit où
» le printemps ne répande ses charmes.
» Il s'embellit encore de l'éclat du soleil et de la lune qui
» brillent dans les mystérieux jardins du palais.
» Les caractères vertueux forment de douces liaisons, et la
» droite voie règne dans le monde.
» Rien n'arrête le souffle du printemps ; pour lui, la terre
» n'a point de bornes.
» Au bas des degrés, les peupliers verdoyants offrent la mê-
» me beauté.
» Dans toutes les cours, les poiriers sont riches de fleurs
» blanches et de parfums.
» Le vin de la longévité a été offert dix fois dans chaque palais,

_____

(1) C'est-à-dire, comment oserait-elle gâter vos nobles vers
en y faisant des corrections?

ROMAN CHINOIS.

» Et dans un même moment, on a versé trois cent seize tasses de printemps. »

Chân-taï ayant fini d'écrire, présenta sa composition à Ling-kian-sioué, et la pria de l'examiner.

— « Mademoiselle, lui dit-elle, j'ai répondu dans un style négligé, à l'ordre de l'empereur ; de grâce, ne vous moquez pas de moi.

— » Me trouvant à vos côtés, dit Ling-kiang-sioué, j'ai parfaitement vu votre pièce de vers ; votre servante n'a pas besoin de la lire. Vous maniez le pinceau avec tant d'habileté, vous combinez vos pensées avec tant de finesse, que toutes vos expressions ont une grâce divine, et tous vos caractères une élégance merveilleuse. En vérité, vous êtes douée d'un talent surnaturel ! Vous étiez, certainement, bien digne de la faveur et de l'admiration que vous a montrées notre saint empereur. Votre servante se repent trop tard de la témérité qu'elle a eue de composer à votre place, et elle craint que notre auguste souverain ne lui inflige un châtiment sévère. Comment pourrait-elle y échapper ?

— » Mademoiselle, reprit Chân-taï, vous n'avez pas besoin de vous rabaisser ainsi. » Tout en parlant, elle couvrit ses vers d'une enveloppe qu'elle cacheta avec soin, et les fit remettre aux eunuques qui devaient les porter à l'empereur. Ensuite elle vint présenter ses civilités à Ling-kiang-sioué.

— « Votre petite sœur (Chân-taï), dit-elle, ayant obtenu de l'empereur une estime usurpée, elle a acquis par-là une vaine réputation, et aussitôt, sans calculer ses forces, elle s'est follement glorifiée et agrandie à ses propres yeux, et s'est imaginée qu'elle n'avait point de rivale dans l'empire. Elle ignorait, Mademoiselle, que vous fussiez une immortelle descendue sur la terre, et c'est pour cela qu'au premier moment, elle vous a traitée comme une personne ordinaire. Mais lorsque, tout à l'heure, elle vous a vue manier le pinceau, elle a reconnu soudain que, parmi les femmes, vous brillez comme l'étoile du matin. Votre petite sœur a été remplie à la fois de confusion et de repentir, et tout son corps a été inondé de sueur. Elle devrait apporter elle-même des verges et solliciter son châtiment ; mais elle ose espérer que vous daignerez lui faire grâce.

— » Votre servante, reprit Ling-kiang-sioué, n'est qu'une chétive villageoise. Ayant été achetée et offerte pour vous servir, elle s'estime trop heureuse de l'accueil honorable qu'elle a reçu. Si, après avoir passé le vaste océan, elle vantait encore les rivières ; si, après avoir contemplé la cime divine du mont Ou-chân, elle louait encore ses nuages, ne deviendrait-elle pas, pour les esprits émincns, l'objet d'une éternelle risée ? Si Mademoiselle ne me repousse point, quand même elle me reléguerait parmi les servantes, ce serait encore trop d'honneur pour moi. Comment oserais-je souffrir qu'elle me montrât les égards dus à un hôte ?

— » Il est bien difficile, repartit Chân-taï, de former des liaisons littéraires. Aujourd'hui que j'ai eu le bonheur de vous trouver, je puis dire que j'ai fait une rencontre merveilleuse. Qu'est-il besoin de tenir un si humble langage ? »

Ling-kiang-sioué, ne pouvant refuser plus long-temps, se vit obligée de lui offrir les salutations usitées entre l'hôte et le maître. Cette cérémonie achevée, elles s'assirent chacune à la distance prescrite, et les servantes leur apportèrent le thé. Puis Chân-taï prit la parole. « Mademoiselle, lui demanda-t-elle, avec un talent aussi éminent que le vôtre, vous devriez être déjà fiancée avec un docteur ; comment se fait-il que vous soyez ainsi restée dans l'obscurité et l'abaissement ?

— » Votre humble servante, lui répondit Ling-kiang-Sioué, ayant eu le malheur de perdre, en bas âge, sa tendre mère, elle s'est vue privée de conseils et de leçons. Mon père, qui m'aimait à l'excès, me laissait faire toutes mes volontés. Ajoutez à cela que, fière de mes faibles talens, je ne voulais point m'engager à la légère. Aussi ai-je juré à mon père que je ne ferais attention ni à la noblesse, ni à l'obscurité du rang, ni aux agrémens extérieurs, ni à la laideur de la figure, et que je voulais uniquement, pour époux, un homme dont le talent pût aller de pair avec le mien. Dernièrement, mon père ayant découvert un certain Song, dont la renommée poétique faisait un grand bruit, il s'imagina que c'était un homme d'un rare talent, et l'invita à venir composer avec moi. Qui aurait pensé que sa réputation n'était qu'une chimère, et qu'il n'avait pas un atome de vrai savoir ? Votre servante l'ayant accablé de railleries, de sarcasmes et d'affronts, il s'est servi à dessein de l'autorité du préfet, pour me ravaler à la plus vile condition. Je me comparais secrètement au précieux bois de Tong, qu'on jetterait au foyer de la cuisine. Aurais-je pu prévoir que Mademoiselle serait touchée de mon faible talent, et me témoignerait une estime excessive ? En vérité, mon malheur même a été la cause de mon bonheur.

— » Cet individu nommé Song, reprit Chân-taï, ne serait-ce pas Song-sin ?

— » C'est justement lui, repartit Ling-kiang-sioué.

— » Lorsqu'il était à la capitale, ajouta Chan-taï, il avait tenu une foule de propos contre votre petite sœur, (c'est à-dire contre moi.) Heureusement qu'elle avait de l'esprit dans le poignet et au bout des doigts (1), et ne se laissa point terrasser. L'empereur ayant appris tous les détails des hostilités qu'il m'avait suscitées, le condamna à recevoir quarante coups de bâton, et le fit reconduire dans son village par la gendarmerie. Après avoir échappé à une mort certaine, comment n'a-t-il pas su se repentir et se corriger ? Comment a-t-il osé agir aussi envers vous de la manière la plus odieuse ? Vraiment, c'est un misérable ! Demain matin, j'en instruirai mon père ; je ne serai contente que lorsqu'il l'aura fait saisir et châtier rudement.

— » La conduite de Song-sin est sans doute odieuse, repartit Ling-kiang-sioué ; cependant, comme j'étais dans une condition pauvre et obscure, sans sa méchanceté, comment aurais-je eu le bonheur de vous voir, vous qui semblez une divinité descendue du ciel ? D'après ces considérations, quoique Song-sin soit le principal coupable, néanmoins il est en même temps la principale cause de mon bonheur.

---

(1) C'est-à-dire qu'elle excellait à manier le pinceau.

— » Vous oubliez la méchanceté, reprit Chan-taï en riant, pour parler au contraire du service qu'il vous a rendu. On voit par-là que votre cœur est rempli d'humanité et d'indulgence. Seulement, puisque vous voilà venue, quelle est aujourd'hui votre intention ? Voulez-vous vous en retourner ou rester quelque temps à la capitale pour y acquérir, par votre talent supérieur, une brillante réputation ?

— » Au premier abord, répondit Ling-kiang-sioué, j'ai eu le bonheur de recevoir de vous l'accueil le plus affectueux ; quand je serais aussi insensible qu'une plante ou un arbre, comment oserais-je ne pas vous parler à cœur ouvert ? Quoique votre humble servante eût été ravalée par Song-sin, cependant, lorsqu'elle parut devant le préfet Téou, elle l'apostropha d'un ton menaçant, de sorte que, effrayé pour lui-même, il voulut s'arrêter au milieu de son projet. Mais, me dis-je en moi-même, mon père n'est qu'un obscur villageois ; combien de personnes connaît-il ? Quiconque n'a pas contemplé les roches gigantesques de Hiao et Hàn ne peut se figurer la majesté de l'empereur. C'est pourquoi, changeant de langage, je le consolai par de douces paroles, et l'engageai à me faire conduire ici. Maintenant que je suis arrivée auprès de vous, et qu'en outre j'ai eu le bonheur de recevoir de vous l'accueil le plus bienveillant, je suis au comble de mes vœux. Comment oserais-je m'attacher aux étroites pratiques de la piété filiale, et agir comme une petite fille qui brûle de retourner à la maison paternelle ? »

A ces mots, Chân-taï fut ravie de joie et battit des mains. « C'est le langage des héros, s'écria-t-elle ; on ne saurait le considérer comme celui d'une jeune fille. » Elle ordonna alors aux servantes de préparer du vin pour *laver la poussière* de son hôte (1).

— « Lorsque j'ai approché du premier ministre et de sa digne épouse, dit Ling-kiang-sioué, comme j'étais nouvellement venue, j'ai craint qu'ils ne voulussent m'écraser de leur opulence et de leur noblesse. C'est pourquoi je me suis énorgueillie dans ma pauvreté et dans la bassesse de ma condition, et je ne leur ai pas fait une seule révérence. Mais comme j'ai été assez heureuse pour que Mademoiselle me montrât, par erreur, une excessive amitié, et que, loin de chercher à me faire sentir ses richesses et son noble rang, elle m'a accueillie au contraire de la manière la plus gracieuse et m'a témoigné les plus grands égards, je ne pourrais justifier, quand j'aurais cent bouches, le crime que j'ai commis en les traitant, bien que je fusse pauvre et obscure, d'une manière fière et hautaine. Je vous supplie, Mademoiselle, de me conduire d'abord devant le Taï-chi (le premier ministre) et son illustre épouse ; je veux me prosterner devant eux, et leur demander le châtiment que j'ai mérité. Après quoi, j'oserai recevoir vos instructions.

— » Mon respectable père et ma tendre mère, répondit Chân-taï, ne vous connaissant pas à fond dès le premier moment de votre arrivée, ont pu, naturellement, vous

(1) Cette locution chinoise, qu'on applique à un voyageur, équivaut à l'expression française : *faire rafraîchir quelqu'un.*

traiter avec trop peu d'égards ; ils ont commis une faute que vous devez oublier. Seulement l'hôte et le maître ne peuvent manquer de se rendre mutuellement les civilités prescrites. »

A ces mots, elle se leva et pria Ling-kiang-sioué de se placer à sa gauche ; puis elles entrèrent l'une à côté de l'autre.

En ce moment, Chân-hièn-jîn et sa noble épouse, ayant appris que Ling-kiang-sioué avait composé, à la place de leur fille, des vers pour orner les peintures relatives aux merveilles qui ont signalé le règne des saints empereurs, étaient occupés à en causer tranquillement dans le salon intérieur. Soudain on vint leur annoncer que Mademoiselle venait, en compagnie de Ling-kiang-sioué, pour leur rendre visite.

Chân-hièn-jîn et sa noble épouse vinrent au-devant d'elles d'un air épanoui : « Chère enfant, dit-il à sa fille, j'ai appris que Mlle Ling est réellement douée d'esprit et de talent. A en juger par son langage et ses manières distinguées, elle m'a paru fort différente des autres jeunes filles.

— » Le talent de Mlle Ling, reprit Chân-taï, est vraiment bien supérieur au mien. Aussi l'ai-je priée de daigner être ma compagne dans l'appartement intérieur, afin que je puisse profiter de ses conseils et de ses leçons. En ce moment, elle vient exprès présenter ses devoirs à mon père et à ma mère.

— » Les relations mutuelles de deux amies, repartit Chân-hièn-jîn, sont loin d'être aussi intimes que celle de deux sœurs.

— » Il est sans doute charmant, lui dit Chân-taï, de se traiter comme des sœurs ; seulement Mlle Ling a assez de talent et de beauté pour acquérir elle-même une brillante réputation. Si nous nous lions ensemble à titre de sœurs, elle sera obligée d'adopter le nom de Chân, et lorsque, plus tard, elle aura obtenu une éclatante renommée, on ne manquera pas de dire qu'elle m'en est redevable. Conviendrait-il de cacher la gloire d'un mérite qui n'appartient qu'à elle, sous le voile d'un honneur inutile ? Après de mûres réflexions, je pense qu'il vaut mieux la traiter comme une compagne et une amie.

— » Ma fille, reprit Chân-hièn-jîn, en hochant plusieurs fois la tête, votre raisonnement est parfaitement juste. »

A ces mots, Ling-kiang-sioué offrit à Chân-hièn-jîn et à sa noble épouse, les civilités prescrites aux enfans d'une même famille. Cette salutation achevée, le ministre voulut l'inviter à prendre le thé pour causer avec elle ; mais, tout-à-coup on annonça, du dehors, que l'empereur venait de rendre un nouveau décret. Chân-taï sortit précipitamment pour le recevoir.

Par suite de ce décret, j'aurai différens événemens à vous raconter. Une belle femme d'un rang élevé, acquiert de la réputation, et une personne d'une basse condition, voit augmenter sa gloire.

Si vous ignorez quel était ce décret impérial, écoutez un moment, je vais vous conter cela en détail dans le chapitre suivant.

CHAPITRE VIII.

Ling-kiang-sioué venait justement de présenter ses respects à Chân-hien-jîn et à Lo, sa noble épouse, qui l'avaient ensuite priée de rester pour prendre le thé, et causer ensemble, lorsque, soudain, on annonça le décret que venait de rendre l'empereur. Chân-taï monta en toute hâte au pavillon du *Pied de jade*, et reçut, à genoux, le saint décret. L'ayant ouvert, elle y lut les paroles suivantes que le prince avait tracées lui-même avec son pinceau impérial :

« J'ai vu les vers destinés à accompagner les peintures » des quatre merveilles ; ils sont d'une forme correcte et » d'une facture charmante ; chaque idée a une grâce iné- » puisable. Bien que vous soyez une jeune fille, vous » avez le noble caractère du premier ministre. Vous mé- » ritez les plus grands éloges. Par une faveur spéciale, je » vous donne quatre pièces de soie de couleurs éclatantes, » et ornées de cent merveilles, pour honorer votre pin- » ceau. Les vers sur *les Trente-six Palais*, où vous avez » retracé les bienfaits de l'empereur, sont, d'un bout à » l'autre, aussi brillans qu'une peinture. Chaque carac- » tère excite l'admiration. Mais lès passages « *la droite* » *voie fleurit dans l'empire*, » — « *la terre n'a point de* » *bornes* », sont surtout d'une beauté extraordinaire. Par » une faveur spéciale, je vous donne trente-six cruches de » vin impérial, pour remplir les tasses du printemps. » Vous verrez par là que je ne connais pas la partialité. » Voilà les motifs du présent décret. »

Après avoir fini de lire, Chân-taï appela promptement Ling-kiang-sioué, et l'invita à se prosterner avec elle.

Dès qu'elle eut ainsi rendu grâces de ces bienfaits, elle écrivit, dans les termes suivans, une courte requête adressée à l'empereur, et la fit remettre (aux eunuques du palais) :

« Chân-taï, votre humble sujette, vous adresse avec » respect cette requête afin de réparer une erreur en ré- » tablissant le vrai talent dans ses droits, et d'empêcher » que vos augustes bienfaits ne soient prodigués sans » motifs. Les vers sur *les Trente-six Palais* ont été com- » posés par Chân-taï, votre humble sujette. Elle a eu le » bonheur de recevoir pour récompense, trente-six cru- » ches de vin impérial ; elle vous offre, avec respect, ses » actions de grâces. Mais les quatre pièces de vers sur » les merveilles qui ont signalé le règne des saints empe- » reurs, ont réellement pour auteur une jeune fille, nom- » mée Ling-kiang-sioué qui les a écrits à ma place. Au- » jourd'hui votre auguste bonté m'en a récompensée en » m'accordant, par une faveur spéciale, des pièces de » soie de couleurs éclatantes. Votre sujette Chân-taï n'o- » serait étouffer le talent des autres et trahir vos divins » bienfaits. Pénétrée de respect, j'ai invité Ling-kiang- » sioué à vous remercier de vos bienfaits, en se tournant » vers le palais, et à les recevoir avec un sentiment de vé- » nération. J'ai écrit, en outre, cette requête pour vous » faire connaître la vérité. Je supplie votre auguste bonté » de réparer cette erreur. Ling-kiang-sioué a douze ans ; » elle est fille de Ling-stu, laboureur de Kiang-tou-hiên,

» du département de Yang-tchéou ; elle est douée d'un » talent supérieur à celui de Chân-taï, votre humble su- » jette. Si Votre Majesté lui ordonnait de faire quelque » composition, elle s'en acquitterait certainement d'une » manière admirable. Mais, comme elle est issue d'une fa- » mille pauvre et obscure, il serait peu convenable qu'elle » exécutât de suite les ordres de Votre Majesté. Je sup- » plie votre auguste bonté de conférer à son père une » charge purement honorifique pour l'entourer de consi- » dération. Alors, quoique dépourvue d'une noblesse hé- » réditaire, Ling-kiang-sioué deviendra naturellement » noble.

» Vous ayant prié et sollicité moi-même à cette occa- » sion, je frissonne de crainte en attendant votre décret. »

Après avoir fini d'écrire, elle couvrit cette requête d'une enveloppe cachetée, et la fit remettre aux eunuques, afin qu'ils la présentassent à l'empereur. L'empereur l'ayant lue, en fut transporté de joie. « Est-il possible, s'écria-t-il, qu'il ait surgi encore une jeune fille de talent ? » Alors, il approuva le placet dans les termes suivans :

« En lisant ce placet, j'ai vu que les vers sur les *Quatre Merveilles* ont pour auteur Ling-kiang-sioué. Pour l'é- légance du style et la beauté des pensées, elle peut aller de pair avec les coryphées de la littérature. Mais comme elle appartient à une famille pauvre et obscure, je lui donne, pour le moment, le titre de Niu-tchong-chou (litté- ralement : *Secrétaire femelle du palais*), afin de pouvoir l'interroger à loisir. Voulant aussi entourer son père de considération, je lui accorde le titre de Tchong-chou (se- crétaire du palais), et le droit de porter le bonnet et la ceinture. Si, dans la suite, Ling-kiang-sioué est appelée au palais pour faire quelque composition et satisfait à mes ordres, je l'en récompenserai par une nouvelle promo- tion.

» Que les bureaux compétens en soient informés. »

A peine ce décret fut-il rendu, qu'on en reçut, dans l'hôtel de Chân, l'avis officiel. Chân-taï s'empressa d'aller offrir à Ling-kiang-sioué l'expression de sa joie et ses félicitations. Celle-ci remercia, à plusieurs reprises, Chân-taï de (l'avoir mise en avant et recommandée à l'empereur. Dès ce moment, elles se lièrent mutuellement de la plus tendre affection. Tous les jours, elles étaient réunies ensemble ; tantôt elles examinaient les fleurs, et les célébraient en vers, chacune de son côté ; tantôt elles contemplaient la lune et la prenaient pour sujet de leur poésie. Assises ou couchées, elles ne se quittaient pas ; elles avaient l'une pour l'autre autant de respect que d'affection.

Ling-kiang-sioué, voyant que l'empereur avait accordé à son père l'honneur de porter le bonnet et la ceinture, écrivit une lettre qu'elle remit à son oncle, le bache- lier Tching, et l'envoya porter à la maison cette heu- reuse nouvelle.

Mais passons à un autre sujet.

L'empereur, surpris de voir briller, à la même époque,

deux jeunes filles de talent comme Chân-taï et Ling-kiang-sioué, se livra secrètement à ses réflexions. « Eh quoi ! se dit-il, deux jeunes filles, sans maîtres, sans amis, ont pu acquérir seules un tel talent, tandis que parmi les hommes dont la lecture est l'occupation de tous les jours , il n'y a pas un ou deux sujets remarquables qui puissent répondre à mes vues. Est-il possible que l'empire ne possède plus d'hommes de talent? Cela vient uniquement de ce que les inférieurs ne peuvent se faire connaître des magistrats les plus haut placés , ou que ceux-ci ne savent par chercher le mérite dans les rangs inférieurs de la société. » Il était encore plongé dans ses réflexions, lorsque le président du ministère de la magistrature, lui présenta un mémoire au sujet d'un emploi vacant. Il s'agissait de remplacer le principal du collége de Nan-king. D'après les rangs établis , il appartenait à Wang-kouên , inspecteur impérial dans le Ho-nân, d'être présenté comme titulaire, et à Tchang-té-ming, qui avait une charge analogue dans le Chân-si, de devenir son adjoint. Le président demandait à ce sujet, la décision de l'empereur. L'empereur nomma le titulaire désigné et lui ordonna de venir se présenter devant lui.

Wang-kouên ayant reçu ce décret, se hâta de se rendre à la cour. « Précédemment, lui dit l'empereur, j'ai publié plusieurs décrets pour qu'on me cherchât des hommes d'un talent extraordinaire; mais pas un seul magistrat n'a répondu à mon appel. Cela annonce une extrême négligence. Aujourd'hui, je vous charge spécialement de faire, suivant mes intentions, les recherches les plus actives. Ne vous bornez pas à faire observer avec sévérité les réglemens des concours. Il faut absolument que vous me trouviez des hommes d'un talent extraordinaire en poésie, comme Li-taï-pé et Sou-tong-po ; c'est le moyen de ne point trahir mes vives espérances. Si vous trouvez des hommes de mérite, je vous permets de venir à toute heure me présenter votre rapport. Je vous accorderai une récompense extraordinaire, mais si vous imitez la négligence et la paresse des magistrats précédens, je vous châtierai sans pitié. »

Wang-kouên reçut ce décret en se prosternant jusqu'à terre et se retira. Ce Wang-kouên était du département d'Ho-kiên-fou. L'empereur ayant signé lui-même sa nomination, il n'osa rester long-temps à la capitale. Il quitta aussitôt la cour et s'en revint dans sa famille. Comme on était alors dans le douzième mois , il passa chez lui la fin de l'année; puis, au commencement de l'année suivante, il partit pour se rendre à son poste et fut bientôt en fonctions. Vivement préoccupé des ordres de l'empereur, à l'époque des examens, il lisait avec un soin particulier les compositions , dans l'espoir de découvrir un ou deux hommes d'un talent extraordinaire, et de répondre ainsi au vœu de l'empereur. Mais, dans tous les examens , il ne trouvait que des talens fort ordinaires. Il n'y avait pas un seul homme qui s'élevât au-dessus de la foule et qui effaçât ses concurrens Au fond de son cœur, il en était rempli de chagrin et de crainte. Un jour, qu'il était allé présider les examens de Song-kiang-fou, il reçut la visite du préfet, nommé Yên-wên-on, qui lui présenta une lettre. « C'est, lui dit-il, Son Excellence Tchang, le président du ministère de la magistrature, qui m'a chargé de

vous la remettre. Il désire que son noble fils, Tchang-in, soit porté en tête de la liste des bacheliers qui vont concourir à Hoa-ting-hiên.

Wang-kouên ayant lu cette lettre, la remit à un des huissiers. « Quand je serai sur le point de dresser la liste, lui dit-il, ne manquez pas de me rappeler cette affaire. » Après avoir achevé ces mots, il congédia le préfet.

« Si cette demande venait d'une autre personne, se dit-il en lui-même, je pourrais encore n'y faire aucune attention, mais elle émane du président du ministère de la magistrature qui tient dans ses mains mon avancement (ou ma destitution), ma gloire ou mon déshonneur Comment oserais-je ne pas lui rendre ce petit service? » Puis, continuant à réfléchir : « l'empereur, dit-il, m'a ordonné, à plusieurs reprises, de lui chercher des hommes d'un véritable talent. Si je me laisse influencer par des considérations d'amitié ou d'intérêt, comment répondrai-je à ses vues? Au reste, attendons la fin des examens; nous verrons ensuite ce qu'il faut faire. »

Au bout de quelques jours , les examens de tout le département furent achevés. Il ferma sa porte et se mit à parcourir les compositions. Il en trouva une tellement parfaite qu'on eût dit que le papier était tout couvert de perles et de rubis. L'élégance du style et la richesse des pensées lui donnaient un mérite transcendant. Wang-kouên frappa la table de joie et d'admiration. « Aujourd'hui, s'écria-t-il, j'ai trouvé un homme d'un talent extraordinaire. » Alors, prenant son pinceau, il écrivit son nom en tête de la première classe ; mais à peine avait-il fini d'écrire, qu'un des huissiers vint lui dire : « Voici la lettre du président Tchang. Avant hier Votre Excellence m'a ordonné de la lui rappeler au moment où elle dresserait la liste du concours. Votre serviteur n'a pu s'empêcher de vous avertir.

—»C'est vrai, dit Wang-kouên; mais qu'y faire ? » Après quelques recherches, il prit la composition de Tchang-in, et, y ayant jeté les yeux, il lui trouva l'esprit le plus pauvre et le plus bouché. Il se trouva dans un extrême embarras, et, faisant un effort sur lui-même, il l'inscrivit au second rang. Le lendemain, il fit placarder l'affiche qui annonçait l'époque où l'on devait proclamer solennellement les noms des candidats reçus. Au jour fixé, Wang, le président du concours, s'assit sur un fauteuil élevé ; à ses côtés étaient placés les directeurs de chaque collége. Tous les élèves se tenaient au-dessous d'eux. On prit les compositions de chaque collége et on les décacheta publiquement pour proclamer les noms. Après avoir fini de décacheter les copies du collége du département, on arriva à celles du district de Hoa-ting-hiên, et le premier nom qu'on lut, fut celui de Yên-pé-hàn. On vit alors sortir du milieu de l'assemblée un jeune bachelier. Wang, le président du concours, arrêta ses yeux sur lui ; voici ce qu'il remarqua en lui.

« Il venait de commencer à nouer ses cheveux et se trouvait dans la fleur de l'âge.

» Il était trop jeune pour prendre le bonnet viril; ses cheveux ne descendaient pas encore jusqu'à ses épaules.

» A le voir s'éloigner, on lui trouvait un air élégant et distingué qui ne tenait point à la beauté de sa figure.

» Lorsqu'il venait, en se balançant avec légèreté, il semblait un modèle de grâces.

» Regardait-il d'un œil fixe, toute sa personne offrait les charmes les plus merveilleux des montagnes et des rivières.

» S'arrêtait-il en souriant, on était subjugué comme par la beauté d'une branche de fleurs.

» Ne le comparez pas à du jade ou à une perle ordinaire ;

» Dans une existence antérieure, c'était certainement Li-tsing-lién (c'est-à-dire le poète Li-taï-pé) ! »

Ce jeune bachelier s'avança en face du président, et fit un profond salut en disant : *présent.*

Wang-kouên, voyant sa figure distinguée et son air de jeunesse, se sentit transporté de joie. « C'est donc vous, lui demanda-t-il, qui êtes Yên-pé-hân?

— » C'est moi-même, répondit-il.

— » Quel âge avez-vous maintenant?

— » Ce bachelier a seize ans, répondit Yên-pé-hân.

— » Depuis combien de temps êtes-vous entré au collége?

— » Depuis trois ans.

— » J'ai présidé successivement, reprit Wang-kouên, les concours de chaque département, et je puis dire que, parmi les licenciés et les docteurs, les hommes de talent ne manquaient pas; mais, malgré mes recherches pour en trouver un seul qui s'élevât au-dessus de la foule et effaçât tous les concurrens, j'avais eu la douleur de ne pouvoir le rencontrer. Votre composition annonce des facultés éminentes qui sont un don du ciel; vos pensées merveilleuses vous assignent un rang à part. La hardiesse impétueuse de votre pinceau, rappelle l'ardeur indomptable du dragon divin. En vérité, vous êtes doué d'un talent admirable! J'ai cru d'abord que c'était l'œuvre d'un vieux docteur, d'un lettré mûri par les ans; je ne pouvais penser que vous fussiez si jeune. J'en suis encore plus ravi; mais j'ignore si vous possédez réellement du talent ce de l'instruction, ou si votre succès ne serait pas dû, par hasard, à l'inspiration du moment.

— » Je suis heureux, dit Yên-pé-hân, de la bienveillance que vous me montrez et de vos louanges trop flatteuses; mais ces petits exercices des concours ne suffisent pas pour qu'on fasse briller son talent. Si l'illustre président du concours s'intéresse sincèrement à mon faible talent, et qu'il daigne me donner un pinceau et du papier, quand il me demanderait une romance, une chanson, une pièce de vers réguliers ou libres, un morceau étendu de prose élégante ou une longue amplification, je pourrais, fussé-je à cheval, les composer à la minute. Je vous jure que je ne tromperais pas votre attente.

Le président Wang fut ravi de ces paroles : « Aujourd'hui, lui dit-il, j'ai à expédier les affaires qui font l'objet de cette séance solennelle; je n'ai pas le loisir de vous mettre à l'épreuve; nous verrons plus tard. Il proclama ensuite le second nom qui était celui de Tchang-în. On vit alors s'avancer un homme qui avait une grosse tête et de larges oreilles, et dont toute la face était hérissée d'une courte barbe; en outre, il était petit de taille et fort laid. Dès qu'il fut arrivé devant le bureau, le président Wang l'interrogea. « C'est donc vous, lui dit-il, qui êtes Tchang-în? »

— » Tchang, le président actuel du ministère de la magistrature est justement mon père, répondit Tchang-în.

Wang-kouên, le voyant parler d'une manière si peu convenable, se dispensa de lui adresser de nouvelles questions. Il lui fit donner ainsi qu'à Yên-pé-hân trois tasses de vin et un bouquet de fleurs pour orner leurs cheveux. Il jeta sur leurs épaules une pièce de soie rouge, leur offrit un paquet d'onces d'argent, et les fit reconduire en pompe au son des instrumens de musique.

Nous le laisserons proclamer le troisième nom et expédier les affaires de cette solennité.

Or, Yên-pé-hân et Tchang-în étant sortis avec un grand cortège, pendant la route, tout le monde exaltait les agrémens de l'un, et se moquait de la laideur de l'autre. Quoique Yên-pé-hân fût doué d'un véritable talent, il appartenait à une ancienne famille de magistrats; son père avait été inspecteur impérial près du bureau du contrôle général, et, deux fois, il avait partagé les fonctions d'examinateur dans le concours pour le doctorat. Bien que son père ne fût plus du monde, il y avait encore un nombre infini de ses disciples et de ses anciens amis qui occupaient les plus hautes charges de l'administration. Il possédait une immense fortune. Ce jour là, dès qu'il fut revenu de la procession, sa maison se remplit bientôt d'amis qui étaient accourus pour lui offrir leurs félicitations. Yên-pé-hân fit préparer un repas et les traita d'une manière splendide. Yên-pé-hân, malgré son extrême jeunesse, n'avait pas de plus grand plaisir que de boire et de parler littérature. Chaque fois qu'il allait se promener, s'il apercevait un site charmant, il ne manquait jamais de tracer des vers sur quelque mur (du voisinage). Bien que tout le monde vantât son talent, on craignait encore, vu sa jeunesse, que sa réputation n'eût rien de bien réel. Mais, quand on apprit que le président du concours l'avait placé à la tête de la liste des bacheliers, et l'avait comblé d'attentions et d'éloges, tout le monde crut à son mérite. Les personnes qui désiraient lier amitié avec lui pour boire ensemble et composer des vers, se succédaient tout le long du jour, sans interruption. Quoique Yên-pé-hân répondît à leurs avances, il se désolait de ne pas trouver un seul homme d'un véritable talent avec qui il pût combattre, à forces égales, afin de montrer au grand jour les connaissances et les idées qu'il recélait dans son sein. Mais, un jour, un de ses anciens amis, nommé Youân-în, vint le voir pour visiter ensemble les fleurs, et se livrer au plaisir du vin. Yên-pé-hân, se trouvant un peu échauffé par l'ivresse, s'écria tout à coup en soupirant : « Ce n'est pas que votre jeune frère (1) veuille se vanter, dans l'exaltation de l'ivresse, et s'exprimer avec une folle jactance; mais le fait est que, si parmi les centaines et les milliers de gens de lettres que l'on compte en dedans et en dehors de la ville de Song-kiang, on en cherchait un seul avec qui l'on pût causer un peu lit-

---

(1) Lorsqu'on parle à un homme du même âge que soi, ou même plus jeune, la politesse chinoise exige qu'on lui donne le titre de *frère aîné,* et qu'on se désigne soi-même par celui de *petit frère* ou *frère cadet.* On en verra plus bas plusieurs exemples.

térature, bien certainement on ne le trouverait pas.

— » Monsieur le comte de Thsé, lui dit Youên-in en souriant, gardez-vous de mépriser ainsi tout l'empire. Ces jours derniers, j'ai rencontré, dans un certain lieu, un jeune ami qui est beau comme le jade, et dont les yeux sont pleins de vivacité et d'éclat. Quand il tient un pinceau, il écrit des vers aussi aisément que s'il dispersait de la poussière; autant que j'en puis juger, son talent n'est pas au-dessous du vôtre. Seulement, il est fier et hautain, et regarde habituellement les autres avec un air de mépris. »

A ces mots, Yên-pé-hân se sentit transporté d'admiration. « Si ce talent extraordinaire existe réellement, s'écriat-il, pourquoi mon frère aîné ne me l'a-t-il pas dit plus tôt? Tout ce que je crains, c'est que vous ne m'ayez fait une plaisanterie.

— » Ce jeune lettré existe certainement, reprit Youên-in, comment oserais-je vous faire une plaisanterie?

— » S'il existe en effet, dit Yên-pé-han, de grâce, ditesmoi son nom de famille et son surnom.

— » Son nom de famille est Ping; il est le neveu du proviseur Ping. J'ai entendu dire qu'ayant un jour tenu tête au président du concours, il a renoncé à son grade de bachelier, et est venu chercher un appui auprès de son oncle. Mais voyant que c'était un lettré de la dernière médiocrité, quoiqu'il eût besoin pour subsister, du secours de son oncle, il a cherché un autre domicile, à une dizaine de milles de la ville. Il se moque des gens de Song-kiang qui n'ont pas un seul champion à lui opposer. Chaque jour, il parcourt seul les montagnes et visite les bords des rivières, n'ayant d'autre souci que de composer des poésies règulières ou des vers libres. Quoiqu'il soit dans une condition pauvre et obscure, il fait fi des princes, des comtes, des hauts dignitaires et des hommes riches et nobles qui sont chamarrés d'or et couverts d'habits somptueux, et ne les regarde pas plus què de la terre ou de la poussière.

— » Votre jeune frère, répartit Yên-pé-hân, est lié avec son frère aîné de l'amitié la plus intime, et mon frère aîné sait que son jeune frère chérit le talent autant que sa propre vie. Puisqu'il existe un homme d'un talent aussi extraordinaire, pourquoi ne pas l'inviter à venir me voir un moment?

— » Ce personnage dit ordinairement, repartit Youên-in, que, dans les maisons riches et nobles, il est impossible qu'il y ait des hommes de talent. Il sait que vous appartenez à une famille de magistrats; comment daigneraitil venir à la légère?

— » Tchéou-kong, dit Yên-pé-hân en riant, était le frère cadet de l'empereur Wou-wang, et cependant la beauté de son talent lui mérita les louanges du saint homme (Confucius). Tseu-kiên était le fils du prince Tsaomân, et pourtant son talent poétique brilla dans des vers de sept pieds. Etaient-ce là des hommes pauvres et obscurs? Pourquoi montrerait-il une telle partialité? Mon frère aîné, allez le voir demain et faites lui connaître mon désir; je suis sûr qu'il viendra avec joie.

— » Monsieur le comte de Thsé, lui dit Youên-in, puisque telle est votre résolution, je ne puis me dispenser d'aller lui faire une visite.

Après cette conversation, les deux amis burent encore quelque temps et se séparèrent.

Le lendemain, Youên-in sortit à pied en dehors de la ville, et alla chercher Ping-jou-heng.

Or, depuis que Ping-jou-heng avait rencontré à Wênchang, la jeune Ling-kiang-sioué, qui avait disparu tout à coup avec sa barque, ne sachant où demander de ses nouvelles, il en était resté long-temps malade dans son hôtellerie. Puis, découragé et incapable de prendre un parti, il se vit réduit à aller trouver, à Song-kiang, son oncle Ping-tchang. C'était un lettré aussi sot que pédant. Quoiqu'il fit grand cas du talent de son neveu, l'entendant s'exprimer avec une vanité excessive, il ne cessait de lui adresser des remontrances. Ping-jou-heng, obsédé des sermons de son oncle, se retira en dehors de la ville, afin de pouvoir, tout à son aise, lire les auteurs et cultiver la poésie. Ce jour-là, il venait justement d'écrire une pièce de vers où il exprimait ses peines et ses vœux.

Cette pièce était ainsi conçue :

« A l'exception d'un ami intime ou d'un proche parent,
» Quel est celui qui, de tout temps, sait reconnaître la figure et les yeux (d'un poète)?
» J'ai beau étudier les anciens avec une ardeur insatiable, je ris, en général, de leur médiocrité.
» Celui qui est né (avec du talent) dans le siècle où nous sommes, ne doit point languir dans l'indigence.
» J'ai renoncé à mes fiers dédains, et j'embrasse tout le monde dans la même affection.
» Mon unique vœu est de recevoir (des hommes de mérite) sur ma montagne verdoyante, et de devenir leur hôte.
» Si mon espoir était déçu, je jeterais au feu mon pinceau et mon encrier,
» Et je renoncerais, pour toujours, à parler, devant les profanes, des livres et des lettres. »

Ping-jou-heng, ayant fini d'écrire, relut ses vers avec délices, et, faisant son propre éloge : « Quoique je possède un tel talent, s'écria-t-il, je n'ai jamais rencontré un seul homme capable de m'apprécier. Pourtant, l'empire est bien vaste ! Comment m'est-il si difficile de trouver un homme qui puisse goûter mes écrits? »

Puis, poursuivant ses réflexions : « Il n'y a que le talent, dit-il, qui puisse reconnaître le talent; il faut donc qu'un autre homme soit doué lui-même de talent pour savoir et sentir que je suis un homme de talent. Mais, aujourd'hui, il n'y a pas, dans tout l'empire, un seul homme de talent. Comment les autres pourraient-ils savoir que je suis un homme de talent ? J'aurais donc tort d'en vouloir aux hommes de mon siècle. Mais Lingkiang-sioué, que j'ai rencontrée dans le temple de Mintseu, au pays de Wên-tchang, était bien réellement une fille de talent. Par malheur pour moi, à peine avais-je aperçu sa figure, qu'elle a disparu sans que je pusse découvrir ses traces. Si elle se fût arrêtée un instant, et que j'eusse pu composer avec elle sur les mêmes rimes, j'aurais certainement trouvé en elle une personne capable de m'apprécier. Ces jours derniers, j'ai vu que son bateau portait de toutes parts des sceaux officiels, et qu'une foule d'employés marchaient à sa suite. Si elle n'appartenait pas à la famille de quelque magistrat illustre, comment serait-elle entourée d'une telle pompe ? Seulement,

ROMAN CHINOIS.

j'ai fait les recherches les plus actives chez les fonctionnaires les plus renommés, et, dans toute la capitale, je
n'ai pas rencontré un seul magistrat éminent du nom de
Ling. Je n'y comprends rien.

Il était justement agité de mille pensées confuses,
lorsque, tout-à-coup, on vint lui annoncer la visite de
Youân-în. Il alla aussitôt au devant de lui, l'invita à
entrer et lui offrit ses civilités.

Après qu'ils se furent adressé mutuellement les questions d'usage, Ping-jou-heng montra du doigt, à son ami,
les nouveaux vers qu'il venait d'écrire sur un mur, et les
lui fit lire.

Youân-în y ayant jeté les yeux, s'écria en souriant :
« Monsieur, c'est trop fort que de croire que, dans tout
l'empire, il n'y a pas un seul homme de talent ! Ne vous
formalisez pas si j'ose heurter votre opinion. Où avez-
vous vu que, dans tout l'empire, il n'y ait pas un seul
homme de talent? Cette idée vient sans doute de ce que
M. Tseu-tchi (1) vivant seul, dans un coin obscur et peu
au courant de ce qui se passe, n'en a pas encore rencontré un seul.

— » Il est bien vrai, reprit Ping-jou-heng, que je vis
seul, dans un coin obscur, et suis peu au courant de ce
qui se passe. Je demanderai à mon frère aîné Chi-kiao,
s'il en a jamais rencontré quelques-uns.

— » Votre jeune frère n'a pas voyagé bien loin, et il
n'oserait parler témérairement des lettrés de l'empire. Pour
me borner à la ville de Song-kiang, je citerai le fils de Yên,
le juge criminel de la province; Yên-pé-hân n'est-il pas
un jeune homme de talent?

— » Monsieur Chi-kiao, où avez-vous vu qu'il soit un
homme de talent?

— » Il a une taille élancée, dit Youân-în, comme l'arbre de jade qui brille devant les degrés (du palais); il s'é-
lève noblement au-dessus de la foule, comme l'oie solitaire qui plane au milieu des nuages; à la première vue,
on lui reconnaît tous les dehors du talent. Je n'ai pas besoin d'insister davantage; mais, lorsqu'il écrit en Wén-
tchang (prose élégante), il ne prend pas la peine de réfléchir. Compose-t-il des vers, il ne fait jamais de brouillon.
Ses discours sont une source inépuisable d'enseignement
moral. Si on lui demande une chose, il en répond dix. Je
ne saurais dire tout ce qu'il possède, dans son âme, de
talent et de savoir. Quand il manie le pinceau, tous ses
caractères rappellent le vol du dragon et les mouvemens
gracieux du phénix ; ses pensées se répandent sur le papier, avec l'impétuosité d'une montagne qui s'écroule, ou
d'un fleuve qui déborde. Dans son élan fougueux, il ba-
layerait devant lui mille soldats et dix mille coursiers!
Cela serait-il possible s'il n'était point doué d'un véritable talent? Monsieur Tseu-tchi, puisque vous vous vantez d'être
un homme de talent, pourquoi ne pas lutter une fois avec
lui ? »

(1) Les Chinois, outre leur nom d'enfance et leur nom de famille, ont encore, d'ordinaire, un titre honorifique par lequel
on les désigne, en leur parlant, pour leur témoigner de la considération ou du respect. Le titre de Yên-pé-hân est le comte
de Thsé; celui de Ping-jou-heng, M. Tseu-tchi; Youân-în porte
le titre de Chi-kiao.

Ping-jou-heng avait écouté avec ravissement le discours
de Youân-în; aussi, la joie brilla-t-elle soudain sur son
visage. « Si la ville de Song-kiang, dit-il, possède un talent si extraordinaire, comment se fait-il que je n'en aie
rien su ?

— » Vous êtes le seul qui n'en sachiez rien, reprit
Youân-în; les personnes qui le connaissent sont innombrables. Ces jours derniers, Wang, le président du concours général, l'a inscrit en tête de la liste des bacheliers
et l'a comblé de félicitations et d'éloges. Ce jour-là, il l'a
fait reconduire en pompe au son des instrumens de musique. Il n'y avait personne qui ne fût rempli pour lui
d'estime et d'admiration.

— » Si vous parlez du premier rang parmi les bacheliers, dit Ping-jou-heng, en riant, c'est quelque chose de
fort ordinaire. Examinez un peu les fils de familles riches
et nobles, quel est celui qui n'obtient pas au concours le
premier ou le second rang?

— » Vous avez beau dire, reprit Youân-în, son talent
pur et vrai n'a rien qui ressemble au vulgaire; j'ajouterai
que si vous ne me croyez pas, quelque jour, nous pourrions aller lui faire une visite, et alors vous le connaîtrez
par vous-même. »

— » Si ce personnage, dit Ping-jou-heng, a réellement
du talent, comment ne désirerais-je pas de le voir? Seulement, votre jeune frère se sent naturellement peu
disposé à franchir le seuil des hommes riches et puissans.

— » Monsieur Tseu-tchi, dit Youân-în, si vous ne
voyiez en lui qu'un homme infatué de ses richesses, ce
serait vraiment le rabaisser.

— » J'ai eu tort, j'ai eu tort, s'écria Ping-jou-heng.
Eh bien ! Monsieur, rien n'empêche que vous ne fixiez un
jour pour aller le voir ensemble.

— » Un homme de lettres, reprit Youân-în, ne peut
fixer un jour pour faire des vers et se livrer au plaisir du
vin. Quand nous serons en verve, nous irons. »

Les deux amis s'étant trouvés du même avis, burent à
la hâte chacun trois tasses et se séparèrent. Le poète dit
avec raison :

« L'un a conquis le titre de prince du Wén-tchang (de la
» prose élégante);
» L'autre dispute l'honneur de boire et de faire des vers.
» Le vrai talent brûle de trouver un ami qui l'apprécie ;
» Il ne songe nullement à acquérir une brillante réputation. »

Youân-în , ayant pris jour avec Ping-jou-heng, vint
voir de nouveau Yên-pé-hân. « Ping-tseu-tchi (c'est-à-
dire Pin-jou-heng, surnommé Tseu-tchi), dit-il, ayant
été provoqué par quelques mots de ma part , désire
vivement faire votre connaissance. Quel jour mon frère
aîné est-il libre? Votre jeune frère viendra , avec lui ,
vous rendre visite.

— » J'aime les hommes de talent comme ma propre
vie, dit Yên-pé-hân, si M. Ping a, en effet, un véritable
talent, mon unique regret est de ne pouvoir, tout de
suite, lui serrer la main. Comment pourrais-je différer
cette entrevue? Monsieur Chi-kiao, je souhaite ardemment
que vous l'invitiez à venir demain matin. Quoique mon
petit jardin soit bien triste et bien inculte, il nous suffira

cependant, si nous voulons, à l'exemple de Ping-youân, y boire pendant dix jours. .

— » Puisque le maître est si bien disposé, reprit Youân-în, nous viendrons demain matin. » En disant ces mots, il sortit.

Comme il allait se mettre en route, Yên-pé-hân le retint : « J'ai encore un mot à vous dire, ajouta-t-il : si M. Ping a réellement du talent, dussé-je être son cocher ou son palefrenier, je m'y soumettrai de grand cœur ; mais, s'il en est totalement dépourvu, il fera mieux de ne pas venir du tout ; de cette manière, il pourra cacher son ineptie. Mais, s'il vient en s'arrogeant une réputation mensongère, mon pinceau sera sans pitié pour lui, et, dans la lice, je le mystifierai d'importance. Ne vous fâchez pas si je traite lestement un de vos amis.

— » M. Ping, dit Youân-în, est le phénix des hommes; c'est, à la fois, le dragon et le cygne (c'est-à-dire le prince et le coryphée) de la littérature ; serait-il possible que quelqu'un le traitât lestement ?

Les deux amis badinèrent encore un instant et se séparèrent. Le lendemain, Youân-în se leva de bonne heure et. sortant à pied hors de la ville, il alla trouver Ping-jou-heng : «Aujourd'hui, dit-il, le ciel est pur et serein; ce serait un beau jour pour aller, avec mon frère, rendre visite à Yên, le comte de Thsé.

— » Eh bien ! dit Ping-jou-heng en riant, partons, partons. » Après avoir chargé un vieux domestique de bien garder la porte, il sortit en donnant la main à Youân-în, et tout en examinant les fleurs le long de la route, ils rentrèrent à pied en ville. Or, Ping-jou-heng demeurait à l'occident, en dehors de la ville, et Yên-pé-hân dans l'intérieur, du côté du levant. Youân-în, en allant et venant à pied, avait déjà fait près de vingt milles (deux lieues), et, comme ils s'étaient amusés, tout le long de la route. à regarder les fleurs et à causer joyeusement, le temps avait passé vite, et lorsqu'ils arrivèrent à la ville, il était déjà midi. Leurs pieds étaient fatigués et de plus ils commençaient à éprouver de la faim. Ils auraient bien voulu aller tout droit chez Yên-pé-hân; mais il y avait encore un ou deux milles à faire. Ils s'arrêtèrent alors irrésolus et indécis. Ils ignoraient que Tchang-în, qui avait obtenu le second rang au dernier concours, demeurât en ville, du côté de l'occident. Au moment où il sortait de chez lui, il rencontra justement Youân-în et Ping-jou-heng qui se tenaient devant sa porte. Comme il connaissait depuis long-temps Youân-în, il l'aborda en souriant : « Monsieur Chi-kiao, lui dit-il, où allez-vous comme cela? Que faites-vous devant mon humble demeure avec cet air incertain et irrésolu?»

Youân-în l'ayant reconnu, lui répondit soudain d'un air joyeux : « Votre jeune frère, lui dit-il, allait avec M. Ping, rendre visite à Yên-pé-hân, le comte de Thsé. Comme nous avions fait une longue excursion, nous nous étions arrêtés un peu pour nous reposer ; nous ne pensions pas nous trouver justement devant votre hôtel.

— » Monsieur Ping, reprit Tchang-în, ne serait-il pas M. Tseu-tchi, neveu de Son Excellence Ping ?

— » C'est moi-même, reprit vivement Ping-jou-heng; comment monsieur Tchang a-t-il pu le savoir ?

— » Monsieur, dit Tchang-în en riant, lorsque des hommes appartiennent à la grande famille des lettrés, une influence secrète les met naturellement en rapport. Comment aurais-je pu ne point vous reconnaître? Si vous allez tous deux rendre visite à Yên, le comte de Thsé, serait-ce, par hasard, que vous le prenez pour un homme de talent, parce qu'il a obtenu le premier rang au concours? Quoique je n'aie obtenu que la seconde place, me ferez-vous l'injure de croire que je ne suis pas un homme de talent? Comment passeriez-vous devant ma porte sans entrer? Si vous croyez indigne de vous de m'accorder un regard, comment oserais-je vous inviter de force? Seulement, comme vous avez dit que vous étiez fatigués, pourquoi ne pas entrer et vous reposer un instant? J'aurais l'honneur de vous offrir une tasse de thé ; qu'en pensez-vous?

— » Il y a bien long-temps, dit Youân-în, que M. Ping pense avec estime à votre talent supérieur. Il aurait vivement désiré de venir vous offrir ses salutations; mais, faute d'occasion, il n'a pas osé se présenter à la légère. Aujourd'hui, que nous avons eu le bonheur de vous rencontrer, si vous ne nous blâmez pas d'entrer sans cérémonie, nous monterons tout de suite dans votre salon, pour vous offrir nos hommages. »

Tchang-în voyant que Youân-în répondait à son invitation, fit un salut et le laissa passer devant lui ; mais Ping-jou-heng resta immobile, et refusant avec politesse :

« Monsieur, dit-il, je n'ai point l'honneur d'être connu de vous ; comment oserais-je vous importuner?

— » En général, reprit Youân-în, les hommes de lettres ne forment qu'une même famille ; en quoi pourriez-vous l'importuner ?»

A ces mots, il le prit par la main et entra.

Quand ils furent arrivés dans la salle, après les salutations usitées, Tchang-în, sans leur offrir des siéges, les invita à entrer plus avant. « Cet endroit-ci n'est pas commode, leur dit-il, allons nous asseoir un peu dans mon humble jardin.

— » A merveille! s'écria Youân-în », et aussitôt ils entrèrent dans le jardin.

Le lecteur demandera sans doute pourquoi Tchang-în se montrait si prévenant et si affectueux. Dans l'origine, il voulait, grâce au puissant crédit de son père, obtenir le premier rang au concours pour le baccalauréat ; mais, à son grand étonnement, Yên-pé-hân lui avait enlevé la place qu'il ambitionnait. Il en conçut au fond du cœur, un vif ressentiment. En revenant chez lui en pompe, il avait remarqué que tout le monde louait avec enthousiasme Yên-pé-hân, tandis qu'on l'accablait lui-même de railleries. Au lieu de s'irriter de sa propre incapacité, il tourna, au contraire, sa colère contre Yên-pé-hân qui l'avait terrassé par la force de son talent. En conséquence, il songeait à chercher un homme d'un mérite transcendant pour lui donner un coup de main, mais il avait fait d'inutiles perquisitions dans toute la ville de Song-kiang. Comment, en effet, en aurait-on trouvé un second? Comme il fréquentait habituellement le proviseur Ping, il lui fit un jour part de cette idée.

« Si vous cherchez un talent extraordinaire, lui dit le proviseur Ping, mon neveu Jou-heng peut compter pour un vaillant champion. Seulement, il est d'un natu-

ROMAN CHINOIS.

rel hautain et d'une humeur altière. Si on l'invite pour une affaire ordinaire, il ne se dérange pas. »

Aujourd'hui donc, Tchang-în l'ayant justement rencontré au moment où il s'y attendait le moins, son vœu était satisfait. C'est pour cela qu'il lui montrait tant d'attentions et de prévenances. Ce jour-là, après l'avoir invité à entrer dans son jardin, il lui offrit le thé, et fit préparer et apporter du vin.

Bien que Tchang-în n'eût point l'air d'un lettré, Ping-jou-heng, voyant ses manières polies et engageantes, ne fit nulle difficulté d'accepter du vin, et but du meilleur cœur.

Youân-în ne cessa de vanter le talent de Tchang-în, et dit même qu'il allait de pair avec Yên-pé-hân.

Ping-jou-heng le crut tout de bon. Lorsqu'il fut un peu échauffé par le vin et se sentit en verve pour faire des vers, il adressa la parole à Tchang-în. « Comme nous nous flattons tous deux, lui dit-il, de posséder du talent, pourrions-nous boire sans faire des vers?

Tchang-în fit semblant d'être lui-même enflammé par la verve poétique, et prenant un ton exalté : « Quand deux amis boivent tête-à-tête, s'écria-t-il, s'ils ne composent pas des vers pour rappeler (cette heureuse rencontre), ils ne peuvent compter pour des hommes de talent.

À ces mots, il appela un domestique et lui ordonna d'apporter les quatre trésors de l'écritoire (le papier, le pinceau, l'encre et la pierre à broyer). « Une feuille de papier, ajouta-t-il, ne suffit pas pour épuiser notre verve; il vaut mieux écrire sur le mur.

— » C'est fort bon, sans doute, d'écrire sur le mur, lui dit Ping-jou-heng; seulement si nous nous distribuons chacun un sujet, nous composerons inévitablement suivant notre fantaisie, et notre style en sera plus négligé. Il vaut mieux que je compose avec vous des phrases liées. Nos vers se correspondront alternativement et n'en auront que plus de charme; si l'un de nous y met de la lenteur ou se montre inhabile, pour sa punition, il sera condamné à boire comme dans le parc de la *Vallée d'or.* J'ignore ce que vous pensez de mon idée.

Tchang-în, l'entendant dire qu'il voulait lui faire composer des vers liés, en éprouva une frayeur secrète; mais comme il aurait eu mauvaise grâce de refuser, il répondit en faisant un effort sur lui-même : « Votre idée est certainement excellente; mais les vers ne viennent que suivant l'inspiration. Monsieur Tseu-tchi, veuillez écrire la première phrase. Au moment décisif, je verrai s'il me vient quelqu'idée. Si ma verve s'échauffe, je ne serai nullement embarrassé.

— » De cette manière, dit Peng-jou-heng, j'empiète sur vos droits. » Alors il prit son pinceau, et l'ayant imbibé d'encre, il écrivit d'abord sur le mur le sujet des vers.

« Un jour de printemps, étant allés visiter un ami à l'est de
» la ville, soudain nous avons rencontré le seigneur Pé-kong
» (titre de Tchang-în) qui nous a retenus à boire, et, par hasard,
» nous avons composé des vers liés. »

Après avoir fini d'exposer le sujet, il écrivit ainsi la première phrase :

« J'ai oublié le ruisseau des fleurs et le ruisseau des saules. »

Ce vers écrit, il présenta le pinceau à Tchang-în, et lui dit : « A votre tour, Monsieur. » Mais Tchang-în, faisant des façons : « l'exorde, dit-il, doit être écrit sans interruption ; si deux mains s'en mêlent, les expressions et les pensées jureront ensemble. Quand vous serez arrivé à la phrase du milieu, je continuerai à mon tour.

— » Cela peut aller », dit Jou-heng, et, à ces mots, il écrivit encore deux lignes :

« Comme j'étais allé visiter un ami à l'est de la ville, tout-
» à-coup, à l'ouest de la ville,
» J'ai rencontré un *grand* buveur; pouvais-je dire que j'ai
» une trop *petite* capacité pour lui tenir tête? »

Après avoir fini d'écrire, il présenta le pinceau à Tchang-în : « Pour le coup, lui dit-il, c'est à votre tour de répondre. »

Tchang-în prit le pinceau; mais comme il se creusait inutilement la tête, Ping-jou-heng le pressa en disant : « Vous êtes beaucoup trop lent, il faut subir la punition convenue. »

Tchang-în, entendant prononcer le mot de punition : « S'il fallait, dit-il, une phrase sur les *fleurs* et les *oiseaux,* » les *montagnes* et les *rivières,* il me serait bien aisé d'é-
» crire un passage parallèle; mais si je veux trouver une
» phrase qui réponde aux mots *grand* et *petit,* c'est là le
» difficile. Je suis prêt à boire une tasse pour ma puni-
» tion.

— » Il faut que vous soyez puni de trois tasses, s'écria Ping-jou-heng.

— » Eh bien! dit Tchang-în, passe pour trois tasses. Je suis bien aise de voir comment vous trouverez une phrase parallèle. »

Ping-jou-heng reprit le pinceau et écrivit les deux vers suivants :

« Quand je rencontre un homme d'un *talent élevé,* je n'ose
» rester *au-dessous* de lui.
» Si un *hôte* a un *pinceau* brillant comme les *fleurs,* je lutte
» avec lui de grâce et de légèreté. »

A peine Tchang-în eut-il fini de lire, que, sans donner à Ping-jou-heng le temps d'ouvrir la bouche, il se répandit en éloges pompeux. « La correspondance est merveilleuse! s'écria-t-il à plusieurs reprises; j'ai eu beau réfléchir pendant une demi-heure, je n'ai pas trouvé une seule idée. En vérité vous avez un talent extraordinaire!

— » C'est une phrase improvisée, lui dit Ping-jou-heng. Qu'y a-t-il là d'extraordinaire? Tout à l'heure, vous venez de dire que, s'il s'agissait d'une phrase sur les *oiseaux* et les *fleurs,* vous trouveriez aisément un passage parallèle; or, comme ces deux vers offrent le mot *fleurs,* je vous prie d'écrire un passage correspondant.

— » Pour le mot *fleurs,* il s'y trouve, il est vrai, dit Tchang-în; mais comme je vois au-dessus les mots *pinceau d'un hôte* (Khé-pi), il est évident que le mot *fleurs* est pris au figuré. Cela rend la correspondance bien plus difficile. Au bout du compte, il vaut mieux que je boive trois tasses, comme auparavant. Monsieur Ping, achevez tout ce qui est du parallèle, et qu'il n'en soit plus question.

» — Puisque vous voulez que j'achève, dit Ping-jou-heng,

il faut que le vénérable Youân soit puni de trois tasses.

— » — Pourquoi me punir? s'écria Youân-in en riant.

» — Pour votre punition, lui dit Ping-jou-heng, il vous revient trois tasses, buvez vite; si vous ne les avez pas vidées quand j'aurai achevé les vers, vous subirez encore pareille punition. »

Youân-in fit un éclat de rire, puis il se vit obligé de boire les tasses prescrites. Après quoi, Ping-jou-heng prit un pinceau et acheva ainsi les trois phrases qui manquaient

« L'esprit du maître de la maison est comme l'*oiseau* qui » est las de chanter.

» D'après les lois que nous avions établies il devait compo-
» ser avec moi des vers liés.

» Mais, comme auparavant, le poète a été obligé de com-
» poser seul. »

Ping-jou-heng, ayant fini d'écrire, jeta son pinceau en riant aux éclats et se leva.

— « Je vous ai beaucoup importuné », lui dit-il, et aussitôt il s'en alla.

Tchang-in fit les plus vives instances pour le retenir; « Il est encore de bonne heure, lui dit-il; si la verve du maître lui a fait défaut, du moins, il lui reste encore du vin; pourquoi ne pas rester? »

— » Monsieur Tchang, lui dit Ping-jou-heng, comme

vous ne vous flattez pas d'égaler le poète Toù-fou, je n'oserais, à mon tour, imiter Kao-yang, cet infatigable buveur.

— » Le maître éprouve pour vous une vive affection, dit Tchang-in, comment pourrait-il la faire taire?

— » Le désir que j'ai de partir, reprit Ping-jou-heng, est d'une violence extrême; en vérité, je n'y puis résister. »

A ces mots, il lui fit un salut en levant les deux mains croisées, et, s'échappant dehors, il partit comme un trait.

Tchang-in, voyant qu'il était impossible de le retenir, courut après lui devant la porte; mais Ping-jou-heng était déjà bien loin.

Par suite de ce départ, j'aurai beaucoup de détails à raconter.

« Sur une haute montagne, et au bord d'une eau courante, » le son de la guitare fait découvrir un vrai poète.

» Un coursier aux crins noirs et une jument à robe fauve » font connaissance ensemble. »

Vous ignorez, sans doute, si, après ce départ, Ping-jou-heng a consenti à visiter Yên-pé-hân. Prêtez-moi l'oreille un moment, je vais vous conter cela en détail dans le chapitre suivant

CHAPITRE IX.

Comme Ping-jou-heng était à boire dans le jardin de Tchang-in, voyant que celui-ci ne pouvait venir à bout de faire un seul vers, il reconnut sans peine la fausseté de son prétendu talent, et en fut vivement irrité. C'est pourquoi il le salua en levant les mains croisées, et partit comme un trait.

Youân-in et Tchang-in sortirent précipitamment pour le rejoindre et le reconduire; mais Ping-jou-heng marchait toujours sans se retourner, et fut bientôt loin d'eux. Youân-in craignit que Tchang-in ne se sentît mortifié. Ping-tseu-tchi (c'est-à-dire Ping-jou-heng, surnommé Tseu-tchi), dit-il, possède, à la vérité, quelque talent; mais, lorsqu'il a bu, il est d'une vanité et d'une insolence insupportables »

Tchang-in avait témoigné mille attentions à Ping-jou-heng, dans l'espoir de gagner son affection; mais Ping-jou-heng, ayant deviné ses intentions, l'avait traité d'un ton fier et railleur, et ne lui avait pas montré le moindre égard. Tchang-in, découragé tout d'un coup, ne put s'empêcher d'exhaler sa colère : « Dans l'origine, dit-il, je ne connaissais pas ce petit animal, et c'est uniquement par considération pour vous, Monsieur Chi-kiao, que je l'ai accueilli d'une manière si affectueuse. Comment a-t-il pu prendre un pareil ton? C'est vraiment un homme sans éducation.

— » Comme il se flatte d'avoir du talent, dit Youân-in, il a coutume de blesser ainsi ses meilleurs amis. Au

reste, puisque je l'ai amené ici, tous les torts retombent sur moi.

— » Je trouve, dit Tchang-in, que le vrai talent consiste surtout dans les grandes compositions d'éloquence; mais quel talent y a-t-il à faire une pièce de mauvais vers? Si l'habitude de rimer pouvait passer pour du talent, ces jours derniers, j'ai vu à la table du préfet Yên, un de ses amis, de la famille Song, qui, en buvant une cruche de vin, compose cent pièces de vers d'une beauté exquise. J'ai l'intention de l'inviter sous peu de jours. Si le cœur vous en dit, vous pourrez venir un instant le voir. Vous reconnaîtrez alors que les hommes d'un caractère élevé ne ressemblent nullement à ces individus de basse extraction, qui se rengorgent fièrement et se donnent de grands airs.

— » Puisque c'est un homme aussi éminent, dit Tchang-in, je serai heureux de le voir une seule fois. »

En achevant ces mots, il lui fit un salut et le quitta.

Nous laisserons maintenant Tchang-in dans sa déconvenue, pour revenir à Youân-in. Voyant que Ping-jou-heng s'en était retourné, il vint rendre réponse à Yên-pé-hân.

Dans ce moment, Yên-pé-hân commençait à s'impatienter d'attendre, lorsque, tout-à-coup, il vit Youân-in qui revenait seul. « Pourquoi M. Ping ne vient-il pas? lui demanda-t-il.

— » Il était venu avec moi, répondit Youân-in, et

nous étions déjà entrés en ville, lorsque, soudain, nous rencontrâmes M. Pé-kong (titre honorifique de Tchang-in), qui nous invita de la manière la plus pressante à passer chez lui, et nous retint quelque temps à boire. M. Ping ayant appris qu'il avait obtenu la seconde place au concours, s'imagina qu'il avait du talent; aussi, but-il du meilleur cœur. Mais quand il voulut faire des vers avec lui, voyant qu'il ne pouvait tirer une seule phrase de son cerveau, il le railla dans quelques lignes piquantes; puis, il partit comme un trait et s'en retourna, laissant le vieux Tchang vexé et mystifié au-delà de toute expression.

— » C'est charmant ! s'écria Yên-pé-hân en riant aux éclats, c'est charmant de l'avoir mystifié. Cet individu, qui ne comprend pas un seul caractère, devait s'estimer fort heureux d'avoir obtenu, grâce à la réputation et à l'influence de son père, la deuxième place au concours. Qu'avait-il besoin de venir se frotter aux poètes pour s'attirer les plus cruels affronts ? Mais, dites-moi un peu de quelle manière M. Ping l'a raillé et bafoué. »

Youân-in récita alors à Yên-pé-hân les vers tracés sur le mur.

Yên-pé-hân en rit à gorge déployée. « C'est délicieux ! s'écria-t-il; mais, à ce que je vois, M. Ping a véritablement du talent. Veuillez, Monsieur, me l'amener promptement pour satisfaire ma vive impatience. »

— » Demain matin, dit Youân-in, je ne manquerai pas de l'inviter à venir. »

A ces mots, il le quitta.

Le lendemain, Youân-in, fidèle à sa promesse, sortit à pied hors de la ville, et alla trouver Ping-jou-heng.

Précédemment, dès que Ping-jou-heng entendait annoncer la visite de Youân-in, il accourait gaiement audevant de lui; mais comme, ce jour-là, Youân-in était resté quelque temps à son hôtellerie, il resta fièrement couché, sans se déranger.

Youân-in, devinant sa pensée, lui cria à haute voix : « M. Tseu-tchi, si vous avez quelque sujet de mécontentement, vous pouvez me le dire en face; pourquoi repousser le monde avec cet air méprisant ? »

A ces mots, Ping-jou-heng jeta un vêtement sur ses épaules et vint au-devant de lui. « Quoique je sois pauvre, dit-il, je n'ai certainement pas l'ignoble ambition d'aller manger et boire chez les riches. Vous m'aviez dit, à plusieurs reprises, que c'était un homme de talent, et c'est là le motif qui m'a décidé à entrer chez lui. Qui aurait pu prévoir qu'il était aussi méprisable que la terre et le fumier? Si, pour l'appât d'une tasse de vin, j'allais jeter devant un homme aussi vil que la terre et du fumier, mes pensées fleuries et mes paroles élégantes, ne serait-ce pas le comble de la honte ?

— » Si, hier, vous avez été invité à boire, reprit Youân-in, j'étais bien loin d'y songer; çà a été uniquement l'effet d'une rencontre fortuite.

— » Bien que cette rencontre ait été fortuite, dit Ping-jou-heng, vous ne deviez pas, Monsieur, le louer et l'exalter.

— » C'était un ami, répliqua Youân-in en riant, pouvais-je dire, à son nez, qu'il était un homme bouché ? Allons aujourd'hui voir ensemble Yên-pé-hân. Si c'est aussi un homme bouché, vous pourrez, pour le coup, vous en prendre à moi.

— » Je n'ai pas l'habitude, dit Ping-jou-heng, d'abaisser mon caractère jusqu'à franchir le seuil des hommes riches et puissans; c'est déjà trop d'une fois; pourrais-je m'y risquer encore ?

— » Yên-pé-hân est un des plus beaux talens de notre époque ; pourquoi le traiter d'homme riche et puissant ?

— » Vous me disiez hier que Yên-pé-hân et Tchang-in avaient été, l'un le premier et l'autre le second (sur la liste des bacheliers). D'après le second, il est aisé d'imaginer ce que doit être le premier. Votre esprit, Monsieur, n'a pas la force de se mettre au-dessus des hommes riches et puissans, et voilà pourquoi vous êtes constamment leur dupe. Quant à moi, je connais à fond l'étoffe des hommes riches et puissans. En général, il n'y en a pas un seul qui ait un véritable talent. Les uns se poussent par le crédit et l'influence de leurs parens, les autres par la vertu de l'argent. Parce que vous voyez que Yê-pé-hân a obtenu la première place au concours, de suite vous vous figurez que c'est un homme d'un mérite extraordinaire. Qui vous dit qu'il ne doit pas ce rang à l'intrigue?

— » Ce que vous dites des hommes riches et puissans, se voit quelquefois; seulement, il n'est pas possible de porter le même jugement sur Yên-pé-hân. En effet, bien qu'il soit né dans une maison riche et puissante, il n'a ni le ton, ni les habitudes des hommes riches et puissans. Je le connais à fond. Il est inutile d'insister sur ce point. Du reste, quand vous l'aurez vu une seule fois, vous reconnaîtrez vous-même que je dis vrai.

— » Si vous connaissez à fond Yên-pé-hân, il paraît, Monsieur, que vous me jugez bien superficiellement. Pour moi, j'ai d'abord quitté Lo-yang pour entrer dans le pays de Yên ; en sortant de Yên, j'ai traversé Thsi et Thsou, j'ai passé les rivières de Hoaï et de Yang. Eh bien ! jusqu'au moment où je suis arrivé ici, non-seulement je n'ai pas vu, de mes yeux, un homme de talent, mais je n'ai pas même appris, de mes propres oreilles, qu'il en existât un seul. Mais vous, Monsieur, vous n'avez pas mis le pied hors des frontières; à peine avez-vous aperçu l'extérieur de Tchang-in, que vous le faites passer pour un homme de talent; et, pour avoir eu quelques relations d'amitié avec Yên-pé-hân, vous proclamez, sur-le-champ, qu'il est un homme de talent! Comment faites-vous, Monsieur, pour rencontrer une si grande quantité d'hommes de talent ?

— » A vous entendre, reprit Youân-in, on dirait que, dans tout l'empire, il n'y a pas, décidément, un seul homme de talent.

— » Comment oserais-je prononcer que, dans tout l'empire, il n'y a pas d'homme de talent? Je dis seulement que, parmi les gens riches, on n'en saurait trouver un seul.

— » S'il n'y en a pas parmi les gens riches, où sont-ils donc ?

En entendant ces mots, Ping-jou-heng laissa échapper un long soupir. « Je vous avoue, lui dit-il, que ces raisonnemens sont fort étranges. Je ne me permettrais pas de parler ainsi en votre présence, et, si je le faisais, vous vous refuseriez vous-même à me croire.

— » Qu'y a-t-il d'étrange là-dedans? et pourquoi, si vous me le disiez, me refuserais-je à le croire?

— » Des hommes à larges sourcils et à longue barbe, je ne sais pas combien j'en ai vu ; et, pourtant, je n'en ai jamais rencontré un seul qui s'élevât au-dessus de la foule par un talent extraordinaire. Ces jours derniers, lorsque j'étais dans le temple de *Min-tseu*, j'ai vu, par hasard, une jeune fille de douze ans. Sans parler de ses attraits admirables, et à ne considérer que les vers qu'elle a tracés sur le mur, où trouverait-on autant de finesse et de profondeur, autant de grâce et de charme? En vérité, elle vous ferait périr d'amour! S'il existait au monde un homme d'un pareil mérite, mon plus ardent désir serait de me prosterner chaque jour devant lui et de lui offrir mes hommages. Mais, pour voir ces hommes riches et puissans qui n'ont ni esprit ni intelligence, je vous en supplie, ne venez jamais me déranger. »

Tout en parlant, il marmottait entre ses dents : « J'ai une foi profonde dans la parole de Ni-chân (Confucius); si on le frotte sur la meule (le jade), il ne s'use point ; si on veut le teindre, il ne se salit point (1). »

Youân-în, lui voyant cet air étrange, ne put se contenir davantage; et, riant aux éclats, « Monsieur Tseu-tchi, lui dit-il, décidément vous êtes fou! Si vous ne daignez pas y aller, comment pourrais-je vous faire violence? Seulement, quoique vous soyez si passionné pour les hommes de talent, lorsque vous en trouvez un sous la main, vous ne daignez, pour rien au monde, lui rendre visite. Un autre jour, quand vous aurez eu l'occasion de le voir, vous reconnaîtrez que je ne vous en ai pas imposé. Pour moi, je vous laisse. »

Ping-jou-heng ne l'avait écouté que d'une oreille ; mais quand il vit qu'il parlait de partir, il se contenta de répondre : « Eh bien! adieu. »

Youân-în sortit donc et s'en retourna. Tout le long du chemin, il se livra à ses réflexions; puis, se ravisant tout-à-coup : « Il me vient une idée! » s'écria-t-il ; et de suite, il alla tout droit chez Yên-pé-hân, et lui raconta, de point en point, les prétextes de son ami pour ne pas daigner lui rendre visite.

— « S'il en est ainsi, dit Yên-pé-hân, que peut-on y faire? »

— » Tout en marchant, répondit Youân-în, il m'est venu une idée.

— » Quelle idée? reprit Yên-pé-hân.

— » Quoiqu'il ait l'air d'un fou, il chérit le talent autant que sa vie. Il suffit de prononcer le mot de *talent* pour le mettre en campagne. »

Alors se penchant à l'oreille de Yên-pé-hân : « Il n'y a pas d'autre moyen, lui dit-il, que de faire ceci et cela. »

— « Essayons un peu. » Aussitôt il appela un de ses amis intimes, et le pria d'aller mettre en œuvre son stratagème.

Ping-jou-heng fut enchanté du départ de Youân-în. « Si

(1) Ce passage termine les vers que la jeune Ling-kiang-sioué avait écrits sur le mur du temple de Min-tseu ; il fait allusion aux personnes magnanimes dont rien ne saurait faire plier ni ternir le caractère.

je n'avais pas fait fi de ce prétendu génie, se dit-il, il serait encore venu ici m'obséder et m'ennuyer. Hier, j'ai éprouvé, par sa faute, un fâcheux désappointement; mais, à l'avenir, je m'en souviendrai. Il ne convient pas de franchir, à la légère, le seuil des hommes riches et puissans. Il vaut mieux vivre isolé et mourir seul. Si la soif des richesses et des honneurs me faisait lier amitié avec ces personnages riches et puissans, ce serait traîner dans la boue la dignité des lettres! »

Ravi de sa résolution, il but seul un vase de vin. Il récita encore une fois, d'un ton cadencé, les vers que Ling-kiang-sioué avait tracés sur le mur; puis il alla prendre du repos.

Le lendemain, vers midi, il vit arriver un de ses amis intimes, nommé Ki-tching, qui venait lui rendre visite. Il lui offrit un siége et le retint à causer.

Ki-tching prit tout-à-coup la parole. « Ces jours derniers, lui dit-il, M. Youân-chi-kiao (c'est-à-dire M. Youân-în, dont le nom honorifique est Chi-kiao) est-il venu vous voir? »

— » Il est venu, en effet, répondit Ping-jou-heng en riant; seulement, le motif de sa visite était on ne peut plus ridicule.

— » Qu'y avait-il de ridicule ? » dit Ki-tching.

Ping-jou-heng lui raconta alors, de point en point, de quelle manière il l'avait conduit chez Tchang-în qui n'avait pu composer un seul vers, et avait voulu, la veille, l'entraîner, par surprise, à aller présenter ses hommages à Yên-pé-hân. Un homme qui a si peu de dignité, ajouta-t-il, ne mérite-t-il pas le dernier mépris? »

— Cela s'est vu de tout temps, répliqua Ki-tching. Ces hommes sans caractère assiégent constamment la maison des grands. J'ai appris qu'aujourd'hui il est allé, avec un homme d'un faux talent, dans le village de Tsiên-lieou pour entendre le chant des loriots, faire des vers et boire. Ils se flattent d'imiter les endroits célèbres de la *Vallée d'or*. Je ne sais vraiment comment il s'y prend pour leurrer les hommes d'un esprit borné. »

Ping-jou-heng apprenant que c'était une chose délicieuse d'entendre, dans le village de Tsiên-lieou, le chant harmonieux des loriots, lui demanda à quelle distance il était situé.

— « Il est du côté du midi, reprit Ki-tching, à trois ou quatre milles tout au plus. Si vous êtes en train de vous amuser, allons y faire un tour. D'abord, nous entendrons le chant des loriots, et, en second lieu, nous verrons quelle espèce d'homme il a entraînée par surprise, pour faire l'homme important. S'il laisse voir le vide et la fausseté de son talent, nous le persiflerons et le bafouerons comme il faut. Ce sera charmant !

— « A merveille ! s'écria Ping-jou-heng, allons-y sans perdre le temps. »

A ces mots, les deux amis se prirent par la main et se dirigèrent lentement du côté du midi. Tout le long de la route, ils s'amusèrent à causer et à badiner ensemble. Bientôt, ils aperçurent, dans le lointain, un bois de saules verdoyans qui pouvait avoir un mille d'étendue. On rencontrait tantôt des endroits éclaircis, tantôt des endroits touffus : ici quelques saules s'inclinaient sur le bord de l'eau; là d'autres saules étaient adossés à une montagne.

Plus loin, ils caressaient des rochers; ailleurs, ils laissaient flotter leurs branches sur un pont. Dans la partie la plus reculée et la plus épaisse du bois, on avait élevé un grand pavillon d'où l'on pouvait contempler ce beau site. Au milieu du printemps, une foule de personnes, attirées par les brillantes modulations du loriot, venaient constamment s'y promener et s'y amuser. Les unes étendaient par terre des tapis et des nattes, les autres dressaient des tables sous les saules. Des hommes du plus haut rang et des magistrats supérieurs, venaient souvent prendre une collation sous ce pavillon. Ce jour-là, Ping-jou-heng et Ki-tching, étant arrivés ensemble au pied des arbres, aperçurent une multitude de personnes qui s'y amusaient, chacune de son côté, dans les endroits qui leur plaisaient le plus. S'étant approchés du pavillon, au premier coup-d'œil, ils virent Youân-în qui y était assis en compagnie d'un jeune homme et buvait avec lui devant une table servie avec luxe. Ils avaient fait dresser à côté, deux tables vacantes, comme s'ils eussent attendu quelques nobles hôtes. Des jeunes filles, d'une beauté remarquable, leur offraient à boire, tandis que six ou sept jeunes garçons chantaient d'une voix douce et jouaient de la flûte. C'était une scène ravissante. Ping-jou-heng arrêta de loin ses yeux sur le jeune homme. Son corps était droit et élevé comme un pic majestueux; ses sourcils se dessinaient avec grâce comme une montagne lointaine; ses yeux étaient purs et brillans comme les eaux d'automne; il avait un air distingué et un son de voix charmant; on croyait entendre une de ces brises délicieuses qui caressent doucement l'oreille. Ping-jou-heng éprouva au fond de son cœur, une admiration secrète. Ce jeune homme, dit-il, est bien différent de ce rustaud de Tchang-în. On dirait qu'il est venu ici avec certaines intentions, et que c'est pour cela qu'il se cache à l'ombre des saules. Après avoir examiné avec attention leur air et leur contenance, il s'aperçut que Youân-în et ce jeune homme étaient un peu échauffés par le vin. Tout à coup, le jeune homme, se sentant animé par la verve poétique, appela un domestique et se fit apporter un pinceau et un encrier. Il se leva, et, s'étant avancé au milieu du pavillon, il traça des vers sur un mur blanchi. Comme les caractères étaient aussi grands qu'une tasse à thé, Ping-jou-heng put, de loin, les distinguer nettement. Ces vers étaient ainsi conçus :

« Mille filets d'une pluie fine et dix mille flocons de vapeurs,
» Dérobent la verdure des plantes et voilent l'azur des cieux.
» Par bonheur, le souffle du printemps nous indique encore
» le chemin,
» Et apporte aux nobles hôtes, les chants harmonieux du loriot. »

Après avoir fini de lire ces vers, Ping-jou-heng se sentit ému d'admiration et de joie. Cette écriture est pleine de grâce, se dit-il en lui-même ; on reconnaît la main d'un écrivain distingué.

A peine avait-il achevé cette réflexion, qu'il aperçut une des chanteuses, douée d'une figure charmante, qui présentait une pièce de soie blanche à ce jeune homme pour qu'il y écrivît des vers. Celui-ci, sans se faire prier, leva son pinceau, et, ayant regardé attentivement le vi-

sage séduisant de la jeune fille, écrivit, sur-le-champ, les vers demandés ; puis il jeta son pinceau en faisant un éclat de rire et se remit à boire avec Youân-în.

La jeune fille prit la pièce de soie, et, comme les traces de l'encre étaient encore humides, elle alla l'étendre sur une table vide qui était à côté du pavillon, afin de la faire sécher au soleil. Quelques personnes désœuvrées s'approchèrent pour l'examiner. Ping-tching se joignit à elles, et quand il fut arrivé tout près, il lut, sur la pièce de soie, huit vers de cinq syllabes qui étaient ainsi conçus :

« Ce n'est pas seulement l'éclat de votre figure qui vous
» rend aimable ;
» Vous avez une douceur et une grâce qui vont droit au
» cœur.
» La beauté de l'automne se peint dans vos deux sourcils ;
» Votre aiguille de tête brille comme le croissant de la lune ;
» La blancheur de votre teint semble laisser échapper un
» reflet de fleurs de poiriers
» Vos cheveux flottans projettent une ombre légère comme
» les branches du saule.
» Vos pensées sont profondes ; elles ne sauraient être super-
» ficielles.
» Au moment de parler, vous vous laissez aller à une longue
» rêverie. »

Après avoir fini de lire, Ping-jou-heng s'écria tout à coup d'un ton exalté : « Quels admirables vers ! quels admirables vers ! En vérité, c'est un homme de talent ! ! »

Cette exclamation arriva faiblement à l'oreille de Youân-în et du jeune homme, mais ils firent semblant de ne pas s'en apercevoir et continuèrent à boire de plus belle, en se provoquant mutuellement. Ki-tching tira brusquement Ping-jou-heng et le fit descendre :

— « Monsieur, lui dit-il, ne criez pas si fort ; si le vieux Youân-în venait à vous entendre, il pourrait bien se moquer de vous.

— » J'ignore, dit Ping-jou-heng, quel est ce jeune homme; les vers qu'il a composés ont à la fois de la pureté et de la fraîcheur, de l'élégance et de la noblesse. Comment pourrait-on se contenir et se taire ?

— » Monsieur Tseu-tchi, dit Ki-tching, précédemment vous étiez plein de hauteur et de dédain ; comment se fait-il que la vue de ces deux pièces de vers vous fasse pâmer d'admiration ?

— » Pour moi, dit Ping-jou-heng, jamais je n'ai su déguiser mon opinion : Si des vers sont beaux, je proclame leur beauté ; s'ils sont mauvais, je le déclare sans détour. Ces deux pièces de vers sont réellement charmantes ; vous auriez tort de blâmer mon admiration.

— » Qui sait, reprit Ki-tching, si ces deux pièces de vers sont de lui ou non ? qui sait si elles sont anciennes ou nouvelles ?

— » Toutes deux, reprit Ping-jou-heng, ont été inspirées par la circonstance ; comment pourrait-on les prendre pour des compositions usurpées ou anciennes ?

— » Votre opinion ne me paraît pas encore démontrée, dit Ki-tching ; laissez-moi le mettre à l'épreuve ; je vous montrerai sa composition.

— » Comment ferez-vous pour le mettre à l'épreuve ?

— » J'ai un bon moyen, » dit Ki-tching.

Or, il y avait un des jeunes chanteurs que connaissait Ki-tching Quand il eut fini de chanter, il lui fit signe de tête et l'appela près de lui : « Je trouve, lui dit-il, que ce jeune homme, d'un extérieur si distingué, a composé là des vers excellens. J'ai un éventail, faites-moi le plaisir de le lui porter et de le prier d'y écrire une pièce de vers.

— » Seigneur Ki, dit le jeune chanteur, si vous désirez qu'il écrive des vers sur votre éventail, veuillez me le donner. »

A ces mots, il tira vitement de sa manche, un éventail en papier blanc et le remit à ce jeune chanteur ; puis, s'a-dressant à Ping-jou-heng : « Il faut, dit-il, que vous don-niez un sujet ; vous l'enverrez ensuite demander les vers; ce sera charmant.

— » Eh bien! dit Ping-jou-heng, qu'il fasse l'éloge du jeune chanteur. »

Ki-tching voulait encore adresser des recommandations au jeune homme ; mais, celui-ci qui avait déjà compris l'idée (de Ping-jou-heng), s'écria : « C'est entendu. »

Il prit donc l'éventail , et , courant vers le jeune hom-me, il lui dit, en s'approchant : « Votre serviteur possède un éventail vulgaire; il désire supplier Votre Seigneurie de le gratifier d'une pièce de vers.

— » Si vous désirez des vers, lui dit le jeune homme en souriant, eh bien! sur quel sujet voulez-vous que j'é-crive des vers?

— » Comme je cultive l'art du chant, dit le jeune chan-teur, veuillez, Seigneur, me faire la grâce de composer une pièce de vers sur le Chanteur.

— » A merveille! » réprit le jeune homme en riant.

Il déploya alors l'éventail et, prenant son pinceau, il se mit à écrire des vers comme s'il les avait faits d'avance. Il ne s'arrêta pas un instant pour réfléchir, et les ayant achevés aussi promptement qu'il eût bu une demi-tasse de thé, il remit l'éventail au jeune chanteur.

Celui-ci, lui ayant fait ses remercîmens, prit l'éventail et descendit ; puis , s'approchant furtivement de Ki-tching , il le lui présenta , en disant : « Seigneur Ki-tching, voyez un peu si c'est bien écrit. »

Ping-jou-heng, emporté par sa curiosité, s'empara d'a-bord de l'éventail, et y ayant jeté les yeux, il y lut la pièce suivante en vers de sept syllabes :

« Tantôt sa voix est forte et pressée, tantôt elle se traîne
» avec lenteur.
» Par une gradation insensible, il passe du ton kong au ton
» chang ;
» Tantôt quelques expressions pathétiques vous font palpiter
» le cœur;
» Tantôt ses accens moelleux vous réjouissent comme un
» doux parfum;
» Tantôt sa voix est fine et légère comme la brise qui passe
» mollement à travers les branches des saules ;
» Tantôt elle est souple et variée comme les modulations in-
» finies du loriot.
» Quand une chanson nouvelle vous fait entendre le frais
» murmure d'un ruisseau,
» Les antiques accords qui arrêtaient les nuages, n'ont plus
» qu'un charme vulgaire. »

Ping-jou-heng, ayant fini de lire ces vers, ne put se contenir plus long-temps. « Eh bien! cria-t-il tout haut à

Ki-tching. ne vous ai-je pas dit que c'est véritablement un homme de talent? Qu'en pensez-vous? Il ne faut pas que je le manque; je veux absolument faire sa connais-sance.

— » Vous ne le connaissiez pas auparavant, lui dit Ki-tching, comment pourrez-vous entrer tout-à-coup en relation avec lui?

— » Cela n'est pas difficile, reprit Ping-jou-heng; je vais appeler le vénérable Youân-în et, après lui avoir ex-pliqué nettement mon intention, je le prierai d'aller m'in-troduire.

— » A la bonne heure », dit Ki-tching.

A ces mots, Pin-jou-heng courut près du pavillon et cria à haute voix : «Monsieur Youân! Monsieur Youân!» Mais Youân avait l'air d'être sourd; il ne répondit pas un mot et continua à causer tout haut avec le jeune homme, à raisonner d'une voix retentissante et à boire.

Ping-jou-heng s'imagina qu'il n'avait réellement pas entendu, et s'approchant encore de quelques pas, il lui cria de nouveau : « Monsieur Youân-chi-kiao, c'est moi, c'est Ping-jou-heng qui vous appelle. »

En ce moment Youân-în venait de remplir une grande tasse en corne de rhinocéros, et, l'ayant posée sur la ta-ble, il tenait sa tête baissée et ne faisait que humer la li-queur; on eût dit que sa tête était plongée toute entière au fond de la tasse Comment aurait-il entendu la voix qui l'appelait? Plus Ping-jou-heng criait, et plus Youân-în buvait; si bien qu'il finit par fermer les yeux et, s'ap-puyant sur la tasse, il se mit à dormir profondément. Comme Ping-jou-heng continuait toujours à appeler, Ki-tching, voyant que ces clameurs annonçaient un mauvais ton, le tira plusieurs fois par ses habits et le fit descen-dre en disant : « C'est on ne peut plus inconvenant.

— » Eh quoi! dit Ping-jou-heng, quand un homme de talent en rencontre un autre, comment pourrait-il le voir devant ses yeux et le manquer? »

S'apercevant donc que Youân-în ne répondait point à ses cris répétés, il éprouva un vif embarras. Alors il se dirigea tout droit vers la table, et, levant les deux mains en face du jeune homme, il lui dit : « Monsieur , je vous salue ; votre serviteur est Ping-jou-heng , homme de ta-lent de Lo-yang. »

Le jeune homme resta assis sans bouger, et sans lever les mains à son tour, il le regarda, d'un air dédaigneux : « Qui êtes-vous ? » lui dit-il

— » Votre serviteur est Ping-jou-heng, homme de ta-lent de Lo-yang.

— » Dans notre ville de Song-kiang, reprit le jeune homme en riant, je n'ai jamais entendu prononcer ce nom-là.

— » Votre serviteur est de Lo-yang. Si, par hasard, vous ne me connaissez pas, vous n'avez qu'à interroger le respectable Youân; vous saurez qui je suis. »

En ce moment, Youân-în avait encore la tête baissée, et dormait la tête appuyée sur la table.

— « Si je comprends bien votre intention, dit le jeune homme, j'imagine que vous ne seriez pas fâché de boire ?

— » Moi, dit Ping-jou-heng, je me flatte de posséder du talent ; mais jusqu'à présent je n'avais pas encore rencon-tré un homme d'un talent extraordinaire. Ayant vu Votre

Seigneurie écrire avec hardiesse des vers admirables, je désirerais m'approcher de vous un moment pour déployer les hautes pensées que je recèle dans mon sein. Pourriez-vous croire que je sois attiré par l'appât d'une tassé de vin?

— » A vous entendre, dit le jeune homme en riant, j'imagine que vous savez faire quelques lignes de mauvais vers. Pour moi, si je compose des vers ici, je suis bien loin de ressembler à ces lettrés retirés, à ces faiseurs de romances qui suivent servilement les histoires du passé : il me faut, pour rivaux, des hommes doués d'un vrai talent et d'un savoir solide comme Tsao-tseu-kiên qui improvisait des vers au bout du septième pas, comme Li-tsing-liên (c'est-à-dire comme Li-taï-pé, surnommé Tsing-liën, le *nénuphar bleu*) qui, après s'être énivré, composa la chanson de *la Paix*. Je leur permets alors d'entrer dans l'arène et de composer avec moi. A vous voir, je pense que vous appartenez à une famille pauvre et obscure, et que quand vous sauriez manier le pinceau, vous n'êtes guères qu'un Kiao-hân ou un Tao-séou (noms de deux poètes médiocres).

— » Seigneur, dit Ping-jou-heng en riant, si vous me regardez comme un homme pauvre et obscur, n'aurais-je pas le droit, à mon tour, de vous comparer à ces hommes riches et nobles (qui n'ont aucune valeur littéraire)? Mais ces propos ne mènent à rien. Veuillez me donner un sujet, et alors mon mérite ou ma médiocrité éclateront sur-le-champ.

— » Si vous êtes si ardent à faire des vers, croyez-vous que je serai moins ardent à vous mettre à l'épreuve? Seulement, comme nous nous rencontrons pour la première fois, nous ignorons réciproquement notre force. Lorsqu'on fait des vers ensemble, il faut absolument qu'il y ait une amende pour le vaincu. Mais, en ce moment, M. Youân-chi-kiao est plongé dans l'ivresse; qui prendrons-nous pour témoin (c'est-à-dire pour juge)?

— » J'ai amené avec moi, dit Ping-jou-heng, un de mes amis qui est de la ville de Song-kiang; que ne le prenons-nous pour juge?

— » A merveille! à merveille! » s'écria Yên-pé-hân.

En entendant ces paroles, Ki-tching s'approcha de la table. « Messieurs, dit-il, puisque vous êtes en verve et que vous voulez distribuer les rimes et disputer la victoire, votre serviteur désire présider au combat.

— » Puisque vous demandez à faire des vers, reprit Yên-pé-hân, vous ne pouvez vous dispenser de boire. Quoique vous ne soyez pas venu pour l'appât d'une tasse de vin, il faut cependant humecter un peu votre bouche altérée. »

A ces mots, il les salua en élevant les mains croisées et les invita à s'asseoir, et alors les jeunes filles qui étaient près d'eux leur servirent du vin.

Ping-jou-heng avait à peine bu trois ou quatre tasses, qu'il s'écria tout à coup : « Votre serviteur se sent bouillant de verve; je vous en supplie, Monsieur, donnez-moi vite un sujet; si vous tardez une minute, mes dix doigts vont se transformer, et je m'envolerai métamorphosé en dragon.

— » Si je me borne à vous mettre à l'épreuve, dit Yên-pé-hân, on ne manquera pas de dire que je traite un sage avec hauteur, et que je manque d'égards envers un hôte. Si je veux partager avec vous les rimes pour que nous composions chacun sur un sujet particulier, il sera fort difficile de comparer les deux compositions et de décider la victoire. Il vaut mieux que nous composions ensemble des lignes de vers liés. Dès que l'un de nous aura fini une phrase, une jolie personne lui versera une tasse de vin, et les chanteurs feront entendre une chansonnette. L'air fini et la tasse vidée, l'autre continuera la pensée poétique et la complétera; s'il ne vient pas à bout de trouver une rime heureuse, pour sa punition, il boira sur le champ trois grandes tasses; mais, s'il réussit, on lui offrira du vin et on lui chantera un air comme auparavant. S'il rencontre une de ces phrases fines et élégantes qui étonnent et excitent l'admiration, toute la société boira en son honneur; mais, si vos vers sont mauvais d'un bout à l'autre, je vous barbouillerai le visage d'encre et je vous ferai chasser honteusement. Ne vous étonnez pas alors si je vous traite avec mépris. Je vous engage, Monsieur, à bien réfléchir d'avance. Si vous vous sentez de la verve et du talent, vous pouvez composer; si vous n'en avez pas l'ombre, vous ferez mieux de quitter la partie. N'allez pas, au moment décisif, violer les conventions et vous dédire. »

En entendant ces paroles, Ping-jou-heng se mit à rire aux éclats : « C'est délicieux! c'est délicieux! s'écria-t-il; jamais je n'ai eu la figure noircie d'encre; si on me la noircit aujourd'hui par plaisanterie, j'en serai vraiment charmé. Mais je ne pense pas qu'il soit si aisé de trouver, dans tout l'empire, un pinceau aussi brillant que l'étoile Kouéi (la première de la grande ourse). Allons, je vous en prie, donnez-moi vite un sujet.

— » Il n'est pas besoin de chercher bien loin, dit Yên-pé-hân. Aujourd'hui, nous sommes venus dans le village de Tsiên-liéou, pour écouter les loriots; eh bien! Prenons ce sujet. »

A ces mots, il se fit apporter une longue pièce de soie, l'étendit en travers sur une table, et ordonna à une jolie personne de broyer de l'encre et de rester à leurs côtés en tenant l'encrier.

Alors Yên-pé-hân se leva, et prenant son pinceau : « Votre serviteur, dit-il, a mérité une punition. C'est à lui de commencer à rimer. »

Aussitôt donc, il écrivit le sujet et commença la première phrase.

SUJET.

(*Vers composés à l'occasion de la promenade que nous avons faite, un jour de printemps, dans le village de Tsien-liéou, pour entendre les loriots.*)

« 1. Au printemps, par la faveur du ciel, la pluie et les » vapeurs se sont heureusement mariées. »

Yên-pé-hân ayant fini d'écrire déposa son pinceau et s'assit de suite; une jolie personne lui versa une tasse de vin, et les jeunes chanteurs firent entendre un air au son de la flûte. Ping-jou-heng se leva, et prenant le pinceau il écrivit à la suite ces deux lignes :

« 2. D'innombrables branches (de saules) traînent mollement
» à terre;
» 3. Combien faut-il de jours pour que l'ombre d'un vert
» feuillage vienne augmenter leur beauté? »

Ping-jou-heng ayant fini d'écrire, déposa son pinceau et revint s'asseoir à sa place. Yên-pé-hân, à la vue de ces vers, hocha la tête et dit : « Il s'y entend! il s'y entend! » Aussitôt, il ordonna à une jolie personne de lui offrir une tasse de vin, et aux jeunes garçons de chanter un air. La chanson finie, il se leva et écrivit ces deux vers :

« 4. En un moment, l'oiseau jaune (le loriot) s'élance à la
» branche la plus élevée,
» 5. Et il prend son essor comme s'il avait trouvé *la route*
» *des nuages bleus* (la route de l'empyrée). »

Ping-jou-heng, qui était près de lui, l'avait vu (écrire ces deux vers); sans attendre que Yên-pé-hân eût déposé son pinceau et fût retourné à sa place, il s'écria avec enthousiasme : « Quelle belle pensée que celle-ci : Il prend son essor comme s'il avait trouvé la route *des nuages bleus* !

— » Monsieur Ping, lui dit Yên-pé-hân, tout joyeux, je demande seulement que vous me trouviez une phrase parallèle. Pour le coup, je vous regarderai comme un homme de talent. »

A ces mots, il se disposait à boire et demandait la chanson, mais Ping-jou-heng l'arrêtait : « Un moment, un moment, lui dit-il, attendez que j'aie répondu sur les mêmes rimes, et, alors, nous boirons ensemble. » Soudain il leva le pinceau et écrivit, en courant, les deux vers qui suivent :

« 6. Il me semble que j'entends la chanson de Hong et de
» Sioué (*Hong* veut dire rouge, et *Sioué* neige).
» 7. Les branches qui se balancent doucement au gré de la
» brise, forment un rideau vert. »

A peine Yên-pé-hân eut-il vu ces vers, qu'il battit des mains, et s'écria d'un air joyeux : « Vous avez fait répondre *rouge* et *neige* à *bleus* et à *nuages*; un esprit ordinaire n'aurait pas trouvé une telle pensée; vous êtes vraiment un homme de talent. »

Les jeunes filles leur offrirent alors trois tasses de vin qu'ils burent ensemble en signe de félicitation.

— « *Le chemin des nuages bleus*, demanda alors Ki-tching, a été inspiré par la phrase où il s'agit *des oiseaux jaunes* (les loriots) qui trouvent leur *route au milieu des saules*; c'est ce que j'ai pu deviner à la première réflexion; mais j'ignore d'où peut venir la chanson intitulée *Hong-sioué-ko* (*hong*, rouge; *sioué*, neige; *ko*, chanson).

— » Hong-eul (*vermeille-enfant*) et Sioué-eul (*neige-enfant*, c'est-à-dire la jeune enfant *blanche comme neige*), dit Yên-pé-hân en souriant, sont les noms de deux habiles chanteuses de l'antiquité. M. Ping a marié la fiction à la réalité. Vous ne connaissiez pas, Monsieur, ce merveilleux artifice, familier aux poètes. »

A ces mots, il prit le pinceau et écrivit les deux vers suivans :

« 8. Ils passent à l'envi, d'une branche à l'autre, comme
» des navettes d'or.

« 9. Ils chantent du matin au soir; y a-t-il au monde des
» accens aussi délicieux? »

— « Comment pourrait-on, dit Ping-jou-heng, se fatiguer à se lever et à s'asseoir continuellement? J'aimerais mieux finir la pièce et boire ensuite tout à notre aise.

— » A merveille », dit Yên-pé-hân en souriant.

Alors Ping-jou-heng écrivit deux nouveaux vers :

« 10. Les saules se balancent du nord au midi. Où trouver
» une ombre plus douce?
» 11. Leurs branches soyeuses forment un rideau épais et
» voilent la voûte du ciel. »

Yên-pé-hân :

« 12. Le bruit de leur voix semble rappeler l'habile chanteuse du pays de Thsin.
» 13. Seulement les poètes et les lettrés émérites, lui apportaient des oranges et venaient l'écouter. »

Ping-jou-heng :

« 14. Les hommes même les plus grossiers et les plus violens, ne sauraient passer ici à cheval (sans s'arrêter).
» 15. Les sons de leur délicieux ramage, semblent des perles qui s'échappent de leur langue. »

Yên-pé-hân :

« 16. Leurs voix suaves, qui se prolongent comme des fils
» de soie, enchaînent nos sourcils.
» 17. Le vif éclat de leur plumage, se reflète dans nos yeux
» et cause une sensation pénible. »

Ping-jou-heng :

« 18. Les cris de leurs petits ressemblent au dernier soupir
» d'une ame mourante.
» 19. En les regardant, il semble que leur chant expire et
» se ranime tour à tour. »

Yên-pé-hân :

« 20. En écoutant leur voix, on apprend à connaître la richesse et l'éclat de leur parure.
» 21. Comment pourrons-nous célébrer dignement ce beau jour?
» 22. En vidant nos coupes, et en buvant à l'envi tout
» le vin des cruches d'or. »

Après avoir fini d'écrire, les deux amis rirent aux éclats et s'abandonnèrent aux transports de la joie.

Yên-pé-hân arrangea ses vêtemens et présenta de nouveau ses civilités à Ping-jou-heng. « Monsieur, lui dit-il, il y avait long-temps que j'avais entendu parler de votre grande réputation; je reconnais qu'elle n'était point usurpée.

— » Puisque nous avons fait connaissance aujourd'hui en composant des vers, dit Ping-jou-heng, je ne puis manquer de vous demander votre glorieux nom de famille et votre honorable surnom.

— » Dispensez-moi, dit Yên-pé-hân en riant, de vous communiquer mon nom de famille et mon surnom.

— » Lorsqu'on a trouvé un ami, serait-il convenable

de ne pas lui communiquer son nom de famille et son surnom?

— » Je crains une chose, reprit Yên-pé-hân en souriant, c'est qu'après vous avoir communiqué mes noms, je ne devienne pour vous un objet de mépris.

— » Monsieur, lui dit Peng-jou-heng, vu votre talent éminent, non-seulement je ne fais pas attention à votre fortune et à votre noblesse, mais quand même vous seriez pauvre et obscur, je n'oserais certainement pas vous montrer du dédain.

— » Eh bien ! dit le jeune homme en riant, puisque vous assurez que vous ne me mépriserez point, je vais vous parler sans détour. Je suis tout simplement Yên-pé-hân dont vous a parlé M. Youân-chi-kiao.

— » Ainsi donc, repartit Ping-joug-hen en riant aux éclats, vous êtes, Monsieur Yên-pé-hân? Il y avait bien long-temps que j'aspirais à vous voir. »

A ces mots, il lui fit un salut et lui offrit ses respects.

Au moment où Ping-jou-heng s'acquittait de son salut, tout à coup Youân-în ouvrit les yeux, se dressa sur ses pieds, et, le tirant brusquement, il l'apostropha avec violence. « Monsieur Ping, lui dit-il, il faut que vous ayez bien peu de caractère ! Ces jours derniers, vous disiez, d'un ton railleur, que M. Yên, le comte de Thsé, appartenant à une famille riche, devait être dépourvu de talent; vous disiez encore que s'il avait obtenu la première place au concours, c'était uniquement par l'intrigue et la corruption. Vous ajoutiez que quand il vous prierait mille fois de venir le voir un instant, vous ne daigneriez pas y aller ; que, quand il vous inviterait dix mille fois à lui rendre visite, vous dédaigneriez de faire un pas vers lui. Comment se fait-il que, sans avoir reçu d'invitation, vous soyez venu le trouver aujourd'hui, de votre propre mouvement, et que vous lui rendiez des hommages tout comme moi?

— » Après que Tchang-în eut trahi mon attente, dit Ping-jou-heng en riant, je m'imaginai que M. Yên était un homme de la même trempe; c'est pour cela que je laissai échapper des expressions si extravagantes; j'ignorais que le comte de Thsé fût un des plus beaux génies de l'empire. Ma légèreté et ma présomption ont été bien coupables, et, certes, je ne chercherai pas à m'en justifier; mais toute la faute vient, en réalité, de M. Chikiao. »

A ces mots, Youân-în se mit à vociférer de plus belle. « Comment pouvez-vous dire que c'est de ma faute? s'écria-t-il d'un ton courroucé.

— » Si vous ne m'eussiez pas arrêté en chemin, dit Ping-jou-heng, pour m'entraîner par Tchang-în, il y a long-temps que j'aurais rendu visite à M. Yên. »

Youân-în, changeant alors de ton, se mit à rire aux éclats. « Décidément, lui dit-il, vous êtes un homme de talent. Le langage que vous avez tenu ce jour-là et celui que vous tenez aujourd'hui, prouvent que vous possédez tous les secrets et les artifices de la rhétorique. »

A ces mots, toute la société se mit à rire aux éclats.

— « Trêve de propos inutiles, dit Yên-pé-hân et veuillez vous asseoir. » Il ordonna alors aux jeunes filles d'enlever la première table, et de dresser avec luxe celle qui était restée vacante.

Ce que voyant Ping-jou-heng, il se leva à la hâte et s'excusant poliment : « Comme j'ai eu aujourd'hui, dit-il, l'honneur de faire votre connaissance, je ne manquerai pas de me présenter dans votre hôtel pour vous offrir mes devoirs. Pour le moment, permettez-moi de vous quitter. » Mais Yên-pé-hân, l'arrêtant par la main : « J'ai eu bien de la peine, lui dit-il, à vous faire venir ici; pourquoi voulez-vous prendre congé avant que je vous aie donné quelques marques de respect?

— » Ce n'est point que je veuille vous quitter, dit Ping-jou-heng; mais, en voyant les apprêts de ce somptueux repas, je me persuade que vous attendez quelque hôte illustre. Pour moi, qui suis un hôte improvisé, je craindrais de vous gêner. Voilà pourquoi je vous fais mes adieux d'avance.

— » Monsieur, dit Yên-pé-hân en riant, vous venez de dire tout-à-l'heure que peut-être j'attends quelque hôte illustre; devinez un peu quel est cet hôte illustre?

— » L'empire est rempli de vos amis, reprit Ping-jou-heng; comment pourrai-je deviner juste?

— » Eh bien ! dit Youân-în, je vais deviner pour vous. J'imagine que cet hôte illustre n'est autre que M. Pingtseu-tchi.

— » Monsieur Chi-kiao, dit Ping-jou-heng, je vous prie de ne point vous moquer de moi. Qui est-ce donc pour tout de bon?

— » Je vous jure que c'est pour Votre Seigneurie », dit Yên-pé-hân.

A ces mots, Ping-jou-heng éprouva une vive émotion. « Le splendide repas de Votre Excellence était servi d'avance, lui dit-il, je ne suis venu qu'après : comment pouvez-vous dire que c'était pour moi?

— » Je vais vous parler sans détour, répondit Yên-pé-hân en riant : dès le moment que M. Chi-kiao (titre de Youân-în), m'eut parlé de votre talent extraordinaire, je ne pensais plus qu'à vous, même en dormant. J'avais le plus ardent désir de vous voir une seule fois; mais, à mon grand étonnement, Votre Seigneurie soupçonna que j'étais tout à fait dépourvu de talent, et ne voulut, pour rien au monde, m'honorer de sa visite. Je délibérai mûrement là-dessus avec M. Chi-kiao, qui me dit que vous fuyiez les riches comme des ennemis, mais que vous chérissiez le talent comme votre propre vie; alors, faute de mieux, j'ai fait préparer en cet endroit une petite collation et j'ai chargé M. Ki (tching) de remplir le rôle du pêcheur qui amorce le poisson, comptant, à l'aide de mes méchans vers, mettre Votre Seigneurie en verve. J'étais loin de prévoir que vous me montreriez une extrême bienveillance et que votre amitié ne dédaignerait pas de s'abaisser jusqu'à moi. Lorsque tout-à-l'heure, M. Chi-kiao a fait l'homme ivre, lorsque moi-même je vous ai traité d'une façon brusque et hautaine, tout cela n'était qu'une pure comédie. Quelques tasses de vin m'ont servi à vous faire connaître mes vrais sentiments pour vous. Si l'honorable hôte que j'attendais n'est pas M. Tseu-tchi, qui peut-il être? »

En entendant ces mots, Ping-jou-heng sembla sortir d'un songe. « Ces nobles sentiments d'affection pour le talent, s'écria-t-il, quand on les chercherait dans toute l'antiquité, on aurait de la peine à en trouver un seul exemple. J'étais loin de penser que, par ses hautes marques d'estime pour moi, M. le comte de Thsé effacerait les hommes de l'antiquité; puis, regardant Youân-în, non seulement, dit-il, les sentimens élevés du comte de Thsé sont au-dessus de la portée humaine, mais on peut en dire autant de la grandeur d'ame qu'a déployée Votre Seigneurie dans l'intérêt d'un ami.

— » Où voyez-vous cette grandeur d'ame surhumaine? reprit Youân-în? Nous avons suivi simplement l'axiome vulgaire : *Il vaut mieux provoquer la colère du général ennemi que de l'inviter au combat.* »

Ping-jou-heng s'adressa alors à Ki-tching. « Puisque Monsieur Yêu, lui dit-il, était animé de sentimens si élevés, pourquoi ne m'avoir pas parlé franchement? pourquoi avoir employé tant de détours?

— » Si je vous avais tout à coup découvert la vérité, répondit Ki-tching, vous auriez dédaigné de venir. »

Alors tout le monde battit des mains et applaudit avec enthousiasme. Après quoi, on servit de nouveau du vin. Ils s'assirent en se donnant des marques de déférence, et bûrent gaiement au bruit des chansons et des instrumens de musique.

Dès ce moment, les deux poètes conçurent autant d'estime que de respect pour leur talent mutuel; mais ils furent plus émus encore de l'élévation réciproque de leurs sentimens. Ils s'abandonnèrent l'un et l'autre aux transports de la joie. Pendant ce temps-là Youân-în lançait de fines plaisanteries, et Ki-tching faisait briller l'élégance et la grâce de son esprit. Tous quatre burent jusqu'à ce qu'ils fussent étourdis par le vin. Ils se levèrent alors et se disposaient à se séparer, lorsque, soudain, Tchang-în arriva avec un de ses amis, et entra d'un air d'importance dans la salle où ils étaient réunis.

Par suite de leur arrivée, j'aurai beaucoup de détails à vous apprendre. Le sage répand un parfum inépuisable; mais l'homme médiocre laisse après lui une honte éternelle.

Si vous ignorez quel accueil ils reçurent des quatre autres, écoutez un peu; je vais vous raconter cela en détail dans le chapitre suivant.

FIN DE LA DEUXIÈME PARTIE.

———————◆◇◆———————

LOUIS XIV A PHILIPPE V [1].

VERSAILLES, 7 AOUT 1701.

Vous jugez parfaitement bien du mémoire du duc Darcos. Il est de votre autorité de soutenir ce que vous avez réglé pour les honneurs réciproques entre les ducs et les grands. Blecourt vous dira mon avis à l'égard de celui qui vous a présenté ce mémoire; il faut un exemple; celui que vous avez fait sur un de vos gardes est très à-propos. Le refus de l'investiture a dû vous faire de la peine; mais le ressentiment ne doit paraître que quand le bien de l'état le demande. Il faut l'éteindre ou le témoigner selon les conjonctures. Si l'effet ne suit point immédiatement les menaces, elles font perdre le crédit. Il n'y a pas d'apparence que le pape donne l'investiture de Naples à l'archiduc; il ne vient point en Italie. J'avoue que la pensée que vous avez me fait un sensible plaisir; elle est digne de votre sang, et je souhaiterais que l'état de vos affaires et la saison vous eussent permis de l'exécuter, mais il ne faut pas y songer pour cette année; non seulement je consentirais que vous passiez, au printemps prochain, en Italie, si la guerre y dure encore, mais dès à présent je vous le conseille; indépendamment de ce que l'archiduc ou le roi des Romains pourront faire, rien ne vous donnera plus de réputation et plus de gloire dans le monde, particulièrement dans vos royaumes. Gardez le secret de cette résolution, si vous voulez qu'elle réussisse quand vous l'exécuterez; vous gagnerez le cœur de vos sujets, vos ennemis seront forcés à vous estimer et à vous craindre. Que je serai heureux quand je vous verrai dans le haut point de gloire où j'espère que votre courage vous élèvera; je vous en aimerai davantage, et mon estime, en fortifiant ma tendresse, augmentera en vous voyant tel que je vous désire et que je me persuade que vous serez.

LOUIS.

(1) Nous devons la communication de cette lettre inédite à M. Feuillet, dont la collection d'autographes est si riche et si curieuse.

———————◆◇◆———————

DERNIER ÉCRIT DE CONDORCET,

SUIVI DE DEUX ACTES INÉDITS,

LE PROCÈS-VERBAL DE SON ARRESTATION ET SON ACTE DE MORT.

———————

Condorcet, dénoncé à la Convention par l'ex-capucin Chabot pour son écrit sur la Constitution de l'an II, fut décrété d'accusation le 3 octobre 1793 et quelques jours après mis hors la loi. Obligé de chercher un asile, il fut accueilli avec un dévouement admirable par Mme Vernet, veuve d'un sculpteur, parent des grands peintres. Gardé presque malgré lui, et l'objet d'une surveillance toute maternelle, l'ancien secrétaire de l'Académie des Sciences charma sa solitude par la composition de son *Esquisse d'un tableau historique des progrès de l'Esprit humain*, écrite sans le secours d'aucun livre. L'exécution des Girondins vint rappeler à Condorcet tous les dangers que sa présence faisait courir à son héroïque gardienne. Il résolut de fuir, et, le jour même où il allait s'exposer à une mort presque certaine, il écrivit les *Avis d'un Proscrit à sa Fille*.

« Cet écrit, dit M. Arago dans les belles pages qu'il a consacrées à l'éloge de son illustre prédécesseur,
» je l'ai tenu dans mes mains et j'y ai trouvé partout les vifs reflets d'un esprit élevé, d'un cœur sensible
» et d'une belle ame. J'oserai dire en vérité qu'il n'existe dans aucune langue rien de mieux pensé, de
» plus attendrissant, de plus suave dans la forme. »

———————

AVIS D'UN PROSCRIT A SA FILLE.

Mon enfant, si mes caresses, si mes soins ont pu, dans ta première enfance, te consoler quelquefois, si ton cœur en a gardé le souvenir, puissent ces conseils, dictés par ma tendresse, être reçus de toi avec une douce confiance, et contribuer à ton bonheur !

I.

Dans quelque situation que tu sois, quand tu liras ces lignes, que je trace loin de toi, indifférent à ma destinée, mais occupé de la tienne et de celle de ta mère, songe que rien ne t'en garantit la durée.

Prends l'habitude du travail, non-seulement pour te suffire à toi-même sans un service étranger, mais pour que ce travail puisse pourvoir à tes besoins, et que tu puisses être réduite à la pauvreté, sans l'être à la dépendance.

Quand même cette ressource ne te deviendrait jamais nécessaire, elle te servira du moins à te préserver de la crainte, à soutenir ton courage, à te faire envisager d'un œil plus ferme les revers de fortune qui pourraient te menacer.

Tu sentiras que tu peux absolument te passer de richesses, tu les estimeras moins ; tu seras plus à l'abri des malheurs auxquels on s'expose pour en acquérir ou par la crainte de les perdre.

Choisis un genre de travail où la main ne soit pas occupée seule, où l'esprit s'exerce sans trop de fatigue ; un travail qui dédommage de ce qu'il coûte par le plaisir qu'il procure : sans cela, le dégoût qu'il te causerait, si jamais il te devenait nécessaire, te le rendrait presque aussi insupportable que la dépendance. S'il ne t'en affranchissait que pour te livrer à l'ennui, peut-être n'aurais-tu pas le courage d'embrasser une ressource qui, pour prix de l'indépendance ne t'offrirait que le malheur.

II.

Pour les personnes dont un travail nécessaire ne remplit pas tous les momens, et dont l'esprit a quelque activité, le besoin d'être réveillées par des sensations ou des idées nouvelles devient un des plus impérieux. Si tu ne peux exister seule, si tu as besoin des autres pour échapper à l'ennui, tu te trouveras nécessairement soumise à leurs goûts, à leurs volontés, au hasard, qui peut éloigner de toi ces moyens de remplir le vide de ton temps, puisqu'ils ne dépendent pas de toi-même.

Ils s'épuisent aisément, semblables aux joujoux de ton enfance, qui perdaient au bout de quelques jours le pouvoir de t'amuser.

Bientôt, à force d'en changer, et par l'habitude seule de les voir se succéder, on n'en trouve plus qui aient le charme de la nouveauté, et cette nouveauté même cesse d'être un plaisir.

Rien n'est donc plus nécessaire à ton bonheur que de t'assurer des moyens dépendans de toi seule pour remplir le vide du temps, écarter l'ennui, calmer les inquiétudes, te distraire d'un sentiment pénible.

Ces moyens, l'exercice des arts, le travail de l'esprit peuvent seuls te les donner. Songe de bonne heure à en acquérir l'habitude.

Si tu n'as point porté les arts à un certain degré de perfection, si ton esprit ne s'est point formé, étendu, fortifié par des études méthodiques, tu compterais en vain sur ces ressources; la fatigue, le dégoût de ta propre médiocrité, l'emporteraient bientôt sur le plaisir.

Emploie donc une partie de ta jeunesse à t'assurer pour ta vie entière ce trésor précieux. La tendresse de ta mère, sa raison supérieure, sauront t'en rendre l'acquisition plus facile. Aye le courage de surmonter les difficultés, les dégoûts momentanés, les petites répugnances qu'elle ne pourra t'éviter.

> Le bonheur est un bien que nous vend la nature,
> Il n'est point ici bas de moissons sans culture.

Ne crois pas que le talent, que la facilité, ces dons de la nature, qui tiennent peut-être plus à notre organisation première, qu'à notre éducation ou aux efforts de notre volonté, soient nécessaires pour arriver à ce moyen de bonheur.

Si ces dons te sont refusés, cherche dans des occupations moins brillantes, un but d'utilité qui les relève à tes yeux, dont le charme t'en dérobe l'insipidité.

Si ta main ne peut reproduire sur la toile ni la beauté, ni les passions, tu pourras du moins rendre des insectes ou des fleurs avec l'exactitude rigoureuse d'un naturaliste.

Vers quelque objet que ton goût t'ait portée, s'il t'a trompée sur ton talent, tu trouveras une semblable ressource.

Mais que la nature t'ait maltraitée, ou qu'elle t'ait favorisée, n'oublie point que tu dois avoir pour but le plaisir de l'occupation, qui se renouvelle tous les jours, dont l'indépendance est le fruit, qui préserve de l'ennui, qui prévient ce dégoût vague de l'existence, cette humeur sans objet, ces malheurs d'une vie paisible et fortunée. Je ne te dirai point d'éviter que l'amour-propre vienne y mêler ses plaisirs et ses chagrins; mais qu'il n'y domine point, que ses jouissances ne soient pas à tes yeux le prix de tes efforts, que ses peines ne te dégoûtent point de les répéter, que les unes et les autres soient à tes yeux un tribut inévitable que la sagesse même doit payer à la faiblesse humaine.

III.

L'habitude des actions de bonté, celle des affections tendres, est la source du bonheur la plus pure, la plus inépuisable.

Elle produit un sentiment de paix, une sorte de volupté douce, qui répand du charme sur toutes les occupations, et même sur la simple existence.

Prends de bonne heure l'habitude de la bienfaisance, mais d'une bienfaisance éclairée par la raison, dirigée par la justice.

Ne donne point pour te délivrer du spectacle de la misère ou de la douleur ; mais pour te consoler par le plaisir de les avoir soulagés.

Ne te borne pas à donner de l'argent, sache aussi donner tes soins, ton temps, tes lumières, et ces affections consolatrices souvent plus précieuses que des secours.

Alors ta bienfaisance ne sera plus bornée par ta fortune; elle en deviendra indépendante; elle sera pour toi une occupation comme une jouissance.

Apprends surtout à l'exercer avec cette délicatesse, avec ce respect pour le malheur, qui double le bienfait et ennoblit le bienfaiteur à ses propres yeux. N'oublie jamais que celui qui reçoit est, par la nature, l'égal de celui qui donne; que tout secours qui entraîne de la dépendance n'est plus un don, mais un marché, et que, s'il humilie, il devient une injure.

Jouis des sentimens des personnes que tu aimeras ; mais surtout jouis des tiens. Occupe-toi de leur bonheur, et le tien en sera la récompense. Cette espèce d'oubli de soi-même dans toutes les affections tendres en augmente la douceur et diminue les peines de la sensibilité. Si l'on y mêle de la personnalité, on est trop souvent mécontent des autres. L'ame se dessèche, se flétrit, s'aigrit même. On perd le plaisir d'aimer ; celui d'être aimé est corrompu par l'inquiétude, par les douleurs secrètes, que trop de facilité à se blesser reproduit sans cesse.

Ne te borne point à ces sentimens profonds qui pourront t'attacher à un petit nombre d'individus; laisse germer dans ton cœur de douces affections pour les personnes que les événemens, les habitudes de la vie, tes goûts, tes occupations rapprocheront de toi.

Que celles qui t'auront engagé leurs services, où que tu emploieras, aient part à ces sentimens de préférence qui tiennent le milieu entre l'amitié et cette simple bienveillance par laquelle la nature nous a liés à tous les êtres de notre espèce.

Ces sentimens délassent et calment l'ame, que des affections trop vives fatiguent et troublent quelquefois. En défendant d'affections trop exclusives, ils préservent des fautes et des maux où leur excès pourrait exposer. Le sort peut nous ravir nos amis, nos parens, ce que nous avons de plus cher; nous pouvons être condamnés à leur survivre, à gémir de leur indifférence ou de leur injustice ; nous ne pouvons les remplacer par d'autres objets ; notre ame même s'y refuse : alors ces sentimens, en quelque sorte secondaires, n'en remplissent pas le vide, mais empêchent d'en sentir toute l'horreur. Ils ne dédommagent pas, ils ne consolent même pas ; mais ils émoussent la pointe de la douleur, ils adoucissent les regrets, ils aident le temps à le changer en cette tristesse habituelle et paisible qui devient presque un plaisir pour les ames devenues inaccessibles à ceux des sentimens plus heureux.

Cette douce sensibilité qui peut être une ressource de bonheur, a pour origine première ce sentiment naturel qui nous fait partager la douleur de tout être sensible. Conserve donc ce sentiment dans toute sa pureté, dans toute sa force; qu'il ne se borne point aux souffrances des hommes; que ton humanité s'étende même sur les animaux. Ne rends point malheureux ceux qui t'appartiendront; ne dédaigne point de t'occuper de leur bien-être ; ne sois pas insensible à leur naïve et sincère reconnaissance ; ne cause à aucun des douleurs inutiles : c'est une véritable injustice, c'est un outrage à la nature, dont elle nous punit par la dureté de cœur que l'habitude de cette cruauté ne peut manquer de produire. Le défaut de prévoyance dans les animaux est la seule excuse de cette loi barbare qui les condamne à se servir mutuellement de nourriture. Interprètes fidèles de la nature, n'allons pas au-delà de ce que cette excuse peut nous permettre.

Je ne te donnerai point l'inutile précepte d'éviter les passions, de te défier d'une sensibilité trop vive; mais je te dirai d'être sincère avec toi-même, de ne point t'exagérer ta sensibilité, soit par vanité, soit pour flatter ton imagination, soit pour allumer celle d'un autre.

Crains le faux enthousiasme des passions: celui-là ne dédommage jamais ni de leurs dangers, ni de leurs malheurs. On peut n'être pas maître de ne pas écouter son cœur, mais on l'est toujours de ne pas l'exciter; et c'est le seul conseil utile et praticable que la raison puisse donner à la sensibilité.

IV.

Mon enfant, un des plus sûrs moyens de bonheur est d'avoir su conserver l'estime de soi-même, de pouvoir regarder sa vie entière sans honte et sans remords, sans y voir une action vile ni un tort ou un mal fait à autrui, et qu'on n'ait pas réparé.

Rappelle-toi les impressions pénibles que des torts légers, que de petites fautes t'ont fait éprouver, et juge par là des sentimens douloureux qui suivent des torts plus graves, des fautes vraiment honteuses.

Conserve soigneusement cette estime précieuse, sans laquelle tu ne saurais entendre raconter les mauvaises actions sans rougir, les actions vertueuses sans te sentir humiliée.

Alors un sentiment doux et pur s'étend sur toute l'existence; il répand un charme consolateur sur ces momens où l'ame qu'aucune impression vive ne remplit, qu'aucune idée n'occupe, s'abandonne à une molle rêverie, et laisse les souvenirs du passé errer paisiblement devant elle.

Qu'alors, au milieu de tes peines, tu les sentes s'adoucir par la mémoire d'une action généreuse, par l'image des malheureux dont tu auras essuyé les larmes.

Mais ne laisse point souiller ce sentiment par l'orgueil; jouis de ta vie sans la comparer à celle d'autrui ; sache que tu es bonne, sans examiner si les autres le sont autant que toi.

Tu achèterais trop cher ces tristes plaisirs de la vanité ; ils flétriraient ces plaisirs plus purs dont la nature a fait la récompense des bonnes actions.

Si tu n'as point de reproches à te faire, tu pourras être sincère avec les autres comme avec toi-même. N'ayant rien à cacher; tu ne craindras point d'être forcée, tantôt d'employer la ressource humiliante du mensonge, tantôt d'affecter dans d'hypocrites discours, des sentimens et des principes qui condamnent ta propre conduite.

Tu ne connaîtras point cette impression habituelle d'une crainte honteuse, supplice des cœurs corrompus. Tu jouiras de cette noble sécurité, de ce sentiment de sa propre dignité, partage des ames qui peuvent avouer tous leurs mouvemens comme toutes leurs actions.

Mais si tu n'as pas pu éviter les reproches de ta conscience, ne t'abandonne pas au découragement: songe aux moyens de réparer ou d'expier tes fautes ; fais que le souvenir ne puisse s'en présenter à toi qu'avec celui des actions qui les compensent, et qui en ont obtenu le pardon au jugement sévère de ta conscience.

Ne prends point l'habitude de la dissimulation; aie plutôt le courage d'avouer tes torts. Le sentiment de ce courage te soutiendra au milieu de tes regrets ou de tes remords. Tu n'y ajouteras point le sentiment si pénible de ta propre faiblesse, et l'humiliation qui poursuit le mensonge.

Les mauvaises actions sont moins fatales par elles-mêmes au bonheur et à la vertu, que par les vices dont elles font contracter l'habitude aux ames faibles et corrompues. Les remords, dans une ame forte, franche et sensible, inspirent les bonnes actions, les habitudes vertueuses, qui doivent en adoucir l'amertume. Alors ils ne se réveillent qu'entourés des consolations qui en émoussent la pointe, et l'on jouit de son repentir comme de ses vertus.

Sans doute les plaisirs d'une ame régénérée sont moins purs, sont moins doux que ceux de l'innocence ; mais c'est alors le seul bonheur que nous puissions encore trouver dans notre conscience, et presque le seul auquel la faiblesse de notre nature et surtout les vices de nos institutions nous permettent d'atteindre.

Hélas! tous les humains ont besoin de clémence!

V.

Si tu veux que la société répande sur ton ame plus de plaisirs ou de consolations que de chagrins ou d'amertumes, sois indulgente, et préserve-toi de la personnalité comme d'un poison qui en corrompt toutes les douceurs.

L'indulgence n'est pas cette facilité qui, née de l'indifférence ou de l'étourderie, ne pardonne tout que parce qu'elle n'aperçoit ou ne sent rien. J'entends cette indulgence fondée sur la justice, sur la raison, sur la connaissance de sa propre faiblesse, sur cette disposition heureuse qui porte à plaindre les hommes plutôt qu'à les condamner.

Par là tu sauras faire servir à ton bonheur cette foule d'êtres bons mais faibles, sans défauts rebutans mais sans qualités brillantes, qui peuvent distraire s'ils ne peuvent occuper, qu'on rencontre avec plaisir et qu'on quitte sans peine, que l'on ne compte point dans l'ensemble de sa vie, mais qui peuvent en remplir quelques vides, en abréger quelques momens.

Par là tu verras encore ces êtres supérieurs par leurs talens ou par leur ame, s'approcher de toi avec plus de confiance.

Plus ils sont en droit de croire qu'ils peuvent se passer d'indulgence, plus ils en éprouvent le besoin. Accoutumés à se juger avec sévérité, la douceur d'autrui les attire; et ils pardonnent d'autant moins le défaut d'indulgence, qu'indulgens eux-mêmes, ils sont portés à voir dans le caractère opposé plus d'orgueil que de délicatesse, plus de prétention que de supériorité réelle, plus de dureté que de véritable vertu.

Tes devoirs, tes intérêts les plus importans, tes sentimens les plus chers, ne te permettront pas toujours de n'avoir pour société habituelle que ceux avec qui tu aurais choisi de vivre. Alors ce qui ne t'aurait rien coûté, si, plus raisonnable et plus juste, tu avais pris l'heureuse habitude de l'indulgence, exigera de toi des sacrifices journaliers et pénibles : ce qui, avec cette habitude, n'eût été qu'une légère contrainte, deviendrait sans elle un véritable malheur.

Enfin, elle est également utile, et quand les autres ont besoin de nous, et quand nous-mêmes avons besoin d'eux; elle rend plus facile et plus doux le bien que nous pouvons leur faire ; elle rend moins difficile à obtenir et moins pénible à recevoir, celui que nous pouvons en attendre. Mais veux-tu prendre l'habitude de l'indulgence? Avant de juger un autre avec sévérité, avant de t'irriter contre ses défauts, de te révolter contre ce qu'il vient de dire ou de faire, consulte ta justice ; ne crains point de faire un retour sur tes propres fautes, interroge ta raison, écoute surtout la bonté naturelle, que tu trouveras sans doute au fond de ton cœur; car, si tu ne l'y trouves pas, tous ces conseils seraient inutiles ; mon expérience et ma tendresse ne pourraient rien pour ton bonheur.

La personnalité dont je voudrais te préserver n'est pas cette disposition constante à nous occuper sans distraction, sans relâche, de nos intérêts personnels, à leur sacrifier les intérêts, les droits, le bonheur des autres; cet égoïsme est incompatible avec toute espèce de vertu et même de sentiment honnête; je serais trop malheureux, si je pouvais croire avoir besoin de t'en préserver.

Je parle de cette personnalité qui, dans les détails de la vie, nous fait tout rapporter aux intérêts de notre santé, de notre commodité, de nos goûts, de notre bien-être; qui nous tient en quelque sorte toujours en présence de nous-mêmes, qui se nourrit de petits sacrifices qu'elle impose aux autres, sans en sentir l'injustice et presque sans le savoir ; qui trouve naturel et juste tout ce qui lui convient, injuste et bizarre tout ce qui la blesse; qui crie au caprice et à la tyrannie, si un autre, en la ménageant, s'occupe un peu de lui-même.

Ce défaut éloigne la bienveillance, afflige et refroidit l'amitié. On est mécontent des autres, dont l'abnégation ne peut être assez complète. On est mécontent de soi, parce qu'une humeur vague et sans objet devient un sentiment constant et pénible dont on n'a plus la force de se délivrer.

Si tu veux éviter ce malheur, fais que le sentiment de l'égalité et celui de la justice devienne une habitude de ton ame. N'attends, n'exige jamais des autres qu'un peu au-dessous de ce que tu ferais pour eux. Si tu leur fais des sacrifices, apprécie-les d'après ce qu'ils te coûtent réellement, et non d'après l'idée que ce sont des sacrifices : cherches-en le dédommagement dans ta raison, qui t'en assure la réciprocité, dans ton cœur, qui te dira que même tu n'en aurais pas besoin.

Tu trouveras alors que, dans ces détails de la société, il est plus doux, plus commode, si j'ose le dire, de vivre pour autrui, et que c'est alors que l'on vit véritablement pour soi-même.....

Les circonstances qui ont accompagné l'arrestation et la mort de Condorcet sont demeurées jusqu'ici enveloppées d'une sorte de mystère. Les dates, même celles fixées par M. Arago, ne sont point exactes; les deux procès-verbaux, publiés ici pour la première fois, vont montrer froidement et simplement tous les détails de cette triste catastrophe. Mais, avant, il est nécessaire de transcrire à ce sujet quelques lignes des *Mémoires* de Mme Suard.

« ...A notre retour de Paris, nous apprîmes qu'un homme, couvert d'un méchant bonnet, d'un pantalon, et ayant » une longue barbe, s'était présenté deux fois à Fontenai, et avait paru très attristé de ne pas nous trouver. Le lendemain, » à 9 heures du matin, notre servante entra dans mon appartement avec un air d'effroi: Ah! Madame, s'écria-t-elle, il vient » de se présenter ici un homme affreux, qui a une barbe effroyable ; je viens de le conduire à M. Suard.— Je pensai » vaguement que c'était un homme dont la vie était menacée et qui venait nous demander asile. — M. Suard » vint me dire que c'était M. de Condorcet qui nous avait été si cher. — Cet homme, autrefois si chéri de » tous ceux qui le connaissaient, qu'on désignait par l'épithète de bon; cet homme, dont l'existence était » si honorable, mourait de faim, de soif, depuis trois jours, et n'avait pour reposer sa tête, que le pavé des carrières » qui sont sur la route de Fontenai. Une pierre s'en était détachée et l'avait blessé à la jambe; n'ayant point de » passeport, il n'osait se présenter qu'à nous. — M. Suard s'était empressé de lui faire accepter du vin de Malaga, » une nourriture très substantielle et du tabac. — ... M. Suard avait aussi garni ses poches, lui avait donné du » linge pour sa jambe malade, un Horace pour le distraire dans la journée. — M. Suard lui avait donné des ciseaux » pour couper sa barbe.

— «Mais, lui dit M. Suard, nous habitons une commune détestable et vous courriez vous-même ici le plus grand
» danger si je vous y retenais... J'espère cependant pouvoir vous garder une nuit sans danger pour vous et pour
» ma femme. M. Suard ajouta : qu'il fallait qu'il revînt à huit heures du soir ce jour même.
» Il avait dit à M. Suard qu'il ne craignait d'être arrêté que dans la matinée, et que, s'il avait une nuit devant
» lui, il était sûr d'échapper à ses bourreaux...
» ..... On l'avait trouvé mort le lendemain matin. Il avait sur lui une chemise d'un très beau linge, marquée d'un
» C., de l'argent et un *Horace* dans sa poche. »

PROCÈS-VERBAL D'ARRESTATION (1)

DE CONDORCET,

AUJOURD'HUI SEPT GERMINAL

(27 MARS 1794.)

Aujourd'huy sept germinal, l'an deuxieme de la Republique françois une et indivisible, le comité assessemblée en la salle de ses séances ordinaires, ou estant sont comparu sur les deux heures de relevee les citoyen Claude Champy et Francois Breau, de cette commune, tous deux cultivateur, lesquelles nous ammenent un quidam munis d'une canne de bois d'épine, dans laquelle il y a un dart et pomme dascier; quil nous declara sappeller Pierre Simon, native de Ribmont, district de Saint-Quantin, département de Lesne, âgé de cinquante ans à ce qu'il nous dit, declarant avoir quitté son pays depuis 20 ans, et depuis lequelle tems il dit avoir servi differentes personne, comme le n° Trudaine, intendant des finances, et Dionise du Séjour, conseiller au cidevant parlement de Paris, en qualité de valet de chambre, quil a quitté depuis vingt mois à Paris, lui demande ou il a resté depuis les vingt mois quil a quitté Dionise du Séjour, nous declare quil a vecu sur ses épargnes à Paris, rue de Lille, n° 505, ou est sa demeure actuelle depuis vingt mois, lui demande sils connoissoient quelqun dans ladite maison. Il nous a dit connoitre le citoyen Cardeau, copistre et receveur des rentes à la ville de Paris, demeurant dans la même maison, nous declarant avoir oublie chez lui sa carte de la section de Grenelle, et a déclaré etre sorty hier sur les sept heures du matin de Paris, ou il dit avoir parcouru plusieurs villages, comme Bagnieux, Chatillion, ou il a couché cette nuit derniere, mais nous declarant ne connoitre l'aubergistre, et ce matin il est alle a Fontenay pour voire Demonville, qu'il dit connoitre, et ne layant pas trouvé, il est venu à Clamart le vignoble, ou estant arrivee, il a été boire chopine chez le citoyen Louis Crepines, cabartier en ce lieu, les membres du comité en ayant été averty se sont transporte chez led. citoyen Crepines, et ou ils ont fait venir ledit Pierre Simon au comité de surveillance pour y recevoir sa déclaration. Lequel nous dit qu'il parcouroit la campagne pour trouver de louvrage au travail du selpe-

tre ou a faire autre chose, nous declarant netre par marie; en consequance nayant put nous exhiber aucun certificat de civisme ni de residence. Voyla ce quil nous a dit toutes sa declarations et a signé.

Signalement du nommé Pierre Simon.

De la hauteur de cinq pieds cinq pouces six lignes, cheveux chatin, front decouvert, les yeux gris, bouche moyenne, nez acquilin, menton rond, visage rond et plain marqué de petite verole, et un signe au-dessus de loeul droit. Signé Pierre Simon.

En consequance du présent procès-verbal ci-deussus, le comité de surveillance arrete : comme ledit Pierre Simon nayant put nous donner aucun certificat quelconque qui constatent son civisme, au contraire lni a paru tres suspect, nous avons arreté quil seroit conduit cejourdhuy par la gendarmerie nationale au district du directoire de légalité, pour par eux en ordonner ce qu'il appartiendra. Lesdits jour, mois et an comme dessus, signés : Després, Languedocq, La Place, Carre, Francois Langos, Battas, Chetullé, secrétaire.

(La désignation ci-contre des effets trouvés sur M. de Condorcet n'est point inserée dans le procès-verbal, mais est mise en marge par note.

Nota. Ayant fouillé ledit Pierre Simon, nous lui avons trouvé sur lui une monte dargent eguille d'or marquant heure et minute, seconde, cantieme et semaine, la boite estant marqué d'un G garnie dune chene dascier, garnie de sa clef de cuivre et un petit cachet dascier, horloger Mayer à Paris, 1789, un porte creon en argent, un rasoire a manche divoire, un couteau a manche de corne et son tire bouchen, une petite paire de ciseaux. Declare avoir acheté sa monte il y a quatre ans à Paris chez le nommé Grimaire, rue St-Avoye, près la rue du Platre. Un livre dorace en latin, et a signé Pierre Simon.

Lesquelles effet mentionné au présent procè verbal remis au citoyen Maille, brigadier de la gendarmerie nationale de Chatillion qui sen est chargé pour les remettre au Directoire du district de legalité avec le present procè

(1). Nous maintenons l'orthographe du procès-verbal.

BIBLIOTHEQUE CHOISIE.

verbal et le mandat d'amener lesdits jour et an comme dessus, signé Thénaille.

Nota. Sur le registre, le nom de Pierre-Simon est rayé et on y a substitué ceux de *Marie-Jean-Antoine Caritat Condorcet*, et en marge on lit la note suivante :

« La présente réformation a été faite en vertu d'un juge-ment rendu par le tribunal du premier arrondissement de Paris, en date du 12 ventose an III de la république, une et indivisible, dont copie a été signifiée à l'officier public de la commune du présent bourg de Légalité, cejourd'huy 31 ventose, l'an III de la république, et annexé au registre des actes de décès de l'état civil de la commune en date du 10 germinal an II.

Signé LANNEAU.   Signé RAGNY, secrétaire. »

ACTE DE MORT DE CONDORCET.

« Aujourd'hui, dixième jour de germinal mil sept cent quatre-vingt treize (1) (30 mars 1794), l'an deuxième de la république française, à deux heures après midi, par devant moi, Jean Marin Auboin, membre du conseil général de la commune de l'Egalité, élu le trente-un-décembre mil sept cent quatre-vingt-onze, pour recevoir les actes destinés à constater les naissances, mariages et décès des citoyens en la maison commune, est comparu Edme-Laurent Cholot, jardinier, âgé de cinquante ans, domicilié en ladite commune de l'Egalité, Jean Cretté, menuisier, âgé de vingt-sept ans, demeurant également dans la dite municipalité de l'Egalité, lesquels Edme-Laurent, Cholot et Jean Cretté ont été témoins.

(1) Il faut 1794. Cette erreur existe sur les deux registres de l'état civil à Paris et à Bourg-la-Reine. Le jugement pour la réformation des noms n'a pas été retrouvé.

» Il appert qu'un individu, détenu dans la maison d'arrêt de la commune de l'Egalité, et écroué sous le nom de Pierre Simon, (les noms sont barrés sur les originaux et en marge se lit la même note de rectification qu'au procès-verbal d'arrestation) a été trouvé dans sa chambre mort par l'effet d'une apoplexie sanguinaire, ainsi qu'il résulte du rapport du citoyen Labrousse, officier de santé, expert du district; appert en outre que la délivrance dudit cadavre masculin a été faite par le juge de paix à l'agent national près la commune de l'Egalité, pour par lui pourvoir à son enlèvement et à son inhumation au champ de repos en ladite commune de l'Egalité en présence desdits citoyens qui sont Edme-Laurent Cholot et Jean Cretté, et ont signé avec moi, en ladite maison commune de l'Egalité, les jour, mois et an ci-dessus.

J. B. N. COURSAUX, agent national.
J. CRETTÉ, CHOLOT.   J. M. AUBOIN, officier public.

Condorcet s'était dérobé à l'échafaud par une forte dose de poison, qu'il portait depuis quelque temps dans une bague.

ÉTABLISSEMENT A PARIS

ET DANS TOUTES LES AUTRES VILLES DU ROYAUME,

DES PORTE-LANTERNES ET DES PORTE-FLAMBEAUX A LOUAGE.

(22 OCTOBRE 1661.)

Comme Sa Majesté prend plaisir à donner diverses commodités à ses sujets, et surtout aux habitans de sa bonne ville de Paris, cela donne occasion aux esprits d'en rechercher tous les jours de nouvelles, comme entr'autres celle de porte-flambeaux et porte-lanternes à louage pour conduire et éclairer de nuit ceux qui voudront s'en servir, pour aller et venir partout où bon leur semblera, dont sa dite Majesté par ses lettres patentes du mois de mars dernier, vérifiées et enregistrées au parlement le 26e jour d'août suivant, a permis l'établissement dans sa ville et faubourgs de Paris et autres villes de son royaume, avec défenses à toutes personnes de quelque qualité et condition qu'elles soient, de s'immiscer en pareil établissement, sans avoir sur ce la permission par écrit du propriétaire qui a obtenu ledit privilége, et dont privativement et à l'exclusion de tous autres, à peine de mille livres d'amende.

Pour donner l'intelligence de la commodité que doit apporter au public cet établissement, il faut premièrement savoir, à l'égard des porte-flambeaux, que lesdits porte-flambeaux se placeront aux environs du Louvre, du Palais, lieux d'assemblées, carrefours et places publiques, afin que ceux qui n'auront pas de valets et flambeaux à point nommé, puissent se retirer chez eux, à toute heure qu'il leur plaira, et être conduits et éclairés partout où bon leur semblera ; lesquels flambeaux seront du poids d'une livre et demie de bonne cire jaune, afin que la bonté et durée d'iceux oblige un chacun à s'en servir, et marqués des armes de la ville, pour être connus de louage.

Et afin que ceux qui voudront être conduits et éclairés par flambeaux, le puissent être à si peu de frais qu'il leur plaira, la cour, par son arrêt dudit jour 26 août dernier, ordonne que lesdits flambeaux, du poids et qualité ci-dessus, et marqués des armes de la ville, comme dit est, seront divisés par marques en dix portions égales, sur lesquelles seront réservés trois pouces, qui seront enclavés dans un morceau de bois, afin que lesdites dix portions puissent brûler entièrement pour faire service; pour chacune desquelles portions ceux qui voudront servir desdits flambeaux, payeront cinq sols; et pour éviter toutes contestations, ordonne que celle desdites portions entamées, sera payée comme si elle était consommée, et que lesdits flambeaux ne pourront être faits ni fabriqués par autres que par les maîtres épiciers de cette ville de Paris.

De sorte que, tant pour le flambeau que pour la peine et salaire de celui qui le portera, il ne sera payé que cinquante sols, quoique ledit flambeau (du poids et qualité ci-dessus, pris chez les marchands épiciers) reviendra à trente-cinq sols, et lorsque l'on se voudra servir desdits porte-flambeaux, on leur payera, par avance, la première portion.

Et à l'égard des Porte-lanternes, il faut aussi savoir que leurs lanternes seront à huile, et que la lampe d'icelles sera composée de six gros lumignons, qui feront autant de clarté qu'aucun flambeau, l'huile desquelles ne se peut répandre, quelque mouvement violent que l'on puisse faire, ni le feu s'éteindre, pour quelque pluie ou vent que ce soit, ce qui ne se rencontre pas toujours dans un flambeau; et lesdites lanternes seront à plusieurs lumières, pour être distinguées de celles des bourgeois, comme il est porté par lesdites lettres-patentes et arrêts de ladite cour de parlement.

Et afin que ceux qui voudront être conduits et éclairés par lanternes, le puissent être avec bien moins de frais que par flambeaux, la cour, par son dit arrêt, a réglé le salaire desdits porte-lanternes, savoir pour les gens qui vont à pied, à trois sous pour quart-d'heure, et pour les gens qui vont en carrosses et en chaises, à cinq sous, et à cet effet ordonne que lesdits porte-lanternes auront un sable juste d'un quart-d'heure, marqué aux armes de la ville, qu'ils porteront à leurs ceintures; et lorsque tant les gens de carrosses et de chaises que ceux qui vont à pied se voudront servir desdits porte-lanternes, ils leur payeront d'avance la susdite taxe, en suite de quoi lesdits porte-lanternes tourneront leurs sables et marcheront.

Et comme il n'y a point de carrosses ni de chaises qui, dans une traite d'un quart-d'heure, ne se rendent où bon leur semble, en quelque endroit de la ville qu'il leur plaise être, ils trouveront un grand avantage à se servir de cette commodité, tant pour le peu de frais qu'il y a, que parce que ces lanternes feront autant de clarté qu'aucun flambeau, et que leur feu ne se peut éteindre, comme il est dit ci-dessus.

Lesdits porte-lanternes seront postés pareillement aux environs du Louvre, du Palais, lieux d'assemblées, carrefours et places publiques, et à mesure que leur nombre augmentera, on les dispersera dans les autres lieux plus passans et plus nécessaires.

Et s'il arrivait que le nombre d'iceux allait jusqu'à quinze ou seize cents, pour lors on pourra les poster aux coins et au milieu des rues, de trois cents à trois cents pas; ce qui donnera une troisième commodité au public, d'être éclairé de poste en poste; pour chacun desquels postes il sera payé un sou marqué, suivant le réglement de la dite cour. Lesquels porte-lanternes se relayeront les uns les autres, et retourneront en même temps au poste d'où ils seront partis; et en cas que dans le

posté où ils auront conduit et éclairé, il ne se trouve aucun porte-lanterne, à cause qu'il serait parti de son poste pour éclairer d'autres personnes, ils poursuivront à éclairer de poste en poste, jusqu'à ce qu'ils aient trouvé un autre porte-lanterne, et prendront pareillement pour chacun desdits postes un sou marqué : de sorte qu'en quelque endroit de la ville ville et faubourgs que l'on puisse être, on pourra trouver des porte-lanternes qui éclaireront et escorteront de rue en rue, et de poste en poste.

Et cette commodité de pouvoir aller et venir, et d'être éclairé à si peu de frais, fera que les gens d'affaires et de négoce sortiront plus librement, que les rues en seront bien plus fréquentées de beaucoup de sortes de métiers, qui, dans la saison de l'hiver, ne peuvent trouver aucun travail pour gagner leur vie, et à quantité de pauvres gens d'y faire occuper leurs enfans de quinze à seize ans, qui bien souvent ne font rien, et leur sont à charge.

Ceux qui voudront être employés à porter lesdits flambeaux et lanternes, s'adresseront au bureau établi à cet effet, où leur sera donnée la permission par écrit, et paieront audit bureau pour le droit quatre sous par jour.

Et aux porte-lanternes sera fourni une lanterne avec une lampe de laiton, à six lumières, un sable d'un quart-d'heure et une affiche de ferblanc, où sera peinte une lanterne, qu'ils attacheront eux-mêmes aux postes qui leur seront distribués, et n'avanceront pour ladite lanterne, lampe, sable et affiche, que six livres, quoique le tout revienne au maître du bureau à onze livres; et même ils seront dispensés et exempts pour le premier mois de payer ledit droit de quatre sols par jour; après lequel temps ils commenceront à le payer par avance de quinze en quinze jours, et seront tenus, lesdits porte-lanternes, en cas qu'ils quittent, de rapporter au bureau ladite lanterne, lampe et sable, et d'en donner bonne et suffisante caution. On prétend aussi que tant les porte-flambeaux que porte-lanternes soient gens connus et aient leur domicile en cette ville ou faubourgs de Paris, sans quoi ils ne seront point reçus.

Pour ce qui est de la dépense d'huile que lesdits porte-lanternes feront, quand même les six lumières de leurs lanternes seraient toujours allumées, elle ne va qu'à neuf deniers par heure, et ils ne seront obligés à les tenir toutes allumées que lorsqu'ils seront employés.

Si ceux qui ont le soin des carrosses à cinq sous veulent se servir de ladite commodité desdites lanternes, ils s'adresseront au bureau établi à cet effet, où leur sera donnée la permission par écrit pour leurs valets, en payant le droit de quatre sous par jour pour chacun d'iceux.

Le bureau est établi rue Saint-Honoré, près les piliers des halles, et sera ouvert le 14 octobre 1662.

Ce fut seulement en 1667 que Colbert, ayant fait créer la charge de lieutenant de police, et désigné Lareynie maître des requêtes, pour remplir ce nouvel emploi, ce magistrat s'occupa d'abord du nétoyage général des rues de Paris, réforma le guet, et établit au mois de septembre de cette même année, les lanternes publiques remplacées plus tard par les réverbères, et qui, chaque jour disparaissent, éclipsées par l'éclairage au gaz.

LETTRES-PATENTES

DU MOIS DE MARS 1662,

POUR L'EXPLOITATION DES PORTE-LANTERNES ET PORTE-FLAMBEAUX A LOUAGE.

« Par lettres-patentes du mois de mars 1662, il fut permis au sieur abbé Laudati de Caraffe d'établir à Paris, et dans toutes les autres villes du royaume des porte-lanternes et des porte-flambeaux à louage, pour jouir de ce droit, lui et ses héritiers, à perpétuité, sans préjudice néanmoins des lanternes qni étaient aux coins et au milieu des rues de Paris. Il y eut information faite sur la commodité ou incommodité de ce projet. Le parlement ordonna l'enregistrement de ces lettres-patentes, à condition que l'impétrant ne jouirait de leur effet que pendant vingt ans seulement ; que les flambeaux dont se serviraient les commis de l'abbé Caraffe seraient d'une livre et demie de bonne cire jaune, pris chez les épiciers de la ville, marqués des armes de Paris, et divisés en dix portions* de chacune desquelles ceux qui s'en feraient éclairer paieraient cinq sous ; et, à l'égard des porte-lanternes, que les rues seraient divisées par postes chacun de cent toises; qu'à chaque poste il y aurait une lanterne peinte ; et qu'on paierait un sou marqué par chaque poste; que ceux qui voudraient se faire éclairer dans leurs carrosses paieraient aux porte-lanternes cinq sous par quart d'heure, et les gens de pied seulement trois sous; enfin que les porte-lanternes auraient pendu à la ceinture un sable d'un quart d'heure aux armes de la ville. »

« Cet établissement, ajoute Félibien, n'a pas été de durée. » Une ordonnance du prévôt de Paris fait connaître de quelle nature étaient les lanternes placées aux coins des rues.

Sur ce qui nous a été remontré par le procureur du roi, que la plus grande partie des commissaires établis les années précédentes aux lanternes, n'ayant pas soigneusement fait leur devoir, tant pour n'avoir garni les carrefours et autres lieux de cette ville et faubourgs de Paris de lanternes, que pour n'y avoir pas mis des chandelles du poids porté par le règlement, et aux heures ordinaires, il serait à craindre que ceux qui sont ou seront élus cette année aux mêmes charges tombassent dans de pareilles fautes, nous, faisant droit sur ladite remontrance, avons enjoint auxdits commissaires, de garnir chacun en son quartier les rues et places publiques de bonnes lanternes, et y allumer les chandelles du poids de cinq à la livre, dès cinq heures du soir précisément, à commencer la veille de la Toussaint prochain, et continuer jusqu'à la veille de carême-prenant, en suivant, pour la présente année seulement, et sans tirer à conséquence; et défense faite auxdits commissaires d'y mettre autres chandelles que bonnes et loyales et audit poids, à peine contre les contrevenans de vingt-quatre livres parisis d'amende. Permettons à tous huissiers, sergens et bourgeois, de saisir et de faire saisir les chandelles qui se trouveront défectueuses, et au-dessous dudit poids de cinq à la livre; et icelles porter au commissaire du quartier, pour nous en être par lui fait rapport, et procédé contre les contrevenans ainsi que de raison. Et à ce qu'aucun n'en prétende cause d'ignorance, sera la présente ordonnance lue et publiée à son de trompe et cri public, par les carrefours de cette ville et faubourgs de Paris, icelle imprimée et affichée esdits lieux. Ce fut fait et donné par MM. Dreux d'Aubray, chevalier-comte d'Offemont, Villiers et autres lieux, conseiller du roi en ses conseils d'état et privé, lieutenant civil de la ville, prévôté et vicomté de Paris, le 22 octobre 1661.

Signé : DAUBRAY DE RIANTZ.

COUDRAY, greffier.

Lue et publiée à son de trompe et cri public, en tous les carrefours de cette ville et faubourgs de Paris, et affichée auxdits lieux, par moi Charles Canto, crieur juré du roi en la ville, prévôté et vicomté de Paris ; faisant laquelle proclamation, j'étais accompagné de trois trompettes, savoir : Jean du Bos, Hierosme Tronsson ; jurés trompettes du roi aux-dits lieux ; et un autre trompette, le vingt-deuxième jour d'octobre mil six cent soixante-un.

Signé; CANTO.

INHIBITIONS ET DÉFENSES

DE FAIRE AUCUNES ASSEMBLÉES ILLICITES, NI CONFRERIES, NI CONGREGATIONS ET COMMUNAUTES

EN CETTE VILLE ET PARTOUT AILLEURS

SANS PERMISSION DU ROI.

(13 DÉCEMBRE 1660).

Vu par la cour, la requête présentée par le procureur-général du roi, contenant qu'encore que par les ordonnances du royaume, et par plusieurs déclarations du roi et arrêts de la cour, il ait été fait défense à toutes personnes de quelle qualité et condition qu'elles puissent être, de provoquer aucunes assemblées et congrégations publiques et particulières dans le royaume, sous quelque prétexte que ce soit, sans l'ordre et permission expresse de Sa Majesté, il aurait eu avis qu'il s'était introduit plusieurs assemblées, congrégations et communautés dans plusieurs endroits de cette ville, et notamment sur les paroisses de Saint-Eustache, Saint-Sulpice, Faubourgs Saint-Jacques et Saint-Antoine, où le substitut dudit suppliant s'était transporté par son ordre, assisté du commissaire Galliot, et notamment en un lieu appelé le Refuge Saint-Paul, où se sont trouvées plusieurs femmes et filles détenues sans aucun ordre de justice, ainsi qu'il appert par le procès-verbal dudit commissaire, fait en présence dudit substitut, et d'autant que sous le voile de la piété et de la dévotion, qui sert de prétexte à l'établissement desdites assemblées, il s'y commet de notables abus; tant parce qu'on y enferme toutes sortes de personnes sans l'autorité et l'aveu du juge ordinaire, que parce que l'on y peut pratiquer des cabales et des intrigues rumeuses et préjudiciables au service de son état et du public : *A ces causes* requérait ledit suppliant que défenses fussent faites à toutes personnes de quelle qualité et condition qu'elles puissent être, de faire aucunes assemblées, confréries, congrégations et communautés, soit en cette ville, ou ailleurs, sans l'expresse permission du roi, et lettres patentes vérifiées en la cour. Enjoint au substitut dudit suppliant, et tous autres juges qu'il appartiendra, d'y tenir la main : qu'à sa requête, poursuites et diligences, les commissaires du Châtelet seront tenus de se transporter en tous les endroit où ils auront avis qu'il se tient pareilles assemblées, congrégations, communautés, confrairies et lieux appelés Refuges; soit dans les maisons publiques ou particulières, pour du tout dresser procès-verbal, qu'ils seront tenus de mettre incessamment entre les mains dudit substitut, pour y être pourvu, et à ce qu'aucun n'en prétende cause d'ignorance, et que l'arrêt qui interviendrait, serait lu et publié; ladite requête signée dudit suppliant; ouï le rapport de M. Jean du Tillet, conseiller du Roi en ladite cour, tout considéré : *ladite cour*, ayant égard à ladite requête, a fait inhibitions et défenses à toutes personnes de quelle qualité et condition qu'elles soient, de faire aucunes assemblées illicites, ni confréries, congrégations et communautés en cette

ville et partout ailleurs, sans l'expresse permission du roi, et lettres patentes vérifiées en ladite cour; comme aussi de tenir aucune prison, et retenir aucuns sujets du roi contre leur volonté, dans maisons et chartres privées, sous quelque prétexte que ce soit; enjoint aux substituts du procureur-général d'y tenir la main, chacun en leur ressort ordinaire, qu'à la requête du procureur-général poursuites et diligences dudit substitut du procureur au châtelet; les commissaires dudit Châtelet se transporteront en tous les endroits où ils auront avis qu'il se tient pareilles assemblées, congrégations et communautés, confrairies, prisons, et lieux appelés Refuges, soit dans les maisons publiques et particulières dont ils dresseront procès-verbal, qu'ils seront tenus de mettre entre les mains dudit substitut, pour y être pourvu. Et sera ledit arrêt lu, publié, affiché partout où besoin sera, à ce qu'aucun n'en prétende cause d'ignorance. Fait en parlement, le 13 décembre 1660.

DU TILLET.

Lu et publié à son de trompe et cri public, par les carrefours ordinaires et extraordinaires de cette ville et faubourgs de Paris, par moi Charles Canto, juré crieur ordinaire du Roi, en ladite ville, prévôté et vicomté de Paris, accompagné de Jean Dubos, Jérôme Trosson, jurés trompettes du Roi, auxdits lieux, et d'un autre trompette, le mercredi, 22 décembre 1660.

Signé CANTO.

Et, de rechef, lu et publié à son de trompe et cri public, par les carrefours ordinaires et extraordinaires de cette ville et faubourgs, par moi crieur susdit soussigné, accompagné de Jérôme Trousson, juré trompette, Pierre du Bos, commis de Jean du Bos, et Jean de Beauvais, commis d'Étienne Chapé, dit la Chapelle, aussi jurés trompettes, le mercredi, 28 juin 1662.

Signé CANTO.

UN PROCÈS DE JÉSUITES

EN 1717.

Le Mémoire en cassation qu'on réimprime ici par extraits en supprimant seulement les discussions de procédure, est une des mille pièces justificatives qu'il serait facile à M. Sue de produire à l'appui de l'affaire *Rennepont*. L'habile romancier aurait pu laisser reposer son imagination fertile. Feuilleter et choisir auraient suffi Ni l'odieuse hypocrisie des moyens, ni la souplesse des ressources, ni l'avide persistance, ni les bouffonnes imaginations, rien ne lui aurait fait défaut. C'est avec trop de raison qu'on a dit et qu'on dira toujours des Révérends Pères jésuites, *non dormient nisi maleficerint, nisi supplantaverint.*

Mémoire au conseil, pour le sieur *Lenet*, conseiller honoraire au parlement de Dijon; la dame veuve du sieur conseiller *de la Mare*; le sieur *de la Mare*, son fils, écuyer, capitaine au régiment d'Enguyen, et le sieur *Filisjean*, ancien maître des

BIBLIOTHEQUE CHOISIE.

comptes; demandeurs en cassation d'arrêt rendu au parlement de Metz, le 14 janvier 1747.

Contre les recteur et religieux jésuites du collége de Godran, à Dijon.

La requête des sieurs Lenet et consorts est fondée sur quatre moyens principaux, que l'on établira succinctement, après avoir donné une idée du fait.

Pierrette Gauthier épousa en 1644 le sieur de Clugny, lieutenant-général au bailliage de Dijon, qui prédécéda en 1675.

Dirigée dès son bas âge par les PP. jésuites, elle continua de vivre sous leur direction jusqu'à sa mort.

Pendant son veuvage, qui dura trente-sept années, elle n'eut point d'autres directeurs, conseils, et administrateurs pour le spirituel et le temporel, que les PP. de la société, où elle eut successivement cinq confesseurs, qui s'arrogèrent le droit de la conduire en tout despotiquement.

Dès-lors, les PP. jésuites ne quittèrent point sa maison qui joint leur collége; cette proximité en rendait pour eux l'accès facile et fréquent; ils venaient y prendre régulièrement le café, ils y réglaient ses affaires domestiques, et rien ne se faisait que par leurs ordres.

Si elle allait à sa campagne, son confesseur et deux ou trois autres l'accompagnaient; ils passaient avec elle autant de temps qu'elle y séjournait; là, tous les principaux de la société y étaient reçus et régalés tour à tour : enfin, soit à la ville ou à la campagne, ils s'étaient fait une habitude de la visiter à toutes les heures du jour, et ils appellaient cela être de garde chez la dame de Clugny.

Ces assiduités n'étaient pas tellement de bienséance, que l'intérêt n'y eût bonne part; d'abord, ils l'engagèrent à orner une chapelle de leur église : lambris dorés, peintures recherchées, balustrade de fer, rien n'y fut épargné, c'est dans cette chapelle que l'on pratiqua une espèce de niche, où un certain frère Thieron avait coutume de la placer, pour qu'elle pût entendre commodément l'office divin, et lui servait ensuite d'écuyer pour la reconduire chez elle.

En 1677, ils tirèrent d'elle un devant d'autel d'argent massif, quelque temps après, une lampe d'argent très riche, et une tenture de tapisserie magnifique pour toute leur église; une autre fois, elle la fit paver et fit lambrisser leur sacristie; on passe sous silence une somme de 17,500 livres que cette dame leur a prêtée, et dont ils ont su se faire donner quittance, sans qu'il paraisse aucun remploi sur ses livres de raison.

On ne parle ici que des présens connus; les dons manuels n'ont pas été moindres, et, selon l'opinion commune, ils ont extorqué plus de 40,000 écus.

Il n'y a sorte de souplesses et d'artifices que les jésuites n'aient pratiqués pour se procurer de tels bienfaits; ils lui firent venir de Rome un Indult d'association à leur société, expédié par leur général; c'est une espèce de passeport pour le ciel, écrit en lettres d'or, qui fit de merveilleux progrès sur l'esprit simple et crédule de leur pénitente.

On vit paraître ensuite des poésies latines et françaises, où ils lui donnèrent le nom d'âme libérale, de femme parfaite, de vertu sans fard et sans égale, qui se consacrait à la gloire d'Ignace : enfin ils portèrent l'adulation jusqu'à lui insinuer de faire peindre, dans sa chapelle à Plombières, un tableau qui représente saint Pierre, son patron, tenant d'une main les clefs du ciel, et de l'autre le portrait de cette dame, autour duquel il y a cette légende : Super hanc Petram, idée singulière, qui annonce que c'était la pierre angulaire sur laquelle ils fondaient leur maison de retraite future.

En 1702, la dame de Clugny lègue, par son testament, aux jésuites 30,000 liv. pour l'acquisition d'un bâtiment propre à faire des retraites spirituelles, où, à défaut de cet établissement, pour l'entretien de quatre missionnaires jésuites au collége desdits RR. PP., ce qui serait à leur choix, sans que les héritiers ni autres puissent les inquiéter à ce sujet, ni entrer en connaissance de l'emploi desdits 30,000 liv.

Ces défenses et cette alternative découvrent la fraude et la suggestion, et prouvent en même temps que tout était concerté pour colorer un legs, nul par lui-même.

Trois jours après ce testament, les jésuites, pour s'en assurer l'exécution, trouvèrent à propos d'établir sous leurs ordres, la régie des biens de la testatrice; ils lui firent passer à cet effet une Procuration, sous le nom de Magnien, homme à eux affidé, pour recevoir tous ses revenus ; mais comme ils ne se fient jamais à personne, ils accompagnèrent cette procuration d'un état signé de la testatrice, par lequel elle rend les jésuites maîtres de tout.

Ces pièces leur étaient trop avantageuses pour les perdre de vue; le père Mauparty s'en saisit incontinent, de même que des titres et papiers de cette dame, dont il retient encore partie.

Mais craignant, malgré ces précautions, que ce legs ne leur échappât, ils firent faire à la dame de Clugny un codicille, le 11 décembre 1705, dans un temps auquel la caducité de l'âge lui avait affaibli l'esprit (car elle avait pour lors quatre-vingt-cinq ans), par lequel, après des expressions mystiques, elle veut, qu'au cas que quelques-uns des legs qu'elle a faits n'eussent pas leur exécution, ils soient appliqués au profit des pauvres, et qu'il soit encore pris sur son hérédité une moitié en sus ; c'est-à-dire, qu'au lieu de 30,000 livres, les jésuites voulaient qu'il en coûtât aux héritiers 45,000 livres s'ils prenaient pensée de contester leur legs, et cela afin de les forcer au silence.

Elle est décédée le 18 janvier 1712. Les sieurs Lenet et consorts, ses héritiers présomptifs, furent envoyés en possession le 23 du même mois, secundum tabulas, qui est une formule de prononciation usitée en Bourgogne, qui n'ôte point la faculté de contester les legs non valables, et les dettes illégitimes.

Le legs fait aux PP. jésuites n'étant point valable, les héritiers se pourvurent aux requêtes du palais, pour le faire déclarer nul.

Les jésuites, au lieu de défendre au fond, firent plusieurs incidens pour dépayser l'affaire.

Le procès renvoyé au parlement de Metz, ces PP. ayant renoncé, en désespoir de cause, à l'alternative, et offert d'employer la totalité du legs en l'acquisition de la maison de retraite, arrêt est intervenu, par lequel sans s'arrêter à la demande en nullité, en conséquence des offres et déclarations par eux faites sur le barreau, les héritiers ont été condamnés solidairement à leur payer les 30,000 livres, dépens compensés.

BIBLIOTHÈQUE CHOISIE

Suivent les divers moyens de cassation : nous en extreirons deux ou trois passages étrangers à la discussion des ordonnances royales et de la jurisprudence des cours.

Ricard dans son *Livre des Donations* dit : « Qu'on sçait avec » quelle ardeur les religieux sont portez pour l'intérêt de leurs » maisons, et que la gloire de réussir en cette entreprise ne leur » fait pas moins estimer ce qui est donné par leur moyen, qu'à » un père, ce qu'il peut obtenir pour l'avancememeent de son » fils ; » d'où il conclut « qu'il répute la donation faite à un » monastère, comme si elle était faite au religieux, qui vrai- » semblablement l'a pratiquée. »

La surprise a été générale, de voir que de seize juges, dont dix ont opiné en faveur des jésuites, il y en eut sept affiliés à leur congrégation, par des vœux de solidarité, et qui avaient parmi eux leurs directeurs..... toutes choses qui auraient dû, par un scrupule légitime, faire abstenir quelques-uns de se rendre juges en cette cause, aussi bien que le sieur avocat-général, lui qui, sous l'habit de jésuite, a été quinze ans parmi eux, d'y porter la parole.

Il est odieux que par de semblables voies les jésuites aient eu le crédit de faire violer des règles salutaires, par lesquelles les familles doivent être préservées de l'ardeur extrême qu'ils font si souvent paraître pour les biens temporels.

Si par leur adresse ils ont su tirer, d'une seule de leurs dévotes, plus de quarante mille écus, sans compter le legs de 30,000 livres, quel fruit ne retireraient-ils pas de cette nouvelle retraite, dont ils poursuivent l'établissement avec tant de chaleur ? Ils n'ont pas bésoin qu'on leur fournisse de nouveaux moyens de s'enrichir aux dépens des gens du monde, ils ne possèdent déjà que trop l'art de persuader à leur avantage.

On ne connaît, en effet, l'utilité de leurs missions éloignées, que par leurs richesses immenses, et l'étendue de leur commerce ; on ne connaît le fruit de leurs congrégations et de leurs directions en France, que par les grands biens qu'ils y possèdent, et plus encore par le puissant crédit qu'ils y ont acquis.

Mais tant qu'on les verra occupés du soin de se faire donner et adjuger le bien d'autrui ; tant que, pour parvenir à une fin si peu convenable à leur état, on les verra remuer ciel et terre pour le gain d'une mauvaise cause, n'auront-ils pas lieu d'appréhender, ces PP. désintéressés en apparence, le reproche qu'un empereur faisait autrefois à un philosophe, lequel, sous un habit d'abnégation, couvrait une vraie convoitise pour les biens terrestres ? *Desiderium tuum et professio tua discrepant, nam cum te philosophum profitearis, ecce vinceris avaritia et rapacitate tua.* (Vos désirs et votre profession ne sont pas d'accord, car, tandis que vous vous donnez comme un philosophe, vous êtes dominé par votre avarice et votre rapacité.)

Le morceau le plus curieux du Mémoire est sans contredit l'indult, écrit en lettres d'or, du général des jésuites, espèce de passeport céleste aux formes souples et commodes. Nous en donnons ici le texte religieusement transcrit en l'accompagnant d'une traduction.

Joannes Paulus Oliva præpositus generalis societatis Jesu. Nobilissimæ Dominæ Petræ Gaulthier, viduæ Domini Joannis de Clugny, equitis consiliarii regii, etc., et nobilissimo Domino Joanni Gaulthier, ejusdem Dominæ fratri consiliario regio, et regiarum rationum in Burgundià, et Brescià magistro, salutem in Domino sempiternam.

Facit DD. VV. virtus, ac pietas, et in nostram hanc societatem benevolentia et merita requirunt, ut quicquid à nobis mutui obsequii in Domino referri possit, id ei jure, ac merito debitum esse existimemus. Quamobrem cùm nostrum hunc in DD. VV. animum nullis aliis rebus, quam spiritualibus obsequiis declarare valeamus, pro ea authoritate, quam nobis Dominus, licet indignis, in hac nostra societate concessit, DD. VV. omnium et singulorum sacrificiorum, jejuniorum, et reliquorum denique bonorum operum, ac piarum, tum animæ, tum corporis exercitationum, quæ per Dei gratiam in universa hac minima societate fiunt participes facimus eorumque plenam communicationem ex toto cordis affectu in Christo Jesu impertimur, in nomine Patris et Filii et Spiritu Sancti. Insuper Deum Patrem Domini nostri Jesu Christi obsecramus, ut concessionem hanc de cœlo ratam, et firmam habere dignetur, ac de inexhausto ejusdem dilectissimi filii sui meritorum thesauro nostram ipse inopiam supplens DD. VV. omni gratia et benedictione in hac vita cumulet, ac deinde æternæ gloriæ co-

rona remuneret. Datum Romæ. Die XIV junii MDCLXXVII.

Signé Joan. Paulus Oliva.

DOMINICUS MARIA DE MARINIS, secretarius.

Jean-Paul Oliva, général de la société de Jésus,

A très noble dame Pierrette Gaulthier, veuve du seigneur de Clugny, conseiller du Roi, etc., et à très noble seigneur Jean Gaulthier, frère de la même dame, etc., salut sempiternel dans le seigneur.

La vertu et la piété de vos seigneuries, aussi bien que leur bienveillance et leurs services envers notre société, font et demandent tout ce que nous pouvons leur accorder de retour dans le seigneur, nous croyons le leur devoir à bon droit et avec raison. C'est pourquoi, ne pouvant témoigner notre gratitude à vos seigneuries que par des actes spirituels, en vertu de l'autorité que le Seigneur nous a accordée, quoique nous nous en soyons indigne, sur notre société, nous faisons vos seigneuries participantes de tous les sacrifices, jeûnes, et enfin de toutes les autres bonnes œuvres, et de tous les exercices pieux, tant de l'ame que du corps, qui se font par la grâce de Dieu dans toute notre humble société, et nous leur en donnons, dans toute l'affection de notre cœur, la pleine communication en Jésus-Christ, au nom du Père, du Fils et du Saint-Esprit. En outre, nous supplions Dieu le Père de Notre Seigneur Jésus-Christ, que du haut du ciel il daigne ratifier cette concession et la rendre efficace, et que suppléant à notre pauvreté par l'inépuisable trésor des mérites de son Fils bien-aimé, il comble vos seigneuries de toute grâce et bénédiction dans cette vie, et les récompense ensuite par la couronne de la gloire éternelle. Donné à Rome, le 14e jour de juin 1677.

Signé : JEAN-PAUL OLIVA.

DOMINIQUE-MARIE DE MARINIS,
secrétaire.

Cette pièce est certes bien curieuse. En voici une autre qui ne l'est pas moins et qui fait voir comment on s'y prenait en 1623 pour amener à obéissance les évêques récalcitrans. Il est vrai qu'alors Richelieu venait d'être fait cardinal, et Richelieu, évêque lui-même, savait apparemment le moyen le plus efficace de rompre les résistances.

ARRÊT DE LA COUR DU PARLEMENT

POUR LES APPELLATIONS COMME D'ABUS.

Vu par la cour, trois requêtes à elle présentées par M. Pierre Garande, chanoine et grand archidiacre en l'église d'Angers, des huit, vingt-un et vingt-huit juin dernier, tendantes à ce qu'il fût reçu appelant comme d'abus des jugemens et ordonnances de messire Charles Miron, évêque d'Angers, des treize avril, trente-un mai, six et quatorze juin dernier, par lesquelles ledit évêque aurait procédé contre lui par excommunication, pour s'être pourvu en la cour par appel comme d'abus des procédures contre lui faites par ledit évêque, et outre que commission lui fut délivrée pour informer de ce que ledit évêque aurait prêché publiquement que les appellations comme d'abus, et ceux qui les favorisent, étaient plus dommageables à l'Eglise que les hérétiques; vu aussi les jugemens et ordonnances dudit évêque des treize avril, trente-un mai, six et quatorze dudit mois de juin, par lesquelles, entre autres choses, il aurait excommunié ledit archidiacre pour avoir recouru à la justice temporelle; conclusions du procureur général du roi; et tout considéré :

Dit a été, que la cour a déclaré et déclare, qu'en ce qui a été fait et ordonné par ledit évêque d'Angers, y a abus, d'avoir procédé par excommunication contre ledit Garande, archidiacre, pour s'être pourvu en la cour par appel comme d'abus des jugemens et ordonnance dudit évêque, lequel elle a condamné et condamne révoquer et rétracter ladite excommunication, et en rendre ledit Garande absous dans quinzaine du jour de la signification du présent arrêt faite à personne ou domicile, et faire rayer et effacer de ses registres lesdits jugemens et ordonnances, en sorte que rien n'en puisse être lu, et jusqu'à ce qu'il ait satisfait au présent arrêt, ordonne que le revenu temporel dudit évêché et autres bénéfices dont il est pourvu, sera saisi et mis en la main du Roi : lui a fait inhibitions et défenses de procéder à l'avenir par telles voies au préjudice des lois fondamentales de ce royaume, de la souveraineté du Roi et obéissance qui lui est due par tous ses sujets, tant ecclésiastiques que laïques, de quelque qualité et conditions qu'ils soient, sous peine, en cas de contravention, d'être procédé contre lui par la rigueur des ordonnances. Fait en parlement le trentième juin mil-six-cent-vingt-trois.

Signé : GALLARD

BIBLIOTHÈQUE CHOISIE.

LE CURIEUX MANUSCRIT dont nous commençons aujourd'hui la publication est tiré de la bibliothèque de M. le baron Taylor. Un mot en passant sur cette magnifique collection, où son propriétaire a bien voulu nous admettre en *libre pratique*. La bibliothèque de M. le baron Taylor ne possède en livres de science proprement dite que le strict nécessaire; homme d'imagination, il a dirigé dans un autre sens ses études, et les arts, dont il s'est occupé avec bonheur et succès, tiennent dans son catalogue une large place. Indépendamment d'une foule de livres théoriques, d'ouvrages illustrés, pour parler le langage d'aujourd'hui, M. Taylor possède une collection de gravures rangées chronologiquement depuis la naissance de cet art jusqu'à nos jours, et qui à elle seule est d'un prix inestimable.

Son goût pour les voyages l'a fait également riche en ouvrages de géographie; enfin, l'histoire, les antiquités nationales surtout et la littérature, sont les autres parties éminentes de ce grand trésor bibliographique. On prendra d'ailleurs une idée de son importance et de sa valeur en songeant que toutes les bibliothèques célèbres qui se sont vendues depuis un certain nombre d'années, lui ont comme apporté leur tribut. Les pièces les plus rares et les plus curieuses des catalogues Maccarthy, Chateaugiron, Labédoyère, prince d'Esling, Pixérécourt, Charles Nodier et de Soleinne, sont aujourd'hui la propriété de M. le baron Taylor qui ne les a laissées échapper à aucun prix.

Inutile d'ajouter que, bibliophile dans toute l'acception du mot, M. Taylor a souci de ce grand art de la reliure qui donne aux livres splendeur et durée; les habiles mains de Derome, de Bozérian, de Thouvenin. de Simier, de Duret, de Bouzonnet, de Lebrun, ont contribué à l'éclat de sa collection. Un Racine, en trois volumes in-folio, imprimé sur vélin par Didot et orné de gravures d'après les plus grands maîtres de l'époque où parut cette belle édition, a coûté 500 fr. de reliure par volume. Sorti des ateliers de Simier, ce bel ouvrage était l'objet de l'admiration naïve de Charles Nodier, qui ne parlait jamais de lui qu'avec respect en l'appelant *le roi des livres*.

Il faut renoncer à décrire toutes les curiosités bibliographiques qui se groupent autour de ce potentat. Mentionnons seulement comme un livre de la plus insigne rareté, ou pour mieux dire comme un livre unique. *les Amours de Daphnis et Chloé*, avec les gravures exécutées sur les dessins du Régent. Le savant Lancelot (Antoine), qu'il ne faut pas confondre avec dom Claude Lancelot de Port-Royal, avait présidé à cette édition, et l'exemplaire contient un certain nombre de notes critiques écrites de sa main. On y remarque aussi un dessin original à la plume par lequel le Régent, si l'on peut ainsi parler, se *décarême* de ces chastes amours, où il devait trouver assez peu de saveur quoiqu'il eût pris la peine de les *illustrer*. Ce dessin, dont beaucoup ont entendu parler, mais que peu ont vu, est d'une gaillardise qui n'en permettrait guère la publication officielle. Néanmoins le comte de Caylus le grava, et l'exemplaire qui nous occupe en contient l'eau-forte et la contre-épreuve; un feuillet in-4°, écrit tout entier de la main du Régent, et qui renferme la nomenclature des dessins qu'il se proposait d'exécuter et qu'il a réalisés pour la plupart, est annexé au volume et constitue à coup sûr l'un des autographes les plus curieux que l'on puisse imaginer.

M. Taylor compte encore dans sa bibliothèque un certain nombre de manuscrits arabes, hébreux, portugais, espagnols et français, notamment un vaste fragment du fameux manuscrit découvert, il y a quelques années, en Palestine sous la pyramide sépulcrale d'Absalon, par un élève chaldéen de la Propagande de Rome. Ce manuscrit sur peau de gazelle et ayant tous les signes d'une antiquité incalculable, était formé d'une copie de l'Ancien Testament. M. Taylor possède depuis le chapitre x au chapitre XXXIV de la Genèse, et depuis les chapitres XVI à XXVIII et XXII à XXIV du Deutéronome.

Mais ce qui donne à sa collection un caractère particulier et par lequel elle est sans rivale, c'est une immense réunion de livres et documens relatifs à l'art théâtral.

Tous les théâtres du monde connu ont là leur répertoire recueilli. On y trouve la collection de Shakespeare la plus complète qui soit en France et peut-être en Angleterre.

Le théâtre national, depuis les Mystères jusqu'à nos jours, forme un chiffre de plus de 50,000 pièces qui, chaque jour, grandit et s'accroît.

Tous les livres traitant de l'art dramatique et de la scénique, tels que Mémoires, œuvres dramatiques, Recueils de costumes, ouvrages intéressant l'art du décorateur et du machiniste, se trouvent là réunis.

Puis, dans ce département spécial vient le choix des raretés et curiosités bibliographiques.

Molière, à lui seul, a une armoire qui ne comprend pas moins de quinze éditions choisies de ses œuvres, notamment celle qu'il a publiée lui-même, et la magnifique édition de Didot sur parchemin.

Entre dix belles éditions de Racine, on remarque la première de toutes qui ait été publiée, portant la signature autographe du poète.

Parmi les éditions de Corneille, un magnifique Elzevir doit être mentionné.

Mais ce qui, pour les bibliographes, paraîtra un trésor sans prix, c'est la collection la plus complète des *Célestines* qui ait jamais pu être formée.

Il faut apprendre aux profanes que la *Celestina* est une espèce de nouvelle dramatique et dialoguée, écrite en espagnol par Ferdinand de Rojas, singulièrement avancée pour son époque, et l'on peut dire que tous les théâtres modernes y ont pris leur point de départ. La *Celestina*, qui est l'histoire de la chute d'une belle et vertueuse fille, sous l'art infâme d'une entremetteuse, a eu dans le XVI° siècle une vogue qui a de beaucoup dépassé celle de *Don Quichotte*; traduite dans toutes les langues, elle a occupé l'Europe entière et donné une impulsion immense à l'art dramatique moderne. On pense généralement, et c'est l'opinion adoptée par M. de Puibusque, dans son remarquable ouvrage de l'*Histoire comparée des littératures espagnole et française*, que la première édition de ce curieux livre est de 1500, mais il existe une édition gothique in-4°, avec gravures sur bois, datée de 1499, et qui est restée inconnue même pour les bibliographes espagnols. Acquise au prix de 409 fr., à la vente de M. de Soleinne, elle est aujourd'hui dans la bibliothèque de M. Taylor, avec vingt-six autres éditions, d'un choix exquis qui, encore un coup, forment une collection unique dont aucune bibliothèque connue ne possède l'équivalent.

Dirons-nous, en finissant, ce rapide coup-d'œil jeté dans la bibliothèque de M. Taylor, que ce savant illustre se fait une joie et une sorte de devoir de communiquer ses trésors bibliographiques à tous les hommes studieux. La publication du manuscrit que l'on va lire, et qu'il a autorisée, prouve, de reste, qu'il est libéral de ses richesses presque jusqu'à la prodigalité.

HISTOIRE

DE

L'ACADÉMIE ROYALE DE MUSIQUE

DEPUIS SON ÉTABLISSEMENT, 1645, JUSQU'A 1709,

COMPOSÉE ET ÉCRITE PAR UN DES SECRÉTAIRES DE LULLY (1).

Le spectacle dont nous annonçons l'histoire, doit, en quelque façon, son origine au cardinal Mazarin, qui fit venir d'Italie à Paris, en 1645, un nombre de musiciens, qui exécutèrent sur le théâtre du Petit-Bourbon (2) une pièce toute en musique, intitulée la *Finta pazza* (la Folle supposée), qui attira tous les curieux par sa nouveauté, sans contenter les gens de goût qui méprisèrent avec raison le froid récitatif de ce poème, et la musique baroque de ses ariettes.

Cependant le cardinal, charmé du succès de cet opéra, appela en 1647 une nouvelle troupe de musiciens italiens, qui jouèrent sur le même théâtre où avait paru la *Finta Pazza*, *Orfeo e Euridice*. Ce poème dramatique, qui fut encore plus suivi que le précédent, tant par la beauté des voix, la variété des airs, le changement des décorations et la magnificence des habits, ne fut pas moins critiqué; à la vérité, on fut obligé de convenir que c'était l'idée d'un très grand spectacle; et cela fit généralement souhaiter qu'on travaillât à des opéras français; mais on manquait de bons musiciens et de belles voix, et on était d'ailleurs dans le préjugé, que les paroles françaises n'étaient pas susceptibles des mêmes mouvemens et des mêmes ornemens que les italiennes (3). Ce préjugé était si bien imprimé dans la tête des poètes lyriques de ce temps, que le fameux Benserade, si renommé par ses ballets, n'osa jamais hasarder une scène entière à mettre en musique. Pendant que, par une timidité malentendue, les poètes négligeaient leurs talens, ils se formait des musiciens, qui rectifiaient le goût du chant, qui jusqu'à ce temps avait été très négligé. Parmi ces hommes illustres dans leur art, on peut citer Boesset, maître de la chapelle du Roi; Lambert, pour les airs tendres et naturels, et Cambert, surintendant de la musique de la reine-mère (1), et organiste de Saint-Honoré, le même à qui nous devons les premiers opéras français qui parurent à Paris; et voici ce qui y donna lieu. L'abbé Perrin, poète assez médiocre mais un peu musicien, et en état de faire des vers propres au chant, conçut et forma le dessein d'un opéra en langue française. D'abord il s'essaya par de petits airs, ensuite des récits, et enfin des dialogues, sur lesquels Lambert et Cambert travaillèrent. La réussite de ces différens morceaux encouragea Perrin à composer une *Pastorale* en cinq actes, que Cambert mit en musique, et qui fut représenté à Issy, dans la belle maison de M. Delahaye, au mois d'avril 1659, avec un concours étonnant de spectateurs. Voici ce qu'en dit Saint-Evremont : (M. Delahaye, maître d'hôtel de la reine Anne d'Autriche, avait une maison à Issy qui appartient aujourd'hui à la succession de M. le maréchal d'Estrées)

« Ce fut un essai d'opéra, qui eut l'agrément de la nouveauté; mais ce qu'il y eut de meilleur encore, c'est qu'on y entendit des concerts de flûtes, ce qu'on n'avait pas en-

---

(1) Lully avait deux secrétaires. L'un a publié une *Histoire de l'Académie royale de Musique* en 1752. Il s'appelait Noirville.

(2) Le théâtre du Petit-Bourbon était situé rue des Poulies. Sur ses démolitions on a bâti le portail du Louvre, du côté de la petite porte de Saint-Germain-l'Auxerrois. Sauval, *Antiquités de Paris*. Tome Ier. Livre 2, page 118.

(3) Nous connaissions alors si peu nos forces, dit M. de Freneuse, notre langue, toute épurée qu'elle l'avait été par M. Malherbe, Balzac et Vaugelas, nous paraissait si peu ce qu'elle est, que personne ne présumait assez de soi et d'elle pour oser hasarder le moindre spectacle en airs français. C'était stupidité et engourdissement, car on ne pouvait pas ignorer que, dans les vieilles cours des rois, on avait fait des ballets, où l'on avait mis des récits et des dialogues, en plusieurs parties, sur des paroles françaises et avec succès. Lisez encore les vers chantans du ballet de 1582, pour les noces du duc de Joyeuse, vous y apercevrez des naissances de bon goût. Cependant, quoique Saint-Evremont, qui était du temps de la minorité du Roi (Louis XIV), nous apprenne qu'on s'ennuyait fort à ces opéras italiens; quoique Perrin nous dise qu'on y criait au renard, et que la protection souveraine les pouvait à peine garantir *delle fischiate* et *della merengole* (c'est l'équivalent du sifflet), nos poètes, peu éveillés, croyaient qu'on gagnait encore à s'y aller ennuyer.

(1) Autrefois, en France, les musiciens chantaient l'air sans laisser entendre que quelques syllabes des paroles. C'était l'usage; on y était si accoutumé, qu'on ne comptait pas d'en rien attraper; à moins qu'on eût un livre pour les lire, et de là est venu que, dans nos anciens ballets, on ne manquait pas de distribuer des copies imprimées des paroles mises en musique.

core entendu sur aucun théâtre, depuis les Grecs et les Romains. »

Louis XIV eut la curiosité de voir cette pastorale, et on la représenta à Vincennes, où M. le cardinal Mazarin assura de sa protection les entrepreneurs. Voici l'historique de cette pièce, de la main même de Perrin, dans une lettre que ce poète écrivit à l'archevêque de Turin :

« Monseigneur, nous avons fait représenter il y a quelques jours notre petite pastorale en musique. Elle a été représentée huit ou dix fois à la campagne au village d'Issy, dans la belle maison de M. Delahaye. Ce que nous avons fait pour éviter la foule du peuple qui nous eût accablé infailliblement, si nous eussions donné ce divertissement au milieu de Paris. La salle, tout-à-fait commode pour la représentation, et d'une juste grandeur ; la décoration rustique du théâtre, orné de deux cabinets de verdure, et fort éclairé ; la parure, la bonne mine et la jeunesse de nos acteurs et de nos actrices, dont celles-ci étaient de l'âge depuis quinze jusqu'à vingt-deux ans, et les acteurs depuis vingt jusqu'à trente, tous bien instruits et déterminés comme des comédiens de profession.

» Tout cela joint aux charmes de la nouveauté, et à la curiosité d'apprendre le succès d'une entreprise jugée impossible et trouvée ridicule aux pièces italiennes de cette nature, représentées sur notre théâtre ; et d'aucuns la passion de voir triompher, notre langue, notre poésie et notre musique, d'une langue, d'une poésie, et d'une musique étrangères ; en d'autres l'esprit de critique et de censure, et dans la meilleure partie le plaisir singulier et nouveau de voir que quelques particuliers, esprit de divertissement et de galanterie, donnaient au public à leurs dépens, et exécutaient eux-mêmes la première comédie française en musique, représentée en France, toutes ces choses attirèrent à sa représentation une telle foule de personnes de la première qualité, princes, ducs et pairs, maréchaux de France, officiers de cours souveraines, que tout le chemin de Paris à Issy était couvert de leurs carrosses....... Mais il me sied mal, Monseigneur, de vous dire à la louange de la pièce, mais il faut pourtant vous le dire, puisque je me suis engagé de vous en apprendre le succès, que tout le monde en sortait surpris, et ravi de merveille, et de plaisir ; et que de tant de têtes différentes de capacité, d'humeur et d'intérêt, pas un seul n'eut la force de l'improuver et de s'empêcher de la louer en toutes ses parties, l'invention, les vers, la représentation, la musique vocale, et les symphonies. Cette réputation donna la curiosité à leurs Majestés de l'entendre. En effet, sur leur demande, elle fut représentée pour la dernière fois à Vincennes, où elles étaient alors, en leur présence, en celle de son Eminence et de toute la cour, où elle eut une approbation pareille et inespérée, particulièrement de Son Eminence, qui se confessa surprise de son succès, et témoigna à M. Cambert être dans le dessein d'entreprendre avec lui de pareilles pièces : ce qui m'a excité d'en faire une seconde pour lui donner, au cas que cette pensée lui dure. Son sujet est le mariage de Bacchus avec Ariane ; et la pièce s'appelle de leur nom, *Ariane ou Mariage de Bacchus* (1). »

(1659.) Perrin et Cambert, encouragés par les succès de leur pastorale, et plus encore par les paroles flatteuses du cardinal Mazarin, s'associèrent et mirent de leur association le marquis de Sourdeac. Ce marquis a une naissance illustre, beaucoup de biens, un goût supérieur pour les sciences mécaniques et un esprit capable d'inventer les plus surprenantes machines. Ce triumvirat, assuré de la protection du cardinal, sollicita un privilège pour faire représenter des opéras en langue française (2). En attendant cette permission, on fit diverses répétitions

---

Le poète avait soin de répandre ainsi ses vers, afin que le spectateur, qui n'y avait pas compris un mot en écoutant le musicien, sût ce que c'était. A la fin, on se lassa de cette nécessité de lire à mesure que les musiciens chantaient. On conçut qu'il n'était pas dans l'ordre qu'aussitôt que des vers étaient chantés ils cessassent d'être intelligibles. Un maître de musique, habile comme Bailly, se mit dans la tête de corriger ce défaut de nos chanteurs. Il leur apprit à prononcer. Bailly commença donc à introduire une méthode de chanter nette et raisonnable. Après lui vint Lambert, le meilleur maître qui ait été depuis plusieurs siècles, du consentement de toute l'Europe. Son chant était si naturel, si propre, si gracieux, qu'on en sentait d'abord le charme. Lambert ne péchait qu'en ce que, quelquefois, il lui donnait trop de grâces. Il n'y eut personne à Paris, Français ou étranger, qui ne voulût apprendre de lui ; et il a montré si long-temps, qu'il a fait mille excellens écoliers. Sa méthode fut portée de proche en proche dans les provinces. Noblet chantait alors aussi très agréablement. L'Opéra de Paris s'établit, ce qui, ayant répandu de tous côtés le goût de la musique, répandit et augmenta à proportion le goût et la netteté du chant. Dès que les opéras furent florissans, tous les chanteurs surent se faire entendre, et tous les auditeurs, sensibles à la beauté des paroles, et voulant les goûter conjointement avec la musique, surent demander qu'on ne leur en dérobât rien. Sur quoi Bacilly, homme d'un génie borné, mais exact, donna la dernière main à la propreté de notre chant, pour laquelle il avait, sans contredit, un talent singulier. Il conte une petite histoire, qui montre que, de son temps, quelques musiciens étaient encore demeurés dans la vieille grossièreté. Il prend à témoins plusieurs personnes, qu'à un récit de ballet qui finissait par ces paroles :

« Et l'embarras nous semble doux,
» Quand il est causé par la presse
» De ceux qui soupirent pour vous. »

le musicien chanta, et chanta toujours, avec une fermeté merveilleuse.

« Et les barons nous semblent doux. »

sans s'apercevoir, par les éclats de rire qui s'élevaient, du joli sens qu'il faisait.

(1) La *Florale d'Issy*, dont voici le titre, tel qu'il se trouve dans les poésies de Perrin :

« Première comédie française en musique, représentée en France.

» Pastorale mise en musique par le sieur Cambert, représentée au village d'Issy, près Paris, et au château de Vincennes, devant Leurs Majestés, en avril 1659. »

Cette pastorale, dis-je, n'a ni sujet, ni incidens. Trois bergers aiment trois bergères ; un satyre est le rival des trois bergers. Ce satyre est renvoyé avec mépris par les trois bergères. Cette pastorale n'a ni chœurs ni ballets.

(2) Malgré les bonnes intentions du cardinal, de nouveaux acteurs et musiciens italiens représentaient un opéra, pour le

à l'hôtel de Nevers, de l'opéra d'*Ariane*, dont les paroles étaient de Perrin, et la musique de Cambert (1).

(1661.) Enfin, tout était prêt pour ouvrir un nouveau théâtre, à Paris, lorsque la mort du cardinal Mazarin, arrivée à Vincennes, le 9 mars 1661, suspendit les projets des associés.

(1666.) Cependant, ils ne perdirent pas courage; au contraire, le marquis de Sourdeac, pour ne point faire perdre au public l'idée de son spectacle, donnait de temps à autre dans son hôtel, rue de Garancière, des représentations de son opéra, où se trouvaient jusqu'à cinq ou six cents personnes (2), qui toutes publiaient la magnificence du marquis et le mérite du spectacle qu'il voulait introduire en France. Cependant, malgré tous les soins et le crédit de M. de Sourdeac, et les sollicitations de Perrin et de Cambert, ce ne fut que le 28 juin 1669, que Perrin obtint en son nom des *lettres-patentes, pour établir par tout le royaume des académies d'opéra, ou représentations en musique en langue française*. Titulaire de ces lettres-patentes, Perrin renouvella sa société avec le marquis de Sourdeac pour les machines, pour la musique avec Cambert, et pour fournir aux frais nécessaires, il se joignit le nommé Champeron. Dès que cet accord fut conclu, on envoya la Grille en Languedoc, pour y faire choix des plus belles voix, et des plus habiles musiciens. La Grille tira ses acteurs des plus célèbres cathédrales. De ce nombre étaient Beaumavielle et Rossignol, basse-tailles, Clédière et Fholet, hautes-contres, et Miracle, taille. Cambert joignit à ces musiciens les plus habiles acteurs et chanteurs qu'il put trouver; Beauchamp, surintendant des ballets du roi, fut chargé de la composition de ceux de ce spectacle. Tous ces préparatifs demandaient du temps, et, de plus, on ne jugea pas à propos d'ouvrir ce nouveau spectacle par l'opéra d'*Ariane*. Perrin et Cambert avaient travaillé à un autre, intitulé : *Pomone*, qui fut répété dans la grande salle de l'hôtel de Nevers, et représenté au mois de mars 1671, sur le théâtre que les entrepreneurs avaient fait bâtir dans un jeu de paume, rue Mazarine qu'on nomma l'*hôtel de Guénégaud* ; on donna, pour la première fois, un demi louis d'or pour l'entrée au parterre, lequel, malgré le prix, fut fort bien rempli. Cette pastorale de *Pomone* se soutint huit mois entiers.

---

mariage du feu roi, en 1660. C'était un ballet héroïque intitulé *Ercole-Amante*, dont on donna une traduction en vers français, en faveur de ceux qui n'entendaient pas l'italien.

(1) Saint-Evremont dans sa comédie des *Opéra*, acte 2, scène 3, parle ainsi de cette pièce : L'*Ariane* de Perrin, dont
» les vers étaient encore plus mauvais que ceux de *Pomone*,
» n'a pas été représentée, mais j'en ai vu les répétitions à l'hô-
» tel de Nevers. La musique de cet opéra fut le chef-d'œuvre
» de Cambert ; j'ose dire que les plaintes d'Ariane, et quelques
» autres endroits de la pièce, ne cèdent presque rien à tout ce
» que Baptiste (Lully) a fait de plus beau. »

(2) M. Alexandre de Rieux, marquis de Sourdeac, mort le 7 mai 1695, s'est distingué par son goût pour le spectacle, son génie pour l'invention des ouvrages de mécanique : indépendamment des premiers opéras, dont il donna l'idée, des changemens, des décorations, des fils et des machines, il fit en 1660, représenter dans son château de Neubourg en Normandie, une pièce de machines intitulée la *Toison d'Or*, que composa M. Camille Lainé. M. de Sourdeac prit le temps du mariage de

S. M. Louis XIV, pour faire une réjouissance publique de la représentation de cette pièce, et outre tous ceux qui étaient nécessaires pour l'exécution de ce dessein, qui furent entretenus plus de deux mois à Neubourg à ses dépens, il traita et logea dans son château plus de cinq cents gentilshommes de la province, pendant plusieurs représentations que la troupe du Marais y donna de cet ouvrage. Ce n'était partout que des tables servies avec une abondance et une propreté admirables. Ce fut au retour de cette fête donnée au château de Neubourg, que le marquis de Sourdeac commença de former à Paris un opéra, pour exercer son profond savoir dans l'art mécanique. Il se servit de Perrin pour la poésie, de Cambert et de la Grille pour la musique. Des musiciens passaient pour les plus fameux du temps. M. de Sourdeac fit faire un théâtre dans son hôtel rue de Garancière, pour voir l'exécution de ses grandes machines dans différents opéras, dont il donnait de temps en temps des représentations *gratis*. Il faisait distribuer cinq ou six cents billets pour chacune, afin d'éviter la confusion. L'on peut dire qu'il n'y a point eu de particulier en Europe, qui ait donné une plus grande preuve de sa magnificence.

POMONE,

PASTORALE EN CINQ ACTES, ET UN PROLOGUE,

REPRÉSENTÉE PAR L'ACADÉMIE ROYALE DES OPÉRAS, AU MOIS DE MARS 1671.

LE POÈME DE M. PERRIN, LA MUSIQUE DE M. CAMBERT.

Ce ne fut que pour répondre aux critiques qu'on avait faites de cette pastorale, que Perrin consentit à son impression : c'est ce que nous apprenons par la préface qui précède ce poème : Perrin ajoute : Je devrais être content de voir que, contre l'opinion générale, j'étais parvenu à ma fin, et que ces vers si critiqués, formaient non seulement un opéra français, que les maîtres de l'art soutenaient être impossible par le défaut de la langue, et des acteurs; mais de l'aveu public, le spectacle le plus surprenant, le plus divertissant, et le plus beau, que des particuliers aient donné de nos jours en France;.. qu'au reste, ce n'était que des bruits confus et mal articulés, qui n'aboutissaient qu'à blâmer trois ou quatre vers. On y voyait, disait-on, des pommes et des artichauts, et que l'on y parlait de bourriques, et de pareils quolibets... J'ai jugé à propos d'ouvrir le théâtre par une pièce pastorale, bien que j'en eusse trois héroïques toutes composées; qu'il en faut juger sur ce pied-là, et considérer qu'elle est composée de divinités et de personnes champêtres, et qu'elle conduit tout ensemble sur les styles enjoué et rustique de théâtre, la musique et la symphonie continuelle, la machine et la danse. »

Cette apologie de *Pomone* serait aisée à réfuter, mais passons à l'auteur sa faible poésie, en faveur de son heureuse hardiesse, et rapportons seulement ce que M. de Saint-Evremont en dit. Il était du nombre des spectateurs de cette pièce. « *Pomone* est le premier opéra français » qui ait paru sur notre théâtre, la poésie en était fort mé- » chante, la musique belle. M. de Sourdeac en avait fait » les machines, c'est assez dire, pour nous donner une » grande idée de leur beauté. On voyait les machines » avec surprise, les danses avec plaisir, on entendait le » chant avec agrément, et les paroles avec dégoût.»

PIERRE PERRIN.

Né à Lyon, vint assez jeune à Paris, où il prit le petit collet, qui ne lui fut pas d'une grande ressource, n'ayant jamais eu de bénéfice. Après la mort de Voiture, qui arriva en 1648, Perrin obtint sa place d'introducteur des ambassadeurs auprès de Gaston de France, duc d'Orléans, oncle du feu Roi. Cet emploi, qu'il garda jusqu'en 1660, que mourut ce prince, ne l'enrichit pas beaucoup, non plus que la traduction en vers de l'*Enéide* de Virgile, et différentes poésies, qu'il fit imprimer en un volume. Cependant Perrin était né avec un esprit heureux et fécond; nous lui avons obligation du spectacle de l'Opéra, que des gens plus habiles que lui n'avaient osé entreprendre. Il est vrai que ses ouvrages sont peu limez, mais à travers leurs défauts, on remarque souvent ce tour aisé et coulant, *qui est le fond des bonnes paroles.* Perrin, au comble de ses vœux, par le privilège des opéras, eut le malheur de se brouiller avec le marquis de Sourdeac; ce marquis, sous prétexte des avances qu'il avait faites, s'empara du théâtre, et en expulsa Perrin. Ce dernier, au désespoir de cette injustice, profita de l'occasion qui se présentait, de céder son privilège à Lulli, qui en avait obtenu un pareil au mois 1672 : Perrin après avoir reçu de sa *Pastorale de Pomone*, dix mille écus. et sans doute un présent considérable de Lulli, mourut au bout de six mois en prison, où ses créanciers l'avaient fait mettre.

CAMBERT.

Après avoir obtenu la place d'organiste de Saint-Honoré, se fit connaître dans le monde par son talent à toucher de l'orgue. Son mérite perça jusqu'à la cour, et la reine-mère, Anne d'Autriche, le choisit pour sur-intendant de sa musique. Ayant fait connaissance avec Perrin, Cambert s'engagea dans le dessein que ce poète avait formé de composer des opéras en langue française. Il mit en musique la *Pastorale* représentée à Issy en 1659 ; ensuite l'*Ariane* du même auteur, si long-temps répété et jamais jouée, et enfin *Pomone* qui ouvrit le théâtre de la rue Guénégaud. L'altercation s'étant mise entre Perrin et ses associés, Cambert oublia son ami, et mit en musique les *Peines et les Plaisirs de l'Amour*, de la composition de *Gilbert*; ce second opéra, qui fut joué à la fin de novembre, ou au commencement de décembre de la même année 1671, et non pas en 1672, comme le recueil des opéras l'annonce; cet opéra dis-je, qui fut trouvé beaucoup plus supportable pour les vers, et dont la musique parut supérieure aux précédens, aurait eu une grande réussite, si Lulli, alors sur-intendant de la musique du roi, profitant de la division qui régnait entre les entrepreneurs, n'eût obtenu, par le crédit de Mme de Montespan, un privilège d'une Académie royale de musique, exclusif à tous autres : Cambert, se voyant inutile à Paris, après l'établissement de Lulli, passa à Londres, ou sa *Pomone*, qu'il fit jouer, lui attira des marques d'amitié et des bienfaits considérables de Charles II, et des plus grands seigneurs de la cour. Mais l'envie, qui est inséparable du mérite, abrégea ses jours, qui finirent en 1677. D'autres disent qu'il fut assassiné par son valet. Saint-Evremont, admirateur des ouvrages de Cambert, va le peindre d'une façon qui ne paraîtra pas suspecte.

« Cambert a eu cet avantage dans ses opéras, que le récitatif ordinaire n'ennuyait pas, pour être composé avec plus de soin que les airs mêmes, et varié avec le plus grand art du monde. A la vérité, Cambert n'entrait pas assez dans le sens des vers, et il manquait souvent à la véritable expression du chant, parce qu'il n'entendait pas bien celle des paroles. Il aimait les paroles qui n'exprimaient rien, pour n'être point assujéti à aucune expression, et avoir la liberté de faire des airs purement à sa fantaisie. Nannette, Brunette, Feuillage, boccage, bergère, fougère, oiseaux et rameaux, touchaient particulièrement son génie. S'il fallait tomber dans des passions, il en voulait de ces violentes qui se font sentir à tout le monde; à moins que la passion ne fût extrême, il ne s'en apercevait pas. Les sentimens tendres et délicats lui échappaient. L'ennui, la tristesse, la langueur avaient quelque chose de trop secret et de trop délicat pour lui. Il ne connaissait la douleur que par les cris, l'affliction que par les larmes. Ce qu'il y a de douloureux et de plaintif ne lui était pas connu..... au reste, il avait un des plus beaux génies du monde pour la musique: le plus étendu et le plus naturel. Il lui fallait quelqu'un plus intelligent que lui, pour la direction de son génie. J'ajouterai une instruction qui pourra servir à tous les savans en quelque matière que ce puisse être. C'est de rechercher le commerce des honnêtes gens de la cour, autant que Cambert l'a évité. Le bon goût se forme avec eux. La science peut s'acquérir avec les savans de profession; le bon usage de la science ne s'acquiert que dans le monde. »

Mlle CARTILLY.

Grande, bien faite, mais assez laide, joua le rôle de Pomone dans la pastorale du même nom. On ne trouve point qu'elle ait continué sa profession. Apparemment qu'elle quitta le théâtre après les représentations de ce premier opéra.

BEAUMAVIELLE (basse-taille).

Languedocien, grand, laid, mais ayant l'air noble au théâtre. Il débuta dans l'opéra de *Pomone*, continua dans celui *des Peines et des Plaisirs de l'Amour*. Mais lorsque Lully eut obtenu le privilége d'une nouvelle Académie royale de Musique, Beaumavielle se mit au nombre des pensionnaires de cette Académie, et représenta tous les rôles dont il fut chargé, avec beaucoup d'applaudissemens. On dit que Beaumavielle, ayant été quelque temps malade, reparut et fut reçu du public avec joie. Cet accueil le flatta, et, s'adressant à l'acteur qui entrait avec lui : « Ce pauvre peuple m'aime, je lui sais-bon gré de son zèle. » Beaumavielle mourut en 1689, et laissa tout ce qu'il possédait, et qui consistait en quelques meubles, à Duméñy, son camarade.

CLÉDIÈRE (haute-contre).

Entra à l'Opéra en même temps que Beaumavielle, c'est-à-dire en 1671, et suivit l'exemple de son camarade, lorsqu'il s'engagea avec Lully. Clédière avait la voix très belle; il joua jusqu'en 1680, qu'il quitta l'Opéra pour entrer à la musique du feu roi, où il mourut.

BEAUCHAMPS (compositeur de ballets).

Qui avait eu l'honneur de montrer à danser au feu roi, et qui depuis vingt et un ans faisait tous les ballets de la cour, entra à l'Opéra, en 1671, pour la composition des ballets. En 1673, Lully lui donna le même emploi dans son Opéra, dont Beauchamps s'acquitta supérieurement. Il se retira en 1687, et sa place fut donnée à Pécourt. Beauchamps disait qu'il avait appris à composer les figures de ses ballets par des pigeons qu'il avait dans son grenier. Il allait lui-même leur porter du grain et le leur jetait. Ces pigeons couraient à ce grain, et les différentes formes, les groupes variés que composaient ces pigeons, lui donnaient les idées de ses danses. « On a dit de Beauchamps que ce n'était pas un danseur de très bon air, mais qu'il était plein de vigueur et de feu; personne n'a mieux dansé en tourbillon, et personne n'a su mieux que lui faire danser. »

Vers la fin de la représentation de *Pomone*, Perrin fut privé de sa part de la recette, par le marquis de Sourdeac, et les associés de Perrin ; on accepta une pièce de Gilbert, intitulée : *Les Peines et les Plaisirs de l'Amour*, pastorale mise en musique par Cambert, et qui fut représentée à la fin de novembre, ou au commencement de décembre 1671.

LES PEINES ET LES PLAISIRS DE L'AMOUR,

PASTORALE EN CINQ ACTES, ET UN PROLOGUE,

REPRÉSENTÉE PAR L'ACADÉMIE ROYALE DES OPÉRAS, A LA FIN DE NOVEMBRE,

OU AU COMMENCEMENT DE DÉCEMBRE 1671.

LE POÈME DE M. GILBERT, LA MUSIQUE DE M. CAMBERT.

Cette pastorale prit encore plus que celle de *Pomone*; c'est M. de Saint-Evremont qui nous l'apprend : « L'opéra des *Peines et des Plaisirs de l'Amour* eut quelque chose de plus poli et de plus galant que celui de *Pomone*. Les voix et les instrumens s'étaient déjà mieux formés par l'exécution. Le prologue était beau, et le tombeau de Climène fut admiré. »

GABRIEL GILBERT.

Né à Paris, et connu dans le monde par le titre de secrétaire des commandemens de la reine Christine de Suède, et son résident en France, donna quelques pièces au Théâtre-Français, ensuite à l'Opéra, la pastorale des *Peines et des Plaisirs de l'Amour*. On ignore si l'emploi que Gilbert avait auprès de la reine Christine lui rapportait beaucoup, mais on sait qu'il aurait passé de tristes jours si M. d'Hervart, ami des gens de lettres, ne lui eût donné un asile favorable dans

son hôtel à Paris, où Gilbert mourut vers l'année 1680.

Mlle BRIGOGNE.

Fille d'un peintre assez peu connu, débuta, à l'âge de vingt ans, dans la pastorale des *Peines et des Plaisirs de l'Amour*, par le rôle de Climène, qu'elle joua avec tant de succès, que le nom de la petite Climène lui en resta. En 1675, Lully prit Mlle Brigogne dans son Opéra, pour les seconds rôles. Mlle Brigogne quitta le théâtre en 1680; elle était petite, mais extrêmement jolie.

Pendant qu'on continuait les représentations des *Peines et des Plaisirs de l'Amour*, Perrin employait tous ses amis pour se faire rendre son privilége, dont le marquis de Sourdeac jouissait. L'affaire allait être portée au Parlement, lorsque Lully, pour le bonheur des gens de goût et la gloire du théâtre lyrique, obtint, par le crédit de Mme de Montespan, que Perrin, moyennant une somme d'argent, lui céderait son privilége. Cet accord fait entre

Lully et Perrin, le premier obtint un privilége qu'il nous paraît nécessaire de placer ici, d'autant que c'est de lui que dépendent toutes les prérogatives de l'Académie royale de Musique.

« Louis, par la grâce de Dieu, roi de France et de Navarre, à tous présens et à venir, salut. Les sciences et les arts étant les ornemens les plus considérables des états, nous n'avons point eu de plus agréables divertissemens, depuis que nous avons donné la paix à nos peuples, que de les faire revivre, en appelant auprès de nous tous ceux qui se sont acquis la réputation d'y exceller, non seulement dans l'étendue de notre royaume, mais aussi dans les pays étrangers. Et pour les obliger davantage à s'y perfectionner, nous les avons honorés des marques de notre estime et de notre bienveillance, et comme, entre les arts libéraux, la musique y tient l'un des premiers rangs, nous aurions, dans le dessein de le faire réussir avec tous ses avantages, par nos lettres-patentes du 28 juin 1669, accordé au sieur Perrin une permission d'établir en notre bonne ville de Paris, et autres de notre royaume, des Académies de musique, pour chanter en public des pièces de théâtre, comme il se pratique en Italie, en Allemagne et en Angleterre, pendant l'espace de douze années ; mais ayant depuis été informé que les peines et les soins que ledit sieur Perrin a pris pour cet établissement, n'ont pu seconder pleinement notre intention et élever la musique au point que nous nous étions promis, nous avons cru, pour y mieux réussir, qu'il était à propos d'en donner la conduite à une personne dont l'expérience et la capacité nous fussent connues, et qui eût assez de suffisance pour former des élèves, tant pour bien chanter et actionner sur le théâtre, qu'à dresser des bandes de violons, flûtes et autres instrumens. A ces causes, bien informé de l'intelligence et grande connaissance que s'est acquis, notre cher et bien-aimé Lully (Jean-Baptiste) au fait de la musique, dont il nous a donné et donne journellement de très agréables preuves depuis plusieurs années qu'il s'est attaché à notre service, qui nous ont convié de l'honorer de la charge de surintendant, et compositeur de la musique de notre chambre, nous avons, audit sieur de Lully, permis et accordé, permettons et accordons par ces présentes, signées de notre main, d'établir une Académie royale de musique dans notre bonne ville de Paris, qui sera composée de tel nombre et qualité de personnes qu'il avisera bon être, que nous choisirons et arrêterons sur le rapport qu'il nous en fera, pour faire des représentations devant nous, quand il nous plaira, des pièces de musique qui seront composées tant en vers français qu'autres langues étrangères, pareilles et semblables aux Académies d'Italie, pour en jouir sa vie durante, et après lui, celui de ses enfans qui sera pourvu et reçu en survivance de la charge de surintendant de la musique de notre chambre ; avec pouvoir d'associer avec lui qui bon lui semblera, pour l'établissement de la dite Académie, et pour le faire dédommager des grands frais qu'il conviendra faire pour les dites représentations, tant à cause des théâtres, machines, décorations, habits, qu'autres choses nécessaires, nous lui permettons de donner au public toutes les pièces qu'il aura composées, même celles qui auront été représentées devant nous ; sans néanmoins qu'il puisse se servir pour l'exécution des dites pièces, des musiciens qui sont à nos gages : comme aussi de prendre telle somme qu'il jugera à propos, et d'établir des gardes, et autres gens nécessaires aux portes des lieux où se font lesdites représentations. Faisant très expresses inhibitions et défenses à toutes personnes de quelque qualité et condition qu'elles soient, même aux officiers de notre maison, d'y entrer sans payer, comme aussi de faire chanter aucune pièce entière en musique, soit en français ou autre langue, sans la permission, par écrit, dudit sieur de Lully, à peine de dix mille livres d'amende et de confiscation de théâtre, machines, décorations, habits et autres choses ; applicables un tiers à nous, un tiers à l'hôpital-général et l'autre tiers audit sieur de Lully, lequel pourra aussi établir des écoles particulières de musique en notre bonne ville de Paris ; et partout où il jugera nécessaire pour le bien et l'avantage de ladite Académie royale, et d'autant que nous l'érigeons sur le pied de celle des Académies d'Italie, où les gentilshommes chantent publiquement en musique sans déroger, nous voulons, et nous plaît, que tous les gentilshommes et demoiselles puissent chanter auxdites pièces et représentations de notre dite Académie royale, sans que pour ce ils soient censés déroger audit titre de noblesse, ni à leurs privilèges, charges, droits et immunités. Révoquons, cassons et annullons par ces présentes, toutes provisions et privilèges que nous pourrions avoir ci-devant donnés ou accordés, même celui dudit Perrin, pour raison desdites pièces de théâtre en musique, sous quelque nom, qualité, condition et prétexte que ce puisse être. Si donnons en mandement à nos amis et féaux conseillers, les gens tenant notre cour de Parlement à Paris, et autres nos huissiers et officiers qu'il appartiendra, que ces présentes ils aient à faire lire, publier, et enregistrer, et du contenu en y celles, faire jouir, et user ledit exposant pleinement et paisiblement, cessant et faisant cesser tous troubles et empêchemens au contraire. CAR tel est notre plaisir. Et afin que ce soit chose ferme et stable à toujours, nous y avons fait mettre notre scel. Donné à Versailles, au mois de mars, l'an de grâce 1672, et de notre règne le vingt-neuvième. Signé Louis. Et plus bas, Colbert. Enregistrées en parlement le 27 juin 1672. »

En conséquence de ce nouveau privilège, qui annulait tous les précédens, M. de la Reynie, lieutenant de police, reçut ordre de faire fermer le théâtre de la rue Guénégaud, ce qui fut exécuté le 1er avril 1672.

Pendant qu'on bâtissait une nouvelle salle d'Opéra rue de Vaugirard vis-à-vis les murs du Luxembourg, dans un jeu de paume appelé Bel-Air, Lully ne négligeait rien pour rendre son spectacle brillant en s'assurant des meilleurs sujets de l'Opéra du marquis de Sourdeac, tant dans le chant, la danse et la symphonie, et joignant à ceux-ci quelques autres acteurs, qu'il s'était donné la peine de former : et pour les machines et les décorations, Vigarani, gentilhomme modénois et peintre du roi, se chargea de ce soin.

Enfin le théâtre de Bel-Air se trouvant prêt, fut ouvert

par une pastorale en trois actes et un prologue, sous le titre des *Fêtes de l'Amour et de Bacchus*, composée de différens fragmens de ballets exécutés à la cour, et dont Lully avait fait la musique.

LES FÊTES DE L'AMOUR ET DE BACCHUS.

PASTORALE EN TROIS ACTES, ET UN PROLOGUE,

REPRÉSENTÉE PAR L'ACADÉMIE ROYALE DE MUSIQUE (1) SUR LE THÉATRE DE BEL-AIR VERS LE MOIS DE MAI OU CELUI DE JUIN 1672.

LE POÈME DE DIFFÉRENS AUTEURS. LA MUSIQUE DE M. DE LULLY.

Par le détail que nous allons donner des morceaux de poésie qui composent ce ballet, nous croyons devoir le refuser à Quinault, attendu que cet auteur ne composa des vers lyriques que pour la comédie-ballet de *Psyché*, représentée au palais des Tuileries en 1671, et que tous ceux qui forment ce poème sont antérieurs à cette date; en voici la preuve :

Prologue. C'est le divertissement du cinquième acte du *Bourgeois gentilhomme*, représenté à Chambord en octobre 1670.

Acte premier. Divertissement des *Amans magnifiques*, représenté au mois de février 1670, et d'un ballet dansé par le roi la même année.

Acte deuxième. Pastorale comique insérée dans la nouvelle édition de œuvres de Molière, et attribuée à cet auteur.

Acte troisième. Du ballet de la fête de Versailles, du 18 juillet 1668, et du divertissement du troisième acte de *Georges Dandin*.

A le prendre dans un certain sens, il y avait lieu de croire que le mélange qui formait cette pastorale, ne produirait qu'un spectacle *médiocre*, mais l'intelligence de Lully suppléa à tous les défauts qu'on y pouvait reprendre. Ses acteurs étaient choisis et *dressés* par lui; le ballet que Desbrosses composa, reçut de nouvelles grâces par ses conseils. A l'égard des machines et des décorations, Vigarani, noblement jaloux des talens du marquis de Sourdeac, se surpassa (2). L'orchestre, conduit par

Lully, exécuta sa musique avec un goût et une précision admirable. Le public réunit ses suffrages, et le feu roi, au retour de cette fameuse campagne de 1672, étant venu voir ce ballet, en marqua sa satisfaction à cet illustre musicien.

Ce fut à une représentation de cette pastorale, honorée de la présence du roi, que « M. Le Grand, M. le duc de Montmouth, M. le duc de Villeroy et M. le marquis de Rassen, parurent dans le ballet, et choisirent pour danser avec eux les sieurs Beauchamps et Saint-André, Favier l'aîné et La Pierre. »

Nous croyons être dispensés de parler de ce ballet, qui n'a d'autre mérite que celui que Lully lui a prêté par sa musique. Les connaisseurs en ce dernier genre, admirent le *trio* :

Dormez, dormez, beaux yeux, etc.

l'Opéra, on ne doit point s'étonner de son succès, qui n'est pas dû à la musique, puisqu'elle n'en faisait que la moindre partie. Les choses n'iront pas de même à l'avenir, reprit un quatrième, et la musique fera le plus bel ornement des pièces qui seront représentées dans l'Académie de M. de Lully. Qu'importe des machines, continua-t-il, des ballets, et même des belles comédies, puisque lorsque la musique est dans sa perfection elle tient lieu de tout cela? Six chansons composées par ce grand génie, feront courir tout Paris. Cela arrivera, lui réparti-je, si chacun aimait autant la musique que vous... Ce n'est pas que la musique ne plaise, et qu'on ne l'écoute d'abord, mais elle ennuie dès qu'elle dure trop long-temps, quand même elle serait bonne... Vous n'auriez pas été fatigué du troisième opéra de M. le marquis de Sourdeac, reprit celui qui prenait son parti, il se préparait à faire quelque chose de si beau, de si nouveau, et si surprenant pour les machines, qu'on le fût venu admirer des quatre coins du monde... On n'y aurait point vu de changemens de théâtre, de ces chars ordinaires, et de ces vols qui font que toutes les machines se ressemblent, etc;... mais pourquoi lui répartirent plusieurs, ne l'a-t-on pas laissé continuer, puisqu'il a établi l'Opéra avec tant de dépense, qu'il préparait de si belles choses, et que sans lui et ses associés on ne se serait point avisé d'en faire en France? Vous avez trop de curiosité, lui répondit le nouvelliste mystérieux, à demi en colère ; on ne doit jamais pénétrer dans les secrets des rois, et l'on doit toujours croire qu'ils ont raison. Par ce discours, que Devisé met dans la bouche de quelques nouvellistes, et où il entre en personne, il fait voir sa partialité pour le marquis de Sourdeac, et ses associés. Il ose même faire entendre qu'on eu tort d'accorder à Lully, le privilège de l'Opéra; au reste il nous apprend que Beauchamps n'était pas encore avec Lully; ce ne fut qu'à l'époque de *Cad-*

(1) Lully, en vertu de son privilége, donna à son théâtre le titre d'*Académie royale de Musique*.

(2) Devisé, ennemi secret de Lully, dans le troisième volume de son *Mercure-galant* de l'année 1672, fait parler des nouvellistes au sujet du privilége de Lully, et tâche d'insinuer que le public perdit lorsqu'on ôta au marquis de Sourdeac, et à ses associés le privilége dont ils jouissaient sous le nom de Perrin. Voici ses propres paroles. « La conversation tomba sur l'Opéra. « Ne parlons point des opéras, dit alors un ennemi déclaré de la musique, on s'ennuie d'entendre toujours chanter, et je ne trouve rien de plus fatigant. — On disait cela, repartit un autre, avant que M. le marquis de Sourdeac et MM. ses associés eussent fait représenter les deux opéras qu'ils ont donnés au public, mais le succès a fait voir le contraire. — Je crois bien, repartit un troisième, mais les inimitables machines de M. le marquis de Sourdeac s'y faisaient admirer, et que M. de Beauchamps, qui fait les ballets du roi, depuis vingt et un ans, avait travaillé pour

JEAN-BAPTISTE LULLY (1).

Né à Florence, ou auprès de cette capitale de la Toscane, en 1633.

Un vieux père cordelier, après lui avoir enseigné à lire et à écrire, lui donna quelques leçons de musique, et lui apprit à jouer de la guitare. Lully en était à ce point de science, lorsque M. le chevalier de Guise, qui voyageait alors en Italie, passa par le lieu où demeurait Lully; sa vivacité lui plut, et, comme ce seigneur, en prenant congé de Mlle de Montpensier, fille de Gaston de France, lui avait promis de lui amener quelque petit Italien, il proposa à Lully de le suivre en France. Lully, qui n'avait, ni ne se promettait pas d'établissement qui l'arrêtât en Italie, accepta bien vite l'offre du chevalier de Guise; il avait alors dix à douze ans. Arrivé à Paris, il entra chez Mademoiselle. Dans les intervalles de ses occupations, il s'amusait après un mauvais violon, que le violent penchant de Lully pour la musique rendait supportable. Il fut entendu par le marquis de Nogent, qui en rendit compte à Mademoiselle, ajoutant qu'il méritait d'avoir un habile maître pour le perfectionner dans cet instrument. Lully ne tarda guère à mériter d'être au nombre des musiciens de Mademoiselle; il devint ensuite célèbre tant par son violon que par différens airs qu'il composa. Mais, par malheur, Mademoiselle, cette princesse, lui fit dire de se retirer.

Ce coup aurait mis tout autre que Lully dans un fâcheux embarras, mais, pour lui, son parti fut bientôt pris; ses talens l'avaient fait connaître; ainsi il trouva aisément à entrer dans les violons du roi. Il composa des airs qui lui firent connaître du roi, et le roi goûta tellement ses airs et son jeu que pour le mettre à la tête d'une bande de violans, qu'il pût conduire à sa fantaisie, Louis XIV en créa exprès une nouvelle, qu'on nomma les *Petits Violons* et qui en peu de temps surpassa la fameuse bande des vingt-quatre. Le roi faisait alors tous les ans de grands spectacles, qu'on appelait des *Ballets :* c'était quelquefois des sujets tirés de la fable, quelquefois de sa seule imagination, et qui étaient représentés par des entrées, mêlées de récits. Lully fut choisi pour travailler à la musique de ces divertissemens, et il s'en acquitta avec un succès qui lui valut la charge de surintendant de la musique du roi.

Revêtu de cette charge, il obtint comme nous l'avons dit, le privilège de l'Académie royale de musique; alors il donna l'essor à toute l'étendue de son génie; il devint non-seulement admirable pour sa musique, mais encore par le goût infini qu'il marquait dans tout ce qui avait rapport à son Opéra. Aussi le public lui rendit justice, et il est peut-être le seul homme, d'un mérite distingué, qui ait joui pleinement pendant sa vie de sa réputation. Le roi l'accabla de bienfaits; chacun de ses opéras lui était payé, indépendamment des habits, machines, décorations, qui, après avoir servi à la cour, lui restaient pour son Académie à Paris.

Le roi avait donné à Lully des lettres de noblesse; c'en était assez pour payer son talent, mais quelqu'un lui alla dire qu'il était bien heureux que le roi l'eût ainsi exempté de la route commune, qui est qu'on aille à la gentilhommerie pour une charge de secrétaire du roi, que s'il avait eu à passer par cette porte, elle lui aurait été fermée, et qu'on ne l'aurait pas reçu. Un homme de cette compagnie s'était vanté qu'on refuserait Lully s'il se présentait; à quoi les grands biens qu'il amassait faisaient juger qu'il pourrait songer quelque jour. Lully avait moins d'ambition, que de bonne fierté, je veux dire que de fierté à l'égard de ceux qui le méprisaient; pour avoir le plaisir de morguer ses ennemis ou ses envieux, il garda les lettres de noblesse, sans les faire enregistrer, et ne fit semblant de rien. En 1684, en décembre, on rejoua à Saint-Germain le *Bourgeois gentilhomme*, dont il avait composé la musique. Il chanta lui-même le personnage du Moufti (1), qu'il exécutait à merveille. Toute sa vivacité, tout le talent naturel qu'il avait pour déclamer, se développèrent là, et quoiqu'il n'eût qu'un filet de voix, et que ce rôle paraisse fort et pénible, il venait à bout de le remplir au gré de tout le monde. Le roi, qu'il divertit extrêmement, lui en fit des complimens. Lully prit cette occasion pour tirer son coup. Mais, sire, lui dit-il, j'avais dessein d'être secrétaire du roi, vos secrétaires ne me voudront plus recevoir. — Ils ne voudront plus vous recevoir, répondit le monarque en propres termes, ce sera bien de l'honneur pour eux. Allez, voyez M. le chancelier. Lully alla du même pas chez M. Le Tellier, et le bruit se répandit que Lully devenait M. le secrétaire. Cette compagnie et mille agens commencèrent à en murmurer tout haut. Voyez-vous le moment qu'il prend? A peine a-t-il quitté son grand chapeau de moufti, qu'il ose prétendre à une charge à une qualité honorable. Ce farceur, encore tout essoufflé des gambades qu'il vient de faire sur le théâtre, demande à entrer au sceau.... M. de Louvois, sollicité par MM. de la chancellerie, et qui était de leur corps, parce que tous les se-

(1) Il est certain que Lully signait Lully avec un Y. C'est ce que l'on peut voir sur différens exemplaires qui sont encore chez Ballard, paraphés de sa propre main de cette manière : I. B. LULLY. Dans tous les opéras qu'il a fait imprimer, et dans les épitres dédicatoires, il est écrit de même : enfin sa famille signe de même, et a fait écrire ainsi son nom sur son tombeau.

(1) On a joué à la cour le *Bourgeois gentilhomme*, alternativement avec le *Pourceaugnac*. « M. de Lully a représenté le rôle du Moufti dans le *Bourgeois gentilhomme*. C'était lui qui le jouait dans les premières représentations de cette pièce, qui fut faite pour le roi, dans un voyage qu'il fit à Chambord, et il a cru le devoir continuer pour donner plus de plaisir à Sa Majesté ; parce qu'ayant composé toute la musique de ce personage, aucun n'en peut avoir une plus parfaite intelligence, ni le jouer d'une manière plus juste... Je ne dois pas oublier de vous dire, en parlant de M. Lully, qu'il a été reçu ici depuis quelques jours secrétaire du roi. » Il est inutile de faire remarquer toute la jalousie et la méchante plaisanterie de Devisé, au sujet de Lully : ce passage le montre assez.

crétaires d'état doivent être secrétaires du roi, s'en offensa fort. Il reprocha à Lully sa témérité, qui ne convenait pas à un homme comme lui, qui n'avait de recommandation et de service que d'avoir fait rire. Hé! tête bl.u! lui répondit Lully, vous en feriez autant, si vous le pouviez. La riposte était gaillarde : il n'y avait, dans le royaume, que M. le maréchal de la Feuillade et Lully qui eussent répondu à M. de Louvois de cet air. Conclusion : le roi parla à M. Le Tellier. M. Le Tellier savait fort bien sa cour. Les secrétaires du roi lui étant venus faire des remontrances de ce que Lully avait traité d'une charge parmi eux, et sur l'intérêt qu'ils avaient qu'on le refusât, pour la gloire du corps, M. Le Tellier les traita en des termes encore plus désagréables que ceux dont le roi s'était servi. Quand on vint aux révisions, on les expédia à Lully, avec des agrémens inouis. Le reste de la cérémonie s'accomplit avec la même facilité : il ne trouva en chemin aucun confrère brusque, ni impoli; aussi fit-il noblement les choses de son côté. C'est une circonstance qu'il ne faut pas oublier: le jour de sa réception, il donna un magnifique repas, une vraie fête aux anciens et aux gens importans de sa compagnie, et le soir un plat de son métier l'Opéra (c'était celui du *Triomphe de l'Amour*); ils étaient vingt-cinq ou trente qui y avaient ce jour-là, comme de raison, les bonnes places. De sorte qu'on voyait la chancellerie en corps, deux ou trois rangs de gens graves, en manteau noir, et en grand chapeau de castor, aux premiers rangs de l'amphithéâtre, qui écoutaient d'un sérieux admirable les menuets et les gavottes de leur confrère le musicien. Ils fesaient une décoration rare, et qui embellissait le spectacle, et l'Opéra apprit ainsi publiquement, que son seigneur s'étant voulu donner un nouveau titre, n'en avait pas eu le démenti. M. de Louvois même, ne crut pas devoir garder sa mauvaise humeur. Suivi d'un gros de courtisans, il rencontra Lully à Versailles. Bon jour, lui dit-il, en passant, bon jour, mon confrère, ce qui s'appela alors un bon mot de M. de Louvois.

» Enfin, nous perdîmes Lully à un âge où il pouvait encore nous donner presqu'autant d'ouvrages que nous en avons. A la convalescence du roi, à la fin de l'année 1686.

Tout retentit de *Te Deum*.

comme disait Benserade; Lully ne fut pas des derniers à faire chanter le sien, qui fut alors remarquable par sa beauté, et qui est devenu mémorable pour toujours, par le malheureux accident qui y arriva. C'était aux Feuillans de la rue Saint-Honoré : Lully n'avait rien négligé à la composition de la musique, et aux préparatifs de l'exécution, et pour mieux marquer son zèle, il y battait la mesure; dans la chaleur de l'action, il se donna sur le cou du pied, un coup de canne dont il la battait. Il y vint un petit ciron, qui augmenta peu-à-peu. M. Alliot, son médecin, lui conseilla d'abord de se faire couper le petit doigt du pied, puis après quelques jours de retardement, le pied entier, puis, la jambe. Il se présenta un aventurier de médecine, qui se fit fort qu'il le guérirait. Sur cela, MM. de Vendôme, qui aimaient Lully, promirent à ce charlatan, en cas qu'il vînt à bout de cette cure, deux

mille pistoles, qui furent consignées; mais la bonté si noble et si bien placée de MM. de Vendôme, et les efforts du charlatan, furent inutiles; on appela un confesseur, qui lui dit tout net : Qu'à moins qu'il ne jettât au feu ce qu'il avait de noté de son opéra nouveau, afin de montrer qu'il se repentait de tous ses opéras passés, il n'y avait point d'absolution à espérer. Lully hésita quelque temps, mais enfin il acquiesça, et montra du doigt un tiroir, où étaient les morceaux d'*Achille et de Polyxène*, qu'il avait fait mettre au net; les voilà pris et brûlés, et le confesseur parti. Lully se porta mieux, et on le crut hors de danger : Un de ces jeunes princes qui aimaient Lully et ses ouvrages, vint le voir. Eh quoi! Batiste, lui dit-il, tu as été jeter au feu ton opéra! devais-tu brûler de si bonne musique? Paix, paix, Monseigneur, lui répondit Lully, à l'oreille, je savais bien ce que je faisais, j'en avais une seconde copie. Par malheur cette plaisanterie fut suivie d'une rechute. Il retomba dans un état pire qu'auparavant, et la gangrène monta; cette fois ci, la mort inévitable lui donna de vrais remords, lui fit dire et lui fit faire les plus belles choses du monde. Les Italiens sont féconds et savans en raffinemens de pénitence, comme au reste. Il eut les transports d'un pénitent de son pays : il se fit mettre sur la cendre, la corde au cou; il fit amende honorable; enfin marqua la douleur de ses fautes avec une grande édification. Retourné dans son lit, pour couronner tout cela, par une morale qui demeura après lui, embellie à sa manière, et pour gage de ses derniers sentimens, il fit cet air :

Il faut mourir, pécheur, il faut mourir.

ou plutôt ces tons excellens sur ce vers, ce vers seul ne se pouvant appeler un air, qui à peine fut répété deux ou trois fois, qu'il lui prit une convulsion dans laquelle il passa le 22 mars 1687, âgé de cinquante-quatre ans.

Lully était plus rempli et plus petit que ses estampes ne le représentent, assez ressemblant du reste, c'est-à-dire pas beau garçon; la physionomie vive et singulière, mais point noble, noir, les yeux petits, le nez gros, la bouche grande et élevée, et la vue si basse, qu'il ne voyait presque pas les traits du visage d'une personne qui était auprès de lui. Il avait le cœur bon, moins d'un Florentin que d'un Lombard. Point de fourberie, ni de rancune; les manières unies et commodes, vivant sans hauteur et égal avec le moindre musicien, mais plus de brusquerie et moins de politesse qu'il ne convenait à un grand homme qui avait long-temps vécu dans une cour délicate. Il avait pris l'inclination d'un Français un peu libertin pour le vin et pour la table, et il avait gardé l'inclination italienne à l'avarice... Lully était ladre à tel point, que le surnom lui en demeura. Les courtisans l'appelaient Lully le ladre; cela est positif, non qu'il ne leur donnât souvent à manger, mais il leur donnait à manger sans profusion. Il disait qu'il ne voulait pas ressembler à ceux qui font des festins de noces à chaque fois qu'ils traitent un grand seigneur, qui se moque d'eux en sortant. Il y avait du bon esprit à cette sorte de vilenie, car l'on ne peut s'empêcher d'avouer qu'en fait d'esprit, Lully était au-dessous de peu de gens. Dans sa conversation, il avait une vivacité fertile en saillies et en traits originaux, et il

BIBLIOTHÈQUE CHOISIE.

faisait un conte en perfection, quoiqu'avec un bruit moins français qu'italien. Autre preuve de l'esprit de Lully ; il laissa dans ses coffres six cent trente mille livres tout en or qui furent partagés ainsi que ses autres biens entre sa femme et six enfans ; savoir deux garçons et quatre filles. Lully avait obtenu pour son second fils la survivance de l'Opéra.

Tout ce que nous venons de dire au sujet de Lully, ne fait que caractériser sa personne ; il nous paraît nécessaire de parler de sa supériorité en musique, et de ses talens pour toutes les parties de cet art.

Lorsque cet illustre musicien vint en France, il admira les airs de Boesset, auxquels il redonna la réputation qui tombait, parce que les doubles étaient à la mode (1). Son heureux naturel lui fit d'abord goûter notre musique encore nue, et comme un art qui commence ; il sentit que les principes en étaient bons ; il s'y accoutuma, s'en remplit, et lorsqu'il fut une fois sur les voies d'une noble simplicité, il alla bien vite, et fit des opéras incomparables, qui seront toujours admirés des gens d'un jugement droit et solide (2).

(1) « Quelques années avant que Lully vînt en France, Bacilly, ce maître de musique qui a travaillé un des premiers à la propreté et à la netteté de notre chant, avait mis les doubles à la mode, non pas en faisant des airs qui en fussent pleins, car nous ne voyons rien présentement de lui, mais ce qui est extraordinaire, en brodant, en doublant les airs du vieux Guesdon, aujourd'hui le cahier de nos musiciens, de Boesset et de quelques autres..... Lambert était venu là-dessus..... Dès qu'il entra dans le monde, il composa, fit des doubles qui mériteraient d'être appelés beaux, si des jeux d'enfans pouvaient avoir une beauté véritable, et donna une vogue si grande à ces petits agrémens, que Lully, venant ensuite, n'osa pas se risquer à heurter tout-à-fait le goût triomphant. Lully, composant pour lui-même, rejetait la moindre apparence de roulade et d'agrément... Mais Lully, composant pour le public, se relâcha, non pas jusqu'à faire des doubles, mais jusqu'à permettre que Lambert doublât quelqu'une ou deux fois l'an. Si bien que le double de la grotte de Versailles :

« Dans ces déserts paisibles, etc. »

Le petit double de la plainte de Psyché :

» Respondete a mici accenti, etc., »,

placé portant à la honte de Lully, qui ne devait pas le souffrir,... sont de Lambert constamment... Lully marquait encore sa condescendance pour le peuple et sa considération pour Lambert d'une manière qui lui coûtait autant. C'était en mettant deux ou trois roulades dans un opéra, ce qu'il ne faisait jamais qu'à regret, et dans l'espérance de se défaire absolument de ces beautés indignes de lui, quand Lambert et le peuple s'en seraient désabusés. Observez qu'il en mettait moins dans ses derniers ouvrages ; et à mesure qu'il avançait en âge et en réputation, vous ne trouverez que de petites roulades dans Armide, pas une dans Acis et Galathée, et là, pour les doubles, néant. Cette conduite de Lully, cet éloignement des doubles a presque déshabitué ceux qui en ont fait depuis sa mort.

(2) Je vous dirai naïvement une chose, dit M. de Freneuse, si Lully eût demeuré en Italie, et qu'il n'eût travaillé qu'en musique italienne, peut-être ne l'aurait-il pas amenée au point de perfection où il a amené la nôtre, à moins qu'il n'eût été gui-

A propos du goût que Lully avait pour le simple, j'ajouterai ici une particularité, touchant le caractère de Lambert (1) et de Lully. Ce dernier connaissait l'autre pour le chanteur le plus agréable qui fût jamais, lui envoyait toutes ses actrices, afin qu'il leur apprît cette propreté du chant. Lambert qui se laissait volontiers aller à son propre goût, leur faisait de temps en temps couler un petit agrément dans le récitatif de Lully, et les actrices hasardaient de faire passer ces embellissemens aux répétitions. « Morbleu ! Mesdemoiselles, disait Lully, se serti-

dé par quelque idée de l'admirable simplicité de la musique des anciens (simplicité qu'il a mieux su imiter chez nous qu'on n'avait fait nulle part depuis mille six cents ans), ce que je crois la source et le caractère de son mérite, mais je ne doute point qu'il n'eût du moins épuré et rectifié infiniment la musique de son pays. C'était un homme d'un esprit aussi juste que vif et d'un goût naturellement exquis, jusques là qu'il devint un connaisseur en vers français, redoutable à Quinault et à nos meilleurs poètes. Je m'imagine qu'un homme comme celui-là, tout accablé de mauvais exemples, et environné des mauvais juges d'Italie, se serait fait jour à travers les difficultés. Ses compatriotes sont leur vieille route, ils n'ont pas eu la pensée de tourner la tête d'un autre côté, et ils ont enchéri sur des modèles vicieux, au lieu d'apprendre à s'en éloigner. Mais Lully, l'esprit de Lully se serait distingué d'une manière plus utile pour sa patrie ; il aurait conçu, à la fin, que l'affectation, quelque savante qu'elle soit, ne peut avoir une vraie bonté, et que, dans tous les arts, la nature est la seule mère des beautés solides. Il se serait élevé jusqu'à asservir le génie italien à ce principe ; il aurait commencé à régler là-dessus leur musique.

(1) « Michel Lambert, maître de la chapelle du roi et très excellent musicien, perfectionna la manière de bien chanter, soit par la finesse et la délicatesse des ports de voix, des passages, des diminutions, des tremblemens, des tenues, des mouvemens et de tous les ornemens du chant, qui peuvent flatter le plus agréablement l'oreille, avec une méthode admirable au-dessus de tout ce que les règles ordinaires de la musique avaient pu trouver jusqu'à ce temps-là en France : c'est aussi ce qui a fait naître un goût si général pour la musique, qu'on la montre aujourd'hui à la jeunesse aussi communément que l'arithmétique. Lambert devint l'ami et le beau-père de Lully, et Lully avait pour Lambert une grande considération. Il appelait toujours Lambert son beau-père ; il aimait beaucoup ses airs, et en chantait souvent quelqu'un. Il y a surtout un vieil air et un des moins brillans de Lambert, que Lully avait coutume de chanter.

« Vous qui craignez tant que les loups
» N'entrent dans votre bergerie, etc... »

Brunet nous contait même, qu'étant page de la musique du roi, quand ils allaient chanter devant Lully, qui en était surintendant, il aimait qu'ils lui chantassent des airs de Lambert, et les écoutait avec application ; mais lorsqu'ils voulaient ajouter le double au simple, suivant l'usage de ce temps, Lully arrêtait, d'un signe de main et de tête, les pages de la musique. Cela est bien, leur disait-il, cela est bien, gardez le double pour mon beau-père.

» Lambert mourut au mois de juillet 1696. Mlle Lambert, sa fille, Madelaine Lambert, veuve de Jean-Baptiste Lully, secrétaire du Roi, avait épousé le fameux Jean-Baptiste-Lully. Le roi, en donnant la place de Lambert à M. Collasse, dit qu'il lui donnait comme au meilleur musicien qu'il pût choisir. »

BIBLIOTHÈQUE CHOISIE.

vant quelquefois d'un terme moins poli que celui-là, et se levant furieux de sa chaise, il n'y a pas comme cela dans votre papier : eh! ventre-bleu! point de broderie! point de broderie; mon récitatif n'est fait que pour parler ; je veux qu'il soit tout uni. » Il le voulait si uni, qu'il allait le former à la comédie sur les tons de la Champmêlé. Il écoutait cette actrice, retenait ses tons, puis leur donnait la grâce, l'harmonie, et le degré de force qu'ils devaient avoir dans la bouche d'un chanteur, pour convenir à la musique, à laquelle il les appropriait de cette manière (1).

Voyons présentement comment il composait ses opéras : Lully s'était, non pas associé, mais attaché Quinault, c'était son poète. Quinault cherchait et dressait plusieurs sujets d'opéra, il les portait au roi qui en choisissait un. Alors Quinault faisait un plan, et écrivait sa pièce acte par acte. Il donnait une copie de ce plan à Lully, et Lully voyant de quoi il était question en chaque acte, quel en était le but, préparait à sa fantaisie des divertissemens, des danses, des chansonnettes, etc... Pendant ce temps Quinault vérifiait sa pièce, et aussitôt qu'il avait achevé quelques scènes, il les montrait à l'Académie Française, dont il était; après avoir recueilli et mis à profit les avis de ses confrères, il apportait son ouvrage à Lully qui corrigeait encore, ou retranchait ce qu'il jugeait à propos et point d'appel de sa critique.

A la fin, Quinault se mordait si bien les doigts, que Lully agréait une scène. Lully la lisait, jusqu'à la savoir presque par cœur. Il s'établissait à son clavecin, sa tabatière auprès de lui et faisait une basse continue. Quand il avait achevé son chant, il se l'imprimait tellement dans la tête, qu'il ne s'y serait pas mépris d'une note. Lalouette ou Collasse venaient, auxquels il le dictait. Le lendemain, il ne s'en souvenait plus guère. Il

faisait de même les symphonies liées aux paroles; et dans les jours où Quinault ne lui avait rien donné, c'était aux airs de violon qu'il travaillait. Lorsqu'il se mettait à composer et qu'il ne sentait pas sa verve en humeur, il quittait très souvent. Il se relevait la nuit pour aller à son clavecin, et en quelque lieu qu'il fût, dès qu'il était près de quelque saillie, il s'y abandonnait. Il ne perdait jamais un bon moment, méthode très habile et très sensée.

Lully faisait un opéra par an. Trois mois durant, il s'y appliquait tout entier, et avec une attache, une assiduité extrême. Le reste de l'année peu, une heure ou deux, de fois à autre, des nuits qu'il ne pouvait dormir, des matinées inutiles à ses plaisirs. Il avait pourtant toute l'année l'imagination fixée sur l'opéra qui était sur le métier, ou qui venait d'en sortir, de sorte que si l'on obtenait de lui qu'il chantât, il ne chantait d'ordinaire que quelque chose de lui.

C'est ainsi que se composait par Quinault et par Lully le corps de l'opéra, dont les paroles étaient faites par le premier. Au contraire, pour les divertissemens, Lully faisait les airs détachés ou de mouvement à sa commodité, en son particulier, et, lorsqu'il le croyait nécessaire, il appliquait lui-même, à ces airs détachés ou de mouvement, des vers dont le mérite principal était de cadrer en perfection à la musique; et il envoyait cette brochure à Quinault, qui ajustait les siens dessus. De là est venu que ces petites paroles des opéras, et qui y sont fréquentes, conviennent toutes si parfaitement au chant dans leur briéveté et dans leur douceur.

Lully était le premier homme du monde pour tenir tout un opéra dans le devoir. Il savait aussi parfaitement faire exécuter un opéra, que le composer. Du moment qu'un chanteur ou une chanteuse lui étaient tombés entre les mains, il s'attachait à les dresser avec une affection merveilleuse; il leur enseignait lui-même à entrer, à marcher sur le théâtre, et à donner la grâce du geste et de l'action.

Quelqu'exercés que fussent les acteurs de Lully par les opéras précédens, lorsqu'il les chargeait d'un rôle nouveau et difficile, il commençait par le leur montrer dans sa chambre, avant les répétitions générales, on répétait enfin. Il ne souffrait que les gens nécessaires; le poète, le machiniste, etc ; il voulait avoir la liberté de reprendre et d'instruire ses acteurs et ses actrices; il les venait regarder sous le nez, la main haute sur les yeux, afin d'aider sa vue courte, et ne leur passait quoi que ce soit de mauvais. Chacun sait qu'il avait l'oreille si fine, que du fond du théâtre, il démêlait un violon qui jouait faux; il accourait, et lui disait : « — C'est toi : il n'y a pas cela » dans la partie. » On le connaissait ainsi, on ne se négligeait pas, on tâchait de le contenter, et surtout les instrumens ne s'avisaient guères de rien broder. Il ne le leur aurait pas plus souffert, qu'il ne le souffrait aux chanteuses. Il ne trouvait point bon qu'ils prétendissent en savoir plus que lui, et ajouter des notes (1) d'agrément à

<hr>

(1) « Il m'est arrivé dix fois l'hiver, à la campagne, de remarquer que quand le vent siffle et s'entonne dans les portes d'une grande maison, il fait un bruit qui approche de la symphonie de la plainte de Pan. Hélas! quel bruit entends-je? Ah! quelle voix nouvelle? etc. Je suis le plus trompé du monde si Lully n'a copié cette symphonie, où il veut peindre le vent qui (*pénètre dans les roseaux, et leur fait former ce bruit plaintif*), s'il ne l'a, dis-je, copié sur le bruit que fait effectivement le vent, lorsqu'il s'entonne dans une maison et des roseaux ; je vous avoue que je considère avec admiration le bon goût et le bon sens de ce musicien unique. Il y a une chose naturelle à copier d'après nature. Il fait de la nature même le fond de sa symphonie. Il se contente d'approprier la nature à la musique, en la revêtant de quelques ornemens de l'art. Admirez, vous autres esprits sublimes, le contre-point figuré des Italiens. Nous autres gens naturels, nous admirons cette droiture de goût de Lully. Et que n'a-t-il point fait valoir dans ses opéras, par une semblable adresse? Non seulement il a fait entrer agréablement *dans ses concerts jusqu'aux tambours et aux timbales*, il a fait entrer jusqu'aux sifflets de chaudronnier, et ces sifflets de chaudronnier, mêlés dans la sixième scène du second acte d'*Acis et Galatée*, et servant de refrain aux vers du récit de Polyphème, et au chœur :

    « Qu'à l'envie chacun s'empresse,
    » De me suivre dans ces lieux, »

font un effet merveilleux. »

(1) M. de Freneuse, dans un de ses Dialogues sur la Musique, se fait demander « si Lully ne consultait point quelqu'un, et n'exposait point ses opéras au jugement de quelques connaisseurs, avant qu'ils parussent, » et, après avoir répondu non,

leur tablature. C'était alors qu'il s'échauffait, faisant des corrections brusques et vives. Il est vrai que plus d'une fois en sa vie il a rompu un violon sur le dos de celui qui ne le conduisait pas bien à son gré (1). La répétition finie, Lully l'appelait, lui payait son violon au triple et le menait dîner avec lui. Le vin chassait la rancune, et si l'un avait fait un exemple, l'autre y gagnait quelques pistoles, un repas et un bon avertissement. Mais le soin qu'avait Lully de ne mettre dans son orchestre que des instrumentistes d'une habileté connue, l'exemptait d'en venir souvent à ces corrections violentes. Il n'en recevait point sans les éprouver; et il avait coutume de leur faire jouer les *Songes funestes* d'*Atys*. C'était la mesure de la légèreté de la main qu'il leur demandait.

Lully se mêlait de la danse presqu'autant que du reste de l'opéra. Une partie du ballet des *Fêtes de l'Amour et de Bacchus* avait été composée par lui, l'autre par Desbrosses; et Lully eut presque autant de part au ballet des opéras suivans que Beauchamps. Il réformait les entrées, imaginait des pas d'expression et qui convinssent au sujet, et quand il en était besoin, il se mettait à danser devant les danseurs pour leur faire comprendre plus tôt ses idées. Il n'avait pourtant point appris, et il ne dansait ainsi que de caprice et au hasard; mais l'habitude de voir des danses, et un talent extraordinaire pour tout ce qui appartient aux spectacles le faisait danser avec un goût et une vivacité très agréables.

Nous croyons ne devoir pas donner plus d'étendue à cet article; ce qui nous reste à dire sur Lully appartient à ses opéras et au catalogue de ses ballets, dont on trouvera un détail à l'ordre chronologique de ses ouvrages, à l'année 1687.

VIGARANI.

Peintre italien et gentilhomme modénois, vint en France, appelé par M. de Colbert. Ce fut sur ses dessins que la salle et le théâtre du château des Tuileries furent exécutés en 1672. Lully associa Vigarani pour peintre ses décorations. Cette société étant finie en 1680, Vigarani se retira, et Berain remplit sa place pour les dessins des habits, et ce fut le sieur Rousseau qui peignit les décorations.

Mlle AUBRY.

Fille d'un maître paveur, était de la musique de Gaston de France, duc d'Orléans. Elle joua, à ce que prétend Guichard, dans son *Factum*, dans les opéras de Perrin et de Gilbert. Lully, qui connut son talent, l'engagea pour son Académie, où elle représenta avec succès tous les rôles dont elle fut chargée. C'était une des bonnes actrices qui aient paru sur ce théâtre. Elle quitta l'Opéra en 1684, après avoir joué le mieux le rôle d'*Ariane*. Ce ne fut point l'âge qui lui fit quitter sa profession; mais elle était devenue d'une taille si prodigieuse qu'elle ne pouvait marcher et qu'elle paraissait toute ronde. Elle était petite, la peau blanche et les cheveux noirs; elle mourut vers 1704.

Mlle VERDIER.

Fille d'un joueur de violon et d'une revendeuse, si l'on en croit Guichard, grande amie de Mlle Aubry, excellente pour les seconds rôles et les grandes confidentes. Elle épousa Verdier, premier violon de l'orchestre de l'Opéra. Mlle Verdier était assez bonne actrice, grande, maigre, cheveux châtains, et d'un tempérament délicat. Elle quitta le théâtre en 1680, après avoir joué le rôle de *Cérès* dans *Proserpine*. Elle touchait encore, en 1712, 300 livres de pension que l'Opéra lui faisait.

---

ajoute : Et ce qui est à remarquer, Lully n'avait ni aide ni ressource dans autrui. Il ne se servait nullement des lumières ni des conseils de personne, secours si utile ou plutôt si nécessaire aux auteurs les plus éclairés. Je vous dirai même qu'il avait une brusquerie dangereuse, qui ne lui laissait pas la patience d'écouter ce qu'on aurait eu à lui remontrer, et par où il devenait incapable de recevoir des avis; sur sa musique, plus que sur aucun autre sujet, il aurait été impatient, indocile. Il avouait que si on lui avait dit que sa musique ne valait rien, il aurait tué celui qui lui aurait fait un pareil compliment. Il ne risquait rien, ajoute Fierchesc, de me marquer de la colère que dans cette occasion, il n'a pas été à la peine. Néanmoins c'était un défaut, défaut honteux à un grand homme, et qui certainement lui a été préjudiciable. Tout admirable qu'il est, il s'est égaré en plusieurs endroits. Un peu de docilité, pour deux ou trois censeurs raisonnables, l'aurait redressé. Il avait cependant une espèce de raison pour s'excuser s'il ne consultait personne sur les opéras qu'il allait mettre au jour, c'est que le roi lui faisait l'honneur d'être jaloux d'en avoir l'étrenne. Le roi ne voulait point qu'on eût le plaisir de les voir avant lui; il n'y avait que M. le comte de Fiesque, de l'amitié duquel Lully s'honorait, comme M. le comte de Fiesque s'honorait de l'estime de Lully, qui en vit quelques morceaux; peut-être parce qu'il aimait à les entendre chanter à M. le comte de Fiesque, dont Benserade disait, t. 2, p. 408 de ses œuvres :

« Et les rochers le suivent quand il chante. »

» Et quelle fidélité! M. le comte de Fiesque n'aurait pas fait passer en main tierce, pour quatre souris et six regards obligeans d'une déesse, la moindre chanson de Lully, avant que la première représentation de l'opéra ne l'eût rendue publique. »

(1) « Ceux qui ont vu Lully (dit M. de Freneuse) affirment que personne n'entendait mieux que lui à se faire obéir par ses acteurs, actrices et symphonistes. Il savait rompre un instrument sur le dos d'un violon mal morigéné, prêcher une chanteuse en termes fort expressifs, et donner quelques tapes à un acteur distrait, de l'air du monde le plus noble et le plus exemplaire. »

CADMUS ET HERMIONE,

TRAGÉDIE.

REPRÉSENTÉE AU MOIS DE MARS 1673 SUR LE THÉATRE DE BEL-AIR, ET ENSUITE SUR CELUI DU PALAIS-ROYAL
AU MOIS DE MAI SUIVANT.

LE POÉME DE M. QUINAULT. LA MUSIQUE DE M. LULLY.

Voici la première tragédie lyrique et le premier poème de Quinault, qui parut d'abord sur le théâtre de Bel-Air et ensuite sur celui du Palais-Royal (1). Le succès en fut brillant pour le poète et pour le musicien. Cependant le premier essuya beaucoup de critiques.

En rendant justice, on peut dire que le burlesque des rôles d'Arbas et de la nourrice donne un ton fort discordant avec les principaux personnages de ce poème. Ajoutons que Quinault fut entraîné par l'exemple de ceux qui l'avaient précédé. Il fut plus sage dans *Alceste* et dans *Thésée*; *Atys* et tous les opéras qui suivirent ce dernier ne se ressentirent point de ce burlesque. On peut, à plus juste titre, condamner le cinquième acte, qui est des plus secs. Cadmus se plaint de la perte d'Hermione; Pallas la lui ramène dans le moment, et lui annonce que la colère de Junon est apaisée : sur-le-champ, tous les dieux de l'Olympe descendent dans des machines, et célèbrent le mariage des deux amans. Rien n'est plus vide d'invention que ce plan; mais, en récompense, on trouve dans le cours de cette pièce des morceaux qui dédommagent de l'ennui et de la stérilité des autres. L'adieu de Cadmus et d'Hermione est une des plus touchantes scènes qu'il y ait au théâtre. Le prologue est des plus heureux, et l'allégorie soutenue d'un bout à l'autre. A l'égard du musicien, on connut dès lors son grand génie. Le sacrifice à Mars, la scène de Cadmus, dont nous venons de parler, le monologue de l'Envie dans le prologue; tout cela est frappé au coin de l'excellent (1).

PHILIPPE QUINAULT.

Naquit à Paris, en 1635. Après avoir travaillé assez long-temps pour le Théâtre-Français, il y renonça pour épouser une riche veuve, qui ne lui donna sa main qu'à cette condition, et qui lui acheta tout de suite une charge d'auditeur des comptes, où il fut reçu le 18 septembre 1671. L'année précédente, il était entré à l'Académie française à la place de M. Salomon.

Quelque déterminé que fût Quinault à ne pas s'exercer à la poésie, il ne put refuser à Lully quelques morceaux pour ses ballets. Le premier ouvrage qu'il fit dans ce genre est la poésie chantante de *Psyché*, tragédie-ballet de Molière (2), à la réserve des paroles de la plainte italienne qui sont de Lully. Ce petit essai engagea ce musicien à pres-

---

(1) Le théâtre du Palais-Royal avait été occupé par la troupe de Molière et les comédiens italiens, qui y représentaient alternativement. Molière étant mort le 17 février 1673, sa troupe se trouva hors d'état de continuer ses représentations, tant par la perte de ce grand homme, que par celle des meilleurs acteurs qui passèrent à la troupe du Marais et celle de l'hôtel de Bourgogne. De sorte que Lully obtint la permission de représenter ses ouvrages de musique dans la salle du Palais-Royal, le 28 avril de la même année 1673.

Le lecteur ne sera peut-être pas fâché de trouver ici une description de la salle et du théâtre du Palais-Royal. C'est Sauval qui va prendre ce soin :

« Ce lieu est une longue salle parallélogramme, large de neuf toises en dedans œuvre, que le cardinal de Richelieu et Mercier s'efforcèrent de rendre la plus admirable de l'Europe; mais la petitesse du lieu s'y opposa. Car, comme ce ministre avait résolu de faire au roi présent de sa maison, il était bien aise qu'il s'y trouvât quelque grande partie et quelque chose qui fût digne d'un grand monarque; et pour cela il fit faire par plusieurs divers dessins et élévations pour le théâtre, mais qui ne furent pas reçus, pour être trop enjoués, de sorte qu'on se tint à celui de Mercier, comme plus solide, plus commode et plus majestueux tout ensemble.

» La manière de ce théâtre est moderne, et occupe, comme je l'ai dit, une longue salle couverte et carrée longue. La scène est élevée à un des bouts, et le reste occupé par vingt-sept degrés de pierre qui montent mollement et insensiblement et qui sont terminés par une espèce de portique ou trois grandes arcades; mais cette salle est un peu défigurée par deux balcons dorés, posés l'un sur l'autre de chaque côté, et qui, commençant un portique, viennent finir assez près du théâtre; le tout ensemble est couronné d'un plafond en perspective, où Lemaire a feint une longue ordonnance de colonnes corinthiennes qui portent une voûte fort haute, enrichie de rayons, et cela avec tant d'art, que non-seulement cette voûte et le plafond semblent véritables, mais rehaussent de beaucoup le couvert de la salle, et lui donnent toute l'élévation qui lui manque. Il est constant que Mercier, dans la distribution des parties de ce théâtre, a passé l'espérance de tout le monde, et fait beaucoup plus qu'on n'en attendait, n'y ayant point d'apparence qu'un carré long, renfermé entre une rue et une cour, dût être si accompli; car enfin, malgré les défauts qu'on y remarque, il n'y a personne qui ne le trouve un grand morceau d'architecture. »

Nous parlerons, dans la suite de cet ouvrage, des nouveaux embellissemens qu'on a faits pour cette salle en 1732 et qui subsistent aujourd'hui.

(1) Pendant le cours de cet opéra, les sieurs Lestang, l'aîné et le Basque, homme très léger, débutèrent pour la danse. (préface des Opéras.)

(2) « Les premières paroles que composa Quinault dans le genre lyrique, sont celles qui se chantent dans *Psyché*, tragédie-ballet de Molière, qui fut représentée devant Louis XIV, dans la grande salle du palais des Tuileries, pendant tout le car-

ser Quinault de travailler pour son théâtre, lorsqu'il eut obtenu des lettres-patentes au mois de mars 1672. Quinault, entraîné par son génie pour ce genre d'ouvrage, se rendit aux instances de Lully, et composa la tragédie-lyrique de *Cadmus*, dont nous venons de rendre compte (1) et successivement *Alceste* en 1674, *Thésée* en 1675, *Atys* en 1676, et *Isis* en 1677. Ce dernier opéra valut une espèce de disgrâce à Quinault; ses ennemis firent des applications malignes sur les principaux personnages de la pièce, de façon qu'il discontinua son travail pendant près de deux ans; enfin en 1680 parut *Proserpine*, en 1681 *le Triomphe de l'Amour*, ballet; *Persée* en 1682, *Phaéton* en 1683. *Amadis* en 1684, *Roland* et *le Temple de la Paix* en 1685, et *Armide* en 1686, qui fut le dernier ouvrage de Quinault pour l'Opéra. On ne sait s'il se dégoûta de ce genre de travail, parce qu'il commençait à lui coûter beaucoup de peine, car il est certain qu'il fit trois fois le cinquième acte d'*Armide*, qui, à la vérité, est son chef-d'œuvre. Quoi qu'il en soit. il renonça à la poésie lyrique, et Lully eut beau le solliciter à continuer, il n'en put tirer d'autre réponse que les quatre vers suivants :

naval de 1670 : si la musique de Lully fut trouvée excellente. les paroles de Quinault eurent le même succès, et firent trouver insupportables celles de Perrin, qui était sur le point de donner sa pastorale de *Pomone*, dont on avait vu des répétitions publiques. »
(*Vie de Quinault.*)

(1) Lully plus fin, et plus grand connaisseur que les adversaires de Quinault, ne balança pas, après le succès de l'ouvrage, à s'attacher le poète, moyennant une pension de 4,000 liv., pour laquelle Quinault s'obligea de fournir tous les ans à Lully un nouveau poème lyrique. Ajoutons que le feu roi parut si content de *Cadmus*, « qu'il choisit seul Quinault pour composer de pareils ouvrages, en le gratifiant d'une pension de 2.000 liv. Sa Majesté daignait même quelquefois lui en donner les sujets. »
(*Vie de Quinault.*)

Je n'ai que trop chanté les jeux et les amours;
Sur un ton plus sublime, il faut nous faire entendre.
Je vous dis adieu, muse tendre,
Et vous dis adieu pour toujours.

Quinault tint sa parole, et mourut le vendredi 26 novembre 1688, âgé de cinquante-trois ans. Il fut enterré à Saint-Louis dans l'île, sa paroisse, regretté de tout ses amis, et digne de l'être par la république des lettres, comme le chef de la poésie lyrique française. Il eut cinq filles de son épouse, dont trois prirent le parti du couvent, et les deux autres furent mariées, l'une à M. Lebrun, auditeur des comptes, et l'autre à M. Gaillard, conseiller à la cour des aides.

« Quinault était bien fait de sa personne, d'une taille élevée; il avait les yeux bleus, languissans et à fleur de tête; les sourcils clairs, le front élevé, large et uni, le visage long, l'air mâle, le nez bien fait et la bouche agréable, la physionomie d'un parfait honnête homme... Il parlait et écrivait fort juste, et peu de gens pouvaient atteindre la délicatesse de ses expressions dans les conversations particulières; son style n'était point recherché; au contraire, c'était la pure nature qui parlait en lui. Il savait comme doit savoir un honnête homme; il était complaisant sans bassesse, et disait du bien de tout le monde... Il aimait la satire, mais il la voulait fine et délicate... La passion qui le dominait le plus était l'amour, mais il l'a toujours conduite avec tant d'adresse, qu'il se pouvait vanter avec justice qu'elle ne lui a jamais fait faire un faux pas malgré les emportemens qu'elle inspire d'ordinaire aux autres; il n'y avait rien de si tendre et de si engageant que son tête-à-tête ; c'était là qu'il faisait éclater tout son esprit et où il en laissait briller le feu; et il était le seul dont la conversation fût aussi aisée qu'agréable. Cela, joint à une complaisance universelle pour le sexe, lui attirait l'amour de toutes les femmes qu'il aimait, ou du moins à qui il le disait. »

ALCESTE ou LE TRIOMPHE D'ALCIDE,

TRAGÉDIE.

REPRÉSENTÉE POUR LA PREMIÈRE FOIS EN 1674.

MÊMES ACTEURS QUE LA PRÉCÉDENTE.

Cet opéra, rempli de grandes beautés et de grands défauts, est un des plus amusans qui soient au théâtre. Le comique y est plus ménagé et plus décemment placé que dans *Cadmus*. La réussite d'*Alceste* fut encore plus marquée que celle de *Cadmus*. La variété du spectacle et la beauté de la musique achevèrent de déterminer le public en faveur de ce nouveau théâtre, qui avait beaucoup de gens d'esprit qui le décriaient dans le monde. C'est dans cet opéra que parut

Mlle BEAUCREUX,

qui débuta par le rôle de Céphise, confidente d'Alceste.

Elle joua dans *Thésée* celui de Vénus, au prologue, et de Donne dans la tragédie, *Melpomène*, dans le prologue d'*Atys*, et quitta l'Opéra en 1677, après avoir représenté dans *Isis* le rôle d'Isis. Devisé va nous apprendre ce que devint cette actrice : « Je vous mandai la dernière fois que le sieur Guichard qui était allé en cette cour (d'Espagne) pour y établir un Opéra, avait été surpris à Madrid d'un mal violent dont il était mort;... mais cette nouvelle n'est pas vraie... A l'égard de la demoiselle Beaucreux, qui était allée avec lui, et qu'on dit être morte, rien n'est plus véritable. C'est la même que vous entendites chanter dans l'opéra d'*Alceste*, quand vous en vîtes ici les premières représentations. »

CADMUS ET HERMIONE,

TRAGÉDIE.

REPRISE (APRÈS LA SAINT-MARTIN).

C'est dans cet opéra que dansa, pour la première fois, avec applaudissement ;

PÉCOURT,

Fils d'un courrier du roi, il fut élève de Beauchamps. Il se distingua de façon, dans la danse, qu'en peu d'années il devint le premier de sa profession. Pécourt était beau, et bien fait, dansant avec toute la noblesse possible. Beauchamps s'étant retiré en 1687, Pécourt obtint sa place pour la composition des ballets de l'Académie royale de musique, et de ceux qu'on a faits de son temps à la cour. Pécourt joignait à son talent beaucoup d'esprit et de lecture. Il est auteur de la chorégraphie, ou l'art de noter les pas de la danse, mis au jour de son temps par feuillets. Pécourt cessa de danser vers l'année 1703; mais il continua de travailler pour les ballets de l'Opéra, jusqu'à sa mort, arrivée le 11 avril 1729. Voyez comme on parle de Pécourt, dans le *Mercure de France*, avril 1729, p. 777 et 778 :

« Le fameux Pécourt, un des plus grands danseurs de son temps, qui avait extrêmement brillé dans tous les ballets de la cour, du temps du feu roi, et sur le théâtre de l'Opéra, mourut à Paris le 11 avril (1729), âgé de 78 ans. Il avait succédé à feu Beauchamps, dans la composition des ballets qu'il a faits pendant très long-temps, avec un génie et une variété admirable. Il ne dansait plus depuis plus de trente ans. »

THÉSÉE,

TRAGÉDIE.

REPRÉSENTÉE A SAINT-GERMAIN-EN-LAYE LE 11 JANVIER 1675,
ET ENSUITE A PARIS APRÈS PAQUES.

LE POÈME DE M. QUINAULT. LA MUSIQUE DE M. LULLY.

Malgré le succès d'*Alceste*, Quinault sentit si vivement les reproches qu'on lui fit de la multiplicité d'action, qui règne dans cet opéra, et de la négligence des règles du poème dramatique dans la construction de son plan, qu'en composant celui-ci, il s'attacha à éviter les censures de ses antagonistes. C'est aussi le poème le plus exact qui soit sorti de la plume de Quinault. Ses ennemis, ne pouvant l'attaquer de ces deux côtés, remarquèrent d'autres défauts dans le caractère des personnages. « Un roi vertueux tel qu'on dépeint Egée, dirent-ils, n'a jamais dû consentir à devenir empoisonneur, et Médée n'a pas dû compter sur ce genre de vengeance. Elle est instruite du sort de Thésée; mais qui peut l'assurer qu'Egée ne le saura pas par son propre fils, avant que de prendre le vase empoisonné? Ce raffinement de vengeance ne sert qu'à la rendre incertaine, comme l'événement le justifie; et il y aurait tout lieu de croire que Thésée n'épouserait pas la princesse, sans se faire connaître au roi. » Voilà, en gros, les discours de ses critiques, qui n'empêchèrent par le succès de cet opéra, qui est rempli de très beaux vers. Le rôle de Médée est admirable, les caractères de Thésée et d'Eglé sont tendres et touchans; les airs détachés des fêtes très lyriquement versifiés.

» Pendant le cours des représentations de *Thésée*, un certain nombre de personnes d'esprit et d'un mérite dis - tingué, ne pouvant, je ne sais par quel travers, souffrir le succès des opéras de Quinault, se mirent en fantaisie de les trouver mauvais, et de les faire passer pour tels dans le monde. Un jour qu'ils soupèrent ensemble, ils s'en vinrent, sur la fin du repas, vers Lully, qui était du souper, checun le verre à la main, et, lui appuyant le verre sur la gorge, se mirent à crier : *Renonce à Quinault, ou tu es mort.* Cette plaisanterie ayant beaucoup fait rire, on vint à parler sérieusement, et l'on n'obtint rien pour dégoûter Lully de la poésie de Quinault; mais comme ils avaient à faire à un homme fin et éclairé, leur stratagème ne servit à rien. L'on parla de Perrault dans cette rencontre, et l'un de ces Messieurs dit avec bonté que c'était une chose fâcheuse qu'il s'opiniâtrât toujours à vouloir soutenir Quinault, qu'il était vrai qu'il était son ancien ami, mais que l'amitié avait des bornes, et que Quinault étant un homme noyé, Perrault ne ferait autre chose que de se noyer avec lui. Le galant homme chez qui se donnait le repas, se chargea d'en avertir charitablement Perrault. Lorsqu'il lui eut fait sa rémontrance, Perrault, après l'en avoir remercié, lui demanda ce que ces messieurs trouvaient tant à reprendre dans les opéras de Quinault? Ils trouvent, lui répondit-il, que les pensées n'en sont pas assez nobles, assez fines, ni assez recherchées; que les expressions dont il se sert, sont trop communes et trop ordinaires; et enfin que son style ne consiste que dans un certain nombre de paroles qui revien-

BIBLIOTHÈQUE CHOISIE.

nent toujours. Je ne suis pas étonné, reprit Perrault, que ces messieurs, qui ne savent ce que c'est que la musique, parlent de la sorte, mais vous, Monsieur, qui la savez si parfaitement, ne voyez-vous pas que si l'on se conformait à ce qu'ils disent, on ferait des paroles que les musiciens ne pourraient chanter, et que des auditeurs ne pourraient entendre. Vous savez que la voix, quelque nette qu'elle soit, mange toujours une partie de ce qu'elle chante ; et que quelque naturelles et communes que soient les pensées, et les paroles d'un air, on en perd toujours quelque chose. Que serait-ce, si ces pensées étaient bien subtiles, et bien recherchées, et si les mots qui les expriment, étaient des mots peu usités et de ceux qui n'entrent que dans la grande et sublime poésie? on n'y entendrait rien du tout. Il faut que, dans un mot qui se chante, la syllabe qu'on entend fasse deviner celle qu'on n'entend pas... Or, cela ne se peut faire à moins que les paroles, les expressions et les pensées ne soient fort naturelles, fort connues et fort usitées. Ainsi, Monsieur, on blâme Quinault, par l'endroit où il mérite le plus d'être loué, qui est d'avoir su faire avec un certain nombre d'expressions ordinaires et des pensées fort naturelles, tant d'ouvrages si agréables et tous si différens les uns des autres. Aussi voyez-vous, ajouta Perrault, M. Lully ne se plaint pas, persuadé qu'il ne trouvera jamais de paroles meilleures à être mises en musique. » La vérité est qu'en ce temps-là Perrault était presque seul, à Paris, qui osât se déclarer pour Quinault, tant la jalousie de divers auteurs s'était élevée contre lui, et avait corrompu tous les suffrages de la cour et de la ville.

M. de Freneuse blâme fort Lully d'avoir laissé passer un mot qui se trouve dans les deux vers suivans de l'opéra de *Thésée*, acte 1ᵉʳ, scène 8 :

Que vous êtes ingénieuse
A trouver des *difficultés*.

« Qui croirait, qu'après les soins réitérés de Quinault, les révisions de l'Académie, et les critiques impitoyables de Lully, il y eût lieu de reprendre, et de corriger de nouveau dans les paroles de cet opéra si châtié? *Difficulté*. Est-il un mot chantant et à la dixième revue, aurait-il eu tort d'exiger que Quinault lui en donnât un autre à sa place ? etc. »

Lorsque cet opéra fut exécuté sur le théâtre de l'Académie royale de Musique, à Paris, au mois d'avril de la même année 1675, voici de quelle manière les principaux rôles étaient remplis (1) :

_____

(1) Mlle des Prouteaux, Bony, Caliote et Piesche, chantèrent dans les chœurs avec MM. Destival, Beaumont, Deschamps Les Cadet, miracle; Rossignol, Séguin, Bony, Revel (c'est

Eglé, Mlle Aubry, *Cléone*, confidente d'Eglé, Mlle Brigogne, *la grande-prêtresse de Minerve*, Mlle Verdier, *Egée*, Beaumavielle, *Médée*, Mlle Saint-Christophe, *dame confidente de Médée*, Mlle Beaucreux, *Thésée*, Clédière.

BERAIN.

Qui obtint en 1677 la charge de dessinateur du roi à la place de Jessay, donna pour l'opéra de *Thésée*, les dessins des habits ainsi que des coiffures, et depuis ce temps il continua de travailler pour ce spectacle, jusqu'à sa mort. Berain était un homme d'un goût exquis dans son art. Il reste encore de lui des dessins qu'un particulier nommé Durondray, avait rassemblés, et que M. l'abbé Sallier, sous-bibliothécaire du roi, acheta à la mort de Durondray pour la bibliothèque des estampes de Sa Majesté.

L'actrice qui joua d'original le rôle de Médée, dans la tragédie lyrique de *Thésée*, était

Mlle SAINT-CHRISTOPHE.

De la musique du Roi, et qu'on trouve au nombre des musiciennes de S. M. dans le *Ballet des Arts*, représenté à Vincennes, le 8 janvier 1663; entra à l'Opéra en 1675, et comme elle joignait à une voix extrêmement belle , de la noblesse et du goût dans le jeu du théâtre, Lully ne balança pas à lui donner le premier rôle de sa tragédie, dont elle s'acquitta au mieux. Elle joua successivement Cybèle, dans *Atys*, en 1676 ; Junon, dans *Isis*, en 1677 ; la reine dans *Psyché*, en 1678. Sténobée dans *Bellérophon* en 1679 , Cérès dans *Proserpine* en 1680 (1), la Nuit dans le ballet du *Triomphe de l'Amour* en 1681 et enfin en 1682 , après avoir rempli dans *Persée* le rôle de Cassiope , elle obtint son congé et se retira dans un couvent, où elle fit profession; Mlle de Saint-Christophe était grande, bien faite, belle et vertueuse.

_____

l'exécuteur de la musique de l'opéra d'*Ulisse*), Lemaire, Colin, Marthial, Demasse, Jolain, Servant, Lavernay, Lefebvre, Reinier, Vaissy, Buffequin, Gaudechot, Liron et Ribon.

Le sieur Beauchamps y dansa seul plusieurs entrées; les autres furent exécutées par Bonnard, Arnal, Boutteville, Benne, Chicanneau, Le Chantre, Pesant, Mayeux, Reinier, Charlot, d'Olivet père, d'Olivet fils, Desmartins, Faire, Pesant, Favre cadet, Blondy, père de celui qui a fait des battus de l'opéra après la mort de Pécourt, Joubert, Foignet, Magny, Noblet, Germain et Pécourt.

(1) Mlle Verdier a doublé quelquefois Mlle Christophe.

LE CARNAVAL,

MASCARADE

EN NEUF ENTRÉES, REPRÉSENTÉE PENDANT LE CARNAVAL DE 1675.

LES PAROLES DE DIFFÉRENS AUTEURS. LA MUSIQUE DE M. LULLY.

Pendant qu'on représentait *Thésée* à la cour, Lully, pour tenir le public en haleine, en attendant que cette tragédie parût sur son théâtre, s'avisa de rassembler plusieurs divertissemens de ballets, qu'il avait composés, et d'en former un tout, dans le goût d'une mascarade. C'est ce qui forme les neuf entrées, dont nous allons rendre compte ; mais seulement pour dire d'où elles sont tirées : sans nous arrêter plus long-temps sur son ouvrage, qui ne fut présenté au public, que pour l'amuser durant les derniers jours qui précèdent le carême.

La 1re entrée : *Les Espagnols*, du 3e acte du *Bourgeois Gentilhomme*.

2e Entrée : *Barbacola*, paroles de Lully.

3e Entrée : *Pourceaugnac*, même auteur que la précédente.

4e Entrée : *Les Italiens*, 2e divertissement du *Malade Imaginaire*.

5e Entrée : *Réception*, du *Bourgeois Gentilhomme*.

6e Entrée : *Sérénade* pour des nouveaux mariés, tirée du ballet de *Flore*, représenté au mois de février 1669.

7e Entrée : *les Egyptiens*, ballet du 3e acte de *Pourceaugnac*.

8e Entrée : *Maximes* de galanterie.

9e Entrée : *le Carnaval* (1).

On ignore les auteurs de ces deux dernières entrées. (Benserade.)

___

(1) C'est de cette mascarade que l'Opéra a pris des entrées qui jointes à d'autres divertissemens, ont amusé le public pendant plusieurs carnavals.

ATYS,

TRAGÉDIE,

REPRÉSENTÉE POUR LA PREMIÈRE FOIS A SAINT-GERMAIN-EN-LAYE, DEVANT LE ROI,

LE 10 JANVIER 1676.

LE POÈME DE M. QUINAULT. LA MUSIQUE DE M. LULLY.

Voici un opéra digne de Quinault et de son célèbre musicien. La versification plus soutenue que celle du poème de *Thésée*. La musique peut être mise au rang de ce que Lully a fait de plus beau ; aussi, malgré la cabale formée contre Quinault (1), toute la cour fut charmée de cette tragédie lyrique. La scène d'Atys et de Sangaride, dans le premier acte, passa pour un chef-d'œuvre ; elle est encore aujourd'hui admirée des connaisseurs. M. de Frèneuse dit : « Le premier acte d'*Atys* fut trouvé sans doute le plus beau ; on doit convenir même qu'il est trop beau par rapport aux autres. La scène d'Atys et de Sangaride inspire aux spectateurs des sentimens qui s'affaiblissent nécessairement ensuite. L'attention est refroidie

___

(1) Parmi le nombre de couplets qu'on fit contre Quinault, en voici un qui m'a paru le moins mauvais. C'est une parodie de l'air : *D'une constance extrême*.

« D'une constance extrême,
Quinault suivant le cours,
Va s'embrouillant lui-même
Dans le jargon d'amours.
Ne faut-il pas qu'on l'aime,
Pour le suivre toujours ? »

parce qu'on retournerait volontiers à cette scène. » L'abbé Levilliers n'a pas pensé si juste lorsqu'il a dit :

Mais on rit à coup sûr, quand on le voit soudain
Changer leur triste scène en spectacle badin,
Et finir le récit de leurs peines secrètes
Par les gaillards refrains de fades chansonnettes.

Ce poète, emporté par un prétendu bon mot, n'a pas fait attention que ce sont deux amans malheureux, quoique aimés, qui ont leur raison pour feindre et changer de langage, de crainte que leur secret ne se découvre. Il y a de la témérité, dit M. Lebrun, à vouloir attaquer des endroits dont les beautés sont presque inimitables. M. de Saint-Evremont, dit en parlant d'*Atys*, la descente de Cibèle a toujours passé pour un chef-d'œuvre. Le sommeil y règne avec tous les charmes d'un enchanteur, le récitatif est parfaitement beau, et plusieurs scènes sont d'une musique fort galante et fort agréable. A tout prendre, *Atys* a été trouvé le plus beau ; mais c'est là qu'on a commencé à connaître l'ennui que nous donne un chant continué trop long-temps (1)

___

(1) Saint-Evremont qui avait une idée très fausse sur la mu-

Dans les endroits qu'on a critiqués de cette pièce, je n'ai point remarqué qu'on ait parlé de la scène du fleuve Sangar, et d'une autre entre Sangaride et Atys.

ATYS.

Beauté trop cruelle, c'est vous !

SANGARIDE.

Amant infidèle, c'est vous !

ATYS.

Ah ! c'est vous, beauté trop cruelle.

SANGARIDE.

Ah ! c'est vous, amant infidèle.

ATYS ET SANGARIDE.

Beauté trop cruelle, c'est vous !
Amant infidèle, c'est vous !
Qui rompez des liens si doux.

Mais ces défauts sont bien effacés par les grandes beau-

---

sique, fait continuer ainsi le dialogue de M. Crisard et de M. Guillaut :

M. CRISARD.

N'aurait-on pas eu raison de le connaître aussi dans les autres opéras ?

M. GUILLAUT.

On aurait eu raison, assurément ; car entendre toujours chanter est chose bien ennuyeuse, mais le premier entêtement des Français ! Les sages opposèrent envain leur raison à la chaleur de la fantaisie... Et vous verrez qu'au premier opéra qui sera représenté, la nature fera mieux sentir encore la longueur d'une continuelle musique. On ne souffrira pas éternellement que l'usage de la pastorale soit continué sur le théâtre. Nous nous lasserons enfin de tant de divinités chantantes et dansantes : j'espère que nous les suppliérons, avec respect, d'aller

---

tés de la musique, qui n'a aucun vide depuis le commencement jusqu'à la fin, et la noblesse de la versification de tout le reste de la pièce (1).

L'ÉTANG le cadet,

Dansa pour la première fois dans l'opéra d'*Atys*, et devint un des premiers danseurs de son temps. La danse noble était son caractère, mais on lui reprocha le peu de variétés qui régnait dans ses entrées, ce qui donna à Pécourt la préférence sur lui. Lorsque Beauchamps se retira, L'Etang et Pécourt furent chargés du soin de composer les ballets, ils firent ceux d'*Achille et Polixène*; mais l'Etang, peu satisfait de cette première épreuve de son génie, abandonna le tout à son associé, et se contenta de composer pour lui. L'Etang était d'une taille avantageuse, de beaux bras et la jambe bien faite. Il dansa jusqu'en 1702 et est mort à Paris en 1739.

---

faire leur métier dans les cieux et de nous laisser faire le nôtre sur la terre.

Heureusement pour les vrais connaisseurs et les gens de bon sens, la prédiction de Saint-Evremont ne s'est pas accomplie ; et le goût de ce spectacle, grâce à la musique de Lully, a toujours été en augmentant.

(1) Pour la composition du ballet d'*Atys*, le sieur d'Olivet, grand pantomime, se joignit au sieur Beauchamps avec lequel il avait déjà composé celui de *Thésée*.

Venons présentement aux acteurs et actrices qui remplirent les principaux rôles alors :

Flore, dans le prologue, Mlle Verdier ; *Atys*, Clédière ; *Cybèle*, Mlle Christophe ; *Sangaride*, M. Rabry ; *Célénus*, Beaumerville ; *Doris*, Mlle Brigogne.

Atys fut représenté pour la première fois à Paris en avril 1676.

ISIS,

TRAGÉDIE.

REPRÉSENTÉE POUR LA PREMIÈRE FOIS A SAINT-GERMAIN-EN-LAYE , LE 5 JANVIER 1677.

LE POÈME DE M. QUINAULT. LA MUSIQUE DE M. LULLY.

Cet opéra , selon M. de Frèneuse , est le plus savant de ceux de Lully et celui pour lequel il a pris une peine infinie, lorsqu'il le fit exécuter à la cour. Le grand nombre d'instrumens touchés par les plus habiles maîtres du temps, ne contribua pas peu à faire sentir les beautés de la musique. Les habits furent trouvés parfaits, soit pour la richesse, soit pour le goût ; Berain se surpassa en cette occasion, on ne doit s'en prendre ni au musicien, ni à ceux qui l'exécutèrent, mais seulement aux discours et aux applications malignes que les ennemis de Quinault semèrent alors pour le perdre dans l'esprit du feu roi.

Entre mille beaux morceaux dont cette tragédie est remplie, on ne peut assez admirer le fameux trio des *Parques*; que Lully même aimait tant, et qui passe pour le plus beau qu'il ait jamais fait en ce genre. La plainte de *Pan* (acte III, scène VI) : *Hélas! quel bruit étrange?* etc., est regardé comme un chef-d'œuvre, par la manière dont le musicien l'a rendue, après l'avoir copiée d'après nature, à ce qu'on prétend. En un mot, tout le monde convient que la musique de ce poème est parfaitement belle.

A l'égard du poète, il est toujours le même pour la versification, qui est très lyrique et très élégante. Mais on lui reproche que la furie Érinnys, qu'il y a introduite, est trop tranquille ; qu'on ne sent point dans sa pièce cet intérêt qui doit être l'âme de tous les ouvrages de théâtre. Malgré la critique, on rend cependant justice à Quinault, il a fait tout ce qui a dépendu de lui. On pourrait plutôt le reprendre d'avoir choisi un sujet qui ne peut offrir rien que de triste et de désagréable; ainsi plaignons-le d'avoir été obligé de traiter un fond ingrat et stérile dont il a été contraint de remplir le vide de scènes épisodiques, et qui, après lui avoir coûté un travail infini, n'a servi qu'à lui attirer la disgrâce de la cour.

THÉSÉE,

TRAGÉDIE.

REPRÉSENTÉE POUR LA SECONDE FOIS A SAINT-GERMAIN-EN-LAYE, LE 16 FÉVRIER 1677, ENSUITE A PARIS APRÈS PAQUES

L'accueil peu favorable que reçut à la cour la tragédie d'*Isis*, engagea Lully à lui substituer *Thésée* qui reçut beaucoup d'applaudissemens, et occupa le reste du carnaval. C'était l'usage de Lully de faire paraître à Paris les nouveaux opéras, aussitôt qu'on cessait de les jouer devant le roi. Il n'en usa pas de même à l'égard d'*Isis*. La disgrâce marquée de cet opéra lui fit prendre la résolution de continuer sur son théâtre les représentations d'*Atys*, qu'on ne pouvait se lasser de voir, et même il voulut ouvrir son Académie après Pâques par *Thésée* (1), qui était tout prêt, et recula la première représentation d'*Isis*, qui ne fut donnée qu'au mois d'août suivant.

qu'ils étaient les mêmes qui avaient joué en 1675. Un auteur du temps nous apprend que Lully ayant obtenu un ordre du roi qui défendait à toutes personnes de livrées, etc. d'entrer aux troisièmes loges de l'Opéra, il fut publié à l'ouverture du théâtre; de sorte que dans la suite ces mêmes places ont été et sont encore occupées par de très honnêtes gens, et même de grande qualité.

(1) Nous ne répéterons point ici les noms des acteurs puis-

ISIS,

TRAGÉDIE.

REPRÉSENTÉE SUR LE THÉATRE DE L'ACADÉMIE ROYALE DE MUSIQUE, AU MOIS D'AOUT 1677.

Après ce qu'on vient de dire de l'opéra d'*Isis* et des raisons qui empêchèrent Lully de le donner plus tôt au public, il ne reste qu'à ajouter ici les noms des acteurs et actrices qui l'ont exécuté d'original.

Dans le Prologue : *La Renommée*, Mlle Verdier. Acteurs de la tragédie : *Hiérax*, Beaumavielle; *Io*, Mlle Aubry; *Iris*, Mlle Beaucreux; *Junon*, Mlle Saint-Christophe; *Syrinx*, Mlle Verdier.

ATYS,

TRAGÉDIE.

REPRÉSENTÉE POUR LA SECONDE FOIS A SAINT-GERMAIN-EN-LAYE, LE 15 JANVIER 1678.

La disgrâce de Quinault, et la difficulté qu'on eut à trouver un poète lyrique qui pût le remplacer, fut cause qu'il ne parut plus d'opéras nouveaux cet hiver. Lully remit *Atys* à la cour et continua les représentations d'*Isis* à Paris qui continuèrent jusqu'à la clôture.

PSYCHÉ,

TRAGÉDIE,

REPRÉSENTÉE POUR LA PREMIÈRE FOIS A PARIS, LE 19 AVRIL 1678.

LES PAROLES DE M. CORNEILLE JEUNE. MUSIQUE DE M. LULLY.

M. Corneille ayant entrepris de composer pour l'Académie royale de musique, et se voyant pressé de donner un poème à M. Lully, s'arrêta à celui de *Psyché*. « Ce sujet avait été mis en comédie pour le roi, avec des intermèdes si remplis et si superbes, pour tout ce qui regardait les ornemens, que la France n'a rien vu de plus beau que ce spectacle, qui avait été donné dans la salle des machines, qui se voit dans le palais des Tuileries. Les comédiens voulurent donner cette pièce au public en y laissant les intermèdes et sans que le corps de la pièce fût mis en opéra. Mais la difficulté parut grande à tous les auteurs, car la pièce qui avait été jouée avait autant de vers que les tragédies ordinaires, et il n'en fallait pas le quart pour être chantée, et que cependant tout le sujet y entrât. C'est de quoi M. de Corneille vint à bout, et sut le réduire en opéra, sans changer le sujet de la pièce. De manière qu'en n'employant que quatre cents vers, le public vit les mêmes incidens qu'il avait trouvés dans la pièce de dix-huit cents. Ce qui surprit tous les auditeurs et lui attira beaucoup de louanges.

Cet opéra, qui, cette année, fit l'ouverture du théâtre, fut honoré d'une nombreuse assemblée. Plusieurs choses concouraient à exciter la curiosité. Un nouveau poète travaillait dans le genre lyrique à la place de Quinault : Les amis, les partisans de l'un et de l'autre répandaient de tous côtés des bruits très contraires. Ceux de Corneille, voulant prévenir la critique, avançaient que le poème et la musique avaient été composés en trois semaines (1) de sorte que le public, voulant juger par lui-même de la capacité du poète, et si ses vers avaient autant flatté le

génie du musicien que ceux de Quinault, courut en foule à ce spectacle. Cet empressement se ralentit beaucoup dans la suite. Les beautés de la musique ne purent empêcher qu'on ne souhaitât un autre opéra. Pour satisfaire le public, Lully remit au mois d'août *Atys*, qui avait été joué à la cour le carnaval précédent, et pressa tant qu'il put celui de *Bellérophon*. Mais étant tombé malade sur la fin de cette année, il en recula la première représentation à la fin de janvier suivant.

Psyché a été remis au théâtre en 1703 et en 1713 avec peu de succès ; on ne doit pas s'en étonner : le fond n'en est pas heureux, et Vénus qui fait la diablesse achève de gâter le peu de galanterie qui règne dans ce poème.

THOMAS CORNEILLE.

Ecuyer, sieur de L'Isle, de l'Académie française et de celle des inscriptions et belles-lettres, naquit à Rouen le 20 août 1625. Ses études finies, il vint à Paris, où, à l'exemple de Pierre Corneille, son frère, il s'attacha au Théâtre-Français, pour lequel il composa beaucoup de pièces. Après la disgrâce de Quinault, entre un grand nombre de poètes qui se présentèrent pour remplir sa place, Corneille fut choisi par la cour, et pour satisfaire promptement Lully et le public qui demandaient un nouvel opéra, il composa à la hâte la tragédie dont on vient de parler. Le peu de temps qu'il mit à la faire fit que l'accueil qu'elle reçut ne l'étonna point. *Bellérophon*, qui parut l'année suivante, avec un succès des plus éclatans, lui coûta plus de peine ; il fut obligé de consulter Quinault, et M. de Fontenelle, son illustre neveu, se chargea du rôle d'*Amisodar*, l'un des plus brillans de cette tragédie. Les difficultés qu'il éprouva alors le dégoûtèrent de la poésie lyrique à un tel point, qu'il n'y aurait peut-être jamais songé, si, long-temps après, Charpentier ne l'eût en quelque manière forcé à composer son opéra de *Médée* ; le peu de succès de ce dernier détermina Corneille à renoncer à ce genre d'ouvrage. Il mourut aux Andelys le 8 décembre 1709, âgé de quatre-vingt-quatre ans passés.

---

(1) *Psyché* a été représentée par l'Académie royale de Musique : elle a la même destinée que tout ce qu'on a vu de ce genre. On y court en foule et le merveilleux talent de M. Lully ne paraît pas moins dans cet opéra que dans tous ceux que vous admirez de lui. Ce qu'il y a de surprenant, c'est que les vers ont été faits et mis en musique en trois semaines. Cependant la musique, ni les vers n'ont rien qui donne lieu de s'apercevoir de cette précipitation de travail, et la beauté de la symphonie et des airs qui entrent dans cet ouvrage, fait connaître plus que jamais que M. Lully ne peut rien produire que de parfait.

ATYS,

TRAGÉDIE,

REMISE AU THÉATRE DE L'ACADÉMIE ROYALE DE MUSIQUE AU MOIS D'AOUT 1678 (1)

POUR LA TROISIÈME FOIS.

Atys, remis avec soin, eut un grand succès et ne cessa d'être représenté que lorsque le *Bellérophon* parut, comme nous le dirons.

---

(1) L'édition d'*Atys* 1725, nous apprend que cet opéra fut joué en août 1677, il ne parut qu'au même mois de l'année suivante, et nous avons fait voir qu'en août 1677, le théâtre était occupé par les premières représentations d'*Isis*, ce qui est une grande preuve de l'inadvertance du libraire.

BELLÉROPHON,

TRAGÉDIE,

REPRÉSENTÉE POUR LA PREMIÈRE FOIS A PARIS PAR L'ACADÉMIE ROYALE DE MUSIQUE,

LE MARDI 31 JANVIER 1679.

LE POÈME DE M. CORNEILLE LE JEUNE. LA MUSIQUE DE M. LULLY.

Thomas Corneille, rebuté par le peu de succès de *Psyché*, avait renoncé au théâtre lyrique; mais Racine et Despréaux, qui n'avaient rien oublié pour décrier Quinault, n'oublièrent rien aussi pour ranimer Corneille à faire des opéras; et ne se flattant pas d'en pouvoir venir à bout par eux-mêmes, ils firent si bien, que Louis XIV lui fit l'honneur de lui témoigner qu'il le souhaitait. Il n'en fallait pas moins pour le rembarquer sur une mer qui lui paraissait trop orageuse. Corneille choisit le sujet de *Bellérophon*. Il en fit le premier acte avec beaucoup de facilité; il le montra à Lully, à qui il déclara que le plan de ses quatrième et cinquième actes était tracé, mais qu'il ne savait comment disposer le deuxième et le troisième. Lully lui dit de consulter Quinault. Ce dernier s'y prêta de bonne grâce; mais il pensa le désespérer par la rigueur avec laquelle il fit main basse sur les deux tiers de ses vers, qu'il ne trouvait pas assez lyriques. Il le tira enfin d'embarras. *Bellérophon* (1) fut achevé, et les représentations emportèrent également les suffrages de la cour et de la ville.

Avant que de faire paraître cet opéra à la cour, Lully voulut s'assurer de l'approbation du public; il avait promis de le donner au mois de décembre 1678; mais étant tombé malade en ce temps, la première représentation de *Bellérophon* fut remise au mardi 31 janvier 1679; cet opéra parut à Paris avec un concours prodigieux. « On peut assurer, dit Dévisé, que tout Paris y était et que jamais assemblée ne fut plus nombreuse, ni plus illustre. J'entends crier miracle de tous côtés : chacun convient que M. de Lully s'est surpassé lui-même, et que ce dernier ouvrage est son chef-d'œuvre. »

En effet, cet opéra a eu un succès des plus marqués, puisqu'il resta au théâtre, sans discontinuation, depuis le 31 janvier jusqu'au 27 octobre suivant, outre deux représentations extraordinaires, dont la première fut donnée le mercredi 31 mai pour M. le dauphin, et l'autre le mercredi 6 septembre pour la reine d'Espagne (Marie-Louise d'Orléans), fille de feu Monsieur, lorsque cette princesse étant sur son départ, pour aller trouver le roi son époux, souhaita de voir cet opéra, qui n'avait point encore paru à la cour.

Passons présentement à un examen précis des beautés et des défauts de cet opéra; l'exposition de la première scène a d'un consentement universel, passé pour la plus belle du théâtre lyrique.

Le second acte est celui qui a le plus prêté au musicien, par le moyen de la magie, qui est, sans contredit, la plus frappante qu'on ait jamais vue au théâtre. Il y a une singularité à observer dans cette magie, c'est qu'elle est toute versifiée en rimes plates, c'est-à-dire non croisées; on ignore les raisons qui ont pu porter l'auteur (1) à s'imposer cette loi, car le hasard ne saurait avoir produit cela pendant trente vers de suite.

On a trouvé les fêtes du troisième acte trop longues, et que le quatrième n'est pas assez rempli. On aurait aussi souhaité que la pièce eût fini par la mort de Sthenobée. La fête qui suit a paru hors de raison, après une catastrophe si tragique.

En 1728, lorsqu'on reprit cet opéra, on fit quelques changemens dont nous parlerons à son temps.

---

(1) Cet opéra fut annoncé dans le public sous le titre des *Triomphes de Bellérophon*. (*Mercure galant*, décembre 1678, p. 124).

(1) Tout le monde sait que le rôle d'Amisodar est entièrement de la composition de M. de Fontenelle, dont nous aurons lieu de parler ci-dessous avec éloge.

THÉSÉE,

TRAGÉDIE,

REPRÉSENTÉE POUR LA TROISIÈME FOIS PAR L'ACADÉMIE ROYALE DE MUSIQUE,
LE DIMANCE 29 OCTOBRE 1679.

M. Lully, ayant reçu des ordres de la cour de réserver son opéra nouveau de *Proserpine*, pour l'arrivée de Mme la dauphine, remit au théâtre, le 29 octobre, *Thésée*, lorsqu'on eut cessé les représentations de *Bellérophon*.

CADMUS ET HERMIONE,

TRAGÉDIE,

REMISE AU THÉÂTRE AU MOIS DE NOVEMBRE 1679, POUR LA TROISIÈME FOIS.

Pour remplir pleinement cet hiver, et suppléer à l'opéra nouveau, Lully jugea à propos de remettre celui de *Cadmus et Hermione*, qui fut joué alternativement avec *Thésée*; ces deux pièces lyriques furent reçues favorablement, et nous croyons qu'elles tinrent le théâtre jusqu'au mois de novembre 1680, à l'aide de quelques représentations de *Bellérophon*.

BELLÉROPHON,

TRAGÉDIE,

REPRÉSENTÉE A SAINT-GERMAIN-EN-LAYE, LE MERCREDI 3 JANVIER 1680.

Le roi parut très content de cet opéra; on dit même qu'il en trouva des endroits si beaux, qu'il les fit répéter deux fois dans chaque représentation. On en jugea les divertissemens assez beaux et bien amenés, à l'exception de la scène des Napées et des Faunes au quatrième acte, qui fut fort critiquée, et que M. Devisé convient avoir été faite contre le sentiment de l'auteur, et seulement pour fournir à la musique. En 1728, on a supprimé ce divertissement, et on y en substitua un plus convenable.

Ce spectacle amusa la cour agréablement jusqu'à la première représentation de *Proserpine*, qui n'avait été promise que pour le 5 février, et qui cependant fut avancée de deux jours.

PROSERPINE,

TRAGÉDIE,

REPRÉSENTÉE POUR LA PREMIÈRE FOIS A SAINT-GERMAIN-EN-LAYE POUR MADAME LA DAUPHINE,
LE SAMEDI 3 FÉVRIER 1680.

LE POÈME DE M. QUINAULT. LA MUSIQUE DE M. LULLY.

Le succès marqué de *Bellérophon* ne put engager Corneille à tenter un nouvel opéra; il connaissait par expérience la difficulté qu'il avait à composer des paroles pour Lully: c'est ce qui fit qu'il abandonna le champ libre à Quinault, qui continua avec l'agrément de la cour de travailler pour un théâtre où il avait déjà reçu tant d'applaudissemens. Le premier opéra qu'il donna alors fut donc celui de *Proserpine*. Quoique ce ne soit pas le plus beau de ces deux auteurs, on peut néanmoins assurer qu'il eut beaucoup de réussite, et que l'arrivée de Mme la dauphine, pour qui il fut composé, et la joie de la cour, en cette occasion, contribuèrent fort au grand succès. Le duo de deux basses de la septième scène du deuxième acte.

L'amour, comblé de gloire, etc.

fut admiré par sa nouveauté et par la difficulté de faire chanter deux basses ensemble. On n'en avait point vu d'exemple jusqu'alors, et Lully ne l'a fait que cette fois.

Le prologue peut être appelé du nom de pièce entière; en effet tout ce qui peut constituer un ouvrage de théâtre, s'y trouve réuni, sujet, exposition, nœud, péripétie, et tout cela dans une allégorie, qui se soutient depuis le commencement jusqu'à la fin. — A l'égard de la tragédie, on ne trouve pas l'intérêt principal assez vif. Les regrets d'une mère à qui on enlève une fille bien chère, n'ont pas produit dans l'esprit des spectateurs l'effet que l'auteur avait attendu. Enfin, quoique les airs du ballet soient très beaux, on ne les trouve point assez variés, et aujourd'hui on est accoutumé à quelque chose de plus vif.

BELLÉROPHON,

TRAGÉDIE,

REMISE AU THÉATRE VERS LE MOIS DE JUILLET OU AOUT 1680.

Nous ignorons les raisons qui engagèrent Lully à priver si long-temps le public du spectacle de son nouvel opéra de *Proserpine*. Peut-être le succès des deux qu'il avait remis au théâtre, l'hiver précédent, en fut-il cause. Ce qui est certain, c'est que l'empressement des spectateurs commençant à se ralentir, on reprit, vers le mois de juillet ou d'août, *Bellérophon*, qui fut reçu avec le même plaisir qu'aux premières représentations, et attira de nombreuses assemblées jusqu'à la Saint-Martin suivante. Nous tenons ce renseignement de personnes qui se sont trouvées aux représentations de cet opéra, dans le temps dont nous parlons.

PROSERPINE,

TRAGÉDIE,

REPRÉSENTÉE POUR LA PREMIÈRE FOIS SUR LE THÉATRE DE L'ACADÉMIE ROYALE DE MUSIQUE, LE JEUDI 15 NOVEMBRE 1680.

Si cet opéra a eu beaucoup de succès à la cour, Lully apporta tous ses soins pour lui en procurer un pareil à Paris. Mlle Saint-Christophe y joua Cérès avec le même goût et la même noblesse qu'elle avait fait paraître devant le roi. Les rôles de Proserpine et d'Aréthuse, qui avaient été remplis à Saint-Germain par les demoiselles Ferdinand aînée et cadette, le furent à Paris par Mlle Aubry et Mlle Rochois, qui commença à se distinguer en cette occasion, ainsi que Dumerey, qui faisait Alphée, et Beaumavielle dédommagea celui de Pluton, ceux qui n'avaient pu le voir représenter à la cour par Gaye. Mlle Louison Moreau débuta dans le prologue.

Une autre circonstance contribua encore à la beauté de ce spectacle, comme ce fut en ce temps que cessa la société qui était entre Lully et Vigarani; et Berain, dessinateur ordinaire du cabinet du roi, qui travaillait depuis cinq ans les dessins des habits de l'Académie, fut choisi pour composer ceux des machines de cet opéra, et des décorations, qui parurent alors avec un grand éclat. On admira entr'autres le somptueux palais de Pluton et la charmante décoration des Champs-Elysées. Tout était peint par Rousseau, l'un des plus habiles maîtres pour la perspective. Les habits, qui étaient aussi de la composition de Berain, furent trouvés parfaitement beaux et d'une richesse infinie.

Mlle ROCHOIS.

Pensionnaire de l'Académie royale de Musique, et qui, en qualité de première actrice a fait si long-temps les délices de la cour et de la ville, mourut à Paris, le 8 octobre 1728, âgée de 70 ans. Elle était née d'une bonne famille de Bayeux. Étant demeurée orpheline dès son bas âge, elle fut élevée par un de ses oncles qui prit un grand soin de son éducation; mais ayant eu le malheur de le perdre peu de temps après, la médiocrité de sa fortune et la grande voix qu'elle avait reçue de la nature, la déterminèrent à accepter les propositions qui lui furent faites en 1678 (1) d'entrer à l'Académie royale de Musique. A peine parut-elle sur le théâtre qu'elle effaça les premières actrices qui l'avaient précédée. Jamais personne n'a possédé à un plus haut degré de perfection le bon goût du chant et de la belle déclamation. Elle a fait, avec un succès prodigieux, les premiers rôles de tous les opéras du célèbre Lully, et depuis sa mort plusieurs opéras modernes ont dû à cette grande actrice une particulière réussite.

(1) Voici une personne qui dit que c'est en l'année 1678 que Mlle Rochois entra à l'Opéra. M. de Tralage, dans une note manuscrite, dit qu'elle débuta en 1679 par le rôle de Sthenobée dans *Bellérophon*. Ne pourrait-on pas croire qu'elle entra véritablement en 1678; mais comme elle était peu musicienne, on n'osa d'abord lui confier un rôle de l'importance de Sthénobée, et que ce ne fut qu'un an après qu'elle fut connue dans le monde. L'auteur de la préface du *Recueil des Opéras en paroles* dit en parlant de la première représentation de *Proserpine*: « Mlle Rochois commença de se distinguer dans le rôle d'Aréthuse. » Ainsi tout cela reviendrait à la date de 1678.

BIBLIOTHÈQUE CHOISIE.

On se souvient toujours de la façon noble et touchante dont elle jouait le rôle d'Armide (1). Elle enlevait et attendrisait jusqu'à faire répandre des larmes à une foule de spectateurs, qui ne cessaient de l'admirer. La douceur de ses mœurs égalait de si rares dons de la nature; elle ne connaissait point le sot orgueil qui enivre si souvent les gens à talens, quand ils sont dénués des qualités du cœur et de l'esprit, qui seules, peuvent les préserver de ce défaut. Elle donnait des conseils aux actrices qui avaient confiance à son goût, sans jamais se laisser aller à la basse jalousie d'envier les applaudissemens que méritaient celles qui ont brillé depuis sa retraite. Elle était tendre amie : une probité exacte, beaucoup de franchise et le plus pur désintéressement, formaient son caractère, et lui ont attiré l'estime constante de ceux qui sentent le prix des bonnes mœurs et des grands talens. Elle joignait à ces qualités morales une patience très chrétienne dans les longues souffrances qui ont précédé sa mort. Elle fut enterrée le 10 octobre dans l'église Saint-Eustache, sa paroisse. L'Académie royale de Musique en corps assista à son convoi et à ses obsèques, et lui rendit ses tristes devoirs avec des regrets qui font l'éloge de cette illustre défunte. Elle avait quitté le théâtre en 1698 ; le feu roi l'avait gratifiée d'une pension de quinze cents livres sur l'Opéra.

Avec la permission de l'auteur de l'éloge de Mlle Rochois, nous allons joindre ici quelques particularités de la vie de cette demoiselle. Ce fut Collasse qui jugea, malgré la dureté qu'il lui trouva dans la voix, que la musique et la méthode répareraient bien vite ce défaut. Il la présenta à Lully, qui, plus grand connaisseur que Collasse, prit soin lui-même de la faire répéter, et qui lui donna ensuite ses grands rôles. Il survint une petite brouillerie entre la Rochois et Lully, au sujet de la taille de cette demoiselle, qui lui parut un peu suspecte. Elle, pour se justifier de ce reproche, lui dit qu'elle était mariée, et pour lui en donner une preuve certaine, elle tira de sa poche un valet de pique sur le revers duquel était écrite

(1) « Pour moi, je crois avoir vu une représentation d'*Armide*, qui me donne droit de mettre cette pièce au-dessus de tout ce que tant de siècles ont pu produire... La Rochois, après avoir été cinq ou six ans hors du théâtre, ayant trouvé que la voix lui était revenue, voulut s'y remonter La Moreau et la Desmâtins faisaient les deux confidentes. Dun, *Hidraot*, et Du Mény, qui, par bonheur, n'était point saoûl, *Renaud*. Il parut, en vérité, assez aimable pour ne point faire honte au héros qu'il représentait, et il chanta mieux et plus juste qu'il n'avait chanté depuis la mort de Lully. J'entendis à mon aise et à plaisir, ces quatre à cinq beaux tons qu'il avait dans le milieu de la voix (car Du Mény n'avait que cela), Boutelou chanta tous les petits airs, Pécourt et Létang dansèrent, le premier avec ces beaux bras et ces pas majestueux, qui, sur son déclin même, le rendent un danseur presque sans pareil; l'autre avec cet air d'homme de qualité qu'il est si rare qu'un danseur attrape.... Quand je me représente la Rochois, cette petite femme, qui n'était plus jeune, coiffée en cheveux noirs, armée d'une canne noire, avec un ruban couleur de feu, s'agiter sur un grand théâtre, qu'elle remplissait presque toute seule, et tirant de sa poitrine des éclats de voix merveilleux, je vous assure que je frissonne encore, etc. »

une promesse de mariage. Lully prit la carte, la déchira et renvoya la Rochois, qu'il reprit quelque temps après, à la sollicitation de MM. de Vendôme et du comte de Fiesque. Cependant la Rochois épousa l'homme à la promesse, qui ensuite la quitta pour se retirer à Pau, en Béarn. Comme il resta peu avec elle, peu de gens ont su que la Rochois avait été mariée. La Rochois était petite, la peau assez lisse, les yeux noirs, pleins de feu et extrêmement beaux au théâtre, de vilains bras, et c'est pour elle qu'on inventa les manches à la persane.

DU MÉNY,

L'acteur de son temps le plus à la mode, avait précédemment appartenu à M. Foucault en qualité de cuisinier, d'où Lully l'avait tiré à cause de sa belle voix, pour le placer dans son Opéra : Et pour le mettre en état de paraître sur le théâtre, il lui paya un maître à danser et un autre de musique. Le premier eut tout lieu d'être content de ses soins; son écolier était un beau brun, bien fait, et d'une physionomie extrêmement noble. Il ne lui manquait que des grâces, ou plutôt il ne fut question que de mettre en usage celles que la nature lui avait données. A l'égard du maître de musique, ses peines furent perdues. Du Mény fit si peu de progrès dans la musique, qu'il lui a fallu pendant tout le temps qu'il a joué, un homme pour lui apprendre ses rôles note à note. Il est vrai que sa mémoire réparait ce défaut en partie, et qu'il lui arrivait bien peu souvent de se tromper en chantant. Du Mény débuta en 1677, dans le prologue d'*Isis*, par un rôle de Triton. En 1680, il joua Alphée dans *Proserpine*. Ce fut à ce rôle qu'on connut ses talens, qu'il marqua de plus en plus jusqu'à sa retraite en 1700, causée par une extinction de voix, qu'il avait apportée d'Angleterre; il mourut en 1702.

Voici encore quelques traits qui n'ont pu entrer dans l'éloge de cet acteur. Du Mény était un beau brun, de belles dents, la taille haute et noble, toujours magnifique au théâtre, et figuré en manant à la ville. Il ne sut jamais de musique et souvent il chantait faux. Ajoutez à cela qu'étant extrêmement ivrogne, il paraissait souvent sur le théâtre en désordre; avec ses défauts, les délices du public. J'oubliais de dire que Du Mény avait la voix hautetaille, des plus hautes, ce qui l'a fait passer pour hautecontre. Toutes les vacances du théâtre, Du Mény allait les passer en Angleterre, d'où il rapportait après Pâques jusqu'à mille pistoles. Comme il pillait tous les rubans de toutes les filles de l'Opéra, il en avait rassemblé une assez grande quantité pour en composer une tapisserie, des chaises et un lit, qu'il joignit aux meubles que Beaumavielle lui avait laissés.

Mlle MOREAU, l'aînée,

Qu'on appelait dans le public Louison Moreau, était fille d'un marchand mercier au Palais. Elle débuta dans le prologue de *Proserpine*, en 1680, et s'en tint aux seconds rôles, et souvent aux confidentes; elle quitta l'Opéra aux fêtes de Pâques, de l'année 1692, pour se retirer au couvent des Hospitalières, à titre de pensionnaire. Elle en sortit au bout de quelque temps, et épousa un gentil-homme. On ignore le temps de sa mort. Louison Moreau était petite, mais extrêmement jolie

LE TRIOMPHE DE L'AMOUR,

BALLET A VINGT ENTRÉES,

REPRÉSENTÉ POUR LA PREMIÈRE FOIS A SAINT-GERMAIN-EN-LAYE, LE 21 JANVIER 1681.

LES PAROLES DE M. QUINAULT. LA MUSIQUE DE M. LULLY.

Ce n'est ici proprement, ni un opéra, ni un ballet, mais une suite d'entrées mêlées de récits, propres à composer une magnifique mascarade, dont le roi voulut régaler M. le dauphin et Mme la dauphine, et qui ne devait pas l'engager dans ces grandes dépenses qu'il était obligé de faire lorsqu'on donnait un opéra nouveau à la cour. Cette mascarade avait été préparée pour le jour de la saint Hubert, 3 novembre 1680 ; mais la maladie de M. le dauphin fut cause qu'on en remit la première représentation au 21 janvier 1681, que ce ballet fut exécuté par les musiciens de Sa Majesté avec magnificence et un applaudissement universel. M. le dauphin et Mme la dauphine y dansèrent, ainsi que Mademoiselle, Mme la princesse de Conti, M. le prince de Conti, M. le duc de Vermandois et Mlle de Nantes, avec ce qu'il y avait de jeunes personnes les plus distinguées à la cour, tant hommes que femmes. Vigarani, qui fut chargé des décorations, s'en acquitta avec un goût exquis et d'une façon singulière.

Pendant qu'on représentait le Triomphe de l'Amour, à la cour, l'Académie royale de Musique continuait toujours Proserpine, avec tant de succès, que la reine étant venue à Paris au commencement de mars, voulut prendre ce divertissement. « La reine, accompagné de M. le dauphin et de Mme la dauphine, vint à Paris au commencement de ce mois. Elle fut reçue au Palais-Royal par S. A. R. qui lui donna un magnifique repas. Toutes ces augustes personnes allèrent de là à la foire Saint-Germain..... et ensuite à l'opéra de Proserpine. Il ne devait pas être nouveau à Sa Majesté puisqu'il a servi de divertissement à Saint-Germain. Cependant cet opéra n'étant représenté ni par les mêmes acteurs, ni avec les mêmes décorations, elle y trouva quantité de choses qui eurent pour elle toute la grâce de la nouveauté. Le théâtre des Champs-Elysées parut magnifique, aussi bien que le palais de Pluton, et on donna beaucoup de louanges aux principaux de ceux qui chantèrent. S. M. admira non-seulement l'entière justesse avec laquelle ils savent conduire leurs instrumens, mais encore leur agréable manière d'exprimer au naturel, et par leurs actions et par les divers mouvemens de leurs visages, tout ce que les personnages qu'ils représentent peuvent avoir de passionné. »

LE TRIOMPHE DE L'AMOUR,

BALLET,

REPRÉSENTÉ POUR LA PREMIÈRE FOIS SUR LE THÉÂTRE DE L'ACADÉMIE ROYALE DE MUSIQUE, LE MARDI 15 AVRIL 1681.

Ce fut à la première représentation de ce ballet à Paris, que parurent les premières danseuses. Cette nouveauté extraordinaire, jointe aux autres soins que Lully prit pour ce ballet, lui procura un succès aussi éclatant que celui d'un de ses meilleurs opéras, puisqu'il fut joué jusqu'à la Saint-Martin suivante, avec un concours prodigieux. Ecoutons ce qu'un auteur du temps rapporte des préparatifs que l'on fit pour le donner au public.

« Nous devons avoir incontinent après Pâques, sur le théâtre de l'Académie royale de musique, le Triomphe de l'Amour, qui a diverti LL. MM. pendant tout le carnaval... M. Lully, qui est bien aise que son théâtre ne demeure point sans nouveauté, et qui veut que le public jouisse de cette musique, beaucoup plus belle que n'ont voulu le faire croire ses ennemis de Paris, qui en ont fourni de méchans mémoires aux nouvelles étrangères, fait de grands apprêts pour cet ouvrage. Il a ajouté beaucoup de machines et de décorations, et a fait venir d'Italie un célèbre machiniste (c'était Rivani) qui a travaillé long-temps aux somptueux opéras qui attirent tous les ans un nombre infini de curieux à Venise. Ce machiniste promet des choses extraordinaires, et s'il exécute ce que je sais qu'il a entrepris (1), peut-être n'aura-t-on encore rien vu en France de plus surprenant, et comme plusieurs femmes de qualité dansaient à la cour dans ce ballet, M.

(1) Des personnes qui se sont trouvées aux premières représentations de ce ballet nous ont assuré qu'on ne pouvait rien imaginer au-dessus de la beauté de ses machines, et qu'entre autres choses tout Paris y avait admiré un double théâtre élevé l'un sur l'autre au fond de celui de l'Opéra, qui avait surpris tous les spectateurs.

BIBLIOTHÈQUE CHOISIE.

Lully a choisi beaucoup de filles, afin de remplir les entrées ; ainsi on peut s'assurer qu'on verra sur son théâtre une nouveauté toute singulière.

Entre les danseuses qui parurent pour la première fois dans ce ballet, on distingue Mlles Lafontaine, Pesant, Carré (1) et la petite Leclerc (2).

Le *Triomphe de l'Amour* fut remis au théâtre en janvier 1682 et en 1696. On le redonna depuis, en 1705, mais entièrement changé ; il n'a eu aucun succès à ces dernières reprises.

---

(1) Mlles Pésant et Carré ont quitté le théâtre avant 1700. La première est morte en 1740 ; la seconde est aujourd'hui vivante.

(2) Mlle Leclerc brilla beaucoup dans quelques-uns des opéras suivans : *Proserpine, Persée et Phaéton.*

Mlle DE LA FONTAINE.

Entra à l'Opéra en 1681, au nombre des autres danseuses qui parurent alors pour la première fois. En peu de temps, elle surpassa si fort ses camarades qu'elle fut jugée capable, non seulement de danser seule, mais encore de composer ses entrées, ainsi que Pécourt et L'Étang le cadet. Mlle La Fontaine continua de faire briller son talent, jusqu'au mois de juin 1792, qu'elle se retira au couvent des religieuses de l'Assomption, à titre de pensionnaire, jusqu'en 1696, qu'elle en sortit pour aller demeurer chez Mme la marquise de la Chaise, qui lui donna un appartement et sa table. Cette dame étant morte, Mlle de La Fontaine se mit en pension dans un couvent près de la Croix-Rouge, où elle acheva pieusement sa vie, en 1738. Mlle de La Fontaine, la première qui ait dansé seule au théâtre de l'Opéra, a toujours passé pour sage, était grande et bien faite, de beaux yeux et assez jolie. Mlle Subligny succéda à son emploi.

PROSERPINE,

TRAGÉDIE,

REMISE AU THÉÂTRE AU MOIS DE NOVEMBRE 1681.

L'Académie royale de musique ne pouvant faire paraître un nouvel opéra cet hiver, remit au mois de novembre celui de *Proserpine,* qui reçut un air de nouveauté par le changement de plusieurs machines et des nouvelles décorations, et encore plus par les entrées que l'on rendit extrêmement brillantes, puisqu'on y joignit les nouvelles danseuses qui avaient attiré de si nombreuses assemblées l'été précédent au *Triomphe de l'Amour*. Cet opéra fut continué jusqu'à la fin de janvier 1682, et ne fut repris qu'au mois de juillet 1699.

Vers la fin de novembre, l'on représenta à la cour le *Pourceaugnac* et le *Bourgeois gentilhomme.* Cela fut exécuté parfaitement par les comédiens français et les musiciens du roi. On donna encore quelques représentations de ce spectacle au mois de décembre suivant ; ce fut dans ces dernières que Lully joua le rôle du Moufti, dans le divertissement de la dernière de ces deux pièces ; nous avons parlé de ce fait dans sa vie et de l'aventure qui lui arriva à cette occasion.

ATYS,

TRAGÉDIE,

REPRÉSENTÉE A LA COUR LE MERCREDI 7 JANVIER 1682.

Cet opéra fut pendant le cours du reste de l'hiver un des principaux divertissemens de la cour. Comme Mme la dauphine ne l'avait point encore vu, le roi, qui favorisait beaucoup cette pièce, fit refaire à neuf la plus grande partie des décorations, espérant que cette princesse en recevrait plus de plaisir. Lully, de son côté, entrant dans les intentions de son maître, ajouta de nouvelles entrées. De sorte que cette représentation d'*Atys* eut l'agrément d'un nouvel opéra, et coûta presqu'autant de soins et de dépenses.

LE TRIOMPHE DE L'AMOUR,

BALLET,

REMIS AU THÉÂTRE AU MOIS DE JANVIER 1682.

A la suite des représentations de *Proserpine,* Lully reprit le ballet dont nous parlons, qui, accompagné de tous les agrémens qu'on y voit joints l'année précédente, continua jusqu'à la clôture du théâtre.

PERSÉE,

TRAGÉDIE,

REPRÉSENTÉE POUR LA PREMIÈRE FOIS SUR LE THÉATRE DE L'ACADÉMIE ROYALE DE MUSIQUE,
LE SAMEDI 18 AVRIL 1682.

LE POÈME DE M. QUINAULT. LA MUSIQUE DE M. LULLY.

Lully ne put résister à l'impatience du public qui souhaitait avec d'autant plus d'ardeur de voir cet opéra, que n'ayant point encore paru à la cour, comme la plupart des précédens, c'était un spectacle neuf; il fit ouvrir son théâtre le 18 avril par la première représentation de *Persée*, qui fut honorée de la présence de M. le dauphin, de LL. AA. RR., et d'une des plus belles et des plus nombreuses assemblées, qui ne cessa d'applaudir avec justice aux grandes beautés qu'on trouve dans cet opéra, tant de la part du poète que du musicien. Le premier ne laissa pas d'être critiqué; on attaqua surtout ce sentiment de Phinée :

L'amour meurt dans mon cœur, la rage lui succède;
　J'aime mieux voir un monstre affreux
　　Dévorer l'ingrate Andromède,
　Que la voir au pouvoir de mon rival heureux.

M. de Freneuse admire la manière dont cet opéra commence.—C'est Céphée qui parle :

Je crains que Junon ne refuse,
D'apaiser sa haine pour nous.
Je crains, malgré nos vœux, que l'affreuse Méduse
Ne revienne servir son funeste courroux.

En effet, tout le sujet de la pièce est exposé dès la première scène, en sorte que cela répand une grande clarté et beaucoup d'intelligence sur tout le reste du poème. Entre un grand nombre de beaux morceaux de musique, on ne doit pas oublier un trio très touchant, et très flatteur, qui a fait beaucoup d'honneur à Lully, c'est :

O dieux ! qui punissez l'audace, etc.

Aussi bien que celui :

Ah! que l'amour cause d'alarmes!

Le morceau de musique le plus travaillé, et qui s'en ressent le moins, est le commencement du troisième acte. Le monologue de Méduse, et la scène des Gorgones. sont le chef-d'œuvre de Lully. Il y a un accompagnement qui fait le plus bel effet du monde. Le chœur :

Descendons sous les ondes, etc.

(acte 4, scène 6), passe pour un des plus travaillés. Toutes les parties en sont presque également belles; c'est un morceau vraiment savant. Cependant, selon M. de Freneu-

se, il cause plus d'admiration sur le papier qu'il ne fait de plaisir à l'oreille; le duo de la deuxième scène du quatrième acte entre Phinée et Mérope,

Les vents impétueux, etc.,

est très savant et très difficile; il fait un très grand effet quand il est bien exécuté. On admire encore dans *Persée* ce passage :

Hymen ! ô doux hymen! sois propice à nos vœux, etc.

L'Hymen, qui est un dieu flatteur et gracieux qu'on appelle aux noces d'un amant et d'une épouse contente, est traité ici avec une douceur charmante. Quels tons mélodieux, aisés et coulans ! En général, tout le monde rend justice à la beauté du poème et à la musique de cet opéra, si on excepte un très petit nombre. Ce fut dans cet opéra que fit son essai pour le chant et pour la danse,

Mlle DESMATINS.

Fille d'un violon de la musique du roi, et nièce de Beauchamps, débuta à l'âge de douze ans dans l'opéra de *Persée* pour la danse et pour le chant, mais elle quitta bientôt le premier talent pour s'attacher au dernier, où elle s'éleva au plus haut degré, jouant également bien les rôles, tendres et ceux de fureur. Mlle Desmâtins était belle, grande et bien faite; à la vérité un peu d'embonpoint dérangea sa taille. Elle mourut en 1708 d'un ulcère au foie, âgée de trente-huit ans.

L'opéra de *Persée* fut joué sans discontinuation et toujours avec applaudissement, jusqu'au mois de septembre suivant. Il a été repris avec succès en 1687, 1703, 1710, 1722, 1723 et 1737.

Le dimanche 19 juillet 1682, on vit sur le théâtre de l'Opéra une chose qui surprit agréablement les spectateurs. « Le jeune prince de Diechrichstein, fils aîné du prince de ce nom, grand-maître de S. M. l'impératrice régnante, femme de l'empereur Léopold, y dansa seul une entrée de ballet avec une grâce merveilleuse. Il y parut, sur ce théâtre, magnifiquement habillé et masqué selon sa coutume, et remplit la place d'un des principaux maîtres qu'emploie M. de Lully. Monsieur y vint pour le voir, avec un concours de monde incroyable. Ce jeune seigneur, qui n'a pris de leçons que pendant un an, dansa cette entrée d'une manière si juste, qu'il fut admiré de tout le monde. »

PERSÉE,

TRAGÉDIE,

REPRÉSENTÉE DANS LE MANÉGE DE VERSAILLES EN PRÉSENCE DE LEURS MAJESTÉS,
AU MOIS DE JUIN 1682.

Devisé va nous apprendre de quelle façon se passa cette représentation, et les raisons qui la précipitèrent.

« L'opéra de *Persée* a été représenté à Versailles, en présence de LL. MM. Ce qui s'est passé en cette occasion tient du prodige et fait voir que le plaisir qu'on prend à servir le roi va jusqu'à venir à bout de l'impossible. Ce prince avait dit que quand il voudrait voir cet opéra, il en ferait prévenir quelques jours auparavant, afin qu'on eût le temps de s'y préparer et de dresser un théâtre dans le fond de la cour du château, qui était le lieu destiné pour ce spectacle. Cependant le temps s'étant mis tout d'un coup au beau, et Sa Majesté voulant que Mme la dauphine eût part à ce divertissement avant qu'elle accouchât, on n'avertit de se tenir prêt que vingt-quatre heures avant la représentation : ainsi on ne put travailler au théâtre que le jour même. Il se trouva fort avancé sur le midi, mais le vent ayant changé, la pluie qui tomba tout le matin fit assez connaître qu'il en tomberait le reste du jour. Le roi était prêt à remettre l'opéra à un autre jour, lorsqu'on lui promit qu'il y aurait pour le soir même un autre théâtre de dressé dans le manége. Et en effet à huit heures et demie du soir, le lieu où l'on travaillait encore des chevaux à midi sonné, parut avec un brillant inconcevable : théâtre, orchestre, haut-dais, rien n'y manquait. Un très grand nombre d'orangers d'une grosseur extraordinaire, très difficiles à remuer et encore plus à faire monter sur le théâtre, s'y trouvèrent placés. Tout le fond était une feuillée composée de véritables branches de verdure coupées dans la forêt. Il y avait dans ce fond et parmi ces orangers, quantité de figures de Faunes et de Divinités, et un fort grand nombre de girandoles . Je n'entreprendrai point de vous en faire la description, elle me serait plus difficile que l'exécution même ne l'a été... Tous ceux qui ont de l'emploi dans l'opéra de *Persée* s'en acquittèrent si bien, qu'on en remarqua toutes les beautés. Le sieur Pécourt dansa d'une manière qui lui attira beaucoup de louanges. Le lieu se trouva propre pour les voix, et l'étendue de celle de Mlle Rochois charma les plus difficiles de la cour. La symphonie parut admirable, et le roi dit à M. de Lully qu'il n'avait point vu d'opéra dont la musique fût plus également belle partout que celle de cet opéra.

La joie complette que toute la France ressentit à l'heureuse naissance de M. le duc de Bourgogne fut une occasion favorable à Lully pour signaler en cette occasion le sincère attachement et la parfaite reconnaissance qu'il avait pour la maison royale, aussi s'en acquitta-t-il avec toute la magnificence possible en donnant son spectacle *gratis* (1).

_____

(1) Chacun faisait paraître la joie qu'il avait de la naissance du nouveau prince, en se servant pour cela des choses qui regardaient son emploi. M. de Lully a cru devoir donner l'opéra au public. On y entrait par un arc de triomphe, et c'était vraiment triompher que de pouvoir passer dessous, tant il y avait de périls à essuyer pour y parvenir. On pourrait dire qu'il y vint un monde entier. La différence de ce qui s'est présenté de peuple à la Comédie et à l'Opéra, quand on lui a donné *gratis* l'un et l'autre, fait connaître la grande fortune que le mérite des ouvrages de M. de Lully lui fait faire. Comme il est le plus habile qui ait encore paru en son genre; il est bien juste que le public le distingue par l'empressement qu'il a de voir ce qu'il fait. Après la représentation de *Persée*, le grand portique par dessous lequel on était entré, et deux obélisques qui étaient aux deux côtés, parurent en feu, et un soleil s'éleva peu-à-peu au-dessus. Ce soleil était composé de plus mille lumières vives, c'est-à-dire, sans être couvertes. On tira ensuite plus de soixante fusées d'honneur, les unes après les autres, et l'on fit couler jusqu'à minuit une fontaine de vin, qui consola plusieurs personnes de n'avoir pu entrer à l'Opéra.

ALCESTE,

TRAGÉDIE,

REMISE POUR LA DEUXIÈME FOIS SUR LE THÉATRE EN SEPTEMBRE 1682.

Lully, craignant que l'opéra de *Persée* ne pût seul remplir le théâtre, jusqu'à la première représentation publique de *Phaëton*, qu'il préparait pour la cour, remit la tragédie d'*Alceste*. Cette pièce, qui n'avait point été vue depuis sa nouveauté en 1674, et qui est pleine de beaux morceaux, fut très bien remise, et attira de nombreuses assemblées.

PHAËTON,

TRAGÉDIE.

REPRÉSENTÉE POUR LA PREMIÈRE FOIS A VERSAILLES LE JOUR DES ROIS,
MERCREDI 6 JANVIER 1683.

LE POÈME DE M. QUINAULT. LA MUSIQUE DE M. LULLY.

Lorsque cet opéra parut à la cour, il ne fut point accompagné de machines et décorations; ce qui semblerait l'avoir privé d'une partie de ses agrémens; mais il n'en reçut pas moins d'applaudissemens. Les solides beautés de cette tragédie, et surtout celles de la musique, emportèrent tous les suffrages. M. de Freneuse nous rapporte une réflexion sur le caractère de Phaëton, qui est singulier, en ce que ce jeune ambitieux paye à tout moment d'esprit où les autres héros de théâtre payent de tendresse. Il admire ce trait de Lybie, dans la deuxième scène du premier acte.

Que l'incertitude
Est un rigoureux tourment, etc.

Quoique l'air soit fort beau, et agréable à l'oreille, il n'est point expressif dans le caractère qu'il faut, car Lybie se plaint de la rigueur d'une incertitude douloureuse, et elle s'en plaint d'un ton et d'un mouvement badin, qui fait un contre-temps que le bon sens ne peut souffrir. On trouva aussi le cinquième acte trop inégal et trop mêlé d'excellent, et de choses moins travaillées; ceci soit dit sans diminuer la réputation du poète et du musicien, et sans nous engager à l'examen de pareils défauts qui peuvent se trouver dans les opéras dont nous parlerons dans la suite de cet ouvrage. Mais nous ne pouvons nous dispenser de détruire ici un bruit qui n'a d'autre fondement que l'envie des ennemis de Lully.

M. de Freneuse, *Histoire de la Musique*, page 73, dit que Lully préférait le duo de *Phaëton*.

Que mon sort serait doux, etc...

A ce fameux duo du cinquième acte, que tout le monde a admiré et admire.

Hélas! une chaîne si belle, etc.".

Chacun a son goût, disait Lully, quand on lui parlait. *Que mon sort, etc.* me flatte et me touche davantage; ce qui montre bien, ajoute M. de Freneuse, que cet Italien, si peu Italien, aimait mieux une musique douce et unie qu'une musique savante et travaillée. Ce goût particulier, continue-t-il, a donné lieu au bruit commun que ce dernier duo est de l'Allouette l'aîné, son secrétaire. La préférence que Lully donnait à celui-là,

Que mon sort serait doux, etc.

devint suspecte; Lully, disait-on, est homme d'esprit; il n'est pas sans apparence qu'il était bien aise d'élever: « *Que mon sort*, etc. » qui est sûrement de lui, aux dépens de l'autre qui est peut-être de l'Allouette. « Mais, ajoute M. de Freneuse dans un autre endroit, j'avais donc entendu attribuer à l'Allouette le duo:

Hélas! une chaîne si belle, etc.

» On m'a averti qu'il n'était pas possible qu'il y eût la moindre part, puisque Lully l'avait congédié plus de quatre ans avant que de faire *Phaëton*. L'Allouette avait été secrétaire de Lully et il l'avait été avec beaucoup de distinction et d'agrément que son intelligence et son habileté lui avaient attirés. Mais Lully crut s'apercevoir qu'il faisait un peu trop du maître, et il était homme que ces manières n'accommodaient. Il revint à Lully qu'il s'était vanté d'avoir composé les meilleurs morceaux d'*Isis*, et il le congédia. »

Cette preuve est très authentique, et très sensible. Devisé même convient que l'Allouette n'était plus à Lully dès le commencement de 1677 (1); ainsi il ne peut avoir travaillé à la musique de *Phaëton*; et quoi qu'on en puisse dire, il n'y a pas d'apparence qu'il ait jamais composé d'opéra, puisqu'il n'a donné qu'un méchant divertissement, intitulé *Ariadne et Bacchus*, qui, à la sollicitation de Mlle Certain, fut donné en 1693, à la fin de l'opéra qu'on jouait alors et qui fut sifflé du commencement à la fin.

(1) «M. l'Allouette battait la mesure à l'Opéra; comme il était à M. de Lully, et qu'il a copié ses airs pendant plusieurs années, ceux qu'il composait ont tant de rapport avec ceux de ce grand maître, qu'on voit bien qu'il a étudié sous lui: l'école est bonne; mais nous ne sommes pas dans un temps où il soit avantageux de montrer tout ce qu'on a appris.» Ce passage de Devisé, malgré la malignité dont il est plein, ne sert qu'à nous prouver de plus en plus que l'Allouette n'a eu aucune part à l'opéra de *Phaëton*.

PHAÉTON,

TRAGÉDIE.

REPRÉSENTÉE POUR LA PREMIÈRE FOIS SUR LE THÉATRE DE L'ACADÉMIE ROYALE DE MUSIQUE,
LE MARDI 27 AVRIL 1683.

L'ouverture du théâtre fut cette année aussi brillante que celle de l'année précédente ; *Phaëton* fut reçu à Paris avec encore plus d'applaudissemens qu'il ne l'avait été à la cour, puisqu'il fut exécuté avec les machines et tous les embellissemens qu'il pouvait recevoir ; aussi le public en fut-il satisfait, ainsi que des acteurs et actrices, qui remplirent parfaitement leurs rôles. Entre ces derniers parut pour la première fois,

Mlle MOREAU la cadette.

Sœur de celle dont nous avons parlé à l'article de l'opéra de *Proserpine*, débuta à l'âge de quinze ans dans le prologue de *Phaëton*, en 1683, où elle plut beaucoup. Elle resta quelque temps dans les chœurs ; mais ayant eu quelques rôles en second, elle s'y distingua de façon que le public souhaita de les lui voir remplir en premier ; ce qu'elle continua avec tous les applaudissemens possibles, jusqu'à sa retraite en 1701. Mlle Moreau entra pensionnaire au couvent des Filles-de-la-Croix du faubourg Saint-Antoine, où elle demeura trois ans, au bout desquels elle en sortit pour épouser M. Devilliers, alors gentilhomme ordinaire du roi. Elle est actuellement vivante et dans une haute dévotion.

Fanchon Moreau (c'est ainsi qu'on la nommait dans le public, du temps qu'elle jouait à l'Opéra) était une grande blonde, fort bien faite, qui joignait à des yeux extrêmement tendres, un visage charmant et une gorge belle et bien placée, beaucoup d'esprit et un grand usage du monde.

Phaëton resta au théâtre depuis le 27 avril jusqu'au vendredi 30 juillet, que le bruit de la mort de la reine (Marie-Thérèse) s'étant rendu général, pénétra jusqu'au théâtre de l'Opéra, l'on jouait déjà l'ouverture lorsque cette nouvelle fit tout cesser. M. Lully fit rendre l'argent, et ce fâcheux accident interrompit les spectacles pendant un mois entier, au bout duquel l'Académie reprit *Phaëton*, dont les représentations furent continuées avec un succès prodigieux jusqu'au 14 janvier 1684.

Le triste événement de la mort de la reine nous rappelle ici une épitaphe que Quinault composa à ce sujet, et qui mérite d'être rapportée.

Tremble, qui que tu sois, et respecte en ce lieu
Une reine, deux fois par le ciel couronnée,
Fille d'un puissant roi, femme d'un demi-dieu ;
De ses beaux jours, trop tôt la course fut bornée.
Sa bonté, sa douceur, toutes ses actions,
Furent de l'univers les admirations ;
Elle véquit en sainte, elle est morte de même.
Et ce sacré réduit, que tu vois revêtu
Des dernières grandeurs de cette souveraine,
Est moins le tombeau d'une reine,
Que le temple de la vertu.
Sa piété brillait plus que son diadème.

AMADIS,

TRAGÉDIE,

REPRÉSENTÉE POUR LA PREMIÈRE FOIS SUR LE THÉATRE DE L'ACADÉMIE ROYALE DE MUSIQUE,
LE VENDREDI 14 JANVIER 1684.

LE POÈME DE M. QUINAULT. LA MUSIQUE DE M. LULLY.

Quinault, qui avait entrepris cet opéra par ordre de la cour, dès l'été précédent, n'ayant pu l'achever avant la mort de la reine, fut obligé d'attendre de nouveau l'ordre pour le faire paraître. Mais le roi, religieux observateur des lois et des devoirs de la bienséance, qui ne lui permettaient pas de voir aucun spectacle pendant l'année de son deuil, ne voulut pas priver le public de ce divertissement, et fit dire à Lully qu'il pouvait faire représenter son opéra nouveau. Cette bonté du roi fut fort avantageuse à Lully, et à tout Paris, qui courut avec beaucoup d'empressement aux représentations d'*Amadis*.

Le prologue de cet opéra fut universellement approuvé. En général, on trouve que Lully a composé plus de prologues excellemment beaux que d'opéras. Mais celui dont nous parlons, est encore préféré par les connaisseurs ; il est relatif à la pièce et travaillé avec un art infini, tant de la part du poète que du musicien. Il s'en faut bien qu'on ait porté le même jugement de la tragédie. L'épisode de Florestan et de Corisande, tient si peu à la pièce, qu'on souhaiterait qu'il n'y fût point du tout. Le nœud du poème ne tient qu'à une présomption qui n'est fondée sur rien.

BIBLIOTHÈQUE CHOISIE

Quinault s'est bien gardé de faire intervenir une seule scène entre Oriane et Amadis dans les quatre premiers actes. Les soupçons de la princesse auraient été dissipés par un seul mot de son amant, et la pièce aurait presque aussitôt fini que commencé. L'épisode d'Arcalaüs et d'Arcabonne y supplée. Véritablement le premier n'est intéressé que par la haine dans l'action épisodique, mais Arcabonne s'y trouve attachée tout à la fois par la reconnaissance, l'amour et la haine, et c'est ce qui fait que le troisième et le quatrième actes sont les plus intéressans.

Toute la pièce est bien versifiée, mais elle n'est pas conduite avec cet art ordinaire à son ingénieux auteur ; quoique l'unité d'action ne soit pas essentielle au théâtre de l'Opéra, elle est ici si mal observée, qu'on ne sait le plus souvent où elle se passe. Au reste, la tragédie paraît finie au quatrième acte, qui, ainsi que le cinquième, ont toujours paru languissans, en comparaison des trois premiers.

Pour ce qui regarde la musique, on y reconnaît toujours le grand Lully, et si le genre en est un peu triste, c'est plutôt la faute du poëte que celle du musicien, qui distingua cet opéra entre les meilleurs qu'il eût faits, et entre les meilleurs airs, il annonça celui de :

> Bois épais, redouble ton ombre, etc.

comme excellent, il pouvait aussi annoncer sa chaconne du cinquième acte qui est certainement un chef-d'œuvre. Ce fut à l'occasion de cet opéra, que Quinault composa un madrigal qu'il intitula l'Opéra difficile. Quoique

ce petit morceau se trouve à une infinité d'endroits, nous ne pouvons nous dispenser de le joindre ici, puisque c'est sa véritable place.

L'OPÉRA DIFFICILE.

> Ce n'est pas l'opéra que je fais pour le roi,
>   Qui m'empêche d'être tranquille ;
> Tout ce qu'on fait pour lui paraît toujours facile.
>   La grande peine où je me voy,
>   C'est d'avoir cinq filles chez moi
>   Dont la moins âgée est nubile.
> Je dois les établir et voudrais le pouvoir ;
> Mais à suivre Apollon, on ne s'enrichit guère.
> C'est, avec peu de bien, un terrible devoir
> De se sentir pressé d'être cinq fois beau-père.
>   Quoi ! cinq actes devant notaire,
>   Pour cinq filles qu'il faut pourvoir !
>   O ciel ! peut-on jamais avoir
>   Opéra plus fâcheux à faire ?

Les décorations, ainsi que les habits, furent dessinés par Berain, qui se surpassa en cette occasion. « Jamais, dit l'auteur du Mercure, on n'a rien vu de plus magnifique, de mieux entendu, ni de plus convenable au sujet. Les vols, dont la nouveauté et la beauté ont surpris, sont du même Berain, qu'on peut dire un génie universel (1). »

(1) C'est à cette occasion que Berain inventa les manches de veste, que le public nomme encore Amadis, sans que la plupart en sachent l'origine.

ROLAND,

TRAGÉDIE,

REPRÉSENTÉE POUR LA PREMIÈRE FOIS LE LUNDI 8 JANVIER 1685, A VERSAILLES.

LE POÈME DE M. QUINAULT. LA MUSIQUE DE M. LULLY.

Ce poème, qui a de grandes beautés, est cependant fort au-dessous de plusieurs autres du même auteur. Il y a dans le troisième acte une faute de jugement qui n'est pas pardonnable à Quinault : c'est Angélique qui fait reconnaître Médor roi du Cathay, par ses peuples ; Roland, qui la cherche de tous côtés, peut-il ignorer un pareil événement ? Assurément ce n'est point l'Arioste qui a conduit Quinault dans ce précipice : au contraire, il fait partir Angélique et Médor très secrètement, et pour se mettre en état de ne rien craindre, la princesse du Cathay donne un rendez-vous à Roland. Ce dernier ne manque pas de s'y trouver, et c'est pendant ce temps que les deux amans s'embarquent. Quinault a tiré un grand parti du rendez-vous dont nous venons de parler ; c'est ce qui forme son quatrième acte, où il se surpasse dans l'intérêt qu'il a su répandre, et l'art du divertissement qui fait corps de la pièce. Ici le poëte français surpasse le poëte italien ; les fureurs de Roland sont mieux placées en coupant et rompant des trophées que son rival n'a dressés que pour son déshonneur, que de lui faire pren-

dre un cheval, et après l'avoir crevé à force de le faire courir, le porter sur ses épaules, ainsi que l'Arioste le débite.

A l'égard du musicien, il est toujours le même : rien de faible chez lui ; mais en même temps son goût lui a fait composer au-dessus de tout, lorsque le poëte le met en place d'exercer son talent. Ce quatrième acte, dont nous venons de parler, est encore plus parfait par la musique que par les paroles. On ne peut trop admirer la beauté et la noblesse du chant du monologue de Roland, qui contient plus de soixante vers ; quel est le musicien qui oserait en travailler un qui n'en aurait que la moitié ?

Après ce que nous venons de dire, on ne doit pas être surpris, si ayant été composé pour le roi et par son ordre, il fut bien reçu à la cour. On reprocha seulement au poète qu'Angélique est trop souvent sur la scène avec Médor, et que Roland n'y paraît pas assez ; mais, au reste, on lui rendit toute la justice qu'il méritait, aussi bien qu'à Lully, qui reçut des complimens marqués. Cet opéra fut joué tous les samedis, jusqu'à la fin du carnaval. Le 16 de janvier, le roi régala les ambassadeurs de Siam, qui étaient alors en France, d'une représentation de cette tra- gédie à la cour, et Lully eut la satisfaction de se faire des admirateurs jusqu'au fond de l'Orient.

AMADIS,

TRAGÉDIE,

REPRÉSENTÉE POUR LA PREMIÈRE FOIS A VERSAILLES, LE LUNDI 5 MARS 1685.

Quoique cet opéra eût été composé par ordre du roi, cependant, comme il fut joué pendant l'année de son deuil, Sa Majesté ne put avoir le plaisir de le voir à sa cour, que la suivante. Il n'y démentit pas la réputation qu'il avait acquise à Paris, et y reçut de grands applau-dissemens.

Lully, qui voyait les progrès de son Académie de mu-sique à Paris, craignit que quelques particuliers ne s'in-gérassent d'en établir de pareilles dans différentes villes du royaume, et pour prévenir le préjudice que la sienne en pourrait recevoir, et en même temps se conserver la disposition des autres, il obtint du roi une ordonnance *portant défense d'établir des Opéras dans le royaume, sans la permission du sieur Lully, ou de ses représentans* Cette ordonnance fut signée à Versailles, le 17 août 1684. Lully ne tarda pas à en faire usage. Vers la fin de cette même année, un nommé Gautier, qui s'était acquis quelque réputation parmi les amateurs de musique, voulut entreprendre à Marseille, une Académie sur le mo-dèle de celle de Paris. S'étant accommodé avec Lully et de son consentement, il exécuta ce qu'il avait promis, et fit ouvrir son théâtre, pour la première fois, le dimanche 28 janvier 1685, par un opéra nouveau, intitulé *le Triom-phe de la Paix*. Les habits furent trouvés magnifiques, les machines justes et les décorations très belles. La danse y plut fort, la symphonie encore davantage, et toutes ces choses attirèrent beaucoup de louanges à l'entrepreneur, qui avait bien voulu prendre tant de peine et hasarder de si grands frais pour le divertissement de la province. On se rendit ensuite de tous côtés à Marseille pour voir ce spectacle, qui fut donné plusieurs fois par semaine. Voilà quelle fut l'origine de l'Opéra de Marseille.

ROLAND,

TRAGÉDIE,

REPRÉSENTÉE A PARIS POUR LA PREMIÈRE FOIS, LE JEUDI 8 MARS 1685.

Aussitôt que les représentations de cette tragédie eu-rent cessé à la cour, Lully la fit donner au public à Pa-ris, où elle eut d'autant plus de succès qu'elle y fut exé-cutée avec les machines et les décorations, ce qui n'avait pu se faire à Versailles. Beaumavielle remplit au mieux le principal rôle, Mlle Rochois et Du Mény s'acquittèrent parfaitement de ceux d'Angélique et de Médor. *Roland* fut repris cette année après Pâques et continué jusqu'au mois de novembre.

LE TEMPLE DE LA PAIX,

REPRÉSENTÉ POUR LA PREMIÈRE FOIS A FONTAINEBLEAU AU MOIS D'OCTOBRE 1685, ET ENSUITE A PARIS AU MOIS DE NOVEMBRE SUIVANT.

LES PAROLES DE M. QUINAULT. LA MUSIQUE DE M. LULLY.

Ce ballet, que Lully et Quinault donnèrent à la cour, pour y servir de divertissement pendant qu'ils mettaient la dernière main à l'opéra d'*Armide*, fut représenté à Fon-tainebleau avec plus de succès qu'on ne devait en atten-dre. Mme la princesse de Conty, Mme la princesse de Bourbon, Mlle de Blois, M. le comte de Brionne et plu-sieurs dames et seigneurs de la cour y voulurent dan-ser.

On le vit avec beaucoup de gaîté; et ce même ballet fut donné ensuite à Paris, lorsqu'on fut obligé de cesser *Ro-* *land* à cause du départ de Du Mény (1). Cet acteur étant rentré à l'Opéra, on remit au mois de janvier 1686 *Ro-land*, dont les représentations continuèrent jusqu'à la pre-mière d'*Armide*.

(1) M. le marquis de Pommereu, gouverneur de Douay, vou-lant y donner une fête à M. le duc d'Elbeuf, amena avec lui ses violons et quelques chanteurs. Du Mény, entraîné par son humeur inconstante, suivit ce seigneur à Douai, et y fit exé-cuter le ballet du *Temple de la Paix*, dernièrement représenté à Fontainebleau.

L'IDYLLE SUR LA PAIX,

LES PAROLES DE M. RACINE. LA MUSIQUE DE M. LULLY.

—

L'ÉGLOGUE DE VERSAILLES,

LES PAROLES DE M. PÉLISSON. LA MUSIQUE DE M. LULLY.

« Les vers de *l'Idylle* furent faits pour être chantés dans l'Orangerie le jour que le roi Louis XIV fit l'honneur à M. le marquis de Seignelay de venir se promener dans cette agréable maison : c'était en 1683, peu de temps après la conclusion de la trève. »

L'Eglogue de Versailles fut chantée à la cour; il y a apparence que ces deux morceaux furent joints au *Temple de la Paix*, lorsque ce ballet fut représenté à Paris. On y ajouta encore une augmentation tirée du *Pourceaugnac* de Molière, dont la musique était aussi de Lully.

ARMIDE,

TRAGÉDIE,

REPRÉSENTÉE POUR LA PREMIÈRE FOIS SUR LE THÉATRE DE L'ACADÉMIE ROYALE DE MUSIQUE,

LE JEUDI 15 FÉVRIER 1686 (1).

LE POÈME DE M. QUINAULT. LA MUSIQUE DE M. LULLY.

Cet opéra fut également le triomphe de Quinault, de Lully et de Mlle Rochois. Jamais pièce ne fut plus admirée. Une des plus grandes perfections d'un spectacle, est que la beauté croisse d'acte en acte. Il n'y a peut-être point d'opéra qui ait cet avantage comme *Armide*, et cet avantage est d'un prix infini. Il est vrai qu'il y a quelques endroits que l'on peut critiquer, comme l'épisode d'Hidraot, qui n'est pas assez lié à la pièce, et le quatrième acte qui manque de matière (2). L'auteur paraît ici nu et stérile à l'excès. Il devait, sans doute, y ménager quelque action, ou quelque épisode moins sec que la dou-

ble rencontre des deux fausses maîtresses du chevalier danois et d'Ubalde, répétition froide, jeu propre seulement à la comédie, et qu'on est souvent obligé de retrancher, malgré les beaux chants du musicien. Mais le divertissement, qui est exquis, répare cet acte faible, qui semble avoir été sacrifié pour relever encore la beauté du cinquième, sur lequel tout le monde demeure d'accord, que rien n'a jamais été si parfait. Il est tout seul un opéra. Le divertissement est vers le milieu de l'acte, l'attention du spectateur demeure libre pour ce qui va suivre. Enfin, la dernière scène efface autant les premières, que cet acte efface les quatre précédents.

Le perfide Renaud me fuit, etc.....

Combien de beautés! quelle force ! quelle adresse d'expression jusque dans la moindre chose! On peut appeler cette scène pour le pathétique, pour les grâces, pour la diversité des mouvemens, le triomphe de la poésie française.

Le spectacle finit par le fracas du palais enchanté que les démons viennent détruire en un instant ; dans l'émotion que cause cette machine unique, amenée et placée avec art, la toile tombe, et le spectateur, plein de la passion, qu'on a augmentée jusqu'au dernier moment, l'emporte tout entière. Il s'en retourne pénétré, malgré qu'il en ait, rêveur et chagrin du mécontentement d'Armide. Il semble que l'esprit humain ne peut rien imaginer de supérieur au cinquième acte d'*Armide*.

Ce poème montre assez combien le poème contribue à la sublime beauté ou à la langueur d'un opéra, par la bonne ou mauvaise constitution qu'il lui donne ; on prétend

---

(1) « L'opéra d'*Armide*, qui avait été commandé d'abord pour Versailles, n'ayant pu y être représenté, a paru dans les derniers jours du carnaval, à Paris, sur le théâtre royal de musique, avec le succès qui suit tous ces grands spectacles, M. le dauphin honora de sa présence la première représentation qui en fut faite ; les paroles en sont trouvées dignes de leur auteur, chacun est charmé de la beauté de la symphonie et de la musique; ce qu'il y a de spectacle a paru grand et nouveau, et surtout le théâtre qui se brise; il est de l'invention de M. Berain. On s'est fort récrié sur la beauté de toutes les parties qui composent le cinquième acte de cet opéra.

(2) Lully, d'un goût toujours sûr, avait prévenu le sentiment du public au sujet du quatrième acte ; c'est pourquoi il demanda à Quinault un cinquième acte qui, non seulement fît oublier au public ce faible morceau, mais même surpassât tout ce qu'il avait encore fait. Quinault travailla, et ne satisfit Lully qu'en lui apportant l'acte qu'il lui demandait, tel que nous le voyons. Mais il s'y prit à trois différentes fois. Heureux le poète qui en douze en ferait autant !

BIBLIOTHÈQUE CHOISIE.

que cet opéra est celui de tous ceux de Lully, dont la musique est la plus simple, la plus suivie et par conséquent le plus merveilleux ouvrage de cet excellent maître. On disait proverbialement, dans les premiers temps, que cette pièce fut jouée, qu'*Armide* était l'opéra des dames, *Atys*, l'opéra du roi, *Phaéton*, l'opéra du peuple, et *Isis*, l'opéra des musiciens.

Un trait de galanterie, dit M. l'abbé du Bos dans ses *Réflexions critiques sur la Peinture et la Poésie*, énerve souvent l'endroit d'un poème le plus pathétique. Il fait cesser, pour un temps, l'affection qu'on avait prise pour le personnage. Renaud, poursuit-il, acte V, scène 1re, amoureux malgré lui, et parce qu'il est subjugué par les enchantemens d'Armide, intéresse vivement à la situation; on est même touché de sa passion quand il ouvre la scène; en disant à sa maîtresse, qui le laisse dans le palais enchanté... :

Armide, vous m'allez quitter?

Et lorsqu'il ne lui réplique, après qu'elle lui a dit le motif important qui l'oblige à s'éloigner de lui, que les mêmes paroles qu'il lui avait déjà dites :

Armide, vous m'allez quitter?

Renaud paraît alors un homme livré tout entier à l'amour; l'amour ne saurait mieux s'exprimer que par cette répétition : c'est la marque de l'ivresse de la passion, que de n'entendre pas les raisons qu'on lui oppose. Renaud n'est plus qu'un amant précieux et un amoureux affecté, lorsqu'il répond à à sa maîtresse, qui lui dit :

Voyez en quels lieux je vous laisse?

Par ce fade compliment :

Puissé-je rien voir que vos appas.

M. l'abbé de Villiers blâme les répétitions qui sont dans l'adieu de Renaud et d'Armide, en disant :

Chaque plainte d'Armide a l'air d'un madrigal,
Et semblant badiner, en ce moment fatal,
Renaud tourne en rondeau son adieu lamentable;
Aux tragiques sujets ce style est-il sortable?

On doit faire réflexion, dit M. Le Brun dans la préface de son théâtre lyrique, que l'un est un amant qui s'arrache à l'amour pour se rendre à la gloire ; l'autre est une amante désespérée, qui perd tout ce qu'elle aime : est-il possible de les peindre avec des traits plus naturels, et d'exprimer plus vivement les transports de deux amans malheureux et pleins de leur passion? L'art ne s'y trouve-t-il pas d'accord avec la nature? Ce contraste de leurs caractères, n'a-t-il pas les beautés différentes qu'il doit avoir? Les répétitions que l'abbé de Villiers y condamne, ne sont-elles pas de deux amans attendris, pénétrés de ce qu'ils sentent, et qui ne sentent que le chagrin de se séparer? Peut-on lire cet adieu sans en être touché, et peut-on n'en être pas touché, sans avoir le goût bien extraordinaire et bien bizarre, etc.?

En voilà assez sur l'opéra d'*Armide*; le lecteur peut cependant, s'il le juge à propos, consulter une critique très sensée de ce poème, qui se trouve dans le *Mercure de France*, décembre 1724, deuxième volume page 2,800 et suivantes, et une réponse à cette critique, insérée dans le *Mercure* du mois de mai 1725, pages 947 et suivantes.

On sait qu'à cette première représentation d'*Armide*, le principal rôle était rempli par Mlle Rochois, et que ceux de Renaud et d'Hidraot, l'étaient par Du Mény et Beaumavielle.

ACIS ET GALATHÉE,

PASTORALE HÉROIQUE EN TROIS ACTES,

REPRÉSENTÉE POUR LA PREMIÈRE FOIS DANS LA GALERIE DE DIANE, AU CHÂTEAU D'ANET,
LE VENDREDI 6 DE SEPTEMBRE 1686 (1).

LE POÈME DE M. CAMPISTRON. LA MUSIQUE DE M. LULLY.

Après que Quinault eut entièrement renoncé au théâtre, Lully, qui se voyait dépourvu de poète, mit en musique, à la sollicitation de M. le duc de Vendôme, le ballet d'*Acis et Galatée*, que Campistron avait composé, et que ce prince fit représenter par l'Académie royale de Musique, au château d'Anet, devant M. le dauphin, à qui il voulait donner un spectacle nouveau et magnifique; voici de quelle manière la chose se passa.

(1) Ballard dit qu'*Acis et Galatée* fut représenté au château d'Anet, au mois d'août 1686, et ensuite à Paris, au mois de septembre. La preuve de la fausseté de cette première date se trouve dans notre article, et Devisé, auteur contemporain, la rend plus croyable que l'imprimeur dont nous avons souvent remarqué des défauts de mémoire.

M. le Dauphin partit de Versailles le vendredi 6 septembre 1686, à six heures du matin; sur les dix heures il arriva à Anet, qui est éloigné de treize lieues. Peu de temps après son arrivée on servit à dîner; les deux premières tables étaient pour Monseigneur, les princes et seigneurs de la cour; la troisième était servie avec autant de régularité que les autres, et il y avait un maître d'hôtel uniquement pour cela. On y voyait toujours bonne compagnie, tant à manger, qu'à faire conversation avec Lully pendant le repas, parce que sa conversation n'était pas moins agréable que ses ouvrages. La quatrième table fut servie pour une partie des demoiselles qui chantèrent à l'Opéra et toutes celles qui y dansaient; la cinquième pour les musiciens et danseurs, et la sixième pour tous les instrumens.

Sur les sept heures du soir, Monseigneur monta dans la galerie de Diane, pour y voir l'opéra d'*Acis et Galatée*, qui fut représenté avec toute la magnificence possible, et très bien exécuté. Lully reçut mille complimens, et l'on trouva sa musique si belle et si simple, qu'elle fit oublier la faiblesse du poème, à un tel point que Campistron eut part aux applaudissemens.

Ce ballet fut joué ensuite à Anet les 7, 8, 9, 10, 11, 12 et 13 septembre, de la même année, ensuite de quoi Lully le fit donner à Paris, où il n'eut pas moins de succès.

Le 24 septembre 1686, Lully alla voir les ambassadeurs de Siam, qui lui firent l'honneur de le faire manger avec eux. Sur le soir, ils se rendirent à l'Opéra, où Lully les reçut à la porte de l'Académie. Comme on représentait alors le ballet d'*Acis et Galatée*, dans lequel il n'y a point de machines, on leur dit, pendant la représentation, que ces sortes de spectacles étaient ordinairement plus magnifiques, mais que celui qu'ils voyaient ne pouvait l'être davantage, ayant été composé pour être exécuté dans un lieu qui ne pouvait les permettre. L'interprète leur expliqua ensuite la fête pour laquelle ce divertissement avait été fait. Et le premier ambassadeur répondit obligeamment que le spectacle dont il était témoin lui faisait aisément juger de la beauté des autres qu'il n'avait pas vus. (Les ambassadeurs de Siam avaient vu à la cour une représentation de *Roland*, le 16 janvier 1685.) Il marqua pendant la représentation de l'opéra, qu'il en comprenait le sujet, et dit là-dessus des choses fort galantes. Ce qu'il dit à Mlle Rochois, qu'il alla voir après l'opéra à l'hôtel des ambassadeurs, fit bien connaître qu'il l'avait comprise : il la fit asseoir avec politesse, et ajouta qu'ils ne pouvaient faire trop d'honneur à la fille du dieu de la mer, et qu'ils avaient besoin de sa protection, afin qu'elle calmât les flots à leur retour, et leur fît faire une heureuse navigation (1).

JEAN-GALBERT CAMPISTRON.

Né à Toulouse en 1656, et mort en cette ville le 11 mai 1723 : — Appartient si essentiellement à l'histoire du Théâtre-Français, que nous y renvoyons le lecteur ; nous nous contenterons de parler ici des trois opéras qu'il a composés.

Le premier, intitulé *Acis et Galatée*, pastorale héroïque, fut fait pour être représenté à Anet, chez M. le duc de Vendôme, en présence de M. le dauphin. Cet opéra eut non seulement une grande réussite à Anet, mais encore à Paris, lorsque Lully le donna au public ; mais ce musicien sentit alors la perte qu'il avait faite en la per-

(1) Les ambassadeurs de Siam allèrent à l'opéra d'*Armide*; l'ambassadeur voulut être éclairci de tout le sujet, et sur les enchantemens que faisait Armide pour engager Renaud à l'aimer, il demanda si Armide était Française, et quand on lui eut répondu que non et qu'elle était nièce d'Hidraot, roi de Damas, il répartit : *Si elle eût été Française, elle n'aurait pas eu besoin de magie pour se faire aimer, car les Françaises charment par elles-mêmes*. Et quand il vit plut extraordinairement, et quand il vit le palais d'Armide ruiné et brûlé, il dit . *Sortons, le palais est tombé, nous ne pouvons plus causer ici.*

sonne de Quinault. Campistron était poète, mais peu lyrique, et il n'était pas facile de le conduire au point où Quinault avait été conduit par Lully. Ce dernier, cependant, accepta un second poème, dont il avait fait le premier acte, lorsqu'il mourut. Colasse l'acheva, et cette tragédie lyrique parut en 1687, sous le le titre d'*Achille et Polyxène*. Elle eut du succès dans sa nouveauté; mais lorsqu'on voulut la reprendre (en 1712) le public n'en a pas paru content. Ce sujet est triste et trop compliqué d'événemens qui étouffent le principal. Entraîné par les applaudissemens qu'il s'attirait au Théâtre-Français, Campistron interrompit son travail pour l'Opéra, qu'il ne reprit qu'en 1693, par la tragédie d'*Alcide*, mise en musique par MM. Lully et Marais. Cet opéra fut assez goûté, et lorsqu'on l'a remis au théâtre, il a toujours eu une espèce de réussite. Ce troisième ouvrage fut le dernier que Campistron donna, et c'est par lui que nous finissons cet article.

LAFOREST, basse-taille,

Que Lully tâcha vainement de former pour le théâtre ; à cause de sa belle voix ; il fit pour lui le rôle de Ziliant, dans *Roland*, que Laforest chanta et joua très mal. Malgré ce fâcheux début, Lully le garda encore quelques années dans les chœurs, lui payant, pendant tout ce temps-là, un maître à danser, et lui montrant lui-même à se présenter et à jouer sur le théâtre. Là Forest joua d'original le rôle de Polyphème dans *Arcis et Galatée*. Ce rôle, le plus beau des basses-tailles, ne lui donna aucune émulation ; il demeura toujours rustre et mal façonné ; de façon qu'au bout de quelque temps on fut obligé de le renvoyer.

Avant que de donner un catalogue des ballets de Lully, qu'il nous soit permis d'ajouter quelques faits à la vie de ce musicien.

Dans l'article de Quinault, nous avons dit que ce poète renonça aux opéras après celui d'*Armide*. Lully en eut un chagrin inconcevable ; il employa les moyens les plus séduisans pour faire changer son ami. Mais Quinault demeura ferme dans sa résolution, de sorte que Lully, qui se trouvait dans l'obligation de mettre tous les ans un opéra nouveau au théâtre, accepta les offres de Campistron, qui travaillait alors à la pastorale d'*Acis et Galatée*. Nous passons tout ce qui suivit cet arrangement, aussi bien que le succès de cet opéra, tant à Anet qu'à Paris, en ayant déjà parlé plus haut. Campistron tout couvert des lauriers dont Lully l'avait couronné par sa brillante musique, se dépêcha de travailler à la tragédie lyrique, et fit choix pour son sujet d'*Achille et Polyxène*, dont il donna le premier acte à Lully. Ce musicien en fit le premier acte et mourut, ainsi que nous l'avons dit, le 22 mars 1687. Revenons maintenant à ses ballets.

Ballet de l'*Amour malade* 1657
    d'*Alcidiane* 1658
    de *la Baillerie* 1659
    de *Xercès* 1560

BIBLIOTHÈQUE CHOISIE.

JEAN-LOUIS LULLY,

Second fils de Jean-Baptiste Lully, succéda à la charge de surintendant de la musique du roi, et au privilège de l'Opéra qu'avait son père, et dont il avait obtenu la survivance avant sa mort. Jean-Louis Lully garda peu ces places, étant mort au mois de décembre 1688.

Conjointement avec son frère aîné, il composa la musique de *Zéphyre et Flore*. Voici la part qu'il eut à cet opéra : le prologue et le premier acte, la dernière scène du troisième acte avec le divertissement.

On avait joué jusqu'à la mort de Lully (il mourut le 22 mars 1687, qui cette année fut le samedi, veille des Rameaux) *Armide* avec un succès continuel; mais à l'ouverture du théâtre, on remit *Amadis*, et, quelques jours après, *Persée*, qui furent joués alternativement jusqu'au mois de novembre suivant que parut pour la première fois l'opéra d'*Achille et Polyxène*.

ACHILLE ET POLYXÈNE,

TRAGÉDIE,

REPRÉSENTÉE POUR LA PREMIÈRE FOIS VERS LA FIN DU MOIS DE NOVEMBRE 1687.

LE POÈME DE M. CAMPISTRON. LA MUSIQUE DE MM. LULLY ET COLASSE (1).

La première fois qu'on joua cet opéra il s'y trouva tant de monde que ceux qui n'avaient pas envoyé retenir leurs places dès midi furent obligés de s'en retourner sans le voir. M. le dauphin y vint de Versailles, ce qui augmenta encore la foule. Joint à cela que plusieurs y étaient attirés par la curiosité de voir si ceux qui s'en sont mêlés cette fois y réussiraient aussi bien que le fameux Baptiste. Mais chacun eut lieu d'être content, à la réserve du baron de l'Anjumet, ci-devant officier aux gardes, sur la tête de qui tomba une planche dont il pensa être tué. Cela interrompit le spectacle pendant quelque temps.

Il ne faut pas s'étonner si cet opéra eut du succès dans sa nouveauté; on y voyait tout à la fois les précieux restes de la musique de Lully qu'on venait de perdre, et le commencement d'un jeune élève qui promettait beaucoup; outre cela le jeu des acteurs contribua fort à la réussite. Mlle Rochois remplit avec son feu ordinaire le rôle de Polyxène, et ceux d'Achille et de Priam furent exécutés au mieux par Du Mény et Beaumavielle. En parlant ci-dessus de Campistron, nous avons dit les raisons qui ont empêché que cet opéra n'eût le même succès lorsqu'il a été remis; nous ne les répéterons point ici, nous joindrons seulement la critique de cette pièce par un auteur du temps, c'est le chevalier de Saint-Gilles, lettre 3, pages 55 et suivantes de sa *Muse mousquetaire*.

ABRÉGÉ DE L'OPÉRA D'ACHILLE,

Sur l'air : *Réveillez-vous , belle endormie , etc.*

Or, écoutez la noble histoire
De l'opéra de Campistron :
Je vais assurer sa mémoire
Par une immortelle chanson.

Agamemnon outrage Achille,
Qui dit qu'il s'en repentira;
Il se promène dans une île :
Vénus lui donne l'Opéra.

Patrocle meurt, Hector l'assomme;
Certes, ce fut mal à propos,
Car on voyait dans ce jeune homme
Tous les sentiments d'un héros.

Achille, en son humeur bourrue,
Chasse Vénus très brusquement;
Il s'embarque, il combat, il tue;
Hector descend au Monument.

Le roi Priam, sa bru, sa fille,
Ont tous trois le cœur bien serré;
Polyxène est assez gentille,
Achille la trouve à son gré.

(1) Nous avons déjà dit que Lully n'avait composé que l'ouverture et la musique du premier acte, et que le surplus était de Colasse. Le ballet était de la composition de...

C'en est fait, le héros l'adore,
Arcas on va dire deux mots.
Briseïs croit qu'on l'aime encore :
Achille lui tourne le dos.

Cette princesse m'embarrasse ;
Où couchera-t-elle ce soir ?
Chez Agamemnon, plus de place ;
Achille ne la veut plus voir.

Briseïs s'est fort alarmée,
Junon lui montre les enfers.
Les diables font de la fumée :
La clarté revient dans les airs.

Au premier bruit de quelque trève,
Les villageois s'en vont dansant.
Avant que le traité s'achève,
Ils voudraient labourer le champ.

Polyxène veut bien se rendre ;
Andromaque a beau raisonner,
Et les almanachs de Cassandre
N'ont rien qui puissent l'étonner.

Tous les beaux conseils qu'on lui donne
Ne sont bons que pour l'enflammer ;
Un cœur que le péril étonne
N'est, ma foi, pas digne d'aimer.

Priam reçoit dans sa famille
L'invincible enfant de Thétis ;
Trop heureux donner sa fille
Au fier vainqueur d'Hector, son fils.

Un changement si favorable
Flatte aujourd'hui ses bons désirs.
Aurait-il cru son cœur capable
De ressentir quelques plaisirs ?

Vous que votre sort intéresse,
Dans cet événement heureux,
Peuples, montrez votre allégresse,
Par les ébats les plus pompeux.

Polyxène semble interdite
Devant son époux prétendu :
On ne sait ce qu'elle médite ;
Achille en est tout confondu.

Oh ! parlez donc, beauté charmante !
M'aimez-vous de bonne foi ?
Monsieur, je suis obéissante,
Mon papa répond pour moi.

Bref, Pâris assassine Achille,
Polyxène le voit frapper,
Du même trait elle s'enfile,
La toile tombe, on va souper.

PASCAL COLASSE.

Né en Champagne (1), maître de musique de la chambre et de la chapelle du roi, mort à Versailles, au mois de décembre 1709, âgé d'environ soixante-dix ans, il

avait été un des meilleurs élèves du fameux Lully (1), qui l'employait souvent dans la composition de ses opéras, c'est-à-dire à remplir ordinairement les parties du milieu de ses chœurs de voix et de quelques-unes de ses symphonies. Les leçons de son maître et son heureux génie, le rendirent très bon musicien et capable de composer par lui-même plusieurs opéras, dont voici les titres (2) :

Achille et Polyxène, tragédie.	1687
Thétis, tragédie.	1689
Enée et Lavinie, tragédie.	1690
Astrée, tragédie.	1691
Le Ballet de Villeneuve Saint-Georges.	1692
Les Saisons, ballet.	1695
Jason ou la Toison d'or, tragédie.	1696
La Naissance de Vénus, opéra.	1696
Canente, tragédie.	1700
Pyrrhus et Polyxène, tragédie.	1706

Nous aurions eu encore plus d'ouvrages de ce musicien, et plus travaillés, s'il n'avait pas eu la passion et la maladie de chercher la pierre philosophale, ou la connaissance du grand-œuvre. Mais cette recherche n'aboutit qu'à le ruiner et affaiblir sa santé. Il remit en 1708, son brevet de maître de musique de la chapelle du Roi (3), et mourut un an après.

Le succès qu'eut à Marseille l'Académie de musique, que le sieur Gautier y avait établie en 1685, fit naître à un particulier l'envie d'en établir aussi une pareille à Lyon. Ce fut en 1687, que l'on jeta les fondemens de cette dernière. « Il y a tout sujet de croire que le succès en sera très grand, dit un auteur du temps, puisqu'on a couru aux répétitions avec beaucoup d'empressement, et que ceux qui en ont vu les premières, y ont pris tant de plaisir, que la foule ayant augmenté, on a été obligé de prendre de l'argent, aux dernières qu'on en a fait, le public ayant demandé en grâce qu'on le reçût. *Phaéton* est le premier

(1) Lully, après avoir congédié l'Allouette, prit Colasse qu'il garda jusqu'à sa mort, et dont il était si content, qu'il lui laissa, par son testament, un logement et 100 pistoles de pension. Mais Colasse, ayant quitté les enfans de Lully, auxquels leur père avait prétendu l'attacher, ils plaidèrent ensemble, et Colasse perdit sa pension et son logement. Cependant il ne perdit pas quantité d'airs de violon de Lully qu'il avait gardés, et dont il a su faire un bon usage dans *les Quatre Saisons*, et ailleurs ; il ne l'a pas caché. Souvent Lully faisait un air de violon, le lendemain il en faisait un autre sur le même sujet. Ce second lui revenait davantage ; il disait à Colasse : Brûle-moi l'autre, et Colasse se dispensait quelquefois de lui obéir scrupuleusement. Si Lully a pu être utile à ses secrétaires, on prétend que ses secrétaires ne lui étaient pas inutiles. Lully faisait lui-même toutes les parties de ses principaux chœurs, et de ses duo, trio et quatrains importans. Il laissait faire par ses secrétaires la haute-contre, la taille et la quinte, qui est ce que quelques gens appellent les fiches, ou les parties médianes, et que j'aimerais mieux appeler les parties moyennes.

(2) Nous parlerons plus amplement de ces opéras à leurs articles.

(3) Colasse eut la place de Lambert en 1699, au mois de juillet. *Mercure galant*, p. 283.

(1) Colasse était d'auprès de Rheims en Champagne. En arrivant à Paris, il fut mis enfant de chœur à Saint-Paul.

opéra qui sera représenté, et l'on doit continuer ces divertissemens par l'opéra de *Bellérophon*. »

Dans le *Mercure* suivant, le même auteur, nous apprend le succès de cet établissement. « Je vous ai déjà dit que *Phaéton* est le premier opéra qu'on devait représenter à Lyon, où l'on a établi une Académie de Musique. Il a été joué pendant tout le carnaval avec un succès si extraordinaire, qu'on l'est venu voir de quarante-huit lieues à la ronde. Les décorations, les voix, les danses, les habits, tout a répondu à la beauté de la musique, et on a beaucoup d'obligations à ceux qui, pour la gloire de leur patrie, ont bien voulu hasarder cette dépense. Cet établisse-

ment parait si solide, qu'il n'y a point de doute qu'il ne subsiste toujours. Et comme tout ce qui se fait dans le royaume surpasse tout ce qu'on peut voir de beau, en quelque lieu du monde que ce soit, les étrangers qui entreront du côté de Lyon seront surpris, et pourront juger de la grandeur de la France par la vue de ce magnifique spectacle. Le public ayant demandé l'opéra de *Bellérophon* à ceux qui ont fait cet établissement, ils y font travailler avec autant d'empressement que de dépense, pour le donner incontinent après les fêtes de Pâques. L'on assure qu'il y aura encore plus de magnificence dans cet opéra que dans *Phaéton*. »

ZÉPHYRE ET FLORE,

BALLET HEROIQUE EN TROIS ACTES,

REPRÉSENTÉ POUR LA PREMIÈRE FOIS SUR LE THÉATRE DE L'ACADÉMIE ROYALE DE MUSIQUE,

LE 22 MARS 1688.

LE POÈME DE M. DU BOULLAY (1). LA MUSIQUE DE MM. LOUIS LULLY ET JEAN-LOUIS LULLY (2).

Ce ballet fut représenté jour pour jour un an après la mort du fameux Lully; on fit grâce aux paroles en faveur de la musique, où l'on aperçut quelques traits qui firent préjuger que les enfans de ce musicien pourraient suivre la route de leur père. *Zéphire et Flore* fut repris après Pâques, et se soutint l'été suivant, aidé de

quelques représentations d'*Armide*. Il fut repris en 1715.

LOUIS LULLY.

Fils aîné de Jean-Baptiste Lully, ayant donné quelques mécontentemens à son père, fut privé de la surintendance de la musique du roi et du privilége de l'Opéra, qui passèrent à son cadet : Louis Lully est auteur pour moitié avec son frère Jean-Louis de la musique de *Zéphyre et Flore*, et à lui seul de celle de l'opéra d'*Orphée* en 1690, et encore en société avec Marais, il travailla à la musique d'*Alcide*, qui fut représenté en 1693 : ce fut le dernier ouvrage que Louis Lully donna à l'Académie royale de musique. Il composa depuis quelques ballets pour le feu roi, qui furent représentés tantôt à Versailles et tantôt à Trianon. Louis Lully mourut vers l'année 1736.

(1) Michel du Boullay, secrétaire de M. de Vendôme, grand-prieur de France, composa les paroles du ballet de *Zéphire et Flore*, et ensuite celles de la tragédie d'*Orphée* qui parut en 1690. On ignore sa vie ; tout ce qu'on en sait de plus certain, c'est qu'après qu'il eut composé ce dernier opéra, il alla à Rome, où il mourut au bout de très peu de temps, vers l'année 1691.

(2) Nous avons dit ci-dessus, vie de Jean-Louis Lully, qu'elle part chacun des deux frères avait à la musique.

THÉSÉE,

TRAGÉDIE,

REMISE AU THÉATRE POUR LA QUATRIÈME FOIS AU MOIS D'OCTOBRE 1688,

L'Académie royale de musique remit cet opéra, en attendant la première représentation de l'opéra nouveau de *Thétis et Pelée*, que la maladie et la mort de M. de Lully le fils retardèrent jusqu'au commencement de l'année suivante.

Nous ne parlerons point de l'opéra d'*Orontée*, dont les paroles sont de Leclerc et la musique de Lorenzini, maître de la chapelle du roi (qui fut exécuté à Chantilly le 23 août 1688 par l'Académie royale de musique dans une fête que M. le prince y donna à M. le dauphin) attendu qu'il n'a jamais été joué à Paris. Ceux qui voudront savoir le

détail de cette représentation, pourront lire le *Mercure galant*, septembre 1688, seconde partie intitulée *la Fête de Chantilly*.

JEAN NICOLAS DE FRANCINE.

Maître d'hôtel du roi, épousa, au mois d'avril 1684, Madeleine Catherine Lully (1), fille du sieur Lully dont

(1) Décédée à Paris, le 2 janvier 1703.

nous avons parlé; après la mort de Jean-Louis Lully, arrivée à la fin de décembre 1688, M. de Francine obtint en son nom le privilége de l'Opéra (1), qu'il garda seul jusqu'en 1698, que le roi jugea à propos d'y faire entrer M. Dumont, gouverneur de Meudon, pour un quart. Le 5 octobre 1704, MM. de Francine et Dumon firent cession de leur droit de privilége au sieur Guyenet, payeur des rentes, qui s'obligea de payer les dettes de M. Francine durant le cours de son bail. Mais étant mort en 1712, après avoir endetté l'Opéra, ses créanciers obtinrent une continuation de privilége, sous les mêmes con-

ditions prises par le défunt avec MM. de Francine et Dumont. Cet arrangement dura jusqu'en février 1721 (1), que le roi chargea M. de Francine de la direction de l'Opéra, ce qu'il continua jusqu'en 1728, qu'il obtint la permission de se retirer (2). M. de Francine mourut à Paris le 6 mars 1735.

---

(1) Extrait du privilége de l'Opéra, accordé à M. de Francine, du 1er mars 1689 :

« Privilége pour dix ans de l'Opéra, tant à Paris que dans les provinces ; pension de dix mille livres pour la veuve et les enfans du sieur Lully, autres que la femme du sieur de Francine, payée par préférence à toutes autres dépenses, et de mois en mois. Aura l'usage des décorations, machines, pierreries et plumes, dont il sera fait inventaire et estimation par deux experts : un de la part du sieur de Francine, et un de la part de la veuve et enfans du sieur Lully, avec sur-arbitre, si besoin est, lequel serait nommé par M. de Louvois, secrétaire d'état, surintendant des bâtimens. Le sieur de Francine, tenu de rendre à la fin desdites années les choses contenues en l'inventaire, ou d'en payer la valeur, suivant l'estimation,

à la famille de M. Lully. En cas qu'il survienne des contestations au sujet de ce privilége, soit entre la famille de M. Lully et de Francine, ou entre eux et d'autres personnes étrangères, elles seront réglées par M. de Louvois. Sans autre forme de procès, défenses à toutes personnes d'entrer sans payer. Défenses de faire chanter des pièces de musique dans les lieux pour lesquels on prend de l'argent. L'adresse au Parlement de Paris, où les lettres ont été enregistrées. »

(1) « M. Dumont gouverneur de Meudon et M. de Francine, qui étaient ci-devant chargés de la direction de l'Opéra, ont été nommés pour remplacer M. de Landivisiau, qui en était chargé.» Mercure de France, février 1721, p. 151 et 152.

(2) «M. de Francine ci-devant maître-d'hôtel du roi, qui a eu pendant un très long temps la direction générale de l'Académie royale de musique, ayant demandé à se retirer, le roi lui a accordé une pension considérable sur l'Opéra, et a donné sa place à M. Desfouchet, inspecteur général de la même Académie et surintendant de la musique de S. M.

THÉTIS ET PÉLÉE,

TRAGÉDIE,

REPRÉSENTÉE POUR LA PREMIÈRE FOIS SUR LE THÉATRE DE L'ACADÉMIE ROYALE DE MUSIQUE, LE VENDREDI 7 JANVIER 1689 (1).

LE POÈME DE M. DE FONTENELLE. LA MUSIQUE DE M. COLASSE.

En prenant possession du privilége de l'Académie royale de musique, M. de Francine eut l'avantage d'y donner au public un opéra qu'on a comparé avec justice au plus beau de Quinault et de Lully. Ce n'est pas que la critique n'ait tâché d'y reprendre, et l'on a trouvé les deux derniers actes faibles et manquant de matières. Mais ces défauts sont amplement réparés par les grandes beautés qui brillent dans cette pièce; la scène de *Thétis et Pelée* au deuxième acte, peut passer pour un chef-d'œuvre; il est impossible de l'écouter sans en être attendri. On a été surpris qu'une pareille scène que l'auteur a ménagée au quatrième acte, qui devait être plus intéressante que la

première par la supériorité du péril, d'où devait naturellement naître un intérêt plus vif, ne remplît pas l'attente des spectateurs. Le troisième acte est parfait pour les paroles et pour la musique, et les connaisseurs en ce dernier genre font un cas infini du morceau de *la Tempête*, qu'on ne cesse d'admirer.

Cet opéra fut très bien exécuté dans sa nouveauté; Mlle Rochois y joua le rôle de Thétis, ceux de Cydippe et de Doris furent remplis par Mlles Moreau l'aînée et cadette. Moreau fit Jupiter, Du Mény, Pélée, et les rôles de Jupiter et du Destin furent exécutés par Dun le père.

---

(1) Le 11 de ce mois on donna ici la première représentation d'un opéra nouveau intitulé *Thétis et Pelée*. Il est de M. Fontenelle. Il y a tant de délicatesse d'esprit dans tous ses ouvrages, qu'on se promettait beaucoup de celui-ci ; et je puis dire que la beauté de ses vers a rempli l'attente de tout le monde. Les plus tendres sentiments du cœur y sont exprimés naturellement, quoique d'une manière très noble, et l'approbation générale du public parle assez en sa faveur pour me dispenser de lui don-

ner les louanges qu'il mérite. Quant au spectacle de cet opéra, il ne peut être que grand , puisque Neptune et Jupiter qui y sont rivaux, peuvent remuer à leur gré le ciel, la mer et la terre; ainsi on n'y voit rien de forcé ; les habits répondent au spectacle, et sont magnifiques, bien entendus, et convenables aux personnages; le tout a été fait sur les dessins de M. Berain. La musique est de M. Colasse...Les habiles connaisseurs assurent que les endroits qui demandent une belle musique dans cet opéra sont si bien poussés, qu'il est impossible de faire mieux.

BIBLIOTHÈQUE CHOISIE.

M. DE FONTENELLE.

La loi que nous nous sommes imposée de ne rien dire des auteurs vivans, nous empêche de marquer à ce génie supérieur en tous genres, la sincère estime que nous faisons de sa personne et de ses ouvrages

MOREAU, basse-taille

Frère des demoiselles Moreau dont nous avons parlé ci-dessus, entra à l'Opéra du temps de Lully vers 1685. Il joua d'original le rôle de Neptune dans la tragédie lyri-que de *Thétis et Pelée*, dont Beaumavielle était chargé; mais cet acteur étant mort pendant le cours des répétitions de cette pièce, celui qui fait le sujet de cet article le remplaça. Moreau ne resta guère au théâtre de l'Académie royale de musique, qu'il quitta sur la fin de l'année 1693. Actuellement vivant.

DUN père, basse-taille,

Débuta dans le même opéra de *Thétis* où il joua les rôles de Jupiter et du Destin. Il y a apparence qu'il était pensionnaire de l'Académie de musique du temps de Lully. Dun père représenta assez long-temps les grands rôles, ensuite il s'en tint aux grands confidens, et ce qu'on appelle les troisième rôles. Retiré avec pension, et vivant.

THÉTIS ET PELÉE.

Fut représenté à Trianon au mois de février de cette même année, avec les habits (1). Cet opéra fut extrêmement applaudi, et le roi choisit les scènes qui lui plurent davantage pour être chantées dans les concerts à Versailles, les jours d'appartement.

Ce n'est pas un faible éloge pour cette tragédie lyrique, que d'avoir paru à la cour de cette façon ; depuis les représentations de *Roland*, aucun opéra n'y fut exécuté, pas même *Armide*, dont le succès fût si brillant. La cour n'était plus dans cet usage, avait changé la forme de ses divertissemens qui ont varié suivant les temps, comme le passage que nous rapportons va nous l'apprendre :

« L'usage était autrefois à la cour de faire un grand divertissement qui durait tout le carnaval; c'était ordinairement un grand ballet en machines, mêlé de récits, dont le tout ensemble formait un sujet, comme, par exemple, le *Ballet des Arts*, le *Ballet de la nuit*. Si ces sortes de spectacles ne représentaient pas tout-à-fait une intrigue, comme les comédies et les opéras, ils faisaient voir tout ce qui convenait à leur titre. Le ballet de *la Nuit* faisait

(1) C'est à dire que cet opéra fut représenté en entier. Ordinairement ceux qui étaient faits pour Paris n'étaient exécutés qu'en concert à la cour.

connaître tout ce qui se passe pendant la nuit, et les entrées du ballet des *Arts*, étaient composées de danseurs qui représentaient tous les arts. Ensuite le fameux Molière introduisit les comédies mêlées d'entrées et de récits. Ces divertissemens plurent encore davantage que n'avaient fait les ballets. Les opéras succédèrent à ces sortes de comédies. Je ne dis rien de ces spectacles, ils sont présentement à la mode, et chacun en a la mémoire remplie ; cependant, depuis quelques années, la cour n'en fait plus faire pour ses divertissemens de carnaval ; ce n'est pas pour épargner la dépense, mais parce qu'elle a trouvé que le même divertissement, pendant un mois, était un plaisir trop uniforme; ainsi, au lieu de ces opéras, elle fait diverses mascarades qui ne coûtent guère moins, mais dont la diversité, empêchant que les plaisirs ne soient continus, les rend plus touchans et plus agréables. C'est ce qu'on a fait depuis trois ou quatre années, et ce qu'on a fait encore dans le carnaval dernier (1684). »

Nous verrons ci-dessous que la cour a dérogé à cet usage quelquefois, et entre autres, en 1697 : que le ballet héroïque d'*Issé* fut représenté, pour la première fois, à Fontainebleau, à l'occasion du mariage de M. le duc de Bourgogne.

L'IDYLLE SUR LA PAIX,

SUIVIE DU BALLET

DES FÊTES DE L'AMOUR ET DE BACCHUS.

REPRÉSENTÉS PAR L'ACADÉMIE ROYALE DE MUSIQUE, EN 1689.

Nous ignorons la date précise du jour où ce ballet fut représenté. Il y a apparence que ce ne fut qu'en été et lorsqu'on eut cessé les représentations de *Thétis et Pelée*.

ORPHÉE,

TRAGÉDIE,

REPRÉSENTÉE POUR LA PREMIÈRE FOIS, LE 1690.

LE POÈME DE M. DU BOULLAY. LA MUSIQUE DE M. LOUIS LULLY.

Le succès de cet opéra fut aussi triste que son sujet. Le public siffla la pièce, et le premier coup de sifflet qui partit fut de l'auteur de la musique de ce poème.

Après la brusque disparition de l'opéra d'Orphée, l'A-cadémie remit au plus tôt celui de Thétis et Pelée, qui, avec Atys, tint le théâtre jusqu'au mois de novembre suivant.

ÉNÉE ET LAVINIE,

TRAGÉDIE,

REPRÉSENTÉE POUR LA PREMIÈRE FOIS, LE NOVEMBRE 1690.

LE POÈME DE M. DE FONTENELLE. LA MUSIQUE DE M. COLASSE.

« La magnificence qui est ordinaire aux opéras, dit Devisé, semble avoir augmenté cette année dans celui d'Enée et Lavinie, qui vient de paraître; en effet, on ne peut rien voir de plus somptueux que les habits et les décorations, le tout du dessin de M. Berain... La beauté de la musique se fait tellement sentir que l'on se récrie à haute voix dès le prologue, ce qui n'arrive ordinairement qu'aux endroits de passion qui entraînent l'auditeur... On ne peut douter que le poème ne soit plein d'esprit, après l'applaudissement général qu'ont reçu tous les livres que l'auteur a donnés au public. Il est cependant bien malaisé de contenter tous les goûts dans les choses de cette nature, qui étant composées de différentes parties, ne plaisent qu'autant que chaque goût particulier est satisfait. »

Au mois de décembre de cette année, l'Académie royale de Musique fit succéder l'opéra de Cadmus et Hermione à celui d'Enée et Lavinie. Ce spectacle ne fut interrompu que sur la fin du mois de mars suivant, par quelques représentations de Coronis. Après Pâques, on reprit encore Cadmus, qui tint encore le théâtre avec succès, pendant quelque temps.

Pour donner quelque connaissance de l'état de l'Académie, nous joindrons ici les noms des chœurs et des danseurs qui parurent dans cette reprise de Cadmus.

Chœurs : MM. Thevenard, Desvoyes, Gaudechant, Mesne, Avril, Vaillant, Deschamps, Jolain, Le Roy, Huart, Choplet, Boutelon.

Ballet : MMlles Subligny, Carré, Lesueur, Lafontaine, Pesant, Potenot, Bréard; MM. Leflang, Provost, Piquet, Magny, Balon, Deshayes, Desnoyers, Pécourt, Dumirail, Germain, Bouteville, Labbé, Poitier, Tiflot.

Entre les divertissemens de la cour, l'Académie royale de Musique et les comédiens français, exécutèrent, le mercredi 21 février 1691, le Bourgeois gentilhomme, à Versailles.

Mlle SUBLIGNY.

Fille de Subligny, avocat (1), entra à l'Opéra vers l'année 1690, et succéda ensuite à Mlle Lafontaine pour les grandes entrées seule. Quoique Mlle Subligny ait passé pour une célèbre danseuse et la meilleure de son temps, on lui reprocha d'avoir presque toujours les genoux et les pieds en dedans. Mlle Subligny, après avoir dansé dans le Triomphe de l'Amour, que l'Académie remit au mois de septembre 1705, quitta l'Opéra et se retira avec une pension. Elle était petite, les yeux beaux, la taille de même et beaucoup de sagesse et de modestie. Nous ignorons le temps de sa mort.

(1) « Subligny, auteur de la Fausse Clélie, père de la Subligny de l'Opéra, écrivait comme sa fille dansait; il nous a laissé plusieurs ouvrages qui répondaient au mérite de la Fausse Clélie. Les lettres portugaises telles qu'on les lit, sont de sa façon. M. le chevalier, et depuis, le maréchal de Chamilly, revenant de Portugal, lui en donna les originaux, que Subligny traduisit, et augmenta à sa manière. Les deux premières parties du Journal amoureux de M. de Villedieu, sont de lui. » M. de Freneuse, de qui nous empruntons cette note, a oublié de marquer au nombre des ouvrages de Subligny, une comédie en prose et en un acte, intitulée la folle Querelle, qui est une critique assez faible de la tragédie d'Andromaque de M. Racine.

CORONIS,

PASTORALE HÉROIQUE EN TROIS ACTES,

REPRÉSENTÉE POUR LA PREMIÈRE FOIS LE VENDREDI 23 MARS 1691.

LE POÈME DE M. BAUGÉ. LA MUSIQUE DE M. THÉOBALDE.

Cette pièce est très mal versifiée, le sujet est mal conduit et sans aucun intérêt; aussi tomba-t-elle très rudement. La faible musique de Théobalde (car c'est ici son coup d'essai) n'en put retarder la chûte. C'est tout ce qu'on peut dire sur un ouvrage qui serait oublié, sans le recueil de Ballard.

BAUGÉ

Dans sa jeunesse, porta le petit collet, et, s'étant avisé de composer l'opéra dont nous parlons, il engagea Théobalde à le mettre en musique.

La chute précipitée de cet opéra, l'ayant dégoûté de la poésie, il profita de la protection de M. Prondre, son parent, qui lui donna un emploi ; c'est à la faveur de cette protection, et par la manière dont il s'acquitta de cet emploi, que Baugé se poussa dans les sous-fermes. Il est mort à Paris, en 1727.

J. THÉOBALDO DE GATTI,

Né à Florence, en Italie, mort à Paris en 1727, dans un âge très avancé; inhumé à Saint-Eustache.

La place de symphoniste pour la basse de violon, qu'il a occupée pendant cinquante ans, dans l'orchestre de l'Opéra de Paris, doit le naturaliser musicien français,

quand même il n'aurait pas obtenu du roi des lettres de naturalité. Théobalde fut si charmé de quelques morceaux de symphonie des premiers opéras de Lully, qui étaient venus jusqu'à Florence, qu'il voulut absolument connaître l'auteur, et partit pour Paris, où, étant arrivé, il courut chez Lully, son compatriote, et il lui marqua le sujet de son voyage, et l'empressement qu'il avait de le voir, Lully lui en sut très bon gré et le reçut avec beaucoup d'amitié; il le plaça dans l'orchestre de l'Opéra, ayant connu sa capacité pour l'exécution de la musique sur la basse du violon.

Outre la manière savante dont Théobalde jouait de la basse du violon, il était aussi bon compositeur de musique ; et comme il avait continuellement les oreilles remplies des opéras de Lully et de ceux de quelques autres habiles musiciens, il se forma un grand goût pour la composition de ces ouvrages, et il en a donné des marques par deux opéras qui ont été joués sur notre théâtre; le premier intitulé : *Coronis*, pastorale en trois actes, représentée en 1691 : et le second qui a pour titre *Scylla*. Ce dernier a été représenté à trois différentes reprises, en 1701 pour la première fois, ensuite en 1720 et 1732. La musique en a plu si fort aux personnes de premier goût, et le plus en état de juger, qu'on a cru pouvoir le mettre en comparaison avec quelques opéras de Lully, dont il se faisait honneur d'être disciple.

ASTRÉE,

TRAGÉDIE EN TROIS ACTES,

REPRÉSENTÉE POUR LA PREMIÈRE FOIS AU COMMENCEMENT DE NOVEMBRE 1691 (1).

LE POÈME DE M. DE LA FONTAINE. LA MUSIQUE DE M. COLASSE.

Ce ballet que tout le monde attendait comme un chef-d'œuvre, tant de la part du poète que du musicien, fut néanmoins peu applaudi ; sans entrer dans un plus long

détail, nous nous contenterons de rapporter la chanson du fameux Linière.

---

(1) C'est à l'auteur du *Mercure galant* que nous sommes redevable de cette date. « L'Académie de Musique, dit-il, doit commencer par un opéra sous le nom d'*Astrée*; il est de M. de LaFontaine, de l'Académie française, dont les fables lui ont acquis une si grande réputation pour ce genre d'écrire. M. Colasse a fait la musique (*Mercure galant*, octobre 1691, p. 294).

Palaprat n'a pas oublié *Astrée* dans sa parodie de *Phaéton*, qui fut représentée par les Italiens en 1692. — Vraiment, dit Phaéton, quelque peu de temps qu'ait duré *Astrée*, j'en ai retenu l'air et les paroles. Une première ardeur n'est bientôt plus qu'un songe.

La vérité devient mensonge,
Et le mensonge, vérité.

Sur l'air *du Cap de Bonne-Espérance.*

Ah ! que j'aime La Fontaine,
D'avoir fait un opéra.
Je verrai finir ma peine,
Aussitôt qu'on le verra.

Par l'avis d'un fin critique,
Je m'en vais louer boutique,
Pour y vendre des sifflets.
Je serais riche à jamais.

On peut deviner sans peine,
A voir parler Céladon,
Qu'il nous vient de La Fontaine,
Mais non celle d'Hélicon.

C'est de l'égout du Parnasse,
Et l'on a choisi Colasse,
Pour y composer des airs,
Aussi méchans que les vers.

L'opéra de Céladon, dit Saint-Gilles, *Muse mousque-taire*, page 72, n'ayant pas réussi, je fis seulement ce couplet sur l'air de l'*Echelle du Temple.*

Je laisse à son gré Céladon
Se rafraîchir dans le Lignon :
J'avais résolu d'en médire,
Mes amis m'en avaient prié :
Mais qu'est-il besoin de satire,
Quand le sujet est décrié?

JEAN DE LA FONTAINE.

Né à Château-Thierry en Champagne, le 8 juillet 1621 et mort à Paris, le 13 mars 1695, n'est à notre grand regret placé ici que comme un exemple fameux des bornes de l'esprit humain. Ce La Fontaine, si admirable dans ses autres poésies, devint médiocre lorsqu'il se mêla de poésie lyrique. Chacun sait qu'ayant fait la pastorale de *Daphné,* il la donna à Lully pour la mettre en musique. Lully lut ce poème, et reconnut sans doute, avec étonnement, que ce poète avait peu de talent pour son théâtre. Il s'en expliqua même assez net avec La Fontaine, en lui disant « qu'il n'était pas son homme. » La Fontaine, qui ne pouvait se persuader que ses vers fussent mauvais, sollicita tous ses amis, pour engager Lully à mettre son opéra en musique. Mme de Thianges en parla même au Roi : mais Lully ne se fit pas une affaire de dire à ce monarque, que les vers de La Fontaine n'étaient pas assez lyriques. Il n'en fallut pas davantage pour faire oublier la pastorale de *Daphné,* et La Fontaine eut le regret de voir représenter un opéra de Quinault à la place du sien : c'était celui de *Proserpine.* Piqué de cet affront, La Fontaine fit contre Lully la satire du Florentin ; Lully ne s'en embarrassa guère, et le public y gagna un joli morceau. Lully étant mort, La Fontaine reprit de nouvelles espérances, il composa la pastorale d'*Astrée* que Colasse mit en musique. Alors, les plus zélés partisans de La Fontaine furent obligés de souscrire au jugement de Lully. La Fontaine en convint machinalement; il sortit à la fin du premier acte de son opéra, en disant : « Ma foi, voilà un opéra bien ennuyeux. » En effet, ce roman de l'*Astrée,* qui lui avait tant plu, et dont il était pétri, devint aride dans ses mains; il fut obligé d'y joindre une épisode italienne pour terminer son troisième acte.

BALLET,

EN TROIS ENTRÉES,

DANSÉ DEVANT MONSEIGNEUR LE DAUPHIN, A VILLENEUVE-SAINT-GEORGES,

LE DIMANCHE 1er SEPTEMBRE 1692.

LES PAROLES DE M. BANZI. LA MUSIQUE DE M. COLASSE.

La première représentation de ce ballet fut donnée à Villeneuve-Saint-Georges, et fut beaucoup applaudie; il est vrai que ces applaudissemens regardaient seulement la musique, où l'on trouve de jolis morceaux. Peu de jours après cette représentation, l'Académie de musique le donna sur son théâtre avec le *Carnaval*, mascarade.

PHAÉTON,

TRAGÉDIE,

REMISE AU THÉÂTRE AU MOIS DE NOVEMBRE 1692,

Cet opéra qui n'avait point encore été repris depuis sa nouveauté, fut exécuté cette année au mieux, et parut avec de nouveaux embellissemens. On y admira beaucoup la magnificence des décorations, et la richesse des habits. Ces circonstances, jointes à la beauté du poème et de la musique de cette tragédie, lui procurèrent un grand succès. M. le dauphin vint exprès à Paris pour le voir.

ALCIDE,

TRAGÉDIE,

REPRÉSENTÉE POUR LA PREMIÈRE FOIS AU MOIS D'AVRIL 1693.

LE POÈME DE M. CAMPISTRON. LA MUSIQUE DE MM. LULLY ET MARAIS.

Le sujet de cette tragédie est fort triste, mal conduit, et la versification en est peu lyrique. Cependant, les grands morceaux de musique en ont fait tout le succès. On peut remarquer entre autres, le chœur :

Divinités des sombres bords,
Venez, secondez nos efforts, etc.

qui est du grand beau. Cet opéra a été repris sous le titre de la Mort d'Hercule, en 1705 et 1746; il eut peu de réussite à cette dernière reprise et n'a pas paru depuis.

MARIN MARAIS.

Parisien, né le 31 mai 1655; ordinaire de la musique de la chambre du roi, pour la viole, mort à Paris, faubourg Saint-Marceau, le 15 août 1728, dans sa soixante-treizième année, inhumé à Saint-Hippolyte, sa paroisse.

On peut dire que Marais a porté la viole à son plus haut degré de perfection, et qu'il est le premier qui en a fait connaître toute l'étendue et toute la beauté par le grand nombre d'excellentes pièces qu'il a composées sur cet instrument, et par la manière admirable dont il les exécutait.

Il est vrai qu'avant Marais, Sainte-Colombe faisait quelque bruit pour la viole; il donnait même des concerts chez lui, où deux de ses filles jouaient, l'une du dessus de viole, et l'autre de la basse, formaient, avec leur père, un concert à trois violes, qu'on entendait avec plaisir, quoiqu'il ne fût composé que de symphonie ordinaire et d'une harmonie peu fournie.

Sainte-Colombe fut même le maître de Marais; mais s'étant aperçu au bout de six mois, que son élève pouvait le surpasser, il lui dit qu'il n'avait plus rien à lui montrer. Cependant, malgré cette jalousie, il ne laissait pas de lui rendre justice sur le progrès étonnant qu'il avait fait sur la viole, et étant un jour dans une compagnie où Marais jouait de la viole, ayant été interrogé par des personnes de distinction sur ce qu'il pensait de sa manière de jouer, il leur répondit qu'il y avait des élèves qui pouvaient surpasser leur maître, mais que le jeune Marais n'en trouverait jamais qui le surpassât. Pour rendre la viole plus sonore, Marais est le premier qui ait imaginé de faire filer en laiton les trois dernières cordes des basses.

Marais s'attacha à Lully qui l'estimait beaucoup, et qui se servait souvent de lui, pour battre la mesure, pour l'exécution de ses opéras (1). Ce soin n'empêchait pas Marais de s'appliquer à la viole et de composer une grande quantité de belles pièces sur cet instrument, qu'il jouait avec tout l'art et toute la délicatesse possible. Le goût que Lully lui avait donné pour les opéras, l'anima à composer de ces grands ouvrages de musique, savoir : Alcide, avec Louis Lully, et trois autres à lui seul : Ariadne et Bacchus, 1696, Alcyone, 1706, et Sémélé, 1709 ; de ces quatre opéras, le premier et le troisième ont eu du succès.

Trois ou quatre ans avant sa mort, Marais s'était retiré dans une maison rue de Lourcine, faubourg Saint-Marceau, où il cultivait les plantes et les fleurs de son jardin. Il louait cependant une salle rue du Battoir, quartier Saint-André des arts, où il donnait deux ou trois fois la semaine, des leçons aux personnes qui voulaient se perfectionner dans la viole.

Il a eu dix-neuf enfans de Catherine d'Amicourt, avec laquelle il a été marié cinquante-trois ans, et a célébré ses noces jubilaires en 1709 ; il en présenta quatre au feu roi, et donna à ce monarque un concert de ses pièces de viole, exécuté par lui et par trois de ses fils. Le quatrième, qui portait pour lors le petit collet, avait soin de ranger les livres sur le pupitre et d'en tourner les feuillets. Le roi entendit ensuite ses trois fils séparément, et lui dit : « Je suis bien content de vos enfans, mais vous êtes toujours Marais et leur père. »

(1) Après la mort de Lully, Marais continua de battre la mesure à l'Opéra, et n'a quitté cet emploi que vers 1710 ou 1712.

DIDON,

TRAGÉDIE,

ÉÉPRÉSENTÉE POUR LA PREMIÈRE FOIS EN 1693.

LE POÈME DE MADAME DE SAINTONGE. LA MUSIQUE DE M. DESMARETS.

Cet opéra, qui fut le coup d'essai de deux personnes de mérite qui y firent paraître leurs talens, eut beaucoup de réussite, et méritait d'être remis au théâtre. Ce n'est pas qu'il soit sans défauts : les principaux personnages en sont pleins. Enée est plus souvent un sot qu'un héros. Didon s'exprime en brûlante Africaine, et non en tendre amante; les fêtes n'entrent presque pour rien dans le plan de la pièce, et enfin le dénoûment n'est pas aussi vif que le sujet le demande.

Mme DE SAINTONGE.

Louise Geneviève Gillot, née à Paris en 1650, était fille de Pierre Gillot, sieur de Beaucour, et de Geneviève Gomez, à qui nous devons la traduction de l'*Arioste* : Mlle Gillot reçut une excellente éducation, et fut élevée dans l'étude des belles-lettres, y étant portée par son goût naturel, et par l'exemple de M. de Saintonge, avocat au parlement de Paris, homme de mérite et d'érudition, avec qui elle fut mariée. Mme de Saintonge donna en 1693 l'opéra de *Didon* que Desmarets mit en musique. Cette tragédie lyrique eut beaucoup de succès, et il est étonnant *qu'on ne l'ait pas reprise.* L'année suivante, parut sur le théâtre de l'Académie royale de musique, *Circé*, des mêmes auteurs, mais qui tomba. Il semble que ce mauvais succès dégoûta Mme de Saintonge de travailler, car rien n'a paru de cette dame, excepté deux volumes de poésies imprimées en 1714 à Dijon, où elle avait été passer plusieurs années. Cette dame revint à Paris à peu près dans ce temps-là, et y mourut le 24 mars 1718, et fut inhumée en l'église de Saint-Louis dans l'île.

HENRY DESMARETS.

Se fit connaître dans le monde par une aventure assez singulière (1); mais ce qui acheva sa réputation, ce fut la

(1) Desmarets, auteur de l'opéra de *Didon*, doit être compté parmi les faiseurs de musique d'église, puisqu'il est constant qu'il composait toutes celle que Goupillet faisait exécuter à Versailles, après que ce Goupillet, maître de musique de la cathédrale de Meaux, eut été nommé pour la chapelle du roi, parce que Mme la dauphine, que M. Bossuet avait sollicité, le demanda. Il se trouva très étonné de se voir élevé à ce poste,

tragédie lyrique de *Didon*, qu'il mit en musique, et qui fut représentée en 1693. *Circé*, qui parut en 1694, n'eut pas un sort si heureux, non plus que *Théagène et Chariclée* en 1695; et la même année, le ballet des *Amours de Momus*. *Vénus et Adonis* donné en 1697, rétablit un peu sa réputation, quoique cet opéra ne fût joué que douze fois. Les *Fêtes galantes*, ballet, en 1698, n'eurent point les suffrages du public : cela ralentit un peu son ardeur, et l'obligea à travailler avec plus de soin ses ouvrages. Il était occupé de la composition d'*Iphigénie en Tauride*, lorsqu'il eut le malheur de devenir amoureux d'une écolière qu'il avait. La demoiselle parut aussi sensible qu'il le souhaitait, de sorte que le roman finit par un enlèvement Desmarets passa en Angleterre avec sa nouvelle épouse (car il en avait perdu une première en 1695). Ce fut pendant son séjour à Londres que parut, en 1704, la tragédie d'*Iphigénie*, que Campra acheva, et qui fit un honneur infini à Desmarets. De Londres, Desmarets vint en Lorraine, où, ayant trouvé de la protection, il s'y établit en 1722. Il obtint la permission de venir passer quelque temps à Paris, pour y faire exécuter l'opéra de *Renaud*, dont il avait fait la musique. Cet opéra, dont les auteurs attendaient un succès marqué, tomba, et ne fut joué que cinq ou six fois. Desmarets reprit le chemin de la Lorraine, où il est mort depuis quelques années.

---

qu'il avait brigué, moins par envie, et par espérance de l'obtenir, que par vanité. Il s'avisa d'avoir recours à Desmarets, jeune homme alors, gueux et inconnu. Ils firent un marché à tant le motet, et dix ou douze ans durant, Goupillet vécut dans son emploi, glorieux et estimé. Mais enfin, soit méchanceté, soit besoin, Desmarets venant hautement se plaindre que Goupillet ne le payait point, trahit et prouva l'intrigue, et Goupillet se retira. Cette musique d'église de Desmarets, jouée à Versailles, sous le nom de Goupillet, était excellente, et surtout naturelle et simple, à ce qu'on m'a assuré; peut-être y a-t-il quelques morceaux imprimés sur lesquels on en jugerait, car je m'en fie ici à la foi d'autrui. Je ne puis même taire que j'ai entendu un *Miserere* de Desmarets, qui m'avait donné une idée médiocre de son talent pour la musique latine. Il le fit chanter aux Pères de la Mercy à l'anniversaire de sa femme, en 1694 ou 1695. Et cela ne valait pas, à beaucoup près, *Didon*.

MÉDÉE,

TRAGÉDIE,

REPRÉSENTÉE POUR LA PREMIÈRE FOIS AU MOIS DE DÉCEMBRE 1693.

LE POÈME DE M. CORNEILLE. LA MUSIQUE DE M. CHARPENTIER.

« On joue, dit Devisé, un opéra nouveau, intitulé *Médée;* c'est un sujet consacré par l'antiquité, et qui a reçu l'approbation de tous les siècles... Quoiqu'il soit fort difficile de traiter dans un opéra une matière aussi ample que dans une tragédie ordinaire, parce qu'un opéra contient moins de vers qu'il n'en faudrait pour deux actes d'une tragédie qui ne serait pas en musique, on peut dire que l'opéra de *Médée* et celui de *Bellérophon*, du même auteur, sont aussi remplis de sujet qu'aucune autre pièce de théâtre que nous ayons. Les passions y sont si vives, et surtout dans le rôle de Médée, que quand ce rôle ne serait que récité, il ne laisserait pas que de faire de belle musique; Mlle Rochois, l'une des meilleures actrices du monde, et qui joue avec chaleur, finesse et intelligence, brille dans ce personnage, et en fait bien valoir les beautés. Tout Paris est charmé de la manière dont cette excellente actrice le joue, et on ne peut se lasser de l'admirer... Les véritables connaisseurs trouvent quantité d'endroits admirables dans la musique. M. Charpentier qui l'a fait graver, eut l'honneur de la présenter au roi, il y a quelques jours, et Sa Majesté lui dit *qu'elle savait qu'il y avait de très belles choses dans son opéra.* Quoique l'on n'en ait donné encore que neuf ou dix représentations, M. le dauphin y est déjà venu deux fois, et S. A. R. Monsieur l'a vu quatre fois. Il a eu la destinée des beaux ouvrages, contre lesquels l'envie se déclare d'abord, mais ils n'en brillent après davantage. Les décorations et les habits sont de M. Berain. »

MARC-ANTOINE CHARPENTIER.

Né à Paris en 1624, s'attacha, dès sa tendre enfance, à la peinture, et à l'âge de quinze ans, il quitta sa patrie pour aller à Rome se perfectionner dans cet art. Mais à peine y fut-il arrivé, qu'au lieu de continuer le talent qu'il avait embrassé, il y renonça pour s'attacher à la musique, enchanté de celle de Canpini. Ce musicien, qui lui trouva beaucoup de disposition, s'attacha à lui montrer toute sa science, et Charpentier égala bientôt son maître et acquit le titre de phénix de la France De retour à Paris, il entra chez Mme de Guise en qualité de maître de sa musique, où il composa des pièces excellentes; mais, piqué contre Lully qui réunissait tous les suffrages, il changea son goût de musique naturelle, afin de ne point ressembler au simple de Lully, et ne voulut plus faire que de la musique très difficile, mais en même temps d'une harmonie et d'une science jusqu'alors inconnue aux Français (1). Ce qui lui attira le titre de compositeur barbare. Rempli de ces savantes idées, il mit en musique l'opéra de *Médée,* qui fut représenté en 1693. Cet ouvrage, que les étrangers ont regardé comme un chef-d'œuvre, n'eut aucune réussite en France. On ajoute que ce fut par la négligence des musiciens de l'orchestre; et que, pour punir ou leur incapacité ou leur malice, on leur retrancha, pendant dix années, cinquante francs par an de leurs appointemens.

Charpentier abandonna absolument le français, pour composer en latin; il fut choisi pour remplir la place de maître de musique de la maison professe des jésuites rue Saint-Antoine, ce qu'il continua très long-temps. Enfin, il mérita sur la fin de ses jours, une pareille place à la Sainte-Chapelle de Paris, où il mourut au mois de mars 1702, âgé de soixante-dix-huit ans.

Charpentier a composé la musique de *Circé,* tragédie de Thomas Corneille, et celle du *Malade imaginaire,* de Molière.

(1) Nous ne parlons ici de Charpentier que d'après les discours de quelques admirateurs de ce musicien.

CÉPHALE ET PROCRIS,

REPRÉSENTÉE POUR LA PREMIÈRE FOIS EN 1694.

LE POËME DE M. DUCHÉ. LA MUSIQUE DE MADEMOISELLE DE LA GUERRE.

Si les louanges prématurées assuraient le succès d'une pièce, jamais opéra n'en aurait eu un semblable. Les noms de Duché et de Mlle de la Guerre retentissaient par tout Paris. On tombait en extase aux répétitions de ce poème, et malheur à ceux qui auraient osé dire qu'il fallait attendre le jugement du public. Ce jour arriva, quel changement! il fut total, et l'opéra expira à sa cinquième ou sixième représentation.

JOSEPH-FRANÇOIS DUCHÉ.

Fils d'Antoine Duché, secrétaire du roi et secrétaire-général de la marine, naquit à Paris, le 29 octobre 1668: son père le fit élever avec beaucoup de soin, et ce fut l'héritage qu'il lui laissa. Son peu de fortune lui fit mettre ses talens en usage; le goût de la poésie lyrique prévalut, et il donna successivement *Céphale et Procris* en 1694, *Théagène et Chariclée* en 1695, *les Amours de Momus* la même année, *les Fêtes galantes* en 1698, *Scylla* en 1701 et *Iphigénie* en 1704. C'est son dernier opéra et celui qui a eu le plus de faveur dans le public. Duché mourut le 14 décembre 1704, dans le commencement de sa 37e année, et il fut inhumé au cimetière des Saints-Innocens.

Duché fut reçu à l'académie des inscriptions et belles-lettres, comme l'élève de Pavillon, et tenait beaucoup de la douceur, du caractère et des grâces de l'esprit de cet homme illustre. Il ne lui a jamais échapé aucun trait malin, pas même équivoque, et l'on reconnaît dans tous ses écrits, la véritable candeur qui brillait dans sa physionomie. — Terminons cet article par le sonnet suivant que Rousseau, son ami intime, consacra à sa mémoire.

SONNET

SUR LA MORT DE M. DUCHÉ.

Celui que nous plaignons et qu'un sort glorieux
Place au rang des élus dans la cité céleste,
Brilla par ses talens, fut doux, simple et modeste,
Fidèle à ses amis, discret, officieux.

Des charmes dont le monde avait séduit ses yeux,
Dieu dissipa bientôt l'illusion funeste,
Et de ses jeunes ans il consacra le reste
A chanter les grandeurs du monarque des cieux.

BIBLIOTHEQUE CHOISIE.

Il n'est plus, et j'ai vu passer sa dernière heure.
Mais en pleurant sa mort, c'est moi seul que je pleure,
Mon aveugle fureur n'accuse point le sort.

Il jouit de tous les biens qui faisaient son envie,
Et ne pouvait trouver, qu'en passant par la mort,
Le port tranquille et sûr d'une éternelle vie.

Mlle DE LA GUERRE.

Elisabeth-Claude Jacquet, née à Paris en 1659, fit connaître, dès sa plus tendre enfance, des talens et des dispositions extraordinaires pour la musique et pour l'art de toucher le clavecin. A peine avait-elle quinze ans qu'elle parut à la cour. Le roi eut beaucoup de plaisir à l'entendre jouer du clavecin, ce qui engagea Mme de Montespan à la garder trois ou quatre ans auprès d'elle. Mais Mlle Jacquet ayant épousé Marin de la Guerre, organiste de Saint-Séverin, fut obligée de suivre son mari et de revenir à Paris. Le mérite et la réputation de Mlle de la Guerre ne firent que croître dans cette capitale, et tous les grands musiciens et les bons connaisseurs allaient avec empressement l'entendre toucher le clavecin ; elle avait surtout un talent merveilleux pour préluder et jouer des fantaisies sur-le-champ ; et quelquefois, pendant une demi-heure, elle suivait un prélude et une fantaisie avec des chants et des accord extrêmement variés.

Tant de talens réunis faisaient croire que personne n'était plus en état de travailler à la composition des opéras en musique que Mlle de la Guerre. Elle s'en flatta peut-être aussi, et elle accepta les paroles de *Céphale et Procris*, que Duché, jeune alors, et qui n'avait encore.rien donné au public, lui offrit. Mlle de la Guerre mit cet opéra en musique, et, pendant qu'elle y travaillait, tous ses amis, tant en prose qu'en vers (1), la félicitaient sur son

---

(1) « Je vous envoie une galanterie qui a été faite pour Mlle de La Guerre, dans laquelle on suppose que M. de Lully lui écrit des Champs-Elysées.—L'opéra dont il est parlé dans cet ouvrage, continue Devisé, n'a pas encore été représenté, mais il est trouvé digne de l'attention du public, et ceux qui aiment la musique et s'y connaissent le mieux, demeurent d'accord que cette admirable personne travaille autant d'agrément que de science pour tout ce qui concerne le chant. »

ÉPITRE DE M. DE LULLY A Mlle DE LA GUERRE,

Envoyée le jour de Sainte-Cécile, par une ombre, avec une couronne de lauriers. accompagnée de jolis présens enfermés dans une boîte, sur laquelle était cette inscription :

A la première musicienne du monde.

Du train de l'Opéra demandant des nouvelles,
Aux mortels depuis peu descendus ici-bas,
Ils m'en ont à l'envi débité des plus belles,
Et m'ont dit que là-haut vous faisiez grand fracas
Qu'on vantait à la cour, de même qu'à la ville,
Un opéra nouveau, que vous avez donné.
L'entreprise, il est vrai, n'eut jamais de pareille.

Au règne de Louis ce prodige était dû.
A ce fameux héros, j'eus le bonheur de plaire.

---

succès à venir. Enfin cet opéra parut en 1694, et le public connut alors que la science de la musique n'en donne pas les agrémens. Mlle de la Guerre le sentit, apparemment, mieux qu'un autre, et renonça à ce genre d'ouvrage. Elle mourut le 27 juin 1729, âgée environ de 70 ans, et fut inhumée à Saint-Eustache, sa paroisse.

HARDOUIN (basse-taille),

Après avoir chanté dans différentes cathédrales, vint à Paris et entra à l'Académie royale de musique, en 1694, pour y remplacer Moreau. Il fut chargé des premiers rôles, jusqu'en 1697, que Thevenard, goûté du public de plus en plus, en prit possession. Hardouin continua dans les seconds rôles. En 1718, il joua celui de Polyxène, dans *Acis et Galatée*, et quitta peu de temps après, avec une pension. Il est actuellement vivant, à Tréguier, en Bretagne, sa patrie.

CHOPELET (haute-contre).

Débuta du temps de Lully, pour la danse ; on l'entendit chanter, et on lui conseilla de préférer ce dernier talent. Chopelet doublait Du Mény, et lui succéda pendant quelque temps dans les premiers rôles. Il joua d'original, en 1700, Télamon dans *Hésione*, Dardanus dans *Scylla*, en 1701, et *Phaéton*, lorsqu'on reprit cet opéra en 1702. Mais étant tombé malade vers ce temps-là, il perdit sa voix, et ne put se charger que de petits rôles, dont le dernier fut celui de Mercure dans *Psyché*, qui fut remis au théâtre, en juin 1713. Depuis ce temps, Chopelet quitta l'Opéra, et mourut paralytique. Il était petit et avait le visage long, les yeux beaux et la voix assez gracieuse.

BOUTELON père, haute-contre.

Entra à l'Académie royale de Musique vers le même temps que Chopelet ; il chanta avec goût les rôles comiques, dans lesquels il s'est beaucoup distingué. Mantienne lui succéda. Il quitta vers (en blanc) et mourut peu de temps après.

Ce que j'ai fait pour lui, c'est à vous de le faire.
Vous devez succéder à l'honneur que je perds.
Déjà ce roi puissant connaît votre génie,
Déjà plus d'une fois vous l'avez su charmer,
Par les plus doux accords qu'enfante l'harmonie.
Et que faut-il de plus, pour s'en faire estimer ?
L'effet justifiera ce que je viens de dire,
Sans doute le public parlera comme moi.

Mais enfin, si j'en crois ce qu'on dit à ma gloire,
L'estime de Lully vaut celle d'Apollon.

Ecrit aux champs élysiens
Le grand jour des musiciens.

(*Mercure* de décembre 1694, p. 231 et suiv.)

CIRCÉ,

TRAGÉDIE,

REPRÉSENTÉE POUR LA PREMIÈRE FOIS AU MOIS DE NOVEMBRE 1694.

LE POÈME DE MADAME DE SAINTONGE. LA MUSIQUE DE M. DESMARETS.

La négligence des auteurs des mémoires du temps, ne nous permet pas de savoir quels anciens opéras furent remis cette année ; nous sommes obligés de nous en ténir aux seules représentations de *Céphale et Procris*, et de *Circé*. Sans le vouloir, Devisé nous apprend à peu près la date du dernier par le passage suivant : « On aura encore un opéra nouveau ce carnaval ; la nouvelle est assez surprenante, puisqu'on n'a jamais donné deux opéras nouveaux dans un même hiver. Celui qui paraîtra au commencement de février est intitulé : *Théagène et Chariclée.* »

Circé eut un faible succès ; Mme de Saintonge renonça au théâtre lyrique, et Desmarets se pourvut d'un nouveau poète.

BALON.

Entra à l'Opéra en l'année 1694 ; c'est le plus gracieux et le plus habile danseur qui ait paru sur le théâtre de l'Académie royale de Musique. Les grâces de la figure, la régularité de la taille, quoi qu'au-dessous de la médiocre, et peut-être plus propre à la danse, une oreille d'une exactitude parfaite, la jambe belle, les bras admirables. Si l'on ajoute à cela du feu et de la légèreté, avec un certain air tendre qu'il mettait dans ses attitudes, surtout dans les pas de deux, on ne sera pas surpris de la réputation qu'il se fit à l'Opéra et de celle qu'il conserve encore, actuellement vivant.

BLONDY.

Fils de Blondy, maître à danser (1) et neveu de Beauchamps, dont il fut élève, entra à l'Opéra en même temps que Balon, et devint le plus grand danseur de l'Europe, pour la danse haute, pour les entrées de Furies et autres de caractères. Après la mort de Pécourt, arrivée en avril 1729, Blondy fut nommé pour le remplacer dans la composition des ballets de l'Académie royale de musique ; ce qu'il continua de faire, au gré des connaisseurs, jusqu'à sa mort, qui arriva le 13 août 1739 (2) Blondy a laissé une fille unique, mariée depuis douze ans à un baron saxon appelé le baron de Schoëmberg, qui s'est établi en France à cause de cette alliance.

(1) Ce Blondy père est aujourd'hui vivant et a dansé à l'Opéra avant celui dont nous parlons et du temps de Lully.

(2) Le sieur Blondy, qui a brillé long-temps sur le théâtre de l'Opéra, et l'un des plus beaux danseurs qui aient paru, neveu et élève du fameux Beauchamps, mourut à Paris en peu de jours le 13 du mois d'août 1739, âgé de près de 70 ans. Il avait succédé au feu sieur Pécourt dans la composition des ballets. Mort en avril 1729. Le célèbre Dupré, danseur inimitable, le remplace aujourd'hui.

LES SAISONS,

BALLET EN QUATRE ENTRÉES,

REPRÉSENTÉ POUR LA PREMIÈRE FOIS AU MOIS D'OCTOBRE 1695.

LE POÈME DE M. PIC. LA MUSIQUE DE M. COLASSE.

C'est ici le premier ballet composé d'entrées, dont chacune forme un sujet entier et séparé. Cette invention que l'auteur n'a dû qu'à la faiblesse de ses talens, et que la stérilité du siècle a mise si fort à la mode, plut de telle sorte dans sa nouveauté, qu'elle fit presque oublier que les vers de l'ouvrage n'étaient que de la prose rimée, et qu'il n'y avait ni caractère ni conduite. Mais ce qui acheva de procurer à ce ballet une réussite des plus marquées, fut la musique de Colasse, fortifiée des airs de violon de Lully. Colasse n'a point caché l'avantage qu'il avait tiré de ce secours, que Rousseau lui reproche cependant ; ce secours, ainsi que le jeu de Désessart et de Babet Dufort fit tout le succès de sa pièce. C'est dans un dialogue, où il introduisit Colasse et Pic, se donnant mutuellement des louanges sur leurs ouvrages.

COLASSE.

Le bruit de votre nom remplit toute la terre,

PIC.

On entend en tous lieux vos éloges divers.

COLASSE.

Chacun est charmé de vos vers.

PIC.

Voyez, comme à grands flots tout le peuple s'amasse.

COLASSE.

C'est vous, illustre Pic.

PIC.

C'est vous, docte Colasse.

Le danseur Desessart, et Babet Dufort interrompent ces complimens ; les deux auteurs appellent à leur secours, l'un les choristes de Saint-Paul, et l'autre une troupe de cuistres, et ce dialogue est terminé par l'arrivée de l'ombre de Lully, qui les confond tous deux, par ces paroles foudroyantes.

L'OMBRE DE LULLY (à Colasse).

Tremble, malheureux plagiaire,
C'est l'ombre de Lully qui paraît à tes yeux ;
Je viens revendiquer les larcins odieux,
Que tu m'as osé faire.

(à Pic.)

Et toi, crains un revers fatal,
Rimeur enorgueilli du succès de ta veine :
Ton opéra va, du Palais-Royal,
Passer à la Samaritaine.

LE CHOEUR.

O sort fatal ! ô chute affreuse !
O témérité malheureuse !

Le ballet des *Saisons* a été remis au théâtre en 1700, 1712 et en 1722 (1).

L'ABBÉ PIC.

Précepteur de M. l'abbé de Vaubrun, et depuis du feu duc d'Estrées, s'attacha, sans aucune vocation, au théâtre de l'Opéra, où il donna trois poèmes très faibles Le seul ballet des *Saisons* (1), aidé des airs de Lully, que Colasse y avait placés, lui donna quelque espèce de réputation. L'abbé Pic était libertin, sans bien, et ses talens extrêmement faibles. Ainsi, il passa une partie de sa vie dans la misère. M. l'abbé de Vaubrun lui donna une retraite dans une de ses terres, où il mourut assez peu regretté du Parnasse et des libraires, à qui il avait vendu quelques brochures de sa façon, sous le nom de Saint-Evremont.

THÉVENARD (Gabriel-Vincent), basse-taille.

Né à Paris, le 10 août 1669, entra à l'Opéra vers l'année 1690 Il débuta par les confidens. Ensuite, il doubla quelquefois Dun père. M. Destouches, qui lui reconnut des talens pour le théâtre, s'attacha à lui montrer l'art de chanter avec ame et noblesse ses rôles. Thévenard profita des leçons de M. Destouches, et devint en peu de temps, l'acteur le plus parfait qui ait paru sur le théâtre de l'Opéra ; les rôles d'Amadis de Grèce, d'Hylas de *Issé*, etc., furent faits exprès pour lui, et il leur prêta de nouvelles beautés par la noblesse de son jeu et l'art de son chant. Enfin, en 1730, il quitta l'Opéra et obtint en sortant une pension de mille livres. Actuellement vivant.

ELISABETH DUFORT

Excellente danseuse, surtout pour la danse d'Arlequine (2), était fille de Dufort, décorateur et concierge de la Comédie-Française. Mlle Dufort entra à l'Opéra vers l'année 1695, et mourut au commencement de ce siècle.

Mlle Dufort, qu'on appelait Babet Dufort, était passablement jolie, elle avait l'air fier et hardi au théâtre.

(1) Pour donner un état du théâtre, en 1695, nous joignons ici les noms des acteurs qui ont paru dans la première représentation de cette pièce et dans le ballet.

Nota. C'est la représentation de 1700 et non celle de 1695.

PROLOGUE.

Melpomène. Mlle du Lac. Le Permesse, Dun. Clio, Mlle Heusé. Apollon, Thévenard.

1re entrée : L'AMOUR COQUET.

Le Printemps, Piton. Flore, Mlle Moreau. Zéphir, Chopelet. Chloris, Mlles Heusé et Dulac alternativement.

2e entrée : L'AMOUR CONSTANT ET FIDÈLE.

L'Eté, Boutelon. Vertumne, Thévenard. Pomone, Mlle Moreau. Cérès, Mlle Maupin.

3e entrée : L'AMOUR PAISIBLE OU L'AMOUR DANS LE MARIAGE.

L'Automne, Guyard. Céphise, Mlle Provost. Ariadne, Mlle Heusé. Bacchus, Hardouin.

4e entrée : L'AMOUR BRUTAL.

L'hiver, Desvois. Borée, Dun. Aquilon, Poussin. Orithye, Mlle Desmâtins. Apollon, L'Abbé, Momus, Guyard.

DALLET.

Mlles Subligny, Dangerville, Desplaces, Provost, Desmâtins, Lemaire, Freville, Clément, Dufort, Ruel, Chapelle ; MM. Ba-

lon, Lestang, Pécourt, Blondy, Barazé, Dumoulin l'aîné, Dumoulin cadet, Dangerville, Germain, Bouteville, de Rouhan. Du Mirail, Férand, Fauveau, Dumay, Renoult, Clausse, Duruel.

CHOEURS.

Mlles Cenet, Desmâtins cadette, Provost, Heusé, Basset, Leroy, Loignon, Menmor, Martin, Cazal, Chérardy ; MM. Jolain, Godechaut, Prunier, Frère, Desvois, Leroy, Bussot, Renard, Lacoste, Cadot, Brunet, Mantienne, Fournier, Poussin, Pilon, Labbé, Thomas, Jeanno, Lebrun, Paris, Lejeune, Moreau, Solé, Deshayes, Davia.

(1) Les deux autres sont *la Naissance de Vénus* et *Aricie* 1697.

(2) Rousseau fait parler *Babet Dufort*, dans le dialogue que nous avons cité ci-devant contre Colasse et Pic.

« Je ne suis point d'humeur chagrine,
» Et l'orgueil n'est point mon défaut,
» Mais on sait qu'avant l'Arlequine,
» L'auditeur baillait assez haut.
» Cessez donc de crier merveille
» Sur votre opéra d'aujourd'hui,
» Si chacun en citait ce qui peut être à lui,
» Vous montreriez, comme ût la corneille
» Qui se parait du plumage d'autrui. »

DESCHARS.

Que nous ne connaissons que par le passage suivant, tiré des *Diversités curieuses* de l'abbé Bordelon, t. 6, p. 106 : « Le sieur Deschars est le danseur de l'Opéra le plus réjouissant ; il excelle dans le comique par-dessus tous les autres. Sa danse à deux visages dans le ballet des *Saisons* a réjoui extrêmement tous ceux de la cour et de la ville qui l'ont vu. Sa femme excelle autant dans la danse sérieuse que lui dans le comique. Elle est d'une taille très-avantageuse pour sa profession, c'est-à-dire assez grande, bien prise et d'un bon air. On assure qu'on ne l'a jamais vue rire ni sourire en dansant. » Rousseau a aussi célébré Deschars qu'il fait apostropher ainsi Colasse et Pic, dans le dialogue dont nous avons parlé :

Arrêtez, petits myrmidons,
De votre vanité, réglez mieux la mesure,
Et sachez que sans ma figure,
Votre maigre opéra, tout farci de lampons,
Eût eu le sort des céladons.
Chacun dans mon double visage
A cru voir de vos cœurs un symbole parfait :
Et le succès de votre ouvrage
N'est dû qu'à cet heureux portrait.

JASON ou LA TOISON D'OR,

TRAGÉDIE,

REPRÉSENTÉE POUR LA PREMIÈRE FOIS AU MOIS DE JANVIER 1696.

LE POÈME DE M. ROUSSEAU. LA MUSIQUE DE M. COLASSE.

Cet opéra parut lorsque l'Académie royale de musique eut cessé les représentations du ballet des *Saisons*. « M. de Francine, dit Gacon, excita Rousseau à travailler pour son théâtre, en lui faisant entendre que pour peu qu'il rimât lyriquement, il en serait bien récompensé. Ces offres avantageuses piquèrent de telle sorte ce poète, qu'il résolut de donner *Jason* (1). »

Comme le succès de cet opéra ne fut pas heureux,

Rousseau, imputant cette disgrâce au musicien, composa contre lui et l'abbé Pic, le dialogue que nous avons cité à l'article des *Saisons* : et n'étant pas assez satisfait de cette vengeance, il voulut encore les envelopper dans une courte épigramme adressée à Longepierre, qui, à la vérité, avait eu la faiblesse de louer des vers de Pic.

Épigramme contre Longepierre.

Toi qui places impudemment
Le froid Pic au haut du Parnasse,
Puisses-tu, pour ton châtiment,
Admirer les airs de Colasse.

---

(1) C'est sur cet opéra que Gacon fit l'épigramme suivante :
Sur un mauvais opéra, dont l'auteur est fils d'un cordonnier.

Crispin, le fils d'un cordonnier,
Poussé d'une vaine manie
Pour faire un opéra se croyant du génie,
Prit la lyre à la main et quitta son métier.
Mais quand par l'auditeur il vit siffler sa rime,
Il reconnut bien à son dam,
Que véritable est la maxime,
Ne sutor ultrà crepidam.

JEAN-BAPTISTE ROUSSEAU.

Né à Paris en 1670, mort à Bruxelles le 19 mars 1744, âgé de soixante-onze ans, a composé la tragédie de *Jason* 1696, et en 1697, celle de *Vénus et Adonis*.

LA NAISSANCE DE VÉNUS,

OPÉRA,

REPRÉSENTÉ POUR LA PREMIÈRE FOIS LE 1er JOUR DE MAI 1696.

LE POÈME DE M. PIC. LA MUSIQUE DE M. COLASSE.

Le premier jour de mai, qui, cette année, fut celui de l'ouverture de l'Académie royale de Musique, est remarquable par la première représentation de *la Naissance de Vénus*. La réputation des auteurs du ballet des *Saisons* avait fait désirer ce jour avec un empressement extraordinaire, qui ne cessa que lorsque la pièce eut paru.

ARIADNE ET BACCHUS,

TRAGÉDIE,

REPRÉSENTÉE POUR LA PREMIÈRE FOIS LE   1696.

LE POÈME DE M. SAINT-JEAN. LA MUSIQUE DE M. MARAIS.

Cette année ne fut pas favorable aux nouveaux opéras, sur lesquels nous ne saurions passer trop légèrement. Celui-ci eut un si faible succès, que, sans le recueil des opéras, il serait aussi ignoré que son auteur. Tout ce qu'on sait de Saint-Jean, est qu'il n'a jamais composé que ce seul ouvrage, qu'il a passé sa vie dans des commissions et des emplois dans les affaires du roi, et qu'il est mort il y a long-temps, chargé d'une commission à Perpignan.

MÉDUSE,

TRAGÉDIE,

REPRÉSENTÉE POUR LA PREMIÈRE FOIS EN JANVIER OU FÉVRIER 1697.

LE POÈME DE M. BOYER. LA MUSIQUE DE M. GERVAIS.

Fut remise au théâtre par l'Académie royale de musique au mois d'août 1696; mais comme il n'était plus accompagné des précédentes décorations et des agrémens qui excitèrent tant la curiosité du public dans sa nouveauté, il eut un succès à peu près pareil aux opéras du temps.

L'Académie remit aussi cette année *les Fêtes de l'Amour et de Bacchus*, précédées de *la Grotte de Versailles*, qui servit de prologue. *Les Fêtes de l'Amour et de Bacchus* n'avaient point été reprises depuis 1689, et n'ont pas paru depuis, excepté quelques fragmens qui furent employés en 1738, comme on le verra à son temps. *La Grotte de Versailles* est le même divertissement dont on a parlé ci-devant en 1685, sous le titre de l'*Eglogue de Versailles*.

Cette pièce est si faible, que Devisé, intime ami de Boyer, qui distribuait ses louanges si gratuitement et sans goût, n'a pas osé en parler dans son éloge; et nous l'imiterions dans ce silence, si nous n'avions trouvé l'épigramme suivante, que nous croyons digne d'un tel poème :

> Boyer, avec sa vieille muse,
> Après *Judith*, a fait *Méduse* ;
> Mais chacun est d'accord qu'il n'a pas mieux tra
> La fable que la vérité.

CLAUDE BOYER.

De l'Académie française, né à Alby, en 1618, et mort à Paris le 22 juillet 1698, âgé de quatre-vingts ans, s'avisa la dernière année de sa vie, de tenter la poésie lyrique, qui lui réussit aussi peu que la poésie dramatique. L'opéra de *Méduse*, des paroles duquel il est auteur et qui fut joué en 1697, n'eut que quelques représentations. Au reste, cet auteur n'est ici qu'accidentellement, puisqu'il a sa plus grande part au Théâtre-Français, pour lequel il a travaillé plus de cinquante ans.

GERVAIS.

De la musique de Monsieur, frère du Roi, et ensuite de celle de M. le duc d'Orléans, régent du royaume, aujourd'hui vivant, maître de musique de la chapelle de Sa Majesté, a composé, en 1697, celle de l'opéra de *Méduse*, dont on vient de parler, *Hypermnestre*, en 1716, et les *Amours de Protée*, en 1720 ; ces deux derniers eurent du succès et ont été repris.

VÉNUS ET ADONIS,

TRAGÉDIE,

REPRÉSENTÉE POUR LA PREMIÈRE FOIS LE   1697.

LE POÈME DE M. ROUSSEAU. LA MUSIQUE DE M. DESMARÊTS.

Le mauvais succès de l'opéra de *Jason* aurait dégoûté Rousseau de travailler pour ce spectacle, si M. Francine ne l'eût pressé de réparer son malheur, en tâchant, dans un nouveau poème, de mieux suivre les traces de Quinault. Il lui proposa en même temps d'en faire un dans le goût d'*Atys*. Ne vous abandonnez pas, lui dit-il, à votre génie; suivez un guide dans un pays dont vous ignorez encore les routes. Ces conseils lui firent entreprendre l'opéra de *Vénus et Adonis*. Malgré la musique, qui n'était pas mauvaise, il pensa tomber à la première représentation, sans M. le prince de Conti, qui, voyant la cour prête à se retirer dès le troisième acte, la retint en disant qu'il devait revenir une hure de sanglier au cinquième, qui ne serait peut-être pas mauvaise.

Tout le monde convient cependant que la musique a soutenu l'Opéra pendant quelque temps; mais suivant M. de Freneuse, témoin oculaire et ami de Desmarets, il n'eut que douze représentations dans sa nouveauté. On le reprit en 1717 : il n'eut pas plus de succès, et n'a point paru depuis.

Terminons cet article par une réflexion, que Rousseau, poète d'ailleurs très recommandable, après avoir satirisé tout le Parnasse, s'est mis lui-même par les ouvrages qu'il a donnés à l'Académie royale de musique, à la portée de ces deux épigrammes de Gacon :

ÉPIGRAMME

Sur un opéra de Rousseau, qui a eu quelque réussite, mais qui est pourtant très mauvais.

Jadis le fils d'un boulanger
Nous fit des opéras pleins de force et de grâce,
Le héros comme les bergers
Y récitaient des vers avoués du Parnasse ;
Le fils d'un cordonnier prend aujourd'hui sa place;
Mais, malgré toute son audace,
Il approche aussi peu de cet homme divin,
Que le cuir approche du pain.

Sur l'opéra d'Adonis.

Dans une seule et courte scène,
Vénus presse Adonis de lui faire l'amour.
Le beau blondin, pour soulager sa peine,
Ne demeure pas sans retour.
Ainsi, Rousseau, ce grand poète,
Sait bien représenter la femme de Vulcain :
Croyant que c'était peu d'en faire une coquette,
Il en a fait une catin.

ARICIE,

BALLET EN CINQ ACTES,

REPRÉSENTÉ POUR LA PREMIERE FOIS LE 1697.

LE POÉME DE M. PIC. LA MUSIQUE DE M. LACOSTE.

Ce ballet parut si mauvais et si peu propre à être représenté, que le musicien se crut obligé d'en faire par avance ses excuses au public et tâcher de le prévenir sur ce divertissement : « Ce ballet, dit-il, n'était, dans sa naissance, qu'un petit concert que j'avais composé pour le faire jouer devant des personnes distinguées qui m'honorent de leur protection et de leur amitié. J'en fis d'abord une répétition qui ne déplut pas; on en rendit compte à M. de Francine, qui, par une bonté qui lui est naturelle, ne demanda pas mieux que d'avoir occasion de favoriser les jeunes gens qui ont envie de bien faire; il voulut entendre ce petit essai, et il trouva qu'il pourrait lui convenir, s'il y avait moyen de l'ajuster au théâtre, et de lui donner plus d'étendue. Si je suis assez heureux d'être applaudi en quelques endroits de ce ballet, j'ai besoin qu'on ait beaucoup d'indulgence pour le reste, où je n'ai pas laissé que de faire de mon mieux. Je ne suis pas encore assez versé dans la composition, pour produire un ouvrage qui puisse soutenir le jugement du parterre. »

LACOSTE.

Étant encore fort jeune, entra à l'Opéra, où il resta quelque temps dans les chœurs. Ses talens pour la musique l'ayant fait connaître, il fut choisi par M. de Francine pour battre la mesure dans l'orchestre et dresser les jeunes actrices qui se présenteraient. C'est ce qu'il a fait avec succès pendant plusieurs années, et le public lui a obligation de quelques bons sujets, qui, par ses soins et ses conseils, ont acquis les grâces et le goût du chant. Actuellement vivant et retiré de l'Opéra avec pension. Outre la musique de l'opéra d'*Aricie*, il a encore composé celle de *Philomèle*, qui parut en 1705 ; *Bradamante*, 1707 ; *Creüse-l'Athénienne*, 1712 ; *Télégone*, 1725; *Orion*, 1725, et *Byblis* en 1732. Entre ces opéras, celui de *Philomèle* a été repris.

L'EUROPE GALANTE,

BALLET EN CINQ ENTRÉES, DONT LA PREMIÈRE FORME LE PROLOGUE,

REPRÉSENTÉ POUR LA PREMIÈRE FOIS LE JEUDI 24 OCTOBRE 1697.

LE POÈME DE M. DE LA MOTTE. LA MUSIQUE DE M. CAMPRA.

Ce ballet, qui est le modèle et le chef-d'œuvre des ouvrages de ce genre, le coup d'essai de la muse lyrique de La Motte et la première musique sur des paroles françaises, de Campra (1), occasiona un usage qui a été depuis toujours observé au sujet des honoraires des poètes et des musiciens. L'usage était alors qu'on donnait aux auteurs des paroles et de la musique une certaine somme qui était plus ou moins forte, selon le mérite de leur ouvrage. La Motte et Campra furent traités en inconnus, et on leur offrit une somme très modique qu'ils refusèrent. Quelques personnes proposèrent des arrangemens à ce sujet, et on s'en tint à celui qui est devenu depuis une espèce de loi, ce fut d'accorder au poète et au musicien, chacun en particulier, cent livres par jour des dix premières représentations de leur pièce, et cinquante livres de même par jour, jusqu'à la vingtième. Après laquelle l'opéra appartient à l'Académie royale de Musique. A l'égard des tragédies, on étendit la recette de cinquante livres, jusqu'à la trentième. Bien entendu, que les tragédies et les ballets réussiraient assez pour aller jusqu'au nombre marqué; faute de quoi on compte les représentations et on paye au prorata.

ANTOINE HOUDART DE LA MOTTE.

Né le 17 janvier 1672. Mort à Paris, sa patrie, le 26 décembre 1731, entre six et sept heures du matin, sur la fin de sa soixantième année, après avoir reçu tous les sacremens; inhumé à Saint-André-des-Arts.

M. de La Motte était un de ces génies heureux, féconds, on peut dire propres à tout, et qui, en toute matière, par les ressources de son esprit et l'étendue de ses lumières, réussissait; et quoiqu'il employât beaucoup d'art, son style élevé, élégant et sublime, paraissait simple, galant et toujours expressif. Son commerce doux et engageant lui avait fait un grand nombre d'amis, même du premier ordre.

Après avoir fait ses humanités et avoir étudié en droit, M. de La Motte eut un tel goût pour la déclamation et les spectacles, qu'ayant rassemblé un nombre de jeunes gens de son âge, il représenta avec eux différentes pièces de Molière. Ce fut vers ce temps là que, cédant à l'envie d'être poète, il donna *les Originaux ou l'Italie*, que les comédiens italiens jouèrent en 1693 avec peu de succès. Quatre ans après, il fit paraître son ballet de *l'Europe galante*, qui lui acquit avec justice une réputation des plus marquées. Mais l'époque de son plus grand éclat fut lorsqu'il donna au public son premier volume d'odes, suivi d'un second, avec un discours sur ce genre de poésie, et quelques autres pièces en vers et en prose.

Nous ne descendrons point dans le détail d'une infinité de pièces fugitives en tous genres, requêtes, factums, mémoires, pièces de théâtre et autres ouvrages aussi ingénieux que galans, qu'on applaudissait sous les noms de plusieurs personnes de ses amis, tant hommes que femmes, sans qu'on ait jamais su le véritable auteur; tout le monde connaît son *Essai critique* sur les théâtres, ses fables, sa traduction en vers de *l'Iliade* d'Homère, la fameuse dispute littéraire qu'il eut à cette occasion, et plusieurs autres ouvrages de sa façon qui se trouvent dans les recueils de l'Académie française; l'on trouve dans l'histoire du Théâtre-Français le détail des pièces qu'il y a données, avec plusieurs faits curieux qui y appartiennent.

Après le ballet de l'*Europe galante*, La Motte donna la même année, *Issé*, pastorale en trois actes. *Amadis de Grèce* et *Marthésie*, tragédies en 1699. En 1700, le *Triomphe des Arts*, ballet; et *Conente*, tragédie. En 1701, *Omphale*, tragédie. *Le Carnaval et la Folie*, ballet, 1703; la *Vénitienne*, ballet en 1705; *Alcyone*, tragédie, 1706; en 1708, il retoucha sa pastorale d'*Issé*, qu'il mit en cinq actes; il donna ensuite *Sémelé*, en 1709. C'est ici le dernier ouvrage lyrique qu'il a donné de son vivant; *Scanderberg*, qu'il avait laissé imparfait, n'a paru que depuis. Et l'on n'a point encore vu son ballet des *Ayes*, que le *Mercure de France* nous a annoncé comme devant être représenté à l'ouverture du théâtre en 1732.

M. de La Motte ne disputa jamais de prix d'éloquence et de poésie qu'il ne remportât, et il fut si souvent couronné par l'Académie française, et par celle des Jeux-Floraux, qu'il fut enfin prié de ne plus concourir. En 1710, il fut nommé pour remplir, dans la première, la place de feu Corneille. Il y prit séance le 8 février, dans une très nombreuse assemblée, et prononça un fort beau discours. En parlant de la perte de la vue de M. Corneille, il dit que ce que l'âge avait ravi à son prédécesseur, il l'avait perdu dès sa jeunesse; que cette malheureuse conformité qu'il avait avec lui, leur en rappellerait souvent le souvenir, et

---

(1) Campra était alors maître de musique des enfans de chœur de Notre-Dame, depuis 1694, qu'il avait succédé à l'abbé Mignon, de sorte que n'osant faire paraître cet opéra sous son nom, il le mit sous celui de son frère cadet. Ce qu'il observa pour les suivans, jusqu'au temps qu'il quitta la place, dont nous venons de parler. Ainsi nulle difficulté au sujet du titre que portent plusieurs opéras de l'aîné, qui sont marqués de M. *Campra le cadet*. Ce cadet, qui était fort honnête homme, n'a jamais su une note de musique.

servirait à leur faire sentir sa perte (1). A la fin de la séance, M. l'abbé l'Allemant récita l'épigramme suivante :

Lamotte, par l'effort de ton vaste génie,
Tu répares du sort l'injuste tyrannie;
Ce n'est pas par les yeux que l'esprit vient à bout.
De bien connaître la nature :
Argus avec cent yeux, ne connut point Mercure.
Homère sans yeux voyait tout.

M. de La Motte était d'une taille médiocre, avec peu d'agrémens dans sa personne, et son visage, quoique laid, était assez gracieux ; on trouvait beaucoup de douceur dans sa physionomie, dans ses manières et dans le ton de sa voix. D'ailleurs, obligeant, modéré et poli dans la dispute, qu'il assaisonnait de beaucoup de finesse d'esprit et de légèreté. Il aimait ses parens, et avait attiré auprès de lui un neveu que la douceur de son caractère lui fit regarder comme un autre lui-même.

Dans les douze ou quinze dernières années de sa vie, il devint tout-à-fait aveugle, et si accablé d'infirmités qu'il ne pouvait pas faire un pas, ni même se tenir debout. Sa nourriture ordinaire était du pain, des légumes et du lait. Il avait eu quelque vocation pour l'état ecclésiastique, et avait même aspiré à la plus haute dévotion. Il s'était retiré à l'abbaye de la Trappe, où il est resté quelque temps Il quitta le petit collet en 1697, et a toujours vécu dans le célibat. M. de La Motte ne s'est point démenti aux approches de la mort, lui qui avait représenté Louis XIV,

comme plus grand au lit de la mort, que dans le fort de ses prospérités et de ses triomphes, a conservé lui-même, dans ce moment, la tranquillité du héros qu'il avait célébré.

ANDRÉ CAMPRA.

De Toulouse, aujourd'hui vivant, maître de musique de la chapelle du roi, a composé la musique des opéras suivans :

1697 *L'Europe galante*, ballet.
1699 *Le Carnaval de Venise*, ballet.
1700 *Hésione*, tragédie.
1701 *Aréthuse*, tragédie.
1702 *Tancrède*, tragédie.
1703 *Les Muses*, ballet.
1705 *Alcine*, tragédie.
1708 *Hippodamie*, tragédie.
1710 *Les Fêtes vénitiennes*, ballet.
1712 *Idoménée*, tragédie.
1712 *Les Amours de Vénus et de Mars*, ballet.
1713 *Téléphe*, tragédie.
1717 *Camille*, tragédie.
1718 *Les Ages*, ballet.
1735 *Achille et Déidamie*, tragédie.
Il a encore retouché et donné au théâtre :
1702 Les fragmens de *Lully*. Ballet.
1704 *Iphigénie*, tragédie.
1704 *Télémaque*, fragmens des modernes, tragédie.
1708 Les fragmens de *Lully*, augmentés.
1711 Nouveaux fragmens.

Le 15 décembre 1718, il fut gratifié par Sa Majesté d'un brevet de 500 livres de pension sur l'Opéra, dont il jouit actuellement.

(1) Dévisé, qui avait déjà perdu la vue depuis trois ou quatre ans, fait une remarque à cette occasion, et termine ainsi l'éloge de M. Corneille : Il était aveugle ; son éloge a été fait par un aveugle, et sa place remplie par un autre aveugle.

ISSÉ,

PASTORALE EN TROIS ACTES,

REPRÉSENTÉE POUR LA PREMIÈRE FOIS A TRIANON, LE MARDI 17 DÉCEMBRE 1697.

LE POÈME DE M. DE LA MOTTE. LA MUSIQUE DE M. DESTOUCHES.

Il y avait long-temps qu'on ne représentait plus à la cour d'opéras nouveaux, lorsque le mariage de M. le duc et de Mme la duchesse de Bourgogne y fit augmenter les divertissemens qui, cette année, furent des plus magnifiques. Outre l'opéra d'*Issé*, composé exprès pour cette fête (1) on y exécuta encore les tragédies de *Roland* et d'*Armide*, et le nouveau ballet de *l'Europe galante. Issé* fut ensuite jouée à Paris, et reçut les mêmes applaudissemens. La cour et la ville réunirent leurs suffrages et rendirent également justice à la délicatesse du poète et à la beauté de la musique.

(1) On jouera cette année, dit le *Mercure historique* (décembre 1697, p. 146), le ballet des *Amours d'Apollon*, que l'on nomme l'*Opéra du Mariage*.

Les deux jeunes auteurs de cet ouvrage semblent s'y disputer à qui entrera avec plus de vivacité dans une carrière qu'ils ont remplie depuis beaucoup d'éclat. L'auteur du poème, qu'on croit antérieur à celui de *l'Europe galante*, n'y dément pas le nom de Jeune Homère, qu'il se donne dans son épître dédicatoire, où il choisit M. le duc de Bourgogne pour son Achille. La gloire qu'il s'est acquise depuis a justifié son ambition naissante. On remarque que, dans *Issé*, son style n'est pas tout-à-fait aussi correct qu'il l'a été dans beaucoup d'autres ouvrages qui lui ont assuré l'immortalité qu'il se proposait pour prix de ses travaux. Et le musicien fait voir dans cette pastorale qu'on peut, dès le premier pas, faire douter si l'on pourra se surpasser dans la suite ; son génie et son goût s'y déploient tout entiers; rien de plus naturel que son chant,

BIBLIOTHÈQUE CHOISIE.

de plus vif que ses peintures, et surtout rien de plus flatteur que son récitatif (1).

Le prologue est des plus beaux, tant de la part du musicien que du poète, qui a su, sous une ingénieuse allégorie, rassembler d'une manière nouvelle et délicate, les louanges du feu roi, qui venait alors d'accorder la paix à l'Europe, et celles des deux augustes époux, pour qui ce ballet fut composé.

La scène où Issé craint de faire paraître son amour à Philémon, et veut fuir sa présence , est très intéressante et bien dialoguée; les plaintes d'Hylas, et son dialogue avec Issé, font également honneur aux deux auteurs. Mais l'un des plus grands morceaux du théâtre lyrique, est l'invocation de Dodone; c'est là que le poète et le musicien se sont également surpassés, et l'on ne peut rien imaginer de plus beau. La catastrophe est heureuse, le divertissement bien amené, et cette charmante pastorale est terminée par un chœur des plus brillans.

On aurait souhaité qu'une action si intéressante n'eût pas été coupée par un épisode plein d'agrément, mais dont on aurait pu se passer. On peut présumer que le poète s'est défié de lui-même lorsqu'il a employé ce galant hors-d'œuvre. On croit même que s'il avait d'abord mis sa pastorale en cinq actes, il l'aurait traitée plus sérieusement, et n'aurait pas semblé rappeler une forme de poème lyrique, que Quinault avait abandonnée, après son troisième opéra,

comme n'étant pas dans le goût du théâtre français (1).

ANDRÉ CARDINAL DESTOUCHES.

Entré fort jeune au service, il fut quelque temps mousquetaire du roi dans la seconde compagnie, en 1712. Sa Majesté lui donna la place d'inspecteur-général de toute la régie de l'Académie royale de Musique, qu'il remplit avec l'approbation du public jusqu'en 1721. En 1728, M. de Francine, directeur de cette Académie, ayant demandé à se retirer, M. Destouches, depuis plusieurs années surintendant de la musique du roi, lui succéda à cet emploi. En 1730, la direction de l'Opéra changeant de forme, M. Destouches se retira avec une pension de quatre mille livres que le roi lui accorda en faveur des services qu'il y avait rendus avec distinction. Actuellement vivant.

Il a composé la musique des opéras suivans :

1697. *Issé*, pastorale en trois actes.
1699. *Amadis de Grèce*, tragédie.
1699. *Marthésie*, tragédie.
1701. *Omphale*, tragédie.
1703. *Le Carnaval et la Folie*, ballet.
1708. *Issé*, pastorale, remise en cinq actes.
1712. *Calliroé*, tragédie.
1714. *Télémaque*, tragédie.
1718. *Sémiramis*, tragédie.
1725. *Les Elémens*, ballet.
1726. *Les Stratagèmes de l'amour*, ballet.

(1) Je ne puis m'empêcher ici de dire l'histoire de M. Destouches, jeune, occupé des exercices, ou si vous voulez, des plaisirs d'un mousquetaire, sachant à peine les élémens de la musique ; M. Destouches est saisi de la fureur de faire des opéras : il ne fait qu'écouter un génie qui lui parle, et qui l'échauffe en secret, il produit des airs, des symphonies qu'il ne saurait noter, il les chante comme la nature les lui a dictés. Il faut qu'un autre les note sous lui, et pendant qu'il apprend les règles de la composition, il compose par avance en maître; il fait *Issé*, un des plus aimables opéras qui aient paru depuis Lully.

(1) Cet opéra fut parfaitement exécuté dans sa nouveauté : Du Mény joua le rôle d'Apollon, Thevenard et Dun, ceux d'Hilas et de Pan ; celui d'Issé fut rempli par Mlle Rochois , et ensuite par Mlle Desmâtins ; Mlle Moreau joua Doris , et Hardouin le ministre de Dodone.

Dans le prologue, les rôles de la première Hespéride, d'Hercule et de Jupiter, furent exécutés par Mlle Desmâtins , Hardouin et Thevenard ; le ballet fit un grand plaisir. Mlles Subligny , Fréville et Dufort s'y distinguèrent aussi bien que Pécourt, Balon, Blondy et les deux Dumoulin.

LES FÊTES GALANTES,

BALLET EN TROIS ACTES,

REPTÉSENTÉ POUR LA PREMIÈRE FOIS LE 1698.

LE POÈME DE M. DUCHÉ. LA MUSIQUE DE M. DESMARETS.

L'auteur des paroles, dans un avertissement qui précède son ballet, fait entendre qu'il a été prévenu par celui de *l'Europe galante*, et que cela l'a forcé de changer tout le plan de son ouvrage. Mauvaise raison pour le public, qui lui répond : Si ce changement vous a contraint de faire un mauvais poème, il fallait vous épargner cette peine et à nous celle de l'aller entendre. Il est vrai que ce fut pendant peu de temps. Les acteurs se morfondirent sur le théâtre, et l'opéra disparut au bout de quelques représentations.

LE CARNAVAL DE VENISE,

BALLET EN TROIS ACTES (1),

REPRÉSENTÉ POUR LA PREMIÈRE FOIS EN FÉVRIER 1699.

LE POÈME DE M. REGNARD, LA MUSIQUE M. CAMPRA.

Ce ballet, dont la composition n'a fait aucun honneur au musicien, et encore moins au poète, dont les talens n'étaient pas propres pour ce genre d'écrire, eut si peu de succès, que l'Académie royale de musique fut obligée de le supprimer au plus tôt, et de continuer les représentations de *Thésée*, jusqu'à l'opéra nouveau d'*Amadis de Grèce*.

JEAN-FRANÇOIS REGNARD.

Né à Paris, en 1654, et mort à Grignon, le 5 septembre 1710, âgé de cinquante-six ans, tient une trop petite place dans cette histoire, pour y insérer la sienne.

(1) A la fin du troisième acte, est le petit opéra italien d'*Or-phée aux enfers*, qui est terminé par le *Bal*, dernier divertissement. Pendant le cours des représentations de ce ballet, qui ne furent pas nombreuses, parut un arrêt du conseil d'état du roi, en date du 25 février 1699, en faveur des pauvres de l'hôpi-tal, qui ordonna de prendre un sixième en sus du prix des pla-ces des théâtres de Paris. Ainsi, l'entrée du parterre de l'O-péra, qui ne coûtait que 30 sous par personne, fut mise à 36 sous; celle des secondes loges à 3 fr. 42 sous, qu'on ne payait que 3 fr., et enfin la place des premières à 7 fr. 4 sous, au lieu de 6 fr.

AMADIS DE GRÈCE,

TRAGÉDIE,

REPRÉSENTÉE POUR LA PREMIÈRE FOIS LE JEUDI 26 MARS 1699.

LE POÈME DE M. DE LA MOTTE. LA MUSIQUE DE M. DESTOUCHES.

Malgré le succès brillant de cette tragédie lyrique à sa nouveauté et à ses reprises, on peut néanmoins dire que l'auteur des paroles y a mis plus d'esprit que de conduite. La première scène du premier acte présente une faute de jugement qu'on aurait peine à croire, si le poète même n'en donnait la preuve. C'est Amadis qui montre le portrait de Niquée au prince de Thrace, et lui en fait considérer tous les traits pendant une nuit très obscure. Saint-Gilles qui se trouva à la première représentation de la pièce, releva cette faute, et depuis on a passé cet endroit; mais ce qui suit est aussi peu raisonnable. Ce même Amadis, qui fuit nuitamment Mélisse, pour aller désenchanter Niquée, s'arrête à écouter chanter des bergers, et ne part qu'après que Mélisse, qui s'est aperçue de son absence, lui a fait les plus sanglans reproches. Le goût des fêtes domine le héros de cette tragédie. Il se laisse enlever sa princesse pour avoir voulu prendre part à la joie des personnes qui étaient dans la société de Niquée. Cependant, ce poème, tel qu'il est, et encore plus dé-fectueux que nous ne venons de le dire, se soutient par des morceaux de détail, et par une musique qui satisfait éga-lement les gens de goût et les connaisseurs. Au reste, tout le monde sait que le rôle d'Amadis a été fait pour Théve-nard, et qu'aucun acteur ne l'a chanté avec plus de grâces et de noblesse que lui.

Mlle MAUPIN.

Se nommait, étant fille, Mlle Daubigny; elle épousa fort jeune, un particulier de Saint-Germain-en-Laye, ap-pelé Maupin, à qui elle fit obtenir une commission; mais comme les appointemens en étaient très modiques, Mlle Maupin jugea à propos de laisser aller son mari en pro-vince et de rester à Paris, où elle fit connaissance de Sé-rane, prévôt de salle, qui lui apprit à faire des armes (1) et qui l'engagea à venir à Marseille, où il disait qu'il avait beaucoup de biens. Ces biens, qui n'existaient que

(1) Cette science peu connue des personnes du sexe de la Maupin, était la passion dominante de cette femme. Elle pre-nait un habit d'homme, et, sous ce travestissement, il lui est arrivé nombre d'aventures. En voici une qui peut être rap-portée. Du Mény ayant dit quelque chose qui lui déplut, elle s'habilla en homme, et l'attendit un soir dans une rue auprès de la place des Victoires, et, l'ayant abordé sans se faire con-naître, elle lui proposa de mettre l'épée à la main. Du Mény, en homme prudent, aima mieux essuyer quelques coups et donner en échange sa montre et sa tabatière. Le lende-main, qui était un jour d'opéra, il raconta sa triste aventure; mais il l'ajusta, en disant, que cinq ou six personnes s'étaient

dans l'imagination de celui qui en parlait, disparurent en arrivant à Marseille. Mlle Maupin, sans faire d'inutiles reproches à Sérane, trouva bientôt un expédient pour sortir de l'embarras où elle s'était jetée. Comme elle avait la voix extrêmement belle, elle se présenta à l'entrepreneur de l'Opéra de Marseille (c'était Gautier dont nous avons parlé en l'année 1685), qui la reçut au nombre de ses pensionnaires avec grand plaisir. Mlle Maupin y brilla beaucoup; mais, au bout de trois ou quatre ans, elle résolut de venir à Paris, où, étant arrivée, le sieur Bouvard, auteur de la musique de l'opéra de *Médus*, la présenta à M. de Francine, qui la fit débuter dans *Cadmus* (c'était lorsque cet opéra fut repris en 1690), par le rôle de Pallas, où elle fut très applaudie. Mlle Maupin, pour marquer sa reconnaissance, s'éleva dans sa machine, et de la meilleure grâce du monde, ôta son casque, et salua le public. Ce succès la conduisit rapidement aux grands rôles qu'elle joua supérieurement, également bonne dans le tendre, la

jetées sur lui. « Tu en as menti, lui dit la Maupin, qui parut dans l'instant, c'est moi qui t'ai donné des coups du plat de mon épée, et voilà ta montre et ta tabatière. »

fureur et le comique. Comme nous ne rendons compte que des talens et non des aventures particulières des personnes qui ont représenté sur le théâtre de l'Opéra, nous abandonnons ici Mlle Maupin jusqu'à sa retraite, qui fut occasionée par la mort subite de Mme la comtesse de Florenzac qui honorait Mlle Maupin, de son amitié et de sa protection. Mlle Maupin après avoir pleuré amèrement la perte de cette dame, demanda son congé et se retira dans un quartier éloigné, où elle vécut avec son mari, qu'elle fit revenir de province, avec toute la régularité et la piété possible. Elle mourut à l'âge de trente-trois ans et quelques mois. Mlle Maupin était belle, d'une taille médiocre, les cheveux châtains, de grands yeux bleus, le nez aquilin, la bouche belle, les dents fort blanches et la gorge parfaite. Elle n'a jamais su que très peu de musique; mais sa grande mémoire, jointe à la justesse de son oreille, lui faisait chanter tous ses rôles extrêmement bien.

Un rôle où elle a excellé, au rapport de Mlle Rochois, qui disait qu'elle n'aurait pas voulu l'entreprendre, c'est celui de Médée dans l'opéra de *Médus*, rôle de magicienne sans baguette, sans mouchoir et sans éventail.

MARTHÉSIE, REINE DES AMAZONES,

TRAGÉDIE,

REPRÉSENTÉE POUR LA PREMIÈRE FOIS A PARIS (1), LE DIMANCHE 29 NOVEMBRE 1699.

LE POÈME DE M. DE LA MOTTE. LA MUSIQUE DE M. DESTOUCHES.

La première représentation de cet opéra, fut honorée de la présence de S. A. R. Léopold Ier, duc de Lorraine, qui était alors à Paris. La réputation que cette pièce s'était acquise à la cour, disparut sur ce théâtre, et elle n'eut aucun succès. Nous n'entrerons pas dans un plus grand détail de cet ouvrage, qui ne pourrait être que désavantageux pour la mémoire de La Motte.

(1) « Le vendredi 25 octobre 1699, on chanta à la cour le prologue et le premier acte de l'opéra nouveau de *Marthésie*, qui fut généralement applaudi...., le mardi 29, on chanta quelques endroits choisis de cet opéra, qui ne furent pas moins applaudis. » (*Mercure Galant*, octobre 1699, pp. 136 et 138.)

Mlle PREVOST,

Fille de Prévost, piqueur des acteurs de l'Opéra, parut si jeune sur le théâtre de l'Académie royale de musique, et y brilla de si bonne heure, pour le talent de la danse, que le public s'accoutuma, sans y faire attention, à l'appeler la petite Prévost, jusqu'à sa retraite en 1730. Il nous paraît inutile de dire jusqu'à quel point Mlle Prévost a excellé dans sa profession : son nom seul est un éloge. Actuellement vivante, elle jouit d'une pension de mille livres sur l'Opéra.

LE TRIOMPHE DES ARTS,

BALLET A CINQ ENTRÉES,

REPRÉSENTÉ POUR LA PREMIÈRE FOIS A PARIS LE DIMANCHE 16 MAI 1700.

LE POÈME DE M. DE LA MOTTE. LA MUSIQUE DE M. DE LABARRE..

La première entrée de ce ballet, qui est *l'Architecture*, sert de prologue. Le sujet de *la Poésie*, deuxième entrée, nous représente l'amour de Sapho pour Phaon; Amphion, Niobé, forment la troisième, qui est *la Musique*. La passion d'Apelle pour la belle Campaspe et la générosité d'Alexandre font la quatrième entrée, et dans la dernière, Vénus comble les vœux du sculpteur Pygmalion.

On ne peut disconvenir que le plan de ce ballet ne soit

très ingénieux, et en même temps des plus galans; on y trouve aussi de très jolis endroits; cependant il n'eut pas de succès. L'auteur du poème semble s'en être défié, lorsqu'il dit à la fin de son avertissement : « Voilà ce que j'avais à dire; mais quelque raison que j'apporte, je ne me flatte ni d'avoir surmonté toutes les difficultés de mon sujet, ni d'en avoir rendu tous les agrémens. »

Mlle Maupin représenta Vénus dans le prologue, et Campaspe dans la quatrième entrée. Mlle Desmâtins fit Sapho dans l'entrée de la Poésie, et Niobé à la suivante. Hardouin joua Apollon au prologue, et Amphion dans l'entrée de la musique. Et les rôles de Phaon, de Pygma-lion et d'Apelle, furent remplis par Chopelet, Thévenard et Pithon. Ce dernier était une haute-contre, qui pendant quelques années fut chargé de grands rôles, et joua d'original celui d'Iphis, à la première représentation d'Omphale.

MICHEL DE LA BARRE.

Excellent joueur de flûte allemande à l'Académie royale de musique, retiré depuis plusieurs années, actuellement vivant, a composé la musique du ballet dont on vient de parler, et celle de la Vénitienne, ballet qui fut donné en 1705.

CANENTE,

TRAGÉDIE,

REPRÉSENTÉE POUR LA PREMIÈRE FOIS LE JEUDI 4 NOVEMBRE 1700.

LE POÈME DE M. DE LA MOTTE. LA MUSIQUE DE M. COLASSE.

De belles choses dans un poème lyrique et de grands morceaux de musique ne font pas toujours la fortune d'un opéra; c'est ce qu'éprouvèrent les auteurs de celui qui fait le sujet de cet article. Je me souviens d'avoir vu une critique du poème par le noble auteur des Pasquinades; dans cette critique il y avait une épigramme de La Motte, où il traitait son adversaire de fade Pasquin, et celui-ci y répondait assez vivement. Je n'ai pu retrouver depuis, cette critique, quelques soins que je me sois donné.

HÉSIONE,

TRAGÉDIE,

REPRÉSENTÉE POUR LA PREMIÈRE FOIS LE MARDI 21 DÉCEMBRE 1700.

LE POÈME DE M. DANCHET. LA MUSIQUE DE M. CAMPRA.

Cette tragédie, qui est le premier ouvrage que M. Danchet ait donné au théâtre de l'Opéra et la première que M. Campra ait mise en musique, fut reçue du public avec de grands applaudissemens. On trouva la versification du poème très exacte, et la musique chantante d'un bout à l'autre.

Le prologue est estimé, le spectacle des jeux séculaires est une idée heureuse que l'auteur a employée avec art. Au deuxième acte, le dialogue d'Hésione et Anchise est très attendrissant; ce dernier fait ensuite un beau monologue, dont la musique est généralement très estimée. Tout le monde convient que la scène de la princesse et de Télamon au troisième acte, est très théâtrale. et il est impossible de n'être pas touché de celle d'Anchise et d'Hésione au quatrième, où ces deux amans, également trompés, s'accusent réciproquement d'infidélité.

Malgré ces beautés et l'indulgence qu'on doit avoir pour un auteur qui ouvre si heureusement sa carrière, on trouvera peu de poème lyrique qui ait plus essuyé les traits de la satire; c'est ce qu'il a de commun avec les meilleurs ouvrages. Les critiques n'épargnèrent ni le plan de la pièce ni les principaux personnages. Cependant les censures et les parodies qu'on a faites de cet opéra n'ont pu l'empêcher de réussir, ni d'être mis au nombre de ceux qui sont restés au théâtre, où il fut représenté dans sa nouveauté depuis le 21 décembre 1700 jusqu'au mois de juillet suivant (1).

(1) Voici quelle était la distribution des rôles aux premières représentations de cet opéra :

PROLOGUE.

La Prêtresse du Soleil, Mlle Maupin ; le Soleil, Hardouin; un Lydien, Pithon.

ACTEURS DE LA TRAGÉDIE.

Laomédon, Hardouin ; Hésione, Mlle Moreau ; Vénus, Mlle Desmâtins ; Anchise, Thévenard ; Télamon, Chopelet; une Prêtresse de Flore, Mlle Maupin ; une Grace, Mlle Heusé.

CHOEURS.

Mlles Cenet, Desmâtins cadette, Lallemand, Heusé, Duval, Loignon, Duperay, Chérardy ; les sieurs Dumont, Paris, Lejeune, Prunier, Pilon, Gaudechot, Courteil, Buchot, Renard, Moreau, Hucqueville, Dormet, Cadot, Labbé, Bonnet, Lebrun, Joanno, Thomas, Granvaux, Jolain, Fournier, Mautienne, Arnaud, Desvoyes, Lacoste. Les ballets étaient composés des demoiselles de Subligny, Desplaces, Dangeville, Rose, Victoire,

ANTOINE DANCHET.

De Riom, en Auvergne, aujourd'hui vivant, l'un des quarante de l'Académie française, et vétéran de celle des belles-lettres et inscriptions, a composé les opéras suivans :

1700. *Hésione*, tragédie.
1701. *Aréthuse*, tragédie.
1702. *Tancrède*, tragédie.

Dufort, Fréville, Le Maire, Desmâtins, Ruelle, Chapelle, Lebrun, et des sieurs Pécourt, Blondy, Dumoulin l'aîné, Dumoulin cadet, Férand, Barazé, Courcelles, Dumay, Lapierre, Javilliers, Bouteville, Fauveau, Dumirail.

1703. *Les Muses*, ballet.
1705. *Alcine*, tragédie.
1710. *Les Fêtes vénitiennes*, ballet.
1712. *Idoménée*, tragédie.
1712. *Les Amours de Mars et de Vénus.*
1713. *Télèphe*, tragédie.
1717. *Camille*, tragédie.
1735. *Achille et Déidamie*, tragédie.

Les tragédies d'*Hésione* et de *Tancrède*, et le ballet des *Fêtes vénitiennes* ont été repris plusieurs fois ; il a encore retouché, corrigé et augmenté les pièces suivantes :

1702. *Les fragmens de Lully*, ballet.
1704. *Télémaque*, fragmens modernes.
1704. *Iphigénie*, tragédie.
1708. *Fragmens de Lully*, augmentés.
1711. Nouveaux fragmens.

ARÉTHUSE ou LA VENGEANCE DE L'AMOUR,

TRAGÉDIE EN TROIS ACTES,

REPRÉSENTÉE POUR LA PREMIÈRE FOIS LE JEUDI 14 JUILLET 1701.

LE POÈME DE M. DANCHET. LA MUSIQUE DE M. CAMPRA.

« Le succès que mes vers ont eu, dit l'auteur des paroles dans son avertissement, loin de me donner quelque opinion de moi-même, n'a servi qu'à me rendre plus appliqué à ce que j'entreprens, et plus docile aux avis que les gens d'esprit et de goût veulent bien me donner. » Malgré ces soins et la présomption des auteurs, cette tragédie eut peu de succès, et fut bientôt mise au rang des opéras qui ne devaient plus paraître au théâtre, mais dont les auteurs de celui-ci tirèrent les beaux endroits, pour en composer la tragédie de *Télémaque*, dont nous parlerons sous l'année 1704 (1).

(1) La musique de cette tragédie nous rappelle un fait arrivé à un acteur de l'Opéra avant qu'on eût donné la première représentation : « Messieurs, disait-il en plein café, l'opéra qu'on va donner est excellent ; ah ! la belle musique ! chaque note vaut un louis d'or... neuf, s'entend. »

SCYLLA,

TRAGÉDIE,

REPRÉSENTÉE POUR LA PREMIÈRE FOIS LE VENDREDI 16 SEPTEMBRE 1701.

LE POÈME DE M. DUCHÉ. LA MUSIQUE DE M. THÉOBALDO.

Le plan de cet opéra est très faible, ainsi que la versification, ce qui nous dispense d'entrer dans le détail de ce poème, dont l'action du cinquième acte est des plus odieuses. Il est vrai que la musique, qui est parfaitement belle, a soutenu quelque temps cet opéra, et l'a fait remettre au théâtre. On admire surtout la fête du deuxième acte, qui quoique mal amenée, et même superflue, a donné lieu au musicien de composer cette fameuse *Passacaille*, qui est un morceau des plus beaux que nous ayons en ce genre : c'est ce qui fait qu'on pardonne plus aisément le défaut du poète, en faveur de la musique qu'il a occasionée.

Les endroits qui furent les plus critiqués, dans la nouveauté de cette tragédie, furent le prologue, qu'on trouva ridicule, et le cinquième acte. Les auteurs furent obligés de changer ce dernier, et de faire un nouveau prologue ; et *Scylla* parut de la manière qu'elle est aujourd'hui, avec ces changemens ; le mardi 20 décembre, de la même année, et eut encore quelques représentations, jusqu'à la reprise de *Phaéton* (1).

(1) On ne sait si l'auteur de l'opéra-comique intitulé *le Cheveu* a eu en vue la faiblesse de cet opéra, lorsqu'il fait dire à Scylla expirant :

Ce n'est donc qu'un cheveu qui fait mourir Scylla ?
Ce n'est donc qu'un cheveu qui lie un opéra ?

BIBLIOTHÈQUE CHOISIE.

OMPHALE,

TRAGÉDIE,

REPRÉSENTÉE POUR LA PREMIÈRE FOIS LE VENDREDI 16 SEPTEMBRE 1701.

LE POÈME DE M. DE LA MOTTE. LA MUSIQUE DE M. DESTOUCHES.

Quoique cette tragédie soit remplie de vraies beautés, que l'excellente musique relève infiniment, il faut avouer aussi que le poète est tombé dans des défauts qu'on ne peut excuser ; que la conduite de cette pièce n'est guère plus supportable que celle d'*Amadis de Grèce*, et que des caractères y sont aussi défectueux. Ceci suffit pour justifier les critiques et les parodies faites sur cet opéra, qui, malgré toutes les censures, a mérité le succès qu'il a eu dans sa nouveauté et dans les reprises.

A la première représentation d'*Omphale*, Mlle Moreau jouait le principal rôle, et Mlle Desmâtins celui d'Argine; Thévenard fit Alcide, et Pithon Iphis, Mlles Subligny et Dufort brillèrent dans le ballet, où se distinguèrent aussi Létang, Balon, Pécourt, Blondy et les deux Dumoulin.

Omphale fut continué jusqu'au 20 décembre. On le reprit l'année suivante à l'ouverture du théâtre.

MÉDUS,

TRAGÉDIE,

REPRÉSENTÉE POUR LA PREMIÈRE FOIS LE DIMANCHE 23 JUILLET 1702.

LE POÈME DE M. DE LA GRANGE. LA MUSIQUE DE M. BOUVARD.

Cette tragédie lyrique eut beaucoup de réussite dans sa nouveauté. Mlle Maupin y brilla extrêmement dans le rôle de Médée. Il était dû à Mlle Desmâtins, comme première actrice; mais cette demoiselle étant tombée malade, l'auteur de la musique profita de son indisposition pour le donner à Mlle Maupin.

Rousseau, piqué du succès de *Médus*, fit distribuer dans le cul-de-sac de l'Opéra par des Savoyards, les quatre vers suivans, en forme de centurie.

CENTURIE LVe

du deuxième livre de Nostradamus

Quand deux astres brillans luiront à l'Opéra,
Ce changement sera sans doute étrange :
Au poète Danchet, au musicien Campra,
On verra succéder un Bouvard, un Lagrange.

Cette critique et plusieurs autres que firent différens poètes et musiciens contre *Médus*, engagèrent Lagrange à répondre, en parodiant l'air d'une très belle sarabande de sa pièce même.

CONTRE LES POÈTES.

L'ennuyeux Longepierre
Fait bâiller le parterre ;
Lafosse, pour rimer,
Met son esprit à la gêne ;
Mais, quelque soin qu'il prenne,
Il ne peut s'exprimer ;
La Motte est coriace :
Duché n'a point de grâce ;
Rousseau met à la glace

Tout ce qu'il écrit ;
L'heureux B..... s'exprime
Sans raison et sans rime,
.... qui toujours rit,
Est un auteur de neige ;
Mais, pour le collége,
Il a de l'esprit.

CONTRE LES MUSICIENS.

Le superbe D........
Ne fait rien qui me touche ;
Le Provençal Campra
N'est bon que pour des sornettes ;
Pour les marionnettes
Il fait les opéras ;
Charpentier est barbare,
Théobalde est bizarre,
Et les chants de Labarre
Sont des plus mauvais ;
L'insipide Colasse
Est un morceau de glace ;
Je déclare à Gervais
Une guerre immortelle,
Et j'ai pour R........
Un cent de sifflets.

LA GRANGE-CHANCEL.

Gentilhomme périgourdin, actuellement vivant, a composé, pour le théâtre lyrique, la tragédie dont on vient de parler : *Cassandre*, qui parut en 1706, et *Ariadne*, tragédie, dont il n'a fait que les premiers actes. Cette dernière pièce fut donnée en 1717.

BIBLIOTHEQUE CHOISIE

JEAN-FRANÇOIS BOUVARD.

Parisien, originaire de Lyon, actuellement vivant, a donné à lui seul la musique de l'opéra de *Médus*, et conjointement avec Bertin, celle de *Cassandre*, tragédie, représentée en 1706.

Nous avons dit que Mlle Maupin joua le rôle de Médée, Mlle Desmâtins fut chargée de celui de Tomyris; Thévenard, de Médus, et ceux de Persée et du grand-prêtre furent exécutés par Hardouin et Dun. Ce fut dans cette pièce que débuta Cochereau, qui chanta quelques petits airs dans les divertissemens.

COCHEREAU.

D'assez bonne famille, étant encore jeune, s'engagea dans les troupes; il obtint son congé à Lille, en Flandre, et entra à l'Opéra de cette ville pour chanter dans les chœurs. Il épousa une jeune actrice assez jolie, qu'il amena ensuite à Paris. Cochereau et sa femme furent reçus à l'Opéra. D'abord le mari ne joua que de petits rôles; mais enfin, se trouvant seul, il fit pendant plusieurs années le destin des opéras. Avec beaucoup d'esprit et de goût, il ne put jamais vaincre une timidité qui le prenait aussitôt qu'il paraissait au théâtre; ce qui mettait beaucoup de froid dans son jeu. A l'égard de Mme Cochereau, elle s'en tint aux confidentes et aux airs détachés, dans lesquels elle brilla beaucoup. Elle mourut assez jeune. Cochereau joua jusqu'en 1719, qu'il se retira. Il est mort depuis quelques années.

TANCRÈDE,

TRAGÉDIE.

REPRÉSENTÉE POUR LA PREMIÈRE FOIS LE MARDI 7 SEPTEMBRE 1702.

LES PAROLES DE M. DANCHET. LA MUSIQUE DE M. CAMPRA.

Cette pièce passe pour la plus belle en ce genre des deux auteurs. On convient que la musique est plus forte que celle d'*Hésione*, quoique bien des personnes de goût préfèrent la dernière, comme plus galante, et même plus variée. Le prologue, qui a rapport au temps où il fut donné, célèbre l'avénement de Philippe V au trône d'Espagne, et a fait plaisir par sa beauté. Le premier acte de la tragédie a paru le plus parfait, et l'on estime beaucoup la deuxième scène du suivant, qui se passe entre Clorinde et le héros de la pièce; la fête qui suit est des plus galantes.

La tendre et plaintive élégie d'Herminie au troisième acte,

Cessez mes yeux de contraindre vos larmes, etc.,

est un morceau achevé tant de la part du poète, que du musicien, qu'on doit regarder comme l'inventeur de ce genre. Mais ces beaux endroits, et plusieurs autres qu'on trouve dans cet ouvrage, n'ont pu en empêcher la critique. Sans parler ici de la critique générale qu'on a faite sur le plan et les caractères principaux de la tragédie, nous ne nous arrêterons qu'à certaines situations, que nous croyons qu'on y a reprises avec justice.

On blâme Herminie, qui, au premier acte, fait un aveu de sa faiblesse à Argant, qui n'en paraît aucunement surpris. Le caractère sincère et franc de ce dernier intéresse pour lui le spectateur, qui le voit, à regret, quitter le théâtre au troisième acte. Les deux autres ont paru les plus faibles; peut-être est-ce la faute du sujet; il en est qui ne peuvent toucher que jusqu'à un certain point.

Au quatrième, Isménor prêt à immoler Tancrède, qui vient pour chanter, appelle la Vengeance et la Haine, qui, avec leur suite, font une fête dans le genre terrible. On a trouvé cette fête superflue, et on a cru que la vengeance la plus prompte était aussi la plus convenable à un rival. Mais ce même rival, prêt à percer le sein de Tancrède, lui rend la raison. Ce raffinement de vengeance a paru aussi superflu que la fête précédente; cependant avouons qu'en raisonnant ainsi, on ne fait pas assez d'attention aux difficultés qu'il y a d'amener les divertissemens. Le caractère héroïque de Clorinde n'a pas fait fortune à l'Opéra, où la faiblesse est plus heureuse que la vertu.

Au cinquième acte, Tancrède en arrivant est aussi surpris que les spectateurs, de trouver Herminie au milieu de son camp : cette princesse excuse cette petite indécence sur la faute de sa passion. Au surplus, tout le monde convient que la catastrophe devrait être intéressante, mais que cependant elle ne produit pas l'effet qu'elle semble promettre, soit à cause de l'obscurité du dénoûment, soit que Clorinde ne nous attendrisse pas par un malheur qu'elle s'est volontairement attiré. A la première représentation de cet opéra, en 1702, Argant venait expirer sur le théâtre et apprenait à Tancrède qu'il avait aussi tué Clorinde. Cette fin paraissait plus raisonnable; mais comme elle ne satisfaisait pas les spectateurs, le poète crut suppléer par une situation plus touchante. C'est de la façon que nous l'annonçons ici qu'elle fut reprise en 1707. Le lecteur jugera sur ces deux dénoûmens.

Ces défauts, qu'on ne reprocherait peut-être pas à un autre auteur que M. Danchet, n'ont point empêché que Tancrède ne se soit conservé la possession du théâtre après un succès éclatant; c'est même un opéra d'hiver; et les fréquentes reprises que l'Académie royale de Musique en a données prouvent la satisfaction que le public a reçue en le revoyant et le justifie pleinement des censures qu'on en a faites, qui ne servent ordinairement qu'à relever le mérite des ouvrages.

ULYSSE,

TRAGÉDIE,

REPRÉSENTÉE POUR LA PREMIÈRE FOIS LE DIMANCHE 21 JANVIER 1703.

LE POÈME DE M. GUICHARD. LA MUSIQUE DE M. REBEL PÈRE.

Nous ne parlerons de cet opéra que pour conserver une anecdote qui le concerne. L'auteur des paroles, avant que de les donner au musicien, les avait lues à plusieurs personnes, qui lui en promirent un succès marqué. Comme il parut douter de ce jugement, ces mêmes personnes offrirent de prendre sur leur compte l'événement de cet opéra. On convint d'une somme, dont on passa un acte chez un notaire, au moyen de quoi, Guichard abandonna ses droits sur la recette. La représentation de cette pièce justifia les craintes du poète ; jamais opéra n'a été plus généralement proscrit du public. Guichard ne parut point déconcerté de l'aventure ; au contraire, il badina avec ses critiques, en leur disant qu'ils ne pouvaient juger bien sainement de son opéra, s'ils n'avaient pas vu son sixième acte. Il entendait celui qu'on avait passé chez le notaire, et qui lui avait assuré une somme de mille livres.

JEAN FERRY-REBEL.

Après avoir chanté dans les chœurs de l'Académie royale de musique, du temps de M. de Lully, et ensuite battu la mesure dans l'orchestre, s'est retiré ; actuellement vivant ; il a composé, en 1703, la musique de l'opéra dont on vient de parler.

Mlle LALLEMAND

Anglaise d'origine, mais née à Paris, entra à l'Opéra au commencement de ce siècle, après avoir chanté dans les chœurs pendant quelque temps, la beauté de sa voix engagea M. de Francine à la charger du rôle de Zaïde, dans la reprise de l'Europe galante ; sa figure, qui était très-aimable, sa jeunesse, son air tendre et son jeu naturel, lui firent mériter tous les applaudissemens qu'elle reçut du public. Son penchant pour les plaisirs de la table abrégea sa vie qu'elle ne poussa que jusqu'à vingt-cinq ou vingt-six ans.

LES MUSES,

BALLET A QUATRE ENTRÉES,

REPRÉSENTÉE POUR LA PREMIÈRE FOIS LE DIMANCHE 28 OCTOBRE 1703.

LE POÈME DE M. DANCHET. LA MUSIQUE DE M. CAMPRA.

La Pastorale, première entrée, est un sujet d'invention ; la préférence que Laïs donne à Alcippe sur Diogène, fait le motif de la suivante, intitulée la Satyre. La troisième est la petite tragédie de Méléagre ; et la comédie de l'Amour Médecin, dont le fond est pris de l'histoire d'Antiochus et de Stratonice, fait la dernière. Ce ballet eut du succès, et l'idée en est heureuse. Cependant il n'a jamais été remis au théâtre en entier.(1). L'acte de la Satyre est le meilleur pour la poésie, et comme on trouva celui de la Pastorale plus faible, les auteurs en composèrent un autre, sous le titre d'Amaryllis, qu'ils y substituèrent, et qui donna un air de nouveauté à ce ballet.

Poussin, nouvel acteur, débuta dans cette pièce par le rôle d'Alcippe, à la deuxième entrée. Mlle Salé fit Atalante dans la tragédie, et Mlle Cochereau, dont on a parlé, fit le rôle de Dircé, dans la quatrième entrée ; la petite Carré, fille de Mlle Carré, qui dansa en 1681, aux premières représentations du Triomphe de l'Amour, et aujourd'hui Mme Gautier, dansa au ballet de la dernière entrée.

---

(1) La Pastorale, première entrée, reparut en 1711 et en 1729, elle servit de deuxième entrée aux nouveaux fragmens : l'Amour Médecin, fut remise en 1717, et, fut la deuxième entrée du divertissement que l'on donna au carnaval de cette année.

LE CARNAVAL ET LA FOLIE,

COMÉDIE BALLET EN QUATRE ACTES ET UN PROLOGUE,

REPRÉSENTÉ POUR LA PREMIÈRE FOIS SUR LE THÉATRE DE L'ACADÉMIE ROYALE DE MUSIQUE,
LE JEUDI 3 JANVIER 1704 (1).

Ce ballet a toujours eu de la réussite, soit dans sa nouveauté, soit dans ses reprises. Le poëte a mis beaucoup d'esprit dans cet ouvrage; un agréable amusement y tient lieu d'intérêt. A l'égard de la musique, on la trouve d'une légèreté charmante, et le troisième acte a toujours été applaudi, surtout dans la fête du professeur de Folie, qui a paru toujours nouvelle, quoiqu'on l'ait souvent détachée de ce ballet, pour servir d'ornement à d'autres. En 1749, lorsqu'on reprit cet opéra, le succès qui l'accompagna alors, engagea Fuselier à composer une parodie, qui fut jouée sur le théâtre des Comédiens-Italiens, sous le titre de la *Rupture du Carnaval et de la Folie*, le 6 juillet de la même année. Cette parodie critique peu le ballet dont nous parlons, il y a un endroit qui touche sur les opéras en général, que nous rapportons ici (2).

A la première représentation de cet opéra, Cochereau joua le rôle de Plutus, Mlle Armand, nouvelle actrice, celui de la Jeunesse, et Vénus au prologue; Mlle Maupin, la Folie, et Thévenard, le Carnaval. Poussin y fit le musicien; Boutelon, le professeur de Folie; Dun, Momus; et, Mantienne, qui depuis plusieurs années n'avait paru que dans les chœurs, fut chargé du rôle du poëte et y fut applaudi.

(1) Quoique l'édition in-quarto de ce ballet, ait annoncé sa première représentation pour le jeudi 27 décembre, on sait néanmoins qu'elle ne le fut que le 3 janvier suivant. L'imprimeur a corrigé cette faute dans l'édition in-douze. Au reste, le prologue et les deux premiers actes du ballet du *Carnaval et la Folie*, avaient déjà été représentés à Fontainebleau devant la cour, le dimanche 14 octobre 1703. *Voyez le Mercure-galant, octobre et novembre 1703, p. 208*, qui ajoute qu'ils furent fort applaudis.

(2)   MOMUS.

Monsieur l'officier, quel bruit viens-je d'entendre ici près? qui le cause?

L'OFFICIER des gardes de la Folie.

Des rebelles qui ne veulent pas assister au triomphe de la Folie; c'est la Raison qui les débauche.

MOMUS.

Cela ne sera rien; les révoltes que la Raison excite dans l'empire de la Folie, ne sont pas dangereuses... Mais qui sont ces séditieux-là?

L'OFFICIER.

Il y a d'abord une figure d'une taille allongée et d'un teint jonquille, qui s'appelle de la Griffe.

MOMUS.

M. de la Griffe, voilà un nom d'huissier.

Mlle ARMAND.

Jeune et jolie actrice, débuta à l'Académie royale de Musique, comme on vient de le dire, par les rôles de Vénus et de la Jeunesse. Elle joua ensuite Iris dans une reprise d'*Isis*, et d'original Electre, dans la tragédie d'*Iphigénie en Tauride*, et quitta le théâtre sur la fin de 1707, après avoir fait Clorinde à la reprise de Tancrède, rôle qu'elle jouait alternativement avec Mlle Journet. Nous croyons que c'est d'elle que le chevalier de Saint-Gilles a parlé dans les derniers vers du passage suivant:

Nison s'est mis en fantaisie,
D'entrer à l'Opéra, c'est fort bien fait, vraiment;
Cinq lustres et quatre ans : contenance hardie,
Voix aigre en la-ré-sol, accent un peu Normant;
Maître à chanter gascon, à parler franchement :
C'est pour donner fort peu de jalousie
A la petite Armand.

MARCEL.

Actuellement vivant, a été de la plus belle figure du monde pour les danses nobles. Personne n'a dansé le menuet avec plus de noblesse et de grâce. Retiré du théâtre depuis plusieurs années.

Mlle LAFERRIÈRE.

Danseuse, qui a figuré long-temps avec Mlle Guyot; retirée du théâtre vers l'année 1726; actuellement vivante, à Fontainebleau.

L'OFFICIER.

C'est pourtant un poëte, qui dit hautement qu'il veut exterminer la Folie dans son plus fort retranchement.

MOMUS.

Un poëte qui veut exterminer la Folie! il veut donc commettre un matricide.

L'OFFICIER.

Il a entrepris de faire des opéras raisonnables.

MOMUS.

Voilà une entreprise de Don Quichotte.

L'OFFICIER.

Où placerai-je dans la marche du triomphe de la Folie ce faiseur d'opéras raisonnables?

MOMUS.

Qu'on lui donne le pas sur ceux qui en font d'extravagans.

IPHIGÉNIE EN TAURIDE,

TRAGÉDIE,

REPRÉSENTÉE POUR LA PREMIÈRE FOIS LE MARDI 6 MAI 1704.

LE POÈME DE MM. DUCHÉ ET DANCHET. LA MUSIQUE DE MM. DESMARETS ET CAMPRA.

Quatre différens auteurs ont travaillé à cet opéra, MM. Duché et Desmarets ont été les premiers qui y ont mis la main, le premier pour le poème et l'autre pour la musique. Mais le poète, religieux observateur de la promesse qu'il avait faite à des personnes respectables de ne plus travailler pour le théâtre, consentit que M. Danchet suppléât à ce qui manquait à sa pièce, savoir : un prologue et la fin du cinquième acte dont la belle scène n'avait été poussée que jusqu'à ces deux vers :

> Reconnaissez Oreste à ce langage,
> Et plus encore à ses malheurs.

C'est aussi par ces deux vers que l'auteur de l'extrait de cette tragédie, qui se trouve dans le *Mercure de France*, le finit. « Le reste, ajoute-t-il, n'est pas bien difficile à imaginer. » L'absence de Desmarets mit Campra en liberté de mettre ce supplément en musique.

Malgré les beautés du poème et de la musique, cette pièce eut un succès si médiocre dans sa nouveauté, qu'on ne crut pas que ce fût un opéra à reprendre. Il a eu plus de réussite dans ses reprises, qui s'est toujours augmentée de plus en plus. Le quatrième acte est le plus intéressant; il est aussi le dominant, et celui auquel cette tragédie doit son plus grand succès (1). La scène d'Iphigénie et

(1) On avait toujours éprouvé que l'intérêt du sang était plus fort dans une tragédie, que celui de l'amour; la raison en est assez plausible ; tous les spectateurs n'étant pas amans, au lieu qu'il n'y en a point qui ne soient pères, frères ou fils; mais on ne croyait pas qu'il en fût de même à l'Opéra, où toutes les passions doivent être subordonnées à l'amour. Cependant l'auteur d'*Iphigénie* a fait rentrer dans leurs droits les sentimens de la nature, et l'amour de Pylade pour Electre à paru frivole, auprès de l'amitié d'Iphigénie pour son frère.

d'Oreste est des plus belles : des censeurs un peu sévères, préférant la raison à leurs propres plaisirs, ont reproché à l'auteur d'avoir coupé cette scène, dont la fin est au cinquième acte ; mais cela n'empêche pas que les connaisseurs ne lui sachent gré de nous avoir donné deux plaisirs pour un; on peut même dire que la première moitié de cette scène de reconnaissance, lui fait plus d'honneur que la dernière, qui n'a pas besoin d'art pour exciter la terreur et la pitié.

Le rôle d'Iphigénie fut joué d'original par Mlle Desmâtins, Oreste par Thévenard, Electre par Mlle Armand, Pylade et Thoas, par Poussin et Dun ; et Mlle Maupin fit Diane au prologue et dans la tragédie.

PIERRE GUYENET,

Payeur des rentes de l'Hôtel-de-Ville de Paris, prit le privilége de l'Opéra de MM. de Francine et Dumont par acte du 5 octobre 1704, aux conditions de payer pendant la durée du bail les dettes contractées par l'Opéra, et celles de M. de Francine, avec une pension pour MM. de Francine et Dumont. Sur cet acte, intervinrent des lettres-patentes du roi, données à Fontainebleau, le 7 du même mois, qui ratifièrent l'accord fait entre Guyenet et MM. de Francine et Dumont, et prorogèrent de dix années le privilége. Guyenet n'eut pas tout le bonheur possible dans cette régie. Il mourut le 21 août 1712, et son privilége passa, avec de certaines clauses, à ses créanciers, qui en jouirent jusqu'au mois de février 1721, que M. de Francine fut nommé inspecteur en chef de l'Opéra.

TÉLÉMAQUE,

(FRAGMENS MODERNES)

TRAGÉDIE,

REPRÉSENTÉE POUR LA PREMIÈRE FOIS LE MARDI 11 NOVEMBRE 1704.

MISE AU THÉÂTRE PAR LES SOINS DE MM. DANCHET ET CAMPRA.

Le succès des Fragmens de Lully fit naître aux acteurs l'idée de mettre à profit ceux des opéras modernes qu'on avait condamnés à ne plus paraître au théâtre. Pour en faire quelque chose de singulier, l'auteur entreprit de les rendre intéressans en y mettant une action. Cela parut d'abord impossible. Mais le désir de plaire au public lui fit résister à toutes les difficultés, et aux conseils de ses amis, qui voulaient l'en détourner. Il choisit donc le sujet de *Télémaque*. Il fit le plan de sa tragédie ; il la composa des morceaux de musique choisis dans les opéras dont on vient de parler (1). Ces morceaux sont liés par des vers

(1) Ces fragmens sont pris des tragédies d'*Enée et Lavinie*, d'*Aréthuse*, d'*Astrée*, de *Canente*, de *Médée*, du *Carnaval de Venise*, d'*Ariadne*, de *Gircé*, des *Fêtes galantes* et d'*Ulysse*, dont nous avons parlé ci-devant. Mlle Desmâtins, Armand et Maupin y jouèrent Calypso, Eucharis et Thétis, et Poussin fit Télémaque.

de l'auteur, dont Campra fit la musique. « Cet ouvrage, ajoute l'avertissement qui le précède, peut être comparé à un cabinet de tableaux choisis de différens maîtres. »

Cette idée, qui avait paru si riante à l'auteur, eut un succès contraire à ses espérances, et l'événement fit bien voir qu'il aurait dû croire ses amis, qui avaient voulu le dissuader d'y travailler, et qui étaient des personnes de goût. Au reste, c'était le premier opéra que Guyenet donnât après avoir pris possession de son bail, comme on vient de le voir.

ALCINE,

TRAGÉDIE,

REPRÉSENTÉE POUR LA PREMIÈRE FOIS LE JEUDI 15 JANVIER 1705.

LE POÈME DE M. DANCHET. LA MUSIQUE DE M. CAMPRA.

Les rôles d'Alcine, d'Abstlant, d'Astolphe et de Mélanie, furent joués par Mlle Desmâtins, Thévenard, Poussin et Mlle Maupin. Blondy dansa au prologue, et Mlle Subligny brilla dans une entrée avec Balon. Quelque soin que prît Guyenet pour mettre cet opéra sur pied, il n'eut aucune réussite ; les amis de l'auteur convinrent même que si on retranchait certaines inutilités de cette tragédie, l'action en serait plus vive et plairait davantage. Sur quoi un mauvais plaisant fit ce couplet, sur l'air :

Où s'en vont ces gais bergers !

Que dit-on de mon opéra,
Qui m'a fait tant de peine?

On en dit par-ci, par-là ;
Qu'il est si long qu'il traîne.
Raccourcis, mon cher, ton opéra,
Il est si long qu'il traîne.

POUSSIN, haute-taille.

Qui avait chanté dans les chœurs dès 1695, était un bel homme, assez bon acteur et promettant beaucoup ; il était chargé des premiers rôles, et s'en acquittait avec applaudissement, lorsqu'il mourut d'apoplexie ; c'était le mari de Mlle Poussin.

LA VÉNITIENNE,

BALLET,

REPRÉSENTÉ POUR LA PREMIÈRE FOIS LE 26 MAI 1705.

LE POÈME DE M. LAMOTTE. LA MUSIQUE DE M. DE LA BARRE.

L'idée de ce ballet est assez jolie et digne de son ingénieux auteur, mais cependant il ne fut point goûté. Le troisième acte, repris en 1711, a servi d'entrée aux nouveaux fragmens qu'on donna au mois de décembre de cette même année. C'est à cet opéra que joua pour la dernière fois Mlle Maupin, qui quitta ensuite le théâtre.

Mlle JOURNET.

Née à Lyon, fut placée fort jeune en qualité de femme de chambre de la femme d'un gros commerçant de cette ville. Après quelques années, elle entra à l'Opéra de Lyon, où, ayant joué trois ou quatre ans, elle vint débuter à Paris. Les applaudissemens ne lui furent pas prodigués, et Mlle Journet était prête à s'en retourner, lorsque Mlle Desmâtins lui conseilla de persévérer. Elle crut cette

amie et s'en trouva bien : en peu de temps elle devint la meilleure et la première actrice du théâtre de l'Opéra. Elle joua avec tout le succès possible jusqu'en 1719, qu'elle quitta le théâtre au grand regret du public. Mlle Journet mourut en 1720 d'un squire au foie.

Mlle Journet était grande, bien faite, assez jolie, beaucoup d'ame dans le chant, mais accompagné de lenteur.

Mlle POUSSIN.

Fille de Tissard, maître traiteur, parut dans les chœurs dès 1699, jusqu'à cette reprise du *Triomphe de l'Amour*, où elle joua Aglaure dans la deuxième entrée, et Diane à la suivante. Elle fut chargée ensuite des seconds rôles et des comiques, dont elle s'acquitta avec réputation. Elle était grande, bien faite, jolie et blonde; elle épousa Poussin, dont on a déjà parlé, qui la laissa veuve peu de temps après son mariage. Actuellement vivante, retirée et dans la dévotion.

PHILOMÈLE,

TRAGÉDIE,

REPRÉSENTÉE POUR LA PREMIÈRE FOIS LE MARDI 20 OCTOBRE 1705.

LE POËME DE M. ROY. LA MUSIQUE DE M. LA COTTE.

Ce serait être peu équitable de dire que c'est ici la meilleure pièce de l'auteur des paroles; la tragédie de *Callirhoé* et le ballet des *Élémens* l'emportent sans contredit sur *Philomèle*, quoique celle-ci ait de grandes beautés, et peut-être même plus de feu que celles qui l'ont suivie, qui, en récompense, ont plus de raison et de conduite, comme ayant été composées dans un âge plus mûr. La vue d'un tableau de feu M. Coypel frappa beaucoup l'auteur de cette tragédie et lui en fit naître l'idée; il faut convenir qu'il en était bien rempli lorsqu'il composa son premier acte, l'un des plus beaux du théâtre lyrique. La scène de Philomèle et de Térée est un morceau achevé; l'auteur y trouve le secret d'intéresser le spectateur pour un homme aussi coupable que Térée. Si les actes suivants avaient répondu à la beauté de ce premier, le poète n'aurait pas eu besoin de l'indulgence qu'il implore dans son avertissement. La fête infernale du quatrième, quoique superflue, est des plus effrayantes et des plus belles qu'on puisse voir. En général, les auteurs de cet ouvrage ont trouvé beaucoup d'approbateurs, mais le musicien en a réuni un plus grand nombre en sa faveur. On fait un cas infini de son récitatif, qui pourrait servir de modèle à ses plus fiers rivaux. Le poète écrit avec élégance et avec feu; mais la variété qu'il a mise dans son poème a paru dégénérer en confusion.

PIERRE-CHARLES (1) ROY,

De Paris, ci-devant conseiller au Châtelet, aujourd'hui vivant conseiller-secrétaire du roi et conseiller-payeur des gages et augmentations de gages de la chancellerie établie près la cour des aides de Clermont-Ferrand, honoré, depuis le 7 février 1744, du titre de chevalier de Saint-Michel, a composé les paroles des opéras suivans : *Philomèle*, tragédie, 1705; *la Princesse d'Élide*, opéra en cinq actes, avec un prologue, mis en musique par M. Lavergne, pour être représenté par l'Académie royale de Musique (cet opéra n'a jamais été représenté), 1706; *Bradamante*, tragédie, 1712; *Callirhoé*, tragédie, de la même année. *Ariadne*, tragédie, en partie avec Lagrange, 1717; *Sémiramis*, tragédie, 1718; *les Élémens*, ballet, 1721, représenté sur le théâtre de l'Opéra en 1725; *les Stratagèmes de l'Amour*, ballet, 1726; *les Sens*, ballet, 1732; *les Grâces*, ballet héroïque, 1735; le ballet de *la Paix*, 1739. Les tragédies de *Philomèle* et de *Callirhoé* et les ballets des *Élémens* et des *Sens* ont été remis au théâtre.

(1) C'est ainsi qu'il est nommé dans les lettres que le roi lui a accordées le 14 mars. Il est certain que l'auteur des *Recherches du Théâtre* qui, tome 2, page 508, in-8, de cet ouvrage, le nomme *Jean*, ignorait son véritable nom.

ALCYONE,

TRAGÉDIE,

REPRÉSENTÉE POUR LA PREMIÈRE FOIS LE JEUDI 18 FÉVRIER 1706.

LE POËME DE M. DE LA MOTTE. LA MUSIQUE DE M. MARAIS.

Lorsque cet opéra parut, il fut très applaudi; le poète et le musicien eurent part à ces suffrages, et si les critiques se sont élevés contre le poème, l'auteur y a donné lieu pour s'être un peu trop scrupuleusement attaché à la manière dont Ovide a traité ce sujet. En effet, il n'a jamais tant signalé son respect pour les anciens que dans cette tragédie; il est vrai qu'il n'a pas mis Pélée en état de briller; mais, par malheur, ce vertueux époux de Thétis se trouvait alors à la cour de Ceyx, et La Motte n'a pas cru devoir lui chercher ailleurs un rival. S'il ne donne pas de la vertu à ce prince, au moins le rend-il sensible

aux remords Il ne lui aurait pas été difficile, dit-on, de rejeter tout l'odieux sur Phorbas, personnage épisodique; ce prince, animé par ses droits au trône et par l'amour qu'on aurait pu y ajouter pour Alcyone, aurait agi d'une manière moins indécise, et on aurait vu en lui plus de crimes que de remords. En général, le public trouve le poème très bien écrit, rempli d'esprit et de sentimens qui en font presque oublier les défauts (1). A l'égard du musicien, on convient qu'il a mis de très beaux morceaux et

(1) C'est pour indiquer le défaut d'action de cet opéra,

surtout cette fameuse tempête du quatrième acte, si connue et si admirée (1).

qu'un bel esprit fit le couplet suivant sur l'air de *Joconde* :

> D'Alcyone et de son amant,
>   La noce était certaine :
> Qu'arriva-t-il ? Conséquemment
>   On voit de scène en scène,
> Un sommeil, un prêtre, un devin,
>   Un tonnerre, un orage ;
> Après cette tempête, enfin,
>   L'opéra fait naufrage.

(1) « On ne peut s'empêcher de dire ici un mot de la tem-

Boutelon, fils de celui dont nous avons parlé et qui n'avait rempli que de petits rôles. fit à la première représentation de cette tragédie celui de Ceyx ; Mlle Desmâtins, Alcyone ; Thévenard, Pélée ; et Dun père, Phorbas.

pête de cet opéra, tant vantée par tous les connaisseurs, et qui fait un effet si prodigieux. Marais imagina de faire exécuter la basse de la tempête, non-seulement sur les bassons et les basses de violon à l'ordinaire, mais encore sur des tambours peu tendus, qui, roulant continuellement, forment un bruit sourd et lugubre, lequel joint à des tons aigres et perçans, pris sur le haut de la chanterelle des violons et sur les hautbois, font sentir ensemble toute la fureur et toute l'horreur d'une mer agitée, et du vent furieux qui gronde et qui siffle. »

SÉMÉLÉ,

TRAGÉDIE,

REPRÉSENTÉE POUR LA PREMIÈRE FOIS LE MARDI 9 AVRIL 1709.

LE POÈME DE M. DE LA MOTTE. LA MUSIQUE DE M. MARAIS.

On peut croire aisément que si La Motte avait prévu le peu de réussite de cette pièce, il n'en aurait peut-être jamais souffert la représentation ; mais il se fiait peut-être sur l'auteur de la musique d'*Alcyone*. Quoi qu'il en soit, cette chute le dégoûta tellement du théâtre de l'Opéra, que, ne voulant plus travailler que pour celui des Français, on ne put jamais l'engager à achever son poème lyrique de *Scanderberg*, qu'il laissa imparfait. C'est à propos de celui qui fait le sujet de

cet article, qu'un critique oisif fit le couplet suivant :

Sur l'air : *Petite Fronde* :

> J'ai vu Méléagre et Sémélé,
> Mais trève ici de parallèle.
> Entre les rivaux de Lully.
> Je dis, sans parler de la note,
> Que l'un est digne de Jolly
> Et l'autre indigne de La Motte.

MÉLÉAGRE,

TRAGÉDIE,

REPRÉSENTÉE POUR LA PREMIÈRE FOIS LE VENDREDI 24 MAI 1709.

LE POÈME DE M. JOLLY. LA MUSIQUE DE M. BATISTIN.

Cet opéra n'eut aucun succès, on trouva le caractère de Plexippe entièrement défectueux. Le divertissement du deuxième acte ne parut qu'une répétition de celui du précédent. Le troisième acte froid, la mort de Plexippe au quatrième et celle de Méléagre au suivant, semblables, et ne présentant que le même spectacle, plusieurs scènes mal dialoguées et la catastrophe languissante. Sur ces observations faites par des amis de l'auteur, et où la critique n'avait aucune part, il prit la résolution de refondre son poème. « J'ai fait, dit-il dans un avertissement, un premier acte, avec un nouveau divertissement ; du premier acte j'en ai composé le second, qui renferme le sacrifice et la nouvelle de la défaite du monstre ; le troisième est entièrement changé, au divertissement près : il est

un peu long ; dans le quatrième les premières scènes sont changées, et au lieu de faire venir Plexippe mourant sur la scène, je me sers de son ombre ; à l'égard du cinquième acte, la première scène est beaucoup plus étendue et dialoguée plus tendrement. » Ces changemens furent faits en 1712, et c'est de cette façon que Ballard l'a mis dans son recueil des opéras. L'auteur n'a pas eu la satisfaction de le voir représenter avec ses corrections, qui n'ont été d'aucun usage que pour l'imprimeur.

FRANÇOIS-ANTOINE JOLLY.

De Paris, n'a donné au théâtre de l'Académie royale de Musique que ce seul poème.

FIN.

TAMANGO,

PAR M. P. MÉRIMÉE.

Le capitaine Ledoux était un bon marin. Il avait commencé par être simple matelot, puis il devint aide-timonier. Au combat de Trafalgar, il eut la main gauche fracassée par un éclat de bois ; il fut amputé, et congédié ensuite avec de bons certificats. Le repos ne lui convenait guère, et l'occasion de se rembarquer, se présentant, il servit en qualité de second lieutenant à bord d'un corsaire. L'argent qu'il retira de quelques prises lui permit d'acheter des livres et d'étudier la théorie de la navigation, dont il connaissait déjà parfaitement la pratique. Avec le temps, il devint capitaine d'un lougre corsaire de trois canons et de soixante hommes d'équipage, et les caboteurs de Jersey conservent encore le souvenir de ses exploits. La paix le désola : il avait amassé pendant la guerre une petite fortune, qu'il espérait augmenter aux dépens des Anglais. Force lui fut d'offrir ses services à de pacifiques négocians, et comme il était connu pour un homme de résolution et d'expérience, on lui confia facilement un navire. Quand la traite des nègres fut défendue, et que, pour s'y livrer, il fallut non-seulement tromper la vigilance des douaniers français, ce qui n'était pas très difficile, mais encore, et c'était le plus hasardeux, échapper aux croiseurs anglais, le capitaine Ledoux devint un homme précieux pour les traficans de bois d'ébène (1).

Bien différent de la plupart des marins qui ont langui long-temps comme lui dans des postes subalternes, il n'avait point cette horreur profonde des innovations, et cet esprit de routine qu'ils apportent trop souvent dans les grades supérieurs. Le capitaine Ledoux, au contraire, avait été le premier à recommander à son armateur l'usage des caisses en fer, destinées à contenir et conserver l'eau. A son bord, les menottes et les chaînes, dont les bâtimens négriers ont provision, étaient fabriquées d'après un système nouveau, et soigneusement vernies pour les préserver de la rouille. Mais ce qui lui fit le plus d'honneur parmi les marchands d'esclaves, ce fut la construction, qu'il dirigea lui-même, d'un brick destiné à la traite, fin voilier, long, étroit comme un bâtiment de guerre, et cependant capable de contenir un très grand nombre de noirs. Il le nomma l'Espérance. Il voulut que les entreponts, étroits et rentrés, n'eussent que trois pieds quatre pouces de haut, prétendant que cette dimension permettait aux esclaves de taille raisonnable d'être commodément assis ; et quels besoins ont-ils de se lever ? « Arrivés aux colonies, disait Ledoux, ils ne resteront que trop sur leurs pieds ! » — Les noirs, le dos appuyé aux bordages du navire, et disposés sur deux lignes parallèles, laissaient entre leurs pieds un espace vide, qui, dans tous les autres négriers, ne sert qu'à la circulation. Ledoux imagina de placer dans cet intervalle d'autres nègres, couchés perpendiculairement aux premiers. De la sorte, son navire contenait une dizaine de nègres de plus qu'un autre du même port. A la rigueur, on aurait pu en placer davantage ; mais il faut avoir de l'humanité, et laisser à un nègre au moins cinq pieds en longueur et deux en largeur pour s'ébattre, pendant une traversée de six semaines et plus ; « car enfin, disait Ledoux à son armateur pour justifier cette mesure libérale, les nègres, après tout, sont des hommes comme les blancs. »

L'Espérance partit de Nantes un vendredi, comme le remarquèrent depuis des gens superstitieux. Les inspecteurs qui visitèrent scrupuleusement le brick, ne découvrirent pas six grandes caisses remplies de chaînes, de menottes, et de ces fers que l'on nomme, je ne sais pourquoi, barres de justice. Ils ne furent point étonnés, non plus, de l'énorme provision d'eau que devait porter l'Espérance, qui, d'après ses papiers, n'allait qu'au Sénégal, pour y faire le commerce de bois et d'ivoire. La traversée n'est pas longue, il est vrai ; mais enfin le trop de précautions ne peut nuire. Si l'on était surpris par un calme, que deviendrait-on sans eau ?

L'Espérance partit donc un vendredi, bien gréée et bien équipée de tout. Ledoux aurait voulu peut-être des mâts un peu plus solides ; cependant, tant qu'il commanda le bâtiment, il n'eut point à s'en plaindre. Sa traversée fut heureuse et rapide jusqu'à la côte d'Afrique. Il mouilla dans la rivière de Joale (je crois), dans un moment où les croiseurs anglais ne surveillaient point cette partie de la côte. Des courtiers du pays vinrent aussitôt à son bord. Le moment était on ne peut pas plus favorable ; Tamango, guerrier fameux et vendeur d'hommes, venait de conduire à la côte une grande quantité d'esclaves, et il s'en défaisait à bon marché, en homme qui se sent la force et les moyens d'approvisionner promptement la place, aussitôt que les objets de son commerce y deviennent rares.

Le capitaine Ledoux se fit descendre sur le rivage, et fit sa visite à Tamango. Il le trouva dans une case en paille, qu'on lui avait élevée à la hâte, accompagné de ses deux femmes et de quelques sous-marchands et conducteurs d'esclaves. Tamango s'était paré pour recevoir le capitaine blanc. Il était revêtu d'un vieil habit d'uniforme bleu, ayant encore les galons de caporal ; mais sur chaque épaule pendaient deux épaulettes d'or attachées au même bouton, et ballottant, l'une par devant, l'autre par derrière. Comme il n'avait pas de chemise, et que l'habit était un peu court pour un homme de sa taille, ou remarquait entre les re-

(1) Nom que se donnent eux-mêmes les gens qui font la traite.

vers blancs de l'habit et son caleçon de toile de Guinée, une bande considérable de peau noire, qui ressemblait à un large ceinturon. Un grand sabre de cavalerie était suspendu à son côté au moyen d'une corde, et il tenait à la main un beau fusil à deux coups, de fabrique anglaise. Ainsi équipé, le guerrier africain croyait surpasser en élégance le petit-maître le plus accompli de Paris ou de Londres.

Le capitaine Ledoux le considéra quelque temps en silence, tandis que Tamango, se redressant à la manière d'un grenadier qui passe la revue d'un général étranger, jouissait de l'impression qu'il croyait produire sur le blanc. Ledoux, après l'avoir examiné en connaisseur, se tourna vers son second, et lui dit : « Voilà un gaillard que je vendrais au moins mille écus, rendu sain et sans avaries à la Martinique. »

On s'assit, et un matelot qui savait un peu la langue wolofe, servit d'interprète. Les premiers complimens de politesse échangés, un mousse apporta un panier de bouteilles d'eau-de-vie ; on but, et le capitaine, pour mettre Tamango en belle humeur, lui fit présent d'une jolie poire à poudre en cuivre, ornée du portrait de Napoléon, frappé en relief. Le présent accepté avec la reconnaissance convenable, on sortit de la case, on s'assit à l'ombre en face des bouteilles d'eau-de-vie, et Tamango donna le signal de faire venir les esclaves qu'il avait à vendre.

Ils parurent sur une longue file, le corps courbé par la fatigue et la frayeur, chacun ayant le cou pris dans une fourche longue de plus de six pieds, dont les deux pointes étaient réunies vers la nuque par une barre de bois. Quand il faut se mettre en marche, un des conducteurs prend sur son épaule le manche de la fourche du premier esclave ; celui-ci se charge de la fourche de l'homme qui le suit immédiatement ; le second prend la fourche du troisième esclave, et ainsi des autres. S'agit-il de faire halte, le chef de file enfonce en terre le bout pointu du manche de sa fourche, et toute la colonne s'arrête. On juge facilement qu'il ne faut pas penser à s'échapper à la course, quand on porte attaché au cou un gros bâton de six pieds de longueur.

À chaque esclave mâle ou femelle qui passait devant lui, le capitaine haussait les épaules, trouvait les hommes chétifs, les femmes trop vieilles ou trop jeunes, et se plaignait de l'abâtardissement de la race noire, « Tout dégénère, disait-il ; autrefois c'était bien différent. Les femmes avaient cinq pieds six pouces de haut, et quatre hommes auraient tourné seuls le cabestan d'une frégate, pour lever la maîtresse-ancre. »

Cependant, tout en critiquant, il faisait un premier choix des noirs les plus robustes et les plus beaux. Ceux-là, il pouvait les payer au prix ordinaire ; mais pour le reste, il demandait une forte diminution. Tamango, de son côté, défendait ses intérêts, vantait sa marchandise, parlait de la rareté des hommes et des périls de la traite. Il conclut en demandant un prix, je ne sais lequel, pour les esclaves que le capitaine blanc voulait charger à son bord.

Aussitôt que l'interprète eut traduit en français la proposition de Tamango, Ledoux manqua tomber à la renverse, de surprise et d'indignation ; puis, murmurant quelques juremens affreux, il se leva comme pour rompre tout marché avec un homme aussi déraisonnable. Alors Tamango le retint ; il parvint avec peine à le faire rasseoir. Une nouvelle bouteille fut débouchée, et la discussion recommença. Ce fut le tour du noir à trouver folles et extravagantes les propositions du blanc. On cria, on disputa long-temps, on but prodigieusement d'eau-de-vie ; mais l'eau-de-vie produisait un effet bien différent sur les deux parties contractantes. Plus le Français buvait, plus il réduisait ses offres ; plus l'Africain buvait, plus il cédait de ses prétentions. De la sorte, à la fin du panier, on tomba d'accord. De mauvaises cotonnades, de la poudre, des pierres à feu, trois barriques d'eau-de-vie, cinquante fusils mal raccommodés furent donnés en échange de cent soixante esclaves. Le capitaine, pour ratifier le traité, frappa dans la main du noir, plus qu'à moitié ivre, et aussitôt les esclaves furent remis aux matelots français, qui se hâtèrent de leur ôter leurs fourches de bois, pour leur donner des carcans et des menottes en fer ; ce qui montre bien la supériorité de la civilisation européenne.

Restait encore une trentaine d'esclaves : c'étaient des enfans, des vieillards, des femmes infirmes. Le navire était plein.

Tamango, qui ne savait que faire de ce rebut, offrit au capitaine de les lui vendre pour une bouteille d'eau-de-vie la pièce. L'offre était séduisante. Ledoux se souvint qu'à la représentation des *Vêpres siciliennes* à Nantes, il avait vu bon nombre de gens gros et gras entrer dans un parterre déjà plein, et parvenir cependant à s'y asseoir, en vertu de la compressibilité des corps humains. Il prit les vingt plus sveltes des trente esclaves.

Alors Tamango ne demanda plus qu'un verre d'eau-de-vie pour chacun des dix restans. Ledoux réfléchit que les enfans ne paient et n'occupent que demi-place dans les voitures publiques. Il prit donc trois enfans ; mais il déclara qu'il ne voulait plus se charger d'un seul noir. Tamango, voyant qu'il lui restait encore sept esclaves sur les bras, saisit son fusil, et coucha en joue une femme qui venait la première ; c'était la mère des trois enfans. — « Achète, dit-il au blanc, ou je la tue ; un petit verre d'eau-de-vie, ou je tire. — Et que diable veux-tu que j'en fasse ? » répondit Ledoux. Tamango fit feu, et l'esclave tomba par terre. — « Allons, à un autre, s'écria Tamango, en visant un vieillard tout cassé : un verre d'eau-de-vie, ou bien... » Une de ses femmes lui détourna le bras, et le coup partit au hasard. Elle venait de reconnaître dans ce vieillard que son mari allait tuer un *guiriot* ou magicien, qui lui avait prédit qu'elle serait reine.

Tamango, que l'eau-de-vie avait rendu furieux, ne se posséda plus, en voyant qu'on s'opposait à ses volontés. Il frappa rudement sa femme de la crosse de son fusil ; puis, se retournant vers Ledoux : « Tiens, dit-il, je te donne cette femme. » Elle était jolie. Ledoux la regarda en souriant, puis il la prit par la main : « Je trouverai bien où la mettre », dit-il.

L'interprète était un homme humain. Il donna une tabatière de carton à Tamango, et lui demanda les six esclaves restans. Il les délivra de leurs fourches, et leur permit de s'en aller où bon leur semblerait. Aussitôt ils se sauvèrent qui de-çà, qui de-là, fort embarrassés de retourner dans leur pays, à deux cents lieues de la côte.

Cependant le capitaine dit adieu à Tamango, et s'occupa de faire au plus vite embarquer sa cargaison. Il n'était pas prudent de rester long-temps en rivière ; les croiseurs pouvaient reparaître, et il voulait appareiller le lendemain. Pour Tamango, il se coucha sur l'herbe, à l'ombre, et dormit pour cuver son eau-de-vie.

Quand il se réveilla, le vaisseau était déjà sous voiles, et descendait la rivière. Tamango, la tête encore embarrassée de la débauche de la veille, demanda sa femme Ayché. On lui répondit qu'elle avait eu le malheur de lui déplaire, et qu'il l'avait donnée en présent au capitaine blanc, lequel l'avait emmenée à son bord. A cette nouvelle, Tamango, stupéfait, se frappa la tête, puis il prit son fusil, et comme la rivière faisait plusieurs détours avant de se décharger dans la mer, il courut, par le chemin le plus direct, à une petite anse éloignée de l'embouchure d'une demi-lieue. Là il espérait trouver un canot avec lequel il pourrait joindre le brick, dont les sinuosités de la rivière devaient retarder la marche. Il ne se trompait pas : en effet, il eut le temps de se jeter dans un canot, et de joindre le négrier.

Ledoux fut surpris de le voir, mais encore plus de l'entendre redemander sa femme. « Bien donné ne se reprend plus », répondit-il, et il lui tourna le dos. Le noir insista, offrant de rendre une partie des objets qu'il avait reçus en échange des esclaves. Le capitaine se mit à rire, dit qu'Ayché était une très bonne femme, et qu'il voulait la garder. Alors le pauvre Tamango versa un torrent de larmes, et poussa des cris de douleur aussi aigus que ceux d'un malheureux qui subit une opération chirurgicale. Tantôt il se roulait sur le pont en appelant sa chère Ayché, tantôt il se frappait la tête contre les planches, comme pour se tuer. Toujours impassible, le capitaine, en lui montrant le rivage, lui faisait signe qu'il était temps pour lui de s'en aller ; mais Tamango demeurait. Il offrit jusqu'à ses épaulettes d'or, son fusil et son sabre. Tout fut inutile.

Pendant ce débat, le lieutenant de l'Espérance dit au capitaine : « Il nous est mort cette nuit trois esclaves ; nous avons de la place. Pourquoi ne prendrions-nous pas ce vigoureux coquin, qui vaut mieux à lui seul que les trois morts ? » — Ledoux fit réflexion que Tamango se vendrait bien mille écus ; que ce voyage, qui s'annonçait comme très profitable pour lui, serait probablement son dernier ; qu'enfin sa fortune étant faite, et lui renonçant au commerce d'esclaves, peu lui importait de laisser à la côte de Guinée une bonne ou une mauvaise réputation. D'ailleurs, le rivage était désert, et le guerrier africain entièrement à sa merci. Il ne s'agissait plus que de lui enlever ses armes, car il eût été dangereux de mettre la main sur lui pendant qu'il les avait encore en sa possession. Ledoux lui demanda donc son fusil, comme pour l'examiner et

s'assurer s'il valait bien autant que la belle Ayché. En faisant jouer les ressorts, il eut soin de laisser tomber la poudre de l'amorce. Le lieutenant, de son côté, maniait le sabre ; et Tamango se trouvant ainsi désarmé, deux vigoureux matelots se jetèrent sur lui, le renversèrent sur le dos, et se mirent en devoir de le garotter. La résistance du noir fut héroïque. Revenu de sa première surprise, et malgré le désavantage de sa position, il lutta long-temps contre les deux matelots. Grâce à sa force prodigieuse, il parvint à se relever. D'un coup de poing, il terrassa l'homme qui le tenait au collet ; il laissa un morceau de son habit entre les mains de l'autre matelot, et s'élança comme un furieux sur le lieutenant, pour lui arracher son sabre. Celui-ci l'en frappa à la tête, et lui fit une blessure large, mais peu profonde. Tamango tomba une seconde fois. Aussitôt on lui lia fortement les pieds et les mains. Tandis qu'il se défendait, il poussait des cris de rage, et s'agitait comme un sanglier pris dans des toiles ; mais lorsqu'il vit que toute résistance était inutile, il ferma les yeux, et ne fit plus le moindre mouvement. Sa respiration forte et précipitée prouvait seule qu'il était encore vivant.

« Parbleu ! s'écria le capitaine Ledoux, les noirs qu'il a vendus vont rire de bon cœur en le voyant esclave à son tour. C'est pour le coup qu'ils verront bien qu'il y a une Providence. » Cependant le pauvre Tamango perdait tout son sang. Le charitable interprète, qui la veille avait sauvé la vie à six esclaves, s'approcha de lui, banda sa blessure, et lui adressa quelques paroles de consolation. Ce qu'il put lui dire, je l'ignore. Le noir restait immobile, ainsi qu'un cadavre. Il fallut que deux matelots le portassent comme un paquet dans l'entrepont, à la place qui lui était destinée. Pendant deux jours, il ne voulut ni boire, ni manger ; à peine lui vit-on ouvrir les yeux. Ses compagnons de captivité, autrefois ses prisonniers, le virent paraître au milieu d'eux avec un étonnement stupide. Telle était la crainte qu'il leur inspirait encore, que pas un seul n'osa insulter à la misère de celui qui avait causé la leur.

Favorisé par un bon vent de terre, le vaisseau s'éloignait rapidement de la côte d'Afrique. Déjà sans inquiétude au sujet de la croisière anglaise, le capitaine ne pensait plus qu'aux énormes bénéfices qui l'attendaient dans les colonies vers lesquelles il se dirigeait. Son bois d'ébène se maintenait sans avaries. Point de maladies contagieuses. Douze nègres, au plus, et des plus faibles, étaient morts de chaleur : c'était bagatelle. Afin que sa cargaison humaine souffrît le moins possible des fatigues de la traversée, il avait l'attention de faire monter tous les jours ses esclaves sur le pont. Tour à tour un tiers de ces malheureux avait une heure pour faire sa provision d'air de toute la journée. Une partie de l'équipage les surveillait armée jusqu'aux dents, de peur de révolte ; d'ailleurs, on avait soin de ne jamais leur ôter entièrement leurs chaînes. Quelquefois un matelot qui savait jouer du violon les régalait d'un concert. Il était alors curieux de voir toutes ces figures noires se tourner vers le musicien, perdre par degré leur expression de désespoir stupide, rire d'un gros rire, et battre des mains, quand leurs fers le leur per-

- 212 -

BIBLIOTHEQUE CHOISIE.

mettaient. — L'exercice est nécessaire à la santé; aussi l'une des salutaires pratiques du capitaine Ledoux, c'était de faire souvent danser ses esclaves, comme on fait piaffer des chevaux embarqués pour une longue traversée. « Allons, mes enfans, dansez, amusez-vous », disait le capitaine, d'une voix de tonnerre, en faisant claquer un énorme fouet de poste, et aussitôt les pauvres noirs sautaient et dansaient.

Quelque temps la blessure de Tamango le retint sous les écoutilles. Il parut enfin sur le pont, et d'abord, relevant la tête avec fierté au milieu de la foule craintive des esclaves, il jeta un coup-d'œil triste, mais calme, sur l'immense étendue d'eau qui environnait le navire; puis il se coucha, ou plutôt se laissa tomber sur les planches du tillac, sans prendre même le soin d'arranger ses fers de manière à ce qu'ils lui fussent moins incommodes. Ledoux, assis au gaillard d'arrière, fumait tranquillement sa pipe. Près de lui, Ayché, sans fers, vêtue d'une robe élégante de cotonnade bleue, les pieds chaussés de jolies pantoufles de maroquin, portant à deux mains un plateau chargé de liqueurs, se tenait prête à lui verser à boire. Il était évident qu'elle remplissait de hautes fonctions auprès du capitaine. Un noir, qui détestait Tamango, lui fit signe de regarder de ce côté. Tamango tourna la tête; l'aperçut, poussa un cri; et, se levant avec impétuosité, courut vers le gaillard d'arrière avant que les matelots de garde eussent pu s'opposer à une infraction aussi énorme de toute discipline navale : « Ayché! » cria-t-il d'une voix foudroyante, et Ayché poussa un cri de terreur; « crois-tu que dans le pays des blancs, il n'y ait point de Mama-Jumbo? » Déjà des matelots accouraient le bâton levé; mais Tamango, les bras croisés, et comme insensible, retournait tranquillement à sa place, tandis qu'Ayché, fondant en larmes, semblait pétrifiée par ces mystérieuses paroles.

L'interprète expliqua ce qu'était ce terrible Mama-Jumbo, dont le nom seul produisait tant d'horreur. « C'est le Croque-mitaine des nègres, dit-il. Quand un mari a peur que sa femme ne fasse ce que font bien des femmes en France, comme en Afrique, il la menace du Mama-Jumbo. Moi, qui vous parle, j'ai vu le Mama-Jumbo, et j'ai compris la ruse; mais les noirs,......, comme c'est simple, cela ne comprend rien :— Figurez-vous qu'un soir, pendant que les femmes s'amusaient à danser, à faire un *folgar*, comme ils disent dans leur jargon, voilà que d'un petit bois bien touffu et bien sombre, on entend une musique étrange, sans que l'on vît personne pour la faire; tous les musiciens étaient cachés dans le bois. Il y avait des flûtes de roseau, des tambourins de bois, des *balafos*, et des guitares faites avec des moitiés de calebasses. Tout cela jouait un air à porter le diable en terre. Les femmes n'ont pas plus tôt entendu cet air-là, qu'elles se mettent à trembler; elles veulent se sauver, mais les maris les retiennent; elles savaient bien ce qui leur pendait à l'oreille. Tout à coup sort du bois une grande figure blanche, haute comme notre mât de perroquet, avec une tête grosse comme un boisseau, des yeux larges comme des écubiers, et une gueule comme celle du diable, avec du feu dedans. Cela marchait lentement, lentement; et cela n'alla pas plus loin qu'à demi-encablure du bois. Les femmes criaient : « Voilà Mama-Jumbo. » Elles braillaien comme des vendeuses d'huîtres. Alors les maris leur disaient : « Allons, coquines, dites-nous si vous avez été sages; si vous mentez, Mama-Jumbo est là pour vous manger toutes crues. Il y en avait qui étaient assez simples pour avouer, et alors les maris les battaient comme plâtre. »

— « Et qu'est-ce que c'était donc que cette figure blanche, ce Mama-Jumbo? » demanda le capitaine.

— « Eh bien! c'était un farceur affublé d'un grand drap blanc, portant, au lieu de tête, une citrouille creusée et garnie d'une chandelle allumée au bout d'un grand bâton. Cela n'est pas plus malin, et il ne faut pas de grands frais d'esprit pour attraper les noirs. Avec tout cela, c'est une bonne invention que le Mama-Jumbo, et je voudrais que ma femme y crût. »

— « Pour la mienne, dit Ledoux, si elle n'a pas peur de Mama-Jumbo, elle a peur de Martin-bâton, et elle sait de reste comment je l'arrangerais, si elle me jouait quelque tour. Nous ne sommes pas endurans dans la famille des Ledoux, et quoique je n'aie qu'un poignet, il manie encore assez bien une garcette. Quant à votre drôle là-bas, qui parle de Mama-Jumbo, dites-lui qu'il se tienne bien, et qu'il ne fasse pas peur à la petite mère que voilà, ou je lui ferai si bien ratisser l'échine, que son cuir, de noir, deviendra rouge, comme un rosbif cru. »

À ces mots, le capitaine descendit dans sa chambre, fit venir Ayché, et tâcha de la consoler : mais ni les caresses, ni les coups mêmes, car on perd patience à la fin, ne purent rendre traitable la belle négresse; des flots de larmes coulaient de ses yeux. Le capitaine remonta sur le pont, de mauvaise humeur, et querella l'officier de quart sur la manœuvre qu'il commandait dans le moment.

La nuit, lorsque presque tout l'équipage dormait d'un profond sommeil, les hommes de garde entendirent d'abord un chant grave, solennel, lugubre, qui partait de l'entrepont, puis un cri de femme horriblement aigu. Aussitôt après, la grosse voix de Ledoux jurant et menaçant, et le bruit de son terrible fouet, retentirent dans tout le bâtiment. Un instant après, tout rentra dans le silence. Le lendemain, Tamango parut sur le pont la figure meurtrie, mais l'air aussi fier, aussi résolu qu'auparavant.

À peine Ayché l'eut-elle aperçu, que, quittant le gaillard d'arrière où elle était assise à côté du capitaine, elle courut avec rapidité vers Tamango, s'agenouilla devant lui, et lui dit avec un accent de désespoir concentré : « Pardonne-moi, Tamango, pardonne-moi! » Tamango la regarda fixément pendant une minute; puis, remarquant que l'interprète était éloigné : « Une lime », dit-il; et il se coucha sur le tillac en tournant le dos à Ayché. Le capitaine la réprimanda vertement, lui donna même quelques soufflets, et lui défendit de parler à son ex-mari; mais il était loin de soupçonner le sens des courtes paroles qu'ils avaient échangées, et il ne fit aucune question à ce sujet.

Cependant, Tamango, renfermé avec les autres esclaves, les exhortait jour et nuit à tenter un effort généreux pour recouvrer leur liberté. Il leur parlait du petit nombre des blancs, et leur faisait remarquer la négligence toujours croissante de leurs gardiens; puis, sans s'expliquer sur son projet, il disait qu'il saurait les ramener dans leur pays, vantait son savoir dans les sciences occultes, dont les noirs sont fort entichés, et menaçait de la vengeance du diable ceux qui refuseraient de l'aider dans son entreprise. Dans ses harangues, il ne se servait que du dialecte des Peules, qu'entendaient la plupart des esclaves, mais que l'interprète ne comprenait pas. La réputation de l'orateur, l'habitude qu'avaient les esclaves de le craindre et de lui obéir, vinrent merveilleusement au secours de son éloquence, et les noirs le pressèrent de fixer un jour pour leur délivrance, bien avant que lui-même se crût en état de l'effectuer. Il répondait vaguement aux conjurés que le temps n'était pas venu, et que le diable, qui lui apparaissait en songe, ne l'avait pas encore averti, mais qu'ils eussent à se tenir prêts au premier signal. Cependant il ne négligeait aucune occasion de faire des expériences sur la vigilance de ses gardiens. Une fois, un matelot, laissant son fusil appuyé contre les plats-bords, s'amusait à regarder une troupe de poissons volans qui suivaient le vaisseau; Tamango prit le fusil, et se mit à le manier, imitant avec des gestes grotesques les mouvemens qu'il avait vu faire à des matelots qui faisaient l'exercice. On lui retira le fusil au bout de quelques instans, mais il avait appris qu'il pourrait toucher une arme sans éveiller immédiatement le soupçon; et quand le moment viendrait de s'en servir, bien hardi celui qui voudrait la lui arracher des mains.

Un jour, Ayché lui jeta un biscuit en lui faisant un signe que lui seul comprit. Le biscuit contenait une petite lime : c'était de cet instrument que dépendait la réussite du complot. D'abord, Tamango se garda bien de montrer la lime à ses compagnons; mais, lorsque la nuit fut venue, il se mit à murmurer des paroles inintelligibles qu'il accompagnait de gestes bizarres Par degrés, il s'anima jusqu'à pousser des cris. A entendre les intonations variées de sa voix, on eût dit qu'il était engagé dans une conversation animée avec une personne invisible à d'autres yeux que les siens. Tous les esclaves tremblaient, ne doutant pas que le diable fût en ce moment même auprès d'eux. Tamango mit fin à cette scène en poussant un cri de joie. « Camarades, s'écriat il, l'esprit que j'ai conjuré vient enfin de m'accorder ce qu'il m'avait promis, et je tiens dans mes mains l'instrument de notre délivrance. Maintenant il ne vous faut plus qu'un peu de courage pour vous faire libres. » Il fit toucher la lime à ses voisins, et la fourbe, toute grossière qu'elle était, trouva créance auprès d'hommes encore plus grossiers.

Après une longue attente, vint le grand jour de vengeance et de liberté. Les conjurés, liés entre eux par un serment solennel, avaient arrêté leur plan après une mûre délibération. Les plus déterminés, ayant Tamango à leur tête, lorsqu'ils monteraient à leur tour sur le pont, devaient s'emparer des armes de leurs gardiens; quelques autres iraient à la chambre du capitaine pour y prendre les fusils qui s'y trouvaient. Ceux qui seraient parvenus à limer leurs fers devaient commencer l'attaque; mais malgré le travail opiniâtre de plusieurs nuits. le plus grand nombre des esclaves était encore incapable de prendre une part énergique à l'action. Aussi trois noirs robustes avaient la charge de tuer l'homme qui portait dans sa poche la clef des fers, et d'aller aussitôt délivrer leurs compagnons enchaînés.

Ce jour-là, le capitaine Ledoux était d'une humeur charmante; contre sa coutume, il fit grâce à un mousse qui avait mérité le fouet. Il complimenta l'officier de quart sur sa manœuvre, déclara à l'équipage qu'il était content, et lui annonça qu'à la Martinique, où ils arriveraient dans peu, chaque homme recevrait une gratification. Tous les matelots, entretenant de si agréables idées, faisaient déjà dans leur tête l'emploi de cette gratification : ils pensaient à l'eau-de-vie et aux femmes de couleur de la Martinique, lorsqu'on fit monter sur le pont Tamango et les autres conjurés.

Ils avaient eu soin de limer leurs fers de manière à ce qu'ils ne parussent pas être coupés, et que le moindre effort suffît cependant pour les rompre. D'ailleurs, ils les faisaient si bien résonner, qu'à les entendre, on eût dit qu'ils en portaient un double poids. Après avoir humé l'air quelque temps, ils se prirent tous par la main, et se mirent à danser, pendant que Tamango entonnait le chant guerrier de sa famille (1), qu'il chantait autrefois avant d'aller au combat. Quand la danse eut duré quelque temps, Tamango, comme épuisé de fatigue, se coucha tout de son long aux pieds d'un matelot qui s'appuyait nonchalamment contre les plats-bords du navire : tous les conjurés en firent autant. De la sorte, chaque matelot était entouré de plusieurs noirs.

Tout à coup, Tamango, qui venait doucement de rompre ses fers, pousse un grand cri, qui devait servir de signal; il tire violemment par les jambes le matelot qui se trouvait près de lui, le culbute, et, lui mettant le pied sur le ventre, lui arrache son fusil, et s'en sert pour tuer l'officier de quart. En même temps, chaque matelot de garde est assailli, désarmé et aussitôt égorgé. De toutes parts, un cri de guerre s'élève. Le contre-maître, qui avait la clef des fers, succombe un des premiers. Alors une foule de noirs inonde le tillac. Ceux qui ne peuvent trouver d'armes saisissent les barres du cabestan ou les rames de la chaloupe. Dès ce moment, l'équipage européen fut perdu. Cependant, quelques matelots firent tête sur le gaillard d'arrière; mais ils manquaient d'armes et de résolution. Ledoux était encore vivant, et n'avait rien perdu de son courage. S'apercevant que Tamango était l'âme de la conjuration, il espéra que, s'il pouvait le tuer, il aurait bon marché de ses complices. Il s'élança donc à sa rencontre le sabre à la main, en l'appelant à grands cris. Aussitôt Tamango se précipita sur lui. Il tenait un fusil par le bout du canon, et s'en servait comme d'une massue.

_____

(1) Chaque capitaine nègre a le sien.

Les deux chefs se joignirent sur un des passavans, ce passage étroit qui communique du gaillard d'avant à l'arrière. Tamango frappa le premier. Par un léger mouvement de corps, le blanc évita le coup; la crosse, tombant avec force sur les planches, se brisa, et le contre-coup fut si violent, que le fusil échappa des mains de Tamango. Il était sans défense, et Ledoux, avec un sourire de joie diabolique, levait le bras et allait le percer. Mais Tamango était aussi agile que les panthères de son pays. Il s'élança dans les bras de son adversaire, et lui saisit la main dont il tenait le sabre. L'un s'efforce de retenir son arme, l'autre de l'arracher. Dans cette lutte furieuse, ils tombent tous les deux; mais l'Africain avait le dessous. Alors, sans se décourager, Tamango, étreignant son adversaire de toute sa force, le mordit à la gorge avec tant de violence, que le sang jaillit comme sous la dent d'un lion. Le sabre échappa de la main défaillante du capitaine; Tamango s'en saisit, puis se relevant, la bouche sanglante, et poussant un cri de triomphe, il perça de coups redoublés son ennemi déjà demi-mort.

La victoire n'était plus douteuse. Le peu de matelots qui restaient essayèrent d'implorer la pitié des révoltés; mais tous, jusqu'à l'interprète, qui ne leur avait jamais fait de mal, furent impitoyablement massacrés. Le lieutenant mourut avec gloire. Il s'était retiré à l'arrière, auprès d'un de ces petits canons qui tournent sur un pivot; et que l'on charge de mitraille. De la main gauche il dirigea la pièce, et de la droite, armée d'un sabre, il se défendit si bien, qu'il attira autour de lui une foule de noirs. Alors, pressant la détente du canon, il fit, au milieu de cette masse serrée, une large rue pavée de morts et de mourans. Un instant après, il fut mis en pièces.

Lorsque le cadavre du dernier blanc, déchiqueté et coupé par morceaux, eut été jeté à la mer, les noirs, rassasiés de vengeance, levèrent les yeux vers les voiles du navire, qui, toujours enflées par un vent frais, semblaient obéir encore à leurs oppresseurs, et mener les vainqueurs, malgré leur triomphe, dans la terre de l'esclavage. « Rien n'est donc fait, pensèrent-ils avec tristesse; et ce grand fétiche des blancs voudra-t-il nous ramener dans notre pays, nous qui avons versé le sang de ses maîtres? » Quelques-uns dirent que Tamango saurait lui commander. Aussitôt on appelle Tamango à grands cris.

Il ne se pressait pas de se montrer. On le trouva dans la chambre de poupe, debout, une main appuyée sur le sabre sanglant du capitaine; l'autre, il la tendait, d'un air distrait, à sa femme Ayché, qui la baisait, à genoux devant lui. La joie d'avoir vaincu ne diminuait pas une sombre inquiétude qui se trahissait dans toute sa contenance. Moins grossier que les autres, il sentait mieux la difficulté de sa position.

Il parut enfin sur le tillac, affectant un calme qu'il n'éprouvait pas. Pressé, par cent voix confuses, de diriger la course du vaisseau, il s'approcha du gouvernail à pas lents, comme pour retarder un peu le moment qui allait, pour lui-même et pour les autres, décider de l'étendue de son pouvoir.

Dans tout le vaisseau, il n'y avait pas un noir, si stupide qu'il fût, qui n'eût remarqué l'influence qu'une certaine roue et la boîte placée en face exerçaient sur les mouvemens du navire; mais dans ce mécanisme, il y avait toujours pour eux un grand mystère. Tamango examina la boussole pendant long-temps, en remuant les lèvres, comme s'il lisait les caractères qu'il y voyait tracés; puis il portait la main à son front, et prenait l'attitude pensive d'un homme qui fait un calcul de tête. Tous les noirs l'entouraient, la bouche béante, les yeux démesurément ouverts, suivant avec anxiété le moindre de ses gestes. Enfin, avec ce mélange de crainte et de confiance que l'ignorance donne, il imprima un violent mouvement à la roue du gouvernail.

Comme un généreux coursier qui se cabre sous l'éperon d'un cavalier imprudent, le beau brick *l'Espérance* bondit sur la vague, à cette manœuvre inouïe. On eût dit qu'indigné, il voulait s'engloutir avec son pilote ignorant. Le rapport nécessaire entre la direction des voiles et celle du gouvernail étant brusquement rompu, le vaisseau s'inclina avec tant de violence, qu'on eût dit qu'il allait s'abîmer. Ses longues vergues plongèrent dans la mer. Plusieurs hommes furent renversés; quelques-uns tombèrent par dessus le bord. Bientôt le vaisseau se releva fièrement contre la lame, comme pour lutter encore une fois avec la destruction. Le vent redoubla d'efforts, et tout d'un coup, avec un bruit horrible, tombèrent les deux mâts cassés, à quelques pieds du pont, couvrant le tillac de débris et comme d'un lourd filet de cordages.

Les nègres épouvantés fuyaient sous les écoutilles, en poussant des cris de terreur; mais comme le vent ne trouvait plus de prise, le vaisseau se releva, et se laissa doucement ballotter par les flots. Alors les plus hardis des noirs remontèrent sur le tillac, et le débarrassèrent des débris qui l'obstruaient. Tamango restait immobile, le coude appuyé sur l'habitacle, et se cachant le visage sur son bras replié. Ayché était auprès de lui, mais n'osait lui adresser la parole. Peu à peu les noirs s'approchèrent; un murmure s'éleva, qui bientôt se changea en un orage de reproches et d'injures. « Perfide! imposteur! s'écrraient-ils, c'est toi qui as causé tous nos maux; c'est toi qui nous as vendus aux blancs, c'est toi qui nous as contraints de nous révolter contre eux. Tu nous avais vanté ton savoir; tu nous avais promis de nous ramener dans notre pays. Nous t'avons cru, insensés que nous étions! et voilà que nous avons manqué de périr tous, parce que tu as offensé le fétiche des blancs. »

Tamango releva fièrement la tête, et les noirs qui l'entouraient reculèrent intimidés. Il ramassa deux fusils, fit signe à sa femme de le suivre, traversa la foule, qui s'ouvrit devant lui, et se dirigea vers l'avant du vaisseau. Là, il se fit comme un rempart avec des tonneaux vides et des planches; puis il s'assit au milieu de cette espèce de retranchement, d'où sortaient menaçantes les baïonnettes de ses deux fusils. On le laissa tranquille. Parmi les révoltés, les uns pleuraient; d'autres, levant les mains au ciel, invoquaient leurs fétiches et ceux des blancs. Ceux-ci, à genoux devant la boussole, dont ils admiraient le mouvement continuel, la suppliaient de les ramener dans leur pays ; ceux-là se couchaient sur le tillac, dans un morne abattement. Au milieu de ces désespérés, qu'on se représente des femmes et des enfans hurlant d'effroi, et une quarantaine de blessés implorant des secours que personne ne pensait à leur donner.

Tout à coup un nègre paraît sur le tillac ; son visage est radieux ; il annonce qu'il vient de découvrir l'endroit où les blancs gardent leur eau-de-vie, et sa joie et sa contenance prouvent assez qu'il vient d'en faire l'essai. Cette nouvelle suspend un instant les cris de ces malheureux. Ils courent à la cambuse, et se gorgent de liqueur. Une heure après, on les eût vus sauter et rire sur le pont, se livrant à toutes les extravagances de l'ivresse la plus brutale. Leurs danses et leurs chants étaient accompagnés des gémissemens et des sanglots des blessés. Ainsi se passa le reste du jour et toute la nuit.

Le matin, au réveil, nouveau désespoir. Pendant la nuit, un grand nombre de blessés étaient morts. Le vaisseau flottait entouré de cadavres. La mer était grosse et le ciel brumeux. On tint conseil. Quelques apprentis dans l'art magique, qui n'avaient point osé parler de leur savoir-faire devant Tamango, offrirent tour à tour leurs services. On essaya plusieurs conjurations puissantes. A chaque tentative inutile, le découragement augmentait. Enfin on reparla de Tamango, qui n'était pas encore sorti de son retranchement. Après tout, c'était le plus savant d'entre eux, et lui seul pouvait les tirer de la situation horrible où il les avait placés. Un vieillard s'approcha de lui, porteur de propositions de paix. Il le pria de venir donner son avis ; mais Tamango, inflexible comme Coriolan, fut sourd à ses prières. La nuit, au milieu du désordre, il avait fait sa provision de biscuit et de chair salée. Il paraissait déterminé à vivre seul dans sa retraite.

L'eau-de-vie restait : au moins elle fait oublier et la mer, et l'esclavage, et la mort prochaine. On dort, on rêve de l'Afrique, on voit des forêts de gommiers, des cases couvertes en paille, des baobabs, dont l'ombre couvre tout un village. L'orgie de la veille recommença. De la sorte se passèrent plusieurs jours. Crier, pleurer, s'arracher les cheveux, puis s'enivrer et dormir, telle était leur vie. Plusieurs moururent à force de boire ; quelques-uns se jetèrent à la mer ou se poignardèrent.

Un matin, Tamango sortit de son fort, et s'avança jusqu'auprès du tronçon du grand mât. « Esclaves, dit-il, l'Esprit m'est apparu en songe, et m'a révélé les moyens de vous tirer d'ici, pour vous ramener dans votre pays. Votre ingratitude mériterait que je vous abandonnasse ; mais j'ai pitié de ces femmes et de ces enfans qui crient. Je vous pardonne : écoutez-moi. » Tous les noirs baissèrent la tête avec respect, et se serrèrent autour de lui.

« Les blancs, poursuivit Tamango, connaissent seuls les paroles puissantes qui font remuer ces grandes maisons de bois ; mais nous pouvons diriger à notre gré ces barques légères qui ressemblent à celles de notre pays. » Il montrait la chaloupe et les autres embarcations du brick. « Remplissons-les de vivres, montons dessus, et ramons

en suivant la direction du vent ; mon maître et le vôtre le fera souffler vers notre pays. » On le crut. Jamais projet ne fut plus insensé. Ignorant l'usage de la boussole, et sous un ciel inconnu, il ne pouvait qu'errer à l'aventure. D'après ses idées, il s'imaginait qu'en ramant tout droit devant lui ; il trouverait à la fin quelque terre habitée par les noirs, car les noirs possèdent la terre, et les blancs vivent sur leurs vaisseaux. C'est ce qu'il avait entendu dire à sa mère.

Tout fut bientôt prêt pour l'embarquement ; mais la chaloupe avec un canot seulement se trouvèrent en état de service. C'était trop peu pour contenir environ quatre-vingts nègres encore vivans. Il fallut abandonner tous les blessés et les malades. La plupart demandèrent qu'on les tuât avant de se séparer d'eux.

Les deux embarcations, mises à flot avec des peines infinies, et chargées outre mesure, quittèrent le vaisseau par une mer clapoteuse, qui menaçait à chaque instant de les engloutir. Le canot s'éloigna le premier. Tamango, avec Ayché, avait pris place dans la chaloupe, qui, beaucoup plus lourde et plus chargée, demeurait considérablement en arrière. On entendait encore les cris plaintifs de quelques malheureux abandonnés à bord du brick, quand une vague assez forte prit la chaloupe en travers, et l'emplit d'eau. En moins d'une minute, elle coula. Le canot vit leur désastre, et ses rameurs redoublèrent d'efforts, de peur d'avoir à recueillir quelques naufragés. Presque tous ceux qui montaient la chaloupe furent noyés. Une douzaine seulement put regagner le vaisseau. De ce nombre étaient Tamango et Ayché. Quand le soleil se coucha, ils virent disparaître le canot derrière l'horizon ; mais ce qu'il devint, on l'ignore.

Pourquoi fatiguerais-je le lecteur par la description dégoûtante des tortures de la faim ? Vingt personnes environ sur un espace étroit, tantôt ballottées par une mer orageuse, tantôt brûlées par un soleil ardent, se disputent tous les jours les faibles restes de leurs provisions. Chaque morceau de biscuit coûte un combat, et le faible meurt, non parce que le fort le tue, mais parce qu'il le laisse mourir. Au bout de quelques jours, il ne resta plus de vivant à bord du brick l'Espérance que Tamango et Ayché.

Une nuit, la mer était agitée, le vent soufflait avec violence, et l'obscurité était si grande, que de la poupe on ne pouvait voir la proue du navire. Ayché était couchée sur un matelas, dans la chambre du capitaine, et Tamango était assis à ses pieds. Tous les deux gardaient le silence depuis long-temps. « Tamango, s'écria enfin Ayché, tout ce que tu souffres, tu le souffres à cause de moi.... — Je ne souffre pas, répondit-il brusquement ; et il jeta sur le matelas, la moitié d'un biscuit qui lui restait. — Garde-le pour toi, dit-elle, en repoussant doucement le biscuit ; je n'ai plus faim. D'ailleurs, pourquoi manger ? Mon heure n'est-elle pas venue ? » Tamango se leva sans répondre, monta en chancelant sur le tillac, et s'assit au pied d'un mât rompu. La tête penchée sur sa poitrine, il sifflait l'air de sa famille. Tout à coup un grand cri se fit entendre au-dessus du bruit du vent et de la mer ; une lumière parut. Il entendit d'autres cris, et un gros vaisseau noir glissa rapidement auprès du sien, si près, que ses vergues passèrent au-dessus de sa tête. Il ne vit que deux figures éclairées par une lanterne suspendue à un mât. Ces gens poussèrent encore un cri, et aussitôt leur vaisseau, emporté par le vent, disparut dans l'obscurité. Sans doute les hommes de garde avaient aperçu le vaisseau naufragé ; mais le gros temps les empêchait de virer de bord. Un instant après, Tamango vit la flamme d'un canon, et entendit le bruit de l'explosion ; puis il vit la flamme d'un autre canon, mais il n'entendit aucun bruit ; puis il ne vit plus rien. Le lendemain, pas une voile ne paraissait à l'horizon. Tamango se recoucha sur son matelas, et ferma les yeux. Sa femme Ayché était morte cette nuit-là.

. . . .

Je ne sais combien de temps après, une frégate anglaise, la *Bellone*, aperçut la coque d'un bâtiment démâté, et en apparence abandonné de son équipage. Une chaloupe, l'ayant abordé, y trouva une négresse morte et un nègre si décharné et si maigre, qu'il ressemblait à une momie. Il était sans connaissance, mais avait encore un souffle de vie. Le chirurgien s'en empara, lui donna des soins, et quand la *Bellone* aborda à Kingston, Tamango était en parfaite santé. On lui demanda son histoire. Il dit ce qu'il en savait. Les planteurs de l'île voulaient qu'on le pendît comme nègre rebelle ; mais le gouverneur, qui était un homme humain, s'intéressa à lui, trouvant son cas justifiable, car après tout, il n'avait fait qu'user du droit de légitime défense ; et puis ceux qu'il avait tués n'étaient que des Français. On le traita comme on traite les nègres pris à bord d'un vaisseau négrier que l'on confisque. On lui donna la liberté, c'est-à-dire qu'on le fit travailler pour le gouvernement ; mais il avait six sous par jour et la nourriture. C'était un fort bel homme. Le colonel du 75° le vit, et le prit pour en faire un cimbalier dans la musique de son régiment. Il apprit un peu d'anglais ; mais il ne parlait guère. En revanche, il buvait avec excès du rhum et du tafia. — Il mourut à l'hôpital, d'une inflammation de poitrine.

LE VASE ÉTRUSQUE,

PAR M. P. MÉRIMÉE.

Auguste Saint-Clair n'était point aimé dans ce qu'on appelle le monde ; la principale raison, c'était qu'il ne cherchait à plaire qu'aux personnes qui lui plaisaient à lui-même. Pour lui, la société se divisait en aimables et en ennuyeux. Il recherchait les uns, et fuyait les autres. D'ailleurs il était distrait et indolent. — Un soir, comme il sortait du Théâtre-Italien, la marquise A... lui demanda comment avait chanté Mlle Sontag. — Oui, Madame, répondit Saint-Clair, en souriant agréablement. On ne pouvait attribuer cette réponse ridicule à la timidité, car il parlait à un grand seigneur, et même à un grand homme, avec autant d'aplomb que s'il eût entretenu son égal. — La marquise décida que Saint-Clair était un prodige d'impertinence et de fatuité.

Mme B... l'invita un lundi à dîner. Elle lui parla souvent ; et sortant de chez elle, il déclara que jamais il n'avait rencontré de femme plus aimable. Mme B... amassait l'esprit des autres pendant un mois, et le dépensait chez elle dans une soirée. Saint-Clair la revit le jeudi de la même semaine. Cette fois il s'ennuya quelque peu. Une autre visite le détermina à ne plus reparaître dans son salon. Mme B... publia que Saint-Clair était un jeune homme sans manières et du plus mauvais ton.

Il était né avec un cœur tendre et aimant ; mais à un âge où l'on prend trop facilement des impressions qui durent toute la vie, sa sensibilité trop expansive lui attira les railleries de ses camarades. Il était fier, ambitieux ; il tenait à l'opinion comme y tiennent les enfans. Dès lors il se fit une étude de supprimer tous les dehors de ce qu'il se reprochait comme un vice. Il atteignit son but ; mais sa victoire lui coûta cher. Il put cacher aux autres les émotions de son ame trop tendre ; mais en les renfermant en lui-même, il se les rendit cent fois plus cruelles. Dans le monde, il obtint la triste réputation d'insensible et d'insouciant ; et dans la solitude, son imagination inquiète lui créait des tourmens d'autant plus affreux, qu'il n'aurait voulu en confier le secret à personne.

Il est vrai qu'il est si difficile de trouver un ami ! — Difficile ? Est-ce possible ? Deux hommes ont-ils existé qui n'eussent pas de secrets l'un pour l'autre ? Saint-Clair ne croyait guère à l'amitié, et l'on s'en apercevait. On le trouvait froid et réservé avec les jeunes gens de sa société. Jamais il ne les questionnait ; mais toutes ses pensées et la plupart de ses actions étaient des mystères pour eux. Les Français aiment à parler d'eux-mêmes : aussi Saint-Clair était-il, malgré lui, le dépositaire de bien des confidences. Ses amis (et ce mot désigne les personnes que nous voyons deux fois par semaine) se plaignaient de sa méfiance à leur égard. En effet, celui qui, sans qu'on l'interroge, nous fait part de son secret, s'offense ordinairement de ne pas apprendre le nôtre. On s'imagine qu'il doit y avoir une réciprocité dans l'indiscrétion.

— Il est boutonné jusqu'au menton, disait un jour le beau chef d'escadron Alphonse de Thémines; jamais je ne pourrai avoir la moindre confiance dans ce diable de Saint-Clair.

— Je le crois un peu jésuite, reprit Jules Lambert; quelqu'un m'a juré sa parole qu'il l'avait rencontré deux fois sortant de Saint-Sulpice. Personne ne sait ce qu'il pense. Pour moi, je ne pourrai jamais être à mon aise avec lui.

Ils se séparèrent. Alphonse rencontra Saint-Clair sur le boulevard Italien, marchant la tête baissée, et sans voir personne. Alphonse l'arrêta, lui prit le bras, et avant qu'ils fussent arrivés à la rue de la Paix, il lui avait raconté toute l'histoire de ses amours avec Mme ***, dont le mari est si jaloux et si brutal.

Le soir, Jules Lambert perdit son argent à l'écarté. Il se mit à danser. En dansant, il coudoya un homme qui ayant aussi perdu tout son argent, était de fort mauvaise humeur. De là quelques mots piquans: rendez-vous pris. Jules pria Saint-Clair de lui servir de second, et par la même occasion lui emprunta de l'argent, qu'il a toujours oublié de lui rendre.

Après tout, Saint-Clair était un homme assez facile à vivre. Ses défauts ne nuisaient qu'à lui seul. Il était obligeant, souvent aimable, rarement ennuyeux. Il avait beaucoup voyagé, beaucoup lu, et ne parlait de ses voyages et de ses lectures que lorsqu'on l'exigeait. D'ailleurs il était grand, bien fait; sa physionomie était noble et spirituelle, presque toujours trop grave; mais son sourire était plein de grâce.

J'oubliais un point important. Saint-Clair était attentif avec toutes les femmes, et recherchait leur conversation plus que celle des hommes. Aimait-il? C'est ce qu'il était difficile de décider. Seulement si cet être si froid ressentait de l'amour, on savait que la jolie comtesse Mathilde de Coursy devait être l'objet de sa préférence. C'était une jeune veuve, chez laquelle on le voyait assidu. Pour conclure leur intimité, on avait les présomptions suivantes : D'abord la politesse presque cérémonieuse de Saint-Clair pour la comtesse, et vice versâ; puis son affectation à ne jamais prononcer son nom dans le monde, ou, s'il était obligé de parler d'elle, jamais le moindre éloge; puis, avant que Saint-Clair ne lui fût présenté, il aimait passionnément la musique; et la comtesse avait autant de goût pour la peinture. Depuis qu'ils s'étaient vus, leurs goûts avaient changé. Enfin la comtesse ayant été aux eaux l'année passée, Saint-Clair était parti six jours après elle.

Mon devoir d'historien m'oblige à déclarer qu'une nuit du mois de juillet, peu de momens avant le lever du soleil, la porte du parc d'une maison de campagne s'ouvrit, et qu'il en sortit un homme avec toutes les précautions d'un voleur qui craint d'être surpris. Cette maison de campagne appartenait à Mme de Coursy, et cet homme était Saint-Clair. Une femme, enveloppée dans une pelisse, l'accompagna jusqu'à la porte, et passa la tête en dehors, pour le voir encore plus long-temps, tandis qu'il s'éloignait descendant le sentier qui longeait le mur du parc. Saint-Clair s'arrêta, jeta autour de lui un coup-d'œil circonspect, et de la maison fit signe à cette femme de rentrer. La clarté d'une nuit d'été lui permettait de distinguer sa figure pâle, toujours immobile à la même place. Il revint sur ses pas, s'approcha d'elle, et la serra tendrement dans ses bras. Il voulait l'engager à rentrer; mais il avait encore cent choses à lui dire. Leur conversation durait depuis dix minutes, quand on entendit la voix d'un paysan qui sortait pour aller travailler aux champs. Un baiser est pris et rendu, la porte est fermée, et Saint-Clair, d'un saut, est au bout du sentier.

Il suivait un chemin qui lui semblait bien connu. Tantôt il sautait presque de joie, et courait en frappant les buissons de sa canne; tantôt il s'arrêtait ou marchait lentement, regardant le ciel qui se colorait de pourpre du côté de l'orient. Bref, à le voir, on eût dit un fou enchanté d'avoir brisé sa cage. Après une demi-heure de marche, il était à la porte d'une petite maison isolée, qu'il avait louée pour la saison. Il avait une clé : il entra; puis il se jeta sur un grand canapé, et là, les yeux fixes, la bouche courbée par un doux sourire, il pensait, il rêvait tout éveillé. Son imagination ne lui présentait alors que des pensées de bonheur. « Que je suis heureux! se disait-il, à chaque instant. Enfin je l'ai rencontré, ce cœur qui comprend le mien!... — Oui, c'est mon idéal que j'ai trouvé. J'ai tout à la fois un ami et une maîtresse... Quel caractère! quelle âme passionnée!... Non, elle n'a jamais aimé avant moi, et elle n'aimera jamais que moi... » Bientôt, comme la vanité se glisse toujours dans les affaires de ce monde : « C'est la plus belle femme de Paris, pensait-il, et son imagination lui retraçait à la fois tous ses charmes. — Elle m'a choisi entre tous. — Elle avait pour admirateurs l'élite de la société. Ce colonel de hussards, si beau, si brave, — et pas trop fat; — ce jeune auteur qui fait de si jolies aquarelles, et qui joue si bien les proverbes; — ce Lovelace russe, qui a vu le Balkan, et qui a servi sous Diébitch; — surtout Camille T..., qui a de l'esprit certainement, de belles manières, un beau coup de sabre sur le front... elle les a tous éconduits. Et moi!... » Alors venait son refrain : Que je suis heureux! que je suis heureux! Et il se levait, ouvrait la fenêtre, car il ne pouvait respirer; puis il se promenait, puis il se roulait sur son canapé.

Un amant heureux ennuie presque autant qu'un amant malheureux. Un de mes amis qui se trouvait souvent dans l'une ou l'autre de ces deux positions, n'avait trouvé d'autre moyen de se faire écouter que de me donner un excellent déjeuner, pendant lequel il avait la liberté de parler de ses amours; le café pris il fallait absolument changer de conversation.

Comme je ne puis donner à déjeuner à tous mes lecteurs, je leur ferai grâce des pensées d'amour de Saint-Clair. D'ailleurs on ne peut pas rester toujours dans la région des nuages. Saint-Clair était fatigué, il bâilla, étendit les bras, vit qu'il était grand jour ; il fallait enfin penser à dormir. Lorsqu'il se réveilla, il vit à sa montre qu'il avait à peine le temps de s'habiller et de courir à Paris, où il était invité à un déjeûner-dîner avec plusieurs jeunes gens de sa connaissance. . . . .

On venait de déboucher une autre bouteille de vin de Champagne, je laisse au lecteur à en déterminer le numéro. Qu'il lui suffise de savoir qu'on en était venu à ce moment, qui arrive assez vite dans un déjeûner de garçons, où tout le monde veut parler à la fois, où les bonnes têtes commencent à concevoir des inquiétudes pour les mauvaises.

— Je voudrais, dit Alphonse de Thémines, qui ne perdait jamais une occasion de parler de l'Angleterre, je voudrais que ce fût la mode à Paris comme à Londres de porter chacun un toast à sa maîtresse. De la sorte, nous saurions au juste pour qui soupire notre ami Saint-Clair, et en parlant ainsi il remplit son verre et ceux de ses voisins.

Saint-Clair un peu embarrassé se préparait à répondre, mais Jules Lambert le prévint : — J'approuve fort cet usage, dit-il, et je l'adopte ; et levant son verre : A toutes les modistes de Paris ! j'en excepte celles qui ont trente ans, les borgnes et les boiteuses, etc.

— Hurra ! hurra ! crièrent tous les jeunes Anglomanes.

Saint-Clair se leva, son verre à la main : — Messieurs, dit-il, je n'ai point un cœur aussi vaste que notre ami Jules, mais il est plus constant. Or, ma constance est d'autant plus méritoire, que depuis bien long-temps je suis séparé de la dame de mes pensées. Je suis sûr cependant que vous approuverez mon choix, si toutefois vous n'êtes pas déjà mes rivaux. — A Judith Pasta ! Messieurs ! Puissions-nous revoir bientôt la première tragédienne de l'Europe !

Thémines voulait critiquer le toast ; mais les acclamations l'interrompirent. Saint-Clair, ayant paré cette botte, se croyait hors d'affaire pour la journée.

La conversation tomba d'abord sur les théâtres. La censure dramatique servit de transition pour passer à la politique. De lord Wellington on passa aux chevaux anglais, et des chevaux anglais aux femmes, par une liaison d'idées facile à saisir ; car, pour des jeunes gens, un beau cheval d'abord et une jolie maîtresse ensuite, sont les deux objets les plus désirables.

Alors on discuta les moyens d'acquérir ces objets si désirables. Les chevaux s'achètent, on achète aussi des femmes ; mais de celles-là n'en parlons point. Saint-Clair, après avoir modestement allégué son peu d'expérience sur ce sujet délicat, conclut que la première condition pour plaire à une femme, c'est de se singulariser, d'être différent des autres. Mais y a-t-il une formule générale de singularité ? Il ne le croyait pas.

— Si bien qu'à votre sentiment, dit Jules, un boiteux ou un bossu sont plus en passe de plaire qu'un homme droit et fait tout le monde ?

— Vous poussez les choses bien loin, répondit Saint-Clair ; mais j'accepte, s'il le faut, toutes les conséquences de ma proposition. Par exemple, si j'étais bossu, je ne me brûlerais pas la cervelle, et je voudrais faire des conquêtes. D'abord, je ne m'adresserais qu'à deux sortes de femmes, soit à celles qui ont une véritable sensibilité, soit aux femmes, et le nombre en est grand, qui ont la prétention d'avoir un caractère original, *eccentric*. Aux premières, je peindrais l'horreur de ma position, la cruauté de la nature à mon égard. Je tâcherais de les appitoyer sur mon sort : je saurais leur faire soupçonner que je suis capable d'un amour passionné. Je tuerais en duel un de mes rivaux, et je m'empoisonnerais avec une faible dose de laudanum. Au bout de quelques mois on ne verrait plus ma bosse, et alors ce serait mon affaire d'épier le premier accès de sensibilité. — Quant aux femmes qui prétendent à l'originalité, la conquête en est facile. Persuadez-leur seulement que c'est une règle bien et dûment établie, qu'un bossu ne peut avoir de bonne fortune. Elles voudront aussitôt donner le démenti à la règle générale.

— Quel don Juan ! s'écria Jules.

— Cassons-nous les jambes, Messieurs, dit le colonel Beaujeu, puisque nous avons le malheur de n'être pas nés bossus.

— Je suis tout à fait de l'avis de Saint-Clair, dit Hector Roquantin qui n'avait pas plus de trois pieds et demi de haut ; on voit tous les jours les plus belles femmes et les plus à la mode se rendre à des gens, dont vous autres beaux garçons vous ne vous méfieriez jamais…

— Hector, levez-vous, je vous en prie, et sonnez pour qu'on nous apporte du vin, dit Thémines de l'air du monde le plus naturel.

Le nain se leva, et chacun se rappela en souriant la fable du renard qui a la queue coupée.

— Pour moi, dit Thémines reprenant la conversation, plus je vis, et plus je vois qu'une figure passable, et en même temps il jetait un coup-d'œil complaisant sur la glace qui lui était opposée, une figure passable et du goût dans la toilette sont la grande singularité qui séduit les plus cruelles ; et d'une chiquenaude il fit sauter une petite miette de pain qui s'était attaché au revers de son habit.

— Bah ! s'écria le nain, avec votre jolie figure et un habit de Staub, on a des femmes que l'on garde huit jours, et qui vous ennuient au second rendez-vous. Il faut autre chose pour se faire aimer, ce qui s'appelle aimer… Il faut…

— Tenez, interrompit Thémines, voulez-vous un exemple concluant ? Vous avez tous connu Massigny, et vous savez quel homme c'était. Des manières comme un groom anglais, de la conversation comme son cheval.. Mais il était beau comme Adonis, et mettait sa cravate comme

Brummel. Au total, c'était l'être le plus ennuyeux que j'aie connu.

— Il a pensé me tuer d'ennui, dit le colonel Beaujeu. Figurez-vous que j'ai été obligé de faire deux cents lieues avec lui.

— Savez-vous, demanda Saint-Clair, qu'il a causé la mort de ce pauvre Richard Thornton que vous avez tous connu?

— Mais, répondit Jules, ne savez-vous donc pas qu'il a été assassiné par les brigands auprès de Fondi?

— D'accord ; mais vous allez voir que Massigny a été au moins complice du crime. Plusieurs voyageurs, parmi lesquels se trouvait Thornton, avaient arrangé d'aller à Naples tous ensemble de peur des brigands. Massigny voulut se joindre à la caravane. Aussitôt que Thornton le sut, il prit les devant, d'effroi, je pense, d'avoir à passer quelques jours avec lui. Il partit seul, et vous savez le reste.

— Thornton avait raison, dit Thémines; et de deux morts il a choisi la plus douce. Chacun à sa place en eût fait autant. Puis après une pause : Vous m'accordez donc, reprit-il, que Massigny était, de son vivant, l'homme le plus ennuyeux de la terre.

— Accordé ! s'écria-t-on par acclamation.

— Ne désespérons personne, dit Jules ; faisons une exception en faveur de ***, surtout quand il développe ses plans politiques.

— Vous m'accorderez également, poursuivit Thémines, que Mme de Coursy est une femme d'esprit, s'il en fut.

Il y eut un moment de silence. Saint-Clair baissait la tête et s'imaginait que tous les yeux étaient fixés sur lui.

— Qui en doute? dit-il enfin, toujours penché sur son assiette, et paraissant observer avec beaucoup de curiosité les fleurs peintes sur la porcelaine.

— Je maintiens, dit Jules élevant la voix, je maintiens que c'est une des trois plus aimables femmes de Paris.

— J'ai connu son mari, dit le colonel; il m'a souvent montré des lettres charmantes de sa femme.

— Auguste, interrompit Hector Roquantin, présentez-moi donc à la comtesse. On dit que vous faites chez elle la pluie et le beau temps.

— A la fin de l'automne... murmura Saint-Clair,... quand elle sera de retour à Paris... Je... je crois qu'elle ne reçoit pas à la campagne.

— Voulez-vous m'écouter? s'écria Thémines. Le silence se rétablit. Saint-Clair s'agitait sur sa chaise comme un prévenu devant une cour d'assises.

— Vous n'avez pas vu la comtesse il y a trois ans. Vous étiez alors en Allemagne, Saint-Clair, reprit Adolphe de Thémines avec un sang-froid désespérant. Vous ne pouvez vous faire une idée de ce qu'elle était alors : — belle, fraîche comme une rose, vive surtout, et gaie comme un papillon. Eh bien! savez-vous parmi ses nombreux adorateurs lequel a été honoré de ses bontés? — Massigny! Le plus bête de tous les hommes et le plus sot a tourné la tête de la plus spirituelle des femmes. Croyez-vous qu'un bossu aurait pu en faire autant? Allez, croyez-moi, ayez une jolie figure, un bon tailleur, et soyez hardi.

Saint-Clair était dans une position atroce. Il allait donner un démenti formel au narrateur, mais la peur de compromettre la comtesse le retint. Il aurait voulu pouvoir dire quelque chose en sa faveur, mais sa langue était glacée. Ses lèvres tremblaient de fureur, et il cherchait en vain dans son esprit quelque moyen détourné d'engager une querelle.

— Quoi! s'écria Jules d'un air de surprise, Mme de Coursy s'est donnée à Massigny! *Frailty, thy name is woman!*

— C'est une chose si peu importante que la réputation d'une femme! dit enfin Saint-Clair d'un ton sec et méprisant; il est bien permis de la mettre en pièces pour faire un peu d'esprit, et...

Comme il parlait, il se rappela avec horreur un certain vase étrusque qu'il avait vu cent fois sur la cheminée de la comtesse à Paris. Il savait que c'était un présent de Massigny à son retour d'Italie; et, circonstance accablante ! — ce vase avait été apporté de Paris à la campagne; — et tous les soirs, en ôtant son bouquet, Mathilde le posait dans le vase étrusque.

La parole expira sur ses lèvres : il ne vit plus qu'une chose ; il ne pensa plus qu'à une chose : le vase étrusque!

La belle preuve! dira un critique; soupçonner sa maîtresse pour si peu de chose! — Avez-vous été amoureux, Monsieur le critique!

Thémines était en trop belle humeur pour s'offenser du ton que Saint-Clair avait pris en lui parlant. Il répondit d'un air de légèreté et de bonhomie : — Je ne fais que répéter ce que l'on a dit dans le monde. La chose passait pour sûre quand vous étiez en Allemagne. Au reste, je connais assez peu Mme de Coursy; il y a dix-huit mois que je n'ai été chez elle. Il est possible qu'on se soit trompé, et que Massigny m'ait fait un conte. — Pour en revenir à ce qui nous occupe, quand l'exemple que je viens de citer serait faux, je n'en aurais pas moins raison. Vous savez tous que la femme la plus spirituelle de France, celle dont les ouvrages...

La porte s'ouvrit, et Théodore Néville entra. Il revenait d'Égypte.

—Théodore! — Si tôt de retour! Il fut accablé de questions.

— As-tu rapporté un véritable costume turc? lui demanda Thémines. As-tu un cheval arabe et un groom égyptien?

— Quel homme est le pacha? dit Jules. Quand se rend-il indépendant? As-tu vu couper une tête d'un seul coup de sabre?

— Et les *almès?* dit Roquantin. Les femmes sont-elles belles au Caire?

— Avez-vous vu le général ***? — demanda le colonel Beaujeu? — Comment a-t-il arrangé son armée? Le colonel *** vous a-t-il donné un sabre pour moi?

— Et les Pyramides? et les cataractes du Nil? et la statue de Memnon? Ibrahim-Pacha, etc., etc., etc.? Tous parlaient à la fois; Saint-Clair ne pensait qu'au vase étrusque.

Théodore s'étant assis les jambes croisées, car il avait pris cette habitude en Égypte et n'avait pu la perdre en France, attendit que les questionneurs se fussent lassés, et parla comme il suit, assez vite pour n'être pas facilement interrompu :

—Les Pyramides? D'honneur, c'est un *regular humbug.* C'est bien moins haut qu'on ne croit. Le Munster à Strasbourg n'a que quatre mètres de moins. Les antiquités me sortent par les yeux. Ne m'en parlez pas! la seule vue d'un hiéroglyphe me fait évanouir. Il y a tant de voyageurs qui s'occupent de ces choses-là! — Moi, mon but a été d'étudier la physionomie et les mœurs de toute cette population bizarre qui se presse dans les rues d'Alexandrie et du Caire, comme des Turcs, des Bédouins, des Coptes, des Fellahs, des Môghrebins. J'ai rédigé quelques notes à la hâte pendant que j'étais au lazaret. — Quelle infamie que ce lazaret! J'espère que vous ne croyez pas à la contagion, vous autres? Moi, j'ai fumé tranquillement ma pipe au milieu de trois cents pestiférés. — Ah! colonel, vous verriez là une belle cavalerie... bien montée. Je vous montrerai les belles armes que j'ai rapportées. J'ai un djérid qui a appartenu au fameux Mourad-Bey. — Colonel, j'ai un yatagan pour vous, et un khandjar pour Auguste. J'ai aussi un costume superbe. Vous verrez mon metchla, mon bournous, mon hhaïk. — Savez-vous qu'il n'aurait tenu qu'à moi de rapporter des femmes? — Ibrahim-Pacha en a tant envoyé de Grèce, qu'elles sont pour rien;.. mais, à cause de ma mère...—J'ai beaucoup causé avec le pacha; c'est un homme d'esprit, parbleu! sans préjugés. Vous ne sauriez croire comme il entend bien nos affaires. D'honneur, il est informé des plus petits mystères de notre cabinet. — J'ai puisé dans sa conversation des renseignemens bien précieux sur l'état des partis en France... Il s'occupe beaucoup de statistique en ce moment. Il est abonné à tous nos journaux. Savez-vous qu'il est bonapartiste enragé! Il ne parle que de Napo-

léon. — Ah! quel grand homme que *Bounabardo!* me disait-il. Bounabardo, c'est ainsi qu'ils appellent Bonaparte.

— *Giourdina, c'est-à-dire Jourdain,* murmura tout bas Thémines.

— D'abord, continua Théodore, Mohamed-Ali était fort réservé avec moi; vous savez que tous les Turcs sont très méfians. Il me prenait pour un espion, le diable m'emporte! ou pour un jésuite. — Il a les jésuites en horreur. Mais au bout de quelques visites, il a reconnu que j'étais un voyageur sans préjugés, curieux de m'instruire à fond des coutumes, des mœurs et de la politique de l'Orient; alors il s'est déboutonné et m'a parlé à cœur ouvert. A ma dernière audience, c'était la troisième qu'il m'accordait, je pris la liberté de lui dire : — Je ne conçois pas pourquoi Ton Altesse ne se rend pas indépendante de la Porte. — Mon Dieu, me dit-il, je le voudrais bien, mais je crains que les journaux libéraux qui gouvernent tout dans ton pays ne me soutiennent pas quand une fois j'aurai proclamé l'indépendance de l'Égypte. — C'est un beau vieillard, — belle barbe blanche, — ne riant jamais. — Il m'a donné des confitures excellentes; — mais de tout ce que je lui ai donné, ce qui lui a fait le plus de plaisir, c'est la collection de costumes de la garde impériale par Charlet.

— Le pacha est-il romantique? demanda Thémines.

— Il s'occupe peu de littérature; mais vous n'ignorez pas que la littérature arabe est toute romantique. Ils ont un poète nommé Melek-Ayatalnefous-Ebu-Esraf, qui a publié dernièrement des *méditations* auprès desquelles celles de Lamartine paraîtraient de la prose classique. — A mon arrivée au Caire, j'ai pris un maître d'arabe, avec lequel je me suis mis à lire le *Coran.* Bien que je n'aie pris que peu de leçons, j'en ai assez vu pour comprendre les sublimes beautés du style du prophète, et combien sont mauvaises toutes nos traductions. — Tenez, voulez-vous voir de l'écriture arabe? Ce mot en lettres d'or, c'est *Allah;* c'est-à-dire Dieu. — En parlant ainsi, il montrait une lettre fort sale qu'il avait tirée d'une bourse de soie parfumée.

— Combien de temps es-tu resté en Égypte? demanda Thémines.

— Six semaines.

Et le voyageur continua de tout décrire depuis le cèdre jusqu'à l'hysope. Saint-Clair sortit presque aussitôt après son arrivée, et reprit le chemin de sa maison de campagne. Le galop impétueux de son cheval l'empêchait de suivre nettement ses idées. Mais il sentait vaguement que son bonheur en ce monde était détruit à jamais, et qu'il ne pouvait s'en prendre qu'à un mort et à un vase étrusque.

Arrivé chez lui, il se jeta sur le canapé où la veille il avait si longuement et si délicieusement analysé son bonheur. L'idée qu'il avait caressée le plus amoureusement c'était que sa maîtresse n'était pas une femme comme une autre, qu'elle n'avait aimé et ne pourrait jamais aimer que lui. Maintenant ce beau rêve disparaissait devant la triste et cruelle réalité. — Je possède une belle femme, et voilà tout. Elle a de l'esprit : elle n'en est que plus coupable ; elle a pu aimer Massigny !.. Il est vrai qu'elle m'aime maintenant... de toute son âme,,. comme elle peut aimer. Elle s'est rendue à mes soins, à mes cajoleries, à mes importunités, — Mais je me suis trompé. — Il n'y avait pas de sympathie entre nos deux cœurs. — Massigny ou moi, ce lui est tout un. Il est beau, elle l'aime pour sa beauté. — J'amuse quelquefois Madame. — Eh bien ! aimons Saint-Clair, s'est-elle dit, puisque l'autre est mort ! et si Saint-Clair meurt ou m'ennuie, nous verrons.

Je crois fermement que le diable est aux écoutes, invisible auprès d'un malheureux qui se torture ainsi lui-même. Le spectacle est amusant pour l'ennemi des hommes ; et quand la victime sent ses blessures se fermer, le diable est là pour les rouvrir.

Saint-Clair crut entendre une voix qui murmurait à ses oreilles :

L'honneur singulier
D'être le successeur........

Il se leva sur son séant et jeta un coup-d'œil farouche autour de lui. Qu'il eût été heureux de trouver quelqu'un dans sa chambre ! Sans doute il l'eût déchiré.

La pendule sonna huit heures. A huit heures et demie, la comtesse l'attend. S'il manquait au rendez-vous ? — Au fait, pourquoi revoir la maîtresse de Massigny ? Il se recoucha sur son canapé et ferma les yeux. — Je veux dormir, dit il. Il resta immobile une demi-minute, puis sauta en pieds et courut à la pendule pour voir le progrès du temps. — Que je voudrais qu'il fût huit heures et demie ! pensa-t-il. Alors il serait trop tard pour me mettre en route. Dans son cœur il ne se sentait pas le courage de rester chez lui ; il voulait avoir un prétexte. Il aurait voulu être bien malade. Il se promena dans la chambre, puis s'assit, prit un livre, et ne put lire une syllabe. Il se plaça devant son piano, et n'eut pas la force de l'ouvrir. Il siffla, il regarda les nuages et voulut compter les peupliers devant ses fenêtres. Enfin il retourna consulter la pendule, et vit qu'il n'avait pu parvenir à passer trois minutes. — Je ne puis m'empêcher de l'aimer, s'écria-t-il en grinçant des dents et frappant du pied. Elle me domine, et je suis son esclave, comme Massigny l'a été avant moi ! Eh bien ! misérable, obéis, puisque tu n'as pas assez de cœur pour briser une chaîne que tu hais ! Il prit son chapeau et sortit précipitamment.

Quand une passion nous emporte, nous éprouvons quelque consolation d'amour-propre à contempler notre faiblesse du haut de notre orgueil. — Il est vrai que je suis faible, se dit-on ; mais à quoi bon dans ce monde se donner la peine d'être fort ?

Il montait à pas lents le sentier qui conduisait à la porte du parc, et de loin il voyait une figure blanche, qui se détachait sur la teinte foncée des arbres ; elle agitait un mouchoir comme pour lui faire signe. Son cœur battait avec violence, ses genoux tremblaient ; il n'avait pas la force de parler, et il était devenu si timide, qu'il

craignait que la comtesse ne lût sa mauvaise humeur sur sa physionomie.

Il prit la main qu'elle lui tendait, lui baisa le front, parce qu'elle se jeta sur son sein, et il la suivit jusque dans son appartement, muet, et étouffant avec peine des soupirs qui semblaient devoir faire éclater sa poitrine.

Une seule bougie éclairait le boudoir de la comtesse. Tous deux s'assirent. Saint-Clair remarqua la coiffure de son amie ; une seule rose dans ses cheveux. La veille il lui avait apporté une belle gravure anglaise, la duchesse de Portland d'après Lesly (elle est coiffée de cette manière), et Saint-Clair n'avait dit que ces mots : — J'aime mieux cette rose toute simple que vos coiffures compliquées. — Il n'aimait pas les bijoux, et il pensait comme ce lord qui disait brutalement : « A femmes parées, à chevaux caparaçonnés, le diable ne connaîtrait rien. » La nuit dernière, en jouant avec un collier de perles de la comtesse (car en parlant, il fallait toujours qu'il eût quelque chose entre les mains) il avait dit : Les bijoux ne sont bons que pour cacher des défauts. Vous êtes trop jolie, Mathilde, pour en porter. — Ce soir, la comtesse qui retenait jusqu'à ses paroles les plus indifférentes, avait ôté bagues, colliers, boucles d'oreilles et bracelets. — Dans la toilette d'une femme il remarquait, avant tout, la chaussure, et, comme bien d'autres, il avait ses manies sur ce chapitre. Une grosse averse était tombée avant le coucher du soleil. L'herbe était encore toute mouillée ; cependant la comtesse avait marché sur le gazon humide avec des bas de soie et des souliers de satin noir... Si elle allait être malade !

— Elle m'aime, se dit Saint-Clair, et il soupira sur lui-même, et sur sa folie, et il regardait Mathilde en souriant malgré lui, partagé entre sa mauvaise humeur et le plaisir de voir une jolie femme qui cherchait à lui plaire par tous ces petits riens qui ont tant de prix pour les amans.

Pour la comtesse, sa physionomie, radieuse, exprimait un mélange d'amour et de malice enjouée, qui la rendait encore plus piquante. Elle prit quelque chose dans un coffre en laque du Japon, et présentant sa petite main fermée et cachant l'objet qu'elle tenait : — L'autre soir, dit-elle, vous avez cassé votre montre chez moi, et vous m'avez prié de l'envoyer à mon horloger. La voici. Elle lui remit la montre, et le regardait d'un air à la fois tendre et espiègle, en se mordant la lèvre inférieure, comme pour s'empêcher de rire. Vive Dieu ! que ses dents étaient belles ! comme elles brillaient blanches sur la rose ardent de ses lèvres ! (Un homme a l'air bien sot quand il reçoit froidement les cajoleries d'une jolie femme).

Saint-Clair la remercia, prit la montre et allait la mettre dans sa poche : — Regardez-donc, continua-t-elle, ouvrez-la, et voyez si elle est bien raccommodée. Vous qui êtes si savant, vous qui avez été à l'École Polytechnique, vous devez voir cela. — Oh ! je m'y connais fort peu, dit Saint-Clair, et il ouvrit la boîte de la montre, d'un air distrait. Quelle fut sa surprise ! le portrait en miniature de Mme de Coursy était peint sur le fond de la boîte. Le moyen de bouder encore ? Son front s'éclaircit ; il ne pensa plus à Massigny ; il se souvint seulement qu'il était auprès d'une femme charmante, et que cette femme l'adorait.

L'alouette, cette messagère de l'aurore, commençait à chanter, et de longues bandes de lumière pâle sillonnaient les nuages à l'orient. C'est alors que Roméo dit adieu à Juliette; c'est l'heure classique où tous les amans doivent se séparer.

Saint-Clair était debout devant une cheminée, la clé du parc à la main, les yeux attentivement fixés sur le vase étrusque dont nous avons déjà parlé. Il lui gardait encore rancune au fond de son ame. Cependant il était en belle humeur, et l'idée bien simple que Théminès avait pu mentir commençait à se présenter à son esprit. Pendant que la comtesse, qui voulait le reconduire jusqu'à la porte du parc, s'enveloppait la tête d'un châle, il frappait doucement de sa clé le vase odieux, augmentant progressivement la force de ses coups, de manière à faire croire qu'il allait bientôt le faire voler en éclats.

— Ah Dieu! prenez garde! s'écria Mathilde, vous allez casser mon beau vase étrusque! Et elle lui arracha la clé des mains.

Saint-Clair était très mécontent, mais il était résigné. Il tourna le dos à la cheminée pour ne pas succomber à la tentation, et ouvrant sa montre, il se mit à considérer le portrait qu'il venait de recevoir.

— Quel est le peintre? demanda-t-il.

— Monsieur R... — Tenez; c'est Massigny qui me l'a fait connaître. Massigny, depuis son voyage à Rome, avait découvert qu'il avait un goût exquis pour les beaux-arts, et s'était fait le Mécène de tous les jeunes artistes. — Vraiment je trouve que ce portrait me ressemble, quoique un peu flatté.

Saint-Clair avait envie de jeter la montre contre la muraille, ce qui l'aurait rendue bien difficile à raccommoder. Il se contint pourtant et la remit dans sa poche; puis, remarquant qu'il était déjà jour, il sortit de la maison, supplia Mathilde de ne pas l'accompagner, traversa le parc à grands pas, et dans un moment se vit seul dans la campagne.

Massigny, Massigny! s'écriait-il avec une rage concentrée, te retrouverais-je donc toujours!.. Sans doute, le peintre qui a fait ce portrait en a peint un autre pour Massigny!... Imbécile que j'étais! J'ai pu croire un instant que j'étais aimé d'un amour égal au mien... Et cela, parce qu'elle se coiffe d'une rose, et qu'elle ne porte pas de bijoux!... Des bijoux!... elle en a plein un secrétaire... Massigny, qui ne regardait que la toilette des femmes, aimait tant les bijoux!... Oui, elle a un bon caractère, il faut en convenir. Elle sait se conformer aux goûts de ses amans. — Morbleu! j'aimerais mieux cent fois qu'elle fût une courtisane et qu'elle se fût donnée pour de l'argent. Au moins pourrais-je croire qu'elle m'aime, puisqu'elle est ma maîtresse et que je ne la paie pas.

Bientôt une autre idée encore plus affligeante vint s'offrir à son esprit. Dans peu de mois, le deuil de la comtesse allait finir. Saint-Clair devait l'épouser aussitôt que l'année de son veuvage serait révolue. Il l'avait promis. — Promis? — Non. — Jamais il n'en avait parlé. Mais telle avait été son intention, et la comtesse l'avait comprise. Pour lui, cela valait un serment. La veille il aurait donné un trône, pour hâter le moment où il pourrait avouer publiquement son amour. Maintenant il frémissait à la seule idée de lier son sort à jamais avec l'ancienne maîtresse de Massigny. — Et pourtant JE LE DOIS! se disait-il, et cela sera. Elle a cru sans doute, pauvre femme! que je connaissais son intrigue passée. Ils disent que la chose a été publique. Et puis, d'ailleurs, elle ne me connaît pas... Elle ne peut me comprendre. Elle pense que je ne l'aime que comme Massigny l'aimait. Alors il se dit, non sans orgueil : — Trois mois elle m'a rendu le plus heureux des hommes. — Ce bonheur vaut bien le sacrifice de ma vie entière.

Il ne se coucha pas, et se promena à cheval dans les bois pendant toute la matinée. Dans une allée du bois de Verrières, il vit un homme monté sur un beau cheval anglais, qui de très loin l'appela par son nom et l'aborda sur-le-champ. C'était Adolphe de Théminès. Dans la situation d'esprit où se trouvait Saint-Clair, la solitude est particulièrement agréable; aussi la rencontre de Théminès changea-t-elle sa mauvaise humeur en une colère étouffée. Théminès ne s'en apercevait pas, ou bien se faisait un malin plaisir de le contrarier. Il parlait; il riait, il plaisantait sans s'apercevoir qu'on ne lui répondait pas. Saint-Clair, voyant une allée étroite, y fit entrer son cheval aussitôt, espérant que le fâcheux ne l'y suivrait pas; mais il se trompait : un fâcheux ne lâche pas facilement sa proie. Théminès tourna bride, et doubla le pas pour se mettre en ligne avec Saint-Clair et continuer la conversation plus commodément.

J'ai dit que l'allée était étroite. A toute peine les deux chevaux pouvaient y marcher de front; aussi n'est-il pas extraordinaire que Théminès, bien que très bon cavalier, effleurât le pied de Saint-Clair en passant à côté de lui. Celui-ci, dont la colère était arrivée à son dernier période, ne put se contraindre plus long-temps. Il se leva sur ses étriers et frappa fortement de sa badine le nez du cheval de Théminès.

— Que diable avez-vous? Auguste, s'écria Théminès. Pourquoi battez-vous mon cheval?

— Pourquoi me suivez-vous? répondit Saint-Clair d'une voix terrible.

— Perdez-vous le sens, Saint-Clair? Oubliez-vous que vous me parlez?

— Je sais fort bien que je parle à un fat.

— Saint-Clair!... vous êtes fou, je pense... Écoutez! demain vous me ferez des excuses, ou bien vous me rendrez raison de votre impertinence.

— A demain donc, Monsieur.

Théminès arrêta son cheval; Saint-Clair poussa le sien; bientôt il disparut dans le bois.

De ce moment il se sentit plus calme Il avait la faiblesse de croire aux pressentimens. Il pensait qu'il serait tué le lendemain, et alors, c'était un dénoûment tout trouvé à sa position. Encore un jour à passer, demain plus d'inquiétudes, plus de tourmens. Il rentra chez lui, envoya son domestique avec un billet au colonel Beaujeu, écrivit quelques lettres, puis il dîna de bon appétit, et fut exact à se trouver à huit heures et demie à la petite porte du parc.

— Qu'avez-vous donc aujourd'hui, Auguste? dit la comtesse. Vous êtes d'une gaîté étrange, et pourtant vous ne pouvez me faire rire avec toutes vos plaisanteries. Hier vous étiez tant soit peu maussade, et moi j'étais si gaie! Aujourd'hui, nous avons changé de rôle. — Moi, j'ai un mal de tête affreux.

— Belle amie, je vous l'avoue; oui, j'étais bien ennuyeux hier. Mais aujourd'hui, je me suis promené, j'ai fait de l'exercice : je me porte à ravir.

— Pour moi, je me suis levée tard, j'ai dormi long-temps ce matin, et j'ai fait des rêves fatigans.

— Ah! des rêves? Croyez-vous aux rêves?

— Quelle folie !

— Moi j'y crois. Je parie que vous avez fait un rêve qui annonce quelque événement tragique.

— Mon Dieu, jamais je ne me souviens de mes rêves. Pourtant, je me rappelle, dans mon rêve j'ai vu Massigny; ainsi vous voyez que ce n'était rien de bien amusant.

— Massigny ! J'aurais cru, au contraire, que vous auriez beaucoup de plaisir à le revoir ?

— Pauvre Massigny!

— Pauvre Massigny?

— Auguste, dites-moi, je vous en prie, ce que vous avez ce soir. Il y a dans votre voix et dans votre sourire quelque chose de diabolique. Vous avez l'air de vous moquer de moi et de vous-même.

— Ah! voilà que vous me traitez aussi mal que me traitent les vieilles douairières, vos amies.

— Oui, Auguste, vous avez aujourd'hui la figure que vous avez avec les gens que vous n'aimez pas.

— Méchante! allons, donnez-moi votre main. Il lui baisa la main avec une galanterie ironique, et ils se regardèrent fixément pendant une minute. Saint-Clair baissa les yeux le premier et s'écria : Qu'il est difficile de vivre en ce monde sans passer pour méchant ! Il faudrait ne jamais parler d'autre chose que du temps ou de la chasse : ou bien discuter avec vos vieilles amies le budget de leurs comités de bienfaisance.

Il prit un papier sur une table : Tenez voici le mémoire de votre blanchisseuse. Causons là-dessus, mon ange, comme cela vous ne direz pas que je suis méchant.

— En vérité, Auguste, vous m'étonnez...

— Cette orthographe me fait penser à une lettre que j'ai trouvée ce matin. Il faut vous dire que j'ai rangé mes papiers, car j'ai de l'ordre de temps en temps. — Or donc, j'ai retrouvé une lettre d'amour que m'écrivait une couturière dont j'étais amoureux quand j'avais seize ans. Elle a une manière à elle d'écrire chaque mot, et toujours la plus compliquée. Son style est digne de son orthographe. Eh bien! comme j'étais alors tant soit peu fat, je trouvai indigne de moi d'avoir une maîtresse qui n'écrivît pas comme Sévigné Je la quittai brusquement. Aujourd'hui, en relisant cette lettre, j'ai reconnu que cette couturière devait avoir un amour véritable pour moi.

— Bon! Une femme que vous entreteniez?...

— Très magnifiquement : à cinquante francs par mois. Mais mon tuteur ne me faisait pas une pension trop forte, car il disait qu'un jeune homme qui a de l'argent se perd et perd les autres.

— Et cette femme, qu'est-elle devenue?

— Que sais-je?... Probablement elle est morte à l'hôpital.

— Auguste... si cela était vrai, vous n'auriez pas cet air insouciant.

— S'il faut dire la vérité, elle s'est mariée à un *honnête homme*, et quand on m'a émancipé, je lui ai donné une petite dot.

— Que vous êtes bon!... Mais pourquoi voulez-vous paraître méchant?

— Oh! je suis très bon... — Plus j'y songe, plus je me persuade que cette femme m'aimait réellement... Mais alors je ne savais pas distinguer un sentiment vrai sous une forme ridicule.

— Vous auriez dû m'apporter votre lettre. Je n'aurais pas été jalouse... Nous autres femmes, nous avons plus de tact que vous, et nous voyons tout de suite au style d'une lettre si l'auteur est de bonne foi, ou s'il feint une passion qu'il n'éprouve pas.

— Et cependant combien de fois vous laissez-vous attraper par des sots ou des fats!

En parlant il regardait le vase étrusque, et il y avait dans ses yeux et dans sa voix une expression sinistre que Mathilde ne remarqua point.

— Allons donc! vous autres hommes, vous voulez tous passer pour des don Juans. Vous vous imaginez que vous faites des dupes, tandis que vous ne trouvez que des *donas Juanas* encore plus rouées que vous.

— Je conçois qu'avec votre esprit supérieur, Mesdames, vous sentiez un sot d'une lieue. Aussi je ne doute pas que notre ami Massigny, qui était sot et fat, ne soit mort vierge et martyr...

— Massigny? Mais il n'était pas trop sot, et puis il y a des femmes sottes. Il faut que je vous conte une histoire sur Massigny... Mais ne vous l'ai-je pas déjà contée? dites-moi?

— Jamais, répondit Saint-Clair d'une voix tremblante.

— Massigny, à son retour d'Italie, devint amoureux de moi. Mon mari le connaissait; il me le présenta comme un homme d'esprit et de goût. Ils étaient faits l'un pour l'autre. Massigny fut d'abord très assidu; il me donnait comme de lui des aquarelles qu'il achetait chez Schroth, et me parlait musique et peinture avec un ton de supériorité tout à fait divertissant. Un jour il m'envoya une lettre incroyable. Il me disait, entre autres choses, que j'étais la plus honnête femme de Paris, c'est pourquoi il voulait être mon amant. Je montrai la lettre à ma cousine Julie. Nous étions deux folles alors, et nous résolûmes de lui jouer un tour. Un soir, nous avions quelques visites, entre autres Massigny. Ma cousine nous dit : Je vais vous lire une déclaration d'amour que j'ai reçue ce matin. Elle prend la lettre et la lit au milieu des éclats de rire... Le pauvre Massigny!...

Saint-Clair tomba à genoux en poussant un cri de joie. Il saisit la main de la comtesse, et la couvrit de baisers et de larmes. Mathilde était dans la dernière surprise, et crut d'abord qu'il se trouvait mal. Saint-Clair ne pouvait dire que ces mots : Pardonne-moi! pardonne-moi! Enfin il se releva. Il était radieux. Dans ce moment, il était plus heureux que le jour où Mathilde lui dit pour la première fois : Je vous aime.

— Je suis le plus fou et le plus coupable des hommes, s'écria-t-il; depuis deux jours je te soupçonnais... et je n'ai pas cherché une explication avec toi...

— Tu me soupçonnais!... Et de quoi?

— Oh! je suis un misérable!... On m'a dit que tu avais aimé Massigny, et...

— Massigny!... et elle se mit à rire; puis, reprenant aussitôt son sérieux : Auguste, dit-elle, pouvez-vous être assez fou pour avoir de pareils soupçons, et assez hypocrite pour me les cacher? Une larme roulait dans ses yeux.

— Je t'en supplie, pardonne-moi.

— Comment te pardonnerais-je pas, cher ami?... Mais d'abord laisse-moi te jurer...

— Oh! je te crois, je te crois, ne me dis rien.

— Mais au nom du ciel, quel motif a pu te faire soupçonner une chose aussi improbable?

— Rien, rien au monde que ma maudite tête... et... vois-tu ce vase étrusque, je savais qu'il t'avait été donné par Massigny...

La comtesse joignit les mains d'un air d'étonnement, puis elle s'écria, en riant aux éclats : Mon vase étrusque! mon vase étrusque!

Saint-Clair ne put s'empêcher de rire lui-même, et cependant de grosses larmes coulaient le long de ses joues. Il saisit Mathilde dans ses bras, et lui dit : Je ne te lâche pas que tu ne m'aies pardonné.

— Oui, je te pardonne, fou que tu es, dit-elle en l'embrassant tendrement Tu me rends bien heureuse aujourd'hui; voici la première fois que je te vois pleurer, et je croyais que tu ne pleurais pas.

Puis se dégageant de ses bras elle saisit le vase étrusque et le brisa en mille pièces sur le plancher. (C'était une pièce rare et inédite. On y voyait peint, avec trois couleurs, le combat d'un Lapithe contre un centaure.)

Saint-Clair fut, pendant quelques heures, le plus honteux et le plus heureux des hommes.

. . . .

— Eh bien! dit Roquantin au colonel Beaujeu qu'il rencontra le soir chez Tortoni, la nouvelle est-elle vraie?

— Que trop vrai, mon cher, répondit le colonel d'un air triste.

— Contez-moi donc comment cela s'est passé.

— Oh! fort bien. Saint-Clair a commencé par me dire qu'il avait tort, mais qu'il voulait essuyer le feu de Thémines avant de lui faire des excuses. Je ne pouvais que l'approuver. Thémines voulait que le sort décidât lequel tirerait le premier. Saint-Clair a exigé que ce fût Thémines, Thémines a tiré; j'ai vu Saint-Clair tourner une fois sur lui-même, et il est tombé raide mort. J'ai déjà remarqué dans bien des soldats frappés de coups de feu ce tournoiement qui précède la mort.

— C'est fort extraordinaire, dit Roquantin. Et Thémines, qu'a-t-il fait?

— Oh! ce qu'il faut faire en pareille occasion. Il a jeté son pistolet à terre d'un air de regret. Il l'a jeté si fort, qu'il en a cassé le chien. C'est un pistolet anglais de Manton; je ne sais s'il pourra trouver à Paris un arquebusier qui soit capable de lui en refaire un aussi bon.

. . . .

La comtesse fut trois ans entiers sans voir personne; hiver comme été, elle demeurait dans sa maison de campagne, sortant à peine de sa chambre, et servie par une mulâtresse qui connaissait sa liaison avec Saint-Clair, et à laquelle elle ne disait pas deux mots par jour. Au bout de trois ans, sa cousine Julie revint d'un long voyage; elle força la porte et trouva la pauvre Mathilde si maigre et si pâle, qu'elle crut voir le cadavre de cette femme qu'elle avait laissée belle et pleine de vie Elle parvint avec peine à la retirer de sa retraite, et à l'emmener à Hières. La comtesse y languit encore trois ou quatre mois, puis elle mourut d'une maladie de poitrine causée par des chagrins domestiques, comme dit le docteur Méscentère qui lui donna des soins.

FIN.

SATANSTOÉ,

PAR

FÉNIMORE COOPER.

I.

Je suis né le 3 mai 1737 sur un *col de terre* appelé Satanstoé, dans le comté de West-Chester et dans la colonie de New-York. Ce que les gens du West-Chester et de Long-Island nomment un col de terre, devrait plutôt s'appeler une tête et des épaules, si l'on avait égard à la forme et aux dimensions. Péninsule serait le véritable mot, si nous voulions faire de la géographie; mais j'aime mieux m'en tenir à l'expression du pays. Le col ou la péninsule de Satanstoé contient juste 463 acres et demi d'excellentes terres de Chester; quand on en a tiré les pierres pour les employer aux murailles, on en peut dire autant de bien que de toute terre au monde. Il a deux milles de côtes, et on y recueille une quantité convenable d'algues marines pour servir d'engrais, sans compter la jouissance de près de cent acres de prairies salées et de roseaux qui ne sont pas compris dans l'évaluation du col lui-même. Comme mon père, le major Evans Littlepage, devait hériter ce domaine de son père, le capitaine Hugh Littlepage, on pouvait, même à l'époque de ma naissance, regarder Satanstoé comme une antique propriété patrimoniale : mon grand-père en devait l'acquisition à son mariage. C'est là que vivait la famille depuis près d'un demi-siècle quand je naquis, et depuis bien davantage, si l'on tient compte de la ligne maternelle ; c'est là que je vis au moment où j'écris ces lignes ; c'est là, je l'espère, que mon fils unique vivra après moi.

Le col est situé dans le voisinage d'une passe bien connue, dans l'étroit bras de mer qui sépare l'île de Manhattan de sa voisine Long-Island, et qu'on appelle Hell-Gate. Une tradition, qui n'a cours, je l'avoue, que parmi les nègres du voisinage, rapporte qu'un jour le père des mensonges, violemment expulsé de quelques tavernes bruyantes de la Nouvelle-Hollande, s'échappa par cette passe dangereuse. Retirant son pied un peu vite des trous d'écrevisses qui abondent dans ces eaux, il laissa derrière lui, comme une trace de son passage par cette route, le Dos du Marsouin, le Pot, et tous les rochers et tous les tournans qui rendent la navigation si difficile dans ce détroit, et plaça ce pied en grande hâte à l'endroit où une large baie se déploie à l'Est et au Sud du col, que son gros orteil toucha. Comme on suppose que le diable met sens dessus dessous tout ce qu'il touche, on crut voir quelque ressemblance entre un orteil renversé et la configuration du domaine paternel : et de là, le nom qu'on lui a donné. Satanstoé (1) est le nom que porte ce lieu de temps immé-

(1) Satanstoé, orteil du diable.

morial, si l'on peut employer ce mot dans un pays où tout date de cent cinquante ans au plus; c'est le nom qu'il porte encore, et qu'il continuera de porter, je l'espère, aussi long-temps que la maison de Hanovre sera assise sur son trône, aussi long-temps que l'eau continuera de couler et l'herbe de pousser. Sous le rapport de l'étendue comme aussi sous celui de la culture et des embellissemens, Satanstoé est quelque chose de plus qu'une bonne ferme ; tous les bâtimens sont de pierre, même les étables à porcs et les hangars, avec des entre-deux bien soignés et des murs d'enceinte qui feraient honneur à une place fortifiée. La maison est regardée généralement comme une des plus belles de la colonie, après quelques-unes à la nouvelle mode. Elle n'a qu'un étage et demi, je l'avoue, mais les mansardes sont les plus jolies que je connaisse et ne dépareraient pas une maison d'York. Le bâtiment a la forme d'un L : un des côtés a soixante-dix pieds de face et l'autre cinquante, sur vingt-six de profondeur. La plus belle chambre avait dès mon enfance un tapis qui couvrait les deux tiers du carreau ; et il y avait des toiles cirées dans la plupart des corridors. Le buffet de notre salle à manger était l'objet d'une admiration particulière et je ne sais si même à présent il y en a un plus beau dans le comté.

Comme il y avait de l'argent dans la famille, outre ce domaine, et que les Littlepage avaient eu des commissions du Roi, mon père ayant été enseigne et mon grand-père capitaine dans l'armée régulière de leur jeunesse, nous avons toujours tenu notre rang parmi les gentilshommes du comté. Nous étions dans une partie du West-Chester où il ne se trouvait aucun grand domaine, et Satanstoé passait pour une propriété d'une certaine importance. Mon père et mon grand-père avaient siégé à l'assemblée dans leur temps et, à ce que j'ai entendu dire à de vieilles gens, y avaient eu certaine influence. Il arriva une fois à mon père de faire un discours qui dura onze minutes, preuve qu'il avait quelque chose à dire, et ce discours fut pour la famille un sujet de grande mais modeste satisfaction jusqu'au jour de sa mort et même après.

On nous tenait grand compte des services militaires de la famille. C'était quelque chose dans ce temps-là d'être enseigne, même dans la milice ; c'était bien plus encore d'avoir le même grade dans un régiment régulier. Aucun de mes prédécesseurs, il est vrai, ne servit long-temps dans les troupes du Roi, mon père surtout ayant vendu sa charge à la fin de la seconde campagne ; mais l'expérience militaire, et je puis dire la gloire militaire que tous deux acquirent dans leur jeunesse, leur furent très utiles le reste de leurs jours. Tous deux eurent des commissions dans la milice, et mon père s'éleva jusqu'au grade de major; il en eut le rang et il en porta le titre les quinze dernières années de sa vie.

Ma mère était d'origine hollandaise des deux côtés; son père était un Blauvelt, et sa mère une Van-Busser. J'ai toujours entendu dire que ma mère apporta 4,300 livres en dot à mon père, ce qui était une très jolie fortune pour une jeune femme en 1733. On me donna le nom de mon grand-père maternel, Cornelius. Corny fut donc le diminutif par lequel mes connaissances me désignèrent pendant les seize ou dix-huit premières années de ma vie, et mes parens tant qu'ils vécurent. Corny Littlepage n'est pas un vilain nom en lui-même, et j'ai la confiance que ceux qui me feront la faveur de lire ce manuscrit, ne le quitteront point avec l'idée que j'ai fait tort à mon nom.

J'appris assez de grec et de latin pour entrer dans un collége, grâce aux soins du révérend Thomas Worden, théologien anglais, qui était recteur de Saint-Jude, notre paroisse. Cet ecclésiastique passait pour très instruit; il était très répandu dans le beau monde du comté, et il n'y avait, à dix milles à la ronde, dîner, réunion, course, bal ou divertissement quelconque auquel il ne fût invité. Ses sermons étaient pathétiques et courts; il traitait les prédicateurs d'une demi-heure de bavards illétrés, qui ne savaient pas condenser leurs pensées. Vingt minutes étaient sa mesure habituelle, quoique je tienne de mon père qu'il est allé une fois jusqu'à vingt-deux minutes. Quand il se réduisait à quatorze minutes, mon grand-père protestait invariablement que le sermon était délicieux. Je demeurai avec M. Worden jusqu'à ce que je fusse en état de traduire couramment les deux premiers livres de l'*Enéide* et tout l'Évangile de saint Mathieu. Alors mon père et mon grand-père, surtout le dernier, qui avait une haute idée de l'instruction, commencèrent à agiter la question de savoir dans quel collége je serais envoyé.

On hésitait entre New-Haven dans le Connecticut, et Newark dans le New-Jersey. Un conseil de famille fut convoqué, auquel assista un vieux compagnon d'armes de mon père, le colonel Abraham Van-Valkenburg, qu'on appelait familièrement le colonel Follock, en abrégeant très librement son épouvantable nom hollandais. Le colonel avait un fils nommé Dirck, d'un an plus jeune que moi, qui était mon camarade, et auquel il n'avait fait donner que fort peu d'éducation, selon l'usage de presque tous les propriétaires hollandais. Après une longue délibération, il fut convenu que j'irais à Newark.

J'y passai quatre années, qui, loin d'être perdues comme cela arrive quelquefois, furent bien employées. J'expliquai tout le *Nouveau-Testament* en grec, quatre livres de l'*Iliade*, tout Horace, quelques discours de Cicéron et son *de Oratore*, sans compter l'attention que je donnai à la géographie, aux mathématiques et aux autres branches usuelles. La philosophie morale surtout, fut traitée avec le plus grand soin dans notre dernière année ainsi que l'astronomie. Nous avions un télescope qui nous permettait de voir quatre des satellites de Jupiter. Sous d'autres rapports encore, Newark méritait d'être appelé le siège des lettres. Un élève de notre classe acheta d'occasion en ville un exemplaire d'Euripide, qui avait quelque peu servi, et nous le possédâmes au collége six mois entiers. Je n'ai jamais eu le plaisir de voir ce livre, car le propriétaire n'était pas trop disposé à laisser des yeux profanes contempler son trésor; mais enfin nous étions bien certains que ce livre était dans le collége, et nous avions grand soin de le dire et de le répéter à ceux qui étudiaient à New-Haven. Je ne pense pas qu'eux, en effet, aient jamais vu même la couverture d'un Euripide. Quant au télescope, j'en parle par ma propre expérience, ayant regardé plus de dix fois les satellites de Jupiter. Nous avions un professeur qui connaissait les constellations et qui, de l'opinion de tous, aurait été en état de nous faire voir l'anneau de Saturne s'il avait pu trouver cette planète. De mon temps, il n'y était pas encore parvenu.

Au bout de mes quatre années, je pris mes degrés avec quelque succès et je revins à la maison paternelle. Je retrouvai le bon Dirck, dont j'avais cultivé l'amitié, et nous devînmes de plus en plus liés. Il avait comme moi fini sa croissance, et le cœur de Frédéric de Prusse se serait dilaté à voir mon jeune ami à la fin de sa dix-neuvième année. Il avait cinq pieds sept ou huit pouces et promettait de grossir à proportion. Dirck n'était pas un de ces jeunes gens à taille fine, tourné en Apollon: il avait des épaules dont les bras de sa mère, petite femme grosse et courte, mais solide, de la vraie souche hollandaise, pouvaient à peine faire le tour quand elle abaissait jusqu'à elle la tête de son fils pour l'embrasser; ce qu'elle faisait régulièrement deux fois par an, comme me l'apprit Dirck, à Noël et à la nouvelle année. Dirck était bien bâti; ses membres forts et bien proportionnés, ses cheveux blonds, ses yeux bleus et les traits de son visage le faisaient trouver un beau garçon par bien des gens. Je ne nierai pas cependant qu'il n'y eût chez mon ami une certaine lourdeur de corps et d'esprit qui ne s'accorde pas tout à fait avec l'idée qu'on se fait de la grâce et de la vivacité. Au demeurant, Dirck était un garçon unique, droit comme l'acier, brave comme un coq de combat, franc comme la lumière en plein midi.

Pour moi, j'étais garçon de bonne venue, actif, fort pour mon âge, et j'incline à le croire, d'assez bonne mine. J'aimerais pourtant mieux l'entendre dire à d'autres que le dire moi-même. Dirck et moi luttions souvent de notre jeune temps, et je l'emportais toujours: mais quand Dirck eut atteint dix-huit ans, il se trouva fait d'un métal trop lourd pour moi; je compensais cependant cette inégalité de force par une activité extraordinaire. Je sais bien que je n'aurais pas dû employer le mot extraordinaire en parlant de moi; mais ma foi le mot m'est échappé sans que j'y prisse garde et je le laisserai comme il est. J'ajouterai encore, et le lecteur pensera de ma modestie ce qu'il voudra, que j'étais un bon enfant, plein de bienveillance pour mes semblables et que j'aimais l'argent juste assez pour ne pas faire trop de folies.

II.

J'avais vingt ans lorsque nous fîmes, Dirck et moi, notre premier voyage à la ville. Quoique Satanstoe ne fût pas éloigné de plus de vingt-cinq milles de New-York, par la route de King's-Bridge, une excursion à la capitale n'était pas alors une chose aussi ordinaire et aussi commune qu'à présent. Je connais des gentlemen de notre voisinage qui y vont et qui en reviennent maintenant tous les quinze jours, et même une fois par semaine; mais, il y a trente ans, il arrivait très rarement qu'on entretînt des communications aussi fréquentes avec la ville. Ma chère mère avait l'habitude de se rendre à New-York deux fois dans l'année, au printemps, pour y passer la semaine de Pâques; en automne, pour y faire ses provisions d'hiver. Mon père était dans l'usage d'y venir quatre fois par an; aussi passait-il pour un coureur, qui saisissait toutes les occasions de s'absenter de sa maison. Quant à mon grand-père, son âge ne lui permettait de quitter que très rarement notre demeure, si ce n'est pour rendre visite à quelques vieux voisins de campagne avec lesquels il passait invariablement quelques semaines chaque été.

Notre voyage eut lieu quelque temps après les fêtes de Pâques; c'était une époque à laquelle un grand nombre de familles, habitant la campagne, émigraient chaque année pour la ville afin de suivre les offices journaliers d'Old-Trinity, à l'exemple des Hébreux qui se rendaient chaque année à Jérusalem pour assister au sacrifice de l'agneau Pascal. Ma mère ne pouvait pas faire cette année-là son excursion habituelle; elle était retenue auprès de mon père, qui souffrait d'un accès de goutte. Je fus envoyé pour la remplacer chez ma tante Legge, qui était accoutumée à avoir, dans cette saison, un membre de la famille auprès d'elle. Dirck avait, de son côté, dans la capitale, des parens qui attendaient sa venue. Afin de faire plus rapidement le voyage, mon ami passa l'Hudson dans le courant de la semaine qui précéda notre départ, et après qu'il se fût reposé trois jours à Satanstoé, nous partîmes tous deux sur deux des meilleurs chevaux du pays.

Ma mère, en femme pleine de sollicitude et de tendresse pour son fils unique, avait voulu que nous nous missions en route de bon matin, afin d'arriver à la ville avant la nuit. Elle savait que les voyages sont toujours aventureux, et si elle n'avait pas peur des voleurs de grand chemin qui, Dieu merci, étaient alors et sont encore inconnus dans les colonies, il était d'autres dangers qu'elle redoutait pour nous. En effet, on ne pouvait considérer tous les ponts comme parfaitement sûrs; puis, les routes étaient et n'ont pas cessé d'être tortueuses, et il était possible de se tromper de chemin. Or, on rapportait que certaines personnes avaient été obligées de passer la nuit dans la plaine de Harlem, contrée déserte et inculte qui s'étend à huit ou dix mille de la cité. Ma mère eut donc grand soin de nous éveiller de très bonne heure. Elle quitta elle-même le lit à la pointe du jour, et nous fit déjeûner immédiatement, de sorte que nous nous trouvâmes en mesure de quitter Satanstoé au moment où le soleil commençait à éclairer l'horizon de ses premiers feux.

Dirck était ce matin-là d'une humeur charmante, et, pour être vrai, je dois dire que votre serviteur Corny n'éprouvait aucun symptôme de cette tristesse qu'il aurait peut-être été convenable qu'un jeune aventurier ressentît en quittant pour la première fois l'ombre du toit paternel. Nous nous mîmes donc en route, riant et caquetant comme deux jeunes filles qui viennent d'échapper à

la discipline de la pension. Jamais Dirck ne s'était montré si communicatif, et, chemin faisant, il mit la conversation sur des événemens qui devaient plus tard avoir une singulière influence dans notre vie. Nous avions à peine perdu de vue le sommet des hautes cheminées de Satanstoé, que mon ami entra brusquement en matière, en me disant :

— Je suppose, Corny, que vous avez entendu parler de ce que les deux vieux gentlemen ont fait dernièrement.

— Votre père et le mien? Je n'ai pas entendu dire qu'ils aient fait rien de nouveau.

— Ils se sont mis en instance auprès du gouverneur et du conseil du gouvernement, pour faire régulariser leur droit de propriété, sur des terres qu'ils ont achetées en commun aux Mohawks.

— Ce que vous dites là, Dirck, est tout-à-fait nouveau pour moi. Puis-je savoir pourquoi les vieux gentlemen ont été aussi mystérieux?

— Je ne puis vous le dire; peut-être ont-ils pensé que le silence était le meilleur moyen d'éloigner les Yankies. Vous savez que mon père a toujours une grande crainte de voir un Yankie mettre le doigt dans ses marchés. Il dit que les Yankies sont les sauterelles de l'ouest.

— Mais vous, Dirck, comment avez-vous eu connaissance de cette affaire?

— Je ne suis pas un Yankie, Corny.

— Et c'est sur cette seule recommandation que votre père vous a parlé, Dirck?

— Il me dit tout ce qu'il juge utile de me faire connaître. Nous fumons ensemble, et en fumant nous causons.

— Je m'habituerais à fumer, si je croyais devoir obtenir par là quelqu'information utile.

— Il est toujours bon de s'accoutumer à la pipe, dit sentencieusement Dirck, c'est une habitude qui ne peut être que profitable.

— Je suis très-porté à le croire, si, en effet, c'est lorsque vous fumez ensemble que votre père vous dit ses secrets. Mais où donc sont situées les terres dont il s'agit, Dirck?

— Dans le pays des Mohawks, ou plutôt dans le pays qui touche les Hampshire-Grants, à-peu de distance des Mohawks.

— Et quelle est leur étendue?

— Quarante mille acres, dont une partie en plaines grasses et riches comme on les aime en Hollande.

— Et vous dites que votre père et le mien ont acheté en commun cette vaste étendue de terrain? Combien l'ont-ils payée?

Dirck ne répondit pas immédiatement à cette question. Il tira auparavant de sa poche un portefeuille, qu'il ouvrit avec quelque peine, à cause des soubresauts que lui occasionait sa monture. Mon ami réussit enfin à mettre la main sur le papier qu'il cherchait, et il me le passa.

— Voilà, dit-il, la liste des objets qui ont été donnés aux Indiens en échange de ces terres. Je l'ai copiée. Il faut y ajouter quelques centaines de livres payées au gouverneur et à ses agens pour différens droits.

Je lus la liste suivante, d'une voix entrecoupée par le trot de mon cheval : « Cinquante couvertures, avec cor dons et garnitures jaunes; dix pots de fer, pouvant contenir chacun quatre gallons ; quarante livres de poudre ; sept fusils, douze livres de verroteries ; dix cordons de wampum ; cinquante gallons de rhum, vrai Jamaïque, première qualité; une vingtaine de guimbardes et trois douzaines de tomahawks de fabrique anglaise. »

— Fort bien ! Dirck, m'écriai-je en terminant, ce n'est pas trop donner pour quarante mille acres de terres situées dans la colonie de New-York. J'ose dire que tous les articles mentionnés sur cette liste ne valent pas, en totalité, plus de cent livres coloniales (250 dollars), y compris le rhum et les tomahawks de fabrique anglaise.

— Le tout a coûté 96 livres 13 shellings et 7 pences, répondit sans hésiter mon compagnon, tout en se préparant à allumer sa pipe ; car rien ne l'empêchait de fumer à son aise sur une route que nous parcourions, sans grande hâte, à raison de six milles par heure.

— Voilà, dis-je, quarante mille acres de terre qui n'ont pas coûté cher. Je suppose que les fusils, le rhum et les autres articles ont été fabriqués expressément en vue des Indiens.

— Non pas, Corny; vous savez bien avec quelle honnêteté agissent les deux vieux gentlemen. Leur loyauté est aussi pure que le jour.

— Tant mieux pour eux et tant mieux pour nous. Mais que vont-ils faire maintenant de ces terres qu'ils ont achetées?

Dirck ne me fit d'abord aucune réponse. Il était en train d'allumer sa pipe, et, du moment que la fumée eut commencé à en sortir, il ne la quitta plus des yeux jusqu'à ce qu'il eût vu le tabac enflammé briller dans la cheminée. Alors il me dit :

— La première chose est de les trouver, Corny. Lorsqu'une patente a été signée et délivrée, la première chose qu'ait à faire un propriétaire, c'est de charger un individu quelconque de découvrir sa propriété. J'ai entendu parler d'un gentleman qui a obtenu, il y a cinq ans la concession d'un terrain de dix mille acres, et quoiqu'il se soit mis chaque automne à la recherche de ce terrain, depuis ce temps-là, il n'a pas encore pu le trouver. Dix mille acres, après tout, ne tiennent qu'une bien petite place dans les forêts qui couvrent ce pays.

— Et nos parens, comptent-ils se mettre en quête de leur acquisition dès le commencement de cette saison?

— Pas si tôt, Corny, pas si tôt. Tel était le dessein qu'avait inspiré à votre père la chaleur du sang gallois qui coule dans ses veines; mais le mien fait les choses avec moins de précipitation. « Attendons jusqu'à l'année prochaine, a-t-il dit, et alors nous pourrons envoyer les enfans. Pendant ce temps la guerre actuelle aura pris une tournure d'après laquelle nous aviserons à ce qu'il y aura de mieux à faire sans ne pas exposer leur vie. » Cette question a été longuement et fréquemment agitée entre les deux propriétaires, et il a été décidé que notre départ serait fixé au printemps de l'année prochaine.

La pensée de me mettre à la recherche des terres de mon père ne m'offrait rien de désagréable, et la perspective d'entrer un jour en possession, par héritage, de vingt mille acres de terres, ajoutées à celles de Satanstoé, n'avait en elle-même rien de bien effrayant. Nous en causâmes, Dirck et moi, tout le long du chemin, et nous nous accordâmes tous les deux à regretter que l'expédition projetée n'eût pas lieu plus tôt.

Nous nous arrêtâmes pour dîner à King's-Bridge, comptant bien souper à la ville. Tandis qu'on préparait notre repas, nous montâmes sur les hauteurs qui dominent l'Hudson, car les bords de cette belle rivière m'étaient alors moins familiers que je ne l'aurais désiré. Mon compagnon, qui les connaissait mieux que moi, ayant eu souvent l'occasion de suivre le cours de l'Hudson, entre le village de Haverstraw et la ville, dans ses visites fréquentes à ses parens, me servit de cicérone.

— Tournez vos regards de ce côté, Corny, me dit-il, après avoir quelque temps cherché des yeux un objet éloigné; tournez vos regards de ce côté; voyez-vous là-bas, dans cette petite baie au-dessous de nous, une maison avec un beau jardin, au milieu d'une clairière qui s'étend jusqu'aux bords de la rivière?

J'aperçus la maison que Dirck me désignait. A la distance de deux ou trois milles, il était impossible de découvrir toute la beauté du site où elle était placée, et j'étais obligé d'admirer sur parole la description que m'en faisait mon compagnon. J'en voyais assez pourtant pour reconnaître les principaux objets qu'il avait signalés à mon attention, c'est-à-dire la clairière, le jardin et la maison. C'était un bâtiment construit en pierres, long, irrégulier, mais qui joignait à la solidité un air de commodité et d'aisance qui est particulier aux habitations de cette espèce. Les murs n'étaient pas blanchis à la chaux, contrairement à la coutume favorite des Hollandais de la colonie, qui semblent n'avoir de passion véritable que pour la pipe et la brosse; on leur avait laissé leur couleur naturelle, et cette circonstance contribuait à rendre les formes et les dimensions de ce bâtiment moins distinctes à première vue, qu'elles n'auraient pu être. Cependant, il me fut facile de reconnaître que cette baie retirée, ces rives boisées et rocheuses, cette petite clairière habilement percée, ce jardin et d'autres beautés naturelles formaient un ensemble des plus ravissans. Je m'empressai de le dire à mon compagnon.

— A qui appartient cette maison, Dirck? lui demandai-je ensuite; et comment êtes-vous instruit de ce qui la concerne?

— C'est Lilacsbush (1), répondit-il ; elle appartient au cousin de ma mère, M. Herman Mordaunt.

J'avais déjà entendu prononcer ce nom. M. Herman Mordaunt, major dans l'armée anglaise, avait épousé la fille d'un riche marchand hollandais ; de là, lui était venu le nom d'Herman, qu'il avait transmis à son fils avec le reste de l'héritage. Les Hollandais, par amour pour leur pays, ne manquaient jamais de désigner M. Mordaunt par son prénom; de sorte qu'il était connu dans la colonie sous les deux noms d'Herman Mordaunt. Du reste, je n'avais appris aucune particularité sur son compte, et je savais seulement qu'il passait pour riche, qu'il fréquentait la meilleure société, quoiqu'il n'appartînt pas à l'aristocratie territoriale ou politique de la colonie

_____

(1) *Lilacsbush*, bosquet de lilas.

— Comme M. Herman Mordaunt est le cousin de votre mère, je suppose, Dirck, repris-je, que vous avez été à Lilacsbush, et que vous pouvez dire si l'intérieur de cette maison est aussi agréable que l'extérieur.

— J'y ai été souvent, Corny; lorsque Mme Mordaunt vivait, nous avions coutume, ma mère et moi, d'aller chaque été à Lilacsbush. Depuis la mort de la pauvre dame je n'ai pas cessé de visiter cette maison de temps à autre.

— Pourquoi donc n'y allez-vous pas en ce moment pour demander à dîner aux maîtres de la maison? Herman Mordaunt ne sera-t-il pas blessé s'il vient à apprendre qu'une personne de sa famille ou même simplement de sa connaissance, s'est arrêtée dans une auberge à deux milles de sa demeure? Ces choses-là ne se font pas, Dirck, entre gens bien élevés qui sont obligés de se prouver qu'ils connaissent les usages du monde.

— Ce que vous dites serait assez juste, Corny, si Herman Mordaunt ou sa fille étaient en ce moment à Lilacsbush; mais ils habitent New-York, Crown-Street, pendant l'hiver, et ils ne viennent s'établir dans cette maison qu'après les fêtes de la Pentecôte.

— Quoi! Herman Mordaunt est-il un si grand personnage?... Maison à la ville et maison à la campagne! Je ne sais pas en ce cas jusqu'à quel point vous pourriez prendre la liberté de lui demander ainsi à dîner sans cérémonie.

— Cela n'a pas le sens commun, Corny; qui a jamais hésité en voyage, à frapper à la porte d'un gentleman? Herman Mordaunt nous aurait fort bien reçus, et j'aurais été certainement à Lilacsbush, si je ne savais pas positivement que la famille Mordaunt habite la ville dans cette saison. Demain les premier jour des fêtes de la Pentecôte. Aussitôt qu'ils seront passés, Herman Mordaunt et sa fille Anna viendront ici pour visiter leurs rosiers et leurs lilas.

— Oh! oh! m'écriai-je, il y a donc une Anna avec Herman Mordaunt? Faites-moi le plaisir de me dire quel est l'âge de cette miss Anna, Monsieur Dirck.

Tout en faisant cette question, je me tournai vers mon compagnon, et je remarquai que sa belle et bonne figure hollandaise était couverte jusqu'au front de la plus vive rougeur. Il me répondit pourtant avec une certaine résolution:

— Ma cousine, Anna Mordaunt, vient d'entrer dans sa dix-septième année; et je vous dirais bien *quelque chose*, Corny.

— Parlez, je vous écoute de mes deux oreilles; parlez, mon cher, je suis tout attention.

— Anna est une des plus belles jeunes filles de la colonie; oui, et ce qui vaut mieux, elle est aussi douce et aussi bonne qu'elle est belle.

Je fus surpris de l'énergie et de l'animation avec lesquelles Dirck s'exprimait. Dirck était un garçon que je n'aurais jamais cru susceptible d'éprouver un amour bien vif; je ne m'étais même jamais arrêté à analyser la nature de l'amitié que nous avions l'un pour l'autre. L'habitude nous avait d'abord réunis; puis, la différence même de nos caractères avait donné à notre attachement mutuel ce stimulant qui naît ordinairement des contrastes de cette espèce. A mesure que nous avions avancé en âge, les bonnes qualités de Dirck m'avaient imposé l'estime, et la raison était entrée pour beaucoup dans mon affection pour lui. J'étais convaincu que mon compagnon serait un ami sûr et dévoué; mais la possibilité qu'il pût être accessible à l'amour ne s'était jamais présentée à mon esprit. Même en ce moment et malgré la surprise que me causèrent d'abord l'animation de ses traits et le feu de ses yeux, mon impression ne fut que superficielle et de peu de durée.

— Miss Anna, lui dis-je, est donc votre cousine?

— Ma petite cousine. Le père de sa mère et la mère de ma mère, étaient frère et sœur.

— En ce cas, j'espère que j'aurai l'honneur d'être présenté, un de ces jours, à miss Anna Mordaunt, qui vient d'entrer dans sa dix-septième année, qui est une des plus belles jeunes filles de la colonie, et qui est aussi bonne qu'elle est belle!

— Je désire que vous la voyiez, Corny, et cela avant que nous retournions à la maison, répliqua Dirck, reprenant toute sa philosophie, ou plutôt tout son flegme; mais venez, retournons à l'auberge, notre dîner doit être apprêté maintenant.

Nous ne tardâmes pas à nous mettre à table. Je dois rendre à Dirck la justice de dire qu'il fit le plus grand honneur au repas; car, ce n'était pas chose aisée que de déconcerter son appétit. Quant à moi, selon mon habitude, je bavardai beaucoup, principalement avec notre hôtesse qui, ayant appris que j'étais le fils du major Littlepage, l'un de ses hôtes les plus fidèles et les plus considérés, vint nous apporter elle-même le dessert et me fit l'honneur de m'adresser la parole.

— Permettez, Mistress Light, lui dis-je à mon tour, dès qu'il me fut possible de placer un mot au milieu de l'hymne en l'honneur des Littlepage que la brave dame avait commencé, auriez-vous entendu parler, par hasard, d'une famille Mordaunt, qui habite les environs?

— Si j'en ai entendu parler, Monsieur, répondit l'hôtesse! autant voudrait me demander si j'ai entendu parler des Van-Cortland, des Phillips, des Morris, ou de tout autre habitant du voisinage. M. Mordaunt est propriétaire d'une belle maison de campagne à deux milles et demi d'ici. Ni lui, ni Mme Mordaunt, au temps où elle vivait, n'ont jamais passé devant notre porte, lorsqu'ils venaient dans le pays pour faire visite à Mme Van-Cortland, sans s'arrêter quelques instans et sans me laisser un schelling. La pauvre dame est morte; mais elle a laissé après elle une vivante image de ses vertus, une jeune fille, qui est faite pour causer de grands ravages dans la colonie. C'est la modestie en personne. La dernière fois qu'elle vint ici, je lui dis qu'elle devrait être enfermée pour les vols qu'elle allait vraisemblablement commettre, sinon pour ceux qu'elle avait déjà commis. Eh bien! Monsieur, elle se troubla et rougit comme l'écaille de la plus délicate écrevisse que vous ayez jamais pu voir au moment où on la tirait de la marmite. En vérité, c'est une charmante jeune personne.

— Vous vouliez parler sans doute de vols de cœurs, ma bonne mistress Light.

— Certainement, Monsieur. Les jeunes demoiselles sont habiles à dérober les cœurs, comme vous pouvez le savoir, et sur ma parole, miss Anna deviendra une bien grande coupable à cet égard.

— Et quels sont les cœurs qu'elle a déjà dérobés, mistress Light? Peut-on savoir les noms de ses soupirans?

—Mon Dieu, Monsieur, elle est trop jeune pour en avoir fait beaucoup encore; mais attendez un an, et je répondrai à votre question.

Pendant cette conversation il m'était facile de voir que Dirck n'était point à son aise, et je jouissais intérieurement de l'embarras de sa contenance. Mais je ne pus pas continuer ce jeu plus long-temps. Mon compagnon se leva de table et demanda les chevaux et la carte.

Il était presque nuit quand nous arrivâmes à New-York, et nous nous séparâmes aussitôt pour nous rendre chacun chez notre tante, en convenant de nous retrouver le lendemain dans la plaine de Broadway, où se célèbrent les jeux de la Pentecôte.

III.

Le lendemain, dès le matin, je fus sur pied pour parcourir la ville. Une idée singulière me poursuivait; le nom d'Anna, prononcé la veille par Dirck, avait réveillé en moi un souvenir. La première fois que je passai par New-York, en me rendant au collége, à l'âge de quatorze ou quinze ans, un des nègres de mon oncle me mena voir le cortége du maire, et rejoignit en chemin une négresse de sa connaissance, qui conduisait une charmante petite fille, à qui j'offris des gâteaux et des fruits que j'avais achetés. Le fils d'un boucher vint à passer et arracha brutalement une pomme à la jeune fille, et la fit pleurer. Je sautai sur l'agresseur, qui m'emmena dans le coin le plus voisin, où nous nous battîmes; boxeur assez habile, grâce aux leçons du digne M Worden, je rossai vigoureusement mon adversaire; mais, à mon retour, je ne retrouvai plus ma jeune compagne, et tout ce que je sus d'elle, c'est qu'elle s'appelait Anna.

Arrivé sur le lieu de la fête, je fus étourdi du bruit de la musique, des danses et des jeux dont la plaine retentissait. Les fêtes de la Pentecôte sont pour les nègres une sorte de saturnales. Les neuf dixièmes des nègres de la ville et du pays, à trente et quarante milles à la ronde, étaient réunis là par milliers. On les voyait jouer de toutes sortes d'instrumens, chanter des chansons africaines et rire à se rompre les côtes. Tout avait l'apparence de la gaîté et de la joie, sous la forme la plus vulgaire, il est vrai. Tous les jeux étaient mis à contribution, et l'on n'oubliait pas de boire. Cependant pas un homme n'était ivre: il est rare de voir un nègre dans l'ivresse. Quelques nègres avaient cloué des peaux sur des billots de bois creux et frappaient dessus à coups redoublés: d'autres dansaient au son de cette musique, en montrant tous les signes d'un plaisir infini. Il y a dans notre colonie fort peu de nègres venus directement d'Afrique; ceux-là s'étaient réunis à part et se livraient à leurs amusemens nationaux. Les nègres nés en Amérique faisaient cercle autour d'eux, les regardaient avec admiration et s'essayaient ensuite à reproduire de leur mieux ce qu'ils leur avaient vu faire.

Je venais à peine de retrouver Dirck et quelques connaissances, quand j'en fus séparé par la foule des spectateurs, et je me trouvai bientôt à côté d'un groupe de jeunes filles sous la conduite de quelques négresses à tête grise, vêtues comme des servantes de riches familles. Une de ces jeunes filles me frappa : elle avait toute la grâce d'une jeune femme, rehaussée encore par le sourire ingénu, la gaîté insouciante et l'innocence virginale d'une jolie fille de dix-sept ans. Sa mise était simple, mais élégante; sa toilette, son air, sa tournure, ses manières, tout annonçait une personne du monde, assez âgée pour apprécier sa position, assez jeune pour jouir de tout ce tumulte. Quand elle s'approcha de moi, il me sembla que je là connaissais ; et je n'eus pas plutôt entendu sa voix douce, son accent plein de gaîté, que je pensai à la jolie petite fille en l'honneur de qui j'avais boxé un garnement quelques années auparavant. Bientôt mes conjectures se trouvèrent changées en certitude.

Dans le premier moment de ma surprise, je rencontrai les yeux de la jeune fille et je me hasardai à lui faire un profond salut. Elle sourit d'abord comme quelqu'un qui croit rencontrer une connaissance; puis elle rougit et me rendit mon salut avec politesse, mais avec ce cérémonieux qui tient les gens à distance; puis elle tourna la tête : ce qui m'ôta tout espoir de lui parler. A ce moment la vieille négresse qui l'accompagnait s'écria : miss Anna, voici un jeune homme que vous aurez plaisir à voir : c'est mon ami Dirck, qui s'avançait rapidement, serra la main de la jolie personne en l'appelant sa cousine. C'était donc Anna Mordaunt, la fille unique d'Herman Mordaunt, le propriétaire de Lilacsbush. Dirck avait vraiment meilleur goût que je n'aurais cru. A ce moment il m'aperçut et me jetant un coup-d'œil d'orgueilleuse satisfaction, il me fit signe d'approcher.

— Cousine Anna, dit Dirck, qui n'usait jamais de circonlocution quand il pouvait prendre la voie directe, voici Cornelius Littlepage, dont vous m'avez souvent entendu parler, et pour qui je réclame une de vos plus belles révérences et un de vos plus jolis sourires.

J'étais en train de saluer et de marmotter quelque inintelligible compliment, quand la négresse, avec la liberté des vieux serviteurs, tira sa maîtresse par la manche, et lui dit quelques mots à l'oreille. Anna rougit, se tourna vers moi, et levant les yeux sur ma figure, m'adressa le plus charmant sourire que jamais mortel ait reçu.

— M. Littlepage, dit-elle à son cousin, n'est pas tout-à-fait un étranger pour moi. Catherine le reconnaît comme un jeune homme qui m'a rendu une fois un grand service, et si, j'ai bonne mémoire, c'est lui qui prit ma défense contre quelqu'un qui m'insultait.

— Y aurait-il en vingt personnes au lieu d'une, miss, toute personne de cœur aurait ressenti l'insulte qui vous était faite.

— Oui, ajouta Dirck avec énergie, mettez en vingt, trente ou cent, et ils trouveront à qui parler.

Comme nous faisions le tour de la fête, on nous apprit que, dans des baraques que nous apercevions, se trouvait une ménagerie, et dans cette ménagerie un lion. Aucun de nous n'en avait jamais vu, car l'Amérique ne nourrit guère d'animaux féroces, et chacun s'écria qu'il ne fallait pas laisser échapper cette occasion. Nous entrâmes, et bientôt nous nous trouvâmes au premier rang, auprès de la cage du lion. Elle était grossièrement construite, et les barreaux en étaient très espacés. Un mouvement se fit dans la foule derrière nous, Anna se trouva portée tout contre la cage, et le lion, passant une patte entre les barreaux, saisit le châle dont la jeune fille était enveloppée, et l'attira violemment contre les barreaux. J'étais à côté d'Anna, et avec une présence d'esprit qui me surprend encore, j'enlevai le châle de dessus les épaules de la jeune fille, je la saisis et la déposai à une distance suffisante du lion. Tout cela fut fait si vite que la moitié des personnes présentes ne surent qu'ensuite ce qui s'était passé; et ce qui m'étonne le plus, c'est de n'avoir pas souvenir du plaisir que j'ai dû sentir quand mon bras entourait la jolie taille d'Anna Mordaunt, et quand elle reposait sur moi. Le gardien intervint aussitôt, et reprit le châle au lion qui avait paru tout désappointé de n'y plus retrouver la jolie propriétaire.

Anna était hors de péril avant de pouvoir comprendre l'étendue du danger : cependant cet accident l'effraya; elle changea de couleur et fondit en larmes. Après quelques soins elle se remit assez pour demeurer encore quelque temps à admirer son terrible assaillant. Nous la reconduisîmes à sa porte : après avoir frappé, la charmante fille se retourna vers moi et me dit en changeant de couleur et des larmes dans les yeux :

—Monsieur Littlepage, c'est maintenant seulement que je comprends tout ce que je vous dois. Tout s'est passé si vite, et j'étais si bouleversée, que je n'ai pu vous remercier. Croyez bien que je n'oublierai jamais cette matinée, et, je vous en prie, si vous avez une sœur, offrez-lui l'amitié d'Anna Mordaunt et assurez-la que ses prières pour son frère ne seront jamais plus sincères que les miennes.

Avant que j'eusse pu me remettre assez pour faire une réponse convenable, Anna nous salua, et entra dans la maison, un mouchoir sur les yeux.

IV.

Il était un peu tard quand je rentrai chez ma tante. Dès qu'elle m'aperçut : Cornélius, qu'avez-vous donc fait, me dit-elle, pour attirer un pareil honneur sur vous?

—Quel honneur? et que voulez-vous dire? ma chère tante.

— Herman Mordaunt est dans le salon qui vous attend. Il *vous* a demandé, *vous* particulièrement : il désire *vous* voir, il regrette que *vous* ne soyez pas à la maison; enfin il ne parle que de *vous*.

J'allai de suite au salon et le cœur me battait bien fort en approchant du père d'Anna. Il vint à ma rencontre avec une politesse étudiée, mais il ne put maîtriser un élan de vivacité et de chaleur quand je fus près de lui.

—Mon jeune ami, me dit-il sans aucun préambule, je sais la reconnaissance que je vous dois; je suis heureux de la devoir au fils d'un homme que j'estime autant qu'Evans Littlepage. Un loyal sujet comme lui, un honnête homme, un gentleman de si bonne extraction et si bien apparenté ne pouvait avoir pour fils qu'un brave jeune homme capable de tenir tête à un lion pour défendre le beau sexe.

— Je ne ferai pas semblant de ne pas vous comprendre, lui dis-je, mais vous exagérez beaucoup le danger. Un lion lui-même aurait-il eu le courage de faire mal à miss Mordaunt, s'il l'avait eu en son pouvoir?

Ce n'était pas si mal répondre pour quelqu'un de mon âge, et j'avoue que maintenant encore j'y pense avec quelque complaisance. Si de temps à autre il m'échappe quelque faiblesse de ce genre, que le lecteur se rappelle que je suis historien fidèle et que mon devoir est de tout rapporter.

Herman Mordaunt me quitta bientôt, après m'avoir fait ses remercîmens et m'avoir invité à dîner pour le vendredi. Le soir, je racontai à mon oncle et à ma tante ce qui s'était passé.

—Si Herman Mordaunt voulait entrer dans la vie publique, dit mon oncle, il serait un personnage bien plus important qu'il n'est. Il a des talens, une grande instruction, une très belle fortune; il est bien apparenté dans la colonie, et même au pays, à ce qu'on dit.

— Anna est une charmante jeune personne, ajouta ma tante; je suis bien charmée que Cornelius lui ait rendu service. Sa mère, dans le temps, était une de mes bonnes amies, ainsi qu'à ma sœur Littlepage. Vous devriez aller demander de ses nouvelles, Cornelius, vous lui devez cette attention, après ce qui s'est passé ce matin.

On n'avait pas besoin de me presser beaucoup pour me persuader; mais jeune et embarrassé comme je l'étais, je n'aurais su comment me tirer d'affaire si Dirck qui survint ne s'était offert à me conduire. Je n'essaierai point de cacher ma faiblesse. A peine âgé de vingt ans, sans expérience et sans usage du monde, je fus tout confus et tout décontenancé quand j'entrai dans le salon, et je me sentis mal à l'aise pendant la première demi-heure. Anna fit un ou deux pas au-devant de moi, et, à ce que je puis voir, elle était aussi embarrassée que moi. Elle rougit en me faisant ses remercîmens, en m'exprimant sa satisfaction de ce que son père m'eût trouvé chez moi pour me rendre grâce. Elle m'invita alors à m'asseoir, me présenta à la compagnie et me nomma deux ou trois des jeunes dames présentes. Toutes me firent de gracieux sourires que je pris pour des remercîmens du service que j'avais rendu à leur amie; mais je ne pus m'empêcher de remarquer que j'étais l'objet d'un examen spécial de la part des cavaliers. Deux ou trois officiers surtout me regardèrent avec attention et très long-temps.

— Miss Anna, dit l'un d'eux, je pense que votre petit accident, qui n'a pas grande importance en lui-même puisque vous vous êtes si bien tirée d'affaire, ne vous a pas empêchée de jouir de la fête?

— Mon petit accident, Monsieur Bulstrode, dit Anna en secouant sa jolie tête d'un air de reproche; mais je vous assure que ce n'est point une bagatelle pour une jeune femme de se trouver dans les griffes d'un lion.

— Votre sérieux accident alors, reprit-il, puisque vous voulez vous considérer comme une victime, n'était pas assez sérieux cependant pour vous priver du spectacle.

— Les fêtes de la Pentecôte ne sont pas nouvelles pour moi, je les ai vues une douzaine de fois.

— Vous êtes cependant sortie pour les voir encore, dit

un autre officier, avec un bataillon de ce que Bulstrode appelle l'infanterie légère.

Trois ou quatre des jeunes filles protestèrent contre la façon un peu cavalière dont M. Bulstrode les enrôlait dans l'armée. Celui-ci, sans se déconcerter, déclara qu'il espérait bien voir un jour toutes ces dames, non-seulement dans l'armée, mais encore dans son régiment. Ces mots soulevèrent des protestations aussi gaies qu'unanimes contre cet enrôlement prématuré.

Au bout d'une heure je me sentais déjà assez à l'aise pour déplacer ma chaise et pour regarder un tableau ou deux qui décoraient les murs et qu'on disait venus d'Europe. J'en considérais un attentivement quand M. Bulstrode s'approcha de moi. Qu'on songe que ce jeune homme avait quatre ans de plus que moi, qu'il avait étudié dans une université, qu'il était l'héritier d'un baronnet, qu'il avait vu le monde et avait le rang de major dans l'armée, qu'il était aimable par caractère et par éducation, et bien fait de sa personne, et l'on comprendra combien il avait d'avantages sur moi. J'aurais désiré de tout cœur être hors de la présence d'Anna pour ce tête-à-tête qui ne pouvait donner lieu qu'à des comparaisons désavantageuses pour moi. Je n'eus point à me plaindre de son ton poli et plein d'égards, et cependant je ne pouvais m'ôter de l'esprit l'idée qu'il s'amusait secrètement de mon embarras.

— Vous êtes un heureux mortel, Monsieur Littlepage, me dit-il, d'avoir eu l'occasion de rendre un si grand service à miss Mordaunt. Nous envions tous votre bonheur, tout en admirant votre courage, et je suis certain que bien des gens, dans notre régiment, vous en sauront bon gré. Miss Anna possède déjà la moitié de nos cœurs; mais il faudrait n'en plus avoir du tout pour dédaigner un tel service.

Je marmottai une réponse à moitié intelligible à ce compliment. M. Bulstrode continua :

— Je suis bien surpris, Monsieur Littlepage, qu'un homme de cœur comme vous ne se joigne pas à nous dans un temps aussi agité. On m'a dit que votre père et votre grand-père avaient servi, et que vous êtes tout à fait à votre aise. Vous trouverez parmi nous des gens de mérite et bien élevés, qui vous aideront à passer le temps agréablement. On attend ici de grands renforts, et si vous avez envie d'une paire d'épaulettes, je sais un bataillon où il y aura une couple de vacances, et qui viendra aux colonies. Ce serait pour moi un grand plaisir de vous aider, si vous avez du goût pour l'armée.

— Je vous remercie, lui dis-je; mais mon grand-père, qui vit encore, et de qui dépend ma fortune, désire que je reste à Satanstoé jusqu'à ma majorité, que j'atteindrai, du reste, dans cinq ou six mois.

— Eh bien ! si alors le cœur vous en dit, comptez sur moi; je serai toujours prêt à seconder de tout mon crédit quelqu'un qui a eu le bonheur de rendre service à ma cousine Mordaunt.

J'appris alors que M. Bulstrode et Anna étaient cousins issus de germains, et je vis sur quel pied redoutable le major était dans la famille. Tout le monde était donc le parent d'Anna à un degré quelconque, excepté moi. J'eus beau scruter toute ma généalogie, je ne pus jamais trouver entre elle et moi la moindre relation de parenté qui valût la peine d'être mentionnée.

V.

Je revis plusieurs fois Anna Mordaunt, avant et après le dîner auquel j'étais invité, et dont on me fit tous les honneurs. Je me rappelle le tremblement qui s'empara de moi quand M. Mordaunt me pria de conduire sa fille à table. Je sentis mon visage s'enflammer, et c'est à peine si j'osai lever les yeux sur Anna en la conduisant; j'étais si ému que je touchais à peine le bout de ses jolis petits doigts, et ma main trembla tout le temps. Malgré ma timidité, je fis assez ample connaissance avec elle et avec son amie intime, Mary Wallace, jeune orpheline dont Herman Mordaunt était le tuteur, et pour qui Anna avait une tendresse extrême, mêlée de confiance et de respect. Je me liai aussi avec M. Bulstrode. Il ne s'alarma point de mon assiduité dans la famille Mordaunt, et ne conçut aucune inquiétude pour ses propres projets sur Anna, et comme il était gai, d'humeur aimable et facile, nous fûmes bientôt sur un pied très amical. Cependant les jours s'écoulaient; il me fallut songer à quitter New-York, et ce fut le cœur gros que j'allai prendre congé d'Anna et de son père.

Dirck m'a appris, me dit Herman Mordaunt, quand j'eus exposé le but de ma visite, Dirck m'a appris que vous retourniez demain à Satanstoé. Anna et son amie, miss Wallace, vont cette après-dînée à Lilacsbush, car il est grand temps d'aller voir notre jardin et nos fleurs qui sont dans tout leur éclat. Moi-même j'irai les rejoindre ce soir. Venez déjeûner avec nous chemin faisant; vous prendrez une tasse de café avant de partir, et en vous mettant en route à six heures, vous aurez tout le temps d'arriver à Satanstoé avant la nuit.

J'acceptai cette offre avec empressement; j'abrégeai ma visite, et pourtant je sortis le cœur plus léger que je n'étais entré.

Dirck et moi fûmes à cheval de bonne heure le lendemain. A un mille ou deux de Lilacsbush, nous rencontrâmes Herman Mordaunt, qui était venu au devant de nous et qui nous fit prendre un petit sentier, au bout duquel était une porte. Herman Mordaunt l'ouvrit, et nous nous trouvâmes dans ses domaines. Après avoir traversé un bouquet de bois, nous atteignîmes une éminence qui dominait le cours de l'Hudson sur une grande longueur, de Haverstraw à Staten-Island, c'est-à-dire une distance de près de quarante milles. Sur l'autre rive s'élevait comme un mur la barrière des Palissades, dont les sommets ont plusieurs centaines de pieds au-dessus de l'eau. La noble rivière elle-même, large d'au moins trois quarts de mille, n'était point agitée par le moindre souffle d'air et formait une nappe large et paisible que les rayons d'un soleil ardent de mai faisaient étinceler comme de l'argent. J'ai peine à me rappeler une plus belle matinée : tout semblait s'harmoniser avec l'éclatante et tranquille grandeur de ce panorama et les riches promesses d'une nature prodige, les arbres étaient couverts de jeunes feuilles et de fleurs; de toutes parts, les oiseaux faisaient leurs nids, les fleurs jonchaient la terre : tout, de près et de loin, semblait à

SATANSTOÉ.

ma jeune imagination respirer le bonheur et l'amour.

C'est ma promenade favorite à cheval, me dit Herman Mordaunt, et Anna m'accompagne souvent, car elle est bonne écuyère. Elle et Mary Wallace doivent être quelque part sur les hauteurs, car elles m'avaient promis de me rejoindre dès qu'elles seraient prêtes.

Dirck, à ce moment, poussa un cri de sauvage plaisir, et partit au galop : il gravit une colline au haut de laquelle les deux jeunes filles venaient de paraître. J'en avertis Herman Mordaunt, et nous pressâmes le pas.

Je n'avais jamais vu Anna si parfaitement jolie qu'elle me parut ce matin-là. L'exercice et le grand air avaient encore animé son teint toujours si brillant, et l'éclat répandu sur ses joues faisait ressortir davantage la vivacité de ses yeux. Il me sembla que, quoique nous fussions attendus, elle nous recevait comme des hôtes particulièrement agréables, et Mary Wallace se montra plus animée que d'habitude.

Je ne sais comment il se fit que je me trouvai à côté d'Anna, car je n'aurais vraiment pas osé m'y mettre, et je n'aurais jamais cru que je lui adresserais la parole. C'est ce que je fis pourtant : —M. Mordaunt m'a dit, miss Anna, que vous vous promeniez souvent à cheval, et je regrette que Satanstoé soit trop loin pour que nous puissions nous rencontrer quelquefois le matin. Nous avons, dans le West-Chester, des écuyères de mérite qui seraient fières de vous compter parmi elles.

— Je connais plusieurs dames sur le côté de la rivière d'Harlem, où vous êtes, et je me promène souvent avec elles, mais aucune d'elles ne se trouve dans votre voisinage immédiat. Mon père m'a dit que, dans sa jeunesse, il était allé souvent chasser à Satanstoé, et il parle toujours de vos perdrix avec grande satisfaction.

—Je sais que nos pères ont chassé ensemble, et j'espère qu'ils le feront encore. M. Bulstrode m'a promis de venir nous voir et de suivre ce bon exemple. M. Bulstrode, m'a-t-on dit, est l'héritier d'une vieille baronnie et d'une fortune considérable.

— Cela est vrai. Ne trouvez-vous pas, Monsieur Littlepage, que c'est beau à lui, dans une position aussi brillante, de venir si loin pour servir son roi et son pays dans une guerre aussi rude que celle des colonies ?

Je fus obligé d'en convenir ; mais j'aurais désiré de tout cœur qu'Anna fût moins animée et moins sincère en me faisant cette question. Cependant, je ne savais encore que penser de ses sentimens pour M. Bulstrode. En effet, quand il était question du spirituel et amusant officier, elle l'entendait nommer avec un calme et une indifférence que ne partageaient pas toutes ses jeunes compagnes. J'ai à peine besoin de dire que les affaires de M. Bulstrode n'en allaient pas plus mal pour se trouver dans une colonie l'héritier d'un baronnet. D'une façon ou d'une autre, nous sommes un peu portés à amplifier, à une telle distance de la métropole, cette supériorité accidentelle, et j'ai entendu des Anglais eux-mêmes reconnaître qu'un baronnet était un plus grand personnage à New-York qu'un duc à Londres.

—J'aime beaucoup Lilacsbush, me dit Herman Mordaunt en nous rejoignant, c'est une jolie propriété, quoiqu'il y en ait de plus belles le long de l'Hudson, sans compter celles qui se formeront de jour en jour. A ce propos, Monsieur Littlepage, votre père et mon ami, le colonel Follock, ont fait, m'a-t-on dit, une grande acquisition en terres ; ils ont obtenu une patente pour un domaine considérable quelque part dans le voisinage d'Albany.

—Il ne se compose guère que de 40,000 acres en tout, et ce n'est point, autant que j'ai pu savoir, auprès d'Albany, mais à quelques quarante milles au-delà de cette ville. L'hiver prochain, Dirck et moi nous irons à la recherche de nos terres quand nous aurons tous les renseignemens nécessaires.

— Alors nous pourrons nous y rencontrer. J'ai des intérêts considérables à Albany, et que j'ai trop long-temps négligés. C'était mon intention d'y aller passer une partie de la saison. Nous nous rencontrerons peut-être dans les bois.

Tout en causant, nous arrivâmes devant la maison ; et j'eus le plaisir extrême d'aider miss Mordaunt à descendre de cheval. Avant d'entrer, elle voulut me faire voir l'extérieur de la maison. La cour, la maison, tous les bâtimens étaient ou remplis ou tapissés de lilas, alors en pleine floraison. Leurs fleurs donnaient à la lumière je ne sais quel ton pourpre, dont le rayonnement chaud et doux se reflétait sur le teint animé d'Anna, quand elle me faisait remarquer le magique effet de ce coup d'œil.

—Le mois où fleurissent les lilas est pour nous le plus délicieux de l'année, dit Anna en souriant de ma surprise et de mon ravissement ; et nous tenons beaucoup à le passer ici. Vous conviendrez au moins, Monsieur Littlepage, que Lilacsbush est bien nommé.

— L'effet en est enchanteur ; je n'ai rien vu de plus ravissant ; je n'aurais jamais pensé que le simple, le modeste lilas pouvait embellir si bien une maison.

— Simplicité et modestie sont assez charmantes pour tout embellir observa la sensible et taciturne Mary Wallace.

L'intérieur de la maison ne me plut pas moins. Il me semblait trouver partout les traces du bon goût et du tact d'Anna. La maison était dans le genre de Satanstoé ; mais l'ameublement en était beaucoup plus élégant. Tout était si soigné, si coquet, que je ne pouvais détacher mes regards de ce qui me retraçait la charmante habitante de ces lieux. Je ne sais ce qu'il en était, mais la porcelaine elle-même me paraissait plus riche et plus belle dans la petite main d'Anna.

Je quittai Lilacsbush éperdûment amoureux. Dès l'abord Anna avait fait une vive impression sur moi ; maintenant cette impression avait pénétré au-delà de l'imagination : elle avait remué profondément le cœur. Peut-être fallait-il la voir dans le calme de son intérieur pour que ses charmes exerçassent leur empire. A New-York, je ne la voyais que dans les réunions, entourée d'admirateurs et de jeunes filles de son âge ; et on avait plus rarement occasion d'observer l'influence de son caractère et de ses sentimens sur ses manières. Cependant quand Mary Wallace était avec elle, elle avait sans cesse occasion de témoigner son affection ; et toute l'amabilité de son caractère ressortait sans effort et sans affectation. Anna ne parlait jamais à son amie sans qu'un changement sensible n'eût lieu dans ses manières. Le ton de sa voix respirait l'attachement ; la confiance brillait dans ses yeux, sa contenance, son air de déférence et de tendre docilité trahissaient l'estime et le respect. Mary Wallace était de deux ans plus âgée qu'Anna; cette différence d'âge, jointe à son caractère sérieux et à la réserve que lui commandait sa position d'orpheline, la mettait en droit d'attendre ces égards de son amie : du reste, leur affection venait du fond du cœur, et il était impossible de voir deux jeunes filles plus sincèrement et plus étroitement unies.

La passion prenait si bien le dessus, que j'en oubliais déjà cet excellent Dirck, l'attachement qu'il avait laissé paraître pour Anna, ses prétentions antérieures aux miennes et ses chances de succès. J'avais remarqué la grande estime et les égards d'Herman Mordaunt pour Dirck. La parenté pouvait compter pour quelque chose; et le père d'Anna avait pu calculer les avantages d'une telle alliance. Le colonel Follock passait pour riche, et en ce temps-là on pouvait compter les gens riches dans la colonie, et le fils, outre sa belle et virile figure qui promettait en lui un jeune Hercule, avait un excellent caractère et une bonne réputation. Cependant, cette idée ne me troubla jamais, tandis que Bulstrode me causa tout d'abord de vives inquiétudes. Je vis tous ses avantages ; je me les exagérai même, tandis que ceux de mon intime ami ne m'alarmèrent pas. Peut-être si l'idée d'une rivalité avec Dirck se fût présentée plus souvent et plus distinctement à mon esprit, un sentiment de générosité m'aurait-il déterminé à temps à tourner ailleurs ma pensée et à lui laisser le champ libre. Mais après cette matinée à Lilacsbusch, il était trop tard pour un pareil sacrifice, et je me mis en route côte à côte avec Dirck, aussi oublieux de son amour pour Anna que s'il n'eût jamais songé à elle. Rien, même l'héroïsme, ne pouvait plus me détacher d'Anna Mordaunt.

VI.

Nous arrivâmes à Satanstoé un peu tard , et nous fûmes reçus à bras ouverts. Mon excellente mère était ravie de me voir de retour après une absence si longue et si périlleuse, quand elle songeait que j'avais passé quinze jours entiers au milieu des délices et des tentations de la capitale. Je vis des larmes dans ses yeux , tandis qu'elle m'embrassait à plusieurs reprises, et je sentis la chaleur de ses doux embrassemens , quand elle me pressait sur son sein, dans sa joie maternelle.

Il me fallut rendre compte de tout ce que j'avais fait, de tout ce que j'avais vu : raconter les fêtes de la Pentecôte, une représentation théâtrale où j'étais allé, ma visite à la ménagerie. Je n'ouvris pas la bouche cependant sur les Mordaunt , jusqu'après le départ de Dirck; encore fallut-il que je fusse questionné par ma mère. Un matin que j'étais dans ma chambre, essayant, tant bien que mal, de faire un sonnet, mon excellente mère entra, et vint s'asseoir près de ma table. Elle tricotait en même temps, car elle n'était jamais oisive, et ne prenait de repos que le soir en s'endormant. Ma mère, que le ciel la bénisse, était encore fraîche et belle ; je vis, au paisible sourire qui était sur ses lèvres, qu'elle avait dans l'esprit quelque chose qui était loin de lui déplaire, et j'attendis, avec quelque curiosité , qu'elle parlât. Pauvre mère,

comme elle s'oubliait elle-même ! Sa vie entière, c'était tout ce qui avait le rapport même le plus éloigné avec mes espérances, mon avenir et mon bonheur.

— Finissez d'écrire , mon enfant, dit-elle ; car instinctivement j'avais essayé de cacher le sonnet; finissez d'écrire ; je ne dirai rien jusqu'à ce que vous ayez fini.

— C'est fini maintenant, ma mère ; c'était seulement quelques vers que j'essayais de transcrire;... vous savez... que je transcrivais seulement.

— J'ignorais que vous fussiez poète, Cornélius, dit-elle en souriant avec encore plus de complaisance; savez-vous que c'est quelque chose d'être la mère d'un poète !

— Moi ! moi ! un poète, ma mère ! Je deviendrai plus vite un maître d'école qu'un poète. Oui, vraiment, il me serait plus facile de devenir Jason Newcome lui-même, le maître d'école du comté, que de soupçonner seulement que je puisse devenir poète.

— Allons, bien ! n'y pensons plus, on ne devient pas poète, j'imagine, les yeux ouverts. Mais qu'est-ce que j'apprends? que vous avez sauvé une jeune et jolie dame de la gueule d'un lion, quand vous étiez à la ville, et pourquoi n'ai-je appris tous ces détails que par M. Newcome?

Ma figure devait être pourpre, car je sentais le feu me brûler les joues , et ma mère souriait de plus en plus. Parler? Oh ! je n'aurais pas parlé, même pour obtenir d'Anna un pareil sourire.

— Mon Dieu, Cornélius, de quoi êtes-vous si honteux d'avoir arraché une jeune dame à un lion, ou d'être allé chez son père recevoir les remercimens de la famille? Les Mordaunt sont une famille que tout le monde aurait du plaisir à voir. Le combat entre le lion et vous a-t-il été acharné, mon enfant?

— Acharné, ma mère ! M. Newcome est un grand fabricant de miracles, et il change les taupinières en montagnes. Au lieu de la gueule d'un lion, mettez ses griffes, et au lieu d'une jeune dame, son châle.

— Soit, son châle, mais enfin il était sur ses épaules, et on ne l'en aurait pas débarrassée à temps pour la sauver sans votre courage et votre présence d'esprit.

— Comme vous voudrez, ma mère. J'ai rendu un petit service à une charmante jeune dame; elle et son père m'ont fait des politesses, comme cela était naturel. Herman Mordaunt est une personne bien connue, et comme vous dites, sa famille est une de celles qu'on peut être fier de fréquenter; oui, et heureux aussi.

— Comme cela se trouve, Cornélius, dit ma mère à demi pensive et comme se parlant à elle-même, vous êtes un fils unique, et Anna Mordaunt est aussi fille unique; Dirck Follock me l'a souvent répété.

— Dirck vous avait donc souvent parlé d'Anna Mordaunt auparavant?

— De temps en temps. Il est son parent, vous savez. Vous aussi, du reste, si vous ne l'ignorez pas.

— Moi, moi parent d'Anna Mordaunt, et sans l'être de trop près?

— Ma mère sourit de nouveau, tandis que je restais tout honteux de ma vivacité. Je crois qu'un soupçon de la vérité au sujet de ma naissante passion entra dès ce moment dans l'esprit de mon excellente mère.

— Certainement vous êtes son parent, Cornélius, et je

vais vous dire comment. Ma trisaïeule Alida Van der Heyden était cousine germaine de la trisaïeule d'Herman Mordaunt par sa mère qui était une Van-Kleeck ; vous voyez
bien que vous êtes le parent d'Anna.

— Oui, ma mère, juste assez pour être à l'aise chez
son père, et pas assez pour rendre la parenté importune.

— On dit, mon enfant, qu'Anna est une charmante
personne.

— Si la beauté, la modestie, la grâce, l'amabilité, le
courage, le jugement, la délicatesse, et la vertu et la piété
suffisent à rendre charmante une jeune personne de dix-
sept ans, oui, ma mère, Anna est charmante !

— Mon excellente mère parut surprise de cet élan de
chaleur, mais elle sourit avec plus de complaisance que
jamais. Cependant, au lieu de poursuivre cette conversation, elle changea de sujet et se mit à parler du temps.
J'imagine qu'avec son instinct de femme, elle en avait
appris assez pour le moment.

L'été succéda bientôt au mois de mai qui avait été si
décisif pour moi, et je cherchai bien, inutilement du reste,
des distractions dans les champs. Anna était toujours avec
moi, son image me suivait partout où j'allais. Aussi, quel
bonheur ce fut pour moi, quand Dirck, dans une de ses
visites périodiques à Satanstoé, me proposa vers le milieu
de l'été, d'aller à cheval rendre une visite à Lilacsbush !
Il avait prévenu de notre arrivée, et nous y passâmes une
journée délicieuse. Cette visite nous fut rendue vers le
mois de septembre, et je pris alors congé d'Anna, pour
plusieurs mois, qui me furent bien longs et bien pénibles.

L'année 1757 fut mémorable pour les colonies par les
progrès de la guerre. Montcalm s'était avancé jusqu'à
l'extrémité du lac George et avait pris le fort William-
Henri, dont la garnison avait péri dans un affreux massacre. Cette tentative audacieuse mit le Champlain au
pouvoir de l'ennemi, et le poste imprenable de Tycondé-
roga avait reçu une formidable garnison. Les affaires politiques de la colonie prenaient une couleur de plus en
plus sombre, et l'on sentait qu'il fallait faire un grand
effort pour réparer de telles pertes. On annonçait de
grands renforts d'Angleterre et des levées considérables
dans les colonies elles-mêmes. Lord Loudon devait retourner en Angleterre et être remplacé dans le commandement général par un vétéran du nom d'Abercrombie.
Des régimens se tardèrent pas à arriver des Indes-Occi-
dentales ; et celui auquel appartenait Bulstrode fut envoyé de New-York à Albany.

VII.

L'hiver touchait à sa fin, et j'avais accompli ma vingt-
unième année. Mon père et le colonel Follock qui, cet hiver, était venu plus souvent que de coutume fumer avec
lui, commencèrent à parler du voyage que Dirck et moi
devions faire en quête de la concession. On se procura
des cartes, on fit des calculs, et chaque membre de la
famille ouvrit son avis. Je dois avouer que la vue du large
et vieux parchemin qui représentait la concession de
Mooseridge (1), ainsi nommée d'un renne que les ar-

(1) Montagne du Renne.

penteurs y avaient tué, éveilla dans mon esprit quelques sentimens d'avidité. On y voyait des rivières errant
entre les collines et dans les vallées, de petits lacs, enfin
tous les indices géographiques d'une belle propriété qu'un
bon arpenteur avait pu imaginer pour rendre le tout
agréable à l'œil et riche de promesses. Aujourd'hui je serais moins prompt à m'enflammer. Je sais tel de mes
amis de New-York à qui il est arrivé d'acheter, sur la foi
d'une carte, une étendue considérable de terres. Arrivé
sur sa propriété, il fut fort surpris de n'y pas trouver le
moindre filet d'eau et alla chercher querelle au géomètre
dont les cartes étaient sillonnées de rivières, lui demandant
pourquoi il avait marqué tant de cours d'eau où il n'y
en avait pas un seul.—Pourquoi, lui dit l'autre, mais qui
diable a jamais vu une carte sans rivières? Alors j'étais
plein de confiance. C'était beaucoup déjà d'être l'héritier de
Satanstoé, c'était bien plus encore d'être, de moitié avec
Dirck, le propriétaire de ces vastes plaines, de ces riches
vallées, de ces cours d'eau rapides, de ces lacs pittores-
ques. En un mot, les Littlepage étaient devenus les maîtres de ce qui pouvait s'appeler une terre. Dans notre façon de parler à New-York, 6 ou 800 acres ne constituent
pas une terre ; à peine donne-t-on ce nom à une propriété
de deux à trois mille acres : dix, vingt et à plus forte
raison quarante mille acres peuvent recevoir le titre de
terre.

Le premier point mis en discussion fut de savoir comment Dirck et moi nous nous rendrions à Mooseridge.
Nous pouvions attendre que la rivière dégelât, et nous
embarquer sur un des sloops qui font le voyage de New-
York à Albany. Mais on objecta que l'armée réclamerait
sans doute tous les moyens de transport, qu'il faudrait
attendre trop long-temps pour dépendre encore des allées
et venues des quartiers-maîtres et des fournisseurs. Mon
grand-père secoua la tête quand on en parla :

— Cornélius, ayez le moins possible à faire à ces gens-
là, me dit le vénérable vieillard, dont les cheveux étaient
devenus tout blancs, qui ne portait pas sa perruque la
moitié du temps, et se contentait d'un bonnet de nuit et
de sa robe de chambre jusqu'à ce que le dîner fût annoncé,
car alors il sortait invariablement de sa chambre, habillé
en gentleman; ayez le moins possible affaire à cette en-
geance, mon enfant. L'argent est ce qu'ils cherchent et
non l'honneur. Ils vous traiteront comme un baril de bœuf
salé, ou un sac de pommes de terre, si vous tombez entre
leurs mains. Si vous faites route avec l'armée, mettez-
vous avec les vrais soldats, et par-dessus tout évitez les
fournisseurs.

Il fut décidé que nous partirions en traîneau avant la
fonte des neiges, ce qui nous permettrait d'atteindre Albany en trois jours. Les considérations économiques eurent
ensuite leur tour, et l'on arrêta le plan suivant qui me
paraît encore un modèle de prudence et de jugement. On
savait à la maison que le service de l'armée réclamerait
beaucoup de chevaux, et des provisions de toutes sortes.
Nous avions en ce moment à Satanstoé plusieurs chevaux
de trait qui avançaient en âge, quoiqu'en état de servir et
excellens pour une campagne. Le colonel Follock en avait
du même genre, et quand la cavalerie des deux domaines
fut réunie dans notre cour, le nombre de ces animaux vé-

nérables s'éleva à quatorze. Cela faisait juste trois attelages à quatre chevaux, plus deux chevaux pour une charge plus légère. On répara ou on acheta de vieux traîneaux de charge; et Jaap, le nègre attaché à mon service, fut envoyé en avant avec deux autres nègres, à la tête de ce que mon père appelait la brigade des traîneaux; ceux-ci furent chargés du porc salé et de la farine des deux familles. La guerre avait fait monter le prix de ces deux articles, et comme on n'avait point encore vendu les cochons tués à Noël, il fut décidé que Dirck et moi, destinés comme nous l'étions à acheter et à vendre pour le compte des deux familles, ne pouvions débuter d'une façon plus utile à nous-mêmes et à nos parens. Les nègres emportaient avec eux la provende pour leurs chevaux, les provisions et le cidre nécessaires à leur propre consommation. Ainsi faisaient du reste tous les propriétaires.

Quand tout fut prêt, nous eûmes à entendre force bons avis de tous nos amis avant de nous lancer dans le monde. Ce que le colonel Follock dit à Dirck, celui-ci ne me l'a jamais répété, mais voici presque mot pour mot les avis que me donna mon père. La scène se passa dans une petite pièce que mon père appelait son office, et que Jason, le pédagogue, nommait son étude.

— Cornélius, dit-il en me tendant un petit paquet de papiers, voici la note de tout; vous ferez bien de la consulter avant de rien vendre. Voici des lettres d'introduction auprès de quelques officiers dont je désire que vous cultiviez la connaissance. Celle-ci en particulier est pour mon vieux capitaine Charles Merrewether, qui est maintenant lieutenant-colonel et commande un bataillon dans le Royal-Américain: il vous sera très utile, je n'en doute pas, tant que vous serez avec l'armée. Le porc, m'a-t-on dit, quand il est de bonne qualité comme celui que vous emportez, vaut trois demi-joés le baril, et vous pouvez en demander ce prix là. Si le hasard ou l'amitié du colonel Merrewether vous procure une invitation à la table du commandant en chef, j'espère que vous ferez honneur à la fidélité des Littlepage. Ah! voici pour la farine, elle doit valoir en ce temps-ci deux demi-joés le baril. Je vous ai mis une lettre ou deux pour quelques-uns des Schuyler avec qui j'ai servi quand j'avais votre âge. Ce sont des gens du plus haut rang, rappelez-vous le, qui comptent parmi les premières familles des colonies; ils ont dans les veines du bon vieux sang des Van-Cortland, et sont en bonnes relations avec les Rensselaer. Ah! si quelqu'un d'entre eux vous demande le prix du baril de langues que vous trouverez marqué d'un L...

— Quelqu'un d'entre eux, mon père, des Schuyler, des Cortland ou des Rensselaer?

— Mais non, quelqu'un des vivandiers ou des fournisseurs, voulais-je dire. Vous pourrez leur dire qu'elles ont été préparées à la maison et que vous osez les recommander comme dignes de la table du commandant en chef lui-même.

Telles sont les instructions que mon père me donna en partant. Celles de ma mère furent toutes différentes:

— Cornélius, mon cher enfant, me dit-elle, ce voyage va être décisif pour vous. Non-seulement vous allez bien loin de la maison, mais dans un pays où vous aurez beaucoup à voir. J'espère que vous vous rappellerez ce qu'on a

promis en votre nom au baptême, et aussi ce que vous devez à votre bonne renommée et à celle de la famille. Les lettres que vous emportez vous introduiront dans la bonne compagnie, et c'est un grand point pour un jeune homme. Je désire, Cornélius, que vous cultiviez la société de femmes estimables; notre sexe exerce une grande influence sur la conduite des jeunes gens de votre âge, et votre bonne conduite, la conservation de vos principes dépendent beaucoup de la fréquentation de femmes vertueuses.

— Mais, ma mère, si nous faisons la campagne avec l'armée, comme le désirent mon père et le colonel, il ne nous sera pas possible de fréquenter beaucoup les dames.

— Je parle du temps que vous passerez à Albany ou aux environs. Je ne pense pas que vous trouviez des dames du monde à Mooseridge, et si vous marchez réellement avec les troupes, quoique je ne voie pas la nécessité pour vous de faire un seul pas avec elles, puisque vous n'êtes pas soldat, je ne suppose pas que vous trouviez beaucoup de femmes respectables dans le camp. Profitez de toutes les occasions qui s'offriront de pénétrer dans la bonne compagnie. Je vous ai procuré une lettre pour Mme Schuyler, qui est, m'a-t-on dit, au-dessus de toutes les dames d'Albany. Vous devez aller la voir, et, si vous ne lui portiez pas cette lettre, je le mettrais sur votre conscience. Il est possible aussi qu'Herman Mordaunt....

— Hermann Mordaunt et Anna, ma mère.

— Je parlais d'Herman Mordaunt lui-même, et non pas d'Anna, mon enfant, répondit ma mère en souriant, quoique Anna doive être avec son père. Ils ont quitté New-York pour aller à Albany, il y a deux mois, à ce que m'écrit ma sœur de New-York, et ils doivent passer l'été dans le nord. Maintenant, écoutez ceci, mon enfant, quoique je ne redoute pas pour vous la comparaison avec aucun jeune homme des colonies. Oui; quoique votre propre mère, je crois pouvoir dire cela.

— Qu'est-ce donc, ma mère, je vous en prie, dites-le; de quoi s'agit-il? mais qu'est-ce donc, ma bonne mère?

— Votre tante ajoute qu'il se dit dans la ville, par un petit nombre de personnes, il est vrai, mais enfin qu'il se dit qu'Herman Mordaunt n'est allé à Albany avec sa fille que pour y retrouver le 25e régiment, dans lequel sert le fils d'un baronnet qui lui est un peu parent, et à qui il désire faire épouser Anna.

— Je suis désolé que ma tante ajoute foi à une aussi méprisable médisance, m'écriai-je avec indignation. Je parie ma vie qu'Anna Mordaunt n'a jamais eu une pensée aussi indélicate.

— Personne ne l'attribue à Anna; mais les pères ne sont pas les filles, Cornélius, pas plus que les mères: je puis le dire, moi qui n'ai qu'un fils. Herman Mordaunt a pu penser à tout cela sans qu'Anna en soit moins innocente et moins délicate.

— Et comment les nouvellistes de ma tante savent-ils ce qui se passe dans le cœur d'Herman Mordaunt?

— Comment? je suppose qu'ils le jugent d'après eux-mêmes, mon fils; c'est le moyen ordinaire de mettre le doigt sur les fautes d'autrui, quoique je pense qu'on arrive rarement à découvrir ses vertus par le même procédé.

— Bien! ils jugent autrui d'après eux-mêmes! Ce peut être le moyen ordinaire; mais est-il infaillible?

— Non certainement, mon enfant; on a pu se tromper, et nous devons être d'autant moins disposés à mal juger Anna, que vous êtes son parent, puisque la trisaïeule de son père...

— Ne me parlez plus de trisaïeule, ma bonne, mon excellente mère. Je ne veux plus avoir de secret pour vous; si Anna Mordaunt ne veut pas devenir votre fille, vous n'en aurez jamais.

— Ne dites pas cela, Cornélius, je vous en prie, s'écria ma mère fort alarmée. Songez qu'on ne peut pas disputer des goûts; un officier est un formidable rival, et après tout, ce M. Bulstrode, comme je crois que vous l'appelez, peut plaire à Anna aussi bien qu'à son père. Ne dites pas une chose si cruelle, je vous en supplie, mon cher enfant, mon bien aimé Cornélius.

—Il n'y a pas une minute, ma mère, vous prétendiez ne redouter pour moi la rivalité d'aucun jeune homme de la province.

— Sans doute, mon fils; mais c'est une chose si différente de vous voir passer toute votre vie comme un vieux célibataire sans affections et sans comfort. Il y a dans le comté cinquante jeunes femmes que je voudrais vous voir épouser plutôt que d'être témoin d'un tel malheur.

— Bien, ma mère, mais n'en parlons plus. Est-il vrai que notre pasteur, M. Worden, fasse le voyage avec nous?

— Non-seulement M. Worden, mais M. Jason Newcome, le maître d'école, qui veut devenir propriétaire dans le nord. Nous ne savons comment nous ferons pour nous passer de M. Worden, mais il se sent appelé à suivre l'armée où il y a si peu de chapelains, et dans la guerre, les âmes sont appelées si soudainement à rendre leurs comptes, qu'on ne peut guère refuser de le laisser aller.

Pauvre et confiante mère! Quand je songe au passé et que je me rappelle la façon dont M. Worden s'acquitta de sa mission, je ne puis m'empêcher de sourire du naturel confiant des femmes.

Le 1er mars 1758, nous quittâmes Satanstoé avec quelque fracas. L'attelage appartenait moitié aux Littlepage et moitié aux Follock, chaque famille ayant fourni un cheval. Le traîneau, vieux serviteur repeint à neuf pour la circonstance, appartenait au colonel, et en langage commercial était consigné à Dirck pour être vendu au terme du voyage. L'extérieur était peint en bleu de ciel; l'intérieur était vermillon, couleur qui était et qui est encore fort en vogue pour les traîneaux; d'autant plus, assurent les vieilles gens, qu'elle est plus chaude. Pour moi, j'avoue avoir eu tout aussi froid aux pieds dans un traîneau vermillon que dans un traîneau bleu, quoiqu'on regarde cette couleur comme particulièrement froide pour les pieds.

Nous voyageâmes rapidement, et le matin du quatrième jour, nous atteignîmes Albany. Nous nous arrêtâmes un moment à quelque distance de la ville pour nous faire brosser afin d'entrer dans Albany comme des gentlemen. Jason alla beaucoup plus loin. Suivant ses idées de Yankie, un homme devait mettre en voyage ses plus beaux effets, et, à notre grande surprise, pendant que nous déjeûnions, nous vîmes apparaître le maître d'école en culottes noires, avec des bas de laine rayée, de larges boucles plates sur ses souliers et l'habit vert-pois, à moi bien

connu, qu'il réservait religieusement pour les grands jours et les dimanches. Il avait mis de côté paletot et manteau pour entrer en ville dans tout son éclat. Heureusement pour lui, le temps était doux, et un brillant soleil envoyait quelques chauds rayons sur l'habit vert-pois pour empêcher son sang de se figer.

Nous n'étions plus séparés d'Albany que par l'Hudson. Je dois avouer qu'aucun de nous n'aimait l'idée de traverser l'Hudson sur la glace dans un traîneau chargé, et cela au mois de mars. Il n'y a point chez nous de rivières qu'on franchisse ainsi; le froid n'était pas assez grand pour nous rassurer, et nous ressentions tout ce qu'éprouvent, en pareil cas, les gens inexpérimentés. Je dois à Jason la justice de dire qu'il montra en cette circonstance plus de bon sens pratique qu'aucun de nous, et que nous nous réglâmes sur son avis. Quant à M. Worden, au contraire, rien ne put le décider à s'aventurer sur la glace dans un traîneau, ou près d'un traîneau, malgré tous les raisonnemens de M. Jason.

— Voyez donc, lui dit-il, révérend M. Worden (Jason, en sa qualité de Yankie, n'oubliait jamais le titre de personne) vous n'avez qu'à tourner les yeux sur la rivière pour voir qu'elle est couverte de traîneaux tout près de nous et au loin. Il y a une route qui vient du sud et une du nord, et si la croisière se dirige vers la ville, cela indique plutôt un passage qu'un endroit dangereux. A mon avis, les gens du pays doivent savoir s'il y a danger ou non.

Quelque évident que fût ce raisonnement, le révérend M. Worden nous fit arrêter pour descendre à terre et traverser la glace à pied. Jason lança une allusion ou deux sur la foi et les mérites, tout en se réduisant au simple habit vert-pois et en écartant tout ce qui pouvait cacher sa splendeur. Dirck et moi gardâmes résolument nos places, ayant pourtant de diriger notre traîneau là où nous en apercevions d'autres. M. Worden s'effraya encore de suivre le sentier battu, et jugeant qu'il n'y avait pas plus de sécurité hors d'un traîneau qu'à rester dedans, il s'écarta de la route et coupa diagonalement la rivière en se dirigeant vers les quais de la ville.

Il me sembla que ce jour était jour de fête pour la jeunesse et les oisifs, les traîneaux se succédaient rapidement, remplis de jeunes gens et de dames, tous animés et pétillans de joie, dans l'enivrement de la gaîté et de la jeunesse. Le tintement des clochettes, cette activité et ce mouvement, le rire et la gaîté, l'ensemble enfin de cette scène si animée, dépassaient tout ce que j'avais vu dans ce genre. Nous avions presque franchi la rivière, quand un traîneau, plus élégant que tous les autres, descendit de la rive et passa près de nous comme une comète. Il était rempli uniquement de dames, à l'exception d'un seul cavalier, qui se tenait debout sur le devant et qui conduisait. Je reconnus Bulstrode, et parmi les cinq ou six visages souriants dont les yeux étaient tournés de notre côté, j'en reconnus un que je ne pouvais oublier, celui d'Anna Mordaunt. Le traîneau passa comme un météore; mais je ne pus m'empêcher de tourner la tête pour le suivre des yeux. Ce mouvement me rendit témoin des conséquences de la détermination de M. Worden. Un traîneau venait dans la même direction que nous, les personnes qu'il contenait, voyant un ecclésiastique à pied sur la glace, détournèrent le traîneau et s'approchèrent de lui au galop pour offrir par politesse une place à un homme de sa sainte profession. Notre théologien entendit les clochettes, et effrayé à l'idée d'avoir un traîneau si près de lui, il prit la fuite à toutes jambes, poursuivi par le traîneau aussi vite que les chevaux pouvaient aller. Tout le monde de s'arrêter et de s'ébahir à la vue de cette lutte étrange, jusqu'à ce que poursuivant et poursuivi eussent atteint le rivage, M. Worden complètement essoufflé, comme on peut bien penser.

Nous arrivâmes au bord presque en même temps. Le fuyard et ses persécuteurs se regardaient avec un égal étonnement. Le traîneau contenait deux jeunes gens de bonne mine, qui parlaient anglais avec un léger accent hollandais, et trois jeunes dames dont les brillans yeux noirs exprimaient la surprise mêlée à l'envie de rire. Voyant que nous étions tous étrangers et que nous réclamions le fugitif comme un des nôtres, un des jeunes gens leva son chapeau d'un air respectueux, et nous demanda très poliment :

— Qu'avait donc le digne ecclésiastique pour courir si fort?

— Courir? dit M. Worden, dont les poumons semblaient deux soufflets de forge; courir, et qui ne courrait pas pour ne pas être englouti ?

— Englouti! dit le jeune Hollandais en jetant les yeux sur la rivière, comme pour voir si la glace était déjà en mouvement; et qui faisait croire au révérend qu'on court pareil danger?

Comme les soufflets de M. Worden allaient toujours leur train, j'expliquai aux jeunes Albaniens notre inquiétude à l'idée de passer une rivière sur la glace, et le motif de la frayeur de M. Worden et de sa course précipitée. Ils écoutèrent mes explications dans un silence respectueux, tout en se lançant quelques coups d'œil à la dérobée, et les dames mêmes eurent quelque peine à s'empêcher de rire. Ils nous quittèrent en nous demandant pardon de la méprise. Tel fut l'événement qui signala notre entrée à Albany. Nous espérions qu'il serait bientôt oublié, mais nous comptions sans notre hôte. L'histoire de la chasse au révérend fut racontée par les témoins de la scène, et probablement fort embellie ; et M. Worden fut bientôt connu dans tout le pays par le nom du *Révérend Longues-jambes*.

VIII.

Albany est une ville entièrement hollandaise : l'architecture des maisons l'indiquent assez et nous n'entendîmes guère parler que le hollandais dans les rues : les mères querellaient leurs enfans en hollandais, et, du reste, cette langue s'y prête merveilleusement; les nègres chantaient des chansons hollandaises, les passans s'appelaient en hollandais : bref, le hollandais nous cornait aux oreilles. Après avoir trouvé une auberge et y avoir déposé nos effets, Dirck et moi, nous nous mîmes en quête d'un jeune homme nommé Guert Ten Eyck, appartenant à une des meilleures familles d'Albany. Nous lui étions recommandés, et je ne sais si Dirck ou moi, ou peut-être tous les deux, ne

lui étions pas parens, à la hollandaise, il est vrai, c'est-à-dire au douzième ou quinzième degré. Nous comptions sur lui pour nous aider à vendre notre cargaison. Il s'y prêta de la meilleure grâce et s'offrit de nous conduire tout de suite chez un fournisseur de ses amis. Chemin faisant, il nous exhorta à ne point craindre de surfaire, car, en fin de compte, dit-il, c'est le roi qui paie.

— Les riches acheteurs doivent bien payer, ajoutait-il; je vous dirai encore, comme chose utile à savoir, que des ordres sont arrivés pas plus tard qu'hier pour faire faire autant d'achats que possible en ce genre. Proposez attelage, traîneau et harnais en bloc aux gens du roi.

Il se trouva que le nom de mon père était bien connu du fournisseur. Grâce à cette circonstance et aux bons offices de Guert Ten Eyck, je me défis immédiatement et à un prix très avantageux de tout ce que j'avais apporté à Albany. Dirck et moi nous nous trouvâmes en un rien de temps débarrassés de la responsabilité commerciale, aussi nouvelle qu'importune , qui pesait sur nous.

Nous fîmes nos remercîmens à notre nouvelle connaissance, dont la cordialité et le naturel aimable et facile nous charmaient : Prouvez-moi votre reconnaissance; nous dit-il; quelques gentlemen de mes amis, qui sont dans l'habitude de souper ensemble pendant l'hiver, se réunissent ce soir pour célébrer la fin de la saison; permettez-moi de compter sur vous. Nous nous réunissons à neuf heures, nous soupons à dix, et nous nous séparons à minuit régulièrement avec tout le calme et toute la prudence désirables.

Il y avait quelque chose de si franc et de si cordial, de si simple et de si peu apprêté, dans cette invitation, que nous ne sûmes comment la refuser. Je remerciai M. Guert Ten Eyck pour moi et mon ami.

— Comment? votre ami, me dit-il, mais vos amis. Vous aviez avec vous un ecclésiastique : il a l'air d'un bon enfant, et peut bien nous aider à manger un dindon et avaler un verre d'excellent madère. Je compte sur lui. On dit qu'il a pris de l'exercice aujourd'hui, cela lui aura ouvert l'appétit.

— Oh! M. Worden, lui dis-je, est homme de bonne compagnie, et qui tient bien sa place à table. Je lui ferai part de votre invitation, et je tâcherai de le déterminer.

— Bien, reprit Guert, quand on veut bien, on peut toujours. J'irai à votre auberge savoir des nouvelles de votre négociation. Adieu, mon cher Monsieur Littlepage, soyons bons amis; j'aime votre physionomie, et mon œil me trompe rarement en pareil cas.

De retour à l'auberge, j'y trouvai M. Worden, et je vis que l'idée d'un souper agréable ne déplaisait pas au missionnaire. Cependant il eût des scrupules, d'autant plus qu'il n'avait pas encore vu son confrère de la paroisse Saint-Pierre, et ne connaissait pas son genre d'esprit; il désirait officier dans le dimanche suivant en présence des principaux personnages de la ville : il lui avait écrit à ce sujet. Heureusement le recteur de Saint-Pierre ne tarda pas à arriver; en cinq minutes, les deux révérends se serrèrent la main, furent au courant l'un de l'autre, échangèrent des promesses de sermons, et devinrent les meilleurs amis du monde. M. Worden fut prévenu qu'il aurait un couvert mis dans le fort avec le chapelain. M.

Worden trouva encore moyen de glisser, entre parenthèses dans la conversation, la question suivante :

— La famille Ten Eyck est-elle considérée à Albany?

— Très considérée ; elle jouit de l'estime universelle. Ainsi, je puis compter sur vous, mon cher M. Worden, pour m'aider pendant le service du matin et celui du soir.

— Faites vos arrangemens en conséquence, mon cher confrère. Je suis tout frais et j'ai apporté bon nombre de sermons, ne sachant pas ce que j'aurais de besogne avec l'armée. Cornélius, me dit-il en même temps à voix basse, vous pouvez dire à vos nouveaux amis de me compter parmi leurs convives, et, ma foi, faites leur entendre que je ne suis pas un de vos puritains.

A dîner, M. Worden remarqua que le fonds du repas se composait de venaison, et que la venaison étant de digestion facile ne ferait pas grand tort au souper. Il nous engagea à nous en tenir au gibier, et paya d'exemple. Je l'imitai, mais il y avait certains plats hollandais d'un attrait trop puissant pour Dirck, et quant à Jason, il jeta son dévolu sur certain hâchis et n'en démordit pas qu'il ne l'eût complètement expédié.

Nous sortions de table quand je vis arriver Guert Ten Eyck qui me prit par le bras pour me faire faire un tour de promenade en me disant : allons, voici l'heure où les jeunes dames sortent de chez elles pour faire en traîneau leur promenade du soir.

— Je suppose que les dames d'Albany sont remarquables par leur beauté, Monsieur Ten Eyck, dis-je à mon compagnon dans le dessein de me montrer poli envers une une personne qui avait tant de prévenances pour moi. Le petit nombre de celles que j'ai rencontrées ce matin en traversant la rivière, étaient faites pour donner à un étranger une idée des plus favorables des grâces de leur sexe dans cette ville.

— Monsieur, répondit Guert, en se dirigeant vers la grande rue de la ville, nous sommes satisfaits de nos dames, en général, parce qu'elles sont pleines d'amabilité, de sensibilité et de charmes ; mais il est arrivé parmi nous cet hiver, de la partie de la colonie que vous habitez, une personne dont la présence a fait fondre les glaces de l'Hudson.

Mon cœur battit plus fort à ces paroles, car il me semblait qu'il n'y avait qu'une personne au monde dont la venue fût capable de produire une pareille sensation. Il me fut impossible de m'abstenir de faire à ce sujet une question directe.

— Vous dites, Monsieur Ten Eyck, que cette personne vient de la partie du pays que nous habitons ; c'est de New-York que vous voulez parler, sans doute?

— Oui, Monsieur. Quelques beautés anglaises sont venues ici à la suite de l'armée; mais il n'y a pas un colonel, un major ou un capitaine qui puisse se vanter d'avoir amené avec lui une beauté comparable à celle que nous a fait connaître M. Herman Mordaunt, dont le nom ne doit pas vous être étranger.

— Je le connais personnellement, Monsieur. M. Herman Mordaunt est parent de mon ami, M. Dirck Follock.

— En ce cas, le sort de M. Follock est digne d'envie, puisqu'il peut se dire le parent d'une aussi charmante personne que miss Anna Mordaunt.

— Rien n'est plus vrai, m'écriai-je avec chaleur; Anna Mordaunt passe pour la plus jolie jeune personne de New-York.

— Je ne puis dire que je partage entièrement cette opinion, Monsieur Littlepage, répliqua Guert, modérant la chaleur de son admiration d'une manière qui excita ma surprise, surtout depuis qu'une certaine miss Mary Wallace a paru en la compagnie d'Anna Mordaunt; il ne manque pas de gens à Albany qui mettent la première en balance avec l'autre.

Mary Wallace! La pensée qu'on pût comparer la silencieuse et pensive Mary Wallace, si parfaite qu'elle fût d'ailleurs, avec Anna Mordaunt, n'aurait jamais pu me venir à l'esprit. Mary Wallace était certainement une charmante jeune personne. Elle était belle aussi; elle avait un air doux et une physionomie angélique qui m'avaient souvent frappé. En toute autre compagnie que celle d'Anna Mordaunt, elle aurait attiré l'attention des plus indifférens.

Et voilà que Guert Ten Eyck admirait, aimait peut-être! Mary Wallace. C'était là une nouvelle preuve du penchant singulier qui nous attire vers ceux qui nous ressemblent le moins. Il était impossible en effet de rencontrer deux personnes plus dissemblables que Mary Wallace et Guert Ten Eyck.

— Miss Wallace est charmante, dis-je à mon interlocuteur, aussitôt que la surprise me permit de répondre, et je ne suis pas étonné que vous parliez d'elle dans des termes d'une si grande admiration.

Guert s'arrêta au milieu de la rue, me regarda en face, montrant dans sa physionomie une expression de sincérité qui ne pouvait être feinte, et tout en me serrant la main il reprit avec un ton de conviction que je ne saurais rendre :

— L'admiration, Monsieur Littlepage, n'est pas un mot assez fort pour exprimer ce que je ressens pour Mary. Je voudrais pouvoir l'épouser dans une heure afin de l'aimer et de la chérir pendant tout le reste de ma vie. Je l'adore, et j'aime jusqu'à la terre qui porte l'empreinte de ses pas.

— Et vous lui avez dit cela, Monsieur Ten Eyck?

— Cent fois, Monsieur. Il y a deux mois qu'elle est arrivée à Albany, et elle a gagné mon cœur dès la première semaine. Mais je crains d'avoir parlé trop tôt; miss Mary est une personne aussi prudente que sensible, et les jeunes filles de son caractère sont portées à se défier des gens qui sont trop prompts à s'enflammer. Elles aiment qu'on les serve pendant sept ans et sept ans encore, comme Joseph a servi pour obtenir Putiphar.

— Vous voulez dire sans doute, Monsieur Ten Eyck, comme Jacob a servi pour obtenir Rachel.

— Il en sera ce que vous voudrez, Monsieur Littlepage; mais je pense que dans nos Bibles hollandaises il est dit que c'est Joseph qui a servi pour obtenir Putiphar. Au surplus, vous savez ce que je veux dire. Si vous voulez voir ces dames, venez avec moi. Nous irons à un endroit où le sleigh de M. Herman Mordaunt passe régulièrement à cette heure; car ces dames vivent en quelque sorte en plein air. Je ne manque jamais l'occasion de les rencontrer.

J'avais honte de retenir si long-temps M. Guert dans la

rue ; néanmoins, j'acceptai sa proposition. Nous nous arrêtâmes près de l'église hollandaise, et je fus assez heureux pour voir miss Anna et son amie, qui faisaient leur promenade du soir. Je remarquai que les regards de Mary Wallace se tournèrent vers l'endroit où Guert s'était placé, et qu'elle rougit en lui rendant son salut. Mais le tressaillement de surprise, le sourire d'Anna et le feu qui brilla dans ses yeux lorsqu'elle m'aperçut à l'improviste, me firent éprouver un sentiment de bonheur que je ne saurais peindre.

Lorsque le sleigh eut disparu derrière l'angle d'un bâtiment, Guert, après m'avoir jeté un coup d'œil plein d'expression, me proposa de continuer notre chemin. En suivant la principale rue, je ne fus pas peu surpris de trouver toute la jeunesse engagée dans un singulier amusement, auquel elle se livrait avec une ardeur toute particulière. Par la jeunesse, je n'entends pas seulement les garçons et les filles de douze à quatorze ans, mais les jeunes gens de dix-huit à vingt. Leur divertissement consistait à glisser sur la glace le long de la montée. La pente était très rapide, et d'une longueur suffisante pour donner l'impulsion à de petits traîneaux qui, lancés près de l'église anglaise, descendaient avec impétuosité, et, par la seule force de cette impulsion, étaient emportés au-delà de l'église hollandaise, c'est-à-dire à une distance d'un peu plus d'un quart de mille. Les traîneaux étaient d'une dimension proportionnée à la taille et à la corpulence de ceux qui en faisaient usage. Il n'y avait certainement pas alors un seul des habitans de New-York qui n'eût appris à gouverner les traîneaux, et qui ne pût diriger leur mouvement, avec la plus grande facilité, sur la descente la plus rapide; mais tous avaient acquis ce talent dans leur enfance, et avaient cessé de l'exercer dès qu'ils étaient parvenus à l'âge viril. Albany était le premier endroit où j'eusse vu des jeunes gens d'un âge raisonnable se livrer à ce genre d'amusement. La rigueur de l'hiver, jointe à ce que la principale rue de la ville se trouve précisément située sur une colline, avait répandu, même parmi les hommes faits, la mode de ce divertissement, qui partout ailleurs est réservé aux enfans.

Nous étions parvenus à la hauteur de l'église anglaise, lorsqu'un certain nombre de jeunes officiers sortirent du fort avec la gaîté militaire qui assaisonne l'ordinaire du régiment. Ils ne furent pas plus tôt arrivés à l'endroit où on lançait les traîneaux, que trois ou quatre des plus jeunes se hâtèrent de prendre part au divertissement général, et s'élancèrent sur la glace, franchissant l'espace avec la rapidité d'un boulet de mille. Nul ne parut trouver leur conduite extraordinaire. Bien loin de là, je remarquai que les personnes d'un âge mûr les considéraient avec une certaine complaisance, indice certain que le spectacle de ce jeu les réjouissait, en leur rappelant les souvenirs de leur jeunesse. Je ne puis dire cependant que ces jeunes officiers étrangers réussirent parfaitement à conduire leur traîneau; la plupart furent arrêtés par quelque obstacle avant d'avoir atteint le bas de la colline.

— Voulez-vous prendre un traîneau, Monsieur Littlepage? me dit Guert, avec une courtoisie grave qui montrait jusqu'à quel point il prenait cet amusement au sérieux ; j'en sais un qui est solide et assez large pour contenir deux personnes, et vous pourriez vous y aventurer avec moi sans danger, lors même qu'un régiment de cavalerie paraderait devant nous au bas de la rue.

— Mais ne sommes-nous pas un peu trop vieux pour prendre ce passe-temps dans les rues d'une grande ville? lui répondis-je, en regardant autour de moi avec l'hésitation d'un homme qui désirait, mais qui n'osait pas accepter sa proposition; vous savez que ces officiers de la garnison sont en quelque sorte des personnes privilégiées.

— Nul n'a, je vous assure, de plus grands priviléges dans les rues d'Albany, que M. Cornélius Littlepage, répondit mon compagnon. De jeunes dames me font quelquefois l'honneur de leur compagnie, et jamais il ne leur est arrivé d'accidens.

— Les jeunes dames, dites-vous, se hasardent à glisser en traîneau le long de cette rue, Monsieur Ten Eyck?

— Pas souvent, je vous l'accorde; mais vous pouvez être assuré qu'elles l'ont fait plus d'une fois par un beau clair de lune. Il y a, non loin d'ici, un endroit moins fréquenté que les jeunes dames choisissent de préférence lorsqu'elles veulent prendre cet amusant exercice. Voyez, Monsieur Littlepage! Voici l'honorable M. Monson, capitaine au *** régiment, qui descend la hauteur, et qui l'aura remontée avant que nous ne soyons partis, si vous ne vous pressez pas. Asseyez-vous comme une dame, et laissez-moi le soin de conduire le traîneau.

Que pouvais-je faire? Guert m'avait montré tant de politesse, il parlait si sérieusement! D'un autre côté, tous les spectateurs semblaient attendre de moi que je consentisse à sa proposition, sans compter que le capitaine Monson était déjà à la moitié de la descente. Je montai sur des traîneaux, et je m'assis à la place qui est ordinairement occupée par les femmes; posant mes pieds sur le devant du léger véhicule. Aussitôt Guert se plaça derrière moi, les jambes étendues de chaque côté du traîneau. Tout Américain, né au nord du Potomac, connaît parfaitement la manière de conduire un traîneau, en donnant à droite ou à gauche un léger coup de talon sur la glace. Guert appela un petit garçon pour nous donner notre élan, et nous attendîmes sur notre machine, dans la situation d'un vaisseau au moment d'être lancé dans son élément naturel, comme dirait un poète. Nous fûmes vigoureusement poussés, et nous partîmes avec la vélocité d'une flèche.

— Je dois confesser que j'eus un moment de plaisir produit par la rapidité même de notre mouvement, par la joute de vitesse que nous fîmes avec un autre traîneau, et par l'adresse et l'aisance avec lesquelles Guert, presque sans toucher le sol, nous conduisit sains et saufs à travers certains passages très étroits, entre des traîneaux chargés de bois et de venaison, en frisant les nazeaux des chevaux.

J'oubliai que je faisais cette étrange exhibition de ma personne dans un lieu étrange et en étrange compagnie. Du reste, notre vélocité était telle, que nous ne courions réellement pas un grand danger d'être reconnus; et, d'ailleurs, l'attention de chacun était divisée par tant d'objets, que notre acte de folie aurait passé probablement inaperçu sans un accident très inopportun et fort inattendu. Nous avions franchi avec succès l'espace qui sépare les deux églises, aux applaudissemens de plusieurs citadins d'un aspect grave et respectable qui s'étaient écriés en nous voyant passer : « bravo, Guert ! » car mon compagnon paraissait être le favori de toute la ville, au moins en matière d'escapades de cette espèce, lorsqu'en tournant un angle du vieux temple hollandais, dans le dessein ambitieux de pousser plus loin, et d'aller continuer notre glissade sur le quai, le long de la rivière, nous faillîmes tomber sous les pieds de deux chevaux qui traînaient un sleigh, et arrivaient au grand trot du côté opposé. Rien que la promptitude et la force physique de Guert ne put nous sauver des dangers de cette rencontre. Il enfonça son talon dans la neige; le traîneau fut lancé dans une direction nouvelle, et nous, hors du traîneau, la tête en bas et les pieds en l'air, sans pouvoir prévenir ce qu'il y avait de peu convenable et de disgracieux dans cette évolution. Le nègre qui conduisait le sleigh tira en même temps les guides avec tant de force, que ses chevaux se jetèrent de côté Le résultat de ces divers mouvemens, fut que Guert et moi nous roulâmes sur le chemin de manière à ne pouvoir nous remettre sur nos pieds que le long du sleigh. Je posai même la main sur un des côtés de la voiture pour m'aider à me relever.

Quel spectacle s'offrit à ma vue ! En tête du sleigh, le nègre riait à se décrocher la mâchoire; car tous les accidens qui arrivaient aux glisseurs lui paraissaient un légitime sujet de réjouissance. Qui a jamais fait autre chose que rire en voyant un sleigh renversé? A plus forte raison était-il naturel de se livrer à l'hilarité en voyant deux grands enfans culbuter avec un traîneau. J'aurais bien volontiers administré une correction à ce drôle; mais, en supposant que j'eusse été un instant disposé à céder à cette tentation, la force et le courage nécessaires pour m'y livrer ne tardèrent pas à m'abandonner, lorsque je me trouvai à trois pas et justement en face d'Anna Mordaunt et de Mary Wallace. C'est alors seulement que je fus sensible à la honte d'avoir été surpris au milieu du désastreux dénoûment de notre escapade enfantine. Guert éprouvait-il le même sentiment? c'est ce que je ne pourrais dire; mais ce que je sais, c'est qu'en ce moment j'aurais voulu le voir au fond de l'Hudson, et en sa compagnie, la colonie d'Albany tout entière avec ses églises hollandaises, ses traîneaux, ses hauteurs et ses bourgeois, sans excepter leurs pipes.

— Monsieur Littlepage! s'écria Miss Anna, d'une voix où l'ironie se mêlait au regret d'une manière désolante.

— Monsieur Guert Ten Eyck, dit, à son tour, Mary Wallace avec un accent qui dénotait le chagrin.

— A votre service, miss Mary, répondit Guert, que son exploit ne paraissait pas avoir déconcerté, et en montrant un aplomb dont le motif ne me fut révélé que plus tard; à votre service, répéta-t-il, tout en secouant sans embarras la neige qui s'était attachée à son habit, à présent et toujours. Je vous supplie de ne pas croire que l'accident, dont vous venez d'être témoin, est dû à la maladresse. Il a été occasioné par la négligence du jeune garçon à qui est confié le soin d'avertir de l'arrivée des sleighs, au-

dessous de l'église. Le petit drôle aura quitté son poste. Si jamais l'une de vous deux veut bien me faire l'honneur de monter en traîneau avec moi, j'engage ma parole d'habitant d'Albany de la conduire au pied de la colline la plus haute et la plus escarpée sans déranger un seul de ses rubans.

Mary Wallace ne fit aucune réponse, mais il me parut qu'elle regardait tristement son interlocuteur. Anna comprit sans doute le sentiment qui agitait son amie, car elle prit la parole, à sa place et répondit avec une vivacité de repartie que je ne lui avais jamais vu manifester auparavant :

— Non, non, Monsieur Ten Eyck. Lorsque nous aurons envie, Miss Walace et moi, de glisser le long de la hauteur et de redevenir petites filles, nous nous adresserons à des petits garçons. L'habitude journalière de cet exercice doit les rendre plus habiles que des hommes qui ont eu le temps d'oublier les jeux de leur enfance. — Pompée, ajouta-t-elle, nous retournerons à la maison.

Une froide inclination de tête, tout juste assez gracieuse pour sauver les apparences, succéda à ces paroles et prouva trop clairement que ni Guert ni moi n'avions gagné dans l'estime d'Anna Mordaunt par cette maladroite exhibition de son adresse à conduire les traîneaux. Si ces jeunes personnes étaient nées à Albany, il est probable qu'elles se seraient contentées de rire de notre mésaventure; mais New-York ne contenant dans son enceinte aucune hauteur réellement digne de ce nom, l'usage qui prévalait à Albany n'était pas adopté dans la capitale. Dans cette partie de la colonie les jeunes enfans seuls glissaient en traîneaux. Mais les Hollandais, par suite de la constance de leur caractère, conservaient, dans un âge comparativement avancé, le goût de cet amusement. En résumé, ce que nous eûmes de mieux à faire, était de saluer profondément et de laisser partir le nègre.

— Voyez-vous cela, Littlepage, s'écria Guert, entrevoyant la vérité. Je n'obtiendrai que des regards glacés pendant toute la durée de la semaine prochaine, et cela pour avoir glissé en traîneau trois ou quatre ans plus tard que la mode ne le permet. Ici, chacun se livre à ce divertissement jusqu'à dix-huit ans ou à peu-près; or, je n'en ai pas plus de vingt-cinq. Dites-moi, je vous prie, quel est votre âge, mon cher compagnon.

— Vingt-et-un ans, depuis un mois seulement. Je voudrais, de tout mon cœur, en avoir dix de moins.

— Tournez de ce côté! Bien. Que voulez-vous? cela est malheureux, mais il faut en prendre son parti. J'aime les amusemens de cette espèce, et je l'ai reconnu vingt fois devant miss Wallace. Mais elle prétend qu'à mon âge, les hommes doivent s'occuper exclusivement de choses sérieuses, et travailler à la prospérité de leur pays. Elle m'a déjà chapitré une fois à l'occasion de courses en traîneau, bien qu'elle reconnaisse que les hommes peuvent se permettre l'exercice du patin.

— Lorsqu'une dame prend la peine de réprimander quelqu'un, c'est un signe certain qu'elle s'intéresse à cette personne.

— Par Saint-Nicolas! je n'ai jamais pensé cela, Littlepage, s'écria Guert; car, malgré ses avantages physiques, il avait moins de vanité qu'aucun homme que j'aie jamais connu. Elle a désapprouvé ma manière de voir, et cela plus d'une fois, voilà tout.

— La femme qui vous blâme ainsi, n'a pas l'intention, soyez-en sûr, de se débarrasser de vous à la fin de son discours.

— C'est parler en homme! J'aime ce langage et j'aime celui qui le tient. Je prévois que nous serons fort bons amis. C'est un sujet sur lequel nous reviendrons une autre fois. Mary m'a parlé de la guerre actuelle, et m'a fait entendre qu'un garçon, comme moi, ayant le monde ouvert devant lui, devrait s'efforcer de faire connaître son nom. Cela sonne mal à mes oreilles, car il me semble qu'une jeune fille qui aime un jeune homme, ne doit pas désirer qu'il s'expose à se faire tuer.

— Une jeune fille qui ne prend aucun intérêt à un poursuivant, Monsieur Ten Eyck, s'inquiète fort peu de ce qu'il fait ou de ce qu'il ne fait pas. Mais il faut que je vous quitte, car j'ai rendez-vous avec M. Worden, à l'auberge, à six heures.

Nous nous séparâmes après avoir échangé de nouvelles démonstrations d'amitié. Tout en regagnant mon auberge, je réfléchis avec mortification aux événemens qui venaient d'avoir lieu. Il n'était que trop évident que j'avais encouru le déplaisir d'Anna; et ma conscience m'avertissait que son déplaisir était accompagné d'une espèce de dédain. La situation de Guert ne me paraissait pas aussi désespérée de moitié que la mienne. En effet, il n'est pas très extraordinaire de voir des femmes de sens, et constantes dans leurs affections, qui se sentent du penchant pour un jeune homme d'un caractère différent du leur, s'efforcer d'élever leur soupirant jusqu'à la hauteur de leur propre nature. Si Anna avait pris la peine de me faire des remontrances sur ma folie, je crois que ses reproches m'auraient encouragé; mais la froideur et l'indifférence, pour ne pas dire le dédain, qui avaient éclaté dans ses manières, m'ôtaient tout espoir et toute ardeur. Il est vrai qu'Anna semblait régler sa manière de voir en grande partie sur celle de son amie; mais je ne pouvais pas me tromper sur l'expression de surprise qui avait paru dans ses regards lorsqu'elle m'avait vu, moi, Cornélius Littlepage, sortir en quelque sorte de dessous son sleigh, et me relever à côté d'elle en secouant la neige qui s'était attaché à mes habits, avec toute la gaucherie d'un grand imbécile que j'étais. C'est la plus cruel déplaisir que puisse éprouver un homme, que de se trouver placé dans une position ridicule en présence de la femme qu'il aime.

Près de l'auberge, je rencontrai Dirck la figure rayonnant de joie.

— Je viens de rencontrer Anna Mordaunt et Mary Wallace, dit-il, et elles ont fait arrêter leur sleigh pour me parler. Herman Mordaunt a passé ici la moitié de l'hiver et il a l'intention d'y rester pendant la plus grande partie de l'été. Les deux jeunes filles m'ont appris que la famille n'irait point à Lilacsbush cette année. Herman Mordaunt a acheté une maison, où il vit entouré de domestiques à lui, et où il fait bouillir sa propre marmite, pour me servir de son expression. Nous serons ici comme chez nous, car vous êtes le favori de la famille depuis l'affaire du lion. Quant à Anna, jamais elle ne m'a paru plus belle.

— Miss Mordaunt a-t-elle dit, mon cher Dirck, qu'elle serait satisfaite de nous voir comme auparavant?

— Si elle l'a dit? Je le crois bien. Elle a dit : Je serai toujours bien aise de vous voir, cousin Dirck, toutes les fois que vous pourrez venir, et j'espère que vous nous amènerez quelquefois le ministre dont vous nous avez parlé.

— Mais elle n'a rien dit de Jason Newcome, ni de Corny Littlepage? Soyez franc, Dirck, mon nom a-t-il été mentionné dans votre conversation?

— Certainement, il l'a été. Je vous ai nommé plusieurs fois.

— Mon nom a-t-il été prononcé par l'une ou l'autre de ces demoiselles, Dirck?

— Vous pouvez en être sûr. Anna a dit quelques mots sur votre compte; mais je puis à peine me rappeler maintenant ses paroles, car, à vrai dire, quoiqu'elle vous ait nommé, son langage ne pouvait nullement se rapporter à vous. Attendez cependant; je me rappelle qu'elle a dit : « J'ai vu M. Littlepage, et je l'ai trouvé grandi depuis la dernière fois que je l'ai rencontré. Il promet de devenir un homme un de ces jours. » Qu'est-ce que cela peut signifier, Corny?

— Que je suis un fou, un grand enfant, et que je voudrais n'être jamais venu à Albany; voilà ce que cela signifie. Venez, entrez dans l'auberge; M. Worden doit vous y attendre. Ah! qui diable est là, Dirck?

Mon compagnon fit une exclamation, ou plutôt poussa un véritable cri qui sortit de ses poumons avec une vigueur tout hollandaise, sans égard pour le lieu public où nous nous trouvions, puis toute sa physionomie s'illumina d'un rire franc et sympathique. Je venais en effet d'entrevoir, dans un traîneau qui avait passé à nos côtés, descendant la montée que nous gravissions lentement, Jason lui-même. Il paraissait aussi charmé de ce sport de nouvelle espèce, qu'aucun autre des grands garçons qui y prenaient part. Il passa, revêtu de son habit vert-pois, portant ses bas de laine rayés et ses larges boucles plates, et conduisant son traîneau avec toute l'habileté qu'aurait pu déployer le jeune gars le plus expérimenté dans cet exercice.

— Voilà un maître jeu, Corny, s'écria mon compagnon, contenant à peine le plaisir qu'il éprouvait; j'ai grande envie de prendre un traîneau et de tenter aussi la descente.

— N'en faites rien, si vous voulez être admis auprès de miss Mordaunt, Dirck. Croyez à ma parole, elle n'aime pas que les hommes prennent part aux amusemens des enfans.

Dirck me regarda avec étonnement; mais taciturne par nature, il ne dit rien et nous entrâmes dans la maison. Nous trouvâmes M. Worden finissant de lire un vieux sermon qu'il préparait pour le dimanche suivant : il s'assit avec nous et commença à causer de la ville et des agrémens qu'elle offrait. Le théologien était dans le ravissement. Il se souciait peu des Hollandais et n'en avait vu qu'un petit nombre : il les dédaignait d'ailleurs absolument comme quelqu'un de la capitale fait des provinciaux; mais il avait rencontré tant d'officiers anglais, avait tant entendu parler de son pays, reçu tant d'invitations, que la campagne qu'il entreprenait ne lui

SATANSTOË.

promettait que des plaisirs. Nous restâmes à bavarder de tout cela jusqu'à ce que le thé fût servi, et encore une heure ou deux après. M. Worden loua mes marchés et ma promptitude (il aurait mieux fait de dire celle de M. Guert); il m'assura que mes parens seraient mis au courant de tout. Bref, notre Mentor, étant très satisfait de lui-même, était disposé à être satisfait de tout le monde.

À l'heure convenue, Guert arriva pour nous conduire au lieu de la réunion. Il se montra poli, plein d'attention et franc dans ses manières, comme l'air qu'il respirait. M. Worden fut enchanté de lui, et il fut bientôt évident que le jeune Ten Eyck et lui allaient devenir de chauds amis.

— Vous saurez, Messieurs, dit Guert, que le souper auquel j'ai eu l'honneur de vous inviter sera composé des meilleurs garçons d'Albany, sinon de toute la colonie. Nous nous réunissons une fois par mois dans la maison d'un vieux célibataire qui fait partie de la bande, et qui sera charmé de causer religion avec vous, Monsieur Worden. M. Van-Brunt est expert en matière de religion, et c'est lui que nous faisons l'arbitre de toutes nos disputes et de tous nos paris sur ce sujet.

Ceci sentait quelque peu le fagot; mais M. Worden n'était point homme à renoncer à un bon souper pour quelques mots risqués. Une pareille perspective lui eût fait tolérer même une discussion religieuse. Il se mit donc côte à côte avec Guert et nous fûmes bientôt à la porte de M. Van-Brunt, le bachelier en théologie, comme je l'appelais. Guert entra sans frapper, et nous conduisit en présence de notre quasi hôte.

Nous trouvâmes dans la salle une réunion de douze personnes, en y comprenant Guert : la société était au grand complet. Au premier coup d'œil, je trouvai à toute la bande je ne sais quel air en rapport avec notre dégringolade, et je pensai que la nuit serait bonne. Ma liaison avec Dirck, mes relations avec la vieille race m'avaient mis au courant des faiblesses du caractère hollandais. Tout sobres, calmes, phlegmatiques même qu'ils paraissaient, leur gaîté était passablement bruyante quand ils s'y mettaient. Nous autres du West-Chester, reconnaissions qu'un jeune homme de la veille race tenait tête, et à son aise, à deux Anglo-Saxons, quand le repas s'échauffait, et ce n'était pas un tapage ordinaire qui pouvait apaiser l'ardeur d'un Hollandais un peu en train. Je savais bon nombre d'histoires sur les débauches hollandaises, et j'avais entendu dire que, sous ce rapport, les jeunes Albaniens avaient la palme.

Cependant rien ne pouvait être plus respectueux et plus convenable que notre introduction et l'accueil qu'on nous fit. Les jeunes gens parurent enchantés d'avoir un ecclésiastique parmi eux, et je ne doutai pas que dans leur intention le souper ne dût être d'une sobriété et d'une modération peu ordinaires. J'entendis le mot: *un révérend*, passer de bouche en bouche, et il me fut aisé de voir l'effet qu'il produisait. Beaucoup attachaient les yeux sur Van-Brunt : c'était un homme de quarante-cinq ans, à la figure rouge, carré de stature, et l'air quelque peu viveur, qui semblait trouver la justification de son union avec des gens beaucoup plus jeunes que lui, dans ses habitudes, et peut-être dans la nécessité ; les gens de son âge n'aimant guère sa compagnie.

— Messieurs, dit-il, il n'y a rien qui échauffe comme de rester debout à se regarder les uns les autres , nous allons prendre un peu de punch pour nous humecter le cœur et le gosier. Guert, prenez donc la cruche.

Guert s'arma de la cruche; bientôt chacun eut son verre plein de punch, breuvage alors, comme maintenant, fort en vogue aux colonies. La liqueur était faite de main de maître, et je n'eus pas plus tôt avalé mon verre que je la trouvai d'une force extrême. Quant à Guert, il but non pas un verre, mais deux à la suite l'un de l'autre, comme un homme altéré ; conservant en même temps son attitude ferme et droite comme s'il avait affaire à quelque chose qui ne réclamât pas la moitié de ses forces. La cruche, quoique de belle taille, fut vidée au premier assaut, et, en preuve, Guert la retourna sens dessus dessous.

La conversation s'engagea, la plupart du temps en anglais, par politesse pour le révérend, qu'on supposait ne pas comprendre le hollandais. C'était une erreur cependant, M. Worden se tirait assez bien d'affaire en cette langue, quand il le voulait. On me félicita sur les marchés que j'avais conclus; on eut, de la façon la plus franche et la plus cordiale, toutes sortes de prévenances aimables et hospitalières, pour me prouver que j'étais le bien-venu. Je confesse que je fus touché de ces efforts si honnêtes et si sincères pour me mettre à l'aise, et quand arriva une seconde cruche de punch, je pris de grand cœur un autre verre.

La compagnie s'animait peu à peu, lorsque Guert fut demandé à la porte par un nègre, qui, en l'appelant, avait la mine la plus longue qui se pût voir. Guert sortit un instant, et, quand il rentra, une sorte de consternation était peinte sur sa belle figure. Il prit M. Van-Brunt dans un coin avec deux ou trois autres personnes, et une conversation animée s'engagea à voix basse. J'étais assez près du groupe pour entendre çà et là quelques mots sans en saisir le sens. Les mots : — Le vieux Cuyler. — Oh ! souper monstre. — Du gibier et des canards. — Des cailles et des perdrix. — Il nous connaît tous. — N'en faites rien. — Le révérend. — Les étrangers. — Comment faire ? — et autres expressions semblables, me firent vaguement soupçonner que notre souper pouvait être en grand péril, sans que je pusse deviner pourquoi. Guert tenait évidemment le premier rang dans cette consultation ; chacun semblait écouter son avis avec respect et attention. A la fin, notre ami rompit le groupe, et, de la façon la plus polie et la plus calme, nous fit part de l'accident.

— Vous saurez, Messieurs, que nous autres jeunes gens d'Albany, nous avons quelques usages qui peut-être ne vous sont pas connus, à vous qui habitez les environs de la capitale. Le fait est que nous ne sommes pas toujours ni aussi sages ni aussi sobres que nos parens pourraient le désirer, et surtout nos grands-parens. Nous nous amusons quelquefois à faire main basse sur les poulaillers et les basses-cours de la ville et nous soupons avec nos larcins. Je ne sais pas quel est votre avis, à vous, Messieurs; mais pour ma part je reconnais que les canards et les oies conquis dans cette guerre innocente ont un goût plus délicat que ceux du marché. Nous avions aujourd'hui un souper *acheté*, mais il est devenu la victime d'une application de l'usage dont je vous parle.

— Est-il possible! est-il possible! ami Ten Eyck, s'écria M. Worden avec une consternation sincère, le souper a disparu, dites-vous?

— Oui, Monsieur, pour être franc, il a disparu, disparu jusqu'au dernier poulet, la dernière côtelette, la dernière pomme de terre. Ils ne nous ont pas laissé une bouchée.

— Ils! qui, ils? répéta le révérend; qui peuvent-ils être?

— C'est ce que nous avons encore à savoir, car le tour a été fait avec tant d'adresse et d'habileté, qu'aucun de nos nègres n'a la moindre idée de ce qui s'est passé. Il leur a semblé qu'on criait au feu tout à côté; ils sont tous sortis dans la rue, et dans l'intervalle on avait emballé et emporté notre souper.

— Bon Dieu! bon Dieu! quelle calamité! quel vol abominable! Ne l'avez-vous pas dénoncé à la police?

— Non, Monsieur; malheureusement nous n'en avons pas; d'ailleurs nous n'appliquons pas des noms si durs à un pareil tour, même quand il nous fait perdre notre souper. C'est le fait de quelques-uns de nos amis qui se sont proposé de souper à nos dépens, et qui y réussiront, Messieurs, à moins que vous ne vouliez nous aider à reconquérir ce qu'on nous a pris.

— Vous aider, mon cher Monsieur? Je ferai tout ce que vous voudrez, tout ce que vous me direz de faire. Faut-il aller à la citadelle réclamer le secours de la force armée?

— Non, Monsieur, nous avons un moyen plus court que celui-là. Je suis certain de trouver notre souper deux ou trois portes plus bas; seulement donnez-nous un peu, tout peu d'assistance.

— Parlez, parlez une bonne fois, au nom du ciel, Monsieur Guert. Les plats doivent refroidir pendant ce temps-là, s'écria M. Worden en se levant en toute hâte et en cherchant autour de lui son chapeau et son manteau.

— Voici le service que nous demandons de vous, Messieurs, reprit Guert avec un calme qui me confond d'étonnement quand je pense aux événements de cette nuit: Notre souper, et un excellent souper, est là sous notre main comme je vous l'ai dit. Rien ne serait plus aisé que de le servir ici sur notre table, dans la salle voisine, si nous pouvions seulement écarter de la cuisine la vieille Dorothée et la retenir cinq minutes sur le pas de sa porte. Elle connaît chacun de nous, et éventerait la mèche en nous voyant paraître; M. Worden et M. Littlepage pourraient sans difficulté l'amuser le temps nécessaire. Elle adore à l'excès tous les révérends et serait incapable de vous suivre à la piste jusqu'ici pour vous dénoncer, ce qui nous permettrait de souper en paix. Après cela, s'inquiète qui voudra du reste.

— Je vais le faire, je le ferai, s'écria M. Worden en s'élançant dans l'antichambre pour prendre son chapeau et son manteau: Il est fort juste que vous ayez votre souper, et à moins qu'il ne soit mangé, on le restituera, quand nous devrions aller chercher les constables.

— Non, pas de constables, Monsieur Worden, nous n'employons jamais la police dans nos guerres aux pou-

laillers. Tout ce que nous avons à craindre en essayant de reprendre notre souper, c'est un peu d'eau chaude ou une lutte avec nos amis.

On nous expliqua alors clairement et en détail ce qu'il fallait faire. Guert devait se mettre à la tête d'une bande pourvue de serviettes et de larges paniers, qui devait pénétrer dans la cuisine pendant l'absence de Dorothée et enlever les plats qui ne pouvaient encore être servis, l'habitude de tout le monde à Albany étant de souper à neuf heures précises. Quant à Dorothée, un nègre, qui était dans notre maison, attendant un des convives, son maître, devait la faire sortir de sa cuisine qui était dans une cave, et l'amener sur la porte où M. Worden la retiendrait trois ou quatre minutes. A ma surprise, le révérend entra dans ce projet avec toute l'ardeur d'un enfant; affirmant qu'il occuperait la femme une demi-heure au besoin en lui faisant un sermon sur l'importance d'observer le huitième commandement. Les instructions reçues, les deux bandes se mirent en marche, l'heure nous avertissait de ne pas perdre une minute inutilement.

Pour moi, dès le début, je ne goûtais pas beaucoup cette expédition; l'aventure du traîneau avait quelque peu affaibli ma confiance dans le jugement de Guert Ten Eyck. Néanmoins ce n'était pas à moi de reculer quand M. Worden marchait en avant; et après tout, il ne pouvait y avoir grand mal à reprendre un souper qui nous avait été dérobé. Guert ne prit pas la rue comme nous; il sortit avec sa bande par une porte de derrière, et c'était par une porte semblable qu'il devait pénétrer dans la cour de la maison qu'il attaquait. Une fois dans la cour, pénétrer dans la cuisine et se retirer étaient chose facile, pourvu que la cuisinière pût être attirée hors de son poste à ce moment décisif. Tout dépendait donc de l'adresse du jeune nègre et de la nôtre.

Arrivés à la porte, nous attendîmes pendant que le nègre descendait pour faire sortir Dorothée. Cela nous donna le temps d'examiner l'édifice. La maison était grande, beaucoup plus grande que celles des environs, et ce qui me frappa, c'est qu'il y avait une lampe allumée sur la porte. Cela donnait à la maison un faux air d'auberge ou de restaurant qui me rendit l'affaire plus intelligible. Nos joyeux larrons avaient, sans aucun doute, l'intention de souper dans cette auberge à nos dépens.

Le nègre fut absent une minute et remonta avec un jeune noir qu'il écartait de son poste sous un prétexte de sa façon, et fut immédiatement suivi par la cuisinière. Dorothée se confondit en révérences dès qu'elle aperçut le chapeau retroussé et le manteau noir d'un révérend, lui demandant pardon de l'avoir fait attendre, et ce qu'il désirait. M. Worden commença aussitôt une grave et sérieuse exhortation sur le vol, tenant la pauvre Dorothée tout ébahie pendant trois grandes minutes. En vain la cuisinière protesta qu'elle n'avait rien pris; que le bien de son maître était sacré à ses yeux et l'avait toujours été; qu'elle ne donnait jamais au dehors même les viandes froides sans en avoir reçu l'ordre, et qu'elle ne pouvait s'imaginer pourquoi on lui parlait à elle de cette façon. Pour lui rendre justice, M. Worden joua son rôle en perfection: il n'avait affaire, il est vrai, qu'à une pauvre fille que son caractère sacré intimidait. A la fin nous entendimes partir de l'allée un léger coup de sifflet, le signal du triomphe : M. Worden souhaita solennellement le bonsoir à Dorothée et s'en alla avec toute la dignité du sacerdoce. Deux minutes après, nous étions de retour : et Guert nous serrant cordialement la main et nous accablant de remerciemens, nous invita à souper. Il paraît que Dorothée avait fini de faire cuire le souper : tous les plats étaient devant un bon feu, n'attendant que le coup de neuf heures pour être servis. Aussi, pour tout changement, le souper traversa l'allée et fut placé sur notre table au lieu de figurer sur celle à laquelle il était destiné un instant auparavant.

Malgré la rapidité de ces évolutions successives, il aurait été difficile à un étranger de découvrir quelque irrégularité frappante dans notre repas. Les canards, le gibier étaient, non-seulement cuits à point, mais chauds et excellens. Chacun se mit donc à l'œuvre avec grand appétit, et pendant cinq minutes on n'entendit guère que le cliquetis des couteaux et des fourchettes. Alors vinrent à leur tour les santés, les toasts, les chansons et les bons contes.

Guert chanta merveilleusement; il avait la voix belle et sonore, et nous fit entendre plusieurs chansons avec des paroles anglaises et hollandaises. En terminant une de ces chansons et pendant que nous continuions à battre des mains de toutes nos forces, il invita M. Worden à porter la santé d'une dame.

— Allons! révérend, dit-il, car à la longue le souper avait engendré la familiarité; allons, révérend, vous vous êtes si bien acquitté de votre leçon, que nous mourons tous d'envie de vous entendre prêcher.

— Vous voulez la santé d'une dame, dites-vous, demanda l'ecclésiastique qui était aussi lancé qu'aucun de nous.

— Une dame! une dame! crièrent six ou sept voix ensemble, la dame du révérend! la dame du révérend!

— Soit, Messieurs; puisque vous voulez une dame, vous en aurez une; ne vous plaignez pas si elle est quelque peu vénérable : Buvons à notre mère l'église.

Un rire démesuré éclata. Mon tour vint ensuite, M. Van Brunt me somma de nommer une dame. Après avoir hésité un moment, je m'écriai, je m'en flatte, avec vivacité:

— Messieurs, je vous proposerai une dame tout aussi céleste : miss Anna Mordaunt!

— Miss Anna Mordaunt! répéta toute la table; et je ne tardai point à découvrir qu'Anna faisait fureur à Albany, et que sa santé se portait communément.

— C'est au tour de M. Guert Ten Eyck! m'écriai-je dès que le silence fut rétabli; car, ce soir-là, on faisait une petite pause entre chaque rasade.

A cet appel, l'expression de la figure de Guert changea entièrement; il devint grave en un instant, comme si le souvenir de celle dont il allait prononcer le nom, mettait un frein à ses plus grands élans de gaîté. Il rougit, leva les yeux et les promena fièrement autour de lui, comme pour provoquer un défi, et s'écria.

— Miss Mary Wallace.

— Bon! Guert, nous sommes accoutumés à ce nom, dit Van Brunt un peu sèchement, voilà la dixième

fois que je vous l'entends prononcer depuis deux mois.

— Vous pourrez bien l'entendre vingt fois encore, car je nommerai toujours Mary Wallace et rien que Mary Wallace, tant que la dame de mes pensées sera Mary Wallace. Comment! voici Monsieur le constable! Et qui peut nous valoir l'honneur de votre visite à ce moment de la nuit?

IX.

La soudaine apparition du constable de la ville, fonctionnaire dont la personne n'était point inconnue à plusieurs des convives, mit tout le monde sur pied, y compris M. Worden, Dirck et moi. Pour ma part, je ne vis là aucun motif d'alarme, quoiqu'il me vînt de suite à l'idée que cette visite pouvait avoir quelque rapport avec le souper enlevé : car la loi ne permet à personne de reprendre même son bien, par ruse ou par violence. Quant au constable lui-même, c'était un homme gros et court, bâti à la hollandaise, et la mine rébarbative, qui parlait l'anglais comme si cette langue lui échauffait la bile : c'était, du reste, le plus calme de l'assemblée.

Pien, M. Guert, dit-il avec une sorte de grognement bienveillant et magistral, je fiens pour ici. M. le maire foudrait bien fous foir. Fous et le révérend, qui est de fotre bande, et le gentleman qui lui a serfi de clerc, quand il chapitrait la fille Dorothée, la cuisinière de M. le maire.

La cuisinière du maire! Le secret était donc révélé, et la punition arrivait. Guert n'avait pas repris son souper qui, passé entre les mains des Philistins, était irréparablement perdu; il avait dérobé et mangé en place le souper préparé pour le maire d'Albany, Pierre Cuyler, homme considérable et éminent sous tous les rapports, qui occupait son poste de temps immémorial; la lampe était le symbole de son autorité, et non l'indice d'une auberge ou d'un restaurant. Le souper n'avait jamais pu être destiné à un seul homme ni à une seule famille, il était préparé sans doute pour une nombreuse compagnie. En effet, il avait apaisé amplement l'appétit de quinze hommes vigoureux; une demi-douzaine de nègres à la large bouche et à la face brillante se régalaient en ce moment des débris à la cuisine. Je lançai un coup-d'œil interrogatif à M. Worden, qui me renvoya. Cependant, il n'y avait pas de remède apparent, et, après une courte consultation avec Guert, nous prîmes tous trois nos chapeaux et suivîmes Dogberry chez M. le maire.

— Ne vous inquiétez pas, Messieurs, de cette petite interruption à nos plaisirs, dit Guert en se plaçant entre M. Worden et moi, ces choses-là arrivent souvent parmi nous. Vous êtes innocens, vous le savez, de toutes manières, puisque vous croyiez que c'était notre propre souper qui revenait directement à ses maîtres pour éviter les déplorables délais de la justice.

— Et à qui appartenait donc le souper que nous avons mangé? demanda M. Worden.

— Il n'y a pas de mal, maintenant, à vous dire la vérité, révérend; je vous avouerai donc qu'il appartenait légalement à M. le maire. Il n'y a pas grand danger pourtant; vous le verrez bien quand j'expliquerai l'affaire.

Vous saurez que la femme du maire est une Schuyler, ma mère aussi a un peu de ce sang-là dans les veines, et nous nous traitons de cousins à Albany du plus loin que nous nous apercevons. Vous le voyez bien, Messieurs, c'est simplement avoir soupé avec un de ses parens d'une façon un peu détournée.

— En avez-vous bien agi avec M. Littlepage et avec moi, Monsieur? demanda M. Worden avec un peu de raideur. Je pouvais, avec beaucoup d'à-propos, faire une leçon à une cuisinière sur le huitième commandement, quand la cuisinière avait aidé à vous dérober votre souper; mais que répondrai-je à son Honneur M. le maire, sur l'accusation qu'il portera contre moi? Ce n'est pas pour moi, Monsieur Guert, que j'éprouve tant d'inquiétude, c'est pour l'honneur et la réputation de ma sainte profession, et cela surtout vis-à-vis de vos disciples des écoles de Leyde.

— Mettez-moi tout sur le dos, mon cher révérend, mettez-moi tout sur le dos, répondit Guert, tout disposé à se sacrifier plutôt que de laisser un ami dans l'embarras. Je suis habitué à ces petites affaires, et j'aurai soin de vous.

— Pour cela, j'en réponds, dit le constable en remuant la tête. Il n'y a pas tant d'Albany un cheune étourdi qui connaisse tout cela mieux que M. Guert. Pien sûr, si quelqu'un peut tirer sa tête tu joug, c'est lui. Oui, oui, il connaît pien ces petites affaires-là, pien sûr.

C'était encourageant, en vérité. Notre compagnon était si bien connu pour ses tours et ses escapades, que le constable lui-même qui l'arrêtait, comptait largement sur son habileté à se tirer d'affaire. Je ne craignais pas qu'aucun de nous fût mis en jugement et condamné pour vol; car je savais combien les Hollandais vont loin dans les plaisanteries de ce genre et combien leurs vieillards sont indulgens pour les jeunes gens, et surtout de quel œil tout homme est disposé à regarder un exploit comme le nôtre, quand il a été exécuté adroitement et qu'il prête à rire. Pourtant ce n'était plus une plaisanterie de voler le souper du maire. Guert n'était pas exempt d'inquiétude comme le prouva la question qu'il adressa au constable sur le seuil même de la maison de M. Cuyler et sous la lampe officielle.

— Hans, de quelle humeur est le vieux gentleman ce soir? j'espère qu'on lui et ses hôtes ont soupé.

— Pon, c'est plus que che ne puis fous tire, Monsieur Guert. Quand on prit les foleurs de chefaux de la noufelle Angleterre, il était plus paisible qu'il ne l'afait été depuis long-temps, et il les fit pentre tous. C'était trop mal, Monsieur Guert, de fous en aller afec le propre souper du maire. Je fous aurai tit qui afait pris los canards et fotre gipier.

— Je voudrais de tout mon cœur que vous l'eussiez fait, Hans, mais nous étions très lancés, et nous avions un révérend étranger à souper. Chacun aime à bien traiter ses invités.

— Pon! pon! je comprends. Il faut que fous ayez été pien emparrassés pour faire chette chose là; mais c'était peaucoup trop mal. Bah! nous sommes tous cheunes, afant d'être fieux, on sait pien ça.

La porte s'ouvrit, et nous entrâmes. M. le maire avait donné ordre qu'on nous fît passer tous au salon, où il se proposait probablement de punir Guert un peu plus que de coutume, en le faisant comparaître aux yeux d'une certaine personne. Du reste, que le lecteur juge de ma consternation, quand je découvris, parmi les personnes dont j'avais aidé à enlever le souper, Herman Mordaunt, Mary Wallace et Anna. Chacun savait ce qui s'était passé, mais avant notre entrée au salon, le maire seul savait qui avait fait le coup; et encore n'avait-il, sur M. Worden et sur moi, d'autres détails que ceux qu'il tenait de Dorothée; et la cuisinière, naturellement, nous avait représentés comme des drôles qui avaient usurpé leur caractère sacré.

Guert était un homme décidé, et il nous rendit la justice d'entrer le premier au salon. Pauvre garçon! je sens bien ce qu'il souffrit, quand son premier coup d'œil tomba sur Mary Wallace, pâle et décontenancée. Sa consternation ne pouvait guère être moindre que la mienne, quand j'aperçus la rougeur d'Anna, et le regard d'amour-propre offensé que je crus voir briller dans ses yeux, qu'elle détourna.

Évidemment, M. le maire regardait M. Worden et moi avec surprise, car, au lieu d'étrangers, il s'attendait probablement à voir paraître deux de ces délinquans dont la figure lui était devenue familière, par suite d'exploits de ce genre. Or, on ne pouvait mettre en doute le caractère de M. Worden, en voyant sa contenance assurée, et dans son air et son costume, tous les indices de sa sainte profession.

— Je crois qu'il y a ici quelque méprise, constable, s'écria le maire. Pourquoi avez-vous amené ces deux étrangers avec Guert Ten Eyck?

— Mes ortres, Monsieur le maire, étaient t'amener le scélérat de référend de Dorothée et son scélérat d'ami, et foici l'un et foici l'autre.

— Ce gentleman a l'air d'être un vrai révérend et de plus de l'église d'Angleterre.

— Oui, Monsieur le maire, c'est chuste cela. Il peut précher quinze minutes sans s'arrêter si fous lui tonnez une rope noire, et prier une heure dans un surplis planc.

— Guert Ten Eyck, voulez-vous avoir la bonté de me faire connaître le nom de ces étrangers que j'ai le plaisir de recevoir? dit le maire avec un peu de prétention.

— Certainement, Monsieur le maire, certainement et avec grand plaisir. Je l'aurais fait déjà si nous avions été introduits chez vous par toute autre personne que le constable de la ville. Chaque fois que j'accompagne ce gentleman quelque part, j'attends toujours jusqu'à ce que je sois sûr d'être le bienvenu.

Guert riait de tout cœur en faisant cette allusion à ses peccadilles bien connues, et le maire sourit. Je vis bien que malgré les mesures sévères auxquelles on avait eu recours en cette circonstance, le maire n'était pas mal disposé pour Guert, et que celui-ci n'était pas précisément tombé entre les mains des larrons.

— Ce révérend ecclésiastique, continua Guert en cessant de rire, et après avoir jeté rapidement un regard suppliant sur Mary Wallace, est un gentleman anglais, Monsieur le maire, qui préchera à Saint-Pierre après-demain par invitation spéciale du chapelain, et, je n'en doute pas, nous serons tous très édifiés, miss Mary Wallace comme les autres, si elle veut lui faire l'honneur d'assister à l'office, bonne, angélique et *miséricordieuse* comme je la connais.

Tous les yeux se portèrent sur la jeune femme, dont la figure devint cramoisie, mais qui n'ouvrit pas la bouche. Je fus heureux de voir que l'admiration sincère et franchement avouée de Guert avait touché le cœur de Mary Wallace, tandis que sa raison condamnait ce que sa sensibilité naturelle encourageait; et le combat qui se livrait dans son ame fut dès-lors pour moi et long-temps après un sujet de curieuse étude. Pour Anna, elle me parut choquée de cet aveu un peu indiscret pour ne pas dire indélicat quoique indirect, de sa passion; et il me sembla qu'elle regardait Guert avec encore plus de froideur qu'elle n'avait fait. Aucune des dames cependant ne parla. Pendant cet intervalle de silence, M. Cuyler se remit de la surprise qu'il avait éprouvée en découvrant le caractère sacré d'un de ses prisonniers, et il songea à moi.

— Ainsi, ce gentleman est bien un ecclésiastique? dit-il; vous avez oublié de me faire connaître l'autre, Guert.

— L'autre est M. Cornélius Littlepage, Monsieur le maire, le fils unique du major Littlepage de Satanstoé dans le West-Chester.

Le maire parut un peu déconcerté, et se trouva assez embarrassé sur ce qu'il devait faire. L'invasion de Guert sur son souper dépassait de beaucoup en hardiesse tous les faits de ce genre dont on avait mémoire à Albany. C'était chose ordinaire pour les jeunes gens de son humeur de dérober de la volaille, du lard, etc., et de faire bombance avec le butin: il arrivait que des bandes rivales se dépouillaient réciproquement, et même qu'un seul souper changeait deux ou trois fois de mains avant d'être consommé; mais personne jusqu'à ce soir n'avait eu l'audace de prendre d'assaut la basse-cour du maire, encore moins le sanctuaire de son cordon bleu. Dans le premier mouvement de colère, M. Cuyler avait envoyé chercher le constable, et le club de Guert et le lieu de sa réunion étant bien connus de celui-ci, qui avait eu souvent occasion de le visiter, le constable y était allé tout droit. Cependant, un peu de réflexion fit sentir au maire qu'un tour de jeunesse ne pouvait pas être puni comme un vol, et lui rappela que Guert avait un peu du sang de sa femme dans les veines. Quand il vint à découvrir que deux étrangers de condition étaient impliqués dans cette affaire, dont l'un était de plus un ecclésiastique, le sentiment charitable prit le dessus et changea sa détermination.

— Vous pouvez retourner chez vous, Hans, dit le maire d'un ton fort radouci, si j'ai encore besoin de vos services, je vous enverrai chercher. Maintenant, Messieurs, ajouta-t-il dès que la porte se fût refermée sur le constable, je vais vous montrer que le vieux Pierre Cuyler peut encore avoir un souper sur sa table, et traiter ses amis, même quand il a Guert Ten Eyck pour si proche voisin. Miss Wallace, voulez-vous me permettre de vous conduire à table? M. Worden voudra bien prendre la main de Madame Cuyler.

Le missionnaire s'avança avec vivacité, et conduisit Mme la mairesse après miss Wallace avec la plus exquise courtoisie. Tout le monde suivit ensuite deux à deux. Il était dès lors évident qu'on nous pardonnait, et tous trois nous crûmes que le plus sage était de paraître aussi à notre aise que possible, pour ne pas contredire la bonne humeur du premier magistrat de l'antique ville d'Albany.

Pour rendre justice au maire, le temps perdu avait été si bien employé par Dorothée, qu'en jetant un coup-d'œil sur la table, je trouvai que le souper auquel nous nous trouvions si singulièrement invités, était de beaucoup meilleur que l'autre. Le gibier était abondant, et au moyen de cailles, de perdrix, d'huîtres, de pâtés de venaison et autres plats de ce genre, la digne cuisinière put servir à dix heures un souper aussi bon que celui qu'elle avait préparé pour neuf.

Je ne prétendrai pas que je me sentis parfaitement à l'aise, quand je m'assis à table pour la seconde fois de la soirée. Les plus jeunes de la compagnie paraissaient extrêmement sérieux; il semblait qu'ils se fussent volontiers dispensés de notre présence: les gens âgés entraient seuls dans leur rôle avec quelque vivacité. Anna ne leva pas même les yeux sur moi, après le premier regard d'étonnement qui suivit mon entrée, et Mary Wallace ne tourna pas une seule fois les siens vers Guert, quand nous atteignîmes la salle à manger. Le maire était déterminé à prendre l'affaire en riant, M. Worden et lui furent bientôt très bons amis et commencèrent à causer librement et gaîment.

— Allons, cousin Guert, s'écria le maire, quand deux ou trois verres de Madère eurent encore plus échauffé son cœur, remplissez votre verre et buvez à ma santé, à moins que vous ne préfériez boire à une dame. En ce cas, tout le monde boira à sa santé de bien bon cœur. Vous ne mangez pas, il faut boire d'autant plus.

— Ah! Monsieur le maire, j'ai déjà bu à une dame cette nuit; je ne puis boire à une autre.

— Nous n'excepterons pas les dames ici présentes, mon garçon.

— Non, Monsieur, pas même avec cette permission. Je bois à votre santé de tout mon cœur, et je vous remercie de tout mon cœur pour ce généreux traitement, après ma folle escapade. Mais vous savez, Monsieur le maire, comment nous sommes, nous autres jeunes gens d'Albany, quand notre amour-propre est en jeu, et qu'il faut avoir un souper.

— Non, non, Guert, je ne sais rien de tout cela, et je serais charmé de l'apprendre de vous. Et d'abord, comment vous est venue cette fantaisie pour le souper de ma cuisinière? Le croyiez-vous meilleur que le souper que pouvait vous donner Arent Van-Brunt?

— Le souper d'Arent Van Brunt avait disparu, parti pour la citadelle, j'imagine, et chez les habits rouges, et, pour être vrai, Monsieur le maire, il nous fallait le vôtre, ou nous en passer. J'avais invité ces messieurs à souper avec nous. Un de vos nègres parla de ce qui se préparait ici, et l'hospitalité nous a fait faire cet écart. Il n'y a pas autre chose, je vous l'assure, Monsieur le maire.

— Et c'est par hospitalité que vous avez obligé vos hôtes à gagner leur souper. Vous les avez envoyés prêcher la vieille Dorothée, tandis que vous débrochiez mes canards et mon gibier.

— Pardonnez, Monsieur le maire, Dorothée avait tout apprêté avant de venir au sermon; votre cuisinière est trop bien apprise pour négliger son devoir, même pour entendre un sermon du révérend M. Worden. Mais ces messieurs ont été trompés aussi bien que la vieille femme, car ils se croyaient à la recherche de notre souper perdu et ne savaient pas que vous demeuriez ici : je les ai abusés aussi bien que la vieille Dorothée. La vérité m'oblige à en convenir pour leur justification.

À cet aveu si franc, toutes les figures s'éclaircirent; je vis Anna elle-même tourner les yeux vers Guert, et un sourire adoucit l'extrême gravité de son maintien. Dès ce moment, un changement très sensible s'opéra dans les sentimens et l'attitude de la partie la plus jeune de la société, et la conversation devint plus libre et plus gaie. Guert fut encouragé à continuer ses explications; ce qu'il fit avec franchise et loyauté : il nous disculpa entièrement, sauf d'être un peu disposés à l'espièglerie pour un ministre de l'église, et pour un de ses élèves qui avait à peine commencé ses voyages.

La figure d'Anna s'éclaircissait de plus en plus, à mesure que Guert avançait dans ses explications, et quand il eut fini, elle se tourna vers moi de la façon la plus gracieuse et me demanda des nouvelles de ma mère. Comme j'étais assis directement en face d'elle, et que la table était étroite, nous pûmes causer sans trop attirer l'attention sur nous ; le maire et ses autres hôtes plaisantaient alors assez bruyamment sur les aventures de la soirée, à l'autre bout de la table.

Le maire, prenant en considération notre premier souper, permit aux trois coupables de quitter la table un peu plus tôt, et, comme l'heure était avancée, la société se sépara presque aussitôt après. Cependant, avant le départ, Herman Mordaunt s'approcha de moi, et de la façon la plus amicale m'invita à déjeûner le lendemain, en me recommandant d'amener Dirck avec moi. J'ai à peine besoin de dire avec quelle joie j'acceptai cette invitation, et combien je me sentis soulagé par cette conclusion d'une aventure qui, un moment, m'avait menacé d'une profonde disgrâce. Si le maire avait été d'humeur à poursuivre sérieusement l'affaire du souper enlevé, les conséquences légales n'en auraient probablement pas été très graves, mais elles auraient pu être ridicules, et je ne doute pas qu'elles n'eussent terminé brusquement ma visite dans le Nord. Toujours est-il que je me trouvai très soulagé, et je crois qu'il en fut de même de M. Worden.

— Cornélius, me dit-il après que nous eûmes souhaité le bonsoir à Guert, et repris le chemin de notre auberge, ce second souper m'a aidé merveilleusement à digérer le premier. Je ne sais si notre nouvelle connaissance ici, nous sera très profitable.

—Cependant, vous paraissiez le goûter beaucoup, et je vous ai cru très bons amis.

— J'aime assez ce garçon-là; il est plein de cordialité et de franchise, il a très bon cœur. Cependant, c'était un peu par politique que je me mettais sur un bon pied avec lui. Je le sens bien, Cornélius, je n'ai pas consulté assez la dignité de ma sainte profession ce matin sur la glace; il était on ne peut plus inconvenant, pour un ecclésiasti-

que, d'être vu courant sur une place publique comme un écolier ou un jeune étourdi qui dispute le prix de la course. Il m'a semblé entendre un de ces jeunes Hollandais m'appeler le Révérend Longues-Jambes; de sorte, qu'en y réfléchissant bien, le plus sage est, pour moi, de demeurer en bonne intelligence avec ce Guert Ten Eyck.

— Je comprends votre motif, et ce n'est pas à moi de dire que vous avez tort. Je conviens pour ma part que j'aime Guert étonnamment, et je ne renoncerai pas facilement à son amitié, quoiqu'il m'ait déjà mis deux fois dans un sérieux embarras depuis si peu de temps que nous connaissons. C'est un jeune homme d'excellent cœur et d'excellent caractère, mais irréfléchi et un vrai Hollandais. Quand il essaie de jouir de la vie, il y va de toute son ame.

Je racontai alors l'affaire du traîneau à M. Worden, qui me donna un peu de cette sorte de consolation qu'on reçoit en si grande quantité quand on s'avance dans ce monde affairé et tout personnel.

— Eh bien ! Corny, me dit mon ancien maître, je ne sais pas trop si, quand vous dérouliez du traîneau en bas vous n'avez pas eu l'air encore plus fou que moi quand j'allongeais les jambes devant vos amis du traîneau.

Nous rions tous les deux en entrant dans l'auberge, moi pour cacher le dépit réel que j'éprouvais; et M. Worden, je présume, parce qu'il était charmé de l'idée que j'avais paru tout aussi ridicule que lui.

Le lendemain matin, je me dirigeai vers la maison d'Herman Mordaunt d'aussi bonne heure que me le permirent les convenances du monde. Je trouvai là famille établie dans une de ces maisons hollandaises dont Albany était presque entièrement composée, c'est-à-dire un peu en arrière de la rue, ayant sur le devant une petite cour, inclinant vers le pignon, et le pignon tourné vers la cour. Les murs à créneaux de la maison diminuaient graduellement vers le sommet pointu d'un toit très raide; et le tout était surmonté d'une girouette, perchée sur une tringle assez haute. Les Hollandais attachaient toujours une très grande importance à savoir d'où le vent soufflait, et l'exactitude minutieuse qui est un des traits de leur caractère ne leur permettait pas de s'en rapporter aux indications habituelles de la sensation éprouvée par la main, de l'inclinaison des branches, de la fuite des nuages, de la direction de la fumée; il leur fallait à toute force la certitude d'une machine construite tout exprès. La fumée peut tromper, mais une girouette, jamais !

Il n'y avait personne dans le petit salon quand j'y fus introduit par un domestique en qui je reconnus le principal serviteur d'Herman Mordaunt à New-York. Comme ce petit salon me parut charmant, les deux ou trois minutes que j'y passai seul ! J'aperçus ce même châle que portait Anna le jour où je la rencontrai aux fêtes de la Pentecôte, et une paire de gants, qui me semblaient trop petits pour appartenir à d'autres mains que les siennes, avait été jetée sur ce châle, négligemment, comme on jette les objets de cette sorte quand on est pressé. Une douzaine d'autres objets, dispersés çà et là, attestaient la présence de jolies femmes et leurs habitudes élégantes. Mais les gants attirèrent surtout mon attention ; je ne pus m'empêcher de me lever et de les examiner. Ces gants pouvaient aussi bien appartenir à Mary Wallace, qui avait, elle aussi, une jolie petite main, mais je me figurai qu'ils appartenaient à Anna. Plein de cette idée, je les portai à mes lèvres et je les couvrais-de baisers avec une bonne dose d'exaltation romanesque, quand un pas léger dans le salon m'avertit que je n'étais plus seul. Rejetant les gants je me retournai et j'aperçus Anna elle-même. Elle me regardait d'un air que je ne savais alors comment interpréter, et que maintenant je sais à peine comment décrire. D'abord, son charmant visage fut couvert de rougeur, tandis que le doux intérêt dont ses yeux étaient pleins, fit battre mon cœur si violemment qu'il me semblait prêt à s'échapper de ma poitrine. Combien je fus près de déclarer à ce moment tout ce que j'éprouvais, de me jeter aux genoux de cette femme idolâtrée, de lui avouer avec quelle persistance et à quel point elle avait rempli ma pensée, pendant les jours et les nuits d'une année entière, et de la supplier de bénir le reste de mes jours en partageant mon sort! Rien ne put prévenir cet élan que la remarque qui lui échappa quand elle eut répondu par une gracieuse révérence au salut gauche et embarrassé que je lui avais fait.

— Qu'avez-vous tant à admirer dans les gants de miss Wallace? me demanda la malicieuse jeune fille, en se mordant les lèvres, pour retenir un sourire, imaginais-je, quoique ses joues fussent encore couvertes de rougeur, et que ses yeux eussent encore une indéfinissable expression de douceur enchanteresse. — C'est mon père qui les lui a offerts, et elle les a mis hier soir par politesse pour lui.

— Je vous demande pardon, miss Mordaunt.... miss Anna,.... c'est que... je vous demande pardon. N'y a-t-il pas une odeur vraiment délicieuse dans ces gants!....Du moins je le pensais, et je cherchais à déterminer quel peut être le parfum dont on s'est servi.

— Ce doit être de l'eau de lavande dont nous autres jeunes femmes sommes assez-coquettes pour parfumer nos gants et nos mouchoirs. Peut-être est-ce du musc, Mary en raffole; pour moi, je préfère la lavande. Mais quelle soirée nous avons passée, Monsieur Littlepage, comment avez-vous débuté à Albany, et par dessus tout, quel maître des cérémonies avez-vous pris?

— Avez-vous donc de l'aversion pour Guert Ten Eyck? miss Anna.

— Loin de là. Il est tout-à-fait impossible de le prendre en aversion : il est si franc, si disposé à reconnaître ses torts, si sincère dans ce qu'il fait et ce qu'il dit; il a un si excellent caractère ; en un mot, il est si bien ce qu'une sœur désirerait dans un frère, et malheureusement aussi ce qu'elle regretterait!

— Il me semblait hier soir que toutes les dames prenaient intérêt à lui, malgré ses étourderies et ses légèretés sans nombre. Ne réussit-il pas auprès de miss Wallace?

Le regard pénétrant et rapide qu'Anna me jeta, m'avertit assez que ma question était indiscrète, et je ne l'eus pas plus tôt faite que je m'en repentis. Une ombre passa sur la charmante figure de mon interlocutrice et fut suivie d'un moment de profonde et, sans doute, pénible rêverie. Puis un éclair parut, un sourire illumina ses traits, enfin

un petit éclat de rire tout juvénil vint montrer avec quelle rapidité, les sensations se succédaient chez elle et combien était forte sa native tendance au bonheur et à la gaîté.

— Après tout, Monsieur Littlepage, dit-elle, en tournant vers moi ce joli visage, dont l'indéfinissable expression de malice et d'affection me mettait hors de moi, vous conviendrez que votre exploit dans le traîneau était assez ridicule pour qu'un jeune homme se tînt quelque temps pour satisfait.

— J'en conviens, miss Anna, et à l'avenir je prendrai garde de redevenir petit garçon dans une ville étrangère. Je suis charmé cependant que vous regardiez cette puérile affaire du traîneau comme plus grave que celle du souper, et j'ai bien redouté que celle-ci ne me valût une sérieuse disgrâce.

— Ni l'une ni l'autre n'est très sérieuse, Monsieur Littlepage ; mais la dernière aurait pu tourner mal , si le maire n'avait pas connu les façons d'agir des jeunes gens de la ville On dit pourtant que rien de si hardi n'avait encore été tenté en ce genre à Albany , quelque liberté qu'on se permette ici envers les poulaillers des voisins.

Et elle se mit à rire de tout cœur et sans la moindre contrainte.

— J'espère que vous ne me regarderez pas comme un lâche, si je renvoie le blâme à cet étourdi de Guert Ten Eyck. Il m'a entraîné dans les deux affaires, et dans la dernière innocemment et sans presque savoir ce que j'allais faire.

— C'est comme cela que l'aventure est interprétée, et qu'on devait l'interpréter, dès qu'on a su que Guert Ten Eyck y était mêlé.

— Je puis donc espérer mon pardon, miss Anna, lui dis-je, en tendant la main pour l'inviter à me donner la sienne en gage de pardon.

Anna n'eut pas la pruderie de refuser de mettre sa petite main dans la mienne, quoique je sentisse à peine le bout de deux ou trois de ses petits doigts , et elle rougit un peu en m'accordant cette faveur.

— Cornélius, me dit-elle, en me nommant par mon prénom, sans doute pour me prouver combien elle avait oublié complètement le petit accès de mauvaise humeur qu'elle avait certainement éprouvé lors de ma ridicule aventure dans la rue , Cornélius vous devez demander pardon à qui possède le droit de pardonner. Si Cornélius Littlepage s'avise de dégringoler du haut d'une colline comme un petit garçon, quel droit a Anna Mordaunt de le lui défendre?

— Tous les droits du monde : le droit de l'amitié, le droit d'un esprit supérieur, le droit des meilleures manières, le droit que...

— Chut! Voici le pas de M. Bulstrode, qui retentit dans le corridor ; il ne doit pas entendre cette discussion au sujet de mes droits multipliés. Pourtant, il lui faudra quelque temps pour déposer son surtout, ses fourrures et son sabre ; et , j'aurai juste celui de vous dire que Guert Tan Eyck est un maître des cérémonies dangereux pour Cornélius Littlepage.

— Pourtant il a assez de jugement, assez de sensibilité, assez de cœur pour admirer et aimer Mary Wallace.

— Vous l'a-t-il déjà dit, si vite ! Je n'ai pas besoin de vous le demander, il parle de son amour à quiconque veut l'écouter.

— Et à miss Wallace, elle-même, je pense. L'homme qui aime, et qui aime réellement, ne peut laisser long-temps la personne qu'il aime dans l'incertitude sur ses sentimens et ses intentions. J'ai toujours regardé, miss Mordaunt, comme un sentiment bas et lâche pour un homme d'attendre la certitude d'être payé de retour avant d'avoir le courage de manifester ses désirs. Comment une femme sensible saura-t-elle qu'elle peut sans crainte donner son affection sans cette franchise de la part de son amant ? Je tiens donc que Guert Ten Eyck a agi honnêtement et loyalement vis-à-vis de Mary Wallace.

— C'est un mérite qu'on ne peut lui refuser, répondit Anna à voix basse et d'un ton pensif. Mary a entendu cet aveu de sa propre bouche à plusieurs reprises. Ma présence elle-même n'a pas été un obstacle à ses déclarations, car trois fois je l'ai entendu demander à Mary de le considérer comme aspirant à sa main, et la supplier de ne pas rejeter son offre avant qu'il eût eu le temps de conquérir son estime.

— Et vous admettez, miss Mordaunt, que cela est à son honneur, que cela est bien et digne de lui.

— Cela est certainement franc et honorable, Monsieur Littlepage, puisqu'il fait connaître par-là à miss Wallace le but de ses attentions, et ne lui laisse ni doute ni incertitude.

— Je suis charmé que vous approuviez cette façon d'agir loyale et sincère. Quoiqu'il ne me reste qu'une seconde pour m'expliquer, elle me suffira pour dire que la conduite que Guert Ten Eyck a adoptée vis-à-vis de Mary Wallace, est celle que Cornélius Littlepage se propose de suivre vis-à-vis d'Anna Mordaunt.

Anna tressaillit et devint pâle : puis ses joues se couvrirent de rougeur ; elle me regarda avec une timide surprise. Elle ne répondit pas ; mais son regard ardent et pourtant timide demeura long-temps fixé sur moi, et il est encore vivement empreint dans mon souvenir. Il semblait exprimer l'étonnement, la sensibilité alarmée, la modestie féminine, la retenue craintive de la jeune fille ; mais il ne me parut point exprimer le déplaisir. Le temps manqua pour une explication, car la voix d'Herman Mordaunt et celle de Bulstrode se firent entendre à la porte, et au même instant tous deux entrèrent.

X.

Bulstrode sembla charmé de me retrouver et se plaignit que j'eusse tout à fait oublié la satisfaction avec laquelle tout New-York, selon son aimable exagération, m'avait reçu le printemps précédent. Je lui rendis naturellement politesse pour politesse et nous redevînmes bientôt aussi bons amis qu'auparavant. Quelques minutes après, Mary Wallace et Dirck nous rejoignirent et nous prîmes tous place autour de la table du déjeûner.

Herman Mordaunt et Bulstrode causèrent ensemble pendant les premières minutes. Mary Wallace était ordinairement silencieuse ; mais Anna, sans trop parler, était assez causeuse. Ce matin pourtant elle dit fort peu de chose au-delà de ce que les convenances exigeaient d'une maîtresse de maison qui sert à table, et cela en aussi peu de mots que possible. Une fois ou deux je ne pus m'empêcher de remarquer que sa main demeurait sur l'anse d'une théière richement ciselée après s'en être servie ; que son œil bleu, au regard si charmant et si profond, était fixé sur le vide, ou qu'elle attachait sur un objet placé devant elle un regard distrait, comme une personne perdue dans ses pensées. Chaque fois qu'elle s'arrachait à ces petites rêveries, une légère rougeur apparaissait sur son visage, et elle semblait désireuse de cacher ces distractions involontaires. Cela dura jusqu'à ce que Bulstrode, qui avait causé avec notre hôte des mouvemens de l'armée, se prit tout-à-coup à m'adresser directement la parole.

— J'espère, Monsieur Littlepage, que nous devons votre visite à Albany à l'intention de faire la prochaine campagne avec nous. On m'a dit que plusieurs gentlemen des colonies avaient l'intention de nous accompagner à Québec.

— Québec est un peu plus loin que je n'ai l'intention d'aller, Monsieur Bulstrode ; d'ailleurs, j'étais loin de croire que les troupes du roi songeassent à une marche aussi longue. M. Follock et moi, nous nous proposons de demander la permission de nous attacher à un régiment et d'aller au moins jusqu'à Ticonderoga, car nous n'aimons pas l'idée que les Français conservent un poste comme celui-là si avant dans l'intérieur de la province.

— C'est bien parler, Monsieur Littlepage, et j'espère que vous me ferez l'amitié de me demander quelques services quand il faudra arranger tout cela. Notre régiment serait heureux de vous avoir pour compagnon, et vous savez que je le commande depuis que le lieutenant-colonel nous a quittés.

Je remerciai, et la conversation changea de sujet.

— J'ai rencontré Harris en venant ici ce matin, continua Bulstrode ; il m'a parlé en l'air d'un souper auquel il a assisté hier soir ; ce souper avait été dérobé par quelques jeunes gens d'Albany et porté au camp comme une politesse pour quelques-uns de nos officiers. Le tour était assez mauvais, quoiqu'ils m'aient assuré qu'un Hollandais pardonne toujours une escapade de ce genre ; mais Harris a rendu la fait bien plus grave en ajoutant que la bande, privée de son souper, s'était indemnisée aux dépens de la cuisine du maire, et en emportant ses canards et ses perdrix sans lui laisser même une pomme de terre.

Je sentis que ma figure devenait d'un rouge écarlate, et je me figurai que tous les yeux étaient fixés sur moi ; Herman Mordaunt se chargea de répondre.

— L'histoire n'a pas perdu en route, comme c'est l'usage ; dit notre hôte : du reste, le fond en est vrai. Nous avons tous soupé hier soir avec M. Cuyler, et nous savons qu'il y avait bien autre chose qu'une pomme de terre sur sa table.

— Tous ! les dames aussi ?

— Même les dames, et M. Littlepage, par dessus le marché, reprit Herman Mordaunt en me lançant un coup-d'œil et en souriant. Tous en général, et chacun en particulier, nous sommes prêts à attester que le souper était non seulement abondant, mais encore excellent.

— Je vois par le sourire général, s'écria Bulstrode,

SATANSTOÉ.

qu'il y a quelque chose de sous-entendu, et je demande instamment à être mis au courant.

Herman Mordaunt raconta alors toute l'histoire sans prendre aucunement le soin de cacher les traits les plus amusans, insistant avec quelque complaisance sur l'instruction que M. Worden avait faite à Dorothée et en appelant à moi pour savoir si je ne la trouvais pas excellente. Bulstrode riait; mais les jeunes dames auraient désiré qu'il ne fût point question de cette affaire. Anna essaya même une fois ou deux de détourner son père de certains commentaires qu'il fit et dans lesquels il traitait légèrement ces sortes d'amusemens.

— Ce Guert Ten Eyck est unique, s'écria Bulstrode : et quelquefois je ne puis le comprendre. Je ne connais pas de jeune homme mieux bâti, plus beau et plus résolu; il est souvent aussi ferme et aussi irrésistible dans ses opinions et ses jugemens, qu'il est beau à voir, et quelquefois il est enfant au possible dans ses goûts et ses inclinations. Comment expliquez-vous cela, miss Anna?

— Simplement par ce fait, que la nature avait destiné Guert Ten Eyck à mieux que ce que le hasard et l'éducation ou le manque d'éducation lui ont permis de devenir. S'il avait été élevé à Oxford, il serait tout différent de ce qu'il est. Quand un homme n'a reçu que l'instruction d'un enfant, il demeure long-temps enfant.

Je fus surpris de la hardiesse et de la décision de cet avis; car ce n'était pas l'habitude d'Anna d'être si explicite en donnant son opinion sur autrui; mais je ne fus pas long-temps sans découvrir qu'elle n'épargnait pas Guert devant son amie, dans l'intime conviction qu'il ne méritait pas la place qu'il gagnait peu à peu dans le cœur de Mary Wallace. Herman Mordaunt, j'imagine, partageait l'opinion de sa fille, et j'eus bientôt occasion de m'apercevoir que le pauvre Guert n'avait pas d'autre allié dans la famille que celui que sa belle et virile figure, ses manières ouvertes et son extrême franchise lui avaient créé dans le cœur de sa bien-aimée. Il y avait certainement dans la manière habituelle dont Guert se rabaissait, un charme qui rangeait tout le monde de son côté, et, pour ma part, je confesse que je devins tout de suite son ami et le demeurai jusqu'au dernier jour.

Bulstrode et moi quittâmes ensemble la maison, marchant bras-dessus bras-dessous et laissant Dirck avec les dames.

— Quelle charmante famille! dit mon compagnon quand nous eûmes franchi le seuil; je suis fier de pouvoir réclamer quelque parenté avec elle, quoiqu'elle ne soit pas aussi proche qu'elle le deviendra un jour, je l'espère.

Je tressaillis, et retirant mon bras, je me retournai pour regarder le major en face. Bulstrode sourit, mais resta maître de lui-même, et avec cette apparente indifférence des hommes du monde aux manières si aisées, continua la conversation.

— Je vois que ma franchise vous a causé quelque surprise, dit-il, mais la vérité est la vérité, et je tiens qu'il n'est pas bien à un gentleman qui a résolu de devenir le poursuivant d'une dame, de faire un secret de ses intentions; n'est-ce pas aussi votre façon de penser, Monsieur Littlepage?

— Vis-à-vis de la dame, sans aucun doute, peut-être aussi vis-à-vis de sa famille, mais non pas vis-à-vis du monde.

— J'admets votre distinction qui peut être bonne dans le cours ordinaire de la vie; mais dans le cas d'Anna Mordaunt, c'est charité que de faire comprendre l'état réel des choses aux jeunes gens comme vous, Cornélius, qui se pourraient fourvoyer. Je comprends très bien vos relations particulières avec la famille Mordaunt; mais d'autres pourraient la fréquenter dans des vues différentes et plus intéressées.

— Dois-je comprendre, Monsieur Bulstrode, que miss Mordaunt est votre fiancée?

— Oh! pas le moins du monde, car elle ne s'est pas encore résolue à m'accepter. Vous saurez cependant que j'en ai parlé à Herman Mordaunt au su et de l'aveu de mon père, et que l'affaire s'arrange in petto. Vous pouvez juger par vous-même du résultat probable, étant, comme observateur, plus en état que moi qui suis partie intéressée, d'apprécier la façon dont Anna accueille ma poursuite.

— Songez que je ne vous ai pas vus ensemble ces dix derniers mois, et vous ne me ferez pas croire que vous ayez attendu si long-temps une réponse.

— Je vous regarde comme un ami de la famille, Cornélius; je ne vois donc pas pourquoi je ne vous mettrais pas au courant de tout; l'aventure du lion vous rendra toujours à moitié un Mordaunt. Je m'étais déclaré à Anna quand je vous ai vu pour la première fois; j'en reçus la réponse ordinaire des dames, qu'elle se trouvait trop jeune pour songer à s'engager, ce qui était certainement plus vrai alors que maintenant; que j'avais en Angleterre des amis que je devais consulter; qu'il fallait lui accorder du temps; autrement elle me refuserait nécessairement; enfin, toutes les réponses en usage dans les protocoles d'une semblable négociation.

— Et vous en êtes resté là?

— Pas du tout, mon ami, bien loin de là, j'écoutai Herman Mordaunt, car il insista beaucoup sur tout cela; avec la patience d'un saint, j'étudiai par où il fallait le prendre, et déclarai mon intention de tout soumettre à mon père et de revenir à la charge, fort de son consentement et autorisé par lui à offrir un établissement.

— En écrivant en Angleterre, vous avez obtenu tout cela par le retour du vaisseau? repris-je, incapable de supposer qu'on pût hésiter à avoir Anna Mordaunt pour belle-fille.

— Non, pas tout-à-fait par le vaisseau suivant, quoique sir Harry soit trop bien élevé pour négliger de répondre à une lettre. Je ne sache pas que cela lui soit jamais arrivé de sa vie; non pas même lorsque je l'importunais un peu au sujet de ma pension, dont j'avais quelquefois mangé le quartier avant que le trimestre fût commencé, comme cela arrive au collège; vous le savez bien, Cornélius. A vous dire vrai, mon cher ami, je reçus une réponse de sir Harry, mais pas son consentement. L'Atlantique est large en diable, et il faut un temps infini pour débattre une question à mille lieues de distance.

— Quel argument fallait-il donc pour convaincre sir Harry Bulstrode de la convenance pour vous d'épouser Anna Mordaunt, si vous pouviez l'avoir?

— Qu'il est naïf et sincère, sur mon honneur ! Mais je vous aime pour la simplicité de votre caractère, Cornélius, et je prends tout en bien de votre part. Si je puis l'avoir ! Vous verrez, à la fin de la prochaine campagne, quand vous et moi reviendrons de notre excursion à Québec.

— En attendant, vous n'avez pas répondu à ma question au sujet de sir Harry Bulstrode.

— Je vous demande pardon à vous et à sir Harry. Quel argument il fallait pour convaincre mon père ? Vous n'avez jamais été en Angleterre, Littlepage, et, par conséquent, il ne vous est pas facile de comprendre quelle opinion on y a des colonies, et cela fait beaucoup, vous comprenez.

— Je pense que la mère aime ses enfans, comme je suis sûr que les enfans aiment leur mère.

— Oui, vous êtes tous de loyaux sujets, je puis dire cela de vous quoique Albany ne soit pas précisément Bath, ni New-York Westminster. Vous devez comprendre, Littlepage, que l'église que voilà, sur la colline, et qu'on appelle Saint-Pierre, quoique ce soit une bonne église, une respectable église, fréquentée par une congrégation très-honnête, n'est pas tout-à-fait Westminster ou Saint-James.

— Je crois vous entendre, et ainsi sir Harry s'obstina.

— Obstiné comme le diable ! Il fallut trois lettres, pas une de moins, et dont la dernière était assez hardie pour lui faire faire demi-tour : j'y réussis pourtant, et son consentement en bonne et due forme, a été remis à Herman Mordaunt. Je n'aurais jamais pu l'emporter si je n'avais eu quelques avantages dans ce débat; et voici comment : Sir Harry est goûteux et asthmatique à la fois, et n'a plus grand temps à vivre ; et comme il ne possède pas un acre de terre qui ne soit substitué, il ne pouvait pas me déshériter ; et, ce n'eût été après tout qu'une affaire de temps.

— Sans doute, vous avez fait part de tout cela à Anna et à Herman Mordaunt.

— Je veux être pendu si j'en ai rien fait. Non, non, maître Cornélius, je ne suis pas si simple que cela. Vous autres provinciaux vous avez l'épiderme aussi sensible que des raisins de Fontainebleau : il faut vous manier plus délicatement. Je ne pense pas qu'Anna voulût épouser le duc de Norfolk lui-même, si la famille faisait la moindre difficulté de la recevoir.

— Et Anna n'aurait-elle pas raison d'obéir à un sentiment si respectable ?

— Oh ! elle n'épouserait, après tout, que le duc tout seul, et non sa mère, ses tantes et ses oncles. Je ne vois pas pour une jeune femme la nécessité de se tracasser pour cela. Mais nous n'en sommes pas encore là, car vous savez, Littlepage, que je n'ai pas été accepté. Non, non, par justice pour Anna, je dois ajouter cela. Elle sait pourtant que sir Harry a donné son consentement, et c'est un grand point en ma faveur, vous l'avouerez. Je suppose que sa grande objection sera de quitter son père qui n'a pas d'autre enfant, et pour qui ce serait un peu dur; et je pense qu'elle parlera aussi du changement de pays, car, vous autres Américains, vous êtes enragés pour rester dans votre pays.

— Je ne vois pas qui vous donne droit de parler ainsi, puis qu'il est universellement admis parmi nous que tout est mieux en Angleterre que dans les colonies.

— Je le pense aussi, Cornélius, dit Bulstrode en riant de bon cœur, si vous faisiez une visite à la vieille patrie, vous-même en tomberiez d'accord.

— Moi, là visiter pour cela ! pourquoi vous imaginer que j'en aie besoin ? S'il s'était agi de Guert Ten Eyck ou même de Dirck Follock, on l'aurait pu penser; mais moi qui suis de race anglaise, qui ai en ce moment bien vivant à Satanstoé mon grand-père né en Angleterre, on ne doit pas me compter parmi les gens mal affectionnés à l'Angleterre.

Bulstrode serra mon bras et me dit d'un ton confidentiel : — Oui, vous avez raison, Cornélius, la colonie est assez royaliste; le ciel en est témoin. Pourtant, ces Hollandais nous battent froid, à nous autres militaires, bien plus que les gens de race anglaise qui sont en bas de la rivière. Faut-il l'attribuer à leur phlegme habituel ou à quelque ancienne rancune de la conquête ?

— Ce ne peut être le dernier motif, puisque, dans l'arrangement définitif, la colonie a été échangée contre celle que les Hollandais possèdent maintenant dans l'Amérique du Sud. Du reste, il n'est pas étonnant que les descendans des Hollandais préfèrent les Hollandais aux Anglais.

— Je vous assure, Littlepage, que nous avons causé beaucoup dans l'armée de la froideur avec laquelle nous traitent les habitans d'Albany, quoique la plupart des familles influentes aient beaucoup d'égards pour nous, et nous aident autant qu'elles le peuvent. Ces gens-là devraient songer que nous nous battons pour eux, et que nous sommes-là pour empêcher les Français de les dépouiller.

— Ils pourraient vous répondre que les Français ne leur feraient aucun mal sans les querelles de l'Angleterre avec la France. Il faut que je vous quitte, Monsieur Bulstrode. Permettez-moi cependant encore un mot : Le roi George II n'a pas dans ses états de sujets plus loyaux que les habitans des colonies américaines.

Bulstrode sourit, fit un signe d'assentiment en me serrant la main, et nous nous séparâmes.

XI.

Je fus très occupé le reste du jour. Yaap arriva sur les midi avec sa brigade de traîneaux, et j'allai chercher Guert pour qu'il me conduisît de nouveau chez le fournisseur. Chevaux, harnais, traîneaux, provisions et tout le reste me fut acheté à un bon prix et payé en or espagnol, la monnaie d'Espagne ayant toujours eu cours chez nous beaucoup plus que la monnaie anglaise, au point qu'un shilling était presque une rareté. Guert se montra tout aussi aimable et tout aussi complaisant que le jour précédent; et quand tout fut terminé, il m'invita à faire un tour sur la rivière dans son propre traîneau. Je savais déjà que mon nouvel ami était un jeune homme à la tête d'une belle fortune; n'ayant plus ni père ni mère, et vivant aussi élégamment que le comportaient les habitudes simples des gens qui l'entouraient. Tout chez lui annonçait que la vieille négresse qui le servait avait été habituée à un régime de propreté inexorable, et sous ce rapport l'appartement du jeune célibataire était aussi irréprochable que s'il avait été occupé par une maîtresse de maison, et que cette maîtresse eût été Mary Wallace.

— Si jamais elle consentait à m'épouser, dit Guert, en jetant un regard autour de lui pendant que je faisais l'éloge de son petit salon, je ferais bâtir une nouvelle maison. Celle-ci a maintenant cent ans, et quoiqu'on en ait beaucoup parlé dans son temps, elle n'est pas à moitié assez belle pour Mary Wallace. Mon cher ami, combien je vous envie cette invitation à déjeûner de ce matin! Il faut qu'Herman Mordaunt vous aime bien.

— Nous sommes bons amis, Guert; j'ai quelque raison de croire qu'il a un peu d'affection pour moi. J'ai été assez heureux pour rendre un petit service à miss Anna le printemps dernier, et toute la famille m'en est reconnaissante.

— Autant que j'en ai pu juger par certain coup d'œil, Anna ne l'a pas oublié. J'ai su toute l'histoire par Mary Wallace; il y avait un lion dans l'affaire. Je donnerais la moitié de ma fortune pour voir Mary Wallace sous les griffes d'un lion et lui prouver que Guert Ten Eyck a du cœur aussi bien que Cornélius Littlepage. Mais, mon bon ami, il y a quelque chose que vous devriez faire; vous êtes en telle faveur que vous réussirez sans peine, tandis que j'essaierais vainement d'y parvenir.

— Je ferai tout mon possible pour vous obliger, Guert; vous avez droit d'y compter après les services que vous m'avez rendus.

— Allons donc, ne parlez pas de cela; je ne suis jamais plus heureux que quand j'achète ou vends un cheval, et, en vous aidant à vous débarrasser de vos antiques coursiers, je n'ai fait aucun tort au roi et je vous ai rendu un bon office. Mais c'était de chevaux que je voulais vous parler. Vous saurez, Littlepage qu'à vingt milles autour d'Albany il n'y a pas un homme, jeune ou vieux, qui possède un attelage comme le mien.

— Il ne s'agit pas, sans doute, de vendre ces chevaux à Mary Wallace, dis-je en riant.

— Si, mon garçon, c'est-à-dire maison, et la vieille ferme, et deux ou trois magasins le long de la rivière, tout ce que je possède en un mot, à la condition que l'on m'achètera par-dessus le marché. Comme ces dames n'ont pas besoin de chevaux pour le moment, puisque Herman Mordaunt en a amené avec lui deux excellens, ceux qui ont manqué nous écraser, vous et moi, Cornélius, il ne peut être question de vente; mais je voudrais bien conduire Mary et Anna pendant quelques milles avec mon attelage et dans mon propre traîneau.

— Cela ne peut être bien difficile à arranger: les jeunes dames d'habitude consentent volontiers à des promenades de ce genre.

— Le cheval de tête se comporte comme un colonel à la tête de son régiment plutôt que comme un animal sans raison.

— J'en parlerai à Herman Mordaunt ou à Anna elle-même si vous le désirez.

— Le cheval de trait ressemble à une dame dans un menuet, quand vous lui retenez un peu la bride. Cornélius, j'ai conduit ces deux bêtes-là de la plaine des Pins jusqu'à Schenectady en une heure et vingt-six minutes, seize milles à vol d'oiseau et près de trente si vous suivez tous les détours de la route.

— Bien; que dois-je faire? En parler à ces dames ou les prier de désigner un jour?

— Désigner un jour! Plût au ciel que c'en fût déjà là, Cornélius; je le voudrais de tout mon cœur... Elles sont si belles toutes deux!

— Oui, c'est ce dont tout le monde conviendra, réponds-je innocemment, et pourtant d'une beauté bien différente.

— Oh non! pas une tache de plus qu'il n'est nécessaire pour faire un bel attelage. J'appelle l'un Jack et l'autre Moïse. Je n'ai jamais connu d'animal du nom de Jack qui ne fit son devoir. Je donnerais beaucoup pour que Mary Wallace pût voir ce cheval agir.

Je promis à Guert d'user de toute mon influence auprès des dames pour les décider à se confier à son attelage, et afin de me mettre en état de parler avec autorité, on fit atteler les chevaux pour que nous fissions un tour. L'équipage d'hiver de Guert Ten Eyck était réellement plein de goût et indiquait un œil de connaisseur. J'avais souvent vu des traîneaux plus beaux sous le rapport de la peinture, des garnitures de la capote et des ornemens, et Guert paraissait peu s'inquiéter de tout cela. Ce qu'il estimait le plus dans son traîneau, c'était la façon admirable dont il reposait sur ses patins, en pesant légèrement sur eux en avant et en arrière. De cette façon, les traits étaient plus près d'être de niveau avec les chevaux que ce n'est l'usage, sans cependant s'élever assez haut pour changer la nature de l'attelage. Il était peint à l'intérieur en bleu d'azur, la couleur favorite des Hollandais, tandis que l'intérieur était d'un rouge éclatant. Il était garni de larges peaux de renard gris; comme elles étaient bordées avec du drap écarlate, l'effet total était assez beau et flattait la vue. Il ne faut pas oublier les clochettes. Outre les quatre qui sont suspendues au harnais et qui accompagnement nécessaire de tout harnais de traîneau, Guert avait ajouté deux énormes courroies en cuir, qui, de la selle, descendaient sous le ventre de Jack et de Moïse, et une autre autour du cou, toutes chargées de clochettes, et il avait quadruplé ainsi la musique ou plutôt le tapage de son traîneau.

C'est dans cet équipage que nous quittâmes la maison de Ten Eyck; tous les nègres dans la rue s'extasiaient à nous voir passer, et se tenaient les côtes de rire, car c'est toujours ainsi qu'un nègre manifeste son admiration, même pour un sermon. Je me rappelle avoir entendu dire à un voyageur qui avait été aussi loin que Niagara, que son nègre n'avait fait qu'éclater de rire la première demi-heure qu'il fut en présence de l'imposante cataracte.

Ce n'étaient pas les nègres seuls qui s'arrêtaient pour admirer Guert Ten Eyck, son traîneau et son attelage. Tous les jeunes gens sur la place lui rendirent cet hommage, car d'une voix unanime on le reconnaissait comme le meilleur juge de chevaux de tout Albany. Quelques jeunes femmes, sorties en traîneau, se retournèrent quand nous eûmes passé, montrant que cette admiration était partagée par l'autre sexe. Guert remarquait tout cela, et l'effet en était visible à la manière dont il se tenait droit, en guidant ses généreux coursiers au milieu des traîneaux de bois qui encombraient encore la rue.

Nous prîmes notre route par les larges plaines qui s'étendent pendant plusieurs milles le long de la rive occidentale de l'Hudson, au nord d'Albany. C'était la route que prenaient ordinairement les jeunes gens dans leur promenade du soir, et la plupart de ceux de la classe élevée allaient, en passant, rendre leurs devoirs à Mme Schuyler, veuve issue de la famille même dans laquelle elle s'était mariée, et qui, par son caractère, ses relations et sa fortune, tenait un haut rang dans la société du voisinage. Guert connaissait cette dame et me proposa de profiter de l'occasion pour lui faire une visite et lui rendre mes respects ; tribut qu'elle était habituée à recevoir de tous les étrangers de distinction. Nous nous dirigeâmes vers sa maison, de toute la vitesse des chevaux. La distance était de quelques milles seulement, et bientôt nous franchissions la porte pour nous arrêter sur ce qui devait être, en été, une pelouse charmante, mais naturelle.

— Pardieu ! nous jouons de bonheur ! s'écria Guert ; voici le traîneau d'Herman Mordaunt ; ces dames doivent être ici.

Guert avait raison. Anna et Mary Wallace avaient dîné chez Mme Schuyler ; et, au moment où nous entrions, on leur apportait leurs châles et leurs manteaux. J'avais tant entendu parler de Mme Schuyler, que je ne pus approcher d'elle sans émotion, et, au premier moment, je n'eus pas d'yeux pour les autres personnes. Je fus bien reçu par la maîtresse de la maison, femme tellement grasse, qu'elle ne pouvait se lever sans quelque peine, mais dont les traits exprimaient également l'intelligence, la vertu, l'usage du monde et la bienveillance. Elle n'eut pas plus tôt entendu le nom de Littlepage, qu'elle jeta un coup d'œil expressif aux deux jeunes femmes. Mon regard suivit le sien, et je vis Anna rougir beaucoup, et paraître un peu embarrassée. Quant à Mary Wallace, elle me parut ce qu'elle était toujours, chaque fois que Guert Ten Eyck l'approchait, luttant contre une sorte de plaisir mélancolique.

— Monsieur Littlepage, vous n'avez pas besoin de me dire le nom de votre mère, dit Mme Schuyler en me tendant la main, je l'ai connue quand elle était jeune femme. En son nom vous êtes le bien-venu, comme du reste vous le seriez aussi en votre nom personnel, après le service important que je sais que vous avez rendu à ma jeune et charmante amie.

Je ne pus que m'incliner et rendre grâces, mais je n'ai pas besoin de dire combien me fut agréable ce compliment que je devais, à n'en pas douter, à Anna elle-même. Cependant je pus à peine retenir un sourire en voyant Guert hausser les épaules et me jeter un regard qui me rappela ses regrets si plaisants de ne pas voir Mary Wallace dans les griffes d'un lion. La conversation prit ensuite sa tournure habituelle.

Après ce que j'avais entendu dire du caractère de Mme Schuyler, je fus un peu surpris de l'espèce de faveur dont Guert jouissait auprès d'elle. Mais, ainsi que j'ai eu occasion de le remarquer, les femmes les plus intelligentes et les plus éclairées sont disposées à juger avec une sorte d'indulgence les jolis garçons, francs, sincères et étourdis, comme mon nouvel ami. Avec toute sa légèreté et sa disposition à se précipiter dans les plaisirs matériels, il y avait dans Guert quelque chose qui rendait difficile de le mépriser. Le courage d'un lion brillait dans ses yeux, et sa figure et son air étaient précisément de ceux qui ont le plus d'attraits pour les femmes. Joignez à ces avantages une visible ignorance de sa supériorité sur ce qui l'entourait, et une modestie qui lui faisait souvent déplorer ce qui lui manquait sous le rapport des avantages de l'instruction et de la culture intellectuelle. Ce n'était que parmi les gens entreprenans, actifs et hardis que Guert manifestait la moindre prétention à conduire les autres.

— Guert, avez-vous toujours ces chevaux noirs si vifs ? demanda Mme Schuyler avec ce tact et cette amabilité qui lui faisaient diriger la conversation selon les goûts des personnes présentes, ces chevaux que vous avez achetés l'automne passé ?

— Certainement, ma tante, dit Guert (car tous ceux qui pouvaient se réclamer du moindre degré de parenté avec cette aimable femme, lui donnaient ce titre, à moins que leur âge ne rendît cette désignation peu polie), certainement, ma tante, on ne trouverait pas leurs pareils dans la colonie. Les officiers de l'armée prétendent qu'un cheval ne peut être bon, à moins d'être ce qu'ils appellent *de sang* ; mais Jack et Moïse sont tous deux d'origine hollandaise, et les Schuyler et les Ten Eyck n'avoueront jamais qu'il n'y a pas de sang dans une pareille race. J'ai donné à chacun de ces animaux mon propre nom ; je les appelle Jack Ten Eyck et Moïse Ten Eyck.

— Vous ne refuserez pas de ranger de votre côté les Littlepage et les Mordaunt, dit Anna en riant, car les deux familles ont du sang hollandais dans les veines.

— Cela est vrai, miss Anna ; miss Wallace est ici la seule personne qui soit tout-à-fait anglaise. Mais puisque ma tante Schuyler a parlé de mon attelage, je voudrais bien obtenir de vous et de miss Mary la permission de vous reconduire à Albany, ce soir. Votre traîneau nous suivrait, et comme les chevaux de votre père sont anglais, nous pourrions mettre les deux races à l'épreuve : les anglais n'auraient point de charge, les flamands en auraient une, et cependant je gagerais, attelage contre attelage, que les derniers feront la route plus aisément et en moins de temps.

Anna déclina la proposition : sa délicatesse instinctive lui fit sentir sans doute qu'il n'était pas convenable de quitter son propre traîneau pour faire route le soir avec un jeune homme dont la réputation d'étourderie et de légèreté était aussi bien établie, et qui ne réussissait pas toujours à persuader aux jeunes femmes du premier rang de l'accompagner. Le tour que la conversation avait pris, eut pourtant pour effet de provoquer des insistances si pressantes de mettre les chevaux à l'épreuve, insistances que j'appuyai de toutes mes forces, que Mary Wallace promit d'en parler à Herman Mordaunt, et avec son approbation d'accompagner Guert, Anna et moi dans une excursion, la semaine suivante.

Le pauvre Guert reçut cette concession avec une profonde reconnaissance, et il m'assura, en revenant à la

- 255 -

ville, qu'il n'avait jamais été aussi heureux depuis deux mois.

— Oui, ajoutait-il, cette jeune femme, ce jeune ange! devrais-je dire, pourrait faire de moi tout ce qu'elle voudrait. Je sais bien que je suis un fainéant, trop épris de nos amusemens hollandais, et que je n'ai pas donné aux livres l'attention que j'aurais dû; mais que cette charmante créature me conduise par la main, et avant un mois je serai un tout autre homme. Les jeunes femmes, Monsieur Littlepage, font de nous tout ce qu'elles veulent, quand elles se le mettent bien dans la tête. Oh! que je voudrais être un cheval pour avoir le plaisir de traîner Mary Wallace dans cette promenade!

XII.

C'était un samedi que nous étions allés voir Mme Schuyler, et notre promenade avec Jack et Moïse devait se décider le lundi matin. Quand je me levai et me mis à la fenêtre le dimanche matin, il me sembla qu'il y avait peu de chances de la faire ce printemps-là, car il pleuvait abondamment, et un vent assez fort soufflait du sud. Nous étions au 21 mars, époque de l'année où le dégel, non-seulement était menaçant pour les courses de traîneaux, mais semblait annoncer la fin de l'hiver. La saison était en retard et un changement de temps ne pouvait manquer d'avoir lieu bientôt.

La pluie et le vent du sud continuèrent toute la journée; des torrens d'eau descendirent le long de ces rues étroites et escarpées, emportant avec eux tout ce qui ressemblait à de la neige. M. Worden prêcha malgré le mauvais temps et en présence d'un auditoire suffisamment garni. Dirck et moi étions présens; mais Jason aima mieux subir dans l'église hollandaise un sermon d'une heure, prononcé dans une langue qu'il entendait fort peu, que d'honorer de sa présence les cérémonies de l'église anglicane. Anna et Mary Wallace se firent conduire à l'église en voiture; Herman Mordaunt était absent. Guert fut assis dans la galerie avec nous; mais je remarquai que ni l'une, ni l'autre, de ces dames ne leva une seule fois les yeux à la hauteur de notre banc. Guert m'en glissa quelques mots quand le service fut terminé, en descendant l'escalier quatre à quatre pour les conduire à leur voiture; il me pria en même temps d'être exact au rendez-vous du lendemain. Je ne compris pas ce qu'il voulait dire par cette recommandation, car les collines commençaient à montrer leurs flancs nus, et c'était quelque chose de surprenant que la rapidité avec laquelle cette quantité extraordinaire de neige avait disparu. Je n'eus pas le temps de demander une explication, car Guert était trop occupé à faire monter ces dames dans leur voiture, et le temps ne me permettait pas de rester dans la rue un moment de plus qu'il n'était absolument nécessaire.

Le temps changea pendant la nuit; la pluie cessa quoique la température demeurât douce, et que le vent continuât à souffler du sud. C'était le commencement du printemps, et en me rendant chez Guert Ten Eyck, pour déjeûner avec lui, je remarquai plusieurs voitures avec des roues déjà en circulation dans les rues, et je vis plusieurs personnes mettre de côté leurs traîneaux comme

des meubles inutiles jusqu'à l'hiver suivant. Dans l'ancien monde, ainsi que je l'ai lu dans les livres, le printemps arrive quelquefois tout-à-coup; chez nous il n'en est point ainsi; mais quand la neige et le froid se prolongent aussi avant dans le mois de mars que cela avait eu lieu cette année 1758, le changement qui s'opère est souvent magique.

— Allons, voici décidément le printemps qui commence, dis-je à Dirck, en parcourant avec lui les rues complétement déblayées; dans quelques semaines, il faudra partir pour les bois. Il nous faut expédier notre affaire de la concession avant que les troupes se mettent en marche, ou bien nous perdrons l'occasion de voir une campagne.

C'est plein de cette idée que j'entrai chez Guert, et mes premiers mots furent des paroles de consolation pour le désappointement que je supposais qu'il éprouvait.

— Quel dommage que vous n'ayez pas proposé cette promenade aux dames pour samedi passé! le temps était doux et le traînage excellent. Je crois que maintenant vous ferez bien de remettre votre triomphe à l'hiver prochain.

— Je ne vous comprends pas, s'écria Guert; jamais Jack et Moïse n'ont été mieux portans, ni mieux disposés. Ils sont en état d'aller d'ici à Kinderhook en deux heures.

— Oui, et qui garnira les routes de neige? Ouvrez votre fenêtre, et vous verrez le pavé des rues à nu.

— Que parlez-vous de routes et de rues? N'avons-nous pas la rivière? Nous nous servons de la rivière quelquefois des semaines entières après que la neige a disparu. La glace a été remarquablement épaisse cet hiver, et maintenant que la neige est fondue, on n'a plus à redouter les crevasses.

J'avoue que je n'aimais pas beaucoup l'idée de faire vingt milles sur la glace, mais ce n'était pas à un homme de faire aucune objection.

Après le déjeûner, nous nous dirigeâmes tous ensemble vers la maison d'Herman Mordaunt. Quand les dames surent que nous venions réclamer l'exécution de la demi-promesse qui nous avait été faite chez Mme Schuyler, leur surprise fut aussi grande que l'avait été la mienne une demi-heure auparavant, et leur inquiétude sans doute plus forte.

— Il est impossible que Jack et Moïse déploient sans neige toutes leurs nobles qualités, dit Anna en riant, tout Ten Eyck qu'ils sont.

— Nous autres Albaniens, nous avons l'avantage de voyager sur la glace quand la neige nous manque, répondit Guert. La rivière est tout prêt d'ici, et jamais le traînage n'y a été meilleur qu'en ce moment.

— Oui, mais il a été moins dangereux sans doute. Ceci ressemble beaucoup à la fin de l'hiver.

— Très probablement, mais c'est une raison de plus pour ne pas différer davantage, si vous et miss Mary voulez voir les chevaux à l'épreuve. C'est pour l'honneur de la Hollande que j'insiste; autrement je n'aurais point cette hardiesse. Une condescendance semblable de votre part, Mesdames, produit sur moi un effet inexprimable, et personne ne sent mieux que moi combien je mérite peu une attention pareille.

Cette déclaration fit apparaître sur la douce figure de Mary Wallace quelques signes de faiblesse. L'humilité de Guert ne manquait jamais à produire cet effet. Il y avait une si évidente vérité dans ses paroles, une disposition si sincère à se mettre lui-même au rang où la nature et l'éducation, ou plutôt le manque d'éducation l'avaient placé, et pardessus tout une déférence si absolue pour la supériorité intellectuelle de Mary, que le cœur féminin ne pouvait résister. A ma grande surprise, la maîtresse de Guert, contrairement à son habitude, fut la première à se joindre à lui et à appuyer sa demande. Herman Mordaunt entra à ce moment, et, comme de raison, l'affaire fut remise à sa décision.

— Je me rappelle, dit Herman Mordaunt, avoir parcouru, sur l'Hudson, il y a quelques années, toute la distance qui sépare Albany de Sing-Sing, et nous avons eu très beau temps, beaucoup plus beau que un voyage par terre ; et il y avait peu ou point de neige.

— C'est le cas où nous nous trouvons, miss Anna, s'écria Guert. Traînage excellent sur la rivière et impossible par terre.

— Etait-ce à la fin de mars, mon père ? demanda Anna avec un peu d'hésitation.

— Non certainement, c'était à la fin de février ; mais la glace, en ce moment, doit avoir près de dix-huit pouces d'épaisseur, et c'est assez pour porter une lourde charrette.

— Oui, massa Herman, observa Caton, nègre à tête grise, qui n'avait jamais donné d'autre nom à son maître, l'ayant connu tout enfant, oui, massa Herman, un charriot chargé peut aller très bien sur la glace.

Il eût été déraisonnable de mettre en doute la solidité de la glace après une semblable démonstration, et Anna se soumit. La partie fut convenue et organisée de la façon suivante : Les deux dames, Guert et moi, devions être traînés par les chevaux noirs, tandis qu'Herman Mordaunt et ceux qu'il pourrait s'adjoindre, suivraient dans le traîneau de New-York. On espérait qu'une vieille parente, Mme Bogart, qui demeurait à Albany, consentirait à être de la partie, comme s'il s'agissait d'aller dîner à Kinderhook, chez une amie commune des Mordaunt et des Bogart. Tandis qu'on préparait les traîneaux, Herman Mordaunt se rendit chez Mme Bogart et réussit à la décider.

Dix heures sonnaient à la tour de l'église anglaise au moment où les deux traîneaux franchissaient la porte d'Herman Mordaunt. Il n'y avait plus de neige dans le milieu des rues, mais le long des maisons il restait encore assez de neige, mêlée à de la glace, pour nous permettre de gagner le passage par lequel les traîneaux descendaient de la berge sur l'Hudson. A ce moment, Herman Mordaunt, qui était en avant, arrêta ses chevaux et se retourna pour demander à Guert s'il était prudent de continuer. La glace avait évidemment remué le long du bord, la rivière ayant crû d'un pied ou deux par l'effet du vent et du dégel ; l'eau qui avait passé entre la masse de la glace et la terre, avait produit une sorte de croûte glacée, sur laquelle il fallait passer nécessairement pour arriver au milieu de la rivière. Par suite d'une rupture au point le plus élevé de cette croûte, il était résulté une fissure qui nous

mit même de juger de l'épaisseur de la glace, et Guert nous le fit remarquer. Il n'était point extraordinaire que la glace qui couvrait la rivière eût bougé un peu, c'est souvent l'effet du courant : mais à moins que les masses énormes qui étaient en aval, ne se déplaçassent, il était matériellement impossible aux glaces supérieures de changer de position. Nous vîmes sur la rivière des traîneaux chargés qui venaient de la rive opposée et se dirigeaient vers la ville, et, dès lors, il n'y eut plus d'hésitation. Le traîneau d'Herman Mordaunt passa lentement sur la croûte, par précaution pour les jambes des chevaux, et le nôtre suivit avec la même lenteur et la même prudence ; pourtant les chevaux noirs franchirent la crevasse d'un saut, malgré les efforts de leur maître.

Une fois sur la rivière, Guert lâcha les rênes à ses chevaux, leur donna du fouet, et nous partîmes comme le vent. La surface polie de l'Hudson nous servait de route ; le dégel avait laissé très peu de traces de tout sentier. Pourtant l'eau avait passé tout entière sous la glace, à travers les trous et les crevasses qui s'étaient produits çà et là, et avait laissé aux chevaux une surface sèche et unie. Le vent soufflait encore du sud ; mais il était à peine chaud, et un brillant soleil faisait de notre excursion, si gaie pour nous tous, un très agréable coup-d'œil. En peu d'instans, toute trace d'inquiétude disparut. Nous allâmes en avant, les chevaux noirs justifiaient pleinement les éloges de leur maître et touchaient à peine la glace, sur laquelle leurs pieds semblaient rebondir avec une merveilleuse souplesse. Les chevaux bais d'Herman Mordaunt nous suivaient de près ; les traîneaux avaient dépassé le banc bien connu de l'Overslaugh vingt minutes après notre arrivée sur la rivière.

Tout habitant de l'Amérique du Nord connaît bien l'effet que le mouvement d'un traîneau ne manque jamais de produire sur l'esprit, dans des circonstances favorables. Si notre bande n'avait été composée que d'Albaniens, la gaîté ne se serait pas fait attendre un instant, car l'habitude aurait prévenu toute appréhension. Mais il fallut quelques minutes pour qu'Anna et Mary eussent pleine confiance dans la glace. Le temps que nous mîmes à atteindre l'Overslaugh suffit à faire évanouir leurs craintes, et Guert augmenta leur sécurité en leur faisant observer le son que produisaient les fers des chevaux en frappant la glace, et qui attestait la solidité de la masse sur laquelle nous avancions.

Je n'avais jamais vu Mary Wallace aussi gaie qu'elle me parut cette matinée. Une fois ou deux, ses yeux me semblèrent briller autant que ceux d'Anna, et certes, sa voix était aussi douce et aussi musicale. Les deux jeunes filles étaient remplies de gaîté, et deux ou trois petites remarques me firent espérer que Bulstrode s'abusait en montrant autant de sécurité. Une remarque accidentelle de Guert amena Anna à manifester ses sentimens réels, ou au moins ce que je crus être ses sentimens.

— Je m'étonne, dit-il, que M. Mordaunt ait oublié d'inviter M. Bulstrode à se joindre à nous. Le major aime à aller en traîneau, et il aurait parfaitement rempli la quatrième place dans l'autre traîneau. Quant à une place dans celui-ci, elle lui eût été refusée, eût-il même été général.

— M. Bulstrode est Anglais, répondit Anna avec vivacité, et il regarde les amusemens américains comme au-dessous d'un homme qui a été présenté au palais de Saint-James.

— Je ne sais, miss Anna, si je serais tout-à-fait d'accord avec vous sur le compte de M. Bulstrode, dit Guert innocemment. Il est Anglais, il est vrai, ce qu'il regarde comme un avantage, comme fait Cornélius Littlepage que voici ; mais il faut distinguer entre l'amour-propre national, et le mépris pour les étrangers.

— Cornélius Littlepage n'est qu'à moitié Anglais, et encore cette moitié est née et a grandi dans la colonie, répondit en riant la jeune fille, et Cornélius a aimé un traîneau depuis le premier jour qu'il est descendu le long d'une hauteur.

— Ah ! miss Anna, je vous en supplie.

— Je ne fais pas allusion à l'église hollandaise et à son voisinage, croyez le bien ; mais les amusemens de notre enfance nous sont toujours chers, et quelquefois même ses désagrémens aussi : l'habitude et les préjugés se tiennent de bien près, et je ne vois aucun de ces messieurs d'outre-mer, se soucier beaucoup de nos usages coloniaux ; je soupçonne en eux des frais de complaisance, ou bien une sorte de satisfaction intérieure que nous ne partagerions pas volontiers.

— Ce que vous dites, est-il bien généreux pour Bulstrode, miss Anna ? me hasardai-je à dire ; il semble nous aimer, et je suis certain qu'il a de bonnes raisons pour cela. Quant à dire qu'il aime quelqu'un d'entre nous, cela est trop évident pour pouvoir rester caché ou être nié.

— Oh ! M. Bulstrode est un habile acteur, comme tous ceux qui lui ont vu jouer la tragédie sur le théâtre du régiment peuvent le savoir, reprit la charmante jeune fille, en serrant les lèvres avec un air de bouderie qui me parut ravissant ; et ceux qui lui ont vu jouer la comédie doivent être également convaincus de la diversité de son talent. Non, non, le major Bulstrode est mieux où il est maintenant, ou bien où il sera à quatre heures aujourd'hui, à la tête du 25e régiment, que dans l'étroite salle à manger de ma digne cousine Mme Van der Heyden, à un dîner offert avec l'hospitalité coloniale, la bonté coloniale, la franchise coloniale. Le dîner que nous allons avoir aujourd'hui, assaisonné comme il le sera par un bon accueil, bien cordial, ne peut avoir d'égal dans un pays où il faut prévenir deux jours d'avance pour la permission de venir, si l'on veut éviter des regards glacés et une surprise calculée. J'aime mieux aller surprendre mes amis par un mouvement de cœur que par suite d'un calcul.

Guert exprima son étonnement qu'on pût n'être pas toujours heureux de recevoir ses amis et tout prêt à le faire, et soutint obstinément qu'il ne pouvait y avoir nulle part d'habitudes aussi inhospitalières. Je savais cependant que les relations sociales ne pouvaient être les mêmes dans l'ancien et le nouveau monde ; dans un pays où la population se presse que dans une contrée où elle est libre de s'étendre. Les Américains sont comme les habitans des champs qui sont toujours joyeux de voir leurs amis, et j'essayai d'expliquer cette différence dans les usages.

Notre voyage à Kinderhook ne présenta aucun incident remarquable. Mme Van der Heyden demeurait à peu de distance de la rivière, et les deux attelages n'éprouvèrent pas beaucoup de peine à nous conduire jusqu'au seuil de sa porte. L'accueil qu'on nous fit vérifia ce que nous avions dit à l'éloge des mœurs coloniales. La digne parente d'Anna était non seulement heureuse de la voir, ce qui était bien naturel ; mais elle eût été heureuse de recevoir autant de monde que sa maison pouvait en contenir. Il ne fallut pas d'excuses ; nous étions tous les bienvenus. Notre visite allait retarder son dîner d'une heure, elle en convint franchement ; mais cela n'avait aucun inconvénient ; des gâteaux et du vin furent servis devant nous pour ceux à qui une course de deux heures avait ouvert l'appétit. Guert fut prié de faire dételer ses chevaux et de donner ses ordres à l'écurie. En un mot, notre réception fut celle que trouve tout colon quand il arrive à l'improviste pour voir un ami ou l'ami d'un ami. Notre dîner fut excellent, quoique sans grande cérémonie. Le vin était bon, le mari de Mme Van der Heyden ayant été un connaisseur dans son temps. Tout le monde était de bonne humeur, et notre hôtesse insista pour nous faire prendre le café avant notre départ.

— Il y aura lune aujourd'hui, cousin Herman, dit-elle ; la nuit sera claire et délicieuse. Guert connaît le chemin, et l'on ne peut s'y méprendre puisque la rivière vous sert de route ; et en partant à huit heures, vous arriverez à temps pour vous coucher. Je vous vois si rarement, que vous pouvez bien me consacrer jusqu'à la dernière minute disponible ; nous avons encore beaucoup à causer de nos vieux amis et de notre commune famille.

Comme ces mots étaient accompagnés de regards et d'actions qui en prouvaient toute la sincérité, il nous était difficile de nous arracher d'une maison si agréable. On causa, on rit, on raconta des histoires, des anecdotes de la colonie qui remontaient jusqu'à la dernière guerre, on fit force récits sur des beautés et de jolis garçons que nous autres jeunes gens avions toujours regardés comme des personnes respectables, vénérables par leur âge et rien de plus.

XIII.

Enfin l'heure arriva où mistress Bogart reconnut elle-même qu'il était temps de partir. Anna et Mary, enveloppées soigneusement dans leurs fourrures, furent embrassées, puis embrassées de rechef ; et enfin on nous permit de prendre congé. Au moment où nous quittions la maison, huit heures sonnèrent. En quelques minutes, chacun fut placé, et les chevaux firent jaillir les étincelles sous leurs pas. La descente de la rivière offrait moins de difficultés que la montée, quoiqu'il n'y eût pas de neige. Il ne gelait pas précisément, mais la terre était devenue plus ferme et plus sèche depuis que le soleil avait disparu. Ce fut avec joie que je vis notre noir attelage s'élancer sur la glace, et reprendre le chemin que nous avions suivi le matin, avec une vitesse nouvelle et plus grande encore.

Les rayons de la lune étaient pâles et faibles, car ils avaient peine à traverser la brume répandue dans l'atmosphère, mais ils étaient cependant assez lumineux pour permettre à Guert de pousser en avant avec toute la rapidité désirable. Nous étions tous de bonne humeur, Guert et moi en particulier, nous nous sentions d'autant mieux disposés que chacun de nous croyait avoir obtenu dans la journée même, la preuve du tendre intérêt que lui portait celle qu'il aimait. Mary Wallace, avec le tact qui appartient à son sexe, s'était arrangée de manière à faire paraître avec avantage, même dans la société des femmes, celui qu'elle préférait et d'obtenir de lui l'expression de sentimens généreux et mâles, sinon la preuve d'une intelligence très cultivée, et Guert, en sentant s'augmenter sa confiance, avait acquis de nouveaux moyens de mettre en lumière ses bonnes qualités. Quant à miss Mordaunt, elle connaissait maintenant mes vœux, et j'avais quelque droit de penser, d'après de légers indices, qu'elle ne m'était pas défavorable. Je croyais m'être aperçu que sa voix, toujours si gracieuse, devenait plus tendre ; que son sourire était plus doux et plus attrayant, lorsqu'elle s'adressait à moi ; elle fesait juste ce qu'il fallait pour ne pas paraître trop réservée, et pour me faire sentir néanmoins qu'elle était instruite de mes sentimens. Telles étaient du moins les conjectures d'un homme qui ne croit pas pouvoir être accusé avec justice de fatuité, et dont la timidité naturelle était encore accrue dans ce moment par la défiance de soi-même qui accompagne un véritable amour.

Nous avancions rapidement. Notre attelage agitait ses clochettes de manière à faire retentir jusqu'à la distance d'un demi-mille leur carillon monotone. Nos chevaux noirs tiraient les guides, car ils sentaient que leur écurie était au bout de leur course ; et les coursiers bais d'Herman Mordaunt nous suivaient de si près, que, malgré le bruit assourdissant de nos sonnettes, le retentissement des siennes remplissait continuellement nos oreilles. Une heure s'écoula bien promptement. Déjà nous avions passé Coejeman ; nous touchions presque à un hameau bâti le long de la grève, au pied du bord escarpé de la rivière, et dont nous apercevions confusément les maisons dans l'obscurité. Ce hameau a été connu depuis cette époque sous le nom de Monkeytown, et il tire quelque renommée de ce qu'il est le premier village qu'on rencontre sur les rives de l'Hudson au sortir d'Albany.

J'ai dit que la nuit était à demi-éclairée par les rayons assombris de la lune qui nageait dans un océan de vapeur. Nous apercevions assez distinctement les rives ainsi que les arbres et les maisons ; mais il était difficile de discerner les objets de petite dimension à une certaine distance. Dans le courant de la journée, vingt traîneaux avaient passé dans cet endroit ; mais, en ce moment il semblait que tout le monde, excepté nous, eût abandonné la rivière. En effet, c'était une heure tardive pour les simples habitans de ces bords. A mi-chemin, entre les îles qui font face à Coejéman et le hameau dont je viens de parler, Guert, qui se tenait debout pour conduire, nous dit que d'autres personnes attardées, comme nous, suivaient également la même voie. Les chevaux des étrangers étaient lancés au grand trot et leur traîneau inclinait évidemment vers la rive occidentale, comme si ceux qui conduisaient le véhicule avaient l'intention d'aborder

à quelque distance. Au moment où il passa près de nous, avec une très grande rapidité, un individu qui s'y trouvait éleva la voix et nous adressa quelques paroles, mais nos clochettes faisaient un tel tapage qu'il ne nous fut pas aisé de l'entendre. D'ailleurs il s'exprima en hollandais, et personne de nous, à l'exception de Guert, n'était assez familiarisé avec cette langue pour comprendre facilement ce que cet étranger avait voulu dire. Ses paroles nous trouvèrent donc inattentifs, et en effet il n'y avait rien d'extraordinaire dans cette circonstance, l'usage constant des Hollandais étant si leur conducteur eût voulu amener son traîneau côte à côte avec le nôtre. C'est ce qui arriva en effet quelques instans après. Guert s'arrêta aussitôt.

— Avez-vous entendu l'individu qui a passé près de nous, Guert ? demanda Herman Mordaunt aussitôt que le bruit eut cessé ; il nous a adressé la parole à haute voix, et il est probable que ce n'a pas été sans motif.

— Ces gens-là rentrent rarement chez eux, après une visite à Albany, sans avoir vidé plus d'un verre, répondit Guert. Qu'aurait-il pu avoir à nous dire, sinon qu'il nous souhaitait une bonne nuit ?

— Je n'en sais rien, mais mistress Bogart croit avoir compris quelque chose comme « Albany » et « la rivière. »

— Les dames croient toujours qu'Albany est au moment de s'engloutir dans la rivière après un grand dégel, répondit Guert avec bonne humeur, mais je puis faire voir que la glace a seize pouces d'épaisseur à l'endroit où nous sommes.

Guert me remit les guides et sauta à bas du traîneau ; puis il s'approcha d'une large crevasse qu'il avait aperçue à quelque distance et revint vers nous en marquant avec son doigt sur le manche de son fouet la mesure de l'épaisseur de la glace, pour nous montrer qu'il avait dit la vérité. Elle avait en effet à cet endroit dix-huit pouces environ de profondeur. Herman Mordaunt montra cette mesure à mistress Bogart, dont les alarmes furent calmées par une preuve aussi positive. Anna et Mary ne manifestaient aucune crainte ; loin de là, lorsque les traîneaux se séparèrent de nouveau, chacune d'elles trouva, avec la malice de son sexe, une plaisanterie à faire aux dépens de l'imagination de la pauvre mistress Bogart.

Je fus, je crois, le seul dans notre propre traîneau qui conservât quelque alarme après un incident d'aussi peu d'importance. Pourquoi éprouvais-je un certain malaise ? c'est ce qu'il me serait impossible de dire. Sans doute cette vague inquiétude eut pour objet la sûreté d'Anna, et ne me fut nullement inspirée par le soin de ma propre conservation. Il arrivait presque chaque hiver que des traîneaux rompissent la glace sur nos lacs et nos rivières de New-York, et souvent les chevaux étaient noyés, quoique les conséquences de cet accident fussent rarement aussi sérieuses pour leurs maîtres. Les effets nécessaires d'un grand dégel et d'une pluie abon-

SATANSTOÉ.

dante se présentaient à mon esprit, et je réfléchissais que la glace pouvait encore conserver son épaisseur apparente, alors que sa consistance avait singulièrement diminué. Mais, que pouvais-je faire? Si nous avions pris terre, le chemin se serait trouvé impraticable pour nos chevaux, tandis qu'une heure de route encore sur la rivière suffisait pour transporter nos dames à leur demeure chaude et commode. Quoi qu'il en soit, cette journée, qui avait été la plus heureuse de ma vie, jusqu'au moment où nous avions fait la rencontre du traîneau inconnu, changea entièrement d'aspect, à partir de ce moment, et ne me laissa plus aucun sentiment de satisfaction. Si Anna avait été dans son appartement, je me serais engagé de grand cœur à passer moi-même toute une semaine sur la rivière pour racheter sa sûreté. Je pensais peu aux autres, je le dis à ma honte, bien que je ne doive pas cependant me faire l'injustice d'imaginer, que, si Anna avait été hors de danger, j'aurais abandonné même un cheval, tant qu'il y aurait eu espoir de le sauver.

Nous allâmes en avant. Guert conduisait avec rapidité, mais non sans prudence; et il semblait que son attelage comprît ce qu'on attendait de lui. Il ne s'écoula pas beaucoup de temps avant que nous n'eussions laissé derrière nous le hameau dont j'ai parlé. Il paraît que les clochettes des deux traîneaux attirèrent l'attention des gens du rivage, qui n'avaient pas encore tous gagné leur lit, car la porte d'une maison s'ouvrit. Deux hommes sortirent de cette maison et vinrent nous regarder, tandis que nous passions avec une vélocité qui déliait toute poursuite. Ces hommes nous hélèrent aussi en hollandais, et Herman Mordaunt galopa de nouveau le long de notre traîneau pour nous parler.

— Avez-vous entendu ces hommes? nous dit-il à haute voix, car Guert ne jugea pas à propos d'arrêter ses chevaux, ils avaient certainement quelque chose à nous dire.

— Ces gens-là ont toujours quelque chose à dire à un traîneau d'Albany, Monsieur Mordaunt, répondit Guert, quoique ce ne soit pas souvent quelque chose de bon à entendre.

— Mais Mistress Bogart croit encore qu'ils ont dit quelque chose qui avait trait à « Albany » et à la « rivière.»

— Je comprends le hollandais aussi bien que l'excellente Mme Bogart, dit Guert un peu sèchement, et je n'ai rien entendu cependant. Je crois que la rivière est meilleure que jamais. Cette glace porterait une douzaine de charges de foin en ligne serrée.

Cette réponse contenta encore Herman Mordaunt; mais elle ne me satisfit pas: Nos sonnettes faisaient quatre fois autant de bruit que les siennes, et il était possible qu'une personne qui comprenait parfaitement le hollandais, entendît un appel fait dans ce traîneau, en étant assise dans le traîneau d'Herman Mordaunt, et que le même appel ne parvînt pas jusqu'à elle dans le traîneau de Guert. Nous ne nous arrêtâmes pas cependant, et nous franchîmes un autre mille avant qu'aucune circonstance nouvelle attirât notre attention.

Quelques rires furent même encore entendus parmi nous, car Mary Wallace avait consenti à chanter un air auquel l'accompagnement des sonnettes donnait une certaine tournure plaisante. Cet air, ou plutôt les deux premiers vers, car Mary Wallace fut interrompue lorsqu'ils étaient à peine achevés, avaient détourné notre attention des chevaux, pour la porter derrière nous, vers le traîneau d'Herman Mordaunt, lorsqu'un bruit, semblable à celui qui aurait pu être produit par un tourbillon, et bientôt après un grand cri, nous tirèrent subitement de notre distraction. Un traîneau dirigé vers le bas de la rivière passa à trente pas de nous. Il était monté par un seul individu, qui se tenait debout, agitant son fouet, et nous apostrophant à haute voix aussi long-temps qu'il put espérer de se faire entendre. Cette apparition ne dura qu'un moment, tant la course de ce traîneau était précipitée; et dans l'instant qui précéda celui où nous le perdîmes de vue, nous aperçûmes, à la faible lueur de la lune, le conducteur aiguillonnant son attelage avec le fouet pour hâter encore la rapidité, déjà si grande, avec laquelle il était entraîné. Herman Mordaunt se plaça à nos côtés, pour la troisième fois de la nuit, et nous pria, d'une voix quelque peu impérative, de faire halte.

— Qu'est-ce donc que tout ceci peut vouloir dire, Guert? demanda-t-il. Voilà la troisième fois que nous recevons un avertissement sur « Albany » et sur « la rivière. » J'ai entendu de mes propres oreilles cet homme prononcer ces deux mots; je suis certain de ne pas m'être trompé.

— J'ose dire, en effet, Monsieur, que vous avez entendu quelque chose de semblable, répondit Guert, persistant dans son incrédulité. Les compagnons de cette espèce ont généralement quelque impertinence à dire, lorsqu'ils rencontrent un attelage qui vaut mieux que le leur. Mes chevaux noirs ne manquent jamais de m'attirer l'envie, Herman Mordaunt, partout où on les aperçoit avec moi. Un Hollandais vous pardonnera aisément toute espèce de supériorité, à l'exception de celle qui résulte d'un meilleur attelage. L'homme qui vient de passer a un éperon dans la tête, et il conduit ses chevaux, en ce moment, plutôt comme une roue de voiture que comme un être raisonnable et humain. Il aura sans doute demandé si nous étions propriétaires d'Albany et de la rivière.

Cette allusion de Guert, au mérite de son attelage, occasiona un rire général, et le rire est peu favorable à la froide réflexion. Nous regardâmes autour de nous dans le silence et la solennité de la nuit; nos yeux sondèrent la profonde et large route de la rivière, et nous ne fûmes frappés que par le calme de la nature, que la solitude du lieu et la paix de l'heure avancée rendaient imposant. Guert nous renouvela d'un air riant l'assurance que tout allait bien, et poussa ses chevaux. Nous allâmes en avant! Guert pressait évidemment son attelage comme s'il eût été impatient de sortir de cette anxiété le plus tôt possible. Nos coursiers noirs fuyaient plutôt qu'ils ne trottaient, et nous commencions à céder à l'excitation joyeuse produite par ce mouvement aussi facile que rapide, lorsqu'un bruit semblable à celui que pourraient produire mille coups de feu tirés ensemble, vint frapper nos oreilles et fut cause que les deux conducteurs arrêtèrent simultanément leurs chevaux. Les traîneaux se trouvèrent côte à côte au même instant. Un léger cri s'échappa de la bouche de la vieille mistress Bogart; mais Anna et Mary restèrent muettes et immobiles.

— Que signifie ce bruit? demanda Herman Mordaunt; tandis que l'intérêt qu'il attachait à cette question se trahissait par le son de sa voix; on dirait qu'il se passe quelque chose d'extraordinaire.

— Il se passe en effet quelque chose d'extraordinaire, répondit Guert, d'un ton froid mais très décidé, et quelque chose, ajouta-t-il, qui mérite d'être examiné.

A ces mots, il sortit du traîneau et s'avança sur la glace qu'il frappa à grands coups avec le talon de sa botte comme pour s'assurer de sa solidité. En ce moment un second bruit de la même nature que le premier se fit entendre, et il devint évident que ce bruit éclatait derrière nous. Guert considéra de toute l'intensité de sa vue le cours inférieur de la rivière, puis il appliqua sa tête sur la surface de la glace et regarda encore; en même temps ; les bruits effrayans que nous avions entendus se répétèrent trois ou quatre fois, en se succédant rapidement l'un à l'autre. Guert se remit immédiatement sur ses pieds.

— Je comprends tout maintenant, dit-il, et je crains d'avoir montré une confiance un peu trop grande. La glace, cependant, est forte et sûre. Nous n'avons pas à craindre qu'elle cède sous nos pas. Peut-être vaudrait-il mieux néanmoins quitter la rivière, quoique je sois loin d'être certain que le meilleur parti à prendre, ne soit pas de pousser en avant.

— Faites-nous connaître d'abord le danger, Monsieur Ten Eyck, dit Herman Mordaunt, et nous verrons après ce qu'il y a de mieux à faire.

— Je crains, Monsieur, que l'action combinée des pluies et du dégel n'ait accumulé tant d'eau dans la rivière, que la glace n'ait été soulevée, rompue et détachée du bord en certains endroits. Lorsque cet effet se fait sentir en amont de la rivière, avant que la glace ait disparu en aval, il arrive quelquefois que celle-ci forme des espèces d'écluses, sur lesquelles l'eau pèse d'un poids énorme. Ainsi pressée, la plaine de glace s'entrouvre souvent sur une grande largeur, et les glaçons, amoncelés les uns sur les autres, forment des murailles d'une hauteur de vingt à trente pieds. Cela n'a pas encore eu lieu, par conséquent, nous ne courons aucun danger immédiat, mais en regardant au niveau de la glace, vous pouvez voir qu'une rupture du genre de celle que j'ai décrite, vient de s'effectuer à un demi-mille environ au-dessous de nous.

Nous fîmes ce que Guert nous indiquait, et nous vîmes qu'une montagne de glace avait surgi au milieu de la rivière à une distance plus rapprochée encore que celle déterminée par notre compagnon. Elle nous barrait entièrement le chemin par lequel nous étions venus, et par conséquent nous ôtait tout moyen de retraite. Le rivage occidental de l'Hudson était très élevé au point où nous nous trouvions; en l'examinant avec toute l'attention dont j'étais capable, je m'aperçus par la manière dont les arbres disparaissaient, les plus éloignés derrière ceux qui étaient le plus près, qu'en ce moment même, la glace qui nous portait était en mouvement. Une exclamation involontaire révéla au même instant à tout le monde cette circonstance effrayante. Nous étions certainement entraînés, quoique très lentement, sur la rivière, que les pluies et le dégel avaient gonflée ; entraînés, dans le calme et la

solitude de la nuit, et la clarté de la lune servait plutôt à nous montrer l'étendue du danger qu'à nous aider à l'éviter. Que fallait-il faire? C'est ce qu'il était nécessaire de décider avec promptitude et intelligence.

Nous attendions l'avis d'Herman Mordaunt; mais il s'en rapporta à l'expérience de Guert, plus éprouvée en ces sortes de choses.

— Nous ne pouvons prendre terre ici, répondit le jeune homme, tant que la glace sera en mouvement ; je pense que le parti le plus sûr est d'aller en avant. Chaque pas que nous ferons nous rapprochera d'Albany. A la distance d'un ou deux milles, nous nous trouverons au milieu des îles, où les chances de pouvoir prendre terre seront considérablement augmentées. Déjà il m'est arrivé de traverser la rivière sur la glace flottante, car elle s'arrête souvent, et j'ai même vu des traîneaux chargés se servir du même moyen pour aller d'un bord à l'autre. Comme il n'y a encore rien de très alarmant, je suis d'avis de continuer notre chemin et de nous rapprocher des îles.

C'est ce que nous fîmes ; mais on n'entendit plus ni rires, ni chants parmi nous. Je remarquai qu'Herman Mordaunt avait, au sujet d'Anna, une pensée qui le mettait mal à l'aise ; il aurait désiré la prendre dans son traîneau ; mais, d'une part, il ne pouvait laisser Mary Wallace seule dans le nôtre, et d'autre part, il ne lui était pas permis d'abandonner sa respectable parente, mistress Bogart. Avant de remonter dans les traîneaux, je saisis l'occasion de l'assurer que je prendrais un soin particulier d'Anna.

— Que le ciel vous bénisse, Corny, mon cher enfant, répondit Herman Mordaunt, en me serrant les mains avec chaleur, que le ciel vous bénisse, et vous donne la force de la protéger. J'ai été sur le point de vous demander de changer de place avec moi ; mais toute réflexion faite, je pense que ma fille sera plus en sûreté avec vous qu'avec moi. Nous attendrons le bon plaisir de la Providence dans la situation où elle nous a placés.

— Je ne l'abandonnerai qu'avec la vie, Monsieur Mordaunt. Ayez à cet égard l'esprit en repos.

— Je sais que vous ne l'abandonnerez pas ; je suis sûr que vous ne voudriez pas l'abandonner ; cette affaire du lion m'en est un gage. Si Bulstrode était venu, nous aurions été plus forts. Mais Guert est impatient de partir. Le ciel vous bénisse, mon enfant, le ciel vous bénisse ! Prenez soin de ma fille.

Guert s'impatientait, et je ne fus pas plus tôt rentré dans le traîneau, que nous reprîmes notre course rapide. J'adressai aux deux jeunes filles quelques paroles d'encouragement, après quoi le son de la voix humaine cessa de se faire entendre dans cette triste scène.

XIV.

Nous allâmes en avant! Le but de Guert était d'arriver aux îles qui le rapprochaient de la ville, et qui offraient un lieu de refuge au cas où le danger deviendrait plus grave. La vélocité avec laquelle nous étions entraînés en ce moment, empêchait toute conversation et même toute réflexion sérieuse. Le bruit de la glace qui se soulevait, devenait de plus en plus fréquent, et après avoir éclaté dans le haut de la rivière, il se faisait entendre actuellement au-dessous de nous. Parfois on aurait dit que l'immense masse d'eau était au moment de rompre ses entraves, et de fondre sur nous comme un déluge ; alors la rivière eût été balayée dans l'espace de bien des milles par ce torrent irrésistible.

Cependant Guert continuait son chemin, d'abord parce qu'il n'ignorait pas qu'il serait impossible de prendre terre sur l'une ou sur l'autre des deux rives principales dans le voisinage de l'endroit où nous étions, et ensuite parce qu'ayant vu souvent des écluses naturelles de cette espèce se former, il s'imaginait que nous n'étions pas encore en danger. Afin que le lecteur éloigné puisse se faire une idée précise de la nature du péril auquel nous étions exposés, il est bon de lui donner quelques détails locaux.

Les rives de l'Hudson sont généralement élevées et escarpées, et, en quelques endroits, elles s'élèvent jusqu'à la hauteur de montagnes. Aucunes terres plates, d'une étendue suffisante pour mériter une mention, ne se rencontrent sur ses bords, jusqu'à ce qu'on approche d'Albany ; et encore celles qui s'étendent au sud de cette ville, ne présentent-elles pas une très grande surface comparativement à la largeur de la rivière.

A l'exception des terres plates, situées près d'Albany, le reste de la contrée traversée par l'Hudson, est un pays de hauteurs et de montagnes entre lesquelles la rivière est resserrée au nord de la ville, dans un parcours de soixante ou quatre-vingts milles, durant lequel elle reçoit ses tributaires. Le Mohawk est un des principaux ; cette rivière prend sa source à une grande distance dans l'ouest, suivant ce qui m'a été rapporté, car je n'ai jamais visité cette partie reculée de la colonie, et elle coule à travers des plaines fertiles qui sont bornées au nord et au sud par des montagnes escarpées. Au printemps, lorsque la masse des neiges, qui, fréquemment, atteignent une hauteur de quatre pieds dans les forêts, ainsi que dans les vallées et sur les montagnes de l'intérieur des terres, se fondent subitement sous l'influence des vents du sud et des pluies, elles causent des débordemens qui font souvent de grands ravages. Les plaines traversées par le Mohawk sont, m'a-t-on dit, inondées tous les ans, et une inondation modérée est regardée comme une faveur du ciel ; mais, parfois, la réunion des causes que j'ai indiquées, produit une espèce de déluge dont les effets sont tout opposés. Ainsi des maisons sont emportées, des ponts jetés sur de petites rivières dans les montagnes, ont été vus flottant au-delà des quais d'Albany, et cherchant leur chemin vers les profondeurs de l'Océan. A cette époque de l'année, les marées ne produisent pas de contre-courant, et c'est une chose ordinaire de voir, dans les premiers mois du printemps, la rivière couler sans interruption vers la mer dans toute la longueur de son cours, pendant plusieurs semaines, et de trouver ses eaux douces jusqu'à New-York.

Telle était, en général, la nature du malheur auquel nous nous trouvions exposés d'une manière si imprévue. L'hiver avait été rigoureux et la neige était tombée avec une abondance inusitée. Tandis que nous poursuivions notre course qui avait pris un caractère de fureur, je me souvins d'avoir entendu mon grand-père prédire qu'il y aurait de grandes inondations au printemps. Le dégel et les pluies avaient produit leur résultat habituel ; les eaux déchaînées dans les montagnes pesaient sur nous de toute la puissance de leur masse. Le premier effet de cette accumulation des eaux supérieures, est de détacher la glace des bords de la rivière, et des circonstances locales la forçant à céder en certains endroits, des fissures s'opèrent à la surface, et des écluses naturelles se forment, à travers lesquelles la rivière s'élance pour se répandre sur les basses terres adjacentes, telles que les plaines des environs d'Albany.

Nous ne savions pas encore ces particularités ; mais au moment même où Guert excitait ainsi son attelage à des efforts surnaturels, en le poussant comme s'il s'agissait d'une course de chevaux, le bord opposé de l'Hudson, à une très grande distance au-dessus d'Albany et un peu au-dessous de cette ville, était déjà complètement débarrassé de sa croûte de glace stationnaire.

Voilà ce que nous ne savions pas encore, sans quoi Guert eût changé la direction de ses mouvemens ; nous ne l'apprîmes que plus tard, lorsque nous fûmes en situation de nous enquérir des causes de cet événement.

Herman Mordaunt nous suivait pas à pas ; nous entendions, derrière notre traîneau, le tintement de ses clochettes et le souffle bruyant de son attelage, tandis que nous étions lancés, nous-mêmes, le long de la rivière dans une course désespérée. Lorsque nous fûmes tournés vers le nord, les craquemens de la glace devinrent encore plus fréquens et plus forts. Ils étaient vraiment effrayans. Cependant les deux jeunes filles continuaient à garder le silence, conservant leur sang-froid avec une constance admirable, quoiqu'elles comprissent certainement le caractère et la grandeur du péril où nous étions jetés. Tel était l'état des choses lorsque les chevaux de Guert, perdant haleine, recommencèrent à diminuer sensiblement de vitesse. Ils galopaient encore, mais ce n'était plus avec la rapidité du vent ; leur maître comprit alors la folie qu'il y avait à espérer d'atteindre la ville avant que la catastrophe n'éclatât. Il retint ses chevaux essoufflés, et l'attelage venait de reprendre le trot, lorsqu'un craquement des plus violens se fit entendre précisément en face de nous. Au même instant la glace se souleva, presque dans les jambes des chevaux, à la hauteur de plusieurs pieds et prit la forme d'un toit de maison. Il était trop tard pour faire retraite. Guert, appelant par leur nom Jack et Moïse, leur fit sentir le fouet, et les nobles animaux franchirent l'élévation, en sautant par dessus une crevasse large de trois pieds, et atteignirent de l'autre côté la surface encore unie de la rivière. Tout cela fut fait en un clin d'œil. Tandis que le traîneau franchissait la glace soulevée, j'eus quelque peine à empêcher que les jeunes filles ne tombassent de leurs sièges ; quant à Guert, il était resté debout, semblable à un pin trop fermement enraciné pour céder à la tempête. Le danger ne fut pas plus tôt passé, cependant, qu'il arrêta les chevaux ; nous fîmes une pause pleine d'anxiétés mortelles.

Nous entendions le retentissement des clochettes du traîneau d'Herman Mordaunt de l'autre côté de la barrière, mais il nous était impossible de rien voir. Les glaçons s'étaient élevés à une hauteur de dix pieds au moins sous la pression des millions de tonnes d'eau descendues des hauteurs de la rivière. Leur inclinaison était presque perpendiculaire, de sorte qu'il eût été à peu près impossible de les franchir, même pour un piéton. Derrière ce rempart de glace, Herman Mordaunt fit entendre sa voix, pleine d'une anxiété bien propre à augmenter encore les terreurs du moment.

— Au rivage! au rivage! cria-t-il. Au nom de la divine Providence, au rivage! Guert!

Le bruit des sonnettes se dirigea alors vers le rivage occidental. Ce fut un instant bien pénible pour nous quatre, nous entendions tout autour de nous le craquement de la glace, qui brisait de tous côtés ses liens, et se soulevait en avant et en arrière; le retentissement des sonnettes d'Herman Mordaunt s'éloignait de plus en plus, et finit par se perdre tout-à-fait; alors il nous sembla que nous étions séparés du reste des humains. Je ne crois pas qu'aucun de nous ressentît la crainte d'être englouti sous la glace. L'habitude nous avait appris à nous confier avec tant de sécurité au sol glacé de la rivière, que, malgré tous les motifs d'alarme qui surgissaient autour de nous, notre pensée ne s'arrêtait pas à la possibilité de l'existence d'un pareil danger. A vrai dire, il n'y avait pas lieu d'appréhender beaucoup un tel dénoûment. Le dégel ne durait pas depuis assez long-temps pour avoir diminué considérablement l'épaisseur et la solidité de la glace, quoiqu'elle n'eût pas été assez forte pour résister à l'énorme pression des eaux. Il n'aurait pas manqué de glaçons larges d'un acre, et capables de nous porter comme un radeau, avec notre traîneau et nos chevaux, le long de la rivière; mais il eût fallu pour cela qu'il n'y eût pas, sur notre route, des obstacles stationnaires. Les deux jeunes filles, elles-mêmes, comprenaient maintenant la nature du danger qui était suspendu sur nos têtes. Mais ce n'était pas le moment de rester dans l'indécision et l'inaction.

Séparés, comme nous étions, par une infranchissable barrière de la route suivie par Herman Mordaunt, il devenait nécessaire de prendre une résolution quelconque au sujet de notre propre chemin. Nous avions à choisir entre chercher à gagner le rivage occidental, ou nous efforcer d'arriver à la plus voisine de plusieurs îles basses, qui sont dans la direction opposée. Guert prit ce parti, et dirigea ses chevaux de ce côté, sans grande hâte, car il n'y avait pas nécessité apparente de nous presser, et l'attelage avait besoin de souffler. Tout en marchant, il nous expliqua que la crevasse qui s'était ouverte au-dessous de nous avait coupé le chemin sur le seul point du rivage occidental où il fût possible de prendre terre. En même temps il eut recours à une pieuse fraude qui exerça la plus heureuse influence sur l'esprit et la conduite des deux jeunes personnes, et principalement d'Anna Mordaunt, pendant les dernières épreuves de cette terrible nuit. Il insista sur le bonheur qu'avait Herman Mordaunt d'être du bon côté de la barrière qui nous séparait des traîneaux. Son but était de nous porter à supposer que nos compagnons se trouvaient en sûreté à raison même de l'accident dont nous étions victimes. Anna s'imagina que son père était

hors de danger; Guert parvint ainsi à écarter le doute affreux où elle était plongée.

Lorsque le traîneau arriva près de la pointe de l'île, Guert me remit les guides et s'éloigna pour examiner s'il était possible de descendre à terre. Son absence dura quinze minutes; car, il ne voulut revenir vers nous qu'après avoir minutieusement reconnu l'état de l'île et la situation des glaces dans le canal oriental. Ces quinze minutes furent cruelles; le craquement de la masse glacée, le bruit des glaçons qui s'entrechoquaient, retentissaient à nos oreilles comme le mugissement de l'océan pendant la tempête. Pourtant, au milieu des scènes terribles de cette affreuse nuit, je ne pus m'empêcher d'admirer le sang-froid et la belle conduite de Guert. Il était plus que résolu, il était calme, réfléchi, et possédait le plein usage de toutes ses facultés. Si plausible qu'eût semblé à un observateur moins clairvoyant l'espoir de s'échapper par la rive occidentale, il est certain que Guert avait agi sagement en prenant le chemin de l'île. La rupture et le choc des glaçons lui avaient fait comprendre que l'eau s'était frayé une route le long de la terre ferme, et qu'il fallait par conséquent renoncer à la pensée de gagner la terre de ce côté. Lorsqu'il nous eut rejoints, il m'appela à la tête des chevaux pour conférer avec moi, après avoir solennellement assuré à mes compagnes qu'il n'y avait aucune raison d'appréhender un danger immédiat. Mary Wallace le pria de lui répéter, à elle, cette assurance, sur la foi que tout homme doit au sexe le plus faible; il le fit, et il me fut alors permis de la rejoindre.

— Corny, dit Guert à voix basse, la Providence me punit pour avoir commis le péché de dire que je voudrais voir Mary Wallace dans les griffes d'un lion; car toutes les bêtes féroces de l'ancien monde pourraient à peine nous mettre dans une situation plus désespérée que celle où nous sommes. Il nous faut du sang-froid, cependant, pour sauver les deux jeunes filles ou pour mourir en hommes.

— Nos destinées seront les mêmes. Chargez-vous de protéger Mary, et confiez Anna à mes soins. Mais pourquoi ce langage? Sûrement notre situation n'est pas si désespérée.

— Il ne serait pas très difficile à deux jeunes gens actifs et vigoureux de gagner le rivage; mais il n'en est pas de même avec des femmes. La glace est en mouvement tout autour de nous, et les glaçons se brisent les uns sur les autres d'une manière effrayante. Lorsque le jour éclairera notre marche, nous pourrons tenter de sortir de ce péril. Mais, dans l'état actuel des choses, je n'oserais pas conduire Mary Wallace à quelque distance de l'île. Nous serons forcés de passer la nuit ici, et il faut faire nos dispositions en conséquence. Vous entendez la glace qui se brise sur le rivage; c'est un signe certain que la rivière entraîne de ce côté tout ce qu'elle rencontre. Dieu veuille que les eaux s'ouvrent bientôt un passage, quoiqu'elles doivent submerger tout ce qui se présentera devant elles. Je crains, Corny, qu'Herman Mordaunt ne soit perdu avec ceux qui l'accompagnent.

— Grand Dieu! un pareil malheur est-il possible? J'espère plutôt qu'ils auront atteint le rivage.

— Cela est impossible, par la route qu'ils ont prise.

Tout homme doit nécessairement être entraîné par le torrent qui se précipite le long de la rive occidentale. C'est précisément cette irruption qui nous sauve. Mais trêve de parole. Vous connaissez maintenant toute l'étendue du danger, et il ne vous reste plus à apprendre que ce que vous avez à faire. Il faut transporter notre précieux fardeau sur l'île le plus tôt possible. Dans une demi-heure, que dis-je? dans une demi-minute, le torrent peut être porté de ce côté.

Guert prit la conduite de nos mouvemens. Pendant notre conférence, la glace avait changé de place, et nous nous trouvions déjà plus éloignés de l'île d'une quinzaine de pieds. Nous fîmes avancer les chevaux, qui eurent bientôt recouvré l'espace que nous avions perdu; mais il fut impossible de leur faire franchir les glaçons amoncelés qui commençaient à entourer l'île d'une sorte de rempart. Après une ou deux tentatives inutiles, Guert renonça à son entreprise, et me dit d'aider Anna et Mary à sortir du traîneau. Jamais femmes ne se conduisirent plus courageusement que ces deux jeunes filles si délicates et si charmantes, au milieu d'une épreuve terrible. Sans pleurs, sans exclamations, sans remontrances ni questions d'aucune espèce, toutes deux firent ce qu'il était attendu d'elles. Je ne puis exprimer le sentiment de sécurité que j'éprouvai, lorsque, avec mon aide, elles eurent dépassé le rempart de glace qui nous séparait du rivage de l'île. Le froid de la nuit n'était pas rigoureux, mais le terrain était suffisamment gelé pour que nous pussions marcher sans difficulté sur ce sol qui eût été, en toute autre circonstance, détrempé et fangeux, car l'île était si basse, qu'elle se trouvait souvent sous l'eau, principalement lorsque la rivière était gonflée. C'est cela même qui faisait notre danger, quand nous y fûmes descendus.

Lorsque je retournai auprès de Guert, il avait déjà dévié de l'endroit où je l'avais laissé, et il avait été entraîné à quelque distance; aussi poussâmes-nous le traîneau assez en avant de la pointe de l'île pour ne pas courir un grand danger d'être emportés hors de la vue du précieux dépôt qui nous était confié. A ma grande surprise, Guert s'occupait à débarrasser ses chevaux de leurs harnais. J'étais curieux de savoir ce qu'il allait faire. Après avoir enlevé jusqu'aux brides qui pouvaient gêner les mouvemens des deux animaux, Guert fit claquer son fouet. Les chevaux, livrés à eux-mêmes, bondirent à ce bruit; ils soufflèrent, ils se cabrèrent, puis, s'élançant en avant, ils coururent vers le bas de la rivière, libres comme l'air, presque aussi vifs et aussi légers que le vent, tandis que les claquemens répétés du fouet de leur maître ne cessaient d'accélérer leur course et de redoubler leur vitesse. Je demandai à Guert quelle était son intention.

— Il serait cruel de ne pas laisser ces pauvres bêtes faire usage de la force et de la sagacité que la nature leur a données pour sauver leurs vies, répondit Guert, en suivant des yeux celui des deux chevaux qui était en arrière, aussi long-temps que ses formes purent être distinguées dans l'obscurité. Ils ne seraient qu'un embarras pour nous, car nous ne pourrions jamais réussir à leur faire franchir, sous leurs harnais, les crevasses et les glaçons amoncelés; et lors même qu'ils les franchiraient, il ne serait pas sûr de les suivre dans cette route périlleu-

se. Le traîneau est léger, et nous sommes assez forts pour l'amener à terre lorsque nous en trouverons le moyen; dans tous les cas, nous pourrons le laisser dans l'île.

Rien ne pouvait servir plus efficacement à me faire comprendre de quel œil Guert considérait notre situation, que de le voir renvoyer ainsi en liberté des animaux auxquels je savais qu'il attachait un si grand prix. Je fis allusion à cette dernière circonstance, et il me répondit d'un ton sérieux et mélancolique, d'autant plus frappant, qu'il était plus extraordinaire de le lui voir prendre :

— Il est possible qu'ils réussissent à gagner le rivage, car la nature a donné aux chevaux un instinct très vif. Ils peuvent se sauver à la nage là où vous et moi nous serions noyés infailliblement. A tout événement, ils ne sont pas embarrassés dans leurs harnais, ils ont toutes les chances de se sauver qu'il était en mon pouvoir de leur donner. S'ils arrivent à terre, quelque fermier les mettra dans son écurie, et je ne tarderai pas à savoir où je pourrai les retrouver. Si toutefois je vis demain matin pour les chercher.

— Que faut-il faire maintenant, Guert? demandai-je à mon compagnon, dont je comprenais la pensée.

— Il faut tirer le traîneau dans l'île. Après cela il sera temps de regarder autour de nous, et d'examiner s'il est possible de conduire Anna et Mary sur la terre ferme.

Nous nous mîmes aussitôt à l'œuvre et nous n'eûmes pas de grandes difficultés à faire passer le traîneau par-dessus la glace, dont le mouvement nous vint en aide. Nous l'amenâmes jusqu'à l'arbre sous lequel les deux jeunes filles se tenaient; elles y reprirent leurs places. La nuit, ainsi que je l'ai dit, n'était pas froide pour la saison, et nos compagnes, chaudement vêtues, enveloppées dans des palatines, et les mains cachées dans des manchons, pouvaient supporter sans risque la température de la nuit. Les peaux de renard de Guert contribuèrent à rendre leur situation encore plus supportable. Je ne pense pas que ni l'une ni l'autre des deux jeunes filles se soit imaginée en cet instant qu'elle pouvait courir aucune autre danger que celui de passer la nuit en plein air, tant qu'elles resteraient sur un terrain solide. Mais elles se trompaient, ainsi que le lecteur en sera convaincu par une courte explication.

Toutes les îles situées dans cette partie de la rivière sont basses, étant formées de terrains d'alluvion, autour desquels croissent des arbres et s'étendent des buissons. Ces arbres sont pour la plupart des saules, des sycomores ou des noyers; la fertilité du sol favorisé leur croissance rapide, et ils avaient généralement acquis une hauteur assez considérable, quoique aucun d'eux n'eût atteint les grandes dimensions qui distinguent le tronc et les branches des vétérans de la forêt. Ce fait, en lui-même, prouvait qu'aucun de ces arbres n'était très vieux, et cette circonstance était sans aucun doute le résultat des ravages des inondations annuelles. Je dis annuelles, car bien que celle dont nous étions environnés fût beaucoup plus violente que d'habitude, chaque année en ramenait une de même sorte, et sous leur influence les îles s'agrandissaient ou diminuaient régulièrement. Pour prévenir ce dernier accident on avait soin de laisser, à la pointe de chaque île un bouquet d'arbres, qui formait une sorte de barricade contre l'irruption des glaces au printemps. Mais la surface du sol était si basse, que la plus petite élévation de la rivière le faisait disparaître entièrement sous les eaux.

Guert Ten Eyck n'eut pas plutôt sujet de penser que nos compagnes étaient provisoirement en sûreté, qu'il me proposa de faire, en commun, un examen plus approfondi de l'état de la rivière, afin de nous assurer des meilleurs moyens de gagner le rivage. Ceci fut dit à haute voix, et d'un ton joyeux comme si toute appréhension était désormais bannie de l'esprit de Guert, et dans le dessein, évident pour moi, d'encourager les deux jeunes filles. Anna nous engagea à aller à la découverte, en déclarant qu'actuellement qu'elle se sentait sur une terre immobile, toutes ses craintes s'étaient évanouies. Nous partîmes donc, et nous nous dirigeâmes d'abord vers la pointe de l'île.

Bien peu de minutes suffirent pour atteindre les limites de notre étroit domaine; et lorsque nous en approchâmes, Guert me fit remarquer le monticule de glaces amoncelées par derrière, et me le signala comme un symptôme effrayant.

— Là est notre danger, dit-il avec force, et il ne faut pas nous fier à ces arbres. Ce débordement est de beaucoup plus violent qu'aucun de ceux que j'aie vus dans cette rivière, et cependant il ne se passe pas un printemps qui n'en amène un nouveau. Ne voyez-vous pas ce qui nous sauve maintenant, Corny?

— Nous sommes sur une île, et tant que nous y resterons, nous serons à peu près à l'abri des dangers de la rivière.

— Détrompez-vous, mon cher ami; vous êtes dans une très-grande erreur. Venez avec moi et vous vous en convaincrez par vous-même.

Je suivis Guert et j'examinai notre situation de mes propres yeux. Nous montâmes sur les glaçons qui étaient entassés en tête de l'île jusqu'à une hauteur de trente pieds et dont la muraille s'étendait à droite et à gauche, aussi loin que notre vue pouvait porter, au milieu des brouillards de la nuit. Il n'était pas difficile de se tenir sur cet amas de glaces empilées les unes sur les autres, car leur mouvement était lent et cessait même tout-à-fait par intervalles; mais il n'était pas possible de se dissimuler la véritable nature du danger. Si l'île et le continent voisin ne leur avaient pas opposé d'obstacles, les glaces auraient continué à suivre le cours de la rivière, un glaçon poussant l'autre, jusqu'à ce que la masse entière se trouvât répandue vers l'embouchure de l'Hudson, dans un espace plus large, et flottât vers l'Océan. Non-seulement notre île présentait un obstacle à la glace, mais d'autres îles s'élevaient dans le voisinage, et formaient entr'elles des canaux tellement étroits que la glace, arrêtée à l'entrée, établissait les écluses naturelles dont j'ai parlé. Notre salut dépendait de la force de ces écluses. Si elles venaient à se rompre près de nous, rien ne pouvait empêcher que nous ne fussions engloutis tous ensemble, Guert, croyait toutefois, comme je l'ai déjà dit, que les eaux s'étaient ouvert des issues sur les deux rives du continent; à l'est et à l'ouest; si cette conjecture était fondée, il y avait quelqu'espoir d'échapper à une catastrophe.

En d'autres termes, si les écluses de glace suffisaient pour contenir les eaux, nous pouvions échapper à la mort; sinon, notre destin était inévitable.

— Je ne serais pas excusable de rester ici sans chercher à voir quel est l'état des choses plus près du rivage, dit Guert, après que nous eûmes examiné la masse des glaçons accumulée devant nous, aussi bien que les faibles rayons de la lune le permettaient, et que nous eûmes calculé ensemble les chances de salut qui nous restaient. Retournez auprès des jeunes filles, Corny, et tâchez de maintenir leur courage, tandis que je traverserai le canal à notre droite, et que je gagnerai l'île voisine pour reconnaître la situation des choses de ce côté.

— L'idée que vous allez courir seul tous les risques ne me plaît pas, Guert, surtout lorsque je songe que vous pouvez rencontrer quelques obstacles que nos forces réunies pourraient surmonter, et que vous ne pourriez pas dominer seul.

— Vous pouvez venir avec moi jusqu'à l'île voisine, si vous voulez. Là nous serons en mesure de nous assurer s'il y a de la glace ou de l'eau entre nous et la rive orientale. Dans le premier cas, vous retournerez le plus promptement possible vers nos compagnes, pendant que je chercherai le meilleur endroit pour passer. Pour être franc, je vous dirai que j'aime peu l'aspect de cette écluse de glace. J'ai de grandes craintes pour celles que nous avons laissées dans le traîneau.

Nous nous disposions à avancer, lorsqu'un craquement horrible se fit entendre à quelques toises de nous, et nous remplit d'alarmes. Nous courûmes à l'endroit où ce bruit avait éclaté, et nous vîmes qu'un saule vigoureux venait d'être rompu comme un fétu de paille, et que la barrière de glace avançait lentement, mais majestueusement, en écrasant sous son poids le tronc et les branches comme un chariot pesamment chargé écrase sous sa roue les jeunes pousses. Guert me saisit le bras et l'étreignit avec une telle force, que ses doigts crispés restèrent imprimés sur la peau.

— Il nous faut quitter ce lieu, me dit-il d'un ton décidé, et cela à l'instant même; retournons au traîneau.

Je ne savais pas ses intentions; mais je vis que le moment était venu d'agir avec résolution. Nous nous élançâmes vers le lieu où nous avions laissé le traîneau; et le lecteur jugera de l'horreur dont nous fûmes saisis, ne le trouvant plus. Toute la partie basse de la pointe de l'île où nous l'avions placé, était déjà couverte de glaçons qui sans doute l'avaient englouti pendant notre courte absence. En regardant autour de nous, cependant, nous vîmes plus bas, à quelque distance sur la rivière, un objet qui me parut être le traîneau. J'allais me précipiter de ce côté, lorsqu'une voix pleine d'effroi, nous attira dans une autre direction. Mary Wallace quitta l'abri d'un arbre derrière lequel elle s'était réfugiée, et, saisissant le bras de Guert, elle le supplia de ne plus la quitter.

— Où est Anna? m'écriai-je dans une angoisse que je ne saurais exprimer; vous ne dites rien d'Anna?

— Elle n'a pas voulu quitter le traîneau, répondit Mary Wallace respirant à peine: je l'ai priée, je l'ai suppliée de me suivre; mais elle a dit que vous alliez revenir, et elle a refusé de sortir du traîneau. On trouvera Anna dans ce traîneau, si tant est qu'on puisse la trouver encore dans ce monde.

Je n'en entendis pas davantage ; je m'élançai et, sautant de glaçon en glaçon, je ne tardai pas à me convaincre que le traîneau était sur le lit de la rivière dont il suivait lentement le cours sur la glace flottante. Il avait été poussé en avant par la nouvelle couche de glaçons qui s'étendait, à sa suite, sur l'ancienne. Au premier aspect, je ne vis personne dans le traîneau; mais, lorsque je l'eus atteint, je trouvai Anna cachée sous les couvertures. Elle était à genoux; la précieuse et adorable créature implorait le secours du ciel.

J'éprouvai une sorte de joie sauvage mais douce en me trouvant ainsi séparé du reste des hommes, seul avec Anna au milieu de cette scène de désolation. Aussitôt que je pus lui faire apercevoir ma présence, elle me demanda des nouvelles de Mary Wallace, et elle parut soulagée en apprenant que sa compagne était avec Guert, qui ne la quitterait plus un seul instant pendant le reste de la nuit. En effet, je vis, dans la pénombre, passer les formes indistinctes de Guert et de Mary, comme ils traversaient rapidement le canal entre les deux îles. Ils disparurent bientôt parmi les buissons qui bordaient l'endroit vers lequel ils s'étaient dirigés.

— Il faut les suivre, dis-je avec empressement; le passage est encore facile, et nous pourrons gagner le bord.

— Suivez-les, répondit Anna, succombant à une sorte de torpeur dont elle était momentanément accablée; suivez-les, Corny, répéta-t-elle, un homme peut aisément se sauver; vous êtes le seul héritier de votre maison, le seul espoir de vos parens.

— Anna, chère et bien-aimée! pourquoi montrer une telle indifférence pour votre propre salut? N'êtes-vous pas aussi fille unique, la seule espérance d'un père qui a perdu la compagne de sa vie? Oubliez-vous donc votre père?

— Non, non, non, s'écria la chère enfant; aidez-moi à sortir du traîneau, Corny; j'irai avec vous, partout où il faudra, serait-ce au bout du monde, et je ferai tout ce qu'il faudra pour épargner du chagrin à mon père.

Dès ce moment Anna ne laissa plus paraître aucun signe de faiblesse, et je la trouvai, pendant tout le temps que nous fûmes en danger, prête à seconder mes efforts.

Je sais à peine comment décrire les scènes qui suivirent. Je me rappelle que nous franchîmes plutôt que nous ne traversâmes le canal sur lequel j'avais vu apparaître fugitivement Guert et Mary; nous passâmes également à travers l'île, dans l'espoir de gagner par là le rivage oriental. Mais cette tentative fut inutile; sur l'autre rive de l'île, l'eau se précipitait au-dessus de la glace avec la rapidité d'un cheval de course. C'est vainement que nous cherchâmes à apercevoir nos compagnons; mes cris répétés restèrent sans réponse.

— Notre situation est désespérée, Corny, dit Anna, parlant avec un calme forcé, lorsque nous eûmes acquis la certitude que, de ce côté du moins, la retraite était impossible. — Retournons au traîneau et soumettons-nous à la volonté de Dieu.

— Chère Anna! songez à votre père, et réunissez toutes vos forces. Le lit de la rivière est encore ferme et solide. Nous le traverserons, et nous tenterons le passage vers la rive opposée.

Nous traversâmes, en effet, le lit de la rivière, ma compagne trouvant dans l'appui de mon bras plus de force pour se soutenir, qu'elle n'en aurait puisé probablement dans son propre courage ; mais nous rencontrâmes de ce côté un obstacle semblable à celui qui nous avait arrêtés de l'autre. L'île avait séparé en deux le torrent qui poussait les glaces, et il roulait ses eaux sur les deux bords avec la vélocité d'une flèche. Cependant, la rapidité de notre course avait été telle, qu'Anna était épuisée; et nous dûmes nous arrêter un moment pour qu'elle reprît haleine; il était d'ailleurs de toute nécessité de réfléchir un instant à notre situation, afin de déterminer en connaissance de cause quelle route nous restait à suivre. Toutefois, ce délai, si court qu'il ait été, contribua largement à augmenter les horreurs de notre situation.

Les craquements et le choc des glaçons qui étaient poussés les uns sur les autres, ressemblaient alors au mugissement des vents déchaînés, ou plutôt au bruit incessant du ressac sur les bords de la mer. Les piles de glaces grandissaient et se rapprochaient tellement, qu'elles devenaient visibles ; elles s'avançaient sur nous, tout hérissées et déchirées, avec un mouvement lent, mais sûr; et d'un autre côté, tout le bas de la rivière me semblait agité par les mêmes convulsions. En ce moment terrible, et comme je commençais à croire que la Providence avait arrêté la perte d'Anna et la mienne, un son étrange vint interrompre l'effet de cette grande scène de la nature, et diversifier notre effroi. J'entendis le tintement des clochettes d'un traîneau, accompagné d'un galop de chevaux sur la glace; d'abord ce bruit était éloigné et interrompu par intervalles, puis il se rapprocha et devint continu. Je pressai ma tête entre mes deux mains, car je craignais véritablement d'avoir le cerveau dérangé. Cependant, le bruit devint de plus en plus distinct, jusqu'à ce que le retentissement des sabots de chevaux sur la glace se mêlât au bruit.

— Est-il possible que d'autres soient aussi malheureux que nous ? s'écria Anna, confondant ses propres craintes dans une généreuse sympathie pour les peines d'autrui. Voyez Littlepage, voyez, cher Cornélius, un autre traîneau arrive certainement de ce côté.

Il arriva en effet, semblable à une tempête, et passa à cinquante pieds de nous. Je le reconnus au premier coup d'œil. C'était le traîneau d'Herman Mordaunt; il était vide. Les chevaux, fous de terreur, couraient ça et là où leur effroi les poussait. Le traîneau était renversé de côté. Nous le perdîmes bientôt de vue.

Au même instant, un grand cri poussé par une voix humaine parvint à nos oreilles. Il me sembla qu'on m'appelait par mon nom, et Anna me dit qu'elle l'avait compris ainsi. Cet appel, si toutefois c'en était un, venait du sud, et de la rive occidentale. Le moment d'après, de nouveaux et effroyables craquements éclatèrent au sein de la barrière de glace située au-dessus de nous. Passant un bras autour de la taille déliée de ma bien-aimée compagne, pour la soutenir, je me dirigeai rapidement du côté d'où était parti l'appel que nous avions entendu. Dans notre précédente tentative pour atterrir à la rive occiden-

BIBLIOTHÈQUE CHOISIE

tale, j'avais remarqué un amas de glaçons déjà fort élevé, qui flottait, ou plutôt qui était poussé sur les glaces de la rivière, en avant de plus petits glaçons entraînés dans le courant.

Déjà cet amas de glace s'était accru par l'accession des glaçons qui flottaient à sa suite, et il menaçait de former une nouvelle écluse dans le premier passage étroit qu'il rencontrerait dans sa marche. Il me vint à l'esprit la pensée que nous serions provisoirement en sûreté si nous pouvions gravir cette espèce de monticule, car il s'élevait maintenant assez haut pour que son sommet fût hors de l'atteinte des eaux. J'y courus immédiatement, portant presque mon précieux fardeau sur mon bras ; notre vitesse était encore accrue par les sons effrayans que rendait l'écluse formée déjà depuis long-temps à la pointe de l'île.

Nous parvînmes au pied du monticule de glace ; les aspérités même des glaçons superposés nous permirent de monter, non sans efforts. Après avoir escaladé une ou deux couches de glaçons, la masse présenta tant d'aspérités et tant de déchirures, qu'il me fallut monter le premier et tirer Anna après moi. Elle me suivit ainsi jusqu'à ce que ses forces l'eussent presqu'entièrement abandonnée. Alors nous nous assîmes sur le bord d'un glaçon. Pendant ce temps je fus frappé par les nouveaux sons qui s'élevaient de la rivière ; je me penchai pour chercher d'où ils provenaient, et je vis que les eaux s'étaient ouvert un chemin à travers l'écluse de l'île, et qu'elles s'élançaient avec la violence et la rapidité d'un torrent.

Si nous étions restés cinq minutes de plus sur la glace, au milieu de la rivière, nous aurions été infailliblement engloutis. Tandis que nous étions encore assis, considérant l'impétuosité de cet irrésistible courant, autant que nous pouvions en juger à la faible lueur qui nageait au sein de la nuit, je vis le traîneau de Guert Ten Eyck passer comme l'éclair ; celui d'Herman Mordaunt le suivit une minute après. Les chevaux épuisés se débattaient sous leurs harnais, qui les empêchaient de nager pour échapper à la mort. Anna entendit souffler au-dessus de l'eau les pauvres animaux en détresse ; mais ses regards, perdus dans l'obscurité, ne tombèrent pas sur les malheureuses bêtes, plongées dans le courant ; elle n'avait pas non plus reconnu le traîneau renversé qui avait passé à quelque distance de nous, pour celui de son père. Peu après, un cri terrible fut poussé par l'un des chevaux, cri déchirant et plein d'angoisses, et que les animaux de cette race font quelquefois entendre. Je me gardai bien de prononcer un seul mot à ce sujet, sachant que l'amour filial était le principal sentiment qui soutenait ma compagne dans ses efforts, et voulant éviter d'aviver les craintes qui naissaient sourdement dans son cœur.

Deux ou trois minutes de repos furent tout ce que les circonstances nous permirent. Je remarquais que tous les objets visibles sur la rivière descendaient le courant, les piles de glaces sur lesquelles nous étions placés, aussi bien que les glaçons qui passaient à nos côtés, entraînés plus rapidement. Notre mouvement était ralenti, tantôt parce que la masse qui nous portait se traînait le long des bancs de sable sur la rive occidentale, tantôt parce qu'elle

heurtait par intervalle ce même rivage, tantôt enfin parce que le frottement des bords de la plaine glacée qu'elle longeait, gênait sa marche. Toujours est-il que nous nous trouvions en mouvement ; aussi je compris la nécessité de gagner, en tous cas, l'extrémité occidentale de notre île flottante pour profiter de toutes les circonstances favorables qui pourraient s'offrir.

Chère Anna ! combien sa conduite fût admirable durant cette affreuse nuit ! Depuis l'instant où elle eut retrouvé la pleine possession de ses facultés, après que je l'eus trouvée priant au fond du traîneau, jusqu'à ce moment, elle avait apporté le moins d'embarras, le moins d'obstacles possible à mes efforts. Raisonnable, résolue, docile et tout-à-fait exempte de ces exagérations de terreur, que bon nombre de femmes à sa place eussent manifestées si inopportunément, elle avait accompli avec promptitude et intelligence les différentes tâches que j'avais imposées à ses forces.

— Dieu ne nous a pas abandonnés, chère Anna, lui dis-je, lorsqu'elle eut repris quelque vigueur, nous pouvons encore espérer sortir de cet affreux péril. Je me figure la joie dont sera rempli le cœur d'Herman Mordaunt, lorsqu'il vous pressera saine et sauve dans ses bras paternels.

— Cher et bon père ! répondit-elle ; combien il doit éprouver en ce moment de douleur à mon sujet ! Venez, Corny, essayons de le rejoindre, s'il y a encore quelque espoir de parvenir jusqu'à lui.

En disant ces mots, la chère enfant se leva ; elle ajusta sa palatine de manière à ne pas être embarrassée, et se tint debout devant moi dans la situation d'une personne qui a rassemblé toute son énergie pour remplir une tâche difficile. Le manchon avait été abandonné sur la rivière ; car nous étions tous deux parfaitement insensibles au froid. La nuit, du reste, était tempérée, eu égard à la saison, et nous n'eussions rien eu à souffrir physiquement dans cette nuit terrible, si la fatigue de nos efforts avait été moins accablante. Anna déclara qu'elle était prête à se remettre en marche, et je commençai à remplir la tâche difficile et délicate de l'aider à traverser une île formée par des fragmens de glace, pour en gagner le bord occidental.

Notre périlleux passage s'accomplissait à une hauteur de trente pieds au moins, et une chute dans l'une des nombreuses crevasses au milieu desquelles nous marchions, aurait eu les conséquences les plus fatales. En certains endroits la glace était d'ailleurs si glissante qu'il était très difficile d'y marcher, surtout lorsque les glaçons présentaient une surface inclinée.

Cependant, en prenant les plus grandes précautions, nous parvînmes au but de notre dangereuse route. Mais à peine y étions-nous arrivés, que la masse flottante fut entraînée dans un tourbillon de la rivière, et, tournant lentement sur elle-même, nous replaça de nouveau près du rivage de l'île. Ce désappointement n'arracha pas un murmure à Anna ; mais avec une douceur et une résignation admirables, elle se montra prête à renouveler ses efforts. Cependant, je m'opposai à son dessein, car je prévoyais que l'influence du tourbillon nous ramènerait au point où nous voulions parvenir, et je pensais qu'il ne fallait pas épuiser inutilement nos forces. Au lieu de reprendre notre pénible chemin, j'engageai ma chère compagne à descendre sur un glaçon qui se projetait au-dessus de l'eau, assez loin du reste de la masse, pour rejoindre le bord de la rivière lorsque l'effet du tournant nous aurait placés de nouveau de ce côté. La descente fut effectuée, non sans quelqu'embarras, car je dus recevoir Anna dans mes bras. Je réussis enfin à déposer la douce enfant en sûreté près de moi, sur le glaçon placé le plus en avant et le plus bas de tous ceux qui composaient la masse confuse sur laquelle nous étions portés.

Sous certains rapports ce changement améliora notre situation; sous d'autres, il la rendit pire. Il nous mit tous deux à l'abri du vent, qui n'était certainement ni très vif ni très froid, mais qui pourtant tenait assez de la saison pour qu'il fût agréable de s'en garantir. Il tira ma compagne d'une position où il était difficile et même dangereux de se mouvoir, pour la placer sur un niveau solide où elle pouvait marcher avec sécurité et entretenir, par l'exercice, la circulation du sang. Enfin, il nous mit en mesure de profiter du premier contact de notre île de glace, avec le rivage occidental vers lequel elle recommençait à se tourner lentement.

Il était impossible de conserver désormais aucun doute sur l'état de la rivière en général. Partout la glace y était rompue. Le printemps était venu dans la nuit, comme un malfaiteur, et la glace, située en aval ayant perdu de sa consistance, tandis que les masses accumulées dans le haut de la rivière acquéraient une force irrésistible, la rivière avait été bouleversée dans toute l'étendue de son cours; et, de même que l'agonie d'un homme robuste est particulièrement violente, de même, la rupture d'une croûte de glace, qui conservait encore une grande épaisseur et beaucoup de solidité, avait produit un bouleversement extraordinaire. L'agitation des glaces en aval devenait très vive, et au milieu du lit de la rivière, les eaux étaient lancées avec une très grande force, et entraînaient dans leur cours ces masses qui, peu auparavant, avaient présenté à leur fureur des obstacles si dangereux.

Heureusement, l'amas de glace où nous étions montés était placé un peu sur le côté du courant. J'ai réfléchi depuis qu'il touchait probablement le fond, et qu'il fallait attribuer à cette circonstance son mouvement de rotation et la lenteur de sa marche. Je vis avec bonheur le glaçon sur lequel nous étions descendus tourner lentement avec la masse à laquelle il appartenait, et incliner vers la rive occidentale. C'était le moment d'agir avec décision; je préparai Anna à tout événement. Un large glaçon avait été poussé au rivage. Il y touchait d'un côté, et de l'autre il s'étendait dans le lit de la rivière, assez avant pour nous faire espérer que celui sur lequel nous étions montés le rencontrerait en accomplissant son évolution. Je savais que la glace ne s'était pas brisée par défaut de solidité, mais uniquement par suite de la pression énorme qui avait été exercée sur elle et par la force irrésistible du courant; il ne pouvait donc pas y avoir de danger sérieux à nous fier à la solidité d'un fragment considérable de cette glace, même sur son

extrême limite. Nous prîmes position en conséquence sur la pointe la plus avancée de notre glaçon, attendant le moment du contact pour nous élancer sur l'autre.

En de tels momens, les plus légers désappointemens ont toute la valeur des accidens les plus graves. Il nous sembla plusieurs fois que notre île flottante était sur le point de toucher le glaçon adhérent au rivage, et chaque fois elle inclina d'un autre côté, sans en approcher jamais plus près qu'à six ou huit pieds de distance. Il m'eût été assez facile de franchir cet espace d'un bond vigoureux, mais pour ma compagne, cet intervalle de six à huit pieds était aussi infranchissable que le vide sans limites. Anna s'en aperçut et elle fit ce qu'on pouvait attendre d'elle en pareille circonstance; elle prit ma main, la pressa dans les siennes, et me dit avec une douce résignation:

— Vous voyez ce qu'il en est, Corny; il ne m'est pas permis d'échapper au péril; mais vous pouvez aisément gagner le rivage. Partez donc et laissez-moi dans les mains de la Providence. Allez. Je n'oublierai jamais ce que vous avez fait pour moi; mais il est inutile que nous périssions tous deux.

Je n'ai jamais douté qu'Anna ne fût sincère dans son désir de me voir sauver au moins ma vie. Le sentiment qui éclatait dans ses paroles, le désespoir qui commençait à s'emparer d'elle, et aussi le mouvement de notre île, qui, en ce moment semblait sur le point de s'éloigner du rivage, tout enfin se réunit pour m'exciter à faire une tentative aussi prompte que hardie. Je tremble, même après un si long espace de temps, à la pensée de ma témérité. Un petit glaçon flottait entre le nôtre et celui qui atteignait à la terre-ferme. Sa dimension était précisément telle qu'il la fallait pour qu'il pût passer au milieu, mais non sans approcher, ou sans toucher au moins l'un, sinon tous les deux. Je remarquai tout cela, et, tout en disant quelques mots d'encouragement à Anna, je passai mon bras autour de sa taille, puis j'attendis le moment et je m'élançai. Il fallut franchir en sautant une courte distance avec mon précieux fardeau, pour arriver sur notre pont flottant, mais le succès répondit à mon audace. Je permis à peine que les pieds d'Anna touchassent ce fragile support, qui déjà s'enfonçait sous notre poids; mais je le traversai en deux ou trois pas, et je réunis tout mon courage et toutes mes forces dans un dernier élan. Il fut aussi heureux que l'autre, et je tombai sur la glace solide et immobile, en rendant grâce au ciel. L'instant d'après, nous atteignions le rivage.

En semblable occasion l'habitude est de regarder en arrière pour voir le danger auquel on vient d'échapper. C'est ce que je fis. Je vis que le glaçon flottant était déjà beaucoup plus bas et tout-à-fait hors d'atteinte, tandis que la masse de glace qui avait été notre premier refuge et notre moyen de salut, suivait lentement la même route, cédant à quelque nouvelle impulsion qui lui était communiquée par le courant déchaîné. Mais enfin nous étions sauvés. J'adressai de ferventes actions de grâces à Dieu, qui nous avait aidés, dans sa miséricorde, à nous tirer de périls si éminens.

Je fus forcé d'attendre Anna. Elle était tombée à genoux! Je l'aidai ensuite à gravir la pente escarpée qui formait le rivage occidental de l'Hudson en cet endroit. Nous parvînmes au sommet en peu de temps, et après nous être reposés une fois ou deux en chemin. C'est alors que nous pûmes saisir dans son ensemble, la scène effrayante où nous avions été mêlés, et d'où nous venions heureusement de sortir. Si faibles que fussent les rayons de la lune, elle répandait pourtant assez de lumière pour que nos regards pussent embrasser une étendue considérable du cours de la rivière. L'Hudson ressemblait à un chaos. Les glaçons passaient, les uns, seuls, avec l'impétuosité d'une flèche, les autres entassés à une hauteur considérable. Le courant en était rempli. Nous vîmes un objet de grande dimension rouler avec une extrême rapidité, précisément dans le canal au-dessus duquel Anna et moi nous nous étions trouvés il n'y avait pas plus d'une heure. C'était une maison petite, il est vrai, mais assez considérable pour présenter un aspect singulier sur la rivière. Un pont, d'assez grande largeur, succéda à la maison, et un sloop, entraîné par le courant, le long des quais d'Albany, ne tarda pas à paraître au milieu de cette réunion étrange d'objets qui avaient été soudainement rassemblés sur cette grande artère de la colonie.

Mais il se faisait tard; mes soins étaient encore nécessaires à Anna; il était indispensable de chercher un abri. Soutenant ma compagne qui commençait à exprimer son inquiétude pour son père et ses amis, je me mis en marche vers l'intérieur. Je savais qu'il y avait une grande route, ouverte parallèlement à la rivière et à peu de distance du rivage. Dix minutes nous suffirent pour l'atteindre, et nous tournâmes vers le Nord dans la direction d'Albany. A peine avions-nous fait quelques pas que nous entendîmes les voix de personnes qui s'avançaient vers nous. et je distinguai avec joie celle de Dirck Follock parmi elles. J'appelai à haute voix; un cri de joie me répondit, et je découvris plus tard qu'il avait été poussé par Dirck au moment où il venait de reconnaître la tournure d'Anna. Lorsque nous le rejoignîmes, il était sous l'empire d'une violente agitation telle que je ne lui en avais jamais vu manifester de semblabl'; il fut quelque temps à se remettre avant que je pusse lui adresser la parole.

— Vous êtes tous sauvés? lui demandai-je avec un peu d'hésitation; car jusqu'à ce moment, j'avais considéré comme perdus ceux qui s'étaient trouvés dans le traîneau d'Herman Mordaunt.

— Oui, grâce à Dieu! tous, à l'exception des chevaux et du traîneau. Mais où sont Guert Ten Eyck et miss Wallace!

— Ils ont gagné le bord sur l'autre rive; ils ont pris la direction du rivage oriental, tandis que nous suivions celle-ci, répondis-je pour calmer les craintes d'Anna, quoique je craignisse bien qu'ils n'eussent pas pu quitter le lit de la rivière. — Mais faites-moi connaître comment vous avez échappé vous-même au danger?

Dirck nous fit le récit de ce qui s'était passé, tout en retournant sur ses pas pour nous accompagner, lorsque je lui eus appris qu'il chercherait inutilement les chevaux et le traîneau. Dans son premier effort pour gagner le rivage occidental, Herman Mordaunt s'était vu arrêté par l'obstacle que Guert avait prévu; il suivit le rivage, avec l'espoir de trouver quelque endroit où il fût

possible d'aborder, en s'éloignant davantage de la barrière de glace soulevée sur la rivière. Après bien des efforts et après avoir vu le moment où le traîneau allait être englouti avec ceux qui y étaient montés, on trouva enfin un endroit où Herman Mordaunt se décida à essayer de porter sa compagne au rivage. Cette entreprise ne put être exécutée qu'en marchant sur des glaçons qui étaient entraînés dans le courant avec une vitesse de quatre à cinq milles à l'heure. Dirck avait été laissé à la garde des chevaux et du traîneau; mais voyant ses compagnons en grand danger, il s'élança à leur secours. Tous trois tombèrent dans l'eau qui, heureusement, n'était pas profonde sur ce point, livrés à eux-mêmes et effrayés par le bruit du torrent, et par le craquement de la glace, les chevaux bais d'Herman Mordaunt s'abandonnèrent à une course désordonnée. Mistress Bogart parvint, avec l'aide de ses deux compagnons, à gagner le rivage, et elle fut conduite par eux à la maison la plus voisine du lieu où l'on avait mis pied à terre; c'était une riche ferme. On lui prépara un lit, tandis que les deux hommes changeaient leurs vêtements mouillés contre les habits grossiers que la simple garde-robe de la ferme pouvait fournir. Aussitôt après, Dirck était allé à la recherche des chevaux et du traîneau.

J'appris alors que l'endroit où nous avions pris terre se trouvait à trois grands milles au-dessous de l'île où Guert avait conduit le traîneau. Presque toute cette distance avait été parcourue par nous sur la masse de glace flottante, si court qu'eût été l'intervalle de temps pendant lequel nous y avions été placés; c'était une preuve de la violence du courant. Personne ne put nous donner aucune nouvelle de Guert et de Mary; mais j'entretins ma compagne dans la pensée qu'ils étaient parvenus sains et saufs sur l'autre rive. Au fond c'était un résultat qui me paraissait très douteux.

Il est plus facile d'imaginer que de décrire la joie et la reconnaissance d'Herman Mordaunt lorsque nous arrivâmes à la ferme. Il pressa sa fille sur son cœur, et Anna pleura comme un enfant entre ses bras. Je ne fus pas oublié dans cette scène touchante: le langage que me tint Herman Mordaunt à cette occasion, mérite une mention spéciale.

— Je n'ai pas besoin de détails, noble jeune homme; on sait que je fais profession de dire la vérité, et on m'excusera de rapporter de semblables expressions. — Je n'ai pas besoin de détails, noble jeune homme, dit Herman Mordaunt en me serrant la main, pour être certain qu'après Dieu, c'est à vous que je dois pour la seconde fois la vie de mon enfant. Plût à Dieu!... Mais ne parlons pas de cela... Il est trop tard maintenant... Quelqu'autre moyen s'offrira sans doute.... Je sais à peine ce que je dis, Littlepage; mais ce que je veux, c'est vous exprimer bien faiblement la gratitude que j'éprouve, et vous faire savoir combien vos services sont profondément sentis et appréciés par moi.

Le lecteur s'étonnera peut-être que ces paroles incohérentes, mais pourtant significatives, n'aient fait en ce moment qu'une légère impression sur mon esprit, tout rempli de la conviction flatteuse d'avoir véritablement rendu le plus grand de tous les services à Anna et à son père, mais j'eus plus tard occasion de m'en souvenir. Il est inutile de faire un récit plus circonstancié de ce qui se passa ensuite à la ferme. Il suffit de savoir que les dignes habitans firent de leur mieux pour nous rendre agréable le court séjour que nous devions faire chez eux; au bout d'une demi-heure nous étions tous chaudement dans nos lits.

Dans la matinée du jour suivant, un chariot fut attelé pour notre usage, et nous laissâmes ces bons et simples fermiers qui refusèrent de rien accepter en échange de leur hospitalité. Nous fîmes notre entrée à Albany vers dix heures dans un équipage beaucoup plus humble que celui dans lequel nous étions partis la veille. Le long de la route, nous avions eu plus d'une occasion d'observer les effets de l'inondation. Il ne restait presque plus de glace sur la rivière. Çà et là on voyait encore un glaçon adhérent au rivage, et parfois on apercevait des fragmens flottans dans le courant; mais, en général, le torrent avait tout balayé devant lui. L'île où nous avions cherché un refuge avait entièrement disparu sous les eaux, mais sa configuration était encore tracée à la surface de l'eau par les buissons de ses bords. Un grand nombre des arbres qui croissaient à sa pointe avaient été brisés. Il en était de même de ceux qui avaient appartenu à d'autres îles; et le courant était rempli de larges cimes et de vénérables troncs arrachés violemment aux forêts qui les avaient vus naître.

Nous trouvâmes toutes les parties basses de la ville envahies par les eaux. Les bateaux voguaient dans les rues, et un nombre considérable d'habitans n'avaient plus d'autres moyens de communication avec leurs voisins.

En arrivant dans la rue où était située la demeure d'Herman Mordaunt, nous entendîmes un cri, et en tournant la tête nous aperçûmes Guert Ten Eyck, dont la belle figure faisait éclater toute la joie. L'instant d'après il était à nos côtés.

— M. Herman Mordaunt! s'écria-t-il en lui serrant cordialement la main, vous me faites l'effet d'un homme revenu du tombeau, vous et mon excellente voisine Mme Bogart, et M. Follock que voici. Comment êtes-vous sortis de dessus la rivière? c'est là un mystère pour moi, car je sais bien que d'ordinaire la glace se rompt d'abord le long de la rive occidentale. Ah! Cornélius et miss Wallace, le ciel vous protège! Mary Wallace a une frayeur mortelle d'apprendre de mauvaises nouvelles de vous; mais je vais courir en toute hâte lui apprendre votre heureuse arrivée. Il y a à peine cinq minutes que je l'ai quittée, frissonnant au moindre bruit, comme s'il annonçait l'arrivée d'un messager de malheur.

Guert se tut; une minute après, il était à la porte d'Herman Mordaunt; une seconde minute, et Anna et Mary étaient tombées dans les bras l'une de l'autre. Mme Bogart fut reconduite chez elle, et ainsi se termina cette mémorable expédition.

Guert avait à nous raconter moins de dangers et de merveilles que je ne m'y attendais. Au moment où Mary Wallace et lui atteignaient le bord supérieur de la dernière île, un immense glaçon, cédant à la pression énorme qu'il subissait, entra dans la passe, et y resta engagé, quoiqu'il eût perdu des fragmens très vastes en ren-

contrant le rivage, et que le choc réduisît en éclats une partie considérable de sa masse. La présence d'esprit de Guert et sa résolution à ce moment le sauvèrent Sans perdre un instant, il s'élança avec Mary sur ce glaçon, et franchit le bras étroit qui seul le séparait du continent. Une fois sauvés, nos amis demeurèrent pour voir s'ils pourraient nous sauver par la même voie, et l'appel que nous entendîmes venait de Guert, qui était retourné dans l'île dans l'espoir de nous trouver et de nous conduire en lieu de sûreté. Guert ne m'en ouvrit jamais la bouche; mais je sus plus tard par Mary Wallace que le jeune homme ne la rejoignit qu'avec beaucoup de peine et de dangers, et après une longue et infructueuse recherche Trouvant alors inutile de rester plus long-temps au bord de la rivière, Guert et Mary se dirigèrent sur Albany. Vers minuit, ils atteignirent le passage situé en face de la ville, ayant fait à pied environ six milles, l'esprit rempli d'inquiétudes au sujet de ceux qu'ils avaient laissés en arrière. Guert était d'un caractère décidé et il crut sagement qu'il valait mieux continuer qu'essayer de faire ouvrir une des maisons devant lesquelles ils avaient passé. La rivière était alors débarrassée des glaçons; en revanche elle coulait avec une extrême rapidité. Mais Guert était un rameur expérimenté, et trouvant un bateau il persuada à Mary Wallace d'y entrer, et, au moyen des rames, la débarqua bientôt à dix pieds de l'endroit où le traîneau à main nous avait déposés si brusquement lui et moi quelques jours auparavant. De là à la maison, le chemin était facile, et miss Wallace reposa dans son lit le reste de cette terrible nuit si toutefois elle put reposer.

Ainsi se termina cette aventure que je puis à bon droit appeler mémorable. Jack et Moïse furent retrouvés sains et saufs; ils avaient sans doute traversé la rivière à la nage. On les trouva sur la grande route à quelque distance de la ville et on les ramena à leur maître le même jour. Tous ceux qui s'intéressaient un peu aux chevaux, et quel Hollandais n'est pas dans ce cas? connaissaient parfaitement Jack et Moïse; et il ne fut pas difficile de découvrir qui était leur maître. Les chevaux d'Herman Mordaunt n'eurent sans doute pas le même bonheur.

Notre aventure fit grande sensation dans Albany; et j'ai quelque raison de penser que ma conduite obtint l'approbation générale. Bulstrode me fit une visite uniquement pour me remercier, le jour de mon arrivée, et nous eûmes l'entretien suivant:

— Vous sembliez prédestiné, mon cher Cornélius, me dit le major après les complimens ordinaires, à me rendre toujours les services les plus grands, et je ne sais comment vous exprimer tout ce que je ressens. D'abord c'est un lion, voici maintenant cette affaire de la rivière! Ce Guert, au contraire, noiera ou perdra toute la famille avant l'arrivée de l'été si M. Mordaunt ne met un terme à ses assiduités.

— Cet accident aurait pu surprendre le plus prudent et le plus expérimenté des habitans d'Albany. La rivière semblait aussi solide que la terre quand nous nous sommes confiés à la glace, et si celle-ci avait tenu une heure de plus, nous arrivions tous en parfaite sécurité.

— Oui, mais cette heure qui vous a manqué, a failli jeter la mort et la désolation dans la plus charmante famille de la colonie : et c'est vous qui avez détourné le coup le plus rude. Ah! Littlepage, je demande au ciel qu'il vous donne l'idée d'entrer dans l'armée. Partez avec nous comme volontaire quand nous nous mettrons en marche, et j'écrirai à sir Harry de vous obtenir une paire d'épaulettes. Dès qu'il apprendra que nous devons à votre sang-froid et à votre courage la vie de miss Mordaunt, il remuera ciel et terre pour vous prouver sa reconnaissance. Depuis que ce digne père s'est résigné à accepter miss Mordaunt comme belle-fille, il s'est mis à la regarder comme son propre enfant.

— Et Anna..., pardon, Miss Mordaunt, elle, Monsieur Bulstrode... regarde-t-elle sir Harry comme un père?

— Bah! il faut que cela vienne lentement et par degrés; c'est une affaire de temps, vous savez. Les femmes sont plus lentes que les hommes à se faire à une situation entièrement nouvelle; et je suis sûr qu'Anna croit avoir assez d'un père pour le moment, quoiqu'elle écrive de charmantes lettres à sir Harry, je vous jure, quand elle est en train. Mais qui vous rend si grave, mon cher Cornélius?

— Monsieur Bulstrode, je regarde comme un devoir d'être aussi franc que vous en pareille matière. Vous m'avez dit que vous prétendiez à la main de Miss Mordaunt; je vous avoue maintenant que je suis votre rival.

Mon compagnon accueillit cette déclaration avec un sourire calme et la plus parfaite bonne humeur.

— Ainsi, vous désirez devenir l'époux d'Anna Mordaunt, vous, mon cher Cornélius? c'est bien sûr? me dit-il d'un ton si froid, que je ne savais de quelle pâte il était pétri.

— C'est bien sûr, major Bulstrode; c'est le premier et le dernier vœu de mon cœur.

— Puisque vous semblez disposé à me rendre confiance pour confiance, vous ne vous offenserez pas d'une question ou deux?

— Non, certainement, Monsieur; votre franchise me servira de règle de conduite.

— Avez-vous fait connaître vos intentions à Miss Mordaunt?

— Oui, Monsieur, et cela dans les termes les plus clairs, de telle façon qu'elle ne pût s'y méprendre.

— Et quand cela? cette nuit, sur cette glace maudite? Quand elle croyait sa vie dans vos mains.

— Pas un mot n'a été dit à ce sujet, cette nuit; nous avions autre chose à penser.

— Il eût été bien peu généreux de profiter de la terreur d'une femme.

— Major Bulstrode? je ne souffrirai pas.....

— Voyons, mon cher Cornélius, dit le major en me prenant la main de l'air le plus calme et le plus amical, pas de malentendu entre nous. Les hommes ne sont jamais de plus grands sots que quand ils font les fanfarons d'honneur, là où l'honneur n'est en jeu. Je ne veux pas de querelle avec vous et je vous prie de recevoir d'avance mes excuses pour les mots qui pourraient vous déplaire et auxquels je pourrais être entraîné à mon insu; car pour les choses blessantes je saurai les éviter. Nous devons nous comprendre l'un l'autre, et demeurer amis quoi qu'il arrive. Permettez-moi encore une question.

— Demandez ce que bon vous semblera, Bulstrode, je

répondrai ou ne répondrai pas, selon que je jugerai convenable.

— Permettez-moi alors de vous demander si le major Littlepage vous a autorisé à offrir un établissement.

— Je ne suis autorisé à rien offrir. Ce n'est pas l'usage dans la colonie que le mari assure à sa femme plus que la loi ne lui accorde en garantie de son apport. Cependant le père peut faire quelques stipulations en faveur de la troisième génération. Je dois croire qu'Herman Mordaunt assurera sa fortune à sa fille et à ses descendans légitimes, et la laissera marier à son gré.

— Oui, voilà bien les idées américaines, et c'est sans doute ainsi qu'agira Herman Mordaunt, qui n'est pas Américain pour rien. Soit, Cornélius, nous sommes rivaux. à ce qu'il semble, mais ce n'est pas une raison pour ne pas demeurer amis. Nous savons à quoi nous en tenir l'un sur l'autre; quoique peut-être je devrais vous dire tout.

— Je serais heureux de savoir tout, Monsieur Bulstrode; et je puis supporter mon sort en homme, je l'espère. Quoi qu'il puisse m'en coûter, si Anna en préfère un autre, son bonheur me sera plus cher que le mien.

— Oui, mon cher ami, nous pensons et nous disons tous cela à vingt-un ans, ce qui est, je crois, à peu près votre âge. A vingt-deux nous commençons à voir que notre propre bonheur vaut aussi la peine qu'on y songe, et à vingt-trois ans nous lui donnons la préférence. Pourtant je serai juste, si je suis égoïste. Je n'ai aucune raison de penser qu'Anna me préfère; quoique mon peut-être de tout à l'heure ne soit pas non plus sans portée.

— M'est-il permis de savoir à quoi il se rapporte?

— Il se rapporte au père, et je vous dirai, mon cher enfant, que les pères doivent être comptés pour quelque chose dans les arrangemens matrimoniaux. Si sir Harry n'avait point autorisé mes offres, où en serais-je? Je n'aurais pu offrir un sou de revenu, tant qu'il demeurait sir Harry, et pourtant j'avais le prodigieux avantage de la substitution. Je puis vous dire qu'il en est, Cornélius; le pouvoir en exercice est toujours un pouvoir important, parce que nous pensons toujours plus au présent qu'à l'avenir; c'est pour cela que si peu de gens vont au ciel. Quant à Herman Mordaunt, je dois vous dire qu'il est de mon côté, corps et âme. Il goûte mes offres d'établissement. il goûte ma famille. il goûte mon rang à la cour et dans l'armée; et je ne suis pas tout à fait sans espoir qu'il goûte aussi ma personne.

Je ne fis pas de réponse directe, et la conversation changea bientôt de sujet. Les paroles de Bulstrode me rappelèrent et les paroles et l'air d'Herman Mordaunt, quand il me remerciait d'avoir sauvé la vie de sa fille. Elles me firent réfléchir dès lors, et j'y pensai bien souvent pendant les mois qui suivirent. Le lecteur verra quelle en fut l'influence sur mon bonheur.

XV.

Comme je l'ai dit, notre aventure sur la rivière fit grande sensation dans cette petite ville, et nous rendit, Guert et moi, des héros au petit pied. Elle me fit connaître beaucoup plus que je ne l'eusse été sans cela. Je crus qu'elle serait profitable à Guert surtout, car des gens âgés qui avaient l'habitude de hocher la tête en l'entendant nommer, se contentaient maintenant de sourire. et l'on entendit dire à deux ou trois des plus sévères moraliseurs d'Albany : Après tout, ce Guert Ten Eyck a du bon. Le lecteur ne pensera pas sans doute que, dans une ville aussi retirée et aussi isolée qu'Albany, un moraliste, même de la haute école, fût nécessairement assujetti à un code inflexible. La moralité, d'ailleurs, autant que je m'y connais, est chose en grande partie conventionnelle ; et il y a dans le monde entier, à ce que l'on m'a dit, morale de ville et morale de campagne. En Amérique, nos moralistes étaient et ont long-temps été partagés en trois grandes classes très distinctes : ceux de la Nouvelle-Angleterre ou les puritains, ceux des colonies du Centre ou les libéraux, ceux du Sud ou les flexibles. Je n'aurai pas la prétention d'exposer toutes les nuances qui séparent ces écoles différentes : celle dans laquelle j'avais été élevé était naturellement la plus conforme à mes goûts. Du reste, il y avait lieu à distinguer au sein même de la même école : ainsi, Guert et moi appartenions à des classes différentes. Ses principes de morale étaient de la nuance hollandaise, les miens de la nuance anglaise.

Le trait caractéristique des Hollandais, c'était cette tendance à pousser à l'excès ce qui avait déjà besoin d'indulgence. Avec eux il ne pleuvait pas souvent, mais quand il pleuvait, cela tournait presque à l'orage. Le vieux colonel Follock était dans ce cas, et son fils Dirck, jeune et défiant de lui-même comme il l'était, ne faisait pas exception à la règle. A tout prendre, il n'y avait pas dans la colonie un homme plus respectable que le colonel Van Valkenburgh. Il était bien apparenté, avait une belle propriété sans aucune hypothèque, et de l'argent placé : c'était le principal appui de l'église du voisinage : on le regardait comme un bon mari, un bon père, un ami sincère, un voisin complaisant, un sujet excellent et loyal, un parfait honnête homme. Néanmoins le colonel Van Valkenburgh avait ses bons et ses mauvais jours et ses accès de faiblesse. Il pouvait se permettre une gaillardise ; et le pasteur était obligé de se prêter à ce penchant. M. Worden le surnommait souvent le colonel Gaillard. Ses gaillardises pouvaient se diviser en deux classes, savoir : les modérées et les immodérées. Des premières, il en avait deux ou trois accès par an, qui lui survenaient d'habitude quand il visitait Satanstoé, ou quand il recevait la visite de mon père à Rockrockarock, comme on appelait sa résidence dans le Rockland. Ces visites, soit l'une, soit l'autre, donnaient lieu à une consommation énorme de tabac, de bière, de cidre, de vin, de rhum, de citrons : de sucre et des autres ingrédiens, du punch, du grog et du bischöff ; mais point d'excès de trop longue durée. Il y avait force éclats de rire, force gaîté et force récits ; de vieilles aventures se reproduisaient régulièrement sous forme de narrations traditionnelles ; mais rien qu'on pût appeler décidément des excès. A la vérité, mon grand-père et mon père, le révérend M. Worden et le colonel Follock, étaient dans l'habitude de regagner leurs lits la cervelle un peu brouillée : ce qui était l'effet de la fumée du tabac ainsi que l'assurait M. Worden ; mais, tout se passait avec décence et dans l'ordre. Le pasteur, par exemple, prenait invariablement congé

le vendredi, et, ne revenait prendre sa place que le lundi soir, ce qui lui donnait en plein vingt-quatre heures pour se calmer avant de monter en chaire. Je dois dire que M. Worden était tout à fait systématique et tout à fait méthodique dans l'observation de ses devoirs : et je l'ai vu, quand il arrivait tard à table, et qu'il découvrait que mon père avait oublié de dire le Benedicite, insister pour que chacun laissât là sa fourchette et son couteau, pendant qu'il faisait une prière, et cela même quand on avait déjà mangé le poisson. Sans contredit, M. Worden était inflexible sur ces sortes de choses, et l'on reconnaissait généralement que c'était lui qui avait introduit la coutume de dire les Grâces dans plusieurs familles du West-Chester, dont ce n'était pas l'usage avant qu'elles eussent son exemple et ses recommandations.

Il n'y avait pas quinze jours que j'étais lié avec Guert Ten Eyck que j'avais déjà reconnu en lui une propension aux mêmes excès auxquels le colonel Van Valkenburgh était enclin. Il y avait aux environs de Satanstoé un vieux huguenot français ou plutôt le fils d'un huguenot qui parlait encore le langage paternel. Il avait l'habitude d'appeler les soirées du colonel ses grands et ses petits couchers, selon que le colonel pouvait regagner son lit tout seul ou avait indispensablement besoin d'être reconduit. C'était alors un grand coucher Mon père n'a jamais assisté à aucun de ceux-là. Dans ces sortes d'occasions le colonel faisait invariablement ses orgies dans le Rockland, en compagnie de gens d'origine hollandaise ; il y avait quelque chose d'exclusif dans ces passe-temps. On m'a assuré que, dans les grandes occasions, ces dernières parties duraient quelquefois une semaine, et pendant tout ce temps le colonel et ses amis étaient heureux comme des lords Du reste, ces grands couchers avaient lieu rarement. mais ils arrivaient assez régulièrement, comme les années bissextiles, juste pour régulariser le calendrier et mettre l'année au courant.

Quant à mon nouvel ami, Guert, durant tout mon séjour à Albany il ne laissa entrevoir aucune envie d'un grand coucher ; sa passion pour Mary Wallace le mettait sur ses gardes ; mais je découvris, par des traits indirects et des allusions, qu'il avait figuré dans une ou deux parties de ce genre, et qu'au fond du cœur il mourait d'envie de recommencer. C'était, j'en suis sûr, la connaissance de cette faiblesse du caractère de Guert, et son insurmontable aversion pour tout excès de ce genre, qui seules faisaient hésiter Mary Wallace à accepter l'offre hebdomadaire que Guert lui faisait de sa main. La tendresse qu'elle ressentait évidemment pour lui, paraissait trop clairement dans ses yeux, pour me laisser aucun doute sur le succès final de Guert ; car quelle femme a refusé long-temps de se rendre quand l'image de l'assiégeant a eu pénétré dans la citadelle de son cœur ? Anna elle-même recevait Guert beaucoup mieux depuis sa belle conduite sur la rivière : et je me figurais que tout allait le mieux du monde pour mon ami, tandis qu'il me semblait que de mon côté je ne faisais aucun progrès. Telles étaient au moins les idées que je me faisais au moment même où mon nouvel ami était réduit au désespoir.

C'était sur la fin d'avril ou environ un mois après notre périlleuse expédition, que Guert vint par une belle matinée de printemps me chercher chez moi, le désespoir peint sur sa belle et franche figure. Je dois dire que, durant ce mois entier, je n'avais pas osé parler d'amour à Anna. Mes attentions et mes visites étaient continuelles et significatives, mais ma langue était restée muette. La défiance de soi qu'engendre une admiration sincère avait enchaîné ma langue; et j'avais la bonhomie de croire que pousser vivement une poursuite après ce qui s'était passé, aurait l'air de trop compter sur des services si récens. Je poussai la chevalerie jusqu'à penser que ce serait prendre un avantage illégitime sur Bulstrode que de faire valoir vivement mes prétentions au moment où l'objet de mes feux était encore sous l'impression d'une vive gratitude. C'était là, je dois l'avouer, les idées et les sentimens d'un tout jeune homme; mais je ne sais si je dois en rougir. En tout cas, ils étaient sincères et avaient eu le résultat que j'ai dit: je devenais chaque jour plus éperdument amoureux, et je ne faisais aucun progrès sensible dans ma poursuite. Guert était en grande partie dans la même situation, avec cette différence cependant qu'il s'était fait une règle de demander en forme la main de Mary, tous les lundis matin: il recevait invariablement un *non*, quand il exigeait une réponse positive, mais on lui laissait quelque lueur d'espoir s'il voulait attendre qu'on se fît à lui. C'était à la suite d'une de ces visites périodiques et de leur résultat habituel, que Guert venait me voir, après une demande formelle et un refus tempéré par un air d'hésitation et d'incertitude, un sourire plein d'affection et des yeux remplis de larmes.

— Cornélius, dit mon ami en jetant son chapeau de l'air le plus désolé (depuis la fin de l'hiver et la venue du printemps nous avions quitté le bonnet de fourrure). Cornélius, je viens encore d'être refusé! Le mot *non* est venu si souvent à la bouche de Mary Wallace, que j'ai peur que sa langue ne sache jamais comment dire un *oui*. Savez-vous que j'ai bonne envie de consulter la mère Dorothée?

— La mère qui? vous ne parlez pas sans doute de la cuisinière du maire?

— Non, la mère Dorothée. On la dit la meilleure tireuse de cartes qu'on ait vue à Albany. Mais peut-être ne croyez-vous pas aux tireuses de cartes; il y a, je le sais, des gens qui n'y croient pas.

— Je ne puis dire si j'ai peu ou beaucoup de confiance en elles; je n'en ai jamais vu aucune.

— N'y a-t-il donc à New-York ni tireuse de cartes ni personne qui cultive la magie?

— J'ai entendu parler de gens de cette sorte; mais je n'ai jamais eu occasion d'en voir ou d'en consulter par moi-même. Si vous devez aller voir cette mère Dorothée, ou quelque nom que vous lui donniez, je serais charmé d'être de la partie.

Guert fut enchanté de ces paroles, et prit feu à cette proposition. Si je voulais avoir cette amitié pour lui, me dit-il, il irait avec moi; autrement il n'aurait point aimé à aller trouver tout seul la vieille sorcière.

— Je suis, peut-être, ajouta-t il, le seul homme de mon âge à Albany, qui n'ait pas été, ou plus tôt ou plus tard, consulter la mère Dorothée. Je ne sais comment cela se fait; mais, pour une raison ou pour une autre, je n'ai

jamais osé tenter la fortune en allant l'interroger. On ne peut jamais savoir ce que vous dira cette créature; si elle vous annonce un malheur, il y a de quoi rendre un homme misérable. Je n'ai pourtant pas besoin de plus de chagrin que je n'en ai maintenant, en trouvant Mary Wallace si irrésolue à mon sujet!

— Vous n'avez donc pas intention d'y aller, après tout? Je suis non-seulement prêt à vous accompagner, mais désireux de le faire.

— Vous ne me comprenez pas, Cornélius. Je veux y aller maintenant, quand ce qu'elle me dira devrait m'obliger à me couper la gorge... Mais il ne faut pas y aller en cet état; il faut nous déguiser pour qu'elle ne nous reconnaisse pas. Tout le monde y va déguisé, et cela permet de voir si elle est en bonne veine ou non, selon ce qu'elle peut d'abord vous dire sur votre état et vos habitudes. Si elle se trompe là-dessus, je me soucie du reste comme d'un fétu. Allons, Cornélius, à l'œuvre, habillez-vous pour la circonstance. Empruntez dans cette auberge quelques habits d'ouvrier, et venez me rejoindre le plus tôt que vous pourrez. Vous me trouverez prêt, car je vais souvent prendre mes ébats sous un déguisement; oui, malheureux que je suis, et je reviens trop méconnaissable.

Tout fut fait comme il le désirait. Grâce à l'obligeance d'un domestique de l'hôtel, je me trouvai bientôt équipé d'une façon très satisfaisante, car, en sortant je rencontrai Dirck, et ce vieil ami, ce confident de ma jeunesse, ne me reconnut pas. Guert réussit tout aussi bien, car ce fut à lui que je le demandai quand il vint m'ouvrir la porte. Un éclat de rire et la beauté de sa figure le trahirent aussitôt, et nous sortîmes pleins de gaîté, oubliant nos appréhensions pour l'avenir, dans la joie de croiser nos amis dans la rue, sans en être reconnus.

Guert portait un déguisement beaucoup plus savant et plus artistique que le mien. Nous avions mis tous les deux des habits de laboureur, Guert portait une blouse qui lui servait pour aller à la pêche l'été; mais moi je laissais voir mon linge ordinaire et j'avais conservé tous les petits objets de ma toilette de tous les jours. Guert me fit remarquer, chemin faisant, quelques-unes de ces fautes, et nous essayâmes de les corriger. Apercevant M. Worden, je résolus de l'arrêter et de lui parler en déguisant ma voix, afin de voir si l'on pouvait le tromper.

— Votre serviteur, Révérend, lui dis-je en lui faisant un salut des plus gauches, aussitôt que nous fûmes près de lui; êtes-fous le Révérend qui marie les gens pour une pincée?

— Oui et pour la main pleine; ce que j'aime beaucoup mieux. Eh quoi! Cornélius, c'est vous dans ce costume! Qu'est-ce que tout cela signifie?

Nous fûmes obligés de mettre M. Worden dans le secret; mais il ne fut pas plus tôt au courant de notre intention, qu'il manifesta le désir de se joindre à nous. Il n'y avait pas moyen de refuser; nous retournâmes donc à l'auberge et lui donnâmes le temps de se déguiser. Comme le théologien était un rigide observateur du costume de sa profession, et qu'il était, dans toute la force du terme, un homme de son *habit*, il lui fut très facile de changer sa toilette de façon à prendre l'incognito. Quand tout fut prêt, nous partîmes enfin pour notre expédition.

— Je vous accompagne, Cornélius, dans cette folle entreprise, dit le révérend M. Worden, aussitôt que nous fûmes en route, pour accomplir la promesse que j'ai faite à votre excellente mère ne ne pas vous laisser aller en compagnie suspecte sans conserver sur vous un œil paternel. Je regarde une tireuse de cartes comme une société équivoque. Je crois donc de mon devoir de vous accompagner.

Je ne sais si le révérend M. Worden réussissait à se tromper lui-même, mais je sais fort bien qu'il ne réussit pas à me tromper. Le fait est qu'il aimait une partie de plaisir, et rien ne pouvait le rendre plus heureux, que d'avoir une occasion de prendre part à une aventure comme celle que nous allions courir. A en juger par la position de sa maison, et son apparence au dehors et à l'intérieur, le métier de la mère Dorothée ne devait pas être très lucratif. Malpropreté et pauvreté étaient deux choses difficiles à rencontrer à Albany, et je ne sais si nous les rencontrâmes précisément dans cette demeure, mais il y avait là moins de propreté que ce n'était l'ordinaire dans cette ville coquette à l'excès, et on n'y rencontrait certes pas l'abondance.

Nous fûmes reçus par une jeune femme qui nous donna à entendre que la mère Dorothée avait déjà une couple de pratiques; mais elle nous invita à nous asseoir dans l'antichambre, nous promettant que notre tour arriverait bientôt. C'est ce que nous fîmes, prêtant l'oreille avec une grande curiosité à ce qui se passait dans la chambre, à travers une porte un peu à jour, et je reconnus bientôt la voix de Dirck.

— Croyez-vous réellement, la mère, que je ne me marierai jamais? demanda-t-il d'un ton qui attestait l'importance qu'il attachait à cette question; je désire le savoir bien positivement avant de m'en aller.

— Jeune homme, répondit la devineresse d'un ton d'oracle, ce qui est dit, est dit. Je ne puis faire les destinées, mais seulement les révéler. Vous savez que vous avez du sang hollandais dans les veines, mais vous vivez dans une colonie anglaise. Votre roi est son roi, mais *elle*, elle est votre reine et vous n'êtes pas son maître. Si vous pouvez trouver une femme de sang anglais qui ait un cœur hollandais, et pas de poursuivans anglais, allez en avant et vous réussirez, sinon demeurez comme vous êtes jusqu'à la fin des temps. Telles sont mes paroles, et telles sont mes pensées. Je ne puis en dire plus.

J'entendis Dirck soupirer. Pauvre garçon! il songeait à Anna. Il traversa l'antichambre sans lever une seule fois les yeux, et il quitta la mère Dorothée le cœur oppressé et l'air aussi sombre que l'avenir que lui promettait la destruction de ses idées de jeune homme. Le lecteur peut être disposé à sourire à ces mots *les idées de jeunesse* de Dirck Van Valkenburgh, s'il le juge par le calme et le flegme que je lui ai attribués jusqu'ici; mais ce serait faire une grande injustice à son cœur et à ses sentimens que de se le représenter comme un être privé de sensations profondes. J'ai toujours supposé que cette entrevue avec la mère Dorothée eut une influence décisive sur la destinée du pauvre Dirck; et je ne suis pas bien sûr que d'autres encore n'aient pas subi des effets analogues.

Notre tour venu, on nous introduisit en présence de la sorcière. Il est inutile de décrire l'appartement dans lequel nous trouvâmes la mère Dorothée. Il n'avait rien d'inusité, à l'exception d'un corbeau qui perchait sur la porte et paraissait dans les meilleurs termes avec sa maîtresse. Dorothée elle-même était une femme d'au moins soixante ans, ridée et décharnée, avec un air de furie, et je crois que sa toilette était calculée de façon à accroître l'effet de sa physionomie. Son bonnet était tout entier de mousseline noire, quoiqu'elle fut vêtue tout en gris. Son œil était de la couleur de sa robe, il était pénétrant, mobile à l'excès et enfoncé sous les sourcils. En somme, elle avait le physique du rôle.

— Voulez-vous me voir tous ensemble, ou bien un seul à la fois? demanda Dorothée d'une voix sourde et sépulcrale, qui devait ses intonations singulières partie à l'art et partie à la nature.

Il fut convenu qu'elle commencerait par M. Worden, mais que tout le monde demeurerait dans la chambre. Pendant que nous discutions cet arrangement, je remarquai que les yeux de Dorothée allaient sans cesse de l'un à l'autre de nous, comme pour recueillir des renseignemens. Bien des personnes ne croyaient pas du tout à la devineresse, et prétendaient que toute son habileté n'était que fourberie et manège, qu'elle tenait à sa solde les nègres de la ville pour en tirer des renseignemens, et que quand elle rencontrait juste en vous parlant du passé, c'est qu'elle en avait d'abord été mise au courant. Je ne voudrais pas affirmer que cet art va aussi loin que le croient beaucoup de gens, mais il me semblerait bien présomptueux de nier qu'il y ait dans la magie quelque vérité. Je ne voudrais pas paraître crédule, et en même temps, je croirais mal agir en refusant mon témoignage à des faits dont je suis convaincu.

Dorothée commença par mêler un paquet de cartes excessivement sales, et qui avaient probablement déjà servi cinq cents fois. Elle dit ensuite à M. Worden de les couper, et d'un air pensif se livra aussitôt à un examen muet. Pas un mot ne fut prononcé; mais nous tressaillîmes à un faible coup de sifflet qui amena le corbeau sur l'épaule de la vieille femme.

— Allons, la mère, dit M. Worden un peu impatienté de ce qu'il regardait comme du charlatanisme, je meurs d'envie de savoir ce qui m'est arrivé afin d'avoir plus de foi dans ce qu'on me dira de l'avenir. Dites-moi quelque chose du blé que j'ai mis en terre l'automne dernier, combien de boisseaux ai-je semés et sur combien d'acres? sur une terre neuve ou vieille?

— Oui-dà, vous avez semé... Vous avez semé, dit la vieille sur un ton très haut pour elle; mais votre semence est tombée parmi l'ivraie et sur les pierres, et vous ne récolterez jamais une ame avec tout cela. Vous pouvez semer au large; mais étroite sera la moisson.

Le révérend M. Worden fit entendre un hem retentissant, croisa les bras et parut déterminé à payer d'audace. Cependant, je vis aisément qu'il se sentait fort mal à son aise.

— Comment va mon bétail? enverrai-je beaucoup de moutons au marché cette saison?

— Un loup sous l'habit d'un mouton, grommela Dorothée. Non, non, vous aimez les bons soupers, les canards, les instructions aux cuisinières, bien plus que de récolter dans le champ du Seigneur.

—Allons, la vieille, ceci tourne au radotage, s'écria aigrement l'ecclésiastique, dites-moi quelque chose qui ait le sens commun pour mon bon écu de France. Que voyez-vous dans ce valet de carreau dont vous étudiez la figure si attentivement?

— Un révérend qui allonge les jambes, oui, qui allonge les jambes, chuchotta plusieurs fois la vieille furie, au lieu de parler à voix haute. Voyez, il court pour sauver sa vie, mais Belzébuth l'attrapera.

Il y eut une pause immédiate et définitive, car le révérend M. Worden prit son chapeau et s'élança hors de la chambre, quittant la maison comme s'il était déjà sérieusement engagé dans cette lutte à la course dont il venait d'être question. Guert secoua la tête et devint sérieux; mais voyant que la devineresse avait déjà repris son calme, et battait les cartes de nouveau, il s'avança pour apprendre son sort. Je vis les yeux de Dorothée s'arrêter d'un air pénétrant sur lui comme il prenait place près de la table, et les coins de sa bouche laissèrent échapper un sourire significatif. Que voulait-il dire? c'est ce que je n'ai jamais pu déterminer.

— Je suppose que vous désirez savoir quelque chose du passé, comme tous les autres, marmotta la vieille, afin d'avoir foi dans ce que vous apprendrez de l'avenir.

— Pourquoi donc, la mère? répondit Guert en passant la main dans les boucles naturelles de sa belle chevelure, et d'une voix un peu précipitée, je ne pense pas qu'il faille s'inquiéter beaucoup du passé. Ce qui est fait est fait, et c'est fini avec lui. Un jeune homme ne doit pas aimer à entendre pareilles choses au moment peut-être où il est fortement appliqué à faire mieux. Nous sommes tous jeunes une fois dans notre vie, et nous ne devenons vieux qu'après avoir été jeunes.

— Oui, oui, je vois ce que c'est, marmotta Dorothée. C'est cela, n'est-ce pas, des dindons et puis des dindons, des canards et puis des canards; couac, couac, couac, et ici la vieille furie se mit à imiter successivement le canard, l'oie, le dindon, le coq de combat et d'autres oiseaux, avec une telle perfection, que, dans l'antichambre, on aurait cru entendre le tapage d'une vraie basse-cour. J'en fus stupéfait, car l'imitation était admirable; mais Guert fut obligé d'essuyer la sueur qui inondait son visage.

—A quoi bon tout cela, à quoi bon tout cela, la mère? s'écria-t-il. Je vois que vous savez ce qu'il en est, et qu'il est inutile d'essayer de se déguiser avec vous. Dites-moi maintenant si je serai jamais marié; c'est pour l'apprendre que je suis venu, et j'aime autant le dire tout de suite.

— Il y a bien des femmes dans le monde, et les jolis visages sont nombreux à Albany, marmotta la vieille femme sur un ton encore plus bas en examinant ses cartes avec une grande attention; un jeune homme comme vous doit trouver à se marier plutôt deux fois qu'une.

— Non, cela est impossible; si je n'épouse pas une certaine dame, je ne me marierai pas du tout.

— Oui, oui, je vois ce que c'est. Vous êtes amoureux, jeune homme.

— Entendez-vous cela, Cornélius? Ce que ces créatures peuvent vous dire, n'est-il pas étonnant? J'admets la vérité de ce que vous me dites, mais décrivez-moi la dame que j'aime.

Guert oubliait que l'emploi du mot dame trahissait entièrement son déguisement, car aucun homme étant réellement ce qu'annonçait son costume et sa mise, ne se serait avisé d'appliquer ce mot à sa bien-aimée. Je ne pus prévenir ces petites inadvertances, car mon compagnon était beaucoup trop agité pour entendre raison.

— La dame que vous aimez, répondit la devineresse, d'un ton délibéré et de l'air de quelqu'un qui s'avance en toute confiance, est très belle, d'abord.

— Vrai, comme le soleil est au ciel, la mère...

— Ensuite, elle est vertueuse, aimable, pleine de sagesse, d'esprit et de bonté.

— L'Évangile n'est pas plus vrai! Cornélius, ceci passe toute croyance.

— Ensuite, elle est jeune. Oui, elle est jeune, et belle et bonne, trois choses qui la font beaucoup rechercher.

— Pourquoi réfléchit-elle depuis si long-temps sur mes offres, la mère? Dites-moi cela, je vous prie, et si elle consentira jamais à m'épouser.

— Je le vois, je le vois, tout cela est dans les cartes. La dame ne peut prendre un parti.

— Écoutez, maintenant, Cornélius, et vous me direz ensuite s'il n'y a rien dans cet art. Pourquoi ne peut-elle prendre un parti? Par le ciel, dites-le moi. Un homme peut se lasser de demander un ange en mariage et de ne pas recevoir de réponse. Je veux connaître la cause de ses doutes.

— On ne lit pas aisément dans l'esprit d'une femme. Les unes sont pressées, les autres ne le sont pas. Je suis sûre que vous désirez avoir une réponse avant que la dame ne soit disposée à vous la donner. Les hommes doivent savoir attendre.

— Vraiment, elle semble savoir tout ce qu'il en est, Cornélius. J'avais beaucoup entendu parler de cette femme, mais ceci dépasse tout. Bonne mère, pouvez-vous me dire comment obtenir le consentement de la femme que j'aime?

— Vous ne l'aurez qu'en le demandant. Demandez-le une fois, deux fois, trois fois.

— Par saint Nicolas, je l'ai déjà demandé vingt fois; si demander suffisait, elle serait déjà ma femme depuis un mois. Qu'en pensez-vous, Cornélius?... Non. Je ne dois pas le faire, il n'est pas digne de surprendre les secrets du cœur d'une femme par un moyen comme celui-ci. Je ne veux plus l'interroger.

— La couronne est payée et la vérité doit être dite. La dame que vous aimez, vous aime et ne vous aime pas; elle veut vous épouser et ne veut pas vous épouser; elle pense oui et répond non.

A ces mots, Guert trembla de tous ses membres, comme une feuille de tremble.

— Je ne pense pas qu'il y ait de mal, Cornélius, à demander si j'ai gagné ou perdu par l'aventure de la rivière. Je veux lui demander encore cela, pour plus de certitude. Dites-moi, la mère, mes affaires vont-elles mieux ou plus mal, depuis certaine chose qui m'est arrivée il y a environ un mois, à l'époque où la glace est partie et que nous eûmes de si grandes pluies ?

— Guert Ten Eyck, pourquoi m'éprouver ainsi? dit la sorcière avec solennité. J'ai connu votre père et j'ai connu votre mère. J'ai connu vos ancêtres en Hollande, et leurs enfans en Amérique. De génération en génération, j'ai connu votre race, et vous êtes le premier que j'aie vu si mal vêtu. Croyez-vous, enfant, que les yeux de la vieille Dorothée soient aveugles, et qu'elle ne puisse reconnaître ses compatriotes? Je vous ai vu sur la rivière! Ha! ha! c'était un beau spectacle. En avant, Jack et Moïse! Comme ils hennissaient et comme ils galopaient. Crac! crac! la glace se rompt, et voici venir l'eau. Voyez, voici un pont qui peut tomber sur notre tête. Vous, ayez soin de cette colombe, et vous, de celle-ci, et tout ira bien avec le temps. Dites-moi une chose, Guert Ten Eyck, mais dites-moi vrai. Connaissez-vous un jeune homme qui doive aller dans les bois?

— Oui, la mère. Ce jeune homme, mon ami, a l'intention de partir dans quelques jours, quand la saison sera plus avancée.

— Bien, allez avec lui. L'absence amène une jeune femme à découvrir son cœur, quand les questions n'obtiennent rien. Allez avec lui, vous dis-je, et si vous entendez des coups de fusil, allez de ce côté : la crainte fait quelquefois parler une jeune femme. Vous avez votre réponse, je n'en dirai pas plus. Venez ici, jeune possesseur de beaucoup de dollars, et touchez cette carte.

J'obéis, et la vieille commença à se parler à elle-même et à parcourir le paquet aussi vite qu'elle put. Rois, as et valets furent examinés l'un après l'autre, jusqu'à ce qu'elle trouvât la dame de cœur, qu'elle me montra en triomphe.

— Voici votre dame. C'est la dame de bien des cœurs. L'Hudson a fait pour vous ce qu'il a fait bien des fois pour un pauvre homme avant vous. Oui, oui, la rivière vous a fait du bien, mais l'eau noie aussi bien qu'elle fait pleurer. Méfiez-vous des fils de baronnet.

La mère Dorothée mit fin à ses révélations et nous ne pûmes en tirer une syllabe, tout en lui posant vingt questions différentes. Elle nous fit signe de partir, et voyant notre obstination, elle mit un écu sur la table devant chacun de nous avec un air de dignité, alla se-seoir dans un coin et se mit à se balancer comme impatientée de notre présence. A ce signe peu équivoque qu'elle considérait sa tâche comme terminée, nous n'avions rien autre chose à faire que de nous retirer, en lui laissant notre argent, comme de raison.

XVI.

Guert Ten Eyck fut vivement impressionné par ce qu'il avait appris dans sa visite à la tireuse de cartes. Son esprit en fut affecté, et, comme on le verra, les paroles de la sorcière ne furent pas sans influence sur sa conduite. Quant à moi, je ne puis pas dire que je ne tins aucun compte de ce qui s'était passé; mais l'effet en fut beaucoup moins grand sur moi que sur mon ami. De son côté, le révérend M. Worden traita tout cela avec le plus

grand mépris. Il déclara n'avoir jamais reçu pareille insulte de sa vie. La vieille furie devait inévitablement nous avoir vus tous auparavant, et l'avait reconnu. Profitant de cet heureux hasard, qui n'avait rien de surprenant dans une petite ville comme Albany, elle avait saisi l'occasion de tirer le plus de parti possible du grossier sobriquet qui lui avait été donné.

— Longues-jambes, en vérité, répétait-il, et quel est l'homme qui ne courrait pas pour sauver sa vie? Vous avez vu maintenant, Cornélius, ce que c'est qu'une rivière quand la glace commence à se rompre, et vous savez la façon surprenante dont je me suis échappé. Je mérite autant de réputation pour cette retraite, mon enfant, que Xénophon pour sa retraite à la tête des dix mille. Je n'avais pas, il est vrai, trente-quatre mille six cent cinquante stades à parcourir; mais les actions doivent s'apprécier par la qualité encore plus que par la quantité; les choses les meilleures ont toujours un air d'impromptu, et elles sont généralement sur une petite échelle. Quant à tout ce que vous me dites au sujet de Guert, la maudite vieille connaissait le jeune homme; elle devait le connaître; cela est impossible autrement dans une ville comme Albany, où le gaillard a une réputation qui fait que son nom rappelle toutes sortes de tours et d'esclandres. Jack et Moïse ensuite. Croyez-vous que l'inspiration d'un malin esprit ou de quarante mille diables conduirait une tireuse de cartes à appeler un cheval Moïse? Jack, passe encore, mais Moïse ne serait jamais venu à l'idée même d'un diablotin. Songez, mon enfant, que Moïse fut le grand législateur des Juifs, et une créature de cette espèce devait être plutôt près de croire que ce cheval s'appelait Confucius que de lui supposer le nom de Moïse.

— Je suppose que l'inspiration, comme vous dites, devrait mettre une tireuse de cartes habile, en état de savoir les choses comme elles sont, et d'appeler les chevaux par leurs vrais noms, quels que soient ces noms.

— Oui-dà, supposer une pareille inspiration à cette malheureuse vieille, à cette diablesse impudente et décharnée! Ne me parlez pas de cela, Cornélius; il n'y a rien de réel dans toutes ces cartes, ou au moins rien à quoi l'on doive croire dans tous les cas : et dans ce cas-ci, il y a mensonge grossier. Longues-jambes! cela fait pitié.

Telle était l'opinion de M. Worden au sujet des révélations de la mère Dorothée. Il exigea de nous l'engagement de ne point parler de cette aventure; du reste, nous n'étions pas très disposés à en parler beaucoup. Dirck, quoique ayant à peine vingt ans, commença dès lors à parler de vivre en célibataire, et aucune plaisanterie de ma part ne put déterminer le pauvre garçon à changer d'idées ou à concevoir des espérances plus gaies. Guert était profondément impressionné, comme je l'ai déjà dit, et, ne se croyant pas lié pour ce qui le regardait personnellement, il prit occasion de parler de sa visite un matin qu'Herman Mordaunt, les deux dames, Bulstrode et moi étions assis à causer ensemble avec toute la liberté de relations qui étaient devenues continuelles.

— Y a-t-il des tireuses de cartes en Angleterre, Monsieur Bulstrode? demanda brusquement Guert en arrêtant les yeux en même temps sur Mary Wallace, car sa pensée était toujours fixée sur elle.

— On trouve toute sorte de sottes choses dans la vieille Angleterre, M. Ten Eyck, aussi bien que quelques-unes qui sont sages. Je crois que Londres possède une couple de devineresses, et, j'ai entendu dire aux vieilles gens, que la mode de les consulter s'était accrue quelque peu depuis que la cour est devenue allemande.

— Oui, reprit naïvement Guert, cela n'est pas difficile à croire, c'est un dicton populaire chez nous, que les tireuses de cartes allemandes ou hollandaises sont les plus connues. Ils ont eu, ou ils prétendent avoir eu des sorcières dans la Nouvelle-Angleterre, mais personne d'ici n'a ajouté foi à ces prétentions. Il en est de cela comme de toutes les fanfaronnades de ces vantards de Yankies.

Je remarquai que Mary Wallace rougissait, et en ramassant un peloton de fil, elle profita de l'occasion pour se détourner, de façon que Bulstrode surtout ne pût voir sa figure.

— Tout cela veut dire, reprit le major, que notre ami Guert a été faire une visite à la mère Dorothée, une femme d'une certaine réputation, qui demeure sur la hauteur, et qui est en grand renom parmi la jeunesse d'Albany. Quelques personnes de notre régiment sont allées consulter cette vieille femme.

— Vous avez deviné, Monsieur Bulstrode, répondit Guert avec sa franchise habituelle et une gravité qui prouvait combien il prenait tout cela au sérieux. J'ai été voir la mère Dorothée pour la première fois de ma vie, et Cornélius Littlepage que voici m'accompagnait. Il y avait bien long-temps que je connaissais cette femme de réputation; mais je n'avais jamais eu avant ce printemps la curiosité de lui faire une visite. Nous y sommes allés, et je dois dire que j'ai été on ne peut plus surpris du savoir infini de cette personne extraordinaire.

— Vous a-t-elle dit de chercher la cuiller perdue dans le pot aux confitures, Monsieur Ten Eyck? demanda Anna, avec une telle malice dans son regard et le ton de sa voix, que je sentis le rouge me monter à la figure. On dit que les tireuses de cartes envoient toutes les ménagères prudentes, mais peu soigneuses, chercher dans les pots à confitures les cuillers perdues. Beaucoup ont été retrouvées, m'a-t-on dit, par cette merveilleuse sagacité.

— C'est bon, miss Anna; je vois que vous n'avez pas foi aux tireuses de cartes, répondit Guert en s'agitant sur sa chaise; et quand on n'a pas la foi, on ne peut rien croire. Pourtant, j'ai, moi, tant de confiance dans ce que Dorothée m'a dit, que j'ai l'intention de suivre son conseil, quelque tournure que prennent les choses.

A ces mots Mary Wallace leva ses grands yeux bleus, si pensifs, sur le jeune homme; ils exprimaient un ardent intérêt, bien plus encore que la simple curiosité que son instinct et sa sensibilité de femme ne lui donnaient pourtant pas la force de cacher tout à fait. Cependant elle ne dit pas un mot.

— Vous allez sans doute nous raconter tout cela, Ten Eyck, s'écria le major, il n'y a rien qui réussisse davantage devant un auditoire, qu'une bonne histoire de sorcellerie, ou quelque chose d'assez merveilleux, pour qu'il faille faire violence au bon sens avant d'y croire.

— Excusez-moi, Monsieur Bulstrode, ce sont choses que je ne puis rapporter; mais Cornélius Littlepage pourra vous attester combien elles sont étonnantes. En somme, j'irai dans les bois ce printemps, et Littlepage et Follock étant d'excellente compagnie, j'ai l'intention de me joindre à eux. Il faudra encore du temps pour que l'armée se mette en marche, et dans l'intervalle nous nous proposons de vous retrouver devant Ticonderoga, si vous réussissez à aller si loin.

— Dites plutôt devant Montréal, car j'espère que le nouveau commandant en chef nous trouvera quelque chose de plus à faire que celui qu'il remplace. Dois-je placer une sentinelle à la porte de Dorothée en votre absence, Guert?

Cette question provoqua un sourire général que Guert partagea, car son bon naturel était à l'épreuve. Quand je dis que le sourire fut général, j'oublie d'excepter Mary Wallace qui était loin d'être gaie ce matin-là.

— Nous serons donc voisins, Guert? observa paisiblement Herman Mordaunt, si en parlant d'accompagner Cornélius et Dirck dans les bois, vous voulez dire que vous irez avec eux à la concession récemment obtenue par MM. Littlepage et Van Valkenburgh. J'ai de ce côté un domaine qui a déjà dix ans, et ces dames ont consenti à m'y accompagner dès que la saison sera un peu plus avancée et que je serai certain que l'armée suffira pour nous protéger contre les Français et les Indiens.

Je n'ai pas besoin de dire avec quel ravissement Guert et moi reçumes cette annonce. Sur Bulstrode elle produisit l'effet diamétralement opposé. Il ne me parut pas surpris d'une déclaration qui était si nouvelle pour nous; mais quelques expressions qui lui échappèrent prouvèrent qu'il ignorait le domaine d'Herman Mordaunt et le nôtre étaient si rapprochés. Le séjour d'Herman Mordaunt à Albany n'avait d'autre but que de veiller à cette propriété sur laquelle il avait fait élever des moulins, et qui, par suite des progrès de la guerre, se trouvait beaucoup trop rapprochée de l'ennemi. Les quinze ou vingt familles qu'il avait réussi à y établir avec beaucoup de peine et de dépense, avaient pris l'alarme et avaient manifesté l'intention d'abandonner leurs cabanes et leurs défrichements. Deux ou trois avaient profité des derniers jours de neige pour repasser les Hampshire-Grants, et il était à craindre que d'autres ne suivissent cet exemple.

Herman Mordaunt avait résolu de visiter Ravensnest (ainsi s'appelait son domaine) et de passer une partie si non la totalité de l'été au milieu de ses colons pour leur rendre un peu de confiance et donner plus d'activité aux travaux. Anna et Mary avaient refusé de laisser M. Mordaunt partir seul, et comme il était persuadé qu'il n'y avait point de danger dans cette expédition, il avait cédé aux importunités des deux jeunes filles. Il avait été décidé positivement qu'ils partiraient tous ensemble aussitôt que la saison serait un peu plus avancée. Cette résolution avait été annoncée aux colons et avait eu pour résultat de les retenir chez eux en apaisant leurs craintes.

La conversation roula près d'une heure sur les dispositions que chacun faisait pour l'été: Guert et Dirck sortirent ensuite avec Bulstrode pour aller voir un cheval que celui-ci venait d'acheter et me laissèrent seul avec les dames. La porte ne se fut pas plus tôt refermée sur eux, que je vis poindre un sourire sur les lèvres d'Anna, tandis que Mary Wallace demeurait pensive, sinon triste.

— Vous êtes donc allé, vous aussi, chez la tireuse de cartes, Monsieur Littlepage? dit Anna après avoir long-temps débattu en elle-même la convenance de revenir sur ce sujet. Je savais qu'il y avait à Albany une femme de cette espèce, et que les servantes économes allaient la consulter; mais j'ignorais que des hommes, surtout ayant de l'éducation, lui fissent cet honneur.

— Je pense que ni le sexe ni l'instruction ne peuvent soustraire personne à son influence et à son autorité. On dit que la plupart des jeunes officiers de l'armée vont la consulter quand ils séjournent ici.

— Je voudrais bien savoir si M. Bulstrode y est allé. Il est jeune d'années, quoique déjà si élevé en rang. Un major peut avoir autant de curiosité qu'un enseigne, ou, à ce qu'il paraît, qu'une femme qui a perdu la cuillère de dessert favorite de sa grand'mère, n'est-ce pas, chère Mary?

Mary Wallace fit entendre un petit soupir, et releva la tête, mais elle ne dit pas un mot.

— Vous êtes sévère pour nous, Anna (depuis l'aven-ture de la rivière, la famille entière me traitait avec la familiarité d'un fils ou d'un frère); je crois que nous n'a-vons pas fait pis que M. Mordaunt lui-même dans sa jeunesse.

— Cela peut être vrai, Cornélius, et ne rendre pas vo-tre consultation la chose la plus sage du monde. J'espère cependant que vous ne ferez pas un mystère de votre bonne aventure, et que vous mettrez vos amis dans le secret.

— La vieille femme a été loin d'être communicative avec moi; mais elle a traité Guert Ten Eyck beaucoup mieux. Elle lui a dit sur le passé des choses fort extra-ordinaires, à moins qu'elle ne sût qui il était.

— Est-il probable, Monsieur Littlepage, dit Mary Wal-lace, qu'il y ait dans Albany une personne qui ne connaisse pas Guert Ten Eyck, et une bonne partie de son histoire? Le pauvre Guert se fait connaître partout où il est.

— Oui et très souvent à son avantage, ajoutai-je; re-marque qui ne me coûtait rien à faire, mais qui illumina de plaisir la figure de Mary Wallace et amena même un demi-sourire sur ses lèvres. — Oui, tout cela est vrai, et pourtant il y avait quelque chose d'étrange et de surna-turel dans la façon dont cette vieille femme rapportait ce qu'elle nous a dit.

— Toutes choses que vous semblez résolu à garder pour vous seul? dit Anna d'un ton interrogatif.

— Il serait mal à moi de trahir les secrets d'un ami. Guert répondra pour lui-même; il est aussi franc que le jour en plein midi, et n'hésitera pas à vous dire tout.

— Pourvu que Cornélius Littlepage soit seulement aussi franc qu'un crépuscule.

— Je n'ai rien à cacher, surtout à vous, Anna. La ti-reuse de cartes m'a dit que la reine de mon cœur était la reine de trop de cœurs, que la rivière ne m'avait pas fait

de mal, et que je devais surtout prendre garde à ce qu'elle appelait les chevaliers baronnets.

J'examinais attentivement Anna, en répétant l'oracle de la mère Dorothée, mais je ne pus rien saisir sur sa charmante et sérieuse figure. Elle ne sourit pas, elle ne prit point un air offensé, mais elle rougit certaine-ment. D'ailleurs, elle eut soin de ne pas me regarder, ce qui eût été provoquer l'observation. Mary Wallace sourit et me regarda.

— Vous croyez tout ce que la sorcière vous a dit, Cor-nélius? demanda Anna, après une courte pause.

— Je croyais que la reine de mon cœur était la reine de beaucoup de cœurs; que la rivière ne m'avait pas fait de mal (quoique je ne puisse voir et ne puisse dire qu'elle m'ait fait grand bien) et que j'avais beaucoup à craindre des chevaliers baronnets. Je croyais tout cela, du reste, avant d'avoir vu la tireuse de cartes.

Cette fois, Anna fut la première à détourner la conver-sation. A quelques jours de là, le 25e régiment reçut l'ordre de partir. Bulstrode connaissait depuis long-temps les projets d'Herman Mordaunt pour l'été, et il avait eu le crédit de faire assigner à son régiment le poste le plus rapproché de Ravensnest, ce qui lui permettrait de visiter ces dames à l'occasion et de se présenter à elles en quel-que sorte comme un protecteur. Cette idée souriait assez à Herman Mordaunt, qui était tout dans les intérêts de Bulstrode, et il se flattait intérieurement que l'insistance d'Anna à vouloir l'accompagner venait du désir de rester à proximité de recevoir des visites ou des messages de Bulstrode pendant la plus grande partie de l'été.

Bulstrode ne quitta pas Albany en même temps que son régiment; j'étais invité ce même jour à déjeûner chez Herman Mordaunt, avec Dirck et Guert, et, en arrivant chez lui, nous vîmes à la porte le groom du major, qui tenait en bride son cheval et le sien, et dans le salon nous trouvâmes Bulstrode portant l'uniforme d'un officier de son rang, sur le point de commencer une marche dans les forêts d'Amérique. Il me parut mélancolique, comme triste de partir, mais mes plus jalouses observations ne purent dé-couvrir aucun signe d'un sentiment analogue chez Anna. Elle n'était pas tout à fait aussi gaie que de coutume, mais elle était loin d'être triste.

— Je vous quitte, Mesdames, avec le plus profond re-gret, dit Bulstrode, quand nous fûmes à table; car vous avez fait de ce pays pour moi plus qu'une patrie; vous me l'avez rendu bien cher.

Ceci fut dit avec sentiment, avec bien plus de senti-ment que je n'en avais jamais vu manifester à Bulstrode, et même que je ne lui en aurais jamais supposé. Anna rougit un peu; mais je ne vis point trembler sa jolie main, qui, à ce moment, tenait une petite théière riche-ment ouvragée, suspendue au-dessus d'une tasse.

— Nous nous retrouverons bientôt, Harry, dit Her-man Mordaunt d'un ton de profonde affection, car nous ne partirons pas une semaine après vous. Rappelez-vous que nous ne devons pas être voisins, mais bons voisins, et si la montagne ne veut pas aller vers Mahomet, Ma-homet ira vers la montagne.

— Ce qui veut dire, Monsieur Bulstrode, ajouta Mary Wallace avec un de ses charmans squrires, aussi francs et aussi naturels que l'enfance elle-même, ce qui veut dire que vous êtes Mahomet et nous la montagne. Des dames ne peuvent pas voyager commodément dans les forêts, ni visiter un camp avec convenance, le voulussent-elles.

— On m'assure que je ne serai pas du tout dans un camp, répondit le major, mais dans de bonnes et confortables baraques que le bataillon que nous allons relever a construites pour nous. J'espère un peu qu'elles seront en assez bon état pour que même des dames ne dédaignent pas de s'y abriter au besoin. D'ailleurs, doit-il y avoir ni montagne ni Mahomet entre d'anciens et intimes amis?

Des promesses mutuelles de visites furent échangées. Herman Mordaunt avait évidemment envie de voir Bulstrode entrer dans sa famille, désir que la parenté rendait facilement excusable aux yeux du monde, mais qui avait encore d'autres causes, comme il me fut aisé de m'en apercevoir. Lorsque Bulstrode se leva pour prendre congé j'aurais voulu être bien loin à cause du chagrin qui allait éclater, tandis que le désir d'observer l'effet de ce départ sur Anna m'aurait cloué au plancher quand même il eût été convenable que je me retirasse.

Bulstrode était plus affecté que je ne l'aurais cru possible. Il prit la main d'Herman Mordaunt et la serra chaleureusement quelque temps avant d'être en état de parler.

— Dieu seul sait, dit-il alors, ce que cet été doit voir, et si nous nous retrouverons encore; mais advienne que pourra, le passé, l'heureux passé est hors de toute atteinte. Si vous n'entendez plus parler de moi, mon cher parent, mes lettres pour l'Angleterre vous prouveront mieux ma reconnaissance que toutes les paroles. Elles ont été écrites à mesure que vous me combliez de bontés et elles peignent fidèlement les sentiments qu'avaient fait naître en moi votre hospitalité et votre amitié. J'ai demandé qu'en cas d'un certain malheur elles vous soient toutes renvoyées en Amérique.

— Non, mon cher Harry, il ne faut pas voir l'avenir si noir, s'écria Herman Mordaunt, en essuyant une larme, c'est faire d'une courte séparation une chose bien plus sérieuse qu'il ne faut.

— Non, Monsieur, un soldat qui va au-devant du feu de l'ennemi, ne peut jamais parler avec confiance d'une séparation comme devant être courte. Cette campagne sera décisive pour moi, ajouta-t-il en jetant un regard à Anna; je reviendrai conquérant dans un sens, ou je désire ne pas revenir du tout. Mais que le ciel vous bénisse, Herman Mordaunt, ainsi que vous nommez vos compatriotes; un millier d'années n'effacerait pas le souvenir de votre bonté pour moi.

Tout ceci fut bien dit, et d'un ton qui valait le langage. Bulstrode hésita un moment, regarda alternativement les deux jeunes filles, puis s'approchant de Mary Wallace:

— Adieu, bonne Mary Wallace, dit-il en prenant la main qu'on lui offrait, et en la baisant avec une liberté d'esprit qui annonçait que l'amitié et le respect inspiraient seuls cette action; vous avez plus d'une fois été pour moi un critique sévère; mais votre indulgence habituelle vous fait pardonner bien des piqûres. Vous pourrez gagner mille cœurs, mais vous n'en trouverez pas un qui ait un respect plus profond pour vos vertus.

Mary Wallace retira son mouchoir de ses yeux, serra vivement la main de Bulstrode, et lui fit des adieux pleins de cordialité et d'émotion. Le tour d'Anna vint ensuite; son mouchoir était sur ses yeux; quand elle le retira, son visage était pâle et ses joues inondées de larmes. Le sourire qui leur succéda était la grâce même, et je l'avouerai, fut un coup qui m'atteignit au cœur. A ma grande surprise, Bulstrode ne dit pas un mot; il prit la main d'Anna, la pressa sur son cœur, la baisa en y laissant un billet, et sortit après un salut. J'eus honte d'examiner la contenance de miss Mordaunt en pareille circonstance, et je me détournai afin que ma présence n'ajoutât pas à la détresse et à l'embarras qu'elle éprouvait évidemment.

J'en vis assez cependant pour être moins rassuré que jamais sur le succès de ma poursuite. Anna avait changé vingt fois de couleur pendant que Bulstrode se tenait près d'elle et prenait congé, et elle me parut beaucoup plus affectée que Mary Wallace. Néanmoins ses impressions étaient toujours plus vives et plus énergiques que celles de son amie, et ce que ma susceptibilité prit pour une émotion de tendresse pouvait n'être qu'une effusion de sensibilité féminine et d'amitié. En outre, Bulstrode était son parent.

Les hommes conduisirent Bulstrode jusqu'à la porte. Il nous serra cordialement la main, et une fois monté en selle, nous dit: Cet été sera plus chaud que de coutume, même pour votre pays si chaud et si froid. J'espère que, vous jeunes gens, vous viendrez rejoindre le 25e comme volontaires dès que vous apprendrez que nous marchons en avant. Je voudrais en avoir un millier comme vous, car l'affaire de la rivière a montré assez ce que vaut un homme à l'occasion. Le ciel vous protège, Cornélius, ajouta-t-il en se penchant sur sa selle pour me serrer encore la main: il faut que nous restions amis, coûte que coûte.

Il n'y avait pas moyen de résister à cette franchise et à tant d'amabilité; je serrai cordialement la main qu'il me tendait; Bulstrode leva son chapeau, nous salua et partit à pas lents, enfoncé dans ses pensées et comme malgré lui. Malgré toute l'amitié de cette séparation, j'avais plus sujet que jamais de pleurer que Bulstrode eût paru au milieu de nous, et la scène de ce matin me confirma dans la résolution de ne point presser Anna de prendre une décision, lorsque j'avais tant de motifs de craindre que cette décision ne me fût contraire.

XVII.

Dix jours après le départ du 25e régiment, nous quittâmes Albany, en compagnie d'Herman Mordaunt et de sa famille, pour commencer notre expédition de l'été. Durant cet intervalle, la ville avait pris un aspect tout militaire. Plusieurs régiments des troupes royales avaient remonté l'Hudson, la plupart des sloops de la rivière, au nombre de trente ou quarante, ayant été employés à transporter ces troupes et leurs bagages. Deux ou trois corps venant des colonies de l'est, et plusieurs régimens provinciaux, se concentraient sur ce point, considéré comme la clé de la navigation de l'Hudson. Au nombre des personnes de distinction qui accompagnaient les troupes, était lord Howe, ce gentilhomme dont Herman Mordaunt avait parlé. Il avait le grade de brigadier et semblait être l'ame de l'armée. Ce n'était pas seulement la considération personnelle dont il jouissait, qui le plaçait si haut dans l'estime du monde et des troupes, mais surtout le talent spécial qui le distinguait et les services qu'il avait rendus dans sa profession. On comptait également dans les rangs un grand nombre de jeunes gens appartenant à des familles considérables. La plupart des principales familles de la colonie avaient aussi des représentans au service. Les jeunes gens qui venaient des colonies du centre ou du sud étaient porteurs de commissions dans l'armée régulière; mais les régimens provinciaux, venus des établissemens de l'est, étaient généralement conduits par des individus appartenant à la classe des riches fermiers. Ces troupes étaient belles du reste, et meilleures que les régimens de notre propre colonie; les soldats qui les composaient, semblaient être d'une classe plus élevée que les nôtres. Mais les officiers ne brillaient pas par des manières, ni par des habitudes, telles qu'elles semblassent leur donner droit à exercer le commandement. Il faut pourtant que les officiers et les soldats se soient convenus les uns aux autres, car tout le monde s'est accordé à dire qu'ils s'étaient comportés bravement, partout où ils avaient été bien dirigés, ce qui n'est pas toujours arrivé.

Je rencontrai lord Howe deux ou trois fois, particulièrement chez Mme Schuyler, cette dame dont j'ai eu plusieurs fois occasion de parler, et à qui j'avais présenté la lettre d'introduction de ma mère. Les Mordaunt étaient très assidus auprès d'elle, et me prenaient souvent avec eux quand ils se rendaient à sa demeure. Lord Howe vivait en quelque sorte sous le toit de cette excellente dame, chez qui, du reste, toute la bonne compagnie d'Albany se donnait rendez-vous à cette époque.

Lorsque nous partîmes d'Albany, notre troupe était nombreuse, et aurait pu passer pour un petit corps militaire qui prenait l'avance, ainsi que le faisaient chaque jour des corps de troupes appartenant réellement à l'armée. Le lecteur ne sera pas fâché de connaître le dénombrement de nos forces et l'ordre de notre marche.

Herman Mordaunt avait avec lui, indépendamment des dames, un cuisinier nègre et une jeune négresse, chargée du service de la partie féminine de notre caravane; un nègre, à qui était confié le soin des chevaux, et un autre faisant office de valet de chambre. En outre, il s'était adjoint trois ouvriers de race blanche, qui devaient être employés, selon que le besoin serait, à frayer la route dans les bois, à établir le passage des rivières et à d'autres travaux de même nature. De notre côté, nous étions d'abord trois gentlemen; puis venait Yaap, mon fidèle nègre, M. Traverse, l'arpenteur; deux porte-chaînes et deux charpentiers. Guert TenEyck avait aussi emmené son nègre, qui s'appelait Peter. Ainsi nous formions une troupe de dix hommes vigoureux, dont huit de la race blanche et deux noirs. La troupe d'Herman Mordaunt comptait un nombre égal de personnes, parmi lesquelles se trouvaient, il est vrai, quatre femmes. Ainsi, en réunissant nos forces, nous formions un parti de vingt personnes. Sur ce nombre, tous les hommes, blancs et noirs, étaient bien armés. Chacun portait une bonne carabine, et les gentlemen avaient, de plus, chacun une paire de pistolets. Ces dernières armes étaient passées dans un ceinturon, qui soutenait également une courte épée, placée en arrière de façon à se trouver cachée, ainsi que les pistolets sous nos vêtemens. De la sorte, nous étions bien armés sans en avoir l'air; et c'est une précaution dont l'utilité est parfois reconnue dans les bois.

Il est à peine nécessaire de dire que, pour pénétrer dans les profondeurs de la forêt, nous n'avions pas conservé l'ajustement avec lequel nous avions l'habitude de nous montrer dans les rues de New-York et d'Albany. Les chapeaux avaient été mis de côté, et en place nous avions pris des bonnets ressemblant, pour la forme, à ceux que nous avions portés l'hiver, à cela près qu'ils n'avaient pas de fourrures. Les dames portaient des chapeaux légers et petits, car elles devaient sentir bien rarement le besoin de garantir leurs traits du soleil sous les épais ombrages de la forêt. Cependant, suivant l'habitude du beau sexe américain, un voile vert était attaché à ces chapeaux. Anna et Mary portaient des habits d'un drap léger qui dessinaient admirablement leurs tailles charmantes. Ces vêtemens étaient courts, afin de ne pas gêner la liberté de leurs mouvemens dans le cas où elles seraient forcées de faire route à pied. Une plume ou deux sur les chapeaux n'avaient pas été oubliées, comme une preuve du désir de plaire qui est inné dans le cœur de toutes les femmes.

Quant à nous, la majeure partie de nos vêtemens était faite de peau de daim. Nos culottes, nos guêtres et nos moccassins étaient de cette étoffe. Les moccassins étaient de fabrique européenne; mais Guert avait pris avec lui une ou deux paires de cette espèce de chaussures fabriquées par les Indiens. Nous portions tous des vestes de drap commun, mais nous avions en outre avec nos bagages, des blouses de chasse que nous devions endosser, à l'entrée de la forêt, par-dessus nos autres habits. Ces blouses de couleur verte, avec des franges et autres ornemens du même ton, passaient pour être d'un usage excellent dans les bois. Leur forme, leurs franges et leur couleur pouvaient se confondre aisément avec le feuillage, et contribuer à rendre invisibles ou tout au moins indistincts à une certaine distance ceux qui les portaient. Elles étaient en grande faveur dans tous les corps américains appelés à agir dans la forêt, et composaient l'uniforme des *riflemen* des bois, soit qu'ils eussent à combattre les hommes ou les animaux.

Ni M. Worden, ni Jason ne faisaient partie de notre troupe, et la raison de cette scission momentanée était précisément une question de costume. Le révérend attachait tant de prix aux apparences, qu'il aurait volontiers porté la robe et le surplis même en mission parmi les Indiens, et tel était, jusqu'à un certain point, le but ostensible de son voyage actuel. Je l'avais vu assister à des combats de coqs dans son costume de ministre. En un mot M. Worden ne négligeait pas jamais les choses extérieures, et particulièrement tout ce qui avait trait à l'habillement. C'est une question de savoir s'il aurait jamais consenti à réciter des prières sans surplis, ou à prêcher sans robe, si affamées que ses ouailles eussent pu être de la nourriture spirituelle. Je me rappelle parfaitement avoir entendu dire à mon grand-père qu'en une certaine occasion, le respectable personnage avait refusé d'officier un dimanche, en voyage, dans la crainte de discréditer l'église, en exerçant son saint office, sans être revêtu des signes extérieurs qui dénotaient son caractère sacré.

— On fait plus de mal que de bien à la religion, Monsieur Littlepage, dit le révérend M. Worden en cette circonstance, en abaissant ainsi le caractère de nos cérémonies aux yeux du vulgaire. La première chose est de prêcher aux hommes le respect des saintes choses, mon cher Monsieur ; et un ministre en robe et en surplis commande trois fois autant de respect que s'il était privé des attributs de ses fonctions. Je considère comme un devoir sacré de me revêtir des insignes de mon ministère dans toutes les circonstances.

C'est en conséquence de cette opinion, que le révérend voyageait avec un chapeau et un habit de ministre, des culottes noires et un rabat, même à la conquête des ames des hommes rouges à travers les déserts de l'Amérique du Nord.

Quant à Jason, il donna une raison tirée des coutumes de sa province pour voyager dans ses plus beaux habits. Chacun, dit-il, faisait ainsi dans son pays, et pour sa part il considérerait comme un manque de respect aux étrangers de paraître parmi eux avec de vieux vêtemens. Mais le véritable motif de sa conduite était l'économie. La présence des troupes avait tellement élevé le prix des marchandises que Jason n'hésita pas à dire qu'Albany était la ville la plus chère où il eût jamais été. Il y avait quelque chose de vrai dans cette assertion ; et la distance entre Albany et New-York n'étant pas moindre de cent soixante milles, c'était l'affaire d'un mois ou même plus de faire venir de cette dernière ville les marchandises propres à remplir les magasins qui avaient été vidés.

Le révérend M. Worden et le digne M. Jason Newcome partirent donc d'Albany vingt-quatre heures avant nous. Ils devaient nous rejoindre à un endroit où la route s'enfonce dans la forêt, et où, suivant leur manière de voir, les chapeaux retroussés et les bonnets de peaux pourraient marcher de compagnie sans scandale. Mais il y avait encore un autre motif de leur détermination. Nous voyagions à pied, n'emmenant que trois ou quatre chevaux de somme chargés de nos bagages. Or, on avait offert une place à M. Worden dans un transport du gouvernement, et Jason espérait parvenir, de manière ou d'autre, à se glisser dans la même voiture. Je dois à M. Newcome de reconnaître qu'il avait un talent extraordinaire pour se faire accorder des faveurs de toute sorte, et certainement il n'a jamais perdu aucune occasion d'avancement par honte de le demander. Pendant tout le temps qu'il fut avec nous, Jason ne cessa pas d'agir comme si la vie était une espèce de jeu des quatre coins, où celui qui quitte sa place est certain de trouver un voisin disposé à l'occuper aussi vite que possible.

A l'exception des deux hommes qui conduisaient les deux chariots d'Herman Mordaunt, tout le sexe masculin qui se trouvait dans notre caravane, marchait à pied, comme je l'ai dit. Chacun de nous portait, outre sa carabine et ses munitions, un havresac ; aussi on croira aisément que nos journées de marche n'étaient pas bien fortes. Le premier jour, nous fîmes une halte chez Mme Schuyler, sur son invitation, et nous y dînâmes, ainsi que l'arpenteur. Lord Howe était un des convives, et il parut admirer vivement la résolution avec laquelle Anna et Mary entreprenaient un pareil voyage, particulièrement en temps de guerre.

— Vous n'avez rien à craindre, cependant, Mesdames, dit-il d'un ton un peu plus sérieux que celui sur lequel avait été montée la conversation jusqu'à ce moment, car nous mettrons de forts détachemens entre vous et les Français. Les événemens de l'été dernier, et la façon déplorable dont le pauvre Munro a été abandonné à son sort, nous ont intimement convaincus de la nécessité de forcer l'ennemi à se tenir au nord du lac Saint-Georges ; on a livré trop de batailles de ce côté-ci du lac, pour l'honneur des armes britanniques. Nous nous faisons caution de votre sûreté.

Anna le remercia de cette assurance et on changea de conversation. J'échangeai quelques mots avec lord Howe, qui me complimenta à l'occasion de ce qui s'était passé sur la rivière. Il tenait évidemment le récit de cette affaire de la bouche d'une personne qui était tout à fait de mes amis, et il crut devoir y faire allusion dans des termes qui me furent particulièrement agréables. Notre courte conversation ne mérite pas du reste d'être reproduite, mais elle eut l'avantage de donner naissance à des relations qui plus tard furent mêlées à des événemens de quelqu'intérêt.

Environ une heure après dîner, nous prîmes congé de Mme Schuyler et nous continuâmes notre route. Ce jour-là notre étape devait être courte, bien que des ce temps des routes eussent été ouvertes et qu'elles fussent même assez bonnes. Mais nous ne jouimes pas long-temps de leur avantage, car elles ne s'étendaient pas à plus d'une trentaine de milles au nord d'Albany dans le chemin que nous suivions, c'est-à-dire au nord-est, car Ravensnest et Mooseridge étaient situés à peu près dans la direction des Hampshire-Grants.

Dès que nous eûmes atteint le point où finissait la route, Herman Mordaunt fut obligé de quitter ses chariots, et de mettre les femmes à cheval. Tous les objets de première nécessité furent placés sur nos bêtes de somme, et après une halte d'une demi-journée, employée à ces divers arrangemens, nous avançâmes. Les chariots suivaient, mais à pas lents, car les femmes avaient été obligées de renoncer à y monter, parce que les nombreux cahots résultant de l'inégalité du terrain, rendaient ce genre de transport par trop incommode. Notre cavalcade, suivie de notre compagnie de piétons, faisait une figure très respectable le long de la route, qui se changea bientôt en un simple chemin coupé à travers la forêt, avec quelques ornières par intervalles ; mais sans aucunes traces de nivellement. C'est à cet endroit que nous devions rencontrer M. Worden et Jason. Nous y trouvâmes réellement leurs effets. Quant à eux, ils étaient déjà partis, en nous faisant dire que nous nous rejoindrions quelque part sur la route.

Guert et moi marchions en avant. Notre jeunesse et notre vigueur nous permettaient de nous maintenir sans fatigue à la tête de la troupe. Certains que les dames étaient commodément établies sur leurs montures, nous prîmes l'avance, afin de faire plus loin les préparatifs de leur réception dans une maison située à une distance de quelques milles où nous devions passer la nuit. C'était un bâtiment construit avec des troncs d'arbres, qui s'élevait isolément dans la forêt déserte, au milieu d'un défrichement de vingt ou trente acres. La distance entre cet édifice solitaire et la première habitation élevée sur la propriété d'Herman Mordaunt était de dix-huit milles; et, pour la franchir, il ne fallait pas moins de toute la longueur d'une journée de mai, surtout dans la situation de notre troupe.

Nous étions, Guert et moi, en avance d'un bon mille, lorsque nous vîmes devant nous une espèce de clairière que nous prîmes, au premier aspect, pour le lieu de notre halte projetée. Quelques acres de terrain avaient été défrichés, et laissaient pénétrer la lumière du jour au sein de l'obscurité de la forêt. Mais les rejetons sortis des souches avaient eu le temps de pousser et de couvrir l'abattis tout entier d'un jeune taillis. En approchant, nous entendîmes les voix d'hommes qui parlaient dans cette clairière. Nous fîmes halte aussitôt, car le son de la voix humaine dans ces déserts, ne manque jamais d'engager celui qui l'entend à s'arrêter et à saisir ses armes. C'est ce que nous fîmes. Après quoi nous prêtâmes l'oreille avec précaution. Nous fûmes aussitôt rassurés en entendant répéter les termes du jeu de cartes appelé *all fours* (1).

— Il y a là, dit Guert, des compagnons qui jouent aux cartes. Avançons et tâchons de les surprendre.

Écartant rapidement les branches qui nous séparaient des joueurs, nous nous trouvâmes fort inopinément en face du révérend M. Worden et de Jason Newcome. Notre apparition troubla fort le maître d'école à qui son éducation puritaine faisait considérer comme une faute de jouer aux cartes, mais elle ne déconcerta nullement le ministre, habitué à considérer les règles arbitraires qu'il lui convenait de poser, comme la loi divine.

—J'espère, Corny, mon cher enfant, s'écria-t-il, que vous n'avez pas oublié de faire emplette de quelques jeux de cartes. Je vois qu'ils seront une grande ressource pour nous dans ces bois. Les cartes de Jason sont tellement souillées à force de service, qu'il n'est pas convenable à des gens comme nous d'en faire usage.

—J'ai apporté des cartes, Monsieur Worden, répondit Guert, et je les mettrai à votre disposition aussitôt que nous aurons été rejoints par nos bagages.

— J'aime une partie de whist ou de piquet, continua le révérend avec quelque embarras, mais je ne puis dire que je sois très partisan du jeu de «all fours.» M. Newcome n'en sachant pas d'autre, nous avons essayé de tuer le temps pendant une demi-heure en jouant à ce jeu, mais j'en ai assez pour le reste de l'été. Je me réjouis cependant que vous n'ayez pas oublié d'apporter des cartes; j'ose dire que nous pourrons faire une respectable partie de whist lorsque l'occasion s'en présentera.

— Nous le pourrons certainement, Monsieur, et nous serons fiers de nos partners. Miss Mary Wallace joue le whist aussi bien qu'une femme peut faire, et ce n'est

pas un mérite ordinaire parmi son sexe que de bien jouer un jeu qui exige le silence.

— Je n'épouserai jamais une femme qui ne saurait pas jouer le piquet, le whist et un ou deux autres jeux de même espèce, dit le ministre en se levant; mais il est temps de continuer notre chemin, car l'heure s'avance.

Nous reprîmes notre route, et toute la troupe se trouva réunie en temps convenable à l'endroit où nous devions passer la nuit. La maison se ressentait de la solitude qui l'environnait; elle n'avait que deux chambres, l'une desquelles fut abandonnée aux femmes, tandis que la plupart des hommes s'établirent sous les combles. Anna et Mary Wallace étaient de la meilleure humeur. Notre dîner, ou plutôt notre souper, se composa de pigeons rôtis. C'était la saison où ces oiseaux abondent, et la forêt en était remplie. On nous dit que nous pourrions en manger à satiété pendant notre séjour dans les bois.

Le jour suivant, vers midi, nous atteignîmes le premier défrichement de Ravensnest. La contrée à travers laquelle nous voyagions n'était pas très accidentée; mais elle tirait un caractère de grandeur de son entourage de forêts sans limites. Notre route nous conduisait sous de hautes arcades d'un feuillage qui conservait encore la verdure tendre des premiers bourgeons, et sous la colonnade naturelle de troncs d'arbres s'élançant à la hauteur de soixante, quatre-vingts et même cent pieds, avant de donner naissance à aucune branche. Les pins en particulier, étaient réellement majestueux; ils avaient pour la plupart au moins cent cinquante pieds de hauteur, tandis qu'un petit nombre, autant que j'ai pu en juger, atteignaient une élévation de deux cents pieds. Comme toutes les plantes cherchent la lumière, cette prodigieuse élévation et cette nudité du tronc des arbres ne surprendront pas ceux qui sont habitués à voir la végétation s'élancer vers les hautes régions de l'air dans les forêts, tandis que, dans les terrains découverts, les branches sortent des troncs à peu de distance de la racine et balayent en quelque sorte la terre. Il y a très peu de broussailles dans les forêts vierges d'Amérique; aussi notre vue s'étendait-elle très loin sous ces longues rangées d'arbres, et n'était-elle bornée que par la multitude même des troncs droits et élancés.

Les défrichemens de Ravensnest n'étaient ni très considérables, ni d'un aspect fort attrayant. A cette époque c'était une œuvre lente et pénible que celle de former un établissement sur des terres nouvellement défrichées, et une pareille entreprise coûtait généralement beaucoup d'argent au propriétaire. Chemin faisant, Herman Mordaunt me fit le récit de toutes les peines qu'il avait été obligé de se donner; il calculait tout l'argent qu'il avait dû dépenser en premier lieu pour amener sur sa propriété les dix ou quinze familles qui y étaient établies, et ensuite, pour les décider à y rester. Non-seulement il avait été forcé de leur signer des baux de trente ou quarante ans au prix d'une rente purement nominale; mais, en règle générale, les locataires avaient été dispensés de tout loyer pendant les six ou huit premières années d'établissement. Au contraire, Herman Mordaunt était obligé de leur faire continuellement des concessions de diverses sortes, qui lui

(1) Dans ce jeu, qui se joue à deux ou quatre, il s'agit de réunir dans sa main les quatre figures d'atout.

coûtaient chaque année une somme assez importante. Entre autres choses, son agent tenait une petite boutique pourvue des principaux objets à l'usage des familles établies sur le défrichement, et il leur livrait ces articles à un prix inférieur à celui d'acquisition, recevant en paiement les produits de leurs champs à moitié cultivés, sauf à convertir lui-même ces produits en argent, en les transportant à Albany, après un long intervalle de temps. En un mot, c'était une entreprise difficile que celle de former un établissement dans le genre de Ravensnest, et elle n'avait pas chance de réussir si le propriétaire manquait d'argent ou de patience.

— Vous voyez, dit Herman Mordaunt, tandis que nous marchions côte à côte en conversant sur ce sujet, que mes vingt mille acres ne paraissent pas devoir me rapporter beaucoup à moi-même. Il est même fort douteux qu'ils donnent un revenu quelconque même à ma fille. Dans une centaine d'années, sans doute, mes descendans profiteront de nos peines et de nos déboursés. Mais il n'est pas probable qu'Anna ou moi voyions jamais le principal ou les intérêts des sommes que nous avons dépensées en routes, ponts, moulins et autres choses du même genre. Des années s'écouleront avant que les faibles loyers qui commenceront à être payés dans une année ou deux seulement par un petit nombre de tenanciers, s'élèvent à une somme suffisante pour couvrir les frais annuels de la propriété sans tenir compte même des contributions qu'elle paie à la couronne.

— Cette perspective n'est pas très encourageante pour un nouveau propriétaire de terres à défricher, répondis-je; lorsque j'examine les faits, je suis surpris, je l'avoue, qu'un si grand nombre de personnes dans la colonie montrent tant de facilité à engager des sommes considérables dans des terres incultes.

— Tout homme qui jouit de quelque aisance, Corny, se sent une disposition naturelle à faire quelques sacrifices qui profiteront à sa postérité. Cette propriété, si elle se transmet dans la famille et si elle reste dans une seule main, fera d'un de mes descendans un homme riche. Cinquante années produiront de grands changemens dans cette colonie; et, à la fin de cette période, un fils d'Anna sera heureux que le père de sa mère ait sacrifié quelques mille livres formant l'excédant d'une fortune dont le reste pouvait suffire à ses besoins, dans l'espoir que son petit-fils trouverait cette somme décuplée ou peut-être même centuplée.

— Votre postérité aura contracté une dette de reconnaissance envers vous, Monsieur Mordaunt; mais je vois que Mooseridge ne fera pas de Dirck ou de moi-même des gens fort à leur aise.

— Vous pouvez être certain de cela. Satanstoé vous donnera long-temps des revenus beaucoup plus considérables que la grande étendue de terres que vous possédez de ce côté.

— Ne redoutez-vous pas, Monsieur, que la guerre et la crainte des ravages des Indiens n'éloignent de Ravensnest les familles que vous y avez attirées?

— Ce danger n'est pas très grand en ce moment, quoiqu'il ait été fort sérieux dans un temps. La guerre peut me faire du bien ou du mal. Les armées consomment tout

ce qu'elles peuvent se procurer. A cet égard, les soldats ressemblent à des sauterelles. Mes locataires ont déjà reçu les visites de commis aux vivres; l'on m'a rapporté que le surplus de leurs provisions de grains, de pommes de terre, de beurre, de fromage, en un mot de tout ce qui pouvait servir à la nourriture des troupes, avait été acheté, jusqu'au moindre fétu, au cours le plus élevé du marché. Le roi paie en or, et la vue de ce précieux métal empêchera toujours un Yankie de bouger.

Tout en conversant ainsi, nous arrivâmes en vue du lieu qu'Herman Mordaunt avait baptisé du nom de Ravensnest (1); désignation qui, depuis, s'était étendue à toute la propriété. C'était un bâtiment en bois, qui était situé à une petite distance d'une chaîne de rochers, peu élevés, dans un endroit où un corbeau avait placé son nid, autrefois, sur la cime d'un arbre mort. Le bâtiment avait été placé et construit de manière à pouvoir être défendu; il avait servi pendant quelque temps de lieu de refuge pour les familles des tenanciers, en cas d'alarmes occasionées par les Indiens. Au début de la guerre actuelle, Herman Mordaunt, considérant la situation exposée de sa propriété sur cette frontière du désert, avait cru devoir donner quelques soins à la défense du bâtiment. Le genre de fortification qu'il avait adopté n'aurait probablement pas reçu l'approbation de M. Vauban; il n'était pourtant pas sans mérite, eu égard à l'usage qu'on devait en faire en cas de surprise.

La maison formait trois côtés d'un parallélogramme. La cour était au centre, fesant face aux rochers. De ce côté, une forte rangée de pieux servait de défense contre les balles; tandis que les épaisses murailles de bois du bâtiment présentaient des obstacles insurmontables à tous les genres d'attaque usités dans la guerre des forêts; et ne pouvaient être sérieusement menacées que par le feu. Toutes les fenêtres s'ouvraient sur la cour. La porte extérieure était protégée par des pieux et des pièces de bois. Je remarquai avec plaisir, qu'Anna et Mary Wallace ne seraient pas logées à l'étroit dans l'intérieur de cette grossière construction, qui avait cent pieds de long, sur cinquante de profondeur. Ma prévision ne fut pas trompée. L'agent d'Herman Mordaunt avait préparé, pour la famille, quatre ou cinq appartemens où elle pût s'établir aussi commodément qu'il était permis de l'espérer dans une telle situation. Tout était simple; beaucoup de choses étaient même grossières; mais la maison était bien abritée et bien close; et la sécurité des habitans n'avait pas été négligée.

XVIII.

Il n'est pas nécessaire de décrire en détail la manière dont Herman Mordaunt et ses compagnes s'établirent à Ravensnest. Deux ou trois jours suffirent pour qu'ils s'y installassent aussi convenablement que les circonstances le permettaient. Alors nous songeâmes, Dirck et moi, à commencer la recherche des terres de Mooseridge. M. Worden et Jason refusèrent de faire un pas de plus en avant. Le dernier avait trouvé à Ravensnest le moulin

(1) Ravensnest signifie : nid de corbeau.

qu'il cherchait, et j'appris que ce moulin était depuis quelque temps le sujet de négociations entre le pédagogue et Herman Mordaunt. Quant au ministre, il déclara que l'endroit où il était, lui paraissait un champ convenable pour les travaux de son ministère tandis qu'il ne savait pas s'il y aurait une occasion de l'exercer là où nous allions.

Notre troupe, au départ de Ravensnest, se composait de Dirck et de moi-même, de Guert, de M. Traverse, de de trois aides de l'arpenteur, de Jaap, du nègre de Guert, Pierre, et d'un chasseur, homme habitué à vivre dans les bois; en tout dix hommes vigoureux et bien armés.

Il nous parut à propos, cependant, de nous adjoindre encore deux Indiens, pour remplir, les doubles fonctions de chasseurs et de coureurs ou messagers. Une de ces peaux rouges était nommée *Jumper* (1) dans la langue de l'établissement où nous la trouvâmes; l'autre était appelée *Trackless* (2), ce surnom lui avait été donné à raison de la faculté qu'il possédait de ne laisser que peu ou point de traces de son passage dans les voyages et les courses qu'il faisait. Cet Indien avait environ vingt-six ans; on le désignait comme un Mohawk et il vivait au milieu des hommes de cette tribu, mais j'appris ensuite qu'il était réellement Onondago par sa naissance; son vrai nom était Susquesus, autrement dit: « Tortueux détours » et cette désignation pouvait être prise en bonne ou en mauvaise part; suivant que le mot : « Détours » s'appliquait au moral ou au physique

— Prenez cet homme avec vous, Monsieur Littlepage, à tout prix, dit l'agent d'Herman Mordaunt lorsque nous discutâmes cette question entre nous ; il vous sera d'une aussi grande utilité dans les bois que votre boussole, sans compter qu'il est assez bon chasseur. L'hiver dernier il est parti d'ici, comme messager, au moment où la neige était le plus abondante, et une tentative fut faite pour trouver ses traces une demi-heure après qu'il eut quitté le défrichement; mais elle fut inutile. Il n'avait pas fait un mille dans les bois que toutes ses traces étaient perdues , aussi complètement que s'il eût voyagé dans l'air.

Comme Susquesus avait une réputation de sobriété, qui d'ailleurs distingue toute la tribu des Onondago, nous nous l'adjoignîmes, quoiqu'un seul Indien eût été suffisant pour remplir notre but. Mais Jumper avait été engagé antérieurement, et il eût été dangereux, dans les circonstances présentes, d'offenser un homme rouge, en le remplaçant par un autre, lors même que nous l'eussions amplement dédommagé du reste. Sur l'avis de M. Traverse, nous les emmenâmes donc tous les deux. Jumper nous apprit son nom indien, qui ne signifiait rien de très honorable ni de très illustre.

Anna et Mary laissèrent apercevoir un profond intérêt pour nous lorsque nous leur fîmes nos adieux. Elles le manifestèrent plus ouvertement, je crois, que cela ne leur était jamais arrivé. Guert m'avait parlé, en confidence, de l'intention où il était de faire encore une fois l'offre de sa main à Mary Wallace; et je vis les traces de cet incident dans les yeux pleins de larmes et sur les joues rougis-

(1) Le sauteur.
(2) Sans traces.

santes de cette jeune personne. Mais, en de tels momens, ces sortes de choses ne font pas une vive impression; Anna, d'ailleurs, comme son amie , avait aussi des larmes dans les yeux. Nous échangeâmes mille souhaits en nous séparant, et nous promîmes de correspondre deux fois par semaine avec nos amis par le moyen de nos coureurs. La distance; qui devait varier entre quinze et trente milles, nous permettait de faire cette promesse; car chacun des Indiens pouvait la parcourir, avec la plus grande facilité dans un jour, à cette époque de l'année.

Après tout, notre séparation devait être courte, car nous nous étions engagés à être présens à Ravensnest pour dîner avec Herman Mordaunt, le jour du cinquantième anniversaire de sa naissance, qui arrivait dans trois semaines. Cet arrangement nous rendit notre séparation plus supportable, et notre gaîté naturelle fit le reste. Une demi-heure après notre dernier déjeûner à Ravensnest nous étions en route, contens, sinon absolument heureux. Herman Mordaunt nous accompagna jusqu'à la distance de trois milles, c'est-à-dire jusqu'aux confins de son domaine et à l'entrée de la forêt. Là, il prit congé de nous, et nous poursuivîmes notre route avec la plus grande diligence. pendant plusieurs heures, en nous guidant sur la boussole, jusqu'à ce que nous eussions atteint les bords d'une petite rivière que nous supposâmes distante de trois ou quatre milles de notre patente. Je dis « nous supposâmes », car il existait alors, et je crois qu'il existe encore une grande incertitude au sujet des véritables limites des différentes propriétés dans les bois. Sur les bords de cette rivière qui était profonde, mais étroite, l'arpenteur donna le signal de la halte et nous fîmes nos dispositions pour dîner. Des hommes qui avaient marché aussi long-temps et aussi vite n'étaient pas disposés à faire beaucoup de cérémonies, et pendant les vingt minutes suivantes chacun de nous fut exclusivement occupé de l'importante affaire d'appaiser son appétit. Le repas ne fut pas plus tôt terminé que M. Traverse appela les Indiens auprès de l'arbre tombé sur lequel nous étions assis, et nous eûmes alors la première occasion de mettre à l'épreuve et en balance l'intelligence de nos deux coureurs. En même temps le principal aide de M. Traverse, homme d'expérience dont la vie s'était écoulée tout entière dans la forêt, fut consulté par son chef dans les termes suivans :

— Nous sommes actuellement sur le bord de cette rivière, et aux environs de cette ligne, dit l'arpenteur, désignant sur une carte qu'il avait déployée devant lui, un point particulier de la rivière, à l'endroit où il supposait que nous étions arrivés ; la première chose à faire maintenant est de trouver la hauteur sur laquelle le renne a été tué, et que traverse la patente que nous cherchons. Cet extrait du titre de propriété nous doit de diriger nos investigations dans ces parages, à un mille ou un mille et demi à peu près de cette rivière, vers un chêne noir, dont la cîme a été rompue par le vent, et qui s'élève au milieu d'un triangle formé par trois châtaigniers. Ne m'avez-vous pas dit, David, que vous n'aviez jamais fait d'arpentage sur aucune des hauteurs environnantes ?

— Jamais, Monsieur, répondit David, le vieil aide-arpenteur dont nous avons parlé ; je n'ai pas eu encore occasion d'exercer ma profession à une aussi grande distance vers l'est.—Un chêne noir, dont la cîme a été rompue par le vent, qui s'élève entre trois châtaigniers, ne doit pas être difficile à trouver par un individu quelque peu familiarisé avec ces bois. Ces Indiens connaîtront vraisemblablement la situation de cet arbre, pour peu qu'ils aient les moindres notions sur ce pays

Reconnaître un arbre ! Nous étions depuis plusieurs heures au cœur de la forêt, au milieu d'arbres qui s'élevaient par milliers autour de nous. Les arbres avaient surgi devant nous pendant notre marche, de même que les horizons succèdent aux horizons sur l'Océan, et l'arpenteur s'imaginait qu'un individu, par cela seul qu'il traversait fréquemment ces sombres labyrinthes, pourrait reconnaître un arbre en particulier au milieu de cette innombrable quantité de chênes, de hêtres et de pins ! M. Traverse ne sembla pas considérer, cependant, la suggestion de David comme si extravagante, car il se tourna vers les Indiens, et leur adressa la parole en ces termes :

— Qu'en dites-vous, Jumper ? Connaissez-vous quelque chose de pareil à l'espèce d'arbre que j'ai décrite ?

— Non, fut la courte et sentencieuse réponse qu'il reçut.

— En ce cas, il y a lieu de craindre que Trackless ne soit pas mieux instruit, car vous êtes un Mohawk de naissance, et lui, dit-on, est au fond un Onondago. Quel est votre avis, Trackless ? pouvez-vous aider à trouver l'arbre ?

Mes yeux s'étaient fixés sur l'Indien Susquesus aussitôt qu'il avait été question des deux peaux-rouges. Il était debout, droit comme le tronc d'un pin, avec toutes les apparences de l'agilité et de la souplesse. Il n'avait pas d'autre vêtement qu'une culotte de drap, des mocassins et une chemise de calicot bleu, serrée autour de ses reins par une ceinture écarlate, où était passée la poignée de son tomahawk, et où il avait attaché sa carnassière et sa corne à poudre, tandis qu'il était appuyé sur sa carabine, dont la crosse reposait à terre. Trackless était un véritable modèle de la beauté indienne, et les particularités déplaisantes qui sont propres à sa race étaient très faiblement marquées dans ses traits ; tandis que les belles qualités qui la distinguent étaient au contraire très développées dans sa personne. Il avait le nez aquilin. Ses yeux, noirs comme les siens, était perçans et sans cesse en mouvement ; toutes ses formes avaient la perfection qu'on prête à Apollon ; enfin il portait sur son front et dans tout son maintien l'impassible dignité d'un guerrier, mêlée à une certaine grâce naturelle. Il n'y avait d'autre défaut sensible dans sa personne que sa démarche tout à fait indienne, c'est-à-dire qu'il marchait sur la pointe des pieds et les génoux pliés ; mais en revanche ses mouvemens avaient de la légèreté, de la vivacité et de la souplesse. Je trouvai, en le regardant, qu'il représentait une sorte de beau idéal du coureur.

Pendant que l'arpenteur parlait, les yeux de Susquesus semblaient fixés sur le vide, et j'aurais défié le plus habile observateur de découvrir dans la contenance de cet habitant stoïque des forêts ce qui se passait dans son esprit. Il ne lui appartenait pas de parler en présence d'un coureur plus ancien et d'un guerrier plus âgé, te-

que Jumper ; et il attendait que les autres eussent donné leur opinion avant d'émettre la sienne. Lorsqu'on se fut adressé à lui, cependant, toute sa réserve disparut. Il fit deux ou trois pas en avant, jeta un regard curieux sur la carte, posa même le doigt sur la rivière, dont il suivit les détours marqués sur le papier, exactement comme aurait fait un enfant dont l'attention aurait été attirée par un objet semblable. Susquesus n'entendait rien aux cartes de géographie ; cela était assez clair ; mais la suite prouva qu'il connaissait parfaitement la forêt.

— Fort bien, reprit l'arpenteur ; que faites-vous de cette carte, Trackless ? Elle n'a pas été tracée pour vous servir d'amusement.

— Bon, répondit l'Indien avec emphase ; maintenant montrez votre chêne à Susquesus.

— Le voici, Trackless ; voyez-vous cet arbre dessiné à l'encre, avec sa cîme rompue ; et autour de lui, voilà trois chataigniers qui forment une espèce de triangle.

L'Indien examina l'arbre avec un certain intérêt, et un léger sourire illumina ses beaux traits au milieu de leur sombre expression. Il était évidemment charmé par cette preuve de l'exactitude des arpenteurs coloniaux, et sans doute, il prit une meilleure opinion d'eux d'après la rectitude de leur travail.

— Bon, répéta-t-il de sa voix basse, gutturale et presque féminine, tant le timbre en était doux et moelleux. — Très bon, les visages pâles savent tout ; maintenant, que mon frère trouve l'arbre.

— Cela est plus aisé à dire qu'à faire, Susquesus, répondit Traverse en riant. Autre chose est de dessiner un arbre sur une carte ; et autre chose d'aller à l'endroit où il a pris racine dans la forêt environné par des milliers d'autres arbres.

— Le visage pâle doit d'abord l'avoir vu, ou comment l'aurait-il peint ? où est le peintre ?

— Oui, l'arpenteur a vu l'arbre une fois, et l'a tracé là, mais il ne le retrouve pas ? Pouvez-vous me dire où il est situé ? M. Littlepage donnera à l'homme qui le trouvera une couronne française. Qu'on me mette partout ailleurs dans les limites des anciens arpentages, et je n'aurai besoin de demander l'aide de personne.

— L'arbre peint ici, dit Susquesus, montrant cet objet sur la carte d'un air qui me sembla assez dédaigneux, le visage pâle ne peut le trouver dans la forêt. L'arbre est là-bas, l'Indien le connaît.

Trackless désigna en même temps le nord-est avec un geste plein de dignité et en conservant l'immobilité d'une statue, comme pour appeler le contrôle le plus minutieux sur l'exactitude de son assertion.

— Pouvez-vous nous conduire à cet arbre ? demanda Traverse avec empressement. Faites cela, et l'argent est à vous.

Susquesus répondit par un signe d'assentiment ; puis il s'occupa à rassembler les débris de notre dîner, précaution que nous imitâmes, car, dans quelques heures, le souper ne pouvait manquer de nous être aussi agréable que le repas récemment achevé. Lorsque tout eut été enlevé, et que nous eûmes placé les paquets sur nos épaules, à l'exception des Indiens, qui condescendent rarement à porter des fardeaux, car c'est un soin abandonné aux femmes, Trackless se mit en route dans la direction qu'il avait déjà indiquée.

L'Onondago se montra digne de son nom, à ce qu'il me parut, en suivant sa voie à travers cette sombre forêt, sans laisser aucunes traces de son passage, qui pussent être signalées par d'autres. Sa marche tenait le milieu entre le pas ordinaire et une espèce de trot, et nous avions besoin de toute l'élasticité de nos muscles pour pouvoir le suivre de près. Il ne regardait ni à droite ni à gauche, mais il paraissait poursuivre sa course, guidé par l'instinct, ou comme un chien de chasse qui flaire les traces invisibles du gibier. Au bout de dix minutes de cette course, Traverse fit une nouvelle halte.

— A quelle distance à peu près pensez-vous que se trouve l'arbre, Onondago? demanda l'arpenteur dès qu'il nous vit réunis tous en cercle autour de lui; j'ai quelques raisons pour vous faire cette question.

— Autant de minutes, répondit l'Indien en montrant les quatre doigts et le pouce de sa main droite, le chêne à la cîme rompue et les marques des visages pâles sont là.

La précision et la confiance avec lesquelles s'exprimait Trackless me surprirent. car je ne pouvais pas comprendre comment il était possible à un homme de ne pas se tromper d'une minute sur la distance où croissait un arbre, au milieu des circonstances où nous étions placés. Tel était le fait pourtant, ainsi que le résultat le prouva. Cependant Traverse commença, de son côté, à développer son plan d'opérations.

— Puisque nous sommes si près de l'arbre, dit-il du ton d'un homme qui ne doutait nullement de l'exactitude du renseignement donné par l'Indien, nous sommes nécessairement près de la ligne de la patente. Au point où nous sommes, elle va du nord au sud, et nous ne pouvons manquer de la traverser bientôt. Séparez-vous, ajouta-t-il, en s'adressant à ses aides, et cherchez les arbres *marqués*; que je mette le pied sur un point quelconque de la patente, et je m'engage à découvrir quelque arbre que ce soit, chêne, hêtre ou érable, dont il est fait mention dans ses limites.

Aussitôt après avoir reçu cet avis, les aides de l'arpenteur ouvrirent l'ordre de leur marche et se dispersèrent de manière à étendre leurs moyens d'observation. Lorsqu'ils furent disposés à partir, on fit signe à l'Indien d'avancer. Susquesus obéit, et toute la troupe se remit aussitôt en mouvement.

L'activité de Guert le maintenait à notre tête à côté de l'Onondago, et un cri poussé par lui d'une voix pleine et sonore, nous annonça le succès complet de notre recherche. En un moment le reste de la troupe s'élança en avant et arriva au lieu marqué pour la fin de notre journée. Susquesus était là, paisiblement appuyé contre le tronc du chêne à la cîme rompue, sans qu'on pût apercevoir la plus légère expression de triomphe dans sa physionomie ni dans ses manières. Ce qu'il avait fait, il l'avait fait naturellement, et sans la moindre apparence d'hésitation ou d'efforts. Pour lui, la forêt avait des signes distinctifs, et il trouvait son chemin aussi aisément que l'habitant d'une grande capitale se dirige au milieu du labyrinthe des rues dont l'aspect lui est familier. Quant à Traverse, il commença par considérer la cîme

de l'arbre, où il reconnut la fracture indiquée; puis il examina les alentours, et trouva, à leur place, les trois châtaigniers; enfin, il procéda à la recherche des signes particuliers à sa profession. C'étaient trois marques sur un des côtés du chêne, destinées à indiquer un angle intérieur du terrain compris dans la patente de Mooseridge, tandis que le côté de l'arbre qui n'avait pas de cicatrices marquait l'extérieur. Au moment où ces points venaient d'être heureusement constatés, des cris poussés par les aides des arpenteurs au sud de la position où nous étions parvenus, annoncèrent qu'ils avaient découvert la ligne. Les gens de leur profession ont la vue aussi perçante, pour reconnaître leurs traces, que les naturels eux-mêmes pour se diriger, à travers la forêt, vers un objet qu'ils ont aperçu une fois et qu'ils veulent revoir. En suivant la ligne de démarcation, ils ne tardèrent pas à nous rejoindre, et ils nous apprirent, pour dernière confirmation du succès de nos recherches, qu'ils avaient trouvé le squelette du renne, dont le nom avait été donné à la propriété.

Tout était donc pour le mieux. Notre succès dépassait nos espérances. Les chasseurs furent envoyés à la recherche d'une source; on en trouva une à très petite distance, nous nous y rendîmes, et nous y établîmes notre campement pour la nuit. Rien de plus simple que ce campement qui consistait en un toit de branches d'arbres sous lequel nos lits furent formés de feuilles couvertes de peaux. Le jour suivant, Traverse, trouvant cette posision favorable pour ses travaux, y établit notre quartier général, et nous fûmes employés à y construire une loge en bois, afin d'avoir un lieu de refuge en cas d'orage, et pour déposer nos bagages, nos munitions, et les objets que nous avions apportés. Comme chacun se mit à l'ouvrage avec ardeur. et que tous les travailleurs maniaient parfaitement la hache, notre grossière construction se trouva presque terminée le jour suivant, au lever du soleil. Traverse avait choisi cette place parce que l'eau y était abondante et de bonne qualité, et parce qu'il y avait, près de la source, un petit monticule, couvert de jeunes pins d'un diamètre de quatorze ou quinze pouces, et d'une hauteur de près de cent pieds, avec très peu de branches, et droits comme l'Onondago. Ces arbres furent abattus, coupés à des longueurs de vingt et trente pieds, entaillés aux extrémités, et roulés l'un sur l'autre de manière à former une enceinte qui avait un tiers de plus en longueur qu'en largeur. Les entailles étaient profondes, et servirent à soutenir d'autres troncs placés à la distance de deux ou trois pouces les uns des autres; les interstices furent remplis avec des fragmens de châtaigniers, dont le bois se fend aisément et en droite ligne; on eut soin d'enchasser fortement ces fragmens. de manière à ne pas laisser pénétrer le vent ni la pluie. Comme la température était chaude. et que l'édifice était d'ailleurs convenablement aéré, nous n'y perçâmes pas de fenêtres; mais nous ouvrîmes une porte au centre d'un des côtés de notre construction et dans sa plus grande longueur. Notre toit fut fait d'écorces d'arbres.

Quand l'ouvrage fut achevé il ne présenta rien de mieux qu'une des maisons en bois. communes dans tous les nouveaux établissemens, et encore notre construction portait-elle l'empreinte d'une précipitation qu'on ne

BIBLIOTHÈQUE CHOISIE.

voyait pas dans ses pareilles. Elle n'avait pas de cheminée, et notre cuisine se faisait en plein air. Nous avions apporté moins de soins à l'achèvement de notre édifice que nous ne l'eussions fait, si nous avions eu le dessein de passer l'hiver en cet endroit. Le plancher était grossier; mais il avait l'avantage de nous élever au-dessus du sol, et d'empêcher que l'humidité ne se répandît dans notre demeure, résultat qu'on n'obtenait pas facilement dans les bois. Il était composé de pièces de bois équarries de trois côtés et placées sur des dormans.

A ma grande surprise Traverse fit faire une porte avec des planches unies ensemble par des traverses et tournant, comme d'habitude, sur des gonds de bois. Lorsque je lui représentai que ce travail me paraissait superflu, car il occupa deux hommes pendant toute une journée, l'arpenteur me rappela que nous étions fort avancés au-delà de tous les défrichemens, que tout était en guerre autour de nous, et que les agens de la France s'étaient glissés au milieu de nos propres tribus, tandis que les Indiens du Canada poussaient leurs incursions fort loin à l'intérieur de nos frontières. Il ajouta qu'il avait toujours puisé un sentiment de satisfaction et de sécurité dans la certitude d'avoir ainsi une sorte de citadelle où se réfugier, lorsqu'il était engagé dans des expéditions d'arpentage aussi périlleuse que la nôtre, et qu'enfin il ne négligeait jamais les précautions nécessaires, lorsqu'il se croyait exposé à quelque danger.

Nous passâmes toute une semaine à achever notre maison; mais, après la première journée, ni l'arpenteur, ni ses aides, ne se mêlèrent de ce travail, si ce n'est pour faire quelque observation de temps à autre. Traverse et ses compagnons commencèrent leurs propres opérations, qui consistaient à tirer des lignes pour diviser la patente en grands lots contenant un millier d'acres chacun. Cet arpentage fut fait, du reste, de la manière la plus large, et nos quarante mille acres se trouvèrent augmentés de trois mille à la fin du travail. Il en fut de même de chaque subdivision de la patente, en réalité, plus étendue que ne le comportaient leurs subdivisions nominales. Des entailles faites à l'écorce des arbres servaient à marquer les lignes, tandis qu'on dressait une carte au fur et à mesure de ce travail; et enfin un registre contenant la description de chaque lot, afin que le propriétaire eût quelques notions sur la nature du sol de toutes les parties de sa patente, aussi bien que sur la qualité et la dimension des arbres qu'elles portaient.

M. Traverse et ses aides marquaient chaque jour des centaines d'acres, marquant sur les arbres les lignes de démarcation qu'ils établissaient; mais, quelque diligence qu'ils fissent, il était facile de voir que leur travail se prolongerait nécessairement pendant presque toute la durée de l'été.

En très peu de jours, toutes nos opérations furent mises en activité, et chacun fut occupé de la manière qui fut trouvée utile. Les arpenteurs faisaient des progrès satisfaisans dans leur travail, mesurant leurs grands lots entre le lever et le coucher du soleil, tandis que Dirck et moi prenions des notes sur leur qualité, d'après les indications de M. Traverse. Guert ne fit presque rien autre chose que chasser et pêcher. Il tint notre office abondamment approvisionné de truites, de pigeons, d'écureuils et de tous les autres animaux que pouvait fournir la saison, trouvant accidentellement l'occasion d'enrichir notre table de quelque morceau d'assez maigre venaison. Les chasseurs contribuèrent aussi pour leur part à augmenter nos comestibles, et nous ne manquions de rien. La truite faisait principalement la base de nos repas, car ce poisson était très commun. Yaap, ou Jaap, ainsi que je le nommerai à l'avenir, et Pierre, étaient chargés de tous les soins domestiques, et emplissaient tour à tour les fonctions de cuisinier et de marmiton. Quant aux deux Indiens, ils furent employés pendant la première quinzaine, presque exclusivement à aller de Mooseridge à Ravensnest, pour porter nos lettres, et pour servir de guides aux chasseurs qui vinrent une ou deux fois dans cet intervalle renouveler nos provisions de farine, d'épices, et d'autres choses semblables, également nécessaires, car rien ne pouvait déterminer les Indiens à porter quelque chose qui ressemblât à un fardeau, soit par le poids, soit par l'apparence.

La troupe de nos arpenteurs ne revenait pas toujours passer la nuit à couvert, mais ils campaient toutes les fois que leur travail les avait appelés à l'extrémité opposée de Mooseridge. M. Traverse avait choisi l'emplacement de notre quartier-général, plutôt eu égard à la proximité du défrichement de Ravensnest, que par rapport à sa position dans l'étendue de sa patente. Notre cabane était à peu près au centre des deux lignes du nord et du sud; mais elle touchait sur la limite occidentale de la propriété. Toutes les fois que les nécessités de l'arpentage le conduisait à l'est, il se trouvait trop éloigné de la maison, pour y revenir chaque nuit. Mais ses absences ne se prolongeaient jamais au-delà de la soirée du troisième jour.

Nous attendions avec une vive impatience la lettre que Jumper ou Trackless ne manquaient jamais de nous rapporter au retour de leurs visites régulières à l'habitation de nos voisins. Cette lettre était écrite quelquefois par Herman Mordaunt lui-même, mais plus souvent par Anna ou par Mary Wallace. Elle n'était adressée à aucun de nous nominativement; mais elle portait uniformément cette suscription : « Aux hermites de Mooseridge »; il n'y avait d'ailleurs rien dans cette correspondance qui décelât aucune pensée particulière à l'un de nous. Peut-être aurions-nous mieux aimé que les lettres appuyassent un peu plus sur ce point; mais telles qu'elles étaient, nous les considérions comme trop précieuses pour y trouver aucun sujet de plaintes bien sérieuses. Le soir du samedi de la seconde semaine, toute notre troupe étant rassemblée pour souper, nous reçûmes des mains de Trackless une missive d'Herman Mordaunt, qui contenait, entr'autres choses, le paragraphe suivant :

« Les nouvelles de l'armée nous apprennent que les affaires prennent d'heure en heure une tournure plus sérieuse. Nos troupes s'avancent au Nord en grand nombre, et l'on dit que les Français ont reçu des renforts. Placés comme nous le sommes, en dehors de la route suivie par les armées et à trente milles au moins en arrière des anciens champs de bataille, je ne sentirais aucune appréhension, si je n'avais entendu rapporter que les bois de ce côté sont remplis d'Indiens. Je sais fort bien que ces bruits se répandent toujours dans les établissemens situés sur les frontières à l'approche des hostilités, et qu'on ne doit pas y ajouter une croyance entière ; mais, il semble si probable que les Français lanceront leurs sauvages sur les flancs de notre armée, pour entraver sa marche, que ce bruit, je l'avoue, m'a fait quelque impression. Nous avons ajouté à nos moyens de défense, et je vous engage à ne pas négliger de prendre des précautions semblables. On dit que les Indiens du Canada sont encore plus rusés que les nôtres, et le gouvernement n'est pas sans craindre que les nôtres n'aient été gagnés. On disait à Albany qu'on avait vu beaucoup d'argent français dans les mains de la tribu des six nations, et que les couvertures, les couteaux et les tomahawks de fabrique française sont trop répandus parmi ce peuple pour provenir uniquement du butin pris sur l'ennemi. Un de vos coureurs, celui qu'on appelle Trackless, vit, dit-on, hors de sa tribu ; les Indiens de cette espèce sont toujours suspects. Leur absence est quelquefois due à des motifs fort honorables, mais le contraire arrive beaucoup plus souvent. Vous ferez bien d'avoir les yeux sur lui et d'examiner sa conduite. Après tout, nous sommes entre les mains du Dieu bienfaisant et miséricordieux, et nous savons qu'il nous a plus d'une fois sauvés, dans sa merci, de dangers plus menaçans que celui-ci. »

Nous relûmes cette lettre plusieurs fois en présence de Traverse. Comme le reste de notre troupe prenait son repas assez loin de nous pour ne pouvoir nous entendre, et que les Indiens nous avaient quittés, les réflexions d'Herman Mordaunt firent tomber naturellement notre conversation sur les risques que nous courions, et sur la probabilité d'une trahison de la part de Susquesus.

— Il y a sans doute beaucoup d'exagération, observa tranquillement l'arpenteur, dans le bruit qui rapporte que ces bois sont remplis d'Indiens. Je suis tout-à-fait de l'avis d'Herman Mordaunt. On ne peut voir une couverture paraître dans la forêt, sans que la nouvelle ne se répande aussitôt qu'elle en contient un ballot. Il y a sans doute quelque péril à appréhender de la part des sauvages ; mais ce péril n'est pas moitié aussi grand que les planteurs l'imaginent ordinairement. Quant aux Français, je crois qu'ils auront besoin de tous leurs sauvages à Ty, car on m'a dit que le général Abercrombie s'avance à leur rencontre avec trois hommes contre un.

— La supériorité de ses forces est au moins aussi grande, répondis-je ; mais ne serait-il pas possible, après tout, qu'un officier habile cherchât à inquiéter ses flancs de la manière indiquée ?

— Nous sommes à une distance qui n'est pas moindre de quarante milles à l'est de la route suivie par l'armée. Pourquoi des partis ennemis se tiendraient-ils aussi éloignés de nos troupes ?

— Cette supposition même place nos ennemis entre nous et notre armée, et ce n'est pas une considération fort rassurante en elle-même. Mais que pensez-vous de l'avis qui concerne l'Onondago ?

— Il peut y avoir de la vérité en cela, plus que dans le bruit qui rapporte que ces bois sont remplis de sauvages. C'est ordinairement un mauvais signe pour un Indien d'avoir quitté sa tribu ; et notre coureur est certainement un Onondago. Ce que je sais, c'est qu'il a deux fois refusé de boire du rhum, il ne refuse pas le pain qu'on lui offre. Mais le rhum n'a pas mouillé ses lèvres une seule fois depuis qu'il est avec nous.

— C'est un mauvais signe, dit Guert, d'un ton un peu dogmatique, remarquable dans un homme si naturel et si simple. Tout individu qui refuse de lever son verre en bonne compagnie, a quelque dissimulation dans l'esprit. J'ai toujours soin de tenir de pareils compagnons à distance.

— Pauvre Guert ! cette opinion n'avait que trop d'influence sur son caractère et sur ses habitudes. Quant à l'Indien, je ne pouvais me décider à le juger si sévèrement. Il y avait dans sa contenance quelque chose qui me disposait à avoir confiance en lui. Cependant, à certains momens, ses manières, remarquablement froides et réservées, même pour une peau rouge en compagnie de visages pâles, faisaient naître le doute et la défiance.

— Certainement, rien ne serait plus aisé à un homme, dans sa situation, que de nous trahir, répondis-je après une courte pause, pour peu qu'il y soit disposé. Mais que gagneraient les Français à enlever une troupe de gens aussi paisiblement occupés que nous le sommes ? Il importe peu aux Français que l'arpentage de Mooseridge ait lieu cette année ou l'année prochaine.

— Rien de plus vrai, et je suis d'avis qu'il est fort indifférent à M. de Montcalm que cet arpentage ait même jamais lieu, répliqua M. Traverse, qui était un homme intelligent et d'assez bonne éducation. Mais vous oubliez, Monsieur Littlepage, que les deux partis ont offert des primes pour les têtes scalpées. Un Huron ne fera aucune attention à nos lignes, à nos angles, ni aux marques faites à nos arbres ; mais il s'inquiétera beaucoup de savoir s'il rentrera dans son village les mains vides, ou avec une demi-douzaine de chevelures humaines suspendues à sa ceinture.

J'observai que Dirck passa les doigts dans ses cheveux touffus, et que sa physionomie, ordinairement pacifique, prit un caractère d'indignation et presque de férocité. Un peu amusé par cette démonstration, je me levai et je m'approchai du tronc sur lequel Susquesus, qui avait achevé son repas, était assis en silence et semblait absorbé dans ses pensées.

— Quelles nouvelles nous donnerez-vous des habits rouges, Trackless ? demandai-je de l'air le plus indifférent qu'il me fut possible de prendre : sont-ils en nombre suffisant pour manger les Français ?

— Regardez les feuilles ; comptez-les, répondit l'Indien.

— Oui, je sais qu'ils sont en force ; mais où sont les peaux rouges ? La hache est-elle enterrée, parmi les six nations, pour que vous vous contentiez d'être coureur dans ces bois, tandis qu'il y a des chevelures à scalper près de Ticonderoga ?

— Susquesus Onondago, répliqua l'homme rouge, appuyant avec emphase sur le nom de sa tribu. Il n'y a pas de sang Mohawk dans ses veines. Son peuple ne déterre pas la hache cet été.

— Pourquoi cela, Trackless ? Vous êtes alliés des Auglais, et vous devez nous prêter votre aide lorsque nous en avons besoin.

— Comptez les feuilles; comptez les Anglais. Trop nombreux pour une seule armée. Pas besoin des Onondago.

— Cela peut être vrai, car nos forces sont certainement très-grandes. Mais que se passe-t-il dans les bois? Sont-ils exempts de peaux rouges, dans ces temps de troubles?

Les yeux de Susquesus prirent une expression de gravité et il ne répondit pas. Il ne chercha pourtant pas à éviter les regards scrutateurs que je jetais sur lui; mais il conserva un maintien composé et sévère, et ses yeux restèrent fixés en face de lui. Connaissant toute l'inutilité de chercher à obtenir une réponse d'un Indien, lorsqu'il n'était pas disposé à la faire, je pensai que le plus sage était de changer de conversation. Je lui fis alors quelques questions sur l'état des rivières, et il y fit les réponses convenables, puis je m'éloignai.

XIX.

Je ne puis dire que je fusse entièrement satisfait des manières de Susquesus, ni, d'un autre côté, que j'en fusse absolument mécontent. Tout pouvait être pour le mieux, et, dans le cas contraire, le pouvoir de cet homme pour nous nuire n'était pas grand. Un nouveau fait cependant fit naître des doutes alarmans sur son honnêteté. Jumper étant absent pour une chasse, l'Onondago avait été renvoyé à Ravensnest, le voyage suivant et hors de son tour; mais au lieu de revenir le lendemain comme c'était leur coutume à tous deux, il fut une quinzaine sans reparaître. En discutant les motifs de cette disparition soudaine et inattendue nous en vînmes à conclure que le compagnon voyant qu'on se défiait de lui nous avait plantés là et que nous ne le reverrions plus. Durant son absence, nous allâmes à Ravensnest passer deux ou trois jours heureux avec les jeunes dames que nous trouvâmes enchantées de l'isolement de leur demeure et jouissant d'autant de bonheur que leur innocence, la santé, le charme continuel de la forêt et de la vie des bois pouvaient leur en donner. Herman Mordaunt avant fortifié sa maison suffisamment pour la mettre à l'abri d'une surprise, nous accompagna à notre retour à Mooseridge et passa deux ou trois jours à parcourir la concession, à examiner la qualité des terres et les avantages offerts par les cours d'eau. Quant à M. Worden et à Jason, le premier était parti pour rejoindre l'armée, préférant la cuisine de l'état-major au simple ordinaire des forêts; tandis que Jason débattait un marché avec Herman Mordaunt pour l'exploitation d'un moulin, marché qui avait donné lieu à de fréquentes discussions entre les deux parties. Herman Mordaunt, pour quelque raison que je n'ai jamais bien devinée, désirait particulièrement fixer Jason à Ravensnest, et aucune condition ne lui parut extravagante dans son envie de s'attacher un pareil colon. Jason fut le plus heureux des hommes une fois qu'il eut un contrat signé et bien dûment scellé dans sa poche. Il devenait dès lors une sorte de propriétaire, et il n'avait rien à payer pendant les dix premières années. Dieu me pardonne, si je lui fais tort, mais j'eus tout d'abord un soup-

çon que Jason se reposait sur la fortune pour empêcher le jour du paiement d'arriver jamais.

Juste comme les rayons du soleil levant pénétraient à travers les fentes de notre hutte et avant qu'aucun de nous trois ne fût levé de sa couchette, j'entendis un mocassin fouler le sol près de moi, et le pas presque imperceptible d'un Indien. Je fus aussitôt sur pied, et me trouvai face à face avec l'Onondago.

— Vous ici, Susquesus! m'écriai-je, nous pensions que vous nous aviez abandonnés. Qui vous ramène?

— Temps de partir maintenant, répondit tranquillement l'Indien; les Anglais et les guerriers du Canada se battre bientôt.

— Est-ce vrai? et comment vous pouvez-vous savoir si cela est exact! Où avez-vous été ces derniers quinze jours?

— Été voir, avoir vu, moi le savoir bien. Allons, appeler les jeunes gens. Partir sur le sentier de guerre.

Nous avions donc enfin l'explication de cette absence mystérieuse de l'Onondago. Il nous avait entendus parler d'aller rejoindre la troupe au dernier moment, et il était allé en reconnaissance afin de nous apprendre au juste quand il faudrait absolument quitter Mooseridge. Je ne vis en cela rien qui sentît la trahison, mais plutôt une preuve d'amitié et d'intérêt pour nos projets, quoique c'eût été courir beaucoup plus loin qu'on ne lui avait dit, et courir un peu en dehors du chemin tracé. On pouvait, après tout, ne pas attacher une grande importance à cette irrégularité chez un sauvage, et j'étais d'autant plus disposé à penser ainsi, que la monotonie de notre existence actuelle commençait à me peser, et que je n'étais pas fâché de trouver un prétexte plausible pour un changement.

Je communiquai de suite les nouvelles apportées par Sans-Traces à mes compagnons, qui les reçurent comme des jeunes gens reçoivent toujours des nouvelles aussi émouvantes. L'Onondago fut interrogé, et renouvela l'assurance qu'il était temps de nous mettre en route.

— Plus de délai, dit-il, il est temps de partir. Barques prêtes, canons chargés, guerriers réunis et le chef à leur tête. Le feu du conseil éteint. Temps de partir.

— Eh bien! Cornélius, dit Guert, en se levant, et en secouant sa belle chevelure, comme un lion qu'on tire de son gîte, en avant. Nous pouvons aller coucher aujourd'hui à Ravensnest, et demain arpenter de notre mieux la grande route pour rejoindre l'armée. Ce sera une occasion de plus de voir Mary Wallace et de lui dire combien je l'aime. Ce sera toujours cela de gagné.

— Non, ne pas voir une squaw, ne pas aller à Ravensnest, dit l'Indien avec énergie. La piste de guerre par ici, ajouta-t-il, en étendant la main dans la direction opposée à celle où se trouvait l'établissement d'Herman Mordaunt. — Mauvais pour le guerrier de voir une squaw, quand il déterre la hache; bon à faire de lui une femme. Par ce chemin, par ici, non par là: ici des chevelures, là la squaw.

Comme les gestes de l'Onondago étaient aussi significatifs que ses paroles, il ne nous fut pas difficile de le comprendre. Guert pourtant continua ses questions tout en s'habillant, et nous fûmes bientôt convaincus par les paroles de l'Indien, toutes brisées et abruptes qu'elles étaient, qu'Abercrombie était sur le point de s'embarquer avec son armée sur le lac George, et qu'il nous fallait beaucoup d'activité si nous voulions assister à l'attaque de Ticonderoga.

Notre décision fut aussitôt prise, et nos préparatifs commencés. Faire nos paquets, charger nos havresacs et prendre nos armes, fut l'affaire d'un instant et nous voilà tous prêts. Nous écrivimes une lettre pour expliquer les motifs de notre absence, avec promesse de revenir aussitôt que les opérations devant Ticonderoga seraient terminées. Nous laissâmes cette lettre à Peter, qui devait rester avec Traverse et les arpenteurs pour faire leur cuisine ; pendant ce temps, Jaap allait et venait, chargeait ses larges épaules de tout ce qui pouvait nous être utile, prenait sa carabine, son paquet et son cor ; il fut prêt aussi vite qu'aucun de nous. Le compagnon fit tout cela de lui-même et sans aucun ordre, regardant comme son devoir de suivre son jeune maître même au diable. Aucun chien, sous ce rapport, ne pouvait être plus fidèle que Jaap ou Jacob Satanstoé, car il avait pris le nom de Col comme nom patronimique ; de même que dans d'autres pays les nobles prennent le nom de leurs terres.

C'était l'usage dans les familles hollandaises, dès qu'un enfant atteignait l'âge de six ou sept ans, de lui donner un jeune esclave du même sexe et du même âge, et de ce moment leur sort, avec la différence nécessaire de condition, était considéré comme indissolublement uni. Une séparation avait lieu quelquefois, mais il fallait pour cela une conduite bien mauvaise, et elle était du côté du maître mais tout aussi souvent que du côté de l'esclave. Un ivrogne pouvait s'endetter et se voir obligé de vendre ses esclaves, mais celui-ci demeurait près de lui tant qu'il lui restait quelque chose. La famille Littlepage, qui avait contracté deux alliances avec des familles hollandaises, avait adopté cet usage : le jour où j'eus six ans, Jaap me fut donné, et depuis il était demeuré non-seulement ma propriété personnelle, mais mon factotum, et il m'était précieux par son attachement et ses bonnes qualités.

Quand tout fut prêt et que nous fûmes sur le point de quitter la hutte, nous agitâmes sérieusement la question de savoir si nous irions par Ravensnest, ou si nous prendrions la route nouvelle que l'Onondago nous indiquait. Il n'y avait de sentier dans aucune des deux directions ; mais nous avions des accidens de terrain, des sources et autres signes connus pour nous guider d'un côté, et de l'autre absolument rien. En outre, les ravisseurs figures d'Anna et de Mary Wallace nous apparaissaient d'un côté, et Dirck lui-même fut le premier à crier : A Ravensnest ! Mais l'Onondago refusa de faire un pas dans cette direction. Il resta là, planté comme un poteau de grande route, le doigt tendu vers le nord-ouest, avec une insurmontable obstination qui menaçait de jeter quelque confusion dans notre marche.

— Nous ne connaissons pas du tout cette route, Sans-Traces, observa ou plutôt répondit Guert, car la pantomime de l'Indien était plus expressive que toutes les paroles, il vaut mieux prendre une route que nous connaissons un peu. En outre, nous voulons faire nos adieux aux dames.

— Les squaws, mauvais maintenant. La piste du guerrier ne va pas aux squaws. Huron, guerrier français, par ici.

— Eh bien ! ils sont là, c'est bon. Nous serons assez vite sur leurs talons en passant par Ravensnest.

— Pas vite assez, ne pas pouvoir cela ; — sentier long, temps court. Les guerriers faces pâles très pressés.

— Les amis des guerriers faces pâles sont très pressés aussi ; ainsi vous ferez bien de nous suivre, puisque nous n'avons pas l'intention de vous suivre, vous. Allons, Messieurs, nous conduirons l'Indien, puisque l'Indien ne semble pas disposé à nous conduire. Au bout d'un mille ou deux, il trouvera plus honorable de marcher en avant, et d'ici là, je crois être en état de vous conduire.

— Cette route bonne pour jeunes gens qui ne veulent pas voir l'ennemi, dit Susquesus avec un geste ironique.

— Par saint Nicolas, Indien, que voulez-vous dire? s'écria Guert en tournant brusquement sur ses talons, et en se précipitant sur l'Onondago, qui n'attendit pas le coup qui le menaçait, se tourna du côté qu'il avait indiqué et partit d'un pas rapide dans la direction du nord-ouest.

Je crois que Guert ne le suivit la première minute que dans l'intention d'appliquer son poing vigoureux sur l'épaule de l'offenseur, mais je fus si vite sur ses talons, Dirck venant après moi, et Jaap après Dirck, que nous formions tous une file à l'indienne ou à la façon des forêts et marchant à raison de quatre milles à l'heure avant de nous en douter. Un pareil élan de colère ne se passe pas en une minute, et avant qu'aucun de nous se fût assez refroidi pour devenir tout-à-fait raisonnable, nous avions perdu la hutte de vue. Alors personne ne sembla croire à la nécessité ou à la convenance de revenir sur ses pas. Il était certainement imprudent de nous confier aussi entièrement à la bonne foi d'un sauvage ou au moins d'un demi-sauvage que nous connaissions à peine, et dont nous nous étions défiés jusque-là. C'est ce que nous fîmes cependant de la façon et sous l'impression dessentimes que j'ai dits. Je sais bien que chacun, après ce premier mille, sentit l'imprudence que nous avions commise, mais par amour-propre se garda d'en parler à son voisin. Je dis chacun de nous, je devrais excepter Jaap, car le danger ne lui causa jamais la moindre inquiétude sous quelque forme qu'il se présentât, sauf sous la forme des écrevisses. Il avait peur des écrevisses, mais ne redoutait aucun homme.

Susquesus montrait la même assurance en nous conduisant de lieue en lieue à travers cette sombre forêt que lorsqu'il s'était mis à la recherche du chêne à la tête brisée. Cette fois, il nous guidait plutôt d'après le soleil et la direction générale que par aucune connaissance particulière des objets que nous laissions derrière nous, quoique trois fois dans ce jour il nous fît remarquer des objets particuliers qu'il avait déjà vus en traversant le bois dans des directions qui coupaient à angles plus ou moins aigus la route que nous suivions. Il nous faisait l'effet d'un marin dirigeant sa route sur la plaine unie de l'Océan. Nous avions nos boussoles de poche, il est vrai, et nous savions à peu près qu'en nous dirigeant au nord-ouest, nous arriverions quelque part au bout du lac George ; mais je doute fort que nous eussions pu, avec

BIBLIOTHÈQUE CHOISIE.

leur secours, suivre une ligne droite aussi sûrement que sur les traces de l'Indien.

Nous cûmes une discussion à ce sujet quand nous nous arrêtâmes pour manger et prendre du repos, un peu après le milieu du jour. Pendant cinq heures, nous avions marché avec la plus grande rapidité, à vol d'oiseau, sans jamais nous détourner, excepté pour éviter quelque obstacle infranchissable, et nous calculions avoir fait au moins vingt milles sur quarante que nous avions à franchir, selon le rapport de l'Onondago, pour arriver au but de notre voyage. La course que nous avions faite nous avait tous fatigués; mais je dois avouer que l'Indien était de beaucoup le plus dispos des cinq quand nous atteignîmes la source près de laquelle nous devions dîner.

— Ces Indiens semblent avoir du nez autant qu'un chien de chasse, dit Guert quand notre faim commença à s'apaiser, il faut en convenir. Cependant, Cornélius, je crois encore qu'une boussole guiderait l'homme dans les bois plus sûrement que tous les signes possibles sur l'écorce des arbres et que le cours du soleil.

— Une boussole ne peut se tromper, cela est vrai, mais il serait fastidieux de s'arrêter toutes les deux ou trois minutes pour en faire usage; encore faudrait-il donner à l'aiguille le temps de se fixer ou bien ce serait le pire de tous les guides.

— Toutes les deux ou trois minutes! dites donc une fois par heure ou deux tout au plus. Je m'engage à voyager aussi droit que le plus habile de ces Indiens en consultant la boussole toutes les demi-heures.

Susquesus était assis assez près de nous pour entendre notre conversation, et il comprenait parfaitement l'anglais, quoiqu'il le parlât à la façon heurtée des Indiens. Je sembla découvrir sur sa noire figure, un air de mépris caché à cette vanterie de Guert; mais il ne dit mot. Nous finîmes notre repas et nous nous reposâmes un peu; puis, quand nous montres marquèrent une heure, nous nous levâmes tous pour recommencer notre marche, et nous renouvelâmes l'amorce de nos carabines, précaution que chaque homme prenait deux fois par jour, pour prévenir les effets de l'humidité des bois. L'Onondago se mit paisiblement derrière Guert, et attendit patiemment son signal.

— Nous sommes tous prêts, Sans-Traces, s'écria Guert, prenez la tête comme auparavant et conduisez-nous.

— Non, répondit l'Indien, la boussole conduira maintenant; Susquesus ne pas voir plus loin, aveugle comme un jeune chien.

— Oh! en êtes-vous là? Eh bien! soit. Maintenant, Cornélius, vous allez voir ce qu'on peut faire avec une boussole.

Guert tira sa boussole, la plaça sur un arbre renversé afin de lui donner un niveau parfait, et attendit que l'aiguille mobile fût devenue complètement stationnaire. Il fit alors son observation, prit pour jalon un large pied d'érable placé à la distance d'environ vingt perches, ce qui est une distance très grande dans une forêt, poussa un cri, reprit sa boussole et partit. Nous le suivîmes, et nous atteignîmes bientôt l'arbre. Guert s'imagina être bien dans le droit chemin, ne daigna pas renouveler son observation,

et nous cria de le suivre, comme s'il avait un nouvel arbre pour le guider, et cela dans la bonne direction. Nous avions fait de cette manière un demi-mille, et je commençais à croire au triomphe de Guert, car pour moi il me semblait que notre course était aussi droite qu'elle l'avait jamais été durant ce jour. Guert commença à être fier de son succès, à m'en parler, à en parler à l'Indien qui était placé entre nous deux.

— Voyez-vous, Cornélius, j'ai l'habitude des bois, après tout; j'ai été souvent chez les Mohawks et j'ai pris part à leurs chasses. Le grand point, c'est de bien commencer, après cela vous n'avez plus grand'peine. Soyez bien certain des dix premières perches, et soyez bien tranquilles sur les dix mille qui suivront. Il en est de cela comme de la vie, Cornélius, mon enfant; qu'un jeune homme commence bien, et il est presque sûr de bien finir. Je me suis trompé, moi, au point de départ, et vous voyez le mal que cela m'a donné. Mais on m'avait laissé orphelin à dix ans, Littlepage, et l'enfant qui n'a ni père ni mère, doit être un enfant hors ligne pour ne pas faire fausse route avant ses vingt ans. Eh bien! Onondago, que dites-vous maintenant de prendre la boussole pour guide?

— Regardez-la, elle vous le dira, répondit Susquesus, tandis que toute la bande s'arrêtait pour voir Guert à l'œuvre.

— Cette diable d'aiguille ne veut jamais s'arrêter, s'écria Guert en saisissant avec secousse cet petit instrument pour arrêter l'aiguille au point où il voulait la voir se fixer; ces petits démons sont capables de se tromper après tout.

— Essayez davantage, prenez en trois, dit l'Indien en levant autant de doigts, comme c'était sa coutume chaque fois qu'il disait un nombre.

— Dirck et moi tirâmes alors nos boussoles, et les trois furent placées sur un tronc à côté duquel nous avions fait halte. Le résultat montra que les trois petits diables s'accordaient très bien, et que nous marchions droit au sud-est au lieu du nord-ouest.

La mine de Guert, en cette occasion, ressembla beaucoup à celle que je lui avais vue quand il se releva de dessus la neige, après que le traîneau nous eût déposés par terre. Il n'y avait pas moyen de résister à l'évidence, nous avions tout-à-fait rebroussé chemin sans nous en apercevoir. Le soleil était très près du zénith, ce qui contribua, sans doute, à notre erreur; mais tous ceux qui en ont fait l'expérience savent combien il est aisé de perdre la direction du soleil dans l'obscurité et au milieu des inégalités d'une forêt. Guert s'avoua franchement vaincu et l'Indien passa de nouveau en tête sans donner le plus léger signe de triomphe ou de mécontentement. Il n'aurait fallu rien de moins qu'un coup de tonnerre pour déconcerter le calme de l'Onondago.

Dès ce moment, notre marche fut aussi rapide qu'avant notre halte, et elle paraissait aussi sûre que le vol d'un pigeon. Susquesus ne nous conduisit pas directement au nord-ouest comme avant, mais il inclina un peu plus au nord. A la fin, comme le soleil gagnait le sommet des montagnes de l'ouest, une clairière apparut devant nous. Au milieu de l'épaisseur du bois, nous vîmes qu'un lac était près de nous, et que nous nous trouvions sur une hauteur, sans pouvoir dire précisément à quelle élévation.

Nous vîmes donc une clairière un peu sur notre droite, et ce fut là que l'Indien dirigea sa marche. Cette clairière n'était pas l'ouvrage de l'homme, mais le résultat d'un de ces accidens qui livrent quelquefois aux rayons du soleil les mystères des forêts. Elle était située sur le sommet nu d'une montagne rocheuse, où des Indiens avaient souvent campé, et les vestiges de leurs feux attestaient qu'un autre élément avait aidé le vent à détruire les quelques arbres qui avaient pu croître dans les fentes des rochers. Il y avait là un espace de trois ou quatre acres alors aussi nu que s'il n'avait jamais connu d'arbre plus ambitieux que le sureau et le chèvre-feuille; une eau délicieuse s'élançait de la pointe la plus élevée d'une chaîne de rochers qui se dirigeait vers le nord. Susquesus s'arrêta à cette source pour boire, et nous annonça ensuite que, pour ce jour, nous étions au bout de nos fatigues.

Jusqu'à cette déclaration je ne pense pas qu'aucun de nous eût seulement pris le temps de regarder autour de lui, tant notre marche avait été active et rapide. A ce moment chaque homme déposa son paquet, sa carabine, et alors, plus libres de nos mouvemens, nous pûmes contempler à notre aise une des scènes les plus magnifiques que mes yeux aient jamais vues.

A près de mille pieds au-dessous de nous, s'étendait un lac de l'eau la plus limpide et la plus paisible, dont les contours étaient agréablement variés par des promontoires, des baies et les mille sinuosités du rivage. Il avait une étendue de près de quarante milles. Nous étions sur le bord oriental, à un tiers à peu près de la distance qui sépare la pointe nord de la pointe sud; des îles sans nombre s'étendaient presque à nos pieds et rendaient ce mélange de terre et d'eau aussi varié, aussi capricieux que l'imagination pouvait le souhaiter. Au nord, la surface paisible du lac s'étendait à une grande distance; elle était arrêtée par une barrière de rochers; puis une gorge étroite lui donnait issue dans un autre plus vaste et plus étendu Au sud, l'eau s'étendait également au loin, mais une île ou deux en variaient la teinte; de ce côté seulement on pouvait voir quelque trace du travail de l'homme: partout ailleurs des gorges, des vallées qui fuyaient, de longues chaînes de hauteurs, des pics de granit n'offraient à l'œil que les beautés sans égales de la nature. Aussi loin que l'œil pouvait atteindre, s'élevaient montagnes sur montagnes; la terre était couverte du vert manteau d'une végétation luxuriante, telle qu'un soleil bienfaisant peut la développer sur un sol encore vierge. A la pointe sud du lac, il y avait dans la noire clairière très étendue et dans laquelle on n'avait laissé que peu ou point d'arbres. Nous étions à quelques milles de cet endroit, et cette distance empêchait nécessairement de bien distinguer les objets; cependant nous découvrîmes sans peine des ruines de fortifications considérables. Nous vîmes un millier de points blanc et nous fûmes bientôt convaincus que c'étaient des tentes. Ces ruines étaient tout ce qui restait du fort William-Henri, et là campait l'armée d'Abercrombie. l'armée de beaucoup la plus considérable qui eût encore été réunie en Amérique sous les drapeaux de l'An-

gleterre. Des centaines de barques et de larges bateaux capables de porter quarante ou cinquante hommes se mouvaient en face du camp, et tout éloignés que nous étions, nous pûmes cependant découvrir les signes de préparatifs et d'un mouvement prochain. L'Indien ne nous avait point trompés, il s'était montré juge intelligent de ce qu'on allait faire, aussi bien que guide fidèle.

Nous dûmes passer la nuit sur la montagne : nos lits ne furent pas des meilleurs, comme le lecteur le croira sans peine, et nos couvertures furent bien légères. Cependant je ne me rappelle point avoir rouvert les yeux depuis le moment où ils se refermèrent, jusqu'au matin; la fatigue d'une marche forcée nous procura un sommeil plus paisible que n'auraient pu faire toutes les délicatesses de l'opulence, et nous dormîmes aussi profondément que des enfans. Je revins à moi-même en me sentant touché doucement à l'épaule par Susquesus. En me levant, je vis l'Indien encore près de moi; son visage, pour la première fois depuis que je le connaissais, exprimait quelque chose comme du plaisir. Il n'avait éveillé aucun de mes compagnons, et il me fit signe de le suivre sans les tirer de leur sommeil. Pourquoi avais-je été choisi de préférence à eux? je ne puis le dire, à moins que la sagacité naturelle de l'Onondago ne lui apprît à discerner la différence d'éducation et de sentimens entre ses trois jeunes compagnons. Quoi qu'il en soit, il m'avait choisi, et je quittai seul la rude couche que nous nous étions arrangée pour la nuit.

Un spectacle magnifique m'attendait. Le soleil à ce moment dorait les sommets des montagnes, tandis que le lac et les vallées, et même les flancs de la montagne, ce monde entier qui s'étendait à nos pieds, était encore noyé dans l'ombre; je crus voir la création s'éveiller et sortir du sommeil des âges. Pendant quelques momens, je ne pus contempler autre chose que l'étonnant tableau que me présentait le contraste si bien marqué des cîmes dorées des montagnes avec leurs flancs couverts d'ombres, les prémices du jour avec les derniers vestiges de la nuit; mais l'Onondago était trop plein de ses propres pensées pour laisser long-temps mes yeux s'égarer loin de ce qu'il regardait comme le spectacle le plus intéressant; guidé par son doigt et son regard, je dirigeai ma vue vers la rive si lointaine de William-Henri et je vis enfin la cause de l'émotion inaccoutumée de l'Indien. Dès que Susquesus fut certain que je voyais les objets qui l'émouvaient si fortement il s'écria d'un ton guttural et fortement accentué :

—Bon !

L'armée d'Abercrombie était déjà en mouvement, seize mille hommes s'étaient embarqués sur des bateaux et se dirigeaient vers la pointe septentrionale du lac, dans l'ordre le plus imposant et le plus magnifique. La surface unie du lac était sillonnée par la flottille; des centaines de bateaux la couvraient de lignes longues et noires, et ils se dirigeaient vers le point de débarquement dans l'ordre et avec l'ensemble d'une armée qui étend ses ailes. La dernière brigade de bateaux venait de quitter le rivage, quand je vis pour la première fois ce spectacle saisissant, et je pouvais embrasser le tableau tout entier d'un seul coup-d'œil. L'Amérique n'avait jamais vu auparavant un tel spectacle, et il se passera du temps avant qu'elle le revoie jamais. Pendant plusieurs minutes je restai saisi d'admiration et je ne pus dire un seul mot jusqu'à ce que les rayons du soleil eussent dissipé la clarté douteuse des plaines situées à nos pieds, et illuminé la base même des montagnes.

— Qu'allons-nous faire, Susquesus ? lui dis-je alors, car je sentais combien l'Indien pouvait réclamer à bon droit, le privilège de régler tous nos mouvemens.

— Déjeûner d'abord, répondit tranquillement l'Onondago, ensuite descendre la montagne.

— Rien de tout cela ne nous conduira au milieu de cette brave armée, comme c'est notre désir.

— Attendez, au milieu d'eux, l'Indien le sait. Pas pressé maintenant, pressé quand les Français feront feu.

Je ne goûtais pas beaucoup ces paroles et la façon dont elles étaient dites; mais j'avais à ce moment trop de choses à penser pour perdre mon temps en vagues conjectures sur les réponses évasives de l'Onondago. J'appelai Dirck et Guert pour leur faire partager le plaisir qu'un tel spectacle ne pouvait manquer de leur procurer. Ce fut alors que je découvris pour la première fois ce que j'appellerais volontiers le caractère vraiment martial de Guert Ten Eyck. Sa belle et virile figure me sembla s'agrandir, sa physionomie s'illumina tout à coup, et l'expression de ses yeux, habituellement pleine de bonne humeur et de gaîté, changea de caractère tout-à-fait et devint grave et ferme.

— Voilà un beau coup-d'œil, Monsieur Littlepage, dit Guert, après avoir contemplé en silence les progrès lents, mais réels, de la flottille; cela est vraiment beau à voir, et c'est un reproche pour nous trois, qui avons perdu tant de temps dans les bois, quand nous aurions dû être ici, tout prêts à aider l'armée à chasser les Français de la province.

— Il n'est pas encore trop tard, mon bon ami, puisque le premier coup n'a pas encore été porté.

— Vous dites vrai, vous avez raison, et je rejoindrai l'armée, quand je devrais atteindre le bateau à la nage, Il ne nous sera pas bien difficile de nager d'une île à l'autre, et les troupes seront obligées de passer au milieu d'elles pour entrer dans le lac inférieur. Il y aura bien un bateau à s'arrêter pour nous repêcher.

— Pas besoin, dit l'Onondago avec son calme habituel, déjeûner d'abord, puis partir. Un canot, c'est assez.

— Un canot!.. par saint Nicolas; Susquesus, écoutez ce que je vous dis : Vous ne manquerez jamais d'un ami tant que Guert Ten Eyck vivra et sera en état de vous être utile. Cette idée d'un canot est pleine de bon sens et montre qu'un homme raisonnable s'est chargé de nous. Nous pouvons maintenant rejoindre les troupes, la carabine à la main, comme il convient à des gentlemen et à des volontaires.

Pendant ce temps, Jaap s'était levé et contemplait ce tableau de tous ses yeux. Il est à peine nécessaire de dire quel en fut l'effet sur ce nègre; il éclata de rire, secoua la tête comme un mandarin de paravent, se roula par terre, se releva, agita tout son corps comme un chien qui bat l'eau, recommença à rire et finit par pousser un cri. Comme nous étions tous accoutumés à ces ébats de

sensibilité dans les nègres, ils ne provoquèrent chez nous qu'un sourire, et ne l'obtinrent même pas de Dirck. Quant à l'Indien, il ne prit pas garde aux manifestations de plaisir si expansives, quoique peu dignes, de Jaap, plus que s'il s'était agi d'un chien ou autre animal sans intelligence. Peut-être n'y avait-il pas de faiblesse si propre à mériter son mépris, que cette absence complète de pouvoir sur soi, que montra, en cette occasion, le nègre livré à lui-même.

Aussitôt que nous eûmes satisfait notre curiosité, nous songeâmes à la nécessité de déjeûner. Le repas ne fut pas long, et, à dire vrai, il n'était pas de nature à nous retenir long-temps. Puis, nous quittâmes tous le sommet de la montagne sur les pas de l'Onondago.

L'Onondago nous avait conduits à dessein sur cette pointe pour nous faire jouir de ce panorama. Il était impossible de descendre directement vers le bas de cette hauteur, et nous fûmes obligés de faire un détour de trois ou quatre milles afin de gagner une ravine qui nous conduisit au lac, non sans difficulté. Nous trouvâmes sur le bord un canot de grandeur suffisante pour nous contenir tous les cinq, et nous nous embarquâmes sans perdre un instant.

Le vent s'était élevé du sud à mesure que le jour avançait, et la flottille fendait l'eau avec beaucoup plus de rapidité. Nous prîmes route à travers les îles, et quand nous ateignîmes la passe principale, si aucune d'elles méritait ce nom dans une multitude aussi grande, nous nous trouvâmes à portée du bateau qui était en tête. L'Indien rama en agitant les mains en signe d'amitié, et nous amena bientôt côte à côte avec ce bateau. En approchant, j'aperçus sur le pont le vicomte Howe, revêtu de son uniforme, et regardant la terre avec impatience, comme désireux de débarquer le premier.

XX.

Lord Howe ne nous reconnut pas d'abord dans nos habits de chasse. Cependant, pendant son séjour à Albany, il s'était lié avec Guert Ten Eyck, et il le reconnut à la voix. Il nous souhaita la bienvenue avec franchise et cordialité. Nous demandâmes où était le 25e régiment, en annonçant l'intention de rejoindre ce corps, dont le chef nous avait invités si souvent et d'une manière si pressante à venir combattre à ses côtés. Cependant notre intention de rejoindre immédiatement notre ami, fut modifiée par une remarque de notre noble hôte actuel.

— Le régiment de Bulstrode est au centre et sera de bonne heure sur le terrain, dit-il; mais cependant beaucoup après l'avant-garde. Si vous êtes amis de la bonne chère, Messieurs, je suis loin de vous détourner de rejoindre le 25e, car il y a dans ce corps un certain Monsieur Billings qui a un talent extraordinaire, dit-on, pour faire un bon dîner avec moins que rien; mais si vous désirez voir le feu, notre brigade sera la première à combattre; je tâcherai d'avoir le meilleur dîner possible, vous y serez les bien venus. Plus tard nous verrons à faire mieux.

Nous ne parlâmes plus d'aller à la recherche de Bulstrode; cependant nous fîmes entendre à notre noble commandant que nous n'userions de son hospitalité que le temps de lui voir mettre en fuite les troupes que l'ennemi opposerait sans doute au débarquement.

Susquesus ne connut pas plus tôt notre décision qu'il nous quitta, et rama paisiblement vers la côte orientale. Personne ne songea à intercepter un canot qui quittait le bateau commandant. Le vent fraîchissait à mesure que le jour avançait, et la plupart des bateaux ayant mis une espèce de voile, nos progrès devinrent plus rapides. Sur les neuf heures, nous entrâmes dans le lac inférieur, et tout annonçait que nous débarquerions à midi. Je dois en convenir, l'entreprise à laquelle nous prenions part, la nouveauté de ma situation, la certitude que nous allions trouver dans Montcalm un ennemi aussi expérimenté que brave, tout contribua à me rendre pensif, quoique exempt de crainte, je l'espère, pendant les quelques heures que nous passâmes sur le bateau. Complètement inactif comme nous l'étions tous, il n'est pas surprenant qu'un soldat si jeune encore fût rendu grave par les réflexions sérieuses qui devaient s'emparer si facilement de l'esprit quand la mort était si proche, sinon de moi peut-être, mais de beaucoup de ceux m'environnaient. Lord Howe, de son côté, était grave et sérieux, comme il convenait à un homme qui tenait dans sa main la vie de tant d'autres : il n'était cependant ni abattu, ni même indécis. Je rencontrai une fois ses yeux fixés sur moi, avec une expression mélancolique, et la question qu'il m'adressa avait sans doute rapport au sujet de ses pensées.

— Que dirait notre excellente et respectable Mme Schuyler, si elle connaissait notre position précise en ce moment, Monsieur Littlepage ? Je suis sûr que cette excellente femme éprouverait plus d'inquiétude pour ceux à qui elle prend intérêt qu'ils n'en ressentent souvent eux-mêmes.

— Je suis sûr, mylord, qu'elle adresserait certainement des prières au ciel en notre faveur.

— Vous êtes fils unique, m'a-t-elle dit, M. Littlepage ?

— Oui, mylord, et je suis bien heureux que ma mère ne se doute pas de ce qui va se passer.

— Moi aussi j'ai encore mes parens bien aimés, mais ils sont habitués à me considérer comme un soldat et comme soumis à tous les hasards d'un soldat. Heureux le militaire qui peut, au moment de l'épreuve, conserver un esprit libre des pensers de la famille, si embarrassans, quoique si doux et si utiles autre part ; mais voici que nous touchons au rivage, il faut être tout au devoir.

Je ne suis point assez soldat pour pouvoir décrire ce qui suivit, suivant la stratégie, même d'une manière intelligible. Comme la brigade approchait de l'extrémité du lac, où se trouvait une certaine étendue de terrain plat, on fit avancer devant nous quelques bateaux sur lesquels étaient quelques pièces de grosse artillerie. Les Français avaient réuni des forces considérables pour s'opposer au débarquement, mais, à ce qu'il paraît, ils n'avaient point assez de canons pour répondre aux nôtres, et notre mitraille ayant balayé les bois, nous débarquâmes sans grande résistance. Nous n'attaquâmes point l'ennemi, précisément au point où il nous attendait, mais à la droite de la position qu'il avait prise. Au signal donné, la brigade d'avant-garde s'élança sur le rivage, guidée par notre brave commandant, et nous arrivâmes tous à terre sans

perte appréciable. Tous les quatre, c'est-à-dire Guert, Dirk, Jaap et moi, nous nous tenions le plus près possible de notre brigadier, qui commanda aussitôt une marche en avant, pour presser la retraite de l'ennemi. L'engagement ne fut point vif cependant, et nous gagnâmes rapidement du terrain ; l'ennemi se retirait dans la direction de Ticonderoga, et nous le pressions aussi vite que la prudence et la force de notre brigade le permettaient.

Je pouvais voir sur notre front une nuée d'Indiens, et j'avoue que je redoutais une embuscade, car la façon pleine d'artifice dont ces habitans des bois faisaient la guerre, était connue, ne fût-ce que par tradition, de tous ceux qui étaient nés ou avaient été élevés dans les colonies. Nous avions débarqué dans une crique, sur le côté gauche du lac et presque à sa pointe, et dès que nous eûmes gagné du terrain, le général Abercrombie débarqua toutes ses troupes et les forma aussi promptement que possible en colonnes. Les colonnes se trouvèrent au nombre de quatre ; les deux du centre étaient composées entièrement de six régimens de troupes royales ; cinq mille hommes des milices de la province étaient sur les flancs, et environ quatre mille hommes de milices furent laissés pour garder les mille vingt-cinq bateaux qui composaient la flottille. Cependant tous les bateaux n'avaient point encore atteint le lieu du débarquement. Ceux qui portaient les munitions et l'artillerie étaient encore restés en arrière. Nous marchions avec la colonne droite du centre que conduisait notre noble ami. L'ennemi avait porté un seul bataillon près du point habituel de débarquement, dans un camp de bois ; mais voyant la supériorité des forces qui l'attaquaient, le commandant mit le feu à ses huttes et battit en retraite. Le combat fut encore moins vif qu'au moment du débarquement, et nous nous engageâmes pleins d'ardeur dans les bois ; mais le manque de guides, l'épaisseur de la forêt, et les difficultés du terrain mirent bientôt un peu de confusion dans notre marche. Les colonnes se n..lèrent l'une l'autre, et personne ne semblait pouvoir les tirer de ce fatal embarras. Le défaut de guides était le grand mal qui désorganisait l'armée, mais il était trop tard pour y remédier.

Notre colonne, ou plutôt la tête de la colonne, continua à avancer, et son brave commandant marchait en tête du premier peloton. Nous autres volontaires, nous allions en vedettes, un peu sur les flancs, et je ne fais point de vanterie en disant que nous étions toujours en avant plutôt qu'en arrière. A ce moment, nous aperçûmes des uniformes français, et nous rencontrâmes un corps ennemi, assez considérable, égaré comme nous et incertain sur la route qu'il devait prendre pour regagner ses retranchemens le plus vite possible. Comme on peut le penser, ce détachement ne se vit point si près de notre tête de colonne sans s'arrêter un instant pour faire feu. La décharge lui fut immédiatement rendue, et tous les quatre ayant aussi tiré, nous nous mîmes un peu à l'abri pour recharger nos carabines. Je venais de couler la balle dans le canon de la mienne, quand mes yeux aperçurent quelque confusion en tête de la colonne, et je vis qu'on emportait à l'arrière-garde le corps d'un officier. C'était celui de lord Howe. Il était tombé à la première décharge qu'eût faite l'ennemi dans cette campagne. La vue de leur chef tué à leur tête, sembla animer de rage les soldats; ils abordèrent l'ennemi comme des tigres irrités et le dispersèrent en un instant, après avoir fait un nombre considérable de prisonniers, sans compter les tués et les blessés.

Je n'ai jamais vu un homme plus animé, et plus hors de lui que Guert Ten Eyck à cette occasion. Il avait été l'ami de lord Howe pendant le séjour de ce dernier à Albany, et la mort de cet officier sembla éveiller tout ce qui pouvait y avoir de passion dans le caractère si habituellement bienveillant de notre ami. Il se comporta comme notre commandant immédiat, et nous conduisit sur les talons des Français jusqu'en vue de leurs retranchemens. Nous vîmes tous alors la nécessité de battre en retraite, et Guert consentit à revenir sur ses pas, mais avec fierté et comme un lion aux abois. Un parti d'Indiens nous pressa vivement dans cette retraite et nous courûmes risque de nos chevelures qui toutes auraient été perdues, ainsi que je l'ai toujours cru, sans la résolution et la force herculéenne de Jaap. Il arriva, comme nous nous retirions d'arbre en arbre, que nos quatre carabines se trouvèrent déchargées en même temps, circonstance dont nos ennemis profitèrent pour se précipiter sur nous. Heureusement le fort de l'attaque tomba sur Jaap qui fit le moulinet avec sa carabine et étendit successivement par terre les trois premiers Indiens qui l'attaquèrent. Cette intrépidité couronnée d'un tel succès nous donna le temps de recharger, et Dirck, tireur impassible et sûr de son coup, jeta par terre le quatrième avec une balle au cœur. Guert alors s'avança prêt à tirer et dit à Jaap de battre en retraite, et couverts par sa carabine et la mienne nous nous retirâmes à petits pas, les peaux rouges ne se souciant pas du tout de nous serrer de trop près, après avoir si rudement éprouvé de quel bois nous nous chauffions.

Nous dûmes cependant notre salut à une autre circonstance encore que la présence d'esprit de Jaap et le courage de Guert. Parmi les miliciens était un partisan de grande réputation nommé Rogers; il conduisait une troupe de carabiniers sur l'aile gauche, et repoussa vivement les tirailleurs de l'ennemi, en leur faisant éprouver une perte considérable. De cette façon, les Indiens qui nous poursuivaient furent tenus en échec, et s'ils avaient essayé de nous poursuivre trop loin, ils couraient risque de voir les partisans du major Rogers les prendre en queue et les séparer de leurs alliés. Ce ne fut pas malheureux pour nous, car nous eûmes plus d'un mille à faire avant d'atteindre la place où Abercrombie fit faire halte à ses colonnes et campa pour la nuit. Les positions qu'il prit sont situées à deux milles des fortifications de Ticonderoga et assez près de l'issue du lac George. L'armée y fut remise en bon ordre et s'y établit pour quelque temps.

Il fallut attendre l'arrivée des équipemens, des munitions et de l'artillerie; comme le transport de ces matériaux, dans un pays couvert de forêts vierges, n'était point chose facile, nous fûmes arrêtés par cette circonstance, deux jours entiers. Ce furent des jours bien tristes. La mort de lord Howe produisait sur l'armée presque le même effet qu'une défaite. C'était l'idole des troupes royales; il avait su se rendre aussi populaire parmi les colons que parmi ses compatriotes. Une tristesse de mauvais augure s'emparait de nous, et chaque homme semblait ressentir la mort de lord Howe comme celle d'un frère.

Nous demandâmes après le 25e régiment, et nous allâmes rejoindre Bulstrode. Notre réception fut amicale et même tendre. Elle fut même empressée dès qu'on sut que nous étions les partisans qui s'étaient battus si chaudement sur les flancs de la colonne droite du centre, et qu'on savait être allés beaucoup plus loin que personne sur le champ de bataille. Nous regagnâmes donc notre corps avec un certain éclat dès notre début, et chacun nous souhaita la bienvenue avec une cordialité qui paraissait sincère.

Néanmoins, le 25e régiment, aussi bien que tous les autres corps, partageait la tristesse générale. Bulstrode avait un commandement étendu et important pour son rang et son âge, et il était certainement fier de sa position. Mais son caractère si souple et si naturellement gai, était fortement affecté par ce malheur. La nuit qui suivit, nous nous promenâmes ensemble, et il mit la conversation sur ce sujet.

— Il peut vous paraître étrange, Cornélius, de trouver tant d'abattement dans le camp, après un débarquement qui a été certainement très heureux, et un petit engagement qui nous a procuré, à ce qu'on m'a dit, 200 prisonniers. Je puis vous assurer cependant, mon ami, qu'il aurait mieux valu pour l'armée de voir son meilleur corps détruit que de perdre l'homme qu'elle regrette. Howe était, à vrai dire, l'ame de toute l'armée. Il était naturellement soldat, et il faisait des soldats de tous ceux qui l'approchaient. Quant au commandant en chef, il ne vous connaît pas, vous autres colons, et il ne se servira pas de vous comme il le devrait. Ensuite il ne connaît pas le genre de guerre de ce pays-ci, et il pourra très bien faire une bévue. Je puis vous dire ceci qui en était, Cornélius, Howe avait autant d'influence sur Abercrombie que sur les autres officiers, et on essaiera sans doute de réaliser ses plans, mais il faudrait un autre lord Howe pour mener à point les vues d'un homme tel que lui, et voilà, je le crains, ce qui nous manquera.

La vérité de ces paroles me frappa, quoiqu'elles me parussent bien décourageantes. Je vis cependant que Bulstrode n'était point le seul à penser ainsi; c'était l'opinion générale de tous ceux qui nous entouraient. Cependant on faisait les préparatifs de l'attaque, et il fut convenu que le 8 déciderait du sort de Ticonderoga. Cette célèbre forteresse est située sur une péninsule, et ne peut être attaquée que d'un seul côté défendu par des ouvrages très considérables, et nous savions que la garnison était formidable. Comme ces ouvrages extérieurs cependant consistaient surtout en palissades et en arbres renversés et qu'on pouvait en approcher à travers les bois sans être trop à découvert, il fut résolu de les emporter d'assaut et d'entrer, s'il était possible, à la suite de l'ennemi dans la forteresse elle-même. Si nous avions attendu notre artillerie et établi des batteries, notre succès aurait été certain; mais les ingénieurs firent un rapport favorable à l'autre projet, et peut-être une attaque immédiate répondait-elle mieux au caractère et à l'impatience de l'armée

SATANSTOË.

entière, que les lentes opérations d'un siége régulier.
Le matin du 8, les troupes furent commandées pour
l'assaut, et nous marchâmes comme volontaires sur les
flancs du 25ᵉ. Le terrain ne permettant pas d'avoir des
chevaux, Bulstrode marchait à côté de nous. Je ne saurais rapporter les manœuvres de ce jour mémorable. Les
bois nous cachèrent en grande partie ce qui se passa des
deux côtés. Je sais cependant que la fleur de notre armée
fut mise en ligne, et prit part à l'assaut, les milices aussi
bien que les régimens. Le 42ᵉ, formé de montagnards écos-
sais, qui avait fait sensation dans la colonie à cause du costume et du caractère des hommes qui le composaient, fut
placé au point qui paraissait le plus périlleux. Le 55ᵉ, l'autre corps sur lequel on comptait le plus, fut mis à la tête
d'une seconde colonne. Un marais s'étendait à quelque distance de la seule partie accessible de la forteresse. Ces
deux corps furent chargés d'emporter les palissades qui
commençaient là où finissaient le marais. C'était la tâche
la plus périlleuse à accomplir, puisque c'était le seul côté
par où l'on pût s'approcher de la forteresse elle-même.
Pour ajouter à la sûreté de leur position, les Français
avaient mis en batterie plusieurs pièces d'artillerie le long
de la palissade, tandis que nous n'avions pas une seule
pièce pour couvrir notre approche.

On assure qu'Abercrombie ne prit conseil d'aucun des
officiers américains qu'il avait sous ses ordres lorsqu'il
décida l'attaque du 8 juillet. Il avait envoyé son principal
ingénieur faire une reconnaissance spéciale. Et cet officier, ayant rapporté que la place n'offrait point d'obstacle sérieux au point de vue de la science, l'assaut fut décidé. Ce rapport était exact, sans doute, au point de vue de
la science et de la pratique de la guerre européenne ; mais
la guerre en Amérique se fait tout différemment. Il était
à regretter que l'expérience de 1755 et le sort de Brad-
dock n'eussent point inspiré plus de prudence aux com-
mandans des troupes royales.

Le 25ᵉ fut mis en colonne derrière les montagnards que
commandait en cette occasion le colonel Gordon Graham,
vétéran d'une grande expérience et d'un courage indomptable. Je vis cet officier et son régiment placé précisément
en devant de moi, mais je ne vis guère autre chose, surtout une fois que la première décharge nous eut environnés d'un nuage épais de fumée.

Un temps considérable fut perdu à faire les préparatifs.
Quand on crut que tout était prêt, les colonnes furent
mises en mouvement. Il fut arrêté que les troupes devaient recevoir le feu de l'ennemi, puis marcher droit à
la palissade, l'emporter à la baïonnette et ne tirer qu'a-
près l'avoir franchie ou que si les ennemis se retiraient.
Nous autres volontaires et tous les corps irréguliers
dont on attendait peu de service dans une charge nous
eûmes permission de faire feu quand les Français nous offriraient prise.

Presqu'une heure fut perdue à approcher du point
d'attaque à cause des difficultés du terrain et de la nécessité de faire des haltes fréquentes pour reformer les
rangs. Enfin arriva le moment décisif où la tête de colonne
allait quitter le couvert du bois et marcher sous le feu de
l'ennemi. Une courte halte suffit pour les derniers arrangemens, les fifres firent entendre leurs sons excitans et

nous quittâmes le couvert en faisant entendre des cris et des
houras à mesure que nous entrions en ligne. Nous étions
bien à 200 mètres de la palissade à ce moment, et le premier coup fut tiré par Jaap, qui, s'avançant dans le marais, nous avait un peu dépassés, et qui abattit un officier français au moment où il allongeait la tête hors des
palissades pour reconnaître nos mouvemens. Cette attaque, hélas ! fut cruellement vengée. Les montagnards
s'avançaient comme un tourbillon, graves, silencieux et
déterminés, et guidés par leur musique nationale, quand
un éclair de feu illumina la ligne ennemie. Les balles,
la mitraille, mille messagers de mort vinrent en sifflant
pleuvoir au milieu de nous. Les Ecossais furent décon-
certés par cette réception ; mais ils se reformèrent aussitôt et poussèrent en avant. Le 25ᵉ n'échappa point à
la bordée, et le retentissement du canon nous dit assez
que le combat était engagé, tout le long de la palissade
jusqu'au bord du lac. Je n'ai jamais su combien d'hommes furent tués dans notre colonne par la première décharge ; mais le carnage fut affreux, et parmi ceux qui
tombèrent fut le vétéran Graham lui-même. Je puis dire
cependant que le plan d'attaque fut dérangé tout d'abord,
car les colonnes se déployèrent et commencèrent leur feu
le plus vite qu'elles purent. Il n'était pas possible de se
mieux conduire que ne le firent tous les hommes que je vis
au feu, car nous poussâmes tout droit à la palissade, jusqu'à
ce que nous rencontrâmes des arbres couchés à terre, qui
faisaient l'effet de chevaux de frise. Ils avaient été étendus le long de la palissade et en avant d'elle. Leurs branches avaient été taillées en pointe et amincies comme des
pieux. Il était impossible de les franchir en ordre ; et
quand les troupes les rencontrèrent, elles firent halte et
continuèrent à tirer par pelotons avec autant de régularité qu'à la parade. Au bout de quelques minutes cependant, plusieurs corps furent contraints de se retirer,
et cette lutte sans espoir fut continuée pendant six heures de notre part sans autre effet qu'un feu soutenu,
mais inutile, de mousqueterie, tandis que les Français en-
voyaient leur mitraille dans nos rangs aussi impuném-
ment que s'ils avaient été à la parade. Il aurait beaucoup mieux
valu pour nos troupes qu'elles fussent moins bien disci-
plinées et moins retenues par les officiers, car le seul effet de
l'obstination, en pareille circonstance, est de laisser plus
long-temps en péril des troupes vaillantes et dévouées
qui ne peuvent reculer et qui sont hors d'état d'avancer.

Guert se battait de son mieux ; et je vis bientôt qu'en
le prenant pour guide, nous ne tarderions certes pas à
nous trouver au milieu de la mêlée. Il nous conduisit
aux arbres abattus où nous trouvâmes une sorte de couvert : nous nous y établîmes en tirailleurs et nous fîmes
notre devoir en conscience. Quand les troupes reculèrent
nous nous trouvâmes livrés à nous-mêmes et la retraite
était plus dangereuse que la persistance. Nous étions
heureusement à l'abri du feu de nos troupes, ce qui était
fort important dans une pareille bagarre, et nous restâmes à notre poste jusqu'au dernier moment. Avertis au
bout d'un long temps de la nécessité de faire retraite, par
la manière dont le feu de nos propres lignes diminuait,
nous nous retirâmes sains et saufs, quoique Guert fît
tout le chemin à reculons, le visage tourné vers l'enne-

mi et tirant en marchant. Nous le suivions en nous couvrant des arbres. A la fin nous attirâmes l'attention de l'ennemi, et pendant deux ou trois minutes, les boulets sans exagération tombèrent comme grêle tout autour de nous.

Jaap n'était pas avec nous dans cette attaque, et je me dirigeai vers le marais pour voir après lui. Je n'en fus pas long-temps en peine, je trouvai le drôle battant aussi en retraite et menant avec lui un Indien du Canada qu'il avait fait prisonnier. Il avait contraint son captif à porter trois carabines déchargées et autant de poires à poudre : l'une des carabines avait appartenu à l'Indien, et les autres à deux hommes de sa tribu que le nègre avait laissés étendus dans le marais comme de sanglants trophées de ses exploits. Je ne puis expliquer philosophiquement la chose, mais le nègre me parut toujours se battre, comme si c'était pour lui une partie de plaisir.

Comme nous nous retirions, nous apprîmes qu'on avait ordonné la retraite générale. Ainsi, cette superbe et puissante armée était battue, et cela par une force moindre des deux tiers. Il n'est pas facile de décrire la scène déplorable qui suivit. Le transport des blessés à l'arrière-garde s'était opéré pendant tout le temps de l'action, et, comme il arrive toujours, avait beaucoup contribué à démoraliser les soldats. Ces malheureux étaient entassés par centaines dans les bateaux, tandis qu'on laissait la plupart des morts là où ils étaient tombés. Nos espérances étaient complètement déçues, et tous les esprits si découragés, que beaucoup de bateaux s'éloignèrent dès cette nuit, et tout le reste quitta le rivage le jour suivant, de grand matin.

Ainsi finit la fatale expédition de 1758 contre Ticondéroga, et avec elle nos espérances de voir Montréal ou Québec cette année. Je puis assurer que nous comptions au moins dix mille baïonnettes sur le champ de bataille, ce jour de sanglante mémoire, et que cinq mille hommes furent très vivement engagés. La faute fut de vouloir emporter d'assaut une position presque imprenable, et cela sans artillerie. On dit que l'ennemi avait quatre à cinq mille hommes, et cela peut être vrai si l'on parle de la force totale de la garnison, quoique je doute que plus de la moitié de ce nombre ait tiré sur nous. Il y a toujours beaucoup à rabattre des récits des vainqueurs et des apologies des vaincus.

Notre perte dans cette triste affaire fut évaluée à 548 tués, et à 1,356 blessés. Dans le régiment montagnard près de la moitié des soldats et 25 officiers, c'est-à-dire presque tous, furent ou tués ou blessés. Un récit rapporte même que tous les officiers de ce corps qui prirent part à l'action, furent atteints. Le 55ᵉ fut également écharpé : dix de ses officiers furent tués raides et beaucoup d'autres blessés. Quant au 25ᵉ, il fut un peu moins maltraité, parce qu'il ne formait pas une tête de colonne ; mais sa perte fut encore effrayante. Bulstrode fut gravement blessé au commencement de l'attaque, quoique sa blessure ne fût jamais regardée comme mortelle. Billings resta sur le carreau, et Harris reçut une balle dont il dut garder le souvenir toute sa vie.

La confusion fut extrême après un tel engagement et une telle défaite. Les troupes se rembarquèrent sans distinction de corps et sans garder aucun ordre : les bateaux s'éloignaient à mesure qu'ils avaient reçu leur charge. Les pertes en matériel furent immenses ; mais tous les trophées militaires en usage, furent, je crois, sauvés. Comme les miliciens avaient été les derniers engagés, et avaient relativement beaucoup moins souffert, un corps nombreux d'entre eux servit d'arrière-garde, tandis que les troupes régulières transportaient les blessés et le matériel.

Quant à nous trois, ou à nous quatre, en y comprenant Jaap, qui bâtonnait vigoureusement son prisonnier, nous ne savions guère que devenir. Tous ceux qui nous portaient intérêt étaient ou morts ou blessés. Nous ne pûmes voir Bulstrode, ni même retrouver son régiment, et même y eussions-nous réussi, il restait dans ce corps peu de personnes qui eussent pris quelque souci de nous, si même il en restait. Dans cette conjoncture, nous tînmes conseil sur les bords du lac, indécis si nous devions demander place sur les bateaux qui partaient, ou attendre au lendemain matin, afin que notre retraite eût un air un peu plus fier.

— Je vais vous dire ce qui en est, Cornélius, dit Guert Ten Eyck, d'un ton bref et décidé, moins nous parlerons de cette campagne et de la part que nous y avons prise, mieux cela vaudra. Nous ne sommes pas soldats de profession, et si nous nous tenons cois, personne ne saura quelle roulée nous tous en particulier nous avons reçue. Mon avis est de planter là l'armée, comme nous l'avons rejointe, par une marche séparée, et à l'avenir de tenir nos langues muettes sur ce que nous avons eu de commun avec elle. Je n'ai jamais vu un homme battu plus respecté pour sa mésaventure, et je dois le reconnaître, je tiens la victoire comme un point essentiel dans un récit de bataille.

— Vous pouvez être sûr, Guert, que je suis aussi peu disposé que vous, ou que qui que ce soit, à parler de la part que j'ai prise à cette affaire, mais il est beaucoup plus facile de parler de planter là cette multitude indisciplinée que de réussir à le faire. D'un autre côté, je ne sais si quelqu'un de ces bateaux voudra nous prendre, car un Anglais rossé n'est pas disposé à être de bonne humeur, et il paraît que tous nos amis ont été tués ou blessés.

— Vous voulez partir? demanda tout bas une voix d'Indien près de moi, avoir les moyens, eh !

En me retournant, je vis Susquesus debout à deux pas devant moi. Nous tenions conseil au milieu d'une foule sans cesse en mouvement, et l'Onondago s'était approché de nous sans être remarqué au commencement de notre conférence. Il était là, mais d'où venait-il ? comment était-il là? je ne pouvais l'imaginer alors, et je n'ai jamais pu le savoir depuis.

— Pouvez-vous nous aider à partir? Susquesus, lui répondis-je ; savez-vous un moyen de franchir le lac?

— Un canot, cela est bon. un canot marche quoique les Anglais courent.

— Celui dans lequel nous avons rejoint l'armée, est-ce cela que vous voulez dire?

L'Indien inclina la tête, et nous fit signe de le suivre. Il n'eut pas grand peine à nous persuader, et nous marchâmes tous sur ses talons dans la direction qu'il prit. Je dois reconnaître que quand je vis notre guide se diriger à l'est le long des bords du lac, je ne pus m'empêcher de concevoir quelques doutes sur sa bonne foi. Cette direction nous conduisait droit à l'ennemi au lieu de nous en éloigner, et il y avait quelque chose de si mystérieux dans la conduite de cet homme que je conçus quelque inquiétude Il se trouvait là au milieu de l'armée anglaise, au moment où elle était dans la plus grande confusion, quoiqu'il eût refusé de la joindre avant le combat. Rien n'était plus aisé que de se mêler à la foule dans la confusion où elle était, et de l'accompagner des heures entières sans être découvert, si l'on avait la vigueur nécessaire, et je savais que ce n'était pas là ce qui manquait à l'Onondago. Il y avait dans l'air de cet homme, une froideur, une observation calme, unies à l'apparente apathie d'une peau rouge, qui me le faisait juger très propre au rôle d'espion.

Néanmoins il fallait, ou le suivre, ou rompre immédiatement avec notre guide Nous ne pûmes nous décider à prendre ce dernier parti. quoique nous échangeâmes quelques mots à ce sujet. Nous suivîmes l'Indien le doigt sur la détente de nos carabines, et prêts à faire feu s'il nous conduisait dans une embuscade. Susquesus n'avait point d'intentions aussi perfides; il avait amené son canot à une place qui dénotait son jugement. Nous eûmes un mille à faire avant d'atteindre la petite crique environnée de bois dans laquelle il l'avait caché. J'ai toujours cru que nous courûmes un grand danger en avançant si loin dans cette direction puisque les Indiens du parti ennemi devaient rôder autour des flancs de notre armée pour chercher des chevelures; mais je sus plus tard le secret motif de la confiance de l'Onondago qui ne dit un mot à ce sujet que quand nous eûmes quitté le rivage, et encore ce fut en réponse à une question de Guert.

— Pas de danger; les peaux rouges prennent des chevelures anglaises sur le sentier de guerre. Trop de tués pour avoir besoin d'autres.

Comme les deux gouvernemens avaient la coupable coutume de payer les chevelures ennemies, cette supposition était sans doute l'exacte vérité. Avant de quitter la crique cependant, il se présenta une difficulté.

Jaap avait amené avec lui son Huron prisonnier, et l'Onondago déclara que le canot ne pouvait porter six personnes. Cela, nous le savions par expérience, quoiqu'il en portât cinq très bien.

— Pas de place, dit Susquesus, pour l'homme rouge. Cinq bon, six mal.

— Que ferons-nous de ce drôle-là, Cornélius? demanda Guert avec quelque intérêt. Jaap dit que c'est un vrai diable en plein jour, et qu'il a eu toutes les peines du monde à le prendre et à l'amener. Pendant cinq minutes ça été un déluge de coups de toute sorte, et le nègre n'a eu le dessus, à ce qu'il raconte, que parce que la peau rouge a eu l'incroyable bêtise de frapper Jaap à la tête. Il aurait aussi bien fait, comme vous savez, de frapper sur le roc de Gibraltar que d'essayer de briser le crâne à un nègre, et Jaap s'est rendu maître de lui. Qu'allons-nous faire de ce brigand-là ?

— Prendre une chevelure, dit l'Onondago d'un ton sentencieux, prendre bonne chevelure, touffe de guerre toute prête, peinture de guerre, excellente chevelure.

— Oui, c'est très bien pour vous, maître Succetush, c'est ainsi que Guert appelait toujours notre guide, mais il n'en est pas de même pour nous autres chrétiens. Je crois qu'il faudra laisser aller ce diable incarné après l'avoir désarmé.

— Pour désarmé, il l'est déjà, mais il ne sera pas long-temps sans trouver un mousquet sur le champ de bataille. Je suis de votre avis, Guert; aussi, Jaap, relâchez votre prisonnier, que nous retournions à Ravensnest, le plus promptement possible.

— Cela est bien dur, Massa Cornelius, da! s'écria Jaap qui goûtait fort peu l'ordre qu'il recevait.

— Pas un mot de plus, Monsieur, coupez les liens, lui dis-je, car Jaap lui avait lié les mains derrière le dos, comme une façon commode de le conduire sans résistance. Savez-vous le nom de cet homme?

— Oui, da, il dit qu'il s'appelle Muss (Jaap estropiait sans doute quelque mot indien en le répétant), et c'est un vrai mousse. massa Cornélius, pour avoir essayé de vaincre Jaap de la façon dont il s'y est pris.

Cette fois, je fus obligé d'appliquer tout à-coup un soufflet au nègre; car le drôle, au souvenir de la façon dont il s'était rendu maître de son adversaire, tomba dans un de ces accès inextinguibles de rire bruyant qui sont si communs à cette race d'hommes. Je renouvelai impérativement à Jaap l'ordre de couper les cordes qui liaient l'Indien, et de nous suivre dans le canot dans lequel l'Onondago et mes deux compagnons avaient déjà pris place. Au moment où je m'élançais dans le canot, j'entendis résonner de vigoureux coups de fouet sur le dos de quelqu'un. Je retournai à l'endroit où j'avais laissé Jaap et son captif, Muss, et je trouvai le premier infligeant sur le dos nu de l'autre une verte correction avec le bout de la corde qui liait encore ses bras. Muss, comme Jaap l'appelait, ne courbait pas le dos et ne se plaignait pas. Le pin ne se tient pas plus droit et plus inflexible dans un jour d'été, que l'Indien sous les coups de Jaap. Plein d'indignation, je poussai rudement le nègre, je coupai moi-même les liens du captif, et je poussai mon esclave devant moi jusqu'au canot.

XXI.

Je n'oublierai jamais notre voyage durant cette triste nuit. Nous avions abandonné à Susquesus la conduite du canot, car, aussitôt que nous nous trouvâmes en lieu de sûreté, nous nous sentîmes beaucoup trop fatigués pour prendre part à aucune espèce de travail. Jaap lui-même se coucha et ne tarda pas à dormir du sommeil d'un homme accablé de fatigue. Aucun de nous cependant ne put dormir, je pense. pendant les deux premières heures. Les scènes auxquelles nous avions pris part, et celles auxquelles il nous était réservé d'assister, ne nous permirent pas de goûter immédiatement les douceurs du repos.

Il était environ neuf heures du soir, lorsque notre canot quitta le rivage fatal du lac George, et se dirigea rapidement et en silence le long de la côte orientale de cette immense nappe d'eau. En même temps, plus de cinq cents bateaux étaient également partis de la pointe du lac, car la retraite avait commencé long-temps avant le coucher du soleil. Aucun ordre n'était observé dans cette marche déplorable ; chaque bateau était parti aussitôt que son chargement avait été complet. Tous les blessés étaient déjà portés sur les flots limpides du « saint lac, » ainsi qu'il a été nommé par quelques écrivains, au moment où notre canot commença à se mouvoir. Le bruit des bateaux qui partaient derrière nous, nous apprit que ceux qui avaient échappé sains et saufs au désastre de cette journée, suivaient les blessés aussi vite que les circonstances le leur permettaient.

Quelle nuit nous passâmes ! Un voile d'épaisse vapeur était tendu sur la voûte du ciel, et cachait la douce lumière des étoiles. Placés, comme nous étions, au pied d'un entourage de montagnes, nous ne sentions pas un souffle d'air, bien qu'il nous arrivât quelquefois d'entendre la brise agiter la cime des arbres en face de nous. Le rivage oriental ayant beaucoup moins de sinuosités que le bord opposé, la plupart des bateaux suivaient cette rive dans l'intention de raccourcir leur route. Nous nous trouvâmes bientôt nous-mêmes près de la ligne des bateaux en retraite. Je dis la ligne, car bien qu'aucun ordre ne fût observé parmi eux, chacun faisant de son mieux dans cette débâcle, pour arriver le plus tôt possible à l'endroit désigné pour la réunion de tous, il y avait cependant un si grand nombre d'embarcations en mouvement, qu'on en voyait une succession non interrompue aussi loin que les regards pouvaient pénétrer l'obscurité. Nous marchions plus vite que la plupart des embarcations lourdement chargées et mollement conduites, car les soldats qui les montaient, étaient beaucoup trop fatigués pour ramer avec ardeur, après une journée pareille. Nous ne tardâmes pas par conséquent à suivre une route parallèle à celle de ces embarcations, entre elles et le rivage à quelques pieds de distance. Dirck remarqua pourtant que deux ou trois petits bateaux nous avaient dépassés. Ils longeaient le bord de si près, et se trouvaient tellement cachés dans l'ombre des montagnes, qu'il eût été difficile de dire à qui ils appartenaient. Nous les prîmes pour quelques-unes des baleinières qui se trouvaient au nombre de plus d'une centaine dans la flottille, et qui portaient généralement des officiers supérieurs.

Personne ne parlait ; aucune voix ne s'élevait parmi ces milliers d'hommes, humiliés et défaits. Le bruit des rames troubla seul le silence de la nuit, aussi long-temps que nous fûmes à une distance convenable pour l'entendre. Lorsque notre canot eut marché pendant une heure ou deux, et que nous eûmes atteint les embarcations qui avaient quitté le bord les premiers, les plaintes et les gémissemens des blessés se mêlèrent au bruit monotone des rames. Ces malheureux avaient double raison de se féliciter, malgré leurs souffrances ; aucune armée n'aurait pu traiter ses blessés d'une manière plus propre à diminuer leurs douleurs, et la soif ardente qui résulte toujours de la perte du sang, pouvait être facilement étanchée, au milieu du limpide élément sur lequel nous flottions.

Après avoir ramé pendant plusieurs heures, Susquesus fut relevé par Jaap ; Dirck, Guert et moi, nous lui prê-

tâmes de temps en temps notre aide. Chacun de nous avait une rame, et chacun en fit le meilleur usage possible, tandis que l'Onondago dormit. Tour à tour, nous prîmes nous-mêmes quelques intervalles de repos, et nous sentîmes rafraîchis par le calme et le sommeil. Enfin, nous atteignîmes la passe étroite qui sépare le lac supérieur du lac inférieur, et nous entrâmes dans le premier. Cet endroit est proche de celui où les îles sont si nombreuses, et il était inévitable de passer presque bord à bord avec quelqu'un des bateaux.

— Approchez avec votre canot s'écria un officier dans une embarcation voisine ; je veux savoir quels sont ceux qu'il contient.

— Nous sommes des volontaires qui avons joint le 25⁰ régiment le jour où l'armée s'est mise en mouvement. Nous sommes hôtes et amis du major Bulstrode ; pourriez-vous nous dire, Monsieur, où nous pourrons trouver cet officier?

— Le pauvre Bulstrode a reçu un fort mauvais coup dès le commencement de la journée, et il a été obligé de passer immédiatement en arrière. De long-temps il ne sera capable ni de marcher, ni de monter à cheval, si tant est qu'il sauve sa jambe. J'ai entendu le commandant en chef ordonner de lui faire traverser le lac dans la première embarcation qui a reçu des blessés, et quelqu'un m'a dit que Bulstrode lui-même avait exprimé l'intention de se faire transporter à quelque distance, dans la maison d'un ami, afin d'échapper aux abominations de l'hôpital militaire. Le camarade a assez de chevaux pour le transporter dans une litière jusqu'au cap Horn si l'envie lui en prend. Je vous garantis que Bulstrode fait route en ce moment pour gagner de bons quartiers, si tant est qu'il soit possible d'en trouver de tels en Amérique. Je suppose que je me séparerai de mon bateau aussitôt que nous aurons gagné le fort William-Henry, et, cette besogne faite, j'avoue que je me considérerais comme fort heureux de tenir compagnie à notre camarade Bulstrode... Continuez votre chemin, Messieurs ; j'espère que je ne vous ai pas retenus ; mais, en apercevant votre canot, j'ai pensé qu'il était de mon devoir de m'assurer que nous n'étions pas suivis par des espions.

Ainsi, cet officier était une nouvelle victime de la guerre ! il parlait de la perte de son bras avec autant de sang-froid que s'il se fût agi de la perte d'une dent ; mais il n'est pas douteux qu'il ne la déplorât ce malheur au fond de l'âme. Les hommes ne portent jamais plus aisément un masque, que lorsqu'il sont excités par la rivalité des armes. Quant à Bulstrode, il était évident qu'il se rendait à Ravensnest ; il n'aurait pu se faire conduire nulle autre part aussi aisément, et, en supposant que sa blessure ne fût pas de nature à exiger un traitement continu, où pourrait-il être mieux soigné que sous le toit d'Herman Mordaunt? Je dois avouer que cette pensée me fut très pénible et que je fus assez fou pour désirer de pouvoir retourner auprès d'Anna et d'exciter ses sympathies par une blessure.

Notre canot ne tarda pas à passer tout près d'un autre bateau. L'officier qui le commandait, se tenait debout et semblait surveiller nos mouvemens. Il ne me parut pas blessé, mais il était sans doute chargé de quelque mis-

sion spéciale. Comme nous ramions à ses côtés, il engagea avec nous la conversation suivante :

— Vous marchez rapidement en arrière, mes amis,
modérez, s'il vous plaît, votre zèle. D'autres vous ont
devancés avec les mauvaises nouvelles.

— Vous jugez mal de notre patriotisme et de notre
loyauté, Monsieur, si vous vous imaginez que nous nous
hâtons de porter la nouvelle de l'échec qu'ont reçu aujourd'hui les armes britanniques, répondis-je aussi sèchement et d'un ton aussi équivoque que celui que
l'étranger avait employé en nous adressant la parole.

— L'échec, dites-vous! je vous demande mille pardons,
je vois que vous êtes des patriotes, et de première espè-
pèce encore; échec est précisément le mot, quoique
échec et mat eût été plus juste et plus significatif encore.

— Les troupes ont montré beaucoup de résolution et
de bravoure, répondis-je ; et nous qui n'étions que de
simples volontaires, nous serons toujours prêts à en rendre le témoignage.

— Mille pardons! encore une fois, répondit l'officier en
ôtant son chapeau et en saluant profondément, je ne savais pas que j'eusse l'honneur de m'adresser à des volontaires. Vous avez droit à tous les égards superlatifs, Messieurs,
pour être venus volontairement sur un pareil champ de
bataille. Pour ma part, je me considère comme écrasé par
une si grande marque de courage, n'ayant pas eu l'avantage ni la vertu vraiment extraordinaire de m'y rendre
de mon plein gré. Volontaires! sur ma parole, Messieurs,
vous aurez beaucoup de choses étonnantes à raconter
lorsque vous serez de retour dans le sein de vos familles.

— Nous aurons à parler du courage des Highlanders,
car nous avons vu tout ce qu'ils ont fait et tout ce qu'ils
ont souffert.

— Ah! étiez-vous réellement près de ce brave corps ?
s'écria l'officier, tandis que sa voix et ses manières devenaient en même temps polies et naturelles. J'honore des
hommes qui n'ont été même que spectateurs de tant de
courage, particulièrement s'ils se sont tenus assez près
pour jouir complètement de ce spectacle. Puis-je vous demander vos noms, Messieurs?

Je répondis en déclinant nos noms, en mentionnant
le fait, que nous avions été les hôtes de Bulstrode, et en
ajoutant combien grand avait été notre désappointement
d'avoir manqué non-seulement notre ami, mais son
corps

— Messieurs, j'honore le courage de quelque part qu'il
vienne, dit l'étranger avec sentiment, et surtout je l'admire lorsque je le trouve déployé par les natifs de ces colonies dans une querelle qui, après tout, est la leur. J'ai entendu parler de vous comme ayant été près du pauvre
Howe, lorsqu'il est tombé, et j'espère que nous ferons plus
ample connaissance. Quant à Bulstrode, il s'est dirigé vers
le sud il y a quelques heures, et dans l'intention d'opérer
la guérison de sa blessure au milieu d'amis qu'il a dans
cette province. J'espère que cette entrevue ne sera pas
la dernière; souvenez-vous, je vous prie, du capitaine
Charles Lée, qui sera très heureux de vous serrer la
main à tous, lorsque nous aurons regagné le camp.

Nous lui exprimâmes nos remercîmens; mais Susquesus ayant dirigé subitement le canot vers le rivage, nous
ne pûmes rien dire de plus.

Pendant notre conversation l'Indien s'était éveillé, et
il avait pris la conduite du canot. Glissant au milieu des
îles, il nous fit bientôt aborder précisément à l'endroit où
nous nous étions embarqués cinq jours auparavant.
Après avoir mis en sûreté sa petite embarcation, l'Onondago nous conduisit en haut du ravin et nous parvînmes
à sa suite, après une heure des plus grands efforts, sur
le sommet dépouillé de la montagne où nous avions déjà eu l'occasion de nous reposer auparavant.

Si la nuit avait été mémorable, le spectacle qui s'offrit
à nos yeux au lever du soleil, ne le fut certainement pas
moins. Nous avions atteint notre point de vue élevé à peu
près à la même heure où l'Indien m'avait éveillé au même
endroit dans une précédente matinée, et nous avions naturellement le même tableau sous les yeux. En un sens les
accessoires étaient aussi les mêmes quoiqu'ils se présentassent sous un aspect fort différent. Je ne crois pas exagérer
en disant que nous avions en vue, comme la première
fois, un millier d'embarcations. Un très petit nombre, une
douzaine tout au plus, étaient arrivées à l'extrémité supérieure du lac. Tous les autres petits bâtimens de cette
nombreuse flottille étaient épars sur la surface de cette
admirable nappe d'eau, formant une longue suite de
points sombres, qui s'étendait à partir du fort William-
Henri aussi loin que les regards pouvaient porter. Quelle
différence entre le triste assemblage de ces bateaux en
désordre, et la réunion martiale des troupes qui se pressaient en bon ordre, moins d'une semaine auparavant,
pleines d'espoir et fières de leurs forces!

Nous n'eûmes pas plus tôt atteint la cime pelée de la
montagne, que l'Onondago chargea Jaap d'allumer du
feu, tandis que, de son côté, il produisit quelques vivres
qu'il avait déposés en cet endroit à l'avance. Comme aucun de nous n'avait pris de nourriture depuis le matin du
jour précédent, ce repas fut le très bien venu, et nous le
partageâmes avec l'ardeur de gens affamés. Après avoir
apaisé notre appétit, nous nous consultâmes sur ce que
nous avions à faire.

— La question est de savoir si nous nous dirigerons
en droite ligne sur Ravensnest, observa Guert, ou si
nous nous rendrons d'abord près de l'arpenteur pour voir
où en sont les choses de ce côté.

— Il n'y a pas de danger que nous soyons poursuivis
par les Français, car leurs bateaux sont encore dans l'autre lac; l'état du pays est donc à peu près le même qu'a-
vant l'attaque de Ticonderoga.

— Faites cette question à l'Indien, répondit Dirck d'un
ton significatif.

Nous jetâmes un regard interrogateur sur l'Onondago.
Un seul coup d'œil suffisait ordinairement pour qu'il nous
comprît, pourvu que nous eussions fait à l'avance une
allusion suffisante à l'objet de notre demande.

— L'homme noir ; acte de folie, observa Susquesus.

— Qu'ai-je fait, peau rouge du diable? demanda Jaap
qui éprouvait une antipathie naturelle contre tous les Indiens bons ou mauvais, sentiment que les Indiens rendaient à usure à sa race, par un sentiment de mépris ca-

ché sous le voile de l'indifférence ; qu'ai-je fait, rouge démon, hein? Dites à Massa Corny, qu'ai-je fait?

Susquesus ne manifesta aucun ressentiment en écoutant cette interpellation un peu rude; il resta dans une immobilité aussi complète que si ces paroles n'avaient pas frappé son oreille. Cette indifférence irrita Jaap au plus haut degré, et, comme il avait l'épiderme fort sensible sur tous les points par lesquels on blessait sa vanité. il y aurait eu immédiatement un combat entre l'homme noir et l'homme rouge, si je n'avais pas levé un doigt, et si ce geste n'avait pas eu pour effet d'arrêter court l'explosion du courroux de Jacob Satanstoé.

— Vous ne devez pas porter une telle accusation contre mon esclave, Onondago, dis-je à l'Indien, sans être en mesure d'en donner la preuve.

— Il frappe un guerrier rouge comme un chien.

— Qu'est-ce que cela? grommela Jaap qui n'était qu'à moitié calmé par mon signe. Qui a jamais entendu dire que c'était faire tort à une peau rouge que de lui donner quelques coups de bâton?

— Guerrier, ne ressemble pas aux femmes; coups le blessent au cœur; il n'oublie jamais.

— Eh bien! lui libre de se rappeler, dit le nègre en riant, et en montrant d'une oreille à l'autre ses dents blanches comme de l'ivoire; Muss était mon prisonnier, et à quoi m'aurait-il servi de l'avoir pris, si je l'avais relâché sans lui administrer une correction? Dites cela à Massa Corny. Lorsqu'il me fouette, est-ce que je me plains jamais?

— Je ne vous ai pas assez châtié de moitié, Jaap , ou vous seriez beaucoup mieux dressé , lui dis-je , jugeant cette menace nécessaire , car le drôle n'avait jamais auparavant osé manifester en ma présence une humeur si querelleuse, probablement parce que je ne l'avais jamais vu aux prises avec un Indien. Laissez-moi en apprendre davantage, ou je serai obligé, séance tenante , de vous payer l'arriéré de la correction que je vous dois.

— Les nègres sont beaucoup meilleurs, quand on leur a quelque peu tanné le cuir, observa Guert, d'un ton significatif.

Je remarquai que Dirck, qui aimait mon esclave, principalement parce qu'il m'appartenait, regardait son agresseur d'un air de blâme. Grâce à la combinaison de ces démonstrations, nous réussîmes à réfréner la langue de Jaap.

— Bien , Susquesus , ajoutai-je , nous sommes tout oreilles pour entendre ce que vous avez à dire.

— Musquerusque chef; chef Huron , avoir le dos très sensible ; jamais oublier corde.

— Vous entendez dire par là que le prisonnier de mon noir est capable de faire quelque tentative pour se venger des coups de fouet qu'il a reçus?

— Justement. Indien , bonne mémoire ; n'oublie pas amis , n'oublie pas ennemis.

— Mais votre Huron sera fort embarrassé de nous trouver, Onondago; il nous croit avec l'armée et s'il s'avisait de nous y chercher, vous voyez qu'il serait désappointé.

— Vous ne connaissez pas cela. Forêt pleine de traces. Indiens pleins d'adresse. Pourquoi parler de Ravensnest?

— Le nom de Ravensnest a-t-il donc été prononcé en présence de ce Huron? demandai-je avec une anxiété qu'une circonstance aussi futile aurait difficilement justifiée aux yeux de tout autre.

— Oui, quelques paroles de cette espèce ont été prononcées, mais non dans un sens que le camarade ait pu comprendre, répondit Guert négligemment. Qu'il marche en avant maintenant, s'il n'est pas encore fatigué de nous.

Telle n'était pas ma manière de voir. Le nom seul de Ravensnest avait éveillé la pensée d'Anna dans mon esprit et en même temps celle des horreurs qui devaient accompagner l'accomplissement d'un acte de vengeance de la part d'un Indien.

— Je vous enverrai au Huron. Susquesus, ajoutai-je, si vous pouvez me dire à quel prix nous pourrons acheter son oubli.

L'Onondago me regarda un instant d'un air d'intelligence; puis, faisant quelques pas en avant, il passa l'index de la main droite autour de la tête de Jaap, sur la ligne que décrit ordinairement le couteau d'un guerrier lorsqu'il enlève le trophée sanglant qui est le signe de la défaite de sa victime.

Jaap comprit parfaitement, comme nous, le sens de ce geste fort clair, et la manière dont il serra entre les deux mains la laine qui couvrait sa tête, comme pour la défendre contre le couteau, nous fit éclater de rire. Le nègre ne prit aucune part à notre gaîté, mais je vis qu'il regardait l'Indien de l'air d'un boule-dogue qui montre les dents au moment de s'élancer sur son adversaire. Il fallut lui montrer le doigt de nouveau pour réprimer son ardeur belliqueuse. Il devenait nécessaire de mettre fin à cette querelle ; en conséquence, j'ordonnai à Jaap de préparer nos paquets dans l'attente de notre prochain départ. Dès que nous fûmes débarrassés de sa présence, nous interrogeâmes Susquesus d'une manière plus explicite.

— Vous connaît l'Indien? répondit l'Onondago; maintenant qu'il pense que les habits rouges sont dispersés et chassés, il va chercher à prendre des chevelures. Il aime toute espèce de chevelures, celle des vieillards, celle des jeunes gens, celle des hommes, celle des femmes et celle des enfans. Toutes rapportent de l'argent, toutes de l'honneur. Aucune différence pour lui.

— Oui! s'écria Guert en respirant fortement comme un homme qui éprouve une vive émotion, l'Indien est un démon incarné lorsqu'il a une fois flairé le sang. Croyez-vous que ces Indiens français feront une incursion dans les défrichemens qui sont au sud-est de nous?

— Plus près. Vous, regarder le danger où il est Vos amis les plus voisins! vous n'aimeriez pas cela, je suppose?

— Vous avez raison de le dire, Onondago, je n'aimerais pas cela, et mes compagnons qui sont ici présens ne l'aimeraient pas davantage. La première chose que vous ayez à faire est donc de nous mener, par un chemin qui nous conduise aussi droit que le vol des oiseaux, à Ravensnest, la maison barricadée que vous connaissez, où nous avons laissé toute la joie de nos cœurs.

Susquesus comprit parfaitement ce langage. et ce qui le prouva, c'est qu'il sourit à cette allusion au précieux caractère des habitans de la maison où Guert lui disait de nous conduire.

— Squaw, très belles, répondit-il avec complaisance; pas étonnant que les jeunes hommes les aiment, mais ne pas pouvoir y aller maintenant, trouver d'abord les amis qui mesurent la terre. Terre indienne autrefois!

Cette dernière remarque fut faite d'un ton de regret et d'amertume qui me déplut.

— Je serais très fâché que ce terrain n'eût pas appartenu en effet aux Indiens, Susquesus, répondis-je, car notre titre de propriété n'en est que meilleur, ainsi qu'en fait foi l'acte signé par les Indiens. Vous savez, sans doute, que mon père et son ami, le colonel Follok, ont acheté le terrain aux Mohawks et l'ont payé le prix que ceux-ci ont demandé?

— L'homme rouge ne mesure jamais le terrain ainsi. Il indique avec son doigt l'arbre rompu et dit : Ici ; prenez depuis cette eau jusqu'à cette eau.

— Tout cela est très vrai, mon ami ; mais comme cette manière de mesurer ne serait pas suffisante pour établir les lignes de démarcation des fermes séparées les unes des autres, nous sommes obligés de faire l'arpentage du terrain et de le diviser en lots d'une plus petite étendue. Les Mohawks ont d'abord donné à mon père et à son ami toute l'étendue du terrain dont il pourrait faire le tour à pied dans le cours de deux soleils, en lui laissant la faculté de passer la nuit d'intervalle à l'endroit où il serait arrivé.

— Bon acte cela, s'écria l'Indien avec énergie, la jambe ne peut tromper; la plume commet le vol.

— Nous avons donc l'avantage d'avoir doubles titres de propriété. Tandis que les propriétaires fesaient le tour du terrain, ils étaient accompagnés par une troupe d'Indiens, afin que tout se passât de bonne foi. Ensuite les chefs ont signé une cession du terrain par écrit, pour qu'il n'y eût pas d'erreur, et enfin nous avons obtenu la concession du roi.

— Qui donner la terre au roi ? Toutes ces terres sont celles des hommes rouges. Qui les a données au roi ?

— Qui a réduit au rôle de femmes, les Delawares? Les guerriers des Six Nations. Ne sont-ce pas eux, Susquesus?

— Oui, Six Nations, grands guerriers, ont mis des jupons aux Delawares, qui ne peuvent plus aller sur le sentier de guerre. Que fait cela aux terres du roi?

— Cela fait que les guerriers du roi ont pris possession du pays, précisément de la même manière que les six nations ont pris possession du terrain des Delawares, avant qu'ils en eussent fait des femmes.

— Que sont devenus les guerriers du roi, maintenant? demanda l'Indien vivement. Vont-ils encore en avant? Où est la terre de Ticonderoga, maintenant? Quelles terres occupent les Français à l'extrémité du lac?

— Les troupes du roi ont certainement éprouvé une défaite; et pour le moment, il faut admettre qu'ils ont moins de force pour faire valoir leurs droits. Mais les choses peuvent changer d'un jour à l'autre, et le roi peut rentrer en possession de son territoire. Souvenez-vous qu'il n'a pas vendu Ticonderoga aux Français comme les Mohawks nous ont vendu Mooseridge, et que cela

fait une très grande différence. Un marché est un marché, Onondago!

— Oui, marché, marché; très bon. Bon pour l'homme rouge ; bon pour le visage pâle. Point de différence ; ce que le Mohawk vend, il ne le reprend pas; il laisse le visage pâle le garder. Mais comment le roi vient-il avec le Mohawk? Tous deux possèdent-ils la terre, eh ?

Il était difficile de faire comprendre à l'Indien qu'un gouvernement humain, qui, d'après les principes reconnus parmi les nations civilisées, étend sa juridiction sur un territoire couvert de forêts vierges et parcouru accidentellement par des tribus sauvages, croit devoir indemniser préalablement ces tribus par un achat, avant d'introduire la civilisation sur ce terrain, et de le diviser pour le besoin de cette même civilisation. Pourtant il me sembla nécessaire de faire une réponse quelconque à la question de l'Onondago, afin d'éloigner de son esprit l'idée que nous n'étions pas légitimement propriétaires du terrain de Mooseridge.

— Supposez que vous trouviez une carabine à votre goût, Susquesus, lui dis-je après un moment de réflexion, et que vous trouviez deux Indiens qui en réclament tous deux la possession. Votre droit de propriété sur cet objet serait-il pire, parce que vous auriez payé le prix de la carabine à chacun des deux guerriers? Ne serait-il pas meilleur, au contraire?

L'Indien fut frappé de cette réponse, qui convenait à la nature de son esprit. Il me tendit la main et secoua cordialement la mienne, comme pour me prouver combien il était satisfait de mon argument.

Après avoir ainsi terminé cette affaire à notre satisfaction mutuelle, je ramenai la conversation sur le sujet plus intéressant de la résolution que nous avions à prendre immédiatement.

— L'Onondago pense que les Indiens Français vont maintenant diriger leurs coups vers les défrichemens, dis-je à mes compagnons, et que nos amis de Ravensnest pourront avoir besoin de notre aide. Mais, en même temps, il croit que nous devons d'abord retourner à Mooseridge, et rejoindre les arpenteurs. Quelle est la meilleure conduite à tenir, à votre avis?

— Que l'Indien nous donne d'abord ses raisons pour nous engager à rejoindre les arpenteurs, répondit Guert; si son projet est appuyé sur de bonnes raisons, je suis prêt à marcher à sa suite.

— Chevelure de l'arpenteur, bonne à scalper, comme celle des femmes, dit Susquesus, dans le bref langage qui lui était ordinaire.

— Voilà qui est clair, s'écria Guert. Je comprends tout maintenant. L'Onondago pense que nos gens, qui sont à Mooseridge, peuvent être tués, tandis qu'ils sont seuls et sans secours, et que nous devons les avertir du danger.

— Tout cela est parfaitement juste, répliquai-je, et c'est ce que l'arpenteur et ses aides ont le droit d'attendre de nous, étant en ce moment employés à notre service. Cependant, Guert, je suis porté à croire qu'ils pourraient rester en sûreté, pendant une année entière, au fond de la forêt où ils se trouvent. Leur séjour en cet endroit est complètement inconnu, et qui pourrait y trahir leur présence?

BIBLIOTHÈQUE CHOISIE.

— Voyez, dit Susquesus avec vivacité. Tuez le daim, et abandonnez-le dans la forêt. Le corbeau ne trouvera-t-il pas la carcasse?

— Cela est assez juste; mais un corbeau a un instinct que la nature lui a donné, pour trouver sa nourriture. Il vole haut dans les airs, et peut voir plus loin qu'un Indien.

— Personne voit plus loin qu'Indien. Homme rouge s'élève très haut également. Sa vue s'étend du lac salé aux eaux douces. Connaît toute chose dans la forêt.

— Vous ne supposez pas, sans doute, Susquesus, que les guerriers hurons trouveront nos arpenteurs à Mooseridge.

— Pourquoi ne trouveraient pas? Trouver le renne; pourquoi ne pas trouver la hauteur? Trouver certainement Mooseridge, et ceux qui mesurent la terre.

— Après tout, Corny, dit Guert, nous ferons bien de suivre l'avis de l'Indien. J'ai entendu faire le récit de tant de calamités qui sont venues fondre sur des individus dans la forêt, pour avoir méprisé les conseils d'Indiens, que j'ai une sorte de superstition à ce sujet. Voyez ce qui est arrivé hier. Si Abercrombie avait tenu compte de l'opinion des peaux rouges, il aurait peut-être remporté la victoire, au lieu de se voir battre misérablement.

Susquesus leva un doigt, et sa sombre physionomie fut éclairée par une expression plus éloquente encore que la parole.

— Pourquoi ne pas ouvrir l'oreille à l'homme rouge? demanda-t-il avec dignité. Des oiseaux chantent bien, des oiseaux chantent mal; mais tous les oiseaux connaissent leur propre chant. Guerrier Mohawk, habitué aux bois, suit sentier détourné, lorsqu'il rencontre beaucoup d'ennemis. Grand chef Yengeese pense donc que ses guerriers ont deux vies, qu'il les pousse en face des canons et des carabines pour être tués. Indien n'agit pas si follement; non jamais!

Tout cela était trop vrai pour être contredit, aussi ne songeâmes-nous pas à discuter la remarque de Susquesus. Mais ayant déterminé entre nous de reprendre avec l'Onondago le chemin que nous avions suivi pour venir, nous lui annonçâmes que nous étions prêts à nous mettre en marche aussitôt qu'il jugerait convenable de partir. Susquesus se leva et se mit à notre tête sans impatience comme sans retard, car il faisait toutes choses systématiquement. Nous nous dirigeâmes au retour exactement par le même chemin que nous avions été conduits de Mooseridge au lac George. Telle était l'exactitude de notre guide, que nous passâmes à côté des mêmes objets que nous avions aperçus en venant. Il n'y avait pourtant aucunes traces, à l'exception de quelques empreintes de nos pas; mais il était évident que l'Onondago n'y faisait aucune attention, et qu'il possédait d'autres moyens plus sûrs et plus faciles de diriger sa course.

Guert suivait de près l'Indien, et je venais immédiatement après lui. Que de fois, dans le cours de cette journée fatigante, remarquai-je avec admiration la figure et la prestance de mon chef de file! La nature semblait l'avoir formé pour le métier des armes; il était fort, mais agile, et en cela il différait de Dirck, qui, si jeune encore, alourdissait déjà son pas avant que le jour fût avancé.

La marche de Guert, au contraire, ne perdit rien de sa légèreté; il tenait la tête droite; son œil était vif et intrépide, son pas élastique, quoique ferme. Jusqu'à la dernière heure de cette journée longue et pénible, Guert sauta par-dessus les troncs d'arbres morts, franchit les excavations qu'on rencontre souvent dans la forêt, et montra de toutes manières que ses nerfs d'acier et ses muscles endurcis avaient encore toute leur force. Tandis qu'il marchait devant moi, je m'aperçus pour la première fois qu'une partie de la frange de sa blouse de chasse, avait été emportée dans le combat et qu'une balle avait traversé son bonnet. Guert n'ignorait pas qu'il eût couru ce double danger; mais il était d'un naturel si mâle et si résolu, qu'il ne jugea pas que la chose valût la peine d'être mentionnée.

Comme la première fois nous ne fîmes qu'une halte pour dîner, mais nous n'échangeâmes que peu de paroles pendant la durée de ce repas, et aucun changement ne fut apporté à notre premier plan. Nous étions arrivés à l'endroit où il aurait fallu changer de route si nous avions eu l'intention d'aller tout droit à Ravensnest; mais quoique chacun fût instruit de cette circonstance, personne n'y fit allusion.

Nous fîmes un long et pénible chemin durant l'après-dîner, mais aucun de nous ne manifesta la moindre disposition à s'arrêter en route. Quant à Susquesus, il ne semblait connaître ni la fatigue ni la faim. Sans aucun doute, il ressentait l'une et l'autre, mais l'habitude de commander à ses sentimens était tellement enracinée en lui, qu'il était parvenu à dissimuler ses souffrances de toute espèce. Le soleil était sur le point de se coucher lorsque nous atteignîmes les limites du domaine de Mooseridge. Nous nous assurâmes de ce fait en franchissant la ligne des arbres dont quelques-uns portaient certains signes gravés sur l'écorce pour indiquer le nombre des grandes subdivisions de la propriété. Guert, beaucoup plus familiarisé avec la forêt que Dirck ou moi-même, nous fit remarquer ces signes. Ainsi guidés, nous n'eûmes aucune difficulté à marcher en droite ligne vers notre hutte.

Susquesus pensa qu'il était nécessaire de prendre quelques précautions lorsque nous arrivâmes à la fin de notre voyage. Il nous fit rester en arrière tandis qu'il allait lui-même en reconnaissance. Cependant un signal ne tarda pas à nous appeler près de lui, et nous aperçûmes la hutte telle que nous l'avions laissée; mais personne ne se montrait aux environs. Cette absence pouvait provenir d'une cause toute naturelle; on sait que nos arpenteurs campaient fréquemment en plein air plutôt que de faire une longue marche après les fatigues d'une journée de travail; il était très vraisemblable que Peter avait mieux aimé les accompagner que de rester seul dans la hutte. Nous avançâmes donc avec confiance. En arrivant, nous trouvâmes le bâtiment complètement vide, ainsi que nous nous y étions attendus. Mais tout indiquait que ses habitans ne l'avaient quitté que très peu de temps auparavant, dans la matinée au plus tard.

Jaap s'occupa de préparer le souper avec les provisions ordinaires de la troupe, provisions que nous trouvâmes à leur place habituelle et en abondance. Je demandai au nègre ce qu'il pensait de l'abandon de la hutte; il me répondit que sans doute M. Traverse était parti dans la journée même, pour aller dans quelque partie éloignée de la patente, et qu'il avait probablement pris Peter avec lui, attendu que tout était couvert et rangé dans la hutte avec ce soin qui dénote l'intention de s'absenter pour quelque temps. L'Indien entendit la remarque du nègre, et, secouant la tête d'une manière significative, il dit :

— Pas besoin de conjectures ; aller voir ; assez de lumière ; beaucoup de temps ; l'Indien dira bientôt.

Il quitta la hutte et se mit immédiatement en devoir d'accomplir la tâche qu'il venait de se donner.

XXII.

J'eus la curiosité de le suivre et de surveiller ses mouvemens. Susquesus s'avança à une courte distance de la hutte, jusqu'à ce qu'il eût laissé derrière lui le monticule, et atteint le terrain situé plus bas, où l'empreinte des pieds semblait devoir être plus visible. Arrivé là, il commença à faire à pas lents un circuit autour du bâtiment, tenant les yeux fixés à terre, et semblable à un chien de chasse qui flaire une piste. Les manières de l'Onondago excitèrent mon intérêt au point que je le rejoignis, en ayant soin cependant de me tenir derrière lui, afin de ne pas le gêner dans sa recherche.

Il y avait un grand nombre d'empreintes de pas, particulièrement sur le terrain bas et humide où nous étions alors, mais elles ne me parurent pas exciter l'attention de l'Indien. La plupart de nos gens portaient des moccassins, et il n'était pas aisé de comprendre comment, en de telles circonstances, et au milieu de cette quantité d'empreintes croisées en tous sens, il serait possible, à qui que ce fût, de distinguer les traces laissées par des ennemis, de celles marquées par des amis. Il était évident néanmoins que Susquesus croyait à cette possibilité, d'après la persévérance et l'ardeur qu'il déployait.

D'abord la recherche de mon compagnon ne fut suivie d'aucun succès; mais après avoir fait la moitié du circuit qu'il décrivait autour de la hutte, en se tenant toujours à une centaine de verges de distance, il s'arrêta subitement, se baissa jusqu'à terre, puis il se releva, et marqua la place; ensuite, après m'avoir fait signe de me tenir un peu de côté, il changea de route et il se dirigea vers la hutte en ouvrant un angle droit avec le chemin qu'il avait pris auparavant. Je le suivis lentement, sans perdre aucun de ses mouvemens.

De la sorte, nous regagnâmes la hutte. Là, Susquesus se livra à un long et minutieux examen. Mais les empreintes étaient si nombreuses, qu'il lui fut impossible à lui-même de distinguer ce qu'il cherchait. Il retourna à l'endroit qu'il avait exactement marqué en suivant exactement ses propres traces. Cela seul me prouva qu'il était beaucoup plus expert que moi en ce genre, car, à dire vrai, je n'aurais pas pu en faire autant.

Lorsque nous fûmes arrivés, Susquesus suivit, hors du cercle, la trace invisible pour moi qu'il avait trouvée et qui conduisait dans la forêt en droite ligne, à partir de la hutte et de la source. Je continuai à marcher ni près de lui, quoique nous n'eussions ouvert la bouche ni l'un ni l'au-

tre durant tout le temps de son examen, qui n'avait pas duré moins d'une demi-heure. Comme l'obscurité s'épaississait et que Jaap venait de donner le signal de notre souper, je pensai qu'il était temps de rompre le silence.

— Trouvez-vous quelque trace, Susquesus? lui demandai-je.

— Bonne trace, répondit Susquesus ; nouvelle trace aussi; semblable à celle d'un Huron.

C'était là une nouvelle effrayante, certainement ; cependant, quelque disposé que je fusse à accorder toute espèce de déférence aux connaissances de mon compagnon en ces matières, je pensai qu'il se trompait cette fois. En premier lieu, quoique j'eusse vu un grand nombre d'empreintes de pas près de la hutte et dans le terrain bas sur lequel l'Indien avait fait un circuit, je n'en apercevais aucune à l'endroit où nous étions. Je le dis à Trackless, et je le priai de me montrer en particulier un des signes qui l'avaient conduit à sa conclusion.

— Voir, dit Susquesus en se baissant de manière à placer un doigt sur les feuilles mortes qui tapissent toujours la forêt; moccassin été ici; là le talon; là les doigts du pied.

Aidé de cette manière, je parvins à découvrir une légère empreinte de pas qui pouvait passer pour telle, surtout avec l'aide de l'imagination, bien que la trace imperceptible qui eût été laissée pût appartenir aussi bien à toute autre chose qu'au pas d'un guerrier huron.

— Je vois ce que vous voulez dire, Susquesus; et je reconnais que cela peut être la trace d'un pas, répondis-je ; mais ne peut-il pas se faire aussi que cette empreinte ait été laissée par tout autre objet qui ait touché le sol en cet endroit ? Ne peut-elle pas avoir été occasionée par une branche qui sera tombée d'un arbre ?

— Où est la branche? demanda vivement l'Indien.

— Certainement c'est plus que je ne puis dire ; mais je ne peux pas supposer que cette trace soit celle du pied d'un Huron sans autres preuves que celles que vous me donnez.

— Comment appelez-vous celle-là, et celle-ci, et cette autre encore? ajouta l'Indien, revenant rapidement en arrière, et montrant du doigt quatre autres empreintes semblables et tout aussi imperceptibles. Ne les voyez-vous pas?

Il avait raison, et maintenant que mon attention était dirigée sur ce point et que mes sens étaient aidés par les remarques de l'Indien, je reconnus, je l'avoue, divers indices de pas qui sans cela auraient échappé à toutes mes recherches.

— Je vois ce que vous me montrez, Susquesus, lui dis-je, et je vous accorde que ces empreintes ressemblent plus à des pas qu'à toute autre chose. A tout prendre, plusieurs de nos gens portent des moccassins aussi bien que les hommes rouges, et comment pouvez-vous savoir si l'un des arpenteurs n'a pas passé par ce chemin?

— L'arpenteur ne laisse pas de traces pareilles. L'orteil tourne en dedans.

Rien n'était plus vrai ; mais de ce que l'empreinte était celle du pied d'un Indien, il ne s'en suivait pas que cet Indien fût un Huron. Où donc étaient les guerriers ennemis pour être venus jusque-là dans le court espace de temps qui s'était écoulé depuis la dernière bataille? Il était hors de doute que toutes les forces des Français, Européens et Indiens, s'étaient réunies à Ticonderoga pour faire face aux Anglais, et la distance était si grande du voisinage de la forteresse à l'endroit où nous étions, qu'il était impossible qu'un parti ennemi l'eût franchie aussi vite depuis les derniers événemens. Si le lac n'y avait mis obstacle, j'aurais pensé qu'une bande de tirailleurs aurait pu être jetée sur les flancs de l'armée, et, de la sorte, les ennemis se seraient trouvés rapprochés de nous. Mais il y avait le lac qui défendait nos approches à la distance de plus de trente milles, et qui rendait inutile l'emploi de pareils tirailleurs. Toutes ces objections se présentèrent à la fois à mon esprit, et je les opposai à la supposition de mon campagnon.

— Pas la vérité, répondit Susquesus, en secouant la tête, cette trace, trace de Huron; connaît pas l'homme rouge, pour parler ainsi.

— Mais les hommes rouges sont des hommes aussi bien que les visages pâles. Il y a soixante-dix milles de l'endroit où nous sommes au bord du lac George, et pour que votre conjecture fût vraie, il faudrait qu'un parti ennemi eût franchi cette distance en moins de vingt-quatre heures, et fût arrivé ici quelque temps avant nous.

— Ne l'avons-nous pas franchie? eh!

— Je vous accorde cela, Sans-Traces; mais nous avons fait une bonne partie de la route en canot, chacun de nous dormant et prenant les rames tour à tour; tandis que les autres reposaient. Ces Hurons ont été obligés de faire toute la route par terre.

— Pas ainsi; Huron conduit le canot aussi bien qu'Onondago. Lac-là, canots en grand nombre; pourquoi ne serait-il pas venu?

— Supposez-vous donc, Sans-Traces, qu'aucun des Indiens français ait pu s'aventurer sur le lac pendant qu'il était couvert de nos bateaux?

— Nos bateaux, bons à quoi? Porter des guerriers blessés; guerriers en fuite, qui s'en inquiète? Le Huron a-t-il peur des bateaux? Les bateaux ont-ils des yeux? voient-ils? entendent-ils? frappent-ils?

— Non, sans doute. Mais ceux qui étaient dans les bateaux pouvaient faire tout cela. Ils pouvaient dans tous les cas interroger un canot étranger.

— Les bateaux ont-ils parlé à mon canot? Canot Onondago, canot étranger.

Tout cela était en effet assez clair. Il était possible qu'un canot, conduit par deux ou trois rameurs, traversât le lac dans toute son étendue, en moins de temps que nous n'en avions employé à parcourir les deux tiers de cette distance; et une bande d'Indiens, débarquée dans le voisinage de William-Henry, pouvait certainement être arrivée à l'endroit où nous étions, plusieurs heures avant nous. Mais il y avait d'autres improbabilités à faire valoir à l'appui de mes objections. N'était-il pas improbable qu'une troupe d'Indiens eût procédé précisément de cette manière? n'était-il pas plus improbable encore que cette troupe venant d'un endroit si éloigné ait su exactement où trouver notre hutte? Après un moment de réflexion, et tandis que nous nous avancions tous deux pour rejoindre nos compagnons, je proposai ces objections à l'Onondago.

— Pas connaître l'Indien, répondit-il avec un peu plus de chaleur qu'il n'avait coutume d'en laisser paraître, lorsqu'il consentait à parler des usages des tribus avec un visage pâle; l'Indien se bat d'abord, puis va à la recherche des chevelures. A vu quelquefois cheval mort dans la forêt; n'y a-t-il pas beaucoup de corbeaux à l'entour? Indiens, de même. Les soldats blessés sont transportés à travers les bois; Indiens veillent derrière l'armée pour emporter les chevelures. Chevelures bonnes, après la bataille. Très désirées. Forêt pleine de Hurons sur la route d'Albany. Le cœur des Yengeeses est abaissé; celui des Hurons exalté. Chevelures très bonnes. Hurons ne pensent pas à autre chose.

Nous avions regagné la hutte dans cet intervalle; Guert et Dirck avaient déjà commencé leur souper. Je confesse que les conjectures et les découvertes de l'Onondago avaient singulièrement diminué mon appétit. Cependant je pris place à côté de mes compagnons, et je m'efforçai de partager leur repas. Tout en mangeant, je leur communiquai ce qui s'était passé, demandant particulièrement à Guert, qui avait une certaine expérience des choses de la forêt, ce qu'il pensait des détails que je venais de lui donner.

— Si des Indiens ennemis ont réellement passé par ici, répondit Guert, ils ont agi avec une adresse infernale; car, pas un objet à l'intérieur ou à l'extérieur de la hutte n'a été dérangé. J'ai eu les yeux ouverts sur tout cela, moi-même, dès l'instant de notre arrivée, car il ne me semblait pas improbable que les Hurons se fussent répandus sur la route, entre le fort de William-Henry et les établissemens, pour tâcher de prendre les chevelures des soldats isolés, chargés du transport de quelque officier blessé.

— En ce cas, notre ami Bulstrode serait en danger.

— Il court des hasards comme nous tous, mais il est probable qu'il aura gagné rapidement Ravensnest, attendu que c'était le nid le plus proche où il pût se nicher. Je n'aime pas beaucoup ces traces, cependant, Corny. Il est rare qu'une peau rouge telle que l'Onondago se trompe en pareille matière.

— Il est trop tard pour rien faire cette nuit, observa Dirck.

Nous nous consultâmes à cet égard, en appelant l'Indien à prendre part à notre conseil. Après avoir mûrement examiné notre situation, nous nous déterminâmes à rester où nous étions, en prenant soin de fermer la porte et de nous renfermer tous ensemble dans la hutte, contre l'ordinaire du nègre et des deux Indiens qui avaient coutume de coucher sous des toits de branchages qu'ils avaient établis pour leur propre usage. On pensa que les ennemis, si tant est qu'il y en eût, ayant déjà visité la hutte et l'ayant trouvée déserte, ne reviendraient probablement pas de sitôt au même endroit', et que nous y serions comparativement en sûreté. Mais il y avait, d'ailleurs, beaucoup de chances pour que les traces signalées eussent été laissées par des amis et non par des ennemis, quoique Susquesus secouât la tête d'une manière négative, toutes les fois que l'un de nous fesait cette supposition. En tous cas, nous n'avions de choix qu'entre trois expédiens: abandonner la patente et chercher no-

SATANSTOÉ.

tre salut dans la fuite ; camper en plein air, ou nous renfermer dans notre forteresse. Personne de nous ne s'arrêta un moment à l'idée de prendre le premier parti, et nous nous décidâmes pour le dernier des deux autres, parce qu'il avait l'avantage de nous offrir un meilleur gîte, et d'être, en définitive, le plus prudent.

Une heure après que nous eûmes pris cette détermination, il est fort douteux qu'aucun de nous eût gardé le sentiment de sa situation. Je n'ai jamais dormi plus profondément de ma vie, et mes compagnons en dirent autant de leur côté le lendemain. La fatigue, la jeunesse et la santé nous donnèrent ce sommeil rafraîchissant. Nous nous étions endormis à neuf heures, et pendant les deux heures qui suivirent, nous perdîmes complètement la conscience de toutes choses. Je dis deux heures, car ma montre m'apprit que cet intervalle de temps venait précisément de s'écouler, lorsque l'Indien me réveilla, en me touchant le bras. On acquiert promptement des habitudes de vigilance dans la forêt, et je fus sur pied en un instant.

Au milieu de l'obscurité, car la nuit était profonde, je m'aperçus que l'Indien seul était debout et qu'il avait ouvert la porte de notre cabane. Il se glissait dans la forêt par cette étroite ouverture, au moment où je reconnaissais, au sortir du sommeil, le lieu où nous étions. Je le suivis sans me donner le temps de la réflexion, et bientôt je me trouvai à ses côtés, à quinze ou vingt pieds de la hutte.

— Cette place bonne pour entendre, dit l'Indien à voix basse ; maintenant, oreilles ouvertes.

Quelle scène mes souvenirs m'amènent à me représenter en ce moment ! Il me semble que je la vois encore, après tant d'années passées, les unes dans un bonheur paisible, les autres dans les fatigues et les périls ! La nuit n'était pas très sombre par elle-même, mais l'obscurité de la forêt, jointe à celle de l'heure, entourait les arbres de ténèbres intenses qui leur prêtaient un aspect solennel et funèbre. Il était impossible de rien apercevoir à la plus petite distance, et les seuls objets visibles étaient ceux qu'on aurait pu toucher avec la main. Aucun bruit ne se faisait entendre, au moment où l'Indien me dit pour la première fois d'écouter. Le calme était si profond, que je crus entendre passer l'air de la nuit entre les hautes branches des arbres les plus élevés. Mais ce n'était qu'imagination de ma part, car les cîmes des chênes gigantesques, des érables et des pins, formaient une sorte de monde supérieur dont les agitations n'arrivaient pas jusqu'à nous. Le corbeau, l'aigle et le vautour habitaient ces hautes régions, au-dessus de nuages de feuilles qui nous séparaient d'eux, et lorsque par hasard ils descendaient dans la sphère inférieure, ce n'était que pour chercher leur proie. Mais les cîmes des arbres de la forêt n'étaient accessibles et jusqu'à un certain point visibles que pour eux.

J'écoutai, mais en vain. La forêt était calme et silencieuse comme la tombe.

— Je n'entends rien, Sans-Traces, murmurai-je à l'oreille de mon compagnon ; pourquoi êtes-vous venu ici ?

— Vous entendrez bientôt ; moi éveillé, et j'ai entendu deux fois ; viendra bientôt encore.

Ce bruit vint bientôt encore en effet. C'était un cri sortant des lèvres d'un homme à l'agonie. Je ne l'ai entendu qu'une fois ; mais, devrais-je vivre cent ans, je ne l'oublierai jamais. Je l'ai souvent retrouvé dans mon sommeil, et vingt fois je me suis éveillé en sursaut, croyant que ce cri d'agonie était réellement dans mes oreilles. C'était un cri perçant et prolongé, et j'entendis les mots : « Au secours ! » aussi distinctement qu'une langue humaine pouvait les prononcer.

— Grand Dieu ! m'écriai-je, il y a là un homme à l'extrémité, qui appelle à son aide. Réveillons nos amis, et courons à son secours. Je ne puis rester ici, Susquesus, avec un pareil cri dans les oreilles.

— Meilleur d'aller, répondit l'Onondago ; pas besoin d'appeler ; deux meilleur que quatre. Attendez une minute.

Je restai immobile, écoutant avec une anxieuse inquiétude. Pendant ce temps, l'Indien rentra dans la hutte et revint en rapportant avec lui sa carabine et la mienne. Ainsi armés, et après avoir poussé la porte de la cabane, pour empêcher au moins l'air de la nuit d'y pénétrer, nous avançâmes. Susquesus marchait le premier sans bruit dans la direction du sud-ouest d'où venait le cri que nous avions entendu.

Notre marche était trop précipitée pour nous permettre d'échanger une seule parole. L'Onondago m'avait averti d'amortir autant que possible le bruit de mes pas, et partagé entre l'anxiété que j'éprouvais, et le soin des précautions que l'Indien m'avait prescrites, je n'avais pas le loisir de parler à Susquesus. Mes facultés étaient excitées au plus haut degré ; mais plein de confiance dans mon compagnon, je suivais ses traces aussi vite que mon peu d'habitude de la forêt me le permettait. Susquesus avançait avec une rapidité telle, qu'on eût pu la comparer au vol d'un oiseau ; cependant je marchais en quelque sorte sur ses talons.

c'est ainsi que nous arrivâmes, d'après mon calcul, à la distance d'un demi-mille du lieu où le cri déchirant avait été poussé. Alors Susquesus s'arrêta, en me disant à voix basse :

— Pas plus loin qu'ici ; meilleur de s'arrêter.

J'obéis en toutes choses, à l'avis de mon guide. Il avait gagné le couvert de deux ou trois jeunes pins, entourés d'une ombre épaisse, et en nous plaçant sous leurs branches les moins élevées, nous étions parfaitement cachés aux regards de quiconque était à huit ou dix pieds de nous. Nous n'eûmes pas plus tôt choisi et atteint ce poste, que l'Onondago me montra le tronc d'un arbre renversé sur lequel nous nous assîmes en silence. Je remarquai que l'Indien avait le doigt placé sur la détente de son arme. Il est à peine nécessaire de dire que je pris la même précaution.

— Bon, dit Susquesus, d'une voix si basse et si douce, qu'elle ressemblait à un murmure ; très bon ; entendre encore ; alors savoir.

Un gémissement étouffé se fit entendre presque aussitôt que mon compagnon eût cessé de parler. Je sentis mon sang se glacer à ce témoignage effrayant des souffrances d'un de mes semblables ; et un sentiment d'humanité me fit faire un mouvement comme pour me lever. La main de

Trackless m'arrêta au moment où j'allais commettre cette imprudence.

— Pas bon, dit-il avec sévérité; assis encore. Guerrier sait rester assis quand il le faut.

— Mais au nom de la miséricordieuse Providence, il y a là, près de nous, un être humain à l'agonie; n'avez-vous pas entendu un gémissement, Trackless?

— Certainement, j'ai entendu; que fait cela? la douleur s'exhale toujours en gémissemens chez les visages pâles.

— Vous pensez donc que c'est un homme blanc qui souffre. S'il en est ainsi, ce doit être quelqu'un de nos gens; car il n'y a pas d'autres hommes blancs près de nous. Si je l'entends encore gémir, il faut que j'aille à son secours, Onondago!

— Pourquoi vous conduire comme une squaw? Que fait un petit gémissement? Certainement, le visage pâle l'a poussé; l'Indien ne gémit jamais sur le sentier de la guerre. Pourquoi a-t-il gémi? parce qu'un Huron l'a rencontré. Voilà la raison du gémissement. Vous gémirez aussi, si vous ne restez pas assis encore. Indien connaît le temps de tirer; connaît le temps de ne pas tirer.

J'étais violemment tenté de crier et de demander qui avait besoin de secours. Mais les avis de mon compagnon confirmés par le vague sentiment d'effroi que m'inspiraient les mystères de la forêt sombre et profonde, à cette heure de la nuit, m'empêchèrent de céder à cet entraînement. Trois fois, pourtant, le même gémissement fut répété; et, ainsi qu'il me parut, il était de plus en plus faible. Il me sembla même que, dans le calme absolu de la forêt, tandis que nous étions assis, prêtant l'oreille avec anxiété, attentifs aux moindres soupirs du vent de la nuit, et frappés par le simple frémissement d'une feuille, il me sembla, dis-je, que le dernier gémissement, quoique plus faible que les deux autres, était en même temps le plus voisin de mon oreille. Une fois, j'entendis, ou je crus entendre, murmurer d'une voix basse, étouffée, et tout près de moi: « de l'eau! » Je crus même reconnaître la voix, comme une voix qui m'était familière, quoiqu'il me fût impossible de dire, dans le trouble de mon esprit, à qui elle appartenait.

Nous passâmes de cette manière, dans l'attente du jour, les deux heures les plus pénibles de toute ma vie. Il m'était presque impossible de modérer mon impatience. L'Indien, au contraire, était aussi insensible, en apparence, que le tronc sur lequel il était assis, et presque aussi immobile. A la fin, notre veille, qui commençait à devenir presque aussi douloureuse pour le corps que pour l'esprit, toucha à son terme. Les premiers signes du jour illuminèrent notre horizon de feuillage, et les faibles rayons d'une lumière douteuse pénétrèrent jusqu'à nous, et permirent de distinguer les objets au sein d'une demi-obscurité.

Nous avions si bien réussi à nous dérober nous-mêmes aux regards, que la vue des objets environnans nous était complètement cachée par les branches des pins sous lesquels nous nous étions mis à couvert. Cette situation nous permit de reconnaître ce qui nous entourait, avant de quitter notre retraite et de veiller à notre propre sûreté, tout en accomplissant un devoir d'humanité.

Susquesus examina avec les plus grandes précautions tous les objets environnans. Je me tenais à ses côtés, profitant avec avidité de tous les interstices du feuillage pour jeter un regard au dehors, car ma curiosité était si intense, que j'avais perdu de vue tout motif d'appréhension. Il ne se passa pas long-temps avant que mon compagnon ne fît entendre l'exclamation familière aux Indiens, preuve certaine qu'un objet particulièrement imprévu avait frappé ses yeux. « Hugh! » fit-il en m'indiquant du geste l'endroit où se trouvait l'objet qui avait excité sa surprise. Je m'empressai de porter mes regards de ce côté et je vis un des plus effrayans exemples de la cruauté barbare que les usages de la guerre des Indiens aient jamais sanctionnés. Les cîmes de deux jeunes arbres avaient été courbées à terre; les bras de la victime avaient été solidement attachés à une branche élevée de chacun des deux arbres, puis on avait laissé ces arbres reprendre librement leur position naturelle, autant du moins que l'avait permis le révoltant moyen de jonction qui les réunissait. Je pus à peine en croire mes yeux lorsqu'ils me révélèrent la vérité. Mais la victime était suspendue à une élévation d'au moins dix ou quinze pieds. Je désirai sincèrement que ce malheureux fût mort, je l'avoue et l'immobilité du corps suspendu me donnait quelque raison de le croire. Mais les cris désespérés et affreux que nous avions entendus au sein de la forêt déserte, les gémissemens arrachés par la souffrance qui étaient parvenus jusqu'à nos oreilles, provenaient certainement de cet infortuné. Sans doute il avait été attaché aux arbres et abandonné, vivant encore.

L'Onondago lui-même ne put me retenir, aussitôt que j'eus reconnu le genre de cruauté qui avait été exercée contre la misérable victime suspendue devant mes yeux. Je m'élançai, tout disposé, je l'avoue, à décharger mon arme sur la première peau rouge ennemie que je rencontrerais. Heureusement pour moi la place avait été abandonnée depuis long-temps. Comme le patient avait le dos tourné de mon côté, il m'était impossible de le reconnaître; mais ses vêtemens étaient grossiers, et tels que les portent les gens de la basse classe. Le sang avait coulé abondamment de sa tête, et je ne doutais pas qu'elle eût été scalpée. Mais à la hauteur où il était suspendu, et de la façon dont sa tête était penchée sur sa poitrine, il me fut d'abord impossible de m'assurer du fait par mes yeux. Du reste, à peine eus-je fait rapidement ces premières remarques, que l'Indien vint se placer à mes côtés.

— Voyez, dit Susquesus, dont le regard mobile et perçant ne laissait rien échapper. Cela dit à vous déjà; Huron été ici.

En disant ces mots, l'Indien désignait d'un geste significatif, la peau de la victime, qui était visible à l'endroit où ses pieds nus entraient dans ses souliers. Je m'aperçus alors que cette peau était noire. Courant aussitôt me placer en face de la victime, je reconnus les traits contractés de Pierre, le nègre de Guert Ten Eyck. On se rappelle que cet homme avait été laissé avec les arpenteurs. Il était tombé entre les mains des ennemis, soit tandis qu'il s'acquittait de ses fonctions ordinaires, soit au moment où il traversait la forêt pour se rendre près de ceux au service desquels il était affecté; et ils lui avaient fait subir cet affreux traitement. Du reste, ces circonstances n'ont jamais pu être éclaircies, et jusqu'à ce jour, nous sommes restés dans le doute à cet égard.

— Donnez-moi votre tomahawk, Trackless, m'écriai-je, dès que l'horreur dont j'étais saisi me permit de parler, que je coupe cet arbre et que je délivre cet infortuné.

— Pas bon ; meilleur ainsi, répondit l'Indien ; l'ours, le loup ne peuvent l'atteindre. Laissez la peau noire suspendue ; aussi bon que si elle était enterrée. Pas sûr pour nous de rester ici long-temps. Chercher et compter les Hurons, puis partir.

— Chercher et compter les Hurons, pensai-je, et de quelle manière est-il possible de les compter ?

Cependant il y avait maintenant assez de lumière pour voir les empreintes des pas, en supposant qu'il y en eût. L'Onondago commença à chercher les traces de la terrible scène qui s'était passée en ce lieu.

Au pied d'un chêne très élevé et à peu de distance du lieu où le nègre était suspendu, nous trouvâmes les deux seaux de bois à couvercles, dans lesquels Pierre avait l'habitude de porter les alimens à M. Traverse et à ses aides. Ils étaient vides ; mais nous n'avons jamais su si les provisions qu'ils contenaient étaient tombées en partage à ceux à qui elles étaient destinées, ou aux sauvages indiens qui avaient si cruellement traité le pauvre Pierre. Il nous fut impossible de découvrir aucune trace d'os de viande ou aucun débris de pommes de terre, et si les Hurons s'étaient emparés de ces vivres, il est évident qu'ils les avaient emportés avec eux, sans s'arrêter pour manger. Susquesus trouva la preuve que la victime s'était assise au pied du chêne, et qu'elle avait été saisie en cet endroit. On y voyait un grand nombre d'empreintes de pieds et les signes certains qu'une lutte y avait eu lieu. Le sang avait coulé à terre sur les feuilles depuis la racine du chêne jusqu'aux arbres auxquels Pierre était attaché, preuve qu'il avait été blessé avant d'être abandonné à son sort.

Mais le point le plus intéressant pour Trackless était de savoir le nombre de nos ennemis. C'est ce qu'il chercha à apprendre par ses moyens ordinaires, c'est-à-dire par l'examen des empreintes de pieds. Les signes de la présence d'Indiens ennemis, ne manquaient certainement pas. Après une courte, mais minutieuse recherche, mon compagnon jugea prudent de retourner à la hutte, de peur que nos amis ne fussent surpris dans leur sommeil. Il me donna à entendre que les ennemis ne paraissaient pas avoir été nombreux en cet endroit ; il n'y en avait eu peut-être que trois ou quatre ; mais il était très probable qu'ils s'étaient séparés et qu'ils n'étaient pas tous présens à cette déplorable scène.

Il faisait grand jour quand nous revînmes en vue de la hutte. J'aperçus Jaap qui était debout près de la source, et fort occupé au milieu des pots et des casseroles. Lui seul se montrait, et nous en conclûmes que Guert et Dirck étaient encore endormis. De la hauteur où nous étions, nous examinâmes avec soin les alentours de la hutte avant d'en approcher. Mais nous ne découvrîmes aucune trace de danger, et comme la forêt était tout à fait dégagée de buissons et de broussailles jusqu'à l'entrée de notre cabane, et que rien n'y pouvait servir à cacher un ennemi, nous avançâmes sans crainte.

Il est certain que je trouvai mes deux amis ensevelis dans un sommeil plein de sécurité, et fort exposés, par conséquent. Lorsqu'ils furent éveillés, et qu'ils entendirent le récit de ce qui m'était arrivé avec l'Indien, leur horreur ne fut pas moins grande que leur surprise. Jaap avait pensé, en ne nous trouvant pas le matin, que nous étions à la chasse. Il était entré dans la hutte à notre suite, et avait entendu mon rapport. Son indignation fut grande en apprenant qu'un homme de sa couleur avait subi un traitement si cruel, et je l'entendis prononcer entre ses dents des paroles de vengeance qui étaient fort loin d'être mesurées.

— Par saint Nicolas, s'écria Guert, qui, après avoir achevé de s'habiller, m'avait accompagné en plein air, mon pauvre esclave sera vengé, si cela ne dépend que de ma carabine ! Ainsi, vous dites, Corny, qu'il a été scalpé.

— Autant que j'ai pu m'en assurer, suspendu comme il était, je le crois. Mais cela devait être, car un Indien n'abandonne jamais un prisonnier mort sans lui avoir fait subir cette mutilation.

— Et vous êtes resté trois heures dans la forêt, Corny, vous et Trackless ?

— A peu près autant de temps, j'imagine. Il aurait fallu avoir un cœur de pierre pour être insensible à de pareils cris.

— Je ne vous blâme pas, Littlepage, quoique je pense qu'il aurait été plus prudent et plus juste de prendre vos amis avec vous ! Nous devons ne pas nous quitter désormais, quoi qu'il puisse arriver. Pauvre Pierre ! Je m'étonne que la mère Dorothée ne m'ait rien dit du sort fatal qui lui était réservé.

Nous eûmes ensuite une longue consultation pour décider ce qui nous restait à faire. Il n'est pas nécessaire de nous arrêter sur les détails de cette conférence, dont les résultats seront connus par la suite de ce récit. Elle fut interrompue par le retentissement subit de coups de hache qui résonnèrent dans la forêt. Ce bruit se faisait entendre dans la direction de la scène du meurtre de Pierre. Nous avions saisi nos carabines et nous nous préparions à marcher vers l'endroit suspect, lorsque nous vîmes paraître Jaap qui s'avançait vers la hutte, les épaules chargées du cadavre de son ami. Il s'était glissé dans le bois, sans être vu, pour accomplir ce pieux devoir, et le succès avait récompensé sa tentative. En quelques minutes il atteignit la source, et commença à laver les traces révoltantes de la cruauté des Hurons marquée sur la tête de la victime.

Nous pûmes nous assurer alors que le pauvre Pierre avait été frappé de plusieurs coups de couteau et ensuite scalpé, puis suspendu par les bras de la manière indiquée. Les deux bras paraissaient être disloqués, et notre seule consolation était l'espoir que la cruauté des Hurons aurait été trompée par son propre excès. Guert, en particulier, exprima cet espoir ; mais les cris affreux qui semblaient encore retentir dans mes oreilles, ne me permettaient guère de me faire illusion à cet égard. Nous creusâmes une fosse, et Pierre y fut enterré. Un ou deux troncs d'arbres furent roulés sur le terrain, afin d'empêcher que les bêtes fauves ne déterrassent le corps. Jaap s'adonna avec ardeur à ces soins pieux, et Guert Ten Eyck récita des prières sur la tombe avec une ferveur qui me surprit un peu.

— Ce n'était rien de plus qu'un nègre, Corny, il est vrai, me dit-il d'un ton apologétique, lorsque tout fut fini ; mais c'était un bon nègre, d'abord ; et puis, il avait une âme comme nous. Pierre avait ses mérites, et j'espère qu'ils ne seront pas oubliés au jour de la rémunération générale. Il était excellent cuisinier, ainsi que vous avez pu vous en convaincre, et je n'ai jamais connu un autre nègre qui eût pour son maître une fidélité aussi absolue. Jamais le pauvre garçon ne s'est permis la plus petite débauche sans en venir honnêtement demander l'autorisation ; et pour ma part, je n'ai pas à me reprocher d'avoir été un maître bien sévère pour lui, et de lui avoir refusé un peu de liberté dans les limites raisonnables.

Nous déjeunâmes ensuite avec autant d'appétit que cette scène nous en avait laissé. Puis, chargeant nos paquets, sur nos épaules, après avoir rangé dans la hutte tous les objets, autant que possible, dans l'ordre où nous les avions trouvés, nous nous mîmes en marche, conduits, comme d'habitude, par Susquesus.

Nous allions à la recherche des arpenteurs, que nous supposions occupés au sud-est de la patente, et dans l'ignorance complète des événemens. Nous avions d'abord eu l'idée de faire une décharge générale pour les avertir de nous joindre ; mais ce signal pouvait révéler notre présence à l'ennemi en même temps qu'il eût instruit nos amis, et, d'ailleurs, la distance qui nous séparait des arpenteurs était probablement trop grande pour espérer que le bruit parvînt jusqu'aux oreilles de ceux pour lesquels il eût été exclusivement destiné.

La route que nous prîmes fut déterminée par la connaissance générale de l'endroit où nous supposions que les arpenteurs devaient être, aussi bien que par la direction du lieu où le corps de Pierre avait été retrouvé. Le pauvre esclave était certainement sur le chemin de la partie de la patente où travaillaient les arpenteurs, lorsqu'il avait été surpris par une mort cruelle.

Dans tous les cas, les différentes traces laissées par eux étaient assez claires pour être aisément reconnues par Trackless, et il nous dit que les plus récentes conduisaient dans la direction du sud-est. Nous suivîmes donc la voie du sud-est, en marchant, comme les Indiens, à la file. L'Onondago conduisait, et le nègre fermait la marche.

XXIII.

Nous ne fûmes pas long-temps à atteindre l'endroit de la concession, où les arpenteurs avaient été à l'œuvre ; nous ne devions point avoir de peine ensuite à trouver l'endroit où ils devaient être. Les marques faites sur les arbres nous firent connaître tous les résultats de leurs travaux. Pendant une heure et demie, nous marchâmes extrêmement vite ; Susquesus nous conduisait, silencieux, actif, toujours en éveil, et je dois sans doute ajouter, avide de vengeance. Pas une syllabe ne fut prononcée pendant tout ce temps, quoique nos sens fussent toujours tenus en alerte ; nous évitâmes tout ce qui, en nous offrant un

couvert, pouvait cacher une embuscade. Tout à coup l'Indien fit halte ; une seconde après, il était derrière un arbre. Chacun de nous l'imita, rapide comme la pensée, car nous étions convenus d'avance d'agir ainsi, si nous rencontrions un ennemi ; nous savions tous combien il est important, dans la guerre des forêts, d'avoir un abri devant soi. Cependant, nous ne pûmes voir aucun ennemi. Après avoir regardé autour de nous dans toutes les directions pendant une minute ou deux, trouvant les bois aussi déserts et aussi silencieux que jamais, Guert et moi nous quittâmes nos arbres et allâmes rejoindre Sans-Traces, au pied d'un énorme pin.

— Pourquoi tout ceci, Susquesus ? demanda Guert d'un ton bref, car il commençait à soupçonner un peu de charlatanisme, ayant pour but de rendre plus grande à nos yeux l'utilité de l'Indien ; il n'y a ici ni face pâle ni peau rouge ; laissons là cet enfantillage et marchons en avant.

— Pas bon. Guerrier avoir été ici ; peut-être parti ; peut-être non. Le voir bientôt. Ouvrez l'œil et regardez.

Comme ces paroles étaient accompagnées d'un geste, nous regardâmes de nouveau, et, cette fois, dans la bonne direction. A la distance de cent mètres, s'élevait un châtaignier dont nous pouvions distinguer le tronc jusqu'à la hauteur des branches. Sur la terre, cachée en partie par l'arbre, et en partie en vue, était la jambe d'un homme, placée de telle sorte, qu'elle semblait étendue, en supposant que l'homme fût assis et endormi. Cette jambe était chaussée d'un moccasin, arrangé à la façon des Indiens ; la cuisse et le reste du corps étaient invisibles. L'œil perçant de l'Onondago avait distingué, même à cette distance, un objet si peu considérable ; il l'avait reconnu au premier coup-d'œil, quand il chercha si spontanément un abri comme je l'ai dit. Guert et moi, même après qu'on nous l'eut indiqué, eûmes quelque peine à discerner cet objet ; mais il devint bientôt distinct et reconnaissable.

— Est-ce la cuisse d'une peau rouge ? dit Guert, en abaissant sa carabine comme s'il voulait faire l'épreuve de son adresse.

— Ne pas savoir, dit l'Indien, porte la chaussure, porte le moccasin. Ne pas pouvoir voir la couleur. Ressemble beaucoup à une face pâle. Cuisse grasse.

Quel indice pouvait permettre, à une pareille distance, de discerner la cuisse d'un blanc de celle d'un Indien ? c'est là ce qui dépassait de beaucoup toute notre sagacité. Mais l'Indien nous expliqua de la façon sentencieuse qui lui était habituelle, quand nous le lui demandâmes.

— Orteil tourné en dehors : l'Indien le tourne en dedans. Ce n'est pas semblable du tout. Visage pâle, gras ; Indien pas très gras.

La première remarque était assez exacte pour la démarche, et il était probable que la même différence se reproduisait dans le sommeil. Guert déclara alors qu'il était inutile d'hésiter plus long-temps : puisque cet homme dormait, on pouvait approcher du châtaignier avec précaution et le capturer, si c'était un Indien, avant qu'il pût se lever ; si c'était un blanc, il était à présumer que c'était quelqu'un de notre bande qui prenait un peu de repos après une marche fatigante. Susquesus, dans l'intervalle, s'était sans doute convaincu qu'il n'y avait pas dé danger immédiat, car il se contenta de dire : « Allons tous ensemble »; et quittant son abri il marcha droit au châtaignier d'un pas rapide, mais sans faire le moindre bruit. Comme nous marchions en corps, nous atteignîmes l'arbre tous les cinq en même temps, et nous trouvâmes Sam, un de nos chasseurs, que nous supposions être avec M. Traverse, assis au pied de l'arbre, et la poitrine percée d'un large coup de couteau. Le malheureux, lui aussi, avait été scalpé.

Les regards que nous échangeâmes en disaient plus que toutes les paroles sur la gravité de cette nouvelle découverte Susquesus, seul, n'éprouva aucune émotion; il s'attendait sans doute à ce que nous trouvâmes. Après avoir examiné le corps, il parut avoir l'esprit en repos, et nous dit simplement :

— Tué cette nuit.

Il était certain que le pauvre Sam était mort depuis plusieurs heures, et cette circonstance nous ôtait toute crainte d'être surpris par ceux qui l'avaient tué. Les impitoyables guerriers des bois, d'ordinaire, ne restent pas long-temps sur les lieux où ils ont porté la désolation; ils ne font que passer comme un tourbillon ou une tempête. Guert, toujours prompt quand il y avait quelque chose à faire, nous montra une fosse naturelle dans la terre, une de ces cavités si communes dans les forêts, et qui proviennent des arbres déracinés, et nous proposa d'y enterrer Sam. Le corps, en conséquence, fut déposé dans ce creux; nous le couvrîmes de notre mieux en jetant sur lui la valeur d'un pied d'argile légère, et quelques pierres plates ; puis, nous traînâmes sur le tout, des branches et des troncs d'arbres, comme nous avions fait pour la fosse de Pierre Pendant ce temps, Guert était devenu si animé, qu'outre la prière et le symbole qu'il répéta d'une manière très convenable et très religieuse, il termina la cérémonie entière par une petite allocution. Les paroles, comme les actions de Guert, étaient on ne peut plus sérieuses dans ces circonstances solennelles; les unes et les autres étaient les élans d'un esprit simple qui aspirait après la dévotion et les vérités des Ecritures, sans savoir exactement comment rendre ce qu'il voulait exprimer : et rien de tout cela n'était incompatible avec la tendance matérielle et les joyeuses habitudes qui étaient le résultat de sa conformation physique et de sa constitution.

—La mort, mes amis, dit Guert d'un air sérieux et avec un accent hollandais fortement prononcé, comme cela lui arrivait lorsqu'il était vivement impressionné, la mort est un visiteur inattendu. Elle vient comme un voleur dans la nuit, ainsi que nous l'avons souvent entendu dire au révérend, et heureux celui dont les reins sont serrés et dont la lampe est prête. J'espère qu'il en est ainsi de chacun de vous, car il ne faut pas nous cacher que nous avons devant nous une rude besogne. Il y a eu des Indiens ici, cela ne fait pas de doute, et il y a aussi des Indiens sur le sentier de guerre à la recherche de chevelures anglaises et de chevelures hollandaises par-dessus le marché, ce qui est d'une égale importance pour M. Follock et pour moi. Tout cela rend nécessaire que chacun se tienne bien sur ses gardes, et soit prêt à se mettre à l'œuvre quand il le faudra, comme les chiens

veillent sur le bœuf. Dieu défend que je prêche la vengeance sur le tombeau d'un ami, mais le soldat ne s'en bat pas plus mal pour savoir qu'il a été blessé dans ses affections, comme c'est bien certainement notre cas. Peut-être devrais-je dire un mot de celui qui est mort, puisque c'est la dernière et unique fois qu'un compagnon aura occasion de parler de lui. Sam était un excellent chasseur, comme son plus grand ennemi serait obligé d'en convenir; et maintenant qu'il n'est plus, il en laisse peu de meilleurs après lui. Il avait une faiblesse que sur sa tombe un honnête homme ne doit pas essayer de cacher. Il aimait la boisson; mais en cela il n'était pas seul. Néanmoins il était honnête, et l'on pouvait s'en fier à sa parole, là où les sermens de bien des gens ne valent pas le diable; et je le laisse entre les mains miséricordieuses de son créateur. Mes amis, je n'ai plus qu'un mot à ajouter, et c'est celui-ci : La vie est incertaine et la mort est sûre. Sam a pris un peu les devants sur nous ; puissions-nous être tous également préparés à rendre le grand compte. Ainsi soit-il.

Quelqu'un de nous s'avisa-t-il de sourire de cette allocution ? Bien loin de là. Toute singulière, décousue et dépourvue d'art qu'elle puisse paraître à certaines personnes, elle avait un grand mérite qu'on ne retrouve pas toujours dans les discours prononcés aux funérailles à grand apparat. Guert était sincère, s'il ne pouvait être ni logique, ni très clair : sa physionomie, sa voix tout son être l'attestaient suffisamment. Pour moi, je dois en convenir, je ne vis, au moment même, rien de déplacé dans cette allocution, et maintenant même je suis loin de la regarder comme peu convenable ou comme hors de propos.

Nous laissâmes la tombe du chasseur dans les profondeurs de cette interminable forêt, comme le navire au milieu de l'Océan s'éloigne de la place où il vient de déposer un mort. Un jour viendra peut-être où le soc de la charrue déplacera ses os, et le laboureur se demandera le sort probable de l'homme isolé dont les restes auront revu tout à coup la lumière du jour. Comme nous quittions la place, l'Indien nous retint un moment pour nous donner un avis.

— Huron a fait cela à dessein, dit-il ; ne pas voir la différence, dites? Sam non pendu comme Pierre.

— Cela est assez juste, Susquesus, répondit Guert; car celui-ci par son âge, par sa plus grande habitude des bois, son grand courage et sa valeur personnelle, avait acquis à ce moment, d'une manière irrésistible, une sorte de commandement sur nous. Pouvez-vous nous en dire la raison ?

— Le dos de Muss, vous l'appelez ainsi, bien cruel. A fait tout cela. Le connaître bien, n'aime pas le fouet. L'Indien n'aime pas le fouet.

— Vous croyez donc que le prisonnier de Jaap a mis la main dans tout ceci et que le sentier de guerre est ouvert pour la vengeance aussi bien que pour le service public ; qu'on nous poursuit moins pour nos chevelures que pour mettre un emplâtre sur le dos du Huron.

— Certain. Trois canots venus par-dessus le lac. C'était Muss, vous l'appelez ainsi. Le connaître bien. Ne dormir pas tant que son dos ne soit bien. Voyez comme il traite nègre. Le pendre à un arbre, tuer seulement le visage pâle et prendre la chevelure.

— Croyez-vous donc qu'il ait traité si différemment ses deux prisonniers à cause de leur couleur? Il a été si cruel pour Pierre, parce que Jaap, un autre nègre, lui avait donné du fouet.

— Certain. Bon cela. Le dos être mieux après cela. Bon pour le dos de pendre nègre. Jaap le voir quelque jour.

Je dois rendre à mon nègre la justice de dire que, sous le rapport du courage, peu d'hommes pouvaient lui être comparés. Ainsi que je l'ai déjà dit, il ne redoutait que les lutins, c'est-à-dire les esprits hollandais, car l'appréhension qu'il avait de moi était tellement unie à l'amour, qu'on ne pouvait lui donner le nom de peur. En général, à moins qu'il ne fît froid, le teint de Jaap était d'un noir foncé et luisant, couleur de cercueil comme disaient quelquefois les enfans. Mais je vis bien, malgré son ardeur et son brûlant désir de venger le cruel traitement infligé à son compagnon, à un homme de sa race, que sa peau prit une teinte grisâtre qui n'apparaît chez les nègres que quand le froid est intense. Il fut évident pour moi que les paroles de Susquesus faisaient impression sur lui; et j'ai toujours pensé que cette impression produite sur Jaap nous rendit un immense service, en mettant en activité et en tenant toujours en éveil toutes ses facultés intellectuelles et physiques. J'en eus une preuve quand nous nous mîmes en marche. Jaap marcha quelque temps tout à fait sur mes talons pour me faire le dépositaire de ses soucis et de son inquiétude.

— J'espère da, massa Cornélius, dit le nègre, que vous ne croyez pas un mot de ce que vient de dire l'Indien.

— Je pense, Jaap, que vous ferez bien de tenir vos yeux ouverts, et de ne pas tomber entre les mains de votre ami Muss, comme vous l'appelez, car il vous traitera encore plus mal qu'il n'a traité le pauvre Pierre. J'espère aussi que ce sera pour vous un avertissement de traiter vos prisonniers avec bonté, si jamais vous en faites d'autres.

— Je ne crois pas, massa Cornélius, que vous envisagiez bien la chose, da. Quel bien cela ferait-il à un pauvre nègre de faire un Indien prisonnier s'il le laisse aller et ne le rosse pas un peu? Rien qu'un peu, massa Cornélius. Tout était là sous ma main, da. La courroie était là toute prête, le dos aussi, nu et attendant les coups, et après toute la peine que j'avais eue à prendre cette vermine, da.

— C'est bien, Jaap; ce qui est fait, est fait, et il est inutile de perdre ses paroles à le regretter. Seulement, soyez sûr d'une chose, c'est qu'il n'y aura pas de pitié pour vous, si ce maudit Muss est actuellement sur nos talons, et que vous ayez le malheur de tomber entre ses mains.

Le nègre manifesta par un grognement toute sa mauvaise humeur, et je pus voir qu'il était bien résolu à se battre de tout cœur avant que le couteau d'un sauvage pût lui enlever ses cheveux crépus. Au bout d'un instant, il se mit de côté et laissa respectueusement Dirck reprendre sa place, immédiatement derrière moi.

Nous avions fait environ deux milles depuis l'endroit où nous avions enterré Sam, quand, en gravissant une petite colline, l'Indien agita le bras, signe qu'il venait de faire une nouvelle découverte. Cette fois, cependant, le geste indiquait plutôt la joie que l'horreur. Mais il s'arrêta aussitôt comme pétrifié; nous nous rendîmes en toute hâte auprès de lui et nous aperçûmes ce qui avait provoqué son geste et son appel.

Le terrain qui s'étendait devant nous formait une ondulation assez considérable; tous les arbres étant d'une grande taille et dépourvus de branches basses cette place semblait un vaste et agreste édifice: l'épaisseur du feuillage lui servait de toit, et les troncs des chênes, des tilleuls, des hêtres et des érables, semblaient les colonnes qui le soutenaient. Dans cette demeure vaste et obscure, mais qui n'était pas sans charme, régnait une sombre clarté comme celle qui pénètre à travers les ouvertures des vieux édifices, et qui prête à tout un aspect antique et solennel. Une source limpide tombait d'un roc, et près d'elle étaient assis en rond M. Traverse et ses deux arpenteurs, qui semblaient prendre leur repas du matin, ou plutôt se reposer après l'avoir pris : la cruche à eau, les assiettes et les morceaux étaient encore devant eux. C'étaient bien là des hommes qui venaient d'apaiser leur faim, et qui passent quelques minutes à paresser et à causer.

Tom, le second chasseur, était couché et endormi à quelques pas de là.

— Ici il n'y a même pas eu d'inquiétude, grâce à Dieu! s'écria gaîment Guert; nous arrivons à temps pour les avertir du danger. Je vais pousser un cri d'appel, il retentira agréablement à leurs oreilles.

— Pas d'appel, dit Susquesus, d'un ton décidé, le bruit pas bon maintenant; y aller promptement et leur parler à voix basse.

La prudence de cet avis était évidente; nous avançâmes en corps, sans prendre pourtant de précaution pour cacher notre approche et en produisant un son régulier par notre marche. Une étrange sensation me saisit à mesure que j'avançais quand je vis qu'aucun des ouvriers ne remuait. Un soupçon de la terrible vérité s'empara de mon esprit; mais je n'oserais dire que le coup en fût moins rude pour cela quand, en approchant, nous vîmes, par leur visage pâli, leurs yeux glacés, leur bouche contractée, que tous nos amis étaient morts. Les Indiens, par un sauvage raffinement, avaient mis leurs corps dans une position inclinée et leur avaient donné une attitude qui avait une horrible ressemblance avec l'occupation calme et paisible dans laquelle nous avions cru les retrouver.

— Bonté du ciel! s'écria Guert en appuyant sur la terre le bout de sa carabine, nous arrivons trop tard.

Aucun de nous n'ajouta un mot. En retirant les chapeaux de ces infortunés, nous vîmes que tous avaient été scalpés. Ainsi, tous ces hommes, que quelques jours auparavant nous avions laissés fiers de leur force et pleins de vie, avaient péri si tôt; nous ne devions retrouver aucun d'eux encore vivant. Jumper, l'autre Indien, était le seul qui n'avait point encore été retrouvé. Cette fois l'on s'était servi de la carabine; tous les quatre avaient reçu des balles, et M. Traverse avait été atteint en trois endroits.

J'avouerai que des soupçons fâcheux pour l'Onéida traversèrent mon esprit pour la première fois, et je n'hésitai pas à en faire part à mes compagnons, dès qu'ils furent en état de parler ou d'entendre.

— Pas vrai, dit Susquesus d'un ton positif ; Jumper, pauvre Indien. Cela est vrai, aime rhum ; pas lâche pour tuer un ami ; Musohoeenah, guerrier, faire cela ; cela lui va. Non, Jumper sans raison, aime rhum, pas méchant Indien.

Alors, où donc était Jumper? Lui seul, de tous ceux que nous avions laissés, restait à trouver. Susquesus examina les empreintes des pas, et les cadavres, et nous dit que le surveillant et les arpenteurs avaient dû être tués trois ou quatre heures auparavant, et que les meurtriers n'avaient pas quitté la place plus de vingt minutes avant notre arrivée. Cela pouvait bien être; nous n'avions pas entendu le bruit des carabines, parce que cette place était à plusieurs milles de la hutte, et deux heures auparavant nous n'étions pas encore loin de l'endroit où nous avions passé la nuit. L'attaque, selon toute probabilité, devait avoir eu lieu après la pointe du jour, et comme Pierre avait, sans aucun doute, été pris vivant, les sauvages avaient pu tirer de lui quelque renseignement sur l'endroit où ses compagnons devaient l'attendre. Tout cela n'était que des conjectures, et nous ne sûmes jamais quelle victime était tombée la première, ni même si le nègre avait été pris près du lieu où il avait été pendu. L'infernale cruauté des sauvages pouvait les avoir déterminés à le garder prisonnier pendant quelque temps et à le traîner avec eux pour soumettre l'infortuné à plus de tourmens, car, comme le disait Susquesus, le dos de Muss bien cruel.

Nous enterrâmes le pauvre Traverse et ses arpenteurs auprès de la source, dans une de ces fosses naturelles, comme celle où nous avions déposé le chasseur. Nous vérifiâmes que leurs armes et leurs munitions avaient été emportées et leurs poches vidées. L'Indien est rarement un voleur, dans le sens ordinaire du mot, mais il traite comme sienne la propriété de ceux qu'il a tués. En cela, du reste, il ne diffère point du soldat civilisé, le butin étant ordinairement envisagé comme un profit légitime de la guerre. Les Hurons s'étaient emparés de la boussole et des chaînes d'arpentage, car nous ne les retrouvâmes pas; mais ils avaient laissé le registre et les notes de Traverse, comme choses qui ne pouvaient leur servir. Du reste, le passage des sauvages dans ce lieu fatal semblait avoir été très rapide.

Cette fois Guert ne fit aucun essai de morale ou d'éloquence. L'émotion nous avait rendus peu propres à rien de semblable ; nous nous acquittâmes de nos devoirs avec la plus grande diligence, dans le silence et avec la gravité de gens qui ne savent pas si chaque minute n'amènera pas pour eux le moment d'une lutte désespérée. Nous travaillâmes avec activité et un peu à la hâte, et nous fûmes bientôt prêts à repartir. Nous résolûmes, après un conseil rapide, de suivre la piste des Hurons comme le moyen le plus sûr de les surprendre et en même temps d'éviter d'être surpris par eux. L'Indien ne devait pas éprouver de difficulté à suivre cette piste qui était bien visible et qui annonçait le passage d'une douzaine d'hommes.

Le lecteur qui n'est pas au courant des usages des sauvages américains, ne doit pas supposer que nos ennemis s'étaient avancés dans le bois en troupe, sans ordre et sans se soucier des traces qu'ils laissaient derrière eux. Les guerriers des bois ne commettent jamais cette faute : ils marchent toujours un à un, formant ce que nous appelons une file indienne, et chaque fois qu'ils ont intérêt à cacher leur nombre, chaque homme suit le plus près possible celui qui le précède, et s'attache à marcher sur l'empreinte de ses pas ; de cette façon, tout calcul devient bien difficile sinon impossible. C'était ainsi que nos ennemis avaient marché, et Susquesus, qui avait été fort occupé à examiner les empreintes de leurs pas, pendant que nous enterrions les morts, nous assura que les ennemis ne devaient pas être moins de douze. C'était une triste nouvelle, car elle nous laissait presque sans espoir en cas de rencontre. Du moins, c'est ainsi que je l'envisageais ; mais Guert voyait les choses tout différemment. Ce hardi et intrépide jeune homme ne pouvait se résoudre à abandonner l'idée de chasser du pays ces féroces ennemis, et quand nous quittâmes la source, je crois qu'il aurait fait face à cent sauvages à la fois.

L'Onondago n'eut pas de peine à suivre la piste des Indiens, qui, pendant quelque temps, nous conduisit en droite ligne vers Ravensnest, puis se détourna tout-à-coup dans la direction de la hutte. C'est probablement à ce détour, et au défaut d'un plan déterminé chez les Hurons, que nous dûmes de ne pas les rencontrer quand nous nous dirigions vers la Source-Sanglante, ainsi que fut appelé plus tard l'endroit où Traverse avait été tué.

Nous ne fûmes pas long-temps sans nous retrouver très près de notre propre piste ; mais, très heureusement pour nous, nous ne la rencontrâmes pas. Si notre marche avait été découverte, l'ennemi, sans aucun doute, nous aurait suivis, et c'est dans cette position que les Indiens sont le plus redoutables. Quoi qu'il en soit, nous avions en ce moment nous-mêmes un grand avantage, et nous poursuivions notre route avec d'autant plus de confiance, sachant bien que nous n'avions de danger à courir que par devant, et tous nos regards étaient tournés de ce côté.

Quoique notre marche, en revenant, fût rapide, elle était silencieuse comme celle d'une compagnie de gens en deuil. Et en deuil nous étions tous, en vérité, car il n'était pas possible à des cœurs humains d'être assez endurcis pour rester insensibles aux souffrances qu'avaient dû éprouver nos infortunés compagnons, et à leur mort si soudaine. Pas un de nous ne parla, et Susquesus ne nous vit jamais serrer de si près la trace l'un de l'autre que ce matin. Le pied de notre chef de file avait à peine quitté son empreinte, que celui du suivant s'y posait à son tour.

La piste nous conduisit presque tout droit à la hutte que nous atteignîmes sur les midi. Nous prîmes les plus grandes précautions pour approcher de la cabane de crainte que nos ennemis n'y fussent en embuscade. La piste n'allait pas pourtant droit à la hutte, mais elle tournait à l'ouest à partir d'un point qui pouvait être éloigné de cent mètres de notre habitation, mais d'où on la voyait en plein. Ici, nous trouvâmes les traces d'une réunion de la bande, et nous supposâmes que les Indiens avaient tenu conseil pour savoir s'ils devaient retourner à la hutte ou la laisser de côté. Susquesus se livra à un examen minutieux du terrain, et nous répéta que les ennemis devaient être au moins une douzaine. Nous laissant, d'abord que nous prîmes dans ce but, examiner ce qui se passait autour de notre habitation, il suivit la piste pendant un demi-mille pour s'assurer qu'elle ne revenait pas à la hutte par le côté opposé. Il s'assura qu'au contraire elle se dirigeait presque en droite ligne vers Ravensnest ; c'était pour Guert et moi une nouvelle plus affligeante que si l'Onondago avait vu se confirmer son premier soupçon que les Hurons nous attendaient dans notre propre habitation. Se plaindre pourtant était inutile, et nous cachâmes de notre mieux nos appréhensions.

Ce n'était pas un guerrier comme Susquesus qui pouvait avoir pleine confiance dans les signes d'une marche visible. Les peaux rouges, expérimentées, laissaient souvent à dessein une piste visible pour tromper leur ennemi, et l'Onondago, qui connaissait personnellement Muss, savait bien qu'il avait affaire à un ennemi rempli d'artifice. Non content de ce qu'il avait vu, il nous avertit de ne quitter le couvert que sous sa conduite : il commença alors à approcher de la hutte, tout-à-fait à l'indienne, d'une façon qui, dans son genre, avait beaucoup du mérite des approches des assiégeans civilisés avec leurs tranchées et leurs zigs-zags. Voici comment fut réglée notre marche. Chacun devait choisir l'arbre le plus près dans la direction de la hutte et passer d'un abri à l'autre avec autant de promptitude et de rapidité que le lui permettait son agilité. En observant cette précaution et grâce à la plus grande activité, nous étions, au bout de dix minutes, à vingt mètres de la porte de la cabane. Guert ne put s'astreindre plus long-temps à cette marche si lente, et, à son avis, si peu digne d'un homme : mais quittant son abri, il marcha très vite, tout droit à la porte, l'ouvrit brusquement, et nous annonça que la cabane était vide. Susquesus examina encore attentivement les lieux, et nous dit que la place n'avait certainement pas été visitée depuis que nous l'avions quittée le matin. Ce fut une agréable nouvelle pour nous, car c'était probablement le seul indice qui eût pu apprendre à nos ennemis notre retour à la concession.

Il s'agissait maintenant de savoir ce que nous allions faire. Nous n'avons rien à gagner en restant dans la concession, tandis que la prudence et le danger de nos amis s'unissaient pour nous appeler ailleurs. Nous trouvâmes qu'il serait très hasardeux d'essayer d'atteindre Ravensnest, mais c'était un hasard une nous étions obligés de courir. Tandis qu'on discutait la question, ceux d'entre nous qui avaient quelque appétit, profitèrent de la halte pour dîner. Un Indien sur le sentier de guerre, est également prêt à manger et à jeûner : ce qu'il peut supporter de privation ou avaler de nourriture, surtout quand c'est du gibier, est quelque chose d'étonnant.

Tandis que Susquesus et Jaap surtout s'acquittaient de leur tâche en conscience et que nous autres nous avalions quelques bouchées comme des gens chez qui la préoccupation a étouffé les besoins physiques, j'entrevis au loin une forme humaine qui se faufilait entre les arbres à quelque distance de nous. Ma surprise et mon appréhension furent si fortes que je ne pus parler ; mais je tendis vivement mon doigt dans cette direction pour attirer l'attention de l'Onondago. Susquesus ne fut pas long-temps à découvrir l'étranger ; il l'avait vu, je crois, avant que je signalasse son approche. Loin de manifester aucune émotion, l'Onondago ne cessa même pas de manger ; il secoua la tête et dit :

— Bon, avoir maintenant des nouvelles. Jumper vient.

C'était bien Jumper, et la vue de l'Indien en chair et en os, non-seulement vivant, mais sans la moindre blessure, nous arracha à tous un cri, quand il arriva de ce pas allongé et rapide qui est familier aux coureurs. En un instant il fut au milieu de nous, calme, réfléchi et sans émotion. Il ne fit aucun salut, mais s'assit paisiblement sur un tronc d'arbre, attendant nos questions avant de parler, car l'impatience est une des faiblesses des femmes.

— Jumper, mon brave garçon, s'écria Guert, non sans émotion, car la joie agissait puissamment chez lui sur les organes de la parole, vous êtes vraiment le bien venu. Ces démons incarnés, les Hurons, ne vous ont pas fait de mal à vous, au moins.

La boisson avait alourdi en général les facultés de Jumper, quoiqu'il fût actuellement tout-à-fait sobre. Il jeta sur Guert un regard hébété, pour montrer qu'il le reconnaissait, et marmotta sa réponse d'une voix basse et traînante :

— Multitude de Hurons, les bois pleins. Les visages pâles du fort envoient Jumper avec un message.

Nous aurions accablé l'Indien de questions, s'il n'avait pas déplié un coin de sa chemise de calicot et montré plusieurs lettres ; chacun eut bientôt pris celle qui lui était adressée. Guert, Dirck et moi avions chacun la nôtre, et il s'en trouvait une quatrième, de la main d'Herman Mordaunt, à l'adresse du pauvre Traverse. Les événemens qui suivirent me firent connaître le contenu de toutes ces lettres. Voici comment celle que je reçus était conçue :

« Mon père est tellement occupé qu'il désire que je vous écrive ce billet. M. Bulstrode nous a envoyé un messager qui nous a apporté hier les mauvaises nouvelles de Ticonderoga. Il nous annonce son arrivée et nous l'attendons ce soir dans une litière portée par des chevaux. Le bruit court dans l'établissement qu'on a vu des sauvages dans nos bois. Je m'efforce d'espérer que ce n'est encore là qu'une de ces rumeurs mensongères comme celles qui ont déjà circulé si souvent. Mon père, cependant, prend toutes les précautions nécessaires, et-il désire que je vous presse de réunir toute votre bande, si vous êtes de retour à Mooseridge, et de nous rejoindre *sans délai* Nous avons appris votre bonheur et votre belle conduite par l'homme que nous a envoyé M. Bulstrode. Celui-ci a su que vous aviez tous traversé le lac sains et saufs dans un canot, le soir après la bataille, par un M. Lee, gentleman d'un caractère très excentrique, mais, dit-on, d'un grand talent, qui se trouve être de la connaissance de mon père. J'espère que ce billet vous trouvera à votre hutte, et que nous vous reverrons tous dans le plus bref délai.

» ANNA. »

Ce billet n'était pas de nature à apaiser les désirs d'un amant, quoique je goûtasse un plaisir infini à voir les caractères déliés tracés par la main d'Anna Mordaunt, et à baiser la page sur laquelle cette main avait dû se poser. Mais il y avait un *post-scriptum*, la partie d'une lettre, dit-on, où une femme laisse toujours lire plus clairement dans ses véritables pensées. Il contenait ces mots :

— « Je m'aperçois que j'ai souligné un *je* à l'endroit où je vous parle du désir manifesté par mon père que *je* vous écrivisse plutôt qu'une autre. Nous avons été tous les deux témoins d'une affreuse scène, et j'avoue, Cornélius, que si nous en devons revoir une autre, je serais bien plus heureuse si vous et les vôtres étiez ici avec nous, derrière les fortifications de cette demeure, au lieu d'être exposés aux dangers de la forêt, comme cela ne manquerait pas. Venez donc nous rejoindre, je vous le répète, le plus tôt possible. »

Ce *post-scriptum* me causa bien plus de satisfaction que le corps du billet : et je fus tout aussi disposé à me rendre aux désirs d'Anna, que la chère jeune fille elle-même pouvait le souhaiter. Voici la lettre que reçut Guert :

« M. Mordaunt nous a dit à Anna et à moi, d'écrire à ceux de votre bande sur qui il s'imagine que chacune de nous a le plus d'influence, pour vous prier de venir à Ravensnest aussi promptement que possible. Nous avons reçu de bien tristes nouvelles, et une panique s'est emparée de tous ces pauvres gens de l'établissement. Nous apprenons que M. Bulstrode, accompagné de M. Worden, est à quelques heures de marche de nous, et les familles du voisinage viennent nous rejoindre pleines d'effroi et d'inquiétude. J'ignore si j'ai grand sujet de craindre ; ma grande confiance est dans la miséricorde de la Providence ; mais l'être puissant qui, je mets mon espoir se sert d'agens humains, et je n'en connais aucun en qui je puisse avoir plus de confiance qu'en Guert Ten Eyck

» MARY WALLACE. »

— Par saint Nicolas! Cornélius, voilà un appel auquel un homme n'hésite jamais à répondre, s'écria Guert en se levant et en replaçant son sac sur son dos. En faisant grande diligence, nous pouvons atteindre Ravensnest avant le coucher de la famille, et non seulement eux, mais nous-mêmes nous y trouverons plus de bien-être et de tranquillité.

Guert avait en moi un auditeur tout disposé à l'approuver, et Dirck était loin d'être d'un autre avis. Ces lettres ajoutaient sans doute à notre impatience ; mais en réalité nous n'avions pas autre chose à faire ; à moins, il est vrai, de vouloir rester dans la forêt, exposés à tous les risques d'une lutte contre des sauvages altérés de vengeance. La lettre reçue par Dirck était d'Herman Mordaunt, et elle nous disait la vérité plus clairement que celles des deux dames.

« Cher Dirck,
» Les sauvages s'approchent certainement, mon jeune parent, et il est de l'intérêt de tous d'unir nos forces. Re-

venez, au nom du ciel, le plus promptement que vous pourrez. J'ai envoyé faire des reconnaissances au-dehors, et tout le monde s'accorde à dire que la forêt est remplie de pistes. Je m'attends à voir demain une centaine au moins de guerriers tomber sur nous, et je fais mes préparatifs en conséquence. Je vous conseille, quand vous approcherez de Ravensnest, de prendre le ravin situé au nord de la maison, et de profiter de son abri jusqu'à son extrémité. Cela vous amènera à une centaine de perches de la porte, et augmentera beaucoup vos chances de rentrer, si nous nous trouvions investis quand vous arriverez. Dieu vous protège! mon cher Dirck, et vous ramène tous sains et saufs auprès de vos amis.

» HERMAN MORDAUNT.
» Ravensnest, le 11 juillet 1758. »

Guert et moi lûmes rapidement cette lettre avant de nous remettre en marche. Puis laissant la hutte et ce qu'elle contenait à la discrétion de ceux que le sort y amènerait, nous partîmes pour notre destination d'un pas rapide, n'emportant guères que nos armes, nos munitions et la nourriture nécessaire pour entretenir nos forces.

Susquesus nous conduisait comme auparavant ; Jumper marchait à quelque distance de lui sur le côté ; car nous regardions le danger de rencontrer les ennemis comme singulièrement accru. Nous étions encore, il est vrai, sur les derrières des Indiens qui avaient commis les massacres de Mooseridge ; mais l'Onondago ne suivit pas plus long-temps la trace ; il prit une route différente qui nous conduisait droit à notre but.

XXIV.

Comme le lecteur doit avoir maintenant une idée suffisante de notre façon d'avancer dans la forêt, je n'insisterai pas plus long-temps sur ces détails de notre marche. Nous allâmes en avant d'un pas rapide ; notre guide avait abandonné la route commune qui était devenue une piste assez visible, et en avait pris une autre sur laquelle, à ce qu'il me semblait, il n'avait d'autres indications que l'instinct. Guert avait parlé à Susquesus du ravin et lui avait dit combien il était à souhaiter de l'atteindre ; il n'obtint d'autre réponse qu'un signe calme de la tête et une exclamation à voix basse. Il était convenu pourtant que nous approcherions de la forteresse d'Herman Mordaunt par ce côté.

Le milieu du jour était passé quand nous quittâmes Mooseridge, et aucun de nous n'espérait atteindre Ravensnest avant le tard. Comme nous nous y attendions, la nuit étendait ses voiles sur la forêt, depuis une demi-heure avant que Susquesus eût atteint l'extrémité nord du ravin. Jusqu'alors nous n'avions eu aucun indice de la proximité des ennemis. Notre marche avait été silencieuse, rapide et vigilante, mais elle avait été parfaitement tranquille. Nous savions pourtant que la partie critique de notre voyage allait commencer, et au coucher du soleil nous avions fait une halte pour regarder à nos armes. Il est peut-être à propos de dire un mot ou deux de la *garnison* d'Herman Mordaunt, aussi bien de l'établissement voisin. J'appelle Ravensnest la *garnison*, selon l'usage de New-York, qui a long-temps appliqué ce mot à une forteresse, aussi bien qu'à ceux qui la défendent. Des critiques prétendent qu'il y a des autorités pour justifier cet usage, et je vois par les dictionnaires qu'ils n'ont pas tout-à-fait tort.

Ravensnest était à un demi-mille du point le plus rapproché de la forêt, en exceptant une ceinture d'arbres qui bordait son extrémité et qui remplissait le ravin. Tout près et en pleine vue était le centre de l'établissement qui s'étendait à l'est et à l'ouest, pendant plus de quatre milles. Cette étendue, pourtant, n'avait été déblayée qu'à la façon des défrichemens; des portions de forêt vierge étaient disséminées avec assez de profusion çà et là. Le lot du moulin, comme on appelait la portion cédée à Jason, était situé au point le plus éloigné, mais la hache n'y avait point encore été appliquée. J'avais remarqué dans ma dernière visite, qu'en se mettant sur la porte d'Herman Mordaunt, on pouvait voir à la fois, une douzaine de maisons de bois dans les différentes parties du défrichement, et qu'en changeant de position, on pouvait en voir jusqu'à une vingtaine.

Comme on peut penser, tout ce vaste espace était couvert plus ou moins de troncs d'arbres, d'arbres morts ou abattus, de racines accumulées, de tas de fagots, de broussailles, et de tous les accessoires d'un défrichement tout nouveau pendant les huit ou dix premières années de son existence. Cette période dans l'histoire d'un pays peut être comparée à cette époque de crise pendant laquelle nous avons perdu la grâce de l'enfance, sans avoir acquis les formes accomplies d'un homme.

L'établissement d'Herman Mordaunt pouvait être regardé comme une forte position pour livrer bataille, en supposant qu'il y eut là assez de monde pour tenir tête à un parti ennemi, quel que fût sa force. Mais je lui avais entendu dire qu'il n'avait au plus que dix-sept carabines sur lesquelles il pût compter, d'autant plus que quelques-uns de ses gens étaient Européens et n'avaient aucune habitude des armes à feu; et l'expérience avait appris que les autres, en cas d'alarme, s'enfuyaient invariablement dans les bois avec leurs familles au lieu de se rallier autour du drapeau de l'établissement. Des fautes semblables doivent, je pense, se reproduire dans toutes les crises, l'amour de la vie étant un instinct encore plus fort que l'amour de la propriété. Ça et là pourtant un colon déterminé se barricadait chez lui, bien résolu à risquer le tout pour le tout dans ses propres foyers, et de temps en temps, on citait des défenses qui auraient fait honneur à un héros.

Tous ceux qui ont une idée assez juste de la façon dont les sauvages font la guerre, doivent supposer que le ravin, étant le seul endroit boisé aux environs de la forteresse, était la place où se trouverait le plus vraisemblablement un ennemi, qui, pour attaquer un lieu fortifié, a recours exclusivement aux facilités que lui offre le terrain. Nous le savions, et Guert, qui prit une autorité réelle sur nous, dès que le danger fut proche, recommanda à chaque homme de se tenir sur ses gardes, afin qu'il n'y eût pas de confusion. Nous fûmes prévenus de ce qu'il fallait faire dès que l'alarme serait donnée, et Guert, qui avait au suprême degré le talent de l'imitation, nous avait appris d'avance plusieurs appels et plusieurs signaux de ralliement, qui tous étaient la reproduction de cris d'animaux sauvages, et surtout d'oiseaux. Ces signaux ont dû leur origine aux peaux rouges, qui s'en servent souvent; mais ils sont employés, dit-on, avec encore plus de succès par nos chasseurs et nos carabiniers, que par les inventeurs eux-mêmes.

En entrant dans le ravin, l'ordre de la marche fut modifié. Susquesus et Jumper demeurèrent en tête; mais Dirck, Jaap et moi marchions derrière eux et côte à côte. L'épaisseur du feuillage et la profonde obscurité qui régnait au milieu de ce ravin enfoncé, rendaient cette précaution nécessaire. L'obscurité fut bientôt telle, que nous n'avions plus pour guide que le bruissement du ruisseau qui courait dans l'endroit le plus creux du ravin, et qui, comme nous le savions, allait, en sortant du ravin, gagner à ciel ouvert la petite rivière qui s'égarait dans les prairies naturelles situées à l'ouest de Ravensnest, et qu'on appelait une crique dans la langue du pays.

Nous avions fait assez de chemin dans cette vallée étroite et sombre pour entrevoir déjà la clarté plus grande de la clairière et les étoiles du firmament, quand tout à coup nous nous trouvâmes sur la même ligne que Susquesus et Jumper. Les Indiens s'étaient arrêtés, parce que leur œil rapide et inquiet, et perçant comme celui de l'aigle, avait aperçu les ennemis. Ceux-ci n'étaient pas difficiles à découvrir, quoiqu'ils eussent pris quelques précautions du côté par lequel nous arrivions, pour cacher leur présence. Une bande d'environ quarante hommes, qui tous avaient la peinture de guerre, avait allumé un grand feu au pied d'un rocher creusé en dessous, et étaient assis autour à souper. Le feu avait déjà fini de brûler; il ne restait plus que des charbons ardens qui jetaient une lumière affaiblie et tremblotante sur les noires et terribles figures du groupe assis tout autour. De tout autre côté, nous aurions pu approcher de cet endroit sans voir le danger à temps pour l'éviter; mais la bonté de la Providence avait amené les deux Indiens justement à un endroit où les dernières lueurs des charbons devaient attirer immédiatement leur attention. C'est là qu'ils avaient fait halte. Je ne crois pas que nous fussions à plus de quarante mètres de cette terrible bande de sauvages, quand ils frappèrent pour la première fois mes yeux, et, tout endurci que j'étais, sans aucun doute, dans une certaine mesure par le combat et les scènes dont j'avais été si récemment acteur et témoin, je dois avouer que cette vue glaça quelque peu mon sang.

Nous tînmes conseil à voix basse. Nous nous serrâmes au pied d'un large chêne dont l'ombre augmentait encore l'obscurité qui était notre seule protection. Nous étions si pressés que le corps de Jaap était tout à fait collé contre le mien. Susquesus proposa de faire un détour en franchissant le ruisseau qui, par bonheur, tombait à cet endroit sur quelques pointes de roc et produisait un bruit très favorable à notre marche. Nous aurions dépassé ainsi l'ennemi, qui, selon toute probabilité, n'aurait pas fini son repas avant que nous eussions le temps d'atteindre la forteresse. Guert mit son *veto* à ce projet. Il déclara, et j'ai toujours regardé son plan comme celui d'un homme né pour être soldat, qu'à son avis nous étions justement dans la position que nous pouvions souhaiter le plus d'occuper pour rendre un grand service à la forteresse, et frapper les ennemis de terreur. Notre attaque devait certainement surprendre les ennemis et pourrait produire sur eux assez d'impression pour les déterminer à abandonner leurs projets. Dirck et moi nous nous rangeâmes à cet avis, qui reçut encore l'approbation de Jaap.

— Oui, oui, Massa Cornélius, il est temps maintenant de venger le pauvre Pierre, da, s'écria-t-il, et même d'un ton plus haut que ne le demandait la prudence.

Aussitôt que Susquesus sut quel était notre projet, lui et Jumper se préparèrent pour l'attaque aussi froidement qu'aucun de nous. Nos arrangemens furent très simples et bientôt faits. Nous devions tirer un seul coup de la place à laquelle nous étions, pousser un cri et charger avec le couteau et le tomahawk. Sans perdre de temps, et loin de rester près de la lumière, quelque faible qu'elle fût, nous devions aller droit à l'extrémité du ravin et, de là, courir de notre mieux, seuls ou ensemble, comme le voudrait le hasard, à la porte de Ravensnest. En un instant nous prîmes notre rang et reçûmes nos ordres.

— Souvenez-vous de Traverse, dit Guert vivement; souvenez-vous du pauvre Sam et de tous nos amis assassinés!

Nous nous en souvînmes en effet, et, sans le savoir positivement, j'ai toujours cru que nous avions sacrifié chacun une victime aux mânes de nos compagnons dans cette occasion décisive. Nos carabines retentirent ou plutôt tonnèrent presque simultanément; un hurlement s'éleva du milieu des sauvages; nos cris répondirent à ce hurlement, et nous nous élançâmes, essayant de donner le change sur notre nombre et de faire autant de bruit qu'une centaine d'hommes.

Il est difficile de retenir d'une charge comme celle-là, faite dans les ténèbres, autre chose que les traits généraux. Nous passâmes droit au milieu des morts et des blessés, et j'entendis Jaap frapper un ou deux coups affreux sur les corps, mais personne ne nous fit face. Une seconde après que nous eûmes dépassé le feu expirant, trois ou quatre coups furent tirés par les sauvages, mais rien n'indiqua qu'ils eussent atteint aucun de nous. La distance du feu à l'extrémité du ravin pouvait être d'une centaine de mètres, et la lumière extérieure ou pour mieux dire l'obscurité moins profonde du dehors nous servait de guide. C'est là que nous nous dirigeâmes de toute notre vitesse, quoique sans garder aucun ordre.

A partir de ce moment, je ne puis parler que pour ma part. Je vis des hommes se mouvant rapidement au milieu des arbres, et je supposai que c'étaient mes compagnons; mais nous étions séparés, et il était convenu que chacun se tirerait d'affaire comme il pourrait. Comme nos carabines étaient déchargées, et que nous n'avions pas le temps de les recharger, il n'y avait guère d'utilité à faire une halte. Dans cette idée, je ne sortis pas du ravin à l'endroit où le ruisseau le quittait; je pris un peu sur le côté, et j'en sortis un peu au-dessus du niveau de la plaine. Là, je m'arrêtai un instant pour recharger; l'abri étant bon et la position tout à fait favorable. Tout en le faisant, j'eus le temps de regarder autour de moi et de m'assurer de l'état des choses dans le défrichement, autant que l'heure et l'obscurité le permettaient.

Dans la plaine brillaient encore les restes d'une douzaine de grands feux qui avaient consumé autant de maisons de bois et de granges. Leur lumière ne servait qu'à faire apercevoir l'obscurité profonde de la nuit et qu'à donner une faible idée des ravages qui avaient déjà eu lieu. La maison de Ravensnest cependant n'avait souffert aucune atteinte. Elle était debout et formait une masse noire et sombre; car comme il n'y avait pas de fenêtre au dehors, on n'apercevait d'autre lumière qu'une seule chandelle qui avait été placée dans une meurtrière, probablement comme un signal. Un silence profond régnait dans la maison et autour d'elle et lui donnait un air de mystère qui, dans les circonstances actuelles, était un élément de force. Il ne faisait pas assez clair pour distinguer les objets à une certaine distance, et après avoir chargé ma carabine, je crus que le plus sage était de courir de toutes mes forces à la porte. A ce moment, le silence qui régnait derrière moi semblait avoir à lui seul quelque chose d'effrayant.

C'était certainement une chose hasardeuse de quitter le couvert du bois à un tel moment et en pareille circonstance; mais il était absolument nécessaire de courir ce risque. Mon premier élan me porta à moitié de la pente et je fus bientôt dans la plaine. Devant moi étaient deux hommes dont l'un me parut entre les mains de l'autre. Comme ils s'avançaient, quoique lentement dans la direction de la maison, je me risquai à demander : Qui va là?

— Cornélius, mon garçon, est-ce vous? répondit Guert. Dieu soit loué, vous semblez sans blessure et vous arrivez à temps pour m'aider à tenir ce Huron contre lequel je me suis heurté dans les ténèbres et que j'ai désarmé et pris. Donnez-lui un coup de pied ou un coup de poing, comme vous voudrez, car le drôle tire en arrière comme un sanglier.

Je connaissais trop le caractère vindicatif des Indiens pour adopter les moyens qu'on me recommandait, et saisissant le captif par un bras, tandis que Guert tenait l'autre, nous le traînâmes sans grande difficulté jusqu'à l'abattis qui couvrait la porte de la forteresse. Là nous trouvâmes Herman Mordaunt et une douzaine de ses gens, tous armés et prêts à nous recevoir: ils s'attendaient à nous voir paraître à cause de l'heure, et à cause des cris qui avaient retenti dans le ravin, et qu'on avait distinctement entendus de la maison. En moins d'une minute nous y fûmes tous, sauvés et sans blessures. Le fait est que notre attaque avait été assez soudaine pour tout disperser devant elle, et avant que l'ennemi eût eu le temps de revenir de sa panique, nous étions tous à l'abri dans la maison. Une fois en dedans de la porte de Ravensnest, nous ne courions plus d'autres risques que ceux qui étaient communs à toutes les forteresses de ce genre dans les guerres des forêts.

Il serait difficile, pour une plume aussi inhabile que la mienne, de rendre ce changement si grand et ce contraste de l'obscurité du ravin, de notre courte mais sanglante attaque, des clameurs, de la rapidité de notre retraite, en un mot, de tout ce que nous avions laissé au dehors, avec la scène de sécurité domestique que nous trouvâmes à Ravensnest, embellie au moins par l'amitié et la grâce féminine, et sous bien des rapports par l'élégance inséparable des dames. Anna et son amie nous reçurent dans un appartement bien éclairé, gai et confortable et que les larmes et les sourires qu'elles nous prodiguaient rendaient surtout attrayant. Je pus voir que toutes les deux avaient été terriblement agitées ; mais la joie leur avait rendu leurs belles couleurs, et avait ramené le sourire sur leurs charmans visages. Cependant, la situation de la place n'était pas de nature à rendre la gaîté bien durable ou bien animée ; mais la femme, qui a l'ame si tendre, peut se trouver tout-à-coup le cœur assez soulagé du fardeau de ses appréhensions, pour se croire un moment heureuse, même au milieu des horreurs de la guerre. Tel fut, jusqu'à un certain point, le caractère de la réception qui nous fut faite, avec un millier de remercîmens pour la promptitude que nous avions mise à apporter en personne la réponse aux lettres que nous avions reçues. Les chères créatures avaient l'ingénuité de ne point attribuer à aucun souci, pour nous-mêmes, cette prompte obéissance à leurs lettres, mais uniquement au désir de les obliger et de les protéger. Le lecteur doit se douter que nous avions bien des explications à échanger. Elles eurent bientôt lieu, les faits en pareil cas attirent irrésistiblement sur eux l'attention. La glace fut rompue par Herman Mordaunt, qui entra dans la chambre et s'adressa à nous du ton de quelqu'un qui croit qu'un grand oubli a eu lieu.

— Nous avons fermé la porte et mis de nouveau le fanal dans la meurtrière, avant que je me fusse assuré que tout votre monde n'est pas ici ; je ne vois pas Traverse et ses arpenteurs, ni Sam ou Tom, vos chasseurs ; sûrement vous ne les avez pas laissés dans la forêt.

Aucun des trois n'ouvrit la bouche. Nos regards apprirent sans doute la triste vérité, car Herman Mordaunt sembla nous avoir compris aussitôt.

— Non, s'écria-t-il, ce n'est pas possible ! pas *tous !* sans doute.

— *Tous*, Monsieur Mordaunt, jusqu'à mon pauvre esclave Pierre, répondit Guert d'un ton solennel. Ils ont été surpris, dispersés, j'imagine, et mis à mort, tandis que nous étions encore absens pour notre expédition.

Les jeunes filles joignirent les mains, et il me sembla que les lèvres pâles d'Anna remuaient comme pour une prière. Son père secoua la tête et pendant quelque temps se promena dans la chambre sans mot dire. Puis s'excitant lui-même, comme un homme convaincu de la nécessité d'avoir du calme et de se secouer, il reprit la conversation : Grâce à Dieu ! M. Bulstrode est arrivé heureusement hier soir, juste après que nous venions d'expédier le coureur, et le voilà pour le moment hors de l'atteinte de ces démons.

Le premier moment passé, nous fûmes en état de causer d'une façon plus suivie, et d'échanger les renseignemens qui pouvaient nous mettre au courant de la situation les uns des autres. Nous fûmes conduits ensuite à la chambre de Bulstrode, qui avait témoigné le désir de nous voir dès qu'on pourrait nous rendre libres. Notre compagnon d'armes nous reçut, plein de bonne humeur pour un homme dans sa position, qui parlait avec émotion de ce qui s'était passé devant Ticonderoga, et qui n'essayait pas de cacher la mortification qu'il éprouvait de moitié avec tout l'empire anglais. Sa blessure n'était point alarmante ; elle devait le tenir alité pendant quelques semaines, mais la jambe ne courait aucun danger.

— J'ai eu la résolution et l'adresse, Cornélius, de venir m'installer dans de bons quartiers d'hiver, ce siège imprévu excepté, me dit-il, quand les autres se furent retirés et nous eurent laissés s.uls. Savez-vous que notre rivalité est chevaleresque ? et elle aura ici beau jeu. Si nous quittons le *nid* d'Herman Mordaunt sans connaître l'état réel du cœur d'Anna, nous mériterons d'être condamnés au célibat pour le reste de nos jours. On ne saurait avoir jamais deux occasions pareilles d'obtenir un si grand avantage.

— J'avoue que notre situation est loin de me paraître très favorable, Monsieur Bulstrode, répondis-je. Anna doit avoir trop d'appréhensions pour son compte et pour celui des autres : elle ne peut être sensible aux douces impressions de l'amour, ici, comme dans le calme et la tranquillité de Lilacsbush.

— Ah ! voilà une remarque qui montre bien que vous ne connaissez pas les femmes. Je vous accorde que si nous n'avions fait aucune démarche, si nous n'avions jeté aucun fondement, si je puis m'exprimer aussi irrévérencieusement, votre théorie pourrait se trouver vraie, mais nous ne sommes pas dans ce cas. Il y a ici une jeune fille de dix-neuf ans qui sait non-seulement qu'on la recherche, mais qu'on la recherche depuis long-temps, qu'on la recherche avec ardeur et passion ; et les poursuivans sont deux jeunes gens contre lesquels on ne peut élever d'objection raisonnable ; elle est dans la position la plus propre à surexciter toute sa sensibilité en faveur de l'un ou de l'autre, et, s'il n'y a pas d'autre obstacle, tout sera décidé avant la fin de cette heureuse semaine. Si je me trouve être le mortel favorisé, j'espère être capable de montrer une généreuse sympathie, *et vice versâ* j'y compte de votre part. Et pourtant cette triste affaire de Ticonderoga est une bonne préparation pour une humiliation.

Je ne pus m'empêcher de sourire de la façon singulière dont Bulstrode envisageait notre poursuite ; mais comme Anna était toujours pour moi le sujet le plus important, en dépit de notre situation qui n'était certainement pas propre aux amourettes, je trouvai trop dur de le quitter si tôt. Je continuai la conversation, et en priant Bulstrode de s'expliquer, j'obtins de lui l'exposé suivant de sa théorie :

— Voici comment je raisonne, Cornélius. Anna aime évidemment un de nous deux. Elle aime, j'en jurerais ; ses rougeurs subites, ses yeux rayonnans, même sa beauté, tout respire en elle l'amour et la sensibilité. Maintenant il n'est pas possible qu'elle aime une autre personne que l'un de nous deux, par la raison toute simple qu'elle n'a pas d'autre poursuivant. Je veux être franc avec vous, et je vous avouerai que je crois être le mortel favorisé, et pourtant, j'ose le dire, vous avez juste les mêmes espérances, et vous croyez que c'est vous-même.

— Je vous jure sur mon honneur, major Bulstrode, qu'une pensée si présomptueuse, si déplacée, n'a jamais...

— Oui, oui, je devine. Vous n'êtes pas digne de l'amour d'Anna Mordaunt, et par conséquent vous n'avez jamais eu la présomption d'imaginer qu'elle pourrait l'accorder à un pauvre jeune homme, aussi misérable, aussi indigne, aussi bon à rien que vous-même : mais en même temps chacun de nous est plein de confiance dans son propre succès; autrement il aurait abandonné sa poursuite depuis long-temps.

— Je puis vous assurer, Bulstrode, que rien de semblable à la confiance ne se mêle à mes sentimens. Vous pouvez avoir des motifs de sécurité, mais moi je ne puis me flatter d'en avoir aucun.

— Je n'ai d'autre garant que l'amour-propre, dont chaque homme a reçu une dose convenable pour son bonheur et sa tranquillité d'esprit. Je dis que l'espérance est indispensable à l'amour, et l'espérance est unie à la confiance. Mon raisonnement sur tous ces points est bien simple. Voici maintenant les avantages particuliers que nous avons chacun, si nous amenons les choses à une crise. En premier lieu, je suis blessé, vous comprenez, souffrant d'une blessure honorable reçue en bataille rangée, en combattant pour mon roi et mon pays. Ensuite, j'ai été apporté du champ de bataille, dans une litière, en présence de ma maîtresse ; portant sur moi la preuve de mon danger, et je l'espère, de ma bonne conduite. Il n'y a pas une femme sur mille, si elle hésitait entre nous deux, qui ne se décidât en ma faveur, sur ces seuls motifs. Vous n'avez pas idée, Cornélius, de ce que les cœurs de ces petites Américaines, si douces, si charmantes, si dévouées, si généreuses, éprouvent de sympathies pour les souffrances d'un pauvre malheureux dont elles savent être adorées. Faites d'une femme votre garde-malade, et elle sera à vous neuf fois sur dix. Ça été un coup de maître de ma part ; mais j'espère que vous me le pardonnerez. Les stratagèmes sont excusables en amour, aussi bien qu'à la guerre.

— Je n'ai pas de peine à comprendre votre tactique, Bulstrode, quoique j'aie plus de peine à comprendre votre franchise. Quoi qu'il en soit, vous pouvez être certain que je n'en abuserai pas. Maintenant, venons à moi. Quels sont les titres qui contrebalancent les vôtres ?

— Ceux d'un défenseur. Oh! ceci est une batterie toute puissante; cette maudite attaque contre Ravensnest, qu'on me dit assez sérieuse et qui peut entretenir de vives appréhensions pendant quelques jours, est chose aussi funeste pour moi, qu'avantageuse pour vous. Un homme blessé n'excite plus la moitié autant d'intérêt, dès qu'il y a chance pour d'autres d'être tués à chaque minute. Le titre de défenseur est un grand point, et, rival généreux comme je vous l'ai toujours dit, Cornélius, je vous conseille d'en tirer le plus de parti possible. Je ne dissimule pas, et j'ai l'intention d'en faire autant de ma blessure.

Il était bien difficile de ne pas sourire à cette confidence d'une franchise si étrange, mais, j'en suis persuadé, si sincère. Bulstrode était un original, en dépit de ce que le monde avait créé de factice en lui, et en dépit de ses habitudes anglaises ; et il était plus habitué à dire précisément ce qu'il pensait, que ne le sont ordinairement les gens de sa condition. Après être resté encore une demi-heure à causer avec lui des dernières opérations militaires dont il parla avec émotion et bon sens, je lui dis adieu pour cette nuit.

— Dieu vous protège, Cornélius, dit-il, en me serrant la main, travaillez de votre mieux de votre côté, je vous assure que j'en ferai autant du mien. C'est la lutte du courage présent contre le courage passé. Si je n'étais moi-même en jeu, il n'y a pas d'homme sur la terre dont je désirasse plus vivement le succès que le vôtre.

Je suis sûr que Bulstrode n'exagérait pas en parlant ainsi; il ne pensait pas que je pusse réussir auprès d'Anna, cela ressortait évidemment pour moi de toute sa manière d'être et de la conscience qu'il avait des avantages que lui donnaient son rang, sa fortune et la bienveillance d'Herman Mordaunt. Assez triste après avoir quitté mon rival, et au milieu de circonstances si critiques, je me trouvai, par hasard en présence de ma maîtresse, et elle était seule. Quand je retournai dans la petite pièce, où se tenaient habituellement les dames, Anna y était seule ; Guert avait réussi à persuader à Mary Wallace de venir promener avec lui dans la cour, le seul endroit où désormais les dames pussent prendre quelque exercice ; et Herman Mordaunt, M. Worden et Dirck étaient tous les trois dans la grande salle, occupés à prendre pour la nuit quelques arrangemens avec la foule des colons qui s'étaient réfugiés à Ravensnest. Je ne m'arrêterai point à rendre le ravissement que j'éprouvai en trouvant Anna seule, et il ne fut en rien diminué lorsque je rencontrai ses beaux yeux pleins d'une tendre expression et que je vis la rougeur qui couvrait ses joues. La conversation que je venais d'avoir porta sans doute ses fruits, car je me décidai tout de suite à ne point laisser échapper une occasion si favorable d'avancer mes affaires : et pour dire toute la vérité j'étais aiguillonné par la peur que me causait la blessure de Bulstrode.

Rapporter mes paroles précises au commencement de cette entrevue, c'est plus que je ne saurais faire, même quand j'aurais autant lieu de penser qu'elles me feraient honneur que j'ai lieu de craindre le contraire; mais je me fis comprendre; ce qui, j'imagine, n'arrive que toujours en pareil cas aux amoureux. D'abord mes paroles furent confuses, et, j'ai lieu de le croire, un peu incohérentes. Mais le sentiment prit assez le dessus pour me mettre en état d'exprimer ce que je voulais dire. Vers la fin, si je parlai avec la chaleur et la décision que je sentais en moi, il y eut peut-être quelque éloquence dans mon air et dans mon langage. Comme c'était aussi la première occasion qui se présentait à moi de faire valoir en face et ouvertement ma poursuite, j'avais tant de choses à dire, tant de choses à expliquer, tant d'occasion perdues à rattraper, qu'Anna, pendant les dix premières minutes, n'eut guère autre chose à faire que de m'écouter. J'ai toujours attribué l'empire qu'elle sut garder sur elle-même, pendant le reste de cette entrevue, au temps qui lui avait été donné de rallier ses pensées.

Chère et adorable Anna! Que sa conduite fut admirable dans cette mémorable nuit! C'était sans doute une situation étrange pour parler d'amour : pourtant je ne sais si les sentimens ne sont plus naturels et plus vrais à de pareils momens que dans les circonstances habituelles de la vie de tous les jours. Je m'aperçus que ma charmante interlocutrice était émue dès mes premiers mots, et que son visage trahissait un tendre intérêt pour ce que je lui disais. Enhardi par cet intérêt, enhardi par sa rougeur, par ses yeux baissés, je me hasardai à lui prendre la main, et je m'aperçus qu'on ne me repoussait point. C'est alors que je trouvai des paroles qui amenèrent des larmes dans les yeux de ma compagne, et qu'Anna put me répondre :

— C'est une occasion si peu habituelle,.. si extraordinaire pour parler de pareilles choses, Cornélius, me dit-elle, que je ne sais ce que je dois vous répondre. Je suis certaine d'une chose cependant, c'est que des personnes environnées comme nous de dangers qui, d'un instant à l'autre, peuvent consommer leur perte, sont obligées à plus de sincérité que jamais. On n'a jamais eu d'affectation à me reprocher, je l'espère, et je sais que *vous* condamneriez de la pruderie. J'éprouve en ce moment un sentiment très fort que je voudrais exprimer, et je ne sais comment le faire.

— Oh! ne me cachez rien, chère Anna; soyez aussi généreuse que je sais que vous êtes sincère.

— Cornélius, voici tout : je sais que nous courons le danger, le grand danger d'être vaincus, d'être pris, peut-être tués par les êtres sans pitié qui rodent autour de notre demeure; je sais qu'il n'y a personne dans cette maison qui puisse compter sur un jour d'existence, même avec cette trompeuse sécurité ordinaire à l'homme. Maintenant, si quelque malheur *vous* arrivait, et que je vous survécusse, je vivrais le reste de mes jours pour pleurer votre perte, et j'éprouverais les plus amers regrets d'avoir hésité à avouer l'affection que je ressens depuis long-temps pour vous, et le bonheur que m'a donné la certitude de l'amour que vous m'avez si sincèrement et si loyalement avoué il y a quelques mois.

Comme ces paroles d'Anna étaient accompagnées de larmes et d'une vive rougeur, il ne m'était pas possible de douter de ce que j'entendais. A partir de ce moment, nous fûmes unis de plus en plus étroitement par la confiance la plus entière, et les liens du plus pur, du plus doux, et du plus puissant amour. Guert réussissait, on ne peut mieux, à retenir Mary Wallace en bas, et son bonheur favorisait le mien. Pendant plus d'une heure, j'eus Anna à moi tout seul, et quand le cœur s'est ouvert, que de choses peuvent se dire et se comprendre sur un sujet tel qu'Anna, dans une heure de confiance sans réserve et d'ardente passion! Anna m'avoua, avant que nous nous séparassions, qu'elle avait songé plus d'une fois au chevaleresque adolescent qui s'était volontairement battu pour elle quand elle-même n'était pas beaucoup plus qu'une enfant, et qu'elle s'était fait de lui l'idée qu'une jeune fille d'un esprit généreux devait se faire d'un garçon, en pareille circonstance. Cette inclination si ancienne avait été fort accrue et développée par l'affaire du lion et nos relations subséquentes. Bulstrode, ce rival si formidable s'il m'eût encouragé, encouragé par son père ; sinon par elle-même, ne lui avait jamais rien inspiré au delà des sentimens qu'engendre naturellement la parenté, et j'aurais pu m'épargner bien des heures de cruelle anxiété à ce sujet, si j'avais

seulement pu voir ce qui maintenant m'était dit si ouvertement.

Pauvre Bulstrode! un sentiment de commisération s'empara de moi, tandis que j'entendais Anna m'assurer qu'il n'avait jamais touché son cœur le moins du monde, et qu'en même temps, colorée d'une vive rougeur, elle avouait que j'avais eu ce pouvoir. Elle laissa même échapper un mot à ce sujet.

— N'ayez pas d'inquiétude sur le compte de M. Bulstrode, Cornélius, me dit-elle avec un sourire espiègle, comme quelqu'un qui a bien pesé le pour et le contre sur un sujet; il pourra être un peu mortifié, mais il oubliera bientôt ce caprice dans la joie de n'avoir pas cédé à une inclination passagère et de ne s'être pas uni à une petite Américaine sans expérience, qui n'était guère propre à hanter le monde dans lequel sa femme doit vivre. Je suis sûre que M. Bulstrode me préfère en ce moment à toute autre femme qu'il peut connaître, mais, dans cet attachement, s'il mérite même ce nom, le cœur n'a point de part, et je sais, cher Cornélius, qu'il n'en est pas ainsi du vôtre. On dit que, nous autres femmes, savons merveilleusement découvrir quand nous sommes sincèrement aimées, et j'avoue que ma petite expérience me porte à croire que le proverbe ne fait que nous rendre justice.

Je parlai alors de Guert, et j'exprimai l'espoir que son amour si sincère, si visible, si dévoué toucherait enfin le cœur de Mary, et que mon nouvel ami, que je commençais pourtant à traiter déjà comme un vieil ami, obtiendrait enfin un peu de retour pour une passion que je regardais comme aussi profonde et aussi sincère que la mienne ; et certes, je ne pouvais faire, à mon avis, de comparaison plus à l'avantage de Guert.

— Sur ce sujet, n'attendez pas, Cornélius, que je vous en dise bien long, me répondit Anna en souriant. Toute femme est maîtresse de son secret en pareille matière, et quand je connaîtrais les désirs et les intentions de Mary Wallace, au sujet de M. Ten Eyck, et je n'avoue pas connaître ni les uns ni les autres, je ne me croirais pas en droit de la trahir, même pour vous. Je n'ai désormais rien à cacher de ce qui me concerne à Cornélius Littlepage; mais on ne doit pas s'attendre à ce que je serai, pour trahir mon sexe tout entier, aussi faible que je l'ai été pour me trahir moi-même.

Je fus obligé de me contenter de ce doux refus et de la certitude d'être aimé depuis long-temps. Quand Anna me quitta au bout de plus d'une heure et elle insista pour le faire, étourdi encore par tout ce qui s'était passé entre nous, j'eus grand peine à me persuader que je ne rêvais pas. Cet éclaircissement avait été si soudain, si imprévu pour tous deux, qu'il devait nous paraître un songe à l'un et à l'autre. Cependant nous ne nous séparâmes pas, j'imagine, sans la conviction profonde tous les deux que nous étions plus heureux qu'avant notre entrevue. Je déclare solennellement, pourtant j'éprouvai du chagrin ou plutôt du regret à cause de Bulstrode. Le pauvre garçon avait compté si évidemment sur le succès, encore une heure ou deux auparavant, que je ne lui aurais pas fait connaître la réussite de mes feux quand il aurait été debout et capable de pousser sa propre poursuite : dans sa situation actuelle un tel procédé aurait été brutal.

Quant à Guert-Ten-Eyck, il me rejoignit, plus triste et plus désespéré que jamais.

— Ce qui me désole, Cornélius, c'est que si Mary Wallace avait eu la moindre inclination pour moi, elle l'aurait manifestée dans un moment où l'on peut dire que vous et moi nous sommes suspendus entre la vie et la mort. J'ai souvent entendu dire qu'une femme qui plaisanterait avec un jeune homme, dans un bal ou une partie de traîneau, et le traiterait comme un chien, quand tout est riant et porte à la gaîté, change du tout au tout, comme la girouette d'une grange hollandaise à un changement de vent, dès que le danger ou le malheur fond sur son amant. En d'autres termes, que la jeune fille qui serait capricieuse et incertaine dans le bonheur et la prospérité, deviendrait tout-à-coup tendre et sincère, aussitôt qu'un chagrin tomberait sur l'homme qui avait désiré l'obtenir. Dans cette confiance, j'ai cru que je devais presser Mary, avec tout le peu d'habileté que j'y pouvais mettre, et vous savez, Cornélius, qu'elle n'est pas de nature à me donner même une lueur d'espoir. Je l'ai fait sans succès. Je n'ai pas pu tirer d'elle une syllabe de plus que ceci : que ce n'était pas un temps convenable pour parler de pareilles choses. Je serais prêt à aller prendre corps à corps ces démons de sauvages, si je ne réfléchissais que la jeune fille qui m'a fait cette observation est restée deux heures entières avec moi, écoutant tout ce que j'avais à dire, quoique je ne parlasse pas d'autre chose. Elle trouvait donc un secret plaisir à cela, mon ami, ou je ne connais pas le cœur humain.

Il en était réellement ainsi. Pourtant je ne pus m'empêcher de comparer avec cette conduite le généreux aveu d'Anna Mordaunt sous l'influence des mêmes circonstances, et de me dire que l'avenir pour ce pauvre Guert au cœur si droit et si ardent, était bien moins flatteur que pour moi.

XXV.

Herman Mordaunt vint alors nous annoncer que les sentinelles avaient été désignées pour la nuit, et que chacun de nous pouvait aller se reposer. La foule qui encombrait Ravensnest était telle, que ce n'était pas chose aisée de trouver une place convenable pour dormir ; nous n'avions d'ailleurs d'autre lit que la paille. Chacun s'arrangea de son mieux ; et en dépit de tout ce qui s'était passé dans la soirée, la vérité m'oblige à dire que je ne tardai pas à être plongé dans un profond sommeil. Mon exemple fut généralement suivi, je crois, par tous les gens de Mooseridge. La fatigue l'emporta sur les joies de l'amour heureux, sur les peines de l'amour malheureux et sur les appréhensions personnelles.

Il était environ trois heures, lorsque je sentis qu'on me pressait le bras d'une manière significative. C'était Jason Newcome qui avait été chargé d'éveiller tous les hommes sans exciter une alarme dont le bruit pût parvenir au dehors. En peu de minutes tout le monde fut debout et armé.

Les heures qui précèdent immédiatement le lever du jour et qui sont celles où le sommeil est le plus profond, sont choisies habituellement par les sauvages pour tenter leurs attaques. Personne ne fut donc surpris de ces préparatifs. Chacun comprit qu'ils étaient ordonnés par Herman Mordaunt ; il était en effet sur pied, et il examinait les mouvemens de l'ennemi dans un endroit favorable pour cette observation. Bientôt tous les hommes, au nombre de vingt-trois ou vingt-quatre, furent assemblés dans la cour en attendant d'être envoyés soit à la défense de la porte, soit à celle des palissades. Jason avait exécuté sa mission avec tant de dextérité, que ni les femmes ni les enfans ne s'étaient aperçus de notre mouvement. Tous dormaient ou semblaient dormir d'un sommeil confiant et paisible. Je saisis une occasion de complimenter l'ex-pédagogue et le nouveau meunier sur l'adresse qu'il avait montrée, et nous eûmes, par suite, une conversation à voix basse.

— J'ai toujours pensé que cette guerre ferait prendre aux choses une nouvelle face dans ces défrichemens, Corny, dit Jason, et cela plus particulièrement en ce qui concerne les titres de propriété.

— Je ne comprends pas comment cela pourrait avoir lieu, Monsieur Newcome, à moins que les Français ne parviennent à conquérir la colonie, ce qui ne me paraît pas très probable.

— C'est précisément cela ; exactement ce que j'entends en principe. En effet, les Hurons n'ont-ils pas conquis cet établissement ? Je soutiens qu'ils l'ont conquis, car il est tombé tout entier en leur pouvoir, à l'exception de cette maison, et il me semble que si jamais nous en reprenons possession, ce sera en le reconquérant. Or, voici ce qu'il s'agit de savoir : la conquête ne donne-t-elle pas au conquérant un droit à la possession du territoire conquis ? Je n'ai pas mes livres ici ; mais, où je me trompe fort, ou j'ai lu que telle est la loi.

Telle fut la première démonstration que Jason fit contre la propriété d'Herman Mordaunt. Il s'en suivit une longue série de tentatives pratiquées par l'ancien maître d'école dans le but de transférer la propriété du moulin de Ravensnest des mains de celui qui le possédait légitimement dans celles de son humble mais très méritante personne.

J'eus à peine le temps de répondre à cet étrange raisonnement, car au même moment Herman Mordaunt parut au milieu de nous et nous eûmes alors de sérieux devoirs à remplir. Les ordres que notre chef nous donna furent précédés des explications suivantes :

Ainsi que nous l'avions prévu, les Indiens avaient adopté les seuls moyens qui pussent être employés avec efficacité contre une maison fortifiée telle que Ravensnest. A défaut d'artillerie ils se préparaient à mettre le feu au bâtiment et ils avaient été occupés toute la nuit à réunir une grande quantité de pommes de pin, de racines, etc., qu'ils avaient réussi à amonceler à l'extérieur contre nos murailles de troncs d'arbres, au point précis où l'une des ailes touchait le rocher et où la configuration du terrain leur permettait de s'approcher sans courir de trop grands risques. Leur manière de procéder mérite d'être rapportée. Un des guerriers les plus hardis et les plus adroits de leur bande avait gravi le rocher en rampant et s'était posté si près des troncs qui formaient la muraille qu'il était réellement en situation de ne pas être vu et de ne pouvoir être facilement ajusté. Ses compagnons, qui se tenaient au-dessous de lui, les uns sur une pointe du rocher, les autres sur le sol, lui avaient alors tendu une longue perche, au bout de laquelle étaient placées dans un panier des pommes de pin et autres combustibles. Plusieurs heures avaient été patiemment employées par ces enfans de la forêt à cette opération pénible, et, pendant tout ce temps, le guerrier qui se tenait serré contre notre mur de bois, s'était occupé à amonceler ces combustibles de la manière qui lui paraissait le plus propre à remplir son but.

Susquesus eut le mérite de découvrir cette tentative, qui avait complètement échappé à la vigilance de toutes les autres sentinelles. Il semblerait que l'Onondago, familiarisé avec tous les artifices des hommes rouges, et connaissant particulièrement le caractère de Muss, l'ami de Jaap, ait pensé que la nuit ne se passerait pas sans qu'une attaque sérieuse fût dirigée contre la maison. Le côté par où la forteresse touchait le bord du rocher était le point le plus faible, car elle n'avait sur ce point d'autre défense que les obstacles naturels, obstacles qu'il n'était pas impossible de surmonter, et une basse palissade dont il a été parlé. L'Indien avait donc compris que l'assaut aurait lieu de ce côté; il s'était placé lui-même en sentinelle et avait découvert les premières tentatives des Hurons. Mais il ne les révéla pas à Herman Mordaunt jusqu'à ce qu'elles eussent reçu leur accomplissement. La raison de ce délai était l'impatience des visages pâles, qui n'auraient pas souffert que l'ennemi accomplît son projet, ou du moins, achevât en paix ses préparatifs. L'Indien regardait comme la chose la plus désirable de ne pas les interrompre. En laissant les Hurons perdre leur temps et leurs forces dans les préliminaires d'un assaut qui était prévu, et qui pourrait être déjoué à un moment donné, on obtenait en effet un grand avantage. Au contraire, si l'on eût démasqué prématurément leur artifice, ils n'auraient pas manqué d'avoir recours à une autre ruse, et la difficulté de la découvrir aurait augmenté nos autres désavantages. C'est ainsi que raisonnait Susquesus, et c'est sur cette manière de voir qu'il régla sa conduite.

Mais le temps était venu de renverser l'entreprise de nos ennemis Herman Mordaunt nous consulta sur ce que nous avions à faire. Il s'agissait de décider si nous permettrions aux Hurons de détruire plus long-temps leur œuvre de destruction, ou si nous ferions feu sur le hardi sauvage qui était posté sous nos murs, et si nous renverserions les piles de pommes de pin qu'il avait amoncelées, en faisant une sortie, ou enfin s'il ne serait pas plus prudent de laisser l'ennemi poursuivre son entreprise jusqu'à allumer le feu avant de le démasquer. De bonnes raisons furent données de part et d'autres en faveur de chacun des deux plans. En tuant le sauvage qui s'était logé sous nos murailles, et en renversant ses piles de combustible, nous aurions incontestablement empêché le succès de sa ruse; mais, selon toute probabilité, un nouveau projet aurait été mis à exécution la nuit suivante. Au lieu qu'en attendant jusqu'au dernier moment, nous pouvions donner à nos ennemis une telle leçon, que leur expédition se trouverait terminée d'un seul coup.

Après avoir pesé toutes les raisons qui furent données pour et contre, nous nous décidâmes à adopter le dernier parti. Mais il était un endroit dans la maison qui commandait la vue de tout le bâtiment de ce côté. C'était une meurtrière qui avait été percée seulement le jour précédent, et qui s'ouvrait directement au-dessus de l'endroit où était placé le sauvage. dans un pignon qui s'avançait au second étage tout autour du bâtiment. Ces pignons étaient fort usités dans l'architecture coloniale à cette époque, et ils étaient surtout adoptés dans les établissemens exposés, principalement pour donner les moyens de défendre le pied des bâtimens à l'extérieur. Ravensnest possédait cet avantage, quoique les meurtrières nécessaires pour compléter ce genre de défense n'eussent été percées que tout récemment. C'est là que je me postai moi-même pendant un court espace de temps, surveillant les mouvemens de l'ennemi au-dessous de moi. La nuit était obscure, mais il n'était pas difficile de distinguer les monceaux de pommes de pin qui me semblaient déjà s'élever à la hauteur de plusieurs pieds, ni de remarquer les mouvemens de l'Indien qui les avait réunies. Au moment où je pris place à la meurtrière, cet homme était déjà occupé à mettre le feu à ses combustibles.

Pendant plusieurs minutes, nous surveillâmes, Guert et moi, notre unique ennemi, dans cette occupation. Le Huron était obligé de procéder avec les plus grandes précautions, car une lueur prématurément répandue l'aurait trahi. Il allumait ses pommes de pin au centre de la pile qu'il avait amoncelée, et dans l'intérieur, à une place ménagée avec intention; aussi étaient-elles déjà tout enflammées avant que les rayons se fussent faits jour en dehors Il y avait une certaine quantité d'eau conservée dans la chambre même d'où nous suivions tous les mouvemens du sauvage, et nous aurions pu choisir le moment d'éteindre le feu en faisant couler cette eau par la meurtrière, pourvu toutefois que nous n'eussions pas attendu long-temps. Mais Guert ne voulut pas « gâter son plaisir, » suivant l'expression dont il se servit; il dit que les troncs d'arbres de la maison seraient lents à s'allumer, et que nous pourrions, au moment donné, renverser les piles de pommes de pin, en faisant une rapide sortie. Son désir était de laisser l'ennemi poursuivre l'exécution du plan qu'il avait formé, afin de rendre sa défaite plus accablante.

Notre position, directement au-dessus de la tête de l'incendiaire, ne nous permettait pas de voir sa figure, tandis qu'il était tout entier à son occupation. A la fin il jeta un regard au-dessus de lui, comme pour reconnaître les effets des flammes qui commençaient à darder leurs langues fourchues à l'extérieur de la pile. Ce coup d'œil suffit pour nous faire reconnaître Muss, le prisonnier de Jaap. Cette vue mit la philosophie de Guert à une épreuve trop forte; il passa le canon de son fusil par la meurtrière, et lâcha la détente sans prendre le soin de viser le Huron. Ce coup de feu fut en quelque sorte le signal de l'action. Une clameur générale remplit au même instant l'intérieur de la maison et les champs qui l'environnaient. Il me fut impossible de voir Muss en ce moment; mais quelques-unes de nos sentinelles, qui ne l'avaient pas perdu de vue pendant tout ce temps, me dirent, lorsque tout fut fini, que le sauvage sembla fort étonné de cette attaque inattendue. Il regarda la meurtrière, laissa échapper une exclamation, puis jeta de toute la force de ses poumons le cri de guerre, en bondissant vers un point qui était plongé dans l'obscurité, avec la vivacité d'un daim inopinément chassé de son gîte. Toute la plaine environnante était remplie des hurlemens de ces démons. Herman Mordaunt avait peu fait pour embellir les alentours de la maison ; les souches avaient été laissées sur le terrain par centaines. On eût dit en ce moment qu'un guerrier indien était logé derrière chacune de ces souches, et on voyait en même temps les Hurons ramper dans l'ombre aux pieds des rochers. Il y eut un moment où je crus que nous étions réellement assaillis par plusieurs centaines de ces ennemis impitoyables, mais je suppose que leur nombre était doublé par leur activité et par leurs hurlemens d'enfer. Quoi qu'il en soit, ils ne manifestèrent pas l'intention d'attaquer immédiatement, mais ils se contentèrent de nous environner de leurs cris. De temps à autre, un fusil était déchargé de leur côté, mais, en somme, ils attendaient le moment où le feu aurait accompli son œuvre de destruction.

Dans les circonstances terribles où il était placé, Herman Mordaunt était admirablement secondé. Pour ma part, je me sentais aussi déterminé que si j'avais eu cinquante vies à perdre pour la défense d'Anna. De leur côté, les femmes se conduisirent avec une résolution remarquable, évitant de faire aucun bruit, et recueillant tout leur sang-froid, pour ne pas troubler dans leurs opérations leurs maris et leurs amis. Quelques-unes des femmes des plus robustes colons montrèrent dans cette occasion un courage qui aurait fait honneur à des soldats de profession. Elles parurent dans la cour, armées et prêtes à se rendre utiles de toutes manières. Il arrivait souvent que des femmes de cette classe devenaient assez habiles dans le maniement des armes, à force d'en faire usage contre les daims, les loups et les ours, et qu'elles devenaient capables de rendre des services effectifs, lorsqu'il arrivait que leurs maisons fussent attaquées. Je remarquai dans le cours de cette nuit, que les femmes de la classe commune montraient une sorte de colère agressive contre les cruels ennemis qu'elles considéraient comme des meurtriers méditant le massacre de leurs enfans ; la plupart d'entr'elles semblaient agitées d'un instinct pareil à celui auquel obéissent les femelles des animaux lorsque leurs petits sont en danger.

Un intervalle de dix ou quinze minutes s'écoula entre le moment où Guert déchargea son fusil et celui où le combat commença. Pendant ce temps, le feu n'avait pas cessé de s'étendre ; mais cette circonstance ne nous causait qu'une médiocre appréhension, car l'incendie avait cela d'avantageux pour nous qu'il projetait sa lumière au loin dans les champs et même jusqu'au pied des rochers, tandis qu'il laissait la cour dans une obscurité complète. De la sorte, l'ennemi s'il tentait de nous attaquer, devait le faire au sein de la brillante clarté du foyer de l'incendie, tandis que les défenseurs de Ravensnest restaient au contraire enveloppés de ténèbres. Le seul point sur lequel pouvait être dirigé un sérieux assaut, était la partie du bâtiment qui s'appuyait sur le bord des rochers, là où la cour n'était protégée que par une palissade assez basse, quoi-

que forte d'ailleurs et en bon état. Heureusement la configuration du terrain, de ce côté, était telle que ceux qui se trouvaient dans la plaine, n'étaient point à portée de tirer sur les gens placés dans la cour de Ravensnest. C'est à raison de cette circonstance même que le site de la forteresse avait été choisi.

Tel était l'état des choses, lorsque la femme de chambre d'Anna vint me prier de me rendre auprès de sa maîtresse, s'il m'était possible de quitter mon poste, ne fût-ce que pour une minute. N'ayant, en ce moment, aucun devoir particulier à remplir, je ne vis aucun inconvénient à obéir à une requête qui s'accordait si bien avec mes désirs. Guert était auprès de moi, et il entendit les paroles que la jeune négresse était chargée de m'adresser. Il lui demanda si elle n'avait aucun message pour lui. Mais, même en cet instant solennel, Mary Wallace n'avait pas cru pouvoir se départir de sa réserve. Elle s'était montrée plus touchée que d'habitude, la nuit précédente, lorsque Ten Eyck était parvenu à atteindre l'abri de la forteresse ; mais, en même temps, elle avait paru se mettre tellement en garde contre sa propre sensibilité, qu'en cette occasion extraordinaire elle avait donné moins d'encouragement à son soupirant qu'elle n'avait coutume de lui en accorder.

Je trouvai Anna dans le petit parloir où, le soir précédent, j'avais reçu la doux aveu de sa tendresse pour moi. Elle était seule ; la délicatesse ordinaire à son sexe lui avait fait sentir la convenance de ne pas donner de témoins aux confidences de deux cœurs aussi unis que les nôtres, dans le moment d'épreuve où nous nous trouvions. La chère enfant était pâle comme la mort lorsque j'entrai ; sans doute elle pensait avec effroi au combat qui se préparait, et aux conséquences terribles qu'il pourrait avoir. Mais, ma présence fit monter immédiatement le sang à son visage ; car, il était impossible que cette ame si impressionnable ne s'émût pas au souvenir de ce qui s'était passé la veille Quoi qu'il en soit, Anna parla la première.

— Je vous ai envoyé chercher, Corny, dit-elle en mettant la main sur son cœur comme pour en apaiser les battemens précipités, pour vous recommander la prudence. J'espère que cette démarche n'est pas inconvenante.

— Vous ne pouvez rien faire d'inconvenant, ma chère et bien-aimée Anna, lui répondis-je, ou du moins rien qui me paraisse tel. Ne vous laissez pas agiter de la sorte. Vos craintes vous font paraître le danger beaucoup plus grand qu'il n'est en effet. Les risques que nous avons déjà courus, Guert, Dirck et moi, étaient dix fois plus sérieux que ceux auxquels nous allons être exposés.

La chère enfant me laissa passer un bras autour de sa taille, tandis que sa tête reposait sur mon épaule, et qu'elle donnait un libre cours à ses larmes. Soulagée par cette explosion de sensibilité, Anna ne tarda pas à se remettre de son trouble et elle se dégagea doucement de mon étreinte. Elle souffrit pourtant que je gardasse ses deux mains dans les miennes, et c'est ainsi qu'elle poursuivit notre conversation en me regardant en face avec le confiance d'une vive affection.

— Je n'ai pas pu souffrir que vous vous engagiez dans

cette terrible scène, Corny, dit-elle, sans vous donner au moins une marque de l'intérêt que vous m'inspirez. Mon cher et bon père sait tout, et bien que nos projets dérangent les siens, il ne me désapprouve pas. Vous savez avec quelle chaleur il désirait d'avoir M. Bulstrode pour fils, et vous excuserez facilement cette préférence; mais en me quittant, il y a dix minutes à peine, il m'a dit, en me donnant un baiser et sa bénédiction, de vous envoyer chercher et de vous dire qu'il vous considérera à l'avenir comme le fils de son choix. Dieu seul sait s'il nous sera permis de nous réunir encore, cher Corny; mais, lors même que cette grâce ne devrait jamais nous être accordée, j'ai pensé que votre esprit serait délivré de toute inquiétude si vous saviez que nous nous réunirons désormais comme membres d'une même famille.

— Nous sommes tous deux les uniques rejetons de notre famille, Anna, et notre union réjouira le cœur de nos parens presque à l'égal de nos propres cœurs.

— Je l'ai déjà pensé. J'aurai une mère maintenant, et c'est un bonheur que je puis à peine dire avoir connu.

— Et une mère, ajoutai-je, qui vous aimera tendrement, chère Anna, selon que je le lui ai entendu souvent répéter en ma présence.

— Je vous remercie, Corny, ainsi que vos respectables parens. Maintenant, allez, Corny. Je tremble que notre satisfaction égoïste n'accroisse le péril général par suite de votre absence. Allez. Je prierai pour votre sûreté.

— Un mot encore, ma bien-aimée. Le pauvre Guert! Vous ne pouvez vous figurer combien grand et douloureux a été son désappointement, en voyant que j'étais appelé seul ici, en un pareil moment!

Anna devint pensive, et je fus frappé de son air embarrassé.

— Que puis-je faire pour qu'il en soit autrement? dit-elle, après quelques momens de réflexion. Le jugement et les sentimens des femmes ne les conduisent pas toujours dans les mêmes voies. Mary Wallace est tellement attachée aux convenances, et elle apprécie à un si haut point l'éducation.

— Je vous comprends, Anna. Mais Guert est d'une nature si noble, il reconnaît ses défauts avec tant d'humilité et de candeur! Il n'est pas possible d'aimer une femme avec plus d'ardeur qu'il n'aime Mary Wallace. Son extrême prudence est une vertu à ses yeux, quoiqu'il en souffre.

— Je ne puis changer le caractère de Mary Wallace, Corny, dit Anna avec un sourire mélancolique, et d'un ton qui semblait dire : « Si je le pouvais, les qualités de Guert auraient bientôt fait oublier ses défauts. » Mary est Mary, et il faut la prendre telle qu'elle est. Peut-être demain réussirai-je à fixer ses irrésolutions, car il est certain que les derniers événemens ont singulièrement grandi M. Ten Eyck dans l'estime de ses amis. Mais Mary est orpheline, et elle est habituée à regarder la prudence comme sa principale protection. Maintenant, Corny, partez, afin de ne pas manquer à votre devoir.

Anna me quitta précipitamment, mais non sans me donner quelques marques d'un vif attachement. Je la pressai sur mon cœur, car ce n'était pas le moment d'affecter la réserve. Ni moi, ni elle, ne fûmes moins heureux pour avoir échangé en cet instant fatal ces preuves de notre amour mutuel.

Au moment précis où j'entrais dans la cour, j'entendis les Hurons pousser au dehors des hurlemens que l'expérience que j'avais acquise me fit reconnaître pour le signal de l'attaque. Un feu bruyant succéda, et nous nous trouvâmes immédiatement engagés dans un combat très vif. Nous avions, de notre côté, un avantage qui compensait l'infériorité de notre nombre. Tandis que deux côtés de notre maison fortifiée, y compris celui qui seul pouvait être assailli avec quelque chance de succès, étaient en pleine lumière à l'extérieur, la cour restait plongée dans une obscurité suffisante pour que ses défenseurs fussent à peu près cachés à la vue des ennemis. Cette obscurité n'était pas tellement épaisse que nous ne pussions pas nous voir les uns les autres; mais elle était assez profonde pour qu'il fût impossible de nous distinguer à quelque distance. Vus du dehors, nous nous confondions dans l'ombre vague des pieux qui formaient la palissade.

En approchant des meurtrières, à travers lesquelles nos gens faisaient un feu continu sur les noirs démons qui rampaient dans la prairie située au pied des rochers, je trouvai Herman Mordaunt. Après avoir serré ma main avec affection, il m'apprit qu'un corps considérable d'ennemis était réuni sous les rochers et que Guert s'était chargé du soin de les déloger. Il avait pris avec lui, dans cette intention, Dirck, Jaap, et trois ou quatre de nos hommes les plus intrépides, ainsi que les deux Indiens. Le plan qu'il avait formé pour atteindre son but, était hardi et digne de trois points d'un chef tel que lui. Comme le salut de Ravensnest pouvait dépendre du succès de cette opération, j'entrerai à cet égard dans quelques détails essentiels.

Les deux faces de la maison regardaient le nord et le sud. L'entrée était à l'ouest, et par conséquent les ailes s'étendaient à l'est et à l'ouest. L'incendie avait été allumé à l'angle nord-est du bâtiment, à l'endroit où les fondemens de la maison s'appuyaient sur les bords des rochers. Il en résultait que les parties de la maison exposées au nord et à l'est étaient éclairées par une vive lumière, tandis que celles qui regardaient l'ouest et le sud restaient plongées dans une profonde obscurité. Il n'était pas impossible, en sortant par la porte de l'ouest, de tourner à la tête d'une troupe peu nombreuse autour de l'angle sud-ouest de la maison, et de parvenir assez près des rochers où l'on supposait que les sauvages étaient rassemblés, et logés précisément sous les palissades, pour être à portée de leur envoyer une décharge efficace, qui fournirait peut-être l'occasion favorable de les chasser de leur retraite. Telle était la nature de l'entreprise dont mon ami s'était chargé.

— Qui garde la porte, en attendant? demandai-je.

— M. Worden, en compagnie de votre ancienne connaissance et d'un nouveau tenancier, Newcome. Tous deux sont armés comme des gens disposés à combattre, non-seulement l'ennemi immatériel, mais aussi celui qui est répandu dans la plaine, lorsque l'occasion s'en présentera. Réellement, M. Worden a montré le courage d'un homme en cette circonstance.

SATANSTOË.

Sans répliquer, je quittai Herman Mordaunt et je m'avançai vers la porte, car il y avait peu de choses à faire dans la cour. Nous y étions en forces, plus nombreux peut-être même qu'il n'était nécessaire. Mais la tentative de Guert, la garde de la porte et surtout l'incendie m'inspiraient de sérieuses inquiétudes.

Je ne tardai pas à me trouver aux côtés de M. Worden. Il est certain que le révérend était à son poste, côte à côte avec Jason Newcome. Ils étaient chargés d'ouvrir la porte sans délai à nos amis lorsqu'ils se présenteraient, et de la fermer au contraire avec tous ses verroux et toutes ses barres si l'ennemi cherchait à pénétrer dans la place. M. Worden et son compagnon paraissaient comprendre parfaitement l'importance de la mission qui leur était confiée, et je leur demandai la permission de passer outre. Mes pas se portèrent d'abord du côté du feu, car je craignais qu'Herman Mordaunt n'eût trop de confiance dans les moyens qu'il avait préparés pour l'éteindre, et que notre sécurité ne fût compromise de ce côté. Au sortir de la maison, je me glissai le long du mur d'enceinte, vers l'angle nord-ouest du bâtiment. C'était le seul endroit d'où je pusse examiner le foyer de l'incendie.

Le contraste de l'éclatante lumière qui se répandait dans les champs et sur les souches comprises dans le rayonnement des flammes, ajoutait à ma sûreté. Les troncs, brûlés pour la plupart lors des travaux de défrichemens, et noircis comme des tisons éteints, semblaient s'agiter au sein de la lumière flottante, et deux fois je m'arrêtai avant d'atteindre l'angle de la maison vers lequel je me dirigeais, dans la pensée que j'étais au moment d'une rencontre avec des sauvages imaginaires. Ces alarmes étaient fausses pourtant, et je réussis à me placer au point de vue vers lequel je tendais. Non seulement les pommes de pin étaient embrasées, mais un jet de flammes commençait à s'attacher aux troncs d'arbres de la maison, et nous menaçait d'une conflagration rapide. Le danger aurait été plus grand, du reste, si un orage soudain n'avait passé sur nous quelques heures seulement avant le commencement du combat. Comme il était poussé par un vent du nord, toute la partie de la maison qui était tournée de ce côté, et par conséquent celle où le feu avait été allumé, se trouvait très heureusement mouillée par la pluie. Cet orage avait éclaté lorsque Muss avait déjà commencé à amonceler les pommes de pin, sans quoi le Huron se serait certainement attaché à une autre partie du bâtiment; la profonde obscurité qu'entretenait le nuage qui avait crevé si inopinément sur la maison, devait être d'ailleurs un des moyens de succès sur lesquels il avait compté. Il avait sans doute continué son travail pendant tout le temps qu'avait duré l'orage.

Deux minutes suffirent pour m'assurer de ces faits. Au bout de ce court espace de temps, je revins à la porte; et je chargeai Jason de rentrer dans la cour, et d'engager Herman Mordaunt à mettre en œuvre, sans perdre un moment, tous les moyens qu'il pouvait avoir réunis pour éteindre l'incendie. En effet, les flammes étaient plus menaçantes pour notre sûreté que n'aurait pu être une attaque de quelque autre nature que ce fût, qui aurait été dirigée contre nos palissades, dans l'obscurité de la nuit. Jason avait du sang-froid, et il était, en

conséquence, parfaitement capable de remplir convenablement une mission de ce genre. Il nous quitta, en promettant de faire diligence, et je me dirigeai alors du côté qu'avait pris la troupe de Guert. Du reste, aucun bruit ne s'était encore élevé sur ce point. Ce silence avait quelque chose d'alarmant, quoiqu'il fût bien difficile de penser que le jeune aventurier avait rencontré l'ennemi sans qu'il en fût résulté une collision dont le bruit serait parvenu jusqu'à nous. Quelques coups de fusils épars, quoique tirés généralement vers la partie du bâtiment située à l'ouest, et les ondulations de la flamme, étaient les seules interruptions apportées au calme de mort qui régnait en ce moment dans les environs.

Ma tentative pour atteindre l'angle sud-ouest de la maison, fut couronnée par un succès égal à celui que j'avais obtenu lorsque je m'étais dirigé vers l'angle nord-ouest. Il semblait que les sauvages eussent entièrement abandonné ce côté. En arrivant à l'angle, je vis toute la façade méridionale du bâtiment plongée dans l'obscurité, quoique les rayons brisés de la flamme permissent d'apercevoir dans cette direction les flancs raboteux des rochers. Grâce au faible reflet de cette lumière, ma vue put embrasser dans toute son étendue le côté sud du bâtiment où j'étais arrivé; mais il me fut impossible d'apercevoir le moindre signe de la présence de nos amis. Je commençai alors à appréhender que l'aventureux Albanien n'eût commis quelque sérieuse imprudence. Tandis que je m'efforçais d'obtenir quelque intelligence des mouvemens de Guert, et que je dévorais des yeux tous les objets qui m'apparaissaient dans l'obscurité, je sentis qu'on me touchait légèrement le coude, et je vis à mes côtés un sauvage demi-nu et dans tout l'attirail du combat. J'en vis assez pour m'assurer de cette circonstance, mais pas assez pour distinguer les traits de cet Indien. Déjà je saisissais la poignée de mon couteau de chasse, lorsque la voix de Trackless arrêta mon bras.

— Trop imprudent, dit l'Onondago avec emphase; tête trop jeune, mais bonne; cœur bon; tête très mauvaise. Trop de feu là-bas; obscurité ici; bien meilleur.

Cette critique caractéristique de la conduite du pauvre Guert, expliquait suffisamment toute l'affaire. Guert s'était placé dans une position où l'Onondago avait refusé de rester; en d'autres termes, il était arrivé jusqu'au bord du rocher, dans un endroit où la lumière des flammes ne pouvait manquer de dévoiler sa présence. Cependant aucun signe de sa manœuvre hardie ne se révélait encore, et j'étais sur le point de longer le mur méridional du bâtiment pour le joindre, lorsque Trackless me toucha le bras une seconde fois, en disant : « là bas. »

Il n'était que trop certain que nos amis se trouvaient à l'endroit désigné par l'Indien. Guert s'était dirigé de manière à s'avancer sur une pointe saillante du rocher, où il se trouvait admirablement placé pour balayer l'ennemi, qui était supposé grimper sur les palissades, avec l'intention de faire une irruption soudaine dans l'intérieur du bâtiment. Mais cette position était en même temps trop éloignée pour n'être pas très périlleuse. Nos amis s'étaient glissés jusque là, grâce à l'obscurité; or, comme je l'ai dit, si la position était admirablement prise.

au point de vue de l'attaque, elle était fort mal choisie pour la retraite, car elle n'était pas éloignée de moins de cent verges du lieu où j'avais cru trouver Guert et les siens. Cette manœuvre s'accordait si bien avec le caractère de Guert, que je ne pus m'empêcher d'admirer sa hardiesse, tout en blâmant son imprudence. Cependant, il n'était plus temps de le rejoindre, ni de l'avertir des dangers auxquels il s'exposait. Nous étions placés tellement en arrière, que nous pouvions apprécier pleinement toute l'étendue de son danger, dont sans doute il n'était pas lui-même en position de se rendre compte. La petite troupe de nos amis était parvenue en ce moment à l'extrémité de la pointe. Tous ceux qui la composaient tranchaient en relief sombre sur le fond rouge de la flamme; nous pouvions distinguer chacun d'eux. En tête venait Guert, le plus près du bord du rocher, et penché sur l'ennemi. Dirck était à ses côtés. Jaap, coudoyé par l'Indien Jumper, se tenait sur les talons de Dirck, et les quatre hardis et vigoureux tenanciers qui faisaient partie de l'expédition s'avançaient derrière Jumper. Tous avaient le fusil couché en joue, prêts à faire feu.

Je respirais à peine, dans l'attente, des résultats de cette audacieuse entreprise, et, lorsque je vis Guert et ses compagnons sortir de terre en quelque sorte, et se montrer en plein, à la lumière du foyer qui brûlait au-dessous d'eux, je fus violemment tenté de crier pour les avertir des périls auxquels ils s'exposaient; mais mon avertissement n'aurait eu aucun résultat utile, et ce n'était pas le moment des remontrances. Guert comprit sans doute que sa position était dangereuse, aussi prit-il promptement sa résolution. Il n'y avait pas plus de dix secondes que j'avais vu les formes de nos amis se dessiner en sombre relief sur le terrain, lorsqu'ils déchargèrent tous ensemble leurs carabines, avec une telle précision, qu'on n'entendit qu'un seul coup. Un instant s'écoula, pendant lequel un silence de mort régna dans les champs aussi bien que dans l'intérieur du bâtiment; puis une décharge partit de derrière les souches à une petite distance de la partie du bâtiment où nous étions, et tous les sauvages, qui n'avaient pas été blessés, s'élancèrent entre nous et la porte de la maison, mouvement qui eut pour résultat de nous couper la retraite. Je vis tomber deux des tenanciers ainsi que l'Indien. Celui-ci sauta en l'air, et roula jusqu'au bas de la hauteur. Mais Guert, Dirck, Jaap et les deux autres tenanciers s'étaient élancés en avant. Alors les sauvages poussèrent des hurlements tels qu'un gosier humain ne m'eût pas semblé capable auparavant d'en produire de pareils, et en même temps la campagne tout entière de notre côté s'anima sous les pas d'une multitude d'ennemis. Comme pour rendre la scène plus effrayante encore, il arriva que Mordaunt avait précisément choisi ce moment pour éteindre l'incendie, en versant sur le foyer l'eau qui avait été apportée à cet effet. La lumière disparut aussi subitement que si une lampe avait été éteinte. Ce hasard providentiel donna au moins à nos amis quelque chance d'échapper. Les coups de fusil se répondaient sans interruption, mais il n'était plus possible d'ajuster.

Le combat était devenu une mêlée. Les sauvages s'avançaient en rampant dans l'ombre et en poussant des hurlemens affreux, et il en résultait des combats corps à corps

dans lesquels des coups terribles étaient donnés et reçus. Guert encourageait ses compagnons à fendre le flot des combattans, d'un ton plein de confiance et d'une voix forte et claire qui dominait les clameurs sauvages de nos ennemis. Trackless et moi nous déchargeâmes nos carabines sur les Hurons qui pressaient nos amis de plus près, et chaque balle parvint certainement à son adresse. Mais il était difficile de savoir que faire ensuite. Cependant il était impossible de rester en arrière pendant que nos amis pouvaient être écrasés par le nombre. En conséquence, nous tombâmes, Susquesus et moi, sur les derrières de l'ennemi. Cette charge, qui avait l'apparence d'une sortie, eut un résultat décisif; elle ouvrit un passage à Dirck et aux deux tenanciers qui se joignirent à nous. Nous commençâmes aussitôt à nous retirer pas à pas en faisant face à nos ennemis. Le succès de notre retraite eût pu être très douteux, même après que nous fûmes parvenus à l'angle sud-ouest du bâtiment, si Herman Mordaunt n'était accouru à notre aide à la tête d'une demi-douzaine de ses tenanciers. Ce renfort se présenta sur le terrain avec les fusils chargés, et une seule décharge opérée lorsque nous fûmes entrés dans les rangs de ceux qui venaient à notre aide fit disparaître les assaillans presque aussi subitement qu'ils s'étaient montrés. En réfléchissant par la suite aux événemens de cette triste nuit, j'ai toujours pensé que la plus grande partie des forces des Hurons avaient commencé un mouvement rétrograde à l'arrière-garde, laissant leur front affaibli et sans soutien, avant même que le renfort amené par Herman Mordaunt fût arrivé à notre aide. Quoi qu'il en soit, l'ennemi, comme je l'ai dit, regagna ses abris, et nous rentrâmes dans l'intérieur du bâtiment, en prenant soin de fermer la porte et de la barricader avec la plus grande rapidité possible.

Je puis à peine décrire le changement qui s'était opéré dans l'aspect des choses pendant le cours de cette nuit féconde en événemens. Le feu était complètement éteint, et la plus profonde obscurité avait succédé à la lumière rougeâtre des flammes. Les hurlemens des sauvages et les cris par lesquels nos hommes avaient quelquefois salué la chute d'un de leurs ennemis, avaient cessé. Un calme aussi profond que celui de la tombe régnait autour de nous; les blessés semblaient craindre même de se plaindre. Les nôtres, qui étaient au nombre de quatre, rentrèrent avec une colère silencieuse dans la maison pour y chercher les soins que réclamait leur état. Nous n'avions plus rien à craindre des ennemis qui s'étaient logés sous les palissades, car les rayons du soleil levant venaient précisément de paraître, et les Indiens donnent rarement un assaut en plein jour. En un mot, cette nuit au moins était passée, et nous étions encore protégés par la Providence.

Herman Mordaunt songea alors à se rendre compte exactement de sa situation, à reconnaître l'étendue de ses pertes, et, autant que possible, à apprécier celles qu'il avait fait subir à l'ennemi. Il appela Guert pour l'aider dans cette recherche, mais Guert ne put être retrouvé! Jaap aussi était absent. Nous fîmes la revue de notre monde, et il fut reconnu que Guert-Ten-Eyck, Jaap Satanstoé, Gilbert Davis et Moyse Mudge nous manquaient. Jumper ne paraissait pas non plus; mais j'appris à nos compagnons que j'avais vu tomber l'Indien et les deux tenanciers. Le jour vint bien lentement au milieu du trouble et de l'agitation causés par ces découvertes ; mais il ne nous apporta aucun sujet de consolation. Nous nous hasardâmes à ouvrir la porte, sachant bien que les Indiens ne resteraient pas près de la maison pendant le jour, et, après avoir examiné l'aspect des dangereux abris qui pouvaient couvrir les Indiens, nous nous mîmes à la recherche des cadavres de nos amis. Pas un Indien ne se montra. Nous trouvâmes Jumper, étendu mort au pied du rocher. Il avait été scalpé, ainsi que Davis et Mudge qui gisaient au sommet. Dirck avait la certitude que la première décharge avait renversé six ou sept Hurons, mais les cadavres avaient été emportés. Quant à Guert et à Jaap, nous ne pûmes trouver aucunes traces d'où nous pussions inférer s'ils étaient morts ou vivans.

XXVI.

Ce fut un moment bien pénible pour moi que celui où Herman Mordaunt vint me chercher, une heure après, pour me conduire en présence d'Anna et de Mary Wallace. Un éclair de joie, un rayon du soleil du cœur parut sur les traits aimables d'Anna, lorsqu'elle me vit entrer dans l'appartement sans aucune blessure ; mais cette joie disparut aussitôt pour faire place à la douloureuse sympathie que lui inspirait le chagrin de son amie. Quant à Mary Wallace, la mort même l'eût à peine frappée d'une pâleur plus grande, et n'eût pas imprimé à sa physionomie une expression aussi vive de souffrance. Anna parla la première.

— Dieu soit loué de ce que cette affreuse nuit est passée, et de ce que mon bien-aimé père et vous, Corny, avez été épargnés, dit la chère enfant, pressant entre ses deux mains, celle que je lui avais tendue ; nous pouvons être reconnaissans de cette faveur, au moins. Que ne pouvons-nous en dire autant de tous les autres !

— Dites-moi toute la vérité, sans ménagement, Monsieur Littlepage, ajouta Mary ; tout vaut mieux pour moi que l'incertitude. M. Mordaunt dit que vous connaissez les faits mieux que personne, et que vous pouvez tout me dire. Parlez donc, quand mon cœur devrait se briser en vous écoutant. Est-il mort ?

— J'espère que non, grâce à Dieu. Je dirai même que je ne le crois pas. Mais je crains qu'il ne soit prisonnier.

— Grâces vous soient rendues pour ce mot, cher Monsieur Littlepage ; grâces vous soient rendues pour ce mot du plus profond de mon cœur. Mais croyez-vous qu'ils le tortureront ? Ces Hurons ne tortureront-ils pas leurs prisonniers ? Ne me cachez rien, Corny. Vous ne pouvez vous imaginer combien je me possède moi-même, et avec quelle résolution je saurai supporter la vérité. Pour l'amour de Dieu, ne me cachez rien.

Pauvre fille ! au moment même où elle protestait de sa force et de son courage, elle tremblait de la tête aux pieds ; son visage avait la pâleur de la mort, et le sourire avec lequel elle parlait, avait quelque chose de hagard. C'est en vain qu'elle eût cherché à retenir l'explosion de cet amour comprimé si long-temps par la prudence. Déjà, depuis plusieurs mois, il n'était plus possible de douter

qu'elle aimât réellement Guert, et que son amour ne finît par l'emporter sur sa réserve. Mais n'ayant jamais éprouvé auparavant la force d'un sentiment si long-temps et si péniblement contenu, je confesse que l'explosion d'une souffrance si vive dans une personne si délicate, si excellente et si aimable, m'ôta tout mon courage et toutes mes forces. Je pris la main de Mary Wallace, et je la conduisis à une chaise, sachant à peine que lui dire pour relever ses esprits. Cependant, ses yeux ne se détournaient pas de moi, comme si elle eût espéré de lire la vérité dans ma contenance, et il y avait dans ses regards une anxiété, une détresse et une prière propres à toucher un cœur de pierre.

— Sera-t-il torturé ? murmura-t-elle, plutôt qu'elle ne le demanda.

— J'espère que non, Dieu merci ! ils ont aussi pris mon esclave Jaap, et il est beaucoup plus probable qu'il sera leur victime plutôt que M. Ten Eyck.

— Pourquoi l'appelez-vous M. Ten Eyck ? vous l'avez toujours appelé Guert jusqu'ici ; vous êtes son ami, vous avez bonne opinion de lui, vous ne pouvez avoir moins d'amitié pour lui maintenant qu'il est misérable, que lorsqu'il était heureux et qu'il faisait l'orgueil de tous les siens par sa force et par sa mâle beauté.

— Chère miss Wallace, remettez-vous, je vous supplie ; croyez que personne ne restera plus long-temps que moi attaché à Guert.

— Oui, j'ai toujours pensé cela, je l'ai toujours senti. Guert ne peut avoir des sentimens ni bas, ni médiocres, puisqu'un homme tel que Corny Littlepage est son ami. J'ai écrit à ma tante, et il ne nous convient pas d'être trop téméraires dans nos jugemens. Guert Ten Eyck ne tardera pas à renoncer aux folies et à la fougue de la jeunesse, et alors nous verrons briller les qualités de son caractère. N'est-ce pas vrai, Anna ?

Anna, agenouillée à côté de son amie, la pressa dans ses bras, attira sa tête tremblante sur son sein, et la tint un moment dans cette position avec l'expression d'une amitié consolante et protectrice. Peu d'instans après, Mary Wallace fondit en larmes, et j'ai toujours pensé que ces pleurs, qui la soulagèrent, grâce à Dieu, sauvèrent sa raison. Peu à peu la pauvre affligée devint plus calme ; elle se recueillit en elle-même, selon son habitude, tandis qu'Anna et moi discutions les chances de tirer notre ami des mains de ceux qui sans doute l'avaient fait prisonnier.

Après avoir pesé toutes les chances et toutes les probabilités dans notre esprit, je promis à mes compagnes de ne pas perdre un moment pour éclaircir tout ce qui avait rapport au sort de Guert et pour faire tout ce qui serait en mon pouvoir pour le sauver.

— Vous ne me tromperez pas, Corny, murmura Mary Wallace, pressant dans ses deux mains la main que je lui tendais pour prendre congé d'elle ; je sais que je peux me fier à vous, car il se vante d'être votre ami.

Un sourire mélancolique d'Anna augmenta la force de cette requête ; et je me précipitai au-dehors de l'appartement, péniblement affecté d'abandonner cette pauvre affligée, et cependant incapable de rester plus long-temps près d'elle. Je trouvai Herman Mordaunt dans la cour, engagé dans une conversation animée avec Susquenus. et je les rejoignis, déterminé à ne pas perdre un seul moment pour opérer le salut de mon compagnon.

— Je parlais précisément à Trackless de cette affaire, répondit Herman Mordaunt, aussitôt que je lui eus expliqué mes intentions, et maintenant, j'attends sa réponse. Pensez-vous, Trackless, qu'on puisse envoyer avec sécurité un messager aux Hurons pour s'enquérir de nos amis, et pour traiter avec ceux qui les ont faits prisonniers ?

— Ne pas envoyer ? Pourquoi non ? répliqua l'Indien; l'homme rouge, joyeux de voir le messager ; va lorsqu'il a besoin ; revient lorsqu'il a besoin; comment faire un marché s'il scalpait le messager ?

J'avais entendu dire que les tribus les plus sauvages respectaient toujours un messager; et, en effet, la nécessité d'agir ainsi était par elle-même une sorte de garantie. Il est certain que le porteur d'un pavillon parlementaire pouvait courir plus de dangers avec les sauvages, que s'il s'était agi d'aller dans le camp d'hommes civilisés. Mais les Indiens du Canada avaient long-temps servi avec les Français, et leurs chefs avaient acquis, sans aucun doute, quelques notions des usages de la guerre parmi les visages pâles. Sans grande réflexion pourtant, et obéissant simplement à l'impulsion qui me portait à secourir mon ami et mon esclave, car le sort de Jaap excitait au plus haut point mon intérêt, je m'offris à porter le drapeau de parlementaire. Herman Mordaunt secoua la tête et sembla peu disposé à accéder à ma demande.

— Anna ne me pardonnerait pas d'avoir consenti à cela, répondit-il. Vous ne devez pas oublier, Corny, que toutes vos actions ont maintenant leur écho dans une âme tendre et sensible, et il ne vous est plus permis de vous conduire comme un garçon insouciant qui n'est responsable que de lui-même. Il vaudrait beaucoup mieux envoyer cet Onondago, s'il y consentait. Il connaît les hommes rouges et saura mieux qu'aucun de nous interpréter leurs pensées. Qu'en dites-vous, Susquesus ? Voulez-vous être notre messager auprès des Hurons ?

— Certainement; pourquoi n'irai-je pas, s'il le faut ? Bon d'être messager quelquefois; où est le wampum ? Que leur dirai-je ?

Ainsi encouragés, nous délibérâmes, et Susquesus se prépara au départ. Il déposa toutes ses armes, effaça les signes de guerre qui étaient peints sur sa figure, mit une chemise de calicot sur ses épaules et prit des allures toutes pacifiques. Nous lui donnâmes un petit drapeau blanc, tenant pour certain que les chefs hurons comprendraient la signification de ce drapeau, et pensant qu'il était convenable qu'un homme chargé d'un message de la part des visages pâles portât le signe ordinaire d'une telle mission parmi les visages pâles. Susquesus trouva d'ailleurs quelques fragmens de wampum, symbole auquel il attachait beaucoup plus de confiance qu'à tout autre. Puis il partit, chargé d'offrir aux Hurons une rançon libérale, en échange de Guert Ten Eyck et de Jaap Satanstoé.

Nous ne faisions pas de doute que l'ennemi ne dût être trouvé dans le ravin, car ce point était le plus favorable aux opérations du siège, attendu qu'il était près de la maison, qu'il était parfaitement abrité et qu'il fournissait

de l'eau, du bois et d'autres commodités. De ce point on surveillait Ravensnest et on pouvait saisir toutes les chances favorables de l'attaquer. C'est là que Susquesus reçut l'ordre de se rendre; mais nous ne jugeâmes pas à propos de gêner par des instructions trop précises l'adresse bien connue de notre négociateur. Plusieurs d'entre nous accompagnèrent l'Onondago jusqu'à la porte, et nous le vîmes traverser la plaine en marchant vers la forêt avec sa rapidité ordinaire. Un oiseau aurait pu à peine se diriger plus directement vers son but.

La demi-heure qui suivit le moment où Susquesus avait disparu à l'entrée du ravin, se passa dans une anxiété bien pénible. Nous restâmes en dehors attendant le résultat de la conférence, sans excepter Dirck, M. Worden, Jason et une demi-douzaine des habitans de Ravensnest. À la fin l'Onondago reparut, et, à notre grande joie, il était suivi d'un groupe d'Indiens au milieu duquel nous vîmes les deux prisonniers. Ils étaient liés, mais de façon à pouvoir marcher. Cette troupe d'Indiens pouvait être composée d'une douzaine d'hommes qui étaient tous armés. Elle s'avança lentement au sortir du ravin et monta sur le terrain qui s'étendait de niveau avec la maison. Les Hurons firent halte à la distance de 400 verges. En voyant ce mouvement, nous formâmes de notre côté une troupe composée exactement du même nombre d'hommes, et nous nous avançâmes jusqu'à la distance de 200 verges. Arrivés là, nous attendîmes le retour de notre messager qui continua son chemin après que les Hurons se furent arrêtés. Les choses semblaient donc se présenter d'une manière favorable.

— Nous apportez-vous de bonnes nouvelles ? demanda Herman Mordaunt avec empressement. Nos amis sont-ils sains et saufs ?

— Non blessés, faits prisonniers; sauter sur eux, dix, deux, six, et s'en emparer alors. Ouvrez les yeux, vous verrez.

— Et les Hurons semblent-ils disposés à accepter la rançon ? Du rhum, des fusils, des couvertures et de la poudre, vous avez tout offert, j'espère, Susquesus ?

— Certainement, rien oublié, cela mauvais; disent qu'ils prendront tout cela, quelque chose de plus, cependant

— Et ils sont venus pour traiter avec nous ? Que devons-nous faire maintenant, Susquesus ?

— Mettre les fusils à terre, aller près d'eux et parler. Vous, le prêtre, et le jeune chef; tous trois. Alors trois guerriers déposeront les fusils, viendront parler aussi. Prisonnier attendra. Tout cela bon.

Cette explication était parfaitement intelligible, et pensant que tout ce qui ressemblerait à de l'hésitation pouvait rendre la position de Guert plus désespérée, nous nous préparâmes à obéir aux instructions de l'Indien. Je vis que le révérend M. Worden n'avait pas un goût très prononcé pour cette mission. Mais il eut honte de rester en arrière quand il vit Herman Mordaunt se rendre joyeusement à cette entrevue. Nous nous rencontrâmes avec trois Hurons, parmi lesquels se trouvait l'ami de Jaap, Muss qui était évidemment le principal personnage de la troupe. Guert et Jaap furent retenus à une centaine de verges environ en arrière, mais assez près cependant pour que nous pussions leur parler en élevant la voix. Guert était sans habit et la tête découverte. Ses cheveux, naturellement frisés, flottaient au vent, et je crus apercevoir quelques traces de sang sur son linge. Était-ce le sien ou celui d'un ennemi? Je l'appelai, et lui demandai comment il se portait et s'il n'était pas blessé?

— Rien qui vaille la peine d'en parler, Corny; je vous remercie, répondit Guert avec son air de bonne humeur habituelle ; ces gentlemen rouges m'ont lié à un arbre, et ont voulu essayer lequel lancerait son tomahawk le plus près de moi sans me toucher. C'est un de leurs amusemens ordinaires, et j'ai attrapé une égratignure ou deux à ce jeu. J'espère que ces dames ont bon courage, et ne se sont pas laissées abattre par la besogne de la dernière nuit.

— Nous avons de bonnes nouvelles en ce qui vous concerne, Guert. — Susquesus, demandez à ces chefs si je puis aller près de mon ami pour lui dire quelques mots de consolation. Sur mon honneur, aucune tentative ne sera faite pour le délivrer jusqu'à mon retour au milieu des nôtres.

L'Onondago traduisit ce que je venais de dire dans le langage des Hurons. J'avais fait cette requête hardie sous l'impulsion d'un sentiment irrésistible ; je fus aussi étonné que charmé de voir qu'elle m'était accordée. Ces sauvages se fièrent à ma parole, et se reposèrent sur mon honneur avec une noblesse qui aurait fait gloire à des hommes civilisés, affectant de ne faire aucune attention apparente à mes mouvemens. Il était trop tard pour me rétracter, quand bien même j'en aurais eu l'envie ; laissant Herman Mordaunt s'efforcer de conclure un marché avec Muss et ses deux compagnons, je m'avançai hardiment, quoique sans armes, vers les hommes qui tenaient prisonniers Guert et Jaap. Mon approche occasiona quelques mouvemens en sens divers parmi les sauvages, et il y eut un échange de questions et de réponses entre eux et leurs chefs. Ces derniers ne dirent qu'une ou deux paroles, mais d'un ton plein d'autorité et avec un geste de commandement. Si bref qu'eût été cet ordre, il suffit pour me faire respecter, et durant tout le cours de ma conversation avec Guert, non seulement je ne fus pas molesté, mais on ne m'adressa même pas la parole.

— Le ciel vous récompense, Corny, pour ce que vous faites-là, s'écria Guert avec sentiment, au moment où nous échangions un chaleureux serrement de main. Il y a de l'amitié et du courage à venir ainsi se mettre dans la gueule du lion. Ne restez qu'un moment, je vous prie, de peur qu'il ne résulte quelque malheur de votre démarche. Ce serrement de main vaut un royaume pour un homme dans ma situation ; mais souvenez-vous d'Anna. Ah! Corny, mon cher ami, je serais heureux, même ici, si je pouvais penser que Mary Wallace est affligée de ma situation.

— Soyez heureux alors, Guert. Mon unique but, en venant vous trouver, a été de vous dire de tout espérer de ce côté. Vous pouvez compter qu'il n'y aura plus ni réserve, ni hésitation, ni mécomptes, lorsqu'une fois vous nous serez rendu.

— Monsieur Littlepage, vous ne voudriez pas vous jouer des sentimens d'un malheureux prisonnier qui est sus-

pendu entre les tortures et la mort ! Je peux à peine en croire mes sens. Sans doute vous ne voudriez pas vous moquer de moi.

— Croyez tout ce que je vous dis, ou plutôt tout ce que vous désirez , Guert. Il est rare qu'un homme soit aimé comme vous l'êtes, et cela, je vous l'affirme ; maintenant, je vous quitte afin d'aider Herman Mordaunt à vous ramener là où vous pourrez vous convaincre de ce que je vous dis, par vos propres oreilles, comme je m'en suis convaincu par les miennes.

Guert ne fit aucune réponse, et je m'aperçus qu'il était profondément ému. Je lui serrai la main , et nous nous quittâmes, pleins d'espoir, de mon côté du moins, que notre séparation serait courte. J'ai quelque raison de croire que Guert pleura. En effet, en me retournant, je remarquai qu'un coup-d'œil à Jaap. Il était retenu un peu en arrière, dans la situation qui convenait à sa couleur ; mais il étudiait l'expression de ma physionomie avec la vigilance d'un chat. Je crus qu'il valait mieux ne pas lui adresser la parole, et je me bornai à lui faire en secret un signe d'encouragement.

— Ces chefs ne sont pas favorablement disposés, Corny, me dit Herman Mordaunt lorsque je le rejoignis ; ils m'ont donné à entendre que Jaap ne pouvait être délivré à quelque prix que ce soit. Ils veulent avoir sa chevelure, suivant ce que m'a dit Susquesus, en revanche du traitement rigoureux qu'il paraît avoir infligé à l'un de leurs chefs. Pour me servir de leur langage, ils ont besoin de sa chevelure pour en faire un emplâtre sur le dos de ce chef. Son sort paraît décidé, et ils ne l'ont amené ici que pour faire naître dans son cœur des espérances qui doivent être cruellement trompées. Ces misérables ne se sont pas fait scrupule de l'avouer dans leur langage sentencieux. Quant à Guert, ils disent qu'il a tué deux de leurs guerriers, que les femmes de ces guerriers pleureront leurs maris et ne pourront pas être facilement consolées, à moins de voir également sa chevelure. Cependant ils offrent de le relâcher aux conditions suivantes : Ils échangeront Guert contre deux de ceux d'entre nous qu'ils appellent des chefs, contre quatre autres individus. Si nous n'acceptons pas cette condition, ils consentent à le relâcher contre deux de nos hommes, et contre l'abandon de Ravensnest, dont nous nous éloignerions tous avant que le soleil se soit élevé au-dessus de nos têtes.

— Conditions que vous ne pouvez accepter en aucun cas, je le crains, Monsieur.

— Certainement non; il ne peut être question de livrer deux de nos gens à ces sauvages. Non, quand même il s'agirait de sauver ma propre vie. Quant à Ravensnest et à ce qu'il renferme, je l'abandonnerais bien volontiers, à l'exception de quelques papiers, si j'avais le moindre espoir que les chefs pourraient retenir leurs subordonnés. Mais l'affreux massacre de William-Henry est encore trop récent pour que nous concevions aucune espérance de cette sorte. Ma réponse est déjà donnée et nous sommes au moment de nous séparer; peut-être, lorsqu'ils nous verront déterminés, pourront-ils se décider à se relâcher quelque peu de leurs prétentions.

Un grave salut de la main nous fut adressé par Muss, qui s'était conduit avec une grande dignité pendant tout le cours de cette entrevue, et les trois Hurons se retirèrent ensemble.

— Très bon de partir, dit Susquesus d'un ton significatif; Maybé cherche son fusil, Huron irrité.

Sur cet avertissement, nous retournâmes vers nos amis et nous reprîmes nos armes. Je tiens une partie de ce qui succéda du récit des autres et une partie du témoignage de mes propres yeux. Il paraît que Jaap avait compris tout d'abord que sa position était désespérée. Le souvenir de ses premiers torts envers Muss, dont il était plus spécialement le prisonnier, augmentait très probablement ses craintes, et sa pensée ne cessa pas d'être occupée du dessein d'obtenir sa liberté par des moyens tout-à-fait indépendans de la négociation qui était entamée. Dès l'instant où il fut emmené hors du ravin, il se prépara à saisir les plus petites chances qui s'offriraient d'accomplir son projet. Il arriva qu'un des sauvages se plaça de telle sorte devant le nègre qui était retenu en arrière tout près de lui, que Jaap se trouva en position de tirer le couteau du Huron de sa gaîne, sans être aperçu. Il choisit le moment où je me trouvais au milieu des Hurons, et où tous les yeux étaient fixés sur moi, pour opérer cette soustraction. Guert et lui avaient les bras liés jusqu'au coude, et fixés derrière le dos, et lorsque Guert tourna la tête pour cacher ses larmes, ainsi que je l'ai dit, Jaap réussit à couper les cordes qui retenaient Ten Eyck. Cela ne put être fait que tandis que les sauvages me suivaient des yeux dans ma retraite. En même temps, Jaap passa le couteau à Guert, qui lui rendit le même service. Comme les Indiens n'avaient pas pris l'alarme, les prisonniers restèrent un moment sans agir, tenant leurs bras derrière le dos comme s'ils étaient encore liés; ils profitèrent de ce répit pour examiner leur position.

L'Indien, qui était le plus près de Guert, avait deux fusils : le sien et celui de Muss. Tous deux appuyés négligemment contre son épaule et les crosses à terre. Guert désigna de l'œil ces armes à Jaap, et lorsque les trois chefs furent au moment de rejoindre leurs amis qui étaient attentifs à tous leurs mouvemens pour deviner le résultat de la conférence, Guert saisit ce sauvage par le bras en le lui tordant de une telle force, que l'Indien jeta un cri de douleur. Puis il saisit un fusil, tandis que Jaap s'empara de l'autre. Chacun déchargea son arme et tua son homme. Alors ils tombèrent sur leurs gardiens à grands coups de crosse. Cette attaque hardie, quoique désespérée en apparence, était le parti le plus sage que les prisonniers pussent prendre, car s'ils s'étaient enfuis immédiatement, ils auraient laissé à leurs ennemis le moyen d'envoyer les balles des mousquets à leur poursuite.

Le bruit des coups de feu fut le premier avertissement que nous reçûmes de l'entreprise de nos amis. Alors je ne vis pas seulement, mais j'entendis le coup de crosse effrayant que Jaap asséna sur la tête de Muss. Ce coup eut pour effet de briser à la fois la tête du Huron et le fusil; bien que la crosse fût rompue, le lourd canon restait encore dans les mains du nègre qui s'en servait avec une force devant laquelle tout fuyait. Il est à peine nécessaire de dire que Guert ne restait pas inactif dans ce combat.

Il se battait pour Mary Wallace aussi bien que pour lui-même, et il avait renversé deux autres Indiens en un clin d'œil. Dirck, en ce moment, rendit un important service à nos amis. Il avait son fusil à la main, et voyant qu'un robuste sauvage était sur le point de saisir Guert par derrière, il ajusta cet Indien et l'étendit mort. Ce fut le commencement d'une bataille générale. Les deux partis commencèrent à tirer l'un sur l'autre, y compris ceux des ennemis qui étaient encore sous le couvert de la forêt. Intimidés par la furie de l'attaque à laquelle ils se voyaient en butte, le petit nombre des Indiens qui se trouvaient près de Guert et du nègre s'enfuirent en rampant et avec des hurlemens affreux vers leurs amis. Ils laissaient leurs prisonniers libres, mais plus exposés peut-être qu'ils n'étaient même alors que les Hurons les entouraient.

Les événemens se succédèrent avec une effrayante rapidité. Guert ramassa la carabine d'un Indien blessé. Jaap en trouva une autre, et ils s'élancèrent vers nous tels que deux lions aux abois, tandis que les balles sifflaient autour d'eux à chaque pas. De notre côté, nous fîmes feu en nous avançant à la rencontre de nos amis. C'était une manœuvre imprudente, car le corps principal des Hurons se trouvant couvert par la forêt, le combat devenait inégal. Mais il était impossible de résister à l'élan sympathique du moment; et à l'enthousiasme que nous inspirèrent les exploits de Guert et de Jaap, accomplis sous nos yeux. Guert s'écria :

— Hurrah! Corny, mon noble compagnon! chargeons-les dans la forêt. Nous n'y laisserons pas une seule peau rouge en moins de cinq minutes. En avant, mes amis, avant, tous!

Les circonstances étaient vraiment entraînantes; nous poussâmes à notre tour une exclamation, et tous d'une voix nous criâmes : « En avant! » Il n'est pas jusqu'à M. Worden qui ne joignit sa voix à nos cris, et qui ne s'avançât résolument en avant. Jason aussi prit bravement part au combat, et nous arrivâmes dans la forêt avec l'impétuosité et la colère de véritables boule-dogues. Je m'imagine que le pédagogue pensa que la continuation du fermage de son moulin dépendait du résultat du combat. Nous réservâmes notre feu jusqu'au dernier moment, et nous entrâmes dans la forêt après avoir reçu la décharge des ennemis, qui ne nous fit aucun mal.

Les Hurons furent défaits et prirent la fuite. Quoiqu'il soit rare de voir une panique disperser les sauvages guerriers de la forêt, ils ne se rallient pas ordinairement sur le champ de bataille, lorsqu'ils sont en fuite. Une fois chassés du terrain contre leur volonté, une poursuite active a habituellement pour effet de les disperser pour un temps. C'est ce qui arriva. A l'entrée du ravin, je ne vis ni n'entendis plus d'ennemis. Mes amis étaient à ma droite et à ma gauche, criant et continuant la poursuite; mais on n'apercevait pas un seul sauvage. Guert et Jaap étaient en avant, car nous n'avions pu les rejoindre. Un dernier coup partit des rangs des Hurons. Il fut tiré par quelque traînard de la troupe des Indiens en fuite.

Le bruit de ce coup de feu résonna au loin dans le ravin; ce fut comme l'adieu et le dernier salut de nos ennemis. Ce fut pourtant le coup le plus fatal qui eût été tiré dans tout le cours du combat. J'entrevoyais Guert à travers les arbres, il tomba. En un instant, je fus à ses côtés.

Quel changement que celui qui fait passer de l'enthousiasme du triomphe au sentiment soudain de l'approche de la mort! En relevant Guert dans mes bras, je vis à l'expression de sa physionomie que le coup avait été fatal. Là balle avait traversé le corps de part en part, épargnant les os, mais offensant les organes vitaux. Il n'y a pas à se tromper à l'expression qu'une blessure mortelle imprime à la physionomie d'un homme. La nature semble avertir la victime de son sort. Telle me parut la physionomie de Guert.

— Ce coup m'a été fatal, Corny, dit-il; et il semble que les Hurons l'aient réservé pour le dernier. J'espère maintenant qu'il n'y a rien de vrai dans ce que vous m'avez dit de Mary Wallace!

Ce n'était ni le temps ni le lieu d'entamer un pareil sujet. Dès l'instant où la nouvelle de la chute de Guert se fut répandue, toute poursuite cessa immédiatement, et chacun vint se ranger autour de notre ami blessé. L'Indien seul sembla conserver le sentiment de l'importance qu'il y avait à connaître les mouvemens de l'ennemi; il eût fallu quelque chose de plus que la venue soudaine de la mort parmi nous pour troubler sa philosophie. Cependant il considéra Guert un moment avec gravité, et non sans une apparence de regret; puis il se tourna vers Herman Mordaunt, et dit:

— Cela mauvais; sauver chevelure; bon cela, néanmoins. Le porter à la maison. Susquesus suivra les traces, et verra ce que les Indiens deviennent.

L'avis était bon; il fut convenu que Trackless surveillerait les Hurons, tandis que nous porterions notre ami à Ravensnest. Dirck consentit à nous précéder afin de faire connaître la triste vérité, et je restai aux côtés de Guert qui me tint la main pendant tout le trajet. Notre cortège était bien triste pour des gens victorieux. Aucune blessure sérieuse n'avait été reçue par aucun de nous, Guert excepté, dans cette malheureuse affaire. Je ne sais en vérité si deux ou trois morts, parmi le reste de la troupe, nous auraient causé un chagrin aussi profond. Déjà nous nous étions accoutumés à notre situation; c'est une chose surprenante que la rapidité avec laquelle un homme se transforme en soldat, et combien il faut peu de temps pour nous familiariser avec la mort, et pour la dépouiller de toutes ses terreurs. Mais il arrive dans les armées des calamités imprévues, qui pénètrent les hommes du sentiment de la faiblesse de leur nature et du pouvoir infini de la Providence. Tel avait été l'effet de la mort de lord Howe sur les troupes assemblées devant Ticonderoga; telle fut l'influence de la chute de Guert sur la petite troupe réunie pour défendre les propriétés et les foyers de Ravensnest.

En arrivant à la porte de la maison, nous trouvâmes la plupart des habitans rassemblés dans la cour, avec tout le recueillement d'une congrégation réunie pour recevoir un mort. Herman Mordaunt avait envoyé l'ordre de disposer sa propre chambre pour recevoir le blessé, et c'est là que fut transporté Guert. Dès qu'il eut été mis au lit, la foule s'écoula silencieusement. Je remar-

quai que le blessé parcourait la chambre du regard avec une anxiété manifeste, et je lui dis à voix basse que j'allais chercher les dames. Un sourire et un serrement de main, me prouvèrent que j'avais parfaitement interprété sa pensée.

Je trouvai, non sans quelque surprise, Mary Wallace pâle, il est vrai, mais comparativement calme et maîtresse d'elle-même. Ce sentiment des convenances, qui semble inné chez une femme élevée, l'avait avertie de la nécessité de conserver son sang-froid; elle craignait d'ailleurs que l'explosion de ses sentimens ne fît éprouver au blessé une émotion dangereuse. Quant à Anna, elle était naturellement affligée et pleine d'une douce et tendre sympathie pour le chagrin de son amie.

Aussitôt que je leur eus appris l'objet de ma visite, elles se montrèrent, toutes deux, prêtes à se rendre auprès de Guert. Comme elles connaissaient le chemin, je ne crus pas devoir les accompagner, et je pris à dessein une autre direction, afin de ne pas être témoin de l'entrevue. Anna m'a dit depuis que le sang-froid de Mary Wallace ne l'abandonna pas. Guert lui exprimait sa gratitude avec tant de vivacité, qu'elle s'abusa au point de croire que la blessure n'était pas mortelle. Quant à moi, je passai une heure à examiner l'état des choses tant à l'intérieur qu'à l'extérieur de la maison, afin de m'assurer qu'il n'avait été commis aucune négligence de nature à compromettre notre sûreté. Je retournai ensuite près de Guert, et je rencontrai Herman Mordaunt à la porte de la chambre.

— Le faible espoir que nous avions est évanoui, me dit-il d'un ton de profond regret; le pauvre Guert a reçu une blessure mortelle; cela n'est que trop certain. Il n'a plus que quelques heures à vivre. Plût à Dieu que la maison, les fermes et l'établissement tout entier de Ravensnest fussent ravagés et détruits, et qu'un pareil malheur ne fût pas arrivé!

Préparé par cet avis, je ne fus pas aussi surpris que je l'aurais été en toute autre occasion, du grand changement qui s'était opéré dans l'esprit de Guert, pendant la courte absence que j'avais faite. Évidemment il prévoyait sa fin prochaine. Et cependant il était calme; je dirai plus: il était heureux, du moins en apparence. Son affaiblissement n'était pas tel, qu'il ne pût parler distinctement et avec une sorte de facilité. Lorsque le mouvement de la machine humaine est subitement interrompu par une lésion des organes vitaux, les approches de la mort, quoique plus rapides que dans une maladie ordinaire, sont rarement aussi visibles.

J'ai dit que Guert semblait heureux, malgré les approches évidentes de la mort. Anna m'apprit ensuite que Mary Wallace avait avoué son amour, à la suite d'un énergique appel que son adorateur avait fait à sa sensibilité. À partir de ce moment, il donna tous les signes de satisfaction d'un homme qui meurt content. Le pauvre Guert avait peu pensé à la vie future, il s'était peu occupé de l'église sur la terre; il paraît que Mary Wallace, habituellement si réservée et si taciturne au milieu de ses amis, causait fréquemment de ce sujet avec Guert pendant son séjour à Albany, et qu'elle avait fait un sérieux effort pour élever ses idées, sur cette importante question.

Guert, sensible au plaisir de recevoir l'instruction d'une telle source, l'avait toujours écoutée avec attention. Lorsque j'entrai dans la chambre, on venait précisément de faire allusion à cette matière.

— Auprès de vous, Mary, disait Guert, tenant la main de sa bien-aimée et sans détacher un seul instant ses yeux de son idole, je vaux à peine mieux qu'un païen. Si Dieu me fait miséricorde, ce sera en considération de vos mérites.

— O non! Guert, ne dites pas cela; ne pensez pas ainsi, s'écria Mary Wallace; nous recevrons tous notre pardon, grâce à la mort et à la médiation du fils de Dieu. Il n'y a que lui qui puisse nous sauver, cher Guert, et je vous supplie de ne pas penser autrement.

Guert jeta autour de lui un regard embarrassé et pourtant satisfait. La première expression provenait sans doute de ce qu'il ne comprenait pas exactement la nature de cette mystérieuse expiation qu'il est plus aisé de sentir que de comprendre. Quant à l'expression de plaisir, elle était causée par ces mots : « Cher Guert, » et surtout par la certitude de posséder les affections de la femme qu'il avait aimée si long-temps sans espérance. Guert Ten Eyck avait un caractère hardi et décidé, mais le chrétien le plus soumis pouvait à peine avoir un plus humble sentiment de ses péchés et de ses fautes, que ce jeune homme, de son propre mérite pour obtenir les prédilections d'une femme telle que Mary Wallace. J'ai souvent été surpris qu'il ait eu la présomption de l'aimer, mais je suppose que cette vanité apparente devait être attribuée à l'irrésistible pouvoir d'une passion qui est réputée pour la plus violente de toutes. Il y avait aussi une sorte d'anomalie morale en ce que deux personnes d'un caractère si opposé : l'une d'une extrême audace, l'autre poussant la prudence presque jusqu'à la pruderie ; l'une si gaie qu'elle semblait vivre pour le plaisir, l'autre tranquille et réservée, eussent conçu l'une pour l'autre une sympathie aussi forte; et pourtant cela était ainsi. J'ai entendu dire qu'il n'est pas rare de voir des personnes d'un caractère aussi opposé éprouver de l'intérêt les unes pour les autres, et que tel couple à qui il est arrivé d'associer de tels contrastes dans un commun attachement et dans une vie commune, ont été souvent très heureux. Mary Wallace perdit toute sa réserve sous l'empire des sentiments de tendresse qui dominaient en elle. Pendant toute la durée de cette matinée, elle veilla sur Guert comme une mère veille sur son enfant malade. S'il s'agissait d'apaiser la soif du blessé, c'est elle qui lui présentait le breuvage, c'est elle qui disposait les oreillers de façon à recevoir la tête souffrante de son amant. En un mot, elle ne permit pas que personne se plaçât entre elle et l'objet de son affection.

Il y avait des momens où la sollicitude de Mary Wallace se manifesta d'une manière extrêmement touchante. Anna et moi, nous savions que ses pensées se tournaient vers le grand changement qui s'approchait, et cependant la tendresse de la femme surpassait même l'anxiété de l'ame chrétienne, et elle ne parla pas du sujet de ses pensées dans la crainte d'irriter la blessure de notre ami. A la fin Guert calma lui-même une inquiétude qui devenait trop pénible pour durer, en amenant la conversation sur ce sujet. Ses pensées se tournèrent-elles naturellement de ce côté, ou devina-t-il l'inquiétude qui préoccupait Mary Wallace? C'est ce que je ne puis dire.

— Je ne puis rester long-temps avec vous maintenant, Mary, dit-il, et j'aimerais à voir M. Worden unir ses prières aux vôtres en ma faveur. Corny ira chercher le ministre pour un vieil ami.

Je disparus de la chambre, et fus absent dix minutes. Ce temps suffit à M. Worden pour revêtir les insignes de ses fonctions sacrées, après quoi nous nous rendîmes ensemble à la chambre du malade. Certes, notre vieux pasteur n'avait pas la manière de manifester les vérités de la religion qui est usitée dans les colonies, et spécialement dans celles situées au nord et à l'est du pays. Mais il avait dans ses prières un ton de sincérité, qui m'a toujours laissé convaincu de la loyauté de ses sentimens. J'avouerai cependant que M. Worden était un de ces ministres qui prient beaucoup plus sincèrement pour certaines personnes que pour d'autres. Il avait une grande partialité pour le pauvre Guert, et j'ai la persuasion que cette partialité se manifesta dans les accens de son invocation en cette triste circonstance.

Notre ami mourant fut soulagé par l'attention qu'il accorda aux cérémonies de l'église; il avait une connaissance générale des grandes vérités de la religion, cette connaissance que tous les hommes civilisés acquièrent par l'éducation et par les rapports avec leurs semblables, mais rien de plus. Il comprit qu'il était de son devoir de prier, et je ne fais pas de doute qu'il ne se soit imaginé qu'il y a des temps et des saisons où ce devoir est plus impérieux que dans d'autres, et des temps et des saisons où on peut se dispenser de l'accomplir.

Mary Wallace soigna le patient pendant cette triste journée avec une sollicitude et une tendresse admirables. Elle semblait ne pas connaître la fatigue. Vers le soir, juste au moment où le soleil illuminait la cime des arbres de ses derniers rayons, elle vint nous trouver Anna et moi avec une expression de plaisir peinte dans tous ses traits, et elle nous dit à voix basse que Guert était mieux. Dix minutes après, je m'approchai du lit. Le patient fit un léger mouvement de la main pour me dire de m'approcher plus près encore.

— Corny, dit Guert, d'une voix basse et languissante, tout sera bientôt fini; je voudrais voir Mary Wallace encore une fois avant de mourir.

Mary Wallace ne pouvait être loin, elle tomba à genoux, et pressa sur son cœur la tête penchée de son amant. Rien ne fut dit de part ni d'autre, ou si quelques paroles furent murmurées à l'oreille, elles avaient un caractère trop sacré pour être révélées. Dans cette attitude, cette jeune femme, hier encore si prudente et si difficile à décider, demeura près d'une heure, et c'est entre les bras de Mary que Guert Ten Eyck rendit paisiblement le dernier soupir.

Je laissai Guert seul avec la femme de son cœur, aussi long-temps que le comportait la prudence, mais je me chargeai du triste devoir de lui fermer les yeux. C'est ainsi que se termina prématurément la carrière d'un des esprits les plus généreux qui aient jamais été réunis à une forme humaine. Guert avait ses imperfections, je ne les ai pas cé·ées; mais les longues années qui se sont passées depuis sa mort, n'ont pu faire oublier la considération que sa noble nature ne pouvait pas manquer d'inspirer.

XXVII.

Il est inutile de s'appesantir sur la douleur que nous causa cette perte. La nuit se passa nécessairement à faire bonne garde; mais peu d'entre nous étaient disposés à dormir. Le retour de la lumière nous trouva pourtant tranquilles; et une heure ou deux après, Susquesus entra, et nous apprit que l'ennemi s'était retiré vers Ticonde-roga. Nous n'avions plus rien à craindre de ce côté, et les colons ne tardèrent pas à retourner à leurs habitations, ou plutôt à ce qui en restait. Avant la fin d'une quinzaine la hache retentit de nouveau dans la forêt et de grossières habitations commencèrent à s'élever à la place de celles qui avaient été détruites. Comme Bulstrode ne pouvait être déplacé sans danger, Herman Mordaunt se détermina à passer le reste de la saison à Ravensnest dans le double but d'être agréable à son hôte et d'encourager les colons. On savait qu'il n'y avait plus de danger, au moins pour cet été, et, quant au suivant, on espérait que la fortune abattue de l'Angleterre se relèverait assez pour chasser l'ennemi de la province : ce qui arriva en effet.

Après avoir tenu conseil, il fut décidé que le corps de Guert devait être transporté à Albany au milieu de ses amis. Dirck et moi l'accompagnâmes comme principal cortége, et tous ceux qui restaient de notre bande vinrent avec nous. Herman Mordaunt crut nécessaire de demeurer à Ravensnest, mais Anna ne voulut pas quitter son père. Le zèle du révérend M. Worden pour les missions s'était tout-à-fait dissipé depuis cette épreuve et il profita d'une occasion si favorable pour se retirer dans les districts plus sûrs et plus peuplés. Je me souviens que comme nous marchions derrière la litière où étaient les restes du pauvre Guert, le théologien fit cette judicieuse remarque :

— Vous voyez comment vont les choses sur cette frontière, Cornélius; il est prématuré de songer à y introduire le christianisme. Le christianisme est par essence une religion civilisée et ne peut être en usage que parmi des êtres civilisés. Il est vrai, mon jeune ami, que beaucoup des premiers apôtres n'étaient point instruits à la façon du monde, mais ils étaient tous très civilisés. La Palestine était un pays civilisé, et les Juifs étaient un grand peuple, et je regarde le précédent que nous offre notre Seigneur bien aimé comme un commandement qu'il faut suivre en tout temps; et le choix qu'il fit de la Judée pour s'y montrer, équivaut à cette parole qu'il dit à ses apôtres : Allez et préchez mon Évangile à tous les peuples civilisés.

Je me hasardai à observer que l'on pouvait trouver quelque part dans la Bible quelque chose comme un précepte de prêcher l'Évangile à *toutes* les nations.

— Oui, cela est assez vrai, répondit M. Worden, mais cela veut dire clairement toutes les nations civilisées En outre, cela est antérieur à la découverte de l'Amérique, et l'on peut, avec quelque raison, présumer que le commandement ne se rapporte qu'aux nations connues. Les tex-tes de l'Écriture ne doivent point être forcés, mais il ne faut pas non plus les prendre à la lettre, Cornélius ; et tel me paraît être le sens naturel de ce passage. Non, j'ai été irréfléchi et imprudent en poussant le devoir jusqu'à l'exagération, et je restreindrai mes efforts dans leur sphère naturelle, le reste de mes jours. La civilisation est un des moyens de la Providence, aussi bien que la religion elle-même, et il est bien clair que l'une doit servir de fondement à l'autre. Un ecclésiastique va bien assez loin du centre des lumières, quand il quitte sa patrie pour venir prêcher l'Évangile dans ces colonies. Il peut laisser de côté ces démons à chevelures scalpées, les Indiens qui, je le crains beaucoup, ne naquirent jamais pour être sauvés. Il peut être assez bon de former des sociétés avec leur salut en vue ; mais tenir un meeting à Londres, c'est certainement les approcher d'assez près.

Tels parurent être dans la suite les sentimens du révérent M. Worden, et je ne pris aucune peine pour les changer. J'aurais dû parler de mes adieux à Anna, avant de rappeler cette homélie de l'ecclésiastique. Les circonstances m'empêchèrent de me trouver fréquemment en tête à tête avec ma fiancée avant mon départ de Ravensnest; car la sympathie d'Anna pour Mary Wallace, était trop profonde pour lui permettre à ce moment de penser à autre chose qu'au chagrin de son amie. Quant à Mary, l'étendue et la profondeur de son attachement et de sa douleur ne furent pleinement appréciées que quand le temps les eut fait ressortir. Son calme apparent fut bientôt rétabli, car une tourmente seule avait pu enlever à Mary Wallace, son empire sur elle-même, et quant à l'affliction inévitable et sans remède qu'elle ressentit, une femme comme elle, d'un caractère réglé et de hauts principes, s'efforça de la supporter avec une soumission chrétienne. Ce ne fut que plus tard que je vins à connaître combien intime et profonde avait été en réalité sa passion pour le jeune Albanien, si gai, si actif, si peu instruit, si facile à se laisser entraîner.

Anna pleura quelques instans dans mes bras avant que le triste cortége quittât Ravensnest. La chère fille n'avait point avec moi de réserve déplacée; mais je lui trouvai un peu de répugnance à parler de notre amour sitôt après les scènes terribles dont nous venions d'être témoins. Pourtant elle ne me laissa aucun doute sur ce point si important, que j'emportais son cœur tout entier et sans partage. Elle n'avait jamais aimé, elle ne pouvait jamais aimer Bulstrode. Elle me l'assura à plusieurs reprises et sans cesse Il l'amusait, et elle éprouvait pour lui un peu d'affection et d'intérêt comme pour un parent; mais pas une étincelle d'un autre sentiment. Pauvre Bulstrode ! Maintenant que j'étais sûr du succès, j'étais plein de magnanimité envers lui, et je lui attribuais plusieurs bonnes qualités qui, auparavant, avaient été fort douteuses à mes yeux. Herman Mordaunt avait exigé que pas un mot ne fût dit au major de l'engagement qui nous liait; il devait choisir lui-même le moment favorable pour lui apprendre qu'Anna refusait l'honneur de ce choix. On avait pensé qu'il fallait mieux que cette nouvelle lui vînt d'Herman Mordaunt.

— Je serai franc avec vous, Littlepage, et je vous avouerai que j'ai désiré vivement le mariage de ma fille avec

M. Bulstrode, me dit Herman Mordaunt, dans l'entrevue que j'eus avec lui avant de quitter Ravensnest ; et je compte sur votre bon sens pour en comprendre la raison. Je connaissais Bulstrode avant de vous connaître, et il y avait déjà entre nous un lien de parenté de nature à en faire désirer un plus étroit encore. Je ne nierai pas non plus que je croyais qu'Anna avait tout ce qu'il fallait pour faire l'ornement de la position que Bulstrode allait lui donner et du monde dans lequel il allait la faire entrer, et c'est une faiblesse naturelle à un père que de désirer voir son enfant s'élever. Nous parlons d'humilité et de contentement, Cornélius ; mais, après tout, il y a là-dedans beaucoup du *nolo episcopari*. Mais vous voyez que l'amour de l'enfant est plus fort que celui du père, et si bien qu'il prévaut sur lui ; je dois dire après tout que vous êtes le choix d'Anna bien plus que le mien.

— Je ne ferai pas difficulté de reconnaître tout cela, Monsieur, lui répondis-je, et je suis on ne peut plus sensible à la générosité avec laquelle vous faites à mes désirs le sacrifice de vos préférences. Sous le rapport du rang et de la fortune, j'ai peu de chose à vous offrir, Monsieur Mordaunt, auprès des avantages que présente M. Bulstrode ; mais en amour pour votre fille, en désir ardent de faire son bonheur, je ne céderais ni à lui, ni à aucun autre homme, fût-ce un roi.

— Sous le rapport de la fortune, Littlepage, j'ai peu de chose à regretter. Comme vous devez vivre dans ce pays, la fortune des deux familles qui un jour se réunira sur vous deux sera plus que suffisante ; et pour votre postérité, Ravensnest et Mooseridge fourniront de quoi la mettre à l'aise. De même que la colonie grandit, vos descendans s'accroîtront, et vos ressources dans la même proportion. Non, non, j'ai pu être un peu désappointé, je dois le reconnaître, mais je n'en ai éprouvé aucun chagrin. Le ciel vous protège, mon cher enfant ; écrivez-nous d'Albany, et venez nous rejoindre à Lilacsbush en septembre. Vous y serez reçu comme mon fils.

Il est inutile de nous arrêter au triste voyage que nous fîmes dans le bois. Dirck et moi marchâmes près du corps, à pied, jusqu'à la grand'route, où nous trouvâmes des voitures destinées à nous transporter tous. Arrivés à Albany, nous remîmes les restes de Guert à ses parens, et ses funérailles furent célébrées avec l'appareil convenable. L'armoire murée derrière la cheminée fut ouverte comme d'usage, et les six douzaines de bouteilles de Madère, qui y avaient été placées, vingt-quatre ans auparavant, le jour où le pauvre garçon avait été baptisé, furent trouvées excellentes. Je me rappelle avoir entendu dire généralement que le vin bu aux funérailles de Guert Ten Eyck était meilleur que celui qu'on avait bu de mémoire d'homme aux funérailles des personnes qui n'appartenaient pas aux Van Rensselaer, aux Schuyler ou aux Ten Broeck. Je parle des funérailles d'Albany, car je suppose que cette remarque s'appliquerait difficilement aux funérailles faites au bas de la rivière. En général pourtant, on donne chez nous de très bon vin aux cérémonies funèbres.

Le révérend M. Worden officia et fut l'objet d'un intérêt universel, comme un pieux ministre de l'Évangile, qui avait difficilement échappé au sort de la personne qu'il confiait maintenant poussière à la poussière ; et cela tandis qu'il s'employait avec ardeur et dévoûment à arracher à l'enfer les âmes des féroces sauvages qui en voulaient à sa vie.

Je me rappelle avoir vu à ce sujet un paragraphe très bien écrit dans la gazette de New-York, et j'ai entendu dire, car je ne me rappelle pas l'avoir vu moi-même, que dans un des rapports de la Société pour la Propagation de l'Évangile dans les pays étrangers, on faisait allusion à toutes ces circonstances, de la façon la plus pathétique et la plus édifiante.

Pauvre Guert ! je passai quelques minutes près de sa tombe avant de retourner au Sud. Voilà donc tout ce qui restait de sa beauté, de son ardeur, de son courage de lion, de son bouillant caractère, de son insatiable amour pour le plaisir. Je n'ai jamais vu un homme plus beau de physique, ni qui satisfît plus complètement les yeux sous tous les rapports. Si cette enveloppe si belle ne renfermait point une intelligence plus éclairée, la faute en était uniquement au manque d'éducation. Néanmoins, tous les livres du monde n'auraient pu faire de Guert un Jason Newcome, ni de Jason Newcome un Guert Ten Eyck. Chacun d'eux, sans doute, devait son caractère particulier à la province dans laquelle il était né et avait été élevé, et à l'éducation qui en avait été la conséquence ; mais la nature avait aussi mis entre eux de grandes différences. La facilité avec laquelle Guert se laissait aller à ses premières impressions ne lui ôtait rien des sentimens, du ton et du tact d'un gentleman, tandis que la morgue et les prétentions extravagantes de Jason ne pouvaient jamais avoir pour résultat de lui en donner le caractère. Hélas ! pauvre Guert ! j'ai pleuré sa perte bien des années, et sa mémoire n'a pas cessé de m'être bien chère.

Dirck Follock et moi aurions été on ne peut plus fêtés à notre retour à Albany à cause de tout ce qui nous était arrivé et à cause de nos parens hollandais, si nous avions été d'humeur à profiter de ces bonnes dispositions. Mais nous n'en étions pas là. Les tristes événemens dans lesquels nous avions été mêlés étaient encore trop récens pour que les plaisirs et le monde eussent quelque attrait pour nous, et, aussitôt après les funérailles, nous saisîmes la première occasion de nous embarquer sur un sloop qui allait à New-York. Notre voyage fut généralement considéré comme très heureux, n'ayant duré que six jours. Nous touchâmes trois fois, il est vrai, mais il n'en fut pas question, ces sortes d'accidens étant très fréquens. L'un d'eux nous arriva à l'Overslaugh, et je passai avec plaisir quelques heures dans cet endroit, si près de la scène de notre aventure sur la glace. Anna était encore l'objet qui occupait toutes mes pensées ; mais le souvenir si agréable de sa décision, de sa fermeté, de sa confiance en moi, de sa résignation, de son courage, de son intelligence, était gravé dans mon esprit sans que rien maintenant fût ombre au tableau. La sécurité de mon amour ajouta beaucoup au plaisir avec lequel je repassai en esprit tous les incidens de ce jour, toutes les paroles d'Anna, en m'efforçant de me rappeler la plus légère nuance de ton ou d'expression, pour voir avec la curiosité d'un amant, si maintenant je pouvais trouver dans tout cela un indice de l'amour qui existait déjà en elle comme elle m'avait autorisé à le croire. Aidé dans cette recherche par les doux aveux qu'Anna m'avait faits en rougissant et par mes propres désirs, je n'eus point de difficulté à me retracer par la pensée un tableau fort agréable s'il n'était pas tout à fait exact.

Dirck nous quitta à Tappaan-Sea pour aller dans le Rockland rejoindre sa famille : je restai sur le sloop et j'arrivai à New-York le lendemain. Mon oncle et ma tante Legge furent enchantés de me revoir, et je vis que je ne tarderais pas à être le lion de la ville, si j'avais le temps d'y rester pour jouir de la popularité que m'avait procurée la part que j'avais prise à l'expédition dans le Nord.

Mais Satanstoé avec tous les liens qui me rattachaient à lui m'appelait loin de New-York, et je quittai la ville à cheval ; mes effets devaient me suivre le lendemain par une occasion. Je n'essaierai pas de cacher une faiblesse. Je m'arrêtai comme d'habitude à Kingsbridge pour dîner et faire reposer mon cheval, et tandis que l'hôtesse bien connue préparait mon dîner, je montai sur les hauteurs pour apercevoir de loin Lilacsbush. La charmante petite maison était au pied de la colline, se cachant au milieu d'un épais feuillage, mais sa jeune et charmante maîtresse n'y était plus; et le plaisir que je goûtais à voir Lilacsbush était mêlé de regrets.

— Vous avez été au nord, à ce qu'on dit, Monsieur Littlepage, me demanda l'hôtesse pendant que j'expédiais son gigot, ses pois et ses asperges; dites-moi, je vous prie si vous avez eu des nouvelles de notre honoré voisin Herman Mordaunt et de sa charmante fille.

— Mais oui, Madame Light, et cela dans des circonstances bien dures. Mooseridge, la propriété de mon père dans cette partie de la province, est tout près de Ravensnest, la terre d'Herman Mordaunt, et j'y ai passé quelque temps. Est-ce que l'on n'a pas eu récemment des nouvelles de la famille?

— Aucune, excepté celle que miss Anna ne nous reviendra jamais.

— Anna ne pas revenir! au nom du ciel, comment avez-vous appris cela ?

— Miss Anna ne reviendra pas, mais bien lady Anna ou quelque chose de semblable. N'y a-t-il pas un général Bulstrode, ou quelque autre officier d'importance qui recherche sa main, et à qui elle sourit, dites, Monsieur ?

— Je crois que je vous entends maintenant. Bien; qu'en avez-vous entendu dire?

— Rien autre chose, sinon qu'on les marie le mois prochain; d'autres disent qu'ils sont mariés déjà, et que le vieux Mordaunt donne Lilacsbush tout à fait et quatre mille livres, monnaie de cours, en échange d'un si grand honneur pour sa fille. Je dis aux voisins que c'est donner trop; Miss Anna à elle seule vaut bien le premier lord anglais.

Cette nouvelle ne me troubla pas, comme on peut le penser; ce n'était là que des dires d'auberge, des propos de voisins. Voisins ! comme ce mot sacré est prostitué. On trouve des gens qui ouvrent avidement l'oreille aux cancans du voisinage, quand dix-neuf fois sur vingt ils sont moins dignes de confiance que la nouvelle qui vous vient de bien loin, si elle vous est donnée par des personnes de la même classe que celles dont il est question et en rapport avec elles. Le témoignage du voisinage, comme on dit, fait bien du mal dans notre province, surtout dans la partie qui est en contact avec les gens des colonies plus à l'est. A mes yeux, l'opinion de Jason Newcome sur Herman Mordaunt et ses actions, étoit presque sans aucune valeur; quelque pénétration que je reconnusse à Jason ; car tous les deux n'avaient ni une opinion, ni un usage, et je dirais presque ni un principe qui leur fût commun. Une juste appréciation des motifs et des actions d'un homme ne peut provenir que des gens qui sentent et pensent comme lui, et elle est moralement impossible là où il existe de grandes distinctions entre les différentes classes de la société.

Notre réception à Satanstoé fut telle que je pouvais l'espérer. Ma mère bien aimée me pressa sur son cœur à plusieurs reprises, elle semblait ne pouvoir rassasier ses yeux de me voir. Mon père fut ému en m'apercevant; lui aussi, et je crois bien que ses yeux devinrent réellement humides. Quant au vieux capitaine Hugh Roger, soixante-dix ans avaient bien desséché les siens, mais il me serra cordialement la main et il écouta mes récits des opérations devant Ticonderoga avec tout l'intérêt d'un soldat et avec un peu du feu d'un homme qui a servi dans des temps plus heureux. Il me fallut, comme on peut penser, gagner de nouveau mes batailles et raconter dans tous ses détails l'aventure de Ravensnest. Nous étions à souper quand je terminai ce laborieux récit, et quand je commençai à espérer que mes devoirs sous ce rapport étaient complètement remplis. Mais ma bonne mère avait encore en tête un sujet bien plus grave, et il me fallut lui aller parler en particulier dans sa chambre.

— Cornélius, mon enfant bien aimé, me dit avec quelque inquiétude cette tendre mère, vous ne m'avez rien dit de particulier sur les Mordaunt. Il est temps de me parler de cette famille.

— Ne vous ai-je pas dit, ma mère, comment je l'avais rencontré à Albany, et ce qui nous est arrivé sur la rivière? Je ne vous ai pas parlé de cette aventure dans mes lettres, parce que j'ignorais les véritables sentimens d'Anna, et que je ne voulais pas éveiller en vous des espérances qui pouvaient ne se réaliser jamais. Ne vous ai-je pas dit que nous étions allés tous ensemble à Ravensnest? ne vous ai-je pas raconté tout ce qui nous était arrivé depuis notre retour de Ticonderoga?

— Eh ! que me fait tout cela, mon enfant ? J'aurais voulu vous voir parler d'Anna. Est-il vrai qu'elle va se marier ?

— C'est vrai. Je puis l'affirmer, je le tiens de sa bouche même.

Ma bonne mère changea de visage, et j'eus à peine le courage de persister dans ce langage équivoque.

— Et elle a eu le front de vous dire cela, à vous, Cornélius ?

— Oui, en vérité : pourtant la vérité veut que j'ajoute qu'elle rougissait beaucoup en me l'avouant, et qu'elle semblait tout au plus à moitié disposée à être si franche, en commençant, il est vrai, car ensuite elle souriait bien plus qu'elle ne rougissait.

— En vérité ! cela me confond ! cela prouve seulement que la vanité, un rang dans le monde, les richesses du monde ont plus de prix aux yeux d'Anna Mordaunt que la valeur personnelle et le mérite modeste.

— Quelles richesses, quel rang dans le monde avais-je, ma mère, pour faire oublier à une femme les qualités dont vous parlez?

— Je ne parlais pas de vous, mon enfant, dans ce sens. Je songeais à M. Bulstrode.

— Qu'y a-t-il de commun entre mon mariage avec Anna Mordaunt et M. Bulstrode, ou toute autre personne au monde, excepté cette charmante fille qui a bien voulu devenir ma femme, son père qui m'accepte pour fils, mon père qui va imiter son exemple en adoptant Anna comme une fille, et vous, ma bonne mère, ma mère chérie, qui serez la seule sans doute à élever des obstacles à notre union, comme vous faites en ce moment?

C'était avoir recours à un moyen bien enfantin de produire une délicieuse surprise; je dois le reconnaître, et quand je vis ma mère fondre en larmes, je fus désolé et honteux de l'avoir employé. Mais la jeunesse est le temps de la folie, et heureux est l'homme qui peut dire qu'il ne s'est pas joué plus sérieusement du cœur de ses parens. J'obtins bien vite mon pardon : quelle offense cette mère si dévouée n'aurait-elle pas pardonnée à son unique enfant? Il me fallut, pour gagner le pardon, raconter dans la proportion convenable tout ce qui s'était passé entre Anna et moi. J'ai à peine besoin de dire que je fus assuré d'un consentement empressé à mes désirs de la part de toute ma famille, depuis le vieux capitaine Hugh Roger jusqu'à la personne chérie qui était présente. Ils avaient mis dans leur tête que je deviendrais l'époux de cette jeune personne, et je ne pouvais leur apporter de nouvelle plus agréable que celle que je leur annonçai ce même soir.

J'étais de retour à Satanstoé vers la fin de juillet. Les Mordaunt ne devaient arriver à Lilacsbush que dans le milieu de septembre, et j'avais près de deux mois à attendre cet heureux jour. Je passai ce temps le mieux que je pus. J'essayai de prendre quelque intérêt à Satanstoé, et à y faire des plans de bonheur qu'Anna m'aiderait à y réaliser. C'était, et c'est encore une belle ferme, riche, dans une admirable situation, entourée par l'eau de trois côtés, de plus, dans un ordre parfait, et produisant en abondance des pommes, des pêches, des abricots, des prunes et d'autres fruits d'une qualité sans égale. Il est vrai que les provinces situées un peu au sud, comme New-Jersey, la Pensylvanie, le Maryland et la Virginie, s'imaginent l'emporter sur nous pour les pêches; mais je n'ai jamais goûté de fruits que je puisse comparer à ceux de Satanstoé. J'aime les arbres, les murs, les collines, les fossés, les prairies, jusqu'au moindre objet de cette bonne vieille propriété. Une seule chose me chagrine J'aime les vieux noms, ceux dont mon père se servait pour désigner tel ou tel lieu, j'aime à mal prononcer un mot, quand l'habitude et un souvenir me rendent cet usage familier. Je n'appellerais pas mon ami Dirck Follock autrement que Follock, à moins que ce ne soit en grande cérémonie, ou quand je l'invite à boire un verre de vin avec moi dans une grande occasion. De même pour Satanstoé; le nom est du pays, cela est vrai; mais il entraîne une idée avec lui, et j'y tiens. J'ai regret à le dire, depuis l'apparition de Jason Newcome parmi nous, les ignorans manifestent quelque préférence pour le nom

vulgaire de Dibbleton qu'il lui a donné. Depuis que les milices de l'est sont venues quelquefois chez nous, elles ont fait une extermination de ces bons vieux noms hollandais, si vénérés, que les Anglais venus de la métropole avaient respectés. En vérité, le changement, le changement en tout paraît la passion dominante de ces puritains. Nous autres du New-York, nous nous contentons de faire ce que nos ancêtres ont fait avant nous; mais les puritains nous tournent en ridicule et font contre nous un sujet d'accusation de ce que nous conservons les idées de nos pères. Je ne me plaindrai jamais de les voir abandonner beaucoup de leurs usages, car ils ne peuvent que gagner au change; mais je demande qu'ils nous laissent les nôtres.

Il y a des progrès que je suis très disposé à admettre; le progrès non seulement entraîne mais justifie un changement; mais pourtant qu'on me dise en quoi l'on peut faire un reproche à quelqu'un de suivre les traces de ceux qui l'ont précédé. Les proverbes de David et la sagesse de Salomon sont aussi bien des proverbes et de la sagesse de notre temps que du leur, et précisément pour la même cause : leur vérité. Qu'il y a une telle stabilité dans la morale, c'est sûrement qu'il y a des principes permanens; il y a donc toujours quelque chose qui mérite d'être sauvé du naufrage du passé. Je voudrais bien savoir s'il n'y a pas dans cette rage de changement plus d'égoïsme que d'utilité ou de philosophie, et je souhaite au moins que Satanstoé ne soit jamais mis en oubli pour un nom aussi insignifiant que Dibbleton.

Ce fut une joyeuse journée que celle où un domestique portant la livrée d'Herman Mordaunt m'apporta, à Satanstoé, une lettre de son maître, qui m'informait de l'heureuse arrivée de la famille, et m'invitait à venir prendre le lendemain un second déjeûner à Lilacsbush. Anna m'avait écrit déjà leurs lettres charmantes par leur délicatesse et leur grâce toute féminines, en même temps que par une sensibilité et une tendresse dont l'expression était difficilement retenue par la réserve naturelle à son sexe et à sa situation. Au reçu de cette invitation tant désirée, je me rendis coupable de la seule extravagance romanesque que j'aie, je crois, jamais commise dans tout le cours de ma vie. Le nègre d'Herman Mordaunt fut splendidement traité à la cuisine, puis je le renvoyai avec une lettre d'acceptation. Une heure après son départ, je le suivis, dans le dessein de passer la nuit à l'auberge de Kingsbridge, et de ne pas me présenter au Bush avant le moment convenable dans la matinée du jour suivant.

J'arrivai à la maison de mon hôtesse communicative, deux heures avant le coucher du soleil. Mon cheval mis à l'écurie, ma chambre arrêtée pour la nuit, je mangeais un morceau moi-même, lorsque la bonne hôtesse entra dans la salle.

—Votre servante, Monsieur Littlepage, dit cette bavarde personne; comment se portent le vénérable capitaine Hugh Roger, et le major, votre honoré père? Je vois à votre sourire qu'ils vont bien, tant mieux ; c'est une chose heureuse que de voir ses amis jouir d'une bonne santé. Mon pauvre mari a joui d'une très mauvaise santé l'hiver dernier, et je crains qu'il n'en ait pas une meilleure l'hiver prochain. Je croirais que vous arrivez pour la noce à Lilacsbush, Monsieur Corny, si vous ne vous étiez pas arrêté à ma porte au lieu d'aller droit à celle d'Herman Mordaunt.

Je tressaillis, mais je supposai que les derniers événemens avaient transpiré, et que l'excellente dame, dont les oreilles étaient toujours ouvertes, avait appris, une fois dans sa vie, la vérité par les récits de ses voisines.

— Je n'en suis pas encore là, mistress Light, dis-je; mais je ne désespère pas de me marier un de ces jours.

— Je ne parlais pas de votre mariage, Monsieur; mais de celui de miss Anna, qui va s'unir au Bush, avec lord Bulstrom. C'est une grande alliance pour les Mordaunt, après tout, quoiqu'Herman Mordaunt soit aussi de bon lignage, à ce qu'on dit. Le domestique du baronnet vient souvent ici pour goûter notre cidre nouveau, qu'il trouve aussi bon que le cidre d'Angleterre, et, par parenthèse, c'est, je crois, la seule chose dans toutes les colonies, qu'il ait trouvée à moitié aussi bonne. Donc Thomas m'a dit que tout est arrangé, et que la noce ne tardera pas à avoir lieu. Elle a été reculée seulement à cause de l'affliction de miss Wallace. Cette jeune personne est plongée dans un profond chagrin, à la suite de la perte de son mari, qui lui a été enlevé pendant la lune de miel. C'est le motif pour lequel elle porte encore son nom de fille; car on m'a assuré qu'une veuve qui a perdu son mari dans le premier mois de son mariage, est obligée de porter son nom de demoiselle. S'il en était autrement, miss Mary Wallace s'appellerait aujourd'hui mistress van Gaort, ou quelque chose d'approchant.

Il était clair, après une pareille explication, qu'on n'était pas instruit, dans le voisinage, du véritable état des choses. Je pris mon chapeau et je me préparai à exécuter le projet qui m'avait conduit hors de ma demeure. Je fus contrarié d'apprendre que Bulstrode était à Lilacsbush, mais il ne me restait plus de crainte qu'il devînt jamais l'époux d'Anna. Je pris le chemin des hauteurs, et j'eus bientôt atteint la prairie où j'avais rencontré une fois les dames à cheval. Là, je vis Bulstrode, seul, assis sous un arbre, et plongé en apparence dans de profondes réflexions. Il n'entrait pas dans mon plan de me faire voir, ni de faire connaître ma présence, et je me retirais lorsque j'entendis prononcer mon nom; voyant que j'avais été reconnu, je rejoignis Bulstrode.

Le premier coup-d'œil que je jetai sur lui, m'apprit qu'il savait la vérité. Il rougit, mordit ses lèvres, sourit d'une manière forcée et vint à ma rencontre, en boitant juste assez pour avoir une démarche intéressante. Du reste il m'offrit la main avec une franchise qui lui donna un grand mérite à mes yeux. Ce n'était pas une bagatelle de perdre Anna Mordaunt, et je crois qu'à sa place je n'aurais pas montré autant de magnanimité. Mais Bulstrode était homme du monde, et il savait dissimuler ses impressions, sinon commander à ses sentimens.

— Je vous ai dit, Corny, s'écria-t-il en me tendant la main, que nous resterions amis, coûte que coûte. Vous avez réussi et j'ai échoué. Hermann Mordaunt m'a appris la triste nouvelle avant notre départ d'Albany, et je puis vous assurer que ses regrets n'ont pas été très flatteurs pour vous. Cependant il reconnaît que vous êtes un garçon de grand mérite, et que, ne pouvant avoir Alexan-

dre, c'est une consolation pour lui d'avoir à se prononcer pour Diogène. Ainsi, il ne vous reste plus qu'à vous pourvoir d'un tonneau et d'une lanterne, à épouser Anna et à devenir père de famille. Quant à l'honnête homme à trouver, j'espère vous éviter quelque peine en me proposant moi-même pour remplir cet emploi, sans que vous ayez besoin d'allumer votre lampe. Venez donc vous asseoir sur ce banc, et causons.

Il y avait peut-être quelque chose d'un peu forcé dans la manière dont furent dites ces paroles, mais, en somme, le ton en était franc et honorable. Je m'assis et Bulstrode prit place à mes côtés.

— C'est la rivière qui a fait votre succès, Corny, et qui est cause de ma défaite.

Je souris tout en gardant le silence, croyant savoir mieux que mon compagnon à quoi m'en tenir.

— Il y a une destinée en amour comme en guerre; je suis battu ni plus ni moins qu'Abercrombie. Tous deux nous espérions la victoire, et nous sommes tous deux vaincus. Cependant je suis moins malheureux que lui; car il ne peut pas espérer d'obtenir une seconde armée, tandis que je pourrai obtenir une autre femme. Soyez franc avec moi, et dites-moi à quelle circonstance particulière vous attribuez votre succès.

— Il est naturel, Monsieur Bulstrode, qu'une jeune femme préfère vivre dans son pays, à vivre dans une contrée étrangère et parmi des étrangers.

— Ceci, Corny, est tout à la fois modeste et patriotique; mais telle n'est pas la véritable raison. Écoutez bien ceci. Il y a beaucoup de provinciaux qui approuvent de confiance tout ce qui obtient les suffrages de la métropole. Telle est, en un certain sens, la généralité des colons. Il suffit que l'Angleterre dise oui, pour qu'ils disent non. Il y a une chose que les personnes qui vivent si loin de la métropole savent rarement, c'est qu'il y a deux sortes de grand monde : le grand monde vulgaire, qui comprend tout ce qu'il y a de mieux quant au goût et aux manières, soit dans la capitale, soit dans le reste du pays; et le grand monde respectable, lequel, infiniment moins nombreux, comprend les gens les plus judicieux, les plus instruits, les plus intelligens, et, sous quelques rapports, les meilleurs. Or, le premier grand monde règle ce qu'on appelle la *fashion*; tandis que l'autre donne naissance à quelque chose de mieux et de plus durable que la mode. La *fashion* est souvent blâmée dans le petit cercle de cette dernière classe, qui se compose exclusivement d'hommes distingués tout à la fois par un rang élevé, par un goût très éprouvé, par un jugement sain et ferme, et par des principes réguliers. Il arrive souvent qu'on remarque dans une personne d'ailleurs accomplie l'absence d'une ou de plusieurs de ces qualités, qui par leur assemblage forment la perfection d'un caractère. Nous en avons journellement des exemples en Angleterre et ailleurs. Mais il est bien certain que dans notre société tout artificielle, il faut une fermeté peu ordinaire pour résister à l'influence de la mode. Ce qui m'a d'abord frappé dans Anna comme chez beaucoup d'autres jeunes filles, c'est la distinction de sa personne, non moins que sa beauté. Il est impossible de le nier, les femmes américaines m'ont pris par surprise sous ce rapport. En Angleterre nous sommes habitués à associer l'idée d'un haut rang à une certaine distinction des traits et des manières, et j'avoue qu'en débarquant à New-York, je m'attendais à ne pas trouver dans toute l'Amérique une seule femme qui ne fût comparativement commune. Mais je suis forcé de reconnaître qu'à part un certain fini, tout-à-fait conventionnel, j'ai trouvé ici un très grand nombre de femmes qui n'ont pas une tournure moins aristocratique que nos duchesses. Le dernier reproche que je pourrais faire aux femmes d'Amérique, c'est d'avoir la tournure commune. Elles manquent certainement d'un certain genre commandé par la mode; on s'en aperçoit particulièrement à leur manière de parler, mais il est très rare qu'on remarque rien de commun ou de vulgaire en elles.

— Et à quel propos ces considérations, Bulstrode ?

— A propos de votre succès et de ma défaite, Corny, répondit le major, en souriant, voici ce que je veux dire : Anna fait partie de la seconde classe du grand monde ; elle est plus parfaite que l'usage du monde le plus raffiné ne l'aurait pu faire. Elle ne fait pas attention à la fashion, à l'élégance des habits et des manières ; elle considère seulement les qualités, et voilà pourquoi vous l'avez emporté sur moi.

Je n'ajoutai pas une foi entière à ce raisonnement, mais voyant Bulstrode disposé à donner ce tour au refus qu'il avait essuyé, je ne crus pas qu'il convînt de le contredire. Nous causâmes ensemble pendant une heure et demie sur le ton le plus amical. En nous séparant, je fis promettre à Bulstrode de ne pas trahir le secret de ma présence.

J'errai en vue de la maison jusqu'au soir; puis je m'aventurai plus près dans l'espoir d'apercevoir Anna, si elle se montrait à quelque fenêtre, ou si, par hasard, elle apparaissait sous le portique de la maison du côté du sud. Lilacsbush méritait son nom par l'épaisseur et la quantité de ses buissons de lilas. A la faveur de leur ombre, je m'étais glissé tout près de la maison, lorsque j'entendis des pas légers sur le sable d'une allée adjacente; au même instant une conversation à voix basse parvint jusqu'à mon oreille, et je fus en quelque sorte auditeur forcé des paroles suivantes :

— Non, Anna, disait Mary Wallace, mon sort est désormais fixé. Je vivrai dans le veuvage de Guert avec autant de fidélité et de constance que si les vœux de notre mariage avaient été prononcés. Ce sacrifice est dû à sa mémoire, en expiation de la lâche indécision à laquelle je me suis livrée, et qui l'a jeté dans les scènes terribles au milieu desquelles il a succombé. Lorsqu'une femme aime véritablement, Anna, c'est en vain, je crois, qu'elle cherche à combattre son penchant, à moins que l'objet de sa prédilection ne soit réellement indigne de son choix. Le pauvre Guert n'était pas indigne du mien en aucun sens; il était d'une nature facile et impressionnable; mais il n'était pas indigne de mon affection. Non, non, il n'en était pas indigne. Je devais lui donner ma main, et nous

l'aurions conservé. Aujourd'hui, il ne me reste plus qu'à vivre sa veuve dans le secret de mon cœur. Vous avez bien fait, ma chère Anna, d'être franche avec Corny Littlepage, et de lui avouer la préférence que vous aviez conçue pour lui dès le premier moment de votre connaissance.

Quoique ces paroles résonnassent harmonieusement à mes oreilles, l'honneur ne me permettait pas d'en entendre davantage. Je me retirai vivement, en agitant les branches de manière à faire connaître aux deux amis le voisinage d'un étranger. Il était nécessaire de me montrer, et je tâchai de le faire de façon à n'exciter aucune alarme.

— Il faut que ce soit M. Bulstrode, dit Anna de sa voix douce. Il nous cherche probablement. Voyez, voici qu'il vient au devant nous.

La chère enfant demeura interdite, car en ce moment je me trouvais assez près pour être reconnu. En un instant, je la pressai dans mes bras. Mary Wallace avait disparu. Quand et comment, c'est ce que je ne puis dire. Je jette un voile sur les heureux momens qui succédèrent, laissant aux personnes expérimentées le soin de s'en faire la peinture, d'après leurs souvenirs, et à ceux qui n'ont pas encore l'expérience de ces doux momens, l'espérance de l'acquérir un jour. Au bout d'une heure, Anna me décida à me présenter dans la maison, au risque de m'exposer aux railleries d'Herman Mordaunt. Cependant je fus reçu avec indulgence et traité tout paternellement. Le père d'Anna se contenta de rire de ma petite escapade, en disant qu'il en concevait une augure favorable, car elle prouva que j'étais encore jeune d'esprit.

Dans les premiers jours d'octobre nous fûmes mariés ; le révérend M. Worden accomplit les cérémonies de notre union. Notre demeure fut fixée à Lilacsbush, dont Herman Mordaunt se dessaisit en ma faveur le jour même de notre mariage, le laissant entre mes mains avec tout ce que la maison contenait. Il me remit également la fortune de la mère de ma femme, qui me fit jouir immédiatement d'une honorable indépendance, et la mort du capitaine Hugh Roger, ayant eu lieu quelque temps après, ma fortune se trouva par suite de ce décès considérablement augmentée. Nous ne fîmes qu'une famille entre la ville, Lilacsbush et Satanstoé; Anna et ma mère, en particulier, ayant conçu l'une pour l'autre la plus vive affection.

Quant à Bulstrode, il s'était rendu en Angleterre avant la célébration de notre mariage, mais il n'a pas cessé d'entretenir une correspondance avec nous. Il ne s'est pas encore marié, et il est aujourd'hui passé vieux garçon. Du reste ses lettres sont trop gaies pour nous laisser aucune inquiétude à son sujet. Mais ce sont là des choses qu'il appartiendra à mon fils Mordaunt de raconter, si Dieu lui fait la grâce de continuer ce récit des aventures de ma famille.

FIN.

ROMAN CHINOIS.

平山冷燕

PING CHÂN LING YÊN

ou

LES DEUX JEUNES FILLES LETTRÉES,

ROMAN CHINOIS,

TRADUIT PAR STANISLAS JULIEN, DE L'INSTITUT,

PROFESSEUR DE LANGUE CHINOISE AU COLLÉGE DE FRANCE.

TROISIÈME PARTIE (1).

CHAPITRE X.

Yên-pé-hân, Ping-jou-heng, Youân-în et Ki-tching ayant fini de boire, se levèrent et se disposèrent à partir, lorsque Tchang-în, accompagné d'un ami qui portait un bonnet élevé, de forme carrée, et un vêtement de couleur éclatante, à large collet et à grandes manches, entra tout à coup dans le pavillon. Comme ils étaient tous gens de connaissance, ceux-ci les saluèrent en levant les mains croisées. Tchang-în prit alors la parole : « Il est encore de bonne heure, dit-il, et nous ne faisons que d'arriver : Pourquoi, Messieurs, songez-vous à vous retirer?

— » Ayant un peu bu, après une promenade de printemps, dit Yên-pé-hân, nous ne pouvons retenir plus long-temps nos hôtes; voilà pourquoi nous voulons nous en retourner. »

Youân-în, montrant du doigt le jeune homme qui portait un bonnet élevé, de forme carrée : « Quel est le nom illustre de ce noble seigneur? demanda-t-il à Tchang-în.

— » C'est M. Song, surnommé Tsé-tching, du pays de Chân-tso; c'est le coryphée des poëtes de notre époque.

Song-sîn se disposait à engager la conversation, lorsque, tout à coup, on entendit au bas de la forêt, des cris de satellites qui écartaient la foule sur la route. On sut bientôt que c'était le préfet Yên qui arrivait. Toute la société voulut brusquement se retirer. Song-sîn, se tournant vers Yên-pé-hân, se contenta de lui dire qu'un autre jour,

il irait lui rendre visite pour lui témoigner son sincère respect.

Yên-pé-hân le salua alors en levant les mains croisées; puis, avec Ping-jou-heng, Youân-în et Ki-tching, il descendit du pavillon et s'éloigna.

Revenons maintenant à Song-sîn. Lorsqu'il était à Yang-tchéou, il avait été honteusement persiflé par Ling-kiang-sioué, en présence du docteur Tao et du licencié Liéou. La nouvelle de cet affront s'étant répandue, il devint, pour tout le monde, un objet de plaisanterie et de risée. Il sentit bien qu'il ne pouvait tenir pied en cet endroit. Songeant alors à Yên-wên-ou, préfet de Song-kiang, avec qui il avait eu autrefois quelques relations d'amitié, il se hâta d'aller le trouver. Le préfet Yên n'avait pas oublié qu'il avait attiré jadis à Song-sîn des coups de bâton, infligés par ordre impérial. Aussi le reçut-il de la manière la plus affectueuse. Celui-ci se remit, en conséquence, à prendre de grands airs, et à se donner, de nouveau, le titre de poëte. Partout où il allait, il se faisait des amis. Le jour dont nous parlons, le préfet Yên avait invité à venir au village de Tsiên-Liéou pour entendre le chant des loriots. Voilà pourquoi il avait pris les devants avec Tchang-în, et s'était justement rencontré avec Yên-pé-hân.

A peine celui-ci était-il descendu du pavillon avec sa société, que Yên arriva dans sa chaise à porteurs. Au premier coup d'œil, le préfet interrogea Tchang-în.

— « Ce jeune homme, lui dit-il, m'a bien l'air du bachelier Yên.

— » C'est lui-même.

— » Ce bachelier Yên a pour père Yên, le censeur im-

(1) Voir, pour la première partie des Deux jeunes Filles lettrées, de la page 7 à la page 34, et pour la seconde partie de la page 89 à la page 128.

périal, qui est de mon district. Son nom est Yên-pé-hân. Quoiqu'il soit encore fort jeune, il s'est fait, par ses talens, une brillante réputation. Ces jours derniers, le président du concours lui a décerné le premier rang. J'ai même entendu dire qu'il se propose de faire une présentation spéciale en sa faveur.

— » On n'est pas dans l'usage de faire une présentation spéciale pour un bachelier : comment le président du concours aurait-il pu avoir subitement cette idée ?

— » On m'a raconté que l'empereur, voyant le talent de Chân-taï, pensa naturellement que s'il y avait, parmi les femmes, des personnes de mérite, on devait, à plus forte raison, trouver, parmi les hommes, des lettrés éminens. Il appela, en conséquence, les présidens des concours, de toutes les provinces, et leur recommanda lui-même de faire les recherches les plus actives. Il ajouta que s'il ne lui trouvaient pas des hommes de talent, il les châtierait sévèrement. C'est pourquoi Wang, le président du concours, apporta le plus grand zèle dans ses recherches. Ces jours derniers, dès qu'il eût fait la découverte de Yên-pé-hân, il en fut ravi de joie. « J'aurais mauvaise grâce, me dit-il, à présenter une seule personne, j'aurais besoin de trouver un second sujet. Je serais charmé de pouvoir faire ainsi une double présentation. »

En achevant ces mots, il me pressa plusieurs fois de faire des recherches de mon côté. « Sans votre mésaventure de ces jours derniers, ajouta le préfet, j'aurais signalé votre nom à S. M., et vous auriez présenté avec lui; c'eût été, pour vous, une affaire des plus heureuses. »

Song-sîn, craignant que Tchang-în n'apprît sa mésaventure récente, couvrit aussitôt la voix du préfet : « Votre serviteur, dit-il, vit retiré au milieu des montagnes; il ressemble à la cigogne sauvage qui plane au haut d'un nuage isolé. Sous quel ciel ne peut-elle prendre son sublime essor? Voulez-vous qu'elle aille s'emprisonner dans une cage?

Tout le monde se mit à boire, et, à l'approche du soir, chacun se sépara. Le préfet Yên partit le premier dans sa chaise à porteurs. Tchang-în et Song-sîn s'en retournèrent lentement en se tenant par la main. Tout en marchant, Tchang-în parla ainsi à son compagnon : « Pour obéir aux instructions de mon père, je me suis appliqué avec ardeur aux compositions de prose élégante qui sont en vogue aujourd'hui; mais j'ai négligé tout-à-fait l'étude de la poésie. Yên-pé-hân et Ping-jou-heng, pour avoir réussi à faire, dernièrement, une ou deux pièces de mauvais vers, ne cessent de m'accabler de mépris et d'injures. J'ai appris que Votre Seigneurie est le premier poète de l'empire. Un de ces jours, je préparerai une collation. Il faut absolument que vous composiez une ou deux bonnes pièces de vers pour terrasser ces deux champions. Je pourrai alors assouvir toute ma haine.

— » Pour les compositions en prose qui sont en vogue aujourd'hui, il y a long-temps que je ne m'en suis occupé; je n'oserais me piquer d'habileté; mais, s'il s'agit de faire des vers, peut-être pourrai-je vous donner un coup d'épaule. »

Tchang-în fut au comble de la joie : « Si Votre Seigneurie, dit-il, daigne me prêter secours, je vous aurai une profonde reconnaissance de ce noble dévoûment. »

Les deux amis entrèrent dans la ville et se séparèrent. Quelques jours après, Song-sîn, ayant appris que Yên-pé-hân était d'une famille riche et distinguée, et qu'en outre c'était un des jeunes lettrés les plus renommés de son époque, forma le projet de lier amitié avec lui. Il acheta un éventail doré et songea à y écrire une pièce de vers pour le lui offrir à sa première visite. Il chercha long-temps parmi ses brouillons de poésies, sans pouvoir découvrir une seule pièce présentable. Il aurait bien voulu ne rien écrire, mais il n'aurait pas eu l'air d'un poète. Il aurait voulu écrire une pièce au gré de son imagination, mais il craignit de provoquer les railleries de Yên. Après bien des réflexions, il lui vint tout à coup une idée. « J'ai mon affaire, s'écria-t-il; qui m'empêche d'écrire furtivement les vers de Chân-taï sur les *hirondelles blanches*, et de m'en déclarer l'auteur pour me donner du relief? »

Sa résolution une fois arrêtée, il déploya l'éventail et y copia la pièce en question. Il écrivit en outre son nom sur une carte de visite qu'il remit à un de ses domestiques, et lui donna tout droit faire sa visite à Yên-pé-hân.

Arrivé à la porte, il fit porter sa carte dans l'intérieur.

— « Sa seigneurie est sortie, répondit un domestique.

— » Puisqu'il n'est pas à la maison, vous lui direz que je suis venu lui rendre visite. »

A ces mots, il remit sa carte avec l'éventail au domestique, et se retira.

Or, depuis que Yên-pé-hân avait fait la rencontre de Ping-jou-heng, ils aimaient à causer et à disserter ensemble, et étaient devenus tellement intimes qu'ils ne se quittaient plus. Yên-pé-hân avait appelé près de lui Ping-jou-hâng et l'avait établi dans son cabinet d'étude, afin qu'il pût s'y récréer du matin au soir. Ce jour-là, quoique Yên-pé-hân se fût rendu à l'invitation du président du concours, Ping-jou-heng était occupé à lire dans la bibliothèque, au moment où un domestique y apporta la carte et l'éventail.

— « Qui envoie ces objets? demanda Ping-jou-heng.

— » C'est un M. Song qui les a apportés, en venant faire visite à mon maître. »

Ping-jou-heng les prit et y jeta les yeux. A la vue de la carte de visite, il reconnut que c'était Song-sîn. J'imagine, se dit-il en lui-même, que c'est précisément le jeune homme que j'ai rencontré, ces jours derniers, dans le village de Tsiên-liéou; puis, ayant regardé un instant les vers écrits sur l'éventail, il vit que l'auteur avait pris pour sujet les *Hirondelles blanches*. « Depuis que Chi-tapên et Youén-kaï, se dit-il, ont composé chacun une pièce de vers sur les *Hirondelles blanches*, personne n'a jamais osé traiter le même sujet. Comment a-t-il pu songer à aller sur leurs brisées? J'ignore ce qu'il écrit dans son aveugle témérité. »

A ces mots, il lut les vers avec la plus grande attention. A peine avait-il achevé les deux premières phrases, qu'il changea subitement de couleur. Il continua, et quand il fut arrivé aux passages : « *Emprunter la couleur du corbeau*, — *la neige ajoute à mon embonpoint* », — il resta frappé d'admiration. « Voilà des phrases merveilleuses, s'écria-t-il : puis, il les relut attentivement d'un bout à l'autre, et frappant du poing sur la table, il dit en soupirant : « Comment prétendre maintenant que l'empire ne possède plus d'hommes de talent? Cette pièce de vers, si élégante et si gracieuse, égale en beauté une gravure ou un tableau ; elle efface même celles de Chi-ta-pên et de Youên-kaï. Aurais-je pu penser qu'un homme de la sorte de Song-sîn, serait doué d'un talent aussi admirable ? » Il reprit les vers, et se mit à les réciter encore sans se lasser.

Il avait déjà passé plus de la moitié du jour à les moduler avec délices, lorsque Yên-pé-hân revint et entra dans la bibliothèque. « Aujourd'hui, dit-il à Ping-jou-heng, le président des concours m'a appelé auprès de lui pour que je composasse des vers sur *les huit merveilles de la tour des hirondelles*; il m'a demandé, en outre, une pièce élégante pour souhaiter une longue vie à S. Ex. Chân, le jour anniversaire de sa naissance. M'ayant vu improviser ces deux morceaux, il fut ravi de joie, et me traita avec les plus grands égards. Il voulut même présenter un rapport à l'empereur et m'y proclamer le premier lettré de l'empire Je ne sais pas qui a soufflé votre nom à l'oreille du président des concours, et lui a vanté votre talent littéraire. Aujourd'hui, il m'a demandé, à plusieurs reprises, si je vous connaissais, et quelle espèce de talent vous aviez réellement : « C'est mon ami intime, lui ai-je répondu ; il a dix fois plus de talent que moi. » A ces mots, il fut au comble de la joie, et voulut vous inviter à venir le voir. Il a l'intention de vous présenter avec moi à l'empereur. Qu'il vous présente ou non, il n'y aura pour vous ni grande gloire, ni grand déshonneur ; mais vous aurez trouvé en lui un ami de plus.

— » Si le président des concours présente quelqu'un comme étant l'un des plus beaux génies de l'empire, c'est sans doute, pendant un temps, quelque chose de fort honorable. S'il est doué d'un talent qui réponde à sa renommée, il obtient une juste gloire ; mais s'il n'a qu'une vaine réputation, sans posséder un talent réel, rien ne pourrait égaler sa honte. Par votre talent distingué, vous êtes certainement digne de cette présentation ; quant à moi, je n'oserais accepter un tel honneur.

— » Monsieur, lui dit Yên-pé-hân en riant, autrefois vous faisiez fi de tout l'empire ; d'où vient que vous êtes aujourd'hui si modeste et si humble?

— » Ce n'est pas que je sois humble ni modeste ; mais quand je vois surgir tout-à-coup une multitude d'hommes de talent, je n'ose plus me laisser aller à ma folle jactance d'autrefois.

» Aujourd'hui, encore, je viens de trouver un homme de talent. Après avoir lu cent fois ses vers, il semble que la bouche en conserve un parfum délicieux. Si j'allais encore me targuer du titre d'homme de talent, n'y aurait-il pas de quoi rougir ?

— » Je vous demanderai quelle espèce d'homme vous avez rencontré aujourd'hui.

Ping-pé-heng prit alors l'éventail et le montra à Yên-pé-hân : « Celui-ci, dit-il, n'est-il pas aussi un homme de talent ? »

Yên-pé-hân déploya l'éventail, et, à peine eut-il lu en entier la pièce de vers, qu'il laissa éclater sa surprise et son admiration. « Quelle merveille ! quelle merveille ! s'écria-t-il ; croyez-vous que ce Song-sîn, que nous avons rencontré ces jours derniers, soit capable de faire

des vers aussi charmans? Pour moi, je n'en crois rien, je n'en crois rien.

— » C'est, évidemment, une petite pièce de vers qu'il a composée sur *les hirondelles blanches*. Il semble qu'il l'ait écrite pour vous prier de la repolir ; comment pouvez-vous dire qu'il n'en est pas l'auteur?

— » Si ces vers étaient réellement tombés de son pinceau, leur fraîcheur et leur nouveauté, leur grâce et leur élégance me feraient reconnaître en lui un nouvel homme de talent. Mais, si l'on examine attentivement ses vers, et que, d'un autre côté, on songe à sa personne, on trouve véritablement une immense différence.

— » Comme il est venu vous faire sa visite, vous devez naturellement lui rendre la vôtre. Lorsque vous serez près de lui, examinez-le minutieusement et, sur-le-champ, vous démêlerez le vrai du faux.

— » Vous avez raison. Si nous allions le voir demain ensemble. Qu'en dites-vous?

— » Rien n'empêche que je ne vous accompagne. »

Le lendemain Yên-pé-hân écrivit un billet de visite, et emmena avec lui Ping-jou-heng. Arrivés, après quelques recherches, à l'hôtellerie de Song-sîn, ils apprirent qu'il n'était pas chez lui. Ils se virent donc obligés de laisser leur carte et de se retirer. Ils étaient on ne peut plus vexés de leur désappointement. A leur retour, ils trouvèrent un domestique portant une cassette de visite, qui était à les attendre devant leur porte. Celui-ci, voyant revenir Yên-pé-hân et Ping-jou-heng, courut au-devant d'eux et leur dit : « Le seigneur Song, mon maître, vous présente ses respects ; demain, il préparera une modeste collation ; il désire vivement jouir de votre présence et de votre conversation. »

A ces mots il ouvrit la cassette, et en tira deux billets d'invitation qu'il remit à l'un et à l'autre.

Yên-pé-hân y ayant jeté les yeux, vit qu'ils portaient le nom de Tchang-în. « Pourquoi cette invitation », se dit-il en lui-même? et interrogeant le domestique : « Quels hôtes aurez-vous encore demain? lui demanda-t-il.

— » Il n'y en aura pas d'autres que M. Song, du Chântong, et Vos deux Seigneuries.

— » Je vous prie de présenter mes complimens à votre maître, et de lui dire que demain j'irai avec Ping-jou-heng pour répondre à son honorable attention. »

Le domestique lui promit de le faire et se retira.

Yên-pé-hân se tourna alors vers Ping-jou-heng : « Savez-vous, lui dit-il, dans quelle vue le vieux Tchang nous a invités tous deux?

— » C'est peut-être pour lier amitié et acquérir de la réputation.

— » Vous n'y êtes pas. Le vieux Tchang, voyant que nous jouissons tous deux d'une grande renommée, en est dévoré d'envie ; et, comme Song-sîn a quelque peu de talent et d'esprit, il songe tout simplement à emprunter son secours pour nous terrasser tous les deux. »

Le lendemain, dans l'après-midi, un domestique de Tchang-în vint leur apporter une nouvelle invitation. Yên-pé-han et Ping jou-heng partirent gaîment ensemble. A leur arrivée, Tchang-în alla au devant d'eux et les introduisit lui-même. A ce moment, Song-sîn se trouvait déjà dans le salon. Après les cérémonies d'usage, tous quatre prirent les sièges qui leur étaient assignés par les rites. Comme Song-sîn était de la province du Chân-tong, et qu'il était l'aîné, il s'assit à la place d'honneur. Ping-jou-heng était, à la vérité, le plus jeune ; mais, comme étant du Ho-nân, il obtint la seconde place. Yên-pé-hân occupa la troisième, et Tchang-în, en qualité de maître de maison, alla se mettre, près d'eux, au dernier rang. Quand tout le monde fut assis, Song-sîn témoigna à Yên-pé-hân combien il avait regretté de ne s'être pas trouvé chez lui pour recevoir sa visite. De son côté Yên-pé-han remercia Song-sîn de l'éventail doré, et loua avec enthousiasme la beauté merveilleuse des vers sur *les Hirondelles blanches*. Ping-jou-heng exalta aussi la même pièce de vers.

Song-sîn, les voyant faire chorus tous deux pour louer cette composition, oublia le plagiat qu'il avait commis, et s'en déclara l'auteur en se rengorgeant avec un air de satisfaction : « Mon humble pièce de vers, leur dit-il, m'a valu les éloges de tout le monde, mais je n'osais espérer que Vos deux Seigneuries partageraient le même sentiment.

—» Il faudrait être aveugle, dit Yên-pé-han, pour ne pas apprécier la beauté de Tseu-tou (1) ! Celui qui obtient les éloges de tout l'empire mérite d'être appelé le premier talent de l'empire. »

Après qu'on eut causé quelque temps d'affaires indifférentes, Tchang-în invita les convives à se mettre à table et à boire, et lorsque les fumées du vin commençaient à se faire sentir, on se mit à parler poésie.

Soudain, un domestique de la maison arriva de dehors, et entra en portant dans ses bras un jeune garçon de quatre à cinq ans. Tout le monde demanda à qui il appartenait.

—« C'est le jeune fils de votre serviteur, dit Tchang-în.

—» Quel enfant charmant et distingué ! s'écria Song-sîn, et de suite il le fit apporter devant lui pour l'amuser. Tout à coup, il vit que l'enfant tenait dans sa main un éventail sur lequel on avait peint un arbre Ou-thong (Bignonia tomentosa) d'où tombe une feuille C'était précisément le tableau de la première feuille du Ou-thong qui tombe au commencement de l'automne (c'est-à-dire de l'hiver).

A peine Song-sîn s'en fut-il aperçu, qu'il se rappela la pièce de vers composée par Chân-taï, sur le même sujet. Alors, usant de supercherie : « Messieurs, dit-il, la peinture délicieuse de l'éventail que tient votre noble enfant, m'a mis tout à coup en verve. J'ai envie de composer une pièce de vers sur ce sujet et de vous demander ensuite vos instructions ; qu'en dites-vous ?

—» A merveille ! à merveille ! » s'écria Tchang-în, et appelant aussitôt les domestiques, il leur ordonna de lui apporter un pinceau et un encrier.

Song-sîn prit son pinceau, et, d'un air épanoui, il écrivit la pièce tout d'un trait.

Yen et Ping l'ayant vu manier le pinceau d'une manière si habile et si rapide, furent remplis à la fois de surprise et d'émotion ; mais, quand ils eurent pris la pièce entre leurs mains, et qu'ils y eurent jeté un coup-d'œil, ils trouvèrent autant de délicatesse dans l'expression que de profondeur dans la pensée, et sentirent redoubler leur admiration et leur joie.

Arrivés à la dernière phrase : « *dans les temps de splendeur ou de décadence, il y a un homme qui s'afflige le premier* (l'empereur)». ils se regardèrent mutuellement ; puis, se tournant vers Song-sîn : « Monsieur, lui dirent-ils en le comblant d'éloges, puisque vous êtes doué d'un talent si éminent, nous reconnaissons de grand cœur votre supériorité. »

A ces mots, Song-sîn, enchanté de lui-même, se grattait l'oreille et se frottait la joue, et ne pouvant maîtriser les transports de sa joie, il ne cessait de rire à gorge déployée.

Tchang-în fut dans le ravisssement en voyant de quelle manière Song-sîn avait écrasé, par cette pièce de vers, Yên-pé-hân et Ping-jou-heng ; il donna l'éventail à son fils et le fit emmener. Il remplit alors une grande coupe de corne de rhinocéros et l'offrit à Song-sîn. « Monsieur, lui dit-il, puisque vous avez fait une si charmante pièce de vers, videz-moi cette large coupe, que je vous offre en signe de félicitation.

—» J'ai laissé courir mon pinceau, dit Song-sîn, pour vous demander vos instructions ; quelles beautés peut-elle renfermer ?

—» Je ne suis pas un poète, reprit Tchang-în, et je ne puis sentir le charme d'une pièce de poésie ; mais, comme vous vous donnez le nom de poète et faites fi de tout votre siècle, et que, d'ailleurs, vous avez obtenu aujourd'hui les plus pompeux éloges, il est impossible que cette pièce ne renferme pas des beautés merveilleuses. »

Ping-jou-heng était un homme d'un caractère droit. Dès le premier moment, lorsqu'il eut lu les vers *sur les Hirondelles blanches*, il en fut fort enchanté ; ayant vu ensuite que Song-sîn les avait écrits sous ses yeux, il crut de bonne foi que Song-sîn en était l'auteur, avoua sincèrement son infériorité et l'accabla de complimens. Comment aurait-il pu faire attention aux moqueries de Tchang-în ? De son côté, Yên-pé-hân avait tant loué et tant exalté Song-sîn, que celui-ci ne savait plus où se mettre. Tout le monde continua à boire gaîment jusqu'à l'approche du soir. Après quoi l'on se sépara. Tchang-în retint Song-sîn et le fit coucher dans sa bibliothèque.

Nous laisserons maintenant Tchang-în, qui ne se possède pas de joie, dans l'idée qu'il a pleinement assouvi sa juste colère.

Yên-pen-hân étant rentré chez lui avec Ping-jou-heng, lui dit en soupirant : « Lorsqu'on juge un homme d'après la mine, on peut manquer un *Tseu-yu* (1) ! En voyant la tournure de M. Song, je ne me serais jamais imaginé qu'il eût un si merveilleux talent.

—» Hier, Monsieur, les vers sur *les Hirondelles blanches* vous laissaient des doutes ; mais aujourd'hui qu'il a écrit sous vos yeux la pièce sur *la chute* de la première feuille du Ou-thong (Bignonia Tomentosa), pourriez-vous

(1) Homme célèbre par sa beauté. Ces deux lignes sont empruntées au philosophe Meng-tseu. Elles signifient ici que cette pièce de vers doit obtenir l'approbation universelle.

(1) Nom d'un écrivain célèbre qui avait des dehors communs.

douter encore de son talent ? Ne savez-vous pas que l'empire possède une multitude d'hommes de talent ? Seulement, nous ne les connaissons pas tous.

— » Il paraît qu'il est fort difficile de deviner les talens des hommes. Désormais, quand nous rencontrerons un marchand de salade ou un goujat, peut-être qu'il faudra aussi leur rendre des hommages! »

Les deux amis causèrent encore quelque temps, puis ils allèrent prendre du repos.

Le lendemain matin, Ping-jou-heng n'avait pas encore quitté son lit, lorsqu'il apprit que son oncle, le proviseur Ping, lui envoyait un domestique pour l'inviter à venir sur-le-champ s'entretenir avec lui.

Ping-jou-heng, n'en pouvant deviner la cause, avertit Yên-pé-hân de cette circonstance, et le quitta pour aller trouver son oncle.

Le proviseur Ping lui dit en le recevant : « Hier le préfet Yên m'a envoyé deux billets de visite pour nous inviter tous deux à venir le voir; j'ignore ce qu'il nous veut; voilà pourquoi je vous ai envoyé chercher pour délibérer ensemble.

Dans ce moment, l'envoyé qui avait apporté la veille les billets de visite, vint une seconde fois l'inviter avec instance. Le proviseur Ping ne put se dispenser de monter en chaise à porteurs avec son neveu, et de se rendre à l'hôtel du préfet. Celui-ci averti, par l'envoyé, de leur arrivée, les fit d'abord conduire dans un appartement destiné aux hôtes; puis, il s'y rendit lui-même.

Après les cérémonies d'usage entre les maîtres et les hôtes, il les fit asseoir en les plaçant avant lui et leur offrit le thé. Après le thé, le préfet prit le premier la parole : « Voici, leur dit-il, l'unique motif qui m'a engagé à vous inviter tous deux aujourd'hui. Son Excellence Wang, le président du concours, pour obéir aux ordres de l'empereur, cherche en dehors du nombre des candidats, des hommes d'un talent extraordinaire. Ces jours derniers, il a choisi le bachelier Yên parmi les concurrents; mais, comme il lui est difficile de le présenter seul, il désire trouver un autre sujet pour le lui adjoindre. Après avoir fait les recherches les plus actives parmi les élèves des trois collèges sans trouver personne à son gré, il m'a recommandé, à plusieurs reprises, de chercher de mon côté en dehors des concours; je n'ose lui désobéir. C'est ainsi, qu'après des informations réitérées, j'ai appris que votre honorable neveu, Monsieur Ping-tseu-tchi (c'est-à-dire Ping dont le titre honorifique est Tseu-tchi) était doué d'un talent extraordinaire; mais, comme il est d'une ne autre province et n'appartient pas à ma juridiction, il n'eût pas été convenable d'agir brusquement. Aussi, vous ai-je prié, mon honorable ami, de me le présenter. Aujourd'hui, grâce à votre extrême bienveillance, j'ai eu le bonheur de contempler sa figure charmante, et je reconnais que c'est un jeune homme d'un mérite distingué. A sa vue, on n'a pas besoin de demander s'il possède un talent extraordinaire.

— » Mon neveu, reprit le proviseur Ping, est un enfant d'une instruction bornée; il doit s'estimer heureux de l'affection excessive que lui montre Votre Excellence; il ne pourra jamais vous en témoigner toute sa gratitude. Seulement, ce n'est pas une petite affaire que d'introduire dans le palais impérial, un homme pauvre et obscur. Je supplie Votre Excellence d'agir avec la plus grande réserve

— » Je ne le présenterai pas à la légère, repartit le préfet; j'ai lu avec intérêt les vers liés que M. Ping a composés avec M. Yên dans le village de Tsiên-lléou en entendant le chant des loriots, et, dans mon opinion, je trouve qu'il aurait tort de faire le modeste.

— » Excellence, dit Ping-jou-heng, quoique je sois une humble plante d'un autre pays, maintenant j'accompagne mon oncle et je m'instruis auprès de lui. Je dois par conséquent me considérer comme un arbre cultivé par vos soins (c'est-à-dire comme un de vos subordonnés). Après les marques d'intérêt que m'a données Votre Excellence, comment oserais-je me croire en dehors de votre juridiction? Seulement, quoique j'aie quelque peu de talent et de réputation, je n'ai guères vaincu que des écrivains médiocres. Je ne suis point de ces génies merveilleux qui prennent un essor sublime et dépassent tous leurs rivaux.

» Monsieur Ping, dit le préfet en souriant, à quoi bon cette excessive modestie? Parmi les talens d'aujourd'hui, en est-il un seul qui l'emporte sur vous deux?

— » Il n'est pas nécessaire de chercher bien loin. L'honorable ami de Votre Excellence et du président des concours, M. Song, surnommé Tsé-tching, l'emporte infiniment sur nous deux. »

A ces mots, le préfet fit un grand éclat de rire : « M. Song, dit-il, est en effet un de mes meilleurs amis, comment ne le connaîtrais-je pas? mais je vous prierai, Monsieur Ping, de ne point vous laisser éblouir par une vaine réputation.

— » Je ne me laisse certainement pas séduire par une vaine renommée; je crains seulement que Votre Excellence abandonne les talens qu'il a sous la main pour en chercher bien loin. Puisque Votre Excellence a vu nos vers sur le chant des loriots, il est impossible que vous n'ayez pas lu la pièce de M. Song-tsé-tching sur les Hirondelles blanches.

— » Serait-il possible qu'il eût composé des vers sur les Hirondelles blanches? demanda le préfet en riant.

— » Comment pourriez-vous en douter? Si vous me le permettez, je vais les dire à Votre Excellence. » Alors élevant la voix, il récita ces deux vers :

« Je m'en vais pâle et je rougirais d'emprunter la couleur
» du corbeau; quand je maigris, je ne permets qu'à la neige
» d'augmenter mon embonpoint.

Ne sont-ce pas, ajouta-t-il, des vers de M. Song, sur les Hirondelles blanches? Est-ce que, par hasard, Votre Excellence ne les aurait pas encore vus?

— » Ces vers, reprit le préfet en riant, sont de Mlle Chân; qu'ont-ils de commun avec M. Song?

— » Il y a peut-être une ressemblance purement fortuite, dit Ping-jou-heng tout étonné; attendez que je communique à Votre Excellence les deux vers suivants : Il éleva la voix et se mit à réciter la suite :

» Je reviens en volant et, au milieu de la nuit je laisse aper-

» cevoir mon ombre. Après avoir dépouillé avec mon bec toute
» la pourpre du printemps, je n'ai pas besoin de laver mes
» habits. »

En entendant ces mots, le préfet éclata de rire de plus
belle. « Justement, dit-il, ce sont les vers de Mlle Chân,
et, pour preuve, je vais vous réciter les deux derniers
vers de la pièce :

« Combien de gens riches vantent leur noblesse et leur opu-
» lence ! A la fin, ils me laissent revenir avec ma robe sans
» tache. »

« Eh bien ! ajouta-t-il, est-ce bien cela ou non ? »
Ping-jou-heng resta pendant quelque temps tout interdit. « Il est évident, se dit-il en lui-même, que Song s'est
emparé des vers d'autrui ; mais la pièce *sur la chute de
la première feuille du Ou-thong* (Bignonia Tomentosa), il
l'a bien composée sous mes yeux : dira-t-on que c'est
encore un plagiat? Hier, ajouta-t-il, M. Song a improvisé
sur la chute de la première feuille du Ou-thong, une pièce
de vers admirables; si Votre Excellence me le permet, je
vais les lui réciter.

— » Eh bien ! reprit le préfet après un moment de réflexion, ces vers sur la chute de la première feuille du
Ou-thong, ne finissent-ils pas par cette phrase?

« Dans les temps de splendeur ou de décadence, il y a un
homme qui s'afflige le premier (l'empereur). »

En entendant le préfet réciter ces vers, Ping-jou-heng
hocha plusieurs fois la tête : « C'est bien cela ! c'est bien
cela ! s'écria-t-il.

— » Ce sont encore des vers de Mlle Chân.
— » Je demanderai à Votre Excellence, dit Ping-jou-
heng, en faisant un profond salut, quelle est cette demoiselle Chân. »

Au moment où le préfet se disposait à le satisfaire, une
multitude d'employés accoururent à pas précipités et lui
dirent d'un air effaré : « S. Ex. le commissaire impérial,
voyageant seul, vient d'entrer dans les frontières (du département); les sous-préfets et les juges criminels des deux
districts sont partis, tous quatre, bride abattue, pour aller

à sa rencontre. Votre Excellence ne peut se dispenser de
lui présenter ses respects. »

A ces mots, le préfet se leva et prenant congé de ses
hôtes : « S. Ex. le commissaire impérial, leur dit-il, est entré dans les frontières (du département) ; il m'est impossible de vous tenir compagnie. Je prie Vos Seigneuries de se
retirer. Un autre jour, je vous inviterai à venir me voir. »
Là dessus il s'éloigna précipitamment.

Le proviseur Ping et Ping-jou-heng n'attendirent que
le départ du préfet pour monter dans leur chaise à porteurs et s'en retourner.

Nous laisserons le proviseur Ping revenir à son collège,
pour parler de Ping-jou-heng.

Rentré, suivant son habitude, dans la maison de Yèn-
pé-hân, il se rendit auprès de lui et lui raconta de point
en point la découverte qu'il venait de faire. « J'ignore, dit-
il, quelle est cette demoiselle Chân. Comment se fait-il
que ses vers *sur les Hirondelles blanches* et *sur la chute
de la première feuille du Ou-thong*, aient été pillés par
ce misérable? Une seule chose me désole, c'est qu'il soit
survenu tout-à-l'heure une alerte qui m'a empêché de
prendre à ce sujet des informations claires et précises.

— » Puisque nous tenons le nom de Mlle Chân, rien ne
sera plus facile que d'obtenir des renseignemens sur elle.
— » J'admets qu'elle existe et que nous connaissons son
nom ; mais nous ignorons le fond de l'affaire. Nous avons
encore besoin d'interroger le préfet Yèn. Ce n'est qu'alors
que nous connaîtrons la vérité.

— » Il vaudrait beaucoup mieux questionner M. Song.
— » Et comment ferez-vous pour le questionner ?
— » Cela n'est pas difficile. M. Tchang nous ayant in-
vités tous deux, vous êtes obligé de lui rendre son dîner.
Invitez-les demain, et, une fois à table, nous le provoque-
rons tout doucement en le mettant sur le chapitre de Mlle
Chân. S'il a commis quelque supercherie, *il montrera de
lui-même le bout de l'oreille*.

— » A merveille ! » s'écria Ping-jou-heng en riant.
Leur plan étant bien arrêté, ils leur envoyèrent le lendemain des billets d'invitation. En les recevant, Tchang-
în et Song-sîn s'imaginèrent que, cette fois, ils pourraient
prendre une éclatante revanche de leur ancienne défaite.
Aussi, répondirent-ils qu'ils viendraient avec plaisir.

CHAPITRE XI.

Le lendemain, ils arrivèrent gaîment à l'heure convenue.
Yèn-pé-hân alla les recevoir, les fit entrer, et avec Ping-jou-
heng, leur offrit ses civilités. Après les cérémonies d'usage, on s'assit dans l'ordre prescrit et l'on causa de choses
indifférentes, puis on se mit à table et on se livra au plaisir du vin. Lorsque les têtes furent un peu échauffées,
Yèn-pé-hân entama soudain l'éloge de Song-sîn : « Pour
le talent, dit-il, c'est certainement le coryphée de l'empire.

— » Monsieur Yèn, reprit Song-sîn en souriant, ne
prononcez pas à la légère les deux mots *Thsaï-tseu* (hom-

me ou écrivain de talent); il y a plusieurs espèces de gens
qu'on appelle *Thsaï-tseu* (hommes de talent) et qui ne méritent pas d'être comptés.

— » Combien y en a-t-il, je vous prie?
— » D'abord les *hommes de talent* d'entre les magistrats retirés. En effet, après s'être élevés par la licence ou
le doctorat, ils ont obtenu des charges brillantes et tout
le monde les regarde avec respect. S'ils ont une once de
talent, on ne manque pas de leur en accorder dix : voilà
pourquoi il ne faut pas les compter.

» En second lieu, les *hommes de talent* d'entre les riches, méritent aussi d'être exclus. A l'aide de leurs vastes richesses, il leur est aisé de se faire des amis. Tout le monde les comble de louanges, et quoique dépourvus de mérite littéraire, ils usurpent d'ordinaire le titre d'*hommes de talent*. D'où il suit qu'il ne faut pas non plus les compter.

— » Votre raisonnement est fort juste, s'écrièrent Yên et Ping en riant froidement.

— » Tchang-în éleva aussitôt la voix. Les sublimes paroles du seigneur Song, s'écria-t-il, ont exprimé merveilleusement le sentiment de toute l'assemblée ; elles ont un charme indicible.

— » Ce que j'ai dit, répliqua Song-sîn, ne s'applique pas seulement aux hommes riches et puissans ; on peut citer, en troisième lieu, le talent des femmes élevées dans l'appartement intérieur. Si elles ont des sourcils délicats, des dents blanches et des joues vermeilles, à peine les hommes les ont-ils aperçues, qu'ils tombent en syncope ; si, en outre, elles savent composer des vers, vite. on leur trouve une imagination fleurie, une bouche parfumée, et un mérite brillant qui doit vivre pendant mille siècles. Aussi ne doit-on pas non plus les compter.

» Passons maintenant au talent de votre serviteur qui vit à l'écart dans la solitude. Il ne possède, pour effacer les autres, ni bonnet en crêpe noir, ni tablette d'ivoire ; il n'a ni or, ni jade blanc pour se faire des amis ; et quoiqu'il soit aussi bas que l'herbe des champs, dans son légitime orgueil, il foule aux pieds les princes et les hommes puissans. S'il ne possédait pas quelque supériorité, qui est-ce qui daignerait le regarder avec bienveillance, et lui donner des marques de respect ?

— » C'est la vérité, c'est la vérité ! s'écria Tchang-în en riant aux éclats.

Yên-pé-hân et Ping-jou-heng se contentèrent de rire froidement.

« Je ne veux point 'dire, reprit Song-sîn, que les hommes qui vivent dans la solitude, soient tous des écrivains de génie ; dans le nombre, il y a souvent des hommes méprisables.

— » Qu'entendez-vous par là ? demanda Yên-pé-hân.

— » On en voit qui se procurent des lettres de recommandation d'hommes honorables pour rendre visite aux riches ; ils empruntent les compositions des autres et s'en attribuent faussement le mérite. S'ils se présentent devant quelqu'un, ils l'accablent de leur respect ; s'ils trouvent l'occasion de s'enrichir, ils oublient tout sentiment de justice. Des gens de cette sorte ne sont-ils pas dignes de mépris ? Pour moi, lorsque je résidais à Tchang-ân, il n'y avait pas un grand personnage que je ne comptasse au nombre de mes amis ; mais je n'ai jamais pris à personne, un pouce d'écriture ni un seul caractère pour prévenir les autres en ma faveur. Lorsque l'on me donnait un sujet pour faire des vers dans un temps déterminé, j'aurais mieux aimé me voir arracher la barbe, ou verser jusqu'à la dernière goutte de mon sang, que de m'emparer frauduleusement des compositions d'autrui. C'est pourquoi, tant que j'ai parcouru l'empire, les personnes qui se trouvaient avec moi, m'ont toujours comblé de pompeux éloges. Ce langage est sans doute inconvenant dans ma bouche ; mais comme vous m'avez montré une

bienveillance excessive, je n'ai pu retenir quelques expressions de folle vanité.

— » Monsieur Song, dit Yên-pé-hân, non seulement vous vous connaissez parfaitement vous-même, mais vous connaissez encore mieux les autres. Permettez-moi de vous demander quelques détails au sujet de ces vers sur *les Hirondelles blanches*, dont la pureté, la fraîcheur et la grâce charmante ont effacé la gloire des poètes précédens. J'ai entendu dire qu'une demoiselle Chân, de Péking, a composé aussi, sur *les Hirondelles blanches*, une pièce de vers qui l'a placée au-dessus des poètes de son siècle. J'ignore si M. Song les a vus.

Dès que Song-sîn eut entendu prononcer le nom de Mlle Chân, qui lui rappelait sa supercherie, il éprouva tout-à-coup un cruel embarras. Tout son visage devint pourpre, et, pendant quelques instans, il n'eut pas la force de répondre. Il se contenta d'interroger à son tour : « Cette demoiselle Chân, demanda-t-il, comment la connaissez-vous ? »

En voyant l'altération de ses traits, Yên-pé-hân reconnut la fraude qu'il avait commise. Il éleva alors la voix et lui parla d'un ton à le faire pâlir. « Hier, dit-il, un de mes amis arrivait de la capitale. Quand je lui eus montré vos vers sur *les Hirondelles blanches*, il m'apprit alors qu'il avait vu, à Péking, des vers absolument semblables, d'une demoiselle Chân, sur le même sujet. J'ignore si c'est Mlle Chân qui a copié M. Song, ou si c'est M. Song qui a copié Mlle Chân. »

Song-sîn était dans un embarras mortel ; il avait le visage pourpre et ne savait où se fourrer. Enfin, faisant effort sur lui-même : « Quand deux pièces de vers, dit-il, sont composées par deux personnes différentes, comment voulez-vous qu'elles se ressemblent ?

— » Suivant le témoignage de mon ami, non-seulement les vers sur *les Hirondelles blanches*, étaient les mêmes, mais la pièce sur la chute du Ou-thong (Bignonia tomentosa) était absolument semblable à la sienne. D'où vient cela ? »

Song-sîn, ne sachant comment se tirer de là, prit le le parti de rire aux éclats en disant : « Voilà qui est surprenant ! »

Ping-jou-heng, voyant que, si Song-sîn eût voulu parler, il lui eût été difficile de se rétracter, prit un ton sérieux : — « Avant que nous nous connussions réciproquement, dit-il, copier les vers d'autrui pour établir des rapports d'amitié mutuelle, et les écrire sur un éventail c'était la chose du monde la plus ordinaire. Avant-hier M. Song rencontra pour la première fois le comte de Thsé (Yên-pé-hân). Comme il ne le connaissait pas encore, il copia les vers de Mlle Chân et les présenta comme étant de lui. Dans ce moment, son unique but était de lier amitié ; cela était tout-à-fait sans conséquence. Maintenant que nous sommes devenus intimes, et que nos cœurs se comprennent, si vous alliez encore nous cacher la vérité, comme auparavant, ce ne serait pas agir en ami. »

A ces mots, Yên-pé-hân battit des mains. « Les raisons de M. Tseu-tchi (nom honorifique de Ping jou-heng), dit-il, sont parfaitement justes. »

Song-sîn vit alors que l'affaire était éventée, et il sentit bien qu'il ne pouvait dissimuler davantage. Profitant donc des paroles de Ping-jou-heng, il prit un visage assuré et dit en riant aux éclats :

— « Monsieur Tseu-tchi a lu dans le fond de mon cœur. Hier, comme je me rencontrais pour la première fois avec vous, je n'ai pu me dispenser d'afficher quelques prétentions; mais maintenant que nous sommes devenus intimes, je dois vous parler sans détours. L'histoire de cette demoiselle Chân va vous paraître bien extraordinaire. Il faut, Messieurs, que vous buviez largement si vous voulez l'entendre. »

Ping-jou-heng et Yên-pé-hân furent ravis de joie.

— « M. Song est un homme charmant, dirent-ils, nous ne demandons pas mieux que de boire. »

Aussitôt ils ordonnèrent aux serviteurs de remplir de grandes coupes en corne de rhinocéros et de les offrir à chacun d'eux.

Quand tout le monde eut vidé deux coupes, Yên-pé-hân prit la parole :

— « Quelle personne est ce que Mlle Chân? demanda-t-il. Je supplie Monsieur Song de vouloir bien nous l'apprendre. »

Song-Sin, ne sachant comment se tirer d'affaire, se vit obligé de dire la vérité. Cette demoiselle Chân, dit-il, est la fille de Chân-hièn-jîn, l'un des ministres de l'empereur actuel ; elle s'appelle Chân-taï; j'imagine qu'elle a aujourd'hui quatorze ou quinze ans. A l'époque où elle composa les vers sur les *Hirondelles blanches*, elle avait juste dix ans. Elle était fraîche et vermeille comme une rose; ses mouvemens étaient légers et gracieux comme ceux de l'hirondelle. Je n'ai pas besoin d'insister sur ce point. Pour ne parler que de ses vers, non-seulement peu d'hommes de son époque auraient été capables de les imiter, mais ils auraient pu éclipser les poésies des Hân et des Thang. C'est pourquoi l'empereur actuel la prit en affection et la combla de faveurs.

— » Comment une fille si jeune a-t-elle pu être connue de l'empereur ? demanda Yên-pé-han.

— » Un jour que l'empereur donnait un festin à ses grands officiers, il aperçut par hasard, deux *hirondelles blanches* et ordonna aux Hân-lîn (membres de l'académie), de composer des vers sur ce sujet. Ceux-ci n'ayant pu, dans le moment, répondre à ses ordres, l'empereur en fut très contrarié. Mais Son Excellence Chân lui présenta cette pièce de vers dont la lecture le remplit de joie. C'est pourquoi il l'appela auprès de lui, en vertu d'un ordre spécial, et pour éprouver par lui-même son talent, il lui demanda trois stophes sur *l'empereur qui gouverne suivant la droite voie*. Elle prit son pinceau et composa cette pièce à l'instant même.

» Le fils du ciel, ravi de joie, lui fit présent d'un *pied de jade* comme pour mesurer les talens de l'empire. Ce n'est pas tout, il écrivit pour elle, de son pinceau impérial, les quatre mots, *Hong-wén-thsaï-niu* (fille de l'académie en littérature). Je n'ai pas besoin de parler des autres présens en or et en soieries. Alors S. Ex. Chân fit construire le pavillon *du Pied de Jade*, fixa sur une tablette les quatre mots écrits par l'empereur et les suspendit au haut de la façade. Il établit sa fille dans ce pavillon afin qu'elle pût y cultiver les lettres. Tous les jours, sa maison était assiégée par les habitans de la ville de Tchang-ân, qui venaient demander à sa fille, des pièces de vers ou de prose élégante.

— » Monsieur Song, demanda Yên-pé-hân, avez-vous jamais vu cette demoiselle? a-t-elle vraiment du talent?

— » Comment ne l'aurais-je pas vue; comment n'aurait-elle pas été douée d'un véritable talent? Quelqu'un l'ayant soupçonnée de plagiat, présenta un placet pour l'accuser auprès de l'empereur. Le fils du ciel ordonna à Tchéou-kong-meng, gardien des joyaux de la couronne, à Hia-tchi-tchong, membre de l'académie impériale, à Poukhi-thong, secrétaire du tribunal des rites, et à Yên-koueï, introducteur des hôtes illustres et président de tribunal, de composer tous cinq avec Mlle Chân. Dans cette circonstance, tout le monde tremblait pour elle. Cette jeune fille, disait-on, comment pourra-t-elle tenir tête, dans un concours, à cinq magistrats illustres? Ils ignoraient que les personnes douées d'un véritable talent, le tiennent réellement du ciel, et que peu importent l'âge ou le sexe. Cette demoiselle Chân n'eut pas plus tôt vu les sujets, que, s'abandonnant à son inspiration, elle acheva, sur-le-champ et tout d'un trait, chaque composition demandée.

» Les cinq magistrats, qui s'étaient élevés aux emplois par la licence et le doctorat, restèrent muets de stupeur; ils ne purent articuler une parole ni abaisser le pinceau. »

A ce récit, Yên-pé-hân et Ping-jou-heng furent dans le ravissement et leur cœur en éprouva soudain une vive émotion.

— « Nous ne pouvons croire, dirent-ils, avec un visage rayonnant, qu'il y ait, au monde, une fille douée d'un tel talent. Dites-nous, je vous prie, ajouta l'un d'eux, quelles pièces de vers elle composa dans ce concours.

— » Les vers n'ont pas, par eux-mêmes, une bien grande valeur; mais le morceau le plus difficile était une pièce de vers libres de six à sept cents mots, sur *les Nuages de cinq couleurs*. Sans prendre la peine de faire un brouillon, elle abaissa son pinceau et l'acheva tout d'une haleine. Cette pièce renfermait de sages avis et faisait un éloge pompeux de l'empereur; elle était écrite d'un style si charmant, qu'on ne pouvait la lire sans éprouver pour l'auteur une véritable passion.

— » Cette pièce sur *les Nuages de cinq couleurs*, dit Ping-jou-heng, vous la rappelez-vous?

— » Comment pourrait-on savoir par cœur une si longue pièce? Je me rappelle seulement les plus beaux passages, par exemple : « Du midi au nord, qu'il enrichit » des plus vives couleurs, le phénix voile le ciel de ses » ailes brillantes; — la fille du dragon qui pare l'empy- » rée et embellit les régions inférieures, sème une pluie » de fleurs du haut des airs. » Voici encore deux phrases parallèles : « Sans fil ni aiguille, le In et le Yang bro- » dent, en se jouant, la parure du ciel et de la terre; » sans pinceau ni papier, les vapeurs et les nuages colo- » rés se ornent de riches peintures. » — Comment trouvez-vous ces vers?

— » Si je ne vous avais pas rencontré, dit Yên-pé-hân en soupirant, j'aurais peut-être ignoré qu'il existe au monde une jeune fille si distinguée.

— » Nous autres hommes, reprit Ping-jou-heng, parce que nous avons un pouce de talent, nous nous vantions en public, et nous nous donnions le titre de Thsaï-tseu (écrivains de génie); ne voyons-nous pas maintenant que c'était par trop de présomption?

— » L'empereur, ajouta Song-sîn, partageait la même admiration. Si, parmi les femmes, dit-il, il se trouve des talens aussi merveilleux, serait-il possible que l'empire, vaste comme il est, ne possédât pas un seul homme d'un mérite transcendant? C'est pourquoi il ordonna sévèrement aux directeurs des collèges, de lui chercher (des hommes de talent), même en dehors du nombre des concurrens. Suivant ce que j'ai appris hier, S. E. Wang, l'inspecteur des collèges, veut vous présenter tous deux à l'empereur. C'est justement Mlle Chân qui en est la cause.

— » Cette demoiselle Chân a-t-elle déjà été demandée en mariage? dit Yèn-pé-hân.

— » A l'époque où j'ai quitté la capitale, elle était encore fort jeune; en second lieu, Son Excellence Chân n'était pas facile à aborder; enfin, comme Mlle Chân était connue et estimée de l'empereur, des hommes ordinaires et sans talent n'auraient pas osé la demander à la légère. Voilà pourquoi elle n'est pas encore fiancée.

— » D'après ce que je vois, reprit Tchang-în, à moins d'être le fils d'un prince ou d'un grand dignitaire, il sera impossible d'obtenir sa main.

— » Puisqu'elle a du talent, dit Yèn-pé-han, elle choisira nécessairement un homme de talent; si le fils d'un grand dignitaire est dépourvu de mérite littéraire, comment pourrait-il lui plaire?

Ils continuèrent à causer et à rire ensemble. Quand Song-sîn et Tchang-în se sentirent un peu échauffés par le vin, ils se retirèrent chacun de son côté.

Un poète dit avec raison : « Les hommes d'un caractère méprisable ont un front d'airain qui ne rougit jamais, mais un seul éclat de rire abat leur insolence.

» S'il étaient capables de rougir et de baisser un front humilié, on pourrait encore les compter au nombre des sages et des saints.

Ainsi, Tchang-în et Song-sîn, qui étaient venus dans l'intention de faire claquer leur fouet, s'en retournèrent confus et mortifiés. Laissons-les pour le moment, et revenons à Yèn-pé-hân et à Ping-jou-heng.

Depuis qu'ils avaient entendu prononcer le nom de Mlle Chân, ils en avaient été épris jusqu'au délire, et ne faisaient que penser à elle tout le long du jour.

— « Pour moi, s'écria tout à coup Yèn-pé-hân, j'ai encore quelques doutes sur ce qu'on raconte de Mlle Chân.

— » Et de quoi doutez-vous? dit Ping-jou-heng.

— » Je doute que Song-sîn ait dit vrai; est-il possible en effet qu'une toute jeune fille possède un talent aussi merveilleux?

— » Suivant moi, au contraire, il n'y a pas un mot de son récit qui ne soit parfaitement exact.

— » Sur quoi fondez-vous votre opinion, pour le trouver si véridique?

— » Ces jours derniers, je ne vous avais pas dit tout ce que je savais. Lorsque je me trouvais à Wèn-chang-hièn, dans le temple de Min-tseu, je fis la rencontre d'une jeune fille qui n'avait guère que douze ans. Elle écrivit sur un mur des vers beaux comme l'or et le jade; c'est ce que j'ai vu de mes propres yeux; quels doutes pourrais-je conserver maintenant?

» Vous voyez, d'après cela, que les faits attribués à Mlle Chân, n'ont rien de controuvé.

— » Connaissez-vous son nom de famille et son surnom?

— » Elle signe au bas : Ling-kiang-sioué, âgée de douze ans, de l'arrondissement de Wèï-yang. A voir sa tournure et ses manières, elle m'a paru appartenir à une famille de magistrats illustres; mais quoique j'aie parcouru attentivement l'Almanach des fonctionnaires publics, parmi ceux de Yang-tcheou, je n'en ai pas trouvé un seul du nom de Ling; c'est une chose inconcevable!

— » Si j'en crois vos propres paroles et le récit de Song-sîn, notre siècle posséderait en même temps deux filles douées de talent. S'il est permis de parler de vous et de moi, on peut aussi nous regarder comme deux jeunes hommes de talent d'une même époque. « Dès qu'un fils est venu au monde (dit Meng-tseu), son père désire lui trouver une femme; si c'est une fille, il désire lui trouver un mari. » Quand il serait un prince ou un ministre, quand ses enfans seraient doués de rares talens, il désire toujours les marier à des personnes d'un talent distingué et d'une beauté accomplie. Si le ciel nous prenait en affection, et permettait à chacun de nous d'épouser une des deux demoiselles Chân et Ling, ne serait-ce pas pour nous une source de bonheur pour la vie présente et un charmant sujet d'entretien pour les générations futures? Mais une chose me fâche, c'est de nous voir séparés d'elles par un intervalle immense, comme des plantes qui flottent sur la vaste surface des mers. Quand nous serions prédestinés au bonheur depuis trois existences (1), nous ne voyons aucun moyen de nous réunir à elles. Voilà de quoi nous accabler de découragement et de douleur!

— » Vous êtes né dans une famille illustre et opulente. Pourquoi, avant de quitter le seuil, nous effrayer des dangers de la route et vous abandonner à ces tristes pensées? Mais moi, je suis seul au monde! Où suis-je pas allé pour chercher une épouse? Mon unique chagrin était de n'en point trouver qui répondît à mes vues. Maintenant que nous tenons les noms de Chân-taï et de Ling-kiang-sioué, avons-nous besoin de monter au ciel ou de descendre dans les abîmes de la terre? Nous pouvons dès ce moment courir sur leurs traces. Lorsque je me trouvais à Wèn-tchang, je voulus la suivre, mais je manquais d'argent et de provisions; c'est là le motif qui m'a conduit ici.

A ces mots, Yèn-pé-hân fit éclater sa joie. « Monsieur, lui dit-il, vos paroles lumineuses ont dissipé les doutes qui offusquaient mon esprit. Les richesses et les honneurs, le mérite et la réputation nous viendront tout seuls; pourquoi resterions-nous cloués en cet endroit? Quoique nous n'ayons pas de nouvelles de Ling-kiang-sioué, et que nous ne connaissions pas sa figure, nous sera-t-il impossible de trouver au moins Chân-taï, qui est

---

(1) Nous avons déjà eu l'occasion de dire que les Chinois bouddhistes croient à la métempsychose. Quoique les lettrés de la secte de Confucius ne partagent point cette croyance, ils y font quelquefois allusion, pour se conformer à certaines façons de parler qui sont devenues d'un usage général.

la fille d'un des ministres de S. M. ? Pour ce qui est des bagages et des provisions nécessaires, je me charge de vous les fournir. Je veux la chercher avec vous, et si nous réussissons à la rencontrer, nous n'aurons point perdu les fruits de cette réputation, qui est le vœu et le but de toute notre vie.

— » Non-seulement ces deux charmantes personnes ont le désir de se marier convenablement, mais nous qui sommes doués de si rares talens, nous ne devons point nous déshonorer par un mauvais choix. »

Yên-pé-hân lui témoigna à plusieurs reprises son approbation.

Leur projet était bien arrêté lorsque, quelques jours après, la gazette officielle vint leur annoncer que S. Exc. Ouang, l'examinateur en chef, avait présenté à l'empereur un rapport où il recommandait Yên-pé-hân de Song-kiang-fou et Ping-jou-heng de Ho-nan-fou, comme étant les deux hommes les plus éminens de tout l'empire.

Après avoir lu cette nouvelle, Yên-pé-hân délibéra avec Ping-jou-heng. « Puisque l'examinateur en chef nous a présentés tous deux, lui dit-il, demain, lorsque le décret sera rendu, nous serons infailliblement appelés à la capitale ; nous pourrons alors profiter de cette occasion pour nous informer de Mlle Chân.

— » Si nous ne prenons des informations sur elle qu'après être entrés à la capitale par ordre de l'empereur, j'y vois beaucoup d'inconvéniens.

— » Quels inconvéniens?

— » Le talent de Mlle Chân-taï est connu de l'empereur, et il excite l'admiration des princes et des ministres; il est certain que des hommes ordinaires ne sauraient en approcher. Nous avons été présentés comme les deux premiers talens de l'empire. Si S. M. rend un décret pour que nous composions avec elle, non seulement nous ne pourrons l'égaler, mais s'il nous échappe même quelques légères fautes, nous deviendrons la risée du public.

— » S'il en est ainsi, que ferons-nous?

— » Voici mon humble avis : le mieux est de profiter du rapport fait en notre faveur, pour entrer de suite dans la capitale. Avant que l'empereur n'ait rendu son décret, nous changerons de nom de famille et de surnom, et nous nous y glisserons secrètement. Comme Mlle Chân-taï réside dans le pavillon du *pied de jade*, où elle mesure (juge) les talens de tout l'empire, les personnes qui viennent lui demander des vers ou de la prose élégante, assiègent tous les jours sa porte; il est évident qu'elle ne fuit point la présence des hommes. Allons la trouver tous deux en secret et composer avec elle, afin de juger de sa force. Si son talent ressemble à peu près au nôtre, et si elle n'a pas sur nous une immense supériorité, demain quand le décret aura été rendu, nous nous présenterons au palais pour obéir aux ordres de l'empereur.

— » Mais si décidément nous ne sommes pas à sa hauteur, nous cacherons alors notre surnom et notre nom de famille, et nous nous éloignerons de la société. De cette manière, nous éviterons de montrer notre ignorance en plein théâtre.

— » Il y a un point, dit Yên-pé-hân, sur lequel j'ai besoin de m'expliquer avec vous.

— » Et sur quoi voulez-vous vous expliquer ?

— » Mlle Chân est seule et nous sommes deux. Lorsque, dans le moment décisif, elle voudra se choisir un époux doué de talent, ne vous formalisez pas, je vous prie, si je ne cède le pas à personne.

— » Voilà qui est délicieux ! raison de plus pour nous expliquer nettement. Tous deux nous avons acquis la réputation d'hommes de talent, et il ne serait pas aisé de distinguer, au premier moment, quel est celui qui l'emporte sur l'autre. Si l'on me faisait concourir avec vous, en raison de votre renommée et de votre naissance, vous obtiendriez certainement la palme. Quoique je vous sois inférieur sous ce rapport, au fond de mon ame, je ne saurais m'avouer vaincu. Maintenant que Mlle Chân tient le *pied de jade* « pour mesurer les talens de l'empire », si vous consentez à changer de nom avec moi, nous n'aurons tous deux aucun appui extérieur, et notre sort ne dépendra que de notre talent littéraire. Que sa décision me soit favorable ou non, je m'y soumettrai de grand cœur.

— » En ce cas, dit Yên-pé-hân, je suis prêt à changer de nom et à partir avec vous.

— » Si votre résolution est prise, il faut vous mettre en route sur le champ, car, pour peu que vous tardiez, dès que l'ordre impérial aura été rendu, les préfets et les sous-préfets viendront vous retenir, et il vous sera impossible de sortir de chez vous.

— » Eh bien! faisons vite nos préparatifs.

— » Je ne demande pas mieux », dit Yên-pé-han.

Leur projet une fois arrêté, ils disposent leurs bagages et partent à la hâte.

Laissons-les pour le moment et revenons à Tchang-in. Il s'était flatté d'écraser Yên-pé-hân et Ping-jou-heng à l'aide du talent de Song-sîn; mais, à sa grande surprise, ces deux lettrés avaient découvert le fond de son stratagème; il avait été réduit à avouer son ignorance et s'était retiré confus et mystifié.

D'un autre côté, il avait entendu parler du talent et de la beauté de Chân-taï. « Si je réussis à l'obtenir en mariage, se dit-il secrètement, les prétentions de ces deux individus tomberont d'elles-mêmes, sans que j'aie besoin de les vaincre. Si j'examine, ajouta-t-il, le rang de nos familles, elle est fille d'un ministre d'état, et moi je suis fils du président du ministère de la magistrature ; je puis aller de pair avec elle. Mais je crains que, fière, comme elle est, de son talent, elle ne consente pas à me promettre sa main à la légère. » Ces réflexions remplirent son ame de souci et d'inquiétude. Quelques jours après, il apprit encore que le président du concours avait réellement présenté Yên-pé-hân et Ping-jou-heng à l'empereur, comme ayant un talent du premier ordre, et qu'il avait demandé qu'on les appelât à la capitale. Cette nouvelle ne fit qu'accroître son tourment. « Ces deux coquins, dit-il, sont dans la fleur de la jeunesse, ils sont doués d'une belle figure et d'un talent remarquable, et, de plus, le président des concours les a recommandés à l'empereur d'une manière spéciale; il est certain qu'une fois arrivés à la capitale, l'un ou l'autre s'emparera de la main de Mlle Chân ; je suis furieux contre eux; il faut que j'aille encore chercher M. Song et délibérer avec lui. »

Or, depuis le jour qu'il avait dîné chez Yèn-pé-hân, et s'était fait bafouer cruellement, Song-sîn ne se souciait plus de demeurer chez Tchang-în ; il était donc revenu à son ancienne hôtellerie. Ce jour-là, Tchang-în étant allé le trouver, lui raconta de point en point l'affaire qui lui pesait sur le cœur et le pria d'imaginer quelque stratagème pour assurer le succès de son mariage.

— « Cela est difficile, cela est difficile, dit Song-sîn en hochant la tête.

— » Et pourquoi voyez-vous tant de difficultés ?

— » Quoique vous ayez été vexé par Yèn-pé-hân et Ping-jou-heng, je vois, après tout, dans cette affaire, que des propos insignifians, et de ces railleries sans conséquence qu'on se permet entre amis. Comment auraient-ils osé vous offenser ? Vous ne savez pas d'ailleurs que cette petite scélérate est excessivement dure et méchante. Dès qu'elle tient un pinceau et qu'elle l'a appuyé sur le papier, semblable au ver à soie qui mange la feuille du mûrier, elle écrit d'une manière imperturbable, sans faire attention si les autres sont morts ou vivans. Si elle découvre en vous quelque défaut, elle composera une pièce de vers, et vous immolera sans pitié. Vous voulez, Monsieur, la demander en mariage ; mais comment vous y prendrez-vous ?

— » À vous entendre, on serait tenté de croire qu'elle ne doit pas se marier de sa vie !

— » Je ne veux pas dire cela, seulement, j'ignore quel est celui qu'elle aime.

— » Qu'elle consente ou refuse, cela dépend d'elle : quant à la demander ou ne pas la demander, j'en suis parfaitement le maître. Ce que j'ai de mieux à faire est d'écrire à mon père et de le prier d'envoyer des entremetteuses pour faire des propositions.

— » Cela ne vous servira de rien.

— » Pour quelle raison ?

— » En premier lieu, M. votre père a un rang élevé, et il est fort avancé en âge ; s'il va lui-même pour parler de mariage, et qu'il voie sa pédanterie et ses manières prétentieuses, il ne daignera certainement pas s'abaisser jusqu'à en faire la demande.

» En second lieu, le vieux Chân est un homme excessivement opiniâtre ; s'il ne voit point le gendre qui se présente, il ne voudra jamais donner son consentement à la légère.

» En troisième lieu, cette petite scélérate de Chân-taï, tient au talent autant qu'à sa propre vie. Si vous n'avez pas quelques belles pièces de vers ou de prose élégante pour captiver son esprit, comment réussirez-vous à la toucher en votre faveur ? L'ordre impérial qui concerne Yèn-pé-han et Ping-jou-heng, n'étant pas encore rendu, profitez de cette circonstance pour aller d'avance à la capitale, exposez clairement cette affaire à votre honorable père, et priez-le de charger un fonctionnaire éminent d'aller faire la demande. Si celui-ci ne réussit pas, envoyez-en un autre ; qu'il revienne à la charge jusqu'à quatre ou cinq fois, et presse le vieux Chân avec une persévérance infatigable. Il ne pourra s'empêcher de lui montrer des égards et de la considération ; qui sait s'il ne finira pas par donner son consentement ? Si le vieux Chân vous reçoit pour gendre, comme vous avez une figure

distinguée et une taille avantageuse, je suis sûr que vous plairez à sa fille ; ensuite vous copierez quelques beaux morceaux de style élégant ou de jolies romances ; vous les signerez comme étant de vous, et les présenterez à Mlle Chân. Elle vit retirée dans l'appartement intérieur ; comment pourrait-elle s'apercevoir de ce plagiat ? Si vous lui plaisez au premier abord, votre succès est presque assuré. »

Tchang-în fut ravi d'entendre ces paroles. « Monsieur, lui dit-il, les conseils que vous voulez bien me donner, sont on ne peut plus judicieux ; mais c'est la première fois que je vois la capitale. Ajoutez à cela que mon père est extrêmement rigide ; je ne puis aller ni venir sans le consulter. Je crains, je vous l'avoue, qu'il ne fasse des difficultés. J'ai entendu dire que vous avez habité long-temps la capitale ; j'ose en conséquence réclamer l'appui de votre expérience. Si j'étais assez heureux pour que vous vinssiez avec moi, non-seulement j'en aurais une vive reconnaissance, mais je ne manquerais pas de vous récompenser généreusement.

— » C'est fort difficile, fort difficile, dit Song-sîn, en hochant la tête à plusieurs reprises.

— » Monsieur, dit Tchang-în, se promener à Song-kiang, ou à la capitale, c'est absolument la même chose. Pourquoi voyez-vous tant de difficultés ?

— » Il y a certaines difficultés qu'il m'est impossible de vous dire.

— » Lesquelles ? je vous prie. Peut-être craignez-vous que mes provisions de voyage ne soient insuffisantes, et que je ne puisse subvenir à toutes vos dépenses. Voilà sans doute pourquoi vous employez tant de prétextes et de subterfuges. Si vous avez la bonté de m'accompagner, quelques soient vos besoins, je vous jure que je ne lésinerai pas. »

En voyant que Tchang-în le pressait avec tant d'instances de venir à la capitale, Song-sîn se dit en lui-même : « Il y a bien quatre ou cinq ans que j'ai quitté la capitale ; j'imagine que le souvenir de mon ancienne mésaventure est complètement effacé ; et quand même quelque personne me reconnaîtrait, qui oserait se mettre en hostilité avec moi ? Si je restais à Song-kiang, ma position ne serait pas fort brillante : il vaut mieux l'accompagner à la capitale. Je profiterai de l'occasion pour vivre à ses dépens ; ce sera une excellente aubaine. Mais il est de la plus haute importance que je change de nom et de surnom. »

Puis, après quelques instans de réflexion : « Monsieur, dit-il, si j'ai fait difficulté d'aller à la capitale, en voici tout simplement la raison : Précédemment, lorsque j'y demeurais, je jouissais d'une grande réputation qui m'avait attiré une multitude d'amis. Ils m'importunaient chaque jour de leurs assiduités, et ne me laissaient pas un instant de repos. C'était là la cause de mes craintes et de mon hésitation. Si vous voulez absolument que je vous accompagne, je n'y consentirai qu'à la condition de changer de nom et de ne voir personne.

— » Cela me convient encore mieux, reprit joyeusement Tchang-în ; si vous changez de nom, et ne recevez aucunes visites, mon affaire ne pourra qu'y gagner

— » Si vous êtes décidé à aller à la capitale, vous

n'avez pas de temps à perdre, car si Yên-pé-hân et Ping-jou-heng nous devançaient, il vous faudrait des peines infinies pour les éviter; il vaut mieux partir de bonne heure et les prévenir adroitement. Quand ils arriveront ensuite, ils ont beau être doués de talent et d'avantages extérieurs, tout cela ne leur servira de rien.

— » A merveille! à merveille! s'écria Tchang-în; il ne reste plus nulle difficulté. Quant à la prose élégante et aux beaux vers que vous me conseillez de copier, où les trouverai-je?

— » Rien de plus aisé, reprit Song-sîn. Si vous voulez des morceaux de prose élégante, vous n'avez qu'à charger un huissier du collège de prendre une ou deux des pièces de licenciés qui ont été reçus par les examinateurs de chaque district; vous les copiez avec soin, et le tour est fait. Quand aux vers et aux chansons, c'est autre chose. J'ai entendu dire, ces jours derniers, que Yên-pé-hân et Ping-jou-heng ont alternativement composé de charmantes stances sur le chant des Loriots qu'ils étaient allés entendre dans la maison de campagne de Tsiên-Lieou. Yên-pé-hân a encore composé une pièce de vers qu'il a écrite sur un mur; il en a donné une seconde à une musicienne, et une troisième à un jeune chanteur. De son côté, Ping-jou-heng a fait une pièce de vers où il dépeint ses tendres émotions, et il en a écrit une autre sur un mur en face du temple de Min-tseu. Que ne chargez-vous quelques amis de copier tous ces vers et de vous les apporter? Cette pièce de vers qu'il a écrite sur le mur de votre maison, elle est excellente aussi. Vous n'aurez besoin que de chan-ger le sujet et d'y inscrire votre nom. Une fois dans la capitale, qui pourrait, à une distance de trois mille lis, démêler le vrai du faux? »

A ces paroles, Tchang-în fut ravi de joie. Il envoya en effet de tous côtés de ses affidés pour copier les vers en question. Il chargea en outre Youân-în d'aller lui piller quelques-uns des charmans morceaux de poésie ou de prose élégante que Yên-pé-hân et Ping-jou-heng avaient jadis composés. Après quoi il donna à quelqu'un l'ordre de les réunir et d'en former un volume qu'on intitulerait *Tchang-tseu-sîn-pién*, c'est-à-dire Nouvelles compositions de Tchang-tseu. Song-sîn changea ensuite son nom et prit celui de Song-yên; puis nos deux champions se rendirent secrètement à la capitale.

Laissons-les pour le moment et revenons à Yên-pé-hân. Quoiqu'il eût perdu son père, le vice-gouverneur Yên, il avait encore sa mère, la noble dame Tchao. Il lui raconta tout ce qui lui était arrivé, et après l'avoir chargée du soin de ses affaires domestiques, il s'occupa lui-même de ses préparatifs de voyage, réunit une quantité de provisions et de bagages, et prit à sa suite quatre serviteurs vigoureux. Puis il délibéra avec Ping-jou-heng. Comme sa mère s'appelait Tchao, il changea son nom en celui de Tchao-tsong, et Ping-jou-heng, se réglant sur le mot Tchao-tsong, dont la seconde syllabe fait partie de l'expression Tsong-heng (en long et en large), il adopta le nom de Tsiên-heng. Il prirent tous deux le costume de pauvres bacheliers, et s'acheminèrent *incognito* vers la capitale.

CHAPITRE XII.

Yên-pé-hân et Ping-jou-heng, ayant pris le costume de pauvres bacheliers et le nom de Tchao-tsong et de Tsiên-heng, louèrent secrètement une barque, à l'insu du président des concours. Ils partirent et visitèrent successivement Sou-tchéou, Tchang-tchéou et Tchîn-kiang. Un jour, ils arrivèrent à Yang-tchéou. Le pays était riche, riant et bien préférable au Kiang-nân.

Comme ils recherchaient les lieux les plus renommés, ils allèrent se loger dans le couvent de Khiong-hoa, et, en se promenant aux environs, ils apprirent qu'au nord-ouest de la ville, il y avait une maison appelée Ping-chân-thang (ou *la Maison de la Montagne unie*), qui avait été construite par les soins de Eou-yang-siéou, l'un des personnages les plus célèbres de la dynastie des Song. C'était, leur dit-on, un monument antique fort recherché des hommes distingués et des lettrés de tout l'empire.

Ils partirent aussitôt ensemble pour le visiter. Après quelques recherches, ils arrivèrent à l'endroit indiqué. Quoique les fondemens subsistassent encore, la maison était tout en ruines. Dans le voisinage, on ne voyait plus que la montagne solitaire qui la couvrait jadis de son ombre, et quelques bouquets de peupliers languissans qui s'élevaient des deux côtés. Nos deux poëtes se sentent émus à ce spectacle, et ne peuvent résister aux tris-tes pensées qu'inspirent les ruines présentes d'un magnifique monument de l'antiquité.

Comme ils étaient au fort de leur émotion, ils aperçurent deux hirondelles qui voltigeaient çà et là en babillant; on eût dit qu'elles jasaient entre elles et qu'elles prêtaient l'oreille. Cette vue alluma leur verve poétique. Ne pouvant la maîtriser, ils se firent apporter, par un domestique, un pinceau et un encrier, et nétoyèrent une portion d'un mur délabré. Yên-pé-hân y écrivit le premier les vers suivans :

« J'ai entendu dire qu'à l'époque où cette maison fut fondée,
» les charmes de la poésie et du vin en faisaient un lieu en-
» chanteur.
» Il y a bien long-temps que tout cela est évanoui; il ne
» reste plus qu'une montagne solitaire!
» Qui est-ce qui a vu ce séjour? Qui est-ce qui l'a admiré?
» Interrogez, je vous prie, les hirondelles de Ping-chân. »

Composé par Tchao-tsong de Yun-kiên.

Yên-pé-hân ayant fini d'écrire, Ping-jou-heng prit le pinceau, et traça à son tour les vers suivans :

« Le printemps une fois passé, la pivoine reste dépouillée de
» ses attraits.

» A peine l'automne s'est-il fait sentir, que le saule perd
» ses fils soyeux.

» Toutes les choses du monde sont sujettes au changement;
» il n'y a que l'éclat de la renommée qui ne change point.

» Gardez-vous, gardez-vous de vous plaindre! Voici encore
» les hirondelles de Ping-chân. »

Composé sur les rimes précédentes par Tsiên-heng de
Lo-yâng.

Nos deux amis, ayant achevé leurs vers, se regardèrent
l'un l'autre en souriant. Ils discoururent encore sur des
faits anciens et modernes, et après avoir bu gaîment pen-
dant une demi-heure, ils se prirent par la main et regagnèrent à pas lents le couvent où ils demeuraient. En ce
moment le ciel était déjà sombre. Ils aperçurent, devant
le monastère, une multitude d'employés et de porteurs de
chaises; il y avait une confusion de monde. En ayant demandé la cause, ils apprirent que le gouverneur avait
invité des étrangers, et faisait jouer la comédie dans la
grande salle du couvent.

Les deux amis, voyant un si grand nombre d'hommes
rassemblés à cette heure, profitèrent de l'obscurité pour
se glisser au milieu de la foule, et s'approchèrent tout
doucement de la façade de la salle. Au premier coup
d'œil, ils virent au haut bout, deux hôtes assis chacun devant une table chargée de mets et de vin. C'étaient justement Tchang-în et Song-sîn. « Que viennent
faire ici ces deux individus? se demandèrent-ils secrètement. » Ayant regardé une seconde fois, ils virent, à une
table placée plus bas, le préfet lui-même qui leur tenait
compagnie. Mais, craignant d'être reconnus, ils n'osèrent rester plus long-tems, et s'en revinrent à leur hôtellerie où ils causèrent en confidence.

— « Lorsque nous étions chez nous, dit Yên-pé-hân,
nous n'avons pas appris leur départ; comment se fait-
il qu'ils nous aient devancés et se trouvent déjà ici?

— » J'imagine, reprit Ping-jou-heng, qu'ils sont venus
dans le but de soutirer de l'argent.

— » S'il s'agit de soutirer de l'argent, cela peut bien
s'appliquer au vieux Song, quant à M. Tchang-pé-kong,
il est puissamment riche; comment aurait-il quitté sa maison et fait un aussi long voyage pour satisfaire un vil intérêt? Voici là dessus mon opinion : je crois qu'il a appris l'histoire de Mlle Chân et qu'il en est devenu follement épris. C'est pour cela qu'il emmène secrètement le
vieux Song à la capitale, afin de faire avant nous les
premières démarches.

— » Votre idée est parfaitement juste. Il compte naturellement sur l'influence de son père, qui est membre du
tribunal de la magistrature; et c'est de là, sans doute,
que lui vient ce projet. Quel stratagème employer maintenant pour réussir?

— » Je n'en vois aucun. Du reste, cette affaire nous
touche chacun en particulier. Si l'on voulait dire les secrets
de notre cœur, cela nous serait impossible, et s'il s'agissait lutter ensemble, nous ne le pourrions pas davantage.
La seule chose que nous ayons à faire est de partir sans
délai, une fois arrivés à la capitale, nous examinerons
les circonstances et nous verrons ce que le ciel nous
réserve.

— » Puisque vous êtes décidé à partir, mettons-nous
demain en route, et tâchons surtout qu'ils ne nous
voyent point; car s'ils savaient que nous allons tous
deux à la capitale, ils redoubleraient de diligence pour
nous devancer.

— » Vous avez raison ! Vous avez raison, s'écria Yên-péhân ; il faut absolument partir demain de bonne heure. »
Après avoir dormi pendant toute la nuit, ils se levèrent de grand matin et préparèrent leurs bagages. Puis
ils allèrent faire leurs remerciements à leur hôte, et ayant
loué eux-mêmes une barque, ils partirent sur le champ
pour la capitale.

Le lecteur se demande sans doute comment il se faisait que Song-sîn et Tchang-în fussent là occupés à boire
et à s'amuser. Il faut savoir que Song-sîn étant arrivé à
Yang-tcheou, comme il avait eu jadis des relations intimes
avec le préfet Téou, il voulut se vanter devant Tchang-în,
d'avoir un grand nombre d'amis. Il alla donc aussitôt lui
rendre visite; puis, quand il fut avec le préfet, il dit,
d'un ton glorieux, que Tchang-în était le fils du président du ministère du personnel, qu'il était son meilleur
ami, et l'accompagnait à la capitale. En entendant prononcer les mots de *ministère du personnel*, le préfet Téou
ne put maîtriser son désir de flatter le pouvoir. Voilà
pourquoi il avait commandé une comédie et les y avait
invités tous les deux. Au milieu de la pièce, il avait fait
apporter des mets et du vin, et leur avait offert une collation. Il saisit cette occasion pour questionner Tchang.
« Monsieur, lui dit-il, a lez-vous à la capitale pour rendre visite à votre illustre père, ou pour quelque autre
motif?

— » C'est uniquement pour voir mon respectable père,
répondit Tchang-în ; je n'ai aucune autre affaire.

— » Et vous, Monsieur Tseu-tching (nom honorifique
de Song-sîn), je vous demanderai aussi qu'est ce qui vous
a inspiré l'idée d'aller à la capitale?

— » Là dessus, dit Song-sîn, je serais bien aise de causer un peu. J'oserai, en conséquence, demander à Votre
Excellence si elle a appris dans quel'e position se trouve
Ling-kiang-sioué depuis son arrivée à la capitale. Remplit-elle l'office de seconde femme ou de servante?

— » L'aventure de Ling-kiang-Sioué a quelque chose
de merveilleux, dit le préfet en riant; est-ce que vous
n'en savez encore rien ?

— » Après que Ling-kiang-Sioué fut partie pour la
capitale, j'allai faire une excursion à Yûn-kiên; je vous
jure que je n'en ai rien appris.

— » Mlle Chân était fière de l'éclat de son talent
et de la bienveillance dont l'honorait l'empereur ;
aussi était-elle pleine d'orgueil et de jactance, comme si
elle n'eût compté les autres pour rien ; c'est un fait que
vous n'ignorez pas. Mais tout à coup Ling-kiang-sioué,
cette petite fille, qui n'est pas dépourvue de talent, arriva à l'hôtel de Chân-hiên-jîn. Dès qu'elle fut en sa
présence, elle disputa avec lui sur les rites et refusa
de le saluer. Mlle Chân lui ayant proposé un sujet
de poésie, pour la mettre à l'épreuve; elle prit un pinceau
et acheva sur le champ la composition demandée. Mlle
Chân, qui jusqu'ici jetait un œil dédaigneux sur tout
l'empire, se vit complètement écrasée. Non seulement

elle n'osa pas la traiter comme une servante, mais j'ai entendu dire que S. Ex. Chân ayant témoigné l'intention de l'adopter, sa fille craignit que ce ne fût encore la rabaisser, et se décida à lui rendre les mêmes devoirs qu'aux hôtes distingués. Ce n'est pas tout : elle présenta un placet pour lui faire obtenir un titre honorifique, et l'empereur, agréant cette demande, lui donna le titre de Niu-hio-ssé, (femme versée dans les lettres) ; puis il conféra, en outre, à Ling-sîn, son père, le droit de porter le bonnet et la ceinture de Tchong-chou (secrétaire du palais), afin de l'entourer de considération. Dites-moi un peu si cela n'est pas extraordinaire. »

Ces paroles inspirèrent à Song-sîn de sérieuses réflexions ; puis regardant fixement Tchang-în ; « Monsieur, lui dit-il, voici pour vous une belle occasion !

— « Où voyez cela? demanda celui-ci avec émotion.

— » Cette belle occasion dépend entièrement de S. Ex. Téou. Je ne puis vous cacher la vérité.

— » Puisque Téou, mon respectable maître, a daigné m'honorer de son amitié, rien ne vous empêche de faire connaître franchement l'heureuse affaire qui intéresse son disciple.

— » Quelle affaire de cœur occupe M. Tchang ? dit le préfet.

— » Bien que M. Tchang, en faisant ce voyage, ait l'intention d'aller présenter ses devoirs à son illustre père, la vérité est qu'ayant entendu parler de Mlle Chân, il désire vivement la demander en mariage. Arrivé à la capitale, il priera quelques grands personnages de faire les premières démarches en sa faveur. Comme il peut aller de pair avec elle pour la fortune et le rang, il ne saurait manquer de réussir dans son projet. Je dirai seulement que Mlle Chân étant douée de talent, elle doit être passionnée pour les hommes de talent. Mais il est difficile qu'elle puisse connaître en un moment les précieux talens de M. Tchang. Je viens d'apprendre que Ling-kiang-sioué a été favorisée de la fortune, et que Ling-sîn surnommé Ta-hou (le Richard), a obtenu le bonnet et la ceinture de magistrat. Pourquoi ne pas emprunter la haute influence de S. Ex. Téou, pourqu'il prie Ling-ta-hou d'écrire à Ling-kiang-sioué une lettre confidentielle par laquelle il l'instruirait du projet de mariage de M. Tchang, et la chargerait de travailler secrètement à en assurer le succès? Puis, vous lui enverriez le volume de compositions élégantes que M. Tchang a fait graver, afin qu'elle connaisse et apprécie ses talens distingués. Une fois que le cœur de Mlle Chân aura été touché intérieurement, l'affaire extérieure qui l'occupe, se fera aussitôt d'elle-même. N'est-ce pas là une heureuse occasion ? »

Après ce discours, Tchang-în devint rayonnant de joie et se mit à saluer le préfet à plusieurs reprises. « Honorable maître, lui dit-il, si je suis assez heureux pour que votre haute bienveillance fasse réussir cette affaire, je vous jure que votre disciple n'oubliera pas de vous en témoigner toute sa reconnaissance.

— » Si vous désirez, dit le préfet, que je fasse écrire une lettre par Ling-sîn et que je l'envoye à la capitale, il n'y a rien de plus aisé. Je serai heureux de donner un coup d'épaule à votre honorable ami. »

Tchang-în le remercia avec effusion. « Puisque j'ai reçu votre généreux consentement, lui dit-il, demain matin, je me ferai un devoir d'aller à votre hôtel pour vous présenter ma demande. »

A ces mots, ils se mirent de nouveau à table, et, après avoir vu la fin de la comédie, ils se séparèrent.

Le lendemain Tchang-în et Song-sîn, ayant consulté ensemble, préparèrent de riches présens, et, après les avoir offerts au préfet, ils le prièrent de charger Linsîn, d'écrire à la capitale, à Ling-kiang-sioué, et de lui confier le soin de faire adroitement la demande de mariage. Song-sîn lui remit ensuite le volume intitulé *Nouvelles compositions* de Tchang, et le pria de l'envoyer à la capitale ; avec la lettre, afin qu'on pût juger du rare talent de Tchang-în.

— « Messieurs, dit le préfet, si je ne recevais pas vos riches présens, vous ne manqueriez pas de dire que je refuse de faire votre commission, » et aussitôt il les accepta en totalité.

En conséquence il envoya sa carte à Ling-sîn en l'invitant à venir causer avec lui en particulier, et lui conta de point en point toute cette affaire.

Ling-sîn n'aurait osé désobéir aux ordres du préfet. En conséquence, il pria sur le champ le bachelier Tching d'écrire une lettre avec toute l'habileté dont il était capable, pour engager sa fille à s'intéresser au succès de cette affaire, et de mettre sous la même enveloppe, les *Nouvelles compositions* de Tchang. Dès qu'il eut fini d'écrire, il mit la lettre et le livre sous une enveloppe cachetée et les envoya au préfet Téou.

Le préfet les transmit aussitôt à Tchang-în qu'il regardait comme un personnage important. Tchang-în, en les recevant, se crut en possession d'un trésor inestimable. Il s'empressa de venir faire ses adieux et ses remercîmens au préfet, et partit la nuit suivante avec Song-sîn, pour la capitale. Aussitôt qu'il fut arrivé, il alla rendre visite à son père, et ayant pris des informations sur Chân-hien-jîn, il apprit que ce ministre n'était plus à la cour.

Or Chân-hien-jîn, dont la fille avait obtenu, par l'éclat de son talent, la faveur impériale, et avait écrasé dans un concours les premiers fonctionnaires de l'état, ne put échapper à la haine et à l'envie. Il avait adressé de suite plusieurs placets où il alléguait le mauvais état de sa santé, afin de quitter les affaires et de se retirer dans son pays natal.

L'empereur avait d'abord refusé, mais ne pouvant résister aux vives instances de Chân-hien-jîn, il l'appela auprès de lui et lui dit : Vu les sollicitations réitérées de Votre Excellence, j'aurais mauvaise grâce à vous retenir malgré vous; mais j'aime passionnément les compositions de Chân-taï, votre noble fille, et, tous les jours, j'ai des ordres à lui donner (c'est à dire je lui demande des vers). Si vous quittez les affaires pour aller vivre dans la retraite, vous emmenerez nécessairement toute votre famille, et j'y verrais beaucoup d'inconvéniens : comment faire ?

— » Sire, reprit Chân-hien-jîn, Votre Majesté m'a comblé de bienfaits sans nombre. Comment votre humble sujet pourrait-il se retirer sans motif ? Mes longs travaux ont altéré ma santé, les affaires du conseil d'état sont si mul-

ROMAN CHINOIS.

tipliées, que je ne puis vraiment en soutenir le poids. Voilà pourquoi, Sire, j'ai osé vous importuner si souvent de ma demande.

— » Puisque Votre Excellence ne peut supporter la fatigue des affaires, à vingt milles d'ici (deux lieues), il y a une villa impériale qui offre un séjour doux et paisible ; je vous la donne pour que vous puissiez vous y retirer et soigner votre santé. Vous y trouverez le repos dont vous avez besoin, et toutes les fois que j'aurai à vous consulter, il me sera aisé de vous appeler auprès de moi ; de plus la fille de Votre Excellence pourra, à tout instant, me présenter les morceaux de poésie ou de prose élégante qu'elle aura composés. Ne sera-ce pas faire d'une pierre deux coups ? »

Chân-hiên-jîn remercia l'empereur en se prosternant jusqu'à terre. « Sire, dit-il, si votre auguste bonté s'intéresse ainsi à cet humble sujet, c'est qu'elle est vraiment élevée comme le ciel, et profonde comme la terre ! »

Il obéit aussitôt aux ordres du souverain, et se retira dans la villa impériale. Quoique cette villa ne fût qu'à vingt milles de la capitale, elle en était séparée par des montagnes et des rivières ; c'était un monde à part. On y voyait des eaux limpides et des tertres verdoyans, des bosquets touffus, coupés par des canaux ou des sentiers solitaires, des fleurs et des oiseaux d'espèces aussi rares que remarquables ; ce séjour délicieux ne le cédait point au riant jardin de Wang-weï, et il pouvait rivaliser avec *la Vallée d'or* (nom d'un jardin) de Chi-lo.

Chân-hiên-jîn, s'y étant retiré avec toute sa famille, se trouvait au comble du bonheur. Il fit construire, comme par le passé, un autre pavillon du *Pied de jade* et y installa Chân-taï et Ling-kiang-sioué, afin qu'elles pussent se livrer en paix aux plaisirs de l'étude et de la poésie.

Quoique Chân-hiên-jîn menât la vie la plus heureuse, il n'oubliait pas que sa fille avait déjà de quinze à seize ans, et qu'il ne pouvait se dispenser de lui choisir un époux. Il avait beau chercher parmi les fils et les neveux des plus hauts personnages, il n'en voyait pas un seul sur qui il pût, le moins du monde, jeter ses vues. « Attendons, se dit-il en lui-même, jusqu'au printemps prochain. Quand la liste du concours aura été publiée, si j'y trouve quelque jeune Tsîn-ssé (docteur), je serai charmé de l'appeler pour être mon gendre.

Mais, tout à coup, Tchang-în arriva à la capitale, et il apprit, dès le premier moment, que S. Ex. Chân s'était fixée dans une des villas de l'empereur. Il en informa d'abord son père, et le pria de charger quelques grands personnages d'aller lui présenter sa demande. Ensuite il envoya un messager pour porter la lettre de Ling-sîn à la villa impériale.

Or, Ling-kiang-sioué ayant reçu la lettre de son père, l'ouvrit avec empressement et apprit que Tchang-în désirait demander en mariage Mlle Chân , et la chargeait elle-même de s'intéresser au succès de cette démarche. Elle vit, en outre, que la même enveloppe renfermait un volume intitulé, *Nouvelles compositions* de Tchang. Elle l'ouvrit, et, au premier coup d'œil, elle remarqua une pièce de vers com osée dans la maison de campagne de Tsiên-liéou, en entendant le chant des lo-

riots ; une autre pièce *écrite sur un mur*, etc. Le style en était pur, élégant et plein de charmes. Elle ne put s'empêcher de laisser briller sa joie sur son visage. « Quels beaux vers ! quels beaux vers ! s'écria-t-elle. Où peut exister un homme d'un si merveilleux talent ? »

A peine avait-elle achevé ces mots, que Chân-taï accourut à elle. « Mademoiselle Ling, lui dit-elle, que regardez-vous là ? »

Ling-kiang-sioué se retourna vivement en reconnaissant la voix de Chân-taï. « Mademoiselle, lui dit-elle, en riant, je vous félicite ! je vous félicite !

— » Pourquoi prononcer, tout à coup, ces paroles extraordinaires ? repartit Chân-taï ; quel bonheur m'est-il arrivé pour que vous me félicitiez ?.

— » Je vous ai trouvé là dedans (montrant la lettre et le livre) un époux distingué. N'y a-t-il pas de quoi vous féliciter ?

— » Veuillez, Mademoiselle, examiner ces poésies ; vous verrez alors que je dis vrai. En disant ces mots, elle remit à Chân-taï les *Nouvelles compositions* de Tchang.

Dès que Chân-taï eut le volume entre les mains, elle regarda d'abord le nom de l'auteur ; et elle vit qu'il se nommait Tchang-în de Yun-kiên. « Yun-kiên, dit-elle, est l'ancien nom de Song-kiang. » Elle regarda de nouveau les vers et en lut trois pièces de suite. « Ces vers, s'écria-t-elle aussitôt avec admiration, sont certainement l'œuvre d'un grand poète. J'ignore d'où ils viennent et comment vous avez pu vous les procurer.

— » C'est mon père qui me les a envoyés, reprit Ling-kiang-sioué, en me chargeant de vous faire les premières ouvertures de mariage. Je soupirais constamment, je l'avoue, en vous voyant douée d'un si beau talent, et je craignais qu'il ne fût impossible de rencontrer, sous le ciel, un homme de génie digne de s'unir avec vous. Mais aujourd'hui, à ma grande surprise, j'ai soudain découvert ce poète : c'est l'événement le plus extraordinaire et le plus heureux qu'on puisse voir ; et, pour le coup, je crois que vous avez trouvé votre pareil.

— » Bien qu'il ait un talent merveilleux, j'ignore encore comment il est de sa personne.

— » Le seul malheur qu'on doive craindre, c'est qu'un homme soit dépourvu de talent. Dès qu'un homme a réellement du talent, quand sa figure serait laide et commune, elle doit briller d'une certaine grâce qu'on chercherait vainement dans les traits d'un rustre et d'un sot ; voilà Mademoiselle, ce qu'on peut savoir d'avance.

— » Mademoiselle, s'écria Chân-taï en riant, à entendre vos profonds raisonnemens, on voit que, non seulement vous savez distinguer le talent, mais aussi que vous excellez en physionomie. »

Les deux amies rirent alors aux éclats ; puis elles examinèrent encore avec la plus grande attention, les *Nouvelles compositions* de Tchang. Chaque pièce leur parut charmante, et elles ne purent contenir les transports de leur joie. Mais bientôt elles arrivèrent au dernier morceau qui était intitulé : « Vers écrits sur le mur du temple de Mîn-tseu, composés sur les rimes originales de Mlle Ling, de Weï-yang, jeune fille de talent, âgée de douze ans. »

A peine Ling-kiang-sioué eut-elle vu ces vers, qu'elle

fut frappée de surprise : « Voilà qui est bien étrange ! s'é-cria-t-elle.

—» D'où vient votre étonnement ? demanda Chân-taï.

— » C'est une aventure que je voulais vous conter il y a long-temps, mais je n'en ai pas trouvé l'occasion. Voilà pourquoi je ne vous l'ai pas encore apprise. Lorsque je voyageais pour venir dans votre noble maison, je passai par hasard devant le temple de Mîn-tseu. Etant descendue à terre, pour le visiter, j'éprouvai, en le parcourant, une subite inspiration, et, sur le champ, j'écrivis sur le mur une pièce de vers détachés. A peine avais-je tourné les talons, qu'une personne inconnue écrivit un peu plus haut une pièce de vers sur les mêmes rimes. C'est précisément celle que je vois ici ; il n'y a pas un mot de différence. Je me souviens encore de l'inscription qui était placée au bas. Elle était ainsi conçue : « Respec-» tueusement composé sur les mêmes rimes, par Ping-» jou-heng, jeune étudiant de seize ans. »

— » Comme je sortais du temple, je rencontrai juste-ment un jeune étudiant qui pouvait bien avoir quinze ou seize ans. Quoique ses vêtemens et sa chaussure annon-çassent un pauvre bachelier, il avait un extérieur noble, une figure distinguée. En me voyant, il parut ému et me regarda avec une atten-tion marquée, comme s'il eût voulu m'expliquer les mo-tifs qui l'avaient porté à composer des vers sur mes rimes. Mais, étant pressée de remonter en bateau, je n'eus pas le temps de me retourner pour le considérer à loisir. Jusqu'à présent, j'ai toujours songé à lui, même dans mes songes ; je pense que c'est certainement un homme de talent. J'i-gnore aujourd'hui pourquoi ce M. Tchang a fait graver les vers de ce jeune homme. Ne serait-ce pas lui-même que j'ai rencontré à cette époque ? Mais pourquoi aurait-il changé de nom ? N'est-ce pas là une aventure extraor-dinaire ?

— » Puisqu'il en est ainsi, dit Chân-taï, qui sait s'il n'a pas changé de nom parce qu'il se trouvait loin de son pays natal ? Si vous voulez éclaircir cette affaire, rien ne sera plus aisé. Comme ce M. Tchang veut présenter une demande de mariage, il faudra absolument qu'il vienne nous faire une visite de cérémonie ; vous connaissez sa figure : quand il sera venu, vous l'observerez secrète-ment. Si c'est le même jeune homme ; peu importe qu'il ait changé de nom.

— » Il n'y a pas d'autre moyen de découvrir la vérité, reprit Ling-kiang-sioué.

Après cette conversation, elles se remirent à examiner les autres pièces de vers. Au bas d'un de ces morceaux elles remarquèrent l'inscription suivante :

« Composé sur les rimes précédentes par affection pour la personne qui a écrit ces vers sur le mur du temple de Mîn-tseu. »

Après avoir lu ces vers, Ling-kang-sioué resta quelque temps silencieuse. A en juger par ce quatrain, se dit-elle en elle-même, il est clair qu'il s'est épris de moi à cause des vers que j'ai écrits sur le mur. Puis ayant encore ré-fléchi un instant, « Si vous êtes épris de moi, dit-elle en elle-même, pourquoi me chargez-vous de demander la main de Mademoiselle ? »

Tout en songeant ainsi, un chagrin secret s'empara de ses sens et altéra les traits de sa figure. Chân-taï s'en a-perçut et n'eut pas de peine à en deviner la cause. Elle s'efforça alors de calmer son trouble et de la consoler. « Si l'on examine attentivement ces compositions, lui dit-elle, dans la première pièce, le poète montre de l'affection pour le talent, et témoigne un ardent désir de porter un vête-ment noir (celui des grands dignitaires). Dans la pièce suivante, les mots « obtenir de vos nouvelles près du pont azuré », indiquent clairement une demande de mariage. Puisque l'idée dominante de ces vers, montre son incli-nation pour vous, quelle raison aurait-il maintenant de demander ma main ? Il faut qu'il y ait là dedans quelque malentendu.

— » La lettre de mon père est claire et précise, lui dit Ling-kiang-sioué, comment pourrait-il y avoir un mal-entendu ?

— » La lettre de votre père est sans doute claire et pré-cise, dit Chân-taï, et d'un autre côté les vers de ce jeune homme ne sont pas fort obcurs. S'il n'y a point de mal-entendu, il faut absolument que quelqu'un ait fait un faux rapport. Dans ce moment-ci, nous ne pouvons sortir de cette cruelle incertitude ; mais, avec le temps, il faudra bien que cette affaire s'éclaircisse d'elle-même. »

Les deux amies achevèrent avec délices les autres pièces de vers et en firent le plus pompeux éloge.

Chân-taï consulta ensuite avec Ling-kiang-sioué. « Pour le moment, dit-elle, ne parlez pas des vers envoyés par votre honorable père ; voyons un peu comment il s'y prendra pour venir faire sa demande. »

Laissons les jeunes filles conférer ensemble dans l'ap-partement intérieur, et revenons à Tchang-în. Quand il vit que la lettre de Ling-sîn avait été remise à sa desti-nation, il se figura qu'elle avait produit son effet. Quel-ques jours après, il expliqua son projet à son père, qui envoya sur le champ un nommé Sûn, président du tri-bunal des rites, pour porter une proposition de mariage à Chân-hièn-jîn. Celui-ci, voyant que sa fille avait déjà seize ans et qu'elle était en âge de se marier, se garda de repousser cette demande ; il se contenta de lui répon-dre : « Ma fille ayant quelques talens qui l'ont fait remarquer de l'empereur, il faut absolument que le méri-te littéraire du jeune homme, aille de pair avec le sien ; c'est alors seulement que j'oserai obéir à vos instructions. Si le noble fils de S. Ex. Tchang, possède réellement un talent distingué, je le prie de venir me voir un instant ; je jugerai alors si je puis donner mon consentement. »

Le président Sûn rapporta cette réponse à Tchang-în, qui, ravi de joie, voulait y aller de suite. Ce qu'ayant ap-pris Song-sîn, il en fut tout troublé et se hâta de le retenir. « Il ne faut pas y aller, il ne faut y aller, lui dit-il, car, une fois que vous vous serez montré, vous éprouverez un refus décisif.

— » Et pourquoi cela ? demanda Tchang-în.

— » Ne connaissez-vous pas le caractère de Mlle Chân ? Elle est douée d'un talent élevé et d'une vue perçante. Si vous n'y allez pas, son père dira que vous êtes le fils du président du ministère du personnel, et que d'ailleurs la personne qui a fait la demande a hautement vanté vo-tre mérite. Peut-être que votre union sera favorisée du ciel, et qu'il laissera échapper, par mégarde, son consentement.

ROMAN CHINOIS.

Mais si vous vous présentez vous-même, je suppose qu'on vous adresse, par hasard. une question et que vous y répondiez par une bévue. une fois qu'elle s'en sera aperçue, la demande fût-elle faite, non seulement par un président de ministère, mais par l'empereur lui-même, cette petite drôlesse ne. donnera jamais son consentement. Si vous m'en croyez, Monsieur, le meilleur parti est d'imaginer quelque prétexte pour n'y pas aller

— » Vous avez parfaitement raison, reprit Tchang-în ; mais quelle excuse donner?

— » Il vous suffira de dire que vous êtes indisposé par suite des fatigues du voyage, et s'il veut juger de votre talent, vous n'aurez qu'a lui envoyer votre volume intitulé : *Nouvelles compositions* de Tchang. En vous y prenant ainsi, vous avez quelque chance de réussir.

— »Votre avis est excellent; » s'écria Tchang-în tout joyeux. De suite, il pria le président Sûn de répondre par écrit « qu'ayant éprouvé de grandes fatigues en route, il se trouvait indisposé, et qu'en conséquence il ne pouvait aller lui présenter ses hommages. Je vous présente d'avance, devait-il ajouter, un cahier de ses compositions, en vous priant de les corriger. Si vous aimez le talent, j'ose vous supplier humblement de lui accorder une alliance aussi belle que celle de Thsîn et de Tsîn. Peut-être lui devrez-vous le bonheur de votre fille. »

Dès que Chân-hien-jîn eut reçu les *Nouvelles compositions* de Tchang, et qu'il y eut jeté un coup d'œil, il trouva que les vers étaient pleins de grâce et de fraîcheur, et en fut ravi de joie Il alla les porter lui-même à sa fille.

— « Les vers sont charmans, reprit Chân-taï, mais le jeune homme refuse de se présenter. Ne pensez-vous pas que cette affaire sent un peu la . supercherie et le plagiat?

— « Tes craintes me paraissent fondées», dit Chân-hien-jîn.

Il écrivit donc de nouveau au président Sûn, et lui dit qu'il tenait absolument à voir Tchang-în.

Celui-ci fut tout en émoi à cette nouvelle, et alla consulter Song-sîn.

— « Ces jours derniers, lui dit Song-sîn, vous étiez encore libre d'y aller ou non ; mais aujourd'hui cela vous est absolument impossible.

— » Et pourquoi cela ? demanda Tchang-în.

— » Ces jours derniers, si vous vous fussiez montré à l'improviste, comme ils ne pensaient à r en ni l'un ni l'autre, vous couriez la chance d'être mis ou non à l'épreuve. Mais maintenant que l'on vous a adressé plusieurs invitations pressantes, si vous y allez, le père et la fille s'évertueront tous deux à vous observer. Quand ils n'auraient pas songé dans le principe à vous mettre à l'épreuve, cette fois-ci ils voudront certainement vous faire subir un examen.

— » S'ils devaient réellement me mettre à l'épreuve, pour le coup, il me serait impossible d'y aller. Laissons passer encore quelques jours en attendant une occasion favorable.

— » Quelle occasion favorable pourriez-vous attendre? lui dit Song-sîn. La seule chose que vous ayez à faire, c'est d'envoyer un puissant personnage pour présenter votre demande. Voilà ce que vous pourrez appeler une occasion favorable. »

Tchang-în suivit ce conseil et alla informer son père de toutes ces circonstances. Celui-ci envoya l'un des premiers ministres pour porter ses propositions.

Laissons-le s'acquitter de son message et revenons à Ling-kiang-sioué. Depuis qu'elle avait vu les vers que Ping-jou-heng avait composés en pensant tendrement à elle, jour et nuit elle était occupée de son image ; elle en avait perdu le goût du riz et du thé, et demeurait froide et insensible aux charmes de la nature. Si elle s'efforçait d'en parler, c'était toujours sans témoigner le moindre plaisir. Chân-taï lui adressait souvent des paroles de consolation, mais bien qu'elle y acquiesçât de bouche, son cœur restait agité par un trouble qui tenait du délire, et, chaque jour, languissante, abattue, elle soupirait après le sommeil de la nuit. Chân-taï désirait vivement qu'on amenât Tchang-în à se montrer un instant, afin de dissiper ses doutes ; mais Tchang-în s'obstinait toujours à ne pas venir. En attendant, les traits de Ling-kiang-sioué s'altéraient de jour en jour, et sa santé dépérissait à vue d'œil. Chân-taï en était cruellement tourmentée, et elle aurait voulu en instruire son père, mais elle n'osait ouvrir la bouche ; elle aurait voulu concentrer sa douleur, mais elle craignait que Ling-kiang-sioué ne finît par tomber malade.

Elle était dans une perplexité mortelle, lorsque tout à coup, elle apprit que l'empereur venait d'envoyer un ennuque avec un ordre qui invitait son père à se rendre à la cour.

A cette époque la santé de Chân-hien-jîn était rétablie ; aussi se garda-t-il de refuser. Il monta aussitôt dans l'ennuque dans une chaise à porteurs, et se rendit au palais. L'empereur lui donna audience dans le palais appelé Wen-hoa-tiên. Après avoir reçu ses hommages, l'empereur le fit asseoir et l'interrogea. « Il y a long-temps, lui dit-il, que je n'ai vu Votre Excellence ; j'ignore si vous avez déjà choisi, pour Chân-taï, votre fille, un époux distingué.

— » Sire, dit Chân-hien-jîn en se prosternant jusqu'à terre, je remercie votre Majesté d'avoir daigné penser à moi; la vérité est que je n'ai pas encore fait mon choix.

— » Dans une position aussi élevée que la vôtre, est-ce que personne n'est venu demander votre fille?

— » Il y a cu beaucoup de prétendans, reprit Chân-hien-jîn, mais, comme ma fille Chân-taï a eu le bonheur de recevoir de Votre Majesté, le titre de fille de talent, je n'ai pas voulu la donner, à la légère, à des hommes sans mérite ; j'aurais craint de me montrer ingrat à vos augustes bontés. Voilà pourquoi elle attend encore le titre d'épouse.

— » Puisque vous n'avez encore jeté vos vues sur personne, je vous tiens en réserve deux hommes de mérite que j'ai choisis pour elle.

— » Sire, dit Chân-hien-jîn, comment votre humble sujet oserait-il, dans l'intérêt de sa fille, fatiguer l'esprit de Votre Majesté? Seulement j'ignore de quels hommes vous avez fait choix.

— » Wang-kouen, directeur du collège de Nan-king, m'a présenté hier un mémoire où il recommande d'une manière spéciale, deux hommes de talent; le premier est Yên-pé-hân de Song-kiang, et le second Ping-jou-heng de Lo-yang : ils n'ont pas encore vingt ans. Il ajoute que leurs brillantes compositions ont la délicatesse d'une gravure et la richesse d'une broderie ; que leur vaste savoir embrasse tout l'univers, et qu'avec leur pinceau fécond, ils improviseraient dix mille vers en un clin d'œil. Ce n'est pas tout : il m'a offert une pièce de Yên-pé-hân sur les merveilles de la tour des hirondelles ; à ce que je vois, c'est vraiment un homme d'un rare talent. Hier j'ai rendu un décret pour les appeler en ma présence. Dès qu'ils seront arrivés, je choisirai le plus éminent des deux pour qu'il devienne l'époux de votre fille. »

Chân-hiên-jîn se prosterna plusieurs fois aux pieds de l'empereur, pour lui témoigner sa reconnaissance. L'empereur l'invita en outre à sa table, et ne le laissa partir qu'après l'avoir affectueusement retenu la moitié d'un jour.

A peine Chân-hiên-jîn fut-il de retour, qu'il se hâta de raconter à sa fille tous les détails de cette affaire.

Dès que Chân-taï eut appris que l'un des deux lettrés était Ping-jou-heng de Lo-yang, elle réfléchit intérieurement: « Puisqu'il y a, dit-elle, un autre Ping-jou-heng de Lo-yang, ces poésies de Tchang sont bien certainement le fruit du plagiat; cela ne fait plus de doute. »

Dans le moment, elle n'osa s'expliquer clairement devant son père; elle se contenta de répondre à demi-voix : « Sa Majesté me comble d'immenses bienfaits ! Comment lui témoignerai-je ma reconnaissance? »

A ces mots, elle courut vitement dans la chambre à coucher de Ling-kiang-sioué. « Mademoiselle, lui dit-elle, ne vous abandonnez plus à cet excès de douleur : je viens vous apprendre une charmante nouvelle.

— » Mademoiselle, repartit aussitôt Ling-kiang-sioué, avec une vive émotion, quelle heureuse nouvelle m'apportez-vous?

— Chân-taï, sans se presser ni se troubler, lui exposa de point en point tout ce qu'elle venait d'apprendre.

CHAPITRE XIII.

Laissons maintenant Mlle Chân et Ling-kiang-sioué causer doucement ensemble dans l'appartement intérieur, et revenons à Yên-pé-hân et à Ping-jou-heng.

Depuis qu'ils avaient quitté la ville de Yang-tchéou, ils désiraient, il est vrai, arriver promptement à la capitale; mais comme ils étaient d'humeur jeune et folâtre, dès qu'ils rencontraient une montagne ou une rivière, il fallait aussitôt qu'ils s'amusassent à la regarder. C'est pourquoi, à force de s'arrêter tout le long de la route, ils ne parvinrent qu'au bout d'un an à la capitale, de sorte qu'ils s'y trouvèrent devancés par Tchang-in.

Dès qu'ils furent arrivés, ils cherchèrent une hôtellerie et se logèrent près du pont de Yu-ho (la rivière de jade). Ils ordonnèrent aussitôt à un domestique d'aller s'informer où était situé l'hôtel de S. Ex. Chân, membre du conseil d'état.

Après avoir pris des informations, le domestique revint leur dire que S. Ex. Chân avait demandé sa retraite pour cause de santé.

Le lendemain matin, Ping-jou-heng se leva de bonne heure, avant Yên-pé-hân, et alla seul poursuivre ses recherches. Yên-pé-hân n'en fut informé qu'après son lever. « On a bien raison de dire, s'écria-t-il en riant, que les affections fortes sont le partage de la jeunesse; c'est une de ces maximes célèbres qui vivent pendant mille siècles. » Il déjeûna sans voir revenir son ami. Ayant appris qu'au midi de la ville, les pruniers en fleur offraient un spectacle charmant, il ne put tenir à la maison. Il emmena aussitôt un jeune domestique pour aller se promener seul au midi de la ville. Il sortit donc des murs. Comme le ciel était pur et serein, et l'air d'une chaleur tempérée, et que tout le long de la route, il rencontrait successivement de nouveaux pruniers en fleur dont la beauté captivait ses regards, il donna carrière à ses pieds, et parcourut, sans s'en apercevoir plus de dix milles (un lieue). Comme il trouvait ce séjour ravissant, il ne put s'empêcher de poursuivre sa course, et, à chaque pas qu'il faisait, ses regards étaient toujours attirés par de nouveaux paysages. Bientôt il eut fait ainsi deux ou trois milles. Il avait un vif désir de voir et d'observer; mais ses jambes fatiguées ne lui permettaient pas de continuer son excursion. Arrivé à la porte d'un jardin fleuriste, il s'assit pour se reposer. Après s'être délassé un instant, il se mit à examiner ce jardin :

« Du haut en bas (du pavillon), on ne voyait que des briques » émaillées en vert.

» Les murs d'enceinte brillaient de l'éclat du vermillon.

» Les pilastres sculptés et les solives peintes, étaient ornés » de dragons en relief d'une couleur éclatante.

» Aux extrémités du toit du pavillon du phénix, s'étendait » un filet de métal à mailles rouges.

» A la cime des arbres, des oiseaux au riche plumage ga-» zouillaient de mille manières, et, dans l'intérieur des balus-» trades, des fleurs renommées exhalaient les plus suaves odeurs.

» L'élégance et la richesse qui brillaient de toutes parts » n'annonçaient point un maître ordinaire.

» Dans ce séjour, tout respirait la splendeur d'un prince et » la majesté d'un roi. »

Quand Yên-pé-hân eut vu la magnificence de ce jardin et ses proportions graves et sévères, il lui sembla que ce devait être la maison de plaisance de quelque personnage éminent ; aussi n'osa-t-il y entrer à la légère. S'étant assis quelques instans pour se reposer, il ne vit personne entrer ni sortir. « Quoique ce soit peut-être le jardin d'un prince ou d'un comte, se dit-il en lui même, comme il est situé dans un lieu solitaire, j'imagine qu'il n'y a point de gardien ; rien n'empêche que je n'y entre un instant pour l'examiner. »

Il ordonna alors à son domestique de se tenir en dehors de la porte, et, se laissant aller à sa fantaisie, il entra avec empressement. Quoique ce jardin eût une apparence vaste et grandiose, il était coupé en vingt endroits par une multitude de canaux qui serpentaient avec grâce. A chaque pas, Yên-pé-hân éprouvait un nouveau plaisir. Tout à coup, après avoir parcouru des chemins tortueux et des galeries circulaires, il arriva au pied d'un pavillon élevé. Devant les degrés de la porte, plusieurs pruniers fleuris étalaient leurs riches couleurs. Il circule autour des admirant, va et vient et dresse la tête pour respirer leurs parfums. Pendant qu'il se promenait ainsi de côté et d'autre, il entend soudain le bruit d'une fenêtre qu'on ouvrait dans la partie supérieure du pavillon. Il lève vivement la tête et aperçoit une jeune personne d'une beauté charmante que la délicatesse de ses sourcils et la grâce de son regard, eussent fait prendre pour la fille d'un immortel. Ayant ouvert la fenêtre, elle aperçut soudain Yên-pé-hân qui se tenait au bas du pavillon. Leurs yeux s'étant rencontrés, ils éprouvèrent l'un et l'autre une vive émotion.

Sur le champ, la jolie fille se retira à moitié, laissant la fenêtre légèrement entr'ouverte. A sa vue Yên-pé-hân resta un instant ébahi; puis levant encore la tête et promenant au loin ses yeux égarés, il aperçut deux servantes qui descendaient du haut du pavillon. « Qui êtes-vous? lui demandèrent-elles. Comment avez vous pris la liberté de venir secrètement dans ce lieu?

— » Je suis un bachelier d'un pays éloigné, répondit Yên-pé-hân; je suis venu, par hasard, pour voir les pruniers en fleur.

— » Vous entrez brusquement, lui dirent-elles, sans demander quel est ce lieu. Si nous n'avions pas égard à votre jeunesse et à votre qualité d'étranger, nous appellerions du monde et nous vous ferions arrêter sur le champ. Allons, sortez vite d'ici. »

Yên-pé-hân voyant qu'il n'y faisait pas bon, n'osa répliquer un mot, et se vit obligé de quitter promptement le jardin.

— « Est il possible, se dit-il en lui-même, qu'il y ait au monde une jeune fille aussi charmante? Tu as passé Yên-pé-hân, vingt années en pure perte, puisqu'en vérité, tu n'as jamais vu personne de semblable! » Il s'assit alors devant la porte du jardin, follement absorbé dans ses réflexions.

En le voyant immobile sur son siège, comme un homme en délire, le domestique qui l'avait accompagné lui adressa la parole : « Le soleil s'est déjà abaissé vers l'occident, et nous sommes encore à une grande distance de la ville; pour peu que vous tardiez, il nous sera impossible d'y arriver ce soir.

— » Avez-vous apporté un pinceau et un encrier? lui demanda Yên-pé-hân.

— » Il y en a dans la cassette », dit le domestique.

A ces mots, Yên-pé-hân lui ordonna de les apporter; puis, sur un mur blanchi qui s'élevait à côté de la porte du jardin, il écrivit le quatrain suivant.

« Je cherche à loisir les beautés du printemps, et je distin-
» gue ce qui est beau d'avec ce qui est laid.

» Je m'imaginais que les fleurs des pruniers, brillaient seules
» au premier rang.

» Mais soudain, aux bornes de l'horizon, j'ai vu s'incliner
» une de ces figures divines pour lesquelles on perdrait un
» royaume.

» Et maintenant la beauté printannière des pruniers en fleurs,
» ne m'inspire plus qu'un sentiment de pitié. »

Après avoir fini d'écrire, Yên-pé-hân se disposait à ajouter un titre et à signer son nom, lorsque soudain un domestique accourut vers lui, et, en dehors du jardin, et ayant vu ce qu'il faisait, l'apostropha en termes injurieux: « Fils de brigand! gibier de potence! lui dit-il, savez-vous où vous êtes? Ce n'est pas ici un couvent bouddhique ou un temple de Tao-ssé; qui vous a permis d'écrire sur le mur? Je vais appeler du monde et vous faire arrêter. »

En disant ces mots, il partit avec la vitesse d'un oiseau, et se précipita dans l'intérieur.

Ces paroles glacèrent de crainte le domestique « Monsieur, dit-il avec émotion, hâtons-nous de partir : c'est décidément la maison d'un prince, d'un comte ou d'un magistrat éminent : nous sommes seuls; comment pourrions-nous lui tenir tête? »

Yên-pé-hân, non moins effrayé, ne se soucia pas de rester davantage, et ordonna au domestique de serrer le pinceau et l'encrier.

Nous les laisserons reprendre au plus vite leur premier chemin, et s'enfuir à pas précipités.

Le lecteur demandera sans doute quel était ce jardin. C'était le jardin d'un des palais impériaux que S. M. avait donné pour séjour à Chân-hiên-jin.

C'est pour ce motif que Chân-hiên-jin s'y était établi momentanément pour goûter les agrémens de la saison. Ce jour là, il avait ressenti, par hasard, un peu de froid, et se trouvait indisposé. Cette circonstance avait engagé Chân-taï à venir rendre visite à son père; voyant que sa maladie n'avait rien de grave, elle se tranquillisa bientôt, et courut au pavillon du printemps hâtif pour observer les pruniers en fleur. Ayant ouvert la fenêtre, Chân-taï aperçut Yên-pé-hân dont elle remarqua la jeunesse et l'air distingué A cette époque, Chân-taï avait seize ans. En voyant un jeune homme d'une jolie figure et d'un extérieur qui annonçait le talent, comment aurait-elle pu rester froide et indifférente?

Appuyée sur le bord de sa fenêtre, elle se laissait aller à des réflexions mélancoliques, lorsque tout à coup un domestique entra en courant et cria d'une voix irritée : « Qui est-ce que ce jeune homme qui est au mur de la porte du jardin? Pourquoi ne pas avoir ordonné à vos gens de courir après lui et de le prendre? »

Dès que Chân-taï eut entendu ces mots, son cœur lui dit que le coupable était ce jeune homme. Elle arrête le domestique, et prenant un ton fâché. « Voulez-vous bien ne pas crier! lui dit-elle; je veux aller voir moi-même. »

A cet ordre de Mlle Chân, le domestique n'osa ajouter un mot, et rentra précipitamment dans l'intérieur.

Comme ce jardin était situé au milieu des montagnes, et que personne ne fréquentait un lieu aussi retiré, Chân-taï prit avec elle deux jeunes suivantes, et se rendit elle-même à côté de la porte du jardin. Jetant alors les yeux au loin, elle aperçut sur un mur blanchi, attenant à la porte du jardin, des lignes d'écriture dont les traits rappelaient le vol du dragon et les mouvemens légers du serpent. La forme et l'allure des signes n'avait rien de vulgaire. Elle éprouva au fond du cœur un mouvement de surprise et d'admiration. « Les caractères sont fermes et élégans, se dit-elle; mais j'ignore ce qu'il y a d'écrit. » Elle s'approche et, au premier coup d'œil, elle reconnaît que c'est une pièce de vers. Elle se hâte de la lire tout entière, et comprend aussitôt que le jeune homme a composé ce quatrain pour exprimer l'amour que sa vue lui a inspiré. Cette idée la transporte de joie. « Quels beaux vers! quels beaux vers! s'écria-t-elle; il parle au figuré des beautés du printemps et des fleurs des pruniers, pour faire délicatement mon éloge. C'est tout à fait la manière des poètes du premier ordre. Je me disais seulement qu'il avait une figure charmante; aurais-je pu penser que son talent l'emportait encore sur sa beauté? J'ai déjà vu bien des jeunes gens, mais jamais je n'en ai trouvé un seul qui réunît au même degré, les grâces de la figure et l'éclat du talent! Mais une chose me désole, c'est qu'il ne m'ait pas laissé son nom; comment pourrais-je savoir qui il est? »

A ces mots, elle soupira quelques instans; puis sortant tout à coup de sa rêverie : « D'après la pensée que renferment ces vers, se dit-elle, il est évident que son affection pour moi ne connaît point de bornes. Ce jeune homme ne peut manquer de revenir pour prendre des informations. J'ai envie d'écrire à côté une pièce de vers sur les mêmes rimes, et de lui donner de mes nouvelles; ce sera comme un fil de soie qui nous mettra tous deux en rapport. »

Elle ordonna alors à ses suivantes de lui apporter un pinceau et un encrier; mais, bientôt après, elle fit des réflexions. « Si j'écris, dit-elle, des vers sur les mêmes rimes et que les deux pièces soient placées l'une à côté de l'autre, le sentiment qui les aura dictées, éclatera de lui-même. Si mon père les apercevait demain, comment pourrais-je échapper à ses réprimandes et à sa colère? » Puis, après un instant de réflexion : « Il me vient une excellente idée », s'écria-t-elle. Elle chargea une servante d'aller appeler un domestique et lui ordonna de passer une couche de chaux sur le mur pour effacer les vers. Alors adoptant des caractères de la même grosseur, elle écrivit, à côté, une pièce de vers sur les mêmes rimes, sans y ajouter de titre ni de signature.

Après avoir fini d'écrire, elle relut les vers par deux fois, et laissant échapper quelques soupirs, elle reprit le même sentier et rentra dans le jardin.

Le lendemain, au sortir du déjeûner, Yên-pé-hân voulait inviter Ping-jou-heng à venir avec lui au midi de la ville pour prendre des informations, lorsque le serviteur qui l'avait accompagné la veille, vint le trouver « Monsieur, lui dit-il, gardez-vous d'y aller; ce jardin est certainement le séjour de quelque puissant personnage. Hier, lorsque vous eûtes écrit des vers sur un mur d'enceinte, un domestique, oubliant toute retenue, vous accabla d'injures, et voulait appeler d'autres serviteurs pour nous arrêter. Heureusement que la légèreté de nos jambes nous fit échapper à leurs violences. Si vous y retournez aujourd'hui et qu'on vous aperçoive, vous vous attirerez encore quelque mauvaise affaire. J'ajouterai que ce pays ne peut se comparer à Song-kiang où vous êtes connu de tout le monde. Si l'on veut vous faire un mauvais parti, qui est-ce qui viendra à votre secours? Il vaut mieux aller vous promener ailleurs avec M. Ping. »

Quoique Yên-pé-hân ne répondît rien, il n'avait d'autre désir que d'aller prendre des informations. S'esquivant tout doucement, il alla mettre un vêtement noir, et partit sans mot dire.

Quelques instans après, Ping-jou-heng chercha Yên-pé-hân pour causer avec lui, mais il ne put le trouver nulle part.

— « Monsieur, dit le domestique, après quelques réflexions, je suis sûr qu'il sera encore allé au midi de la ville. »

Ping-jou-heng en éprouva une vive inquiétude. « Si nous y fussions allés ensemble, dit-il, je n'aurais pas été fort rassuré; mais il est parti tout seul! S'il s'attire quelque mésaventure, il lui sera encore plus difficile de se tirer d'affaire. Ce qu'il y a de mieux est de courir vite après lui. »

A ces mots il emmena trois ou quatre domestiques, et sortit aussitôt de la ville pour aller à la recherche de son ami.

Laissons-les un instant et revenons à Yên-pé-hân.

— « Si je pénètre de nouveau, se dit-il, dans l'intérieur de son jardin, il est à craindre que je ne m'attire encore quelque mauvaise affaire. Je vais me contenter de prendre des informations en dehors du jardin.

Sa résolution une fois arrêtée, il sortit tout joyeux de la ville, et se dirigea rapidement vers le midi. La veille, il observait tout le long de la route, les fleurs et les saules, et marchait d'un pas tranquille sans s'apercevoir de la longueur du chemin. Mais, aujourd'hui, il ne se sentait aucun goût pour la campagne. La tête baissée, il courait toujours, et aurait voulu arriver d'une enjambée. Mais plus il marchait et plus la route lui semblait longue. Il se remit à penser à son aventure de la veille. « Ce qui est délicieux, c'est qu'après m'avoir aperçu, elle n'a pas mis beaucoup d'empressement à se retirer; je vois là un signe d'affection profonde. Mon seul regret est de n'avoir pas eu le temps de signer mes vers. Quand elle daignerait penser à moi, elle ne saurait où me trouver. Je songe encore, ajouta-t-il, que j'ai écrit mes vers en dehors de la porte du jardin, tandis qu'elle habite dans le pavillon. Il n'est donc pas certain qu'elle puisse les voir; et, quand elle les verrait, j'ignore si elle connaît quelques caractères. Mais laissons cela pour le moment, et allons nous informer de son nom. Si elle appartient à la famille d'un magistrat éminent, et qu'elle ne soit pas encore fiancée, il y a encore, à la cour, beaucoup de disciples et d'anciens collègues de mon père; je n'ai pas besoin de dire que j'irai en prier quelques-uns de faire pour moi les premières propositions de mariage. Si je pouvais y réussir, je n'aurais pas perdu ma peine en faisant le voyage de la capitale. »

Son cœur se berçait ainsi de ces folles pensées, lorsque, sans s'apercevoir du chemin qu'il avait fait, il découvrit soudain devant lui le jardin fleuriste. Ne voyant personne entrer ni sortir par le devant du jardin, il courut vers l'endroit où la veille il avait écrit des vers. Il leva la tête et, poussant un cri de surprise : « Les vers que j'ai écrits hier, s'écria-t-il, étaient différens de ceux-ci ; d'où vient cette métamorphose? » Il lut les vers qui suivent :

« Les branches chargées de fleurs, se reflètent dans un mi-
» roir avec toutes leurs grâces.
» Mais, à la fin, elles cèdent le pas à l'homme de talent et
» avouent leur défaite.
» Le ciel s'est contenté de mettre dans nos cœurs de tendres
» sentimens;
» Mais, quel que soit le degré de notre affection, quel est
» l'homme qui s'y montre sensible? »

A peine Yên-pé-hân eut-il fini de lire ces vers, qu'il fut transporté d'admiration et de joie. « D'où viennent ces vers? s'écria-t-il. Peut-être que la jeune beauté a vu mes vers et a composé ceux-ci sur les mêmes rimes. Mais pourquoi la première pièce a-t-elle disparu? »

Il les relut encore une fois, et après un instant de réflexion. « Si j'en juge dit-il, par la pensée que renferment ces vers, il est évident qu'ils sont destinés à y répondre. Si je ne vois plus mes premières stances, cela vient sans doute de ce qu'elle les a effacées dans la crainte d'être compromise si on les voyait. — Charmante fille, ajouta-t-il en soupirant, je n'avais songé jusqu'ici qu'à votre rare beauté ; qui aurait prévu que vous étiez douée d'un tel talent et d'une telle pénétration ? Il me semble que lorsque le ciel et la terre ont donné la vie aux humains, ils ont épuisé, en formant une belle femme, leur plus pur et leur plus subtile essence. » Se plaçant alors en face des vers écrits sur le mur, il s'inclina d'un air respectueux en faisant deux profondes salutations. « Jeune beauté, dit-il, vous avez daigné composer des vers sur mes rimes ; je vous remercie, vertueuse amie, de cette haute faveur dont j'étais indigne. »

Il était encore debout, l'esprit en proie à une sorte de délire, lorsqu'il entendit dans l'intérieur du jardin, des gens qui sortaient en parlant à haute voix. Craignant d'avoir été reconnu, il s'enfuit tout en émoi.

Tout à coup il aperçut, sur la route, un vieux bonze qui venait vers lui. Il s'avance avec empressement à sa rencontre, et levant les mains jointes : « Vénérable père, lui dit-il, je vous salue. »

Le vieux bonze, ayant remarqué la bonne grâce et les manières distinguées de Yên-pé-hân, répondit sur le champ à sa politesse.

— « Vénérable religieux, reprit Yên-pé-hân, quel est le rang du magistrat éminent à qui appartient le jardin fleuriste qui est devant vous?

— » Où trouverait-on ici un magistrat d'un rang élevé? » Si ce n'est pas un magistrat éminent, j'imagine que c'est un prince ou un comte.

— » Je ne sais ce que vous voulez dire avec votre prince ou votre comte.

— » Si ce n'est point un magistrat retiré, ni un prince ni un comte, quelle espèce d'homme est-ce donc?

— » Vous voyez là une maison de plaisance de l'empereur. N'avez-vous pas remarqué que le toit est tout couvert de tuiles émaillées en vert, et que les murs d'enceinte sont peints en rouge? Quel est le magistrat, quel est le prince ou le comte qui oserait usurper ce genre d'ornemens?

— » Ainsi donc, c'est une villa impériale, s'écria Yên-pé-hân vivement surpris. Mais si c'est une villa impériale, demanda-t-il encore, comment se fait-il qu'une famille s'y soit installée?

— » Monsieur, dit le vieux bonze, vous êtes jeune et étranger dans ce pays : vous ne connaissez pas les usages de la capitale. Ces sortes de questions sont de celles qu'on ne fait pas. Qui oserait venir s'établir dans cette villa impériale?

— » J'ai vu clairement ce que je dis, répliqua Yên-pé-hân.

— » Si quelques personnes y habitent, ce sont certainement des alliés ou des parens de l'empereur. Pourquoi vous informez-vous sur leur compte? Fort heureusement pour vous que vous ne vous êtes adressé qu'à moi ; cela ne peut tirer à conséquence. Si vous eussiez interrogé quelque intrigant, il vous aurait traité comme une oie stupide qu'on prend par le cou et qu'on fait rôtir à grand feu. Vous auriez été sa victime et sa dupe. »

En entendant ces mots, Yên-pé-hân resta atterré. « Vénérable père, lui dit-il, je vous remercie mille fois de vos avis ; il me serait impossible de vous exprimer toute ma reconnaissance. »

Le vieux bonze, ayant fini de parler, le salua en levant les mains jointes, et prit congé de lui.

Yên-pé-hân, intimidé par la réponse sévère du religieux, n'osa plus lui adresser de nouvelles questions. Il partit aussitôt et se dirigea tout droit vers son hôtellerie.

CHAPITRE XIV.

Depuis que Mlle Chân avait vu, au bas du pavillon, un bel étudiant et les vers qu'il avait écrits sur le mur du jardin, elle ne faisait que penser secrètement à lui. Sa mère l'ayant remmenée à la maison, elle alla aussitôt voir Ling-kiang-sioué. « Aujourd'hui, lui dit-elle, il m'est arrivé un grand bonheur! C'est exactement comme lorsque vous étiez dans le temple de Min-tseu ; j'ai rencontré aussi un jeune homme de talent. »

Les deux amies n'avaient pas encore achevé leur entretien, lorsqu'une servante apporta un numéro de la gazette officielle. « Mademoiselle, dit-elle, S. Ex. votre père m'a chargée de vous apporter ce journal et de vous prier de le lire. »

Ayant ouvert la gazette, Mlle Chân y vit le rapport suivant que Ouang-kouén adressait, sous forme de réponse, à l'empereur :

BIBLIOTHÈQUE CHOISIE.

« Yên-pé-hân et Ping-jou-heng ont été mandés à la capitale, conformément aux ordres de Votre Majesté; mais avant que le décret me fût parvenu, ils étaient déjà sortis des limites de ma juridiction, afin de voyager pour s'instruire. J'ignore où ils sont allés. J'ai fait courir après eux dans toutes les directions; dès que mes messagers les auront rejoints, ils les presseront d'aller vite se présenter devant Votre Majesté. Dans la crainte que les ordres de Votre Majesté n'éprouvassent quelque retard, j'ai voulu vous en informer d'avance. »

Après avoir fini de lire, Chân-taï resta comme interdite, sans pouvoir proférer un mot. Ling-kiang-sioué elle-même fut quelque temps plongée dans ses réflexions. « Je pensais bien, dit-elle, qu'une fois mandés par ordre impérial, ils devaient arriver sans retard. On reconnaîtra sur-le-champ ce qu'il y a de vrai ou de faux dans le personnage de M. Ping. Mais je ne m'attendais point à cette péripétie.

L'empereur, ajouta-t-elle, a ordonné aux autorités de chaque province de rechercher activement ces deux jeunes gens; ils ne peuvent manquer de venir; seulement je crains qu'on ne puisse déterminer l'époque précise de leur arrivée. »

Quoique les deux amies s'efforçassent de causer d'un air joyeux, il s'en fallait de beaucoup qu'elles eussent le cœur gai. Elles ne pouvaient se défendre d'une noire tristesse et d'une violente agitation. Au bout de quelques jours, Chân-taï tomba malade. Chân-hiên-jîn et Mme Lo, sa noble épouse, en éprouvèrent une vive inquiétude, et s'empressèrent d'appeler un médecin pour la soigner

Or, Yên-pé-hân ne pouvant obtenir des renseignemens sur la jeune beauté qu'il avait vue au haut du pavillon, ne savait plus quel parti prendre. Agité d'une sorte de délire, il passait tout le jour à songer à elle; il en oubliait même le boire et le manger. Ping-jou-heng avait beau l'emmener en différens endroits, après les plus vives instances, pour admirer les fleurs et boire ensemble, il restait triste et abattu, et n'y trouvait aucun plaisir. En le voyant dans cette pénible situation, Ping-jou-heng pensa en lui-même, que le seul moyen de calmer son esprit, était de lui parler de Mlle Chân; aussi le pressait-il chaque jour d'aller demander de ses nouvelles.

Yên-pé-hân, ne pouvant résister à ses instances, se vit obligé de lui obéir. Le lendemain, ils se levèrent et se disposèrent à partir ensemble. « Dès que nous serons sortis d'ici, dit Ping-jou-heng, si nous allons dire que nous excellons en poésie, nous exciterons l'attention publique. Elle se tiendra alors sur ses gardes, et si nous ne pouvons lutter avec elle, elle nous immolera par ses railleries. Il vaut mieux prendre le costume de pauvres bacheliers, et dire qu'ayant entendu parler de sa réputation, nous venons lui demander quelque pièce de vers. Une fois arrivés auprès d'elle, nous épierons une occasion favorable, et, au moment où elle y pensera le moins, nous composerons une ou deux pièces de vers pour lui faire une surprise. Nous jugerons alors de sa force.

— » Je n'y vois point de difficulté », dit Yên-pé-hân.

A ces mots, ils mirent de vieux bonnets et de vieux habits, et emmenèrent avec eux deux domestiques, en leur recommandant de les suivre de loin et d'éviter de se rapprocher d'eux. Cela fait, ils sortirent de la ville. Comme Yên-pé-hân se souvenait d'avoir entendu dire que Chân, le Ko-lao (le ministre d'état), demeurait dans le village de Kouân-mo, ils n'eurent garde de s'informer de S. Ex. Chân, et se contentèrent de demander le village de Kouân-mo. Ils furent assez heureux pour rencontrer, tout le long de la route, tantôt des tertres verdoyans et des ruisseaux limpides, tantôt des sentiers détournés et des canaux sinueux. De sorte que, bientôt, sans s'en apercevoir, ils se trouvèrent fort loin du point de départ. Arrivés à l'entrée du village qu'ils cherchaient, ils aperçurent un petit couvent qui leur parut aussi élégant que tranquille. Les deux voyageurs avaient bien envie de s'y reposer un instant ; mais, d'un autre côté, ils étaient impatiens de demander les nouvelles qui les intéressaient. Ils entrèrent donc tout droit dans le couvent. Un religieux, les ayant aperçus, vint les recevoir avec empressement. « Messieurs, leur dit-il, d'où venez-vous ?»

Yên-pé-hân prit la parole :

— « Comme le printemps étale tous ses charmes, lui répondit-il, nous sommes venus ensemble pour visiter les fleurs ; mais, arrivés ici, nous nous trouvons accablés de fatigue, et nous serions heureux de pouvoir nous reposer un instant dans votre pieux monastère.

— » En ce cas, dit le religieux, veuillez venir vous asseoir dans l'intérieur. »

A ces mots, il les conduisit dans la salle de Fo (Bouddha) pour causer avec eux. Dès qu'ils furent assis, il ordonna à un jeune novice d'aller préparer le thé ; puis, les interrogeant : « Messieurs, leur dit-il, quel est le nom de votre illustre famille ?

— » L'étudiant que vous voyez, s'appelle Tchao, répondit Yên-pé-hân.

— » Pour moi, ajouta Ping-jou-heng, mon nom est Tsiên.

— » Nous vous demanderons à notre tour, vénérable père, quel est votre nom honorifique ?

— » Cet humble religieux s'appelle Pou-hoeï (bienfaisance universelle). Ce lieu-ci est éloigné de la ville de plus de dix milles. Pour être venus tout droit jusqu'ici chercher les beautés du printemps, il faut, Messieurs, que vous soyez animés d'une belle ardeur.

— » Vénérable père, dit Yên-pé-hân, je vous parlerai sans détours : quoique nous soyons venus tous deux pour chercher les beautés du printemps, nous désirons, en outre, demander des nouvelles de quelqu'un ; voilà pourquoi nous avons fait cette longue excursion.

— » Messieurs, dit Pou-hoeï, quelle est la personne dont vous voulez vous informer ?

— » Nous avons appris, répondit Yen-pé-hân, que S. Ex. Chân-hiên-jîn avait demandé sa démission pour cause de santé, et qu'il était venu se retirer ici. J'ignore si le fait est exact.

— » Je me figurais, répliqua Pou-hoeï, que Vos Seigneuries voulaient s'informer de quelque personne cachée dans la solitude. Mais s'il s'agit de S Ex. Chân, l'un des ministres de l'empereur actuel, qui est-ce qui ne le connaît pas? Qu'est-il besoin de le demander ? Il demeure dans cette grande villa que vous voyez là-bas au midi. S. Ex. Chân aime beaucoup le calme de notre humble couvent, et il

ROMAN CHINOIS.

vient continuellement s'y reposer; quelquefois, dans un seul mois, il y passe jusqu'à dix jours entiers.

— » Est-il venu ces jours-ci? demanda Ping-jou-heng.

— » Ces jours-ci, répondit Pou-hoeï, Mademoiselle sa fille s'étant trouvée indisposée, il a appelé un médecin pour la soigner, et comme il n'était pas sans inquiétude, il lui a été impossible de venir.

— » Peut-on savoir, demanda Yên-pé-hàn, quelle est la maladie de sa fille?

— » C'est ce que j'ignore », répondit Pou-hoeï.

Comme il achevait ces mots, le jeune novice apporta le thé.

Après qu'ils l'eurent pris ensemble :

— « Messieurs, demanda Pou-hoeï, j'imagine que vous vous informez de S. Ex. Chân, parce que votre père était un de ses collègues ou de ses anciennes connaissances; et que vous voulez lui rendre visite.

— » Il n'en est rien, répondit Ping-jou-heng. Ayant appris que Mlle sa fille avait obtenu, par son rare talent, la bienveillance de l'empereur, et ne sachant si ce bruit était vrai ou non, nous sommes venus pour la mettre à l'épreuve. Le malheur a voulu que nous arrivassions ici dans un moment où elle est malade. Nous pensons qu'elle ne sortira point pour recevoir des visites; par conséquent, il nous serait inutile d'aller la voir.

— » Suivant ce que vous dites, reprit Pou-hoeï, vous vous estimez malheureux de ne pouvoir la trouver; mais, à mon sentiment, c'est un grand bonheur pour vous que sa maladie vous empêche de la voir.

— » Pourquoi pensez-vous, demanda Yên-pé-han, que ce soit un bonheur pour nous de ne point la rencontrer?

— » C'est qu'en ne la trouvant pas, vous vous épargnerez beaucoup de désagrémens.

— » Si nous la rencontrions, dit Yên-pé-hàn, quels désagrémens pourrions-nous éprouver?

— »Messieurs, dit Pou-hoeï, comme vous n'êtes point de cet endroit, vous ne connaissez point le caractère de cette demoiselle Chân.

— » Nous sommes d'un pays éloigné, repartit Ping-jou-heng; le fait est que vous ne la connaissons nullement, Je vous prie, vénérable père, de nous éclairer là-dessus.

— » Cette demoiselle Chân a aujourd'hui seize ans; je n'ai pas besoin de vous dire qu'elle est douée de la plus jolie figure, et qu'elle possède une instruction profonde et un esprit merveilleux. Seulement, elle est d'un caractère fier et arrogant. Si on lui plaît, elle se montre d'une humeur charmante; mais si on lui déplaît, el e est capable de mille méchancetés. Si vous avez quelque peu de talent et d'instruction, et que vous obteniez d'elle un favorable accueil, demandez-lui des vers ou de la prose élégante, elle vous en composera sans cérémonie, une ou deux pièces. Mais si vous êtes dénué de talent et que vous ayez un extérieur grossier et vulgaire, quand vous seriez le fils ou le neveu d'un président de tribunal suprême ou d'un ministre d'état, quand vous lui auriez offert en présent de l'or, des perles, du jade et des pièces de soie, elle ne ferait pas la moindre attention à vous. Si vous êtes d'une taille élancée, elle composera une pièce de vers de forme allongée pour vous persifler. Si vous êtes de petite taille, elle fera une pièce de vers de forme rac-

courcie, pour vous tourner en ridicule, sans s'inquiéter si elle ne vous fera pas mourir de honte ou de dépit. Maintenant que vous connaissez son vilain caractère, à quoi bon persisteriez-vous à aller la voir? Voilà pourquoi je disais, tout-à-l'heure, qu'en ne la rencontrant point, vous aviez échappé à bien des désagrémens.

— » Si un rustre, dépourvu de talent, reprit Yen-pé-hàn, vient de lui-même s'attirer des affronts, personne ne saurait la blâmer. Mais dites-moi un peu; lorsque quelqu'un vient lui rendre visite, sort-elle sans difficulté, pour le recevoir?

— Qui peut-elle craindre? répondit Pou-hoeï; pourquoi ne le recevrait-elle pas? Quoique ce soit une jeune fille douce et modeste, elle a la conscience de son talent, et, quels que soient ceux qui se présentent, elle les reçoit tous. En vous donnant audience, elle causera ou discutera avec vous d'un air grave et posé, sans montrer l'ombre de timidité ou de rougeur. Mais si vous laissez échapper un mot qui sente le badinage et la plaisanterie, comme elle possède un sceptre d'or que lui a donné l'empereur, elle appellera ses gens et leur ordonnera de s'en servir pour vous fendre la tête. Elle a le droit de vous assommer sans redouter la justice. C'est pourquoi tous ceux qui vont la voir se tiennent devant elle, dans une attitude tremblante, sans oser se permettre la plus légère liberté, et subissent patiemment les épigrammes qu'elle leur décoche pour s'amuser à leurs dépens.

— » Elle les raille, répliqua Ping-jou-heng, parce que ce sont des gens méprisables et souverainement ridicules; si elle avait affaire à des magistrats ou à des lettrés, croyez-vous qu'elle osât leur manquer d'égards?

— » Elle ne ferait pas plus d'attention à eux, répondit Pou-hoeï, et pour que vous ne me soupçonniez pas de vous en imposer, je vais vous citer un fait des mieux établis. Ces jours derniers, le fils de Ou, président du tribunal des censeurs, ayant été nommé, en vertu d'une grâce impériale, président d'un collège de district, il prépara de riches présens, et après avoir remis à S. Ex. Chân quelques lettres de recommandation, il voulut prier lui-même Mlle Chân de lui composer une pièce de vers et de l'écrire sur une longue pièce de soie, afin de pouvoir la suspendre comme une peinture. Dites-moi un peu si cette demoiselle n'est pas d'une méchanceté atroce? Ce jeune seigneur n'ayant pu répondre à quelques-unes de ses questions, et ayant, en outre, une figure laide et commune, Mlle Chân lui écrivit sur le champ une pièce de vers où elle le persiflait cruellement; de sorte qu'il faillit mourir de dépit. Quoique dépourvu de talent, ce jeune seigneur était le fils du président du conseil des censeurs; aussi, comme bien vous pensez, il ne put digérer cette dure avanie, et lui lança à la face quelques mots un peu vifs.

— « Ah! ah! dit Mlle Chân, cet individu me manque de respect! » Et, sur l'heure, elle ordonna à ses domestiques d'ouvrir le *Pavillon du pied de jade*, et de prendre le sceptre d'or pour l'assommer. Heureusement que S. Ex. Chân, craignant la colère de Ou, le président du conseil des censeurs, ordonna secrètement aux domestiques de faire évader ce jeune seigneur. Le lendemain, Mlle Chân adressa à l'empereur un placet où elle disait : « Le jeune seigneur Ou s'est permis de pénétrer dans le *Pavillon du pied de jade*, et il a eu l'audace de me faire des propositions insolentes. Il n'a ni l'air ni la tenue d'un lettré. »

L'empereur fut transporté de colère, et il voulut le châtier avec rigueur. Par bonheur pour lui, le président du collége des censeurs avait en dedans et en dehors du palais, des amis influens qui calmèrent son indignation. Néanmoins, il rendit sur-le-champ un décret ainsi conçu : « Comme Ou, le président du collége des censeurs, n'élève pas son fils avec la sévérité convenable, il sera puni par la suspension de ses appointemens pendant trois mois Quant à son fils, vû qu'il ne tient pas une conduite digne d'un professeur, il redescendra au grade de Tchou-po (adjoint d'un sous-préfet).

»Maintenant, Messieurs, ajouta Pou-hoeï, dites-moi un peu s'il fait bon de la provoquer à la légère. Aussi, je dis qu'il vaut autant ne la pas rencontrer que de la rencontrer.

— » Quelle satire a-t-elle donc faite contre lui, demanda Yèn-pé-hân, pour qu'il en ait conçu une si violente colère?

— » Cette pièce a circulé partout; qui est-ce qui ne l'a pas lue en riant à ses dépens? J'en ai encore une copie sur moi; je vais vous la montrer pour vous divertir un instant.

— » A merveille! à merveille! s'écria Yèn-pe-hân, je brûle d'y jeter un coup-d'œil. »

Pou-hoeï étant entré dans l'intérieur, apporta la copie demandée et la leur remit en les priant de l'examiner. Ils la déployèrent et y lurent les vers suivans :

« En vain je jouis d'une charge héréditaire,
» J'ai devant les yeux les chefs-d'œuvre de la littérature, mais je n'ai garde d'y toucher.
» Au dedans de moi, je n'ai pas vraiment un atome de talent,
» Et c'est à tort que je porte, sur la tête, un bonnet carré.
» J'ai voulu singer Kouei-sing (le Génie des étoiles), et le fait est que j'ai l'air d'un démon.
» Je me pare du nom d'homme, quoique je ne sois évidemment qu'un pantin.
» Si l'on m'eût pris pour un lettré, et qu'on m'eût enseveli vivant dans une fosse, du temps des Thsin,
» Comment aurais-je pu me laver, après des milliers de siècles, de cette indigne calomnie?»

Après avoir fini de lire, Yèn-pe-hân et Ping-jou-heng ne purent s'empêcher de battre des mains avec enthousiasme et de rire à gorge déployée. «Cette satire est vraiment délicieuse, s'écrièrent-ils. A ce qu'il paraît, ce jeune seigneur Ou a été cruellement mystifié.

— » Depuis que ce jeune seigneur a été ainsi bafoué, reprit Pou-hoeï, les gens qui auraient voulu demander à Mlle Chân des vers ou de la prose élégante, craignent de s'attirer quelque mésaventure, et à moins d'une nécessité urgente, nul n'ose plus venir la solliciter. Après cela, Messieurs, y allez-vous ou non?

— » Si Mlle Chân, reprit Yèn-pé-hân en riant, s'est émancipée à ce point, et a persiflé ainsi ses visiteurs, c'est qu'elle n'a pas encore rencontré un seul homme d'un véritable talent. Demain matin, nous irons tous deux la

voir et nous la persiflerons à notre tour : nous vous régalerons de notre pièce satyrique.

— » Messieurs, dit Pou-hoeï, en hochant la tête, bien que vous soyez doués d'un talent distingué, si vous vous flattez de persifler Mlle Chân, votre succès me paraît fort douteux.

— » Vénérable père, reprit Ping-jou-heng, où voyez-vous que notre succès soit douteux?

— » J'ai entendu dire qu'à l'époque où S. Ex. Chân était à la cour, l'empereur ayant ordonné à un grand nombre de Hân-lin (académiciens) de composer avec elle, et de lui disputer le prix du talent, nul d'entre eux ne put l'égaler. Parmi eux se trouvait un certain Sóng-sîn, qui passait pour le poète le plus éminent de tout l'empire; il ne put non plus lutter avec Mlle Chân. L'empereur, irrité de son audace, lui fit appliquer, en dehors de la porte Ou-mén, quarante coups de son auguste bâton, et ordonna de le reconduire dans son pays comme un criminel. Cette affaire a fait beaucoup de bruit dans la ville de Tchang-ân; tout le monde la sait. Vous avez manifesté, Messieurs, l'intention de la persifler d'importance, voilà pourquoi je me suis permis de vous dire que votre succès me paraissait douteux. »

En entendant ces paroles, Yèn-pé-hân regarda Ping-jou-heng en riant. « Ainsi donc, lui dit-il, Song-sîn a subi une pareille mortification! Ces jours derniers, il a caché sa mésaventure, et s'est gardé d'en souffler mot.

» Après avoir montré une ignorance honteuse, reprit Ping-jou-heng, comment se serait-il décidé à en parler? » Puis, s'adressant à Pou-hoeï : «Vénérable père, dit-il, votre pieux couvent étant voisin de la demeure de Mlle Chân, vous savez seulement qu'elle possède un talent distingué; comment sauriez-vous que ce n'est qu'une de ces jeunes filles de l'appartement intérieur, qui sont bonnes tout au plus à mettre du noir sur du blanc? Les individus qu'elle a vilipendés, n'étaient point de ces génies qui planent au-dessus de leur siècle. Si elle rencontrait un jour des hommes d'un véritable talent, elle les prierait naturellement de prendre en pitié la faiblesse de son sexe. Aujourd'hui, vénérable père, nous ne pouvons vous en dire davantage; laissez-nous la mettre à l'épreuve. Demain matin, vous saurez alors à quoi vous en tenir. »

Pou-hoeï rit dans sa barbe de leur folle audace, mais il ne jugea pas à propos de s'expliquer davantage. « Messieurs, répliqua-t-il d'un ton embarrassé, puisque vous êtes doués d'un si rare talent, vous êtes dignes tous deux d'affection et de respect. » A ces mots, il alla préparer encore du thé exquis, et le leur offrit.

Tout en buvant le thé, Yèn-pé-hân aperçut sur la table où étaient les livres sacrés, un pinceau et de l'encre. Il saisit le pinceau, et écrivit les vers suivans sur le mur voisin :

« Mademoiselle Chân! Mademoiselle Chân! J'ignore quand
» votre maladie sera passée; je vous laisse ces vers comme un
» gage pour l'avenir. »

Ping-jou-heng attendit que son ami eut fini; puis, prenant le pinceau, il continua au-dessous en ces termes :

« Mademoiselle Chân! Mademoiselle Chân! Quand vous au-

» rez vu ces deux stances, je crains qu'après la guérison de » votre première maladie, vous n'en sentiez naître une nou » velle. »

Les deux amis ayant déposé leur pinceau, se regardèrent en riant aux éclats. Soudain ils prirent congé de Pou-hoeï, et lui dirent en sortant : « Nous vous avons bien importuné; dans trois ou quatre jours, vous nous reverrez. »

— » Messieurs, reprit Pou-hoeï, j'ai bien manqué aux égards qui vous étaient dus; dans quelques jours, je vous attendrai pour vous offrir mes respects. » En achevant ces mots, il les reconduisit jusqu'en dehors du couvent.

Par suite de ce départ, j'aurai bien des détails à vous apprendre : Des hommes de talent jouent le rôle de serviteurs, et de nobles demoiselles se déguisent en servantes.

CHAPITRE XV.

A cette époque, Chân-taï, tendrement éprise du jeune étudiant qu'elle avait vu au bas du pavillon, était tombée en langueur; mais voyant l'affliction de son père et de sa mère, elle avait fait effort sur elle-même, et avait quitté son lit, en disant qu'elle se trouvait un peu mieux. Néanmoins, au fond, il lui était impossible de dissiper les pensées et les inquiétudes dont son ame était assiégée

Dans ce moment, Ling-kiang-sioué se trouvait auprès d'elle et s'efforçait de la consoler. Tout à coup, entra Chân-hiên-jîn : « Cher enfant, lui demanda-t-il, éprouves-tu maintenant un peu de soulagement?

— » Il me semble, répondit-elle, que je me trouve un peu mieux.

— » En ce cas, je voudrais consulter avec toi sur une affaire extraordinaire.

— » Quelle affaire extraordinaire? contez-la moi, mon père; rien n'en empêche.

— » Comme je me promenais tout à l'heure dans le couvent de Tsié-în, le bonze Pou-hoeï m'a appris qu'il y avait deux jeunes lettrés qui voulaient venir comparer leur talent au tien; qu'ils s'exprimaient avec jactance et n'avaient pas l'ombre de modestie.

— » Pourquoi ne sont-ils pas venus?

— » Ayant appris que tu étais alitée, ils ont pensé que tu ne pouvais recevoir personne; voilà pourquoi ils s'en sont retournés. Sur le point de partir, ils ont écrit sur le mur du couvent de Tsié-în, deux stances qui respirent la plus folle arrogance. Je les ai copiées sur ce papier; tu peux y jeter un coup d'œil.

Mlle Chân ayant pris les vers, les examina avec Ling-kiang-sioué. Après les avoir parcourus une fois, les deux amies se regardèrent fixément. « Bien que les vers de ces deux jeunes gens ne soient pas sans mérite, dit Ling-kiang-sioué, leur style est par trop orgueilleux, est-il possible de pousser à ce point la présomption?

— » Les hommes de talent, dit Chân-taï, ont d'ordinaire l'ame altière; on ne saurait leur en faire un crime. Je dirai seulement que puisqu'ils veulent venir *s'emparer de l'étang des phénix* (c'est-à-dire me disputer le prix du talent et la faveur impériale), il ne convient pas de le leur rendre sans coup férir. Il faut les mystifier d'importance et les renvoyer avec leur courte honte. Ils verront alors que je n'ai point dérobé la faveur impériale pour faire briller ma réputation.

— » Pour moi, dit Chân-hiên-jîn, en riant, je trouve que ces jeunes gens ont un esprit fin et un talent exercé. Vous ne devriez pas en faire fi. Si vous composez avec eux, qu'il vous suffise de ne rien perdre de votre réputation.

— » Pour moi, dit Chân-taï en riant, je viens de trouver un excellent stratagème : si je suis vaincue par eux, je ne perdrai rien de ma réputation, et si je remporte la victoire, je les couvrirai de honte.

— » Ma fille, demanda Chân-hiên-jîn, quel est ce stratagème?

— » Il faut les séparer et installer l'un dans le pavillon du jardin oriental, l'autre dans celui du jardin occidental. Votre fille et Ling-kiang-sioué se déguiseront sous le costume bleu de servantes. « Mademoiselle, dirons-nous, a été dernièrement importunée, à outrance, par des hommes dépourvus de talent, et elle a dépensé en vain ses idées et son esprit. Aujourd'hui elle est retombée malade. Ne pouvant endurer aucune espèce de trouble et de fatigue, elle nous a envoyées, avec ordre de vous mettre d'avance à l'épreuve. Si vous avez réellement quelque talent et que vous terrassiez les deux servantes que vous voyez, nous vous inviterons à monter au *Pavillon du pied de jade* où elle vous recevra avec tous les honneurs qui vous sont dus. Mais si vous êtes dénués de talent et que vous restiez au-dessous de simples servantes comme nous, nous vous prierons de vous retirer, pour éviter d'être honnis devant elle. Si nous les terrassons, ajouta Chân-taï, lorsque le lendemain le bruit se répandra qu'ils ont composé sans succès, avec des servantes, ne sera-ce pas le comble du déshonneur? Et quand nous serions vaincues par eux, nous ne serions à leurs yeux que de simples servantes. il nous serait encore aisé de cacher ce petit échec, et peut-être que nous n'irions pas jusqu'à perdre notre réputation. »

Après avoir entendu ces paroles, Chân-hiên-jîn fut ravi de joie. « Ce stratagème est excellent! » s'écria-t-il.

Ling-kiang-sioué en fut également ravie. « Mademoiselle, dit-elle, ce moyen est délicieux; mais il faut bien se garder d'en rien laisser transpirer; comment ces deux fanfarons de lettrés pourraient-ils le deviner? »

Ce plan étant bien arrêté, Chân hiên-jîn envoya un domestique à Pou-hoeï, pour lui dire que s'il voyait revenir les jeunes étudians qui avaient composé les vers, il le priait de les lui amener.

BIBLIOTHÈQUE CHOISIE.

Laissons-le faire, en les attendant, les préparatifs nécessaires, et revenons à Yên-pé-hân et à Ping-jou-heng.

Au bout de quatre à cinq jours, il leur fut impossible de calmer leur impatience, et, comme le ciel était pur, ils firent leurs préparatifs de départ, et sortant tout droit de la ville, ils se rendirent, comme auparavant, au couvent de Tsié-în. Pou-hoeï, les ayant aperçus vint au-devant d'eux avec un visage épanoui. « Messieurs, leur dit-il, vous arrivez aujourd'hui de bien bonne heure ; j'imagine que vous venez réellement pour composer avec Mlle Chân en vers ou en prose élégante.

— » Mlle Chân est-elle un peu remise de sa maladie? demanda Yen-pé-hân.

— » Quoiqu'elle ne soit pas entièrement rétablie, répondit Pou-hoeï, je crois qu'elle peut se lever. »

— » Puisqu'elle peut se lever, rien ne nous empêche d'aller la demander et de la mettre à l'épreuve. »

Après avoir bu le thé et pris un moment de repos, voyant qu'il était près de midi, ils se levèrent et partirent ensemble.

Quand ils furent arrivés à la porte de la campagne où demeurait S. Ex. Chân, Pou-hoeï, qui était un habitué de la maison, n'eut qu'un mot à dire pour que les domestiques vinssent les introduire et les annoncer.

Au bout de quelques instans, un serviteur sortit de l'intérieur et leur dit : « Le vénérable père et Vos deux Seigneuries sont priés de venir s'asseoir dans le salon. » Ils s'y rendirent aussitôt tous trois et s'assirent.

Il y avait déjà quelque temps qu'ils y étaient, lorsqu'ils virent Chân-hiên-jîn qui venait vers eux, coiffé d'un bonnet carré en toile commune et couvert d'un vêtement rustique. Yên-pé-hân et Ping-jou-heng s'avancèrent avec empressement et lui firent leurs salutations. Les civilités terminées, ils s'assirent, suivant l'ordre prescrit pour un maître et des disciples, mais Pou-hoeï, craignant de les gêner, prit congé d'eux et se retira. Chân-hiên-jîn ordonna à un domestique de servir le thé, puis prenant la parole : « Lequel de vous, demanda-t-il, est M. Tchao?

— » Votre serviteur est Tchao-tsong, dit Yên-pé-hân, en faisant un salut.

— » En ce cas, dit Chân-hiên-jîn, en regardant Ping-jou-heng, j'imagine que c'est Monsieur qui s'appelle Tsiên?

— » Votre serviteur est justement Tsiên-heng, répondit Ping-jou-heng en s'inclinant.

— » Avant-hier, reprit Chân-hiên-jîn, comme je me trouvais dans le couvent de Tsié-în, je vis les deux stances que vous avez écrites sur un mur. Vos vers sont pleins de pureté et de fraîcheur, d'élégance et de noblesse; on peut dire avec vérité que le poète Siang-jou est ressuscité et que l'illustre Li-taï-pé vient de renaître. »

Yên-pé-hân et Ping-jou-heng firent tous deux un profond salut. — « De pauvres et obscurs étudians comme nous, lui dirent-ils, ne pouvaient naturellement s'élever jusqu'à la porte dorée de votre pavillon vermeil. Voilà pourquoi nous avons voulu ébranler vos oreilles par la jactance de nos paroles, dans l'idée que ces vers nous serviraient de marchepied. Maintenant que vous daignez nous tendre la main et nous conduire vous-même, nous espérons que Votre Excellence excusera notre aveugle présomption. »

— » Ne parlons plus de cela, répliqua Chân-hiên-jîn ; seulement, comme Vos deux Seigneuries m'ont honoré de leur visite, je vous demanderai quelle était votre intention.

— » Vos deux serviteurs, dit Yên-pé-hân, sont de pauvres lettrés d'un pays lointain. Quoique, chaque jour, nous nous livrions aux exercices littéraires, nous sommes seuls et dépourvus de conseils éclairés. Toutes les fois que nous avons fait, chacun de notre côté, quelque composition, nous ignorons d'ordinaire lequel des deux l'emporte sur l'autre. Nous avons appris que les œuvres poétiques de votre noble fille sont « pompeusement suspendues aux portes du royaume », que sa brillante réputation est répandue dans tout l'empire, et que de plus elle est chargée de mesurer le talent avec un pied de jade. Voilà pourquoi nous sommes venus au bas de son pavillon, afin de lui montrer notre faible talent, et la prier de le mesurer avec le pied de jade, pour savoir quel est le plus étendu et le plus rétréci. Peut-être pourra-t-elle déterminer qui de nous deux l'emporte sur l'autre. »

Chân-hiên-jîn appela alors deux domestiques et leur dit : — « Conduisez et installez M. Tchao dans le pavillon du jardin oriental. Puis il chargea deux autres serviteurs de mener et d'établir M. Tsiên dans le pavillon du jardin occidental. « Messieurs, dit-il alors à Yên-pé-hân et à Ping-jou-heng, je ne puis vous tenir compagnie. Après l'examen, je vous prierai de me montrer vos élégantes compositions. »

A ces mots, quatre domestiques invitèrent les deux amis à passer tous deux derrière le cabinet de Chân-hiên-jîn.

Ping-jou-heng se rendit, sous la conduite de deux domestiques, dans le pavillon du jardin occidental, et s'y établit tranquillement. Nous l'y laisserons pour revenir à Yên-pé-hân.

Précédé de deux domestiques, il alla tout droit dans le jardin oriental. Arrivé dans le pavillon, il aperçut d'abord un kiosque peint de vives couleurs sur lequel gazouillaient une multitude d'oiseaux, et qui était entouré de balustrades sculptées avec art et chargées de fleurs éclatantes. Sa richesse et son élégance éblouissaient les yeux. Examinant ensuite l'intérieur du pavillon, il vit qu'aux côtés de l'est et de l'ouest, on avait déjà placé deux tables à écrire, l'une en face de l'autre ; elles étaient garnies des quatre trésors de l'écritoire (le papier, le pinceau, l'encre et la pierre à broyer), rangés avec ordre et symétrie. J'ai appris, se dit en lui-même Yên-pé-hân, qu'elle possède un pavillon du Pied de jade, où, par ordre de l'empereur, elle mesure (c'est-à-dire juge) le talent littéraire. Pourquoi m'a-t-on amené ici, au lieu de m'y conduire ? J'imagine, ajouta-t-il, qu'il veut nous faire examiner séparément, et que si l'on nous eût réunis ensemble dans ce pavillon, cela n'eût pas été commode. C'est sans doute pour ce motif qu'on m'a installé dans cet endroit.

Il n'était pas encore sorti de ses réflexions, lorsque soudain il vit venir quatre ou cinq servantes qui se pressaient autour d'une jeune fille vêtue de bleu. En l'apercevant dans le lointain, Yên-pé-hân crut voir une déesse. Il était tenté de la prendre pour une noble demoiselle, mais elle portait le costume d'une servante; il l'aurait prise pour une servante, s'il n'eût remarqué en elle une grâce et une beauté extraordinaires. Avant que son étonnement et ses doutes ne fussent dissipés, elle arriva en face de lui. Yên-pé-hân quitta précipitamment son siége et lui offrit ses salutations. Mais, après un salut indifférent, la jeune fille vêtue de bleu, alla s'asseoir à l'ouest, en face de Yên-pe-hân, qui était placé à l'est. Ignorant qui elle était, il n'osait l'interroger, et se contentait de la regarder furtivement en baissant la tête.

Ce fut la jeune fille qui commença à prendre la parole. « Monsieur Tchao, lui dit-elle, bannissez toute espèce d'étonnement et de soupçons. Ce n'est pas moi qui suis Mademoiselle Chân ; vous voyez la servante qui lui sert de secrétaire. Je suis venue exprès, par ordre de Mademoiselle, pour vous demander des leçons (c'est-à-dire pour composer avec vous.) »

En entendant ces paroles, Yên-pé-hân ressentit une colère secrète, « Cette petite drôlesse me joue là un singulier tour! s'écria-t-il. Au lieu de venir elle-même, comment ose-t-elle m'envoyer une servante pour me faire affront? Evidemment, c'est un moyen d'exalter bien haut sa réputation et sa valeur littéraire. Si je ne vais pas me mesurer avec elle, elle ne manquera pas de dire que je suis dépourvu de talent et que je recule de peur. Mais s'il s'agit de concourir avec elle, moi qui suis un lettré, comment m'abaisserai-je à composer avec une vile servante!

L'ayant encore regardée furtivement, il voit toute sa figure rayonner de grâces et d'éclat, et ne la juge point au-dessous de la jeune beauté qu'il a vue en haut du pavillon. « Quoiqu'on accorde un talent éminent à Mlle Chân, se dit-il en lui-même, peut-être qu'elle n'égale point celle-ci en beauté. Que m'importe, au reste, que ce soit une servante ou non? Belle comme elle est, je m'estimerai heureux de lui disputer le prix du mérite littéraire, d'autant plus que le talent d'une servante doit être fort borné. Il me suffira d'une pièce de vers pour la mettre hors de combat, et c'est alors qu'il me sera donné de voir Mlle Chân! »

Sa résolution étant bien arrêtée, « puisqu'il en est ainsi, dit-il, rien ne nous empêche de composer ; seulement je ne sais comment commencer le concours.

— » Commencez sur quelles rimes vous voudrez, dit la jeune fille vêtue de bleu; votre servante les suivra avec respect.

— » Mademoiselle, répondit Yên-pé-hân en souriant, pour obéir à vos ordres honorables, je vais usurper un droit qui vous appartient. »

A ces mots, il broie de l'encre, déploie sur la table une feuille de papier, et, prenant un pinceau, il improvise les vers suivants (1) :

« Une jeune fille qui n'a d'autre mérite que ses sourcils » peints, est bien digne de pitié.
» Elle est bonne, tout au plus, à noircir du papier et à » tracer quelques caractères ; pourrait-elle arriver à la posté- » rité?
» Il faut savoir que l'ardeur d'un homme de talent s'élève » jusqu'aux nues,
» Et qu'il répand, à pleines mains, des nénuphars de cinq » couleurs, cueillis dans le séjour des dieux. »

Yên-pé-hân, ayant fini d'écrire, une servante prit aussitôt les vers et alla les présenter à la jeune fille vêtue de bleu. Celle-ci, en les voyant, laissa échapper un léger sourire. « Ces vers sont beaux, dit-elle ; seulement il se vante un peu trop. » Elle prit alors un pinceau, et sans se donner le temps de réfléchir, elle composa sur-le-champ deux stances sur les mêmes rimes, et chargea une servante de les porter à Yên-pé-hân.

Il déploya la feuille de papier et y lut ces vers :

« Le vrai talent se diversifie sans cesse, et sans cesse il » captive le cœur (littéralement on l'aime);
» Le style élégant de mille siècles passés, se transmet aux » mille siècles suivans.
» N'allez pas dire que le style élégant est l'unique partage » des hommes;
» Aujourd'hui, c'est le privilége d'une jeune fille, émule du » nénuphar bleu (4). »

A la lecture de ces vers, Yên-pé-hân resta un instant ébahi ! « Quel merveilleux talent ! quel merveilleux talent! quelle rare facilité ! » s'écria-t-il.

Il se leva alors, et faisant de nouveau un profond salut: « Mademoiselle, dit-il, votre disciple vous a manqué de respect. »

La jeune fille vêtue de bleu, se leva à son tour, et lui rendant son salut : « Monsieur, lui dit-elle, veuillez ne point compromettre votre dignité. Les expressions vulgaires par lesquelles j'ai répondu à vos rimes, méritent-elles les pompeux éloges que vous daignez m'accorder? J'oserai vous demander si vous voudriez encore composer quelque quatrain élégant pour mon instruction?

— » Puisque vous daignez ne point me mépriser, lui dit-il, je vais vous offrir encore des vers insipides pour épancher mes sentiments vulgaires. »

Il écrivit alors les vers suivans :

« La beauté éblouissante qui brille auprès du fourneau (2), » se fait aimer de tout l'empire,
» Et chacun laisse voir (3) dans ses yeux les tendres émo- » tions qui agitent son cœur.
» Si l'on me permettait de côtoyer, sur un bateau, les fleuves » et les îles,
» Je voudrais aller cueillir des nénuphars de dix tchang (cent » pieds) sur le mont Hoa-fong ! »

---

(1) Dans ces deux stances et dans les onze qui suivent, le premier vers est terminé par liên (aimer ou avoir pitié); le deuxième par tchouen (transmettre), et le quatrième par liên (nénuphar); la rime du troisième est ad libitum. Le lecteur est prié de se rappeler que ce sont des espèces de bouts-rimés, où les deux interlocuteurs sont obligés de placer, à la fin des mêmes vers, les trois mots avoir pitié ou aimer, transmettre et nénuphar.

(4) Nénuphar bleu, ou Tsing-liên, était le nom honorifique de Litaï-pé, le plus célèbre poëte de la dynastie des Thang. Le sens littéral est : « Il appartient à un Tsing-liên femelle. »

(2) C'est-à-dire la servante douée d'une beauté éblouissante, etc.

(3) Littéralement : transmet par ses yeux.

Quand Yên-pé-hân eut fini d'écrire ces vers, une servante les prit et alla les montrer à la jeune fille vêtue de bleu. Elle les lut et lui dit en souriant : « Pourquoi, Monsieur, vous exprimer avec tant d'énergie, lorsque notre amitié est encore si faible?

Elle composa alors un nouveau quatrain sur les mêmes rimes, et le fit présenter par une servante à Yên-pé-hân. Ayant déployé la feuille de papier, il y lut ce qui suit :

« Quiconque se passionne pour les nuages et la lune, se
» berce d'un vain espoir (1) (littéralement, aime en vain).
» Comment porter (littéralement *transmettre*) aux habitants
» des cieux, les sentiments qui agitent les hommes du siècle?
» Si vous cherchez un pilon de jade pour faire de la gelée
» blanche (2),
» Il faut qu'on détache pour vous, du trône impérial, des
» flambeaux ornés de *nénuphars* d'or. »

A la vue de ces vers Yên-pé-hân fut transporté d'admiration : « Charmante demoiselle! s'écria-t-il, avec ce talent divin, on peut vous comparer à la jeune beauté qui était digne d'habiter un palais d'or! (3) Comment avez-vous pu vous ensevelir dans une maison opulente pour être secrétaire? C'est une chose que je ne puis concevoir.

— » Monsieur, reprit la jeune fille, vêtue de bleu, puisque vous vous flattez d'avoir du talent, et que vous êtes venu pour vous mesurer avec ma maîtresse, mille paroles ne doivent point épuiser votre verve, dix mille mots ne doivent point arrêter votre essor. Comment se fait-il qu'après avoir vu les expressions vulgaires des deux quatrains de votre humble servante, vous vous livriez à une admiration aussi exagérée? Il paraît que le talent de Kiang-yên (4) est bien vite à bout, et que Tseu-kiên (5) ne peut aller au-delà du *septième pas!*

— » Charmante demoiselle, lui dit Yên-pé-hân, j'ai sans doute mérité vos railleries. Seulement, en venant voir votre noble maîtresse, je n'avais d'autre but que d'admirer son talent; je n'ambitionnais ni les riches-

ses, ni les honneurs, ni la réputation. Si aujourd'hui que je vois un héros invincible, je ne le reconnaissais pas, et que je voulusse absolument aller admirer la majesté de prince de Weï, ce serait être aveugle (1). Bien que mon chétif talent ne mérite point d'être comparé au vôtre, je me suis nourri avec ardeur de la littérature moderne; mais je n'ai jamais appris qu'au-dessus du mont Taï-chân, il y eût un autre Taï-chân, et qu'au-delà de la mer orientale, il y eût encore une mer orientale (2). Votre merveilleux talent est arrivé à son apogée, et parmi les personnes d'un talent merveilleux, vous êtes comme le mont Taï-chân et la mer orientale (3). Serait-il possible que quelqu'un l'emportât sur vous ? La haute réputation de talent qu'on accorde partout à Mlle Chân, est sans doute rehaussée par le talent sublime de son secrétaire (c'est-à-dire par votre talent). »

A ces mots, il écrivit les vers suivants :

« Si j'aspire à votre *affection*, ce n'est point que mon talent
» soit épuisé;
» C'est que les paroles et les accens d'une jeune beauté
» comme vous, méritent réellement de *passer à la postérité*.
» Puisque la racine du *nénuphar* peut offrir un aliment sa-
» voureux,
» Pourquoi ses branches ne seraient-elles pas constamment
» chargées de fleurs (4)? »

Dès que Yên-pé-hân, eut achevé ces vers, une servante les prit et les porta à la jeune fille vêtue de bleu, qui les lut et relut à plusieurs reprises.

— « Monsieur, lui dit elle, la dernière pensée de votre élégant quatrain est fine et délicate, et le sentiment qu'elle exprime est aussi profond qu'énergique. En vérité, vous êtes de la famille de Tong-po et de Li-pé (5). Il faut naturellement que vous conserviez votre dignité; gardez-vous de commettre une méprise funeste (6).

Là-dessus, elle composa sur les mêmes rimes, un nouveau quatrain qu'elle lui fit porter par une servante.

---

(1) Dans ce vers et le suivant, elle veut dire qu'elle est trop au-dessus de Yên-pé-hân pour qu'il espère d'être aimé d'elle; elle se compare à une déesse dont les mortels ne peuvent approcher.

(2) Allusion à Feï-hang, qui après avoir trouvé un *pilon* de jade, épousa, dit-on, une jeune déesse nommée Yun-ing, et monta au ciel avec elle. Ces deux vers signifient : Si vous voulez, comme Feï-hang, épouser une immortelle, il faut que l'empereur vous favorise et vous fasse reconduire à votre hôtel, à la lueur des flambeaux ornés de *nénuphars* d'or (ce que l'impératrice Siouen-jin-heou fit jadis pour le poète Sou-tong-po).

(3) Allusion à l'histoire de l'empereur Wou-ti, de la dynastie des Hân, qui, étant enfant, disaitque si on lui donnait A-kiao pour épouse, il la mettrait dans une *maison d'or*.

(4) Elle le compare ironiquement à deux poètes célèbres. Kiang-yên, dont le nom honorifique était Wên-thong, rêva une fois que son pinceau était orné de cinq couleurs, et qu'admis auprès de l'empereur, à la faveur de son talent sublime, il allait et venait dans le palais *des fleurs d'or*.

(5) Tsao-tseu-kiên, poète célèbre, possédait, dit-on, les huit dixièmes du talent de tous les autres; il lui suffisait de faire *sept pas* en marchant pour composer une pièce de vers.

(1) C'est-à-dire, si méconnaissant votre supériorité, j'allais offrir mes hommages et mon admiration à d'autres...

(2) C'est-à-dire : Je ne puis croire qu'il y ait personne au-dessus de vous, ou que votre maîtresse ait un talent supérieur au vôtre.

(3) C'est-à-dire : Vous l'emportez autant sur elles que le mont Taï-chân l'emporte sur les plus humbles collines, et la *mer orientale*, sur les plus faibles ruisseaux.

(4) Il y a ici une allusion délicate et difficile à saisir : les nombreuses graines que produit chaque fleur du *nymphœa*, sont l'emblème d'une nombreuse famille. Il compare la jeune fille poète qu'il prend pour une servante, au *nymphœa* (nénuphar) dont la racine offre un aliment estimé, et semble exprimer le regret qu'elle ne prenne pas un époux pour avoir une famille aussi nombreuse que les graines de cette plante. Dans le Chi-king, on compare une nombreuse postérité, aux graines de la courge qui se tiennent en forme de chapelet.

(5) C'est-à-dire, on reconnaît en vous le talent de Sou-tong-po, célèbre poète de la dynastie des Song, et celui de Li-taï-pé, le plus illustre poète de la dynastie des Thang.

(6) C'est-à-dire en jetant vos vues sur une servante qui est indigne de devenir votre épouse.

Yên-pé-hân l'ayant reçu, y jeta un coup-d'œil et lut les vers suivans :

« Dès que l'éclat du printemps a frappé vos yeux, vous
» éprouvez de *tendres sentimens*.
» Comment obtenir que le vent de l'orient souffle (littéra-
» lement *se transmette*) jour et nuit (1).
» Je vois d'un côté un bouquet de fleurs de pêcher, de l'au-
» tre un bouquet de fleurs d'abricotier.
» Mais sachez bien que ce ne sont point deux fleurs de *nym-*
» *phœa* (nénuphar), qui se balancent, tête à tête, sur la même
» tige (2). »

Après avoir lu ces vers, Yên-pé-hân resta un instant silencieux, puis, laissant échapper un profond soupir : « Le ciel, dit-il, se borne à nous donner un cœur sensible ; mais quel que soit le degré de notre affection, y a-t-il quelqu'un au monde qui y réponde tendrement ? »

Quelques-unes de ces paroles arrivèrent confusément à l'oreille de la jeune fille : « Monsieur, lui dit-elle, sont-ce des vers que vous composez ?

— » Ce ne sont point des vers de ma composition, répondit-il, ce n'est qu'une réminiscence (3). »

La jeune fille ne jugea pas à propos d'insister davantage ; elle se contenta de lui dire : « J'étais venue par ordre de ma maîtresse, pour vous prier de m'éclairer de vos leçons ; aurez-vous encore quelque pièce à me montrer pour mon instruction ?

— » C'est un assez grand bonheur pour moi, répondit-il, d'avoir pu contempler les attraits de son secrétaire ; si après m'être éclairé de ses sages leçons, et corrigé par ses sévères avis, j'allais encore lui adresser une demande en termes vains et frivoles, ce serait me rendre coupable envers elle.

— » Monsieur, reprit la jeune fille vêtue de bleu, puisque vous n'avez plus d'ordres à me donner, je vais vous offrir mes adieux ; mais je vous dirai encore un mot pour vous adresser une prière au nom de ma maîtresse. »

Elle prit alors le pinceau et, ayant déployé une feuille de papier, elle écrivit un dernier quatrain qu'elle envoya par une servante à Yên-pé-hân : « Monsieur, lui dit-elle, en se levant, je vous prie de lire ces vers à votre loisir. Pour moi, obligée d'aller rendre réponse à ma maîtresse, je n'oserais rester plus long-temps. »

A ces mots, elle appela les servantes et partit bruyamment avec elles. Ce que voyant Yên-pé-hân, il resta atterré comme un homme qui a tout perdu.

Après avoir été quelque temps en proie à une sorte

de délire, il reprit le quatrain et y lut les vers suivans :

« Le talent est le plus merveilleux privilège de l'homme ;
» il faut que tout le monde le *chérisse*.
» Ne me blâmez pas si je le charge de recueillir (1), comme
» un papillon, le parfum de toutes les fleurs.
» Quoique *le fard et la céruse* salissent mon visage (2),
» cette tache a-t-elle jamais rejailli sur les *nénuphars* qui fleu-
» rissent dans le réservoir de l'encre ? ».

Après avoir achevé de lire ces vers, Yên-pé-hân soupira à plusieurs reprises. « Hélas ! se dit-il, puisque le ciel et la terre prodiguent aux belles femmes, toute la pure essence des montagnes et des rivières, à quoi bon avoir mis les hommes au monde ? Pour avoir dit, dans les vers que j'ai écrits sur le mur d'un couvent, qu'une *femme avait tort de salir, avec le fard et la céruse, le réservoir de l'encre*, aujourd'hui, en me répondant en vers, elle m'a clairement persiflé ; je trouve que la finesse de son style égale sa merveilleuse sagacité. En vérité, elle vous ferait mourir d'amour ! » Ensuite, continuant ses réflexions : « Puisque Mlle Chân est malade, et qu'elle n'a pas daigné me recevoir à la légère, il n'y a pas de raison pour qu'elle reçoive M. Ping. Se trouvera-t-il un autre secrétaire comme la jolie personne de tout à l'heure, pour composer avec lui ? S'il rencontre un secrétaire dépourvu de talent, il aura bien du bonheur. »

Yên-pé-hân restait toujours assis dans le pavillon, en proie au délire de ses pensées, lorsque les deux domestiques qui l'avaient amené, vinrent le tirer de sa rêverie. « Monsieur, lui dirent-ils, vous n'avez plus besoin de demeurer ici ; veuillez vous retirer ; nous craignons que S. Ex. ne soit encore à vous attendre dans le salon. »

En entendant dire que S. Ex. était encore à l'attendre dans le salon, Yên-pé-hân resta un instant frappé de stupeur. « Quand je vins ici, dit-il, que j'étais fier et glorieux ! Je me flattais de terrasser Mlle Chân, et voilà qu'aujourd'hui je n'ai pu mettre à bout une servante qui lui sert de secrétaire ! Comment oserais-je maintenant soutenir les regards du public ? »

Il demeurait toujours, sans bouger de place, absorbé dans ses réflexions. Mais, pressé vigoureusement par les domestiques, il se vit obligé de les suivre et de se retirer.

Revenons à Ping-joug-heng, qui se rend avec deux autres serviteurs dans le jardin occidental.

Comme il approchait du pavillon, il y aperçut de loin plusieurs servantes qui entouraient une jeune fille de quinze à seize ans, belle comme une branche chargée de fleurs. Elle était assise, dans l'intérieur, devant une table à écrire. Ping-joug-heng la prit d'abord pour Mlle Chân ; mais ayant appris du religieux Pou-hoeï. que c'était une personne d'un méchant caractère, il n'osa la regarder en face. C'est pourquoi il s'avança la tête baissée, au milieu

---

(1) C'est-à-dire dès qu'un homme aperçoit une jeune beauté, il en devient épris, mais elle ne peut écouter les vœux de tous ceux à qui elle plaît. L'expression *vent de l'orient*, désigne en poésie le zéphir du printemps. Au figuré, le mot *printemps* rappelle les pensées et les plaisirs des amans ; un *cœur de printemps* (tchun sin) est un cœur amoureux.

(2) Elle se compare à un bouquet de fleurs de pêcher, et compare Yên-pé-han à un bouquet de fleurs d'abricotier, et, par l'expression de *nénuphars unis tête à tête*, lui insinue délicatement qu'il n'est point fait pour devenir son époux.

(3) Ce sont deux vers que Mlle Chân avait écrits sur le mur du jardin, pour répondre aux siens. (Voy, chap. 43.)

(1) Littéralement de *se transporter* d'une fleur à l'autre.

(2) Allusion aux vers satiriques que Yên-pé-hân a composés au commencement du chap tre, et où il insinue qu'une jeune fille ferait tort à la littérature en composant des vers. Les derniers vers signifient : ma qualité de femme a-t-elle jamais nui à la beauté de mes vers?

du pavillon, et se tournant de son côté, lui fit un profond salut : « Votre serviteur, dit-il, est Tsiên-heng de Lo-yang. Il y a long-temps que votre nom glorieux a ébranlé mes oreilles comme le tonnerre du printemps. Aujour-d'hui que j'ai le bonheur de vous voir et de vous présen-ter mes hommages, je brûle de vous montrer mon chétif talent et de vous demander des leçons. »

Tout en disant ces mots, il ne cessait de la saluer, la tête baissée, sans oser se relever.

La jeune fille partit d'un éclat de rire : « Monsieur, lui dit-elle, veuillez vous respecter davantage ; ce n'est pas moi qui suis Mlle Chân. »

En l'entendant dire qu'elle n'était point Mlle Chân, Ping-jou-heng leva vivement la tête, et au premier coup-d'œil, il vit que cette jeune fille était belle comme une fleur, et que sa taille avait la souplesse du saule : on l'eût prise pour la fille d'un immortel. Il réfléchit alors en lui-même. Avec des attraits aussi séduisans, se dit-il, com-ment ne serait-ce pas Mlle Chân ? Seulement, elle est vêtue de bleu, comme une servante. Il se mit alors à l'in-terroger : « Si vous n'êtes point Mlle Chân, lui dit-il, qui êtes-vous donc ? »

La jeune fille entr'ouvrit des lèvres merveilles, et lais-sant voir des dents blanches comme du jade : « Monsieur, répondit-elle, d'une voix fine et gracieuse, je ne suis point Mlle Chân ; vous voyez seulement une servante qui lui sert de secrétaire.

— » Lorsqu'on compose, reprit Ping-jou-heng en riant, il faut faire des vers ou de la prose élégante. Vous qui n'êtes qu'une simple servante, remplissant les fonctions de secrétaire, comment pourriez-vous suppléer votre maî-tresse ?

— » Veuillez seulement me mettre à l'épreuve ; vous en jugerez.

— » Il n'est pas besoin de vous mettre à l'épreuve ; le mieux serait de prier Mademoiselle de venir elle-même.

— » Mademoiselle a trois classes de secrétaires, com-prenant ensemble douze servantes qui sont toutes ran-gées par ordre. Je suis de la dernière classe. Si je ne puis vous vaincre dans ce concours, il en viendra une de la seconde classe ; si celle-ci ne peut vous terrasser, elle sera remplacée par une autre de la première classe. Enfin, si l'une de la première classe ne réussit pas davantage à vous mettre hors de combat, on vous priera alors de monter au *pavillon du pied de jade* et de vous présenter devant Mademoiselle. Dans ce moment-ci, il est encore de trop bonne heure pour la voir.

— » Voilà bien des embarras, se dit en lui-même Ping-jou-heng ; mais je ne m'en inquiète guères ; il ne m'en coûtera pas plus d'une ou deux pièces de vers.

— » Eh bien ! soit, dit-il, je suis prêt à composer de suite avec vous.

— » Monsieur, reprit la jeune fille en levant la main, puisque vous désirez composer, veuillez vous asseoir. »

Ping-jou-heng ayant retourné la tête, vit au côté orien-tal du pavillon une table à écrire et une chaise ; elle était garnie de papier, de pinceaux, d'encre et d'une pierre à broyer.

Il alla promptement s'asseoir et prenant un pinceau : « J'ai deviné, dit-il, le motif qui empêche Mademoiselle

de venir. Probablement qu'elle veut cacher son peu d'ha-bileté. A ces mots il laissa courir son pinceau, et écrivit les vers suivans (1) :

« On peut feindre la réputation, mais comment *feindre* le talent ?
» Dans le lieu le plus reculé de l'appartement intérieur,
» serait-il possible qu'on cachât des *perles* ?
» S'il faut que nous luttions ensemble dans l'arène poétique,
» Il est à craindre qu'une jeune fille aux fins sourcils, ne puisse *me tenir tête.* »

Ping-jou-heng ayant fini d'écrire son quatrain, le lut une fois lui-même, et s'adressant aux servantes : « Prenez ces vers, dit-il, et allez les lui montrer. Si elle ne peut venir à bout de les déchiffrer, je vous les lirai. »

Les servantes prirent les vers et les remirent à la jeune fille. Celle-ci les lut une fois sans dire un mot. Puis, pre-nant un pinceau, elle le promena lestement et tout d'un trait, sur le papier, et acheva en un clin-d'œil, un qua-train sur les mêmes rimes. Elle chargea ensuite les ser-vantes de le porter au jeune homme.

Ping-jou-heng baissait les yeux, et, plongé dans ses réflexions, il songeait encore aux beautés de ses propres vers, lorsque, levant la tête, il vit le quatrain qu'on lui apportait ; mais il se figura que c'était la copie de ses premiers vers que la jeune fille lui renvoyait faute de pouvoir les lire : « Je disais bien, s'écria-t-il en riant, qu'elle ne pourrait venir à bout de lire mes vers ; donnez-les moi ; je vais vous les lire. » Ayant déployé la feuille de papier, il reconnut que c'était une pièce de vers que la jeune fille venait de composer sur ses rimes. Il fut frappé de stupeur. « Eh quoi ! dit-il, elle a déjà fini ses deux stances d'après mes rimes ! C'est merveilleux ! c'est merveilleux ! »

Il examina alors le quatrain avec attention et lut les vers suivans :

« L'ame doit être *vide* (c'est-à-dire humble), mais l'esprit ne
» doit pas être *vide* (c'est-à-dire dépourvu d'instruction);
» Quand on cherche des *perles*, est-il aisé de détacher celles
» qui brillent au cou du *dragon-cheval* (2) ;
» Ne songez pas à la musique qui charme la déesse Wang-
» mou, près du lac Yao-tchi ;
» Là chaque chanson a une double harmonie; pourriez-vous
» les *imiter* ou non? »

Dès que Peng-jou-heng eut fini de lire ces vers, il fut

---

(1) Dans ces stances et les suivantes, le premier vers est terminé par *hiu* (vide, feindre); le 2e par *tchou*, perle ; le 4e par *jou* (comme semblable, égal, égaler) ; la finale du 3e est *ad libi-tum*. Le jeune homme et la jeune fille ont soin de toujours met-tre ces trois mots aux mêmes places, dans des phrases qui répondent en général à leur situation respective.

(2) Allusion à un trait de la mythologie chinoise. Un vieil-lard appelé Ho-chang-ong (le vieillard qui habite sur les bords du fleuve Jaune), était pauvre et tressait des nattes de roseaux pour vivre. Son fils ayant plongé dans la rivière, rapporta une perle qui valait mille onces d'argent. Le vieillard lui dit : Au cou du *dragon-cheval*, il y a une perle brillante ; profite de son sommeil pour la dérober, car, s'il s'éveillait, il te mettrait en pièces. (Yun-fou-kiun-yu, liv. III, fol. 112.)

transporté de joie. Dans l'excès de son ravissement, il s'oublia lui-même, et frappant du poing la table : « Quel merveilleux talent! quel merveilleux talent! » s'écria-t-il; aujourd'hui, Ping-jou-heng, tu as rencontré un adversaire redoutable! »

En entendant ces paroles, la jeune fille l'interrogea avec émotion : « Monsieur, lui dit-elle, j'avais appris que votre honorable nom était Tsiên ; d'où vient que vous vous appelez aussi Ping-jou-heng? Auriez-vous, par hasard, deux noms de famille? »

A cette question, Ping-jou-heng s'aperçut de l'étourderie qu'il avait commise, et prit le parti de nier.

— « Qui est-ce qui parle de Ping-jou-heng? demandat-il ; je parlais de Tsiên-heng ; j'imagine que vous avez mal entendu.

— » Cela peut être, reprit la jeune fille ; passons làdessus. Seulement votre humble servante n'est qu'un secrétaire de la dernière classe ; comment oserait-elle se regarder comme un adversaire redoutable?

— » Ne me trompez pas, lui dit Ping-jou-heng ; vous n'êtes point de la dernière classe ; allons, faisons la paix, et que tout soit fini. Je vous demanderai la permission de vous soumettre encore un quatrain. Il broya alors de l'encre, et ayant imbibé son pinceau, il écrivit les vers suivans :

.« La chanson sur la neige blanche de mille automnes, n'a
» pas été modulée *en vain*.
» De ses expressions élégantes, on croit voir tomber mille
» boisseaux de *perles*.
» Le rouge orne la fleur du pêcher, et le vert les feuilles du
» saule.
» Ne dirait-on pas que ces deux couleurs se partagent par
» moitié les beautés du printemps (1)?»

Ping-jou-heng ayant terminé ce quatrain, le prit à deux mains, et chargea une servante d'aller le porter. Il ajouta : « Je la supplie de m'éclairer de ses leçons (c'est-à-dire de composer à son tour). » La jeune fille l'ayant lu, laissa échapper un léger sourire ; puis sans dire un mot, elle prit un pinceau et lui répondit sur les mêmes rimes.

Ping-jou-heng observa de loin, il vit qu'elle faisait voler le pinceau sur le papier et éclata à plusieurs reprises en pompeux éloges. « C'en est fait ! c'en est fait ! s'écria-t-il, si, parmi les femmes, il y a maintenant tant d'habileté et tant de talent, nous autres hommes nous n'avons plus qu'à mourir de honte! »

Il n'avait pas achevé ces paroles que déjà les vers étaient terminés et mis sous ses yeux. Il les lut ainsi à haute voix :

« Les pensées des gens de talent n'ont rien d'emprunté ;
» leur instruction n'est point *vide*.
» A-t-on jamais confondu des prunelles de poisson avec des
» *perles*?

(1) Il est impossible de conserver, en français, le sens de la finale *jou* (comme, semblable). Combinée avec le mot *ho* qui précède, elle forme l'adverbe *comment*. Littéralement (le rouge et le vert) partagent d'une manière égale les couleurs du printemps ; qu'en dites-vous?

» Quand votre beauté égalerait celle d'une belle aux fins
» sourcils, jamais elle ne vous céderait la victoire.
» Parmi les hommes de talent, quel est celui qu'on peut
» comparer au poète Lin-siang-jou? »

Après avoir fini de lire, Ping-jou-heng poussa un soupir. En venant ici sous le nom de Tsiên-heng, se ditil en lui-même, je n'avais d'autre but que de voir Mlle. Chân pour lui disputer la palme du talent; pouvais-je m'attendre à rencontrer une jeune servante, employée comme secrétaire, qui ne daignerait pas me céder un pouce de terrain? Que serait-ce si j'avais affaire à Mlle Chân? Ces jours derniers, j'ai écrit sur le mur du couvent de Tsié-in des vers pleins d'une folle arrogance. Aujourd'hui il faut que j'avoue ma faute. Il prit alors le pinceau et écrivit les vers suivans :

« Je suis désolé que mon cœur n'ait pas été *vide* (c'est-à-
» dire humble) ;
» Je suis honteux que mes deux yeux aient été dépourvus
» de *perles* (c'est-à-dire aient été aveugles) (1).
» Dans mon fol orgueil, je convoitais les étoffes bleues et
» jaunes dont s'habillent les princes.
» Je meurs de dépit en voyant que je n'ai pu *égaler* une
» servante vêtue de bleu. »

Quand Ping-jou-heng eut fini d'écrire, une servante prit ses vers et alla les présenter à la jeune fille.

Après les avoir lus, « Monsieur, lui dit-elle en souriant, pourquoi avoir affiché hier tant de jactance et montrer aujourd'hui tant de déférence et de respect? »

Là-dessus, elle composa un autre quatrain sur les mêmes rimes :

« Les sentiments de l'homme sont (ordinairement) sincères;
» mais est-il possible qu'ils n'aient jamais rien de *vide* (c'est-
» à-dire de faux)?
» Un jeune homme distingué, qui se promène pour son amu-
» sement, ressemble à une *perle* qui circule dans un bassin.
» Au fond, les personnes qui cultivent le style élégant, sont
» toutes d'une même famille.
» Peu importe qu'on soit *inférieurs* ou *égaux* les uns aux
» autres! »

La jeune fille ayant fini d'écrire ces vers, ordonna à une servante de les porter à Ping-jou-heng. Celui-ci prit le quatrain, et l'ayant lu une fois avec attention : « Un des plus beaux talens de l'antiquité (Tseu-kién), dit-il, avait besoin de faire *sept pas* pour composer une pièce de vers, mais cette jeune fille abaisse son pinceau et la termine au même instant. Elle l'emporte de beaucoup sur les poètes de l'antiquité. Quoique Tsiên-heng (c'est-à-dire moi, Pingjou-heng) ait reçu d'elle des paroles de consolation, n'at-il pas sujet de rougir au fond du cœur? »

Il se leva alors pour prendre congé d'elle, et lui offrit ses remercimens. « Veuillez, lui dit-il, témoigner ma reconnaissance à Mademoiselle, et lui demander permission de m'en retourner chez moi. Quand j'aurai étudié encore dix ans, je reviendrai recevoir ses leçons. »

(1) En poésie l'expression Yén-tchou (la perle de l'œil) signifie la *prunelle*.

A ces mots, il voulut se retirer. « Monsieur, lui dit la jeune fille, puisque vous voulez partir, j'ai encore un mot à vous offrir. » Aussitôt, elle écrivit un dernier quatrain et l'envoya à Ping-jou-heng; mais il était déjà sorti du pavillon. L'ayant reçu, il y jeta les yeux et lut les vers suivans:

« Quand vous parlerez du talent (des autres), il faut que votre esprit soit *vide* (c'est-à-dire *modeste*);
» Ne vous comparez pas au kiao-jin (à l'homme-poisson) (1) qui est couvert de *perles*.
» Jadis, il y avait un *étang du phénix* (nom poétique de la résidence du secrétaire impérial);
» Aujourd'hui il appartient à une jeune fille, dont le talent rappelle le poète Siang-jou ! »

Après avoir achevé la lecture de ces stances, Ping-jouheng comprit bien qu'elle se moquait des vers orgueilleux qu'il avait dernièrement écrits sur le mur du couvent; mais il ne jugea pas à propos d'y répondre, et, les serrant dans sa manche, il s'en retourna triste et confus. Comme il arrivait derrière le cabinet du ministre, à l'endroit où le chemin se partage, il vit Yên-pé-hân qui sortait du pavillon oriental. S'étant brusquement rencontrés, ils reconnurent l'un et l'autre qu'ils avaient la figure changée et éprouvèrent une vive émotion.
En se retrouvant face à face, les deux amis restèrent un instant ébahis. Ce fut Yên-pé-hân qui ouvrit le premier la bouche : « Comment vous êtes-vous tiré de votre concours, demanda-t-il à Ping-jou-heng?
— » Aujourd'hui, dit celui-ci en hochant la tête à plusieurs reprises, j'ai été couvert de confusion.
— » Avez-vous vu Mlle Chân ?
— » Si je l'avais vu et que je n'eusse pu la vaincre en composant avec elle, je ne me croirais pas déshonoré pour cela. Qui aurait prévu que Mlle Chân, au lieu de se présenter elle-même, enverrait une servante qui lui tient lieu de secrétaire, pour composer avec moi?
» Quoique cette jeune fille ne soit qu'une servante, elle a des manières graves et imposantes, un air distingué et une figure charmante; elle me paraît infiniment supérieure à une demoiselle de noble extraction. Mais je ne veux pas insister là-dessus. Je me bornerai à dire qu'elle a tant d'esprit et de facilité, qu'elle improvise des vers à la minute et compose en courant. A peine eus-je terminé une pièce de vers, que, sans réfléchir un instant, elle en écrivit aussitôt une autre sur les mêmes rimes. J'en fis une seconde à laquelle elle répondit subitement de la même manière. Je composai successivement trois pièces de vers, et trois fois de suite elle imita mon exemple sans hésiter un moment. Ses pensées et ses expressions correspondaient aux miennes avec tant de justesse et d'exactitude, que je n'eus pas la force de recommencer la lutte. N'est-ce pas une honte que de n'avoir pu vaincre, de l'épaisseur d'un cheveu, une simple servante? J'imagine, Monsieur, que la personne que vous avez rencontrée, était fort différente de celle-ci, et que peut-être vous avez vengé mon affront.

— » Ne m'en parlez pas, dit Yên-pé-hân en fronçant les sourcils; j'ai rencontré absolument comme vous, une jeune servante qui tient lieu de secrétaire à Mlle Chân. Je composai de suite trois pièces de vers auxquelles elle répondit successivement sur les mêmes rimes. Je fus réduit aux abois, et, en dépit de mes efforts, il me fut impossible de continuer. A la vue de mon embarras, elle se retira en ricanant; mais, avant de me quitter, elle composa encore une pièce de vers où elle m'adressait de mordantes railleries. A mon sentiment, si les servantes de Mlle Chân sont douées de tant de charmes et d'un talent aussi éminent, je ne sais vraiment pas ce qu'elle peut avoir elle-même de si merveilleux. J'imagine que la jeune beauté que j'ai vue au haut du pavillon, et dont les attraits m'ont énivré, doit tout au plus l'égaler. Voilà pourquoi vous me voyez abattu et découragé. Je ne prévoyais pas que vous rencontreriez aussi un adversaire redoutable, et que vous subiriez la même mortification.
— » Cette mortification est déjà oubliée, répondit Ping-jou-heng; mais, en sortant, il faut encore nous présenter devant S. Ex. Chân. S'il nous interroge, que lui répondre? Je crains bien que cette seconde mortification ne soit bien plus cruelle que la première.
— » Puisque les choses en sont là, dit Yên-pé-hân, quelque cruelle qu'elle soit, il faudra bien l'endurer. »
Les domestiques qui les avaient amenés, les pressèrent alors de se retirer. Les deux amis, ne pouvant rester davantage, se décidèrent à sortir et arrivèrent bientôt dans le salon. Heureusement pour eux, le ministre était entré dans l'intérieur et n'en était pas encore revenu.
— « Messieurs, leur dit un domestique, veuillez vous asseoir un instant, en attendant que j'aille avertir S. Exc. »
Yên-pé-hân, voyant que S. Ex. Chân n'était pas dans le salon, eut un désir extrême de s'esquiver. Allons-nousen, dit-il; il est inutile qu'on nous annonce.
— » Si je ne vous annonce pas à S. Exc. reprit le domestique, il apprendra votre départ, et il est à craindre qu'il ne me gronde sévèrement.
— » Nous n'étions pas venus pour saluer votre maître, répliqua Ping-jou-heng; notre seul but était de composer avec Mademoiselle pour juger de son talent. Maintenant l'épreuve est terminée, et nos vers sont restés dans l'intérieur. Qu'ils soient bons ou mauvais, c'est ce que S. Ex. et Mademoiselle pourront voir à loisir; nous nous en rapportons tout-à-fait à leur jugement. Qu'avons-nous besoin de rester pour voir S. Ex.?
— » Puisque Vos Seigneuries ne veulent point voir S. Ex., reprit le domestique, nous n'oserions vous retenir malgré vous; veuillez seulement nous dire où est située votre honorable demeure. Si l'on est satisfait des vers que vous avez laissés dans l'intérieur, il pourrait se faire que le ministre voulût vous envoyer une invitation.
— » Cette observation est juste, dit Ping-jou-heng; *nous demeurons tous deux...*
Au moment où il allait dire « *au pont de la rivière de jade* », Yên-pé-hân l'interrompit brusquement : « *Nous demeurons*, reprit-il, chez le seigneur Sin, près de la rivière de Pao-tseu.* »
A ces mots, ils se retirèrent tous deux en courant.

---

(1) Allusion à une fable chinoise.

Après avoir fait quarante ou cinquante pas, Yên-pé-hân gronda Ping-jou-heng.

— « Vous êtes bien maladroit, lui dit-il ; après notre mésaventure d'aujourd'hui, pourquoi vouliez-vous encore leur dire notre véritable adresse ?

— » Vous avez raison ; j'allais faire une grande sottise ; heureusement qu'avant que j'eusse fini de m'expliquer, vous avez repris ma réponse et l'avez adroitement complétée. »

Quelque temps après, ils se rendirent au couvent de Tsié-în. Arrivés dans la salle de Fo (Bouddha), ils retrouvèrent les vers qu'ils avaient écrits deux jours auparavant, et qui se détachaient nettement sur le mur. Après les avoir relus, ils s'aperçurent alors de la folle jactance qui régnait dans toutes leurs expressions. En conséquence, ils prirent un pinceau et ajoutèrent chacun un quatrain à la suite (de leurs premiers vers).

Voici celui de Yên-pé-hân :

« Depuis l'antiquité, un accueil bienveillant ne s'est jamais
» accordé à la légère.
» Maintenant je commence à croire qu'il existe une jeune
» fille aux fins sourcils.
» Voyez un peu ce que rappelle son visage orné de fard et
» de céruse :
» Mille pinceaux de bambou, et un lac d'encre ! »

Ping-jou-heng prit à son tour le pinceau et ajouta les vers suivans :

« Sa merveilleuse renommée remplit les oreilles, son illustre
» nom est répandu partout.
» Les sourcils peints de cette femme de talent, brilleront pen-
» dant mille automnes.
» A quoi bon désirer, dans ce monde, l'étang des deux Phé-
» nix (c'est-à-dire la place de secrétaire de l'empereur)?»
« Voyez les nuages blancs qui se dirigent, à l'ouest, vers le
» lac Yao-tchi (1). »

Or, après avoir fini de concourir, Mlle Châu, s'en revenait dans l'appartement intérieur, lorsqu'au même moment elle vit entrer Ling-kiang-sioué, qui avait aussi terminé ses épreuves. Mlle Chân prit la première la parole : « Que dites-vous du talent et de l'instruction de votre jeune homme? lui demanda-t-elle. Comment vous êtes-vous tirée de votre concours ?

— » Ce jeune homme est doué d'un véritable talent. Un autre à ma place aurait bien pu être terrassée par lui. »

Prenant alors les trois pièces de son concurrent et les quatre qu'elle avait composées elle-même sur les mêmes rimes, elle les présenta à Mlle Chân. « Veuillez, dit-elle, examiner ces vers ; vous saurez de suite à quoi vous en tenir. Mlle Chân les ayant lus avec attention, sa figure brilla d'une joie soudaine. Mademoiselle, lui dit-elle, depuis que j'ai obtenu la bienveillance de l'empereur, jus-

qu'à ce jour, il y a déjà cinq ans que j'examine, sur la poésie et la prose élégante, tous les écrivains de talent que possède l'empire. Le nombre que j'en ai vu n'est certes pas mince ; mais les uns étaient des lettrés aussi grossiers que pédans, les autres des écrivains rouillés ou superficiels. S'il faut l'avouer, je n'ai jamais rencontré deux jeunes gens comme ceux-ci. Leur talent poétique est d'une grâce et d'une pureté accomplie, et l'on peut dire qu'ils sont les coryphées de notre siècle.

— » A en juger par vos paroles, reprit Ling-kiang-sioué, M. Tsiên, avec qui vous avez concouru, est donc aussi un homme de talent?

— » Non seulement il a du talent, mais son talent n'a rien d'ordinaire. Il faisait voler son pinceau sur le papier, et peu s'en est fallu que je ne pusse lui répondre sur les mêmes rimes. « Elle prit alors les trois quatrains du jeune homme, et les joignant aux quatre qu'elle avait composés elle-même pour lui répondre, elle les présenta à Ling-kiang-sioué : « Mademoiselle, lui dit-elle, veuillez examiner ces vers : quand vous aurez fini, je vous ferai part d'un doute qui me reste »

Après les avoir lus, Ling-kiang-sioué ne tarissait pas d'éloges. « Ces Messieurs Tchao et Tsiên, dit-elle, ont tous deux un talent merveilleux : en vérité, ils peuvent aller de pair ensemble. Ce n'est pas pour nous vanter ; mais, à l'exception de vous et de moi, il n'y aurait personne dans l'empire qui pût leur tenir tête. Maintenant, Mademoiselle, je vous prierai de me communiquer vos doutes.

— » Quand ce jeune homme eût vu mon vers : « Une seule chanson a une double harmonie; pourriez-vous l'imiter ou non ? » Il s'oublia aussitôt lui-même, et frappant la table avec enthousiasme : « Ping-jou-heng, s'écria-t-il, tu as rencontré aujourd'hui un adversaire redoutable ! »

» En l'entendant prononcer ce nom, je lui demandai pourquoi, portant déjà le nom de Tsiên, il s'appelait encore Ping-jou-heng.

» Il devint tout troublé et se hâta de chercher une excuse. J'ignore ce qu'il en est ; mais peut-être que ce jeune homme n'est autre que Ping-jou-heng; autrement comment trouverait-on dans l'empire, tant d'hommes de talent?

— » Quel est son air et sa tournure? demanda Ling-kiang-sioué.

— » Il peut avoir environ vingt ans ; sa figure est dorée comme les graines du melon ; ses deux sourcils fuient obliquement vers ses tempes ; ses yeux brillent comme les étoiles du printemps et sa taille est mince et élancée. Bien qu'il paraisse trop faible pour porter le poids de ses vêtemens, l'élévation de son ame et la fierté de son caractère, lui donnent l'air altier et majestueux de la cigogne.

— » D'après ce que vous dites, c'est justement Ping-jou-heng ; mon unique regret est de ne pas l'avoir vu ; si je l'eusse vu, c'eût été pour moi une merveilleuse rencontre.

— » Si j'avais su cela plus tôt je vous aurais envoyée, à ma place, dans le jardin occidental.

— » Il y a une circonstance qui me laisse des doutes.

— » Laquelle ? je vous prie.

— » Quand ce jeune homme eut lu mon vers : « Sa chez bien que ce ne sont point deux nénuphars qui ma-

(1) Les dieux habitaient, dit-on, sur les bords de ce lac. Ces vers signifient qu'au lieu d'ambitionner des honneurs terrestres, elle doit tourner ses regards vers le séjour des immortels qu'elle est digne de partager.

rient leurs têtes sur la même tige », il garda quelque temps le silence ; puis, tout-à-coup, il laissa échapper un soupir, et, courbant la tête, il récita, à voix basse, les vers suivans : « Le ciel se contente de nous donner un cœur sensible; mais quel que soit le degré de notre affection, qui est-ce qui daigne y répondre? »

En entendant ces vers, je me hâtai de lui demander s'ils étaient de sa composition. « Nullement, me répondit-il, ce n'est qu'une réminiscence. » Je me rappelle positivement que ces deux vers font partie de ceux que vous avez composés, pour répondre sur les mêmes rimes au jeune homme que vous avez vu au bas du pavillon. Ne pensez-vous pas que ce M. Tchao doit être exactement le même jeune homme? »

A ces mots, Mlle Chân interrogea son amie.

— « Comment est-il de sa personne? lui demanda-t-elle.

— » Il a une figure pleine et un cou régulier; sa taille est noble, élégante et arrondie ; ses deux épaules ressemblent à deux montagnes élevées, et son sourire, à cent fleurs qui s'épanouissent. J'ignore quelle était la beauté de Pan'an, tant vantée dans l'antiquité; mais je sens que ce jeune homme doit en approcher.

— » D'après le portrait que vous venez de faire, reprit Chân-taï, il me semble que c'est exactement le même jeune homme que j'ai vu au bas du pavillon : si ma conjecture est juste, on peut dire que je l'ai manqué en face de moi.

— » Pourquoi faut-il, dit Ling-kiang-sioué, que les affaires du monde aient tant de peine à réussir? Si, tout à l'heure, vous eussiez été à l'orient et moi à l'occident, nous nous trouvions chacune vis-à-vis (de celui qui nous intéresse), et de suite nous eussions démêlé le vrai du faux. Qui aurait pensé à cette fatale substitution? Ne trouvez-vous pas que la fortune se joue des hommes? »

Les deux amies raisonnaient ainsi dans une pénible anxiété, lorsque soudain arriva Chân-hien-jîn · « Mes enfans, leur demanda-t-il, puisque vous venez de composer avec ces deux jeunes gens, que dites-vous de leur talent et de leur instruction ?

— » Ces deux jeunes gens, répondit Chân-taï, sont les deux plus merveilleux talens de l'empire : il faut, mon père, que vous les traitiez avec distinction.

— » J'étais sorti justement pour les retenir; mais, à mon grand étonnement, ils sont partis sans me dire adieu. Voilà pourquoi j'étais venu vous questionner à leur sujet. Puisqu'ils sont doués d'un talent extraordinaire, il faut charger quelqu'un de courir après eux et de les ramener ; nous pourrons alors les interroger à loisir.

— » Mon père, dit Chân-taï, votre idée est parfaitement juste. »

Chân-hien-jîn sortit aussitôt, et ordonna à un domestique d'aller s'informer d'eux au couvent de Tsié-în : « Si MM. Tchao et Tsièn, ajouta-t-il, se trouvent encore dans le couvent, il faut absolument les prier de revenir sur leurs pas; dans le cas où ils seraient déjà partis, vous demanderez à Pou-hoéi s'ils lui ont dit quelque chose au moment de le quitter. »

Docile à ces ordres, le domestique se rendit au couvent et interrogea Pou-hoéi. « Il y a déjà long-temps qu'ils

sont partis, leur répondit-il, mais au moment de se retirer, il ne m'ont pas dit un seul mot; seulement ils ont ajouté deux pièces de vers à la suite de ceux qu'ils avaient écrits dernièrement; après quoi ils sont partis. »

Le domestique copia aussitôt ces vers, et vint rendre réponse à Chân-hien-jîn. Celui-ci, les ayant lus, s'empressa de les montrer à sa fille et à Ling-kiang-sioué. « Je craignais, leur dit-il, que leur départ précipité ne tînt à quelque mécontentement de leur part ; mais, à la vue de ces vers, où ils te comblent de respects et d'éloges, il est évident que, s'ils sont partis sans dire adieu, c'est par suite d'un sentiment de confusion.

— » Non-seulement ces deux jeunes gns sont doués d'un talent remarquable, dit Chân-taï, mais en les voyant se dépouiller de tout amour-propre pour rendre hommage à ce qui est beau, on peut dire qu'il serait difficile de trouver leurs pareils.

— » Cela serait impossible, reprit Ling-kiang-sioué, car ils possèdent tous deux un talent également élevé. »

Chân-hien-jîn, voyant que sa fille et Ling-kiang-sioué, les louaient à l'envi, d'une voix unanime, appela un autre domestique et lui parla ainsi : « Messieurs Tchao et Tsièn de Song-kiang, qui sont venus tout-à l'heure composer ici, demeurent en ville chez le comte de Sîn, près de la rivière de Pao-tseu. Prenez ces deux billets de visite, et allez les inviter de ma part; j'ai besoin de causer avec eux. »

Le domestique se chargea de cette commission. Le lendemain matin, s'étant levé de bonne heure, il se rendit en effet à la maison du comte de Sîn, près la rivière de Pao-tseu pour y prendre des informations. Or, comme Yên-pé-hân avait eu soin de donner une fausse adresse, il lui fut impossible de trouver ce qu'il cherchait, mais, on fait quelquefois, sans y songer, de singulières rencontres. Song-sîn, se trouvant mal à son aise dans la maison du président Tchang, était venu se fixer en cet endroit.

En s'informant de côté et d'autre, le domestique de Chân-hien-jîn arriva . par hasard, dans la demeure de Song-sîn.

Or, Song-sîn, une fois en possession de cette nouvelle, s'empressa d'aller trouver Tchang-în et lui ayant tout raconté de point en point : « Comme vous n'avez pas pris cette affaire à cœur, lui dit-il, je vous réponds que vous êtes un homme coulé.

— » Ce n'est pas que j'aie négligé cette affaire, reprit Tchang-în; mais quel moyen pouvais-je prendre puisqu'ils voulaient absolument me voir, et que, d'un autre côté, vous me défendiez d'y aller? Voilà pourquoi j'ai temporisé. Que me conseillez-vous aujourd'hui pour réussir ?

— » Puisqu'ils ont pris en affection Tchao et Tsièn, quoiqu'ils ne les trouvent pas maintenant, ils finiront infailliblement par les découvrir. Une fois trouvés, leur succès est assuré, et tous les efforts que nous avons faits jusqu'ici, seront complètement perdus. Dans ce moment, le temps presse. Le proverbe dit avec raison : « Quelle que soit la laideur d'une bru, elle ne peut manquer de se présenter devant son beau-père et sa belle-mère. » Le mieux est de vous procurer quelques lettres de personnages puissans, et après avoir remonté votre courage, de profiter de l'impossibilité où ils sont de trouver ces deux jeunes gens, pour aller vous présenter vous-même. Qui sait si vous n'aurez pas le bonheur de réussir avant eux? Si l'on veut vous examiner sur la poésie ou sur la prose élégante, caché en dehors de la salle, je vous composerai une ou deux pièces et vous les ferai passer secrètement, afin que vous puissiez vous tirer d'affaire. Je vous réponds du succès; seulement lorsqu'une fois vous aurez réussi, il ne faudra pas oublier mes services.

— » Monsieur, repartit Tchang-In, si vous me faites obtenir ainsi l'objet de mes vœux, naturellement je vous récompenserai comme il faut. »

Leur projet étant bien arrêté, ils se procurèrent deux lettres d'hommes puissans et les envoyèrent d'avance.

Sans perdre de temps, Tchang-In écrivit lui-même une carte de visite et prépara de riches présens; puis il s'habilla avec luxe, et montant en chaise à porteurs, il alla faire sa visite; mais, avant d'entrer, il eut soin de cacher secrètement Song-sin dans une maison voisine.

Chân-hiên-jîn, ayant regardé les lettres de recommandation, vit qu'on y louait avec emphase la jeunesse de Tchang-In et l'éclat de son talent. On ajoutait qu'allant de pair avec sa fille pour la fortune et le rang, il brûlait d'obtenir sa main.

Il chargea en conséquence un domestique de l'inviter à entrer et à se présenter devant lui.

Tchang-In, fier de la noblesse de son rang, entra la tête levée dans le salon, et fit à Chân-hiên-jîn la salutation qu'on doit aux personnes plus âgées que soi. Les civilités achevées, il prit un siège à gauche, au haut de la salle, et Chân-hiên-jîn vint lui tenir compagnie un peu plus bas. Il lui offrit d'abord le thé, et lui adressant la parole :

— « Monsieur, lui dit-il, il y avait long-temps que je contemplais de loin votre noblesse et votre talent élevé, et brûlais de vous voir un seul instant. Comment se fait-il que pendant long-temps vous n'ayez pas daigné abaisser vos yeux jusqu'à moi (c'est-à-dire m'honorer de votre visite?)

— »Quand je fus arrivé à la capitale, répondit Tchang-In, mon père voulut que j'allasse de suite présenter mes hommages à Votre Excellence, mais j'avais éprouvé en route des fatigues excessives qui avaient altéré ma santé, et dont je ne suis pas encore bien remis. Voilà pourquoi j'ai tant différé à vous rendre visite. J'ai commis une faute impardonnable.

— » J'ignorais que vous eussiez été malade, répondit Chân-hiên-jîn; et je suis impatient de recevoir vos instructions (c'est-à-dire de voir vos compositions), en voici l'unique motif : Ces jours derniers, mon noble ami, j'ai reçu diverses lettres où l'on loue avec enthousiasme le talent merveilleux qui brille dans vos compositions. C'est pourquoi je désire vivement que vous m'en montriez un ou deux morceaux pour mon instruction.

— » Je n'ai qu'une instruction médiocre, et mes écrits insipides et vulgaires ne sont guères bons qu'à tapisser les murs d'une cabane de village. Comment oserais-je les présenter à Votre Excellence qui est aussi élevée que le mont Thaï-chân et la constellation du Boisseau (la Grande Ourse)? Mais puisque vous daignez m'encourager,

j'oserai vous montrer des vers qui font ma confusion. »

En disant ces mots, il prit des mains d'un domestique qui le suivait, un cahier intitulé les Nouvelles compositions de Tchang, et le lui présenta avec un profond salut : « Ces morceaux, lui dit-il, sont bien communs et bien informes; je prie Votre Excellence de les communiquer à sa noble fille pour qu'elle les corrige. »

Chân-hiên-jîn prit le cahier et y ayant jeté les yeux, il vit une pièce composée, dans la ferme de Tsiên-lieou, en écoutant le chant des loriots ; une autre écrite sur un mur, etc., etc. Toutes les expressions avaient autant de pureté que de fraîcheur. Il en fut ravi de joie. « Sage ami, lui dit-il, vous avez un talent admirable; on peut dire que votre réputation n'est point usurpée. Il examina encore deux pièces dont la grâce ne fit qu'augmenter son ravissement. Il ordonna alors à un domestique de porter ces compositions à sa fille.

Il n'avait pas encore achevé de parler, lorsqu'un domestique arriva en courant et s'approchant de Chân-hiên-jîn, lui chuchota quelques mots à l'oreille. « Ma fille, dit aussitôt le ministre, a vu vos élégantes compositions et les a louées avec chaleur; mais comme il y a quelques points qu'elle ne comprend pas bien, je vous prierai, mon sage ami, de vous rendre au pavillon du pied de jade pour lui donner quelques explications. J'ignore, mon sage ami, si vous y consentirez.

— » Je suis justement venu ici pour demander les instructions de Mademoiselle votre fille : en daignant m'interroger, elle met le comble à mes vœux.

— »Puisqu'il en est ainsi, veuillez vous rendre auprès d'elle, j'aurai l'honneur de vous attendre en cet endroit. »

Aussitôt il chargea plusieurs domestiques de le conduire au pavillon du pied de jade.

Au moment où Tchang-In allait partir, Chân-hiên-jîn lui adressa quelques observations. « Ma fille, lui dit-il, est d'un naturel grave et sévère; elle n'a pas la même indulgence que moi. Il faut, mon sage ami, que toutes vos paroles soient respectueuses et réservées.

— » Je suivrai avec respect vos nobles conseils, répondit Tchang-In », en lui faisant un profond salut.

À ces mots, il partit avec les domestiques.

Or, comme le pavillon du pied de jade était situé à l'écart, derrière la maison, il passa devant une multitude de kiosques, de belvédères et de galeries, avant d'arriver au pied de cette retraite. Les domestiques le prièrent de s'asseoir, et chargèrent une servante de monter au haut du pavillon, pour annoncer son arrivée. Il y avait peu d'instans qu'il était assis, lorsqu'il vit descendre, à l'étage supérieur, deux jeunes servantes : «Notre maîtresse, dirent-elles à Tchang-In, désire adresser quelques questions à Votre Seigneurie ; ces Nouvelles compositions de Tchang, est-ce vous qui en êtes réellement l'auteur, où bien est-ce un recueil de morceaux que vous avez empruntés à divers poètes? »

À cette question soudaine, Tchang-In se sentit comme frappé au cœur, et, dans son trouble, il rougit jusqu'aux oreilles. Heureusement que Mlle Chân n'était pas présente. Il tâcha de répondre avec aplomb.

— « Le titre, dit-il, porte clairement les mots : Nouvelles compositions de Tchang. Or, c'est moi-même qui suis

M. Tchang; comment pourrait-on dire que ce sont des compositions d'emprunt?

— » Si c'est M. Tchang qui a composé lui-même ces pièces, dit ma maîtresse, d'où vient qu'on y trouve des poésies de Ping-jou-heng? ».

En entendant ces trois syllabes, Tchang-în reconnut avec effroi qu'elle voyait le fond du sac, et resta quelque temps muet et immobile. Ensuite, changeant de langage :

— « Votre maîtresse, dit-il, a réellement de la perspicacité; en vérité c'est une personne de talent. Les deux pièces de vers que l'on voit dans la seconde partie, c'est en effet Ping-jou-heng qui les a faites, en composant avec moi sur les mêmes rimes; voilà pourquoi je les ai réunies aux miennes.

— » Mademoiselle dit, ajouta la servante, qu'indépendamment des deux pièces de Ping-jou-heng, il y en a encore d'un autre auteur. »

Tchang-în réfléchit alors en lui-même. Puisqu'elle a découvert les poésies de Ping-jou-heng, se dit-il, il est certain qu'elle a reconnu aussi celles de Yên-pé-hân. Le mieux est de faire franchement ma confession.

— » Outre les deux pièces de Peng-jou-heng, répondit-il, il y en a encore deux de Yên-pé-hân. Quant aux autres compositions, elles sont toutes de moi, nulle autre personne ne peut les revendiquer. Je prie Mademoiselle de les examiner avec un soin minutieux ; sachez bien que moi qui vous parle, moi, le seigneur Tchang, je possède un véritable talent et une instruction solide. Je n'imite certainement pas ces misérables qui pillent et volent effrontément les compositions des autres ! »

La servante monta au haut du pavillon et porta cette réponse. Peu d'instans après, elle descendit avec une grande feuille de papier qu'elle remit à Tchang-în. « Mademoiselle trouve, lui dit-elle, que, puisque vous êtes réellement l'auteur des *Nouvelles compositions* de Tchang, vous avez décidément un talent merveilleux. Elle vient d'écrire sur ce papier une pièce de vers, et prie Votre Seigneurie d'en faire une autre sur les mêmes rimes.

A la vue de ces vers, Tchang-în éprouva d'abord un embarras mortel. Se voyant obligé de faire semblant d'y répondre sur les mêmes rimes, il broya de l'encre, saisit un pinceau et se mit à écrire à tort et à travers; puis, il fit furtivement une copie des vers, et, profitant d'un moment où personne ne l'observait, la remit à un petit domestique qui ne le quittait pas, en lui recommandant d'aller la porter à Song-sîn, pour qu'il composât à sa place les vers demandés.

Muni de la copie des vers, le petit domestique, sortit précipitamment pour chercher Song-sîn et le prier de composer à la place de son maître. Mais la maison était vaste et profonde, et comme il avait à faire beaucoup de détours, il lui fut impossible de trouver tout de suite une issue. Au moment où il était à fureter, tantôt à l'est,

tantôt à l'ouest, tout-à-coup Ling-kiang-sioué, ayant appris que Mlle Chân était dans *le pavillon du pied de jade*, occupée à examiner le savoir de Tchang-în, voulut sortir pour aller voir. A peine avait-elle quitté sa chambre, qu'elle rencontra brusquement le petit domestique qui courait tout effaré, et le fit arrêter par les servantes. « Qui êtes-vous, lui demanda-t-elle, pour courir ainsi dans les chambres de l'intérieur?

— » Je suis un domestique qui accompagne le seigneur Tchang », répondit-il avec émotion.

Ling-kiang-sioué, voyant le trouble dont il était agité en parlant, soupçonna que ce n'était pas sans motif. « Puisque vous devez accompagner M. Tchang, lui dit-elle, pourquoi sortez-vous? Je suis sûre que vous vouliez commettre quelque vol. »

Le jeune domestique aurait bien voulu s'évader; mais voyant que cela était impossible, il prit le parti d'avouer la vérité.

— « Suivez-moi, dit Ling-kiang-sioué » A ces mots elle le mena dans sa chambre et improvisa deux quatrains qu'elle lui remit aussitôt. « Portez cela à votre maître, lui dit-elle ; seulement, vous devez dire que c'est M. Song qui les a composés. »

Dès que Tchang-în tint les vers dans ses mains, son courage se ralluma et il sentit renaître sa fierté. Il les copia alors, d'après le modèle qu'il avait sous les yeux, et les remit ensuite à une servante.

— « Voici, dit-il, les vers que j'ai faits sur les rimes de votre maîtresse. Veuillez les lui porter en la priant de les examiner avec soin. Mlle Chân est une personne de talent; naturellement elle en sentira tout le charme. »

La servante prit les vers en souriant, et s'empressa de les porter, au haut du pavillon, à Mlle Chân.

Après avoir lu ces vers, Mlle Chân ne put s'empêcher de rire aux éclats : « Cet imbécile-là, s'écria-t-elle, je ne sais pas qui il a chargé de versifier à sa place; il s'est fait bafouer d'une manière délicieuse ! »

Comme elle était occupée à réfléchir, elle aperçut tout-à-coup Ling-kiang-sioué qui revenait du pavillon situé derrière le sien.

Ling-kiang-sioué lui raconta alors, de point en point, comment elle avait rencontré le petit domestique qui voulait sortir et chercher quelqu'un qui composât pour son maître, et de quelle manière elle s'y était prise pour faire des vers à sa place.

Mlle Chân battit des mains en riant à gorge déployée.

Tchang-în, qui se tenait au bas du pavillon, entendant rire aux éclats dans l'étage supérieur, s'imagina de bonne foi que c'était la lecture de ses vers qui causait ces transports de joie. « Que ne profite-je de son allégresse, se dit-il en lui-même, pour monter au haut du pavillon et lui faire un doigt de cour ? »

Sa résolution étant une fois arrêtée, sans s'embarrasser des conséquences, il s'arma d'audace et monta brusquement au haut du pavillon.

ROMAN CHINOIS.

CHAPITRE XVI.

Comme il n'y avait alors nul gardien à la porte du pavillon, Tchang-în put profiter de cette circonstance et monter sans obstacle. Mlle Chân leva tout-à-coup la tête et l'ayant aperçu, elle entra dans une violente colère. « Quel est cet homme qui ose monter ici? » s'écria-t-elle. Tchang-în, qui s'était déjà avancé en face d'elle, lui fit un profond salut. « Mademoiselle, lui dit-il, votre serviteur Tchang-în, voyant que vous daigniez honorer de vos éloges ses compositions vulgaires, est monté exprès pour vous en remercier.

— » Quelles sornettes nous contez-vous là, lui dit Chân-taï; comment avez-vous osé monter de votre propre mouvement, à l'étage supérieur? »

A ces mots, elle ordonna à ses servantes de détacher d'un piédestal orné de dragons, son *sceptre d'or*, le saisit dans sa main, et se dressant sur ses pieds : « Tchang-în, s'écria-t-elle, parce que vous avez osé faire des propositions coupables à *la jeune fille de talent*, comblée des bienfaits de l'empereur, pour obéir à son auguste décret, je vais vous frapper à mort. » Elle dit, et levant le sceptre d'or, se dispose à lui en asséner un coup sur la tête.

Tchang-în, frappé d'effroi, est prêt à s'évanouir. Il veut se lever et fuir précipitamment; mais une multitude de servantes le tiennent immobile. Réduit aux abois, il frappe violemment le sol de son front : « Grâce! grâce! Mademoiselle, s'écria-t-il à plusieurs reprises. C'est la première fois que je viens dans le Midi; je vous jure que je ne le savais pas. Je vous en supplie, laissez-moi la vie. »

Mais Chân-taï est sourde à ses prières; elle saisit de nouveau le sceptre d'or et ne songe qu'à le frapper.

Heureusement pour lui que Ling-kiang-sioué, qui se tenait près d'elle, l'exhorte vivement au pardon; mais elle ne veut rien écouter. Par bonheur, le domestique qui accompagnait Tchang-în, effrayé des paroles menaçantes qui retentissent au haut du pavillon, court à la hâte dans le salon de derrière, et va en informer Chân-hiên-jin.

Sur-le-champ, le ministre appela plusieurs servantes : « Courez vite chez ma fille, leur dit-il, et annoncez-lui que je demande la grâce du coupable. »

En ce moment, Chân-taï allait abaisser une main homicide et assommer Tchang-în; mais Ling-kiang-sioué s'efforçait constamment de la retenir avec les plus vives instances, lorsque tout-à-coup plusieurs servantes accoururent en criant : « Grâce! grâce! au nom de S. Ex. »

Chân-taï suspendit alors son courroux : « A quoi bon, dit-elle, laisser vivre cet animal forcené? pourquoi mon père vient-il arrêter mon bras?

— » Ce n'est point à cause de lui, reprit Ling-kiang-sioué, que S. Ex. le premier ministre demande grâce ; il craint uniquement d'offenser son père dont il est le collègue. »

Dans ce moment, la langue de Thang-în était glacée et comme paralysée par la crainte. D'abord il demandait grâce; mais, quelques instans après, il se trouva incapable d'articuler un seul mot. Tout ce qu'il pouvait faire était de frapper continuellement la terre de son front.

En voyant sa piteuse attitude, Chân-taï se sentit envie de rire; mais elle conserva sa gravité. « Puisque mon père, dit-elle, m'ordonne de faire grâce, comment pourrais-je lui désobéir?

— » Puisque, par déférence pour les ordres du premier ministre, reprit Ling-kiang-sioué, vous lui faites grâce de son ignorance, laissons-le partir, et qu'il n'en soit plus question.

— » Comme, malgré son ignorance, reprit Chân-taï, il a pu prier quelqu'un de composer à sa place, afin de se donner un faux lustre, il ne convient pas que son visage soit dépourvu des marques du talent. »

Elle ordonna aussitôt à ses suivantes de prendre des pinceaux et de l'encre, et de le chasser après lui avoir barbouillé le visage, afin que tout le monde reconnût que c'était un homme rempli de talent (1).

Tchang-în restait toujours à genoux. Voyant qu'elle avait déposé son sceptre d'or, il commença à respirer un peu. « Si l'on dit, s'écria-t-il, que Tchang-în ne s'est pas prosterné à la vue de l'écriture de l'empereur, qu'il s'est permis de monter au *pavillon de jade*, et qu'il a imprudemment abordé Mlle Chân, ce sont des crimes dont je me suis certainement rendu coupable ; mais si l'on avance que j'ai chargé quelqu'un de composer à ma place, c'est une chose que je n'avouerai jamais, même au péril de ma vie. »

En entendant ces paroles, Chân-taï et Ling-kiang-Sioué éclatèrent de rire.

— « Ceux qui ont composé pour vous, reprit Chân-taï, viennent d'être saisis et amenés ici; voulez-vous encore nier la vérité? »

Dès que Tchang-în eut entendu dire qu'on avait saisi ceux qui avaient composé pour lui, il se dit en lui-même que Song-sîn était sous leur main. Cette pensée ne fit que redoubler son trouble, et il lui fut impossible d'ouvrir la bouche.

Après que Chân-taï lui eut fait marbrer la figure d'encre par ses servantes : « Pour le moment, dit-elle, je vous fais grâce, partez. Si vous revenez m'ennuyer encore, je demanderai un ordre impérial, et je vous réponds que vous êtes un homme mort. »

Tchang-în, profitant de cette occasion, descendit rapidement les marches du pavillon, et disparut par la porte principale.

A peine avait-il marché quelques instans, qu'au détour

(1) Le texte original offre ici un jeu de mot charmant qu'il est impossible de faire passer en français. Le mot *mé* qu'emploie l'auteur veut dire au propre *encre*, et au figuré *talent littéraire*. L'expression chinoise peut donc signifier à la fois : plein *d'encre* (c'est-à-dire tout barbouillé *d'encre*) et rempli de *talent littéraire*.

du chemin, il aperçoit Song-sîn qui faisait sentinelle, les oreilles dressées et le cou tendu.

En le voyant, Tchang-în avait éprouvé un sentiment de surprise et de joie. Dites-moi un peu, lui demanda-t-il, si l'on ne vous a pas encore arrêté, et si, après vous avoir arrêté, l'on vous a mis en liberté?

— » Qui est-ce qui m'aurait arrêté? Et vous, pourquoi avez-vous cet air tremblant et embarrassé? D'où vient que votre figure est ainsi barbouillée d'encre?

— » Cela ne peut pas se dire en deux mots, répondit Tchang-în en frappant du pied ; allons en avant, et quand nous aurons trouvé un lieu commode, je vous raconterai tout cela de point en point. »

Aussitôt, ils montèrent ensemble dans une chaise à porteurs et s'en retournèrent.

Au bout de quelques lis (dixièmes de lieue), Tchang-în aperçut tout à coup, au bord du chemin, un cabaret d'une apparence propre et élégante. Il fit arrêter la chaise et y entra avec Song-sîn. Ce cabaret se composait d'un rez-de-chaussée et d'un premier étage. Tchang-în, ne se souciant pas de monter, resta dans la salle du bas et s'assit devant une grande table, qui s'appuyait contre une fenêtre ; mais il ne voulut boire qu'après avoir demandé de l'eau et s'être lavé la figure. Quand ils eurent bu quelques tasses de vin, Song-sîn prit le premier la parole : « D'où vous vient, lui demanda-t-il, cet air triste et abattu?

— » Quoi ! répondit Tchang-în en soupirant, vous voulez encore m'en demander la cause? Le mal que vous m'avez attiré n'est pas mince.

— » Eh! quel mal vous ai-je attiré?

— » Je vous avais prié de composer des vers à ma place ; j'espérais que vous me feriez une excellente pièce qui me couvrirait de gloire. Je ne sais ce que vous avez écrit pour qu'elles se soient moquées de moi. Quand je vous ai chargé de composer à ma place, c'était une affaire secrète qui devait échapper à la connaissance du public. Qu'aviez-vous besoin de les mettre dans notre confidence et de m'attirer ainsi un mortel affront?

— » Vous êtes fou ! je pense. Il y a une demi-journée que je suis ici à attendre vos ordres ; mais je n'ai vu ombre d'homme. Qui est-ce donc qui m'a invité à composer des vers pour vous?

— » C'est mon petit domestique.

— » Eh bien ! faites-le venir et confrontez-le avec moi. »

Tchang-în l'appela sur-le-champ ; mais il s'était enfui dehors, et n'osait plus se montrer. A force de s'entendre appeler, il finit par accourir auprès de son maître.

— » N'est-ce pas toi, lui demanda Tchang-în , qui as apporté les vers composés par M. Song?

— » Quels vers de ma composition t'ai-je remis? » demanda à son tour Song-sîn.

Le jeune domestique, pressé des deux côtés, resta muet de crainte, et ne put articuler un seul mot.

Tchang-în, le voyant garder le silence et changer de couleur, lui appliqua deux soufflets. « Sot animal , lui dit-il , est-ce que tu n'aurais pas encore remis les vers à M. Song? »

Le petit domestique, intimidé par les coups, se vit bien obligé de dire la vérité.

A son récit, Tchang-în trépigna encore des pieds. « Ainsi donc, s'écria-t-il, c'est toi, petit coquin, qui as fait manquer mon projet. Tu savais pourtant que ces vers devaient être faits à l'insu de sa jeune compagne. Comment as-tu osé, au contraire, me les faire composer par elle? Je ne m'étonne plus si elle a dit, en se moquant de moi, qu'on tenait mes complices. Moi qui suis issu d'une famille illustre, croyez-vous que je vais en rester là, après avoir essuyé, sans motif, ses insultes et ses outrages ? Il faut que j'en instruise mon père, et que je présente un rapport rédigé par lui, où je dirai que, fière de la faveur dont l'honore l'empereur, elle outrage effrontément les fils des plus hauts fonctionnaires de l'état.

— » Si vous dites, dans le rapport, qu'elle vous a insulté, elle répondra que vous lui avez fait des propositions coupables, et lorsque, plus tard, une enquête aura fait découvrir la vérité, c'est vous, au bout du compte, qui serez victime de cette dénonciation. Comment pourriez-vous la renverser?

— » Si je ne la fais pas châtier d'importance, comment pourrais-je contenir la colère que j'ai contre elle?

— » Si vous ne pouvez contenir votre colère, je connais un excellent moyen de la châtier comme il faut.

— » Quel est cet excellent moyen? lui demanda vivement Tchang-în ; je vous prie en grâce de m'instruire.

— » Tout-à-l'heure, comme j'étais assis dans le couvent de Tsié-în, en attendant vos ordres, j'ai vu sur un mur des vers composés par Tchao-tsong et Tsiên-heng. Pour peu qu'on examine les sentiments et les idées qui y règnent, chaque vers respire l'éloge de Chan-taï et leur passion pour elle. J'interrogeai à ce sujet le prieur du couvent. Il me répondit que ces deux messieurs avaient concouru en tête-à-tête avec Mlle Chân. Je lui demandai sur quoi elle les avait examinés. Ce prieur, qui est un homme de goût, avait copié de sa main tous les vers qu'ils avaient composés dans ce concours. Il me les fit voir et je les ai apportés, après les avoir transcrits furtivement. Ces deux messieurs sont précisément ceux que ces jours derniers S. Ex. Chân fit demander, par erreur, dans la maison que j'habite. En examinant les vers qui ont été composés de part et d'autre dans ce concours, j'y trouvai une intention marquée de se provoquer mutuellement au vice. Si vous voulez lui trouver des fautes, et présenter contre elle un rapport, pourquoi ne pas communiquer à l'empereur ces vers qu'elle a composés avec eux, sur des rimes communes? Vous direz que, sous prétexte de mesurer (juger) le talent, elle a attiré des jeunes gens dans le *pavillon du pied de jade*, et qu'elle a composé avec eux des vers licencieux ; qu'ainsi elle a profané l'inscription tracée par l'empereur, et déshonoré le titre de *fille de talent* que S. M. lui a conféré. Vous pouvez être sûr qu'à la vue d'une telle accusation, l'empereur sera furieux contre elle. »

A ce discours, Tchang-în se sentit transporté de joie. « Votre idée est merveilleuse! votre idée est merveilleuse ! s'écria-t-il. Je vais en informer mon père, et lui faire présenter le rapport projeté.

— »Si l'on présente ce rapport après-demain, elle répondra qu'ayant été honteusement bafouée pour lui avoir fait des propositions coupables, vous voulez vous venger par la calomnie. Il ne faut donc point vous presser; si vous attendez quelques jours, votre succès est assuré.

— » Vous avez raison, reprit Tchang-în. Quand je différerais de quelques jours, il n'est pas à craindre qu'elle ne s'envole au ciel. »

Leur projet étant bien arrêté, ils s'abandonnèrent à la joie, et burent quelque temps ensemble. Après quoi ils se levèrent de table, et partirent dans leur chaise à porteurs. Le proverbe dit avec raison : *Si vous parlez sur la route* (prenez garde !), *il y a du monde au milieu des herbes.*

Par un grand hasard, ce même jour Yên-pé-hân, ne pouvant oublier la jeune beauté qu'il avait vue au haut du pavillon, sortit encore de la ville avec Ping-jou-heng, et se rendit à la villa impériale. Il s'informa d'elle dans le voisinage du jardin. et non seulement il ne put découvrir ses traces, mais les vers qu'ils avaient écrits tous deux (c'est-à-dire lui et elle) sur le mur, avaient été effacés par une couche de chaux.

Le cœur navré de douleur, ils s'en revinrent promptement ensemble. Entrés, un peu auparavant, dans ce cabaret, ils s'étaient mis à boire au premier étage, et, au bout de quelques momens, ils aperçurent tout-à-coup Song-sîn et Tchang-în qui entraient au rez-de-chaussée. « Nos deux amis éprouvèrent un vif étonnement. « Ainsi, se dirent-ils, les voilà aussi arrivés à la capitale. »

Ping-jou-heng voulait descendre pour les saluer; mais Yên-pé-hân le retint. « Un moment, lui dit-il, écoutons un peu ce qu'ils disent. » Se penchant alors sur le bord de la balustrade, ils prêtèrent une oreille attentive et se mirent aux écoutes. Toute la conversation ne roulait que sur le piège qu'ils voulaient tendre à Mlle Chân ainsi qu'à Tchao-tsong et à Tsién-heng. Les deux amis se tinrent cois, et n'osèrent souffler un mot ; ils se contentèrent d'attendre qu'ils eussent fini de boire et quitté le cabaret. Ils purent alors délibérer librement.

— « Heureusement qu'ils ne nous ont pas vus, dit Ping-jou-hêng ; autrement, il nous serait sans doute survenu quelque mauvaise affaire.

— » Si Tchang-în vient à découvrir nos vrais noms et à en informer l'empereur, dès que S. M. apprendra que les deux jeunes gens, recommandés à sa bienveillance par l'examinateur en chef, et appelés à la cour en vertu d'un décret, ont désobéi à ses ordres et ne se sont point présentés; qu'en outre, ayant changé de nom de famille et de surnom, ils sont restés cachés dans la capitale, et ont cherché à séduire *la jeune fille de talent* qu'il a comblée de ses faveurs, ce sera à ses yeux le plus grand de ses crimes.

— » Monsieur, répartit Ping-jou-heng, vos craintes sont parfaitement fondées; mais, pour le moment, quel sera notre moyen de salut ?

— » En venant tous deux à la capitale, notre première pensée était de nous informer de Mlle Chân et de demander sa main; mais maintenant ce mariage ne nous laisse plus d'espoir. Si j'avais rencontré la jeune beauté que j'ai vue au haut du pavillon, c'eût été un immense bonheur; mais je n'ai pu la découvrir, et elle est devenue invisible pour moi. Vous-même, vous n'avez pu trouver la moindre trace de votre Ling-kiang-sioué. Si nous continuons à errer ici, ce sera vraiment peine perdue. Ajoutez à cela que, ces jours derniers, la jeune servante m'a dit clairement dans ses vers :

« Si vous cherchez un pilon de jade pour faire de la
» gelée blanche (c'est-à-dire si vous voulez épouser
» une jeune fille belle comme la déesse Sioué-ing), il
» faut qu'on détache pour vous, du trône impérial, des
» (flambeaux ornés de) nénuphars d'or (c'est-à-dire, il
» faut que l'empereur vous favorise et vous protége) ».

» Maintenant, le concours pour *la licence* n'est pas éloigné; il vaut mieux nous en retourner, et quand nous aurons acquis du mérite et de la réputation, nous nous informerons une seconde fois du *pont bleu* (c'est-à-dire de la maison de la jeune fille que nous voulons épouser); peut-être y serons-nous conduits comme par un fil mystérieux.

Après avoir arrêté leur projet, les deux amis burent encore quelques tasses ; puis ils quittèrent la table et s'en revinrent dans leur demeure. Ils ordonnèrent alors à un domestique de préparer leurs bagages et de louer une chaise à porteurs et des chevaux. Le lendemain, de grand matin, ils sortirent de la ville et partirent pour un long voyage. Tout le long de la route, ils causaient gaîment et marchaient sans se donner beaucoup de fatigue. Un jour qu'ils venaient d'entrer dans la province de Chân-tong, comme ils se trouvaient dans un chemin resserré, ils rencontrèrent tout-à-coup un magistrat qui passait avec son escorte. Il était précédé de satellites rangés deux à deux, et se prélassait dans une chaise à porteurs, dont la grandeur annonçait un fonctionnaire éminent. Une dizaine de cavaliers marchaient en masse derrière lui.

Yên-pé-hân et Ping-jou-heng, obligés de descendre de leur chaise, choisirent un endroit un peu large, et se tinrent debout pour le laisser passer commodément. Mais, à leur grande surprise, lorsque la chaise du magistrat fut arrivée devant eux, tout à coup une voix partit de l'intérieur, et cria plusieurs fois à deux des personnes de la suite : « Veuillez demander si ces Messieurs qui se tiennent au bord de la route, ne sont pas les bacheliers Yên et Ping. »

En entendant ces mots, Yên-pé-hân et Ping-jou-heng s'approchèrent vivement de la chaise, et, jetant un coup-d'œil dans l'intérieur, ils reconnurent Wang, le président du concours, et sans attendre que le *Ché-jîn* (sorte de secrétaire) fût venu les interroger, ils lui firent avec empressement, un profond salut. « Les deux bacheliers que vous voyez, lui dirent-ils, sont précisément Yên-pé-hân et Ping-jou-heng. »

A ces mots, Wang fut transporté de joie, et dit à son secrétaire : « Priez vite ces deux Messieurs de se rendre avec vous au bureau de poste précédent, afin que j'aie le plaisir de les voir. » Il dit et ordonna à ses porteurs de repartir sur-le-champ.

Docile à ses ordres, le secrétaire les suivit de près, mais Yên-pé-hân et Ping-jou-heng le prièrent de monter dans une chaise pour s'en retourner avec eux. Heureusement qu'après avoir parcouru, en revenant sur leurs pas, la faible distance de deux ou trois *lis*, ils arrivèrent au bureau de poste. Invités à plusieurs reprises, par Wang, le président du concours, Yên-pé-hân et Ping-jou-heng, entrèrent et vinrent le saluer. Les civilités achevées, Wáng les pria de s'asseoir, mais ils s'en excusèrent poliment. —«En voyage, dit Wang, cela est sans inconvénient.» Ils furent donc obligés de lui obéir.

Wang les interrogea alors. « J'ai adressé, leur dit-il, un rapport à l'empereur, pour vous recommander d'une manière particulière. S. M. daigna l'approuver.

— » Veuillez me suivre à la capitale, où je dois aller rendre compte de ma commission. Dès que vous aurez été admis en présence de l'empereur, vous obtiendrez chacun, j'en suis sûr, une charge importante.

—»Seigneur, répondirent-ils ensemble, si vous présentez à S. M. d'obscurs bacheliers, comme des hôtes illustres, cette haute bienveillance à laquelle nous devrons notre élévation, méritera d'arriver à la postérité la plus reculée. Seulement, nous savons que, pour porter le nom le plus glorieux de tout l'empire, il faut effacer tous les hommes de l'empire par l'éclat du talent. Ce n'est qu'alors qu'on est au niveau de sa renommée. Mais si l'on a un esprit médiocre, si l'on ne possède pas un mérite extraordinaire, on devient inévitablement la fable et la risée de tout l'empire. Quoique nos faibles talens nous aient concilié votre bienveillance et votre affection, en nous examinant nous-mêmes, la main sur la conscience, nous croyons, que dans la vaste étendue de l'univers, il n'y a pas un lieu où l'on ne puisse trouver des hommes de talent. Si vous disiez, Seigneur, que les deux bacheliersque vous voyez, éclipsent tout l'empire, en vérité nous nous refuserions nous-mêmes à le croire.

— » Messieurs, reprit Wang, en cédant le pas aux autres, avec une âme aussi dépouillée d'amour-propre, vous faites briller sans doute l'éclat de votre modestie. Seulement, quoique, par le nombre des hommes de talent, la province de Nanking soit la première de l'empire, après l'avoir parcourue en tous sens, je n'ai trouvé que vous, mes excellens amis, qui vous éleviez au-dessus de votre rang, et effaciez la foule. Voilà pourquoi j'ai osé vous présenter à l'empereur dans un rapport spécial. Bien que l'empire soit immense et qu'il possède encore des hommes de talent, il n'y en a pas un seul qui l'emporte sur vous. Maintenant votre nom de famille et votre surnom sont déjà arrivés jusqu'aux oreilles de S. M.; il ne faut plus, Messieurs, que vous persistiez dans cette excessive modestie.

— » Si nous avons refusé cet honneur, répondit Yên-pé-hân, c'est que nous avions de bonnes raisons; je vous jure que ce n'est pas par fausse modestie.

— » En vous voyant refuser avec tant de persistance, j'aurais mauvaise grâce à vous contraindre. Seulement, puisqu'après avoir eu l'honneur d'être mandés auprès de l'empereur, vous refusez opiniâtrement de vous rendre à son appel, il est à craindre que l'empereur ne vous soupçonne de dédaigner son auguste cour. Je vous avoue que cela peut avoir de funestes conséquences.

— » Si nous ne sortions point, par un sentiment d'orgueil, ce serait là dédaigner l'auguste cour de l'empereur; mais aujourd'hui, notre unique désir est de nous présenter au concours pour la licence, afin de faire notre chemin. Au bout du compte, nous n'en resterons pas moins les sujets de S. M. ; seulement, nous n'osons nous trouver dignes de répondre à son invitation solennelle. C'est là témoigner un véritable respect pour l'empereur, et il y a une immense distance entre ce respect et le dédain dont vous parlez.

— » Messieurs, répliqua Wáng, puisque vous voulez vous en retourner, afin de concourir pour la licence, ce sera absolument la même chose; mais je crains que dans la suite il ne soit trop tard pour offrir à S. M. vos explications et vos excuses. Que n'exposez-vous d'avance vos intentions dans un placet? En allant rendre compte de ma commission, je le présenterai moi-même à l'empereur. Une fois éclairé sur les motifs de votre conduite, non-seulement il ne vous blâmera pas, mais il reconnaîtra que vous joignez tous deux le talent à la modestie. »

Yên et Ping le remercièrent ensemble avec effusion.«Vu les avis que vous voulez bien nous donner, lui dirent-ils, il faut que nous présentions de suite une supplique à S. M.»

L'examinateur en chef les fit rester avec lui dans l'hôtel du bureau de poste, et leur offrit une collation. Tout en buvant avec eux, il examina leurs poésies et leurs compositions en prose élégante. Il trouva qu'ils avaient un style divin et une immense érudition; cette lecture le transporta de joie : « Messieurs, leur dit-il, si vous concourez pour la licence, vous êtes sûrs d'arriver aux premiers rangs. Comme mes examens de cette année sont terminés, d'après les règlemens, il faut que j'aille rendre compte de ma commission. Le nouvel examinateur du concours pour la licence, est déjà entré en fonctions. Si vous vous en retournez au plus vite, vous n'arriverez pas encore trop tard. Pour moi, j'espère apprendre à la capitale la nouvelle de vos succès »

Les deux amis, l'ayant remercié plusieurs fois, rédigèrent une supplique où ils alléguaient comme excuse que le désir de concourir pour la licence, les empêchait de répondre à l'appel impérial. Ils remirent ce placet à l'examinateur en chef et le quittèrent tous deux le lendemain. De son côté, l'examinateur en chef partit pour aller rendre compte de sa mission.

Or, Yên-pé-hân et Ping-jou-heng voyagèrent sans s'arrêter. Ils arrivèrent justement à Song-kiang au moment où le nouvel examinateur allait s'occuper du concours pour la licence. Comme Yên-pé-hân faisait partie des bacheliers de Hoa-ting-hiên, il est inutile de dire qu'il fut aisément admis au concours. Mais Ping-jou-heng était de la province du Hô-nân; quand il aurait voulu se faire passer pour originaire du pays, la sévérité des règlemens de la ville de Song-kiang, l'aurait détourné de cette infraction. Il aurait voulu retourner dans le Hô-nân, mais il serait arrivé trop tard. Yên-pé-hân lui fit part de ses idées : « Il vaut mieux, lui dit-il, entrer comme pensionnaire, au collège de Nân-king.

— » Ce conseil est excellent, reprit Ping-jou-heng, seulement, il faudra dépenser beaucoup d'argent.

— » Peu importe, dit Yên-pé-hân; je prends tout cela sur moi. »

Ping, le proviseur, écrivit une lettre officielle et l'envoya par un domestique fidèle et intelligent, qu'il chargea de la somme nécessaire. Arrivé au collége impérial de Nân-king , il y fit admettre Ping-jou-heng en qualité de pensionnaire.

Quelques jours après, on afficha la liste des licenciés reçus. Yên-pé-hân se trouva au premier rang. Une fois pourvu du grade de Kiu-jîn (licencié), il fit préparer ses bagages, et se rendit à Nân-king avec Ping-jou-heng qui devait y concourir pour la licence.

CHAPITRE XVII.

Dès que Yên-pé-hân eut été admis à concourir pour *la licence* et qu'il eut fait recevoir Ping-jou-heng au collège impérial, il l'accompagna aussitôt à Nan-King, pour subir l'examen provincial.

Après qu'ils eurent fait tous deux les trois compositions exigées, leurs morceaux d'éloquence parurent aussi parfaits qu'une pièce de monnaie choisie entre dix mille. Il n'y eut personne qui ne les comblât de pompeux éloges. Le jour où l'on afficha la liste, on vit Yên-pé-hân briller tout au haut et le premier en tête, avec le titre de *Kiaï-youdn* (le premier des licenciés); Ping-jou-heng avait obtenu le sixième rang, avec le titre de *Ya-koueï* (c'est-à-dire second coryphée). Ce succès remarquable qu'ils avaient acquis dans la fleur de la jeunesse, était encore rehaussé par la distinction de leur figure et les agrémens de leur personne. A leur retour, quand ils eurent pris part au *banquet des licenciés*, et salué le président du concours et les examinateurs, il n'y eut personne qui ne leur prodiguât des éloges et des marques d'estime. Tout le monde était ravi de joie.. Les magistrats qui avaient des filles à marier, venaient les prier de devenir leurs gendres. A peine en avaient-ils refusé un, qu'ils en éconduisaient un autre. Fatigués de refuser tous les prétendans, une fois leurs affaires terminées, ils s'en retournèrent ensemble dans la ville de Song-kiang; mais ils y furent en butte à des obsessions du même genre. Ils délibérèrent alors ensemble. « Il vaut mieux, dirent-ils, nous rendre promptement à la capitale; c'est le seul moyen d'éviter toutes ces discussions. »

— « Si nous allons promptement à la capitale, reprit Ping-jou-heng, nous éprouverons une foule de désagrémens.

— » Lesquels, je vous prie?

— » Notre arrivée causera une rumeur dans le public et frappera l'empereur lui-même. S'il daigne nous appeler en sa présence et nous accorder des encouragemens et des éloges, et qu'alors nous nous présentions au concours, quand nous obtiendrions le premier rang; on ne manquerait pas de dire que les examinateurs ont voulu complaire à Sa Majesté. Ne trouvez-vous pas que notre réputation littéraire perdrait une partie de son lustre? Il vaut mieux dire au président et aux examinateurs, que le mauvais état de notre santé ne nous permet point d'aller cette fois à la capitale pour le concours qui se prépare. Alors nous nous rendrons secrètement à la capitale, et au moment de la lutte, nous nous présenterons subitement aux examens. Si nous sommes assez heureux pour obtenir les premiers rangs, nous pourrons alors marcher la tête haute, et montrer un légitime orgueil. Pour le coup,

nous verrons couronner les efforts de toute notre vie. »

A ces mots, Yên-pé-hân fut transporté de joie. « Monsieur, lui dit-il, vos sages considérations me ravissent le cœur. Seulement, il nous serait difficile de rester longtemps dans la ville de Song-kiang; le mieux est de pretexter une indisposition et de dire que nous allons dans tel endroit pour soigner notre santé. Nous irons ensemble faire à loisir une joyeuse excursion, puis, à l'approche du concours, nous nous rendrons de nouveau à la capitale. Ne sera-ce pas *faire d'une pierre deux coups?*

— » Cette idée est excellente, » s'écria Ping-jou-heng.

Nos deux amis ayant arrêté leur projet, attendirent jusqu'à ce qu'ils eussent fini leurs visites de cérémonie; puis, ils préparèrent leurs bagages et se dirigèrent secrètement vers la capitale.

Arrivés à la ville de Yang-tchéou, comme c'était un pays enchanteur, ils résolurent d'y passer quelques jours, et prirent domicile comme autrefois dans le couvent de Khiong-hoa. Or il y avait un usage établi parmi les gens du pays et les chefs du village. Toutes les fois qu'un magistrat retiré ou en activité de service, venait s'arrêter dans cette contrée, ils étaient obligés d'en avertir secrètement les autorités afin qu'elles allassent lui rendre visite et lui offrir des présens. Le supérieur du couvent de Khiong-hoa voyant que Yên-pé-hân et Ping-jou-heng venaient d'être élevés au grade de Kiu-jîn (licenciés), se crut obligé d'en instruire le préfet. Celui-ci eut aussitôt le désir d'aller leur faire sa cour et de gagner leur amitié. Aussi alla-t-il sur-le-champ leur rendre sa visite ; mais Yên-pé-hân et Ping-jou-heng s'empressèrent de lui faire répondre qu'ils étaient absens.

Le préfet une fois parti, Yên-pé-hân consulta avec son ami. « Puisque le préfet connaît déjà notre arrivée, lui dit-il, le sous-préfet ne manquera pas de venir à son tour nous rendre visite. Dans le principe, nous voulions rester ici *incognito*. Maintenant que voilà le préfet et le sous-préfet avertis, comment pourrons-nous demeurer en paix ?

— » Le mieux est de nous transporter ailleurs», répondit Ping-jou-heng.

Aussitôt, il chargea un domestique d'aller leur chercher une demeure en dehors de la ville, dans un lieu calme et retiré. Puis il en envoya un autre épier l'absence du préfet. Ils allèrent alors pour lui rendre sa visite, et, après avoir laissé leur carte, ils se rendirent à leur nouveau logement.

Or, la demeure que Yên-pé-hân et Ping-jou-heng avaient choisie en dehors de la ville, était tout-à-fait calme et tranquille. Chaque jour, lorsqu'ils avaient du loisir, ils allaient ensemble sur les montagnes pour admirer la blancheur des nuages ou la teinte rouge des arbres. Un jour qu'ils étaient fatigués de leur excursion, ils s'assirent dans un pavillon pour se reposer. Tout à coup, ils virent deux hommes portant une cassette remplie de présens, et suivis d'un secrétaire, qui y entraient aussi dans le même but.

Ce que voyant Yên et Ping, ils saluèrent le secrétaire en levant les mains jointes et l'interrogèrent. « Qui envoie ces présens? » lui demandèrent-ils.

Le secrétaire, frappé de leur jeunesse et de leur figure distinguée, vit bien qu'ils devaient être d'une noble famille. « Messieurs, leur dit-il, ce sont des présens que S. Ex. Téou, notre préfet, envoie au magistrat Ling, qui demeure là-bas, pour l'anniversaire de sa naissance. »

Ping-jou-heng, qui n'avait pas oublié que Ling-kiang-sioué était native de Oueï-yang, éprouva au fond du cœur une vive émotion. « Ce magistrat Ling ne serait-il pas son père? » se dit-il en lui-même.

Il l'interrogea donc de nouveau. « Quelle espèce de charge remplit ce magistrat Ling? lui demanda-t-il.

— » Il a reçu de l'empereur le titre de Tchong-chou (secrétaire du palais);

— » Avez-vous appris si ce M. Ling a une fille douée d'un grand talent?

— » S'il n'avait pas eu le bonheur de posséder cette fille de talent, comment aurait-il pu obtenir le titre de Tchong-chou (secrétaire du palais)? »

Ping-jou-heng voulait lui demander encore d'autres détails, mais tout à coup les porteurs enlevèrent la cassette et s'éloignèrent rapidement. Le secrétaire, n'osant rester davantage, leur fit un salut et partit.

Ping-jou-heng, s'adressant alors à Yên-pé-hân : « En quels lieux, dit-il, n'ai-je point demandé de ses nouvelles? Mais je n'ai trouvé ni sa trace, ni son ombre, et voilà qu'aujourd'hui, sans y penser, j'ai soudain appris sa demeure.

— » On dit avec raison, répliqua Yên-pé-hân, « quand on a usé des souliers ferrés (pour retrouver un tombeau), on n'a plus moyen de le chercher, mais dès qu'on l'a découvert, on ne se donne plus aucune peine! Seulement j'ignore si cette fille de talent est précisément Ling-kiang-sioué.

— » Croyez-vous, dit Ping-jou-heng, qu'il y ait, dans l'empire, beaucoup de *filles de talent?* Il est impossible que ce ne soit pas elle. Mais, quoique j'aie réussi à la trouver, comment faire pour aller la demander en mariage?

— » Si c'est réellement elle, je ne vois nulle difficulté à demander sa main.

— » Lorsque j'étais à la capitale, à peine eus-je adressé une question chez M. Ling, membre du bureau des promotions, qu'on m'accabla de mauvais traitemens. Maintenant, si je veux ouvrir la bouche pour la demander en mariage, comme je ne connais personne (dans sa maison) et que ma figure lui est étrangère, je n'ai nul moyen d'introduction; comme pouvez-vous dire que ce n'est pas difficile?

— » Puisque le préfet Téou lui a envoyé des présens le jour de sa naissance, il faut qu'il soit lié avec lui. Le préfet Téou sera votre introducteur. »

A ces mots, Ping-jou-heng fut transporté de joie. « En effet, dit-il, voilà un excellent moyen d'introduction. »

Ils préparèrent aussitôt des présens de visite, et, après avoir chargé un domestique de s'informer si le préfet Téou était chez lui, ils allèrent de nouveau le saluer.

Arrivés devant son hôtel, ils firent présenter leurs cartes de visite. Le préfet était encore chagrin de les avoir manqués, mais quand il eut vu leurs cartes, il fut au comble de la joie. Il envoya d'abord un domestique les inviter à se reposer dans la salle de réception; puis il se hâta d'aller lui-même les saluer. Après les premières civilités, il les fit asseoir à la place d'honneur et leur offrit le thé.

— « Ces jours derniers, dit Yên-pé-hân, après avoir été vous rendre visite sans vous rencontrer, nous avons changé de demeure. Mais tout-à-coup il s'est présenté une affaire sur laquelle nous avons besoin de solliciter les instructions de Votre Excellence. Voilà pourquoi nous sommes venus une seconde fois pour vous présenter notre demande. »

A ces mots, il ordonna à un domestique de remettre au préfet la liste de ses présens. « Si vous ne dédaignez pas ces chétives offrandes, lui dit-il, je serai heureux de vous témoigner un peu mon humble respect.

— » Ne vous ayant pas encore donné, répliqua-t-il, des marques de mon respect, comment oserais-je accepter vos magnifiques présens? Seulement j'ignore quelle est l'importante affaire sur laquelle vous daignez m'interroger.

— » J'ai appris, dit Ping-jou-heng, que Ling, le Tchong-chou (secrétaire du palais), qui a l'honneur d'être un de vos subordonnés, avait une fille d'un rare talent. J'ignore quel est son honorable nom, et j'ose supplier Votre Excellence de m'en instruire.

— » Elle s'appelle Ling-kiang-sioué. D'où la connaissez-vous, Monsieur, et pourquoi vous informer d'elle? »

Dès que Ping-jou-heng eut entendu prononcer le nom de Ling-kiang-sioué, sa figure s'épanouit, et le sourire brilla dans ses yeux; s'oubliant alors dans son enthousiasme, il se mit à battre des mains et à bondir de joie.

Le préfet, témoin de ses transports, lui en demanda la cause. « Monsieur Ping, lui dit-il, pourquoi ce seul nom vous inspire-t-il cette folle allégresse? »

Yên-pé-hân, s'apercevant de l'imprudence de son ami, répondit à sa place par un conte de sa façon. « Je vais, dit-il, parler sans détour à Votre Excellence : M. Ping a vu jadis en songe une personne qui lui a dit : « Le ciel vous a destiné, pour épouse, une fille de talent de la ville de Oueï-yang, nommée Ling-kiang-sioué. » M. Ping conserva ces paroles au fond de son cœur; et malgré les recherches qu'il a faites de tous côtés, il lui avait été impossible de découvrir un magistrat retiré, du nom de Ling. Mais aujourd'hui que Votre Excellence a daigné l'éclairer complétement, il a reconnu que son songe n'avait rien d'illusoire; voilà pourquoi il n'a pu modérer le fol élan de sa joie, et a oublié un instant le maintien respectueux qu'il devait garder en votre présence.

— » Eh quoi! c'était pour cela? s'écria le préfet. Puisqu'il a eu ce songe extraordinaire, il est évident que son mariage est fixé d'avance. Je me chargerai très volontiers de faire moi-même la demande; qu'en dites-vous ? »

Ping-jou-heng voyant que le préfet s'offrait à faire lui-même les premières démarches, le salua aussitôt jusqu'à terre. « Si Votre Excellence, dit-il, daigne cimenter ce mariage, de ma vie je n'oublierai un si grand bienfait. »

Après que chacun eut bu encore une tasse de thé, les deux amis prirent congé du préfet qui, malgré les plus vives instances, ne consentit à accepter que deux sortes de présens, parmi ceux qu'avait apportés Ping-jou-heng.

Rentré dans son hôtel, le préfet remit à un domestique un billet d'invitation, et le pria d'aller prendre M. Ling et de l'amener à la préfecture en disant qu'on avait à lui parler. M. Ling se voyant mandé par le préfet, n'aurait osé lui désobéir. Il monta donc de suite dans une chaise et se fit conduire à son hôtel.

Le préfet, voulant causer avec lui, jugea que la salle de réception n'était pas un lieu convenable, et l'introduisit aussitôt dans sa chambre particulière.

Après les civilités ordinaires, ils s'assirent chacun à la place prescrite. Ling, ayant d'abord remercié le préfet des présens qu'il lui avait offerts le jour de sa naissance, l'interrogea le premier. « Votre Excellence, dit-il, a daigné me mander auprès d'elle ; j'ignore quelles instructions elle veut bien me donner. »

Le préfet lui fit connaître en détail les questions de Ping-jou-heng, pour savoir le nom de sa fille, son songe que lui avait raconté Yen-pé-hân, et enfin l'intention où il était de la demander en mariage. « Je pense, ajouta-t-il, que votre noble fille est maintenant en âge de s'établir. Quoique, dans l'hôtel de Chân, personne ne lui ait jamais manqué d'égards, au bout du compte, ce n'est pas là un sort. Comme ce licencié Ping demande sa main par suite d'un songe qu'il a eu, il me semble que cela annonce un mariage décidé par le ciel. A dire vrai, c'est une affaire des plus heureuses ; ajoutez à cela qu'il est dans la fleur de la jeunesse et se distingue autant par les grâces de sa figure que par l'éclat de son talent. L'an prochain, au concours du printemps, il obtiendra le titre de Hoeï-youên (le premier de la promotion des docteurs), ou celui de Tchoang-youên (celui des trois premiers docteurs que l'empereur élève au rang de Hân-lìn, ou d'académicien). Si votre noble fille a le bonheur d'être unie à un homme d'un tel mérite, le talent et les connaissances qu'elle possède, ne lui seront point inutiles. Il m'a chargé, à plusieurs reprises, de vous porter ses propositions ; il faut que vous consentiez à sa demande ; n'allez pas l'accueillir par un refus ou un subterfuge. »

M. Ling, entraîné par le langage du préfet, donna de grand cœur son consentement. « Seigneur, dit-il, je m'en rapporte complètement aux avis de Votre Excellence ; votre subordonné les suivra de point en point. »

Le préfet envoya aussitôt sa carte à Yên-pé-hân et à Ping-jou-heng, et les invita à venir prendre une collation.

Tout en buvant, le préfet leur raconta les détails qui se rattachaient au consentement de M. Ling. Ping-jou-heng en fut ravi de joie, et lui réitéra ses remercîmens. La collation finie, il pria le préfet de choisir un jour heureux et d'envoyer lui-même les présens de noces, et con-

vint avec lui de venir prendre une épouse, après avoir obtenu, au concours du printemps prochain, le titre de docteur.

M. Ling, flatté de voir que le préfet faisait lui-même la demande de mariage, chargea quelqu'un d'aller examiner secrètement Ping-jou-heng. Ayant appris que ce jeune homme joignait aux avantages de la jeunesse, une figure gracieuse et distinguée, et qu'il pouvait marcher de pair avec sa fille, il fut ravi de joie et accepta de suite les présens de noces.

Ping-jou-heng, voyant que M. Ling avait accepté ses présens, consulta là-dessus avec son ami. « Maintenant que cette affaire est conclue, lui dit-il, nous ne pourrions rester ici sans inconvénient. »

Ils prirent aussitôt congé du préfet, passèrent la rivière Hoaï, et se dirigèrent, d'un pas tranquille, vers la province de Chân-tong.

Un temps considérable s'était déjà écoulé, lorsque tout-à-coup la gazette officielle publia un rapport de Tchâng, membre du ministère du personnel, contre Chân-taï. Il disait que, parvenue à l'âge de s'établir, elle refusait de choisir un époux et ne voulait point se marier, afin de se livrer librement à ses désirs déréglés ; que, sous prétexte de composer en vers et en prose élégante, elle avait attiré deux jeunes étudians nommés Tchao-tsong et Tsièn-heng, et, les ayant introduits furtivement dans le *Jardin des Fleurs*, les avait provoqués, la première, à composer avec elle des stances licencieuses ; qu'on avait saisi quatorze de ces pièces immorales, composées par elle ou à son instigation, et qu'elles pourraient servir de preuves authentiques. « De cette manière, ajouta-t-il, elle a déshonoré le nom de *fille de talent* que Votre Majesté lui a conféré, et elle a gravement outragé les lois de la morale. Je supplie notre auguste souverain d'ordonner une enquête sévère et de châtier son crime. »

A la vue de ce rapport, Chân-taï fut remplie d'indignation. « Tout cela, s'écria-t-elle, vient de Tchâng-in, qui a voulu se venger par là de l'affront qu'il a reçu avant-hier. »

De son côté, elle présenta un rapport à l'empereur pour justifier sa conduite.

« Tchâng-in, dit-elle, étant venu demander ma main et n'ayant pu subir un examen sur la poésie, eut l'audace de monter au *pavillon du pied de jade* et de m'adresser des propositions galantes. Pour l'en punir, on le couvrit de honte en lui noircissant la figure. Voilà pourquoi il a calomnié ma conduite. Depuis que vous avez daigné me conférer un *pied de jade*, comme pour mesurer le talent, il s'est présenté constamment des hommes d'un mérite transcendant en poésie et en prose élégante ; MM. Tchao-tsong et Tsièn-heng ne sont pas les seuls. Heureusement que mes vers originaux et ceux de Ling-kiang-sioué, subsistent encore. Je supplie Votre Majesté de daigner les examiner avec sa vue pénétrante ; si elle y découvre un seul mot qui renferme une intention criminelle, je subirai volontiers le châtiment qui m'est dû. Mais s'il n'en est rien, la calomnie retombera sur son auteur. »

L'empereur, ayant lu les deux rapports, y répondit en ces termes : « Que les coupables cités dans ces rapports, soient conduits dans le palais appelé Wén-hoa-tiên ; je veux les juger moi-même. Que les tribunaux compétens en soient informés. »

Dès que ce décret fut rendu, comme cette affaire intéressait les lois du mariage et les mœurs publiques, le tribunal des Rites envoya des soldats pour arrêter les prévenus. On les trouva tous, à l'exception de Tchao-tsong et de Tsiên-heng, dont on ne put découvrir les traces.

Le tribunal des Rites ayant échoué dans ses perquisitions, fut obligé d'en informer l'empereur, qui rendit un nouveau décret : « Puisque ces hommes existent, dit-il, peuvent-ils ne laisser ni trace, ni ombre? Cherchez avec rigueur et attendez ma décision ; qu'on se garde de les céler et de ne point les dénoncer. »

Le tribunal des Rites ayant reçu ce décret sévère, se vit obligé de les envoyer chercher de tous côtés.

Comme auparavant ils avaient écrit des vers dans le couvent de Tsié-in, et qu'on les disait connus du supérieur, on mit le bonze Pou-hoeï en arrestation, et on continua à les chercher partout. Or, par suite du rapport accusateur de Tchang, membre du ministère du personnel, Chân-taï se sentait accablée de tristesse. Un jour qu'elle se trouvait avec Ling-kiang-sioué, dans l'appartement intérieur, elle lui parla ainsi : « Le talent et la réputation ont toujours excité l'envie des démons ; il est impossible d'en jouir long-temps. Si je trouvais aujourd'hui un époux distingué, je m'éloignerais d'un pas rapide, pour mettre le sceau à ma réputation et à ma vertu.

— » Si vous me laissez faire, dit Ling-kiang-sioué, je vous choisirai un époux ; il n'y a rien de plus aisé. Pourquoi donc vous abandonner ainsi à de cruelles inquiétudes?

— » Le jeune étudiant que j'ai vu au bas du pavillon, me plaît par dessus tout, reprit Chân-taï; mais semblable à une algue qui flotte à la surface du vaste océan, il ne fixe nulle part ses pas vagabonds.

— » Mademoiselle, reprit Ling-kiang-sioué, si vous continuez à vous livrer à cette douleur amère, vais-je de suite expliquer tout au premier ministre, et envoyer à la recherche de ce jeune homme; peut-être que S. Ex. sera charmée d'écouter le vœu de votre cœur. Pourquoi être triste et affligée, et vous montrer aussi pusillanime qu'une petite fille de basse extraction?

— » Mademoiselle, dit Chan-taï, j'ignore le nom de l'étudiant que j'ai aperçu au bas du pavillon; je n'ai jamais vu son image en songe; si nous voulons le chercher ouvertement, sur quels indices nous appuierons nous?

— » Mademoiselle, reprit en riant Ling-kiang-sioué, comment se fait-il qu'ayant montré toute votre vie de la sagacité et de la pénétration, vous en manquiez complétement à cette heure? Bien que vous ne sachiez pas le nom du jeune étudiant, et que vous ne possédiez point son portrait, les vers qu'il a écrits sur le mur, ne peuvent-ils pas en tenir lieu? Qui vous empêche d'écrire ces vers sur un écran, et de l'envoyer vendre dans des endroits populeux? Le public n'y fera nulle attention; mais si le jeune étudiant les voit, il sera frappé de surprise, et voudra le posséder. »

A ces mots, Chân-taï ne put s'empêcher de battre des mains et de faire éclater son admiration. « Mademoiselle, dit-elle, une si rare sagacité, et des idées aussi ingénieu-

ses doivent vraiment vous être venues du ciel ; il s'en faut de beaucoup que j'en approche! »

Elle prit donc un écran doré, et ayant tracé les vers que l'étudiant avait écrits sur la muraille, elle fit venir un vieux domestique nommé Tsaï-lao-kouân, qui l'avait servie autrefois dans le *pavillon du pied de jade*, et qui demeurait alors en ville, et lui donna ses instructions. « Comme vous habitez la ville, lui dit-elle, au premier moment que vous aurez de loisir, vous porterez cet écran comme pour le vendre, dans les endroits les plus populeux. S'il se trouve un étudiant qui témoigne sa surprise en voyant les vers qui y sont écrits, vous lui demanderez son nom et son adresse, et vous viendrez m'en informer. S'il vous demande mon nom, vous vous garderez bien de le divulguer. Vous vous contenterez de répondre que je suis une jeune fille de la famille impériale qui le cherche pour l'épouser.

» Si vous réussissez à le découvrir, je vous récompenserai généreusement. Vous ferez attention de n'en rien dire devant S. Ex. (c'est-à-dire devant mon père). » Le vieux domestique partit avec ses instructions.

Or, Yên-pé-hân et Ping-jou-heng passèrent l'année à voyager tout à leur aise. Une fois arrivés au printemps, ils se glissèrent secrètement dans la capitale et y cherchèrent une maison paisible et retirée. Chaque jour, fermant leur porte, ils se livraient à l'étude avec ardeur; ils s'abstenaient de sortir et n'osaient faire aucunes visites. Tranquillement assis dans leur retraite, ils buvaient de temps en temps pour adoucir leurs soucis. Ping-jou-heng, qui était fiancé avec Ling-kiang-sioué, se réjouissait au fond du cœur et ne s'apercevait point des ennuis de la solitude. Mais Yên-pé-hân était en proie à une cruelle anxiété, et ne pouvait se défendre d'un sentiment de tristesse. Ayant écrit sur un écran les vers de la jeune beauté, il restait du matin au soir à les lire et à les réciter.

Dès que l'époque du concours fut arrivée, il se rendit secrètement à la capitale avec Ping-jou-heng. Puis ils allèrent se faire inscrire au tribunal des Rites et remirent leurs compositions.

Dans ce moment, tous les licenciés de l'empire étaient réunis dans le palais et un immense concours de monde remplissait la capitale.

Une fois inscrits au tribunal des Rites, et leurs compositions remises, les deux amis se mêlèrent au milieu de la foule, et se promenèrent tout à leur aise, de côté et d'autre. Arrivés devant le temple du Génie qui protège la ville, ils virent tout-à-coup un vieux domestique qui tenait dans sa main un écran doré, surmonté d'un bouchon de paille. En le regardant de loin, ils y remarquèrent des caractères qui offraient la grâce du dragon et la légèreté du serpent; leur élégance avait quelque chose d'admirable. « Cet écran est-il à vendre? lui demandèrent-ils.

— » S'il n'était pas à vendre, répondit le vieillard, pourquoi porterait-il un bouchon de paille? »

Yên-pé-hân s'approchant, le prit et y jeta les yeux. S'il ne l'eût pas vu, encore passe; mais dès qu'il eut vu ces vers, il resta, un instant, les yeux écarquillés et la bouche béante. Il tira à lui le vieux domestique. « Qui est-ce qui fait vendre cet écran? lui demanda-t-il.

— » Monsieur, répondit le vieillard, qui avait remarqué sa mine étrange, ce lieu n'est point commode pour causer. Veuillez, je vous prie, me suivre. »

Il emmena aussitôt les deux jeunes gens dans un couvent tranquille, et s'adressant à Yen-pé-hân : « Que voyez-vous d'extraordinaire sur cet écran pour paraître si effaré? lui demanda-t-il ; dites-le moi franchement, je vous réponds que vous n'aurez pas à vous en repentir. »

Yên-pé-hân sentit bien au fond de son cœur que c'était la jeune beauté qui le cherchait ; il parla donc sans détour. « Les vers que porte cet écran, répondit-il, sont précisément ceux que j'avais écrits sur le mur d'une villa impériale, située au midi de la ville, en les adressant à une jeune beauté. Mais à peine les avais-je écrits, qu'on les effaça avec de la chaux. Quelle est donc la personne qui les a vus et les a copiés sur cet écran ? »

— » Monsieur, reprit le vieillard, vous ne vous êtes pas trompé ; ce que vous dites est la vérité même. Ces vers sont en effet ceux que vous avez composés et écrits pour une charmante demoiselle. Comme elle ignorait votre nom et votre adresse, et ne savait où vous faire demander, elle a écrit ces vers sur cet écran, et m'a chargé d'aller vous chercher de tous côtés Si je vous ai rencontré aujourd'hui, c'est vraiment un coup du ciel. »

En entendant ces paroles, Yên-pé-hân fut tellement ému de joie, qu'à peine resta-t-il maître de ses sens et que ses forces faillirent l'abandonner. « Puisque cette jeune beauté, dit-il, daigne arrêter ses vues sur moi avec tant d'intérêt, quand je mourrais maintenant, ma vie ne se serait point passée en vain. » Il interrogea alors le vieillard. « Vénérable ami, lui demanda-t-il, je vous prierai de me faire connaître le nom de famille, le surnom et le rang de la belle personne que j'ai vue au haut du pavillon.

— » Sa famille n'est pas obscure, répondit-il, car peut-être elle est parente de l'empereur. Quant à son nom de famille et à son surnom, je ne pourrais vous les dire pour le moment. Si vous avez, Monsieur, des intentions droites, veuillez me suivre, vous saurez clairement ce qui vous intéresse.

— » Je serais sans doute heureux de vous suivre, répondit Yên-pé-hân, mais le concours approche, et je n'oserais m'écarter. Je ne sais comment faire?

— » Puisque vous désirez aller au concours, comment pourrais-je vous exposer à manquer une chose aussi importante que le mérite et la réputation? Dites-moi seulement votre nom et votre adresse; dès que le concours sera terminé, je m'empresserai de venir vous demander ? »

Yên-pé-hân réfléchit un instant en lui-même. Si je vais donner le nom de Tchao-tsòng, se dit-il, je crains de m'attirer quelques désagrémens de la part de Tchang-in; et, d'un autre côté, si je lui indique mon nom de Yên-pé-hân, il est à craindre que ce nom ne circule et ne parvienne aux oreilles de l'empereur. Il lui répondit donc : « Je ne puis pas non plus vous faire connaître mon nom. Veuillez me dire votre adresse; une fois le concours fini, j'irai aussitôt vous chercher.

— » Si vous venez me chercher après le concours, reprit le vieux domestique, il sera encore temps. Seulement ma maîtresse m'a bien recommandé de vous chercher activement. Maintenant que je vous ai trouvé, si je ne sais pas votre nom, je n'oserai aller lui rendre compte de ma commission. Ne dois-je pas craindre qu'elle ne m'accuse de mensonge?

— » J'ai un moyen, dit Yên-pé-hân, après un moment de réflexion. Aussitôt il tira de sa manche l'écran sur lequel il avait écrit les vers composés par lui sur les rimes de la jeune beauté, et le remit au vieux domestique. « Prenez, dit-il, cet écran, et allez rendre réponse à votre jeune maîtresse; elle ne pourra alors vous taxer de mensonge. Quant à votre écran, veuillez me le laisser comme un souvenir. »

Le vieux domestique prit l'écran. « Eh bien! dit-il, voici mon adresse : j'habite la rue de Hoù-tong dans la partie orientale de Sou-tchéou. Quand vous viendrez me demander après le concours, vous n'avez qu'à entrer dans la troisième maison de cette rue et demander le vieux Tsaï; c'est moi-même. Pour cet écran, si vous le voulez, rien ne m'empêche de vous le laisser. »

A ces mots, il remit l'écran à Yên-pé-han.

Yên-pé-hân le reçut avec empressement. « Puisque je sais votre adresse, dit-il, il me sera aisé de vous trouver. Retournez-vous-en, et présentez mes respects à votre jeune maîtresse. Dites-lui que l'étudiant qui a écrit des vers sur le mur du jardin, est ravi de l'affection qu'elle daigne lui montrer, et qu'après le concours, il viendra sans faute frapper à sa porte, et lui offrir ses hommages et l'expression de sa gratitude.

— » Monsieur, reprit le vieux serviteur, je vais faire votre commission auprès de ma maîtresse; seulement, une fois le concours terminé, veuillez, je vous en supplie, ne point manquer à votre rendez-vous.

— » Lorsque je la cherchais, répondit Yên-pé-hân, je craignais encore de ne point réussir; mais maintenant que je l'ai trouvée, comment oserais-je manquer à mon rendez-vous? »

Après maintes recommandations de part et d'autre, le vieux serviteur s'en retourna et alla rapporter tous ces détails à sa maîtresse.

CHAPITRE XVIII.

Ping-jou-heng était ravi de se voir fiancé avec Ling-kiang-sioué, et Yên-pé-han, d'avoir obtenu des nouvelles de la jeune beauté qu'il avait vue au haut du pavillon. Dès que l'époque du concours fut arrivée, ils se présentèrent gaîment dans l'arène et s'acquittèrent de leurs trois compositions qui se trouvèrent brillantes comme une pièce de soie brodée. Les deux amis étaient au comble de leurs vœux. Les trois compositions une fois achevées, ils prirent quelques jours de repos. Yên-pé-hân invita alors Ping-jou-heng à venir chercher avec lui le vieux Tsaï qui demeurait à Sou-tchéou-fou, dans la rue de Hou-tong. Comme, à cette époque, le concours était fini, ils ne craignaient plus d'être reconnus; ils allèrent donc tout droit dans la principale rue de la ville. A peine étaient-ils arrivés dans la rue de l'Echiquier, qu'à leur grande surprise, ils se rencontrèrent, nez à nez, avec Pou-hoeï, le supérieur du couvent de Tsié-ïn. Yên-pé-hân s'empressa de le saluer en levant les mains. « Où allez-vous, vénérable maître? » lui demanda-t-il.

Dès que Pou-hoeï les eut aperçus, oubliant toutes les convenances, il en saisit un par la main. «Messieurs, leur dit-il, où êtes-vous allés depuis la dernière fois? Vous m'avez fait faire de bien pénibles recherches.

— » Et pourquoi nous cherchiez-vous? lui demanda Yên-pé-hân, frappé d'étonnement.

— » Ce n'est pas que je vous cherchasse pour moi-même, répondit le religieux; mais comme S. Exc. Tchang, le président du tribunal des Rites, vous a accusés tous deux ainsi que Mlle Chân, d'avoir composé des vers pour vous provoquer mutuellement au vice, et d'avoir outragé la morale, l'empereur a donné l'ordre de vous saisir et de vous amener en sa présence, afin de vous juger lui-même.

Les archers qui escortaient le religieux, le voyant causer avec ces jeunes gens, en soupçonnèrent la cause. Ils s'approchèrent d'eux tous ensemble, et interrogeant Pou-hoeï : « Ces deux individus sont-ils Tchao-tseng et Tsiên-heng? lui demandèrent-ils.

».Justement, justement », répondit le religieux en hochant la tête.

A cette réponse affirmative, les archers prennent des cordes, et sans avoir aucun égard pour Yên-pé-hân et Ping-jou-heng, les leur attachent rudement au cou.

Yên-pé-hân et Ping-jen-heng voulurent leur donner quelques explications; mais ils ne purent tenir tête à ces archers qui, semblables à une troupe de loups et de tigres, les entraînaient à pas précipités. Cependant Ping-jou-heng s'efforçait encore de leur parler.

—« Qu'avez-vous besoin, leur dit-il, de nous traiter avec brutalité? Nous sommes tous deux des licenciés qui venons d'obtenir les premiers rangs ; nous avons droit à des égards.

— » Les licenciés du premier rang, reprirent-ils, ne sont bons qu'à insulter le peuple, mais ils n'insulteront pas l'empereur. Ne raisonnez pas tant, et tâchez de marcher plus vite. »

Les deux jeunes gens, ne sachant comment faire, se virent obligés de les suivre et de se laisser traîner devant le tribunal des Rites.

Les archers s'adressant alors aux membres du bureau: « Voici, dirent-ils, Tchao-tseng et Tsiên-heng contre lesquels l'empereur a lancé un mandat d'amener.

—»Qu'on les dépose en prison, dirent les magistrats, en attendant que demain nous demandions les ordres de l'empereur. »

Dociles à cette injonction, les archers conduisirent les deux jeunes gens en prison et les remirent aux geoliers. Après quoi, ils s'en allèrent chacun de son côté.

Le tribunal des Rites voyant que Tchao-tsong et Tsiên-geng étaient sous la main de la justice, en informa Tchang, président du ministère du personnel, et S. Ex. Chân, pour qu'ils prissent les mesures nécessaires, ajoutant qu'au premier moment on allait statuer sur leur sort.

Le lendemain matin, ils adressèrent à l'empereur un rapport où ils disaient: « Tchao-tsong et Tsiên-heng sont déjà sous la main de la justice ; nous supplions Votre Majesté de fixer un jour pour les juger.

— » Puisque tous les prévenus sont réunis, dit l'empereur, qu'on amène d'abord, devant moi, Tchao-tsong et Tsiên-heng. »

Le tribunal des Rites obéit, et aussitôt le chef de la police, précédé de sa bannière, alla chercher Yên-pé-hân et Ping-jou-heng, et les ayant amenés au bas du vestibule rouge, leur ordonna de se prosterner la face contre terre.

L'empereur ayant ordonné de les faire monter jusqu'à lui, ils se rendirent devant le trône en s'appuyant sur leurs mains et sur leurs genoux.

Dès que l'empereur eut abaissé sur eux ses yeux, où se peignait la majesté du dragon, il vit deux jeunes gens dans la fleur de l'âge et doués d'une figure gracieuse et distinguée, ayant une corde au cou, et des fers aux pieds et aux mains, Il ordonna qu'on ôtât leurs chaînes et les interrogea lui-même. « Quel est Tchao-tsong? demanda-t-il.

— » C'est votre serviteur, répondit Yên-pé-hân.

— » Quel est Tsiên-heng?

— » C'est votre serviteur, répondit Ping-jou-heng.

— » Chân-taï, reprit l'empereur, à qui j'avais conféré le titre de *fille de talent, éminente en littérature*, est la fille d'un ministre d'état. Comment avez-vous osé, tous deux, la solliciter au mal par des expressions licencieuses?

— » Sire, répondit Yên-pé-hân, depuis que Votre Majesté a comblé Chân-taï de bienfaits et de faveurs, qu'elle lui a conféré le titre de *fille de talent*, et l'a chargée de *mesurer le talent*, les plus hauts personnages de la cour sont venus lui demander des pièces de poésie, et la moitié des lettrés de l'empire est venue composer avec elle. Tchang-ïn, le fils de Tchang, membre du ministère du personnel, est venu aussi essayer ses forces avec les siennes. Dira-t-on que nous seuls sommes venus concourir avec Chân-taï, et que c'était pour la solliciter au mal ? Si l'on soutenait que nous avons cherché à la séduire, les vers que nous avons composés dans cette lutte, sont encore sous les yeux de Votre Majesté ; nous la supplions de les lire. S'il s'y trouve un seul mot licencieux, nous subirons volontiers le châtiment qui nous est dû. Tchang-ïn, au contraire, a osé monter de lui-même au *pavillon du pied de jade*, et Chân-taï l'a couvert de honte en le faisant barbouiller d'encre. C'est un fait que tout le monde sait. N'est-ce pas là une tentative de séduction? On peut dire qu'en nous accusant d'avoir cherché à la séduire, le président du ministère du personnel a montré une partialité excessive pour son fils. Nous conjurons Votre Majesté de daigner examiner cette affaire dans tous ses détails.

L'empereur ordonna, en conséquence, qu'on amenât Tchang-ïn devant son trône. Dès qu'il fut arrivé en sa

ROMAN CHINOIS.

présence, en rampant sur ses mains, le fils du ciel l'interrogea. « Tchang-în, dit-il, après avoir été couvert de honte pour avoir cherché à séduire Chân-taï, vous avez rejeté sur d'autres votre propre crime, et vous avez excité votre père à présenter un rapport destiné à tromper le souverain. C'est une conduite indigne! »

Tchang-în, prosterné devant le trône, n'osait regarder en haut; mais quand il eut entendu les reproches sévères du fils du ciel, il se vit obligé de lever la tête. Au moment où il allait tâcher de s'excuser, il aperçut, tout-à-coup, Yên-pé-han et Ping-jou-heng qui étaient agenouillés à côté de lui. « Sire, dit-il, d'une voix émue, je suis sans doute bien coupable, mais le crime de séduction qui m'est reproché est comparativement léger ; permettez-moi de m'expliquer doucement. En effet, ces deux jeunes gens ne sont point Tchao-tsong et Tsièn-heng. Ainsi ils ·ent trompé leur prince! C'est un crime aussi grand que le ciel. Veuillez, Sire, prendre d'abord toutes les informations nécessaires pour éclairer votre justice et les châtier sévèrement. »

A ces mots l'empereur fut rempli d'émotion : « Si ces deux jeunes gens, dit-il, ne sont point Tchao-tsong et Tsièn-heng, qui sont-ils donc?

— » L'un, répondit Tchang-în, est Yên-pé-han de Song-kiang, et l'autre, Ping-jou-heng de Lo-yang.

— » Voilà qui est encore plus extraordinaire, s'écria l'empereur, dont la surprise ne faisait que s'augmenter ; ne seraient-ce point Yên-pé-han et Ping-jou-heng que Wang-kouén, l'examinateur en chef, m'avait présentés avec éloge?

— » Sire, répliqua Tchang-în, ce sont justement eux.

— » Ce Yên-pé-han, demanda encore l'empereur, est-il bien celui qui vient d'obtenir, au concours de Nan-king, le premier rang parmi les licenciés, et Ping-jou-heng, le même qui a acquis la sixième place?

— » Eux-mêmes », dit Tchang-în.

L'empereur les interrogea alors. « Est-il vrai, leur demanda-t-il, que vous êtes Yên-pé-han et Ping-jou-heng?

— » Sire, dirent-ils en frappant à plusieurs reprises, la terre, de leur front, nous avons mérité dix mille morts : nous sommes vraiment Yên-pé-han et Ping-jou-heng.

— » Si c'est vous, pourquoi n'avez-vous pas obéi à mon appel, lorsque, sur la présentation de l'examinateur en chef, je vous ai mandés au palais, en vertu d'un décret? Pourquoi, sous un nom emprunté, êtes-vous allés faire la cour à Chân-taï? Je crains qu'il n'y ait là-dessous quelque intrigue. Dites-moi la vérité, et dispensez-moi de vous punir. »

Les deux jeunes gens frappèrent plusieurs fois la terre de leur front. «Vos humbles sujets, répondirent-ils, étaient dans l'origine deux obscurs étudiants ; après avoir fait preuve de quelque talent, nous avons été assez heureux pour que l'examinateur en chef nous présentât à Votre Majesté, et de plus, que votre bienveillance auguste nous mandât à la cour. C'était là une de ces rencontres fortunées qu'on ne trouve pas dans toute sa vie. Nous devions sans doute accourir avec empressement; mais nous avons appris que si Votre Majesté cherchait avec ardeur des hommes de mérite, c'était dans la conviction que, puisque la jeune Chân-taï avait du talent, on devait à plus forte rai-

son trouver, parmi les hommes, des talens supérieurs aux siens. C'était là le motif de ce décret. Après avoir eu l'honneur d'être appelés à la cour, sur le bruit d'une vaine renommée, nous avons craint, si, arrivés à la capitale, nous ne pouvions soutenir la lutte avec Chân-taï, de ternir la gloire des lettres et de faire honte à Votre Majesté. Voilà pourquoi nous avons changé de nom. »

Après avoir entendu l'exposé de ces raisons, l'empereur fut rempli d'une joie secrète. « Puisque vous êtes doués d'un talent aussi distingué et d'une telle modestie, reprit-il, on peut dire que vous êtes exempts d'orgueil et de jactance. N'en parlons plus. Mais après avoir obtenu les premiers rangs parmi les licenciés, pourquoi ne vous êtes-vous pas empressés d'aller concourir pour le doctorat? J'avais ordonné à l'examinateur en chef de vous amener en ma présence, dès que vous seriez arrivés. Pourquoi n'êtes-vous venus qu'aujourd'hui?

— » Sire, répondirent-ils, nous savions que le talent est un instrument à l'usage de tous les hommes de l'empire, et qu'il ne craint rien tant que l'intrigue. Nous avions eu le bonheur de naître sous un prince éclairé, d'avoir été présentés d'une manière flatteuse par l'examinateur en chef, et d'être connus de Votre Majesté; et de plus, nous avions été assez heureux pour réussir au concours de Nang-king. Si nous fussions venus de bonne heure à la capitale, nous aurions infailliblement appelé sur nous l'attention publique. Si, après avoir été admis auprès de Votre Majesté, nous fussions allés au concours, et que nous eussions obtenu les premiers rangs, tout le monde n'aurait pas manqué de soupçonner que le juge du concours avait cherché à vous complaire. Voilà pourquoi nous ne sommes point pressés de venir, et ne nous sommes présentés dans l'arène qu'au dernier moment. En cas de réussite ou d'insuccès, non seulement nous n'avions point à rougir, mais notre conduite ne pouvait que faire briller davantage la justice accomplie et l'impartialité parfaite qui sont le caractère de Votre Majesté. »

Dès que l'empereur eut entendu ces paroles, sa figure auguste s'épanouit de joie. « Tous deux, dit-il, vous avez évité les soupçons et éteint en vous tout intérêt privé. Votre conduite mérite les plus grands éloges. Si je ne vous eusse point jugés devant mon trône, peu s'en fallait que je ne vous punisse injustement. » Appelant alors Tchang, le président du ministère du personnel, il lui adressa de sévères réprimandes. « Tchang, lui dit-il, quoique les concours poétiques exercent la plus heureuse influence sous un règne vertueux, il faut cependant mesurer d'avance ses forces. Le talent de Chân-taï brille depuis long-temps dans tout l'empire. Yên-pé-han et Ping-jou-heng, bien que présentés avec éloge par l'examinateur en chef, n'ont cependant pas osé concourir ouvertement avec elle, et ont pris un nom emprunté pour juger de sa force. Mais le fils de Votre Excellence, quoique dépourvu d'un mérite transcendant, est venu hardiment demander sa main. Ce n'est pas tout : il s'est permis de monter au *pavillon du pied de jade*, et a eu l'effronterie de vouloir lui faire la cour. Comment a-t-il pu se montrer à ce point sans crainte ni retenue? Lorsqu'il s'en revint après avoir été couvert de honte, il devait se livrer au repentir. Loin de-là, il a excité Votre Excellence à m'importuner par un rapport qui avait pour but d'assouvir sa vengeance. C'est le comble de la noirceur et de la méchanceté ! Je devrais lui infliger un châtiment rigoureux, mais, en considération du zèle honorable que vous apportez dans vos fonctions, pour cette fois, je veux bien lui faire grâce. »

Tchang-hia-chi, le président du ministère du personnel, frappa aussitôt la terre de son front, et avouant son crime, il remercia l'empereur de sa générosité.

L'empereur se disposait à appeler Chân-hiên-jîn, afin de l'informer de ce qu'il avait fait pour lui choisir un gendre, lorsque soudain on afficha la liste (des nouveaux docteurs) à la porte du palais. Le président du concours l'ayant présentée d'avance à l'empereur, il y jeta les yeux et vit que le premier en tête, était Yên-pé-hân, et le second, Ping-jou-heng. Sa figure majestueuse rayonna de joie.

Dans ce moment Yên-pé-hân et Ping-jou-heng étaient encore à genoux et la tête baissée vers la terre. L'empereur leur ordonna de se lever, et chargea un des officiers qui se tenaient à ses côtés, de lui présenter la liste des docteurs.

Ces deux jeunes gens qui étaient entrés chargés de chaînes dans le palais, et dont Tchang-în venait de révéler le vrai nom, palpitaient d'une crainte secrète, et redoutaient quelque malheur imprévu ; ils étaient loin de songer s'ils avaient obtenu ou non le grade de docteur. Mais lorsqu'ils virent que l'empereur les interrogeait d'un air doux et affable, sans plus les soumettre à un examen rigoureux, et qu'ils reconnurent qu'ils avaient obtenu les deux premiers rangs, on aurait pu les comparer à de misérables démons qui se verraient tout à coup métamorphosés en dieux. Comment n'auraient-ils pas été au comble de la joie? Soudain ils se prosternèrent jusqu'à terre pour témoigner à l'empereur leur reconnaissance. « Vos augustes bienfaits, dirent-ils, sont élevés comme le ciel. Quand nous sacrifierions notre vie pour vous, nous n'en pourrions payer la dix-millième partie.

— » On peut dire de vous, reprit l'empereur, que vous avez conquis le premier rang, sans protection ni appui. Mais achevez aujourd'hui de jouir de votre triomphe ; demain, je vous inviterai à venir composer devant mon trône avec Chan-taï, pour justifier complètement votre présentation. Pour le moment, retirez-vous, et allez prendre part au banquet des docteurs, afin de faire éclater la splendeur des institutions (littéraires.) »

Les deux jeunes gens se retirèrent en remerciant l'empereur, et quittèrent promptement le palais appelé Wên-hoa-tiên. Mais bientôt une foule d'officiers et de serviteurs du palais vinrent remplacer leur bonnet par celui de docteur, et sortirent avec eux en leur formant un nombreux cortège.

L'empereur appela ensuite Chân-hiên-jîn, et lui parla en ces termes :

« Yen-pé-hân et Ping-jou-heng se distinguent tous deux par les avantages de la jeunesse et par l'éclat du talent. Quand j'aurai terminé l'examen qui a lieu dans le palais, il faudra que je vous choisisse entre eux un gendre accompli. Par là se trouveront justifiés le talent et la réputation de votre fille »

Chân-hiên-jîn remercia l'empereur, en se prosternant jusqu'à terre, et, se rendant aussitôt dans son hôtel, il raconta de point en point à Chân-taï tous les détails qu'il venait d'apprendre.

L'examen qui avait lieu dans le palais fut bientôt achevé. Le jour où l'on devait proclamer les noms des vainqueurs, l'empereur se rendit dans la salle d'audience. Tous les magistrats étaient déjà rassemblés, et trois cents docteurs, se pressant en foule, étaient agenouillés au bas du vestibule rouge. Avec son pinceau impérial, (le fils du ciel) désigna Yên-pé-hân comme Tchoang-youên (littéralement : tête ornée ; c'est le premier de la liste des docteurs), et Ping-jou-heng, comme Tân-hoa (littéralement : le quêteur de fleurs, c'est le troisième de la promotion), et leur donna à chacun trois tasses de vin impérial, ainsi que des fleurs et des rubans de soie rouge, pour orner leurs cheveux. Puis il les admit dans l'académie des Hân-lin, l'un avec le titre de Sieou-siouên (rédacteur), et l'autre en qualité de Piên-siéou (compilateur). Aussitôt qu'ils furent entrés en fonctions, l'empereur ordonna de les promener dans la ville, pendant trois jours, au milieu d'un pompeux cortège. Quelque temps après, il appela en sa présence Wang-kouên, l'examinateur en chef : « Précédemment, lui dit-il, vous m'avez présenté d'une manière spéciale Yên-pé-hân et Ping-jou-heng, comme doués d'un rare talent. Aujourd'hui, en effet, ils viennent d'obtenir successivement, l'un le titre de Tchoang-youên (le premier des docteurs), et l'autre celui de Tân-hoa (le troisième de la même promotion) ; votre présentation se trouvera ainsi justifiée. Je vous élève d'un grade, pour vous signaler au public comme ayant réussi à me présenter des hommes de talent. »

Wang-kouên se prosterna à ses pieds pour le remercier de ce bienfait. « Si je vous avais chargé précédemment, ajouta l'empereur, de me chercher des hommes d'un mérite extraordinaire, c'était parce que Chân, l'un de mes ministres, avait une fille nommée Chân-taï, et une fille adoptive, appelée Ling-kiang-sioué, qui effaçaient leur siècle par l'éclat du talent. J'ai pensé que s'il se trouvait de tels talens parmi les femmes, à plus forte raison les rencontrerait-on chez les hommes. Voilà pourquoi je vous ai donné cette mission. Aujourd'hui j'ai trouvé en effet Yên-pé-hân et Ping-jou-heng qui répondent pleinement à mes espérances. A mon sentiment, comme dans le monde, les personnes de talent sont extrêmement rares; lorsque l'empereur a le bonheur d'en trouver, c'est un devoir pour lui de les combler de marques d'estime et d'affection. Les quatre personnes de talent que j'ai devant les yeux se composent justement de deux hommes et de deux femmes ; de plus, elles sont dans la fleur de l'âge et ne sont pas encore mariées. En conséquence je veux les unir ensemble. Je donnerai Yên-pé-hân, le Tchoang-youên (le premier des docteurs), à la propre fille de Chân, l'un de mes ministres, et Ping-jou-heng, le Tân-hoa (le troisième de la promotion), à sa fille adoptive. De cette manière, le talent et la beauté seront mutuellement assortis, et serviront à faire éclater l'heureuse influence des lettres. Je vous charge spécialement des fonctions d'entremetteur ; en vertu de mes ordres, allez cimenter l'union de ces deux familles. »

Wang-kouên se prosterna jusqu'à terre pour remercier l'empereur et se retira. «Notre auguste empereur, se dit-il en lui-même, m'a conféré le rôle d'entremetteur. Si j'allais leur parler séparément, il serait à craindre que chacun, de son côté, ne m'opposât un refus, et que tous mes efforts ne fussent inutiles. Comme j'agis en vertu d'un décret impérial, le mieux est de préparer un banquet et de les y inviter. Dès que les deux partis seront réunis dans la même salle, je proclamerai alors les ordres du souverain; qui est-ce qui oserait y désobéir? »

Sa résolution une fois arrêtée, il choisit un jour heureux, et adressa aux deux partis des cartes d'invitation. Il chargea, en outre, les messagers d'ajouter : « Ce n'est point un banquet ordinaire, il s'agit d'y traiter d'une affaire importante, en vertu d'un décret impérial; vous ne pouvez vous dispenser d'y venir. »

A l'heure indiquée, Chân-hiên-jîn, Yên-pé-hân et Ping-jou-heng arrivèrent successivement. Wang-kouên alla les recevoir, et les fit entrer. On se salua de part et d'autre, et après les civilités accoutumées, chacun causa de choses et d'autres. Après quoi, Wang-kouên les invita à se mettre à table. Chân-hiên-jîn s'assit du côté de l'orient, à la place qui appartenait à un premier ministre, et Wang-kouên se mit en face de lui, du côté de l'occident. Yên-pé-hân et Ping-jou-heng allèrent s'asseoir plus bas, à la table des hôtes.

Dès que chacun eut bu trois tasses, Wang-kouên prit la parole : « Si aujourd'hui, dit-il, j'ai invité à dîner S. Ex. le premier ministre, Yên-pé-hân, le Tchoang-youên (le premier des docteurs), et Ping-jou-heng, le Tân-hoa, le troisième de la promotion), en voici simplement le motif : Hier S. M. a daigné m'appeler en sa présence et me donner ses ordres en ces termes :

» Chân, le premier ministre, a deux filles d'un talent extraordinaire; on peut dire, en vérité, que c'est le ciel qui les a formées. Dans le dernier concours, nous voyons que le Tchoang-youên (le premier des docteurs), et le Tân-hoa (le troisième de la promotion), se sont illustrés par l'éclat de leur talent. Il faut qu'ils soient descendus de la montagne sacrée. Comme ils sont à peu près du même âge et se ressemblent par les agrémens extérieurs, on peut dire que des femmes vertueuses et des sages accomplis se trouvent rassemblés à la même époque. Si on ne les unit pas par un heureux mariage, pour mettre en lumière les changemens salutaires que célèbrent les odes Kouân-tsiu et Tao-tién (du livre des vers), on ne pourra faire éclater au grand jour la vive affection que l'empereur porte aux hommes de talent. Voilà pourquoi S. M. m'a chargé, par un décret spécial, de prendre le manche de la cognée (c'est-à-dire de remplir le rôle d'entremetteur), pour unir deux familles.

» Dans ce but, j'ai osé vous inviter à dîner, afin de vous faire connaître les ordres de l'empereur. S. Ex. le premier ministre, le Tchoang-youên (le premier des docteurs), et le Tân-hoa (le troisième de la promotion), doivent, suivant les rites, obéir à sa volonté suprême et le remercier de ses bienfaits.

— » Comment oserais-je lui désobéir? reprit Chân-hiên-jîn ; mais je dirai que si une personne issue d'une famille surannée, devait épouser un homme nouvellement anobli (par ses succès), elle ne pourrait s'empêcher de rougir de son indignité. »

Yên-pé-hân aurait bien voulu refuser ; mais dans le moment, il n'eut pas la force d'ouvrir la bouche.

Ping-jou-heng éprouvait lui-même un vif embarras ; mais après avoir salué à plusieurs reprises, il se décida à parler. « Non-seulement, dit-il, je n'oserais refuser cet immense bienfait de l'empereur, mais je n'oserais même désobéir aux ordres imposans de mon gracieux professeur (c'est-à-dire de l'examinateur en chef.) D'autant plus que si j'obtenais de m'appuyer, comme une humble plante, sur S. Ex. le premier ministre, qui est aussi élevé que le mont Taï-chân (c'est-à-dire si j'épousais sa fille adoptive), ce serait un bonheur sans pareil. Mais, hélas ! victime d'un destin contraire, j'ai déjà donné ma foi à une fille d'une famille obscure. Comme cette affaire intéresse la morale publique, j'ose espérer que mon vénérable maître voudra bien présenter une requête en ma faveur.

— » Monsieur le Tân-hoa (c'est-à-dire le troisième de la promotion), reprit Wang-kouên, vous êtes dans l'erreur. C'est un chétif mérite que d'observer les devoirs du vulgaire; mais obéir aux lois paternelles du souverain, voilà ce qu'on appelle une grande et noble vertu. Est-il possible de balancer entre ces deux partis, et quel homme serait assez téméraire pour refuser? »

Chân-hiên-jîn, témoin de leur discussion, crut devoir prendre la parole. Si vous m'en croyez, il faudrait consulter l'empereur sur ce double devoir, et alors on aurait une décision péremptoire.

Wang-kouên et Ping-jou-heng l'approuvèrent d'une voix unanime. « Demain matin, dirent-ils, nous nous rendrons ensemble au palais, et nous demanderons les ordres de S. M. »

En apprenant cette résolution, Yên-pé-hân s'adressa à l'examinateur en chef. « Votre disciple, dit-il, a aussi une affaire secrète. J'ose supplier Votre Excellence de la joindre à sa requête.

— » Le Tân-hoa (c'est-à-dire le troisième de la promotion), dit Wang-kouên, ayant déjà offert les présens de noces, on peut encore en parler ouvertement ; mais pourquoi révéler l'affaire secrète du Tchoang-youên (du premier des docteurs) et l'exposer dans un placet? Pour cela, il me serait fort difficile d'obéir à vos instructions. » Yên-pé-hân n'osa plus ouvrir la bouche.

Après avoir encore bu quelques tasses ensemble, ils s'en allèrent chacun de son côté.

Le lendemain matin, Wang-kouên se rendit à la cour avec Yên-pé-hân et Ping-jou-heng, et tous trois furent admis en présence de l'empereur.

Or, Téou-koué-i, préfet de Yang-tchéou, voyant que Ping-jou-heng avait obtenu le troisième rang sur la liste des docteurs, se hâta d'en informer M. Ling, surnommé Tà-hôu (c'est-à-dire le Richard), et l'invita à prévenir promptement sa fille, qu'il lui avait choisi un époux. Comme il avait rempli, pendant quatre ans, à Yang-tchéou les fonctions de préfet, il était obligé d'aller lui-même à la capitale pour obtenir le renouvellement de sa charge. Ayant demandé, en conséquence, la mission de présenter lui-même son placet, il prit en toute hâte, avec M. Ling, le chemin de la capitale.

Dès qu'ils y furent arrivés, M. Ling se rendit à l'hôtel de Chân-hiên-jîn pour voir sa fille. Justement, le préfet Téou-koué-i, qui était allé, ce jour-là présenter ses hommages à l'empereur, se rencontra face à face, dans la salle d'attente avec Ping-jou-heng, qui fut ravi de le voir. « Seigneur Téou, lui dit celui-ci, depuis quand êtes-vous arrivé à la capitale? Vous venez on ne peut plus à propos. Vous me servirez de témoin. »

A ces mots, il le présenta à Wang-kouên.

— « C'est S. Ex. Téou, dit-il, qui a bien voulu remplir, dans l'intérêt de votre disciple, les fonctions d'entremetteur.

— » Monsieur le Tân-hoa (le troisième sur la liste des docteurs), demanda vivement le préfet, après avoir obtenu, au concours, un rang aussi honorable, pourquoi parlez-vous subitement du *manche de la cognée* (c'est-à-dire des démarches d'un entremetteur de mariage)?

— » S. M. a daigné me donner une épouse, et comme j'ai déjà offert des présens de noces, je désirerais être admis en présence de l'empereur et solliciter la permission de refuser cette faveur. Je craignais qu'aujourd'hui, faute de témoin, S. M. ne voulût point me croire. C'est un bonheur pour moi d'avoir rencontré Votre Excellence. Ne sera-t-elle pas, pour moi, un précieux témoin? »

A ces mots, le préfet Téou fut frappé d'étonnement. « L'épouse que S. M. donne au Tân-hoa, demanda-t-il, ne serait-ce pas Chân-taï, la fille de Chân, l'un des membres du cabinet? »

— » Ce n'est pas elle, répondit Wang-kouên; c'est Mlle Ling, sa fille adoptive.

— » Si c'est en effet Mlle Ling, sa fille adoptive, reprit le préfet en souriant, S. Ex. Wang et M. le Tân-hoa (c'est-à-dire M. Ping) n'ont pas besoin de discuter ensemble, et il n'est plus nécessaire de voir l'empereur.

— » L'épouse qui a donnée S. M. est celle dont nous parlons, et c'est précisément pour elle que le Tân-hoa (M. Ping) a offert des présens de noces. Par conséquent ces deux épouses n'en font qu'une. Qu'auriez-vous donc besoin de discuter ensemble? Si vous me demandez, Monsieur le Tân-hoa, quelle est la fille adoptive de S. Ex. Chân, c'est Ling-kiang-sioué. »

Ping-jou-heng fut rempli d'étonnement et de joie. « Ling-kiang-sioué, dit-il, demeurait dans la ville de Yang-tchéou; comment se fait-il qu'elle soit devenue la fille adoptive de S. Ex. Chân?

— » Cela serait trop long à raconter, répondit le préfet, et je ne pourrais, en quelques instans, achever mon récit. Je vous dirai seulement que votre honorable beau-père ayant appris que vous aviez obtenu le glorieux titre de Tân-hoa, a pensé que vous viendriez bientôt épouser sa fille et s'accouru avec moi à la capitale. Hier il s'est rendu dans l'hôtel de S. Ex. Chân, pour faire part à sa fille de vos succès. »

A ces mots, Wang-kouên et Ping-jou-heng s'en retournèrent.

Laissons-les pour le moment et revenons à M. Ling.

Une fois arrivé à la capitale, il s'informa de l'adresse de Chân-hiên-jîn, et sortant le soir même de la ville, il courut en toute hâte à la villa impériale.

Dès que Chân-hiên-jîn eut appris l'arrivée du père de Ling-kiang-sioué, il s'empressa d'aller le recevoir, l'introduisit dans le salon de derrière et lui présenta ses civilités.

Ling le salua à plusieurs reprises, et le remercia d'avoir bien voulu adopter sa fille. Chân-hiên-jîn, dès la première entrevue, le retint à boire avec lui; puis il fit inviter Ling-kiang-sioué à venir saluer son père.

Après avoir reçu les hommages de sa fille, Ling lui parla en ces termes : « Peut-être ne serais-je pas encore venu de mon propre mouvement; mais ayant consenti à une heureuse proposition de mariage, j'ai pensé que le jeune homme viendrait t'épouser au premier jour : voilà pourquoi je me suis empressé d'accourir pour t'en donner avis.

— » Mon père, dit Ling-kiang-sioué, comment pouvez-vous conduire les affaires avec une pareille imprudence? Si vous vouliez promettre ma main à quelqu'un, pourquoi ne pas m'en avoir prévenue plus tôt? Déjà l'empereur a daigné me donner un autre époux; il faut, mon père que vous congédiez le vôtre. »

En attendant ces paroles, M. Ling fut attéré et demeura quelque temps interdit.

— « Je vous demanderai, mon cher Monsieur, dit Chân-hiên-jîn, quel est celui dont vous avez reçu les présens?

— » Votre serviteur, répondit-il, n'aurait pas osé prendre cela sur lui, mais il n'a pu résister aux sollicitations captieuses du préfet Téou. Il me dit « que le jeune homme s'était acquis, par son rare talent, une brillante réputation, et qu'au concours pour la licence, il avait obtenu le titre de Ya-koueï (ou de second coryphée, c'est-à-dire de sixième rang); qu'en allant concourir à la capitale pour le doctorat, s'il n'était pas nommé Hoeï-youén (le premier de la promotion), il arriverait infailliblement au rang de Tchoang-youén (c'est-à-dire ce trois premiers docteurs que l'empereur choisit pour l'admettre dans l'académie). » Il m'en dit tant, que, séduit par ses belles paroles, j'acceptai ses présens de noce.

— » Il vient d'obtenir le grade de Tsîn-ssé (docteur); ainsi il est évident que le préfet ne vous a point trompé.

— » Il a obtenu, il est vrai, l'un des premiers rangs sur la liste des docteurs, et de plus, au concours qui a lieu dans le palais, il a reçu le titre de Tân-hoa (c'est le troisième de la promotion). Mais bien que le préfet ne m'ait point trompé, tous ses artifices sont cause que j'ai gâté mon affaire. Maintenant je ne sais plus quel parti prendre. »

A ces mots, Chân-hiên-jîn fut rempli d'étonnement. « S'il s'agit, reprit-il, de celui qui a obtenu l'un des premiers rangs parmi les docteurs, avec le titre de Tân-hoa (le troisième de la promotion), à ce que je vois, ce serait précisément Ping-jou-heng.

— » C'est justement lui. »

En entendant ces paroles, Chân-hiên-jîn regarda Ling-kiang-sioué, et riant aux éclats : « Quelle merveille! quelle merveille! s'écria-t-il. La personne que Peng-jou-heng disait avoir choisie à Yang-tchéou, et qui était cause de son invincible refus, c'est précisément vous! »

— » Excellence, demanda vivement M. Ling, pourquoi rire aux éclats et crier merveille?

— » Vous ne savez donc pas, mon cher Monsieur, que l'époux choisi pour elle par l'empereur, est précisément Ping-jou-heng? Dites-moi un peu s'il n'y a pas là de quoi rire aux éclats et crier merveille? »

M. Ling et Ling-kiang-sioué s'abandonnèrent tous deux aux transports de leur joie.

Le lendemain matin, Chân-hiên-jîn s'empressa d'envoyer un messager à Wang-kouên pour l'informer de cette découverte. De son côté, l'examinateur en chef vint trouver le ministre et l'instruisit de sa rencontre avec le préfet dans la salle d'attente du palais, ainsi que des détails qu'il avait appris de sa bouche. Ce fut de part et d'autre un grand sujet de joie; mais Yên-pé-hân et Chân-taï ressentaient au fond du cœur une vive contrariété.

Wang-kouên présenta un nouveau rapport, où il exposa toutes les circonstances de cette affaire. L'empereur en éprouva un redoublement de joie. « Puisque Téou-koué-i, dit-il a été le premier entremetteur, j'ordonne qu'il reprenne sa charge primitive, afin qu'il me seconde dans cette affaire. »

Il donna en conséquence à Yên-pé-hân et à Ping-jou-heng, une vaste maison où ils pussent résider ensemble. Il chargea le bureau des astronomes, de choisir un jour heureux pour célébrer le mariage, et ordonna aux trois cents docteurs de la même promotion, d'accompagner le Tchoang-youên (le premier des docteurs, nommé académicien) et le Tân-hoa (le troisième de la liste des docteurs) lorsqu'ils iraient au-devant de leur épouse. De plus, il fit détacher de son trône, dix paires de flambeaux précieux, ornés de nénuphars d'or et les leur donna.

Tous les officiers civils et militaires, voyant les faveurs et les marques d'affection dont les comblait l'empereur, ne purent se dispenser de venir les féliciter. L'or, les pièces de soie, les présens de cérémonie étaient entassés dans le vestibule, des magistrats en grand costume, les uns à cheval, les autres montés sur des chars, se pressaient en foule à leur porte. Les habitans de Tchang-ân, ayant appris que, par un décret, l'empereur avait accordé à deux hommes de talent, la faveur d'épouser deux filles de talent, tout le monde, les riches comme les pauvres, accoururent à l'envi pour les voir. Au jour fixé, des musiciens avec des tambours et des flûtes, se trouvèrent rangés depuis la ville jusqu'à la campagne de l'empereur. Sur toute la ligne, on voyait flotter des bannières et des étendards, et l'on entendait éclater le bruit des pièces d'artifice. Yên-pé-hân et Ping-jou-heng, coiffés d'un bonnet de crêpe noir, vêtus d'un manteau de soie pourpre, et les cheveux ornés de fleurs et de rubans rouges qui flottaient le long de leurs épaules, s'avancèrent sur des coursiers fringans. Wang-kouên, Téou-koué-i; et les trois cents docteurs de la même promotion, tous en costume de cérémonie, leur faisaient cortège.

En voyant la jeunesse et les agrémens distingués de Yên-pé-hân et de Ping-jou-heng, les gens du peuple, rangés le long de la route, laissaient échapper, malgré eux, des murmures et des cris d'admiration.

D'un autre côté, l'on voyait Chân-taï et Ling-kiangsioué, couvertes d'or et de jade, resplendissantes de perles et d'azur, et parées comme des déesses. Chân-hiênjîn, vêtu d'un manteau brodé qu'il avait reçu de l'empereur, et Ling, le richard, avec le bonnet et la ceinture de Tchong-chou (secrétaire du palais), les attendaient pour les recevoir. En peu d'instans, les deux époux arrivèrent à la porte, où ils furent accueillis avec les cérémonies prescrites. Après quoi Chân-hiên-jîn, et Mme Lo, sa noble épouse, accompagnèrent les deux jeunes filles jusqu'à leurs chaises à porteurs. Dès qu'elles y furent montées, une centaine de servantes marchèrent à leur suite. Sur toute la route, l'air retentissait des éclats des pièces d'artifice et du bruit des tambours. L'œil était ébloui de la richesse des étendarts et de l'éclat des lanternes ornées de fleurs. On peut dire avec vérité qu'en épousant, par la faveur impériale, les deux filles d'un ministre d'état, le Tchoang-youên (le premier des docteurs admis à l'académie), et le Tân-hoa (le troisième des docteurs), obtenaient à la fois les honneurs et la fortune, et entraient en possession de toutes les félicités du monde. Dès qu'ils furent arrivés à leur maison, comme ils avaient tous deux perdu leur père et mère, ils se saluèrent mutuellement, et conduisirent chacun son épouse dans la chambre nuptiale.

Dans le banquet qui leur fut offert, les magistrats du dehors chargèrent Wang-kouên et Téou-koué-i, qui remplissaient le rôle d'entremetteurs officiels, de s'asseoir près d'eux, à la place de leurs parens.

Dès que Ping-jou-heng et Ling-kiang-sioué se trouvèrent dans la chambre nuptiale, et qu'ils se furent regardés face à face, ils se reconnurent comme s'étant rencontrés ensemble dans le temple de Min-tseu. Il s'entretinrent ensemble de l'heureuse destinée que leur avait préparée le ciel, et de l'attachement qu'ils avaient conçu l'un pour l'autre après leur séparation. Nous n'avons pas besoin d'insister sur le ravissement qu'ils éprouvèrent en se voyant cette fois réunis.

Quant à Yên-pé-hân et à Chân-taï, bien qu'ils pensassent tendrement, l'un à la jeune beauté qu'il avait vue au haut du pavillon, et l'autre, au charmant étudiant qu'elle avait aperçu au bas du pavillon, dans ce moment heureux où celui-ci épousait la première fille de talent de tout l'empire, et celle-là le premier homme de talent, ils devaient éprouver les plus délicieux transports. Mais se reprochant chacun une sorte d'infidélité, ils ne pouvaient s'empêcher de faire taire tout sentiment de joie. Cependant, dès qu'il fut arrivé dans la chambre nuptiale, et qu'il se trouva en face d'elle, à la lueur des bougies colorées, il lui enleva le voile qui cachait sa figure. Après s'être regardés l'un l'autre, ils furent frappés chacun d'une émotion secrète.

— « Évidemment, dit l'un, c'est la jeune beauté que j'ai vue au haut du pavillon; il est clair, dit l'autre, que c'est le bel étudiant que j'ai aperçu au bas du pavillon. » Mais comme ils étaient entourés d'une multitude de servantes, ils craignirent de commettre une méprise et n'osèrent ouvrir la bouche. En buvant ensemble dans la coupe nuptiale, à la lueur brillante des bougies, plus ils se regardaient, et plus ils furent frappés de la ressemblance.

Yên-pé-hân, ne pouvant résister à son impatience, tira de sa manche l'écran orné de vers, dont le vieux Tsaï s'était servi pour le découvrir, et chargea une servante de le faire voir à Chân-taï. « Madame, dit-elle, cet humble magistrat a acquis par hasard, une pièce de vers qu'il demande la permission de vous montrer; il s'estimerait heureux si vous ne blâmez point sa témérité. »

Dès que Chân-taï l'eut reçu et regardé un instant, un rayon de joie ineffable brilla sur sa figure. Elle appela doucement une servante, et lui ordonna de prendre un écran orné de vers, et de le présenter à Yên-pé-hân.

Au premier coup-d'œil, il reconnut que c'étaient les vers qu'il avait composés quelques jours auparavant, sur les rimes des siens, et qu'il avait remis au vieux Tsaï, Yên-pé-hân fut transporté d'une joie inexprimable ; mais en présence des servantes, il n'osa lui laisser voir les sentimens secrets dont son cœur était agité.

Après avoir fini de boire (dans la coupe nuptiale), ils se glissèrent tous deux sous la couverture brodée.

Cette nuit-là, un jeune homme et une jeune fille, doués d'un égal talent et brillans de jeunesse et de beauté, se donnèrent mille marques d'amour, et s'entretinrent tendrement avec un charme inépuisable.

Le lendemain matin, quand les deux époux se trouvèrent réunis dans l'appartement intérieur, Yên-pé-hân vit une nuée de servantes, mais il ne put découvrir parmi elles la jeune fille au vêtement bleu, secrétaire de Chân-taï, avec qui il avait composé quelque temps auparavant. Il interrogea Chân-taï à ce sujet. « Est-ce que votre secrétaire fait la fière et dédaigne de vous servir? lui demanda-t-il. Est-ce pour cela que vous ne l'avez point amenée avec vous?

— » Elle est venue aussi, répondit Chân-taï; je m'engage à la faire voir dans un mois au Tchang-youên (c'est-à-dire à vous). »

Yên-pé-hân étant sorti, alla voir Ping-jou-heng et lui apprit que la jeune fille qu'il avait vue au haut du pavillon, était réellement Mlle Chân.

Ping-jou-heng en fut ravi: « En vérité, s'écria-t-il, on peut dire que c'est un mariage merveilleux. »

Yên-pé-hân ayant fait part à son ami de sa curiosité au sujet de la jeune fille vêtue de bleu, « J'ai adressé la même question, dit celui-ci, et ma femme m'a répondu de même. »

Au bout d'un mois, Chân-hiên-jîn et Ling, le richard, vinrent ensemble les voir. Les deux jeunes mariées sortirent de leur chambre pour les saluer. Chân-taï et Ling-kiang-sioué, Yên-pé-hân et Ping-jou-heng, qui se trouvaient alors belles-sœurs et beaux-frères, se firent mutuellement les salutations prescrites. Les civilités terminées, Chân-taï montra Ling-kiang-sioué à Yên-pé-hân. «Mon-

sieur le Tchoang-youên, lui dit-elle, comme vous désirez voir la jeune personne au vêtement bleu, qui me servait de secrétaire, n'est-ce pas celle-ci? »

De son côté, Ling-kiang-sioué, montra Chân-taï à Ping-jou-heng. « Monsieur le Tân-hoa, dit-elle, comme vous désirez voir la jeune personne vêtue de bleu, qui avait pris le titre de secrétaire, n'est-ce pas celle-là? »

En les apercevant, Yên-pé-hân et Ping-jou-heng se mirent à rire aux éclats. Ainsi donc, s'écrièrent-ils, c'était la grande et la petite sœur, qui avaient pris un déguisement pour se jouer de nous! Nous nous sommes dit en effet: comment y aurait-il, sous le ciel, des servantes d'un tel talent? Aujourd'hui, nos yeux sont ouverts. Sans cela nous en aurions conservé une éternelle confusion.

Le lendemain matin, Chân-hiên-jîn prit avec lui Wang-kouên et Téou-koué-i, et conduisit ses filles et ses gendres au palais, afin qu'ils remerciâssent ensemble l'empereur de ses bienfaits. Le fils du ciel vint les recevoir en personne, à la porte appelée Touân-mên, et leur offrit un banquet. « Anciennement dit-il, ayant vu des vers de Chân-taï sur les *Hirondelles blanches*, j'ai reconnu qu'il y avait parmi les femmes de merveilleux talens. Dans la suite, vu les talens qui brillaient dans l'appartement intérieur, j'ai songé à chercher dans l'empire des hommes d'un talent extraordinaire. Maintenant que j'ai trouvé deux hommes et deux femmes de talent, je les ai unis ensemble pour faire éclater les heureuses influences de la littérature ; le vœu de mon cœur est accompli.

A ce moment, le bureau de l'astronomie fit annoncer à l'empereur que l'*astre du talent littéraire* réfléchissait son éclat jusqu'aux étoiles du pôle; que, suivant ce présage si heureux pour l'empire, les contrées qu'entourent les quatre mers, devaient briller de la gloire des lettres. L'empereur en fut transporté de joie, et leur donna à chacun, de l'or et des pièces de soie de diverses couleurs.

Depuis cette époque, Yên-pé-hân et Chân-taï, Ping-jou-heng et Ling-kiang-sioué, parfaitement assortis entre eux par le talent et la beauté, se donnèrent mutuellement des marques d'estime et de respect. Dans l'appartement intérieur, chaque couple rivalisait d'attentions charmantes et de tendresse.

En lisant leur histoire dans mes momens de loisir, j'ai éprouvé pour eux une affection pleine de charme. Aussi ai-je composé cet ouvrage pour transmettre leur nom à la postérité.

FIN.

FIN DU PREMIER VOLUME.

BIBLIOTHÈQUE CHOISIE DU CONSTITUTIONNEL.

TABLE DES MATIÈRES.

FIN DE LA TABLE DES MATIÈRES DU PREMIER VOLUME.

BIBLIOTHÈQUE CHOISIE DU CONSTITUTIONNEL.

TABLE DES MATIÈRES.

FIN DE LA TABLE DES MATIÈRES DU PREMIER VOLUME.